Theorien in der Entwicklungspsychologie

Lieselotte Ahnert
(Hrsg.)

Theorien in der Entwicklungspsychologie

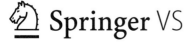

Herausgeber
Lieselotte Ahnert
Universität Wien
Fakultät für Psychologie
Institut für Angewandte Psychologie:
  Gesundheit - Entwicklung - Förderung
Arbeitsbereich Entwicklungspsychologie
Wien, Österreich

ISBN 978-3-642-34804-4   ISBN 978-3-642-34805-1 (eBook)
DOI 10.1007/978-3-642-34805-1

Die Deutsche Nationalbibliothek verzeichnet diese Publikation in der Deutschen Nationalbibliografie; detaillierte bibliografische Daten sind im Internet über http://dnb.d-nb.de abrufbar.

Springer VS
© Springer-Verlag Berlin Heidelberg 2014
Das Werk einschließlich aller seiner Teile ist urheberrechtlich geschützt. Jede Verwertung, die nicht ausdrücklich vom Urheberrechtsgesetz zugelassen ist, bedarf der vorherigen Zustimmung des Verlags. Das gilt insbesondere für Vervielfältigungen, Bearbeitungen, Übersetzungen, Mikroverfilmungen und die Einspeicherung und Verarbeitung in elektronischen Systemen.

Die Wiedergabe von Gebrauchsnamen, Handelsnamen, Warenbezeichnungen usw. in diesem Werk berechtigt auch ohne besondere Kennzeichnung nicht zu der Annahme, dass solche Namen im Sinne der Warenzeichen- und Markenschutz-Gesetzgebung als frei zu betrachten wären und daher von jedermann benutzt werden dürften.

Planung und Lektorat: Katharina Neuser-von Oettingen, Marion Krämer, Sabine Bartels
Wissenschaftliches Projektmanagement: Hendrik Haßelbeck
Redaktion: Idis Eisentraut
Satz und Layout: Richard Schütz, Wien
Einbandentwurf: eStudio Calamar
Einbandabbildung: © Christian Thiel, Berlin

Gedruckt auf säurefreiem und chlorfrei gebleichtem Papier

Springer VS ist eine Marke von Springer DE.
Springer DE ist Teil der Fachverlagsgruppe Springer Science+Business Media.
www.springer-vs.de

*Die Entwicklung wissenschaftlicher Theorien ist im Endeffekt
eine ständige Flucht vor dem Staunen.*

Albert Einstein
(1879–1955)

*Das erste Geschäft einer jeden Theorie ist das Aufräumen der durcheinander geworfenen
und ineinander verworrenen Begriffe und Vorstellungen, und erst, wenn man sich über
Namen und Begriffe verständigt hat, darf man hoffen, in der Betrachtung der Dinge mit
Klarheit und Leichtigkeit vorzuschreiten.*

Carl Philipp Gottfried von Clausewitz
(1780–1831)

*Die Wissenschaft, sie ist und bleibt, was einer ab vom anderen schreibt.
Doch trotzdem ist sie unbestritten, immer weiter fort geschritten.*

Eugen Roth
(1895–1976)

Vorwort

Zur Frage der menschlichen Entwicklung gibt es mittlerweile eine Vielfalt von Erklärungsansätzen und Theorien, die unüberschaubar geworden ist, selbst wenn es sich um Entwicklungsprozesse in einem umschriebenen Bereich handelt. Einige der theoretischen Vorstellungen haben lange Traditionen und stützen sich auf eine umfängliche, oft jedoch auch widersprüchliche Datenbasis; andere blicken auf kürzere Entstehungsgeschichten zurück und tragen zu neuen theoretischen Vorstellungen bei, die durch moderne Technologien und interdisziplinäre Forschungszugänge erst möglich wurden.

Die 30 Autorinnen und Autoren dieses Lehrbuches haben auf der Suche nach den Wurzeln ihrer eigenen Forschungsidentität diese Theorietraditionen in den Blick genommen. Aufgrund ihrer Expertise sind sie eingeladen worden, die konsensfähigen und verlässlichen theoretischen Vorstellungen ihrer eigenen Forschungsbereiche darzustellen, inhaltliche Prioritäten zu setzen und Kernaussagen zu formulieren. Um eine übergreifende Orientierung durch ein Konglomerat von Theorien aufrechterhalten zu können, wurde ein gemeinsames Raster der Darstellung verpflichtend, das entlang der (1) historischen Anfänge, (2) allgemeinen theoretischen Orientierungen und (3) klassischen Befunde auch (4) moderne Trends und theoretische Modifikationen des jeweiligen Entwicklungsbereichs im Kontext seiner Erforschung (von Kapitel 4 an) diskutiert. Die wichtigsten Theorien und Modelle zur Entwicklung von Wahrnehmung und Wissenserwerb, Intelligenz und Gedächtnis, Lernen und Sprache, aber auch der Motivation, Emotion, sozialen Beziehungen und Bindung wurden auf diese Weise dargestellt, nachdem drei Einstiegskapitel die menschliche Entwicklung im Rahmen sich ergänzender, jedoch grundverschiedener wissenschaftlicher Bezugssysteme thematisiert haben. Dank der engen wissenschaftlichen Verbundenheit der Autorinnen und Autoren mit den dargestellten Theorien verfügt dieses Lehrbuch über eine hochgradige Authentizität.

Jedes Kapitel wird mit einer Titelfigur eingeführt, die zu den *100 most eminent psychologists of the 20th century* (Haggbloom et al., 2002) gezählt wird oder zu einem sehr viel früheren Zeitpunkt nachhaltig zur Erforschung der menschlichen Entwicklung beigetragen hat, beziehungsweise in Zukunft eine derartige Bewertung verdient. Die Titelfiguren werden mit einem Zitat am Anfang und einem Biosketch am Ende des jeweiligen Kapitels vorgestellt. Darüber hinaus hat sich das vorliegende Lehrbuch auch der dokumentarischen Fotografie von Christian Thiel bedient und diese mit ausgewählten Kernaussagen des Lehrbuches verbunden. Dieses *Crossover* von Dokumentarkunst und Wissenschaft liefert einen im wahrsten Sinne des Wortes anschaulichen Beleg dafür, dass selbst komplizierte theoretische Erklärungsansätze in die unmittelbare menschliche Lebenswirklichkeit eingebunden werden können, aus der sie vormals entwickelt wurden. Christian Thiel gebührt in diesem Zusammenhang mein herzlicher Dank für eine inspirierende Zusammenarbeit, wie dies auch für unsere Lektorinnen, Katharina Neuser von Oettingen und Marion Krämer, zutrifft. Während Katharina Neuser von Oettingen noch vor ihrem Ausscheiden aus dem Verlag die Entwicklung dieses Konzeptes vorangetrieben hat, war es Marion Krämer, die den bereits angelaufenen Entstehungsprozess übernahm und ihn ausnahmslos unterstützt sowie sachdienlich und geduldig durchgesetzt hat.

Die Kapitel dieses Lehrbuches können weitgehend unabhängig voneinander gelesen und reflektiert werden. Teilweise liegen ihnen Vorlesungsmanuskripte einer Ringvorlesung an der Universität Wien zugrunde, die diejenigen theoretischen Grundlagen der Entwicklungspsychologie zu vermitteln suchte, die in den regulären Studienbetrieb der Psychologieausbildung nur ansatzweise eingebracht werden konnten. Deshalb wendet sich das vorliegende Lehrbuch vor allem an all jene Studierende und neugierigen Leserinnen und Leser, die sich mit Theorien in der Entwicklungspsychologie vertiefend beschäftigen wollen. Es will jedoch auch die Lehrenden der Universitäten, Hoch- und Fachschulen in ihrem Auftrag unterstützen, das Fachgebiet der Entwicklungspsychologie fundiert und facettenreich zu vermitteln.

An dieser Stelle möchte ich mich bei allen meinen Kollegen und Kolleginnen, Mitarbeitern und Mitarbeiterinnen bedanken, die dieses Buchprojekt unterstützt, begleitet, organisiert, ausgewertet und diskutiert haben. Dankend blicke ich vor allem auf das Engagement von Hendrik Haßelbeck zurück, der die vielen organisatorisch-technischen Details der Kapitelzusammenstellung und -umsetzung in den Händen hielt und mit Richard Schütz (Buchlayout) und Sabine Bartels (Springer-Verlag) die immer wieder aufkommenden Probleme aus dem Weg geräumt hat, die der geplanten Gestaltung des Buches im Wege standen. Mein ganz besonderer Dank gilt ihnen und den vielen HelferInnen, die mit Literatur- und Bildrecherchen befasst waren, sich um die Erstellung des Personen- und Sachwortverzeichnisses gekümmert oder unsere eigene Manuskripterstellung unterstützt haben. Dabei ist es mir ein Anliegen, Andreas Bauer, Markus Bauer, Christian Dingemann, Lena Fischer, Julia Petra Friedrich, Nina Hammer, Camilla Hermann, Hermine Huber, Barbara Martinuzzi, Katharina Moder, Sandra Müllner, Bernhard Piskernik, Stella Schmoll (Springer-Verlag), Natalie Sharp, Barbara Supper, Stefanie Trost und Andrea Witting namentlich (in alphabetischer Reihenfolge) auf das Herzlichste zu danken.

Lieselotte Ahnert   *Wien, den 1. August 2013*

Inhalt

Vorwort VI

Autorenverzeichnis XIX

Teil I: Erklärungen von Entwicklung

KAPITEL 1:
Der Entwicklungsbegriff in der Psychologie 2
Tobias Krettenauer

1 **Was ist Entwicklung?** 2
   1.1 Reifung versus Lernen 3
   1.2 Erweiterungen des Entwicklungsbegriffs 5
   1.3 Das allgemeine Entwicklungstheorem 9

2 **Paradigmen in der Entwicklungspsychologie** 11
   2.1 Das mechanistische Paradigma 12
   2.2 Das organismische Paradigma 13
   2.3 Das transaktionistische Paradigma 15

3 **Ein zeitgemäßer Entwicklungsbegriff** 15
   3.1 Bestimmungsmerkmale von Entwicklung 16
   3.2 Begriffliche Abgrenzungen 18
   3.3 Stabilität als Spezialfall von Entwicklung 19

4 **Schlussbetrachtungen** 20

Bio-Sketch: William Louis Stern 21
Literatur 22

KAPITEL 2:
Entwicklung und Kultur 26
Lieselotte Ahnert & Hendrik Haßelbeck

1 **Der Kulturbegriff** 27

2 **Kultur als menschlich organisierte Umwelt** 28

3 **Kulturelle Erhaltungs- und Entwicklungsprozesse** 29
   3.1 Kognitionsentwicklung 29
   3.2 Internalisierung sozialer Erfahrungen 31
   3.3 Imitation und Kooperation 32
   3.4 Unterweisung und Spiel 33
   3.5 Tradierung und kulturelle Evolution 35

4 **Kultur als organisiertes System aus Kontexten, Milieus und Nischen** ... 36
   4.1 Individuum-Umwelt-Interaktionen in einem organisierten System von Kontexten ... 36
   4.2 Sozial-kommunikative Differenzierungen von Kulturen 40
   4.3 Sozial-strukturelle Differenzierungen von Kulturen 42
   4.4 Entwicklungsnischen 44
   4.5 Entwicklungskontexte 45

Inhaltsverzeichnis   IX

5 Kultur und Sozialisation 47
    5.1 Sozialisation im interkulturellen Vergleich 47
    5.2 Sozialisation im intrakulturellen Vergleich 50
    5.3 Sozialisation in intra- und interkulturellen Vergleichen 52

6 Schlussbetrachtungen 54

Bio-Sketch: Lew Semjonowitsch Vygotskij 54
Bio-Sketch: Urie Bronfenbrenner 55
Literatur 55

KAPITEL 3:

Entwicklung und Evolution 60
Harald A. Euler

1 Bestimmung zentraler Begriffe 61

2 Historische Anfänge 62

3 Die Lebensverlaufstheorie 67

4 Evolvierte psychische Mechanismen im Lebensverlauf 71
    4.1 Inzestvermeidung 72
    4.2 Eltern-Kind-Konflikt 73
    4.3 Geschlechtsunterschiedliche Investition in Kinder 75
    4.4 Bevorzugende großelterliche Fürsorge 76

5 Evolutionäre Entwicklungspsychologie 78

6 Schlussbetrachtungen 84

Bio-Sketch: James Mark Baldwin 84
Literatur 84

Teil II: Wahrnehmung und Wissenserwerb

KAPITEL 4:

Theorien der Wahrnehmungsentwicklung 94
Gudrun Schwarzer & Franziska Degé

1 Wahrnehmung: Eine Begriffsbestimmung 94

2 Historische Anfänge 96
    2.1 Vom Ganzen zum Einzelnen 96
    2.2 Wahrnehmen integraler und separabler Reizstrukturen 97
    2.3 Visuelle Präferenzen 97
    2.4 Bedeutungsvolles Wahrnehmen 98

3 Allgemeine theoretische Orientierungen 99
    3.1 Piagets Auffassung zur Wahrnehmungsentwicklung 99
    3.2 Theorie der Wahrnehmungsentwicklung nach Eleanor Gibson 100

4 Klassische Befunde 101
    4.1 Visuelle Wahrnehmung 102
    4.2 Auditive Wahrnehmung 104
    4.3 Geschmack, Geruch und haptische Wahrnehmung 105
    4.4 Intermodale Wahrnehmung 106

X | Theorien in der Entwicklungspsychologie

5 Moderne Trends 107
5.1 Ansatz des Perceptual Narrowing 108
5.2 Ansätze zur Entwicklung der Beziehung zwischen Wahrnehmung und Handlung 109

6 Schlussbetrachtungen 117

Bio-Sketch: Eleanor Jack Gibson 117
Literatur 118

KAPITEL 5:

Entwicklung begrifflichen Wissens: Kernwissenstheorien 122
Beate Sodian

1 Begriffsbestimmung 123

2 Historische Anfänge 124

3 Allgemeine Annahmen 125

4 Zentrale Befunde aus verschiedenen Wissensdomänen 128
4.1 Physikalische Objektwelt 128
4.2 Numerische Kognition 135
4.3 Psychologisches Kernwissen 138

5 Schlussbetrachtungen 143

Bio-Sketch: Susan Carey 144
Literatur 144

Teil III: Intelligenz und Gedächtnis

KAPITEL 6:

Denkentwicklung aus dem Blickwinkel des strukturgenetischen Konstruktivismus 148
Siegfried Hoppe-Graff

1 Ideengeschichtlicher Hintergrund 149

2 Allgemeine theoretische Orientierung 151
2.1 Erkenntnistheoretische Voraussetzungen und biologische Grundlagen 151
2.2 Epistemisches Subjekt und notwendige Erkenntnis 153
2.3 Reifung, Erfahrungen mit Objekten und soziale Erfahrungen 154
2.4 Entwicklungsstufen 155

3 Von der sensomotorischen Intelligenz zu den formalen Denkoperationen 155
3.1 Die Stufe der sensomotorischen Intelligenz 157
3.2 Präoperationale Stufe: Semiotische Funktion und Vorbereitung konkreter Operationen 160
3.3 Die Stufe der konkreten Denkoperationen 164
3.4 Die Stufe der formalen Denkoperationen 166

4 Assimilation und Akkommodation, Äquilibrium und Äquilibration 168

5 Verfehlte Kritik am strukturgenetischen Konstruktivismus 169

6 Schlussbetrachtungen 170

Bio-Sketch: Jean Piaget 171
Literatur 172

Inhaltsverzeichnis XI

KAPITEL 7:
Die Erforschung menschlicher Intelligenz ... 174
Elsbeth Stern & Roland H. Grabner

1 **Historische Anfänge** ... 175
  1.1 Die Pioniere ... 175
  1.2 Formelle und inhaltliche Indikatoren zur Feststellung der Intelligenz ... 176
  1.3 Warum Intelligenz normalverteilt ist ... 178
  1.4 Debatten über die Struktur der Intelligenz ... 179
  1.5 Wie eng soll der Intelligenzbegriff gefasst werden? ... 181

2 **Allgemeine theoretische Orientierungen in der Intelligenzforschung** ... 182
  2.1 Kognitive Grundlagen von Intelligenz ... 183
  2.2 Erblichkeit von Intelligenzunterschieden: Nature via Nurture ... 184
  2.3 Die Entwicklung der fluiden und kristallinen Intelligenz ... 186
  2.4 Förderung der Intelligenzentwicklung ... 187

3 **Klassische Befunde** ... 189
  3.1 Intelligenz als überdauerndes Persönlichkeitsmerkmal im Lebenslauf ... 189
  3.2 Intelligenz unter dem Einfluss kulturell verankerter Lernprozesse ... 190
  3.3 Intelligenz im Kontext von Expertenleistungen und Hochbegabung ... 191
  3.4 Intelligenz und Geschlecht ... 193

4 **Moderne Trends in der Intelligenzforschung** ... 194

5 **Schlussbetrachtungen** ... 196

Bio-Sketch: Franz Emanuel Weinert ... 196
Literatur ... 197

KAPITEL 8:
Gedächtnisentwicklung im Kindes- und Jugendalter ... 202
Wolfgang Schneider & Nicole Berger

1 **Gedächtnis: Definition und Modellvorstellung** ... 202

2 **Historische Anfänge** ... 204
  2.1 Frühe Erforschung der Gedächtnisentwicklung ... 204
  2.2 Forschungsphasen von Abstinenz und Umbruch ... 207

3 **Allgemeine theoretische Orientierungen der modernen Ära** ... 210
  3.1 Modellvorstellungen zur Entwicklung der Gedächtniskapazität ... 210
  3.2 Modellvorstellungen zur alterskorrelierten Steigerung von Gedächtnisleistungen ... 213

4 **Klassische Befunde der entwicklungspsychologischen Gedächtnisforschung** ... 218
  4.1 Entwicklung der Gedächtniskapazität ... 218
  4.2 Entwicklung von Gedächtnisstrategien ... 220
  4.3 Entwicklung metakognitiven Wissens ... 221
  4.4 Vorwissen und Gedächtnisleistung ... 222
  4.5 Zusammenspiel unterschiedlicher „Motoren" der Gedächtnisentwicklung ... 223

5 **Neuere Forschungstrends** ... 225
  5.1 Frühe Gedächtnisentwicklung und Alltagserfahrung ... 225
  5.2 Das autobiografische Gedächtnis und seine Entwicklung ... 226
  5.3 Grundlegende Erkenntnisse aus neueren Längsschnittstudien ... 227
  5.4 Der Zusammenhang zwischen Hirn- und Gedächtnisentwicklung ... 227

6 **Schlussbetrachtungen** ... 229

Bio-Sketch: John Hurley Flavell ... 229
Literatur ... 230

Teil IV: Motivation

KAPITEL 9:

Die Erforschung menschlicher Motivation 234
Andreas Krapp & Tina Hascher

1 **Begriffsbestimmung Motivation** 235

2 **Historische Anfänge** 237
   2.1 Personenzentrierte Theorien zur Darstellung menschlicher Motivation 237
   2.2 Umweltzentrierte Theorien zur Darstellung menschlicher Motivation 240
   2.3 Interaktionistische Theorien zur Darstellung menschlicher Motivation 241

3 **Zentrale Theorien und Forschungsfelder** 242
   3.1 Motivation und Handeln 242
   3.2 Motivation und Persönlichkeit 246

4 **Schlussbetrachtungen** 249

Bio-Sketch: Henry Alexander Murray 250
Literatur 250

KAPITEL 10:

Theorien der Lern- und Leistungsmotivation 252
Andreas Krapp & Tina Hascher

1 **Theoretische Orientierungen zur Erforschung der Lern- und Leistungsmotivation** 253
   1.1 Motivationsmodelle im Rahmen kognitiv-handlungstheoretischer Motivationsforschung ... 253
   1.2 Motivationsmodelle auf der Basis dynamischer Persönlichkeitskonzeptionen 258
   1.3 Integrative Modelle: Motivationale Handlungskonflikte 261

2 **Die Entwicklung der Lern-und Leistungsmotivation** 262
   2.1 Ontogenetische Grundlagen leistungsmotivierten Verhaltens 262
   2.2 Die Anfänge leistungsmotivierten Verhaltens 263
   2.3 Die Entwicklung subjektiver Fähigkeitskonzepte 264
   2.4 Die Entwicklung stabiler Zielorientierungen 265
   2.5 Die Entwicklung einer auf Selbstbestimmung und Interesse beruhenden Lernmotivation ... 266

3 **Die Bedeutung der Lern- und Leistungsmotivation für die Leistungsentwicklung** 268
   3.1 Einflüsse auf die schulischen Leistungen 269
   3.2 Einflüsse auf emotionale Reaktionsbereitschaften 271

4 **Moderne Trends und theoretische Modifikationen** 273

5 **Schlussbetrachtungen** 275

Bio-Sketch: Heinz Heckhausen 275
Literatur 276

Inhaltsverzeichnis XIII

KAPITEL 11:

Modelle der Handlungsmotivation zur erfolgreichen Entwicklung 282
Alexandra M. Freund, David Weiss & Jana Nikitin

1 Allgemeine theoretische Orientierungen 282
   1.1 Erfolgreiche Entwicklung – erfolgreiches Altern 283
   1.2 Die Person-Umwelt-Interaktion im Entwicklungsprozess. 284

2 Handlungstheoretische Motivationsmodelle erfolgreicher Entwicklung 285
   2.1 Motivation im Dienste der Lebensmeisterung. 286
   2.2 Motivation und das Streben nach Kontrolle 290
   2.3 Motivation im Dienst von Zielbindung und -ablösung 293

3 Zeitliche Perspektiven und ihr Einfluss auf motivationale Veränderungen 209
   3.1 Die Verschiebung von Präferenzen. 209
   3.2 Veränderungen im subjektiven Wohlbefinden. 300

4 Soziale Identität, Motivation und Alter. 301
   4.1 Alter als soziale Kategorie 301
   4.2 Soziale Identität und Alter 302
   4.3 Strategien im Umgang mit einer negativen Altersidentität. 303

5 Schlussbetrachtungen 305

Bio-Sketch: Paul Boris Baltes 305
Literatur 306

Teil V: Soziales Lernen

KAPITEL 12:

Theorien zu Handlungsverständnis und Imitation 310
Birgit Elsner

1 Begriffsbestimmung 310

2 Historische Anfänge. 311

3 Allgemeine theoretische Orientierungen 313
   3.1 Das Korrespondenzproblem der Imitation 314
   3.2 Imitation als Spezialfall sozialen Lernens 315
   3.3 Imitation als Ausdruck des Handlungsverständnisses. 317
   3.4 Mentalistisches Handlungsverständnis. 318

4 Klassische Befunde. 319
   4.1 Anfänge der Imitation 319
   4.2 Imitation und Gedächtnisleistung 320
   4.3 Handlungsverständnis und Zielorientierung im ersten Lebensjahr 321
   4.4 Entwicklung der Imitationsfähigkeit 322

5 Moderne Trends und theoretische Modifikation 324

6 Schlussbetrachtungen 326

Bio-Sketch: Ina Cepanas Uzgiris 326
Literatur 327

XIV | Theorien in der Entwicklungspsychologie

KAPITEL 13:

Soziale Lerntheorien 330
Angela Ittel, Diana Raufelder & Herbert Scheithauer

1 Historische Anfänge 330

2 Theoretische Grundorientierungen 332
    2.1 Behaviorale Lerntheorien 332
    2.2 Kognitive Lerntheorien 335
    2.3 Theorien der sozialen Informationsverarbeitung 337

3 Soziale Lerntheorien und ihre klassischen Befunde 339
    3.1 Die soziale Lerntheorie der Persönlichkeit nach Rotter 339
    3.2 Die soziale Lerntheorie Banduras 340
    3.3 Klassische Studien im Rahmen sozialer Lerntheorien 343
    3.4 Soziales Lernen im Schulkontext nach Petillon 345
    3.5 Die biosoziale Lerntheorie nach Millon 347

4 Aktuelle Trends und Modifikationen 348
    4.1 Verhaltensflexibilität neu gefasst: Identifizieren und Abgrenzen 348
    4.2 Nachahmungs- und Beobachtungsprozesse neurobiologisch erklärt 349

5 Schlussbetrachtungen 350

Bio-Sketch: Albert Bandura 350
Literatur 351

Teil VI: Soziale Beziehungen und Bindung

KAPITEL 14:

Psychoanalytische Zugänge zur frühen Kindheit 354
Wilfried Datler & Michael Wininger

1 Historische Anfänge 355
    1.1 Hypnose und Hysterie 355
    1.2 Die Entstehung der Psychoanalyse in Wien 355
    1.3 Die Geburt der psychoanalytischen Entwicklungstheorie 357

2 Allgemeine theoretische Orientierungen 358
    2.1 Quellen zur Erforschung von Entwicklungsprozessen 358
    2.2 Affektregulation und psychische Strukturbildung 359
    2.3 Das zweifache Interesse an Entwicklungsphasen 361
    2.4 Phasen der psychosexuellen Entwicklung 361
    2.5 Theorien der Ich-Entwicklung 363
    2.6 Erweiterung der triebtheoretischen Grundlagen der Entwicklung 365
    2.7 Die Rolle der Objektbeziehung in der Entwicklung 366

3 Klassische Befunde: Entwicklungslinien und Entwicklungsthemen 366
    3.1 Entwicklung der Autonomie und Individuation 366
    3.2 Emotional hilfreiche Beziehungserfahrungen 368
    3.3 Zur Bedeutung von Phantasie und Spiel in der Entwicklung 369
    3.4 Unbewusste elterliche Einflüsse auf die kindliche Entwicklung 370
    3.5 Spätfolgen der Frühentwicklung 371

Inhaltsverzeichnis XV

4 Moderne Trends und theoretische Modifikationen 373
    4.1 Von der Dyade zur Triade 373
    4.2 Die Fähigkeit des Mentalisierens.. 373

5 Schlussbetrachtungen 376

Bio-Sketch: Sigmund Freud... 374
Bio-Sketch: Anna Freud 375
Literatur 376

KAPITEL 15:
Psychoanalytische Entwicklungsbetrachtungen der Jugend 380
Inge Seiffge-Krenke

1 Historische Anfänge... 381
    1.1 Adoleszenz als zweite Chance für die Lösung des Ödipuskomplexes 381
    1.2 Entidealisierung der Eltern, Trauerarbeit und jugendspezifische Abwehrmechanismen 382

2 Allgemeine theoretische Orientierungen: Triebe und deren Abwehr 383
    2.1 Triebtheorie und Abwehraspekte 383
    2.2 Objektbeziehungstheorie und Selbstpsychologie 384
    2.3 Bewertung der frühen psychoanalytischen Adoleszenztheorien 386

3 Weiterentwicklungen und ihre klassischen Befunde....................................... 387
    3.1 Das Fünfphasenmodell der Adoleszenz 387
    3.2 Weiterentwicklungen der Triebtheorie: Veränderung des Körpers 393
    3.3 Identitätsentwicklung und die Notwendigkeit eines Moratoriums 393
    3.4 Bewertung der klassischen Ansätze von Blos, Laufer und Laufer sowie Erikson 395

4 Moderne Trends 395

5 Bestätigungen psychoanalytischer Konzepte... 397
    5.1 Veränderte Bewertung der Adoleszenz in der Entwicklungspsychologie 397
    5.2 Empirische Überprüfung psychoanalytischer Konzeptionen 398

6 Schlussbetrachtungen 400

Bio-Sketch: Peter Blos 400
Literatur 401

KAPITEL 16:
Die Bindungstheorie 404
Lieselotte Ahnert & Gottfried Spangler

1 Allgemeine Begriffsbestimmung.. 405

2 Historische Anfänge... 405

3 Allgemeine theoretische Orientierungen 407
    3.1 Die Bindungsbeziehung und ihre Funktionsweise 407
    3.2 Erfahrungsabhängigkeit der Bindung: Verfügbarkeit und Sensitivität 409
    3.3 Das Optimalitätstheorem.. 410

XVI | Theorien in der Entwicklungspsychologie

4 Klassische Befunde und zentrale Ergebnisse ... 411
4.1 Primäre Bindungsbeziehungen und ihre Typologie ... 412
4.2 Sekundäre Bindungsbeziehungen in der Kindheit ... 413
4.3 Bindungsbeziehungen im Jugend- und jungen Erwachsenenalter
und die Herausbildung von Partnerschaftsbeziehungen ... 415
4.4 Erfassung von Bindungsbeziehungen ... 417
4.5 Bindungsstabilität im Lebenslauf: Vom verhaltensbezogenen zum
repräsentationsbezogenen Internal Working Model (IWM) ... 421
4.6 Transgenerationale Weitergabe von Bindung ... 422
4.7 Biopsychologische Indikatoren für die Funktion von Bindungsrepräsentationen ... 423

5 Moderne Trends ... 426

6 Schlussbetrachtungen ... 427

Bio-Sketch: Edward John Mostyn Bowlby ... 428
Bio-Sketch: Mary Dinsmore Salter Ainsworth ... 428
Literatur ... 429

Teil VII: Emotionen und Sprache

KAPITEL 17:

Die Erforschung menschlicher Emotionen ... 436
Manfred Holodynski

1 Emotion: Eine Arbeitsdefinition ... 436

2 Historische Anfänge der Emotionsforschung ... 437
2.1 Die Suche nach den bestimmenden Merkmalen einer Emotion ... 437
2.2 Die Suche nach universalen Basisemotionen ... 438
2.3 Die Suche nach einem universalen Verlauf der Emotionsentwicklung ... 439
2.4 Die Suche nach kulturspezifischen Einflüssen ... 440

3 Theorien der Emotionen ... 440
3.1 Strukturalistisches Paradigma: Emotion als spezifischer psychischer Zustand ... 441
3.2 Funktionalistisches Paradigma: Emotion als spezifische psychische Funktion ... 444
3.3 Soziokulturelles Paradigma: Emotion als sozial konstruierte psychische Funktion ... 447

4 Klassische Befunde und ihre Methodik ... 452
4.1 Nachweis von Basisemotionen ... 452
4.2 Ontogenetische Entwicklung von Emotionen ... 455
4.3 Kulturspezifische Ausformung von Emotionen ... 457

5 Moderne Trends und theoretische Modifikationen ... 459

6 Schlussbetrachtungen ... 461

Bio-Sketch: Katharine May Banham Bridges ... 462
Literatur ... 462

Inhaltsverzeichnis XVII

KAPITEL 18:

Theorien zum Spracherwerb 468
Werner Kany & Hermann Schöler

1 **Historische Anfänge** 468

2 **Allgemeine Orientierungen** 469
   2.1 Spracherwerb als Entwicklungsaufgabe 470
   2.2 Determinanten und Grundprozesse des Spracherwerbs 473

3 **Allgemeiner Überblick über Theorien des Spracherwerbs** 475
   3.1 Inside-out-Theorien 476
   3.2 Outside-in-Theorien 477

4 **Moderne Trends und theoretische Modifikationen** 480
   4.1 Epigenetische Ansätze 480
   4.2 Die Mosaiktheorie 481

5 **Schlussbetrachtungen** 482

Bio-Sketch: Roger Brown 482
Literatur 483

KAPITEL 19:

Skinner und Chomsky: zwei Protagonisten der Spracherwerbsforschung   486
Werner Kany & Hermann Schöler

1 **Funktions- und verhaltensanalytische Vorstellungen von Skinner** 487
   1.1 Funktions- und verhaltensanalytische Charakteristika beim Spracherwerb 488
   1.2 Spracherwerb und Lernen 489
   1.3 Die sprachlichen Einheiten 490
   1.4 Das Lernen sprachlichen Verhaltens 491

2 **Die nativistisch-strukturanalytischen Vorstellungen von Chomsky** 492
   2.1 Nativistisch-strukturanalytische Charakteristiken beim Spracherwerb 493
   2.2 Spracherwerb und Vorwissen 495
   2.3 Modulare Organisation kognitiver Strukturen 496

3 **Schlussbetrachtungen** 497

Bio-Sketch: Burrhus Frederic Skinner 498
Bio-Sketch: Avram Noam Chomsky 498
Literatur 499

XVIII | Theorien in der Entwicklungspsychologie

EXKURS:

Erklärungsansätze für Entwicklung: Hinterfragen • Überarbeiten • Erweitern
Die untrennbare Allianz von Entwicklung und Kultur 502
Heidi Keller & Joscha Kärtner

1 Entwicklung als kulturspezifische Lösung universeller Entwicklungsaufgaben 502

2 Umwelt, Kontext und Kultur.... 504

3 Autonomie und Verbundenheit als urmenschliche Bedürfnisse und kulturelle Werte 506
3.1 Sozialisation zu Psychologischer Autonomie 508
3.2 Sozialisation zu Hierarchischer Verbundenheit 509

4 Konsequenzen für eine kulturinformierte Entwicklungspsychologie 511
4.1 Das Erreichen von Entwicklungsmeilensteinen 511
4.2 Universelle Entwicklungsaufgaben – Unterschiedliche Lösungen 512

5 Schlussbetrachtungen 516

Literatur 516

Bildquellenverzeichnis 520

Personenverzeichnis 522

Sachwortverzeichnis 527

Autorenverzeichnis

Prof. DDr. Lieselotte Ahnert

Universität Wien
Institut für Angewandte Psychologie:
Gesundheit - Entwicklung - Förderung
Arbeitsbereich Entwicklungspsychologie

Liebiggasse 5
A-1010 Wien
Tel.: +43-(0)1-4277 472 60
Fax: +43-(0)1-4277 847 260
E-Mail: lieselotte.ahnert@univie.ac.at
Homepages:
http://entw-psy.univie.ac.at/
http://www.lieselotte-ahnert.de

Dr. Nicole Berger

Staatliches Schulamt Karlsruhe
Schulpsychologische Beratungsstelle Karlsruhe

Ritterstraße 18
D-76133 Karlsruhe
Tel.: +49-(0)721-605 610 77
E-Mail: nicole.berger@ssa-ka.kv.bwl.de

Prof. Dr. Wilfried Datler

Universität Wien
Institut für Bildungswissenschaft
Arbeitsbereich Psychoanalytische Pädagogik

Sensengasse 3a
A-1090 Wien
Tel.: +43-(0)1-4277 468 11 oder 10
E-Mail: wilfried.datler@univie.ac.at
Homepage:
http://homepage.univie.ac.at/wilfried.datler/

Dr. Franziska Degé

Justus-Liebig-Universität Gießen
Fachbereich 06 Psychologie und Sportwissenschaft
Abteilung Entwicklungspsychologie

Otto-Behaghel-Straße 10 F
D-35394 Gießen
Tel.: +49-(0)641-992 6004
E-Mail: franziska.dege@psychol.uni-giessen.de
Homepage:
http://www.uni-giessen.de/cms/fbz/fb06/psychologie/
abt/ep/mitarbeiter/dege/

Prof. Dr. Birgit Elsner

Universität Potsdam
Abteilung Entwicklungspsychologie
Karl-Liebknecht-Str. 24-25

D-14476 Potsdam
Tel.: +49-(0)331-977 2862
E-Mail: birgit.elsner@uni-potsdam.de
Homepage:
http://www.psych.uni-potsdam.de/people/elsner/

Prof. Harald A. Euler, Ph. D.

Universität Kassel
FB1 Humanwissenschaften
Institut für Psychologie

Crumbacher Str. 39
D-34253 Lohfelden
Tel.: +49-(0)561-517 242
E-Mail: euler@uni-kassel.de
Homepage: http://www.prof-harald-euler.de/

Gastwissenschaftler an der Ruhr-Universität Bochum
und der Universität Wien

Prof. Dr. Alexandra M. Freund

Universität Zürich
Psychologisches Institut

Binzmühlestraße 14/11
CH-8050 Zürich
Tel.: +41-(0)44-635 72 09
E-Mail: a.freund@psychologie.uzh.ch
Homepage: http://www.psychologie.uzh.ch

Prof. Dr. Roland H. Grabner

Georg-August-Universität Göttingen
Georg-Elias-Müller-Institut für Psychologie
Abteilung für Pädagogische Psychologie

Waldweg 26
D-37073 Göttingen
Tel.: +49-(0)551-39 21110
E-Mail: grabner@psych.uni-goettingen.de
Homepage:
http://www.psych.uni-goettingen.de/de/education/

Prof. Dr. Tina Hascher

Universität Bern
Institut für Erziehungswissenschaft
Abteilung für Schul- und Unterrichtsforschung

Fabrikstraße 8
CH-3012 Bern
Tel.: +41-(0)31-63 13 143
E-Mail: tina.hascher@edu.unibe.ch
Homepage: http://edu.unibe.ch

Hendrik Haßelbeck, MSc

Universität Wien
Institut für Angewandte Psychologie:
Gesundheit - Entwicklung - Förderung
Arbeitsbereich Entwicklungspsychologie

Liebiggasse 5
A-1010 Wien
E-Mail: hendrik.hasselbeck@gmx.de
Homepage: http://entw-psy.univie.ac.at/

Prof. Dr. Manfred Holodynski

Westfälische Wilhelms-Universität Münster
Fakultät für Psychologie und Sportwissenschaft
Institut für Psychologie in Bildung und Erziehung

Fliednerstraße 21
D-48149 Münster
Tel.: +49-(0)251-83 34 310
Fax: +49-(0)251-83 34 314
E-Mail: manfred.holodynski@uni-muenster.de
Homepage: http://wwwpsy.uni-muenster.de/
Psychologie.inst5/AEHolodynski/index.html

Prof. Dr. Siegfried Hoppe-Graff

Universität Leipzig
Erziehungswissenschaftliche Fakultät

Karl-Heine-Straße 22b
D-04229 Leipzig
Tel.: +49-(0)341-973 1461
E-Mail: hoppe@uni-leipzig.de

Prof. Dr. Angela Ittel

Technische Universität Berlin
Fakultät für Geisteswissenschaften
Institut für Erziehungswissenschaft
Arbeitsbereich Pädagogische Psychologie

Marchstraße 23
D-10587 Berlin
Tel.: +49-(0)30-314 73 209
E-Mail: angela.ittel@tu-berlin.de
Homepage: http://www.paedpsy.tu-berlin.de

Prof. Dr. Joscha Kärtner

Westfälische Wilhelms-Universität Münster
Institut für Psychologie
Arbeitseinheit Entwicklungspsychologie

Fliednerstr. 21
D-48149 Münster
Tel.: +49-(0)251-83 34 331
E-Mail: j.kaertner@uni-muenster.de
Homepage: http://www.uni-muenster.de/PsyIFP/
AEKaertner/

Prof. Dr. Heidi Keller

Universität Osnabrück
Fachbereich Humanwissenschaften
Entwicklung und Kultur

Artilleriestraße 34
D-49076 Osnabrück
Tel.: +49-(0)541-969 3557
Fax: +49-(0)541-969 3576
Homepages:
http://www.psycho.uni-osnabrueck.de/mitarbeiter/
    hkeller/hkeller.html
http://www.imis.uni-osnabrueck.de/UEBERUNS/
    mitglied/keller.htm
http://nifbe.de/das-institut/forschung/entwicklung/

Prof. Dr. Andreas Krapp

Universität der Bundeswehr München
Fakultät für Sozialwissenschaften

Leoprechtingstraße 54
D-81739 München
Tel.: +49-(0)89-601 1449
E-Mail: anderas.krapp@unibw.de
Homepage: http://www.unibw.de/sowi1_1/home

Prof. Dr. Tobias Krettenauer

Wilfrid Laurier University
Faculty of Science

Department of Psychology
75 University Avenue W,
Waterloo, ON, N2L 3C5
Canada
Tel.: +1-(0)519-884 0710 3894
E-Mail: tkrettenauer@wlu.ca

Dr. Jana Nikitin

Universität Zürich
Psychologisches Institut

Binzmühlestraße 14/11
CH-8050 Zürich
Tel.: +41-(0)44-635 72 02
E-Mail: nikitin@psychologie.uzh.ch
Homepage: http://www.psychologie.uzh.ch

Dr. Diana Raufelder

Freie Universität Berlin
Fachbereich Erziehungswissenschaft & Psychologie
AB Methoden und Evaluation

Habelschwerdter Allee 45
D-14195 Berlin
Tel.: +49-(0)30-838 557 48
E-Mail: diana.raufelder@fu-berlin.de
Homepage: www.self-projekt.de

Prof. Dr. Herbert Scheithauer

Freie Universität Berlin
Fachbereich Erziehungswissenschaft & Psychologie
AB Entwicklungswissenschaft & Angewandte
Entwicklungspsychologie

Habelschwerdter Allee 45
D-14195 Berlin
Tel.: +49-(0)30-838 565 46
E-Mail: herbert.scheithauer@fu-berlin.de
Homepage: www.developmental-science.de

Prof. Dr. Wolfgang Schneider

Julius-Maximilians-Universität Würzburg
Institut für Psychologie

Wittelsbacherplatz 1
D-97974 Würzburg
Tel.: +49-(0)931-318 4822
E-Mail: schneider@psychologie.uni-wuerzburg.de

Prof. Dr. Hermann Schöler

Pädagogische Hochschule Heidelberg

Sitzbuchweg 61
D-69118 Heidelberg
Tel.: +49-(0)6221-809 957
E-Mail: k40@ix.urz.uni-heidelberg.de
Homepage: www.ph-heidelberg.de/wp/schoeler/

Prof. Dr. Gudrun Schwarzer

Justus-Liebig-Universität Gießen
Fachbereich 06 Psychologie und Sportwissenschaft
Abteilung Entwicklungspsychologie

Otto-Behaghel-Straße 10 F
D-35394 Gießen
Tel.: +49-(0)641-992 6060
E-Mail: gudrun.schwarzer@psychol.uni-giessen.de
Homepage: http://www.uni-giessen.de/cms/fbz/fb06/
psychologie/abt/ep/mitarbeiter/schwarzer

Prof. Dr. Inge Seiffge-Krenke

Johannes Gutenberg-Universität Mainz
Psychologisches Institut
Abteilung Entwicklungs- und Pädagogische
Psychologie

Waldstraße 3, 6. OG
D-55122 Mainz
Tel.: +49-(0)6131-39 39 226
Fax: +49-(0)6131-39 39 227
E-Mail: seiffge-krenke@uni-mainz.de
Homepage: http://www.epp.psychologie.uni-mainz.de

Prof. Dr. Beate Sodian

LMU München
Department Psychologie

Leopoldstraße 13
D-80802 München
Tel.: +49-(0)89-2180 5155
E-Mail: sodian@psy.lmu.de

Prof. Dr. Gottfried Spangler

Friedrich-Alexander-Universität Erlangen-Nürnberg

Nägelsbachstraße 49a
D-91052 Erlangen
Tel.: +49-(0)9131-85 20 901
E-Mail: gottfried.spangler@psy.phil.uni-erlangen.de
Homepage: http://www.psych3.phil.uni-erlangen.de/

Prof. Dr. Elsbeth Stern

ETH Zürich
Institute for Research on Learning and Instruction

Universitätsstraße 41
CH-8092 Zürich
Tel.: +41-(0)44-632 53 66
Fax: +41-(0)44-632 12 19
Email: elsbeth.stern@ifv.gess.ethz.ch
Homepage: www.ifvll.ethz.ch

Dr. David Weiss

Universität Zürich
Psychologisches Institut

Binzmühlestraße 14/11
CH-8050 Zürich
Tel.: +41-(0)44-635 72 04
E-Mail: d.weiss@psychologie.uzh.ch
Homepage: http://www.psychologie.uzh.ch

Dr. Michael Wininger

Universität Wien
Institut für Bildungswissenschaft
Arbeitsbereich Psychoanalytische Pädagogik

Sensengasse 3a
A-1090 Wien
Tel.: +43-(0)1-4277 468 11
E-Mail: michael.wininger@univie.ac.at
Homepage: http://www.uni-frankfurt.de/fb/fb04/
personen/wininger.html

Kapitel 1
Der Entwicklungsbegriff in der Psychologie

Tobias Krettenauer

William und Clara Stern

„Seelische Entwicklung ist […] das Ergebnis einer
Konvergenz innerer Angelegtheiten mit äußeren
Entwicklungsbedingungen."
(W. Stern, 1914/1967, S. 26)

Am Anfang eines Lehrbuchs steht üblicherweise eine Definition. Definitionen dienen der Abgrenzung eines Gegenstandsbereichs (lat. *definire* = begrenzen). Während man in früheren Jahrhunderten davon ausging, dass Definitionen das Wesen bzw. den Kern einer Sache zum Ausdruck bringen sollten, hat sich infolge des *linguistic turn* in der Philosophie ein eher konventionelles Verständnis von Definitionen durchgesetzt. Definitionen sind dementsprechend weder wahr noch falsch. Sie geben lediglich Auskunft darüber, wie ein bestimmter Begriff zu einer gegebenen Zeit in einer bestimmten sozialen Gruppe gebraucht wird. Sind Definitionen damit willkürlich? Eine solche Auffassung wäre kurzschlüssig, denn Definitionen sind mit vielen anderen Begriffen, Konzepten und Theorien vernetzt und verweisen damit auf Wissensgrundlagen, die sich auch verändern können. Definitionen akzentuieren bestimmte Aspekte eines Phänomens und eröffnen eine inhaltliche Auseinandersetzung darüber, wie ein bestimmter Wissensbereich verstanden werden soll.

1 Was ist Entwicklung?

Im Zentrum des vorliegenden Kapitels steht die Definition des Begriffs *Entwicklung*. Zunächst werden Entwicklungskonzepte beschrieben, die in der ersten Hälfte des 20. Jahrhunderts in Philosophie und Psychologie dominierten: sog. endogenistische und exogenistische Ansätze. Nach einer Diskussion der Mängel dieser Ansätze wird ein allgemeines

Entwicklungstheorem formuliert, aus dem sich ein zeitgemäßer Entwicklungsbegriff ableiten lässt. Dieses Entwicklungstheorem dient zugleich als heuristisches Schema, um unterschiedliche Paradigmen darzustellen, so wie sie sich in der Entwicklungspsychologie bisher etabliert haben. Schließlich dient dieses Theorem dazu, Visionen über die Zukunft der Entwicklungspsychologie als eine theoretische wie auch angewandte Wissenschaft zu formulieren. Um die primär begrifflich-theoretischen Ausführungen dieses Kapitels möglichst anschaulich zu vermitteln, wird auf viele Beispiele aus unterschiedlichen Forschungsbereichen der Entwicklungspsychologie zurückgegriffen, die jedoch illustrierenden Charakter haben und keiner Systematik folgen.

1.1 Reifung versus Lernen

Nach der Standarddefinition vieler Lehrbücher besteht Entwicklung aus altersbezogenen Veränderungen psychischer Funktionen. Mit Bezug auf das Alter werden entwicklungsartige Veränderungen von vorübergehenden oder rein zufälligen Veränderungen abgegrenzt. Stimmungsschwankungen im Tagesverlauf oder das Vergessen und Erinnern einer Telefonnummer gelten dementsprechend nicht als Entwicklung. Dasselbe gilt streng genommen auch für Veränderungen, die keinem bestimmten Lebensalter zugeordnet werden können, etwa die psychische Bewältigung einer schweren Krankheit, die in allen Lebensphasen auftreten kann. Die Definition von Entwicklung als altersbezogene Veränderung schließt damit diese Veränderungsprozesse aus dem Bereich der Entwicklung aus, obgleich es hierzu eine Fülle entwicklungspsychologischer Literatur gibt und die Bewältigung einer Krankheit von vielen Menschen subjektiv als Entwicklungsprozess erfahren wird (vgl. Eckensberger, 2011). wDer Begriff *Entwicklung* ist jedoch reichhaltiger, als es die Standarddefinition zu erkennen gibt. Dies wird nicht zuletzt auch dadurch deutlich, dass Entwicklung nicht immer nur mit altersbezogener Veränderung verbunden wurde. So definierte etwa Hans Dieter Schmidt in einem der ersten deutschsprachigen Lehrbücher der Entwicklungspsychologie nach dem Zweiten Weltkrieg Entwicklung als *„psychophysische Veränderungsreihe [...] deren Glieder existentiell auseinander hervorgehen (d. h. in einem natürlichen inneren Zusammenhang stehen), sich Orten in einem Zeit-Bezugssystem zuordnen lassen und deren Übergänge von einem Ausgangszustand in einen Endzustand mit Hilfe von Wertkriterien zu beschreiben sind"* (Schmidt, 1972, S. 20). Im Zentrum dieser Definition stehen Veränderungen über die Zeit. Zudem werden Wertkriterien angeführt, die Entwicklung von bloßer Veränderung abgrenzen sollen. Bevor wir uns jedoch mit diesem Vorschlag auseinandersetzen, sollen weitere Zugänge zur Begriffsbestimmung von Entwicklung vorgestellt werden.

1.1.1 Der endogenistische Ansatz

Der historisch betrachtet wohl älteste Entwicklungsbegriff ist eng mit dem Konzept der Reifung verknüpft. Reifung bedeutet Wachstum des Organismus nach inneren Gesetzmäßigkeiten. Dementsprechend werden reifungstheoretische Ansätze in der Entwicklungspsychologie auch als endogenistisch bezeichnet (*endo* = innen). Aus endogenistischer Sicht ist Entwicklung angeboren und erblich. Nach Gottlieb (1992) sind zwei Varianten endogenistischer Ansätze zu unterscheiden: Präformation und Entfaltung. Aus präformatorischer

Sicht sind alle Strukturen des erwachsenen Organismus in der Eizelle angelegt. Entwicklung ist folglich im Wesentlichen Wachstum. Seit der wissenschaftlichen Untersuchung der Embryogenese bei Tieren im 18. Jahrhundert gilt diese Vorstellung jedoch als widerlegt. Endogenistische Ansätze berufen sich seither auf Prozesse der Entfaltung von Anlagen nach einem festen inneren Bauplan. So definierte etwa Heinz Remplein, einer der bekanntesten deutschen Vertreter des endogenistischen Ansatzes der Nachkriegszeit, Entwicklung als *„eine nach immanenten Gesetzen (Bauplan) sich vollziehende Differenzierung (Ausgliederung) einander unähnlicher Teile bei zunehmender Strukturierung (gefügehafter Gliederung) und Zentralisierung (Unterordnung unter beherrschende Organe und Funktionen)"* (Remplein, 1950, S. 15). Aus endogenistischer Sicht sind Entwicklungsbetrachtungen gleichbedeutend mit Zustandsbetrachtungen der Reife, die ein Organismus von sich aus anstrebt. Mit erreichter Reife wird Entwicklung unnötig und findet auch nicht weiter statt.

Freilich erschien selbst Vertretern eines endogenistischen Ansatzes die radikale Position unglaubwürdig, wonach die Umwelt eines Kindes keinerlei Einfluss auf seine Entwicklung hat. Aus endogenistischer Sicht können Umweltgegebenheiten Entwicklung(en) anstoßen, ihren Verlauf aber nicht beeinflussen. Diese Auffassung kommt beispielsweise in einer Entwicklungsdefinition zum Ausdruck, die von Erich Stern, dem Psychiater und Pädagogen (1889–1959), stammt: *„Entwicklung ist die unter der Einwirkung äußerer Faktoren erfolgende Entwicklung der Anlagen, wobei die Entfaltung nach einer in den Anlagen selbst liegenden Gesetzmäßigkeit erfolgt und den äußeren Faktoren mehr die Bedeutung der Auslösung zukommt."* (E. Stern, 1951, S. 41)

Vertreter des endogenistischen Ansatzes stehen Einflüssen aus der Umwelt grundsätzlich skeptisch gegenüber. Wenn Umwelt Einfluss auf Entwicklung hat, dann wird er in erster Linie negativ betrachtet. Umwelt würde den natürlichen Verlauf der Entwicklung eher stören, positive oder fördernde Effekte wären dagegen kaum zu erwarten. Besonders pointiert wurde diese Position von Arnold Gesell vertreten: *„All things considered, the inevitableness and surety of maturation are the most impressive characteristic of early development. It is the hereditary ballast which conserves and stabilizes the growth of each individual infant. It is indigenous in its impulsion; but we may well be grateful for its degree of determinism. If it did*

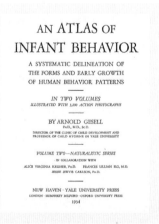

Abb. 1.1: Der *Gesell Dome* bestand aus einer Kuppel von Einwegspiegeln, durch die sich Kinder abgeschirmt von störenden Umweltreizen beobachten ließen. Unzählige Einzelbeobachtungen wurden im „Atlas of Infant Behavior" zusammengefasst.

not exist the infant would be a victim of a flaccid malleability which is sometimes romantically ascribed to him. His mind, his spirit, his personality would fall a ready prey to disease, to starvation, to malnutrition, and worst of all to misguided management. As it is, the inborn tendency toward optimal development is so inveterate that he benefits liberally from what is good in our practice, and suffers less than he logically should from our unenlightenment. Only if we give respect to this inner core of inheritance can we respect the importance of individual differences which distinguish infants as well as men." (Gesell, 1928, S. 378)

Arnold Gesell (1880–1961) hat als Arzt und Pädagoge wie kaum ein anderer Forscher seiner Zeit den endogenistischen Entwicklungsbegriff konsequent in einem eigenen empirischen Forschungsprogramm an der Yale University in Connecticut/USA umgesetzt. Mit hohem Aufwand und außerordentlicher Akribie hat er hierfür eine Untersuchungstechnik entwickelt, die ihm erlaubte, das kindliche Verhalten umfassend zu katalogisieren (Abb. 1.1). Seine Idee, einen umfassenden Entwicklungsatlas zu erarbeiten, der kindliche Verhaltensweisen in ihren Veränderungen (losgelöst vom Entwicklungskontext) kartografiert, ist nur vor dem Hintergrund eines reifungstheoretischen Ansatzes nachvollziehbar (Gesell, 1934)

1.1.2 Der exogenistische Ansatz

Gesells Forschungen haben die amerikanische Kindermedizin stark beeinflusst. Bei den Psychologen seiner Zeit stießen sie jedoch auf wenig Interesse, da der Behaviorismus der amerikanischen Psychologie der 1940er-Jahre einer endogenistischen Denkweise diametral entgegenstand. Aus behavioristischer Sicht ist Verhalten ausschließlich das Produkt von Umweltkontingenzen, die durch Prozesse des klassischen und operanten Konditionierens gelernt werden. Die behavioristische Position zum Entwicklungsbegriff ist deshalb auch als exogenistisch (*exo* = außen) zu bezeichnen, wonach Entwicklung im Wesentlichen auf Lernen reduzierbar ist und einen Entwicklungsbegriff deshalb unnötig macht. Wenn jedoch Entwicklung kumulierte Lernerfahrung ist, so ist Entwicklung vollständig umweltabhängig und damit im selben Umfang beeinflussbar, wie ihre Umwelt kontrollierbar ist. Diese Idee hat Burrhus Skinner zu dem utopischen Roman „Walden Two" veranlasst (deutsch: Futurum Zwei; Skinner, 1972) und John Watson zu dem bekannten Ausspruch: *„Give me a dozen healthy infants, well formed, and my own specific world to bring them up, and I'll guarantee to take any one at random and to train them to become any type of specialist I might select – doctor, lawyer, artist, merchant, chief and yes, even beggar and thief, regardless of his talents, tendencies, abilities and the race of their ancestors. There is no such thing as an inheritance of capacity, temperament, mental constitution, and behavioral characteristics."* (Watson, 1924, S. 82)

1.2 Erweiterungen des Entwicklungsbegriffs

Endogenistische und exogenistische Ansätze bilden einen extremen Gegensatz. Was der eine Ansatz affirmativ behauptet, wird vom anderen negiert. Diese Polarisierung von Anlage *versus* Umwelt, Reifung *versus* Lernen findet sich nicht nur in der amerikanischen Psychologie der 1940er-Jahre. Vorläufer dazu sind in der Philosophiegeschichte zu finden, etwa in der Auseinandersetzung zwischen Descartes' Rationalismus und dem englischen

Kapitel 1 · Der Entwicklungsbegriff in der Psychologie

Empirismus (Locke, Hume). Während René Descartes (1596–1650) von angeborenen Ideen ausging, erschien John Locke (1632–1704) und David Hume (1711–1776) diese Vorstellung unsinnig. Eine Neuauflage der Gegenüberstellung von Anlage und Umwelt findet sich in den 1970er-Jahren in der Auseinandersetzung zwischen Soziobiologie und Sozialisationsforschung. Die Gegenüberstellung von Anlage und Umwelt lebt schließlich in der Ausdifferenzierung getrennter Wissenschaftsdisziplinen fort, die entweder das Biologische oder das Kulturelle am Menschen betonen, dabei Berührungspunkte vermeiden und im gesellschaftlichen Diskurs häufig um die Deutungshoheit konkurrieren. Im Gegensatz dazu schrieb William Stern bereits im Jahre 1914: *„Seelische Entwicklung ist nicht ein bloßes Hervortreten-Lassen angeborener Eigenschaften, aber auch nicht ein bloßes Empfangen äußerer Einwirkungen, sondern das Ergebnis einer Konvergenz innerer Angelegtheiten mit äußeren Entwicklungsbedingungen. Diese 'Konvergenz' gilt für die großen Züge, wie für die Einzelerscheinungen der Entwicklung. Bei keiner Funktion oder Eigenschaft dürfte man fragen: 'Stammt sie von außen oder von innen?' sondern: 'Was an ihr stammt von außen und was von innen?'; denn stets wirkt beides an ihrem Zustandekommen mit."* (W. Stern, 1914/1967, S. 26)

1.2.1 Das Zusammenwirken von Anlage und Umwelt

Aus endogenistischer oder exogenistischer Sicht ist Entwicklung entweder das Produkt von Reifungsprozessen oder von Umweltbedingungen, nicht aber von beidem zugleich. Jedoch ist heute unbestritten, dass Anlage und Umwelt in der Entwicklung zusammenwirken, wie dies bereits das einfache Beispiel der Prägung zeigt: Während eines genetisch festgelegten Zeitabschnitts (sensible Phase) werden bestimmte Reize der Umwelt dauerhaft gelernt. Diese dienen dann im Weiteren als Schlüsselreize für die Auslösung eines instinkthaften Verhaltensmusters. Lernen findet somit nur in einem anlagebedingten Zeitraum statt, weder vorher noch nachher. Prägungsvorgänge sind bei Tieren vielfach nachgewiesen worden (einen Überblick gibt Bornstein, 1989). Besonders bekannt geworden ist die Nachfolgeprägung bei Graugänsen, wie sie von Konrad Lorenz beschrieben wurde (Lorenz, 1965). Die unvermittelte Anwendung des Konzepts der Prägung auf menschliche Entwicklung ist jedoch fraglich, was am Beispiel der Bindungsentwicklung deutlich wird. Zwar hat sich John Bowlby bei der Formulierung seiner Bindungstheorie von den Forschungen Konrad Lorenz' inspirieren lassen (Bowlby, 1980), dennoch wäre es fehlgeleitet, die Bindungsentwicklung als irreversiblen Prozess analog zum Vorgang der Prägung zu begreifen. Bindungsmuster bleiben plastisch und sind im Verlauf der Entwicklung veränderbar (vgl. Grossmann, Grossmann & Waters, 2005). Daraus im Umkehrschluss zu folgern, dass die Bindung in allen Lebensphasen *gleichermaßen* formbar ist, wäre freilich ebenfalls fragwürdig. Die Idee der sensiblen Phase als biologisch bedingtes Zeitfenster erhöhter Lernbereitschaft sollte in der Anwendung auf menschliche Entwicklung nicht deterministisch missverstanden werden. Lernprozesse, die in sensiblen Phasen stattfinden, beeinflussen die weitere Entwicklung, sie determinieren diese aber nicht.

Wenn der Vorgang der Prägung in der Humanentwicklung weniger markant hervortritt als bei manchen Tierarten, dann weist dies darauf hin, dass sich das Zusammenwirken von Anlage und Umwelt beim Menschen viel komplexer gestaltet. Tatsächlich sind unterschiedliche Formen dieses Zusammenwirkens diskutiert worden, die als additive und multiplikative Verknüpfungen von Anlage- und Umweltbedingungen beschrieben oder auch als Gen-Umwelt-Entsprechungen thematisiert werden, die dann allerdings die Trennbarkeit von Entwicklungsflüssen in anlage- und umweltbedingt grundsätzlich in Frage stellen.

Ein Modell der *additiven Verknüpfung* von Anlage und Umwelt besteht im von Waddington (1966) beschriebenen Prinzip der Kanalisierung (*Principle of Canalization*). Kanalisierung bedeutet, dass Anlagebedingungen zu einem gegebenen Zeitpunkt die Auswahl möglicher Entwicklungspfade einschränken. Umweltfaktoren entscheiden darüber, welcher Pfad tatsächlich verfolgt wird. Anlage und Umwelt tragen so gemeinsam und auf jeweils eigene Weise zur Entwicklung bei. Kanalisierung ist vergleichbar mit einer Kugelbahn, bei der mögliche Verlaufsbahnen strukturell vorgegeben sind, zusätzliche Faktoren (z. B. ein Impuls) jedoch über den tatsächlichen Verlauf der Kugel entscheiden (Abb. 1.2).

Ein Modell *multiplikativer Verknüpfung* von Anlage und Umwelt ist das Konzept des Reaktionsspielraums (*Range of Reaction Principle*). Nach diesem Konzept geben Anlagefaktoren die Bandbreite vor, in der ein bestimmtes Merkmal nach Maßgabe von Umweltfaktoren variiert. Ein Beispiel ist das Längenwachstum. Körpergröße gilt als stark genetisch beeinflusst. So lassen sich ca. 80 % der Variabilität in diesem Merkmal auf Erblichkeit zurückführen (vgl. Dunn & Plomin, 1996). Zugleich ist die durchschnittliche Körpergröße in den westlichen Industriegesellschaften des 19. und 20. Jahrhunderts deutlich angestiegen, was sich insbesondere auf verbesserte Lebens-, Gesundheits- und Ernährungsbedingungen zurückführen lässt. Durch eine weitere Verbesserung der Lebensbedingungen lässt sich das Längenwachstum allerdings nicht beliebig steigern. Genetische Faktoren geben hier eine Obergrenze vor. Vergleichbares trifft etwa auch auf den Zeitpunkt der Pubertät zu: Das Alter der ersten Regelblutung bei Mädchen ist im Zuge der Industrialisierung deutlich jünger geworden (*säkulare Akzeleration*), wofür ebenfalls Umweltfaktoren verantwortlich gemacht werden können. Jedoch wird sich auch dieser Trend nicht unbegrenzt fortsetzen. Anlagefaktoren geben hier die Untergrenze vor. Außerdem können Reaktionsspielräume individuell unterschiedlich ausfallen. So mag Kind A einen breiten Spielraum hinsichtlich der Intelligenzentwicklung aufweisen und Kind B einen eher engen. Dementsprechend wird Kind A von gezielten Förderprogrammen der Intelligenzentwicklung vermutlich mehr profitieren als Kind B. Beim Konzept des Reaktionsspielraums ist der Einfluss von Umweltfaktoren auf eine bestimmte Bandbreite von Entwicklungsergebnissen begrenzt. Jenseits einer anlagebedingten Unter- oder Obergrenze erweisen sich Veränderungen in Umweltbedingungen als wirkungslos. Derartige multiplikative Verknüpfungen von Anlage und Umwelt sind allerdings nicht nur in Extrembereichen, sondern auch innerhalb der normalen Bandbreite von Entwicklungsergebnissen zu verzeichnen. Ein eindrucksvolles Beispiel für eine solche Verknüpfung liefert die Studie von Caspi et al. (2002), in der es erstmals in der Geschichte der Entwicklungspsychologie gelang, Wechselwirkungen zwischen Anlage und Umwelt auf molekulargenetischer Grundlage nachzuweisen. Anhand von Daten einer umfangreichen Längsschnittstudie mit neuseeländischen Jungen konnten Caspi und Mitarbeiter zeigen, dass der Effekt von Umweltbedingungen auf die Entwicklung antisozialen und delinquenten Verhaltens

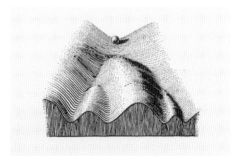

Abb. 1.2: Prinzip der Kanalisierung nach Waddington (1966).

durch die Expression eines bestimmten Gens verändert wird, das die Produktion von Monoaminoxidase A (MAOA), einem Enzym, das am Neurotransmitter-Metabolismus beteiligt ist, beeinflusst. Während die Expression des Gens keinen direkten Einfluss auf antisoziales Verhalten hatte, ließ sich nachweisen, dass die Kombination von Genexpression mit problematischen Umweltbedingungen in Kindheit und Jugend zu einer überproportionalen Zunahme von antisozialem Verhalten mit beginnendem Erwachsenenalter führte. Dieser Befund deckt sich mit Ergebnissen von Adoptionsstudien, die darauf hinweisen, dass ein genetisch bedingtes Risiko für kriminelles Verhalten (aufgrund von Delinquenzkarrieren der biologischen Eltern) nur bei solchen Kindern tatsächlich zu erhöhtem antisozialen Verhalten führte, die unter ungünstigen Adoptivbedingungen aufwuchsen. Kinder mit genetisch bedingtem Risiko, aber positiven Entwicklungsbedingungen unterschieden sich demgegenüber im antisozialen Verhalten nicht von Kindern, die keine entsprechende genetische Belastung aufwiesen (vgl. Cadoret, Cain & Crowe, 1983).

Adoptionsstudien verdeutlichen aber auch, dass genetische Faktoren und Umwelteinflüsse unter normalen Bedingungen häufig korrelieren: Eltern sind Träger bestimmter Gene und übermitteln diese an ihre Kinder. Zugleich schaffen sie Entwicklungsumwelten, die ihren eigenen Anlagen und damit auch den Anlagen ihrer Kinder entsprechen. Beispielsweise übermitteln musikalische Eltern genetisch bedingte Musikalität an ihre Kinder; aufgrund ihrer eigenen Musikalität schaffen sie jedoch zugleich eine musikalisch anregungsvolle Entwicklungsumwelt. Durch Adoptionen können bestimmte Gen-Umwelt-Entsprechungen ausgeschaltet werden; einige ihrer Formen bleiben jedoch wirksam, wie sich dies mit Plomin, DeFries und Loehlin (1977) nachvollziehbar erklären lässt. Danach gibt es drei Formen von Gen-Umwelt-Entsprechungen:

(1) Passive Gen-Umwelt-Entsprechungen bestehen darin, dass Anlagefaktoren der Eltern die Entwicklungsumwelt der Kinder beeinflussen.

(2) Evokative Gen-Umwelt-Entsprechungen sind dann gegeben, wenn Anlagefaktoren der Kinder bestimmte Reaktionen in der Umwelt hervorrufen. Ein Kind mit schwierigem Temperament mag etwa andere elterliche Reaktionen hervorrufen als ein Kind mit einfachem Temperament.

(3) Aktive Gen-Umwelt-Entsprechungen schließlich sind dann gegeben, wenn Kinder aufgrund bestimmter genetischer Anlagen die für sie passende Entwicklungsumwelt aktiv aufsuchen.

Plomin, DeFries und Loehlin (1977) gehen davon aus, dass *passive* Gen-Umwelt-Entsprechungen im Verlauf der individuellen Entwicklung an Bedeutung verlieren, da Kinder zunehmend selbständig werden. Weil *aktive* Gen-Umwelt-Entsprechungen im Verlauf des Lebens dann an Bedeutung gewinnen, wird das Individuum zunehmend zum aktiven Gestalter der eigenen Entwicklung (siehe auch Scarr & McCartney, 1983).

1.2.2 Das Individuum als aktiver Gestalter der eigenen Entwicklung

Mit dem Konzept der aktiven Gen-Umwelt-Entsprechung wird deutlich, dass die Bedeutung der Eigenaktivität des Individuums mittlerweile selbst in Bereichen anerkannt ist, die herkömmlicherweise eher die Anlagebedingtheit von Entwicklung betonen. Dabei ist die Idee vom Individuum als aktivem Gestalter der eigenen Entwicklung geschichtlich keineswegs neu. Die eigenaktive und tätige Auseinandersetzung des Individuums mit seiner materiellen und sozialen Umwelt galt bereits den Philosophen der Romantik als Ausgangspunkt für die Denk- und Sprachentwicklung des Menschen. Bis sich diese Idee jedoch in der Entwicklungspsychologie etablieren konnte, bedurfte es der systemischen Ansätze in den 1970er- und 1980er-Jahren, die die Mensch-Umwelt-Interaktion in den Mittelpunkt stellten und damit das aktive Individuum zum integralen Bestandteil von Entwicklungstheorien machten. Parallel dazu etablierte sich in der Pädagogik das Konzept der Selbstsozialisation im Kontrast zur Fremdsozialisation, das die Eigenaktivität von Kindern und Jugendlichen sogar im Erziehungsprozess betont (vgl. Zinnecker, 2000).

Individuen tragen auf dreifache Weise zu ihrer eigenen Entwicklung bei, und zwar ebenfalls in einer reaktiven, evokativen und proaktiven Art und Weise:

(1) Reaktiv. Individuen interpretieren objektive Umweltgegebenheiten unterschiedlich und verleihen damit der Umwelt unterschiedliche Bedeutungen.

(2) Evokativ. Individuen rufen durch ihr Verhalten unterschiedliche Reaktionen in der Umwelt hervor, wie es der Reziprozität in den zwischenmenschlichen Beziehungen auch entspricht.

(3) Proaktiv. Individuen treffen Wahlentscheidungen, die ihren Lebensweg nachhaltig beeinflussen, wie dies beispielsweise bei Entscheidungen für einen bestimmten Beruf oder die Partnerwahl zutrifft.

Die Eigenaktivität des Individuums ist in neueren Theorien zentraler Bestandteil des Entwicklungskonzepts. So betont Bronfenbrenner (1989), dass nicht nur objektive Gegebenheiten der Umwelt, sondern auch die Art und Weise, wie deren Eigenschaften wahrgenommen und erlebt werden, Entwicklung beeinflussen. Bronfenbrenner beruft sich hierbei auf das *Thomas-Theorem*, das besagt, dass es die subjektive Situationsdefinition beziehungsweise -interpretation einer Person ist, die reale Konsequenzen bewirkt, selbst wenn die objektive Situation davon erheblich abweicht. *„If men define situations as real, they are real in their consequences.“* (Thomas & Thomas, 1928, S. 572) Darüber hinaus wird in den neueren Entwicklungstheorien die Bedeutung von Wahlentscheidungen betont. So unterstreichen Baltes und Mitarbeiter (vgl. Baltes, Lindenberger & Staudinger, 1998) die Tatsache, dass sich Individuen im Verlauf ihres Lebens eigenständige Entwicklungsziele und Aufgaben setzen und durch eine Selektion von Entwicklungszielen ihre eigene Entwicklung beeinflussen. Optimierung und Kompensation dienen dabei dazu, Zielnäherungen und Anpassungen zu steuern. Damit greifen Individuen vor allem in ihre eigene Entwicklung ein, indem sie bestimmte Ziele verfolgen, andere jedoch fallen lassen, wenn ihnen eine erfolgreiche Zielerreichung fraglich erscheint. Sie können hartnäckig an Erfolg versprechenden Zielen festhalten und ihre Anstrengungen intensivieren oder sie den veränderten Gegebenheiten anpassen (vgl. Heckhausen, Wrosch & Schulz, 2010).

1.3 Das allgemeine Entwicklungstheorem

Fasst man die Diskussion um die exogenistischen oder endogenistischen Ansätze sowie ihre konzeptuellen Erweiterungen zusammen, dann kann eine einfache, in Bezug auf ihre Implikationen jedoch recht weitreichende Schlussfolgerung für ein Entwicklungstheorem gezogen werden: Entwicklung ist stets das Produkt des Zusammenwirkens von Anlage, Umwelt und aktivem Individuum. Losgelöst von einem der drei Faktoren kann keine Entwicklung stattfinden. Mehr noch: Entwicklung kann als Verzahnung von Anlage,

Umwelt und aktivem Individuum verstanden werden (Abb. 1.3). Schon William Stern hat für diese Verzahnung den Begriff der Konvergenz gebraucht (vgl. Kreppner, 1992; Deutsch & El Mogharbel, 2011), womit die wechselseitige Durchdringung von Entwicklungsbedingungen gemeint ist. So schreibt Stern (hier mit Bezug auf die Sprachentwicklung): *„Auch die [...] Sprachentwicklung [...] wird nur dann ganz verständlich, wenn man sie als Konvergenzprodukt auffaßt zwischen den fortwährend auf das Kind eindringenden Sprachäußerungen seiner Umgebung und seinen inneren Sprachbedürfnissen und -Fähigkeiten. Das sprechenlernende Kind ist ebensowenig eine bloße Wiederholungsmaschine wie ein souveräner Sprachschöpfer; sondern nur im Zusammenwirken von Nachahmung und Spontaneität kommt seine Sprachentwicklung zustande."* (W. Stern, 1914/1967, S. 123)

Das allgemeine Entwicklungstheorem lässt sich jedoch mit einer Vielzahl weiterer Beispiele aus der Entwicklungspsychologie untermauern; ein besonders markantes Beispiel ist das Laufenlernen. Die Entwicklungssequenz, die zum aufrechten Gang führt und typischerweise bei Kleinkindern vom Robben über das Krabbeln und den Vierfüßlergang zum aufrechten Gehen beobachtet werden kann, galt Gesell und anderen Vertretern des endogenistischen Ansatzes als Reifungsprozess par excellence, der nach einem festen inneren Plan verläuft. Tatsächlich legen die hohe Zielsicherheit, mit der Kinder diese Entwicklungsaufgabe meistern, und die scheinbare Unabhängigkeit dieser Entwicklung von Umweltbedingungen einen solchen Eindruck nahe. Bei genauerer Betrachtung ergeben sich dennoch Zweifel. So zeigen interindividuelle und kulturelle Vergleiche erhebliche Unterschiede in der zeitlichen und inhaltlichen Abfolge der Bewegungsmuster (vgl. Adolph & Berger, 2006; Hopkins, 1991). Manche Kinder überspringen die Stadien des Robbens und Krabbelns und finden über Aufsitzen und sitzendes Rutschen zum aufrechten Gang. Andere bewegen sich rollend vorwärts, bevor sie aufstehen und den freien Lauf probieren. Diese nicht seltenen alternativen Entwicklungspfade passen nicht zu der Idee eines festen Entwicklungsplans. Heute wird deshalb in der *Dynamic Systems Theory* davon ausgegangen, dass sich die individuelle motorische Entwicklung über Kombinationen vorhandener Bewegungen zu komplexeren Bewegungsmustern erklären lässt (vgl. Thelen & Smith, 2006). So kann beispielsweise Krabbeln aus einer Kombination von Anheben des Kopfes, Kicken der Beine und Greifbewegung der Arme beschrieben werden.

Die komplexeren Bewegungsmuster wirken zunächst unbeholfen, werden durch Übung jedoch schnell optimiert. Alternative Entwicklungspfade ergeben sich aus der Berücksichtigung unterschiedlicher Komponenten eines Bewegungsmusters. Diese Kombinationen können als aktive Prozesse verstanden werden. Berücksichtigt man zudem, dass Kinder durch bestimmte Bewegungsmuster auch bestimmte Ziele erreichen wollen, die ihnen interessant und attraktiv erscheinen (z. B. einen Schokoladenkeks auf dem Tisch), dann wird deutlich, dass es sich bei der motorischen Entwicklung um einen Prozess zielge-

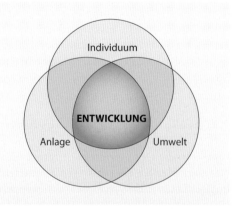

Abb. 1.3: Entwicklung ist stets das Produkt des Zusammenwirkens von Anlage, Umwelt und aktivem Individuum.

richteter Problembewältigung handelt, der mit einer effektiven Umweltkontrolle einhergeht. *„Motor development is not hardwired into the nervous system. Instead, behaviors are softly assembled as infants constantly recombine actions they can perform into new and more complex action systems that help them to achieve their goals.“* (Shaffer et al. 2005, S. 134)

Die Behauptung, dass Entwicklung stets aus dem Zusammenwirken von Anlage, Umwelt und aktivem Individuum resultiert, weist Parallelen zu der in der Verhaltensgenetik verbreiteten Vorstellung auf, dass Entwicklung durch die Faktoren Erblichkeit, geteilte Umwelt und nicht-geteilte Umwelt erklärbar ist (vgl. zum Überblick Plomin, DeFries, McClearn & Rutter, 1999). *Geteilte Umwelt* meint dabei Umweltfaktoren, die Kinder innerhalb einer Familie teilen (z. B. das Wohnumfeld oder das Bildungsniveau der Eltern), während sich der Begriff der *nicht-geteilten Umwelt* auf individuelle Erfahrungen des einzelnen Kindes innerhalb einer Familie bezieht. Selbst eineiige Zwillinge, die in derselben Familie aufwachsen, sind zwar genotypisch (sie teilen sich 100 % ihrer Gene), nicht aber phänotypisch identisch. Ihre Unterschiedlichkeit geht auf den Einfluss nicht-geteilter Umwelt(en) zurück. Kann die nicht-geteilte Umwelt mit der Eigenaktivität des Individuums, die geteilte Umwelt mit Umweltbedingungen und die Erblichkeit mit den Anlagefaktoren gleichgesetzt werden? Das verhaltensgenetische Modell zu Erblichkeit, geteilter und nicht-geteilter Umwelt hat zum Ziel, die Variabilität von Entwicklungsergebnissen innerhalb *einer Population* statistisch aufzuklären. Vom Entwicklungsprozess des Einzelnen wird dabei abstrahiert. Das (hier vertretene) allgemeine Entwicklungstheorem bezieht sich jedoch genau auf diesen individuellen Entwicklungsprozess. Das heißt, es werden individuelle *Veränderungen* und nicht die erreichte relative Position innerhalb einer Population als Produkt des Zusammenwirkens von Anlage, Umwelt und Individuum betrachtet. Dieses Entwicklungstheorem ist von heuristischem Wert, um unterschiedliche entwicklungspsychologische Paradigmen besser verstehen und wissenschaftlich einordnen zu können.

2 Paradigmen in der Entwicklungspsychologie

Mit dem Begriff des Paradigmas werden unterschiedliche Denkweisen oder wissenschaftliche Weltanschauungen bezeichnet. Zu einem Paradigma gehört nach Stegmüller eine „intuitive Grundeinstellung *gegenüber einem Bereich von Phänomenen; es bestimmt darüber hinaus, was für Fragen unter den Forschern als* wichtige und relevante Probleme *anerkannt sind und* welche Lösungsmethoden als zulässig erachtet *werden. Ja noch mehr: Das gemeinsame Paradigma reicht über das rein Theoretische hinaus und ist mitbestimmend für das, als was etwas wahrgenommen oder beobachtet wird. Bei der Betrachtung eines an der Schnur hängenden und schwingenden Steines sieht der aristotelische Physiker einen gehemmten Fall, während Galilei denselben Vorgang* als eine Pendelbewegung *wahrnimmt.“* (Stegmüller, 1987, S. 293; Hervorhebungen im Original) Paradigmen gelten als wissenschaftlich nicht überprüfbar, da sie als erkenntnisleitende Annahmen fungieren, Forschungsprobleme definieren und die Auswahl der Methoden und die Dateninterpretation beeinflussen.

Für die Entwicklungspsychologie werden zumeist drei Arten von Paradigmen beschrieben (vgl. Reese & Overton, 1979): mechanistische, organismische und transaktionistische Paradigmen. Mitunter werden *mechanistische Theorien* in endogenistische und exogenistische aufgeteilt, die jedoch insgesamt die Eigenaktivität des Individuums leugnen.

Demgegenüber vernachlässigen *organismische Theorien* Umweltfaktoren als maßgebend für die Entwicklung. *Transaktionistische Theorien* schreiben zwar sowohl dem einzelnen Individuum als auch der Umwelt eine gestaltende Funktion zu, biologische Anlagefaktoren spielen dabei aber keine besondere Rolle. So lassen sich die unterschiedlichen Paradigmen auch vor dem Hintergrund des allgemeinen Entwicklungstheorems gut rekonstruieren (Abb. 1.4): Im Falle mechanistischer Theorien wird das aktive Individuum vernachlässigt, im Falle organismischer Theorien die Umwelt und im Falle transaktionistischer Theorien die Biologie des Menschen. Ein umfassendes Paradigma, das allen drei Konstituenten gleichermaßen gerecht wird, steht demnach für die Entwicklungspsychologie noch aus. Erste Ansätze werden hierfür allerdings in der derzeit entstehenden Entwicklungswissenschaft erarbeitet.

Im Folgenden werden die drei unterschiedlichen Paradigmen der Entwicklungspsychologie etwas ausführlicher dargestellt. Alle drei stellen selbstverständlich kein erschöpfendes Klassifikationssystem über die derzeit vorhandenen Entwicklungsmodelle und -theorien dar. Dazu kommt, dass Paradigmen als Denkmuster in die verschiedenen Modelle eklektizistisch aufgenommen und dort verwoben werden, was ihre Zuordnung zu einem Paradigmentypus erschwert. Für die nachfolgende exemplarische Zuordnung einer Theorie zu einem bestimmten Paradigma wurden deshalb diejenigen Aspekte gewählt, die besonders hervorgehoben werden.

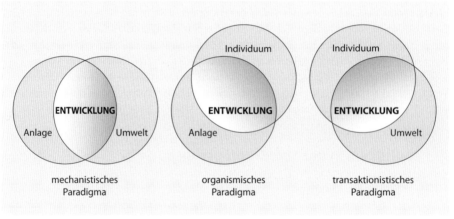

Abb. 1.4: Unterschiedliche Paradigmen der Entwicklungspsychologie blenden jeweils ein konstituierendes Moment von Entwicklung aus.

2.1 Das mechanistische Paradigma

Das mechanistische Paradigma lässt sich am pointiertesten über eine Metapher einführen, die den Menschen mit einer Maschine vergleicht. Maschinen besitzen keine Eigenaktivität, sondern werden durch äußere Kräfte in Gang gesetzt. Zudem lassen sich Maschinen in viele kleine Bestandteile zerlegen. Entsprechend dieser Metapher sind zwei Annahmen für das mechanistische Paradigma konstitutiv: *Elementarismus* und *Reduktionismus*. Dies bedeutet, dass die Wirklichkeit aus elementaren Einheiten aufgebaut ist (*Elementarismus*) und sich die Eigenschaften komplexer Systeme vollständig aus den Eigenschaften dieser elementaren Einheiten erklären lassen (*Reduktionismus*). Mit einer solchen Perspektive ist Entwicklung dann auch auf Biologie zurückführbar, Biologie auf Chemie und Chemie auf die Gesetze der Physik. Auch eine individuelle Entwicklung wird aus mechanistischer Perspektive auf Basismechanismen zurückgeführt, die den Entwicklungsprozess zu allen Zeitpunkten steuern. Diese Basismechanismen können beispielsweise mit der Expression von Genen oder in Form von elementaren Lernprozessen (wie etwa klassisches und operantes Konditionieren) beschrieben werden. Da Entwicklung im Kern in der wiederholten Anwendung solcher Basismechanismen besteht, macht sie keine Sprünge, sondern vollzieht sich kontinuierlich.

So wird in mechanistischen Paradigmen beispielsweise die embryonale Entwicklung im Wesentlich als rapide Zellteilung charakterisiert, die zu einer exponentiellen Zunahme von Körperzellen führt. Dass sich dabei auch Organstrukturen ausdifferenzieren, spielt nur eine untergeordnete Rolle. Ähnliche Beispiele für mechanistische Paradigmen gibt es zur Beschreibung kognitiver Entwicklungsverläufe (für einen Überblick siehe Klahr & MacWhinney, 1998). Dabei wird die Veränderung des Informationsverarbeitungssystems häufig in Analogie zum Computer beschrieben. Man nimmt unterschiedliche Speicherstrukturen an und einen zentralen Prozessor, der in seiner Verarbeitungskapazität begrenzt ist. Die kognitive Entwicklung wird dabei vor allem durch die Veränderung der Informationsverarbeitungskapazität und -geschwindigkeit erklärt. Damit wäre jedoch lediglich die „Mechanik" der Intelligenzentwicklung erklärt, die vom Erwerb bedeutungsvollen Wissens (der sog. *kristallinen Intelligenz*) abzugrenzen ist (vgl. Baltes et al., 1998).

Schließlich beruht die *Five Factor Theory* der Persönlichkeit von Costa und McCrae (McCrae et al., 2000) auf einem mechanistischen Paradigma. Die Persönlichkeit des Menschen wird hier auf fünf elementare Komponenten reduziert (die Eigenschaftsdimensionen Neurotizismus, Extraversion, Verträglichkeit, Gewissenhaftigkeit und Offenheit für neue Erfahrungen; vgl. McCrae & Costa, 1997). Diese fünf Eigenschaften werden als Kern der Persönlichkeit verstanden, die das individuelle Erleben und Verhalten eines Menschen steuern. Persönlichkeit ist damit determiniert und unabhängig von Umweltbedingungen dargestellt. Zwar wird in der *Five Factor Theory* eingeräumt, dass das Selbstkonzept oder die personale Identität erfahrungsabhängig sind, diese können jedoch den Kern der Persönlichkeit nicht beeinflussen. In Erweiterung dieser mechanistischen Grundüberlegungen gehen jedoch neuere Untersuchungen davon aus (Roberts, Walton & Viechtbauer, 2006), dass das auch als *Big Five* bekannte Persönlichkeitsmodell Veränderungen unterliegen kann. Beispielsweise kann die Übernahme der verschiedensten Rollen in Beruf und Familie zu einer Veränderung der Persönlichkeit im Erwachsenenalter beitragen.

2.2 Das organismische Paradigma

Während die leitende Metapher für das mechanistische Paradigma die Maschine ist, sind es für das organismische Paradigma Pflanzen und Tiere. Dabei wird davon ausgegangen, dass lebende Organismen aktiv sind und Strukturen bilden, um bestimmte Funktionen zu erfüllen. Während das mechanistische Paradigma das Ganze als Summe seiner Bestandteile begreift und reduktionistisch vorgeht, betont das organismische Paradigma Emergenz. Damit ist die Tatsache angesprochen, dass durch Entwicklung etwas qualitativ Neues entsteht, das sich nicht alleine durch seine Bestandteile additiv erklären lässt. Dem entsprechend beschreiben organismische Entwicklungstheorien Entwicklung als qualitative Transformation und betonen ihre Diskontinuität. Des Weiteren folgt in organismischen Paradigmen die Entwicklung dem Prinzip der Differenzierung und Integration bzw. Koordination. Organismen streben nach der Erweiterung ihres Aktionsspielraums, was zu einer Differenzierung von Strukturen und Funktionen führt, allerdings zugleich die Aufrechterhaltung ihrer internen Organisation erfordert. William Stern (1914/1967) spricht in diesem Zusammenhang von zwei zentralen Tendenzen, die der Selbstentfaltung einerseits und der Selbsterhaltung andererseits dienen: *„Die Selbsterhaltung strebt danach, die Existenz zu behaupten, das Erworbene zu bewahren [...]. Die Selbstentfaltung strebt, das Dasein zu steigern; sie führt über das in jedem Augenblick Erreichte hinaus zu neuen Inhalten, Aufgaben und Leistungsmöglichkeiten."* (ebd., S. 29) Diese beiden Tendenzen wurden später von Heinz Werner (1890–1964), einem Schüler William Sterns, zusammengeführt und zum „orthogenetischen Entwicklungsprinzip" deklariert: *„Whenever development occurs it proceeds from a state of relative globality and lack of differentiation to a state of increasing differentiation, articulation, and hierarchic integration."* (Werner, 1957, S. 126)

Das organismische Paradigma erlebte eine Hochzeit in den 1960er- und 1970er-Jahren mit Jean Piaget (1896–1980), dessen Theorie die Entwicklung des Denkens als fortschreitende Differenzierung und Integration kognitiver Strukturbildungen erklärte. Die Anfänge des Denkens lagen dabei in der Koordination von Handlungen, und die späteren Transformationen im Denken des Kindes deuten *„auf eine Art Evolutionsgesetz hin, die man wie folgt ausdrücken kann: Die Assimilation und Akkommodation gehen von einem chaotischen Zustand der Undifferenziertheit zu einem Zustand der Differenziertheit mit korrelativen Koordinationen über."* (Piaget, 1954, S. 339)

Ein weiteres Beispiel für eine organismische Theorie ist die *Self-Determination Theory,* welche organismische Prinzipien auf die motivationale Entwicklung anwendet (Ryan & Deci, 2000a, 2000b). In dieser Theorie wird davon ausgegangen, dass Handlungsmotive entweder extrinsisch oder intrinsisch sein können. Extrinsisch motivierte Handlungen werden instrumentell zur Erreichung vorgegebener Ziele eingesetzt (z. B. Lernen zum Erreichen bestimmter Leistungsstandards in der Schule). Intrinsische Motivation bedarf demgegenüber keiner äußeren Vorgaben, sie ist freiwillig und spontan gewählten Aktivitäten inhärent (z. B. Spaß beim Ausüben einer Sportart). Extern vorgegebene Standards können jedoch auch zu ausgewählten Zielen werden (wenn aus *Sollen Wollen* wird). Dieser Prozess wird im Rahmen der Selbstbestimmungstheorie als Selbstintegration bezeichnet (Ryan, 1993), so wie dies schon von William Stern (1919) als Transformation von Fremdzwecken zu Selbstzwecken, von der Heterotelie zur Autotelie beschrieben wurde. Die *Self-Determination Theory* unterscheidet darüber hinaus mehrere Entwicklungsniveaus, die sich im Grad der Selbstintegration von Handlungsmotiven unterscheiden, und lässt dabei die Tendenz erkennen, externale zu internalen Motiven umwandeln zu können (Ryan, Kuhl & Deci, 1997). Freilich gelingen diese Umwandlungen nicht in allen Lebensbereichen gleichermaßen. Umweltbedingungen kommt dabei eine erleichternde oder erschwerende Rolle zu. So können Eltern und Lehrer durch geeignete Erziehungs- und Instruktionsmethoden diese organismische Tendenz unterstützen, sie aber auch unterwandern (vgl. Grolnick, 2003; Grolnick, Deci & Ryan, 1997).

Aus dem Blickwinkel organismischer Paradigmen sind Umweltbedingungen generell mehr oder minder entwicklungsfördernd, beeinflussen jedoch kaum die Richtung der Entwicklung. So geht Piagets Theorie von einem universellen Entwicklungsverlauf des Denkens aus, dessen Entwicklungstrend durch die Umwelt verlangsamt oder beschleunigt wird, wobei sich das finale Ziel des logischen Denkens allerdings nicht verändert.

2.3 Das transaktionistische Paradigma

Eine organismische Sicht auf die Bedeutung von Umweltfaktoren mag angemessen erscheinen, solange die Entwicklung von Kindern und Jugendlichen in einem bestimmten Kulturkreis betrachtet wird. Mit Erweiterung des Blickfeldes auf eine größere Bandbreite kultureller Bedingungen wird sie jedoch fraglich. So ist gut dokumentiert, dass die Entwicklung formaler Operationen keineswegs Regelfall der kognitiven Entwicklung ist. Im Kulturvergleich lassen sich verschiedene kognitive Leistungen bei Kindern und Jugendlichen beispielsweise nicht ohne Weiteres in die Theorie Piagets einfügen (vgl. Moshman, 1998). Ähnliches gilt auch für die Selbstbestimmungstheorie von Deci und Ryan. So haben Miller, Chakravarthy und Rekha (2008) darauf hingewiesen, dass die bipolare Gegenüberstellung von externaler versus internaler Motivation für kollektivistische Kulturen irreführend sein könnten. Wollen und Sollen beschreiben in diesen Kulturen keinen Gegensatz, sondern sind durchaus miteinander vereinbar (Janoff-Bulman & Legatt, 2002). Damit können kulturelle Kontexte und Umweltbedingungen sogar die Richtung der Entwicklung verändern, was eine Grundannahme des transaktionistischen Paradigmas ist (vgl. Sameroff, 2009). Aus transaktionistischer Perspektive beruht Entwicklung auf einer dynamischen Interaktion zwischen Individuum und Umwelt, die sich gewissermaßen wechselseitig durchdringen und so zur Entwicklung beitragen. Da die Entwicklungsrichtung dabei im hohen Maße kontextabhängig ist, wird das transaktionistische Paradigma auch als dialektisch bezeichnet (vgl. Riegel, 1975). Es hat sich vor allem in den 1970er- und 1980er-Jahren in der Entwicklungspsychologie durchgesetzt und ist in Bronfenbrenners ökologische Systemtheorie (Bronfenbrenner & Morris, 2006), in Magnussons Person-Kontext-Interaktionismus (Magnusson & Stattin, 2006) sowie in die Entwicklungspsychologie der Lebensspanne (vgl. Baltes et al., 1998) eingeflossen.

3 Ein zeitgemäßer Entwicklungsbegriff

Die Darstellung unterschiedlicher entwicklungspsychologischer Paradigmen hatte ihren Ausgangspunkt in dem allgemeinen Entwicklungstheorem, das Entwicklung aus dem Zusammenwirken von biologischen Anlagefaktoren, Umweltbedingungen und der Eigenaktivität des Individuums erklärt. Losgelöst von einer dieser drei Komponenten findet demnach keine Entwicklung statt. Mechanistische, organismische und transaktionistische Paradigmen stellen unterschiedliche Annäherungen an dieses Entwicklungstheorem dar, sofern sie diese Konstituenten einbeziehen. Wird bei transaktionistischen Theorien jedoch das Individuum nicht nur psychologisch verstanden, sondern seine körperlich-biologische Bedingtheit einbezogen, führt dieser Denkansatz zum *dynamischen Interaktionismus,* bei dem biologische, psychologische und soziale Systemebenen eine dynamische Beziehung eingehen.

Biologische Funktionen (z. B. Genexpression, Gehirnaktivität, Hormonausschüttung) beeinflussen danach psychische Funktionen (z. B. Wahrnehmung, Denken, Emotionen) ebenso, wie psychische Funktionen auf biologische Prozesse einwirken. Letzteres lässt sich beispielsweise anhand der Plastizität von Gehirnstrukturen eindrucksvoll belegen (Doidge, 2007). Darüber hinaus beeinflussen psychische Funktionen soziale Prozesse ebenso, wie die soziale Umwelt auf psychische Funktionen einwirkt. Der Einfluss von psychologischen und sozialen Faktoren lässt sich dabei nicht auf die biologische Ebene reduzieren. Vielmehr konstituieren biologische, psychologische und soziale Ebenen ein koaktives System, das Entwicklung erklärt (Abb. 1.5). Im Kontext des dynamischen Interaktionismus ist demnach Entwicklung das Ergebnis der Beziehung zwischen unterschiedlichen Systemebenen. Overton (2006) bezeichnet die zugrundeliegende theoretische Perspektive des dynamischen Interaktionismus deshalb als „relational", um sie von einem „split-approach" abzugrenzen. Die Trennung einzelner Ebenen, wie sie etwa in der Verhaltensgenetik vorgenommen wird (Anlage, geteilte und nicht-geteilte Umwelt), erscheint aus relationaler Sicht nicht sinnvoll. Eine solche Trennung mag gerechtfertigt sein, um Varianzanteile in der Population statistisch aufzuklären, eine befriedigende Erklärung von individueller Entwicklung ermöglicht sie indes nicht.

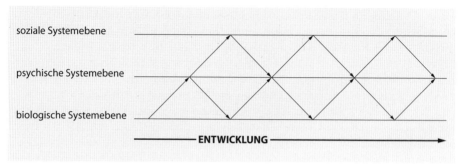

Abb. 1.5: Entwicklung ist holistisch und umfasst biologische, psychologische und soziale Systemebenen.

3.1 Bestimmungsmerkmale von Entwicklung

Aufbauend auf der Modellvorstellung von Entwicklung als ko-aktivem System biologischer, psychologischer und sozialer Ebenen sollen einige Bestimmungsmerkmale von Entwicklung abgeleitet werden, die einen zeitgemäßen Entwicklungsbegriff definieren. Ausgangspunkt ist dabei eine ganzheitliche Sicht auf Entwicklung als einen *holistischen Veränderungsprozess*, der biologische, psychologische und soziale Ebenen insgesamt umfasst, die weiter auszudifferenzieren sind. So unterscheidet Gottlieb (2006) in seinem biopsychologischen Entwicklungsmodell beispielsweise auf der biologischen Ebene zwischen Genaktivität und neuronaler Aktivität. Auf sozialer Ebene könnte man in Anlehnung an Bronfenbrenner Mikro-, Meso-, Exo- und Makroebenen unterscheiden. Eine holistische Sichtweise erfordert jedoch, dass es nicht einzelne Variablen oder isolierte Dimensionen sind, die sich entwickeln, sondern Konfigurationen von Systemelementen. Auch dies hat William Stern bereits Anfang des 20. Jahrhunderts betont, wenn er die Person als komplexe Einheit (*unitas multiplex*) ins Zentrum entwicklungspsychologischer Theoriebildung rückte (vgl. Lamiell & Laux, 2010).

Als holistischer Veränderungsprozess ist Entwicklung zwangsläufig *organisiert*, d. h. sie folgt bestimmten Organisationsprinzipien. Diese Organisationsprinzipien können sehr allgemein formuliert sein, etwa im Sinne von Werners orthogenetischem Entwicklungsprinzip; sie können aber auch gegenstandsspezifisch sein. Keineswegs aber implizieren sie, dass Entwicklung einem Ziel- oder Endzustand zustrebt, sondern lediglich, dass Systemtransformationen von Zustand A nach B regelhaft verlaufen. Die Tatsache einer organisierten Veränderung impliziert darüber hinaus auch nicht Unidirektionalität in der Entwicklung. Da die soziale Umwelt konstituierend im Entwicklungsprozess ist, ist Entwicklung notwendigerweise *kontextgebunden*. Umweltbedingungen geben im Verbund mit Anlagefaktoren und dem eigenaktiven Individuum die Entwicklungsrichtung vor. Aus dieser Kontextgebundenheit ergibt sich darüber hinaus eine gewisse *Plastizität* von Entwicklung. Damit werden durch gezielte Veränderungen des Entwicklungskontextes Entwicklungsrichtungen beeinflussbar, aber auch Fehlentwicklungen korrigierbar. Geht man weiterhin davon aus, dass Entwicklung lebenslang stattfindet, ist die dynamische Interaktion von biologischen, psychologischen und sozialen Systemebenen wahrscheinlich die einzige Konstante im menschlichen Leben. Solange diese dynamische Interaktion stattfindet, ist Entwicklung gegeben. Stabilität wird so zu einem Spezialfall von Entwicklung.

Entwicklung lässt sich damit zusammenfassend charakterisieren als holistischer, organisierter und zugleich kontextgebundener, lebenslanger Veränderungsprozess, der in gewissem Umfang plastisch ist. Diesen Prozess aufzuklären ist Aufgabe der Entwicklungspsychologie. Es ist offenkundig, dass ein solch umfassender Entwicklungsbegriff hohe Anforderungen an die entwicklungspsychologische Forschung stellt und in empirischen Einzelprojekten kaum voll zur Geltung gebracht werden kann, da sich empirische Forschung notwendigerweise auf Wirklichkeitsausschnitte beschränken muss. Insofern spiegelt der Entwicklungsbegriff ein Programm und nicht den Status quo in der Entwicklungspsychologie wider. Er formuliert ein Erkenntnisziel, dem sich die entwicklungspsychologische Forschung in einem differenzierten und doch koordinierten Prozess längerfristig annähern sollte.

Entwicklung lässt sich zusammenfassend als holistisch organisierter und zugleich kontextgebundener, lebenslanger Veränderungsprozess charakterisieren. Aus der Kontextgebundenheit dieses Prozesses ergibt sich eine gewisse *Plastizität*, durch die Entwicklungsrichtungen beeinflussbar, aber auch Fehlentwicklungen korrigierbar werden.

3.2 Begriffliche Abgrenzungen

Zwei Merkmale von Entwicklung, die in früheren Definitionen von Entwicklung häufig angeführt wurden, spielen bei dem hier diskutierten Entwicklungsbegriff keine besondere Rolle: das Lebensalter und eine Bewertung von Entwicklungsvorgängen.

Entwicklung wird häufig als altersbezogene Veränderung psychischer Funktionen definiert. Damit werden vergleichbare Veränderungsprozesse, die in unterschiedlichen Lebensaltern stattfinden können (wie z. B. die Bewältigung einer schweren Krankheit oder einer anderweitigen Lebenskrise), wie auch jene, die im gleichen Lebensabschnitt deutlich interindividuell variieren, nicht berücksichtigt. Eine mögliche Lösung dieser unbefriedigenden Situation besteht darin, Entwicklung vom Lebensalter als einzigem zeitlichen Bezugssystem abzukoppeln, wie dies etwa bei Schmidt (1972) in Form von *„psychophysische[n] Veränderungsreihen [geschieht, die sich] bestimmten Orten in einem Zeit-Bezugssystem zuordnen lassen"* (ebd., S. 434). So gesehen wird Entwicklung als Veränderung über die Zeit definiert, wobei mit Zeit Lebenszeit, historische Zeit oder chronologische Zeit gemeint sein kann. Wenn auch gegen diese Ausweitung zeitlicher Bezugssysteme nichts einzuwenden ist, so erscheint doch der Bezug auf *Zeit* schlechthin als redundant, da sich Veränderungen stets in Zeiträumen vollziehen. Zeit ist im Begriff der Veränderung implizit. Mit der Definition von Entwicklung als zeitbezogener Veränderung ist also nichts gewonnen.

Etwas komplexer gestaltet sich die Frage der Wertigkeit von Entwicklung. In der Vergangenheit wurde Entwicklung häufig als Veränderung zum Höheren oder Besseren beschrieben, um sie von bloßer Veränderung abzugrenzen. Schmidt (1972) gibt auch hierfür ein gutes Beispiel: *„Von Entwicklung kann man bei psychophysischen Veränderungsreihen nur sprechen, wenn die Übergänge von einem Ausgangszustand in einen Endzustand mit Hilfe von Wertmaßstäben zu beschreiben sind, die den Endzustand als höherwertig gegenüber dem Ausgangsstatus qualifizieren."* (ebd., S. 436) Dieser Grundsatz ist in mehrfacher Hinsicht problematisch. Wenn Bewertungskriterien Teil einer wissenschaftlichen Phänomenbeschreibung werden, wird gegen das Postulat einer (im Selbstverständnis) wertfreien Wissenschaft verstoßen. Darüber hinaus besteht die Gefahr, dass Veränderungsprozesse in der Art von Abbauprozessen und Fehlentwicklungen aus dem Bereich der Entwicklungsvorgänge ausgeschlossen werden. Schmidt (1972) schlägt deshalb den zusätzlichen Begriff der Rückbildung vor. Eine definitorische Unterscheidung von Entwicklungs- und Rückbildungsprozessen aber hat sich nicht durchgesetzt und wäre selbst im Rahmen der Klinischen Entwicklungspsychologie oder der Lebensspannenpsychologie schwierig. Schließlich könnte eine Einbindung von Wertkriterien in die Bestimmung eines Entwicklungsbegriffs erneut Befürchtungen auslösen, dass kulturell begrenzte Bewertungskriterien unhinterfragt angewendet und verallgemeinert werden könnten, und damit fremde Kulturen der Repression aussetzen (vgl. Teo, 2005). Dies aber ist nun überhaupt nicht die Intention Schmidts, der von der humanistischen Verantwortung schreibt, die eine moderne Entwicklungspsychologie in der Gesellschaft habe (Schmidt, 1972, S. 438).

Das Problem einer zu engen Verbindung von Beschreibung und Bewertung in herkömmlichen Entwicklungsbegriffen ist weiterhin ungelöst. Allerdings sollten Unterscheidungskriterien zugelassen werden (vgl. Flammer, 1996), die Entwicklungsprozesse als Veränderungen zum Bessern im Kontrast zu jenen zum Schlechteren abgrenzen, wie dies die Lebensspannenpsychologie als Gewinn und Verlust beschreibt: *„In ontogenetic development, there is no gain without loss, and no loss without gain."* (Baltes et al., 1998, S. 1043)

In dem hier vertretenen Entwicklungsbegriff wird Entwicklung als holistische, organisierte und zugleich kontextgebundene Veränderung definiert, unabhängig davon, ob wir dieser Veränderung positiv, negativ oder neutral gegenüberstehen. Es mag sogar sein, dass zwei Betrachter zu entgegengesetzten Bewertungen gelangen; am Tatbestand der Veränderung ändert dies nichts. Freilich sollte man mögliche Differenzen in der Bewertung von Entwicklungsprozessen nicht per Voreinstellung zum Regelfall erklären. Der Erwerb wichtiger Kompetenzen und Kulturtechniken, wie er sich in der motorischen Entwicklung, Sprachentwicklung, kognitiven Entwicklung, im Lernen von Lesen, Schreiben, Rechnen vollzieht, wird vermutlich von vielen Menschen in unterschiedlichen Kulturen positiv bewertet. Umgekehrt wird die Entwicklung schwerer psychischer Störungen (z. B. Angst, Depression) vermutlich mehrheitlich negativ eingeschätzt. In anderen Bereichen mag ein solcher Konsens allerdings schwieriger zu erreichen oder gar unmöglich sein (z. B. religiöse oder moralische Entwicklung). Das heißt nicht, dass sich Entwicklungspsychologen in diesen Fällen jeglicher Bewertung zu enthalten hätten. Vielmehr sind sie aufgefordert, ihre eigenen Bewertungskriterien offenzulegen und in der Auseinandersetzung mit gegenteiligen Auffassungen kritisch zu prüfen.

3.3 Stabilität als Spezialfall von Entwicklung

In vielen Lehrbüchern liest man, dass sich die Entwicklungspsychologie nicht nur mit Entwicklung, d. h. Veränderung, befasse, sondern auch an Fragen der Stabilität und Kontinuität interessiert sei. So schreibt etwa Montada (2005) nach Einführung einer Arbeitsdefinition von Entwicklung: *„Betont werden muss, dass nicht nur Veränderungen Gegenstand der Entwicklungspsychologie sind: Nicht-Veränderungen – die Stabilität (von Merkmalen, Kompetenzen, Interessen, Selbstkonzepten usw.) und die Stagnation – sind komplementär zu Veränderungen."* (ebd., S. 12) Diese Gegenüberstellung von Entwicklung bzw. Veränderung einerseits und Kontinuität bzw. Stabilität andererseits suggeriert, dass es sich bei beiden Konzepten um unterschiedliche Phänomenbereiche handelt, die getrennt zu erforschen sind. Ein solcher Eindruck ist jedoch irreführend.

Mit Stabilität sind zwei unterschiedliche Verlaufsmuster gemeint (Abb. 1.6): absolute und positionale Stabilität. *Absolute Stabilität* bedeutet keine Veränderung eines Merkmals

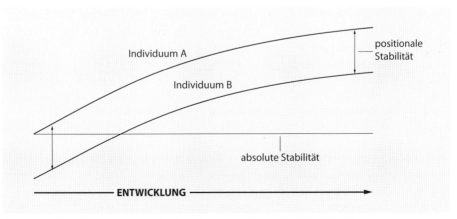

Abb. 1.6: Mit Stabilität ist meist entweder absolute oder positionale Stabilität gemeint.

in einem gegebenen Zeitraum. *Positionale Stabilität* meint demgegenüber, dass die relative Position eines Individuums innerhalb einer Population stabil bleibt, während sich die absolute Ausprägung des Merkmals durchaus verändern kann. Die meisten Stabilitäten, die in der Entwicklungspsychologie berichtet wurden, beziehen sich auf die positionale Stabilität, wie dies z. B. bei der Intelligenz oder Aggressivität der Fall sein kann (vgl. Weinert & Hany, 2003; Coie & Dodge, 1998). Demnach bewahren Kinder, die früh durch hohe (oder niedrige) Intelligenz auffallen, zumeist ihre relative Position im Entwicklungsverlauf und haben auch noch im Erwachsenenalter eine vergleichsweise hohe (oder niedrige) Intelligenz, obgleich sich ihre Intelligenz (wie auch Aggressivität) im Lebenslauf verändert: Intelligenz im Sinne kognitiver Problemlösefähigkeit nimmt in Kindheit und Jugend zu (Weinert & Hany, 2003), während aggressives Verhalten am häufigsten in Kindheit und Jugend zu beobachten ist und dann abnimmt (Coie & Dodge, 1998).

Eine kontinuierliche dynamische Interaktion zwischen biologischen, psychologischen und sozialen Systemebenen, die den Prozess der Entwicklung erklärt, kommt keineswegs zum Stillstand, selbst wenn sich ein isoliertes psychologisches Merkmal absolut betrachtet als stabil erweist. Vielmehr hat diese dynamische Interaktion in solchen Fällen lediglich ein Fließgleichgewicht erreicht. Dies lässt sich am Beispiel der Persönlichkeitsentwicklung Erwachsenenalter illustrieren. Empirisch ist gut belegt, dass Persönlichkeitseigenschaften im mittleren Erwachsenenalter eine Stabilisierung erfahren (im Sinne absoluter und positionaler Stabilität, vgl. Roberts, Walton & Viechtbauer, 2006). Dieser Trend lässt sich u. a. als Produkt der zunehmenden Passung von Person und Umwelt interpretieren (vgl. Caspi, 1998): Individuen suchen demnach eine zu ihrer Persönlichkeit passende Umwelt auf, der umweltbedingte Druck auf Veränderung nimmt ab. Dies bedeutet jedoch keineswegs, dass der Austausch zwischen Person und Umwelt zum Erliegen kommt. Nach wie vor ist die Person aktiv und setzt sich mit Umweltanforderungen auseinander, nach wie vor verlangt die Umwelt Anpassungsleistungen.

4 Schlussbetrachtungen

Eine Definition von Entwicklung als holistischer, organisierter und zugleich kontextgebundener Veränderungsprozess im Leben eines Menschen reflektiert leider längst noch nicht die gegenwärtige Forschungslandschaft in der Entwicklungspsychologie. Vielmehr ist die entwicklungspsychologische Forschung durch starke Fragmentierung und Segmentierung gekennzeichnet. Von daher kann der vorgestellte Entwicklungsbegriff auch als künftiges Programm verstanden werden. Er fordert dazu auf, Einzelforschungen über isolierte Variablen und Konzepte in größere Zusammenhänge zu stellen. Damit könnte die Entwicklungspsychologie zu einem wesentlichen Bestandteil einer umfassenden Entwicklungswissenschaft (*Developmental Science*) werden, an der Biologen, Psychologen, Soziologen und Kulturanthropologen gleichermaßen Anteil haben, um individuelle Entwicklungen gemeinsam und umfassend erklären zu können (vgl. Zelazo, Chandler & Crone, 2010).

Tatsächlich mehren sich auch Anzeichen für das Entstehen einer solchen Entwicklungswissenschaft in Form von neuen Zeitschriften (z. B. *International Journal of Developmental Science*) oder Lehrbüchern (z. B. Petermann, Niebank & Scheithauer, 2004) wie auch einleitenden Orientierungen in entwicklungspsychologischen Handbüchern (z. B. Lerner, 2006).

Wenn Entwicklungspsychologie in der ersten Hälfte des 20. Jahrhunderts im Wesentlichen Kinderpsychologie war und danach als Entwicklungspsychologie der Lebensspanne zu einer eigenen Teildisziplin der Psychologie wurde, so steht ihr möglicherweise im 21. Jahrhundert die Transformation zur Entwicklungswissenschaft bevor. Mit einer Transformation der Entwicklungspsychologie zur Entwicklungswissenschaft würden jedoch nicht nur neue theoretische Perspektiven für die Psychologie erwachsen. Sie würde auch eine veränderte Anwendungspraxis nach sich ziehen, für die die folgenden fünf W-Fragen systematisch zu untersuchen wären (vgl. Lerner, 2006): (1) Welche Merkmale von (2) welchen Individuen in Bezug zu (3) welchen Kontextbedingungen bringen zu (4) welchen Zeitpunkten (5) welche Entwicklungen hervor? Mit anderen Worten: Sorgfältig geplante Präventionen und Interventionen führen dann zum Ziel, wenn die vielfältigen biologischen, psychologischen und sozialen Bedingungen berücksichtigt werden, die die Entwicklung des einzelnen Individuums bestimmen. In Anbetracht des wachsenden Bedarfs an effektiven Präventions- und Interventionsansätzen zur gezielten Förderung von kognitiven, emotionalen und sozialen Kompetenzen bei Kindern, Jugendlichen und Erwachsenen erscheint es ebenso praktisch relevant wie sozialpolitisch brisant, auf diese Weise abstrakte entwicklungswissenschaftliche Theorien nutzbringend umzusetzen.

William Louis Stern (1871–1938) – Philosoph und Psychologe

studierte an der Humboldt-Universität Berlin und promovierte 1893 bei Hermann Ebbinghaus. Von 1897 bis 1916 lehrte er an der Universität Breslau und wurde 1916 an die Universität Hamburg berufen. Stern heiratete Clara Joseephy, mit der er von 1900 bis 1918 akribisch Tagebuch über die Entwicklung ihrer drei Kinder führte.

Stern wird in nur wenigen Lehrbüchern der Entwicklungspsychologie erwähnt und wenn, dann meist nur unter der Rubrik *Kindertagebücher*. Dabei wird übersehen, dass Stern in seiner *„Psychologie der frühen Kindheit"* (1914) und auch in seinem Hauptwerk *„Allgemeine Psychologie auf personalistischer Grundlage"* (1935) viele Grundgedanken der modernen Entwicklungspsychologie vorweggenommen hat. 1911 begründete Stern sogar mit seinem gleichnamigen Fachbuch auch die *Differentielle Psychologie* und vertrat insgesamt eine Psychologie der Schnittpunktwissenschaft von Geistes-, Sozial- und Biowissenschaften. Berühmt wurde er mit einer Diskussion um den „Deutungspfuscher", womit er Psychologen bezeichnete, die ihren Beruf dazu benutzen, um ihre persönliche Einstellung als wissenschaftliche Erkenntnis zu verkaufen.

Stern war Gründungsmitglied der Deutschen Gesellschaft für Psychologie (DGPs), die ihn 1931 auch zu ihrem Vorsitzenden wählte. 1909 erhielt er gemeinsam mit Sigmund Freud und Carl Gustav Jung die Ehrendoktorwürde der Clark University/MA. Auf dem Zenit seiner wissenschaftlichen Laufbahn als Direktor des Psychologischen Instituts der Universität Hamburg musste Stern wegen seiner jüdischen Abstammung kurz nach der Machtergreifung der Nazis im April 1933 emigrieren. An der Duke University in Durham/NC erhielt er zwar eine Professur, die er bis an sein Lebensende ausfüllte, aber anders als seine jüngeren Kollegen konnte Stern dort nicht mehr Fuß fassen. Es gehört zur Tragik seines Lebens, dass er die erzwungene Emigration in die USA nicht verwinden konnte und zunehmend depressiv wurde: Im Alter von über 60 Jahren musste er in einer ihm fremden Sprache fachlich kommunizieren, nachdem er ein Leben lang deutsch geschrieben und gedacht hatte.

Literatur

Adolph, K. E. & Berger, S. E. (2006). Motor development. In W. Damon (Hrsg.), *Handbook of child psychology: Vol 2, Cognition, perception, and language* (S. 161–213). Hoboken, NJ, US: John Wiley & Sons.

Baltes, P. B., Lindenberger, U. & Staudinger, U. M. (1998). Life span theory in developmental psychology. In W. Damon (Hrsg.), *Handbook of Developmental Psychology (Vol. 1)* (S. 1029–1143). New York: Wiley.

Bornstein, M. H. (1989). Sensitive periods in development: Structural characteristics and causal interpretations. *Psychological Bulletin, 105,* 179–197.

Bowlby, J. (1980). *Attachment and loss.* New York: Basic Books.

Bronfenbrenner, U. (1989). *Die Ökologie der menschlichen Entwicklung.* Frankfurt/M.: Fischer.

Bronfenbrenner, U. & Morris, P. A. (2006). The bioecological model of human development. In W. Damon (Hrsg.), *Handbook of child psychology (Vol. 1)* (S. 793–828). New York: Wiley.

Cadoret, R. J., Cain, C. A. & Crowe, R. R. (1983). Evidence for gene-environment interaction in the development of adolescent antisocial behavior. *Behavior Genetics, 13,* 301–310.

Caspi, A. (1998). Personality development across the life course. In W. Damon (Hrsg.), *Handbook of child psychology (Vol. 3)* (S. 311–388). New York: Wiley & Sons.

Caspi, A., McClay, J., Moffitt, T. E., Mill, J., Martin, J., Craig, I. W., Taylor, A. & Poulton, R. (2002). Role of genotype in the cycle of violence and maltreated children. *Science, 297,* 851–854.

Coie, J. D. & Dodge, K. A. (1998). Aggression and antisocial behavior. In W. Damon (Hrsg.), *Handbook of child psychology (Vol. 3)* (S. 779–862). New York: Wiley.

Deutsch, W. & El Mogharbel, C. (2011). Clara and William Stern's conception of a developmental science. *European Journal of Developmental Psychology, 8,* 135–156.

Doidge, N. (2007). *The brain that changes itself.* New York: Penguin Books.

Dunn, J. & Plomin, R. (1996). *Warum Geschwister so verschieden sind.* Stuttgart: Klett-Cotta.

Eckensberger, L. H. (2011). Culture inclusive action theory: Action theory in dialectics and dialectics in action theory. In J. Valsiner (Hrsg.), *Oxford Handbook of Culture and Psychology.* Oxford: Oxford University Press.

Flammer, A. (1996). *Entwicklungstheorien.* Bern: Huber.

Gesell, A. (1928). *Infancy and human growth.* New York: Macmillan Press.

Gesell, A. (1934). *An atlas of infant behavior. A systematic delineation of the norms and early growth of human behavior patterns.* New Haven: Yale University Press.

Gottlieb, G. (1992). *Individual development and evolution.* New York: Oxford University Press.

Gottlieb, G. (2006). The significance of Biology for human development: A developmental psychobiological systems view. In W. Damon (Hrsg.), *Handbook of child psychology (Vol. 1)* (S. 210–257). New York: Wiley.

Grolnick, W. S. (2003). *The psychology of parental control.* Mahwah: Erlbaum.

Grolnick, W. S., Deci, E. L. & Ryan, R. M. (1997). Internalization within the family: The Self-Determination Theory perspective. In J. E. Grusec & L. Kuczynski (Hrsg.), *Parenting and children's internalization of values* (S. 135–161). New York: Wiley & Sons.

Grossmann, K. E., Grossmann, K. & Waters, E. (Hrsg.). (2005). *Attachment from infancy to adulthood.* New York: Guilford Press.

Heckhausen, J., Wrosch, C. & Schulz, R. (2010). A motivational theory of life-span development. *Psychological Review, 117,* 32–60.

Hopkins, B. (1991). Facilitating early motor development: An intracultural study of West Indian mothers and their infants living in Britain. In J. K. Nugent, B. M. Lester & T. B. Brazelton (Hrsg.), *The cultural context of infancy: Vol. 2. Multicultural and interdisciplinary approaches to parent-infant relations.* Norwood, NJ: Ablex.

Janoff-Bulman, R. & Legatt, H. K. (2002). Culture and social obligation: When "shoulds" are perceived as "wants". *Journal of Research in Personality, 36,* 260–270.

Klahr, D. & MacWhinney, B. (1998). Information processing. In W. Damon (Hrsg.), *Handbook of child psychology (Volume 2: Cognition, perception, and language)* (S. 631–678). Hoboken: John Wiley & Sons.

Kreppner, K. (1992). William L. Stern: A neglected founder of developmental psychology. *Developmental Psychology, 28,* 539–547.

Lamiell, T. & Laux, L. (2010). Reintroducing critical personalism: An introduction to the special issue. *New Ideas in Psychology, 28,* 105–109.

Lerner, R. M. (2006). Developmental science, developmental systems, and contemporary theories of human development. In W. Damon (Hrsg.), *Handbook of child psychology (Vol. 1)* (S. 1–17). New York: Wiley.

Lorenz, K. (1965). *Über tierisches und menschliches Verhalten. Aus dem Werdegang der Verhaltenslehre.* München: Piper.

Magnusson, D. & Stattin, H. (2006). The person in context: A holistic-interactionistic approach. In R. M. Lerner & W. Damon (Hrsg.), *Handbook of child psychology (Vol. 1)* (S. 400–464). New York: Wiley.

McCrae, R. R. & Costa, P. T. (1997). Personality trait structure as human universal. *American Psychologist, 52,* 509–516.

McCrae, R. R., Costa, P. T., Ostendorf, F., Angleitner, A., Hrebickova, M., Avia, M. D., Sanz, J., Sanchez-Bernardos, M. L., Kusdil, M. E., Woodfield, R., Saunders, P. R. & Smith, P. B. (2000). Nature over nurture: Temperament, personality, and life span development. *Journal of Personality and Social Psychology, 78,* 173–186.

Miller, J. G., Chakravarthy, S. & Rekha, D. (2008). The moral emotions of guilt and satisfaction: A cross-cultural perspective. *European Journal of Developmental Science, 2,* 236–250.

Montada, L. (2005). Fragen, Konzepte, Perspektiven. In L. Montada & R. Oerter (Hrsg.), *Entwicklungspsychologie* (S. 3–53). Weinheim: Beltz.

Moshman, D. (1998). Cognitive development beyond childhood. In W. Damon (Hrsg.), *Handbook of child psychology (Vol. 2)* (S. 947–978). New York: Wiley & Sons.

Overton, W. F. (2006). Developmental psychology: Philosophy, concepts, and methodology. In W. Damon (Hrsg.), *Handbook of child psychology (Vol. 1)* (S. 18–88). New York: Wiley.

Piaget, J. (1954). *Der Aufbau der Wirklichkeit beim Kinde.* Stuttgart: Klett.

Petermann, F., Niebank, K. & Scheithauer, H. (2004). *Entwicklungswissenschaft.* Berlin: Springer.

Plomin, R., DeFries, J. & Loehlin, J. C. (1977). Genotype-environment interaction and correlation in the analysis of human behavior. *Psychological Bulletin, 84,* 309–322.

Plomin, R., DeFries, J., McClearn, G. E. & Rutter, M. (Hrsg.). (1999). *Gene, Umwelt und Verhalten.* Bern: Huber.

Riegel, K. F. (1975). Toward a dialectical theory of development. *Human Development, 18,* 50–64.

Remplein, H. (1950). *Die seelische Entwicklung in der Kindheit und Reifezeit. Grundlagen und Erkenntnisse der Kindes- und Jugendpsychologie.* München: Reinhardt.

Reese, H. W. & Overton, W. F. (1979). Modelle der Entwicklung und Theorien der Entwicklung. In P. B. Baltes & L. H. Eckensberger (Hrsg.), *Entwicklungspsychologie der Lebensspanne* (S. 55–86). Stuttgart: Klett-Cotta.

Roberts, B. W., Walton, K. E. & Viechtbauer, W. (2006). Patterns of mean-level change in personality traits across the life course: A meta-analysis of longitudinal studies. *Psychological Bulletin, 132,* 1–25.

Ryan, R. M. (1993). Agency and organization: Intrinsic motivation, autonomy, and the self in psychological development. In J. Jacobs (Hrsg.), *Nebraska Symposion on Motivation (Vol. 40)* (S. 1–56). Lincoln: University of Nebraska Press.

Ryan, R. M. & Deci, E. L. (2000a). Intrinsic and extrinsic motivations: Classic definitions and new directions. *Contemporary Educational Psychology, 25,* 54–67.

Ryan, R. M. & Deci, E. L. (2000b). Self-determination theory and the facilitation of intrinsic motivation, social development and well-being. *American Psychologist, 55,* 68–78.

Ryan, R. M., Kuhl, J. & Deci, E. L. (1997). Nature and autonomy: An organizational view of social and neurobiological aspects of self-regulation in behavior and development. *Development and Psychopathology, 9,* 701–728.

Sameroff, A. (2009). *The transactional model of development: How children and contexts shape each other.* Washington, DC: American Psychological Association.

Scarr, S. & McCartney, K. (1983). How people make their own environments: A theory of genotype-environment effects. *Child Development, 54,* 424–435.

Schmidt, H.-D. (1972). *Allgemeine Entwicklungspsychologie.* Berlin: VEB Verlag der Wissenschaften.

Shaffer, D. R., Wood, E. & Willoughby, T. (2005). *Developmental Psychology.* Toronto: Thomson/ Nelson.

Skinner, B. F. (1972). *Futurum Zwei. Die Vision einer aggressionsfreien Gesellschaft.* Reinbek b. Hamburg: Rowohlt.

Stegmüller, W. (1987). *Hauptströmungen der Gegenwartsphilosophie (Band III).* Stuttgart: Kröner.

Stern, E. (1951). *Jugendpsychologie. Eine Einführung in die Psychologie der Entwicklung von der Geburt bis zum Abschluß der Pubertät* (5. Auflage; unveränderter Abdruck der 4., vollkommen neu bearbeiteten Auflage). Stuttgart: Hippokrates.

Stern, W. (1914/1967). *Psychologie der frühen Kindheit bis zum sechsten Lebensjahr* (9., unveränderte Auflage). Heidelberg: Quelle & Meyer. (1. Auflage 1914)

Stern, W. (1919). *Die menschliche Persönlichkeit.* Leipzig: Verlag von Johann Ambrosius Barth.

Stern, W. (1935). *Allgemeine Psychologie auf personalistischer Grundlage.* Dordrecht: Martinus Nijhoff.

Teo, T. (2005). *The critique of psychology from Kant to postcolonial theory.* New York: Springer.

Thelen, E. & Smith, L. B. (2006). Dynamic systems theories. In W. Damon, W. (Hrsg.), *Handbook of child psychology* (S. 258–312). New York: Wiley.

Thomas, W. I. & Thomas, D. S. (1928). *The Child in America: Behavior Problems and Programs.* New York: Knopf.

Waddington, C. (1966). *Principles of development and differentiation.* New York: Macmillan.

Watson, J. B. (1924). *Behaviorism.* New York: Norton.

Weinert, F. E. & Hany, E. A. (2003). The stability of individual differences in intellectual development: Empirical evidence, theoretical problems, and new research questions. In R. J. Sternberg, J. J. Lautrey, T. I. Lubart (Hrsg.), *Models of intelligence: International perspectives* (S. 169–181). Washington, DC: American Psychological Association.

Werner, H. (1957). The concept of development from a comparative and organismic point of view. In D. B. Harris (Hrsg.), *The concept of development* (S. 125–148). Minneapolis: University of Minnesota Press.

Zinnecker, J. (2000). Selbstsozialisation – Ein Essay über ein aktuelles Konzept, *Zeitschrift für Soziologie der Erziehung und Sozialisation, 20,* 272–290.

Zelazo, P. D., Chandler, M. J. & Crone, E. (2010). The birth and early development of a new discipline: Developmental Social Cognitive Neuroscience. In P. D. Zelazo, M. J. Chandler & E. Crone (Hrsg.), *Developmental social cognitive neuroscience* (S. 3–9). Mahwah, NJ: Erlbaum.

Kapitel 2
Entwicklung und Kultur

Lieselotte Ahnert
Hendrik Haßelbeck

„… humans went beyond the limits of the
psychological functions given to them by nature
and proceeded to a new culturally-elaborated
organization of their behavior."
(Vygotskij, 1978, S. 39)

Lev S. Vygotskij

„The process and product of making human beings human
clearly varies by place and time. [...] this diversity suggests
the possibility of ecologies yet untried that hold a potential
for human natures yet unseen, perhaps of a wiser blend
and power and compassion than has
thus far been manifested."
(Bronfenbrenner, 1979, S. xiii)

Urie Bronfenbrenner

Die Fähigkeit, eine kulturell organisierte Umwelt aufzubauen und darin zu handeln, ist ein universelles, artspezifisches Merkmal des Menschen. Kinder wachsen in dieser vorstrukturierten Welt auf, die das kulturelle Wissen ihrer Vorfahren enthält und den Alltag organisiert. Die Kultur wirkt sich dann auf die kindliche Entwicklung dadurch aus, dass sie zum Gegenstand von Interaktions- und Kommunikationsprozessen wird. Entwicklung ist infolgedessen ohne die Analyse des kulturellen Kontextes, in dem sie stattfindet, nicht verstehbar und Kultur damit zu einem Bestandteil der Erklärung von Entwicklung geworden. Insbesondere haben sich Individuum-Umwelt-Interaktionen und deren Veränderungen über die Zeit zu zentralen Fragestellungen in der Entwicklungspsychologie herausgebildet. Die Erforschung dieser Interaktionsprozesse hat schließlich zu Untersuchungen über den Stellenwert der Kultur bei der Herausbildung verschiedenster individueller Kompetenzen geführt und sogar Initiativen entstehen lassen, um Kultur, ihre Nischen, Milieus und Kontexte empirisch zu erfassen. Es ist das Anliegen des vorliegenden Kapitels, Stand und Stellenwert dieser Herangehensweise bei der Untersuchung von Entwicklungsprozessen zu skizzieren. Dabei machen wir uns intrakulturelle wie interkulturelle Zugänge und Erklärungsansätze zunutze.

1 Der Kulturbegriff

Der Kulturbegriff ist einer der komplexesten Begriffe unserer Sprache. Er wird an Bedeutungsvielfalt kaum übertroffen und zeichnet sich durch eine hochgradige Unschärfe aus. Überfrachtungen und Überdehnungen haben in den letzten Jahrzehnten in der sozialwissenschaftlichen Forschung zu seiner inflationären Verwendung geführt. Um seine wissenschaftliche Verwendung richtig einordnen zu können, wollen wir uns mit dem Kulturbegriff (1) aus dem Blickwinkel seiner historischen Begriffsentwicklung beschäftigen und (2) seine aktuelle Begriffsverwendung herausarbeiten.

(1) Historische Begriffsentwicklung. Interessanterweise hat eine individuums- wie gruppenbezogene Semantik dieses Begriffes von Anfang an existiert, wonach Kultur sowohl im Sinne von Bildung und Kunstverständnis eines einzelnen Individuums wie auch für das Verhalten, die Werte und Normvorstellungen von Personengruppen verwendet wurde. Zunächst bezeichnete das lateinische *cultura* (abgeleitet von *colere* = sorgfältig pflegen, bebauen) die Bearbeitung von Grund und Boden, die die Grundlage der altrömischen Gemeinschaft darstellte. Bereits Marcus T. Cicero (106–43 v. Chr.) soll jedoch in einer seiner berühmten Reden mit der *cultura animi* (Geisteskultur) eine Metapher überliefert haben, die auf die Kultivierung des Geistes abzielt: *„Wie nicht alle Äcker Frucht tragen, die bestellt werden […] so bringen auch nicht alle Geister eine Frucht ihrer Bearbeitung hervor."* (vgl. Niedermann, 1941) Mit dem neuen Individualbewusstsein in Renaissance und Aufklärung entstanden später allerdings Erwartungen an die Kultur, die höchsten Ansprüchen einer allseitigen Persönlichkeitsentwicklung genügen sollten. Selbst im Deutschland der sog. Goethezeit (1770–1830), als der Kulturbegriff vor allem an der Bildungsidee festgemacht wurde, stand die umfassende Persönlichkeit mit guten Umgangsformen, Gelehrsamkeit, philosophischer Gewandtheit und künstlerischen Ambitionen im Mittelpunkt der kulturellen Zielstellungen (vgl. Eliot, 1948).

Cultus kennzeichnet und wertet im lateinischen Sprachgebrauch aber auch Ethnien und Nationen. So lobte der römische Geschichtsschreiber Titus Livius (59 v. – 17 n. Chr.) die vielen Künste der Griechen, die zu deren Kultiviertheit geführt hätten (vgl. Niedermann, 1941). Mit Francis Bacon (1561–1626) wurde auf dieser Grundlage allerdings eine signifikante Bedeutungserweiterung eingeleitet, die mit *cultura* den gesamtgesellschaftlichen Fortschritt der frühindustriellen Revolution im damaligen England verband (vgl. Spedding, Ellis & Heath, 1858).

(2) Aktuelle Begriffsverwendung. Der heute etablierte Kulturbegriff geht zweifelsfrei auf Johann Gottfried Herder (1744–1803) zurück und wird dessen Sensibilität für die Vielfalt von Ethnien zugeschrieben. Herder (1774/1967) übernahm zwar die Idee der individuellen Vervollkommnung seiner Zeit und übertrug auch den Kulturbegriff auf Epochen (vgl. Taylor, 1938), er behandelte jedoch Kultur vor allem als ein kollektives Phänomen, das er auf Ethnien und Nationen bezog. Kultur war für ihn die Lebenspraxis, die für soziale Gruppen charakteristisch ist und sich auf unterschiedliche Lebensformen in unterschiedlichen Territorien bezieht: Zu der Kultur, die man betreibt, und der Kultur, die man hat, musste auch die Kultur beschrieben werden, in der man lebt (vgl. Busche, 2000).

(a) Beschreibung von Nationalkulturen. Bei Herder ist die Nationalkultur das Paradigma, das er in einem „Kugelmodell" beschrieb: *„Jede Nation hat ihren Mittelpunkt der Glückseligkeit in sich, wie jede Kugel ihren Schwerpunkt."* (Herder, 1774/1967, S. 44 f.) Gleich einer Kugel erscheint danach eine Kultur in sich geschlossen und nach außen durch Differenzierungen zu anderen Lebensweisen bestimmt, was als Selbst- und Fremdbeschreibungen

wahrgenommen wird: *„So jede zwo Nationen, deren Neigungen und Kreise der Glückseligkeit sich stoßen – man nennts Vorurteil! Pöbelei!"* (ebd., S. 44 f.) Wegen seiner Eingrenzungen auf nationale Merkmale, geschichtliche Zeiträume und geografische Territorien wird Herders Kulturbegriff als Abgrenzungsbegriff gewertet (vgl. Reckwitz, 2001).

(b) Beschreibung multikultureller Gemeinschaften. Vor dem Hintergrund der beginnenden Auflösung nationalstaatlicher Strukturen und der zunehmenden Etablierung transnationaler Organisationen wird heute ein Kulturbegriff für Gemeinschaften gebraucht, die nach außen durch offene Netzwerkverbindungen charakterisiert und damit wandelbar sind. Danach wird Kultur heute zumeist als eine hybride Konstellation dargestellt, in der sich unterschiedliche, historisch verwurzelte Gemeinschaften verbünden und selbst Minderheitenkulturen ihre kulturellen Besonderheiten bewahren können. Diese Diversität wird dann als multikulturell bezeichnet, wenn sich die involvierten Gemeinschaften zwar gegenseitig als verschieden wahrnehmen, jedoch auch kollektive Ziele entwickeln (vgl. Reckwitz, 2001). Um die Unterschiede zwischen verschiedenen Gruppen innerhalb einer Kultur zu kennzeichnen, wird der traditionelle Kulturbegriff jedoch weiterhin eingesetzt. Hierbei dient er nicht nur dazu, unterschiedliche kulturelle Mehr- und Minderheiten voneinander zu unterscheiden, sondern auch Altersgruppen (z. B. Jugendkultur), Geschlechtsgruppen (z. B. Frauenkultur), Milieus (z. B. Kiezkultur), Organisationen sowie institutionelle Einrichtungen (z. B. Universitätskultur) und weitere Subkulturen differenziell zu betrachten.

(c) Kernbedeutung des Kulturbegriffs. Mit Kultur wird heute ein vielschichtiges Konglomerat von Werte- und Normsystemen sowie Konventionen im menschlichen Zusammenleben bezeichnet, die sich in Religion, Ethik, Recht, Technologien, Bildungssystemen, Wissenschaft und Kunst widerspiegeln. Kultur besteht dabei allerdings nicht nur aus sprachlich formatierten Strukturen des Verstehens und der Übereinkunft, sondern aus den handelnden Menschen, die gemeinsam und regelmäßig in den vielfältigen Institutionen einer Gemeinschaft tätig sind. So wird Kultur nicht nur durch ein Netz von Bedeutungen getragen, das auf kulturelle Symbole, Sinn- und Handlungszusammenhänge zurückgreift, sondern vor allem durch alltägliche Kommunikationsstrukturen reflektiert, die sogar die Gestaltung von Beziehungen und den Umgang mit Gefühlen einschließen. Typische kulturelle Merkmale können infolgedessen sogar den alltäglichen Vorgängen entnommen werden, die sich in den Interaktions- und Kommunikationsprozessen einer Gemeinschaft abspielen (vgl. Hörning, 2004; Keller, 2011).

2 Kultur als menschlich organisierte Umwelt

Wichtige Impulse für eine wissenschaftliche Verwendung des Kulturbegriffs lieferten Betrachtungen über Umwelten, wie Ernst Haeckel (1834–1919) sie unter dem Begriff der *Ökologie* in die Biologie einführte und damit ein neues Teilgebiet der Biologie begründete. Unter Ökologie verstand er *„die gesammte* Wissenschaft von den Beziehungen des Organismus zur umgebenden Aussenwelt, *wohin wir im weiteren Sinne alle ,Existenz-Bedingungen' rechnen können"* (Haeckel, 1866, S. 286, Hervorhebungen im Original). Es ist jedoch Egon Brunswik (1903–1955) zu verdanken, dass diese neuen Perspektiven auch Eingang in die Psychologie fanden, an der er seinerzeit monierte: *„Both historically and systematically psychology has forgotten that it is a science of organism-environment relationships, and has become a science of the organism."* (Brunswik, 1957/2001, S. 300 f.)

Konkretisiert wurde das Konzept der Organismus-Umwelt-Interaktion durch Kurt Lewin (1890–1947), das er mit dem „Lebensraum" bzw. dem „psychologischen Feld" eines

Menschen in einer Weise ausarbeitete, die später grundlegend für das bioökologische Modell von Bronfenbrenner wurde (Bronfenbrenner & Morris, 2006). Danach gilt auch heute als unstrittig, dass Wirkungen der Umwelt auf die Person wie der Person auf die Umwelt untrennbar miteinander verbunden sind und dass eine Umwelt für das Verhalten und die Entwicklung des Menschen vor allem in der Weise bedeutsam ist, wie sie wahrgenommen wird, und nicht, wie sie sich objektiv beschreiben lässt (vgl. Lück, 2001).

Diese Argumentation führt zum Kulturbegriff zurück, der die Umwelt auf den von Menschen erfassten und gestalteten Anteil reduziert und in dem die Kultur durch menschliche Handlung und Interaktion erschaffen wird. So ist es nicht verwunderlich, dass bereits in frühen kulturpsychologischen Diskursen (z. B. Cole, 1983; Eckensberger, 1983) die menschliche Tätigkeit und Interaktion als dynamisches Bindeglied zwischen Individuum und Kultur angesehen wurde. Begründet wird dies damit, dass Kultur durch die Tätigkeit erschaffen wird, wie auch die Tätigkeit durch die Kultur ihre Bestimmung erhält. Die materiellen, sozialen und symbolischen Merkmale einer Kultur müssen folglich im Verlauf eines Lebens durch Individuum-Umwelt-Interaktionen aktiv erschlossen und erworben werden (vgl. Keller & Eckensberger, 1999). Dieser Prozess wird seit den 1970er-Jahren auch als *Sozialisation* gefasst und in interdisziplinären Sozialisationstheorien beschrieben. Sozialisation bezeichnet danach *„den Prozess, in dessen Verlauf sich der [...] menschliche Organismus zu einer sozial handlungsfähigen Persönlichkeit bildet, die sich über den Lebenslauf hinweg in Auseinandersetzung mit den Lebensbedingungen weiterentwickelt"* (Hurrelmann & Ulich, 1980, S. 78). Sozialisation ist damit als wechselseitiger Anpassungsprozess zwischen Mensch und Umwelt zu verstehen, der langfristige Veränderungen in den Verhaltens- und Persönlichkeitsstrukturen eines Individuums bewirkt (vgl. auch Hurrelmann, Grundmann & Walper, 2008).

3 Kulturelle Erhaltungs- und Entwicklungsprozesse

Als menschlich organisierte Umwelt ist Kultur an typisch menschliche Kognition und Sprache gebunden. Zwar finden sich Grundformen der menschlichen Kognition auch bei Primaten, wenn es um das Verstehen von räumlichen, zeitlichen, kategorialen und quantitativen Charakteristiken von Gegenständen oder grundlegende soziale Strukturen von kleinen Gemeinschaften geht (Herrmann, Call, Lloreda, Hare & Tomasello, 2007). Menschen haben jedoch artspezifische Kognitionen ausgebildet, die in vielerlei Hinsicht besondere mentale Leistungen hervorbringen. Es sind diese kognitiven Fähigkeiten, die in ihrer Konsequenz dazu geführt haben, dass Menschen kulturell organisierte Umwelten aufbauen. Wenn Kinder in dieser vorstrukturierten Welt aufwachsen, stellt sich die Frage, wie die Kinder sie aufnehmen, wie sie dabei unterstützt und unterrichtet werden und wie sie die typisch menschlichen Kognitionen entwickeln, die in der Kultur weiter ausgeformt und von jeder Generation an die nächste übermittelt werden.

3.1 Kognitionsentwicklung

Überlegungen zur sozialen Natur der menschlichen Kognition sind bereits im *Kulturhistorischen Ansatz von Vygotskij* (1978) zu finden, den er schon in den 1920er-Jahren aus den Grundthesen des historischen Materialismus (vgl. Engels, 1886; Marx & Engels, 1888/1962) entwickelte. Danach prägen soziale Verhältnisse (*das Sein*) die menschlichen Denkstrukturen so entscheidend, dass „*culture becomes a part of each person's nature*" (Vygotskij, 1978, S. 6). Im Ergebnis von Individuum-Umwelt-Interaktionen sollten sich danach die typisch menschlichen Kognitionen herausbilden, die Vygotskij in *höhere psychische Funktionen* fasste. Darunter verstand er begriffliches Denken, logisches Gedächtnis, willkürliche Aufmerksamkeit, Handlungsplanung und sprachliche Kommunikation im Gegensatz zu bildhaftem Denken, mechanischem Gedächtnis, unwillkürlicher Aufmerksamkeit, Handlungsmanipulationen und nicht-sprachlicher Kommunikation. Kulturell vorhandene Zeichensysteme (wie sprachliche Zeichen und Zahlensymbole) würden mit ihrer Hilfe in intrapsychische Strukturen und Operationen umgewandelt („*internal reconstruction of an external operation*"; ebd., S. 56) und erklärten die Funktionsweise menschlicher Verarbeitungsleistungen besser als die Reflexologie und behavioralen Reiz-Reaktions-Modelle der damaligen Zeit.

Die kindliche Entwicklung wurde dabei zum Prüfstein für die Annahme, dass sich biologisch angelegte Kognitionen während der Ontogenese durch kulturelle Einflüsse umstrukturieren und auf einer höheren Organisationsstufe neu etablieren. Während der Entwicklung eines Kindes sollten infolgedessen die höheren psychischen Funktionen durch Internalisierungsprozesse erst hervorgebracht werden. Vygotskij (1964) war davon überzeugt, dass es sich bei diesen Kognitionen auf keinen Fall um Fähigkeiten handle, die nur komplexer würden. Die Denkentwicklung sei „*nicht als ein ununterbrochenes Entstehen von neuen, höheren, komplizierteren [...] Eigenschaften aus elementareren und ursprünglichen Denkformen dargestellt, sondern als ein allmähliches und ununterbrochenes Verdrängen der einen Form durch die andere*" (ebd., S. 179). Auf der Grundlage zahlreicher experimenteller Studien (siehe z. B. Vygotskij 1929a, b) untermauerte Vygotskij die These: „*Das Neue in der Entwicklung entsteht von außen.*" (Vygotskij, 1964, S. 179) Danach schienen biologische Reifungsprozesse zwar notwendige, aber keinesfalls hinreichende Bedingungen für signifikante Entwicklungen in der kindlichen Kognition zu sein: „*Also an organism internally prepared absolutely requires the determining influence of the environment in order to enable it to accomplish that development. Thus at a certain stage of its organic development the child masters speech. At another stage he masters the decimal system.*" (Vygotskij, 1929a, S. 423)

Zwei Entwicklungslinien in der Herausbildung höherer psychischer Funktionen seien zu unterscheiden: Eine biologische (evolutionäre) und eine kulturelle. Nach der Geburt seien diese zwei Entwicklungslinien zunächst isoliert, verschmölzen jedoch zu einem relativ frühen Zeitpunkt in der Ontogenese. Dies sei dann der Fall, wenn Denken und Sprache zusammenfallen und das Kind die größte Entdeckung seines Lebens mache, dass nämlich jedes Ding einen Namen habe (vgl. Stern, 1914/1952, S. 132 ff.), womit die Sprache in die intellektuelle Phase eintrete. Lautfolgen erhielten dann Bedeutungen: „*Das Denken* wird *dann sprachlich und die Sprache intellektuell.*" (Vygotskij, 1964, S. 90, Hervorhebung im Original) Das Kind entdecke zu diesem Zeitpunkt gewissermaßen die symbolische Funktion der Sprache, bilde neue Denkleistungen aus und beginne damit, höhere psychische Funktionen hervorzubringen (ebd., S. 88 ff.).

Damit sich die höheren psychischen Funktionen ausbilden und etablieren können, müssen jedoch auch die Strategien internalisiert werden, die für den Umgang mit dem Wissen und die Erarbeitung neuer Denkstrategien gebraucht werden. Vygotskij (1987a) nannte sie *psychische Werkzeuge* und zählte dazu die Verwendung sprachlicher Symbole, das Nummerieren und Zählen, die Nutzung mnemotechnischer Mittel, algebraischer Symbole sowie der Schrift, aber auch den Umgang mit vielen anderen möglichen Zeichen, Schemata und Diagrammen. Während technische Werkzeuge darauf gerichtet seien, Veränderungen am Objekt herbeizuführen, wirken psychische Werkzeuge auf psychische Prozesse und das Verhalten. Da sich das Kind im Laufe seiner Entwicklung mit den verschiedensten psychischen Werkzeugen ausstatte und diese Ausstattung immer wieder erneuere, unterscheide sich ein älteres von einem jüngeren Kind durch den Grad und den Charakter dieser Ausstattung. In dem Maße, wie sich das Kind neue psychische Werkzeuge aneigne und damit die eigenen psychischen Funktionen beherrschen lerne, könne sich auch die Denkentwicklung fortentwickeln (ebd., S. 315 ff.).

3.2 Internalisierung sozialer Erfahrungen

Typische kognitive Strategien und ihre Veränderbarkeit während der Kindheit zeigen sich vor allem bei den sich entwickelnden kindlichen Erinnerungsleistungen: *„The organic base of memory, mnema, might remain substantially unaltered during the period of growth, but the […] child might have learned how to use his memory in a more efficient way [...] based on the use of signs as a means of accomplishing any particular psychological operation."* (Vygotskij, 1929a, S. 415 f.) In systematischen Untersuchungen zur Denk- und Gedächtnisentwicklung beschrieb Vygotskij (1929a, b), welche Strategien entstehen und internalisiert werden und wie sie ein Kind dazu befähigen, die eigenen psychischen Prozesse beherrschen zu lernen:

(1) Naives Stadium. Die Gedächtnisleistung ist so gut wie das Interesse eines Kindes an den Informationen, die es spontan zu erinnern versucht. Wird es jedoch von einem Erwachsenen an Mnemotechniken herangeführt und zusätzliches Bildmaterial so eingesetzt, dass Assoziationen zu den Wörtern möglich werden, erlebt das Kind, dass sich seine Gedächtnisleistungen verbessern: Hatte es beim Anhören der Wörter auf die Bilder geschaut, konnte es später viel besser die Wörter reproduzieren. Wenn das Kind jedoch eine neue Serie von Wörtern lernen sollte, waren die eingeübten Assoziationen mit den alten Bildern hinfällig geworden. Das Kind reproduzierte dann die neuen Wörter nicht mehr so präzise, sondern ähnliche Wörter, die ihm die alten Bilder suggerierten. Indem das Kind die alten Bilder nicht dazu nutzte, neue Assoziationen zu knüpfen, wurde ersichtlich, dass es noch nicht begriffen hatte, wie das Bildmaterial strategisch benutzt werden muss, um die Gedächtnisleistung zu verbessern.

(2) Stadium der äußeren *kulturellen Einflussnahme.* Zunehmend entwickelten die Kinder in den Assoziationsexperimenten ihre eigenen Mnemotechniken, die jedoch zunächst auf Basis des extern vorgegebenen Bildmaterials funktionierten: Wenn ein Wort genannt wurde, suchten sie aus einer Anzahl von Bildern dasjenige aus, dessen Inhalt am engsten mit diesem Wort verbunden war. Während die Kinder anfänglich die naheliegenden Assoziationen zum Wort leicht auffinden konnten, waren sie aufgrund des beschränkten Bildmaterials zunehmend gezwungen, diese Assoziationen zu erweitern. Da dies zu fehleranfälligen Gedächtnisleistungen führte, mussten die Strategien verbessert/verändert werden.

(3) Stadium der inneren *kulturellen Einflussnahme.* Neue Strategien überwanden jedoch auch diese Fehleranfälligkeit. So versuchten die Kinder nun, die Wörter beispielsweise anhand der Bildanordnungen und nicht aufgrund der Bildinhalte zu erinnern. Nachdem sie die assoziativen Mnemotechniken kennengelernt hatten, entwickelten sie infolgedessen eine Technik nach demselben Typus, der dieses Mal aber nicht mit den Bildinhalten, sondern mit den Bildanordnungen verbunden war.

Vygotskij (1929a) war davon überzeugt, dass die erworbenen Strategien internalisiert werden: *„… the external activity of the child remembering by means of a sign passes on into internal activity. The external means […] becomes ingrown or internal"* (ebd., S. 426). Er beobachtete allerdings, dass die gerade erworbenen Strategien durch soziales Lernen insofern beeinflusst sind, als sie Wenn-dann-Beziehungen ermöglichen, aus denen auch Kausalschlüsse gezogen werden. Diese Schlüsse ermöglichen zwar schnelle Entscheidungen, widersprechen jedoch manchmal der Wirklichkeit, da sie mit einer gewissen Wahrscheinlichkeit und zumeist vorerst nur unten den begrenzten Bedingungen ihres Erwerbs gelten. Durch weitere Internalisierungsprozesse sind allerdings schon Vorschulkinder in der Lage, die Anwendungen der neu erworbenen Strategien zu korrigieren und anzupassen.

3.3 Imitation und Kooperation

Die moderne Erforschung der frühen Kindheit hat gezeigt, dass die von Vygotskij (1964) postulierte „kulturelle Entwicklungslinie" viel früher ansetzt als angenommen. Sie wird heute außerdem kaum von der biologischen (evolutionären) losgelöst betrachtet, da die ausgedehnte Ontogenese und die mit ihr verbundenen ausgiebigen Möglichkeiten kulturellen Lernens bereits das Ergebnis der Evolution des Menschen sind (Lorenz, 1973). Kulturelles Lernen ist demnach bereits mit der Evolution untrennbar verbunden. Bei der Herausbildung typisch menschlicher Kognitionen kann es deshalb nur um die konkreten Mechanismen gehen, die zu bestimmten Zeitpunkten der kindlichen Entwicklung auf eher evolutionäre oder aber kulturelle Ursprünge zurückgehen und sie in der einen oder anderen Weise prägen. Der menschliche Säugling ist jedenfalls vom Anfang seiner Entwicklung an kulturell eingebunden, da er andere Menschen als seine Artgenossen erkennt und sie als intentionale Wesen versteht (Meltzoff, 2007; Meltzoff & Moore, 1994). Im Ergebnis der Untersuchungen von Tomasello (2006) über das *Kulturelle Lernen* eröffnet diese frühe Identifikation mit Artgenossen dem Kind sofortige und unmittelbare Möglichkeiten, andere Menschen als Quelle von Informationen in folgender Weise zu nutzen:

(1) Szenen gemeinsamer Aufmerksamkeit (joint attention). Szenen gemeinsamer Aufmerksamkeit stellen einen Kontext bereit, innerhalb dessen ein Kind und ein Erwachsener die Aufmerksamkeit gemeinsam auf bestimmte Gegenstände und Tätigkeiten richten und sich durch Blickbewegungen, Zeigegesten, Körperbewegungen und sprachliche Äußerungen versichern, dass dies ihr *gemeinsamer Fokus* ist. Diese Szenen sind durch die Übereinkunft des Kindes und des Erwachsenen bestimmt, sich gemeinsam mit etwas befassen zu wollen. Durch Bezug auf ein gemeinsames Referenzobjekt wird dabei eine dyadische Situation zu einer triadischen erweitert. Handlungen werden zwar weiterhin dyadisch aufeinander abgestimmt, beziehen jedoch durch wechselseitige Aufmerksamkeit etwas Drittes ein (ebd., S. 83–94).

(2) Verstehen kommunikativer Absichten. Weil Kinder andere Menschen als intentional Handelnde verstehen, wie sie sich selbst als solche begreifen, können sie auch die Absichten anderer ihnen gegenüber verstehen. Sie können sich dadurch in die mentale Welt anderer Menschen hineinversetzen, *„so daß sie nicht nur* vom *anderen, sondern auch* durch *den anderen lernen können"* (ebd., S. 17, Hervorhebungen im Original).

(3) Imitation durch Rollentausch. Durch einen Anderen lernen heißt auch, seine Rolle übernehmen zu können. Beispielsweise kann ein Kind eine sprachliche Äußerung verwenden, um die Aufmerksamkeit des Erwachsenen auf dieselbe Weise auf etwas zu lenken, wie der Erwachsene es tat, als er das Kind mit derselben sprachlichen Äußerung auf etwas aufmerksam machte. Das Kind lernt so, sprachliche Symbole auf dieselbe Weise zu verwenden, wie sie der Erwachsene verwendet hat, und zwar sowohl im Hinblick auf das Ziel als auch auf

die Art der Zielerreichung. Das Kind setzt sich damit nicht nur als Handelnder selbst an die Stelle des Erwachsenen, sondern setzt gleichzeitig den Erwachsenen als Ziel seiner Handlung an seine eigene Stelle. Diese Imitation durch Rollentausch dient in hervorragender Weise dem Erwerb sprachlicher Symbole als ein Kommunikationsmittel, das intersubjektiv eingesetzt werden kann. Das Kind kann auf Symbole zurückgreifen, die sozial geteilt und gegenseitig verstanden werden (vgl. Tomasello, 2006, 2011).

(4) Kooperation. Wenn Kinder mit anderen Menschen kooperieren und deren Kommunikationskonventionen annehmen, entstehen bei ihnen neue Formen der Kognition, die die intersubjektiven wie perspektivischen Eigenschaften von sprachlichen Symbolen ausnutzen (vgl. Tomasello, 2006, 2011):

(a) Intersubjektiv. Sprachliche Symbole werden auf eine Art und Weise sozial angewendet, die sicherstellen, dass ein und dasselbe Symbol in einer Kommunikation von den Partnern sowohl verstanden als auch erzeugt werden kann.

(b) Perspektivisch. Sprachliche Symbole sind vom unmittelbaren Wahrnehmungs- und Ereigniskontext losgelöst. Kinder nehmen bereits zwischen dem 18. und 24. Lebensmonat mit verschiedenen sprachlichen Ausdrücken auf denselben Referenten in verschiedenen Kommunikationssituationen Bezug (wie dies in den Zweiwortsätzen *mehr-Milch* oder *mehr-trinken* zum Ausdruck kommt). Sie beginnen auf diese Weise mit den sprachlichen Symbolen verschiedene Perspektiven zu repräsentieren, die eine gewisse Unabhängigkeit von der Wahrnehmungssituation haben, und zwar in dem Sinne, dass sprachliche Symbole gewählt wurden, um dieselbe Erfahrung für einen anderen Kommunikationszweck auszudrücken (so hat ein Kind mit *mehr-trinken* mitgeteilt, dass es Durst hat; mit *mehr-Milch*, dass es deshalb Milch trinken möchte). Kleinkinder haben damit erkannt, dass ein sprachliches Symbol eine bestimmte Auffassung von einem bestimmten Sachverhalt verkörpert und dies eine bestimmte Perspektive ist, die auf manche Kommunikationssituationen zugeschnitten ist, auf andere dagegen nicht.

3.4 Unterweisung und Spiel

Vor dem Hintergrund des *Kulturhistorischen Ansatzes* entsteht ein Bild vom Kind (vgl. Vygotskij, 1978), dessen Schicksal auf das Engste mit Menschen verbunden ist, die bemüht sind, ihm beim Wissenserwerb zu helfen. In allen menschlichen Kulturen wird Kindern beim Erlernen bestimmten Wissens geholfen, zumeist mit einfachen Hilfestellungen und grundständigen Hinweisen. Dieses Rüstzeug (*scaffolding*; Wood, Bruner & Roos, 1976) wird angeboten, um die Aufgabe zu vereinfachen oder die Kernprobleme zu fokussieren und Nebensächlichkeiten auszublenden, vor allem wenn Kinder Mühe haben zu lernen. In vielen Kulturen geschehen diese Unterweisungen durch *Co-education* beim Zuschauen und Dabeisein, wenn bestimmte Tätigkeiten verrichtet werden (vgl. Rogoff, 1990). Allerdings gibt es eine Reihe von Fähigkeiten und Kenntnissen, die für so wichtig gehalten werden, dass auch direkte Unterweisungen als notwendig erachtet werden. Der Erwachsene hat dann ein besonderes Interesse daran, dass das Kind dieses Wissen erwirbt. Zumeist begleitet er den Prozess so lange, bis das Kind die Aufgabe bewältigt und die Kompetenz entwickelt hat. Diese direkte Art der Unterweisung scheint eine sehr wirksame Methode bei der kulturellen Weitergabe zu sein, da sie die Wahrscheinlichkeit erhöht, dass ein bestimmtes Wissen auch weitergegeben wird. Vygotskij (1987b) hat dabei allerdings die Forderung erhoben, Unterrichtungen und Unterweisungen den Interessen des Kindes wie auch den Besonderheiten seiner Entwicklung anzupassen (ebd., S. 266). Sie sollten nicht nur auf das aktuelle Entwicklungsniveau des Kindes ausgerichtet sein; vielmehr müsse auch das Leistungspotenzial bestimmt werden, das darüber hinausgehe und das mögliche erreichbare Niveau der Entwicklung darstelle. Die Divergenz zwischen dem, was ein Kind (auf sich selbst gestellt) leisten kann, und dem, wozu es gemeinsam mit einem anderen (Erwachsenen oder Kind) fähig ist, charakterisiert die *Zone der nächsten Entwicklung* und meint: „*Was das Kind heute in Zusammenarbeit und unter Anleitung vollbringt, wird es morgen selbständig ausführen können.*" (ebd., S. 83) Die theoretische Bedeutung dieses pädagogischen Prinzips besteht darin, dass es psychische Prozesse in Gang setzt, die die weitere Entwicklung höherer kognitiver Funktionen vorantreiben: Indem die Zone der nächsten Entwicklung ermittelt wird, wird es gleichzeitig möglich, eine Entwicklung des Kindes zu forcieren, die unmittelbar bevorsteht.

Im kindlichen Spiel erkennt man sogar eine vom Kind (für sich selbst) geschaffene Zone der nächsten Entwicklung, die auf seinen sozialen Beobachtungen und Erfahrungen beruht. Das Spiel stellt dabei einen Kontext dar, der vom situationsgebundenen Handeln im Konkreten, bei dem reale Gegenstände mit ihren Eigenschaften den Handlungsraum bestimmen (z. B. eine Tür, die man öffnen und schließen kann; eine Glocke, die man läuten kann), bis hin zum abstrakten Denken reicht, wenn das Kind ein Objekt mit einer neuen Bedeutung belegt. Allerdings sei das abstrakte Denken beim Kind noch begrenzt. Bedeutung könne in der kindlichen Fantasie nur insoweit transferiert werden, wie es die physikalischen Gegebenheiten gestatten: Ein Stock kann von einem Kind als Pferd genutzt

In allen menschlichen Kulturen wird Kindern beim Erlernen bestimmten Wissens geholfen, zumeist mit einfachen Hilfestellungen und grundständigen Hinweisen. Allerdings gibt es eine Reihe von Fähigkeiten und Kenntnissen, die für so wichtig gehalten werden, dass auch direkte Unterweisungen als notwendig erachtet werden. Diese scheinen eine sehr wirksame Methode bei der kulturellen Weitergabe zu sein, da sie die Wahrscheinlichkeit erhöhen, dass ein bestimmtes Wissen auch weitergegeben wird.

und als solches angesehen werden; eine Vase oder eine Postkarte (selbst die von einem Pferd) begrenze dagegen die kindlichen Vorstellungen so, dass es damit nicht wie mit einem Pferd spielen wolle (vgl. Vygotskij, 1978, S. 98). Hier liege der Unterschied zwischen kindlicher Fantasie und abstrakt-symbolischem Denken Erwachsener, bei dem jedweder Bedeutungstransfer möglich wird. Zwar bewege sich der kindliche Bedeutungstransfer innerhalb gewisser Grenzen – die kindliche Fantasie sei also nicht völlig frei –, dennoch erlaube er dem Kind eine neue Sicht auf bereits bekannte Objekte. Das Kind könne mit dem Objekt tätig werden und Handlungen vollziehen (bzw. nachvollziehen), die es zuvor noch nicht ausgeführt habe: *„In play a child always behaves beyond his average age, above his daily behavior; in play it is as though he were a head taller than himself."* (ebd., S. 102) Die Spielregeln seien dabei weniger der freien Fantasie als der sozialen Beobachtung und Erfahrung entlehnt und oft eigentlich noch zu „erwachsen" für das Kind. Das aber sei genau der Grund, warum das Spiel Raum für weitere Entwicklungen biete: *„The child is able to do more than he can understand."* (ebd., S. 100) Sich im Spiel an die selbst erstellten Rollen und Regeln zu halten (z. B. als Postbeamte/r oder im Vater-Mutter-Kind-Spiel) bereite dem Kind nicht nur große Freude, sondern trainiere zudem wichtige psychische Werkzeuge wie Aufmerksamkeit und Selbstkontrolle.

3.5 Tradierung und kulturelle Evolution

Damit eine Kultur auch nachfolgenden Generationen zugänglich bleibt, müssen kulturelle Werte, Praktiken und Konventionen sowie das gesamte kulturelle Wissen überliefert und von der nächsten Generation angenommen werden. Diese Tradierung ist an nichtsprachliche wie sprachliche Formen der Kommunikation und deren Möglichkeiten gebunden, kulturelle Handlungen in Symbolsysteme einzubetten. Diese Symbolsysteme werden angeeignet, weiterentwickelt und an die nächste Generation weitergegeben. Das betrifft vor allem die Sprache, das Wissen, die Werkzeuge und die Technologien. Die Fähigkeit, andere Artgenossen als intentionale Wesen zu verstehen, hat infolgedessen nicht nur tiefgreifende Wirkungen, wenn Menschen miteinander interagieren, sondern eben auch, wenn das erfolgreiche Handeln anderer aus Symbolsystemen erschlossen werden muss, um es für sich selbst nutzbar zu machen. Über diese typisch menschliche Kognition erhält der Einzelne Zugang zu Artefakten und sozialen Praktiken, die das kollektive Wissen aus der Kulturgeschichte der Menschheit repräsentieren. Tomasello (2006) hält deshalb das Intentionsverständnis für einen der zentralen Mechanismen in der kulturellen Tradierung und bezeichnet es gar als *„eine einzige biologische Anpassungsleistung mit Hebelwirkung"* (ebd., S. 257), die sich grundlegend produktiv und dynamisch auf andere Tätigkeits- und Wissensbereiche auswirkt (z. B. auf Sprache und Kommunikation, Kooperation und soziales Lernen, aber auch auf andere Denkleistungen wie z. B. Mathematik). Für die kulturelle Tradierung sind sprachliche Symbole besonders wichtig, weil sie die menschliche Kognition von der unmittelbaren Wahrnehmungssituation entkoppeln und durch Distanz zum unmittelbaren Handlungsakt bei der Übernahme bereits vorliegenden Wissens zu vielfältigen Perspektivübernahmen befähigen. Intentionsverständnis und die Fähigkeit zur Perspektivübernahme bilden dabei die Voraussetzungen dafür, dass die gewonnenen Impulse und Eindrücke auf das eigene Denken reflektiert werden.

Die entstandenen mentalen Repräsentationen können über die Zeit hinweg akkumuliert werden. Nachträgliche systematische Vernetzung und Überprüfung der Denkinhalte wie auch daraus abgeleitete Schlussfolgerungen ermöglichen eine nochmalige Steigerung einer bewussten systematischen Denktätigkeit. Diese Prozesse erhalten nicht nur die bestehende Kultur, sondern haben sie von Generation zu Generation in Form einer kulturellen Evolution stetig weiter entwickelt (z. B. Barkow, Cosmides & Tooby, 1992; Klix, 1993; Tomasello, 2006).

4 Kultur als organisiertes System aus Kontexten, Milieus und Nischen

Mit dem Ziel, die Merkmale einer Kultur differenziert so zu beschreiben, wie sie von Kindern vorgefunden werden, wurden in der Psychologie, Pädagogik, Anthropologie, Soziologie und Politik die verschiedensten Zugänge benutzt. In der nachfolgenden Zusammenstellung sind entsprechende Kriterien und Taxonomien ausgewählter Beschreibungsmethoden exemplarisch dargestellt, die vor allem auch versucht haben, die eingebundenen Interaktions- und Kommunikationsstrukturen einer Kultur direkt oder indirekt zu fassen.

4.1 Individuum-Umwelt-Interaktionen in einem organisierten System von Kontexten

Die wechselnden Eigenschaften einer komplexen sozialen Realität in der Auseinandersetzung eines Individuums mit seiner Kultur ist das Leitthema des *bioökologischen Modells von Bronfenbrenner* (Bronfenbrenner & Morris, 2006), bei dem Person und Umwelt eine dynamische Einheit bilden und sich nach dem Prinzip der Reziprozität wechselseitig beeinflussen. Da die für Entwicklungsprozesse relevante Umwelt nicht nur einen einzigen unmittelbaren Kontext, sondern mehrere Kontexte sowie deren Vernetzung umfasst, wurde in diesem Modell eine Ausdifferenzierung der Umwelt über die vom Individuum direkt erlebbaren Kontexte hinaus vorgenommen. Insgesamt fußt das Modell auf vier Hauptkomponenten: (1) der Individuum-Umwelt-Interaktion, (2) dem Individuum, (3) dem Kontext und (4) der Zeit, die mit ihren Vernetzungen die dynamischen Eigenschaften dieses Modells abbilden:

(1) Die INTERAKTION. Im Mittelpunkt des Modells stehen die unmittelbar ablaufenden Interaktionen (*„proximal processes"*; ebd., S. 795 ff.) zwischen einem Individuum und einer Person, einem Gegenstand oder einem Symbol in der Umgebung, wie dies beispielsweise beim Füttern eines Babys, beim Spielen zweier Kinder, bei sportlichen Aktivitäten und beim Lesen eines Buches oder anderen Beschäftigungen mit Gegenständen oder Symbolsystemen der Kultur gegeben ist: *„To be effective, the [increasingly mor e complex] interaction must occur on a fairly regular basis over extended periods of time."* (ebd., S. 797) *„Developmentally effective proximal processes are not unidirectional; there must be influence in both directions [… and] some degree of reciprocity in the exchange."* (ebd., S. 798)

(2) Das INDIVIDUUM. Die Interaktion wird insbesondere durch drei individuumsbezogene Charakteristiken beeinflusst, die als (a) Verhaltenstendenzen, (b) persönliche Ressourcen und (c) Reaktionen auf Erfordernisse in sozialen Situationen auftreten (ebd., S. 810 ff.):

(a) Verhaltenstendenzen. Sie wirken sich dann förderlich auf die Individuum-Umwelt-Interaktion aus, wenn es sich um Neugier, Initiative und Reaktionsfreudigkeit bei Kontaktaufnahme sowie die Fähigkeit zum Belohnungsaufschub handelt. Sie sind hinderlich, wenn sie in Form von emotionaler Labilität, Impulsivität und Aggression, Ablenkbarkeit und Unaufmerksamkeit, Interessenlosigkeit und Apathie sowie Unsicherheit und Schüchternheit in die Interaktion eingebracht werden. Es werden dabei auch *„directive belief systems"* (ebd., S. 811)

angeführt, die das Individuum über sich selbst und seine Umwelt erworben hat. Die daraus resultierenden *Kontrollüberzeugungen* (*"locus of control"*; Rotter, 1966) und *Selbstwirksamkeitserwartungen* (*"self-efficacy"*; Bandura, 1977, 1982, 1992) wirken sich bei hoher Ausprägung in der Regel begünstigend auf die Individuum-Umwelt-Interaktion aus.

(b) Ressourcen. Sie bezeichnen erworbene Fähigkeiten, Kenntnisse und Erfahrungen wie auch biologische Voraussetzungen, die die Kapazität bestimmen, mit der sich ein Individuum in die Interaktion mit seiner Umwelt mehr oder weniger erfolgreich einbringt.

(c) Reaktionen auf Erfordernisse in sozialen Situationen bestimmen die Art und Weise, in der Interaktionsprozesse zielführend initiiert und aufrechterhalten werden, wie beispielsweise durch fröhliche versus weinerliche Grundstimmung oder durch ruhig-passive im Gegensatz zu hektisch-hyperaktiven Reaktionen. Auch ist ein attraktives Aussehen gegenüber einem unattraktiven in sozialen Situationen von Vorteil.

(3) Die KONTEXTE. Eine hervorstechende innovative Charakteristik von Bronfenbrenners bioökologischem Modell ist die Idee, die Umwelt als ein ineinander verschachteltes und miteinander verschränktes System von Kontexten zu modellieren, die als (a) Mikro-, (b) Meso-, (c) Exo- und (d) Makrosysteme unterschiedlich wirksam sind (Abb. 2.1). Dieses System der Kontexte hat seinen Ursprung in einer Debatte, die die Entwicklungspsychologie der 1960er-Jahre als „*the science of the strange behavior of children in strange situations with strange adults for the briefest possible periods of time*" (Bronfenbrenner, 1977, S. 513) anprangerte und die Anerkennung natürlicher Beobachtungen als wissenschaftliche Methode (im Kontrast zur experimentellen Laborforschung) vehement einforderte. Während experimentelle Situationen zwar als problemzentriert und theoriegeleitet charakterisiert wurden, ihnen aber nur ein eingeschränkter Aussagewert für alltägliche Gegebenheiten zugeschrieben wurde (nämlich nur im Rahmen der angewendeten Theorien und Probleme), galten naturalistische Situationen in ihrem Aussagewert als wesentlich vorteilhafter (vgl. Barker, 1967). Bronfenbrenner (1977) kritisierte an dieser Debatte das simple Umweltkonzept, nach dem experimentelle und naturalistische Untersuchungen als „natürliche" und „unnatürliche" Kontexte unvereinbar gegenübergestellt wurden. Richtig sei dagegen, dass Kontexte außerhalb der unmittelbaren Untersuchungssituation für diese psychologisch genauso relevant sein können wie die konkreten Untersuchungsbedingungen selbst. Es komme vielmehr darauf an, den „unnatürlichen" Kontext einer experimentellen Situation von der Lebenswirklichkeit nicht zu entkoppeln und ökologisch valide Testsituationen zu begründen (sog. *ökologische Validität*). In Bronfenbrenners theoretischen Ausarbeitungen des Umweltkonzeptes erscheint deshalb der unmittelbare Lebensbereich eines Mikrosystems durch Meso-, Exo- und Makrosysteme mit der gesamten Umwelt verbunden:

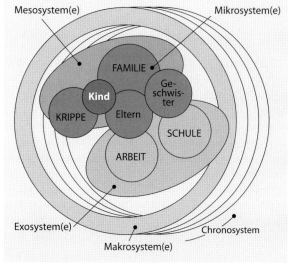

Abb. 2.1.: Bronfenbrenners bioökologisches Modell menschlicher Entwicklung (Bronfenbrenner & Morris, 2006).

(a) Das Mikrosystem. Das Mikrosystem bildet den unmittelbar erfahrbaren Kontext der Umwelt ab. Hier laufen alle Interaktionen ab, an denen sich ein Individuum mit bestimmten Rollen beteiligt und andere Personen einbezieht. *„Die menschliche Entwicklung wird durch die Interaktion mit Personen, die mehrere verschiedene Rollen innehaben, und durch ein eigenes, ständig wechselndes Rollenrepertoire gefördert."* (Bronfenbrenner, 1979/1993, S. 115) Die Rollen werden dabei durch Aktivitäten bestimmt, die in bestimmten Positionen realisiert und von anderen so auch erwartet werden. Bei den Interaktionen stehen vor allem *Dyaden* im Zentrum des Modells, von denen die Mutter-Kind-Dyade unter Bezugnahme auf die Bindungstheorie (Bowlby, 1969) einen besonderen Stellenwert in der Frühentwicklung einnimmt und auch mit ihren Unterbrechungen relevant wird: *„Wir glauben, daß Dyaden dieser Art in Anwesenheit wie in Abwesenheit der anderen Person sehr großen Einfluß auf [...] den Gang der Entwicklung haben."* (Bronfenbrenner, 1979/1993, S. 73 f.)

(b) Das Mesosystem. Das Mesosystem integriert verschiedene Mikrosysteme und erfasst auch Interdependenzen und Transfers zwischen ihnen. Es berücksichtigt zunächst diejenigen Mikrosysteme, an denen ein Individuum aktiv beteiligt ist, wie dies beispielsweise für ein Kind zutrifft, das in der Familie und einer Kindereinrichtung betreut wird, oder für einen Erwachsenen, der eine Balance zwischen Familie und Arbeit entwickeln muss. Die Vernetzungen innerhalb eines Mesosystems entstehen danach auf der Grundlage direkter individueller Beteiligung an verschiedenen Mikrosystemen (siehe als Beispiel die „Berliner Alltagsstudie über geteilte familiäre und außerfamiliäre Betreuung"). Mesosysteme können aber auch durch gezielte Übermittlung von Informationen, durch indirekte Vermittlung über eine Mittelsperson und durch Kenntnisse über Mikrosysteme entstehen, an denen das Individuum sonst nicht beteiligt ist. Ihre internen Vernetzungen werden dann als besonders entwicklungsförderlich gewertet, wenn sie der unmittelbaren Erschließung neuer Mikrosysteme dienen: *„Richtung und Ausmaß des psychischen Wachstums hängen davon ab, in welchem Maß der sich entwickelnden Person die Gelegenheit zum Eintritt in Lebensbereiche offenstehen oder verschlossen bleiben, die der Entwicklung auf verschiedenen Gebieten förderlich sind."* (Bronfenbrenner, 1979/1993, S. 264)

(c) Das Exosystem. Das Exosystem bezieht sich auf Kontexte, an denen das Individuum weder unmittelbar noch mittelbar beteiligt ist, die jedoch seine Mikro- und Mesosysteme beeinflussen. Beispielsweise können das Exosystem eines Kindes die Arbeitsbedingungen seiner Eltern oder die Schulbedingungen seiner älteren Geschwister sein. Für die Eltern und Geschwister bedeuten diese Kontexte Mikrosysteme, an denen sie direkt beteiligt sind, während sie auf das Kind, das mit dem Arbeitsplatz der Eltern oder der Schule der Geschwister selbst nicht in Berührung kommt, indirekt über das Mesosystem bzw. die Mikrosysteme wirken, die es mit seinen Eltern und Geschwistern (in der Familie) eingeht. Diese Überlappungen haben also für das Kind exosystemische Wirkungen, während sie für Eltern und Geschwister meso- oder mikrosystemischer Natur sind (vgl. Bronfenbrenner, 1990).

(d) Das Makrosystem. Das Makrosystem bezieht sich auf grundsätzliche formale und inhaltliche Ähnlichkeiten in den Mikro-, Meso- und Exosystemen. Diese können *„in der Subkultur oder der ganzen Kultur bestehen [...] einschließlich der ihnen zugrunde liegenden Weltanschauungen und Ideologien"* (Bronfenbrenner, 1990, S. 77). Zum Makrosystem gehören die typischen kulturellen Merkmale, wie sie sich beispielsweise in Normen, gesellschaftlich verankerten Überzeugungen, formalen Vorschriften und Gesetzen, aber auch in Kommunikationssystemen und Konventionen zeigen. Dabei sind subkulturelle Differenzierungsmuster und innergesellschaftliche Gegensätze ebenfalls Erscheinungsformen des Makrosystems.

4 Kultur als organisiertes System aus Kontexten, Milieus und Nischen

(4) Die ZEIT. Zeit wurde in Form des sog. *Chronosystems* als letzte Komponente in das Modell aufgenommen. Das Chronosystem sollte zunächst die zeitlichen Veränderungen im Makrosystem erfassen und damit gesellschaftliche Veränderungen und ihre Wirkungen auf das Individuum abbilden. Darüber hinaus wurden einzelne (momenthafte) Episoden der Interaktionsprozesse zwischen einem Individuum und seiner Umwelt im Mikrosystem aufgezeigt, deren Kontinuität oder Diskontinuität interessante Indikatoren sind, während sich die Periodizität dieser Episoden über größere Zeitintervalle hinweg im Mesosystem darstellen lässt. Das Chronosystem wurde eingefügt, nachdem offensichtlich geworden war, dass der insgesamt interaktive und prozessuale Charakter des Modells die Berücksichtigung der zeitlichen Komponente auf allen Ebenen notwendig macht. Veränderungen über die Zeit müssen allerdings sowohl als *Produkte* wie auch als *Produzenten* von Entwicklung verstanden werden, was in den folgenden Leitlinien zur Erforschung menschlicher Lebensverläufe reflektiert wird (Elder Jr., 1998, zitiert nach Bronfenbrenner & Morris, 2006, S. 821 f.): *(i) „The life course of individuals is embedded in and shaped by the historical times and events they experience over their life time." (ii) „[T]he developmental impact of a succession of life transitions or events is contingent on when they occur in a person's life." (iii) „[L]ives are lived interdependently and social and historical influences are expressed through this network of shared relationships." (iv) „[I]ndividuals construct their own life course through choices and actions they take within the opportunities and constraints of history and social circumstances."*

Berliner Alltagsstudie über geteilte familiäre und außerfamiliäre Betreuung

Was erleben Krippenkinder in einer Zeit, in der andere Kinder gleichen Alters bei ihren Müttern sind, während sie selbst in der Krippe spielen? Wie erleben Krippenkinder ihre Mütter morgens, bevor sie in die Krippe gebracht werden, und wie am späten Nachmittag, nachdem sie sich über Stunden nicht gesehen haben, während die Kontrollkinder ihre Mütter den ganzen Tag um sich hatten? In der Berliner Alltagsstudie wurden die Alltagserfahrungen von diesen einjährigen Kontroll- und Krippenkindern in allen Einzelheiten registriert: wer, wo und wie lange mit den Kindern zusammen war und welche Erfahrungen diese Kinder mit welchen Betreuungspersonen wie ausgiebig machen konnten. Auch Quengeln und Weinen der Kinder wurden registriert; wann kam es vor, und wie lange dauerte es, bis sich jemand kümmerte? Die vielen Details wurden in zweistündigen Beobachtungen ermittelt, die immer wieder zeitversetzt im Laufe einer Woche durchgeführt wurden, bis der gesamte Tag des jeweiligen Kindes zusammengesetzt werden konnte. Im Ergebnis wurde deutlich: Welche Erfahrungen die Kinder machten, war abhängig davon, zu welcher Tageszeit und wo sie betreut wurden. Die Krippenkinder erhielten während der Gruppenbetreuung in der Krippe erwartungsgemäß weniger individuelle Zuwendung zu einer Zeit, in der die Kontrollkinder bei ihren Müttern blieben. Die Eltern der Krippenkinder boten jedoch einen Ausgleich, indem sie ihre Betreuungsleistungen vor und nach dem täglichen Krippenaufenthalt intensivierten. Damit erhielten die Kinder von ihnen mehr Aufmerksamkeit, Zuwendung und Stimulation als Kinder, die zur gleichen Zeit zuhause waren. Aufgrund der Analyse dieser Interaktionswirkungen aus zwei Mikrosystemen ließ sich deshalb kaum die Behauptung aufrechterhalten, Eltern von Krippenkindern wollten ihre Erziehungsverantwortung in die Krippe verlagern. Mit erhöhter Betreuungsintensität in der gemeinsam verbrachten Zeit beweisen sie das Gegenteil. Sie kompensierten das Manko vor allem durch viel Körperkontakt und langanhaltende Dialoge am späten Nachmittag und vor der Schlafenszeit, die gegenüber der ausschließlich zuhause betreuten Kontrollgruppe verstärkt zum Spielen und Vorlesen genutzt wurde (Details in Ahnert, Rickert & Lamb, 2000).

4.2 Sozial-kommunikative Differenzierungen von Kulturen

Aus der Tatsache, dass Kulturen durch menschliche Tätigkeit erschaffen werden, ergibt sich die Frage, ob die Makrosysteme der Kulturen von industrialisierten wie traditionellen oder vorindustriellen Ländern nach analogen Merkmalen ausgerichtet sind, vor allem wenn die Konventionen des Zusammenlebens übergreifende Problemlösestrategien für gesellschaftliche Grundprobleme vermuten lassen. Im Ergebnis kulturvergleichender Betrachtungen hatten Inkeles und Levinson (1969) bereits derartige allgemeine Kommunikationssysteme postuliert, die nachfolgend dann auch tatsächlich empirisch bestätigt werden konnten (Hofstede, 1980; Hofstede & Bond, 1988). Danach haben sich die folgenden fünf *Kulturdimensionen von Hofstede und Bond* (1988) für die Beschreibung von Kulturen etabliert (Beispiele in Tabelle 2.1):

	Bereiche	Niedrige Ausprägung	Hohe Ausprägung
Machtdistanz	allgemein	Zwischenmenschliche Beziehungen basieren auf Interdependenz.	Zwischenmenschliche Beziehungen basieren auf Abhängigkeit und Gegenabhängigkeit.
	Familie	Eltern behandeln ihre Kinder als ihresgleichen.	Eltern erziehen ihre Kinder zu Gehorsam.
	Schule	Schüler behandeln Lehrer als ihresgleichen; schülerzentrierter Unterricht.	Schüler behandeln ihre Lehrer mit Respekt, auch außerhalb der Klasse; lehrerzentrierter Unterricht.
	Arbeit	Mitarbeiter erwarten, konsultiert zu werden; der ideale Vorgesetzte ist der einfallsreiche Demokrat.	Mitarbeiter erwarten, Anweisungen zu erhalten; der ideale Vorgesetzte ist der wohlwollende Autokrat (der gütige Vater).
	Politik	Der Einsatz von Macht muss legitimiert sein und unterliegt der Beurteilung nach Gut und Böse; weniger Korruption: Skandale beenden politische Karrieren.	Macht wird als grundlegend verstanden (im guten wie bösen Sinne), ihre Legitimierung ist irrelevant; viel Korruption; Skandale werden normalerweise vertuscht.
Kollektivismus	allgemein	Recht auf Privatsphäre; es ist gut, die eigene Meinung zu sagen.	Betonung von Zugehörigkeit; Harmonie sollte immer bewahrt werden.
	Familie	Es wird von jedem erwartet, dass er/sie nur für sich selbst und seine/ihre unmittelbare Familie sorgt.	Menschen werden in Großfamilien (oder Klane) hineingeboren, die sie schützen und im Gegenzug Loyalität erhalten.
	Schule	Lehrer beschäftigen sich mit individuellen Schülern. Das Ziel der Erziehung ist zu lernen, wie man lernt.	Lehrer behandeln Schüler als Gruppe. Das Ziel der Erziehung ist zu lernen, wie man etwas macht.
	Arbeit	Beziehung Arbeitgeber-Arbeitnehmer ist ein Geschäftsabkommen am „Arbeitsmarkt"; Einstellung und Beförderung sollten nur auf Fertigkeiten und Regeln beruhen.	Beziehung Arbeitgeber-Arbeitnehmer ist im Wesentlichen moralisch, wie in einer Familie; Einstellung und Beförderung berücksichtigen die Mitgliedschaft der Ingroup.
	Politik	Andere Menschen werden als Individuen angesehen. Man erwartet eine eigene Meinung.	Andere Menschen werden in Ingroup und Outgroup klassifiziert; Meinungen werden durch die Ingroup vorbestimmt.

Tabelle 2.1: Kulturelle Grunddimensionen sozialer Kommunikationssysteme und Konventionen nach Hofstede und Bond (1988).

4 Kultur als organisiertes System aus Kontexten, Milieus und Nischen 41

	Bereiche	Niedrige Ausprägung	Hohe Ausprägung
Maskulinität	allgemein	Minimale emotionale und soziale Rollendifferenzierung zwischen den Geschlechtern; sowohl Männer als auch Frauen sollten sensibel sein und Gleichgewicht zwischen Leistung und Fürsorge für andere halten.	Maximale emotionale und soziale Rollendifferenzierung zwischen den Geschlechtern; Männer sollten hart sein und Leistung bringen, Frauen sollten sensibel sein und sich um andere kümmern.
	Familie	Sowohl Väter als auch Mütter sind für Fakten und Gefühle zuständig; sowohl Jungen als auch Mädchen dürfen weinen, aber sollten nicht kämpfen.	Väter sind für Fakten zuständig, Mütter für Gefühle; Mädchen, aber nicht Jungen weinen; Jungen sollten zurückschlagen, Mädchen sollten nicht kämpfen.
	Schule	Der durchschnittliche Schüler ist die Norm; Versagen in der Schule ist ein kleineres Missgeschick.	Der beste Schüler ist die Norm; Versagen in der Schule ist eine Katastrophe.
	Arbeit	Arbeiten, um zu leben; von Führungskräften erwartet man, dass sie ihre Intuition benutzen und nach einem Konsens streben.	Leben, um zu arbeiten; von Führungskräften erwartet man, dass sie entscheidungsfreudig, bestimmt, wettbewerbsorientiert und gerecht sind.
	Politik	Wohlfahrtgesellschaft; der politische Diskurs ist moderat.	Leistungsgesellschaft; der politische Diskurs ist feindlich.
Unsicherheitsvermeidung	allgemein	Die dem Leben innewohnende Unsicherheit wird relativ leicht akzeptiert und so hingenommen, wie sie kommt; Toleranz für von der Norm abweichende Personen und Ideen. Was anders ist, ist allerdings merkwürdig.	Die dem Leben innewohnende Unsicherheit wird als ständige Bedrohung empfunden, die bekämpft werden muss; Intoleranz für von der Norm abweichende Personen und Ideen. Was anders ist, ist gefährlich.
	Familie	Leichtigkeit, geringerer Stress, geringe Angst; Eltern sind nachsichtig hinsichtlich tabuisierter Themen.	Höherer Stress, Angst, Neurotizismus; strenge Regeln für Kinder hinsichtlich tabuisierter Themen.
	Schule	Lehrer können „Ich weiß nicht" sagen; Schüler fühlen sich in unstrukturierten Lernsituationen auch wohl.	Lehrer müssen auf alles eine Antwort wissen; Schüler suchen Struktur.
	Arbeit	Man fühlt sich auch bei Uneindeutigkeit und Chaos wohl; hohe Personalfluktuation.	Bedürfnis nach Klarheit und Struktur; Suche nach stabilen Arbeitsplätzen.
	Politik	Abneigung gegen Regeln – geschriebene und ungeschriebene; Bürger haben positive Einstellung gegenüber dem Rechtssystem.	Emotionales Bedürfnis nach Regeln – geschriebene und ungeschriebene; Bürger haben negative Einstellung gegenüber dem Rechtssystem.
Langzeitorientierung	allgemein	Die wichtigsten Ereignisse im Leben sind passiert oder passieren gerade; Bedürfnisbefriedigung wird unmittelbar erwartet.	Die wichtigsten Ereignisse im Leben werden in der Zukunft geschehen; Bedürfnisbefriedigung auf spätere Zeiten verschoben.
	Familie	Das Familienleben wird durch Imperative gesteuert.	Das Familienleben wird durch geteilte Aufgaben gemeistert.
	Schule	Was man sagt und denkt, sollte wahr sein; Kinder sollen Toleranz und Respekt lernen.	Was man tut, sollte tugendhaft sein. Kinder sollen lernen, sparsam zu sein.
	Arbeit	Vorrang der abstrakten Vernunft: Wenn A wahr ist, muss das Gegenteil B falsch sein.	Vorrang des gesunden Menschenverstandes: Wenn A wahr ist, kann das Gegenteil B auch wahr sein.
	Politik	Es gibt universelle Regeln dafür, was gut und böse ist.	Es kommt auf die Umstände an, was gut und böse ist.

(1) Machtdistanz. Machtdistanz wird als der Grad definiert, mit dem erwartet und akzeptiert wird, dass Macht ungleich verteilt ist. Dies zeigt sich in der Hierarchisierung von gesellschaftlichen Institutionen, aber auch im Ausmaß der Ungleichheit zwischen Eltern und Kindern in Familien, das in manchen Gesellschaften ausgeprägter ist als in anderen. In Gesellschaften mit geringer Machtdistanz sind die Beziehungen zwischen Menschen horizontal und durch Interdependenz gekennzeichnet, während vertikale Beziehungsstrukturen mit Abhängigkeiten typisch für Gesellschaften mit großer Machtdistanz sind.

(2) Individualismus versus Kollektivismus. Kennzeichnend für diese Dimension ist der Grad der Zugehörigkeit von Individuen zu Gruppen. In Gesellschaften mit hoher individualistischer Ausprägung wird von jedem erwartet, dass er sich zunächst um sich selbst (und seine Familie) kümmert. Im Gegensatz dazu werden Gesellschaften als kollektivistisch bezeichnet, die den Einzelnen in Gruppensettings wahrnehmen (in Großfamilien, Arbeitsteams, gesellschaftlichen Organisationen o. Ä.), die sich um ihn kümmern, dafür aber Loyalität erwarten und auch erhalten.

(3) Femininität versus Maskulinität. Diese Dimension bezieht sich auf Geschlechtsrollenstereotypisierungen in einer Gemeinschaft, wobei jene mit ausgeprägter Maskulinität als durchsetzungsfähiger und wettbewerbsorientierter gelten.

(4) Unsicherheitsvermeidung. Ein ausgeprägter Umgang mit Unsicherheit zeigt sich darin, dass Verhaltensvorschriften, Regeln und Gesetze Unsicherheiten minimieren sollen. Während in diesen unsicherheitsreduzierenden Gemeinschaften deshalb auch Vorschläge missbilligt werden, die die vorhandenen Vorschriften in Frage stellen oder von ihnen abweichen, versuchen unsicherheitsakzeptierende Gemeinschaften, gleich von vornherein mit möglichst wenigen Vorschriften auszukommen.

(5) Kurzzeit- versus Langzeitorientierung. Langzeitorientierungen sind auf Zukunftsziele mit der Bereitschaft ausgerichtet, auch bewährte Traditionen und Gebräuche aufzugeben. Kurzzeitorientierungen halten dagegen an den Traditionen, der Erfüllung sozialer Pflichten und der Aufrechterhaltung des gesellschaftlichen Status fest und streben kaum Veränderungen an.

Interkulturelle Vergleiche, die diese Beschreibungsdimensionen einbezogen, wiesen deren Robustheit und Stabilität nach und fanden dabei kaum Hinweise auf Konvergenzen. Das mag daran liegen, dass umfangreiche Informationen über das Leben in den verschiedensten Kulturen besser als in der Vergangenheit zu einem reflektierten Bewusstsein über die eigene Identität verhelfen, deren politische Anerkennung zurecht auch in multikulturellen Gemeinschaften eingefordert wird (vgl. Hofstede, 2001). Außerdem markieren kontrastierende ökonomische Entwicklungen innerhalb einer Kultur auch weiterhin unterschiedliche Lebensverhältnisse und tragen damit zu einer *intra*kulturellen Diversifizierung bei, die dann einer *inter*kulturellen Konvergenz ebenfalls entgegensteht.

4.3 Sozial-strukturelle Differenzierungen von Kulturen

Ökonomische Charakteristiken der Lebensbedingungen der Menschen stehen zweifellos in einem signifikanten Zusammenhang mit den Einflüssen, die die Kultur auf das Individuum ausübt, so dass einige markante Lebensumstände (wie beispielsweise Besitz und Bildung) *„may override traditional cultural scipts"* (Richman, Miller & LeVine, 1992, S. 617). Daher ist das wissenschaftliche Interesse an einer angemessenen Beschreibung unterschiedlicher Lebensbedingungen innerhalb einer Kultur gut begründet, so wie sie (1) durch die Erhebung des sog. sozio-ökonomischen Status (SES) zum Standard heutiger sozialwissenschaftlicher Studien gehört wie auch (2) durch die Beschreibung von Milieus zunehmend Verbreitung findet.

(1) Der SES (socioeconomic status). Der sozio-ökonomische Status ist der in den empirischen Sozialwissenschaften am häufigsten verwendete Indikator für die subsistenzwirtschaftliche Situation eines Menschen. Mittlerweile existieren mehr als 70 Indizes, um den SES zu erfassen. Das Spektrum rangiert von der Ermittlung objektiver Indikatoren (z. B. Höhe des Einkommens) bis hin zu selbstbewertenden Angaben (z. B. „Sind Sie wohlhabend?"). Die Erfassung des Bildungsniveaus (auf der Grundlage konkreter Bildungsabschlüsse oder der Anzahl von Schuljahren), der beruflichen Tätigkeit und des Einkommens (auf der Grundlage konkreter Arbeitsverträge) sind allerdings die am häufigsten verwendeten Kriterien, die sich als kongruent aufeinander bezogen und im Vergleich der unterschiedlichsten Untersuchungen als robust erwiesen haben (vgl. Ekehammar, Sidanius & Nilsson, 1986). Vorausgegangene SES-Angaben wie die des traditionellen Hollingshead-Indexes (1971), der neben den Tätigkeitsprofilen auch die damit verbundenen Berufspositionen (von „große berufliche Verantwortung und komplexe Tätigkeit" bis hin zu „einfache und angelernte Zuarbeiten") bewertete, haben sich dagegen als störanfällig erwiesen.

(2) Die Beschreibung von Milieus. Soziale Milieus werden durch Personengruppen gebildet, die sich durch eine bestimmte Lebensweise und Alltagskultur auszeichnen. In der kultursoziologischen *Theorie der Praxis von Bourdieu* (1976, 1982) werden sie durch einen Habitus bestimmt, der auf der Grundlage typischer Orientierungen, Haltungen und Motive das Leben in diesen Milieus auf eine bestimmte Weise ausrichtet. In den 1990er-Jahren wurden auf der Grundlage von Bourdieus Theorie auch in Deutschland empirische Milieu-Untersuchungen durchgeführt und dabei die nachfolgenden Differenzierungen ausgewiesen (vgl. Vester et al., 1993):

(a) Hegemoniale Milieus. Diese Milieus rekrutieren sich aus Menschen mit hohen und höchsten Bildungsabschlüssen (beispielsweise Wissenschaftler, leitende Angestellte aus Politik und Verwaltung sowie Sozial- und Informationsberufen), die sich zur gesellschaftlichen Elite zugehörig fühlen. Sie zeichnen sich durch ein hohes berufliches Ethos und überdurchschnittliche eigene Leistungen, materielle Erfolge sowie soziale Anerkennung aus. Daraus ergibt sich *„ein distinguierter Lebensrahmen mit hohen Ansprüchen an Qualität"* (ebd., S. 505), der einen Lebensstil erlaubt, der der Selbstverwirklichung dient und Freiräume zulässt.

(b) Respektable Milieus. Diese Milieus umfassen drei Viertel der Bevölkerung, die vielfältigen Einzelmilieus entstammen und vom klassischen Arbeitnehmer-Milieu bis hin zu kleinbürgerlichen und hedonistischen Milieus reichen. Menschen in klassischen Milieus sind insbesondere bemüht, kompetent zu arbeiten, um beruflich voranzukommen. Sie stützen sich dabei auf ihre Leistungsfähigkeit und Anstrengungsbereitschaft. *„Interessante bzw. gut entlohnte Tätigkeiten sollen ein unabhängiges und gesichertes Leben, Selbständigkeit, Anerkennung, vorzeigbare Erfolge und Teilhabe am Konsum ermöglichen."* (ebd., S. 515) Die Einordnung in die gesellschaftlichen Strukturen wird in diesem Milieu für wichtig gehalten, dafür jedoch Fürsorge und soziale Verantwortung von Wirtschaft und Politik erwartet. In kleinbürgerlichen Milieus wird Wert auf den äußeren Eindruck gelegt. Eventuelle Makel sollen nicht auffallen, man will sich aber auch nicht gerne exponieren, setzt Karriere-Grenzen und ist mit der eigenen Position zufrieden. Die Arbeit besitzt eine hohe Wertigkeit, jedoch nicht als Ort der Selbstverwirklichung, sondern als Ausdruck sozialer Stellung. Für Menschen im hedonistischen Milieu sind dagegen die sozialen Positionen noch nicht er-

reicht. Sie sind noch jung (zwischen zwanzig und dreißig Jahren), in einer Lebensphase zwischen Ausbildung und Job und grenzen sich betont gegen die Leistungsmoral der Leistungsorientierten und die Pflichtmoral der Kleinbürgerlichen ab.

(c) *Unterprivilegierte Milieus.* Dieses Milieu gilt als *„ungebildet und sittenlos. [...] Die Lebensführung ist mehr am Heute als an einer Lebensplanung orientiert, mehr an Entlastung und Lebensgenuss als an einem Ethos aktiver Verantwortung und Arbeit.“* (ebd., S. 522 f.) Obwohl die Lebensweise auf die geringe Ausbildung und prekäre ökonomische Lage abgestimmt ist, gibt es Versuche, mehr soziale Anerkennung durch Anlehnungen an ein besseres Milieu zu erreichen. Dabei haben sich jedoch Chancenverbesserungen durch Sozial- und Bildungsreformen als *„vergebliche Mühe [erwiesen], die nicht aus dem Schicksal des ‚underdog‘ herausführen kann“* (ebd., S. 523).

Da Säuglinge und Kleinkinder von Erwachsenen vollkommen abhängig sind, sind sie auch deren Lebenslagen, SES und Milieus sowie den dort üblichen Alltagsroutinen und Praktiken ausgesetzt. Ernährungs-, Wohn- und Anregungsbedingungen wie auch die Art und Weise der sozialen Interaktionen, Lernmöglichkeiten und Erfahrungen werden auf diese Weise für die Kinder festlegt. SES und Milieu haben damit direkte Auswirkungen auf die kindliche Entwicklung und sind vor allem dann kritisch, wenn es sich um unterprivilegierte Milieus und Armut handelt (vgl. Ahnert, 2013). Neben mangelhaften materiellen Ressourcen sind hier eingeengte und negative Erfahrungsmöglichkeiten sowie Gesundheitsbelastung durch schlechte Ernährung und Wohnbedingungen kennzeichnend. Vor diesem Hintergrund hat sich leider auch bestätigt, dass die kognitive Entwicklung bei Kindern aus unterprivilegierten Milieus in der Regel defizitär bleibt, was maßgeblich auf das inadäquate Elternverhalten und das schlechte Beziehungsklima in der Familie zurückgeführt wird.

Eine der aktuellen Megastudien (NICHD Early Child Care Research Network, 2005), die die Entwicklung von der Geburt bis zum neunten Lebensjahr auch unter Armutsbedingungen untersucht hat, hat auch die Auswirkungen von Armut unter bestimmten Entwicklungsphasen betrachtet. Bei Entwicklungsvergleichen von Kindern, die Armut entweder nur im Alter von null bis drei oder erst im Alter von vier bis fünf Jahren erfahren hatten, erwiesen sich die späteren Erfahrungen von Armut gegenüber den früheren als die ungünstigeren. Diese altersabhängigen Auswirkungen weisen infolgedessen darauf hin, dass Erfahrungen von Armut umso verheerender für ein Kind sind, je weniger sie seinen wachsenden Lern- und Anregungsbedürfnissen entsprechen bzw. je deutlicher sie in seinem sozialen Umfeld (negativ) adressiert werden.

4.4 Entwicklungsnischen

Da Eltern die Konventionen ihrer Milieus und Kulturen, in denen sie leben, eigenaktiv umsetzen, anstatt sie geradewegs und ungefiltert zu übermitteln, passen sie ihre Lebenslagen den Erziehungspraktiken in dem Ausmaß an, in dem sie selbst die Werte- und Normsysteme ihrer Gemeinschaft internalisiert haben, die in Form von sog. *belief systems* abrufbar sind. Eltern übernehmen damit eine wichtige Übertragungsfunktion an der Schnittstelle zwischen der Gemeinschaft und der Alltagswirklichkeit des Kindes.

Für Super und Harkness (1986) ist diese Alltagswirklichkeit eine sog. kulturelle Nische: *„Cultural niche [...] is a theoretical framework for studying how the child's microenvironment of daily life is culturally shaped.“* (ebd., S. 552) Die kulturelle Nische kann auf der Grundlage von drei Subsystemen beschrieben werden (Abb. 2.2):

(1) Kontextbedingungen. Die kindliche Lebenswirklichkeit kann anhand zweier Charakteristiken bewertet werden, die die dingliche Welt wie auch alle Personen mit ihren Interaktionen und täglichen Angeboten für das Kind umfassen.

(2) Routinen und Erziehungspraktiken. Erziehungspraktiken, die in der Kultur verankert sind, werden einerseits durch tägliche Abläufe und Routinen in Gang gesetzt, über die wenig reflektiert wird. Andererseits werden aber auch bestimmte Werte, Normen oder Angebote an das Kind gezielt herangetragen oder auch bewusst unterlassen.

(3) Betreuungspersonen. Im Zentrum stehen die Betreuungspersonen des Kindes, die mit ihren Vorstellungen und Meinungen über Kinder und Kinderbetreuung diejenigen kulturellen Merkmale in ihre Erziehungspraktiken einfließen lassen, die kompatibel mit ihren *belief systems* sind.

Die drei Subsysteme der kulturellen Nische korrespondieren nur zu wenigen Zeitpunkten wirklich zufriedenstellend miteinander; ihr Zusammenwirken ist instabil und zeichnet sich durch Eigendynamik aus. Die kulturelle Nische ist ständigen Anpassungsprozessen unterworfen. Da sie in den erweiterten Lebensraum der Gemeinschaft eingebettet ist und von ihr beeinflusst wird (äußere Pfeile in Abb. 2.2), können sich die materiellen und sozialen Rahmenbedingungen der Alltagwelt des Kindes wie auch die elterlichen Vorstellungen und deren Erziehungspraktiken verändern. Die drei Subsysteme müssen infolgedessen immer wieder kontinuierlich aufeinander bezogen und angepasst werden (innere Doppelpfeile in Abb. 2.2).

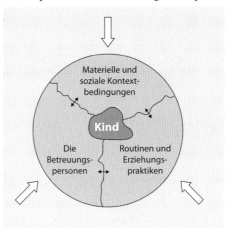

Abb. 2.2: Die Entwicklungsnische nach Super und Harkness (1999).

4.5 Entwicklungskontexte

Schließlich hat eine Reihe von Versuchen auch dazu geführt, die Spezifika ausgewählter Kontexte messbar zu machen, die auf dieser Grundlage auch Qualitätsaussagen gestatten. Dabei hat sich herausgestellt, dass sich die traditionellen methodologischen Zugänge bei der Beschreibung von Kontexten aus vielen Einzelindikatoren (etwa mittels Faktoren- und Clusteranalysen) als wenig hilfreich erweisen, da sich die erwarteten Zusammenhangsmuster nur sehr mühsam einstellen. Bradley (1999) sieht einen wesentlichen Grund darin, dass Kontexte nicht notwendigerweise in Bezug zu menschlichen Verhaltensweisen organisiert sind. Sie stellen zumeist ein Konglomerat von lose verbundenen Faktoren dar, die auch nicht zwingend mit den Verhaltensweisen korrespondieren müssen, die in den Kontexten zu beobachten sind. Damit stehen nur wenige latente Variablen einer großen Anzahl von kontextuellen Variablen gegenüber. Für die Beschreibung von Entwicklungskontexten sollten jedoch dringend die engen Betreuungspersonen einbezogen werden, da sie dem Kind die kulturellen Bedingungen und kontextuellen Merkmale vermitteln.

Trotz dieser methodischen Schwierigkeiten wurden mit zunehmendem Erfolg Mess- und Bewertungsverfahren bzw. Taxonomien in die entwicklungspsychologische Forschung eingebracht, die (1) den familiären Kontext eines Kindes beschreiben, aber auch Bewertungen für ausgewählte (2) außerfamiliäre Betreuungs- und (3) Schulkontexte vorzunehmen versuchen (ausführlich in Friedman & Wachs, 1999):

(1) Familiäre Kontexte. Seit der bereits in den 1930er-Jahren getroffenen Feststellung *„that intelligence tests [...] measure to an unfortunate degree favorable home opportunity"* (Chapman & Sims, 1925, S. 380) ist ein allgemeines Interesse am Auffinden von konkreten famili–ären Einflüssen entstanden, die die kindliche Entwicklung fördern bzw. behindern. Mit dem HOME (Home Observation for Measurement of the Environment Inventory) hat Bradley (1994) ein Messverfahren (in vier altersabhängigen Varianten, d. h. von 0–3, 3–6, 6–10 und 10–14 Jahren) vorgelegt, das den familiären Kontext für ein Kind insbesondere in Hinblick auf Stimulation und Unterstützung in seiner Entwicklung qualitativ und quantitativ erfasst. Wichtige Beschreibungsdimensionen sind dabei beispielsweise die Benutzung von Lernmaterialien, die elterliche Feinfühligkeit und die Verwendung von Kontroll-Strategien, denen in Abhängigkeit vom Alter des Kindes unterschiedliche Wertigkeiten im Bewertungssystem zugewiesen werden.

(2) Außerfamiliäre Betreuungskontexte. Öffentliche Kindereinrichtungen wie auch die Kindertagespflege werden bereits seit drei Jahrzehnten als wichtige Entwicklungskontexte von Kindern beschrieben und evaluiert. Harms und Clifford (1980) haben sich als eine der Ersten dieser Aufgabe gestellt und spezifische Kontext-Maße für die folgenden Verfahren entwickelt, die auch in deutscher Übersetzung und Adaptation vorliegen: ECERS (Early Childhood Environment Rating Scale: Harms & Clifford, 1980; Harms, Clifford & Cryer, 1998) und ITERS für Kindereinrichtungen (Infant/Toddler Environment Rating Scale: Harms, Cryer & Clifford, 2003) sowie die FDCRS (Family Daycare Rating Scale: Harms & Clifford, 1989) für die Tagespflege. In diesen Verfahren erfassen *strukturorientierte* Maße die Rahmenbedingungen der Betreuung, d. h. Ausstattung und Raumgestaltung, Gestaltung der Tagesregime für die Kinder, aber auch einrichtungsinterne Organisationsprinzipien, Berufserfahrung, Personalfluktuation sowie Art und Dauer der Ausbildung des Betreuungspersonals. Sie bewerten aber auch die Größe und Altersstruktur der Gruppen sowie den sog. Betreuer/innen-Kind-Schlüssel, der das zahlenmäßige Verhältnis von Betreuer/inne/n zu den zu betreuenden Kindern angibt. Im Gegensatz dazu beschreiben *prozessorientierte* Maße das aktuelle Verhalten der Betreuungspersonen und reichen von Disziplinierungsmaßnahmen über Kommunikationsmöglichkeiten bis hin zur Gewährleistung emotionaler Geborgenheit. Diese Maße fokussieren aber auch die Planung von Lernangeboten und die damit einhergehende Auswahl und Bereitstellung der pädagogischen Materialien.

(3) Schul-Kontexte. Einflüsse auf die Bildungsprozesse von jungen Schulkindern werden heute auf der Grundlage mehrfach eingebetteter Kontext-Ebenen betrachtet: dem Klassenverband (*classroom context*) mit seinen unmittelbaren bildungsbezogenen Aktivitäten, dem administrativen System der Schule einschließlich seiner Funktionsabläufe (*school administrative context*) sowie dem übergreifenden Bildungssystem mit seinen Anforderungen und Regeln; sie alle stellen bedeutsame Normen für den unmittelbaren Lehr- und Lernprozess dar (*institutional context*). Eine generalisierte Evaluierung dieser drei Ebenen mit dem Ziel einer flächendeckenden Erarbeitung von Qualitätsstandards steht jedoch vor allem deshalb noch aus, weil diese Ebenen durch eine Reihe von Mediatoren auf die unmittelbaren Lehr- und Lernprozesse in stochastischer Weise wirken. Diese Prozesse sind in vielen Bereichen noch unaufgeklärt (vgl. Talbert & McLaughlin, 1999).

5 Kultur und Sozialisation

Wie Individuum-Umwelt-Interaktionen und die Anpassungsprozesse im Rahmen von Sozialisationsvorgängen im Verlauf einer Individualentwicklung verstanden werden können, ist vor allem Gegenstand der Psychologie der Lebensspanne. Danach wird mit zunehmendem Alter eines Individuums ein steigender Bedarf nach Kultur bis etwa zum Ende der Adoleszenz konstatiert, während der Wirkungsgrad kultureller Einflüsse gleichzeitg abnimmt (Baltes, 1997). Kulturelle Wirkungen werden infolgedessen vor allem während der kindlichen Entwicklung erwartet. Im Nachfolgenden sollen daher ausgewählte Entwicklungsveränderungen vor allem in der Kindheit exemplarisch beschrieben und aufgezeigt werden, inwiefern sie auf kulturelle Auswirkungen zurückgeführt werden können.

5.1 Sozialisation im interkulturellen Vergleich

Bereits in den 1950er-Jahren wurden in der anthropologischen und ethnologischen Forschung Vorstellungen darüber entwickelt, wie die vielfältigen Kulturen auf der Welt beschrieben werden müssten, um ihre Wirkungen auf die kindliche Entwicklung erfassen und vergleichen zu können (vgl. Whiting & Child, 1953). Ausgehend von ökonomischen Faktoren wie Besitzverhältnissen und Haushaltsstrukturen (*subsistence patterns*) erschien es zielführend, bestimmte Kommunikationsstrukturen zu beschreiben, so wie sie sich in Ausübung von Religion, Kunst, Ritualen und Zeremonien in den sog. *expressive systems* der Kulturen, selbst in einfach strukturierten Agrargemeinschaften, ausdrücken. Unter Verwendung einheitlicher Standards sollten jedoch vor allem Alltags- und Sozialisationsprozesse sowie Erziehungspraktiken aufgesucht und mit den Anforderungen an Kinder in Beziehung gesetzt werden. Schließlich gelang es mit der *Six Cultures Study* (Whiting & Whiting, 1975), die Lebenssituation von Kindern in den unterschiedlichsten Gemeinschaften der Welt erstmals vergleichend zu erfassen sowie deren Alltagsstrukturen, die Erziehungspraktiken der Eltern und das Sozialverhalten in der frühen bis mittleren Kindheit systematisch zu dokumentieren.

Die *Six Cultures Study* (Whiting & Whiting, 1975), die Ende der 1950er-Jahre begonnen wurde, ist die erste systematische Studie über Entwicklungsbedingungen von 3- bis 10-jährigen Kindern in unterschiedlichen Kulturen. Unter der Leitung von John und Beatrice Whiting wurde eine breite empirische Datenbasis im Bezug auf die folgenden Gemeinschaften erarbeitet: die New Englander in Orchard Town/USA, die Kisii in Ostafrika/Kenia, die Rajputen in Khalapur/Indien, die Taira auf der Insel Okinawa/Japan, die Mixtecan in der Region Juxtlahuaca/Mexiko und die Tarong in der Region Ilocos barrio/Philippinen. Damit standen detaillierte Informationen aus einer US-amerikanischen Vorstadt-Gemeinschaft der Mittelschicht analogen Informationen aus fünf Agrargemeinschaften gegenüber, die im Hinblick auf die Komplexität ihrer Ökonomie (der gemeinschaftlichen Teilnahme an produktionserzeugenden Prozessen und der Zentralisierung ihrer Haushaltsstrukturen) wie auch der Hierarchisierung und Strukturierung ihrer Gemeinschaft signifikant variierten.

Jede der sechs Gemeinschaften wurde im Hinblick auf die kommunalen und kindlichen Lebenswelten analysiert. Zunächst bildeten die ökonomischen Merkmale dieser Gemeinschaften typische Zusammenhangsmuster: Je komplexer die Ökonomie und die Besitzverhältnisse der jeweiligen Gemeinschaften waren, desto ausgeprägter war die Hierarchisierung ihrer Sozialstruktur und desto gezielter wurden die Ressourcen verteilt, anstatt sie paritätisch den einzelnen Haushalten zur Verfügung zu stellen. Darüber hinaus kristallisierten sich nach Analysen der Rituale und Bräuche aus den *expressive systems* der sechs untersuchten Kulturen zwei Grundcharakteristiken heraus: (1) Machtdistanz, die mittels einer Beurteilungsmatrix zwischen Fürsorglichkeit vs. Verantwortung und Abhängigkeit vs. Dominanz bestimmt wurde, und (2) Maskulinität, die den kommunalen Umgang der Gemeinschaftsmitglieder auf einer Beurteilungsskala nach sozial-nahen bis autoritär-aggressiven Verhaltenstendenzen bewertete. Diese zwei Kultur-Dimensionen waren mit den ökonomischen Merkmalen der Gemeinschaften signifikant verbunden: Mit steigender ökonomischer Komplexität nahmen Machtdistanz und Maskulinität zu. Gefragt wurde nun, wie sich diese Unterschiede in der *Six Cultures Study* auf den Kinderalltag auswirken, da *„different daily life routines dictated by different sets of environmental and historical factors impel parents to interact with children in different ways, to assign different tasks, and to reward and punish different ways of behaving. It is also true that the methods of socialization adopted by different cultures prepare the children for the adult roles that they must assume when they grow up.“* (Whiting & Whiting, 1975, S. 71)

Aufgrund der mangelhaften Ausbildung vertikaler Sozialstrukturen und Machtdistanz war es nicht überraschend, dass in den einfachen Agrargemeinschaften ein hohes Ausmaß an Kooperation zu beobachten war, das sowohl innerhalb wie außerhalb der Familien bis in die Gemeinschaft hinein aufrechterhalten wurde. Ein aktives Miteinander sowie gegenseitige Unterstützung gehörten deshalb auch zu den elterlichen Erziehungspraktiken. Dementsprechend hatten Kinder in den einfachen Agrargemeinschaften weitaus mehr alltägliche Pflichten als Kinder, die in ökonomisch komplexeren Gemeinschaften groß wurden, obwohl diese den dort etablierten Autoritätsstrukturen ausgesetzt waren. Die hierarchischen Strukturen und vielfältigen Rollen in den komplexeren Gesellschaften forderten jedoch eher eine erhöhte Anstrengungsbereitschaft für den Erwerb von spezialisierten Fertigkeiten sowie ein wettbewerbsorientiertes Verhalten heraus. Die Kinder von Orchard Town hatten deshalb zwar die wenigsten Alltagsverpflichtungen, ihre kontinuierliche Wahrnehmung von Unterricht und Schule wurde jedoch zu ihrer wichtigsten Sozialisationsanforderung (siehe Kasten „Alltagsverpflichtungen“).

Alltagsverpflichtungen

Die Kinder der Kisii in Kenia werden dazu angehalten, Feuerholz zu sammeln, Wasser vom Fluss zu holen, im Garten und bei der Essenszubereitung zu helfen, Kühe zu hüten und auf jüngere Geschwister aufzupassen. Im Gegensatz dazu wurden die Kinder in Orchard Town zumeist lediglich dazu verpflichtet, ihr Zimmer aufzuräumen und vielleicht auch mal den Familientisch zu decken. In den ökonomisch einfach strukturierten Gemeinschaften waren damit die Kinder nicht nur häufiger, sondern auch umfänglicher und seriöser als anderswo in den Alltag einbezogen, wodurch differierende Herausforderungen für ihre Sozialentwicklung entstehen. Aufgaben, die in das Alltagsgeschehen und in die Haushaltsökonomie der Familie direkt eingreifen, fördern die Entwicklung eines Verhaltens, das schon deshalb fürsorglich und verantwortlich ist, weil es sich auf das Wohlbefinden der gesamten Familie auswirkt. Diese Alltaganforderungen geben dem Kind zudem das Gefühl der persönlichen Wertschätzung und Kompetenz. Im Gegensatz dazu ist das Aufräumen des eigenen Zimmers zunächst lediglich für das Kind bedeutsam und bleibt in der Regel ohne Konsequenzen, wenn es diese Pflicht missachtet. Die wirklichen Herausforderungen ergeben sich dagegen aus der Tatsache, dass Kinder in komplexeren Gemeinschaften spezielle Kompetenzen ausbilden sollen und dafür Anstrengungsbereitschaft, aber auch Wettbewerbsfähigkeit entwickeln müssen (vgl. Harkness & Super, 2002).

Mit der Erforschung von Kinderwelten in den unterschiedlichsten Gemeinschaften der Welt hat sich das Interesse auch auf kulturelle Konventionen ausgerichtet, die als *Kollektivismus* beschrieben werden (siehe Tabelle 2.1, S. 40 f.). Obwohl Kağıtçıbaşi (1980) davor warnt, Kollektivismus als *„all-purpose construct"* (ebd., S. 9) zu benutzen, spielen derartig ausgerichtete Konventionen selbst bei der Deutung von Betreuungs- und Erziehungspraktiken in der frühen Kindheit eine wichtige Rolle. Beispielsweise wird von den Schlafarrangements von Kindern erwartet *„to be consonant with major interpersonal and emotional patterns of family life in a culture, and at the same time to reflect cross-cultural differences"* (Caudill & Plath, 1966, S. 344). An welchem Ort mit wem und zu welchen Zeiten ein Kind den Schlaf verbringt, ist ein Ritual, dessen Aufrechterhaltung von der gesamten Gemeinschaft unterstützt wird und das mit sozialisatorischen Zielen verbunden ist. Während in den meisten europäischen Ländern auch sehr kleine Kinder allein schlafen, schlafen sie in vielen Gemeinschaften der Welt mit ihren Müttern/Eltern an einem gemeinsamen Ort (siehe Kasten „Schlafarrangements"). Diese Schlafarrangements werden häufig mit den kulturellen Konventionen der Verbundenheit bzw. Autonomie (beim Allein-Schlaf) der Menschen in den jeweiligen Kulturen in Zusammenhang gebracht. Tatsächlich aber verändern sich Schlafarrangements über die Zeit und geben eher Auskunft darüber, wie Eltern die Entwicklungsveränderungen ihrer Kinder wahrnehmen und wie sie die Konventionen ihrer Kultur an die konkreten kindlichen Bedürfnisse anpassen.

Schlafarrangements

Kinder im ländlichen Japan schlafen bis zur Pubertät mit ihren Eltern und bekommen erst danach einen Schlafplatz für sich allein zugewiesen. Bei den Kipsigis in Kenia wird das Schlafarrangement eines Kindes mit der Geburt eines Geschwisterkindes verändert: Während das Neugeborene an der Vorderseite der Mutter schlafen darf, wird das ältere Geschwisterkind abgestillt und findet an der Rückseite der Mutter seinen Platz. In vielen europäischen Ländern schlafen Babys anfänglich ganz allein, in der Vorschulzeit dürfen sie den Schlafplatz ihrer Eltern unter Umständen und nach Bedarf in Anspruch nehmen, schlafen jedoch mit Schulbeginn wieder für sich allein (vgl. Super & Harkness, 1982).

Weitaus zielführender für den Zusammenhang von Kultur und Individualentwicklung sind Überlegungen, die unlängst in Bezug auf die Frühformen der Individuum-Umwelt-Interaktion vorgelegt wurden. Danach sind in Kulturen mit hohen individualistischen bzw. kollektivistischen Ausprägungen auch zwei unterschiedliche Sozialisationsstrategien in der Betreuung von Säuglingen und Kleinkindern zuordenbar, die als diachron und synchron bezeichnet werden können. Diachron kennzeichnet ein Interaktionsgeschehen zwischen Mutter und Kind, das die Latenzzeiten zwischen den kindlichen Aktionen und den mütterlichen Reaktionen graduell vergrößert, um dem Kind zu helfen, zunehmend negative Emotionen zu tolerieren und sich selbst zu regulieren. Dies führt auch dazu, dass die Unterscheidung eigener mentaler Zustände von denen anderer forciert wird und dass Selbstkontrolle und Autonomie schnell entwickelt werden. Synchrone Interaktionsmuster, die sich über längere Zeit während der frühkindlichen Entwicklung durch kurze Latenzzeiten zwischen den kindlichen Signalen und ihrer Beantwortung auszeichnen, halten eher simultane als sequenzielle dyadische Interaktionsprozesse aufrecht. Diese Kinder entwickeln später kollektivistische Selbstbilder, die sich auch kooperativer und adaptiver in sozialen Situationen ausweisen, als Kinder mit diachronen Interaktionserfahrungen. Implikationen für die Stressregulation werden ebenfalls abgeleitet: Während Kinder mit diachronen Interaktionserfahrungen auf die eigene Stressregulation vorbereitet werden, fehlt dies bei Kindern mit synchronen Interaktionserfahrungen, die eher lernen, Stress aus dem Wege zu gehen und ihre Emotionen in der Gruppe zu verankern. Auf jeden Fall wissen synchron erfahrene Kinder auch wenig darüber, wie sie autonom agieren können. Dagegen nutzen die diachron erfahrenen, autonom entwickelten Kinder kognitive Prozesse, um die emotionalen Prozesse in Schach zu halten (ausführlich in Kuhl & Keller, 2008).

5.2 Sozialisation im intrakulturellen Vergleich

Untersuchungen über kulturelle Einflüsse auf die kindliche Entwicklung liegen auch in unzähligen intrakulturellen Vergleichen vor, die vor allem dann aussagekräftig sind, wenn große Stichproben mehrmals untersucht werden, wie dies bei der *NICHD-Study of Early Child Care and Youth Development* der Fall war. An zehn Standorten der USA wurden 1991 über tausend Kinder bereits in Geburtskliniken rekrutiert, um sie bis zum 15. Lebensjahr in vielen Facetten ihrer Entwicklung zu verfolgen. Die Kinder waren alle gesund und reif geboren. Ihre Familien differierten jedoch im Hinblick auf den SES, den ethnischen Hintergrund, die kommunale Gemeinde, in der sie wohnten, sowie die Betreuungsbedingungen, die sie für ihre Kinder arrangiert hatten. Die familiären Betreuungsarrangements wurden dabei mehrheitlich durch zusätzliche Betreuungsangebote ergänzt, die Kindermädchen oder Betreuungspersonen im eigenen Verwandtennetz, Tagesmütter, Krippen oder Kindergärten einbezogen; später wurde ebenfalls erfasst, welche Schule gewählt und ob eine Hortbetreuung in Anspruch genommen worden war (vgl. NICHD Early Child Care Research Network, 1994). Diese äußerst differenten Bedingungen der Betreuung und Bildung von Kindern wurden damit erstmals in ihren Auswirkungen auf die Entwicklung mit einem außerordentlich großen Aufwand durch unzählige Methoden untersucht. Telefonische Befragungen, Interviews, Fragebögen, Live-Beobachtungen, Videografien und Tests dienten dazu, vielfältige Entwicklungsbereiche detailliert zu erfassen, aber auch Interaktions-und Beziehungsstrukturen der Kinder mit den dabei involvierten Bezugspersonen zu bewerten (Tabelle 2.2).

Eine der zentralen Ergebnisse der NICHD-Studie stellte die familiären Betreuungsbedingungen als die mit Abstand stärksten Prädiktoren für die kindliche Entwicklung dar, deren Wirkungen im Wesentlichen auf die häuslichen Anregungsbedingungen und die Feinfühligkeit der Eltern zurückgeführt wurden. In einem weiteren zentralen Untersuchungsziel war jedoch die Debatte um die Mutter-Kind-Bindung aufgenommen worden, mit der immer wieder in Zweifel gezogen worden war, ob sich die Mutter-Kind-Bindung neben weiteren Betreuungsangeboten überhaupt aufrechterhalten lasse. Im Ergebnis zeigte sich jedoch, dass weder eine bestimmte Art der Zusatzbetreuung, noch deren Qualität, noch deren Ausmaß einen Einfluss auf die Bindungsqualität der Kinder zu ihren Müttern hatten. Feinfühligkeit und Betreuungsqualität der Mütter bestimmten die Mutter-Kind-Bindung. Danach hatten sensitive Mütter eine gute Beziehung zu ihren Kindern, und das unabhängig davon, welche Zusatzbetreuung darüber hinaus in Anspruch genommen worden war. Die Mutter-Kind-Beziehung erwies sich jedoch als suboptimal, wenn die häusliche Betreuung insgesamt schlecht und die mütterliche Feinfühligkeit kaum ausgebildet war, das Kind in einer Krippe von unangemessener Qualität betreut wurde und mehr als zehn Stunden dort verbrachte (NICHD Early Child Care Research Network, 1997).

Eine weitere zentrale Frage der NICHD-Studie bezog sich auf die gesundheitliche Entwicklung der Kinder. Dazu wurden die Mütter alle drei bis sechs Monate nach typischen Kinderkrankheiten (wie Erkrankungen der oberen Luftwege, Ohrenentzündungen und Magen-Darm-Probleme aber auch Unfälle) telefonisch befragt. Ein- und zweijährige Kinder erwiesen sich als besonders erkrankungsanfällig. Ihr Erkrankungsrisiko war mehr als doppelt so hoch, wenn sie tagsüber in einer Krippe betreut wurden, was wiederum abhängig davon war, wie viele Kinder mitbetreut wurden. Allerdings zeigte sich, dass mit einer früh einsetzenden Krippenbetreuung die Kinder auch früher resistent gegenüber den üblichen Ansteckungser-

	Alter [Jahr; Monat]	0;6	>1;3	3;0	4;6	>5;0	7;0	8;0	9;0	10;0	11;0	12;0	>13;0	15;0
Kontexte	SES [family finances]	•	•	•	•	•	•							
	Familiäre Kontexte [HOME]	•	•	•	•	•			•		•			•
	Außerfamiliäre Betreuungskontexte	•	•	•										
	Schule/Tagesbetreuung					•	•	•	•	•	•		•	•
	Kommunale Gemeinde [neighbourhood]						•	•		•				•
Interaktion & Beziehungen	Mutter-Kind [attachment, sensitivity, interaction]	•	•	•	•	•		•	•	•	•			•
	Vater-Kind [interaction]				•			•	•	•				•
	Betreuungsperson-Kind [interaction]	•	•	•	•			•	•	•				
	Lehrer/in-Kind [relationship quality]					•	•	•	•	•	•	•		•
	Peers-Kind [involvement, interaction, feelings]				•	•	•	•	•	•	•	•		•
	Mutter-Vater [marital satisfaction, intimacy]	•	•	•	•		•		•		•	•		•
	Eltern-Betreuungsperson				•									
	Eltern-Lehrer/in					•								
Bezugspersonen	Persönlichkeit	•												
	Einstellungen		•	•	•	•		•	•	•		•		•
	Sozialverhalten		•	•	•									
	Stress	•							•		•			
Kind-Charakteristiken	Allgemeiner Entwicklungsstatus			•	•									
	Entwicklungsbereiche [cognition, language]		•	•	•	•		•	•	•	•			
	Verhaltensanpassung [compliance, empathy]		•	•	•	•		•	•	•	•			•
	Schulische Leistungen					•	•	•	•	•	•	•	•	•
	Soziale Kompetenzen					•	•	•	•	•	•			
	Temperament bzw. Persönlichkeit	•												•
	Gefühle & Stimmungen					•			•		•	•		•
	Körperliche Entwicklung & Gesundheit		•	•		•	•		•	•	•	•		•

Tabelle 2.2: Erfassung ausgewählter Kontexte und Beziehungen sowie der Eigenschaften des Kindes und seiner Bezugspersonen in der NICHD Study of Early Child Care and Youth Development (1991–2007).

krankungen wurden und dafür später in Kindergarten und Schule weniger erkrankten. Die Erkrankungshäufigkeit hatte glücklicherweise insgesamt kaum etwas mit Sprachentwicklung, Sozialverhalten und Schulbewährung zu tun. Damit fielen Kinder mit häufigeren Erkrankungen auch nicht notwendigerweise durch Entwicklungsrückstände oder Verhaltensprobleme auf. Die NICHD-Studie kam deshalb zu dem Schluss, dass sich die erhöhte Erkrankungshäufigkeit von Krippenkindern auf ihre gesundheitliche Entwicklung beschränkt und dem hohen Ansteckungsrisiko in einer Kindergruppe anzulasten ist (NICHD Early Child Care Research Network, 2001).

Auf der Suche nach den bestmöglichen Betreuungsbedingungen für die Denk- und Sprachentwicklung wurden in der NICHD-Studie die kindliche Kognition sowie das Sprachniveau der Kinder mehrfach analysiert und in Zusammenhang zu deren Betreuungsarrangements gesetzt. Weil jedoch die Beziehungsgestaltung grundlegend ist, um ein Kind für die mentale Auseinandersetzung mit seiner Umwelt zu begeistern und es zu befähigen, Anregungen und Hinweise durch andere später auch selbst einzufordern, wurde darüber hinaus die Sensitivität der Betreuungspersonen berücksichtigt, für die ein aufmerksames, anregendes sowie emotional warmes Verhalten zentral sein sollte. Danach zeigten sich niedrige Sensitivitätswerte eher in Krippen als bei Tagesmüttern, Kindermädchen oder gar in der Betreuung durch die eigene Mutter. Insgesamt wurde deutlich, dass die Feinfühligkeit einen durchgängig fördernden Einfluss auf den frühen Erwerb der Denk- und Sprachfähigkeiten beim Kind hatte. Besonders bemerkbar machte sich dabei die Qualität der Kommunikation, die sich insbesondere in gut geführten Krippen positiv auswies: Die Kinder, die dort betreut wurden, hatten bessere kognitive Entwicklungsquotienten und wurden im Hinblick auf ihre Sprachkompetenz besser eingeschätzt als Kinder, die von Tagesmüttern oder Kindermädchen betreut wurden. Dass öffentliche Kindereinrichtungen prinzipiell bessere Effekte auf die intellektuelle und sprachliche Entwicklung als andere Betreuungsarrangements hatten, erklärte sich daraus, dass dort in der Regel mehr Möglichkeiten für stimulierende Bildungsangebote als in anderen Betreuungsarrangements existieren (NICHD Early Child Care Research Network, 2000). Kinder, die jedoch in einem sehr frühen Alter und sehr ausgiebig in schlecht geführten Kindereinrichtungen betreut worden waren, waren nicht nur dem Risiko einer verzögerten Sprach- und Denkentwicklung ausgesetzt, sondern neigten später zu Verhaltensproblemen, die sich in Ungehorsam, aber auch emotionaler Unausgeglichenheit und Konzentrationsmängeln äußerten (NICHD Early Child Care Research Network, 2005).

5.3 Sozialisation in intra- und interkulturellen Vergleichen

Eine Kombination von intra- und interkulturellen Vergleichen zur Analyse von kulturellen Auswirkungen auf die kindliche Entwicklung ist bisher vor allem bei umschriebenen Entwicklungsbereichen bekannt, wie sie beispielsweise in der Bindungsforschung durchgeführt worden sind, die die Mutter-Kind-Bindung als ein kulturell universell vorhandenes und erfassbares Phänomen behandelt. So konnten Lamb, Thompson, Gardner und Charnov (1985) bereits in einer frühen Publikation einen internationalen Überblick über die Verteilungseigenschaften der Bindungsqualitäten in unterschiedlichen Ländern der Welt vorlegen. Van IJzendoorn und Kroonenberg (1988) haben die Mutter-Kind-Bindungen dieser 32 Einzelstudien aus acht Ländern später zusammenfassend analysiert und dabei die intrakulturellen Unterschiede als wesentlich ausgeprägter als die interkulturellen herausgestellt. Vorstellungen über Auswirkungen der Kultur auf die Bindungsentwicklung wurden damit in eine neue Debatte geführt, sensitiver mit den Bedingungen für die Bindungsentwicklung umzugehen.

Auch in Deutschland unterliegen Mutter-Kind-Bindungen erheblichen regionsabhängigen Schwankungen (vgl. Gloger-Tippelt, Vetter & Rauh, 2000). Die Forschung hat neue Impulse durch Studien erhalten, die die Einflüsse der Kultur auf die Bindung im Zuge des gesellschaftlichen Wandels im wiedervereinten Deutschland untersuchten. In mehreren simultan und sequentiell durchgeführten Studien, an deren Auswertung verschiedenste Forschungsinstitutionen unabhängig voneinander beteiligt waren, kamen zeitlich versetzte Bindungserhebungen in Ost- und West-Berlin zum Vergleich (vgl. Ahnert 2003; Ahnert & Lamb, 2001). Diese Vergleiche vor, während und nach der Wiedervereinigung Berlins bzw. Deutschlands nehmen unterschiedliche kulturelle Einflüsse in den Blick, wobei Ost-West-Vergleiche vor der Wende wegen der unterschiedlichen Gesellschaftsstrukturen interkulturell vergleichen, während die Vereinheitlichung der Makrostrukturen in Ost- und West-Berlin (sowie in Gesamtdeutschland) nach der Wiedervereinigung intrakulturelle Vergleiche ermöglichen.

Im Ergebnis der interkulturellen Vergleiche vor und nach der Wiedervereinigung Berlins wurden keine Unterschiede in Hinblick auf die Bindungssicherheit nachgewiesen (Ahnert & Lamb, 2001). Offensichtlich hatten die 40-jährige politische Trennung Deutschlands und die eingeführten gesellschaftlichen Veränderungen im Osten die mütterliche Feinfühligkeit kaum verändert, sodass die optimalen Mutter-Kind-Bindungen in Ost wie West gleich wahrscheinlich vorkamen. Die unsicheren Bindungsmuster unterschieden sich dagegen eklatant mit vermeidenden Bindungsbeziehungen vorrangig bei ostberliner und desorganisierten Bindungsbeziehungen bei westberliner Klein- und Grundschulkindern (Ahnert 2003). Diese Unterschiede wurden auf unterschiedliche Interessenskonflikte im Zusammenleben mit Kindern sowie verschiedene Erwartungen an die geteilte Rolle einer familiären und außerfamiliären Betreuung zurückgeführt. Eltern, die gern mit ihren Kindern zusammen sind, sich den Tagesablauf jedoch ungern durcheinander bringen lassen wollen und/oder außerfamiliäre Betreuung in Anspruch nehmen und daher die Erziehungsverantwortung nur ungern teilen, wurden eher in der Lebenskultur des Westens als im Osten angesiedelt, wo es gesellschaftlich akzeptiert war, sich sowohl um Kinder als auch um die eigenen Bedürfnisse kümmern zu können. Die unsicher-ambivalenten Varianten der Bindungsunsicherheit im Westen würden dies unterstützen. Bei den vorrangig unsicher-vermeidenden Varianten der Bindungsunsicherheit im Osten dagegen lag die Vermutung nahe, dass Ablösungs- und Selbständigkeitsentwicklungen des Kleinkindes aus der Überzeugung heraus stark forciert worden waren, dass die frühe Autonomie die für diese Kultur angepasste Verhaltensentwicklung ist.

Insgesamt lässt sich damit feststellen, dass die sozial-politische Doktrin einer kommunistischen Gesellschaft im Osten Deutschlands vor der Wiedervereinigung keine erkennbaren anderen Einflüsse auf die frühe Bindungssicherheit als die im Westen ausgeübt hat, so wie sich dies auch nach der Wiedervereinigung bestätigt hat. Leider haben jedoch die unmittelbaren sozial-politischen Umwälzungen zwischen 1990 und 1991 sowohl in Ost- als auch West-Berlin den Bindungsaufbau zwischen Mutter und Kind empfindlich gestört. Diese Störungen standen im Zusammenhang mit Anpassungsbelastungen der Familien durch die neuen sozialpolitischen Verhältnisse und machten damit erneut deutlich, wie kultursensitiv Aufbau und Aufrechterhaltung von Bindungsbeziehungen tatsächlich sind.

6 Schlussbetrachtungen

Das vorliegende Kapitel ging von einem Kulturbegriff aus, dessen Kernbedeutung die Interaktions- und Kommunikationsprozesse einer Kultur in den Mittelpunkt stellt und die Individuum-Umwelt-Interaktionen hervorhebt. Die Tatsache, dass Kultur durch diese Interaktionsprozesse ebenso erschaffen wurde, wie sie gleicherweise diese Interaktionsprozesse auch prägt und die menschliche Entwicklung damit beeinflusst, macht deutlich, dass ohne diese kulturellen Einflüsse der Mensch nicht der wäre, der er ist. Eine differenzielle Betrachtung darüber, in welcher Weise die Merkmale einer Kultur vorgefunden werden, macht eine detaillierte Sicht auf die Beschreibung von Nischen, Milieus und Kontexten nötig. Kultur jedoch zum Gegenstand eines beurteilbaren Konstrukts zu machen, war zunächst weder ein Anliegen aus der Kulturwissenschaft noch ein Zugang aus der Psychologie, die sich vorrangig um die Beschreibung und Bewertung des Individuums kümmerte. Die Ansätze mussten deshalb zunächst in der Anthropologie, aber auch Soziologie und Politik entwickelt werden, bevor sie auch in der Psychologie aufgesucht werden konnten. Diese Vielschichtigkeit haben wir versucht darzustellen. Wir debattierten in diesem Beitrag aber auch darüber, wie abhängig Kultur von der menschlichen Kognition ist, wie sie sich dadurch selbst erschafft und wie sie vor allem die frühen Phasen der Individualentwicklung in der Lebensspanne prägt. Diese komplexen Wirkmechanismen der Individuum-Umwelt-Interaktionen sind in vielen Bereichen der menschlichen Auseinandersetzung jedoch nach wie vor unterbeforscht und erfordern künftig sehr viel mehr sorgfältig angelegte intra- wie interkulturelle Untersuchungen.

Lev Semjonowitsch Vygotskij (1896–1934) – Kulturwissenschaftler und Psychologe

wurde in Weißrussland geboren und studierte an der Moskauer Universität zunächst Jura, eignete sich dabei jedoch ein umfangreiches Wissen aus Philosophie, Kunst- und Literaturwissenschaft, Linguistik sowie Psychologie an. Nach Abschluss des Studiums ging Vygotskij in seine Heimatstadt Gomel zurück, arbeitete für das städtische Kulturdezernat und als Lehrer, schrieb Theaterkritiken, publizierte mehrere literaturwissenschaftliche Aufsätze und arbeitete an seiner Dissertation über die Psychologie der Kunst. Im Jahre 1924 wechselte Vygotskij an das Psychologische Institut der Moskauer Universität. Hier lernte er Lurija und Leontjew kennen, mit denen er eng zusammenarbeitete und deren Schaffen später als *Kulturhistorische Schule* bezeichnet wurde. Vygotskijs Arbeiten kamen in der Sowjetunion jedoch zunehmend in Verruf, da seine Positionen nicht auf der Linie der stalinistischen Ära dieser Zeit lagen. Insbesondere die Rezeption westlicher Wissenschaftler (wie Sigmund Freud, Charlotte und Karl Bühler, Clara und William Stern, Wolfgang Köhler oder Kurt Lewin) sowie seine freundschaftlichen Beziehungen zu dem ideologisch unerwünschten Dichter Ossip E. Mandelstam machten ihn angreifbar. Im Jahr 1930 verlagerten Vygotskij wie auch Lurija und Leontjew ihre wichtigsten Forschungsaktivitäten an das neu gegründete Psychoneurologische Institut in Charkow, nachdem in Moskau mehrere Institute geschlossen worden waren, an denen sie gearbeitet hatten.

Vygotskij hinterließ nach seinem frühen Tod achtzig unveröffentlichte Manuskripte. Konfrontiert mit ideologischen Anfeindungen und der Zensur seiner Arbeiten, war er kaum dazu gekommen, seine theoretischen Überlegungen konsequent zu Ende zu bringen und zu systematisieren. Seine Ideen wurden jedoch von seinen Schüler/inne/n weiterverfolgt und in den 1960er-Jahren auch außerhalb der Sowjetunion bekannt, wo *„Denken und Sprechen"* (1964 ins Deutsche übersetzt) zunächst als das Hauptwerk rezipiert wurde. Für den internationalen Durchbruch wurde die von Michael Cole und Kollegen 1978 zusammengestellte Herausgabe von *„Mind in Society"* vor allem in den USA bedeutsam.

6 Schlussbetrachtungen

Urie Bronfenbrenner (1917–2005) – Psychologe

wurde in Moskau, Russland geboren. Im Alter von sechs Jahren emigrierte die Familie jedoch in die USA nach *Letchworth Village/NY*, wo Bronfenbrenners Vater am *New York State Institution for the Mentally Retarded* als Arzt und Forschungsdirektor tätig war und sich für die Betreuungsbedingungen der dorthin eingewiesenen Kinder engagierte. Im Jahre 1938 erhielt Bronfenbrenner den B. Sc. in Psychologie und Musik von der Cornell University/NY, 1940 den M. Sc. in Psychologie von der Harvard University/MA und 1942 den Ph. D. der State University of Michigan/MI. Während des Zweiten Weltkriegs war er als Psychologe bei der US-Luftwaffe und beim Geheimdienst tätig und ging nach dem Krieg als Assistenz-Professor zunächst nach Michigan, dann aber 1948 an die Cornell University zurück. Dort lehrte er bis zu seiner Emeritierung am *Department of Human Development and Family Studies* und blieb ihm sowie dem *Bronfenbrenner Life Course Center* (das die Cornell Universität 1994 eingerichtet hatte) als *Jacob Gould Schurman Professor Emeritus of human development and family studies and of psychology* bis an sein Lebensende verbunden. Bronfenbrenner galt als begnadeter Hochschullehrer, seine Aufgaben als Mentor und Förderer nahm er sehr ernst. Namhafte Entwicklungspsycholog/innen zählen zu seinen Schülern.

Aufgrund der umfassenden Sicht auf die menschliche Entwicklung, in die Theorieansätze aus den unterschiedlichsten Sub- und Nachbardisziplinen der Psychologie integriert waren, erlangten Bronfenbrenners Arbeiten großes Ansehen. Bronfenbrenner stand jedoch auch für die Zusammenarbeit zwischen Wissenschaft und Sozialpolitik ein. So nahm er bereits Anfang der 1960er-Jahre (als *Pendler zwischen den Kulturen)* an Austauschprogrammen mit der Sowjetunion teil und wurde zum Mitbegründer des *Head Start* Programms, das zu einem der erfolgreichsten und langfristigsten frühpädagogischen Programme in den USA wurde, um Kindern aus einkommensschwachen Schichten den Zugang zu Bildung zu ermöglichen. Bronfenbrenner war selbst Vater von sechs Kindern und hatte 13 Enkelkinder und eine Urenkelin.

Für sein wissenschaftliches Werk wurde er von zahlreichen Gremien und Universitäten geehrt, bekam sechs Ehrendoktorwürden (u. a. von der Technischen Universität Berlin und der Universität Münster) und unzählige nationale wie internationale Preise und Auszeichnungen, darunter den *James McKeen Cattell Award* 1993 von der Association for Psychological Science, Auszeichnungen von der Amerikanischen Erziehungswissenschaftlichen Gesellschaft wie auch der Russischen Akademie für Erziehung sowie mehrfach Preise von der Amerikanischen Psychologischen Gesellschaft (APA; u. a. *Kurt Lewin Award* 1977; *Stanley Hall Medal* 1985 sowie *Nicholas Hobbs Award* 1987). Diese Gesellschaft war es auch, die 1996 einen Preis für *Lifetime Contribution to Developmental Psychology in the Service of Science and Society* stiftete, der sogleich an Bronfenbrenner ging und seitdem als *Urie Bronfenbrenner Award* jährlich verliehen wird.

Literatur

Ahnert, L. (2003). Frühsozialisation in der DDR und die Entwicklung von Bindungsbeziehungen. In D. Kirchhöfer, G. Neuner, I. Steiner & C. Uhlig (Hrsg.), *Kindheit in der DDR: Die gegenwärtige Vergangenheit* (S. 177–188). Frankfurt a. M.: Peter Lang.

Ahnert, L. (2013). Entwicklungs- und Sozialisationsrisiken bei jungen Kindern. In L. Fried & S. Roux (Hrsg.), *Handbuch der Pädagogik der Frühen Kindheit* (S. 75–85). Weinheim: Beltz.

Ahnert, L. & Lamb, M. E. (2001). The East German child care system: Associations with caretaking and caretaking beliefs, children's early attachment and adjustment. *American Behavioral Scientist, 44,* 1843–1863.

Ahnert, L. & Schmidt, A. (1995). Familiäre Anpassungsbelastungen im gesellschaftlichen Umbruch: Auswirkungen auf die frühkindliche Entwicklung. In H. Sydow, U. Schlegel & A. Helmke (Hrsg.), *Chancen und Risiken im Lebenslauf: Beiträge zum gesellschaftlichen Wandel in Ostdeutschland* (S. 151–169). Berlin: Akademie-Verlag.

Ahnert, L., Rickert, H. & Lamb, M. E. (2000). Shared caregiving: Comparison between home and child care. *Developmental Psychology, 36,* 339–351.

Baltes, P. B. (1997). Die unvollendete Architektur der menschlichen Ontogenese: Implikationen für die Zukunft des vierten Lebensalters. *Psychologische Rundschau, 48,* 191–210.

Bandura, A. (1977). Self-efficacy: Toward a unifying theory of behavior change. *Psychological Review, 84,* 191–215.

Bandura, A. (1982). Self-efficacy mechanism in human agency. *American Psychologist, 37,* 122–147.

Bandura, A. (1992). Perceived self-efficacy in cognitive development and functioning. *Educational Psychologist, 28,* 117–118.

Barker, R. G. (1967). Naturalistic methods in psychological research. *Human Development, 10,* 223–229.

Barkow, J. H., Cosmides, L. & Tooby, J. (1992). *The adapted mind: Evolutionary psychology and the generation of culture.* New York: Oxford University Press.

Bourdieu, P. (1976). *Entwurf einer Theorie der Praxis: auf der ethnologischen Grundlage der kabylischen Gesellschaft.* Frankfurt a. M.: Suhrkamp.

Bourdieu, P. (1982). *Die feinen Unterschiede. Kritik der gesellschaftlichen Urteilskraft.* Frankfurt a. M.: Suhrkamp. (franz. 1979: *La distinction. Critique sociale du jugement.*)

Bowlby, J. (1969). *Attachment and loss. Vol. I: Attachment.* London: Hogarth Press. (deutsch 1975: *Bindung.* München: Kindler.)

Bradley, R. H. (1994). The home inventory: Review and reflections. *Advances in Child Development and Behavior, 25,* 241–288.

Bradley, R. H. (1999). The home environment. In S. L. Friedman & T. D. Wachs (Hrsg.), *Measuring environment across the life span* (S. 31–58). Washington, DC: APA.

Bronfenbrenner, U. (1977). Toward an experimental ecology of human development. *American Psychologist, 32,* 513–531.

Bronfenbrenner, U. (1979). *The ecology of human development: Experiments by nature and design.* Cambridge, MA: Harvard University Press.

Bronfenbrenner, U. (1979/1993). *Die Ökologie der menschlichen Entwicklung: Natürliche und geplante Experimente.* Frankfurt a. M.: Fischer. (engl. 1979, siehe oben; dt. Erstausgabe 1981 im Ernst Klett Verlag, Stuttgart.)

Bronfenbrenner, U. (1990). Ökologische Sozialisationsforschung. In L. Kruse, C.-F. Graumann & E.-D. Lantermann (Hrsg.), *Ökologische Psychologie – Ein Handbuch in Schlüsselbegriffen* (S. 76–79). München: PVU.

Bronfenbrenner, U. & Morris, P. A. (2006). The bioecological model of human development. In R. M. Lerner (Hrsg.), *Handbook of child psychology – Volume one: Theoretical models of human development* (S. 793–828). Hoboken, NJ: Wiley.

Brunswik, E. (1957). Scope and aspects of the cognitive problem. In K. R. Hammond & T. R. Stewart (Hrsg.) (2001), *The essential Brunswik: Beginnings, explications, applications* (S. 300–312). New York: Oxford.

Busche, H. (2000). Was ist Kultur? *Dialektik. Zeitschrift für Kulturphilosophie, 1,* 69–90.

Caudill, W. & Plath, D. W. (1966). Who sleeps by whom? Parent–child involvement in urban Japanese families. *Psychiatry, 29,* 344–366.

Chapman, J. C. & Sims, V. M. (1925). The quantitative measurement of certain aspects of socio-economic status. *Wittner State School Bulletin, 7,* 380–390.

Cole, M. (1983). Cross-cultural research in the socio-historical tradition. *Human Development, 31,* 137–157.

Eckensberger, L. H. (1983). Interkulturelle Vergleiche. In R. K. Silbereisen & L. Montada (Hrsg.), *Entwicklungspsychologie* (S. 155–163). München: Urban & Schwarzenberg.

Ekehammar, B., Sidanius, J. & Nilsson, I. (1986). Social status: Construct and external validity. *The Journal of Social Psychology, 127,* 473–481.

Eliot, T. S. (1948). *Notes towards the definition of culture.* London: Faber.

Literatur

Engels, F. (1886). Ludwig Feuerbach und der Ausgang der klassischen deutschen Philosophie. *Die neue Zeit: Revue des geistigen und öffentlichen Lebens, 4*, 145–157.

Friedman, S. L. & Wachs, T. D. (Hrsg.) (1999). *Measurement of the environment in developmental research*. Washington, DC: APA.

Gloger-Tippelt, G., Vetter, J. & Rauh, H. (2000). Untersuchungen mit der „Fremden Situation" in deutschsprachigen Ländern: Ein Überblick. *Psychologie in Erziehung und Unterricht, 47*, 87–98.

Haeckel, E. (1866). *Generelle Morphologie der Organismen (II. Band: Allgemeine Entwickelungsgeschichte der Organismen)*. Berlin: Reimer.

Harkness, S. & Super, C. M. (2002). Culture and parenting. In M. H. Bornstein (Hrsg.), *Handbook of parenting, Vol. 2: Biology and ecology of parenting* (S. 253–280). Mahwah, NJ: Lawrence.

Harms, T. & Clifford, R. M. (1980). *The early childhood environment rating scale*. New York: Teachers College Press.

Harms, T. & Clifford, R. M. (1989). *The family day care rating scale*. New York: Teachers College Press. (Deutsche Adaptation von Tietze, W., Knobeloch, J. & Gerszonowicz, E. (2005). *Tagespflege-Skala (TAS): Feststellung und Unterstützung pädagogischer Qualität in der Kindertagespflege*. Weinheim: Beltz.)

Harms, T., Clifford, R. M. & Cryer, D. (1998). *Early childhood environment rating scale* (revised edition). New York: Teachers College Press. (Deutsche Adaptation von Tietze, W., Schuster, K. M., Grenner, K. & Roßbach, H. G. (2005). *Kindergarten-Skala (KES-R): Feststellung und Unterstützung pädagogischer Qualität in Kindergärten*. Weinheim: Beltz.)

Harms, T., Cryer, D. & Clifford, R. M. (2003). *Infant/toddler environment rating scale* (revised edition). New York: Teachers College Press. (Deutsche Adaptation von Tietze, W., Botz, M., Grenner, K., Schlecht, D. & Wellner, B. (2005). *Krippen-Skala (KRIPS-R): Feststellung und Unterstützung pädagogischer Qualität in Krippen*. Weinheim: Beltz.)

Herder, J. G. (1774/1967). *Auch eine Philosophie der Geschichte zur Bildung der Menschheit*. Frankfurt a. M.: Suhrkamp. (Erstausgabe 1774 in Riga: JFH.)

Herrmann, E., Call, J., Lloreda, M., Hare, B. & Tomasello, M. (2007). Humans have evolved specialized skills of social cognition: The cultural intelligence hypothesis. *Science, 317*, 1360–1366.

Hofstede, G. H. (1980). *Culture's consequences: International differences in work-related values*. Beverly Hills, CA: Sage.

Hofstede, G. H. (2001). *Culture's consequences: Comparing values, behaviors, institutions and organizations across nations*. Thousand Oaks, CA: Sage.

Hofstede, G. H. & Bond, M. H. (1988). The Confucius connection: From cultural roots to economic growth. *Organization Dynamics, 16*, 4–21.

Hollingshead, B. (1971). Commentary on ‚The indiscriminate state of social class measurement'. *Social Forces, 49*, 563–567.

Hörning, K. H. (2004). Kultur als Praxis. In F. Jaeger & B. Liebsch (Hrsg.), *Handbuch der Kulturwissenschaften* (S. 137–151). Stuttgart: Metzler.

Hurrelmann, K., Grundmann, M. & Walper, S. (Hrsg.) (2008). *Handbuch der Sozialisationsforschung*. Weinheim: Beltz.

Hurrelmann, K. & Ulich, D. (Hrsg.) (1980). *Handbuch der Sozialisationsforschung*. Weinheim: Beltz.

Inkeles, A. & Levinson, D. J. (1969). National character: The study of modal personality and sociocultural systems. In G. Lindzey & E. Aronson (Hrsg.), *The handbook of social psychology* (IV; S. 418–506). New York: McGraw-Hill.

Kağitçibaşi, C. (1980). Individualism and collectivism. In J. W. Berry, M. H. Segall & C. Kağitçibaşi(Hrsg.), *Handbook of cross-cultural psychology. Vol. 3: Social behavior and applications* (S. 1–50). Needham Heights, MA: Allyn & Bacon.

Keller, H. & Eckensberger, L. H. (1999). Kultur und Entwicklung. In H. Keller (Hrsg.), *Lehrbuch Entwicklungspsychologie* (S. 57–96). Bern: Huber.

Keller, H. (2011). *Kinderalltag. Kulturen der Kindheit und ihre Bedeutung für Bindung, Bildung und Erziehung.* Heidelberg: Springer.

Klix, F. (1993). *Erwachendes Denken: Geistige Leistungen aus evolutionspsychologischer Sicht.* Heidelberg: Spektrum.

Kuhl, J. & Keller, H. (2008). Affect-regulation, self-development and parenting: A functional-design approach to cross-cultural differences. In R. M. Sorrentino & S. Yamaguchi (Hrsg.), *Handbook of motivation and cognition across cultures* (S. 19–47). München: Elsevier.

Lamb, M. E., Thompson, R. A., Gardner, W. P. & Charnov, E. L. (1985). *Infant-mother attachment: The origins and developmental significance of individual differences in Strange Situation behavior.* Hillsdale, NJ: Erlbaum.

Lorenz, K. (1973). *Die Rückseite des Spiegels. Versuch einer Naturgeschichte menschlichen Erkennens.* München: Piper.

Lück, H. E. (2001). *Kurt Lewin. Eine Einführung in sein Werk.* Weinheim: Beltz.

Marx, K. & Engels, F. (1888/1962). *Werke* (S. 263–264). Berlin: Dietz.

Meltzoff, A. N. (2007). The 'like me' framework for recognizing and becoming an intentional agent. *Acta Psychologica, 124,* 26–43.

Meltzoff, A. N. & Moore, M. K. (1994). Imitation, memory, and the representation of persons. *Infant Behavior & Development, 17,* 83–99.

NICHD Early Child Care Research Network (1994). Child care and child development: The NICHD study of early child care. In S. L. Friedman & H. C. Haywood (Hrsg.), *Developmental follow-up: Concepts, domains, and methods* (S. 377–396). New York: Academic Press.

NICHD Early Child Care Research Network (1997). The effects of infant child care on infant-mother attachment security: Results of the NICHD study of early child care. *Child Development, 68,* 860–879.

NICHD Early Child Care Research Network (2000). The relation of child care to cognitive and language development. *Child Development, 71,* 960–980.

NICHD Early Child Care Research Network (2001). Child care and common communicable illness. *Archives of Pediatrics & Adolescent Medicine, 155,* 481–488.

NICHD Early Child Care Research Network (2005). Duration and developmental timing of poverty and children's cognitive and social development from birth through third grade. *Child Development, 76,* 795–810.

Niedermann, J. (1941). *Kultur. Werden und Wandlungen des Begriffs und seiner Ersatzbegriffe von Cicero bis Herder.* Florenz: Bibliopolis.

Reckwitz, A. (2001). Multikulturalismustheorien und der Kulturbegriff. *Berliner Journal für Soziologie, 2,* 179–200.

Richman, A., Miller, P. & LeVine, R. A. (1992). Cultural and educational variations in maternal responsiveness. *Developmental Psychology, 28,* 614–621.

Rogoff, B. (1990). *Apprenticeship in thinking: Cognitive development in social context.* New York: Oxford University Press.

Rotter, J. (1966). Generalized expectancies for internal versus external locus of control of reinforcement. *Psychological Monographs: General and Applied, 80,* 1–28.

Spedding, J., Ellis, R. L. & Heath, D. D. (Hrsg.) (1858). *The Works of Francis Bacon* (Bd. I) London: Longmans.

Stern, W. (1914/1952). *Psychologie der frühen Kindheit bis zum sechsten Lebensjahr.* Heidelberg: Quelle & Meyer.

Super, C. M. & Harkness, S. (1982). The infant's niche in rural Kenya and metropolitan America. In L. L. Adler (Hrsg.), *Cross-cultural research at issue* (S. 47–56). New York: Academic.

Super, C. M. & Harkness, S. (1986). The developmental niche: A conceptualization at the interface of child and culture. *International Journal of Behavioral Development, 9,* 545–569.

Super, C. M. & Harkness, S. (1999). The environment as culture in developmental research. In S. L. Friedman & T. D. Wachs (Hrsg.), *Measurement of the environment in developmental research* (S. 279–323). Washington, DC: APA.

Talbert, J. E. & McLaughlin, M. W. (1999). Assessing the school environment: Embedded contexts and bottom-up research strategies. In S. L. Friedman & T. D. Wachs (Hrsg.), *Measuring environment across the life span* (S. 197–227). Washington, DC: APA.

Taylor, I. (1938). *Kultur, Aufklärung, Bildung, Humanität und verwandte Begriffe bei Herder.* Gießen: Kindt.

Tomasello, M. (2006). *Die kulturelle Entwicklung des menschlichen Denkens.* Frankfurt a. M.: Suhrkamp. (engl. 1999: *The cultural origin of human cognition.* Cambridge, MA: Harvard University Press.)

Tomasello, M. (2011). *Die Ursprünge der menschlichen Kommunikation.* Frankfurt a. M.: Suhrkamp. (engl. 2008: *Origins of human communication.* Cambridge, MA: MIT Press.)

van IJzendoorn, M. H. & Kroonenberg, P. M. (1988). Cross-cultural patterns of attachment: A meta-analysis of the Strange Situation. *Child Development, 59,* 147–156.

Vester, M., von Oertzen, P., Geilling, H., Herman, T. & Müller, D. (1993). *Soziale Milieus im gesellschaftlichen Strukturwandel.* Köln: Bund.

Vygotskij, L. S. (1929a). The problem of the cultural development of the child. *Journal of Genetic Psychology, 36,* 415–434.

Vygotskij, L. S. (1929b). Die genetischen Wurzeln des Denkens und der Sprache. *Unter dem Banner des Marxismus, 3,* 450–469, 607–624.

Vygotskij, L. S. (1964). *Denken und Sprechen.* Berlin: Akademie. (herausgegeben von J. Lompscher & G. Rückriem)

Vygotskij, L. S. (1978). *Mind in society. The development of higher psychological processes.* Cambridge, MA: Harvard University Press. (herausgegeben von M. Cole, V. John-Steiner, S. Scribner & E. Souberman)

Vygotskij, L. S. (1987a). *Ausgewählte Schriften (Bd. 1): Arbeiten zu theoretischen und methodologischen Problemen der Psychologie.* Berlin: Volk und Wissen. (herausgegeben von J. Lompscher)

Vygotskij, L. S. (1987b). *Ausgewählte Schriften (Bd. 2): Arbeiten zur psychischen Entwicklung der Persönlichkeit.* Berlin: Volk und Wissen. (herausgegeben von J. Lompscher)

Whiting, B. B. & Whiting, J. W. M. (1975). *The children of six cultures: A psychocultural analysis.* Cambridge, MA: Harvard University Press.

Whiting, J. W. M. & Child, I. L. (1953). *Child training and personality: A cross-cultural study.* New Haven, CT: Yale University Press.

Wood, D., Bruner, J. S. & Ross, G. (1976). The role of tutoring in problem solving. *Journal of Child Psychology and Psychiatry, 17,* 89–100.

Kapitel 3
Entwicklung und Evolution

Harald A. Euler

James M. Baldwin

„There is *natural heredity* [...] and there is '*social heredity*'
[...] The one is phylogenetic; the other ontogenetic.
But these two lines of hereditary influence are not
separate nor uninfluential on each other."
(Baldwin, 1896a, S. 440; Hervorhebungen im Original)

Die evolutionäre Psychologie betrachtet menschliches Verhalten als Produkt von evolvierten psychischen Mechanismen der Informationsverarbeitung (EPMs), die für ihre Entwicklung und Aktivierung sowohl interne Inputs als auch solche aus der Umwelt benötigen (Buss, 2008; Confer et al., 2010). Diese EPMs sind bereichs- und kontextspezifische Berechnungsverfahren (Algorithmen), die in unserer evolutionären Vergangenheit zur Lösung konkreter Probleme des Überlebens und der Fortpflanzung ebenso beigetragen haben wie unsere körperlichen Ausstattungen oder wie die Gestaltung der Ontogenese. Sie stehen uns als – zumindest partiell – erbliche evolutionäre Mitgift immer noch zur Verfügung. Die theoretische Fundierung dieses Ansatzes – wie auch die der verwandten Disziplinen Ethologie, Soziobiologie und Verhaltensökologie – ist die Darwin'sche Theorie der natürlichen und sexuellen Selektion (Darwin, 1859, 1871) in ihrer derzeitigen Form (z. B. Freeman & Herron, 2007; Stearns & Hoekstra, 2005).

Die Überschneidungen mit den verwandten Disziplinen sind groß mit dem Unterschied, dass die evolutionäre Psychologie menschliches Verhalten und Erleben untersucht und so auch sprachliche Erfassungsmethoden anwendet und dass sie sich um die Erforschung von EPMs bemüht. Das Alleinstellungsmerkmal gegenüber anderen Ansätzen der Psychologie ist der Einbezug einer zusätzlichen Erklärungsebene. Nicht nur physiologische und psychologische Ursachen (proximate Erklärungen), ontogenetische Ursachen (distale Erklärungen) oder subjektive Ursachenzuschreibungen werden ergründet, sondern vor allem *ultimate* Erklärungen. Ultimate Erklärungen betreffen den evolutionären (ultimaten, ursprünglichen) Zweck: Warum ist der Mensch mit seinen somatischen und psychischen Merkmalen überhaupt so geworden, wie er ist? Mit einer solchen ultimaten Perspektive rücken Fragestellungen in den Fokus der Entwicklungspsychologie, die von anderen Ansätzen zumeist als gegeben genommen und nicht weiter hinterfragt werden, beispielsweise artvergleichende Erklärungen über die Gestaltung des menschentypischen Lebenslaufs: Warum erwerben wir unsere Muttersprache in der frühen Kindheit so leicht und so perfekt, eine Fremdsprache als Erwachsene aber nur mit größter Mühe und oft unbefriedigendem Erfolg? Warum erreichen wir die Geschlechtsreife erst im zweiten Lebensjahrzehnt? Warum haben Frauen, sehr außergewöhnlich für Säugetiere, eine Menopause und eine weitgehend unbemerkte Ovulation? Warum werden wir so viel älter als unser Hund, aber nicht so alt wie manche Schildkrötenarten? Warum pflanzen wir uns wie die Lachse nicht nur ein Mal in unserem Leben fort?

1 Bestimmung zentraler Begriffe

Ein zentraler Begriff in der evolutionären Psychologie – wie in ihrer Mutterdisziplin, der Evolutionsbiologie – ist die *Anpassung (Adaptation)*. Eine Anpassung im Kontext der natürlichen Selektion ist ein Merkmal, das in unseren früheren („anzestralen") Umwelten lange Zeit zum Überleben und vor allem zur Fortpflanzung besser beigetragen hat als andere mögliche Merkmale. Diese adaptiven Merkmale waren reproduktionsvorteilig, indem sie konkrete Probleme des Überlebens und der Fortpflanzung lösen halfen. Anpassungen wurden in der Evolution konserviert; alternative, weniger vorteilige Merkmale hingegen wurden aussortiert. Das Auswahlkriterium der Evolution ist die differenzielle Reproduktivität (*Fitness*): Merkmale, die langfristig zu *mehr* Nachkommen führen, werden beibehalten; Merkmale, die eine geringere Reproduktionstüchtigkeit verleihen, verschwinden im Verlauf von Generationen. Was in der Evolution konserviert und was aussortiert wird, sind genau genommen nicht Merkmale, sondern genetische Konstellationen, die bei der Ausformung der Merkmale in der ontogenetischen Entwicklung mitverantwortlich sind. Die Fitness eines Merkmals bemisst sich also an dem reproduktiven Beitrag zu nachfolgenden Generationen. In diesem Sinn hatte Dschingis Khan eine außergewöhnlich hohe Fitness, weil seine Gene noch heute in weiten Teilen Asiens vielfältig nachweisbar sind.

Nicht jedes Merkmal ist eine Anpassung. Die Farbe der menschlichen Haut (Pigmentierung) ist eine Anpassung, die Farbe der Knochen hingegen ist aus evolutionärer Sicht nur ein Zufallsprodukt. In der klassischen Evolutionstheorie ist die *Selektion* der einzige gestaltende Mechanismus. Die Vererbung erworbener Eigenschaften *(Lamarckismus)* wird ausgeschlossen. Lamarck (1809/1876) hatte ausgeführt, „*dass der unausgesetzte Gebrauch eines Organs […] es stärkt und selbst vergrößert"* (1876, S. V) und dass dieser Erwerb „*durch die Fortpflanzung an die Nachkommen vererbt"* wird (S. 121). Giraffen haben demnach lange Hälse, weil sie sich in der Evolution immer wieder nach hoch hängenden Blättern recken mussten, und Flamingos besitzen lange Beine, weil sie mit dem Gefieder über der Wasseroberfläche bleiben wollten. Der Lamarckismus hatte bis ins 20. Jahrhundert viele Anhänger, auch unter Seelenkundlern. Die Plausibilität der lamarckistischen Erklärung menschlicher Verhaltensweisen wurde häufig am Beispiel des Klavierspielers demonstriert. Der Anfänger muss üben, sich dabei konzentrieren und die einzelnen Fingerbewegungen kontrollieren. Dem geübten Klavierspieler hingegen fließt alles locker aus der Hand. Das Klavierspiel wurde durch häufige Übung zu einer Art „Instinkt" und dadurch vererbbar.

Auch heute noch wird in der Alltagspsychologie gern lamarckistisch erklärt, was am Beispiel der geschlechtsunterschiedlichen Raumkognitionen erläutert sei. Männer zeigen bessere Leistungen bei der Erstellung und Nutzung mentaler Landkarten, z. B. bei der Heimfindung (Gaulin & Hoffman, 1988), Frauen hingegen bessere Leistungen beim Platzgedächtnis (Silverman & Eals, 1992); sie wissen anscheinend besonders gut, welche Objekte sich an welchem Ort befinden, wenn es um Nahrungsobjekte geht (New, Krasnow, Truxaw & Gaulin, 2007). Da diese Geschlechtsunterschiede nicht allein auf geschlechtsdifferenzielle Erfahrungen oder Sozialisierung zurückzuführen sind, wird zur ultimaten Erklärung die Jäger-Sammlerinnen-Hypothese angeführt. Lamarckistisch wäre nun zu sagen, Frauen hätten über viele Generationen geübt, pflanzliche Nahrung zu lokalisieren, und Männer hätten sich durch ihre Erfahrungen mit der Jagd über viele Generationen zu Experten in räumlicher Navigation trainiert. Evolutionstheoretisch korrekt ist die Erklärung über geschlechtsdifferenziellen Selektionsdruck: Frauen zogen, mehr als Männer, einen Fitnessgewinn aus genetischen Konfigurationen, die für gute Lokalisierung von stationären Nahrungsobjekten prädestinierten, weswegen sich diese Konfigurationen bei Frauen stärker ausgeprägt haben als bei Männern. Für Männer hingegen war es reproduktionsdienlicher, bei der Verfolgung von beweglichen Objekten (Jagd) nicht die Orientierung zu verlieren und mit der Jagdbeute auch wieder heimzufinden. Aus diesem Grund sind Männer auch ohne explizite Übung leistungsstark in der Fähigkeit, die in der Nautik Koppelnavigation genannt wird und es ermöglicht, den Ort eines beweglichen Objekts (einschließlich sich selbst) durch die (unbewusste) Verrechnung von Kurs, Geschwindigkeit und Zeit kontinuierlich bestimmen zu können.

Die evolutionär entstandenen Anpassungen können somatisch (genetisch, physiologisch, anatomisch) oder psychisch sein (Emotion, Motivation, Kognition); sie können aber auch den Lebensverlauf (*life history*) betreffen, weil die Gestaltung der Ontogenese ebenso mit genetischer Replikation korreliert war wie andere körperliche oder psychische Ausstattungen. Die Evolution hat also nicht nur statische Merkmalsgestaltungen vorbereitet, sondern arttypisch sich entwickelnde organische Systeme. Damit wird die Evolutionsbiologie auch beitragsfähig für die Entwicklungspsychologie. Einen Überblick zu ausgewählten Schlüsselbegriffen der Evolutionsbiologie und -psychologie bietet Tabelle 3.1.

2 Historische Anfänge

Wie viele seiner Zeitgenossen hat auch Charles Darwin die Entwicklung seiner Kinder detailliert protokolliert. Zu seiner Theorie der Entstehung der Arten durch natürliche und sexuelle Selektion jedoch haben diese Beobachtungen kaum beigetragen, und auch die Ursprünge der Entwicklungspsychologie sind davon nicht befruchtet worden. Der Einfluss von Darwin auf die Anfänge der Entwicklungspsychologie wird vielmehr vermittelt durch seine Anhänger und Nachfolger (vgl. Boakes, 1984). Der lautstärkste deutsche Darwinist aus jener Zeit, der Jenaer Meeresbiologe, Künstler und Philosoph Ernst Haeckel, ist bekannt für seine Rekapitulationsthese (*Das biogenetisches Grundgesetz*, 1866), nach der die Ontogenese eine schnelle und kurze Wiederholung der Phylogenese sei, fußend auf der Beobachtung, dass sich die Embryonen verschiedener Arten ähnlicher sind als deren adulte Formen. Darwin hatte 1859 diese These, die im Übrigen nicht neu war, schon als *„mutmaßliches Gesetz der Ähnlichkeit zwischen anzestralen Lebensformen und den embryonischen Stufen rezenter Formen"* (S. 428, Übers. d. Verf.) explizit formuliert. Haeckel elaborierte die These, wobei er in seinen Zeichnungen die Ähnlichkeiten übertrieb (Richardson & Keuck, 2002). Er nahm dabei an, dass in der embryonalen Entwicklung die adulten Formen phylogenetisch älterer Arten sozusagen im Schnelldurchlauf abgespult werden. Diese Ähnlichkeiten sah er nicht nur als Beleg für die Evolutionstheorie, sondern auch als Möglichkeit, aus der Embryonalentwicklung auf paläontologisch noch fehlende, fossilierte Formen der Phylogenese zu schließen. Diese Annahme ist aber nicht haltbar, weil die beobachteten Ähnlichkeiten lediglich darauf beruhen, dass die Evolution einen allgemeinen Bauplan der Ausdifferenzierung bereithält, der bei allen Arten den gleichen Ausgang nimmt (Gould, 1977).

Anpassung, Adaptation	Merkmal, das in der natürlichen Selektion erhalten blieb, weil es mit Reproduktionserfolg korreliert war; auch Prozess der Merkmalsentstehung.
EEA	Angestammte Umwelt (*Environment of Evolutionary Adaptedness*); kein bestimmter Ort oder Zeitpunkt, sondern Summe der evolutionär bedeutsamen anzestralen Umweltbedingungen; nicht zu verwechseln mit der *Equal Environment Assumption* aus der Verhaltensgenetik.
Epigenetik	Erbliche Veränderungen in der genetischen Expression, die nicht durch Veränderungen der DNA hervorgerufen wurden, sondern durch außergenetische Einflüsse; im 19. Jh. andere Bedeutung, Gegenposition zum Präformationismus.
evolvierter psychischer Mechanismus (EPM)	Durch die Evolution geformte psychische Anpassung; modernes Synonym für Instinkt; engl.: *evolved psychological mechanism.*
Fitness	Reproduktionsfähigkeit (-tüchtigkeit), Adaptationswert; absoluter bzw. relativer Beitrag zum zukünftigen Genpool.
Investition	Aufwand für reproduktive Zwecke, typischerweise Kalorien, Zeit und Inkaufnahme von Risiken; monetär nur in rezenten menschlichen Gesellschaften; engl.: *investment.*
Lebensaufwand	Aufwand für Erwerb oder Verwendung von reproduktiven Ressourcen; engl.: *life effort.*
Lebensverlauf	Verteilung von zentralen Reproduktionsmerkmalen (z. B. Pubertätsbeginn, Menarchealter, Geburtenabstand) über den arttypischen Lebenszyklus; nicht die individuelle Biografie; engl.: *life history.*
Opportunitätskosten	Kosten für entgangene Nutzenmöglichkeiten; Verzichtskosten.
proximat	Das gegenwärtige kausale Wirkgefüge betreffend; engl.: *proximate.*
Psyche	Umfassende Bedeutung, einschließlich Kognition, Motivation, Emotion; engl.: *mind.*
Reproduktionsaufwand	Aufwand für Reproduktion im weiten Sinne, also einschließlich Aufbau und Erhalt des Körpers, Aufwand für Paarung, Elternschaft und Verwandte; engl.: *reproductive effort.*
Reproduktionsstrategie	Vorgehen zur maximalen Produktion ihrerseits reproduktionsfähiger Nachkommen; keine militärische oder kognitive Konnotation, da auch auf Pflanzen anwendbar.
Selektion	Auswahl von Individuen für Reproduktion; natürliche Selektion: Auswahl durch Umgebungsbedingungen; sexuelle Selektion: Auswahl durch Geschlechtspartner; künstliche Selektion: Auswahl durch Züchter.
somatischer Aufwand	Aufwand für Ansammlung von Ressourcen zur Reproduktion, z. B. Wachstum, Ernährung, Gesundheitserhaltung, Vermeidung von Gefahren, Lernen, Erwerb sozialer Kompetenzen.
Trade-off	Kompromiss zwischen verschiedenen Alternativen, die bei begrenzten Ressourcen (z. B. Zeit) unterschiedlich hohen Aufwand erfordern.
ultimat	Den ursprünglichen Reproduktionsnutzen und damit den Gestaltungszweck betreffend; engl.: *ultimate.*
Vaterschaftsungewissheit	Ungewissheit bezüglich der biologischen Vaterschaft; engl.: *paternity uncertainty.*

Tabelle 3.1: Ausgewählte Schlüsselbegriffe.

Die *Rekapitulationsthese* wurde durch den Entwicklungspsychologen Hall (1904) noch weiter gehend mit konkreten Empfehlungen für die Pädagogik als allgemein akzeptiertes Lehrwissen formuliert. Nach dieser „psychogenetischen Rekapitulation" durchschritt sogar die kognitive Entwicklung des Kindes Stufen der kulturellen Entwicklung, beginnend mit der Stufe des Animismus, die primitive Kulturen reflektieren sollte. Dieses Konzept der Stufen der linearen kulturellen Entwicklung formulierte als Endstufe das Vorbild aus der eigenen Kultur (z. B. die englische Demokratie). Während die Thesen von Haeckel und Hall zum historischen Lehrbuchwissen der Entwicklungspsychologie gehören, sind andere Einflüsse der Darwin'schen Theorie vergessen worden, verborgen geblieben oder wurden übergangen (vgl. Boakes, 1984; Cairns & Cairns, 2007). Es war beispielsweise der englische Dachdecker und autodidaktische Wissenschaftler Douglas Spalding (1872, 1873), nicht Konrad Lorenz, der als erster die Prägung der Nachfolgereaktion beschrieb und analysierte.

Besonders wichtig ist der lange Zeit vergessene und erst in jüngster Zeit wieder gewürdigte Einfluss des Evolutionstheoretikers James Mark Baldwin auf die Entwicklungspsychologie des 20. Jahrhunderts (Broughton, 1981; Wozniak, 2009). Baldwin hatte großen Einfluss auf die Arbeiten von Piaget und damit auf die Entwicklungspsychologie insgesamt. Es war Baldwin, der als erster eine umfassende und integrative Beschreibung einer stufenartigen und irreversiblen ontogenetischen Entwicklung der Intelligenz vorstellte (Baldwin, 1897), in der auf einer höheren Organisationsstufe neue Formen der kognitiven Verarbeitung emergent auftreten. Intelligenz wird dabei nicht im engen Sinn verstanden, sondern umfasst auch Selbstbewusstsein, Werte, Wille und moralisches Urteil. Es war Baldwin (1895), der in einer Synthese von Philosophie und Lebenswissenschaften eine „genetische Epistemologie" entwarf, gegründet auf Prozessen der kognitiven Assimilation und Akkommodation. Damals bedeutete „genetisch" den Ursprung betreffend; das Konzept der Gene war ja noch nicht bekannt. Es war ebenfalls Baldwin, der motorische Operationen mit Objekten als Aneignung von Wissen verstand, von einem vorlogischen Modus über einen quasi-logischen zu einem logischen. Allerdings modifizierte Baldwin ständig seine theoretischen Entwürfe, formulierte nicht immer klar und stringent, und seine Werke waren schwere Kost und wurden kaum übersetzt.

Der *Baldwin-Effekt* ist noch relativ gut bekannt, obwohl er in der Entwicklungspsychologie, anders als bei einigen entwicklungsbiologischen Autoren (z. B. Depew, 2003; Gottlieb, 2002; West-Eberhard, 2003), keine nennenswerte Rolle spielt und außerdem zeitgleich von zwei weiteren Autoren (Conwy L. Morgan und Henry F. Osborn) beschrieben wurde. Der Baldwin-Effekt (Baldwin, 1896b) besagt, dass ontogenetisch erworbene Anpassungen („Akkommodationen") einen richtunggebenden Einfluss auf die Evolution durch natürliche Selektion ausüben können, ohne damit die natürliche Selektion als primäres Konzept in Frage zu stellen und ohne die damals noch gängige lamarckistische Theorie der Vererbung erworbener Eigenschaften zu untermauern. Der Baldwin-Effekt stellt wie die moderne Epigenetik (Kegel, 2011) eine Brücke zwischen ontogenetischer und phylogenetischer Anpassung dar. Die Erfahrungen werden dabei aber nicht direkt vererbt (alt-lamarckistisch oder modern-epigenetisch), sondern sie stecken einen Rahmen ab, innerhalb dessen der Selektionsdruck verändert ist und sich so die Evolution beschleunigen kann (Bjorklund & Rosenberg, 2005).

Ein Beispiel (nicht von Baldwin) wäre die Laktosetoleranz im Erwachsenenalter (Fähigkeit, Milchzucker mittels Laktase zu verdauen). In pastoralen Kulturen konnte sich durch Milchviehhaltung eine gelegentlich auftretende Mutation zur adulten Laktosetoleranz durch Produktion von Laktase über die Kindheit hinaus wegen des Fitnessgewinns durch verbesserte Ernährung gegenüber dem bis dahin natürlichen Laktaseverlust nach der Kindheit relativ schnell ausbreiten. Durch die Milchkultur entstand also eine Veränderung in der ontogenetischen Entwicklung (lebenszeitlich hinausgezögertes bzw. unterbliebenes Auftreten der Laktose-Intoleranz) mit populationsgenetischen Folgen. Eine Mutation, die eine besondere ontogenetische Plastizität verleiht (hier anhaltende Laktaseproduktion), kann sich also in einer neuartigen und dann konstanten, kulturell weitergegebenen Umwelt (ständige Verfügbarkeit von Milch) so weit ausbreiten, bis die genetische Varianz verschwunden ist. Die Fähigkeit, auch im Erwachsenenalter noch Milch verdauen zu können, ist so zur Natur des Menschen geworden in denjenigen Kulturen, in denen Milchwirtschaft über viele Generationen existiert hat, wie bei Basken und Nordeuropäern (Enattah et al., 2007).

In der evolutionären Theorie blieb der Baldwin-Effekt aus zwei Gründen lange randständig (Salmon & Crawford, 2008). Er postulierte nämlich, dass (1) erworbene Eigenschaften sich in der Keimbahn niederschlagen können, wenn auch nicht auf lamarckistische Weise, und dass (2) sie der Evolution eine Richtung geben könnten. Beide Annahmen widersprechen der klassischen Evolutionstheorie. Seit einiger Zeit wird jedoch der Baldwin-Effekt verstärkt gewürdigt. Verschiedene Evolutionsbiologen (z. B. Gottlieb, 2002; West-Eberhard, 2003) fragen nicht mehr nur, was aus der Evolutionstheorie für das Verständnis von ontogenetischer Entwicklung gelernt werden kann, sondern welchen originären Beitrag die ontogenetische Entwicklung für die Evolution der Arten leistet. Demnach gründet der Prozess der Entstehung der Arten nicht mehr nur auf dem Darwin'schen Prinzip der Selektion von Merkmalen, die aufgrund von zufälliger Mutation und genetischer Rekombination variieren, sondern nicht-genetische Verhaltensänderungen in der individuellen Entwicklung stellen den ersten Schritt auf dem Weg zu evolutionären und damit genetischen Veränderungen dar. Diese Perspektivumkehr wird im Wissenschaftsjargon derzeit *Evo-Devo* genannt (Carroll, 2006), hat jedoch ernsthafterweise eine neue Subdisziplin hervorgebracht: die evolutionäre Entwicklungspsychologie.

Mit den neuen theoretischen Paradigmen zu Beginn des 20. Jahrhunderts, angestoßen durch John B. Watson in der Psychologie, Franz Boas in der Anthropologie und Émile Durkheim in der Soziologie, verschwanden evolutionstheoretische Ansätze in diesen Wissenschaften und gerieten in Vergessenheit. In der Biologie hingegen blieben sie vital, auch in der Biologie des Verhaltens (Ethologie). Die Renaissance der Evolutionstheorie außerhalb der Biologie begann in den 1960er-Jahren mit einigen bahnbrechenden Veröffentlichungen (Hamilton, 1963, 1964; Trivers, 1971, 1972; Williams, 1966). Komplettiert wurde damit die sog. Moderne Synthese, die Verbindung von Darwin'scher Theorie mit Populationsgenetik. Einen gewissen Anteil an der Wiederauferstehung der evolutionären Psychologie hatte auch der Bindungstheoretiker und Psychoanalytiker John Bowlby, der 1951 erstmals auf die Schriften von Konrad Lorenz aufmerksam geworden war. Bowlby war von diesem ethologischen Ansatz fasziniert, und 1954 machte er in einem seiner Seminare Bekanntschaft mit dem jungen Ethologen Robert Hinde. Daraus entstand eine gegenseitig fruchtbare Partnerschaft, die in Bowlby einen bemerkenswerten Paradigmenwechsel anstieß. Als Resultat entwarf Bowlby seine Bindungstheorie in drei Bänden, die ethologische, psychoanalytische und systemtheoretische Ansätze mit experimentellen Befunden zusammenfügte, trotz der Skepsis aus seinem Kollegenkreis und des Gegenwindes aus seiner psychoanalytischen Standesorganisation.

Zwei evolutionspsychologische Aspekte dieser Theorie haben im Laufe der Zeit einer evolutionstheoretischen Kritik jedoch nicht standgehalten: (a) die Normalitätsannahme der sicheren Bindung und (b) das Konzept der Umwelt der evolutionären Angepasstheit (EEA: *environment of evolutionary adaptedness*). Die ursprüngliche Bindungstheorie legt nahe, die sichere Bindung als normale, „gute" Bindung anzusehen, die unsichere Bindung hingegen bzw. die auf Ainsworth, Blehar, Waters und Wall (1978) zurückgehenden Unterkategorien der unsicher-vermeidenden und unsich er-ambivalenten Bindung als dysfunktionale Varianten zu sehen. Verschiedene Autoren (z. B. Ahnert, 2008; Belsky, Steinberg & Draper, 1991; Chisholm, 1995; Keller, 2008; Lamb, Thompson, Gardner & Charnov, 1985) haben diese Normalitätsannahme kritisiert und betrachten die unsicher-vermeidende und unsicher-ambivalente Bindung als Anpassungen, die in bestimmten sozialen Umwelten durchaus zweckmäßig, also reproduktionsdienlich sein können. Nur die später hinzugekommene Variante der desorganisierten Bindung (Main & Solomon, 1990) wäre demnach dysfunktional.

Ein besonderes Vermächtnis von Bowlby für die evolutionäre Psychologie ist das Konzept der „Umwelt der evolutionären Angepasstheit", der „natürlichen Ur-Umwelt des Menschen" (1969, 1973). Bowlby widmete diesem Konzept sogar ein eigenes Kapitel, sodass die EEA gängig in evolutionspsychologischen Abhandlungen ist, wenn auch nicht ohne Kritik von Verhaltensökologen (Irons, 1998). Dabei ist die Vorstellung einer homogenen Umwelt, wie von Bowlby suggeriert, oder gar eines bestimmten Szenarios an einem bestimmten Platz in einer bestimmten Zeit, etwa das Bild steinzeitlicher Höhlenmenschen, eher irreführend. Unsere hominiden Vorfahren haben aus Afrika kommend unterschiedliche Weltregionen besiedelt mit unterschiedlichen Lebensräumen. Sie mussten sich, meistens ohne verfügbare Höhlen, notgedrungen in der Nähe von Trinkwasser niederlassen. In Höhlen haben sich nur deren Spuren wie Knochen oder Malereien besser konserviert als außerhalb. Bei der nomadischen oder halbnomadischen Lebensweise unserer fernen Vorfahren war ein festes Dach über dem Kopf eher die Ausnahme. Die Umwelt der evolutionären Angepasstheit ist vielmehr im Plural zu sehen, als diejenigen ‚Umwelten', in denen jeweils ein bestimmter Selektionsdruck mit nachhaltiger Wirkung geherrscht hat. Da ein Reproduktionsvorteil erlangt werden kann, wenn ein Organismus nur mit ausgewählten Aspekten der Umwelt interagiert, sind evolutionäre Verände-

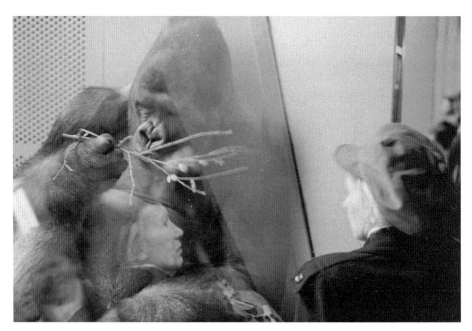

Welchen originären Beitrag die ontogenetische Entwicklung für die Evolution der Arten leistet, wird heute in der modernen Epigenetik debattiert, wurde aber schon bei Baldwin angesprochen. Danach gründet die Evolution nicht mehr nur auf dem Darwin'schen Prinzip der Selektion von Merkmalen, die aufgrund zufälliger Mutation und genetischer Rekombination variieren, sondern auf ontogenetischen Erfahrungen, die einen Rahmen abstecken, innerhalb dessen der Selektionsdruck verändert wird.

rungen mosaikhaft (Irons, 1998). Cosmides und Tooby (2000) sehen das EEA als „statistischen Verbund" von Selektionsdrücken, die aufgrund ihrer Regularität stabile bzw. arttypische Anpassungen gestalteten. Darüber hinaus begannen die hominiden Anpassungen nicht *de novo*, sondern bauten auf früheren Anpassungen auf. Die jeweilige Umwelt der evolutionären Angepasstheit hat uns also sowohl mammalische als auch spezielle hominide Erbschaften mitgegeben. Eine dieser Erbschaften ist die menschentypische Strukturierung des Lebensverlaufs.

3 Die Lebensverlaufstheorie

Das Gestaltungskriterium der natürlichen Selektion ist der Fortpflanzungserfolg von Organismen. Individuen, die mehr genetische Kopien hinterlassen als ihre Artgenossen, werden zu Vorfahren. Dieser relative Reproduktionserfolg, also die Fitness, bemisst sich aber nicht an einzelnen isolierten Merkmalen in einem bestimmten Lebensalter, sondern an der Gesamtbilanz der Merkmalskonfiguration, die sich über den Lebenslauf entwickelt. Die natürliche Selektion formt den gesamten Lebenszyklus, um den letztlichen Fortpflanzungserfolg in den späteren Generationen unter gegebenen ökologischen Bedingungen zu maximieren (Konner, 2010; Stearns & Hoekstra, 2005). Merkmale des arttypischen Lebensverlaufs (*life history*) werden so zu grundlegenden Fitness-Komponenten und damit zur nutzbringenden Grundlage einer anthropologisch informierten Entwicklungspsychologie des Menschen.

Eine Zygote hat theoretisch verschiedene Entwicklungsoptionen: Wann soll sie mit der Reproduktion beginnen? Wie oft soll sie sich reproduzieren (einmal, mehrmals, kontinuierlich, saisonal)? Wie soll sie ihren Aufwand zwischen Wachstum und Erhalt einerseits und reproduktiver Investition andererseits aufteilen (Stearns, 1992)? Fitness-relevante Merkmale des Lebensverlaufs sind beispielsweise die Größe bei Geburt, die Stilldauer, das Größenwachstum, Alter und Größe bei Geschlechtsreife, Anzahl von Nachkommen, Geburtenabstände und Lebensspanne. Werden die nur begrenzt verfügbaren Ressourcen (Zeit, Energie) mehr für Wachstum und Entwicklung verbraucht (z. B. für späte sexuelle Reife oder für kognitive und vergleichsweise bessere soziale Fähigkeiten), stehen diese Ressourcen in dieser Zeit nicht für Reproduktion zur Verfügung.

Einige dieser Optionen stehen auch der menschlichen Entwicklung offen (Chisholm, Burbank, Coall & Gemmiti, 2005; Del Giudice & Belsky, 2011; Hill & Kaplan, 1999; Kaplan & Gangestad, 2005). Soll eine Frau viele Kinder gebären, dafür aber nur wenige Ressourcen für jedes einzelne Kind verfügbar haben, oder die Ressourcen auf möglichst wenige Kinder konzentrieren? Der Fokus auf somatischen und reproduktiven Merkmalen mag aus der Sicht herkömmlicher Entwicklungspsychologie randständig erscheinen, doch diese Einstellung gründet auf einer wenig nützlichen Zweiteilung in Körper und Seele/Geist. Beispielsweise wurde wiederholt belegt, dass psychosoziale Faktoren in der Kindheit wie Abwesenheit des Vaters (Belsky et al., 1991; Bogaert, 2008) oder von Brüdern (Milne & Judge, 2011) den Zeitpunkt der Menarche vorziehen und reproduktive Einstellungen der heranwachsenden Mädchen beeinflussen (Ellis, 2004; Hoier, 2003a, b).

Als metatheoretischer Rahmen modelliert die Theorie der Lebensverlaufsgeschichte, wie ein Organismus seinen Aufwand (Zeit, Energie) auf die verschiedenen Aufgaben über den Lebensverlauf verteilen sollte, sodass die lebenszeitliche genetische Replikation (Fitness) optimiert wird. Damit ist die Lebensverlaufstheorie die evolutionäre Entwicklungsökologie von Lebenszyklen (Chisholm et al., 2005). Obwohl ursprünglich für den Artvergleich konzipiert, ist die Theorie auch für Variationen von Merkmalen des Lebensverlaufs innerhalb einer Art anwendbar (Hill & Kaplan, 1999; Stearns, Allal & Mace, 2008). Beim Menschen lassen sich vier verschiedene Arten von Lebensaufwand („Lebensleistungen", Alexander 1987, 1988) unterscheiden.

(1) Der somatische Aufwand ist die Akkumulation von Ressourcen für Reproduktion. Dieser Aufwand ist vorherrschend im jungen Alter und besteht u. a. aus Essen, Wachstum, Vermeidung von Gefahren, Lernen, Gesundung und Erwerb sozialer Kompetenzen. Die erworbenen Ressourcen können für die nachfolgenden Arten von Reproduktionsaufwand genutzt werden.

(2) Der Paarungsaufwand wird gefordert für Partnersuche, Werbung, Partnerwahl, sexuelles Verhalten und den Erhalt der Partnerschaft (Buss, 2003).

(3) Der Elternaufwand betrifft Schwangerschaft, Geburt und die gesamte nachgeburtliche elterliche Fürsorge.

(4) Der nicht-elterliche nepotistische Aufwand wird für die Unterstützung von Verwandten außer den eigenen Kindern benötigt. Die Unterstützung von Verwandten ist im eigenen Fitness-Interesse, da leibliche Verwandte je nach Verwandtschaftsgrad gleiche individualdifferenzierende Gene besitzen.

Jede Art von Aufwand betrifft ein Interesse oder ein Bündel von Interessen, also eine übergeordnete Motivation, mit entsprechenden begleitenden Emotionen (Euler, 2000, 2009). Da die Ressourcen für den Aufwand (z. B. Zeit) begrenzt sind, stellt sich das Problem des Abtauschs oder Kompromisses (*trade-off*) zwischen den verschiedenen Arten von Aufwand und damit des Interessenkonflikts: Kümmere ich mich um mich selbst, um meinen Geschlechtspartner oder um mein Kind? Auch innerhalb einer Art von Aufwand können Abtausche erforderlich sein: Geht das Kind zurück zur sicheren Basis der Mutterfigur (somatischer Aufwand) oder wagt es eine weitergehende Erkundung (ebenfalls somatischer Aufwand)?

Die Abwägungen und Entscheidungen, die von der Lebensverlaufstheorie modelliert werden, sind alles andere als rein theoretisch, sondern oft von alltäglich praktischem oder gar existenziellem Belang: Soll ich noch in der Disko bleiben (Paarungsaufwand) oder mich schlafen legen (somatischer Aufwand)? Gebe ich mein Kind jetzt schon in eine Tagesstätte, oder warte ich lieber noch? Halte ich es weiter aus, oder trenne ich mich und suche einen neuen Lebenspartner? Soll ich den Aktienfond liquidieren und eine Weltreise machen, oder überlasse ich das Geld lieber meinen Enkeln?

In einem typischen menschlichen Lebensverlauf (Abb. 3.1) beginnt die Verwendung von erworbenen Ressourcen (somatische Lebensleistung) vor allem in traditionalen Kulturen mit dem nicht-elterlichen nepotistischen Aufwand: Das ältere Geschwister, meist ein Mädchen, beaufsichtigt und kümmert sich um ein jüngeres Geschwister. Wie bedeutsam diese Leistung ist, zeigen die

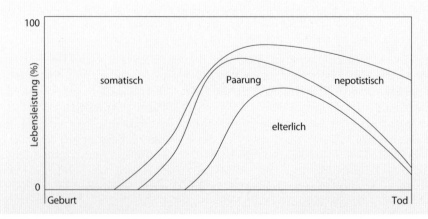

Abb. 3.1: Hypothetischer menschlicher Lebensverlauf mit der Verteilung der vier Arten von Lebensleistungen (adaptiert nach Alexander, 1988).

Befunde über den Beitrag der Anwesenheit von Verwandten zum Überleben des Kindes. Aus sechs verschiedenen traditionalen Kulturen mit verfügbaren Daten wirkte sich die Anwesenheit eines älteren Geschwisters in fünf Kulturen positiv auf das Überleben des Kindes aus (Sear & Mace, 2008), ein Nutzen, der nur von der Anwesenheit der leiblichen Mutter übertroffen und dem der Großmutter mütterlicherseits gleichwertig, dem der Vateranwesenheit aber überlegen ist. Ein typischer Lebensverlauf kann selbstverständlich individuell erheblich variieren und ist nur partiell altersabhängig. Bei Kinderlosigkeit fehlt der entsprechende Aufwand, sofern er nicht auf einen Kind-Ersatz (z. B. Haustier) umgelenkt wird (Serpell & Paul, 2011). Der Paarungsaufwand kann mit Dauer der Partnerschaft schwinden, in Seitensprünge investiert oder nach Beendigung der Partnerschaft neu aktiviert werden.

Das Modell der Lebensverlaufstheorie erlaubt also Reversibilität. Es stellt keinen zu erstrebenden Endzustand vor, da alle Lebensphasen zur genetischen Replikation beitragen. Schließlich ist es kein rein organisches Modell trotz des Begriffs der „somatischen Lebensleistung", der zoologischer Herkunft ist. Alle Lebensleistungen können nur in Abhängigkeit von und in Wechselwirkung mit ökologischen bzw. kulturellen Bedingungen realisiert werden. Eine bestimmte Tätigkeit kann daher mehr als einem Aufwand dienen und so auch fehlinterpretiert werden. Beispielsweise erfassten Anderson, Kaplan und Lancaster (1999) in Albuquerque/New Mexico die Höhe der väterlichen Unterhaltszahlungen in vier verschiedenen Familienkonstellationen: (a) leibliches Kind in einer derzeitigen Partnerschaft; (b) leibliches Kind in einer beendeten Partnerschaft; (c) Stiefkind in einer derzeitigen Partnerschaft; (d) ehemaliges Stiefkind aus einer beendeten Partnerschaft. Die Unterhaltszahlungen (in Albuquerque, anders als in Deutschland, weitestgehend freiwillig) für ein leibliches Kind in einer derzeitigen Partnerschaft waren erwartungsgemäß relativ hoch, die für ein Stiefkind einer ehemaligen Partnerschaft nicht unerwartet minimal. Die Unterhaltszahlungen für die beiden verbleibenden Konstellationen (b) und (c) waren gleich hoch, aber etwas niedriger als für die erste Konstellation. Da das Stiefkind einer derzeitigen Partnerschaft so viel väterliche Zuwendung bekommt wie ein leibliches Kind, das nicht mehr mit der Kindsmutter beim Vater lebt, ist zu schließen, dass der übliche und vermeintliche väterliche Aufwand zum erheblichen Teil funktional Paarungsaufwand sein kann. Anderson, Kaplan, Lam und Lancaster (1999) konnten diese Befunde bei den Xhosa in Südafrika im Hinblick auf zeitliche Investitionen von Vätern weitgehend bestätigen (vgl. Anderson, 2011). In der Anthropologie ist bekannt, dass das Heimbringen einer Jagdbeute in einer Jäger-Sammlerinnen-Kultur allen vier Arten von Aufwand dienen kann: (a) väterlichem Aufwand, (b) Paarungsaufwand, (c) nepotistischem Aufwand (Verteilung der Jagdbeute in der Gruppe) und auch (d) somatischem Aufwand, da der Jäger auch selbst von der Beute isst und zudem durch die Abgabe an andere Gruppenmitglieder seinen Status festigt.

Die Theorie des Lebensverlaufs ist nützlich für das Verständnis von (1) EPMs und (2) Entwicklungsübergängen, insbesondere im Familienzyklus, (3) für eine evolutionsbiologisch informierte Bestimmung der Motivation und Persönlichkeit des Menschen und (4) für eine ultimate Begründung intra- und interkultureller Varianten menschlicher Bindungstypen.

(1) Die EPMs überprüfen die Umwelt nach relevanten Merkmalen, die eine Entscheidung für die optimale Verteilung der Ressourcen auf Überleben, Wachstum, Erwerb von Fähigkeiten und Reproduktion ermöglicht (Ellis, 2004). Diese Entscheidung ist in der Regel „adaptiv unbewusst" (Wilson, 2002) und optimal, wenn sie über Generationen immer wieder zur Fitness beigetragen hat.

(2) Der Entwicklungsübergang beim körperlichen Gestaltwandel, die Veränderung von Körperproportionen im Verlauf der Entwicklung, ist altbekannt, kann aber besonders anschaulich an der Metamorphose von Insekten dargestellt werden. Die Schmetterlingsraupe erbringt ausschließlich die somatische Leistung des Fressens und der Vermeidung, gefressen zu werden.

Nach dem Erwerb ausreichender somatischer Ressourcen verpuppt sie sich und schlüpft als Schmetterling mit der jetzt anstehenden Paarungsleistung. Verschiedene Schmetterlingsarten haben nur noch ein rudimentäres oder gar kein gastrointestinales System mehr. Sie verwenden die noch vorhandenen Ressourcen für Paarung und die mütterliche Leistung der Eiablage. Beim Menschen ist der körperliche Gestaltwandel bei Beginn der Paarungsleistung (Pubertät) noch ausgeprägt, bei späteren Übergängen weniger rapide und deutlich, etwa bei der unwillkommenen Veränderung der anatomischen Fettverteilung mit dem Verschwinden der Paarungsleistung im mittleren Lebensalter. Psychologisch bedeutsamer ist dagegen der psychische Gestaltwandel, wie er sich im Wandel von Wertorientierungen zeigen kann. Frauen reagieren auf den Anblick von Babys positiver als kinderlose Männer, aber schon die Erwartung der Vaterschaft gleicht ihr Interesse dem der Frauen an (Hess, 1975). Auch ist ein nicht-elterliches nepotistisches Interesse im höheren Lebensalter augenfällig, wonach ältere Personen sich besonders für familiäre Belange interessieren. Sie besuchen gern Familienfeste, an denen die jugendlichen Verwandten nur widerwillig teilnehmen, freuen sich besonders über den Besuch der Kinder und Enkel, und (selbst demokratisch gewählte Politiker/innen) neigen dazu, ihren Sohn oder ihre Tochter als Nachfolger zu platzieren.

(3) Herkömmliche Theorien der menschlichen Motivation elaborieren bevorzugt die somatische Leistung. Motive der anderen, ebenso wichtigen Lebensleistungen wurden über lange Zeit marginalisiert oder gar ignoriert. Schon William McDougall, der die Bezeichnung „Evolutionäre Psychologie" einführte, beklagte die Vernachlässigung des elterlichen „Fürsorge-Instinkts" (McDougall, 1908). Selbst in der Persönlichkeitspsychologie blieben manche evolutionär bedeutsamen Aspekte einfach unbeachtet. Die fünf Hauptfaktoren der Persönlichkeit (*Big Five*) übergehen den Bereich von Sex und Liebe (Schmitt & Buss, 2000; Shafer, 2001), weil geschlechts- und sex-bezogene Begriffe aus dem Pool von Eigenschaftswörtern, aus denen die Persönlichkeitsdimensionen extrahiert wurden, über lange Zeit systematisch ausgeschlossen worden waren (Goldberg, 1981). Aus evolutionspsychologischer Sicht sind aber gerade diese Eigenschaften von besonderer Bedeutung für die genetische Replikation, und ihre Bedeutung im Alltagsleben ist offensichtlich, wie sich an dem großen Interesse an Klatsch, Tratsch und Seifenopern zeigt (vgl. Dunbar, 1996). Die sich entwickelnde Erforschung von Paarbeziehungen, Partnerschaftskonflikten sowie soziosexuellen Orientierungen (Neigung zu unverbindlichen kurzfristigen oder verbindlichen langfristigen sexuellen Beziehungen; vgl. Simpson & Gangestad, 1991) ist ein Versuch der Nachbesserung.

(4) Da die menschliche Bindung das Ergebnis eines dynamischen Interaktionsprozesses zwischen Mutterfigur und Kind ist, wird dieser Interaktionsprozess als Schnittstelle zwischen Lebensverlaufstheorie und Bindungstheorie angesehen (Belsky et al., 1991; Chisholm, 1995). Von der Mutterfigur gehen danach Abgleiche der Lebensleistungen in diesen Interaktionsprozess ein, wobei der wichtigste Kompromiss der zwischen gegenwärtiger und zukünftiger Reproduktion ist. Dieser Abgleich wird von der Reproduktionsstrategie bestimmt: Viele Nachkommen produzieren, dafür weniger in jeden einzelnen Nachkommen investieren (quantitative Strategie oder r-Strategie), oder die nächste Geburt hinauszögern, dafür mehr in die existierenden Nachkommen investieren (qualitative Strategie oder K-Strategie). Der Begriff „Strategie" hat selbstverständlich keine militärische Bedeutung und impliziert auch keine bewusste Entscheidung, denn auch Pflanzen verhalten sich reproduktionsstrategisch. Eine *Reproduktionsstrategie* ist eine Aufeinanderfolge von integrierten anatomischen, physiologischen und informationsverarbeitenden Mechanismen, die im Verlaufe des Lebens einen Kompromiss zwischen den unterschiedlichen Lebensleistungen suchen, der einen maximalen Reproduktionserfolg sichern soll. Welche dieser Strategien optimal ist, wird von Umweltbedingungen bestimmt, insbesondere von der Sterblich-

keitsrate (Harpending, Draper & Pennington, 1990; Promislow & Harvey, 1990). In riskanten und unvorhersehbaren Umwelten, wo die Sterblichkeitsrate hoch ist (z. B. durch Ansteckungsgefahr für Krankheiten, Unfälle, Totschlag), zahlt sich eine quantitative Reproduktionsstrategie eher aus als eine qualitative. In sicheren und vorhersehbaren Umwelten hingegen ist eine Strategie besser, die auf weniger, dafür aber qualitativ besser ausgestattete Nachkommen über mehrere Generationen setzt. Auch die Höhe oder Vorhersehbarkeit der elterlichen materiellen und sozialen Ressourcen beeinflusst den reproduktionsstrategischen Nutzen. Wenn die elterlichen Ressourcen gering sind, ist – kontraintuitiv – eine quantitative Strategie gegenüber einer qualitativen von Vorteil (Borgerhoff Mulder, 1992). Aus diesem Grund sinkt in einer Gesellschaft die Geburtenrate mit steigendem Wohlstand.

Das Kind seinerseits ist evolutionär darauf vorbereitet, Merkmale seiner Umgebung wahrzunehmen, die für seinen eigenen Reproduktionserfolg bedeutsam sind oder werden können. Diese Merkmale konstituieren aus evolutionspsychologischer Perspektive im Wesentlichen das, was Bowlby (1969) das innere Arbeitsmodell nennt, das die Erwartungen und damit die Interaktionen mit relevanten Personen dauerhaft reguliert. Die Merkmale rekrutieren sich aus den Manifestationen der elterlichen Reproduktionsstrategie, konkret aus der Menge und Qualität der elterlichen Investition (Zuwendung), also der Verfügbarkeit und Feinfühligkeit der Mutterfigur. Den Eltern können die notwendigen materiellen oder personellen Mittel für die Investition in das Kind fehlen. Die Eltern können unfähig sein, angemessen auf das Kind einzugehen, oder sie können unwillig sein, was ihnen nicht bewusst sein muss (Chisholm, 1995). In anzestralen Umwelten mit hohem Lebensrisiko und ungewisser Zukunft war die Reproduktionsstrategie der Maximierung von Geburten und der Minimierung elterlicher Fürsorge in jedes einzelne Kind zweckmäßig. Eine unsichere Bindung war die wahrscheinlichere Folge. In Umwelten mit geringem Risiko und Vertrauen erweckenden Zukunftsperspektiven jedoch war die Strategie hoher elterlicher Investitionen auf Kosten hoher Geburtenzahl zweckmäßiger; eine sichere Bindung war hier wahrscheinlicher. Chisholm (1995) bietet nun eine evolutionspsychologische Erklärung für die Entstehung des jeweiligen unsicheren Bindungstyps an. Demnach ist die unsicher-vermeidende Bindung eine fakultative Anpassung des Kindes an die elterliche Unwilligkeit zur Investition, die unsicher-ambivalente Bindung eine Anpassung an das elterliche Unvermögen zur Investition. Die Anpassungen wurden im EEA geformt, haben aber auch in derzeitigen sozialen Umwelten noch Gültigkeit. Wenn Eltern ihre derzeitigen und zukünftigen Lebensbedingungen als eher sicher ansehen, fällt es ihnen natürlicherweise leichter, für das Kind verfügbar zu sein und feinfühlig zu reagieren. Wenn die Eltern ihre derzeitigen und absehbaren Ressourcen jedoch pessimistisch wahrnehmen (Angst, Unsicherheit, Niedergeschlagenheit), orientieren sich ihre Lebensbemühungen aus reproduktionsstrategischen Gründen weniger an der Zuwendung zum Kind. Die empirische Bindungsforschung liefert hierzu vielfältige Belege (z. B. Chisholm et al., 2005; Conger, McCarty, Yang, Lahey & Kroppet, 1984; McLoyd, 1990; Meyers, 1999; Paulussen-Hoogeboom, Stams, Hermans & Peetsma, 2007; Zevalkink, Riksen-Walraven & Bradley, 2008).

4 Evolvierte psychische Mechanismen im Lebensverlauf

Im Folgenden sind beispielhaft vier Bereiche aus der menschlichen Entwicklung dargestellt, in denen evolvierte psychische Mechanismen (EPMs) erkennbar und gut belegt sind. Die Frage, wie die verschiedenen bereichsspezifischen Mechanismen voneinander und von bereichsunspezifischen Mechanismen abzugrenzen sind und zusammenwirken, kann hier nicht behandelt werden und ist in vielen Fällen auch unbefriedigend vorgegeben.

4.1 Inzestvermeidung

Der finnische Anthropologe Westermarck berichtete schon 1891, dass Personen, die in der frühen Kindheit zusammen aufwuchsen, später nicht heirateten, auch wenn sie nicht biologisch verwandt waren (sogenannter Westermarck-Effekt). Dabei müssten nun gerade Geschwister die idealen Geschlechtspartner sein, da nach sozialpsychologischem Standardwissen Ähnlichkeit und Vertrautheit für interpersonale Attraktivität maßgeblich sind. Wer ist uns ähnlicher und vertrauter als unsere Geschwister? Bei Ehen zwischen Geschwistern bliebe außerdem die Erbschaft in der eigenen Familie. Aber Geschwister finden sich nicht nur nicht sexuell attraktiv, sondern allein der Gedanke an Sex mit Bruder oder Schwester (oder Vater/Mutter bzw. Tochter/Sohn) wird als abwegig, unangenehm oder gar ekelhaft empfunden. Damit ist klar: Die Inzestvermeidung entsteht nicht durch Tabuisierung, sie zeichnet nur die natürlichen Vorgaben nach, denn sie ist bei allen Wirbeltieren beobachtbar. Ihre ultimate Ursache ist darin begründet, dass die Paarung von engen Verwandten Zusammentreffen und Expression schädlicher rezessiver Gene erhöht. Daher ist die Inzestvermeidung beim Menschen kulturuniversal, wenn man von besonderen Umständen absieht, wo formale Ehen zwischen engen Verwandten zum Zweck der Erhalt der Dynastie geschichtlich dokumentiert sind.

Die Inzestvermeidung ist ein EPM, der durch gemeinsames Aufwachsen in der frühen Kindheit aufgebaut wird. Die Erfahrung früher Vertrautheit ist die proximate ontogenetische Ursache für ihre Herausbildung, die möglicherweise über den Geruch vermittelt und nach der Pubertät aktiviert wird (Schneider & Hendrix, 2000; Weisfeld, Czilli, Phillips, Gall & Lichtman, 2003). Die Inzesthemmung entsteht also aus dem Zusammenspiel natürlicher Vorgaben mit übernommenen umweltlichen Vorgaben (Betreuung von Geschwistern innerhalb einer Familie), die das epigenetische Programm wirken lassen („Die anderen Kinder in meiner Familie müssen meine Geschwister sein").

Der Westermarck-Effekt wurde wiederholt eindrucksvoll bestätigt. Shepher (1971, 1983) untersuchte beispielsweise, wie viele israelische Kinder später geheiratet hatten, die früher in den Kinderhäusern eines Kibbuz gemeinsam betreut worden waren. In diesen Häusern wuchsen die Kinder einer Kibbuzgemeinschaft fast rund um die Uhr gemeinsam auf und waren nur wenige Abendstunden oder Wochenendstunden im Kontakt mit ihren Eltern. Generelle Einstellungen zur Sexualität wurden dabei als weitgehend unverkrampft und unbefangen beschrieben, was sich allerdings in der Vorpubertät änderte, wenn Jungen und Mädchen beispielsweise nicht mehr gemeinsam duschen wollten. Unter den weit über 2000 Kibbuzkindern fand Shepher nur vereinzelte spätere Ehen. Bei diesen wenigen Ehen stellte sich dann außerdem heraus, dass sich die Partner erst nach dem sechsten Lebensjahr kennengelernt hatten oder dass ihre Erziehungsgemeinschaft lang anhaltend unterbrochen worden war. Wenn Kinder den Nachttopf teilen, können sie sich später nicht mehr sexuell attraktiv finden.

Gleichermaßen beeindrucken Berichte über Eheschließungen im vormodernen China, wo kleine Mädchen in die Familie des zukünftigen Ehemannes, einen ebenfalls noch kindlichen Jungen, verkauft wurden, oft schon bald nach der Geburt (Bischof, 1985; Wolf, 1995). Diese Kindsbräute wurden nach der Pubertät dann formell mit dem Bräutigam verheiratet („Kleine Ehen"). Sie hatten die Ehe zu vollziehen, typischerweise auf Drängen der Eltern und oft gegen den Willen der Brautleute. Wolf (1995) fand heraus, dass die Ehemänner aus diesen Ehen später sehr viel häufiger als Männer aus konventionellen Ehen die Dienste von Prostituierten in Anspruch nahmen und Konkubinen hatten. Scheidungen von „Kleinen Ehen" waren ebenfalls überproportional häufig, die Anzahl der Nachkommen gering und der Ruf der Frauen in Bezug auf eheliche Treue eher negativ. Alle Anzeichen deuteten darauf hin, dass in diesen Ehen von nicht-verwandten, jedoch gemeinsamen aufgewachsenen Personen sexuelle Abneigungen an der Tagesordnung und kaum zu überwinden waren.

Im Kontrast dazu steht die sexuelle Attraktivität von leiblichen Geschwistern, die getrennt aufwuchsen. Geschwister, die sehr früh voneinander getrennt wurden und keinen oder nur seltenen Kontakt miteinander hatten, können sich später sexuell attraktiv finden, auch wenn sie ihren Verwandtschaftsgrad kennen (Greenberg & Littlewood, 1995). Dies bestätigt, dass nicht die Verwandtschaft per se, sondern die gemeinsamen Erziehungsbedingungen die Inzestvermeidung erklären. Die evolutionären Erklärungsmodelle können jedoch nicht nur die ultimaten und proximaten Ursachen für die Inzesthemmung darlegen, sondern sie aus reproduktivem Kosten-Nutzen-Kalkül auch geschlechterdifferent vorhersagen. Eine Frau, die vom Bruder oder Vater geschwängert wird, hat ungleich höhere Kosten als der Kindesvater. Insbesondere wenn das Kind missgebildet ist, hat sie hohe Kosten noch über die Schwangerschaft und Stillzeit hinaus, vor allem aber die Kosten der entgangenen Gelegenheit, mit einem nicht-verwandten Mann ein gesundes Kind haben zu können. Für den Kindesvater hingegen fallen diese Kosten kaum an. Er kann seine Nachkommenschaft sogar vermehren, wenn das Kind gesund ist. Folglich ist zu erwarten und empirisch bestätigt, dass die Aversion gegen Inzest bei Frauen stärker ausgeprägt ist als bei Männern (Fessler & Navarrete, 2004; Walter & Buyske, 2003).

4.2 Eltern-Kind-Konflikt

Die Beziehung zwischen Mutter und Kind gilt als Prototyp der Harmonie. Es mag daher verwundern, dass diese Beziehung vorhersagbar konflikträchtig ist (Trivers, 1974), insbesondere bei der elterlichen Zuwendung von Ressourcen zum Kind: Das Kind will mehr, als die Mutter (oder der Vater) bereit sind zu geben. Ein vereinfachtes Beispiel (Daly & Wilson, 1988) verdeutlicht den Konflikt. Stellen Sie sich vor, eine Mutter aus ferner Vorzeit kommt mit zwei gefundenen Vogeleiern zu ihren zwei Kindern heim. Soll sie jedem Kind ein Ei geben oder einem Kind beide Eier? Wir befürworten selbstverständlich die gerechte Aufteilung, und dies ist auch aus der fitnessmaximierenden Sicht der Mutter die bessere Entscheidung. Wie sieht es aber aus der Sicht jedes einzelnen Kindes aus? Das Fitness-Kalkül ergibt, dass jedes Kind beide Eier verzehren sollte, statt dem Geschwister ein Ei zu überlassen. So sieht das Kalkül aus: Nehmen wir an, das erste verzehrte Ei bringt einen Fitness-Nutzen von 4 Einheiten (einfach ein gesetzter Wert). Isst ein Kind auch das zweite Ei, ist der Fitness-Nutzen weniger, sagen wir 3 Einheiten. Das erste Ei verhindert vielleicht den Hungertod, das zweite Ei macht nur noch satter. Gibt die Mutter jedem Kind ein Ei, hat die Mutter einen Fitness-Nutzen von $(4 + 4) / 2 = 4$. Wir müssen durch 2 teilen, weil die Mutter mit jedem Kind nur die Hälfte der Gene teilt. Aus Sicht jedes Kindes sieht das Optimalitätskalkül so aus: Esse ich beide Eier, habe ich einen Nutzen von $4 + 3 = 7$ Einheiten. Überlasse ich aber meinem Geschwister, mit dem ich die Hälfte meiner Gene teile, ein Ei, so ist mein Fitness-Nutzen nur $4 + (4 / 2) = 6$ Einheiten, also 4 Einheiten für mich und zusätzlich 2 Einheiten aufgrund des Verwandtschaftsgrades mit dem Geschwister. Jedes Kind sollte also bemüht sein, beide Eier zu bekommen. Offensichtlich folgt daraus Streit zwischen den Geschwistern, den die Mutter nicht gutheißen kann. Elterlicher Tadel von Geschwistern, die sich über vermeintliche Benachteiligungen streiten, kennzeichnet jedes Familienleben. Der Konflikt bleibt im Prinzip auch der gleiche, wenn das zweite Geschwister noch gar nicht geboren ist. Die Mutter maximiert ihren Fitness-Nutzen, wenn sie in das vorhandene Kind nicht zu viel investiert, sondern stattdessen Ressourcen für ein mögliches weiteres Kind aufspart. Diese Strategie ist als Entwöhnungskonflikt bekannt. So ist bei Tieren mit erheblichen nachgeburtlichen elterlichen Investitionen (bei nesthockenden Vögeln und Säugetier-Müttern) häufig zu beobachten, dass am Ende der Versorgungsphase die Mütter/Eltern die Nachkommen gegen deren Widerstand aus dem Nest drängen oder weg von den Zitzen stoßen. Aus Sicht der Eltern ist es besser, für ein weiteres Gelege oder eine weitere Geburt ausgestattet zu sein anstatt sich zu verausgaben, auch wenn aus Sicht der Nachkommen dieser Zeitpunkt zu früh erscheint.

Kleine Menschenkinder haben einen empfindsamen unbewussten Fühler dafür, dass ein weiteres Geschwister drohen könnte und der mütterliche Schoß dann geräumt werden muss. Tauschen die Eltern Zärtlichkeiten aus, fährt das Kind dazwischen und wehrt den Vater ab. Es will abends nicht ins Bett und die Eltern unbeobachtet allein lassen. Im Bett will es bei der Mutter schlafen, am liebsten allein mit der Mutter, und wenn der Vater nicht abwendbar ist, dann aber zwischen beiden Eltern. Ein vierjähriger Junge kann einerseits großspurig den Macker herauskehren und danach in kleinkindliche Verhaltensweisen zurückfallen (*Regression*), um Bedürfnisse nach mütterlicher Zuwendung herauszustellen. Während Freud diese Phänomene als Ödipus-Konflikte bezeichnete und dabei elterliche Investition mit Sexualität verwechselte, hat das Modell des Eltern-Kind-Konflikts von Trivers im Vergleich zum Ödipus-Konflikt offensichtliche Erklärungsvorteile: Der Eltern-Kind-Konflikt (a) ist auf alle Tierarten mit elterlichen Investitionen anwendbar, (b) macht keine empirisch unhaltbare Unterscheidung zwischen Junge und Mädchen (Daly & Wilson, 1990), (c) ist mathematisch formal expliziert (Parker, Royle & Harley, 2002) und (d) nicht beschränkt auf das Kindesalter, sondern beginnt schon im Uterus.

Ein konflikthaftes Tauziehen beginnt schon zwischen befruchteter Eizelle und mütterlichem Organismus. Die Eizelle will für ihre Entwicklung möglichst *viele* mütterliche Nährstoffe anzapfen, der mütterliche Organismus ist darauf bedacht, die vorhandenen kalorischen Ressourcen *effizient* einzusetzen. Mehr noch, bei chromosomalen Abnormalitäten bemüht sich der mütterliche Organismus, den Fötus zu abortieren, um längerfristige Fehlinvestitionen zu vermeiden. Dabei sind zu Beginn der Schwangerschaften Spontanaborte häufig und oft unbemerkt (Haig, 1993). Der Fötus hingegen versucht, sich dagegen zu wehren. Er produziert ein Hormon (humanes Choriongonadotropin, HCG), das eine mütterliche Menstruation verhindert und damit seinen Verbleib ermöglicht. Weiterhin gibt der Fötus Stoffe ab, die den mütterlichen Blutdruck erhöhen, um somit die Nahrungsversorgung zu maximieren, was zu krankhaftem Bluthochdruck in der Schwangerschaft führen kann (Haig, 1993). Sobald das Neugeborene den Geburtskanal verlassen hat, schreit es, um damit der Mutter zu signalisieren, dass es gesund ist und dass sich weitere mütterliche Investitionen lohnen. Neugeborene mit zweifelhafter Lebensfähigkeit (Frühgeburtlichkeit, wimmernde Babylaute statt lauter Baby-Schrei) hatten in anzestralen Kulturen ein erhebliches Risiko, ausgesetzt oder getötet zu werden (Daly & Wilson, 1988).

So durchzieht der Eltern-Kind-Konflikt die gesamte Kindheit und macht auch bei der Partnerwahl nicht halt. Eltern legen bei ihren jugendlichen Töchtern oft immer noch strengere Regeln über abendliches Ausgehen an als bei ihren Söhnen. Die Wahl des Ehepartners ist in vielen Kulturen in der Entscheidung der Eltern, und auch in den modernen westlichen Kulturen mischen sich Eltern hierbei ein, weil sie andere reproduktionsmaximierende Interessen haben als Romeo und Julia (Apostolou, 2007, 2011).

4.3 Geschlechtsunterschiedliche Investition in Kinder

Die Last der Fürsorge für Kinder wird nach wie vor hauptsächlich von den Müttern getragen, wenn auch die Zurückhaltung der Väter weder politisch wünschenswert noch moralisch annehmbar ist. Im Folgenden soll den ultimaten Gründen dafür nachgegangen werden, wobei Begründen nicht bedeutet, es gutzuheißen! Über alle Kulturen hinweg (Barry & Schlegel, 1980) ist die Versorgung von Kleinkindern ausnahmslos Frauensache, hauptsächlich der Mütter, meist unterstützt von verwandten Frauen (Hrdy, 2009). Die vielen Versuche in modernen westlichen Gesellschaften, die „neuen Männer" gleichwertig oder zumindest verstärkt einzubinden, sind zwar mit guten Vorsätzen seitens der Männer versehen, ihrer Durchführung sind aber im besten Fall unbefriedigende Teilerfolge beschieden (Euler, 2010).

Warum schaffen Männer nicht, was die Väter vieler Vogelarten von ganz allein meistern? Mildernd ist zu erwähnen, dass väterliche Fürsorge bei nur sehr wenigen anderen Säugetieren überhaupt vorkommt. Der ultimate Übeltäter ist die Ungleichheit in der notwendigen minimalen Investition in eine Reproduktion (Trivers, 1972). Eine Frau muss mindestens neun Monate Schwangerschaft und in vormodernen Kulturen einige Jahre Stillzeit investieren, derweil der Mann in derselben Zeit andere reproduktive Interessen verfolgen kann, zum Beispiel andere Frauen umwerben und damit seine Fitness erhöhen. Elterliche Fürsorge hat damit für Väter ungleich höhere *Opportunitätskosten* als für Mütter. Bei Vögeln ist der Sachverhalt anders, weil Brüten und Nahrung herbeischaffen im Unterschied zum Stillen von Vater und Mutter gleichermaßen erledigt werden kann und hier keine unterschiedlichen Kosten für entgangene Gelegenheiten entstehen. Hinzu kommt, dass Vaterschaft ungewiss, Mutterschaft hingegen sicher ist. Ein Vater könnte mit seinem Einsatz den Genen eines anderen Mannes zur erfolgreichen Replikation verhelfen, indem er in dessen Kind (sog. Kuckuckskind) investiert. Zwar ist eine derartige Vaterschaftsdiskrepanz nicht 10 %, wie ein moderner Mythos suggeriert, sondern in westlichen Kulturen unter 3 % (Voracek, Haubner & Fisher, 2008), auch in deutschsprachigen Ländern (Sasse, Müller, Chakraborty & Ott, 1994; Wolf, Musch, Enczman & Fischer, 2012), aber in früheren Zeiten war die Diskrepanz vermutlich erheblich höher (Gaulin, McBurney & Brakeman-Wartell, 1997; Hoier, Euler & Hänze, 2001).

Die ultimaten Ursachen der höheren Opportunitätskosten bei Vätern und die der Vaterschaftsungewissheit sind jedoch für die großen Unterschiede zwischen mütterlichen und väterlichen Investitionen in der elterlichen Fürsorge allein nicht verantwortlich. Sie bewirken anfänglich nur leichte Unterschiede in Neigungen, Interessen und Lernbereitschaften, die sich erst im Verlauf der Entwicklung in der dynamischen Interaktion mit verschiedenen Umweltbedingungen zu der hartnäckigen Geschlechterkluft ausfalten und stabilisieren. Frauen haben beispielsweise im Durchschnitt eine etwas stärkere Neigung als Männer, sich für Menschen statt für Dinge zu interessieren, fürsorglich zu reagieren, empathischer und sozial feinfühliger auf andere einzugehen (z. B. Baron-Cohen, 2003; Bischof-Köhler, 2011; Ellis, 2011). Diese strukturellen Unterschiede sind selbst schon das Ergebnis eines Zusammenspiels von genetischen, pränatal hormonellen und späteren sozialen Einflüssen. Mit einer Geburt und während des Stillens werden bei Müttern diese Neigungen hormonell verstärkt aktiviert (Fisher, 1998, 2004). Folglich ist die Wahrnehmungsschwelle für Unmutsäußerungen des Neugeborenen (z. B. Schreien) bei der Mutter in der Regel niedriger als beim Vater: Wenn er des Nachts wach wird, ist sie schon beim Kind, das schon auf das Erscheinen der Mutter konditioniert ist und die Mutter haben will, weniger den Vater. Wenn der Vater jedoch die alleinige Verantwortung für die Versorgung des Kindes hat (z. B. bei Abwesenheit der Mutter), wird auch er wach und kann das Kind genauso gut versorgen wie die Mutter. Durch diese Dynamik entwickelt sich aus dem initial schwachen Geschlechterunterschied in Wahrnehmungsschwelle und Neigung ein drastischer Geschlechtsunterschied in elterlicher Fürsorge, der durch existierende Geschlechtsstereotype („Babys sind Frauensache") gefestigt wird. Die Mutter wird zur primären Bindungsfigur, während der Vater auch bei redlichem Bemühen normalerweise sekundär bleibt.

In der Regel kümmern sich Eltern gleichermaßen viel um Mädchen und Jungen. Eine wiederholt beobachtete Ausnahme von dieser Regel ist, dass sich statushohe und ressourcenreiche Eltern mehr um Jungen als Mädchen kümmern und umgekehrt (z. B. Gaulin & Robbins, 1991; Hopcroft, 2005). Dieses Phänomen ist als Trivers-Willard-Hypothese bekannt (Trivers & Willard, 1973) und wird wie folgt erklärt: Begüterte Eltern können von ihren Söhnen mehr Enkelkinder erwarten als von ihren Töchtern, da Söhne die von den Eltern erhaltenen Ressourcen (z. B. Reichtum) eher in überproportionale Nachkommenzahl übersetzen können als Töchter. Männer haben ein größeres Reproduktionspotenzial als Frauen, das sie aber nur ausschöpfen können, wenn sie begütert sind. Um die Enkelzahl zu maximieren, sollte ein Fürstenpaar folglich auf Söhne setzen, ein Bettlerpaar auf Töchter.

Bemerkenswert ist, dass das Trivers-Willard-Prinzip nicht nur bei elterlichem Verhalten beobachtbar ist, sondern schon beim Geschlechterproporz von Neugeborenen sowohl beim Menschen als auch bei vielen anderen Tierarten. Beispielsweise ergab die Volkszählung 1989 (Mikrozensus), dass Familien mit einem jährlichen Bruttoeinkommen von über DM 40.000 112,9 Jungen auf 100 Mädchen bekamen, Familien mit einem niedrigeren Bruttoeinkommen aber nur 104,7 Jungen auf 100 Mädchen (Müller, 1992). Welche proximaten (physiologischen) Faktoren diesen Zusammenhang zwischen Ressourcenverfügbarkeit und Geschlechterproporz vermitteln, ist unklar. Diskutiert wurden die höhere Vulnerabilität von männlichen Föten (z. B. bei Mangelernährung), der Hormonstatus der Mutter (mehr Testosteron bei statushohen Müttern), die mütterliche Glykoseverfügbarkeit während der Konzeption (mehr bei guten Ressourcen) und der Inseminationszeitpunkt (wartet im mütterlichen Reproduktionstrakt die Eizelle auf die Spermien oder warten die Spermien auf die Eizelle?).

4.4 Bevorzugende großelterliche Fürsorge

Wie in der Lebensverlaufstheorie dargestellt wurde, können Großeltern durchaus noch reproduktiv tätig sein, nämlich indem sie nahe Verwandte unterstützen. Es liegt im Fitness-Interesse der Großeltern, diese Unterstützung gezielt einzusetzen. Schon bei der Frage nach dem Großelter, das uns emotional am nächsten steht oder stand, zeigt sich ein massives Ungleichgewicht. Für über die Hälfte von uns ist oder war die Großmutter mütterlicherseits die liebste aller vier Großeltern; der Großvater väterlicherseits hingegen landet abgeschlagen auf dem letzten Platz (z. B. Kahana & Kahana, 1970). Dieses Ungleichgewicht kann maßgeblich durch zwei evolutionspsychologische Faktoren erklärt werden, nämlich die der *Vaterschaftsungewissheit* und der hohen mütterlichen Investition in ihre Kinder.

Wie sicher ist ein Großelter, dass sein Enkel tatsächlich ein leibliches Enkelkind ist? Die Großmutter mütterlicherseits hat keine Zweifel (abgesehen von seltenen versehentlichen Vertauschungen in Geburtsinstitutionen). Der Großvater väterlicherseits hingegen kann sich weder völlig sicher sein, dass sein Sohn leiblich ist, noch dass die Kinder seines Sohnes dessen leibliche Kinder sind. Er hat also eine doppelte Unsicherheit über seinen Verwandtschaftsgrad mit dem Enkelkind. Bei dem Großvater mütterlicherseits und der Großmutter väterlicherseits kommt die Vaterschaftsungewissheit ein Mal ins Spiel. Großeltern können ihre eigenen Fitnessinteressen maximieren, indem sie ihre erwachsenen Kinder bei der Versorgung der Enkel unterstützen. Eine Tochter ist üblicherweise mehr auf diese Unterstützung angewiesen als ein Sohn, denn dieser braucht eine solche Unterstützung weniger, wenn er die Reproduktionsstrategie verfolgt, die Anzahl kopulationsbereiter Frauen zu maximieren statt väterliche Fürsorge zu maximieren. In anzestralen Umwelten war diese Unterstützung vor allem eine Frage von Kalorien und Überleben. Nahrungskalorien, die Großeltern erübrigen konnten, waren nutzbringender bei der schwangeren oder stillenden Tochter eingesetzt als beim Sohn.

Beide Faktoren zusammengenommen, die biologische Verwandtschaftsungewissheit und die bevorzugte Unterstützung der Tochter, sagen voraus, dass die meiste großelterliche Investition von der Großmutter mütterlicherseits erwartet werden kann, gefolgt von dem Großvater mütterlicherseits, der Großmutter väterlicherseits und dem Großvater väterlicherseits als Schlusslicht. Dies ist in vielen Untersuchungen in verschiedenen Ländern bestätigt worden (Euler & Weitzel, 1996; Euler, 2011), auch von Sozialwissenschaftler(inne)n mit evolutionsbiologischen Berührungsängsten, und zwar hinsichtlich aller möglichen Arten von Investitionen: gemeinsam verbrachte Zeit, Kontakthäufigkeiten, emotionale Nähe, Adoptionsbereitschaft, Trauer bei Tod eines Enkels, erbschaftsbedeutsame Zuwendungen zu Lebzeiten und so fort (Abb. 3.2). Selbst in der Anrede der Großeltern spiegelt sich die besondere Rolle der Großmutter mütterlicherseits wider, denn sie wird am häufigsten von allen vier Großeltern mit einem liebevollen Kosenamen angeredet („das liebe Omilein" vs „die andere Großmutter").

Selbstverständlich klären die beiden genannten Faktoren nicht die gesamte Varianz auf, aber immerhin fast ein Drittel. Die restlichen zwei Drittel der Varianz gehen u. a. zurück auf Wohnortnähe, ehelichen Status der Großeltern, Anzahl der noch lebenden Großeltern und Anzahl der vorhandenen Enkel, das jeweilige Alter der beteiligten Generationen, die Ähnlichkeit zwischen Großelter und Enkel, die Art der gemeinsamen Aktivität von Großelter und Enkel und schließlich biografische Besonderheiten (Euler, 2011).

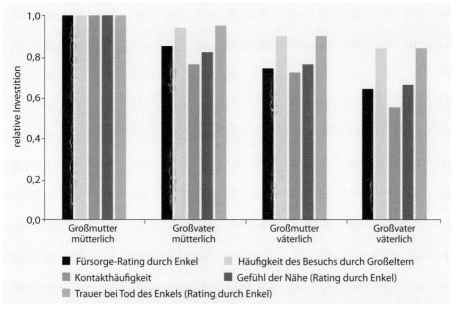

Abb. 3.2: Relative Investitionen der Großeltern: Wegen unterschiedlicher Skalierungen wurde der Mittelwert für die Großmutter mütterlicherseits jeweils auf 1 gesetzt.
Datenquellen: Fürsorge: Euler & Weitzel, 1996; Besuch: Bishop et al., 2009; Kontakt: Bridges et al., 2007; Nähe: Eisenberg, 1988; Trauer: Littlefield & Rushton, 1986.

5 Evolutionäre Entwicklungspsychologie

Seit einigen Jahren hat sich die Evolutionäre Entwicklungspsychologie entwickelt, deren zentrales Anliegen die Untersuchung von Entwicklungssystemen und die Beantwortung der Frage ist, wie evolvierte Prozesse der Informationsverarbeitung über den Lebensverlauf in Verhaltensweisen übersetzt werden (Bjorklund, 1997; Bjorklund & Hernández Blasi, 2005; Bjorklund & Pellegrini, 2002, 2011; Lickliter & Honeycutt, 2003). Dabei wurde der theoretische Schwerpunkt von einer eher präformistischen zu einer epigenetischen Perspektive verschoben.

Vor dem Hintergrund der Theorie dynamischer Entwicklungssysteme (Bjorklund & Pellegrini, 2002, 2011; Lickliter & Honeycutt, 2003) ist die herkömmliche evolutionäre Psychologie präformistisch, weil sie davon ausgeht, dass die ontogenetische Entwicklung von evolvierten genetischen Programmen bestimmt wird, die von umweltlichen Eingaben bloß sekundär aktiviert werden. Die genetische Aktivität ist aber nicht unveränderlich und primär, sondern auf verschiedenen Ebenen des Entwicklungssystems mehrfach bestimmt, nämlich einschließlich der molekularen, zellulären, neuralen, hormonellen, sensorischen und behavioralen Komponenten. Damit wird die Entwicklung von Phänotypen nicht von genetischen Programmen, sondern von der strukturierten, bidirektionalen Dynamik des sich entwickelnden Gesamtsystems mit den Ebenen Gene, Zelle, Gewebe, Organ, Organismus und Umwelt bestimmt (Lickliter & Honeycutt, 2003). Ein verkürzter Blick nur auf evolvierte und genetisch fixierte Anlagen übersieht die komplexen, koordinierten und dynamischen Regulationssysteme in der ontogenetischen Entwicklung (Gottlieb, 1992, 1997, 1998). Ein solcher Blick übersieht auch, dass erbliche genetische Veränderungen zwar die Grundlage der Evolution sind, dass Organismen aber auch Umgebungen als Teil ihres Entwicklungssystems „vererbt" bekommen, sodass die Phylogenese als Veränderung von Entwicklungssystemen über Generationen angesehen werden kann (Bjorklund & Pellegrini, 2002). Selbst die hehre gestaltende Kraft der natürlichen Selektion wird nach dieser Theorie erheblich relativiert. Der Gestalter sei vielmehr der ontogenetische Entwicklungsprozess; die natürliche Selektion filtere nur die erfolgreichen Phänotypen heraus (Bjorklund & Rosenberg, 2005; Gottlieb, 1998; West-Eberhard, 2003). So schließt die Theorie der dynamischen Entwicklungssysteme an die ursprünglichen Ideen von Baldwin an. Die Theorie dynamischer Entwicklungssysteme versucht infolgedessen, die statische Anlage-Umwelt-Dichotomie zu überwinden und einen Rückfall auf präformistische Vorstellungen von Entwicklung zu vermeiden, indem sie ihren Fokus auf bidirektionale Genom-Umwelt-Interaktionen in der ontogenetischen Entwicklung legt.

Der Widerstreit zwischen Präformismus und Epigenese begleitet die Entwicklungspsychologie seit ihren Anfängen, wurde aber in der Biologie schon im 19. Jahrhundert zugunsten der Epigenese entschieden und wird heute von der molekularen Epigenetik erfolgreich elaboriert. Die von Lickliter und Honeycutt (2003) geäußerte Kritik, die evolutionäre Psychologie fröne einem genetischen Determinismus und stelle einen Rückfall auf einen überholten Präformismus dar, erscheint allerdings ungerechtfertigt und wurde von evolutionären Psychologen zurückgewiesen (Buss & Reeve, 2003; Crawford, 2003; Krebs, 2003; Tooby, Cosmides & Barrett, 2003). Entwicklungsbiologen arbeiten bevorzugt mit nicht-menschlichen Tieren auf unteren Systemebenen (Gene, Zellen, Organe), auf denen sich bidirektionale Genom-Umwelt-Interaktionen leichter experimentell aufzeigen lassen als auf den höheren Systemebenen der EPMs evolutionärer Psychologie. Was aus Sicht der evolutionären Psychologie genetisch vorgegeben wird, ist zwar evolutionär vorbereitet, aber nicht so weit vorgeformt, als warte es nur auf Aktivierung durch angemessene Umgebungsreize. Strukturen und Funktionen werden vielmehr gestaltet durch eine beständige und dynamische Wechselwirkung zwischen biologischen und umweltlichen Eingaben über den ontogenetischen Entwicklungsverlauf. Mit dieser Position ist die Theorie der dynami-

5 Evolutionäre Entwicklungspsychologie 79

schen Entwicklungssysteme mit der evolutionären Psychologie zu einer differenzierteren evolutionären Entwicklungspsychologie vereinbar (Bjorklund, 2003; Bjorklund & Ellis, 2005).

Das Konzept der Umwelt ist in der Evolutionären Entwicklungspsychologie umfassend und nicht auf die physikalische und soziale Umwelt beschränkt, sondern bezieht jegliche Umwelt außerhalb des Genoms im Zellkern ein. Die Entwicklung wird von vielfältig interagierenden Genen angestoßen, die ein Netzwerk von molekularen, zellulären, physiologischen, behavioralen, physikalisch-umweltlichen und sozial-umweltlichen Komponenten aktivieren. Das Netzwerk ist in vielfältigen Rückkoppelungsschleifen organisiert (Johnston & Edwards, 2002), die ihrerseits auch die Wirkung der Gene, z. B. ihre Expression, bestimmen können („Epigenetik"). Wie in einem komplexen Flipperspiel (Pinker, 2002) können sich durch Zufallsereignisse Entwicklungspfade öffnen, die innerhalb eines biologisch noch funktionstüchtigen Kanals selbstorganisierend zu individuellen Unterschieden führen (Molenaar, Boomsma & Dolan, 1993). Deswegen unterscheiden sich genetisch identische Personen (eineiige Zwillinge) beispielsweise im Fingerabdruck und in Haarwirbeln als auch in ihrer Persönlichkeit (Harris, 2006). Sowohl Evolution als auch ontogenetische Entwicklung sind offen, allerdings nicht beliebig. Die Evolution ist begrenzt durch das *Konservierungsprinzip*, das keine neuen, sondern nur eine Veränderung bereits vorhandener Baupläne vorsieht. Die Entwicklung ist begrenzt (*constraint*) in einem Kanal, der sogenannten Reaktionsnorm, innerhalb dessen Funktionalität noch gewährleistet ist. Auch unter außergewöhnlichen Umweltbedingungen wird aus einem Esel kein Pferd.

Bjorklund und Mitarbeiter beschreiben ihre neo-baldwinische Theorie mit den folgenden sieben Prinzipien (Bjorklund & Pellegrini, 2002; Bjorklund & Hernández Blasi, 2005):

(1) Die Evolutionäre Entwicklungspsychologie untersucht die Expression von evolvierten epigenetischen Programmen. Evolvierte psychische Mechanismen interagieren mit der Umwelt des Individuums bei der Ausfertigung eines bestimmten Verhaltensmusters. Eine Bestimmung der relativen Anteile der Merkmalsvarianz in einer Population, die auf genetische Varianz und auf Umweltvarianz zurückgehen, reicht nicht aus (Euler & Hoier, 2008; Plomin, DeFries, McClearn & McGuffin, 2001). Vielmehr muss die schon ein halbes Jahrhundert alte Frage von Anastasi (1958) nach dem „wie" beantwortet werden. Die evolutionäre Theorie von Entwicklungssystemen versucht aufzuhellen, wie biologische und umweltliche Bedingungen auf verschiedenen Organisationsebenen transagieren, um in der Ontogenese ein Verhaltensmuster zu erstellen. Danach entstehen neue morphologische und behaviorale Strukturen nicht einfach durch das Ablesen einer genetischen Blaupause, sondern sie entstehen neu (Emergenz) und probabilistisch durch eine stetige und wechselseitige Transaktion natürlicher Vorgaben und umweltlicher Eingaben auf mehrfachen Ebenen, von der genetischen bis zur kulturellen Ebene. Menschliche Universalien, also unsere arttypischen Verhaltensmuster (Antweiler, 2007; Brown, 1991), können sich ausbilden, weil Menschen sich nicht nur das Genom teilen, sondern auch menschentypische Umwelten wie den Uterus, die Stillerfahrung und soziale Beziehungen mit verwandten und unverwandten Personen unterschiedlichen Alters.

(2) Der Erwerb sozialer Fähigkeiten erfordert beim Menschen eine verlängerte Kindheit. Zwei Merkmale des menschlichen Lebensverlaufs sind im Artenvergleich einzigartig: die verlängerte Kindheit (Neotenie, wörtlich „Jugend halten") und die frühe Menopause. Vor dem Hintergrund der Großmutter-Hypothese (Euler, 2011; Hamilton, 1966; Williams, 1957) ist die frühe Menopause, die im Tierreich nur selten und dann weitaus später einsetzt, die evolutionäre Folge der verlängerten Kindheit: Für eine etwa 45 Jahre alte Frau war es in der Evolution des Homo sapiens reproduktionsvorteilig, selbst keine Kinder mehr zu gebären und stattdessen ihre Töchter bei der Versorgung der Enkelkinder zu unterstützen. In rezenten Jäger-Sammlerinnen-Gesellschaften können Kinder erst ab dem Alter von etwa 15 Jahren ihre Nahrung selbst

besorgen und erst ab dem Alter von etwa 20 Jahren andere Personen mitversorgen (Kaplan & Gangestad, 2005). Eine post-menopausale, aber ansonsten noch leistungsfähige Großmutter ist dort ein Aktivposten, der zum Überleben des Enkelkindes beiträgt (Hawkes, O'Connell, Blurton Jones, Alvarez & Charnov, 1998).

Die verlängerte Kindheit ist nach evolutionärem Kalkül sehr kostspielig, schon allein wegen des Sterblichkeitsrisikos vor dem Erreichen der sexuellen Reife, das in früheren Zeiten ungleich höher war als heute. Die natürliche Selektion (nicht die sexuelle Selektion!) bringt aber möglichst effiziente Designs hervor (Williams, 1966). Die Kosten müssen daher durch einen Nutzen mehr als aufgewogen worden sein. Der Nutzen wird derzeit am besten durch die Hypothese des sozialen Gehirns erklärt (*social brain hypothesis*, Dunbar, 1998): Der stärkste Selektionsdruck für die Entwicklung eines großen Gehirns ergab sich aus den Anforderungen der sozialen Navigation. In der fernen Vorzeit stiegen die Gruppengrößen an bis zu etwa 150 Personen, der sog. Dunbar-Zahl (Dunbar, 1992). Bei noch mehr Personen kann der kognitive Apparat des Menschen kaum verarbeiten, wer wer ist, welche bisherigen Begegnungen es mit wem gab und welche Beziehungen wer mit wem eingegangen ist. Nur durch Sprache statt durch Fellpflege konnte ein stabiles soziales Gefüge in dieser Gruppengröße bei Primaten aufrechterhalten werden (Dunbar, 1996). Um den Anforderungen durch Kooperation und Wettbewerb mit Gruppenmitgliedern gerecht zu werden, waren vielfältige sozial-kognitive Kompetenzen erforderlich, insbesondere die Mentalisierung, also die Fähigkeit, die Absichten anderer Menschen erkennen zu können (*theory of mind*) und diese zum eigenen Vorteil zu nutzen (z. B. Machiavelli'sche Intelligenz; Byrne & Whiten, 1988). Zudem waren die Zusammensetzungen der Gruppen nicht stabil, weil unterschiedliche ökologische Bedingungen wie die Nahrungsverteilung und die Häufigkeit von Konflikten zwischen benachbarten Gruppen unterschiedliche Gruppenstrukturen hervorbrachten, an die es sich anzupassen galt. Individuen, die diese komplexe und vielschichtige soziale Navigation besser bewältigten, konnten aus verschiedenen Gründen mehr Gene für die folgenden Generationen hinterlassen. Die Anpassung an wechselnde Gruppenstrukturen war also eine Aufgabe, die komplexe sozial-kognitive Fähigkeiten erforderte, die in der Ontogenese in einem langen Lernprozess zu erwerben waren.

(3) Der Zweck von manchen kindlichen Verhaltensweisen ist Vorbereitung auf das Erwachsenenalter. Die traditionelle Entwicklungspsychologie hat immer wieder nachgewiesen, dass kindliche Verhaltensweisen und Erfahrungen auf das spätere Alter vorbereiten und dem kindlichen Spiel dabei ein besonderer Stellenwert zukommt. Auch im evolutionären Ansatz wird das Spiel als Verhaltensweise betrachtet, das erst später im Leben einen Fitness-Nutzen einbringt (*deferred adaptation*, aufgeschobene Anpassung; Hernández Blasi & Bjorklund, 2003) und dann geschlechtsdifferent ausgelegt ist. Viele adulte geschlechtstypische Verhaltensweisen, die nicht allein auf gesellschaftliche Zwänge oder geschlechtsdifferente Erfahrungsangebote zurückgeführt werden können, sind hinreichend belegt (z. B. Bischof-Köhler, 2011; Geary, 1998; Lippa, 2005; Low, 2000; Mealey, 2000; Potts & Short, 1999). Dazu gehören u. a. das Interesse an Babys, Fürsorgebereitschaft, Wettbewerbsneigung, Risikofreude und bestimmte Arten von Aggression und Raumkognitionen. In der hominiden Evolution bestand für die Geschlechter ein jeweils unterschiedlicher Selektionsdruck. Beispielsweise wird das Interesse an Babys und die Fürsorgebereitschaft insbesondere für kleine Kinder ultimat durch geschlechtsunterschiedliche Mindestinvestition in die Reproduktion erklärt (Trivers, 1972; aber Schopenhauer hatte es schon 1844 erkannt): Frauen müssen mindestens in Partnerwahl, Kopulation, Schwangerschaft und Laktation (zumindest in vormodernen Zeiten) investieren, Männer mindestens nur in Partnerwahl und Kopulation. Diese Asymmetrie legt Frauen stärker auf parentale Fürsorge fest als Männer, die zur Reproduktionsmaximierung in weitere Partnersuche investieren können. Die Fürsorge für ein Neugeborenes ist daher für die Mutter eine obligatorische Anpassung, für den Vater nur eine fakultative. Diese obligatorische Anpassung wird in der Kindheit

dadurch vorbereitet, dass kulturuniversal viele Mädchen schon sehr früh ein elterliches Interesse (Vater-Mutter-Kind-Spiel) und ein intensives Pflege-Interesse an Babys oder deren Ersatzfiguren (Puppen) zeigen. Dieses Interesse ist nicht allein durch Vorbild oder Angebot entstanden (Bischof-Köhler, 2011). Schenkt man kleinen Jungen eine Puppe, mögen sie auch damit spielen, aber wenn überhaupt, dann anders als Mädchen: Puppe als Mitfahrer in einem Fortbewegungsmittel, als Zuschauer für bewunderungswürdige Aktionen oder gar als Wurfgeschoss, jedenfalls nicht Windeln wechseln, einkremen, bekleiden. Jungen hingegen zeigen kulturuniversal eine Bereitschaft für und lautstarke Freude an Tobe- und Raufspielen, was sie für spätere Wettbewerbe und den Erwerb von Dominanzregeln vorbereitet. Diese Verhaltensweisen sind nicht direkt genetisch determiniert, sondern es sind epigenetische Regeln, die die Kinder dazu prädisponieren, passende Angebote ihrer Umwelt (z. B. Puppe, Bobby-Car) anzunehmen und unpassende abzulehnen. Sie suchen auch bestimmte Situationen und damit Lernerfahrungen auf oder meiden sie und beeinflussen gegebenenfalls ihre Umwelten sogar, indem sie sich beispielsweise selbst eine Puppe basteln (in traditionalen Kulturen häufig zu beobachten) oder Waffen suchen bzw. herstellen (z. B. Steine, Stöcke).

(4) Manche kindlichen Merkmale sind adaptiv im Kindesalter und keine Vorbereitungen für das Erwachsenenalter. Das kindliche Spiel dient nicht nur als Übung für die späteren Lebensleistungen im Erwachsenenalter, sondern hat auch einen sofortigen Nutzen (ontogenetische Anpassungen; Bjorklund, 1997, 2007) genauso wie die Pausbäckchen von Babys (Saugkraft), das Kindchenschema (positive Zuwendung von Erwachsenen) oder der Anhock-Reflex von Kleinkindern (Aufsitzen auf der Hüfte). Beim Spiel vertieft sich das Kind in eine Sache, bleibt dabei und hat Freude daran, alles Voraussetzungen, um eine Aufgabe hier und jetzt zu bewältigen. Die Raufspiele von Kindern üben nicht nur für spätere Auseinandersetzungen, sondern etablieren aktuelle Dominanzhierarchien, helfen, die Kräfte des Gegners einzuschätzen, und fördern die Entwicklung von Muskeln und Skelett.

Auch die vermeintliche geistige „Unreife" kann eine zweckmäßige ontogenetische Anpassung sein. Beispielsweise neigen Kinder dazu, ihre Fähigkeiten zu überschätzen. Wenn Kinder dazu neigen, ihre Fähigkeiten zu überschätzen, korreliert das Ausmaß der Selbstüberschätzung negativ mit der Intelligenz ab dem Alter von 5 Jahren, bei 3- und 4-jährigen Kindern korreliert es jedoch positiv (Bjorklund, Gaultney & Green, 1993). Das überschießende Vertrauen in die eigenen Fähigkeiten hilft den jüngeren Kindern, überhaupt neue Aufgaben zu versuchen und sich nicht durch Misserfolgssequenzen entmutigen zu lassen. Zweckmäßige Anpassungen sind auch animistische und finalistische Denkweisen. Animistisch wäre eine kindliche Antwort auf die Frage, warum die Sonne heute nicht scheine, dass sie traurig sei. Finalistisch wäre die Antwort auf die Frage, warum der Berg einen kleinen *und* einen großen Gipfel habe, dass der große für große Wanderungen und der kleine für kleine Wanderungen da sei. Nach experimentellen Daten von Bjorklund, Hernández Blasi und Periss (2010) ist die Funktion solcher Äußerungen dieselbe wie die des Kindchenschemas: liebevolle Zuwendung von Betreuungspersonen zu erheischen.

(5) Viele, aber nicht alle evolvierten psychischen Mechanismen sind bereichsspezifisch. Zum Kanon der evolutionären Psychologie gehört die Annahme, dass EPMs keine Allzweckmechanismen sind (z. B. Lernen, Gedächtnis, Nachahmung, Intelligenz), sondern bereichsspezifisch auf die wiederkehrenden, jeweils konkreten Probleme des Überlebens und der Fortpflanzung zugeschnitten sind, die sich unseren Vorfahren stellten (Tooby & Cosmides, 1992). Die menschliche Psyche ist demnach eine Ansammlung von analytisch trennbaren und funktional integrierten Spezialzweckmechanismen wie die Werkzeuge in einer Werkzeugkiste. Die Wahl der Nahrung ist eine kategorial andere Wahl als die eines Geschlechtspartners oder die einer politischen Partei. Durch ihre Bereichsspezifität liefern die EPMs bestimmte Befähigungen und zugleich Beschränkungen. Wie das Ensemble dieser unzähligen, aber begrenzten EPMs zu beschreiben ist, wurde

am differenziertesten von Geary (1998, S. 180; 2005a) vorgeschlagen, der sie in hierarchische Modelle mit Modulstruktur gefasst hat, denen Bündel von natürlicher Psychologie (*folk psychology*), natürlicher Biologie und natürlicher Physik zugeordnet sind. Spezialzweckmechanismen schließen die Existenz bestimmter Allzweckmechanismen jedoch nicht aus. Diese Allzweckmechanismen, z. B. das retikuläre Aktivierungssystem bei den Emotionen oder das zentralnervöse Belohnungssystem in der Motivation (Euler, 2000), sind ebenfalls evolutionär gestaltet, und sie interagieren mit bereichsspezifischen Mechanismen im Verlauf der ontogenetischen Entwicklung. Spracherwerb und Kognition schließen sowohl bereichsspezifische wie bereichsgenerelle Mechanismen ein. Als *bereichsgenerelle* Mechanismen der Kognition können Verarbeitungsgeschwindigkeit, Arbeitsgedächtnis, Hemmungsmechanismen, Aufmerksamkeitsressourcen und die allgemeine Intelligenz aufgeführt werden (Geary, 2005b). Dabei korreliert die Verarbeitungsgeschwindigkeit negativ mit dem kindlichen und jugendlichen Alter über eine Reihe unterschiedlicher Aufgaben (Kail, 1991; Kail & Salthouse, 1994). Das beste Beispiel für bereichsgenerelle Mechanismen jedoch ist die kognitive Entwicklungstheorie von Piaget, die auch im Tiervergleich fruchtbar angewendet wurde. Verschiedene Affenarten durchlaufen die gleichen Stufen der sensumotorischen Intelligenz. Menschenaffen erreichen eine höhere Stufe als Altwelt- und Neuweltaffen und Menschen eine höhere Stufe als nicht-menschliche Primaten (Parker & McKinney, 1999).

Bereichsspezifische kognitive Mechanismen liegen dagegen den Fähigkeiten der Perspektivübernahme (*theory of mind*), der bewussten Täuschung und der Betrügererkennung zugrunde, die wiederum funktionstüchtige bereichsgenerelle Mechanismen wie Verarbeitungsgeschwindigkeit, Arbeitsgedächtnis und Hemmungsmechanismen voraussetzen. Um beispielsweise überzeugend zu lügen oder zu täuschen, muss das Kind die eigene Vorstellung der Situation abgleichen können mit der Vorstellung der zu täuschenden Person und möglicherweise bestimmte Verhaltensweisen aktiv hemmen, z. B. nicht dorthin schauen, wo sich die Belohnung wirklich befindet. Damit ermöglichen erst Kompetenzen in diesen allgemeinen kognitiven Leistungen die Ausübung von bestimmten bereichsspezifischen Leistungen (Bjorklund & Kipp, 2002).

(6) Manche evolvierten psychischen Mechanismen sind in modernen Umwelten nicht mehr zweckmäßig. Unser psychischer Apparat wurde in vielen Jahrtausenden steinzeitlichen Lebens in Jäger-und-Sammlerinnen-Gesellschaften geformt. Seit Beginn der Sesshaftigkeit, der Landwirtschaft und der Ansammlung von Gütern hat sich die anzestrale Umwelt stark verändert, besonders dramatisch in jüngster Zeit. Da die evolutionäre Veränderung des menschlichen Genoms sehr träge ist (Pritchard, 2011), passen einige der bewährten alten Anpassungen nicht mehr in die neue Zeit (*mismatch*). Ein hervorstechendes Beispiel für Fehlanpassung ist die hohe Prävalenz von Fettleibigkeit in den saturierten Industrienationen. In anzestralen Umwelten musste jeden Tag mit erheblicher Anstrengung Nahrung, zumeist noch mit geringen Anteilen von Fett und Zucker, erworben werden. Vermeidung unnötiger Anstrengung (Bequemlichkeit) war das Gebot kalorischer Ökonomie. Heute ist hochkalorische Nahrung ständig und in großer Abwechslung verfügbar, und moderne Technologien bedienen zudem die körperliche Bequemlichkeit (Ganten, Deichmann & Spahl, 2009; Nesse & Williams, 1994).

Die Aufmerksamkeitsdefizit-/Hyperaktivitätsstörung (ADHS) könnte eine weitere Fehlanpassung schon bei Kindern sein. ADHS tritt im Kindesalter mit einer Prävalenz von 3 bis 5 % auf, ist häufiger bei Jungen als bei Mädchen, seltener oder weniger auffällig im Erwachsenenalter (DSM-IV-TR, American Psychiatric Association, 2000) und partiell erblich (Boomsma et al., 2010; Faraone & Doyle, 2001). Insbesondere die relativ hohe Prävalenz lässt vermuten, dass es sich bei ADHS nicht oder nicht in allen Fällen um eine originäre Störung handelt, sondern um eine zweckmäßige Strategie, die sich als Minoritätsstrategie stabilisieren konnte (Jensen et al., 1997). Eine Minoritätsstrategie kann sich als vorteilhaft erweisen, solange sie nur von wenigen Individuen einer Population angewendet wird, wie der Linksausleger beim Boxen, für den der (rechtsauslegende) Gegner der häufige Kontrahent ist, während der Kontrahent einen ungewöhnlichen Gegner hat. Auch der Geschlechterunterschied bei ADHS und die Prävalenzminderung mit zunehmendem Alter passen zu der Hypothese, dass ADHS eine ursprünglich zweckmäßige Anpassung gewesen sein könnte. Während ADHS heute als Störungen in Schul- oder Arbeitssituationen auftritt, in denen Immobilität, Ruhe, anhaltende Aufmerksamkeit und planmäßiges Vorgehen gefordert werden, waren ihre Symptome (Hyperaktivität, sprunghafte Aufmerksamkeit und Impulsivität) in anzestralen Jäger-und-Sammlerinnen-Gesellschaften möglicherweise von Vorteil. Hyperaktivität nutzte bei der Nahrungssuche, dem Erkunden neuer Chancen und der Absuche der Umwelt nach Gefahren. Vigilante Aufmerksamkeit detektierte frühzeitig mögliche Gefahren. Impulsivität schließlich war nützlich in Lebensumständen, die nicht durchgeplant, geschützt und sicher waren, sondern in denen schnelle Reaktionen auf plötzliche Gefahren überlebensnotwendig waren. Verständlicherweise war der entsprechende Selektionsdruck auf männliche Gruppenmitglieder größer als auf weibliche Mitglieder, was den derzeit noch bestehenden Geschlechterunterschied erklärt.

(7) Natürliches Wissen muss an die Erfordernisse moderner Umwelten angepasst werden. Ein Computer, der auch nur ansatzweise menschenähnliche Vernunft zeigt und mit einem Menschen in einen Dialog eintreten soll, muss mit einer unvorstellbar großen Menge von Weltwissen programmiert werden (Pinker, 1997). Wenn wir zum Beispiel hören, dass eine Frau zu ihrem Partner mit lauter Stimme sagt, sie werde jetzt die Fernbedienung „im hohen Bogen aus dem Fenster schmeißen", dann haben wir annäherungsweise Vorstellungen davon, was der Aussage vorausgegangen sein könnte, was sie und er sich denken und welche Flugbahn die Fernbedienung nehmen würde. Wir wenden unsere Alltagspsychologie und Alltagsphysik an, eben unser implizites Weltwissen, ohne uns dessen bewusst sein zu müssen. Schon Baldwin hat dafür den Begriff „natürliches Wissen" verwendet (*natural knowledge*, 1901; siehe auch die Diskussion bei Bjorklund & Bering, 2002; Dehaene, 1997; Geary, 1995, 2002, 2005a, b; Pinker, 1997).

Geary (2002, 2005a) bezeichnet das natürliche Wissen als biologisch primär und das nicht-evolvierte schulische Wissen als biologisch sekundäre Fähigkeiten oder Wissen. Biologisch primäres Wissen bzw. primäre Fähigkeiten sind implizit, kulturuniversal und zeigen jeweils ähnliche Erwerbsverläufe. Kinder sind intrinsisch motiviert, diese Fähigkeiten zu erwerben und auszuüben und zeigen sie oft spontan. Der Spracherwerb ist das prototypische Beispiel, aber auch in der Mathematik finden sich Beispiele wie der Zahlensinn für Zahlen etwa bis fünf und das Ordinalitätsverständnis („mehr" oder „weniger"?). Beobachtungen in rezenten Jäger-und-Sammlerinnen-Kulturen geben Einblicke in die Schule für primäres Wissen und deren natürlichen Lehrplan (Eibl-Eibesfeldt, 1997; Harris, 1998): Kinder lernen in der Interaktion mit anderen Kindern. Wenn sie eine Fähigkeit von Erwachsenen lernen (z. B. Korbflechten), werden sie meist ohne elaborierte Instruktionen aufgefordert zuzuschauen und mitzumachen.

Biologisch sekundäres Wissen oder Fähigkeiten erfordern dagegen anspruchsvollere kognitive Operationen, um kulturspezifische Probleme zu lösen. Sie sind von daher kulturelle Erfindungen. Diese Fähigkeiten sind folglich nicht universell, bauen zwar auf primäre Fähigkeiten auf, müssen jedoch formal instruiert werden. Lesen und Schreiben sind die prototypischen Beispiele. Während biologisch primäres Wissen in unmittelbarem Bezug zur Lebensumwelt entsteht und dort sofort umsetzbar ist, sind in der modernen Welt durch wissenschaftliche, technologische und intellektuelle Fortschritte Lücken zwischen dem natürlichen Wissen und den Leistungsanforderungen der Gesellschaft entstanden. Beim Erwerb der biologisch sekundären Fähigkeiten muss daher die formale Schulbildung diese Lücken schließen und das natürliche Wissen wie Motivation dafür ausnutzen.

6 Schlussbetrachtungen

In diesem Kapitel wurden schwerpunktmäßig drei Themen behandelt. Die historischen Anfänge der evolutionären Entwicklungspsychologie sind durch den Niedergang der evolutionären Theorie außerhalb der Biologie in der Zeit vor dem Ersten Weltkrieg gekennzeichnet, wodurch der innovative Beitrag der Evolutionstheorie für die Psychologie insgesamt in Vergessenheit oder gar in Verruf geriet. Markantes Beispiel dafür ist James Mark Baldwin, der die modernen Perspektiven der heutigen epigenetischen Vorstellungen der Evolutionären Entwicklungspsychologie vorweggenommen hat.

Die Lebensverlaufstheorie (*life history theory*), die in der Entwicklungsbiologie eine zentrale Rolle einnimmt, wurde als metatheoretisch bedeutsam und beitragsfähig für die Entwicklungspsychologie bewertet. Sie beschreibt die optimale Allokation von Ressourcen über den Lebenszyklus, weil sich Reproduktionserfolg an der Gesamtbilanz über den Lebensverlauf bemisst. Damit kann auch im höheren Lebensalter noch ein wesentlicher Beitrag zur genetischen Replikation geleistet werden. Wie an unterschiedlichen Stellen des Lebensverlaufs evolutionäre psychische Mechanismen wirken, wurde beispielhaft verdeutlicht an der Inzesthemmung, dem Eltern-Kind-Konflikt, der Geschlechterkluft zwischen mütterlicher und väterlicher Fürsorge und den bevorzugenden großelterlichen Investitionen. Schließlich wurde als Beispiel für eine moderne evolutionstheoretisch informierte Entwicklungspsychologie die Theorie dynamischer Entwicklungssysteme, wie David F. Bjorklund und Mitarbeiter sie formuliert haben, in ihren wesentlichen Aussagen dargestellt.

James Mark Baldwin (1861–1934) – Philosoph und Psychologe

studierte 1884 bis 1885 bei Wundt in Leipzig und gründete 1889 das erste Labor für experimentelle Psychologie in Kanada. Er veröffentlichte 21 Bücher und 150 Artikel, obwohl seine akademische Karriere nur 22 Jahre betrug. Baldwin war um die Jahrhundertwende sehr angesehen, auch außerhalb der USA, übertroffen vielleicht nur von William James. Er war Mitbegründer (mit Cattell) der *Psychological Review*, Herausgeber des *Psychological Bulletin* und Präsident der American Psychological Association (APA). Er brachte nach der Jahrhundertwende das bedeutende *Dictionary of Philosophy and Psychology* heraus (1901–1905), damals „*Baldwin's Dictionary*" genannt, zu dem international herausragende Wissenschaftler aus verschiedenen Disziplinen beitrugen. 1908 wurde er in Baltimore bei einer Bordell-Razzia aufgegriffen und musste die John-Hopkins-Universität verlassen. Baldwin lebte danach in Paris, beendete seine Arbeit auf dem Gebiet der Psychologie und schrieb politische Publikationen.

Baldwin führte in die Entwicklungspsychologie die bekannten Begriffe *Assimilation, Akkommodation, zirkuläre Reaktion* und *genetische Epistemologie* ein. Er sah die geistige Entwicklung eines Individuums als sozialen Prozess, in dem höhere Stufen niedere reorganisieren und integrieren. Die Ideen von Baldwin haben maßgeblich die Theorien von Piaget und Vygotskij beeinflusst, zum Teil über mündliche Vermittlung durch Pierre Janet.

Literatur

Ahnert, L. (2008). Bindung und Bonding: Konzepte früher Bindungsentwicklung. In L. Ahnert (Hrsg.), *Frühe Bindung. Entstehung und Entwicklung* (2. Aufl.) (S. 63–81). München: Ernst Reinhardt.

Ainsworth, M. D. S., Blehar, M. C., Waters, E. & Wall, S. (1978). *Patterns of attachment.* Hillsdale, NJ: Lawrence Erlbaum.

6 Schlussbetrachtungen

Alexander, R. D. (1987). *The biology of moral systems*. New York, NY: Aldine de Gruyter.

Alexander, R. D. (1988). Über die Interessen der Menschen und die Evolution von Lebensläufen. In H. Meier (Hrsg.), *Die Herausforderung der Evolutionsbiologie* (S. 129–171). München: Piper.

American Psychiatric Association (2000). *Diagnostic and statistical manual of mental disorders* (4th ed., text rev.). Washington, DC: Author.

Anastasi, A. (1958). Heredity, environment, and the question "How?". *Psychological Review, 65*, 197-208.

Anderson, K. G. (2011). Stepparenting, divorce, and investment in children. In C. A. Salmon & T. K. Shackelford (Hrsg.), *The Oxford handbook of evolutionary family psychology* (S. 97–112). New York, NY: Oxford University Press.

Anderson, K. G., Kaplan, H., Lam, D. & Lancaster, J. B. (1999). Paternal care by genetic fathers and stepfathers II: Reports by Xhosa high school students. *Evolution and Human Behavior, 20*, 433–451.

Anderson, K. G., Kaplan, H. & Lancaster, J. B. (1999). Paternal care by genetic fathers and stepfathers I: Reports from Albuquerque men. *Evolution and Human Behavior, 20*, 405–431.

Antweiler, C. (2007). *Was ist den Menschen gemeinsam?* Darmstadt: Wissenschaftliche Buchgesellschaft.

Apostolou, M. (2007). Sexual selection under parental choice: The role of parents in the evolution of human mating. *Evolution and Human Behavior, 28,* 403–409.

Apostolou, M. (2011). "Oh my child, what an inappropriate spouse for you!": Asymmetrical preferences and parent-offspring conflict over mating. *Social and Personality Psychology Compass, 5*, 285–295.

Baldwin, J. M. (1895). *Mental development in the child and the race: Methods and processes*. New York, NY: Macmillan & Co. (dt.: Die Entwickelung des Geistes beim Kinde und bei der Rasse. Methoden und Verfahren. Übers. der 3. Aufl. Berlin: Verlag Reuther & Reichard, 1898)

Baldwin, J. M. (1896a). Heredity and instinct (I). *Science, 3*, 438–441.

Baldwin, J. M. (1896b). A new factor in evolution. *American Naturalist, 30*, 441–451.

Baldwin, J. M. (1897). *Social and ethical interpretations in mental development: A study in social psychology*. New York, NY: Macmillan.

Baldwin, J. M. (1901) (Hrsg.). *Dictionary of philosophy and psychology, including many of the principle conceptions of ethics, logic, aesthetics, philosophy of religion, mental pathology, anthropology, biology, neurology, physiology, economics, political and social philosophy, philology, physical science, and education, and giving a terminology in English, French, German, and Italian*. Vol. I. New York, NY: Macmillan.

Baron-Cohen, S. (2003). *The essential difference. Men, women, and the extreme male brain*. New York, NY: Basic Books. (dt.: Vom ersten Tag an anders. Das weibliche und das männliche Gehirn. Düsseldorf: Walter, 2004)

Barry, H. III & Schlegel, A. (1980) (Hrsg.). *Cross-cultural samples and codes*. Pittsburgh, PA: University of Pittsburgh Press.

Belsky, J., Steinberg, L. & Draper, P. (1991). Childhood experience, interpersonal development, and reproductive strategy: An evolutionary theory of socialization. *Child Development, 62*, 647–670.

Bischof, N. (1985). *Das Rätsel Ödipus*. München: Piper.

Bischof-Köhler, D. (2011). *Von Natur aus anders. Die Psychologie der Geschlechtsunterschiede* (4. Aufl.). Stuttgart: Kohlhammer.

Bishop, D. I., Meyer, B. C., Schmidt, T. M. & Gray, B. R. (2009). Differential investment behavior between grandparents and grandchildren. The role of paternity uncertainty. *Evolutionary Psychology, 7*, 66–77.

Bjorklund, D. F. (1997). The role of immaturity in human development. *Psychological Bulletin, 122,* 153–169.

Bjorklund, D. F. (2003). Evolutionary psychology from a developmental systems perspective: Comment on Lickliter and Honeycutt (2003). *Psychological Bulletin, 129*, 836–841.

Bjorklund, D. F. (2007). *Why youth is not wasted on the young: Immaturity in human development*. Malden, MA: Blackwell.

Bjorklund, D. F. & Bering, J. M. (2002). The evolved child: Applying evolutionary developmental psychology to modern schooling. *Learning and Individual Differences, 12*, 347–373.

Bjorklund, D. F. & Ellis, B. J. (2005). Evolutionary psychology and child development. An emerging synthesis. In B. J. Ellis & D. F. Bjorklund (Hrsg.), *Origins of the social mind. Evolutionary psychology and child development* (S. 3–18). New York, NY: Guilford.

Bjorklund, D. F., Gaultney, J. F. & Green, B. L. (1993). "I watch therefore I can do": The development of meta-imitation over the preschool years and the advantage of optimism in one's imitative skills. In R. Pasnak & M. L. Howe (Hrsg.), *Emerging themes in cognitive development: Vol. II. Competencies* (S. 79–102). New York, NY: Springer.

Bjorklund, D. F. & Hernández Blasi, C. (2005). Evolutionary developmental psychology. In D. M. Buss (Hrsg.), *Handbook of evolutionary psychology* (S. 828–850). Hoboken, NJ: Wiley.

Bjorklund, D. F., Hernández Blasi, C. & Periss, V. A. (2010). Lorenz revisited. The adaptive nature of children's supernatural thinking. *Human Nature, 21*, 371–392.

Bjorklund, D. F. & Kipp, K. (2002). Social cognition, inhibition, and theory of mind: The evolution of human intelligence. In R. J. Sternberg & J. C. Kaufmann (Hrsg.), The *evolution of intelligence* (S. 27–53). Mahwah, NJ: Lawrence Erlbaum.

Bjorklund, D. F. & Pellegrini, A. D. (2002). *The origins of human nature. Evolutionary develomental psychology*. Washington, DC: American Psychological Association.

Bjorklund, D. F. & Pellegrini, A. D. (2011). Evolutionary perspectives on social development. In P. K. Smith & C. H. Hart (Hrsg.), *The Wiley-Blackwell Handbook of Childhood Social Development* (2nd ed.) (S. 64–81). Chichester, UK: Wiley-Blackwell.

Bjorklund, D. F. & Rosenberg, J. S. (2005). The role of developmental plasticity in the evolution of human cognition. Evidence from enculturated, juvenile great apes. In B. J. Ellis & D. F. Bjorklund (Hrsg.), *Origins of the social mind. Evolutionary psychology and child development* (S. 45–75). New York, NY: Guilford.

Boakes, R. (1984). *From Darwin to behaviourism: Psychology and the minds of animals*. Cambridge, UK: Cambridge University Press.

Bogaert, A. F. (2008). Menarche and father absence in a national probability sample. *Journal of Biosocial Science, 40*, 623–636.

Boomsma, D. I., Saviouk, V., Hottenga, J.-J., Distel, M. A., de Moor, M. H., Vink, J. M. et al. (2010). Genetic epidemiology of attention deficit hyperactivity disorder (ADHD index) in adults. *Public Library of Science One, 5* (5): e10621. doi:10.1371/journal.pone. 0010621.

Borgerhoff Mulder, M. (1992). Reproductive decisions. In E. A. Smith & B. Winterhalder (Hrsg.), *Evolutionary ecology and human behavior* (S. 339–374). New York, NY: Aldine de Gruyter.

Bowlby, J. (1969). *Attachment and loss. Vol. I: Attachment*. New York, NY: Basic Books (dt.: Bindung. München: Kindler, 1975)

Bowlby, J. (1973). *Attachment and loss. Vol. II: Separation, anxiety, and anger*. New York, NY: Basic Books. (dt.: Trennung. München: Kindler, 1976)

Bridges, L. J., Roe, A. E. C., Dunn, J. & O'Connor, T. G. (2007). Children's perspectives on their relationships with grandparents following parental separation: A longitudinal study. *Social Development, 16*, 539–54.

Broughton, J. M. (1981). The genetic psychology of James Mark Baldwin. *American Psychologist, 36*, 396–407.

Brown, D. E. (1991). *Human universals*. New York, NY: McGraw Hill.

Buss, D. M. (2003). *The evolution of desire: Strategies of human mating* (2nd, revised ed.). New York, NY: Basic. (dt.: Die Evolution des Begehrens. Geheimnisse der Partnerwahl. Übersetzung der 1. Aufl., 1994. Hamburg: Kabel).

Buss, D. M. (2008). *Evolutionary Psychology. The new science of mind* (3rd, revised ed.). Boston, MA: Pearson Education, Inc. (dt.: Evolutionäre Psychologie. Übersetzung der 2. Aufl., 2004: München: Pearson Studium).

Buss, D. M. & Reeve, H. K. (2003). Evolutionary psychology and developmental dynamics: Comment on Lickliter and Honeycutt (2003). *Psychological Bulletin, 129*, 848–853.

Byrne, R. & Whiten, A. (1988). *Machiavellian intelligence.* Oxford, UK: Clarendon.

Cairns, R. B. & Cairns, B. D. (2007). The making of developmental psychology. In W. Damon & R. M. Lerner (Hrsg.), *Handbook of child psychology, Vol. 1* (S. 89–165). Hoboken, NJ: Wiley.

Carroll, S. B. (2006). *Endless forms most beautiful. The new science of Evo Devo and the making of the animal kingdom.* London, UK: Weidenfeld & Nicolson. (dt.: EVO DEVO. Das neue Bild der Evolution. Berlin: Berlin University Press, 2008)

Chisholm, J. S. (1995). The evolutionary ecology of attachment organization. *Human Nature, 7*, 1–38.

Chisholm, J. S., Burbank, V. K., Coall, D. A. & Gemmiti, F. (2005). Early stress: Perspectives from developmental evolutionary ecology. In B. J. Ellis & D. F. Bjorklund (Hrsg.), *Origins of the social mind. Evolutionary psychology and child development* (S. 76–107). New York, NY: Guilford.

Confer, J. C., Easton, J. A., Fleischman, D. S., Goetz, C. D., Lewis, D. M. G., Perilloux, C., et al. (2010). Evolutionary psychology. Concepts, questions, prospects, and limitations. *American Psychologist, 65*, 110–126.

Conger, R. D., McCarty, J. A., Yang, R. K., Lahey, B. B. & Kropp, J. P. (1984). Perception of child, child-rearing values, and emotional distress as mediating links between environmental stressors and observed maternal behavior. *Child Development, 55*, 2234–2247.

Cosmides, L. & Tooby, J. (2000). Evolutionary psychology and the emotions. In M. Lewis & J. M. Haviland-Jones (Hrsg.), *Handbook of emotions* (2nd ed., S. 91–115). New York, NY: Guilford.

Crawford, C. B. (2003). A prolegomenon for a viable evolutionary psychology – The myth and the reality: Comment on Lickliter and Honeycutt (2003). *Psychological Bulletin, 129*, 854–857.

Daly, M. & Wilson, M. (1988). *Homicide.* Hawthorne, NY: Aldine de Gruyter.

Daly, M. & Wilson, M. (1990). Is parent-offspring conflict sex-linked? Freudian and Darwinian models. *Journal of Personality, 58*, 163–189.

Darwin, C. R. (1859). *On the origin of species by means of natural selection.* London, UK: John Murray. (dt. u. a.: Die Entstehung der Arten durch natürliche Zuchtwahl. Stuttgart: Reclam, 1963)

Darwin, C. R. (1871). *The descent of man, and selection in relation to sex.* 2 Vols. London, UK: John Murray (Reprint 1981, Princeton, NJ: Princeton University Press). (dt.: Die Abstammung des Menschen und geschlechtliche Zuchtwahl. 2 Bde. Stuttgart: Schweizerbart'sche Verlagshandlung, 1871)

Dehaene, S. (1997). *The number sense. How the mind creates mathematics.* New York, NY: Oxford University Press. (dt.: Der Zahlensinn oder Warum wir rechnen können. Basel: Birkhäuser, 1999)

Del Giudice, M. & Belsky, J. (2011). The development of life history strategies: Toward a multi-stage theory. In D. M. Buss & P. H. Hawley (Hrsg.), *The evolution of personality and individual differences* (S. 154–176). New York, NY: Oxford University Press.

Depew, D. J. (2003). Baldwin and his many effects. In B. H. Weber & D. J. Depew (Hrsg.), *Evolution and learning: The Baldwin effect reconsidered* (S. 3–31). Cambridge, MA: MIT Press.

Dunbar, R. I. M. (1992). Neocortex size as a constraint on group size in primates. *Journal of Human Evolution, 22*, 469–493.

Dunbar, R. I. M. (1996). *Grooming, gossip, and the evolution of language.* London, UK: Faber and Faber.

Dunbar, R. I. M. (1998). The social brain hypothesis. *Evolutionary Anthropology, 6*, 178–190.

Eibl-Eibesfeldt, I. (1997). *Die Biologie des menschlichen Verhaltens. Grundriß der Humanethologie* (4. Aufl.). München: Piper.

Eisenberg, A. R. (1988). Grandchildrens' perspectives on relationships with grandparents: The influence of gender across generations. *Sex Roles, 19*, 205–217.

Ellis, B. J. (2004). Timing of pubertal maturation in girls: An integrated life history approach. *Psychological Bulletin, 130*, 920–958.

Ellis, L. (2011). Identifying and explaining apparent universal sex differences in cognition and behavior. *Personality and Individual Differences, 51*, 552–561.

Enattah, N. S., Trudeau, A., Pimenoff, V., Maiuri, L., Auricchio, S., Greco, L., et al. (2007). Evidence of still-ongoing convergence evolution of the lactase persistence T-13910 alleles in humans. *The American Journal of Human Genetics, 81*, 615–25.

Euler, H. A. (2000). Evolutionstheoretische Ansätze. In J. Otto, H. A. Euler und H. Mandl, (Hrsg.), *Handbuch Emotionspsychologie* (S. 45–63). Weinheim: Beltz, PsychologieVerlagsUnion.

Euler, H. A. (2009). Evolutionäre Psychologie. In V. Brandstätter & J. H. Otto (Hrsg.), *Handbuch der Allgemeinen Psychologie – Motivation und Emotion* (S. 405–411). Göttingen: Hogrefe.

Euler, H. A. (2010). The psychology of families. In C. Störmer, U. Frey & K. Willführ (Hrsg.), *Homo novus – a human without illusions. Festschrift for the 60th birthday of Eckart Voland* (S. 161–179). Berlin, Germany: Springer

Euler, H. A. (2011). Grandparents and extended kin. In C. A. Salmon & T. K. Shackelford (Hrsg.), *The Oxford handbook of evolutionary family psychology* (S. 181–207). New York, NY: Oxford University Press.

Euler, H. A. & Hoier, S. (2008). Die evolutionäre Psychologie von Anlage und Umwelt. In F. J. Neyer & F. M. Spinath (Hrsg.), *Anlage und Umwelt. Neue Perspektiven der Verhaltensgenetik und Evolutionspsychologie* (S. 1–25). Stuttgart: Lucius & Lucius.

Euler, H. A. & Weitzel, B. (1996). Discriminative grandparental solicitude as reproductive strategy. *Human Nature, 7*, 39–59.

Faraone, S. V. & Doyle, A. E. (2001). The nature and heritability of attention-deficit/hyperactivity disorder. *Child and Adolescent Psychiatric Clinics of North America, 10*, 299–316.

Fessler, D. M. T. & Navarrete, C. D. (2004). Third-party attitudes toward sibling incest: evidence for Westermarck's hypothesis. *Evolution and Human Behavior, 25*, 277–294.

Fisher, H. (1998). Lust, attraction, and attachment in mammalian reproduction. *Human Nature, 9*, 23–52.

Fisher, H. (2004). *Why we love. The nature and chemistry of romantic love*. New York NY: Henry Holt. (dt.: Warum wir lieben. Die Chemie der Leidenschaft. Düsseldorf: Walter)

Freeman, S. & Herron, J. C. (2007). *Evolutionary analysis* (4th ed.). Upper Saddle River, NJ: Pearson.

Ganten, D., Deichmann, T. & Spahl, T. (2009). *Die Steinzeit steckt uns in den Knochen. Gesundheit als Erbe der Evolution*. München: Piper.

Gaulin, S. J. C. & Hoffman, H. A. (1988). Evolution and development of sex differences in spatial ability. In L. Betzig, M. Borgerhoff Mulder & P. Turke (Eds.), *Human reproductive behaviour. A Darwinian perspective* (S. 129–152). Cambridge, MA: Cambridge University Press.

Gaulin, S. J. C., McBurney, D. H. & Brakeman-Wartell, S. L. (1997). Matrilateral biases in the investment of aunts and uncles. *Human Nature, 8*, 139–151.

Gaulin, S. J. C. & Robbins, C. J. (1991). Trivers-Willard effect in contemporary North American society. *American Journal of Physical Anthropology, 85*, 61–69.

Geary, D. C. (1995). Reflections of evolution and culture in children's cognition: Implications for mathematical development and instruction. *American Psychologist, 50*, 24–37.

Geary, D. C. (1998). *Male, female: The evolution of human sex differences*. Washington, DC: American Psychological Association.

Geary, D. C. (2002). Principles of evolutionary educational psychology. *Learning and Individual Differences, 12*, 317–345.

Geary, D. C. (2005a). Folk knowledge and academic learning. In B. J. Ellis & D. F. Bjorklund (Hrsg.), *Origins of the social mind. Evolutionary psychology and child development* (S. 493–519). New York, NY: Guilford.

Geary, D. C. (2005b). *The origin of mind. Evolution of brain, cognition, and general intelligence*. Washington, DC: American Psychological Association.

Goldberg, L. R. (1981). Language and individual differences: The search for universals in personality lexicons. In L. Wheeler (Hrsg.), *Review of personality and social psychology* (Vol. 2, S. 141–165). Beverly Hills, CA: Sage.

Gottlieb, G. (1992). *Individual development and evolution. The genesis of novel behavior*. Mahwah, NJ: Lawrence Erlbaum.

Gottlieb, G. (1997). *Synthesizing nature-nurture: Prenatal roots of instinctive behavior*. Mahwah, NJ: Lawrence Erlbaum.

Gottlieb, G. (1998). Normally occurring environmental and behavioral influences on gene activity: From central dogma to probabilistic epigenesis. *Psychological Review, 105*, 792–802.

Gottlieb, G. (2002). Developmental-behavioral initiation of evolutionary change. *Psychological Review, 109*, 211–218.

Gould, S. J. (1977). *Ontogeny and phylogeny*. Cambridge, MS: The Belknap Press of Harvard University Press.

Greenberg, M. & Littlewood, R. (1995). Post-adoption incest and phenotypic matching: Experience, personal meanings and biosocial implications. *British Journal of Medical Psychology, 68*, 29–44.

Haeckel, E. (1866). *Generelle Morphologie der Organismen: Allgemeine Grundzüge der organischen Formen-Wissenschaft, mechanisch begründet durch die von Charles Darwin reformirte Descendenz-Theorie* (2 Bde.). Berlin: Georg Reimer.

Haig, D. (1993). Genetic conflicts in human pregnancy. *The Quarterly Review of Biology, 68*, 495–532.

Hall, G. S. (1904). *Adolescence: Its psychology and its relations to physiology, anthropology, sociology, sex, crime, religion and education* (2 vols). New York, NY: Appleton.

Hamilton, W. D. (1963). Evolution of altruistic behavior. *American Naturalist, 97*, 354–356.

Hamilton, W. D. (1964). The genetical evolution of social behavior, I, II. *Journal of Theoretical Biology, 7*, 1–52.

Hamilton, W. D. (1966). The moulding of senescence by natural selection. *Journal of Theoretical Biology, 12*, 12–45.

Harpending, H. C., Draper, P. & Pennington, R. (1990). Cultural evolution, parental care, and mortality. In A. C. Swedlund & G. J. Armelagos (Hrsg.), *Disease in populations in transition: Anthropological and epidemiological perspectives* (S. 251–265). New York, NY: Bergin & Garvey.

Harris, J. R. (1998). *The nurture assumption: Why children turn out the way they do*. New York, NY: The Free Press. (dt.: Ist Erziehung sinnlos? Die Ohnmacht der Eltern. Reinbek bei Hamburg: Rowohlt, 2000)

Harris, J. R. (2006). *No two alike: Human nature and human individuality*. New York, NY: W. W. Norton. (dt.: Jeder ist anders. Das Rätsel der Individualität. München: Deutsche Verlagsanstalt, 2007).

Hawkes, K., O'Connell, J. F., Blurton Jones, N. G., Alvarez, H. & Charnov, E. L. (1998). Grandmothering, menopause, and the evolution of human life histories. *Proceedings of the National Academy of Sciences of the United States of America, 95*, 1336–1339.

Hernández Blasi, C. & Bjorklund, D. F. (2003). Evolutionary developmental psychology: A new tool for better understanding human ontogeny. *Human Development, 46*, 259–281.

Hess, E. H. (1975). *The tell-tale eye: How your eye reveals hidden thoughts and emotions*. New York, NY: Van Nostrand Reinhold Co.

Hill, K. & Kaplan, H. (1999). Life history traits in humans: Theory and empirical studies. *Annual Review of Anthropology, 28*, 397–430.

Hoier, S. (2003a). *Das frühe erste Mal: Familie, Pubertät und Partnerschaft*. Lengerich: Papst Scientific Publishers.

Hoier, S. (2003b). Father absence and age at menarche: A test of four evolutionary models. *Human Nature, 14*, 209–233.

Hoier, S., Euler, H. A. & Hänze, M. (2001). Diskriminative verwandtschaftliche Fürsorge von Onkeln und Tanten. Eine evolutionspsychologische Analyse. *Zeitschrift für Differentielle und Diagnostische Psychologie, 22*, 206–215.

Hopcroft, R. L. (2005). Parental status and differential investment in sons and daughters: Trivers-Willard revisited. *Social Forces, 83*, 1111–1136.

Hrdy, S. B. (2009). *Mothers and others. The evolutionary origins of mutual understanding.* Cambridge, MA: The Belknap Press of Harvard University Press. (dt.: Mütter und Andere: Wie die Evolution uns zu sozialen Wesen gemacht hat. Berlin: Berlin Verlag, 2010)

Irons, W. (1998). Adaptively relevant environments versus the environment of evolutionary adaptedness. *Evolutionary Anthropology: Issues, News, and Reviews, 6*, 194–204.

Jensen, P. S., Mrazek, D., Knapp, P. K., Steinberg, L., Pfeffer, C., Schowalter, J. et al. (1997). Evolution and revolution in psychiatry: ADHD as a disorder of adaptation. *American Academy of Child and Adolescent Psychiatry, 36*, 1672–1679.

Johnston, T. D. & Edwards, L. (2002). Genes, interactions, and the development of behavior. *Psychological Review, 109*, 26–34.

Kahana, B. & Kahana, E. (1970). Grandparenthood from the perspective of the developing grandchild. *Developmental Psychology, 3*, 98–105.

Kail, R. V. (1991). Developmental changes in speed of processing during childhood and adolescence. *Psychological Bulletin, 109*, 490–501.

Kail, R. V. & Salthouse, T. A. (1994). Processing speed as mental capacity. *Acta Psychologica, 86*, 199–225.

Kaplan, H. S. & Gangestad, S. W. (2005). Life history theory and evolutionary psychology. In D. M. Buss (Hrsg.), *The handbook of evolutionary psychology* (S. 68–95). Hoboken, NJ: John Wiley & Sons.

Kegel, B. (2011). *Epigenetik. Wie Erfahrungen vererbt werden* (4. Aufl.). Köln: DuMont.

Keller, H. (2008). Kultur und Bindung. In L. Ahnert (Hrsg.), *Frühe Bindung. Entstehung und Entwicklung* (2. Aufl., S. 110–124). München: Ernst Reinhardt.

Konner, M. (2010). *The evolution of childhood: relationship, emotions, mind.* Cambridge, MA: The Belknap Press of Harvard University Press.

Krebs, D. L. (2003). Fictions and facts about evolutionary approaches to human behavior: Comment on Lickliter and Honeycutt (2003). *Psychological Bulletin, 129*, 842–847.

Lamarck, J. (1876). *Zoologische Philosophie.* Jena: Hermann Dabis. (orig.: Lamarck, J.-B. P. A. *Philosophie zoologique, ou, Exposition des considérations relative à l'histoire naturelle des animaux.* Paris: L'Imprimerie de Duminil-Lesueur, 1809).

Lamb, M. E., Thompson, R. A., Gardner, W. & Charnov, E. L. (1985). *Infant-mother attachment: The origins and developmental significance of individual differences in Strange Situation behavior.* Hillsdale, NJ: Lawrence Erlbaum.

Lickliter, R. & Honeycutt, H. (2003). Developmental dynamics: Toward a biologically plausible evolutionary psychology. *Psychological Bulletin, 129*, 819–835.

Lippa, R. A. (2005). *Gender, nature, and nurture* (2nd ed.). Mahwah, NJ: Lawrence Erlbaum.

Littlefield, C. H. & Rushton, J. P. (1986). When a child dies: The sociobiology of bereavement. *Journal of Personality and Social Psychology, 51*, 797–802.

Low, B. S. (2000). *Why sex matters.* Princeton, NJ: Princeton University Press.

Main, M. & Solomon, J. (1990). Procedure for identifying infants as disorganized/desoriented during the Ainsworth Strange Situation. In M T. Greenberg, D. Cicchetti & E. M. Cummings (Hrsg.), *Attachment in the preschool years: Theory, research, and intervention* (S. 121–160). Chicago, IL: University of Chicago Press.

McDougall, W. (1960). *An introduction to social psychology* (31st ed.). London: Methuen. (Original erschienen 1908; dt.: Grundlagen einer Sozialpsychologie. Jena: Gustav Fischer, 1928)

McLoyd, V. C. (1990). The impact of economic hardship on Black families and children: Psychological distress, parenting, and socioemotional development. *Child Development, 61*, 311–346.

Mealey, L. (2000). *Sex differences: Development and evolutionary strategies*. San Diego, CA: Academic Press.

Meyers, S. A. (1999). Mothering in context: Ecological determinants of parent behavior. *Merrill-Palmer Quarterly, 45*, 332–357.

Milne, F. H. & Judge, D. S. (2011). Brothers delay menarche and the onset of sexual activity in their sisters. *Proceedings of the Royal Society B, 278*, 417–423.

Molenaar, P. C. M., Boomsma, D. I. & Dolan, C. V. (1993). A third source of developmental differences. *Behavior Genetics, 23*, 519–524.

Müller, M. (1992). *Determinanten der sekundären Sexualproportion und Verteilung der Geschlechter in Familien*. Unveröffentlichte Diplomarbeit, Universität Dortmund, Fachbereich Statistik.

New, J., Krasnow, M. M., Truxaw, D. & Gaulin, S. J. C. (2007). Spatial adaptations for plant foraging: Women excel and calories count. *Proceedings of the Royal Society B, 274*, 2679–2684.

Nesse, R. M. & Williams, G. C. (1994). *Why we get sick. The new science of Darwinian medicine*. New York, NY: Times Books. (dt.: Warum wir krank werden: Die Antworten der Evolutionsmedizin. München: C. H. Beck, 1997)

Parker, G. A., Royle, N. J. & Hartley, I. R. (2002). Intrafamilial conflict and parental investment: A synthesis. *Philosophical Transactions of the Royal Society of London B, 357*, 295–307.

Parker, S. T. & McKinney, M. L. (1999). *Origins of intelligence: The evolution of cognitive development in monkeys, apes, and humans*. Baltimore, MD: John Hopkins University Press.

Paulussen-Hoogeboom, M. C., Stams, G. J. J. M., Hermans, J. M. A. & Peetsma, T. T. D. (2007). Child negative emotionality and parenting from infancy to preschool: A meta-analytic review. *Developmental Psychology, 43*, 438–453.

Pinker, S. (1997). *How the mind works*. New York, NY: W. W. Norton & Company, 1997. (dt.: Wie das Denken im Kopf entsteht. München: Kindler, 1998)

Pinker, S. (2002). *The blank slate: The modern denial of human nature*. New York, NY: Penguin Putnam Inc. (dt.: Das unbeschriebene Blatt. Die moderne Leugnung der menschlichen Natur. Berlin: Berlin Verlag, 2003)

Plomin, R., DeFries, J. C., McClearn, G. E. & McGuffin, P. (2001). *Behavioral genetics* (4th ed.). New York, NY: Worth Publishers.

Potts, M. & Short, R. (1999). *Ever since Adam and Eve. The evolution of human sexuality*. Cambridge, UK: Cambridge University Press.

Pritchard, J. K. (2011). Evolution auf der Kriechspur. *Spektrum der Wissenschaft, März*, 28–37.

Promislow, D. E. L. & Harvey, P. H. (1990). Living fast and dying young: A comparative analysis of life-history variation among mammals. *Journal of the Zoology, 220*, 417–437.

Richardson, M. K. & Keuck, G. (2002). Haeckel's ABC of evolution and development. *Biological Reviews, 77*, 495–528.

Salmon, C. & Crawford, C. (2008). Evolutionary psychology: The historical context. In C. Crawford & D. Krebs (Hrsg.), *Foundations of evolutionary psychology* (S. 1–21). New York, NY: Lawrence Erlbaum.

Sasse, G., Müller, H., Chakraborty, R. & Ott, J. (1994). Estimating the frequency of nonpaternity in Switzerland. *Human Heredity, 44*, 337–343.

Schmitt, D. P. & Buss, D. M. (2000). Sexual dimensions of personality description: Beyond or subsumed by the Big Five? *Journal of Research in Personality, 34*, 141–177.

Schneider, M. A. & Hendrix, L. (2000). Olfactory sexual inhibition and the Westermarck effect. *Human Nature, 11*, 65–91.

Schopenhauer, A. (1844). *Die Welt als Wille und Vorstellung* (2. Aufl.). Leipzig: F. A. Brockhaus.

Sear, R. & Mace, R. (2008). Who keeps children alive? A review of the effects of kin on child survival. *Evolution and Human Behavior, 29,* 1–18.

Serpell, J. A. & Paul, E. S. (2011). Pets in the family: An evolutionary perspective. In C. A. Salmon & T. K. Shackelford (Hrsg.), *The Oxford handbook of evolutionary family psychology* (S. 297–309). New York, NY: Oxford University Press.

Shafer, A. B. (2001). The Big Five and sexuality trait terms as predictors of relationships and sex. *Journal of Research in Personality, 35,* 313–338.

Shepher, J. (1971). Adolescents and adults: Incest avoidance and negative imprinting. *Archives of Sexual Behavior, 1,* 293–307.

Shepher, J. (1983). *Incest: A biosocial view.* New York, NY: Academic Press.

Silverman, I. & Eals, M. (1992). Sex differences in spatial abilities: Evolutionary theory and data. In J. H. Barkow, L. Cosmides & J. Tooby (Hrsg.), *The adapted mind. Evolutionary psychology and the generation of culture* (S. 533–549). New York, NY: Oxford University Press.

Simpson, J. A. & Gangestad, S. W. (1991). Individual differences in sociosexuality: Evidence for convergent and discriminant validity. *Journal of Personality and Social Psychology, 60,* 870–883.

Spalding, D. A. (1872). On instinct. *Nature, 6,* 485–486.

Spalding, D. A. (1873). Instinct. With original observations on young animals. *Macmillan's Magazine, 27,* 282–293.

Stearns, S. C. (1992). *The evolution of life histories.* Oxford, UK: Oxford University Press.

Stearns, S. C., Allal, N. & Mace, R. (2008). Life history theory and human development. In C. Crawford & D. Krebs (Hrsg.), *Foundations of evolutionary psychology* (S. 47–69). New York, NY: Lawrence Erlbaum.

Stearns, S. C. & Hoekstra, R. F. (2005). *Evolution, an introduction* (2nd ed.). Oxford, UK: Oxford University Press.

Tooby, J. & Cosmides, L. (1992). The psychological foundations of culture. In J. H. Barkow, L. Cosmides & J. Tooby (Hrsg.), *The adapted mind* (S. 19–136). New York, NY: Oxford University Press.

Tooby, J., Cosmides, L. & Barrett, H. C. (2003). The second law of thermodynamics is the first law of psychology: Evolutionary developmental psychology and the theory of tandem, coordinated inheritances: Comment on Lickliter and Honeycutt (2003). *Psychological Bulletin, 129,* 858–865.

Trivers, R. L. (1971). The evolution of reciprocal altruism. *Quarterly Review of Biology, 46,* 35–57.

Trivers, R. L. (1972). Parental investment and sexual selection. In B. Campbell (Hrsg.), *Sexual selection and the descent of man 1871–1971* (S. 136–179). Chicago, IL: Aldine.

Trivers, R. L. (1974). Parent-offspring conflict. *American Zoologist, 14,* 249–264.

Trivers, R. L. & Willard, D. E. (1973). Natural selection of parental ability to vary the sex ratio of offspring. *Science, 179,* 90–91.

Voracek, M., Haubner, T. & Fisher, M. L. (2008). Recent decline in nonpaternity rates: A cross-temporal meta-analysis. *Psychological Reports, 103,* 799–811.

Walter, A. & Buyske, S. (2003). The Westermarck effect and early childhood co-socialization: Sex differences in inbreeding avoidance. *British Journal of Developmental Psychology, 21,* 353–365.

Weisfeld, G. E., Czilli, T., Phillips, K. A., Gall, J. A. & Lichtman, C. M. (2003). Possible olfaction-based mechanisms in human kin recognition and inbreeding avoidance. *Journal of Experimental Child Psychology, 85,* 279–295.

West-Eberhard, M. J. (2003). *Developmental plasticity and evolution.* Oxford, UK: Oxford University Press.

Westermarck, E. (1891). *The history of human marriage.* London, UK: Macmillan.

Williams, G. C. (1957). Pleiotropy, natural selection, and the evolution of senescence. *Evolution, 11*, 398–411.

Williams, G. C. (1966). *Adaptation and natural selection: A critique of some current evolutionary thought.* Princeton, NJ: Princeton University Press.

Wilson, T. D. (2002). *Strangers to ourselves: Discovering the adaptive unconscious.* Cambridge, MS: The Belknap Press of Harvard University Press.

Wolf, A. P. (1995). *Sexual attraction and childhood association: A Chinese brief for Edward Westermarck.* Stanford, CA: Stanford University Press.

Wolf, M., Musch, J., Enczmann, J. & Fischer, J. (2012). Estimating the prevalence of nonpaternity in Germany. *Human Nature, 23*, 208–212.

Wozniak, R. H. (2009). Consciousness, social heredity, and development. The evolutionary thought of James Mark Baldwin. *American Psychologist, 64*, 93–101.

Zevalkink, J., Riksen-Walraven, J. M. & Bradley, R. H. (2008). The quality of children's home environment and attachment security in Indonesia. *The Journal of Genetic Psychology, 169*, 72–91.

Kapitel 4
Theorien der Wahrnehmungsentwicklung

Gudrun Schwarzer
Franziska Degé

Eleanor J. Gibson

„Attention refers to the perceiver as a potential performer, to the relationship between his perception and his task. Ideally, 'good' attention is perceiving what has utility for what the perceiver is doing or intends to do, as a performer. He perceives the affordance of information in the world for his own activity."
(Gibson & Rader, 1979, S. 5)

Die Wahrnehmung stellt für uns von Beginn an das Portal für Informationen aus der Außenwelt und für Informationen über uns selbst dar. Ist ein neugeborenes Kind wach, so scheint schon für ein so junges Baby die Umwelt präsent sowie die eigene innere Befindlichkeit spürbar zu sein. Über viele Jahrzehnte wurde gerätselt, was ein Baby wohl sehen, hören, fühlen, riechen und schmecken kann und wie es schließlich zu der Wahrnehmung kommt, die unsere Wahrnehmung als Erwachsene kennzeichnet. Erst mit zunehmendem methodischen Fortschritt konnte die Entwicklung der Wahrnehmung, insbesondere ihr ontogenetischer Ursprung, immer besser verstanden werden. Die Triebfeder dieser Forschungsarbeiten war jedoch nicht nur das alleinige Wissen-Wollen, wie Kinder unterschiedlichen Alters die Welt wahrnehmen. Die Forschungsarbeiten sollten vielmehr dazu dienen, Belege für verschiedene, zum Teil kontroverse theoretische Vorstellungen über die Wahrnehmung des Menschen und deren Veränderungen zu liefern. Ziel des vorliegenden Kapitels ist es, dieses Zusammenspiel zwischen den theoretischen Auffassungen über die Wahrnehmungsentwicklung des Menschen und ihre empirische Überprüfbarkeit in einer annähernd chronologischen Abfolge darzustellen.

1 Wahrnehmung: Eine Begriffsbestimmung

Bevor auf erste theoretische Überlegungen und Standpunkte zur frühkindlichen Wahrnehmung und deren Veränderungen im Laufe des Lebens eingegangen wird, soll der Begriff der Wahrnehmung zunächst genauer spezifiziert werden. Goldstein (2007) wie auch viele andere Wahrnehmungspsychologen betonen, dass die Wahrnehmung an sich kein Vorgang ist, der einfach passiert. Wahrnehmung ist vielmehr ein komplexer Prozess, der aus einer Vielzahl von Verarbeitungsschritten besteht und mehr als die Hälfte unseres Gehirns beschäftigt (Sereno et al., 1995). Goldstein ordnete diese Verarbeitungsprozesse in eine zirkuläre Abfolge (Abb. 4.1): Ein Umweltstimulus wird von den Sinnesorganen aufgenommen; darauf folgt eine Transduktion der Umweltenergie wie beispielsweise Licht in elektrische Energie, und es schließt sich die neuronale Verarbeitung an; diese bringt die bewusste Wahrnehmung hervor; und schließlich kommt es zum Erkennen und Einordnen des Umweltstimulus, wodurch möglicherweise eine Handlung ausgelöst wird, die selbst wiederum eine Veränderung des Umweltstimulus zur Folge haben kann. Kellman und Arterberry (2000) schlagen vor, diesen Verarbeitungszirkel auf drei verschiedenen Ebenen zu untersuchen (vgl. Schwarzer, 2005):

(1) Auf der Ebene der *Ökologie* geht es darum, die Umweltstimuli in ihrem Kontext zu analysieren (J. Gibson, 1979). So kann derselbe Reiz in verschiedenen Kontexten für den Betrachter mit seiner gegebenen Erfahrung, seinen Intentionen und Emotionen eine ganz unterschiedliche Bedeutung besitzen. Dadurch werden unterschiedliche Aspekte im Reiz für die Wahrnehmung besonders relevant.

(2) Verarbeitungsprozesse auf der *Repräsentations- und Prozessebene* werden stärker vom Kontext abstrahiert betrachtet. Oder, wenn ein spezifischer Kontext neue Aspekte zur Wahrnehmung zutage treten lassen könnte, werden solche Verarbeitungsprozesse in diesem Kontext eigens systematisch untersucht. Auf dieser Ebene geht es im Wesentlichen darum herauszufinden, welchen Prinzipien die Transformation der visuellen Umwelt in ihre interne Repräsentation folgt. Man interessiert sich dafür, wie Informationen aus einem Stimulus extrahiert werden, wie diese repräsentiert und mit anderen Informationen und Repräsentationen verrechnet werden. Es wird z. B. untersucht, wie der Mensch Farben, Formen, Muster oder Objekte wahrnimmt und repräsentiert und wie schließlich diese Repräsentationen mit der physischen Welt korrespondieren.

(3) Auf der Ebene der *Verarbeitungsprozesse* geht es schließlich darum, die physische Grundlage, die Neuro- und Sinnesphysiologie, zu untersuchen, die für die Verarbeitungsprozesse verantwortlich ist. Hier wird ermittelt, mit welchen biologischen Mechanismen die Informationsextraktion und Repräsentation eines Stimulus verbunden ist und ausgeführt wird. Kellman und Arterberry (2000) gehen davon aus, dass zwischen den drei Ebenen vielfältige Interaktionen der jeweiligen Verarbeitungsprozesse bestehen.

Diese doch recht neutralen Spezifikationen des Wahrnehmungsgeschehens von Goldstein (2007) und Kellman und Arterberry (2000) verdecken jedoch, was die Wissenschaft seit mehreren hundert

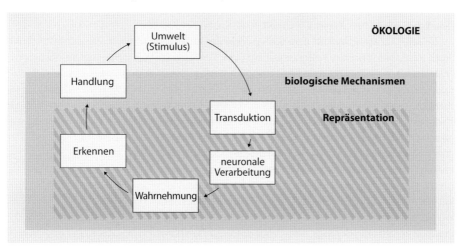

Abb. 4.1: Die drei verschiedenen Untersuchungsebenen der Wahrnehmung nach Kellman und Arterberry (2000) im Verarbeitungszirkel nach Goldstein (2007).

Jahren an der Erforschung der Wahrnehmung so fasziniert. Ein Verstehen der menschlichen Wahrnehmung kann fundamentale Fragen danach klären, wie unsere Gedankenwelt mit der externen Realität verbunden ist, und noch wichtiger, wie sie zustande kommt. So ist eine Kernfrage der Wahrnehmungspsychologie, ob die Verknüpfungen der Realität mit der mentalen Welt durch die in der Evolution hervorgebrachten angeborenen Voreinstellungen entstehen oder ob hierfür individuelle Erfahrungen ausschlaggebender sind. Eine relevante Forschungsstrategie zur Beantwortung dieser Frage besteht darin, den ontogenetischen Ursprung und die Entwicklung der Wahrnehmungsprozesse zu untersuchen.

2 Historische Anfänge

Betrachtet man die Forschungsarbeiten innerhalb des letzten Jahrhunderts, so wird deutlich, dass hierbei unterschiedliche Wahrnehmungsfähigkeiten der Kinder untersucht wurden. Während man sich zunächst intensiv der Frage widmete, wie Kinder die Komplexität der Umweltreize wahrnehmen, fand später eine Konzentration auf die Erforschung des visuellen Verhaltens von Säuglingen statt. Hiermit sollte insbesondere herausgearbeitet werden, ob die kindliche Wahrnehmung von Beginn an bedeutungshaltig ist oder auf einem konstruierten Prozess beruht.

2.1 Vom Ganzen zum Einzelnen

Die Ganzheitspsychologen der Leipziger Schule (Kruger, 1926) gehörten zu den Ersten, die sich mit der Wahrnehmung von Kindern ab einem Alter von ungefähr 4 bis 5 Jahren beschäftigten. Da zu dieser Zeit jedoch noch keine Untersuchungsmethoden existierten, die tatsächlich das Wahrnehmen von Kindern erfassen konnten, wurden Produktionen von Kindern analysiert und auf deren zugrunde liegende Wahrnehmung geschlossen. So versuchte Volkelt (1924), über die Auswertung von Kinderzeichnungen die kindliche visuelle Wahrnehmung zu verstehen. Er forderte beispielsweise seine 4;6-jährige Tochter auf, einen Quader zu zeichnen. Sie zeichnete einen Kreis mit vier davon abstrahlenden Geraden (Abb. 4.2). Dabei ging aus ihren Erklärungen hervor, dass der Kreis nicht eine einzelne Fläche, sondern seine „geschlossene Vollkörperlichkeit" (Volkelt, 1924, S. 205) darstelle. Die Geraden sollten nicht eine bestimmte Kante des Quaders wiedergeben, sondern das „längliche Ganze dieses Körpers" (Volkelt, 1924, S. 206).

Volkelt kam schließlich zu dem Schluss, dass die kindliche Wahrnehmung ganzheitlich und durch sogenannte primitive Komplexqualitäten charakterisiert sei. Wahrnehmungsentwicklung bedeute demnach die zunehmende Fähigkeit, „mehrheitliche Ganze zu zergliedern, bestimmte Einzelheiten aus ihrem Verband herauszulösen" (Sander, 1933, zit. nach Sander & Volkelt, 1962, S. 183). Der ebenfalls in dieser Zeit tätige Entwicklungspsychologe Heinz Werner (1926) beschäftigte sich mit einem ganz spezifischen Bereich der kindlichen Wahrnehmung, nämlich der Wahrnehmung von Musik. Er analysierte Lallgesänge von 3- bis 5-jährigen Kindern und postulierte schließlich eine Ontogenese musikalischer Erfindung, die sich innerhalb der ersten fünf Lebensjahre vollzieht: angefangen vom Singen eines Tones, eines fallenden Glissandos hin zum Singen einzelner Intervalle und insbesondere der Terz. Werner betrachtete altersbezogene Veränderungen der Wahrnehmung als gestalthafte Vorgänge, die sich aus diffus-ganzheitlichen Grundformen entwickeln und im Laufe der Entwicklung dann wiederum zu einer Integration streben.

Abb. 4.2: Kinderzeichnung eines Quaders nach Volkelt (1924).

2.2 Wahrnehmen integraler und separabler Reizstrukturen

Mitte der 1970er-Jahre wurde die Idee der ganzheitlichen Wahrnehmung von Kindern wieder aufgegriffen, und man versuchte, diese Annahme mit den in der Wahrnehmungspsychologie inzwischen gängigen experimentellen Methoden bei Kindern zu untersuchen. In diesem Zusammenhang entstand die sogenannte *Separabilitätshypothese der Wahrnehmungsentwicklung* (Shepp & Swartz, 1976; Smith & Kemler, 1977), die auf der in der allgemeinen Wahrnehmungspsychologie vorgenommenen Unterscheidung von integralen und separablen Reizstrukturen basiert. Integrale Reizstrukturen sind dadurch charakterisiert, dass ihre Komponenten psychologisch nicht oder nur schwer isoliert werden können. Ein Vergleich solcher integralen Reize orientiert sich an ihrer Gesamtähnlichkeit und nicht an einem Vergleich entlang einzelner Dimensionen. Typische Beispiele für integrale Reize sind Töne mit den integralen Dimensionen Tonhöhe und Lautstärke (Grau & Kemler Nelson, 1988). Separable Reize sind dagegen durch die Unabhängigkeit ihrer Dimensionen gekennzeichnet und werden anhand von Vergleichen dieser einzelnen Dimensionen wahrgenommen und verarbeitet. Ein bekanntes Beispiel dafür stellt die Kombination der Dimensionen aus Farbe und Form dar. Je nach Art der Reizstruktur postuliert nun die Separabilitätshypothese unterschiedliche Verläufe der Wahrnehmungsentwicklung: Demnach würden von Kindern zwischen vier und sechs Jahren zunächst alle Reizstrukturen ganzheitlich wahrgenommen. Bei der Wahrnehmung separabler Reize gehe dann mit zunehmendem Alter die ganzheitliche Wahrnehmung in eine analytische über. Integrale Reize würden dagegen in jedem Alter ganzheitlich wahrgenommen. Diese Annahme hat auch deshalb große Beachtung gefunden, weil man zeitweise meinte, die Einführung ganzheitlicher Lehrmethoden im Schulunterricht mit solchen Hypothesen aus der Entwicklungspsychologie begründen zu können.

Inzwischen wurde die allgemeine Auffassung, dass sich die kindliche Wahrnehmungsentwicklung von einer ganzheitlichen zu einer analytischen Verarbeitung vollzieht, jedoch vielfach kritisiert. Diese Kritik setzte allerdings nicht daran an, dass sich die Entwicklung in Richtung einer zunehmenden Analyse vollzieht, sondern daran, dass Vorschulkinder die Welt typischerweise ganzheitlich wahrnehmen. Diese Kritik machte sich vor allem an methodischen Unzulänglichkeiten der Diagnose der ganzheitlichen Wahrnehmung im Kindesalter fest. So konnte nämlich die angeblich ganzheitliche Wahrnehmung der Kinder dieses Alters durch ein fehlendes Beachten individueller Verarbeitungsunterschiede erklärt werden. Wurden solche individuellen Unterschiede im Kontext der üblichen Aufgabenstellungen berücksichtigt, so ergab sich, dass auch schon Kinder zwischen fünf und sechs Jahren eine ausgeprägte Tendenz zeigten, sich auf einzelne Dimensionen eines komplexen Stimulus zu beziehen (Thompson, 1994; Wilkening & Lange, 1989). Neuere Befunde haben also die Separabilitätshypothese widerlegt und betonen die analytische Wahrnehmung der 5- bis 6-jährigen und sogar noch jüngeren Kinder.

2.3 Visuelle Präferenzen

Die Wahrnehmung von Säuglingen entzog sich über lange Zeit wissenschaftlichen Untersuchungen. Bis nahezu in die 1960er-Jahre wurde ihnen eine informationshaltige Wahrnehmung fast gänzlich abgesprochen. So beschrieb der amerikanische Philosoph und Psychologe William James (1890) die Wahrnehmungswelt des Säuglings als „blooming, buzzing confusion". Die Vorstellung vom inkompetenten Säugling, dessen Wahrnehmung primitiv sei, vertrat auch William Stern (1914), einer der ersten deutschen Entwicklungspsychologen. Er schrieb, dass Säuglinge sich in einem diffusen Gesamtzustand befinden würden, der sich auf einfache Reflexhandlungen beschränke. Auch Freud (1916, 1933) betrachtete den Säugling als hilflos und beherrscht von seinen

Triebbedürfnissen. Erst während des Durchlaufens der verschiedenen psychosexuellen Entwicklungsstufen bis zum 6. Lebensjahr gelinge es dem Kind zunehmend, diese Triebbedürfnisse zu kontrollieren und damit immer adäquater die Realität wahrzunehmen. Noch Spitz (1958, 1972) spricht dem Säugling eine funktionstüchtige Wahrnehmungsfähigkeit der Umwelt ab, da Säuglinge nur ihre eigenen inneren Zustände wahrnehmen.

Erst Mitte der 1960er-Jahre wurde begonnen, auch die Wahrnehmung von Säuglingen empirisch zu untersuchen. Dieser historische Wandel wurde möglich durch die Entwicklung von Forschungsmethoden zur Erfassung der frühkindlichen Wahrnehmung, die relativ einfach zu handhaben waren. So bestanden die ersten experimentellen Methoden der sogenannten modernen Säuglingsforschung in der von Robert Fantz (1958, 1961) begründeten Präferenz- und Habituationsmethode, bei der die Dauer des Blickens der Säuglinge gemessen wird, wenn sie visuelle Stimuli betrachten. Bei der Präferenzmethode wird beispielsweise die Blickdauer gemessen, wenn dem Säugling zwei nebeneinander angeordnete Bilder dargeboten werden. Diese Arbeiten stellten eindrücklich dar, dass Säuglinge schon sehr wohl visuelle Informationen aus der Umwelt aufnehmen und verarbeiten, indem sie z. B. reliable visuelle Präferenzen für das menschliche Gesicht, für Kreise gegenüber Quadraten oder für gekrümmte Linien gegenüber geraden Linien ausdrücken. In der Folge etablierten sich weitere methodische Vorgehensweisen auch zur Erfassung der auditiven und haptischen Wahrnehmung oder zur Messung der durch Umweltreize ausgelösten neuronalen Aktivität. Diese methodischen Fortschritte haben bis heute zur Folge, dass eine enorme Fülle an empirischen Arbeiten zur Wahrnehmung im Säuglingsalter vorhanden ist.

2.4 Bedeutungsvolles Wahrnehmen

Betrachtet man die theoretischen Ausrichtungen vergangener Forschungsarbeiten zur Wahrnehmung im Säuglingsalter, so können diese, grob kategorisiert, den zwei großen theoretischen Strömungen der Wahrnehmungspsychologie, dem sogenannten Konstruktivismus oder der ökologischen Sichtweise, zugeordnet werden (für einen umfassenden Überblick siehe Spelke, 1998, oder Gordon & Slater, 1998). Bei der konstruktivistischen Theorie wird davon ausgegangen, dass zur Wahrnehmung eines Stimulus die von den Sinnesorganen aufgenommenen Sinnesempfindungen mit Bedeutung aus der Umwelt versehen werden müssen (z. B. Berkeley, 1910; Helmholtz, 1925; Hochberg, 1981). Erst dadurch kommt es dann zur Wahrnehmung. Man stellt sich vor, dass diese Prozesse durch einfache räumliche oder zeitliche Assoziationen erfolgen. So kommt die Wahrnehmung eines Apfels beispielsweise dadurch zustande, dass eine Verknüpfung zwischen den Empfindungen einer grünen Farbe, runden Form, glatten Oberfläche und festen Substanz mit der Bedeutung einer essbaren Frucht hergestellt wird. Erst durch zunehmende Entwicklung und Erfahrung wird somit allmählich konstruiert, wie die reale Welt beschaffen ist, die mit den entsprechenden Empfindungen einhergeht. Wahrnehmungsentwicklung besteht demnach aus fortschreitendem Lernen, Empfindungen mit Bedeutung anzureichern und sie so zu interpretieren, dass kohärente und bedeutungsvolle Objekte und Ereignisse wahrgenommen werden können. Die ökologische Sichtweise betont dagegen, dass der Mensch durch die Evolution so ausgestattet ist, dass er von Geburt an sinnvolle Informationen direkt wahrnimmt (z. B. E. Gibson, 1969; J. Gibson, 1966; Hering, 1861–1864). Die Aufnahme bedeutungsloser Empfindungen gibt es infolgedessen in dieser Konzeption nicht. Ein Apfel wird – sobald er wahrgenommen wird – immer bedeutungsvoll gesehen, als etwas Essbares, etwas, das rollt, womit gespielt werden kann. Wahrnehmungsentwicklung beginnt demnach bereits mit einem bedeutungsvollen Kontakt zur Umwelt. Entwicklung und Lernen bestehen hierbei darin, das Wahrgenommene immer stärker zu differenzieren, sodass die Informationsaufnahme immer präziser und schneller wird.

3 Allgemeine theoretische Orientierungen

Über die Wahrnehmungsentwicklung existieren allgemeine theoretische Orientierungen, die auf die Ideen des Konstruktivismus und der ökologischen Sichtweise zurückgehen. Dies sind für den Konstruktivismus die wahrnehmungsbezogenen Überlegungen der Entwicklungstheorie von Jean Piaget und für die ökologische Sichtweise die Theorie von Eleanor Gibson, die im Folgenden vorgestellt werden.

3.1 Piagets Auffassung zur Wahrnehmungsentwicklung

Der Schweizer Entwicklungspsychologe Jean Piaget hat ab den 20er-Jahren des letzten Jahrhunderts die wohl einflussreichste Theorie kindlichen Denkens aufgestellt (vgl. Piaget, 1975). Eine seiner Hauptaussagen besteht darin, dass Kinder vier aufeinander aufbauende Stadien durchlaufen, wobei jedes Stadium eine charakteristische Art und Weise ihres Denkens zum Ausdruck bringt. Insbesondere das erste Stadium seiner Entwicklungstheorie ist von essenzieller Bedeutung für die Wahrnehmungsentwicklung der ersten zwei Lebensjahre. Als Konstruktivist stellt Piaget sich vor, dass Kinder vor allem in dieser frühen Zeit durch die Verknüpfung ihrer Handlungen mit dadurch ausgelösten Sinnesempfindungen zur Wahrnehmung der Umwelt kommen. Er betrachtet solche Verknüpfungen als Basis der kindlichen Wahrnehmung über sich selbst und die sie umgebende Welt.

Wie Kinder diese Verknüpfungen herstellen, beschreibt Piaget als erstes kindliches Denkstadium, als sogenannte sensumotorische Phase. In dieser Phase sieht Piaget vor, dass die Kinder im Laufe der ersten beiden Lebensjahre sechs sensumotorische Stufen durchlaufen.

Im Grundprinzip verdeutlichen die sensumotorischen Stufen, wie aus sensumotorischen Erfahrungen und Handlungen die Umwelt des Kindes allmählich konstruiert wird. Das Bedürfnis der Kinder, einfache Handlungen unermüdlich zu wiederholen, nimmt hierbei eine Schlüsselrolle ein. Piaget bezeichnet dieses Handeln als sogenannte Kreisreaktionen. Diese sind zunächst auf den eigenen Körper bezogen, wie z. B. das wiederholte Greifen nach dem eigenen Pullover, und richten sich erst danach auf die „ergreifbare" Außenwelt, wie z. B. das wiederholte Ziehen an der Bettdecke. Die Kinder führen sich dadurch selbst vor Augen, wie eine bestimmte Aktivität zu einem ganz spezifischen Effekt führt. So kann das Ziehen an der Bettdecke beispielsweise dazu führen, dass die eigenen Füße zu sehen sind. Solche „Wenn-dann-Zusammenhänge" verstehen die Kinder aber erst allmählich. Sie erfreuen sich zunächst einfach daran, die Effekte zu beobachten, und nehmen erst später wahr, dass es ihr eigenes Handeln ist, das die Effekte hervorruft.

Mit diesem ersten Verstehen geht einher, dass Kinder eine interne Repräsentation von etwas Beobachtetem, wie z. B. einem gesehenen Objekt, aufgebaut haben. Sie wissen nämlich, dass ein Objekt auch dann noch existiert, wenn sie es selbst aktuell nicht sehen. Piaget hat diesen Aufbau einer internen Repräsentation als *Objektpermanenz* bezeichnet, die er daran erkannte, dass Kinder nach einem Objekt suchen, wenn es versteckt wurde und nicht mehr zu sehen war.

Bei Vollendung des ersten Lebensjahres sind beide genannten Bereiche des kindlichen Verstehens – sich selbst als Verursacher von Effekten zu begreifen und die Fähigkeit zur Objektpermanenz – noch sehr labil und unflexibel. Wird ein Objekt z. B. aus einem Versteck (A) herausgeholt und an einem anderen Ort (B) versteckt, so suchen die Kinder das Objekt weiterhin an Ort A. Dieses Verhalten bezeichnet Piaget als den *A-nicht-B-Fehler*. Im Laufe des zweiten Lebensjahres aber erlangt das Wahrnehmen und Verstehen der Kinder eine immer größere Stabilität und Flexibilität. Der A-nicht-B-Fehler verschwindet und die Kinder können z. B. eine gesehene

Kapitel 4 · Theorien der Wahrnehmungsentwicklung

Handlung auch dann noch reproduzieren, wenn sie nicht mehr zu beobachten ist. Sie sind damit zur sogenannten *verzögerten Nachahmung* fähig. Das bedeutet, dass die Kinder nicht nur ein Objekt, sondern auch einen vollständigen Handlungsablauf intern repräsentieren können. Insgesamt kann mit Piagets wegweisenden Arbeiten festgehalten werden, dass Säuglinge durch ihre handelnden Interaktionen mit der Umwelt sensorische Informationen wahrnehmen und darauf aufbauend die Realität intern konstruieren.

3.2 Theorie der Wahrnehmungsentwicklung nach Eleanor Gibson

Die amerikanische Wissenschaftlerin Eleanor Gibson befasste sich insbesondere ab den 1950er-Jahren mit der kindlichen Wahrnehmungsentwicklung (Gibson, 1969) und vertrat dabei eine ökologische Perspektive. Ihrer Auffassung zufolge muss Wahrnehmung im Gegensatz zur Piaget'schen Theorie nicht konstruiert und Bedeutungen müssen einer Sinneserfahrung nicht hinzugefügt werden. Stattdessen entnehmen Kinder von Beginn an Informationen bzw. Bedeutungen direkt aus einer Umweltstimulation. Gibson befasste sich besonders damit, was genau aus einem Stimulus wahrgenommen wird, und nutzte in diesem Zusammenhang das Konzept der Umweltangebote (*affordances*). Diese Umweltangebote sind Eigenschaften des Stimulus, die oft mit seinen Funktionen verbunden sind. So besteht das Angebot eines wahrgenommenen Stuhls darin, sich auf ihn zu setzen, oder das Angebot eines Stiftes darin, mit ihm zu schreiben. Gibson machte deutlich, dass Kinder von Beginn an solche Umweltangebote direkt wahrnehmen. Sie sehen eine Rassel und möchten danach greifen oder betrachten ihre Milchflasche und möchten aus ihr trinken.

Gibson sieht den Entwicklungsstart zum einen dadurch charakterisiert, dass die für das Überleben des Menschen relevanten Umweltangebote angeborenermaßen von Säuglingen erkannt werden. Als Beispiel nennt sie hierfür das Erkennen des menschlichen Gesichts, das schon Neugeborenen gelingt. Zum anderen setzen sich Säuglinge aktiv mit der Umwelt auseinander, indem sie sie mit ihren verschiedenen Sinnen explorieren und dadurch neue Umweltangebote erfahren. Gibson spricht vom Kind als sogenanntem „perceiver as performer" (vgl. Gibson & Rader, 1979). Kinder entdecken, beachten und differenzieren Umweltinformationen und agieren auch mit ihnen, um diese Informationen besser zu erkennen. Dadurch wiederum nehmen sie wieder neue Informationen wahr, die zu neuen Handlungen auffordern können. Die bedeutungsvolle Wahrnehmung stellt somit das Fundament für kindliche Handlungen dar.

Gibson arbeitete heraus, dass eine solche Wahrnehmung der Umweltangebote immer in Passung steht zu den gegebenen Explorations- und Interaktionsmöglichkeiten des Kindes. Kann ein Säugling z. B. noch nicht krabbeln, so wird er vornehmlich nur die Umweltangebote wahrnehmen, die sich in Reichweite befinden. Ist ein gleichaltriger Säugling dagegen schon imstande zu krabbeln, so werden auch solche Angebote außerhalb der Reichweite wahrgenommen werden, da diese zur näheren Exploration eigenständig aufgesucht werden können. Für Gibson war es entscheidend, die ökologischen Bedingungen, in denen sich Wahrnehmung vollzieht, genauestens zu bestimmen, auf Seiten der Umwelt, aber auch auf Seiten des Kindes. Daraus folgt, dass Gibson die Wahrnehmung von Kindern immer in möglichst natürlichen Kontexten untersucht hat und sogar simuliert hat und es als sinnlos ansah, Kinder in artifiziellen Laborsituationen zu beobachten.

Gibson sieht den kindlichen Wahrnehmungsfortschritt darin, dass die Wahrnehmung der Umweltangebote immer genauer und auch ökonomischer wird. Dieses führt sie darauf zurück, dass Kinder sich stetig darin verbessern, solche kritischen Merkmale in ihrer Umwelt wahrzunehmen, die verschiedene Umweltobjekte oder -ereignisse voneinander unterscheiden. Eine weitere Voraussetzung für diesen Wahrnehmungsfortschritt ist, dass Kinder immer erfolgreicher darin werden, Invarianzen, d. h. das Gleichbleibende trotz äußerlicher Veränderungen, in ihrer Umwelt zu erkennen. Kinder lernen dadurch, mehr und mehr die Struktur der Umwelt zu erkennen. Gemäß Gibson ist eine solche Struktur in unserer Umwelt stets enthalten; man muss nur lernen, sie wahrzunehmen. Ein weiterer Fortschritt der kindlichen Wahrnehmung besteht darin, dass Kinder immer gezielter ihre Aufmerksamkeit kontrollieren und sie auf die Umweltangebote ausrichten können. Daraus folgt, dass Kinder ganz spezifische Umweltangebote wahrnehmen, jedoch auch andere aus ihrer Wahrnehmung ausblenden, um von ihnen nicht gestört zu werden. Dadurch passen sie ihre Aufmerksamkeit gezielt an die Erfordernisse verschiedener Situationen an. Sie lernen z. B., beim Überqueren einer Straße auf die Autos zu achten, beim Beschenken eines Freundes auf dessen Mimik zu schauen oder sich beim Radfahren im Dunkeln auf relevante Lichter zu konzentrieren. Insgesamt stellt Gibsons Theorie eindrücklich die Wahrnehmungsentwicklung des Kindes als beständig adaptives System dar, indem durch die Explorationsmöglichkeiten des Kindes (wie z. B. Körperbewegungen) auf Basis der bereits gesammelten Erfahrungen mit der Objektwelt und der sozialen Welt immer wieder neue Umweltcharakteristiken entdeckt werden, die es weiter zu explorieren gilt. Kinder können somit immer wieder Neues aus der Umwelt wahrnehmen und müssen sie nicht selbst konstruieren, wie von Piaget angenommen (Tabelle 4.1).

	Piaget	Gibson
Perspektive	Konstruktivismus	ökologische Perspektive
Wahrnehmung vs. Handlung	Handlung führt zur Wahrnehmung	bedeutungsvolle Wahrnehmung führt zur Handlung
Bedeutungshaltigkeit	Handlungserfahrung konstruiert Umwelt	Bedeutung in Umwelt (Stimulus) enthalten
Entwicklung	Kreisreaktionen – unermüdliches Handeln	Wahrnehmung der Umweltangebote wird genauer/ ökonomischer

Tabelle 4.1: Vergleich der theoretischen Ansätze von Piaget und Gibson.

4 Klassische Befunde

Da sich die zentralen Veränderungen des Wahrnehmungsgeschehens vor allem zu Beginn der Entwicklung vollziehen, richtet sich die Erforschung der Wahrnehmungsentwicklung vor allem auf das erste Lebensjahr. Hierzu existiert mittlerweile eine Fülle von Ergebnissen, die demonstrieren, dass die grundlegenden Wahrnehmungsbereiche des Fühlens, Riechens und Schmeckens schon nach der Geburt sehr weit entwickelt sind. Die auditive und vor allem die visuelle Wahrnehmung weisen dagegen einen größeren Spielraum für Entwicklung auf, der aber auch primär im ersten Lebensjahr liegt. In den folgenden Lebensjahren treten zwar noch bedeutsame Veränderungen auf; diese sind jedoch schon stark verwoben mit den sich zunehmend entwickelnden kognitiven und sprachlichen Fähigkeiten der Kinder.

Im Folgenden werden ausgewählte klassische Befunde der kindlichen Wahrnehmungsentwicklung berichtet, wobei schwerpunktmäßig der visuelle und auditive Wahrnehmungsbereich und anschließend die Bereiche des Geschmacks, Geruchs und der haptischen Wahrnehmung sowie der intermodalen Wahrnehmung aufgeführt werden.

4.1 Visuelle Wahrnehmung

Untersucht man die visuelle Wahrnehmung im ersten Lebensjahr, so ist zu berücksichtigen, dass die visuell-sensorischen Fähigkeiten, insbesondere die Sehschärfe, noch einer starken biologischen Entwicklung unterliegen (Überblick bei Jovanovic & Schwarzer, 2010). So verbessert sich die Sehschärfe rapide in den ersten 6 Monaten und erreicht erst mit ungefähr 18 Monaten Erwachsenenniveau. In den Forschungsarbeiten zur visuellen Wahrnehmung des Säuglingsalters hat man versucht, die jeweils relevanten Aufbauten und Stimuli an diese altersspezifischen sensorischen Fähigkeiten der Kinder anzupassen. Exemplarisch für die große Fülle dieser Arbeiten sollen im Folgenden einige klassische Befunde zur kindlichen Wahrnehmung von Tiefe und zur Wahrnehmung von Objekten sowie Mustern dargestellt werden.

(1) Wahrnehmung von Tiefe. Bisherige Studien machen deutlich, dass Säuglinge nach der Geburt noch nicht Tiefe wahrnehmen können. Sie nutzen jedoch nach und nach immer vielfältigere Informationen, die zur Wahrnehmung von Tiefe führen. Die erste Information, die Säuglingen mit 2 bis 3 Monaten zur Tiefenwahrnehmung verhilft, stellt die sogenannte Querdisparation dar (z. B. Fox, Aslin, Shea & Dumais, 1980). Diese bezeichnet die durch den Augenabstand bedingte Verschiedenheit der Bildlage auf der rechten und linken Netzhaut, die Informationen über die räumliche Anordnung eines Reizes liefert. Ab 5 Monaten können Säuglinge dann auch aufgrund ihrer eigenen Bewegungen oder durch die Bewegung von Objekten Tiefe erkennen (z. B. Granrud & Yonas, 1984). Ältere Säuglinge leiten Tiefenwahrnehmung außerdem aus bildhaften Tiefenkriterien ab. Dieses sind Kriterien, die einem unbewegten Bild entnommen werden können, auch wenn es nur mit einem Auge betrachtet wird. Ein solches Tiefenkriterium stellt z. B. die gewohnte Größe von Objekten dar. Kennen Säuglinge die reale Größe eines Objektes, so können sie dadurch die Entfernung dieses Objektes und damit auch seine Position im Raum abschätzen (Granrud, Haake & Yonas, 1985). Abhängig von der Wahl des methodischen Vorgehens hat sich herausgestellt, dass viele Säuglinge erst mit 7 Monaten imstande sind, allein aufgrund eines solchen bildhaften Tiefenkriteriums die Tiefe von Objekten abzuleiten (Yonas & Granrud, 2006, aber siehe auch kritisch dazu Bertin & Bhatt, 2006, sowie Yonas, Kavsek & Granrud, 2008).

Dass Kinder ab dem Krabbelalter (zwischen 6 und 8 Monaten) relativ problemlos über die Fähigkeit der Tiefenwahrnehmung verfügen, wird in der klassischen Studie von Gibson und Walk (1960) zur visuellen Klippe deutlich (Abb. 4.3). Bei diesem Versuchsaufbau wurden Babys auf einen speziell konstruierten Tisch mit einer Glasplatte gesetzt. Unmittelbar unter der einen Hälfte der Glasplatte befand sich ein Schachbrettmuster. Unter der anderen Hälfte der Glasplatte befand sich jedoch das Schachbrettmuster auf dem Boden. Von oben her betrachtet simuliert dieser Aufbau eine visuelle Klippe zwischen den beiden Flächen des Schachbrettmusters. Die Kinder wurden nun dicht an die simulierte Klippe gesetzt und von ihrer Mutter, die sich auf der gegenüberliegenden Seite befand, aufgefordert, zu ihr zu kommen. Die Kinder aber weigerten sich, über die visuelle Klippe hinweg zu krabbeln. Dies zeigt sehr eindrücklich, dass die Kinder den Abgrund und damit die Tiefe erkannt hatten.

Abb. 4.3: Die visuelle Klippe nach Gibson und Walk (1960).

(2) Wahrnehmung von Objekten. Die meisten Objekte, die einen Säugling umgeben, sind nicht in ihrer Ganzheit sichtbar, sondern werden zum Teil durch andere Objekte oder Menschen verdeckt. Somit besteht eine wichtige Fähigkeit darin, auch zum Teil verdeckte Objekte als komplette Objekte zu erkennen. In den ersten Lebenswochen sind Säuglinge dazu noch nicht imstande. Frühestens ab 3 Monaten können sie verdeckte Objekte erkennen, aber nur unter der Bedingung, dass sich die sichtbaren Objektteile systematisch und gemeinsam bewegen und diese Teile auch ausreichend groß sind. Hieraus schließen die Säuglinge dann, dass die sichtbaren Teile zu demselben Objekt gehören (Johnson & Nanez, 1995; Kellman & Spelke, 1983). Erst nach dem ersten Lebenshalbjahr sind Säuglinge schließlich imstande, die Einheit eines teilweise verdeckten Objekts auch zu erkennen, wenn sich die Objektteile nicht bewegen (Abb. 4.4).

Gerade bei asymmetrischen Objekten ist es für Säuglinge zudem essenziell, die dreidimensionale Form eines Objektes zu verstehen. Denn bei solchen Objekten sieht die Vorderseite eines Objekts durchaus anders aus als dessen Rückseite. Die dreidimensionale Form können Säuglinge in den ersten Monaten zunächst nur erkennen, wenn ein Objekt vor ihnen gedreht wird und sie dabei beobachten können, wie die verschiedenen Objektansichten ineinander übergehen (Kellman, 1993). Frühestens ab dem 5. und üblicherweise ab dem 9. Lebensmonat erfassen sie auch dann Objekte dreidimensional, wenn ihnen nur einzelne statische Ansichten eines Objekts gezeigt werden (Kavsek, 2001; Mash, Arterberry & Bornstein, 2007).

(3) Wahrnehmung von Mustern. Bei der Wahrnehmung von Mustern geht es darum, das Zusammengehörige in zweidimensionalen Abbildungen zu erkennen. Fantz (1958, 1961) entdeckte, dass Säuglinge sich nicht für jedes Muster gleichermaßen interessieren, sondern dass sie von vornherein ganz bestimmte, spontane Präferenzen haben. Sie haben u. a. eine Präferenz für vertikale Symmetrien gegenüber horizontalen Symmetrien und betrachten in einem Muster bevorzugt äußere Umrisse und nicht das Innere eines Musters, was auch als *Externalitätseffekt* bezeichnet wird. Ganz besondere visuelle Muster, denen schon Neugeborene verstärkt ihre Aufmerksamkeit schenken, stellen Gesichter dar. Man geht davon aus, dass diese frühe Präferenz angeboren ist (Morton & Johnson, 1991; Simion, Macchi Cassia, Turati & Valenza, 2003). Betrachtet man die Entwicklung der Gesichterwahrnehmung innerhalb des ersten Lebensjahres, so verändert sich neben der Differenzierungsfähigkeit von Gesichtern (s. u.) auch die Art und Weise, wie Gesichter verarbeitet werden: ob sie eher in Form von Einzelmerkmalen (analytisch) oder in ihrer gesamten Merkmalskonfiguration (holistisch) wahrgenommen werden. Neugeborene präferieren zwar die allgemeine Konfiguration eines Gesichts gegenüber anderen visuellen Stimuli, beim späteren Unterscheiden verschiedener Gesichter kommt es aber zu einem Wechsel von einer analytischen zu einer holistischen Wahrnehmung (Schwarzer, Zauner & Jovanovic, 2007). Damit ist gemeint, dass Säuglinge Gesichter zunächst auf der Basis einzelner Merkmale unterscheiden und dass für sie die Einzelmerkmale eines Gesichts noch nicht zu einer für jedes Gesicht einzigartigen Konfiguration emergieren. Erst ab 6 bis 9 Lebensmonaten können Säuglinge dann ihre Wahrnehmung von Gesichtern auch auf solche Merkmalskonfigurationen eines Gesichts beziehen.

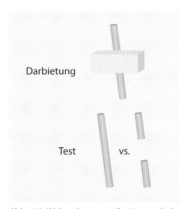

Abb. 4.4: Wahrnehmung teilweise verdeckter Objekte nach Kellman und Spelke (1983). Erst nach dem ersten Lebenshalbjahr erkennen Säuglinge bei einer statischen Darbietung, dass sich hinter dem Kasten ein kompletter Stab befindet. Sie betrachten deshalb im Test länger den unterbrochenen Stab, da dieser für sie etwas Neues darstellt.

4.2 Auditive Wahrnehmung

Das Hörsystem ist bereits pränatal ab der 24. Schwangerschaftswoche voll entwickelt: Die Cochlea, die Hörbahn und der auditorische Kortex sind so weit gereift, dass der Schall in neuronalen Signalen übertragen und in den entsprechenden kortikalen Arealen verarbeitet wird (Überblick bei Parncutt, 2006). Besonders relevante Entwicklungsveränderungen der auditiven Wahrnehmung nach der Geburt sind in der auditiven Raumwahrnehmung und in der Wahrnehmung von Sprache und Musik zu beobachten, für die wir im Folgenden einige klassische Befunde darstellen.

(1) Raumwahrnehmung. Schon Neugeborene können durch Augen- und Kopfdrehungen die ungefähre Richtung einer Schallquelle ausmachen (Wertheimer, 1961). Diese Fähigkeit wird im Laufe der ersten 18 Monate immer genauer (Ashmead, Davies, Whalen & Odom, 1991; Muir & Clifton, 1985), obwohl die Säuglinge mit zunehmendem Alter mit dem Problem der sogenannten *Rekalibrierung* konfrontiert sind. Dieses Problem besteht darin, dass dieselbe Schallquelle bei älteren Säuglingen und Kleinkindern aufgrund des sich vergrößernden Kopfumfanges (Ohrenabstandes) zu einer größeren Zeitdifferenz des Schalls zwischen den Ohren führt als bei jüngeren Kindern. Die Säuglinge müssen also die Wahrnehmung der Schallquelle immer wieder neu an ihre eigenen, sich ändernden physiologischen Bedingungen anpassen. So wie Säuglinge trotz dieser Schwierigkeit immer exakter die Richtung eines ertönenden Objekts ausmachen können, sind sie auch imstande, die Distanz eines Objekts zu ermitteln. Siebenmonatige Säuglinge greifen in einem dunklen Raum beispielsweise korrekt nach ertönten Objekten und können dieses bedeutsam besser, wenn sich die Objekte in ihrer Reichweite und nicht weiter entfernt befinden (Clifton, Perris & Bullinger, 1991).

(2) Sprachwahrnehmung. Kinder werden in eine sprechende Umwelt hineingeboren und versuchen von Beginn an, das Sprechen anderer zu verstehen. Sie stehen dabei vor der großen Aufgabe, aus dem Sprachstrom bedeutungshaltige Komponenten wie Phoneme und Zusammengehöriges wie Wörter und Sätze zu extrahieren. Als klassische Befunde aus der enormen Vielfalt relevanter Forschungsarbeiten soll im Folgenden beschrieben werden, auf welche Weise Säuglinge Phoneme wahrnehmen. Da sich ein Phonem oft anders anhört, je nachdem, an welcher Stelle es in einem Wort vorkommt (am Anfang, in der Mitte oder am Wortende), ist es für eine korrekte Sprachverarbeitung wichtig, solche gleichen, aber verschieden klingenden Phoneme als zur selben Kategorie gehörend (kategorial) wahrzunehmen. Diese bei Erwachsenen vorhandene Fähigkeit kategorialer Wahrnehmung wurde in einer klassischen Studie von Eimas, Siqueland, Jusczyk und Vigorito (1971) auch bei 1- bis 4-monatigen Säuglingen untersucht: Die Säuglinge saugten an einem Schnuller, während im Hintergrund ständig „ba" gespielt wurde, wobei ihre Saugrate im Laufe der Durchgänge abnahm. Im Test wurden dann verschiedene „ba" (aus der bekannten Phonemkategorie) und verschiedene „pa" (aus einer neuen Phonemkategorie) gespielt. Interessant war nun zu messen, ob und wie sich die Saugrate durch das Ertönen dieser neuen Phoneme, die entweder aus der bekannten oder neuen Phonemkategorie stammten, veränderte. Es stellte sich heraus, dass sich die Saugrate nur beim Ertönen des „pa" aus der neuen Phonemkategorie erhöhte. Die Säuglinge reagierten also nur auf einen Kategorienwechsel der Phoneme, nicht aber auf ein Phonem einer Kategorie, an die sie sich schon gewöhnt hatten. Es wird somit deutlich, dass Säuglinge schon über die für Erwachsene typische kategoriale Wahrnehmung von Phonemen verfügen. Die kategoriale Phonemwahrnehmung der Säuglinge bezieht sich zunächst auf die Phoneme sämtlicher Sprachen und spezialisiert sich dann gegen Ende des ersten Lebensjahres auf die Phoneme der kindlichen Muttersprache.

Säuglinge spezialisieren sich jedoch nicht nur auf die Phonemkategorien ihrer Muttersprache, sondern sind auch imstande, Kombinationen von Phonemen als zusammengehörig wahrzunehmen, die zu einem Wort gehören. Saffran und Mitarbeiter (Saffran, Aslin & Newport, 1996) konnten darlegen, dass eine solche Zuordnung bei 8-monatigen Säuglingen aufgrund statistischen Lernens zustande kommt. Damit ist gemeint, dass es in jeder Sprache eine spezifische Wahrscheinlichkeit gibt, mit der ein Phonem einem anderen folgt. Eine hohe Wahrscheinlichkeit ist bei Phonemkombinationen gegeben, die zu einem Wort gehören, eine niedrige besteht z. B. bei einem Phonem, das typischerweise das Endphonem eines Wortes markiert. In der klassischen Studie von Saffran, Aslin und Newport (1996) wurden Säuglingen zwei Silben dargeboten, die entweder in 100 % der Fälle aufeinander folgten (z. B. pabi) oder nur in 33 % der Fälle (z. B. kuti). Im Test wurden den Säuglingen dann die zu 100 % gemeinsam auftretenden Silben und die selten gemeinsam vorkommenden Silbenkombinationen dargeboten, und es wurde festgestellt, dass die Säuglinge stärker auf die ungewohnten Kombinationen reagierten. Die Orientierung an der Wahrscheinlichkeit der Phonemkombinationen ermöglicht es Säuglingen also schon früh, den Strom an Phonemen in einzelne Wörter zusammenzufassen (vgl. Jovanovic & Schwarzer, 2010).

(3) Musikwahrnehmung. Die Befundlage zur Entwicklung der Musikwahrnehmung zeigt, dass das Wahrnehmen von Melodien, Rhythmen und Metren von Beginn an durch eine Sensibilität für kulturübergreifende musikalische Universalien gesteuert wird. In den Folgejahren baut sich darauf dann der Erwerb der kulturspezifischen musikalischen Systeme auf (Hannon & Trainor, 2007; Schwarzer & Degé, 2010). Ein klassischer Befund für eine solche frühe Sensibilität für musikalische Universalien betrifft die Fähigkeit von Säuglingen, ein typisches Charakteristikum von Musik wahrzunehmen, nämlich ihre Relationalität. Mit sechs Monaten sind Säuglinge z. B. in der Lage, eine Melodie, an die sie familiarisiert wurden, auch nach einer Woche noch wiederzuerkennen, wenn diese in einer transponierten Version dargeboten wurde (Plantinga & Trainor, 2005). Ähnlich wie Erwachsene machen sie die Identität einer Melodie also an ihren relationalen Bezügen (den Intervallen) fest. Trehub, Schellenberg und Kamenetsky (1999) konnten zudem darstellen, dass Säuglinge besonders dann Veränderungen von musikalischen Intervallen bemerken, wenn diese auf einer Tonleiter beruhen, die sowohl aus Ganz- als auch Halbtonschritten besteht, so wie es für natürliche Tonleitern üblich ist.

4.3 Geschmack, Geruch und haptische Wahrnehmung

Die Erforschung der Wahrnehmungsentwicklung von Geschmack, Geruch und Haptik ist lange vernachlässigt worden. Man hat sich damit begnügt, die grundsätzlichen Fähigkeiten hierfür schon bei Neugeborenen festzustellen. Erst in den letzten Jahren wurde auch die weitere Entwicklung dieser Wahrnehmungsbereiche betrachtet und in Bezug zu komplexeren Fähigkeiten gesetzt. Im Folgenden wird über einige dieser Befunde berichtet.

(1) Geschmack. Die frühe Wahrnehmung von Geschmacksreizen wird über die Analyse des kindlichen Gesichtsausdrucks getroffen, wenn man Säuglingen z. B. eine süße oder saure Substanz auf die Zunge gibt. Auf diese Weise konnte festgestellt werden, dass Neugeborene süß, sauer und bitter von neutralem Geschmack unterscheiden können. Auf salzige Lösungen zeigten sie zunächst keine Reaktion, bevorzugten sie dann aber mit 4 Monaten gegenüber Wasser (Rosenstein & Oster, 1988). Die Geschmackswahrnehmung wird auch schon früh durch Lernerfahrungen beeinflusst. So konnte eine Studie von Beauchamp und Moran (1982) nachweisen, dass Säuglinge, die während der ersten Monate nach der Geburt regelmäßig gesüßtes Wasser tranken, auch noch im Alter von sechs Monaten süßes Wasser gegenüber ungesüßtem Wasser bevorzugten. Säuglinge aber, die in den ersten Monaten kein gesüßtes Wasser getrunken hatten, zeigten mit sechs Monaten keine derartigen Präferenzen.

(2) Geruch. Um herauszufinden, ob junge Säuglinge auch verschiedene Gerüche wahrnehmen, hält man ihnen einen mit verschiedenen Gerüchen versehenen Wattebausch unter die Nase und beobachtet, inwieweit sich ihre Atmungs-, motorische Bewegungs- und Herzschlagfrequenz

Kapitel 4 · Theorien der Wahrnehmungsentwicklung

systematisch mit verändert. Es zeigte sich, dass Säuglinge auf verschiedene Gerüche wie z. B. Anis, Knoblauch oder Essig reagierten. Besonders eindrucksvoll ist, dass schon wenige Tage alte Säuglinge ihre Mutter am Geruch erkennen und sich bevorzugt ihren und nicht ungebrauchten Stilleinlagen zuwenden (MacFarlane, 1975). Aber auch nicht gestillte Säuglinge können den Geruch der Mutter von einem neutralen Geruch unterscheiden (Porter, Makin, Davis & Christensen, 1991). Interessant ist ebenfalls, dass Gerüche schon im Säuglingsalter als Hinweisreiz für Gedächtnisleistung fungieren können. Schroers, Pigot und Fagen (2007) untersuchten Säuglinge mit der Mobile-Aufgabe nach Rovee-Collier, Hankins und Bhatt (1992). Hierbei lernten die Säuglinge zunächst, dass ihre Beinbewegung zu einer Bewegung eines über ihnen angebrachten Mobiles führte, da ihr Fuß durch ein Band mit dem Mobile verbunden war. In dieser Erwerbsphase war ein spezifischer Geruch, entweder ein Kirsch- oder Kokosgeruch, im Raum präsent. Die Leistung der Kinder im späteren Test, bei dem sie wiederum unter dem gleichen Mobile lagen, war bedeutsam durch diesen Geruch beeinflusst: Wenn derselbe Geruch wie in der Erwerbsphase vorherrschte, so erinnerten sich die Kinder besser, indem sie ihre Beine entsprechend der Erwerbsphase bewegten, als wenn ein anderer oder gar kein Geruch präsent war.

(3) Haptik. Obwohl ganz junge Säuglinge aufgrund ihrer noch unzureichenden Greifentwicklung Objekte kaum gezielt haptisch explorieren können, konnte von Streri, Lhote und Dutilleuil (2000) dargestellt werden, dass Neugeborene grobe Unterschiede zwischen Objekten wie einem Tetraeder und einem Zylinder haptisch erfassen können. Auch wenden sie einen anderen Haltedruck für Objekte mit glatten im Vergleich zu rauen Oberflächen an, vorausgesetzt, dass das Objekt auch die Hand ausfüllt (Sann & Streri, 2008). Im Laufe des ersten Lebensjahres lernen Säuglinge dann immer mehr, Objekte gezielt haptisch zu explorieren, und sind auch in der Lage zu bemerken, wenn sich zwei haptische Merkmale eines Objekts verändern (Catherwood, 1993). Dennoch verfügen sie nicht über eine haptisch integrierte, interne Objektrepräsentation, sondern differenzieren Objekte haptisch lediglich anhand lokaler (glatt vs. rau) oder volumetrischer Unterschiede (z. B. wie ausgefüllt die Hand ist; vgl. Jovanovic & Schwarzer, 2010).

4.4 Intermodale Wahrnehmung

Mit intermodaler Wahrnehmung wird die Fähigkeit bezeichnet, eine Beziehung zwischen den Sinneseindrücken verschiedener Modalitäten herzustellen. Wenn ein Baby z. B. die Verknüpfung zwischen dem Gesprochenen der Mutter und dem damit verbundenen Gesicht der Mutter erkennt, so hat es eine Beziehung zwischen den Modalitäten des Hörens und Sehens hergestellt. Bei den intermodalen Beziehungen werden aber nicht nur Verbindungen zwischen den verschiedenen Sinnesmodalitäten gezogen, sondern auch Verknüpfungen zwischen den Sinnesmodalitäten, meist dem visuellen und dem motorischen System, hergestellt. Im Folgenden werden dazu wesentliche Befunde dargestellt, wobei auf die mit der intermodalen Wahrnehmung verwandte Frage eingegangen wird, in welcher Beziehung Wahrnehmung und Handlung in der frühen Kindheit zueinander stehen.

(1) Intermodalität. Schon Neugeborene stellen Verbindungen zwischen ihrem motorischen System und Gesehenem her (Streri & Gentaz, 2003): Den Säuglingen wurden jeweils ein Prisma und ein Zylinder in die Hand gegeben, ohne dass sie diese Gegenstände sehen konnten, bis sie sich daran gewöhnten. Dann wurden ihnen die Objekte visuell dargeboten. Die Säuglinge schauten länger auf das neue Objekt und brachten damit zum Ausdruck, dass sie das bekannte Objekt erkannt hatten. Vergleichbare Verbindungen konnten bei 1-monatigen Säuglingen auch zwischen im Mund Getastetem und Gesehenem beobachtet werden. Babys dieses Alters konnten nämlich Zylinder, die weich oder hart waren und an denen sie vorab gesaugt hatten, später visuell wiedererkennen (Gibson &

Walker, 1984). Eine solche Verbindung zwischen dem motorischen System und etwas Gesehenem konnte auch in umgekehrter Richtung festgestellt werden, wenn junge Säuglinge z. B. die Mimik ihres Gegenübers betrachten. Wird die Zunge herausgestreckt oder der Mund weit geöffnet, so versuchen die Säuglinge Ähnliches zu tun und übertragen Gesehenes in eine motorische Reaktion (Meltzoff & Moore, 1977). In den ersten Lebensmonaten gelingt es Säuglingen auch immer besser, Beziehungen zwischen Gesehenem und Gehörtem festzustellen. Kuhl und Meltzoff (z. B. 1984) präsentierten 4-monatigen Babys zwei Gesichter, die den Mund so formten, als wenn sie pep oder pop sagen würden. Außerdem hörten sie eine Stimme, die entweder pep oder pop sprach. Die Babys schauten eindeutig länger auf das Gesicht, das zu dem gesprochenen Wort passte. Sie erkannten damit die Passung zwischen gehörter und gesehener Sprache. Morrongiello, Lasenby und Lee (2003) interessierten sich darüber hinaus dafür, ob Säuglinge auch willkürliche Beziehungen zwischen Gehörtem und Gesehenem erlernen können. Säuglinge lernten zunächst, einen spezifischen Ton mit einem von jeweils zwei visuell präsentierten Objekten zu verknüpfen. Zusätzlich bewegte sich das Objekt, wenn der entsprechende Ton ertönte. 3 Monate alte Säuglinge erlernten die Beziehung zwischen Ton und Objekt, wenn sich das Objekt zusätzlich bewegte. 7-monatige Säuglinge konnten diese Beziehung auch erlernen, wenn die Objekte sich nicht bewegten und sie sich nur auf eine willkürliche Beziehung zwischen Ton und Objekt beziehen mussten. Insgesamt wird deutlich, dass Säuglinge nicht nur naturgemäße, sondern auch willkürliche Beziehungen zwischen Sinnesmodalitäten früh erlernen können.

(2) Wahrnehmung und Handlung. Es wurde lange davon ausgegangen, dass am Entwicklungsgeschehen zwar von Beginn an frühe Kompetenzen zur Wahrnehmung und Handlung bestehen, dass aber beide Fähigkeitsbereiche unabhängig voneinander existieren. Diese Auffassung schien auch deshalb plausibel, weil sie theoretisch mit der angenommenen neuropsychologischen Zweiteilung des visuellen Systems in ein dorsales für die Handlungssteuerung und ein ventrales für die Wahrnehmungssteuerung verantwortliches Verarbeitungssystem übereinstimmt (Milner & Goodale, 1995). In den letzten Jahren mehren sich jedoch Arbeiten, die gerade für das 1. Lebensjahr Assoziationen beider Bereiche nachweisen. Als exemplarisch für diese aktuelle Befundlage können zwei Studien aus der eigenen Arbeitsgruppe verstanden werden (Jovanovic, Duemmler & Schwarzer, 2008; Schum, Jovanovic & Schwarzer, 2011). In beiden Studien wurde untersucht, inwieweit Säuglinge zwischen 6 und 10 Monaten beim Wahrnehmen und beim Ergreifen von Objekten ein einzelnes Merkmal oder Merkmalskonfigurationen bzw. mehrere Merkmale beachten. Es zeigte sich, dass jüngere Säuglinge sowohl beim Anschauen als auch beim Ergreifen der Objekte nur ein einzelnes Objektmerkmal beachteten. Ältere Säuglinge hingegen bezogen in ihre Wahrnehmung und ihr Greifen die gesamte Merkmalskonfiguration bzw. mehrere Merkmale ein. Diese Ergebnisse unterstreichen somit Parallelen zwischen der visuellen Wahrnehmungs- und Handlungssteuerung der Säuglinge.

5 Moderne Trends

Moderne Trends zur kindlichen Wahrnehmungsentwicklung beschäftigen sich zum einen damit, ob es während der Wahrnehmungsentwicklung ganz spezifische Zeitfenster gibt, in denen wesentliche Veränderungen stattfinden. Entsprechende Forschungsarbeiten lassen sich unter den theoretischen Ansatz des sogenannten *Perceptual Narrowing* subsumieren. Zum anderen befassen sich moderne theoretische Ansätze zur Wahrnehmungsentwicklung intensiver mit der Idee der gemeinsamen Entwicklung von Wahrnehmung und Handlung. Beide Trends werden in den folgenden Abschnitten genauer erläutert.

5.1 Ansatz des Perceptual Narrowing

Generell besteht Einigkeit unter den vorherrschenden Ansätzen zur Wahrnehmungsentwicklung, dass sich die Wahrnehmung des Kindes maßgeblich durch seine Interaktionen und Erfahrungen mit der Umwelt verändert und verbessert. Dabei steht außer Frage, dass ein solches Lernen lebenslang stattfindet. Dennoch mehren sich in den letzten Jahren Befunde, die zeigen, dass spezifische Lernerfahrungen, die schon im Säuglingsalter in einem festgelegten Zeitfenster gesammelt wurden, die spätere Wahrnehmung lebenslang beeinflussen können. Aus diesen Erkenntnissen heraus entstand der sogenannte Ansatz des *Perceptual Narrowing* (Überblick bei Scott, Pascalis & Nelson, 2007). Dieser Ansatz besagt, dass die Unterscheidungsfähigkeit von Umweltstimuli in den ersten Lebensmonaten angeborenermaßen sehr differenziert ist. Säuglinge können deshalb z. B. die Phoneme aller Sprachen und die Gesichter aller Kulturen unterscheiden. Diese Wahrnehmungsfähigkeit der Säuglinge spezialisiert sich ab ungefähr dem 6. Lebensmonat immer mehr auf die Unterschiede zwischen den Umweltstimuli und -kategorien, die ein Kind dauerhaft umgeben. Die Kinder verbessern sich immer mehr darin, die Phoneme der sie umgebenden Muttersprache und die Gesichter der sie umgebenden Gesichtskultur zu unterscheiden. Diese Spezialisierung stellt die Basis für die Wahrnehmungsexpertise älterer Kinder und Erwachsener dar. Gleichzeitig zur Spezialisierung findet aber auch ein „Verlernen" statt, die Stimulusunterschiede fremder Stimuli wie fremder Sprachen oder Gesichter wahrzunehmen. Dieses hat die erstaunliche Befundlage zur Folge, dass junge Säuglinge zwischen Stimuli fremder Wahrnehmungsbereiche besser diskriminieren können als ältere Säuglinge, Kinder und Erwachsene.

Empirische Evidenzen für diesen Ansatz stammen aus verschiedenen Wahrnehmungsbereichen wie z. B. dem Bereich der Wahrnehmung von gehörten Phonemen (z. B. Werker & Tees, 1984) und lediglich gesehenen Phonemen (Weikum, Vouloumanos, Navarra, Soto-Faraco, Sebastian-Galles & Werker, 2007), der Wahrnehmung von Musik (Hannon & Trehub, 2005) und auch der Wahrnehmung von Gesichtern unterschiedlicher Kulturen (Kelly, Quinn, Slater, Lee, Ge & Pascalis, 2007) sowie der Wahrnehmung von Menschengesichtern gegenüber den Gesichtern einer anderen Spezies wie Affengesichtern (Pascalis, de Haan & Nelson, 2002). Erst kürzlich konnten Pons, Lewkowicz, Soto-Faraco und Sebastian-Galles (2009) nachweisen, dass eine solche Spezialisierung auch intersensorisch stattfindet wie beispielsweise bei der Wahrnehmung gesehener und gehörter Phoneme. Auffallend ist, dass derartige Spezialisierungen in solchen Wahrnehmungsbereichen bestehen, die im weitesten Sinne die menschliche Kommunikation betreffen, über Sprache, Musik und das Gesicht. Es kann angenommen werden, dass es für den Menschen, der von Beginn an ein soziales Wesen ist, eine optimale Umweltanpassung darstellt, gleich nach der Geburt über eine sehr gut funktionierende Differenzierungsfähigkeit dieser kommunikationsbezogenen Wahrnehmungsbereiche zu verfügen. Diese wird dann je nach tatsächlich vorgefundenen Umweltstimuli sehr schnell nach dem ersten Lebenshalbjahr auf genau diese Stimuli abgestimmt. Aus einigen Studien zum *Perceptual Narrowing* geht allerdings hervor, dass die Spezialisierung auf die ein Kind umgebenden Umweltstimuli nicht mit einem kompletten Verlernen der Differenzierungsfähigkeit fremder Umweltstimuli verbunden ist. So konnte z. B. gezeigt werden, dass die Fähigkeit zur Differenzierung von Affengesichtern über die zweite Hälfte des ersten Lebensjahres hinweg aufrechterhalten werden konnte, wenn den Säuglingen immer wieder Affengesichter gezeigt wurden (Pascalis, Scott, Kelly, Shannon, Nicholson et al., 2005). Eine ähnlich anhaltende Differenzierung für Gesichter fremder Kulturen konnte auch von Spangler, Schwarzer, Freitag, Vierhaus, Teubert et al. (2013) nachgewiesen werden, wenn die Säuglinge explizit Kontakt mit der untersuchten fremden Gesichtskultur hatten.

Eine andere Art der Flexibilität des *Perceptual Narrowing* kommt in Studien zum Ausdruck, die sich mit der Differenzierungsfähigkeit auf neuronaler Ebene befasst haben. So erhoben Rivera-Gaxiola, Silva-Pereyra und Kuhl (2005) Ereignis-korrelierte Potenziale (ERP) bei längsschnittlich untersuchten 7- bis 11-monatigen Säuglingen, wenn muttersprachliche und fremdsprachliche Phoneme präsentiert wurden. Sie stellten fest, dass sich in den EKPs der 7- monatigen und erstaunlicherweise auch der 11-monatigen Säuglinge eine Differenzierung der Phoneme nicht nur zwischen den muttersprachlichen, sondern auch den fremdsprachlichen Phonemen ausdrückte. Auf neuronaler Ebene fand damit kein *Perceptual Narrowing* statt. Vergleichbare neuronale Befunde bei 9-monatigen Säuglingen zu einem fehlenden *Perceptual Narrowing* wurden auch für die Diskriminierung von Affengesichtern berichtet (Scott, Shannon & Nelson, 2006). Scott, Pascalis und Nelson (2007) interpretieren das in der Sprach- und Gesichterwahrnehmung stattfindende *Perceptual Narrowing* so, dass kein kompletter Verlust der Differenzierungsfähigkeit fremder Umweltstimuli eintritt, sondern dass eine grundsätzliche Flexibilität weiter besteht, die auf behavioraler Ebene unter Trainingseinflüssen und ohne Training auf neuronaler Ebene beobachtet werden kann. Diese Flexibilität könnte dazu beitragen, dass auch in der späteren Entwicklung die vermeintlich verloren gegangene Differenzierungsfähigkeit fremder Sprach- und Gesichterstimuli reaktiviert werden kann. Eine solche Grundflexibilität sei auch deshalb notwendig, um eine Differenzierungsfähigkeit gänzlich neuer Wahrnehmungskategorien im Laufe der gesamten Entwicklung weiterhin zu ermöglichen.

5.2 Ansätze zur Entwicklung der Beziehung zwischen Wahrnehmung und Handlung

Moderne Trends zur kindlichen Wahrnehmungsentwicklung, die sich mit dem Zusammenspiel von Wahrnehmung und Handlung befassen, unterscheiden sich darin, wie sie dieses Zusammenwirken erklären. Grundsätzlich nehmen alle Ansätze an, dass über die Wahrnehmung wichtige Informationen aus der Umwelt aufgenommen werden, die für die Handlung genutzt werden können. Durch die Handlung kann sich dann die Umwelt bzw. der Wahrnehmungsgegenstand wieder verändern, oder es kann sich ein Wahrnehmungsereignis generieren, sodass neue perzeptuelle Information zur Verfügung steht. Auf diese Weise ergibt sich ein integriertes System, wie es schematisch in Abbildung 4.5 dargestellt ist.

Die Verschiedenheit der Ansätze ergibt sich durch die unterschiedliche Gewichtung der Wahrnehmungs- und Handlungskomponente innerhalb des integrierten Systems. Diese verschiedenen Gewichtungen reichen von einer Asymmetrie mit einer größeren Wichtigkeit von Wahrnehmung, die in der Tradition von Gibson angesiedelt werden kann, über eine absolut parallele Kopplung, wie sie das *Common Coding Principle* von Prinz (1990) vorsieht, bis hin zum asymmetrischen Vorherrschen von Handlung, welches als Fortführung des Piaget'schen Ansatzes gesehen werden kann. Diese verschiedenen Ansätze werden im Folgenden dargestellt.

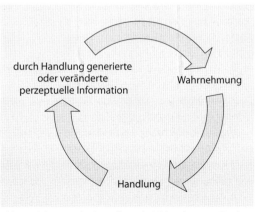

Abb. 4.5: Schematische Darstellung der Wahrnehmungs-Handlungs-Interaktion.

5.2.1 Interaktion von Wahrnehmung und Handlung in der Gibson'schen Tradition

Eine Kopplung von Wahrnehmung und Handlung mit einer starken Betonung der Bedeutung von Wahrnehmung findet sich sowohl im Ansatz von Claes von Hofsten als auch in den Forschungsarbeiten von Vertretern der Theorie der dynamischen Systeme. Beide Ansätze können deshalb als eine Fortführung der Gibson'schen Tradition verstanden werden.

Von Hofsten (2003) nimmt an, dass Wahrnehmung und Handlung zwei Systeme darstellen, die sich gemeinsam entwickelt haben und im Laufe der Evolution immer effizienter darin wurden, Handlungsaufforderungen wahrzunehmen und zu nutzen. Demnach sind die beiden Systeme voneinander abhängig und komplettieren einander. Es kann keine Handlung ohne Wahrnehmung stattfinden. Man benötigt diese sowohl zur Planung als auch zur Ausführung von Handlung, und genauso wird die Handlung auch zur Wahrnehmung benötigt. Ein ganz einfaches und alltägliches Beispiel dafür ist das scharfe Sehen unserer Umwelt. Der Punkt im Auge auf der Retina, der scharfes Sehen ermöglicht (Fovea), ist nicht besonders groß, trotzdem haben wir nicht das Gefühl, nur einen kleinen Teil unserer Umwelt scharf zu sehen. Wir nehmen vielmehr unsere gesamte Umwelt gestochen scharf wahr, und das wird durch Handlungen, nämlich Augenbewegungen, möglich. Unser Auge bewegt sich so, dass alles, was uns in der Umwelt interessiert, auch in die Fovea gelangt und dementsprechend scharf gesehen werden kann. Wie stellt man sich nun diese Kopplung von Wahrnehmung und Handlung genau vor? Von Hofsten (2003) postuliert, dass Wahrnehmung und Handlung in sogenannten *Action Systems* gekoppelt sind. In *Action Systems* sind motorische und sensorische Informationen in einer Feedback-Schleife verbunden, und sie sind der Ausgangspunkt jeglicher Veränderung und damit auch Entwicklung. Die Entwicklung entsteht durch die Feedback-Schleife, die beständige sensorische Rückmeldung liefert und dadurch eine Feinabstimmung der motorischen Komponente in Gang setzt (Abb. 4.6).

Verdeutlicht man dieses Zusammenspiel am Beispiel der ersten Greifversuche eines Säuglings, so steht am Beginn der Handlung die Wahrnehmung, dass also der Säugling z. B. ein Objekt sieht. Daraufhin streckt er den Arm aus und versucht, dieses Objekt zu ergreifen. Beim ersten Versuch gelingt es noch nicht, der Säugling greift daneben. Die Wahrnehmung meldet den Fehlversuch zurück, und die motorische Komponente berücksichtigt dieses beim nächsten Versuch. Diese Feedback-Schleife wird nun so lange durchlaufen, bis sich der Erfolg (Objekt ergriffen) einstellt. Auslöser von Entwicklung ist also die Handlung, und Handlung löst neue Handlung aus. Zusammenfassend lässt sich sagen, dass die Feedback-Schleife es nicht nur ermöglicht, Verhalten auszulösen, sondern auch dieses Verhalten gezielt zu steuern. Neues Verhalten entsteht also durch die Feinabstimmung im Verlauf von Wahrnehmungs- und Handlungsschleifen.

Aus der Betrachtung des Beispiels ergeben sich zwei weitere wichtige Punkte: Zum einen stellt sich die Frage, wie es sein kann, dass ein Säugling schon direkt nach der Geburt handelt – sind *Action Systems* also angeboren? Zum anderen stellt sich die Frage danach, warum eine

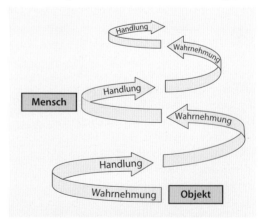

Abb. 4.6: Action Systems: Kopplung von Wahrnehmung und Handlung. Am Beginn steht die Wahrnehmung des Objektes, und die Handlung wird immer gezielter (Spirale wird enger), bis die zielgenaue Handlung erfolgt.

Handlung immer wieder ausgeführt wird, bis die Feinabstimmung erreicht ist. Nach von Hofsten (2003) sind Säuglinge bereits zur Geburt biologisch mit den Grundlagen für *Action Systems* ausgerüstet. Diese Ausrüstung beinhaltet sowohl die Fähigkeit des Wahrnehmungssystems, wichtige Informationen aus der Umwelt zu extrahieren und zu nutzen, als auch eine initiale Organisation des motorischen Systems, die die Kontrolle des Säuglings über das motorische System ermöglicht. So ist das motorische System durch funktionelle Synergien (durch eine Vorgabe von bestimmten Bewegungen wie das gleichzeitige Ausstrecken und Zurückziehen von Arm und Hand) bereits so voreingestellt, dass dem Säugling eine Kontrolle erleichtert wird. Warum wird nun diese Schleife immer wieder durchlaufen? Von Hofsten (2003) betont hier die Bedeutung der Motivation in zweierlei Hinsicht. Zum einen ist Motivation der Initiator von Handlung. Der Säugling nimmt etwas in der Umwelt wahr, das sein Interesse weckt und somit zum Ziel seiner Handlungen wird; es resultiert Explorationsverhalten. Zum anderen hat bereits das Ausführen einer Handlung, auch einer nicht erfolgreichen, einen belohnenden und damit motivierenden Charakter, der weitere Handlungen fördert. Für die Wahrnehmungsentwicklung kann also festgehalten werden, dass sich die Fähigkeit, bestimmte Dinge aus der Umwelt wahrzunehmen, vor der Handlung entwickeln muss. Dabei stellt sich die Entwicklung des Wahrnehmungssystems als zweistufiger Prozess dar: ein vorgeschalteter Lernprozess, der im sensorischen Fluss Strukturen und invariante Merkmale detektiert, und ein Selektionsprozess, der die für eine Handlung relevanten Informationen aus dem sensorischen Fluss herausfiltert. Nur durch den Wahrnehmungsinput hat der Säugling überhaupt einen Anreiz, sein motorisches System zu nutzen. Dadurch entsteht Handlung, und Handlung zieht weitere Handlung(en) nach sich. Handlung ist somit der Kern aller weiteren Entwicklung, auch der Wahrnehmungsentwicklung, denn Handlung schafft neue Wahrnehmungsmöglichkeiten. Diese *Theorie der dynamischen Systeme* betont ebenfalls die Wichtigkeit der Wahrnehmung in der Wahrnehmungs-Handlungs-Interaktion, aber betrachtet diese in einem noch größeren Kontext von anderen beeinflussenden Faktoren. So wird beispielsweise die Nutzung sozialer Information berücksichtigt.

Ursprünglich stammt die Theorie der dynamischen Systeme aus der Physik und wird heute auch in vielen anderen Bereichen verwendet. Komplexe Systeme, unabhängig davon, ob sie in der Physik oder der Entwicklungspsychologie vorzufinden sind, die über die Zeit hinweg bestimmte Ordnungsmuster bilden, werden dynamische Systeme genannt. Solche dynamischen Systeme weisen bestimmte Eigenschaften auf, beispielsweise Selbstorganisation. Damit ist gemeint, dass einzelne Komponenten des Systems mit anderen in Beziehung treten. In die Entwicklungspsychologie übertragen bedeutet das, dass der Mensch als ein offenes System betrachtet wird. Sein Verhalten sowie seine Eigenschaften stellen bestimmte Ordnungsmuster dar. Er nimmt Energie aus der Umwelt auf und kann so phasenweise seine Ordnung und Komplexität steigern. Die verschiedenen Ordnungsmuster ergeben sich aus der spontanen Interaktion der Komponenten des Systems und der Komponenten außerhalb des Systems (der Umwelt). Dabei ist der Kerngedanke, dass sich bestimmte Eigenschaften und Verhaltensweisen des Systems erst durch die Interaktion aller Subkomponenten untereinander ergeben. Sie sind nicht schon in einzelnen Subkomponenten angelegt. Innerhalb der Selbstorganisation des dynamischen Systems entstehen neue Muster oder Ordnungen. Die Emergenz neuer Muster kann entweder durch die Veränderung einer/mehrerer systemimmanenten Komponente/n oder durch die Veränderung der Systemumwelt ausgelöst werden. Trotz Selbstorganisation und Emergenz gibt es eine sogenannte dynamische Stabilität. Das heißt, trotz unendlich vieler Zustände, die ein System einnehmen kann, gibt es bestimmte präferierte Zustände, die Attraktor-Zustände genannt werden. Dabei ist ein Attraktor-Zustand zwar durch Stabilität gekennzeichnet, aber kann auch durch Veränderungen des Systems bzw. der Komponenten wieder verlassen werden.

Beispielsweise könnte man Krabbeln als einen Attraktor-Zustand betrachten. Trotz äußerer und innerer Veränderungen (Anreiz durch die Eltern zum Laufen bzw. Muskelaufbau) wird diese Verhaltensweise einige Zeit beibehalten, bevor mit dem Laufen begonnen wird. Solche Attraktor-Zustände unterschiedlicher Stabilität werden sowohl für Verhaltensweisen als auch für kognitive Zustände angenommen. Deshalb betrachtet die Theorie der dynamischen Systeme Entwicklung nicht als einen Prozess zunehmender Stabilität, sondern als einen Prozess dynamischer Stabilitäten, die sich immer wieder aufgrund einzelner oder mehrerer Systemkomponenten oder Umweltgegebenheiten ändern, durch Selbstorganisation und Emergenz. Sie stellt sich Entwicklung als eine kontinuierliche Interaktion von vielen verschiedenen Systemkomponenten vor, die innerhalb einer komplexen Umwelt stattfindet. Interaktionen dieser Komponenten reichen von kleinen (molekulare Strukturen) bis zu großen (soziokulturelle Zusammenhänge) Ordnungsebenen und geschehen über unterschiedliche Zeiträume, von Millisekunden bis Jahren (z. B. Wilkening & Cacchione, 2007).

Innerhalb solcher Interaktionen ist auch die Kopplung von Wahrnehmung und Handlung zu verstehen. Die systemimmanente Komponente Wahrnehmung tritt mit der systemimmanenten Komponente Handlung in Beziehung, um auf verschiedene handlungsauffordernde Umweltgegebenheiten zu reagieren. Damit dies gelingt, müssen gegebenenfalls auch neue Verhaltensweisen entstehen. Adolph, Eppler, Marin, Weise und Wechsler Clearfield (2000) vermuten, dass die Kopplung von Wahrnehmung und Handlung über sequenzielles Explorationsverhalten geschieht. Dabei unterscheiden sie drei distinkte Arten von Explorationsverhalten: Exploration aus der Distanz heraus, Exploration durch direkten Kontakt und Exploration alternativer Möglichkeiten. Anhand zahlreicher Beobachtungen von erfolgreichen oder eben auch nicht erfolgreichen Versuchen von Kleinkindern, einen Abhang hinunterzulaufen, entwickelten Adolph et al. (2000) ein Model zum sequenziellen Explorationsverhalten. Das Modell beinhaltet die eben genannten drei Arten des Explorationsverhaltens, die in einer bestimmten Reihenfolge durchlaufen werden, bis eine Handlungsentscheidung getroffen wird. Am Anfang der Explorationssequenz steht die Exploration aus der Distanz heraus. Aufgrund dieser Wahrnehmung wird entschieden, ob es sicher ist weiterzulaufen oder nicht. Wenn es nicht sicher ist, ergeben sich verschiedene Möglichkeiten: Zum einen kann der Abhang vermieden werden; es findet also keine weitere Fortbewegung statt. Zum anderen können alternative Fortbewegungsarten, wie hinunterrutschen, genutzt werden, oder das nächste Explorationsverhalten wird initiiert, um weitere Wahrnehmungsinformation zu generieren. Der nächste Schritt in der Explorationssequenz beinhaltet den Versuch, durch direkten Kontakt ausreichende Wahrnehmungsinformation zu bekommen, um zu entscheiden, ob es sicher ist weiterzulaufen. Sollte der Abhang als sicher eingestuft werden, folgt daraufhin das Weiterlaufen des Kleinkindes. Wird der Abhang als nicht sicher eingestuft, kann es entweder zum Überwinden des Abhangs mittels anderer Fortbewegungsarten kommen oder zu einem kompletten Vermeiden des Abhangs. Sollte das Kleinkind aufgrund der generierten Wahrnehmungsinformation immer noch keine eindeutige Entscheidung treffen können, wird im letzten Schritt durch die Exploration alternativer Möglichkeiten entweder endgültig entschieden, den Abhang nicht zu überwinden, oder es wird eine alternative Fortbewegungsmöglichkeit bzw. Route genutzt. Zusammenfassend lässt sich sagen, dass die Kopplung von Wahrnehmung und Handlung über Explorationsverhalten erfolgt, welches die benötigte Wahrnehmungsinformation bietet, auf der basierend die Handlungsentscheidung getroffen wird (Gill, Adolph & Vereijken, 2009). Zudem wurde in einer Studie von Corbetta und Snapp-Childs (2009) Evidenz dafür gefunden, dass die Kopplung von Wahrnehmung und Handlung sich im Laufe der Entwicklung verändert. Corbetta und Snapp-Childs (2009) untersuchten das Greifverhalten von Säuglingen und stellten fest, dass 6-monatige Säuglinge eher stereotypes Greifen zeigten, also die Wahrnehmungsinformation noch nicht richtig nutzen konnten, wohingegen 9-monatige Säuglinge Wahrnehmungsinformation in ihre Handlung (greifen) integrierten und beispielsweise ihren Griff (einhändig vs. beidhändig) dem gesehenen Objekt anpassten. Die Autorinnen interpretierten diese Veränderung als Herausbilden einer immer engeren Kopplung von Wahrnehmung und Handlung. Ganz im Sinne der Theorie der dynamischen Systeme, die möglichst viele Komponenten berücksichtigt, konnten verschiedene Studien zeigen, dass nicht nur die Wahrnehmung alleine für die Handlungssteuerung relevant ist. So fanden Corbetta, Thelen und Johnson (2000), dass die Feinabstimmung zwischen Wahrnehmung und Handlung an die Entwicklung des motorischen Systems gekoppelt ist. Aber auch soziale Informationen wie die Zurufe der Mutter werden herangezogen, um Handlungsentscheidungen zu treffen. Allerdings wurden diese Informationen erst dann genutzt, wenn die Wahrnehmung inadäquate oder unsichere Informationen lieferte (vgl. Tamis-LeMonda et al., 2008).

5.2.2 Interaktion von Wahrnehmung und Handlung: Das Common Coding Principle

Das *Common Coding Principle* stammt ursprünglich nicht aus der Entwicklungspsychologie, sondern wurde von Prinz (1990) als theoretischer Rahmen für Ergebnisse zur Interaktion von Wahrnehmung und Handlung bei Erwachsenen formuliert. Der Kernpunkt dieses Ansatzes ist die Annahme, dass Wahrnehmung und Handlung gemeinsam repräsentiert werden, sodass ein direkter Informationsaustausch möglich und keine Übersetzung nötig ist. Diese gemeinsame Repräsentation impliziert eine Gleichgewichtung von Wahrnehmung und Handlung in der Entwicklung. Traditionelle Ansätze nehmen zunächst keinen direkten Austausch von Wahrnehmung und Handlung an (z. B. Milner & Goodale, 1995). Aufgrund der verschiedenen Codes (Wahrnehmung beinhaltet Erregungsmuster in sensorischen Nerven, Handlung dagegen Erregungsmuster in Muskeln) wäre ein solcher Austausch ohne Übersetzung auch gar nicht möglich. Das *Common Coding Principle* beruht jedoch auf der Annahme, dass eine solche Unterscheidung auch nicht notwendig ist, da Wahrnehmung und Handlung Ereignisse darstellen, die inhaltlich vergleichbar sind und beide sowohl eine räumliche als auch eine zeitliche Komponente aufweisen. Der einzige Unterschied zwischen Wahrnehmung und Handlung wäre laut Prinz (1990), dass die Wahrnehmung unabhängig vom Handelnden ist (während dies auf die Handlung nicht zutrifft). Beispielsweise unterscheidet die visuelle Wahrnehmung *nicht* zwischen Umwelt (Wahrnehmung) und Körper (Handlung). Im visuellen System wird beides gleich codiert, und eine Unterscheidung wird erst im Nachhinein durch die Berücksichtigung der willentlichen Kontrolle eingeführt. Von daher könnte man aus gutem Grund auch sagen, dass Wahrnehmung und Handlung aus dem gleichen Stoff gemacht sind (Prinz, 1997). Allerdings geht das *Common Coding Principle* noch über diese phänomenologische Ähnlichkeit hinaus und nimmt zudem eine gemeinsame Repräsentation an, die wiederum die Grundlage für eine funktionale Gleichheit ist. Das bedeutet, dass in einer übergeordneten Domäne sowohl Handlungscodes als auch Wahrnehmungscodes repräsentiert werden (Abb. 4.7).

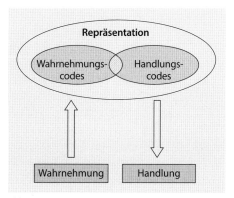

Abb. 4.7: Gemeinsame Repräsentation von Wahrnehmung und Handlung (in Anlehnung an Prinz, 1990).

Diese Codes sprechen die gleiche Sprache und können somit direkt ineinander überführt werden. Sie bilden die Grundlage für Wahrnehmung und für Handlungspläne. Innerhalb ihrer gemeinsamen Repräsentation können sich Wahrnehmungs- und Handlungsinhalte, beispielsweise bei der Imitation einer gerade gesehenen Handlung, auch direkt inhaltlich überlappen. Die Schnittmenge in Abbildung 4.7 verdeutlicht eine solche inhaltliche Überlappung und zeigt zugleich, dass diese nicht immer gegeben sein muss.

Wie stellt man sich die Entwicklung dieser gemeinsamen Repräsentation von Wahrnehmung und Handlung vor? Prinzipiell ist es sowohl möglich, dass ein gemeinsames Codieren von Geburt an vorhanden ist, als auch, dass zwei zur Geburt noch distinkte Systeme erst im Laufe der Entwicklung eine Kopplung entwickeln (Prinz, 1990). Viel interessanter sind jedoch die Annahmen, die sich für die Entwicklung einzelner Fähigkeiten in Wahrnehmung und Handlung aufgrund dieses Ansatzes ergeben. Hier sollte eine bestimmte Fähigkeit parallel in Wahrnehmung und Handlung nachweisbar sein und nicht (wie in den Ansätzen des vorangegangenen Abschnittes angenommen wird) eine bestimmte Wahrnehmungsfähigkeit einer Handlung vorausgehen. Daraus ergeben sich verschiedene Forschungsfragen, beispielsweise, ab wann eine Kopplung von Wahrnehmung und Handlung frühestens zu beobachten ist und ob bestimmte Fähigkeiten gleichzeitig in Wahrnehmung und Handlung auftreten. In einer aktuellen Studie von Daum, Prinz und Aschersleben (2011) konnte gezeigt werden, dass sich die Wahrnehmung einer einfachen objektgerichteten Greifhandlung parallel zur Handlung entwickelt. Das bedeutet, dass bereits 6-monatige Säuglinge einen Zusammenhang von Wahrnehmung und Handlung zeigen. Konform mit den Annahmen des *Common Coding Principles* zeigt sich außerdem, dass Säuglinge erst dann in der Lage sind, Wahrnehmungsinformation (Griffqualität) für Erwartungen über ein Objekt zu nutzen, wenn sie selber diese unterschiedlichen Griffqualitäten auch produzieren konnten (Daum, Prinz & Aschersleben, 2011).

Das *Common Coding Principle* beruht auf der Annahme, dass Wahrnehmung und Handlung gemeinsam repräsentiert werden und damit nicht nur inhaltlich vergleichbar, sondern durch räumliche wie zeitliche Komponenten hervorragend aufeinander abgestimmt sind. Eine Unterscheidung von Wahrnehmung und Handlung wird erst im Nachhinein durch willentliche Kontrollprozesse möglich.

5.2.3 Interaktion von Wahrnehmung und Handlung in der Fortführung Piagets

Ein weiterer Ansatz, „travel broadens the mind", der eher in der Tradition Piagets angelegt ist, wird beispielsweise von Campos und Kollegen (2000) vertreten. Dieses sogenannte *Reisen* bezieht sich auf die Fähigkeit zur selbst induzierten Fortbewegung in ihrer Rolle für die kindliche Wahrnehmungs- und Denkentwicklung, wie beispielsweise beim Krabbeln. Der Beginn des Krabbelns (einer wichtigen „Handlung") hat Auswirkungen auf viele andere Entwicklungsbereiche wie Orientierungsfähigkeiten, Wahrnehmung oder soziale und emotionale Entwicklung. In diesem Ansatz wird eine Kopplung von Wahrnehmung und Handlung dergestalt angenommen, dass die Handlung (d. h. die selbst induzierte Lokomotion) eine Vielzahl von Erfahrungen und Prozessen ermöglicht, die wiederum in einer Reorganisation von verschiedenen psychologischen Prozessen münden. Dabei wird keinesfalls angenommen, dass vor der selbst induzierten Lokomotion keine Wahrnehmung stattfindet oder dass ohne selbst induzierte Lokomotion bestimmte Fortschritte nicht gemacht werden können, sondern vielmehr, dass rudimentäre Wahrnehmungsfähigkeiten durch das beginnende Krabbeln unausweichlich in ihrer Entwicklung voranschreiten müssen, um sich an die neue Situation anpassen zu können (Abb. 4.8).

Am Beispiel der sich einstellenden Furcht vor Tiefe (visuelle Klippe) soll dieser Ansatz genauer verdeutlicht werden: Die Furcht vor Tiefe stellt sich danach erst durch die selbst induzierte Bewegung (Krabbeln) ein. Dieser Befund hat mit der veränderten Wahrnehmungsfähigkeit aufgrund von Bewegung zu tun. Wenn Kinder sich durch die Umwelt bewegen oder auch bewegt werden, entsteht ein optischer Fluss, die Welt fließt an ihnen vorbei. Man unterscheidet dabei den zentralen optischen Fluss, also das, was sich auf eine Person zu bewegt, wenn sie direkt etwas fokussiert, und den peripheren optischen Fluss. Beide Komponenten des optischen Flusses werden auch vor der selbst induzierten Lokomotion bereits registriert, sie werden durch das Krabbeln aber erst voneinander differenziert. Dabei wird der zentrale optische Fluss genutzt, um das Ziel im Auge zu behalten und sich um Hindernisse herum zu manövrieren, während der periphere optische Fluss gemeinsam mit vestibulären und somatosensorischen Informationen dazu genutzt wird, um die eigene Fortbewegung wahrzunehmen. Diese Differenzierung wird erst benötigt, wenn ein Säugling tatsächlich Krabbeln kann und nicht mehr getragen wird, denn erst dann muss er sein Ziel im Auge behalten und die eigene Fortbewegung kontrollieren. Im Regelfall konvergieren die Informationen des peripheren optischen Flusses mit den Informationen des vestibulären und des somatosensorischen Systems zu einem konsistenten Bild über die eigene Fortbewegung. Wenn ein Kind nun aber auf eine Tiefe zu krabbelt, konvergieren diese drei Informationen nicht

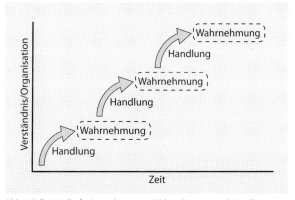

Abb. 4.8: Beispielhafte Interaktion von Wahrnehmung und Handlung. In diesem Beispiel ermöglicht die Handlung eine Zunahme an Verständnis/Organisation der Wahrnehmung über die Zeit hinweg.

mehr. Das vestibuläre und das somatosensorische System melden Bewegung, während das visuelle System relative Stabilität signalisiert. Das visuelle System kann aufgrund der Entfernung zu visuellen Konturen, die am unteren Ende der Klippe sind, diese Konturen nicht mehr nutzen, um propriozeptive Informationen über die eigene Bewegung zu generieren. Deshalb wird die Information des visuellen Systems als relative Stabilität interpretiert. Da nun die Informationen des vestibulären, somatosensorischen und visuellen Systems nicht mehr konvergieren, entsteht eine Unsicherheit, die das Überqueren der Tiefe verhindert.

Zusammenfassend lässt sich festhalten, dass Handlung (selbst induzierte Lokomotion) auf drastische Weise die Interaktion einer Person mit ihrer Umwelt verändern kann. Die Handlung beeinflusst dabei eben nicht nur die Wahrnehmung; es sind die unterschiedlichsten Bereiche betroffen, sodass die Handlung (Krabbeln) zum Motor für eine Neuorganisation in verschiedenen Entwicklungsbereichen wird.

verzögerte Nachahmung	Als Methode zur Messung von *Gedächtnisleistungen* bei Säuglingen und Kleinkindern verwendet: Den Kindern werden einfache Handlungen präsentiert, die sie nach einer zeitlichen Verzögerung selbst ausführen sollen.
Umweltangebote (affordances)	Angebote oder Handlungsanregungen eines Umweltstimulus, der vielfältige Zweck- und Funktionsbestimmungen implizit mitteilt. So enthält beispielsweise ein Stuhl die Aufforderung oder das Angebot „sitzen".
Externalitätseffekt	Präferenz, die äußeren Konturen eines Musters eher als seine inneren Merkmale anzuschauen.
Rekalibrierung	Anpassung des Wahrnehmungsgeschehens an sich verändernde körperliche und physiologische Bedingungen, wie beispielsweise die auditive Raumwahrnehmung von Säuglingen, die mit größer werdendem Kopfumfang und Ohrenabstand angepasst werden muss.
Perceptual Narrowing	Die ausgeprägte Differenzierungsfähigkeit von jungen Säuglingen im Hinblick auf die Wahrnehmung von Gesichtern oder Phonemen wird zunehmend auf die sie umgebenden Gesichter und Phoneme spezialisiert (eingeschränkt). Dabei verschlechtert sich zugleich die Differenzierungsfähigkeit in der Wahrnehmung von Gesichtern oder Phonemen fremder Kulturen.
Common Coding Principle	Das Prinzip geht von einer gemeinsamen mentalen Repräsentation bzw. Kodierung für Wahrnehmung und Handlung aus.
Action Systems	Feedback-Schleifen, in denen Wahrnehmung und Handlung gekoppelt sind.
dynamische Stabilität	Entwicklungsverlauf, der durch vorübergehende Stabilitäten gekennzeichnet ist (im Gegensatz zu Entwicklungsverläufen, die sich auf einen stabilen Endzustand hin entwickeln).
Attraktor-Zustände	Stabile Zustände (z. B. Verhaltensweisen), die innerhalb einer dynamischen Entwicklung zeitweilig beibehalten werden.
Travel broadens the mind	Mit selbst induzierten Fortbewegungen (travel) machen Säuglinge Erfahrungen, die vielfältige Auswirkungen auf weitere Entwicklungsbereiche (broadens the mind) haben können.

Tabelle 4.2: Ausgewählte Schlüsselbegriffe.

6 Schlussbetrachtungen

Das vorliegende Kapitel hat ausgeführt, dass schon in der ersten Hälfte des 20. Jahrhunderts Überlegungen zur Wahrnehmungsentwicklung um die Frage kreisten, ob die Wahrnehmung des Kindes ein gelernter und konstruierter Prozess ist oder aber von Beginn an auf angeborenen Wurzeln beruht und bedeutungsvoll ist. Diese beiden Auffassungen des Konstruktivismus (Piaget) und der ökologischen Sichtweise (Gibson) wurden zunächst nur vereinzelt systematisch und experimentell untersucht. In dieser frühen Zeit befasste sich die Wahrnehmungsforschung vor allem damit, inwieweit Kinder von einer ganzheitlichen zu einer analytischen Wahrnehmung gelangen. Erst Mitte der 1960er Jahre wurden durch Robert Fantz Untersuchungsmethoden entwickelt, die es erlaubten, auch Säuglinge zu untersuchen. Dadurch war die Möglichkeit gegeben, empirisch prüfen zu können, welche Bereiche der Wahrnehmung tatsächlich einen Konstruktionsprozess durchlaufen und welche eine frühe, nahezu erfahrungsunabhängige Bedeutungshaltigkeit besitzen. Hierbei zeigte sich, dass die Wahrnehmungsbereiche des Fühlens, Riechens und Schmeckens schon gleich nach der Geburt sehr weit entwickelt, die Bereiche des Sehens und Hörens dagegen noch sehr unreif sind und erst gegen Ende des ersten Lebensjahres eine annähernde Funktionstüchtigkeit auf Erwachsenenniveau erreichen.

Im Ergebnis einer heutigen Sicht auf die empirischen Befunde zur Wahrnehmung im Säuglingsalter kann der Schluss gezogen werden, dass sich konstruktivistische und ökologische Sichtweisen nicht ausschließen, sondern dass das Wahrnehmungsgeschehen bereichsspezifisch in unterschiedlichem Ausmaß sowohl auf angeborenen als auch auf erworbenen Komponenten beruht. Mit einem aktuellen Forschungstrend, dem *Perceptual Narrowing*, wird genau dieses Zusammenspiel differenziert untersucht. Insbesondere für die Wahrnehmung von Gesichtern oder Phonemen kann nachgewiesen werden, dass sie beim Säugling bereits angelegt ist, allerdings recht unspezifisch, sodass diese sich im Laufe des ersten Lebensjahres auf die konkreten Gesichter oder Phoneme spezialisiert, die ein Kind dauerhaft umgeben. Ein weiterer aktueller Forschungstrend versucht der Tatsache Rechnung zu tragen, dass die Entwicklung der kindlichen Wahrnehmung immer auch im Kontext der Entwicklung kindlichen Handelns stattfindet und diese Koppelung von Wahrnehmung und Handlung einen ganz wesentlichen Motor der kindlichen Wahrnehmungsentwicklung wie auch der Entwicklung überhaupt darstellt. Ausgewählte Kernbegriffe, die in diesem Kapitel behandelt wurden, werden in Tabelle 4.2 noch einmal zusammengefasst und erläutert.

Eleanor Jack Gibson (1910–2002) – Psychologin

studierte Psychologie am Smith College in Northampton/MA und promovierte im Jahre 1938 in der experimentellen Psychologie an der Universität Yale/CT. Gibson beschäftigte sich intensiv mit der kindlichen Wahrnehmungsentwicklung. Sie arbeitete von 1949 bis 1979 gemeinsam mit ihrem Ehemann James Gibson an der Cornell University/NY. Auch nach ihrer Emeritierung 1979 war sie wissenschaftlich noch sehr aktiv.

Zu ihren bekanntesten Büchern zählen *„Principles of Perceptual Learning and Development"* (1969) und *„The Psychology of Reading"* (gemeinsam mit Harry T. Levin, 1978). Von ihr stammt auch eine in der heutigen entwicklungspsychologischen Forschung überaus bekannte Versuchsanordnung, die sogenannte *visuelle Klippe*. Gibson wurde mehrfach geehrt und erhielt 1992 unter anderem die *Medal of Science*, die nur selten in der Psychologie vergeben wird. Die Cornell University ehrte sie mit der *Susan-Linn-Sage-Professur für Psychologie*.

Literatur

Adolph, K. E., Eppler, M. A., Marin, L., Weise, I. B. & Wechsler Clearfield, M. (2000). Exploration in the service of prospective control. *Infant Behaviour and Development, 23*, 441–460.

Ashmead, D. H., Davies, D. L., Whalen, T. & Odom, R. D. (1991). Sound localization and sensitivity to interaural time differences in human infants. *Child Development, 62*, 1211–1226.

Beauchamp, G. K. & Moran, M. (1982). Dietary experience and sweet taste preference in human infants. *Appetite, 3*, 139–152.

Berkeley, G. (1910). *Essays towards a new theory of vision*. London: Dutton.

Bertin, E. & Bhatt, R. S. (2006). Three-month-olds' sensitivity to orientation cues in the 3-D depth plane. *Journal of Experimental Child Psychology, 93*, 45–62.

Campos, J. J., Anderson, D. I., Barbu-Roth, M. A., Hubbard, E. M., Hertenstein, M. J. & Witherington, D. (2000). Travel broadens the mind. *Infancy, 1* (2), 149–219.

Catherwood, D. (1993). The haptic processing of texture and shape by 7- to 9-month-old infants. *British Journal of Developmental Psychology, 11*, 299–306.

Clifton, R. K., Perris, E. E. & Bullinger, A. (1991). Infants' perception of auditory space. *Developmental Psychology, 27* (2), 187–197.

Corbetta, D. & Snapp-Childs, W. (2009). Seeing and touching: The role of sensory-motor experience on the development of infant reaching. *Infant Behavior and Development, 32*, 44–58.

Corbetta, D., Thelen, E. & Johnson, K. (2000). Motor constraints on the development of perception-action matching in infant reaching. *Infant Behavior and Development, 23*, 351–374.

Daum, M. M., Prinz, W. & Aschersleben, G. (2011). Perception and production of object-related grasping in 6-month-olds. *Journal of Experimental Child Psychology, 108*, 810–818.

Eimas, P. D., Siqueland, E. R., Jusczyk, P. & Vigorito, J. (1971). Speech perception in infants. *Science, 171*, 303–306.

Fantz, R. L. (1958). Pattern vision in young infants. *The Psychological Record, 8*, 43–47.

Fantz, R. L. (1961). The origin of form perception. *Scientific American, 204*, 66–72.

Fox, R., Aslin, R. N., Shea, S. L. & Dumais, S. T. (1980). Stereopsis in human infants. *Science, 207* (4428), 323–324.

Freud, S. (1916, 1933). *Vorlesungen zur Einführung in die Psychoanalyse und Neue Folge*. Frankfurt: Fischer.

Gibson, E. J. (1969). *Principles of perceptual learning and perceptual development*. New York: Appleton-Century-Crofts.

Gibson, E. J. & Rader, N. (1979). The perceiver as performer. In G. Hale & M. Lewis (Hrsg.), *Attention and development* (S. 1–21). New York: Plenum press.

Gibson, E. J. & Walk, R. D. (1960). The "visual cliff". *Scientific American, 202*, 64–71.

Gibson, E. J. & Walker, A. S. (1984). Development of knowledge of visual-tactile affordances of substance. *Child Development, 55*, 453–460.

Gibson, J. J. (1966). *The senses considered as perceptual systems*. Boston: Houghton Mifflin.

Gibson, J. J. (1979). *The ecological approach to visual perception*. Boston: Houghton Mifflin.

Gill, S. V., Adolph, K. E. & Vereijken, B. (2009). Change in action: How infants learn to walk down slopes. *Developmental Science, 12* (6), 888–902.

Goldstein, E. B. (2007). *Wahrnehmungspsychologie*. Berlin: Springer Verlag.

Gordon, I. & Slater, A. (1998). Nativism and empiricism: The history of two ideas. In A. Slater (Hrsg.), *Perceptual development: Visual auditory, and speech perception in infancy* (S. 73–103). Hove: Psychology Press.

Granrud, C. E., Haake, R. J. & Yonas, A. (1985). Infants' sensitivity to familiar size: The effect of memory on spatial perception. *Perception and Psychophysics, 37*, 459–466.

Granrud, C. E. & Yonas, A. (1984). Infants' perception of pictorially specified interposition. *Journal of Experimental Child Psychology, 37* (3), 500–511.

Grau, J. W. & Kemler Nelson, D. G. (1988). The distinction between integral and separable dimensions: Evidence for the integrality of pitch and loudness. *Journal of Experimental Psychology: General, 117*, 347–370.

Hannon, E. E. & Trehub, S. E. (2005). Metrical categories in infancy and adulthood. *Psychological Science, 16* (1), 48–55.

Helmholtz, H. von (1925). Handbook of physiological optics. In R. Herrnstein & E. G. Boring (Hrsg.), *A sourcebook in the history of psychology* (S. 151–163). Cambridge, MA: Harvard University Press.

Hering, E. (1861–1864). *Beiträge zur Physiologie*. Leipzig: Engelmann.

Hochberg, J. (1981). On cognition in perception. Perceptual coupling and unconscious inference. *Cognition, 10* (1-3), 127–134.

James, W. (1890). *The principles of psychology*. New York: Holt.

Johnson, S. P. & Nanez, J. E. (1995). Young infants' perception of object unity in two-dimensional displays. *Infant Behavior and Development, 18*, 133–143.

Jovanovic, B., Duemmler, T. & Schwarzer, G. (2008). Infant development of configural object processing in visual and visual-haptic contexts. *Acta Psychologica, 129* (3), 376–386.

Jovanovic, B. & Schwarzer, G. (2010). Entwicklung der Wahrnehmung. In H. Keller (Hrsg.), *Handbuch der Kleinkindforschung*. Bern: Huber Verlag.

Kavsek, M. J. (2001). Infant perception of static three-dimensional form: The contribution of pictorial depth cues. *Cognitive Processing, 2*, 199–213.

Kellman, P. J. (1993). Kinematic foundations of infant visual perception. In C. Granrud (Hrsg.), *Visual perception and cognition in infancy. Carnegie Mellon symposia on cognition* (S. 121–173). Hillsdale, NJ: Erlbaum.

Kellman, P. J. & Arterberry, M. E. (2000). *The cradle of knowledge: Development of perception in infancy*. Cambridge: MIT Press.

Kellman, P. J. & Spelke, E. S. (1983). Perception of partly occluded objects in infancy. *Cognitive Psychology, 15*, 483–524.

Kelly, D. J., Quinn, P. C, Slater, A. M, Lee, K., Ge, L. Z. & Pascalis, O. (2007). The other-race effect develops during infancy: Evidence of perceptual narrowing. *Psychological Science, 18* (12), 1084–1089.

Krueger, F. (1926). Zur Einführung – Über psychische Ganzheiten. *Neue Psychologische Studien, 1*, 5–122.

Kuhl, P. K. & Meltzoff, A. N. (1984). The intermodal representation of speech in infants. *Infant Behavior and Development, 7*, 361–381.

MacFarlane, A. (1975). *Olfaction in the development of social preferences in the human neonate. In Parent-infant interaction (CIBA Foundation Symposium No. 33)*. Amsterdam: Elsevier.

Mash, C., Arterberry, M. E. & Bornstein, M. H. (2007). Mechanisms of visual object recognition in infancy: Five-month-olds generalize beyond the interpolation of familiar views. *Infancy, 12* (1), 31–43.

Meltzoff, A. N. & Moore, M. K. (1977). Imitation of facial and manual gestures by human neonates. *Science, 198*, 75–78.

Milner, A. D. & Goodale, M. A. (1995). *The visual brain in action*. Oxford: Oxford University Press.

Morrongiello, B. A., Lasenby, J. & Lee, N. (2003). Infants' learning, memory, and generalization of learning for bimodal events. *Journal of Experimental Child Psychology, 84*, 1–19.

Morton, J. & Johnson, M. H. (1991). Conspec and Conlearn: A two-process theory of infant face recognition. *Psychological Review, 98*, 164–181.

Muir, D. & Clifton, R. K. (1985). Infants' orientation to the location of sound sources. In G. Gottlieb & N. A. Kranegor (Hrsg.), *Measurement of audition and vision in the first year of postnatal life: A methodological overview* (S. 171–194). Norwood, NJ: Ablex.

Parncutt, R. (2006). Prenatal development. In G. McPherson (Hrsg.), *The child as musician* (S. 1–31). New York: Oxford University Press.

Pascalis, O., de Haan, M. & Nelson, C. A. (2002). Is face processing species-specific during the first year of life? *Science, 296*, 1321–1323.

Pascalis, O., Scott, L. S., Kelly, D. J., Shannon, R. W., Nicholson, E., Coleman, M. & Nelson, C. A. (2005). Plasticity of face processing in infancy. *Proceedings of the National Academy of Sciences, 102* (14), 5297–5300.

Kapitel 4 Theorien der Wahrnehmungsentwicklung

Piaget, J. (1975). *Der Aufbau der Wirklichkeit beim Kinde.* Stuttgart: Klett (franz. Original 1937: La construction du reel chez l'enfant. Neuchatel: Delachaux & Niestle).

Plantinga, J. & Trainor, L. J. (2005). Memory for melody: Infants use a relative pitch code. *Cognition, 98,* 1–11.

Pons, F., Lewkowicz, D. J., Soto-Faraco, S. & Sebastin-Galles, N. (2009). Narrowing of intersensory speech perception in infancy. *Proceedings of the National Academy of Sciences, 106* (26), 10598–10602.

Porter, R. H., Makin, J. W., Davis, L. B. & Christensen, K. M. (1991). An assessment of the salient olfactory environment of formula-fed infants. *Physiology & Behavior, 50,* 907–911.

Prinz, W. (1990). A common coding approach to perception and action. In O. Neumann & W. Prinz (Hrsg.), *Relationships between perception and action: current approaches.* Berlin, Heidelberg: Springer.

Prinz, W. (1997). Perception and action planning. *European Journal of Cognitive Psychology, 9* (2), 129–154.

Rivera-Gaxiola, M., Silva-Pereyra, J. & Kuhl, P. K. (2005). Brain potentials to native and non-native speech contrasts in 7- and 11-month-old American infants. *Developmental Science, 8,* 162–172.

Rosenstein, D. & Oster, H. (1988). Differential facial responses to four basic tastes in newborn. *Child Development, 59,* 1555–1568.

Rovee-Collier, C., Hankins, E. & Bhatt, R. (1992). Textons, visual pop-out effects, and object recognition in infancy. *Journal of Experimental Psychology: General, 121,* 435–445.

Saffran, J. R., Aslin, R. N. & Newport, E. L. (1996). Statistical learning by 8-month-old infants. *Science, 274,* 1926–1928.

Sander, F. & Volkelt, H. (1962). *Ganzheitspsychologie.* München: Beck.

Sann, C. & Streri, A. (2008). The limits of newborn's grasping to detect texture in a cross-modal transfer task. *Infant Behavior and Development, 31,* 523–531.

Schroers, M., Pigot, J. & Fagen, J. (2007). The effect of a salient odor context on memory retrieval in young infants. *Infant Behavior and Development, 30,* 685–689.

Schum, N., Jovanovic, B. & Schwarzer, G. (2011). Ten- and twelve-month-old infants' anticipation of size and orientation during grasping. *Journal of Experimental Child Psychology, 109* (2), 218–231.

Schwarzer, G. (2005). Visuelle Wahrnehmung. In W. Schneider & B. Sodian (Hrsg.), *Enzyklopädie der Psychologie, Band 2, Kognitive Entwicklung* (S. 109–150). Göttingen: Hogrefe.

Schwarzer, G. & Degé, F. (2010). Entwicklung musikalischer Fähigkeiten. In H. Keller (Hrsg.), *Handbuch der Kleinkindforschung.* Bern: Huber Verlag.

Schwarzer, G., Zauner, N. & Jovanovic, B. (2007). Evidence of a shift from featural to configural face processing in infancy. *Developmental Science, 10* (4), 452–463.

Scott, L. S., Pascalis, O. & Nelson, C. A. (2007) A domain general theory of the development of perceptual discrimination. *Current Directions in Psychological Science, 16* (4), 197–201.

Scott, L. S., Shannon, R. W. & Nelson, C. A. (2006). Neural correlates of human and monkey face processing by 9-month-old infants. *Infancy, 10,* 171–186.

Sereno, M. I., Dale, A. M, Reppas, J. B., Kwong, K. K., Belliveau, J. W., Brady, T. J., Rosen, B. R. & Tootell, R. B. H. (1995). Borders of multiple visual areas in human revealed by functional magnetic resonance imaging, *Science, 268,* 889–893.

Shepp, B. E. & Swartz, K. B. (1976). Selective attention and the processing of integral and nonintegral dimensions. A developmental study. *Journal of Experimental Child Psychology, 22,* 73–85.

Simion, F., Macchi Cassia, V., Turati, C. & Valenza, E. (2003). Non-specific perceptual biases at the origins of face processing. In O. Pascalis & A. Slater (Hrsg.), *The development of face processing in infancy and early childhood* (S. 13–25). New York: Nova Science Publishers.

Smith, L. B. & Kemler, D. G. (1977). Developmental trends in free classification: Evidence for a new conceptualization of perceptual development. *Journal of Experimental Child Psychology, 24,* 279–298.

Spangler, S., Schwarzer, G., Freitag, C., Vierhaus, M., Teubert, M. et al. (2013). The other-race effect in a longitudinal sample of 3-, 6- and 9-month-old infants: Evidence of a training effect. *Infancy, 18*.

Spelke, E. S. (1998). Nativism, empirism, and the origins of knowledge. *Infant Behavior and Development, 21*, 181–200.

Spitz, R. (1958, 1972). *Eine genetische Feldtheorie der Ichbildung* (Vorlesung vom 27. Mai 1958). Frankfurt: Fischer Verlag.

Stern, W. (1914). *Psychologie der frühen Kindheit bis zum sechsten Lebensjahr*. Leipzig: Quelle & Meyer.

Streri, A. & Gentaz, E. (2003). Cross-modal recognition of shape from hand to eyes in human newborns. *Somatosensory and Motor Research, 20* (1), 11–16.

Streri, A., Lhote, M. & Dutilleuil, S. (2000). Haptic perception in newborns. *Developmental Science, 3*, 319–327.

Tamis-LeMonda, C. S., Adolph, K. E., Dimitropoulou, K. A., Lobo, S. A., Karasik, L. B. & Ishak, S. (2008). When infants take mothers' advice: 18-month-olds integrate perceptual and social information to guide motor action. *Developmental Psychology, 44* (3), 734–746.

Thompson, L. A. (1994). Dimensional strategies dominate perceptual categorization. *Child Development, 65*, 1627–1645.

Trehub, S. E., Schellenberg, E. G. & Kamenetsky, S. B. (1999). Infants' and adults' perception of scale structure. *Journal of Experimental Psychology: Human Perception and Performance, 25*, 965–975.

Volkelt, H. (1924). Primitive Komplexqualitäten in Kinderzeichnungen. *Bericht über den VIII. Kongreß für experimentelle Psychologie 1923* (S. 204–208). Jena: Fischer.

Von Hofsten, C. (2003). On the development of perception and action. In J. Valsiner & K. Connolly (Hrsg.), *Handbook of developmental psychology* (S. 114–140). London: SAGE Publications.

Weikum, W. M., Vouloumanos, A., Navarra, J., Soto-Faraco, S., Sebastian-Galles, N. & Werker, J. F. (2007). Visual language discrimination in infancy. *Science, 316*, 1159.

Werker, J. F. & Tees, R. C. (1984). Cross-language speech perception: Evidence for perceptual reorganization during the first year of life. *Infant Behavior and Development, 7*, 49–63.

Werner, H. (1917). Die melodische Erfindung im frühen Kindesalter – Eine entwicklungspsychologische Untersuchung. *Berichte der Kaiserlichen Akademie, philosophisch-historische Klasse Wien, 182*, 1–110.

Werner, H. (1926). *Einführung in die Entwicklungspsychologie* (3. Auflage). Leipzig.

Wertheimer, M. (1961). Psychomotor coordination of auditory and visual space at birth. *Science, 134*, 1692.

Wilkening, F. & Cacchione, T. (2007). Theorien dynamischer Systeme in der Entwicklungspsychologie. In M. Hasselhorn & W. Schneider (Hrsg.), *Handbuch der Entwicklungspsychologie* (S. 49–61). Göttingen: Hogrefe.

Wilkening, F. & Lange, K. (1989). When is children's perception holistic? Goals and styles in categorization multidimensional stimuli. In T. Globerson & T. Zelnicker (Hrsg.), *Cognitive style and cognitive development* (S. 141–171). Norwood, NJ: Ablex.

Yonas, A. & Granrud, C. (2006). Infants' perception of depth from cast shadows. *Perception and Psychophysics, 68* (1), 154–160.

Yonas, A., Kavsek, M. & Granrud, C. (2008). *Five-month-olds' responsiveness to pictorial depth cues in preferential reaching studies: A meta analysis*. Poster presented at the International Conference on Infant Studies, Vancouver.

Kapitel 5
Entwicklung begrifflichen Wissens: Kernwissenstheorien

Beate Sodian

Susan E. Carey

„The cognition of humans, like that of all animals, begins with highly structured innate mechanisms designed to build representations with specific content."
(Carey, 2009, S. 67)

Wie entsteht Wissen? Wie kommen Kinder dazu, Lebewesen von unbelebten Objekten zu unterscheiden, zu zählen und zu rechnen und Begriffe wie *Schwerkraft* oder *Ärger* zu verstehen? Und wie kommt die Menschheit dazu, Konzepte wie *Evolution* oder *Atom* zu entwickeln? Diese Fragen beschäftigen Psychologie und Philosophie seit deren Anfängen. Seit der Antike spekulieren nativistische Theorien über angeborenes menschliches Wissen, während empiristische Theorien die Metapher der *Tabula rasa* benützten, um die Position zu untermauern, dass alles Wissen im Laufe des Lebens durch Erfahrung erworben werde. Empirische entwicklungspsychologische Forschung hat seit dem 20. Jahrhundert zur Aufklärung der Herausbildung begrifflichen Wissens in der Ontogenese beigetragen. Insbesondere in den letzten dreißig Jahren sind bei der entwicklungspsychologischen Erforschung des Denkens im Säuglingsalter entscheidende Fortschritte gemacht worden, die zur grundlegenden Revision unserer Vorstellungen über die geistigen Fähigkeiten des menschlichen Säuglings geführt haben. Während William James gegen Ende des 19. Jahrhunderts die Welt des Neugeborenen als *a blooming, buzzing confusion* bezeichnete, spricht die heutige Säuglingsforschung vom *kompetenten Säugling*, dessen Gehirn Erfahrungen von Anfang an in strukturierter Weise verarbeitet. Eine Entwicklungstheorie, die den neueren Befunden über kognitive Kompetenzen des Säuglings Rechnung trägt, muss erklären, wie es möglich ist, dass Säuglinge in den ersten Lebenstagen, -wochen oder -monaten bereits grundlegende Erwartungen über die Bewegungen physikalischer Objekte, über menschliches Handeln, über Mengen und Zahlen aufgebaut haben, die mit denen der Erwachsenen übereinstimmen. Im vorliegenden Kapitel wird die

Kernwissenstheorie vorgestellt, die annimmt, dass der Mensch von Geburt an mit einer kleinen Anzahl evolutionsgeschichtlich bedeutsamer kognitiver Systeme ausgestattet ist, die über die Lebensspanne hinweg kontinuierlich den Wissenserwerb leiten.

1 Begriffsbestimmung

Begriffe sind fundamental für unser Erleben und Verhalten. Sie ermöglichen uns die Organisation unserer Erfahrungen und die Anwendung vorhandenen Wissens auf neue Situationen. Begriffe sind Einträge in unserem Gedächtnis, die durch die Verknüpfung einer Reihe von Merkmalen zu einer Einheit entstehen (vgl. Clark, 1983). Eine solche Wissenseinheit kann sich auf ein einzelnes Individuum beziehen (z. B. *Barack Obama*) oder auf eine Kategorie (*Menschen, Hunde, Vögel*). Semantische Merkmalstheorien nehmen an, dass unsere Begriffe Lexikoneinträgen ähneln, die hinreichende und notwendige Bedingungen dafür spezifizieren, dass ein Exemplar unter einen Begriff fällt (z. B. ist ein Mann ein Onkel, wenn er der Bruder des Vaters oder der Mutter ist oder der Mann der Tante). Ein Problem dieser Theorie besteht darin, dass sich für viele Begriffe keine Definitionskriterien im Sinne notwendiger und hinreichender Bedingungen angeben lassen (z. B. Begriffe wie *Spiel*).

Neuere Ansätze gehen anders als rein merkmalsbasierte Ansätze davon aus, dass kausale Relationen ein wesentlicher Teil unseres begrifflichen Wissens und eng mit assoziativem Wissen verknüpft sind. Die meisten Begriffe enthalten daher sowohl Erklärungen für Assoziationen zwischen Merkmalen als auch Erklärungen für Relationen zwischen verwandten Konzepten (Keil, 1994). Begriffe wie *Hund, Vogel, Auto, Tisch, Glück, Mitleid* sind eingebettet in größere Wissensdomänen wie die biologische, physikalische und psychologische Domäne. Unser Wissen über solche fundamentalen Bereiche enthält domänenspezifische *Erklärungen* für die Phänomene eines Bereichs: So unterscheiden sich z. B. unsere Erklärungen dafür, warum sich ein Hund oder ein Vogel bewegt, von denen, die wir für die Bewegung eines Autos geben, und diese wiederum von denen, die wir für Gefühlszustände (bei uns selbst oder bei anderen Menschen) geben. Unser begriffliches Wissen besteht also nicht nur aus Merkmalsassoziationen, sondern es enthält Annahmen darüber, *warum* die Welt so ist, wie sie ist. Diese Annahmen werden auch als *theoretische* Annahmen bezeichnet (Wellman & Gelman, 1998), da sie kohärente Vorhersagen und Erklärungen für einen Phänomenbereich erlauben. In unseren naiven Erklärungen für menschliches Verhalten rekurrieren wir z. B. auf die Begriffe der *Absicht* und der *Überzeugung*. Diese Begriffe fungieren als theoretische Terme in unserer naiven Alltagspsychologie und ermöglichen die Vorhersage künftiger Ereignisse in der Domäne „menschliches Verhalten" (vgl. Premack & Woodruff, 1978).

Wie entsteht begriffliches Wissen in der kindlichen Entwicklung? Ältere Theorien nahmen an, dass der Säugling mit einem Grundstock von *sensorisch-perzeptuellen Repräsentationen* beginnt und dass begriffliches Wissen allmählich auf dieser Grundlage entsteht (z. B. Bruner, Olver & Greenfield, 1966; Piaget, 1954). Sensorisch-perzeptuelle Repräsentationen bilden Merkmale von Entitäten zu einem bestimmten Zeitpunkt ab, erfassen also Farbe, Größe, Form, Textur, Geruch u. Ä. von Objekten oder Personen im Hier und Jetzt. Wenn das gleiche Objekt oder die gleiche Person zu einem anderen Zeitpunkt wieder wahrgenommen wird, so werden diese Objektmerkmale aufs Neue registriert. Auf sensorisch-perzeptueller Ebene ist es jedoch nicht möglich, ein Objekt oder eine Person zu verschiedenen Zeitpunkten und in verschiedenen räumlichen Positionen als ein und dasselbe Objekt zu identifizieren. Konzepte unterscheiden sich von Perzepten vor allem dadurch, dass sie *begrifflichen* Inhalt besitzen und Schlussfolgerungen erlauben: Aus der Information, dass der Vierbeiner, der vor mir über die Straße läuft, ein Hund ist, kann ich schließen, dass er bellt, wahrscheinlich mit Menschen zusammen lebt usw. Dies zeigt, dass unsere Begriffe durch ein dichtes Netz von Schlussfolgerungen miteinander verbunden sind.

Das Grundproblem von älteren Entwicklungstheorien, die die Entstehung begrifflichen Wissens aus sensorisch-perzeptueller Erfahrung erklären wollen, besteht darin, die Prozesse spezifizieren zu wollen, durch die Wissen aus Wahrnehmungseindrücken hervorgehen soll. Wie und wodurch soll diese Transformation erfolgen? Neuere Theorien des *Kernwissens* nehmen daher nicht an, dass Konzepte auf Perzepten aufbauen, sondern dass begriffliches Wissen in rudimentärer Form *angeboren* ist und nicht durch Lernprozesse erworben wird (vgl. Carey, 2009).

Kernwissenstheorien sind nativistische Theorien über die kognitive Architektur des Menschen. Die zentrale Annahme ist, dass Menschen mit einer kleinen Anzahl von evolutionsgeschichtlich bedeutsamen, domänenspezifischen kognitiven Systemen ausgestattet sind, die das Denken über Objekte, Agenten, soziale Partner sowie die numerische und die räumliche Kognition leiten. Kernwissenssysteme können nicht auf sensorische oder perzeptuelle Repräsentationen reduziert werden, sondern enthalten begriffliche Inhalte und fungieren als Grundlage für Schlussfolgerungen über die Entitäten einer Domäne, also z. B. über die Bewegungen physikalischer Objekte oder die Handlungsziele von Agenten. Kernwissen ist jedoch limitiert und deutlich unterscheidbar von sprachlich repräsentierten menschlichen Wissenssystemen. Kernwissenstheorien werden von den Kognitionswissenschaftlerinnen Susan Carey und Elizabeth Spelke vertreten (Carey, 2009; Carey & Spelke, 1994; Spelke & Kinzler, 2007), wobei Carey (2009) den Terminus *Kernkognition* bevorzugt, um auszudrücken, dass die Repräsentationen in Kernwissenssystemen nicht notwendigerweise wahrheitsgetreu sind.

2 Historische Anfänge

In der Philosophie konkurrieren nativistische mit empiristischen Theorien über die Entstehung menschlichen Wissens seit der Antike. Plato (428/427–348/347 v. Chr.) glaubte, dass Kinder mit angeborenem Wissen auf die Welt kommen, z. B. mit der „Idee" vom Tier, die es ihnen erlaubt, Hunde und Katzen als Tiere zu erkennen. Aristoteles (384–322 v. Chr.) hingegen nahm an, dass alles Wissen aus der Erfahrung kommt. Im 17. Jahrhundert wurden empiristische Positionen erneut von John Locke (1632–1704) und Jean Jacques Rousseau (1712–1778) vertreten, die annahmen, dass Kinder als unbeschriebene Tafel („tabula rasa") zur Welt kommen und dass ihre Entwicklung weitgehend von der Erziehung durch die Eltern und der gesellschaftlichen Umgebung bestimmt wird.

Empiristische Theorien prägten auch die wissenschaftliche Entwicklungspsychologie seit ihren Anfängen. Bis vor ca. dreißig Jahren ging man davon aus, dass der menschliche Säugling bei Geburt nur mit sensorischen Fähigkeiten, Reflexen und rudimentären allgemeinen Lernfähigkeiten ausgestattet ist. So charakterisierte Jean Piagets einflussreiche Theorie der sensomotorischen Entwicklung die sensorischen Repräsentationen des menschlichen Neugeborenen als modalitätsspezifisch. Die Integration der Sinnesmodalitäten (z. B. von Sehen und Fühlen) sei erfahrungsabhängig und gelinge erst mit etwa sieben Monaten. Der Übergang von sensorisch-perzeptuellen zu symbolischen (wissensbasierten) Repräsentationen erfolge etwa erst im 18. bis 24. Lebensmonat als Ergebnis eines durch einen allgemeinen adaptiven Mechanismus vorangetriebenen Lernprozesses. Grundbegriffe unseres Wirklichkeitsverständnisses wie der des dreidimensionalen, soliden, physikalischen Objekts, das unabhängig vom eigenen Handeln in Raum und Zeit permanent existiert, seien ein Produkt eines solchen langsamen, schrittweisen Konstruktionsprozesses, der erst am Ende des zweiten Lebensjahres abgeschlossen sei.

Die neuere Säuglingsforschung hat Piagets *Theorie der sensomotorischen Intelligenz* jedoch in zentralen Teilen widerlegt (für einen Überblick siehe z. B. Sodian, 2012). So gibt es reiche Evidenz dafür, dass Babys im Alter von drei bis fünf Monaten physikalische Objekte als raum-zeitlich kontinuierlich (d. h. permanent) repräsentieren und sie in ähnlicher Weise quantifizieren wie Erwachsene. Ferner spricht vieles dafür, dass diese Repräsentationen konzeptuell (wissensbasiert) und nicht aus Generalisierungen von perzeptuellen Repräsentationen erklärbar sind (Carey, 2009). Einige Untersuchungen demonstrieren Objektrepräsentationen sogar bei Neugeborenen ohne visuelle Erfahrung (Valenza, Gava, Leo & Simeon, 2006). Diese Befunde sind aus der Sicht vieler Entwicklungspsychologen nicht mit der Annahme vereinbar, dass der menschliche Säugling bei Geburt nur mit einem allgemeinen adaptiven Mechanismus ausgestattet ist, der alle Lernprozesse vorantreibt.

Neuere Theorien nehmen daher bereichsspezifische, modulare Verarbeitungsprozesse in verschiedenen kognitiven Subsystemen an. So gehen *Modularitätstheorien* (z. B. Fodor, 1983) von funktional isolierten und voneinander unabhängigen Systemen kognitiver Verarbeitung aus, die teilweise automatisch und sehr schnell arbeiten. Die Module sind spezialisiert auf eine bestimmte Art von Information, d. h., sie operieren bereichsspezifisch, „informational eingekapselt" und damit unabhängig von anderen Modulen. Sie sind „kognitiv undurchdringlich", d. h., bewusst reflexive Prozesse haben keinen Zugriff auf die Arbeitsweise des Moduls. Die Module werden zumeist als angeboren konzipiert. Es gibt jedoch auch alternative Ansätze, die Modularisierung als Ergebnis früher, sehr rasch ablaufender allgemeiner Lernprozesse darstellen (Elman, Bates, Johnson, Karmiloff-Smith, Parisi & Plunkett, 1996). Die Modularitätstheorie Fodors (1983) unterscheidet beispielsweise zwischen modularen Prozessen (im Bereich der Wahrnehmung und der Sprache) sowie nicht-modularen zentralen Prozessen, die konzeptuell und bereichsübergreifend konzipiert sind. Im Gegensatz dazu gehen die Kernwissenstheorien von spezifischen Systemen der Verarbeitung bereichsspezifischer Information aus, die nicht auf die Wahrnehmung beschränkt sind, sondern konzeptuelles Wissen umfassen.

3 Allgemeine Annahmen

Kernwissenstheorien nehmen eine kleine Anzahl von evolutionsgeschichtlich angelegten, domänenspezifischen kognitiven Systemen an, die von Geburt an vorhanden sind. Diese Annahme angeborener Fähigkeiten von evolutionärer Bedeutung ist an sich nicht kontrovers, da sowohl die Verhaltensforschung an Tieren als auch die Säuglingsforschung viele Belege dafür geliefert haben (vgl. Carey, 2009). So besitzen z. B. sowohl Hühnerküken als auch menschliche Säuglinge die für das Überleben wichtige Fähigkeit, Artgenossen zu erkennen. Neugeborene Babys zeigen eine deutliche Präferenz für menschliche Gesichter gegenüber Stimuli gleicher Komplexität, die keine gesichtstypische Konfiguration haben (Johnson & Morton, 1991). Sie imitieren bestimmte Gesichtsbewegungen (Zunge herausstrecken), ohne vorher visuelle Erfahrungen mit menschlichen Gesichtern gemacht zu haben, was auf ein angeborenes, rudimentäres Körper-(bzw. Gesichts-)schema hindeutet (Meltzoff & Moore,

1983). Beim Menschen wie bei vielen Tieren gilt es als unstrittig, dass eine angeborene Basis für bestimmte überlebensnotwendige Verhaltenssysteme vorhanden sein muss, die die Nähe zur Mutter suchen lassen.

Schwierig und kontrovers ist die genaue Spezifikation der Art der angeborenen Fähigkeiten, die die rasche Ausbildung solcher Verhaltenssysteme ermöglichen. Die Kernwissenstheorie nimmt an, dass es angeborene Input-Analyse-Systeme gibt, die für bestimmte Klassen von Stimuli spezialisiert sind, z. B. Entitäten von der Form eines Vogels oder eines Gesichts. Die Analysesysteme dafür liefern nur umrisshafte Repräsentationen von potenziellen Artgenossen. So erkennt das Küken z. B. huhnartige Gestalten mit der richtigen Konfiguration von Kopf, Augen und Schnabel, während es einer Vogelgestalt mit abweichender Konfiguration (z. B. einem Schnabel im Nacken) nicht folgen wird. Das Input-Analyse-System ist jedoch ungenau, sodass das Küken auch die Nähe einer ausgestopften Ente oder eines Adlers sucht. Das Kernwissenssystem, das zum Erkennen von Artgenossen erforderlich ist, geht damit über rein sensorische Repräsentationen hinaus. Es repräsentiert abstrakte Inhalte und übernimmt eine funktionale Rolle bei der Verhaltenssteuerung (z. B. wird eine umrisshafte Darstellung einer Henne verbunden mit der Inferenz: „Bleibe in der Nähe dieser Entität."). Auf diese Weise ermöglichen angeborene Kernwissenssysteme dem Individuum den raschen Erwerb von Wissen über Entitäten, die eine spezifische Funktion für das Überleben haben.

Kernwissenssysteme basieren auf einer kleinen Zahl von domänenspezifischen Prinzipien, die die Analyse des perzeptuellen Inputs so steuern, dass die Entitäten identifiziert werden, die zur Domäne gehören. Zugleich leiten diese Prinzipien die Erwartungen über das Verhalten dieser Entitäten. So gelten z. B. für die Domäne der physikalischen Objekte (vgl. Spelke & Kinzler, 2007) die Prinzipien der *Kohäsion* (Objekte sind zusammenhängende, begrenzte Entitäten), der *Kontinuität* (Objekte bewegen sich auf kontinuierlichen Pfaden) und des *Kontakts* (unbelebte Objekte werden nur durch Kontaktobjekte in Bewegung gesetzt). Diese Prinzipien erlauben es unter anderem, Grenzen zwischen Objekten wahrzunehmen, die Gestalt von Objekten zu ergänzen, die nur teilweise sichtbar sind, und Objektbewegungen vorherzusagen. Die Kernprinzipien fungieren so als domänenspezifische Lernsysteme und leiten Objektwahrnehmung und -kognition über die Lebensspanne hinweg; sie werden im Laufe der Entwicklung elaboriert und angereichert, aber nie revidiert oder aufgehoben.

Kernwissenssysteme finden sich nicht nur beim Menschen, sondern auch bei Tieren. So unterliegt die Objektrepräsentation bei erwachsenen Affen ebenso wie bei menschlichen Säuglingen den Prinzipien von Kontinuität und Kontakt und zeigt die gleiche charakteristische Begrenzung der Zahl der zu einem Zeitpunkt numerisch repräsentierbaren Objekte. Kernwissen ist *implizites Wissen* insofern, als es die Identifikation von Entitäten einer Domäne und Inferenzen über diese Entitäten leitet. Wir unterstellen, dass das kognitive System des Säuglings bei der Identifikation von physikalischen Objekten von bestimmten Prinzipien geleitet wird, z. B. Entitäten als Objekte zu behandeln, die kontinuierlich, solide und kohärent sind. Wir würden aber nicht annehmen, dass der Säugling „glaubt" oder „weiß", dass physikalische Objekte kontinuierlich und solide sind. Erst das spätere *explizite Wissen* enthält solche bewussten Annahmen.

Wenn jedoch Kernwissenssysteme auf der Grundlage angeborener, durch die natürliche Selektion entstandener, domänenspezifischer Input-Analyse-Systeme entstehen und über die Lebensspanne hinweg konstant bleiben, wie ist dann Entwicklung vorstellbar? Die meisten nativistisch orientierten Entwicklungspsychologen nehmen an, dass über die Kernwissenssysteme hinaus die Ausbildung neuer repräsentationaler Ressourcen nötig ist, um die Entwicklung expliziten begrifflichen Wissens zu ermöglichen. Wesentliche Bereiche unseres expliziten begrifflichen Wissens sind nicht über die Lebensspanne hinweg konstant, sondern das Produkt von Restrukturierungsprozessen, die über die bloße Akkumulation von Faktenwissen hinausgehen. Prozesse des begrifflichen Wandels sind mit dem Wandel von Theorien (Paradigmen) in den Wissenschaften verglichen worden (vgl. Carey, 1985). Ein Beispiel ist der Begriff *Lebewesen*. So glauben die meisten Vorschulkinder, dass Menschen und Tiere, nicht aber Pflanzen *Lebewesen* seien. Dieses Fehlkonzept ist nicht durch einfache faktische Informationen zu korrigieren, da es in ein größeres begriffliches System eingebettet ist. Solche begrifflichen Systeme werden als *intuitive Theorien* bezeichnet (Wellman & Gelman, 1998). Sie sind mit wissenschaftlichen Theorien insofern vergleichbar, als sie einen Erklärungsrahmen für die Phänomene einer Wissensdomäne anbieten: So erklärt das vierjährige Kind Ereignisse, die Menschen und Tiere betreffen, typischerweise in Verhaltensbegriffen, während das zehnjährige Kind und der Erwachsene biologische Erklärungsbegriffe auf Lebewesen anwenden und daher auch Pflanzen der Kategorie der Lebewesen zuordnen. Ein solcher Wandel von einer intuitiven Verhaltenstheorie zu einer intuitiven Biologie ist mit einer tief greifenden Veränderung des Konzepts *Lebewesen* verbunden, die nicht auf die bloße Zunahme faktischen Wissens reduziert werden kann. Intuitive Theorien sind keine Kernwissenssysteme (vgl. Carey, 2009); sie sind nicht angeboren und nicht an starre perzeptuelle Input-Analyse-Systeme gebunden, sondern im kulturellen Kontext konstruiert und sprachlich repräsentiert. Sie enthalten explizites Erklärungswissen und ermöglichen damit kausale Inferenzen, die weit über Inferenzen hinausgehen, die in Kernwissenssystemen möglich sind.

Die Kernwissenstheorie nimmt an, dass der Mensch von Geburt an mit einer kleinen Anzahl evolutionsgeschichtlich bedeutsamer kognitiver Systeme ausgestattet ist, die über die Lebensspanne hinweg kontinuierlich den Wissenserwerb leiten. Kernwissen ist implizites, domänenspezifisches Wissen. Angeborene Input-Analyse-Systeme leiten die kindlichen Erwartungen über Eigenschaften von physikalischen Objekten, Agenten, Zahl und Raum.

Kapitel 5 Entwicklung begrifflichen Wissens: Kernwissenstheorien

4 Zentrale Befunde aus verschiedenen Wissensdomänen

Kernwissenssysteme sind gekennzeichnet durch begriffliche Inhalte, durch Kontinuität über die Lebensspanne hinweg sowie durch domänenspezifische Lernmechanismen von evolutionärer Bedeutung. Diese Charakteristiken sollen im Folgenden anhand von drei zentralen Domänen, der physikalischen, der numerischen und der sozialen Kognition, näher erläutert werden.

4.1 Physikalische Objektwelt

Wir nehmen die Umwelt als Ansammlung diskreter, dreidimensionaler Objekte wahr, die Raum einnehmen und die auch dann existieren, wenn wir sie nicht beobachten können. Wir erwarten u. a., dass sie zu Boden fallen, wenn wir sie loslassen, und dass sie sich als zusammenhängende Entitäten auf kontinuierlichen Pfaden bewegen. Insbesondere identifizieren wir Objekte als Objekte (z. B. als ein Objekt, das der Kategorie der Bälle angehört) oder als Individuen ("die Katze Mingo") und erkennen sie als solche wieder. Sind diese Intuitionen über die physikalische Objektwelt angeboren oder Produkte von Lernprozessen?

4.1.1 Piagets Theorie der Objektpermanenz

Piaget vertrat die Ansicht, dass der Säugling zunächst nur sensorische und perzeptuelle Repräsentationen bilden kann und daher keine Objektrepräsentationen besitzt. Diese können schon deshalb nicht rein sensorisch sein, weil sie distale Entitäten repräsentieren. Sensorische Repräsentationen erfassen Objektmerkmale wie Farbe, Größe und Form, aber repräsentieren nicht Objekte *als Objekte*. Insbesondere ist es auf der sensorischen Ebene nicht möglich, ein Objekt (z. B. eine Person wie die Mutter) zu verschiedenen Zeitpunkten in verschiedenen räumlichen Positionen als ein und dasselbe Objekt zu repräsentieren. Da perzeptuelle Repräsentationen limitiert darauf sind zu repräsentieren, wie etwas zu einem bestimmten Zeitpunkt aussieht, sich anfühlt oder riecht, können Objekte nicht als individuelle Exemplare perzeptuell repräsentiert werden, die unabhängig vom Beobachter und kontinuierlich über die Zeit existieren. Piaget glaubte ferner, dass sich konzeptuelles Objektwissen auf der Basis des anfänglichen sensorisch-perzeptuellen Erfahrungsraums als Ergebnis eines langsamen, schrittweisen Lernprozesses entwickelt. So betrachtete er beispielsweise das Lernen von Kontingenzen zwischen den Sinnesmodalitäten (z. B. Tasten und Sehen) als ersten Schritt bei der Koordination der angeblich getrennt voneinander funktionierenden modalitätsspezifischen sensorischen Ur-Repräsentationen. Wir wissen heute jedoch, dass Neugeborene bereits Korrespondenzen zwischen den Sinnesmodalitäten herstellen können, wenn sie beispielsweise die taktile Erfahrung mit einem Schnuller mit Noppen (vs. einem glatten Schnuller) in Beziehung zu einem wahrgenommenen Bild des entsprechenden Schnullers setzen (Meltzoff & Borton, 1979).

4 Zentrale Befunde aus verschiedenen Wissensdomänen 129

4.1.2 Neue Befunde zu Objektpermanenz und Objektindividuation

Die neuere Säuglingsforschung begründet noch weitergehende Kritik an der Theorie Piagets: Während Piaget annahm, dass Babys ein konzeptuelles Verständnis von Objekten, die unabhängig von eigenen objektgerichteten Handlungen existieren (Objektpermanenz), erst im Alter von 18 bis 24 Monaten erwerben, deutet die neuere Forschung darauf hin, dass dieses grundlegende konzeptuelle Verständnis weitaus früher (bereits im Alter von zwei bis sechs Monaten) vorhanden ist.

Piaget begründete seine These von der fehlenden Objektpermanenz vor allem mit Fehlern, die Säuglinge bei der Suche nach verdeckten Objekten machen. Er beobachtete beispielsweise bei Säuglingen im Alter zwischen etwa vier und acht Monaten, die bereits nach Objekten greifen und diese manipulieren können, dass sie abrupt damit aufhören, wenn das interessierende Objekt (etwa durch eine Decke) vollständig verdeckt wird. Während sie ein nur teilweise verdecktes Objekt unter einer Decke herausziehen, verhalten sie sich im Falle vollständiger Verdeckung so, als habe das Objekt aufgehört zu existieren. Piaget schloss aus dieser Beobachtung, dass Säuglingen das Konzept des *permanenten Objekts* fehle, d. h. das Wissen darüber, dass Objekte unabhängig von den eigenen objektgerichteten Handlungen weiter existieren, auch wenn sie sich außerhalb des eigenen Wahrnehmungsfelds befinden. Zielgerichtetes Handeln ist jedoch ein komplexer Prozess, der u. a. Gedächtnis, Aufmerksamkeit und die Hemmung störender Handlungsimpulse voraussetzt. Daher kann man aus Auffälligkeiten in den objektbezogenen Handlungen von Babys nicht ohne Weiteres auf defizitäres Objekt*wissen* schließen. Eine kritische Überprüfung von Piagets These sollte deshalb vielmehr in weniger komplexen Aufgabensituationen erfolgen, in denen die Objektrepräsentation per se klarer von anderen Anforderungen der Aufgabe zu trennen ist.

Seit den 1970er-Jahren ist der experimentellen Säuglingsforschung ein Durchbruch mit der Entwicklung von Paradigmen gelungen, die einfache Indikatoren für die *Erwartungen* benutzen, die Babys in Bezug auf spezifische Stimuli haben. Diese Indikatoren nutzen Fähigkeiten, die der Säugling von Anfang an bereits hat, z. B. die Fähigkeit, mit unterschiedlichen Frequenzen an einem Schnuller zu saugen oder visuelle Stimuli zu betrachten:

(1) Habituationsmethode. Die bekannteste Methode ist die Habituationsmethode, bei der ein Stimulus mehrmals präsentiert wird, so lange, bis das Interesse des Babys (z. B. gemessen durch die Fixationszeit auf visuelle Stimuli) bis zu einem Kriterium absinkt (50 % der ursprünglichen Fixationsdauer). Wenn das Habituationskriterium erreicht ist, wird ein Testreiz dargeboten; wenn der Säugling auf diesen Testreiz dishabituiert, d. h., wenn die Fixationszeiten signifikant ansteigen, schließt man daraus, dass der neue Reiz vom Säugling als „neu" bzw. „unerwartet" wahrgenommen wird. Kontrastiert man nun Testreize, die unseren Erwartungen über das Verhalten von Objekten oder Personen entsprechen, mit solchen, die diese Erwartungen verletzen, und findet man, dass Babys die erwartungswidrigen Testreize signifikant länger betrachten als die erwartungskonformen, so kann man daraus schließen, dass die Erwartungen der Babys über die fraglichen Ereignisse den unseren entsprechen.

(2) Methode der Erwartungsverletzung. Mit der Methode der *Erwartungsverletzung* zeigte Baillargeon (1987), dass bereits dreieinhalb Monate alte Säuglinge verdeckte Objekte mental repräsentieren. In der Habituationsphase sahen die Babys einen Schirm vor- und

zurückklappen (180-Grad-Drehung); nach Erreichen des Habituationskriteriums wurde ein Quader im Gesichtsfeld des Babys platziert. Anschließend sahen die Babys zwei Arten von Testereignissen (Abb. 5.1): Bei den erwartungskonformen Ereignissen klappte der Schirm um, verdeckte den Quader und kam zum Stillstand, als er an diesen anstieß. Bei den erwartungswidrigen Testereignissen klappte der Schirm wie in der Habituationsphase in einer 180-Grad-Drehung um (wobei der Versuchsleiter unbemerkt den Quader entfernt hatte). Für den Betrachter wirkte das so, als hätte sich der Schirm durch den Quader hindurch bewegt. Die dreieinhalb Monate alten Babys schauten signifikant länger auf das erwartungswidrige als auf das erwartungskonforme Ereignis. Da das erwartungswidrige Ereignis (vollständiges Umklappen des Schirms) identisch war mit der Habituationsphase (ohne Quader), können die längeren Blickzeiten hier nur darauf zurückgeführt werden, dass die Babys eine mentale Repräsentation des Objekts gebildet hatten, das vor ihnen stand, bevor der Schirm umklappte. Folglich existieren bereits für junge Säuglinge Objekte, auch wenn sie vollständig verdeckt sind. Ferner passen schon sechs Monate alte Babys ihre Erwartungen an die Eigenschaften von Objekten an; so erwarten sie z. B., dass der Schirm in Abhängigkeit von der Größe des Objekts weiter oder weniger weit nach hinten klappt und dass er bei weichen Objekten, die zusammengedrückt werden können, weiter nach hinten klappen kann als bei harten Objekten (Baillargeon, 1987, 1991).

(3) Handlungskompetenzen. Nicht nur im Habituationsexperiment, sondern auch beim Greifen im Dunkeln demonstrieren Säuglinge Objektpermanenz: Babys im sechsten Lebensmonat greifen im Dunkeln nach Objekten. Sie tun dies in Abhängigkeit davon, welche Geräusche vom Objekt ausgehen, sodass ihr Wissen über die Eigenschaften der Objekte zum Tragen kommt (Clifton, Rochat, Litovsky & Perris, 1991). Mit zehn bis zwölf Monaten zeigen Babys in ihrem Suchverhalten sogar schon Wissen über die *Zahl* versteckter Objekte: Wenn sie sahen, dass nacheinander zwei Objekte in eine undurchsichtige Schachtel gelegt wurden und danach eines dieser Objekte wieder hervorgeholt wurde, so suchten sie auch nach dem zweiten Objekt; wenn hingegen nur eines versteckt wurde, hörten sie auf zu suchen, nachdem es hervorgeholt worden war (Feigenson & Carey, 2003).

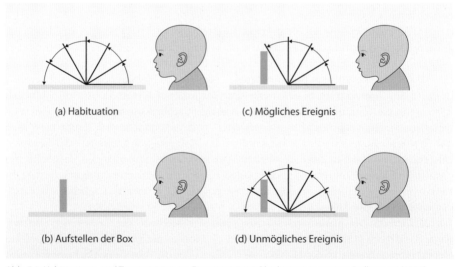

Abb. 5.1: Habituations- und Testereignisse im Experiment zur Objektpermanenz von Baillargeon (1987).

(4) Objektindividuation. Weitergehende Schlussfolgerungen über das Objektverständnis des Säuglings erlaubt ein Blickzeitexperiment von Wynn (1992a) zur „Addition" und „Subtraktion" bei fünf Monate alten Säuglingen. Auf einer kleinen Bühne beobachteten die Babys zum Beispiel die folgende Sequenz von Ereignissen (Abb. 5.2): Eine Mickymaus wurde auf der Bühne platziert. Danach klappte ein Schirm hoch, der die Mickymaus verdeckte. Dann sahen die Babys, dass eine Hand eine zweite Mickymaus hinter den Schirm schob und leer wieder hervorkam. Danach wurde der Schirm zurückgeklappt, und es zeigte sich entweder das erwartete (zwei Mickymäuse) oder das unerwartete (eine Mickymaus) Ereignis. Analog dazu wurde in der Subtraktionsbedingung das Experiment mit zwei Mickymäusen gestartet, von denen eine hinter dem Schirm hervorgeholt und sichtbar weggenommen wurde. Während sie in der Subtraktionsbedingung signifikant länger auf das Ergebnis „zwei Mickymäuse" blickten, zeigten die Babys in der Additionsbedingung das umgekehrte Muster und blickten länger auf das Ergebnis „eine Mickymaus". Die Babys betrachteten damit in beiden Bedingungen jeweils das *unerwartete Ergebnis* länger und demonstrierten nicht nur ein grundlegendes numerisches Wissen, sondern auch die Fähigkeit zur Objektrepräsentation. Um die Aufgabe zu meistern, mussten die Babys die Objekte (Mickymäuse) als permanent repräsentieren (als Objekte, die kontinuierlich fortbestehen, auch wenn sie verdeckt sind und nicht von der menschlichen Hand manipuliert werden). Da die zwei gleichzeitig gezeigten Objekte identisch aussahen, musste das Baby raum-zeitliche Information nutzen, um die Objekte zu individuieren, d. h., das zweite Objekt als numerisch distinkt vom ersten Objekt repräsentieren und die zuerst gebildete Objektrepräsentation aktualisieren, wenn das zweite Objekt hinter den Schirm geschoben wurde.

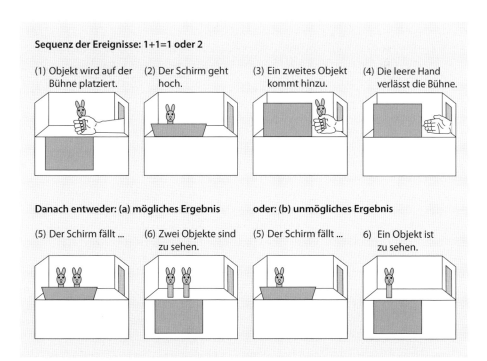

Abb. 5.2: Testereignisse im Experiment zur Addition/Subtraktion im Säuglingsalter von Wynn (1992a).

4.1.3 Prinzipien des Objektverständnisses

Die Fähigkeit, Objektbewegungen zu verfolgen und Objekte als distinkte Entitäten zu repräsentieren, setzt Grundprinzipien des Objektverständnisses voraus. So müssen die Babys im Experiment von Wynn (1992a) implizit annehmen, dass die Objekte (Mickymäuse) solide, kontinuierlich existierende Entitäten sind (*Kontinuität*) und sich als zusammenhängende, umgrenzte Einheiten bewegen (*Kohäsion*), dass sie sich auf kontinuierlichen Pfaden bewegen. Sie müssen annehmen, dass ein Objekt die Bewegung eines anderen nur über physischen Kontakt und nicht aus der Distanz beeinflusst (*Kontakt*). Diese Prinzipien liegen der Vorhersage der Bewegungsbahnen von Objekten (Spelke & Kinzler, 2007) sowie unserer Wahrnehmung von Objektgrenzen und der Objektergänzung in Fällen zugrunde, in denen ein Objekt durch ein anderes ganz oder teilweise verdeckt ist. Nach Spelke (1994) beruht das Kernwissen über physikalische Objekte auf diesen drei angeborenen fundamentalen Prinzipien. Dafür sprechen Befunde von Habituationsexperimenten an Säuglingen, die konsistent mit längerer Fixationsdauer auf Objektbewegungen reagierten, die diese Grundprinzipien verletzen. Dies soll am Beispiel des Kontinuitätsprinzips erläutert werden (Abb. 5.3).

In einem grundlegenden Experiment von Spelke, Breilinger, Macomber und Jacobsen (1992) wurde vier Monate alten Säuglingen zunächst (in der Habituationsphase) gezeigt, wie ein Ball losgelassen wurde und hinter einem Schirm verschwand; wenn der Schirm weggeklappt wurde, lag der Ball am Boden. Der Ball blieb in dieser Position, solange die Babys hinschauten. Das Ereignis wurde wiederholt, bis es den Babys „langweilig" wurde (d. h. bis ihre Blickzeiten bis zu einem festgelegten Kriterium abnahmen). In den Testtrials wurde ein solides Regal parallel zum Boden der Bühne eingebaut und der Wandschirm wurde wieder vor die Bühne gestellt, sodass die dahinter ablaufende Objektbewegung für den Säugling nicht sichtbar war. Der Ball bewegte sich wie in der Habituationsphase verdeckt durch den Schirm von oben nach unten. Der Schirm wurde dann weggezogen und es wurde eines von zwei Ergebnissen sichtbar: Der Ball lag entweder *auf* dem Regal (physikalisch mögliches Ergebnis) oder *unter* dem Regal, so als habe er sich durch das solide Objekt (Regal) hindurchbewegt (physikalisch unmögliches Ereignis). Die Säuglinge betrachteten das physikalisch unmögliche Ereignis signifikant länger als das physikalisch mögliche, was konsistent ist mit der Interpretation, dass sie das Kontinuitäts-/Soliditätsprinzip beachten und somit davon ausgehen, dass zwei physikalische Objekte nicht gleichzeitig den gleichen Raum einnehmen können bzw. dass sich ein Objekt nicht durch den Raum hindurchbewegen kann, der von einem anderen eingenommen wird.

Da es grundsätzlich nicht auszuschließen ist, dass die Ergebnisse einzelner Blickzeitstudien auf perzeptuelle Artefakte (perzeptuelle Präferenzen oder perzeptuelle Neuigkeit) zurückzuführen sein könnten, ist es wichtig, weitere Nachweise für das Kontinuitäts- und Soliditätsprinzip zu erbringen. So zeigen beispielsweise die bereits beschriebenen Experimente zur Objektpermanenz (Baillargeon, 1987) ebenfalls die Beachtung des Soliditätsprinzips (der Schirm kann nicht durch den Quader hindurch rotieren). Dies gilt auch für Aufgaben, die perzeptuell den oben beschriebenen sehr unähnlich sind: So schauen zwei Monate alte Säuglinge länger auf ein unmögliches Ereignis, wenn ein Stab scheinbar durch einen Deckel (an dessen Existenz sie sich erinnern müssen) hindurch in einen Behälter geht, als wenn der Stab in einen offenen, leeren Behälter gesteckt wird (Hespos & Baillargeon, 2001).

Die These, dass die Objektrepräsentationen des Säuglings konzeptuell (wissensbasiert) sind, findet Unterstützung durch weitere reichhaltige Nachweise aus verschiedenen

Säuglingsstudien, die zeigen, dass bereits wenige Monate alte Babys Erwartungen über die Bewegungen physikalischer Objekte haben, die auf ein Objektkonzept mit begrifflichem Inhalt hindeuten, das eine reiche Basis für valide Inferenzen über Objekte bietet. Dem Säugling Kernwissen über physikalische Objekte zuzuschreiben, bedeutet allerdings nicht, anzunehmen, dass das Baby bewusst „glaubt", dass Objekte fortexistieren, wenn sie verdeckt sind, oder dass es explizit versteht, dass zwei Objekte nicht zur gleichen Zeit den gleichen Raum einnehmen können. Vielmehr nimmt die Kernwissenstheorie an, dass grundlegende Prinzipien wie Kontinuität und Solidität die objektgerichteten Handlungen und Erwartungen steuern, ohne dass sich das Kind dieser Prinzipien oder der daraus resultierenden Schlussfolgerungen bewusst wäre.

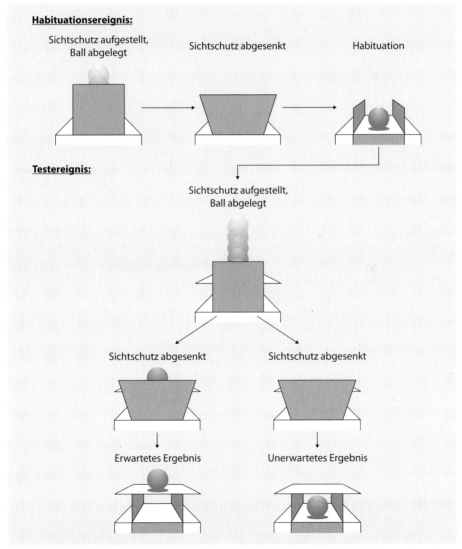

Abb. 5.3: Habituations- und Testereignisse im Experiment zu den Prinzipien der Kontinuität und Solidität von Spelke und Kollegen (1992).

4.1.4 Angeborenes Wissen?

Der Nachweis für konzeptuelles Objektwissen wurde bei Säuglingen im Alter von zwei bis zehn Monaten gewonnen. Wie kommt die Kernwissenstheorie dann dazu, physikalisches Objektwissen als angeboren zu bezeichnen? Könnte es nicht in den ersten beiden Monaten durch Erfahrung gelernt sein? Zunächst ist festzuhalten, dass die nativistische Annahme vom angeborenen Wissen nicht impliziert, dass Kernwissen von Geburt an vorhanden ist. „Angeboren" bedeutet vielmehr „nicht gelernt". Angeborene Fähigkeiten können sich – oft abhängig von Hirnreifungsvorgängen – auch erst lange nach der Geburt zeigen. Ferner gibt es in der Tat Evidenz für angeborene Objektrepräsentationen: Unter bestimmten Bedingungen (stroboskopische Präsentation) komplettieren schon Neugeborene im Habituationsexperiment ein teilweise verdecktes Objekt (Valenza, Gava, Leo & Simeon, 2006), d. h., sie erwarten ebenso wie vier Monate alte Säuglinge im Experiment von Kellman und Spelke (1983), dass es sich bei zwei Stab-Enden, die im Habituationsereignis hinter einem Quader sichtbar sind, um ein einziges, kontinuierliches Objekt handelt und nicht um zwei separate Objekte. Diese Befunde wiederum deuten darauf hin, dass es denkbar ist, dass die Repräsentation von Objekten als raum-zeitlich kontinuierliche Entitäten von Geburt an ohne Lernprozesse vorhanden ist.

Ein weiteres Argument, das für angeborenes Wissen angeführt wird, ist das Fehlen einer plausiblen lerntheoretischen Erklärung für das frühe Objektwissen im Alter von zwei bis vier Monaten (Carey, 2009, S. 59 f.). Es ist zwar leicht vorstellbar, dass Säuglinge ausgehend von perzeptuellen und raum-zeitlichen Grundelementen durch statistisches Lernen die Fähigkeit erwerben, bestimmte Muster zu erkennen und vorherzusagen (z. B. dass bestimmte Muster der Verdeckung prädiktiv sind für Muster des Wiedererscheinens). Jedoch argumentieren Kernwissenstheoretiker, dass durch statistisches Lernen auf der Basis perzeptueller Generalisierung nur Erwartungen über perzeptuelle Muster gelernt werden können, nicht aber begriffliches Wissen über Objekte: Wie soll der Säugling durch perzeptuelle Lernprozesse dazu kommen, bestimmte Muster als „permanente Objekte" zu identifizieren und zu individuieren, d. h., beispielsweise erkennen, dass das Objekt, das hinter einer Barriere auftaucht, *das gleiche Objekt* ist, das unmittelbar zuvor dahinter verschwunden war?

Insgesamt wird die These vom angeborenen Wissen vor allem durch empirische Befunde zu prinzipiengeleiteten Erwartungen von Säuglingen ab dem Alter von zwei Monaten über physikalisch mögliche Objektbewegungen und Interaktionen zwischen Objekten untermauert. Dass sich im Alter von zwei Monaten das Soliditätsprinzip, die amodale Objektergänzung und das Prinzip der raum-zeitlichen Kontinuität in engem Entwicklungszusammenhang zeigen, wird als ein weiterer Beleg für die These vom angeborenen Wissen gewertet. Bei rein erfahrungsabhängigen Lernprozessen würden eher bruchstückhafte Wissenselemente in Abhängigkeit vom jeweils vorhandenen Input erwartet werden.

4.1.5 Kontinuität über die Lebensspanne?

Die Prinzipien von Solidität, Kontinuität, Kohäsion und Kontakt konstituieren Kernwissen im Sinne von Wissen mit begrifflichem Inhalt. Dieses Kernwissen wird als kontinuierlich über die Lebensspanne angenommen in dem Sinne, dass die domänenspezifischen Kernprinzipien durch erfahrungsabhängige Lernprozesse angereichert werden, jedoch nie revidiert werden oder verloren gehen. In Studien zu physikalischen Fehlvorstellungen von Jugendlichen oder Erwachsenen ist tatsächlich bisher kein Fall bekannt, in dem diese elementaren Prinzipien verletzt worden wären.

4 Zentrale Befunde aus verschiedenen Wissensdomänen | 135

Problematischer für die Kernwissenstheorie scheinen jedoch Befunde zum Objektverständnis von zweijährigen Kindern zu sein, die die grundlegenden Prinzipien, die die Erwartungen von Säuglingen im Habituationsexperiment leiten, in einfachen Handlungsaufgaben nicht beachten. Hood, Carey und Prasada (2000) fanden bei einer Suchaufgabe, die der oben beschriebenen Habituationsaufgabe von Spelke et al. (1992, siehe Abb. 5.3) sehr ähnlich war, dass zweijährige Kinder nach einem Ball unterhalb eines Regals suchten, so als habe sich der Ball durch das Regal hindurchbewegt. Ähnliche *Suchfehler* zeigten Kinder unter drei Jahren auch in Aufgaben von Shutts, Kenn und Spelke (2006). Wie kann es sein, dass zwei Monate alte Säuglinge verstehen, dass ein Objekt sich nicht durch ein anderes solides Objekt hindurchbewegen kann, wenn zwei Jahre alte Kinder in ihrem Suchverhalten das Soliditätsprinzip in so eklatanter Weise missachten? Verfügen Säuglinge über physikalisches Kernwissen, das sie später verlieren? Eher wahrscheinlich ist, dass es sich beim Kernwissen des Säuglings und bei dem in den Suchaufgaben für Zweijährige geforderten Verständnis um verschiedene Wissensarten handelt (Carey, 2009, S. 114). Kernwissen ist implizit und steuert die Erwartungen des Babys über mögliche und unmögliche physikalische Ereignisse. Für erfolgreiches Handeln in Suchaufgaben ist hingegen explizites Wissen erforderlich, das sprachlich repräsentiert ist und in Form von Regelwissen der Reflexion zugänglich ist. Ferner stellen die Suchaufgaben das Kind noch vor weitere Anforderungen wie z. B. exekutive Kontrolle zur Vermeidung von Perseverationsfehlern. Es ist bisher nicht geklärt, warum zweijährige Kinder in Suchaufgaben am Soliditätsprinzip scheitern. Möglicherweise haben sie Schwierigkeiten, (a) die gesamte räumliche Anordnung der Wände und Regale im Gedächtnis zu behalten, (b) auf ihr Kernwissen zurückzugreifen, weil es nicht explizit im Gedächtnis repräsentiert ist, oder aber (c) sie verfügen über das adäquate Kernwissen, lassen sich jedoch durch Mangel an Handlungskontrolle zu falschen Suchentscheidungen verführen.

Insgesamt lässt sich am Beispiel des Wissens des Säuglings über physikalische Objekte zeigen, wodurch sich die Kernwissenstheorie von den älteren, empiristischen Theorien der Entwicklung physikalischer Kognition unterscheidet. Sensomotorische Repräsentationen und perzeptuelles Lernen reichen nicht aus, die neueren Befunde zur Objektpermanenz, der Individuation von Objekten und der prinzipiengeleiteten Erwartungen über Interaktionen zwischen Objekten bei zwei bis sechs Monate alten Säuglingen zu erklären. Kernwissenstheorien nehmen an, dass Objektrepräsentationen von Geburt an durch modulare perzeptuelle Input-Analyse-Systeme kreiert werden und implizites Wissen darstellen, das domänenspezifische Erwartungen leitet, auf das jedoch nicht von Anfang an und nicht unter allen Aufgabenbedingungen explizit zugegriffen werden kann.

4.2 Numerische Kognition

Die Repräsentation von Zahlen ist ein grundlegendes Merkmal menschlicher Kognition. Da „Zahl" und „Zählbarkeit" abstrakte Konzepte sind, glaubte man traditionell, dass Kinder erst im Schulalter numerisches Verständnis erwerben (Piaget, 1952). Die neuere Forschung zeigt jedoch präverbale numerische Fähigkeiten, *„einen Sinn für Zahlen"* (Dehaene, 1997). Ein Befund, der numerische Fähigkeiten bei Säuglingen belegt, wurde im Kontext der Objektrepräsentation bereits diskutiert: Wynn (1992a) untersuchte die Fähigkeit zu mentaler Arithmetik bei fünf Monate alten Babys. Im Blickzeitexperiment erwarten Säuglinge, dass 1+1 *Zwei* (und nicht *Eins*) ergibt und 2-1 *Eins* (und nicht *Zwei*). Weitere Studien zeigen, dass Babys nicht nur sensitiv für die Unterscheidung zwischen einem, zwei und drei Objekten sind, sondern auch zwischen Wörtern mit zwei und drei Silben (Bijeljac-Babic, Bertoncini & Mehler, 1991) und zwischen zwei und drei Sprüngen (Wynn, 1996) unterscheiden.

Feigenson, Carey und Hauser (2002) zeigten zehn und zwölf Monate alten Babys, wie ein Versuchsleiter einen Keks in einem Eimer auf der rechten Seite und $1 + 1 = 2$ Kekse in einem Eimer auf der linken Seite platzierte. Die Babys wählten spontan den Eimer, der die größere Anzahl enthielt, bei einer Wahl zwischen 1 und 2 Keksen wie auch zwischen 2 und 3 Keksen. Bei einer Wahl zwischen 3 und 4, 2 und 4, 3 und 6 und 1 und 4 waren sie jedoch auf dem Zufallsniveau. In einer weiteren Aufgabe führten Feigenson und Carey (2003, 2005) zwölf und vierzehn Monate alten Kleinkindern vor, wie ein, zwei oder drei Objekte in einer Schachtel platziert wurden. Wenn die Kinder anschließend suchen durften, griffen sie genau ein-, zwei- oder dreimal in die Schachtel. Wenn sie jedoch beobachtet hatten, dass vier Objekte in der Schachtel versteckt wurden, dann suchten sie nur ein- oder zweimal. Diese Befunde deuten darauf hin, dass Babys nur bis drei zählen können. Scheinbar inkonsistent mit dieser Schlussfolgerung sind Befunde aus Habituationsexperimenten (Xu & Spelke, 2000), die numerische Diskrimination von größeren Mengen schon bei jüngeren Säuglingen zeigen. Sechs Monate alte Babys diskriminieren danach 8 vs. 16 Punkte und 16 vs. 32 Punkte im Habituationsexperiment; sie scheitern jedoch an der Unterscheidung von 8 vs. 12 Punkten und 16 vs. 24 Punkten. Dies lässt darauf schließen, dass sie Mengen, die im Verhältnis 1:2 stehen, diskriminieren können, jedoch nicht solche im Verhältnis 2:3, während zehn Monate alte Babys auch letztere Aufgabe schaffen. Die Diskriminationsleistung ist offenbar beschränkt auf größere Mengen (über vier) und lässt sich sogar in verschiedenen Modalitäten (z. B. Diskrimination von Mengen von Tönen) nachweisen (vgl. Carey, 2009).

4.2.1 Zwei numerische Kernwissenssysteme

Die Annahme *zweier* unterschiedlicher numerischer Kernwissenssysteme erlaubt es, die scheinbar konfligierenden Befunde zu integrieren (Carey, 2009; Feigenson, Dehaene & Spelke, 2004):

(1) Das *analoge* Kernwissenssystem dient der *näherungsweisen* Repräsentation von Numerositäten. Die Diskriminationsleistung erfolgt wahrscheinlich auf einer ähnlichen Grundlage wie die, mit der wir zwischen Graden von Helligkeit oder Lautstärke unterscheiden: Numerosität wird durch eine analoge physische Quantität repräsentiert, die proportional zur Zahl der Items in einer Menge ansteigt. Bei solchen Repräsentationssystemen ist die Diskriminierbarkeit von zwei Quantitäten eine Funktion ihres Verhältnisses (Webersches Gesetz). Repräsentiert man bspw. Zahlen durch Striche unterschiedlicher Länge (wobei die Längenrelationen den numerischen entsprechen), so ist der Strich, der 1 repräsentiert, leichter von dem Strich zu unterscheiden, der 3 repräsentiert, als der Strich, der 2 repräsentiert, von dem zu unterscheiden ist, der 3 repräsentiert. Studien zur numerischen Diskrimination bei Menschen und Tieren zeigen durchgehend Schwierigkeitsunterschiede, die den Vorhersagen des Weberschen Gesetzes entsprechen (vgl. Carey, 2009, Kap. 4).

(2) Das *exakte* Kernwissenssystem dient der numerischen Individuation von kleinen Mengen mit einer Obergrenze von drei oder vier Elementen. Dieses System bedient sich offenbar keiner Repräsentation in Form einer analogen Quantität, da die Diskriminationsleistungen nicht denen entsprechen, die nach dem Weberschen Gesetz vorhersagbar wären. So diskriminieren Babys zwei von drei Objekten, aber scheitern an 4 vs. 6 Objekten (Starkey & Cooper, 1980); Rhesusaffen diskriminieren 1 vs. 2, 2 vs. 3 und 3 vs. 4, aber scheitern an 2 vs. 5 und sogar 4 vs. 8, was bei proportionaler Repräsentation analoger Mengen einfach zu unterscheiden wäre (Hauser, Carey & Hauser, 2000). Daher nimmt man an, dass der numerischen Repräsentation *kleiner* Mengen ein völlig anderes Repräsentationssystem zugrunde liegt als der Diskrimination *größerer* Mengen. Im Zahlenraum bis 3 oder 4 wird jede zu zählende Entität (jedes Objekt) einzeln

4 Zentrale Befunde aus verschiedenen Wissensdomänen

individuiert, und die Repräsentationen dieser einzelnen Entitäten werden parallel im Gedächtnis gehalten. Daher wird die Obergrenze schon bei 3 (bei Babys) und 4 (bei Rhesusaffen) erreicht. Die Zahlrepräsentation erfolgt in diesem System implizit, im Gedächtnis werden einzelne Entitäten, nicht Zahlensymbole repräsentiert.

Die Theorie der zwei distinkten numerischen Kernwissenssysteme besagt also, dass menschliche Säuglinge ebenso wie manche Tiere mit zwei verschiedenen, evolutionsgeschichtlich alten, rudimentären Systemen numerischer Kognition ausgestattet sind, die beide in ihrer Leistungsfähigkeit eng begrenzt sind. Das *analoge* System erlaubt nur die approximative zahlenmäßige Unterscheidung von größeren Mengen und funktioniert umso schlechter, je kleiner der proportionale Unterschied zwischen den zu unterscheidenden Mengen ist. Das *exakte* System hat eine enge Obergrenze bei drei bis vier Elementen. Um das Zahlverständnis Erwachsener zu erwerben, müssen die Grenzen dieser beiden evolutionär angelegten Systeme durch expliziten Wissenserwerb überwunden werden.

4.2.2 Erwerb des Systems der natürlichen Zahlen

Ab einem Alter von etwa zwei Jahren werden präverbale Kernwissenssysteme in ein sprachlich repräsentiertes Zahlensystem transformiert. Wenn Kinder zu zählen beginnen, tun sie dies häufig in der Interaktion mit Erwachsenen bei bestimmten Routinen wie z. B. Treppensteigen. Wenn junge Kinder spontan zählen, so entspricht ihre Zahlwort-Liste häufig nicht der konventionellen; so sagen sie z. B. „eins, zwei, vier, sieben". Sie honorieren jedoch dabei schon früh bestimmte Prinzipien (Gelman & Gallistel, 1978) wie das der stabilen Reihenfolge (die Sequenz der Zahlwörter wird immer in der gleichen Reihenfolge verwendet) und das der Eins-zu-eins-Korrespondenz (jedes zu zählende Objekt wird mit genau einem Zahlwort bezeichnet). Entscheidend für das Verständnis des Zählens ist jedoch das Kardinalzahlprinzip: Die Anzahl der Objekte in der Menge entspricht der letzten genannten Zahl.

Wynn (1990) prüfte, ob zwei- bis dreijährige Kinder, die bereits einige Zahlwörter und die Zählroutine kennen, auch verstehen, dass man durch Zählen die Anzahl der Items in einer Menge bestimmen kann. Sie bat die Kinder z. B., ihr „vier Dinosaurier" zu geben, wobei sie nur Zahlwörter verwendete, die die Kinder auch schon selbst produzierten. Es zeigte sich, dass zwischen dem Beginn des Zählens als sozialer Routine und dem Verständnis des Kardinalzahlprinzips ungefähr ein Jahr vergeht. Die zweijährigen Kinder verstanden, dass das Zahlwort „eins" ein Objekt bezeichnet. In allen anderen Fällen aber reichten sie der Versuchsleiterin einfach eine Handvoll Dinosaurier und kamen gar nicht auf die Idee, die Dinosaurier abzuzählen. Erst mit etwa dreieinhalb Jahren nutzten die Kinder ihre Zählfähigkeiten, um die Anzahl zu bestimmen. Längsschnittdaten zeigten, dass Kinder die Bedeutung der Zahlwörter in ihrer Reihenfolge erwerben, zuerst die Bedeutung von „zwei", einige Monate später von „drei" usw. (Wynn, 1992b).

Wie kommt das Kind dazu, auf der Basis seiner präverbalen numerischen Repräsentationen die Bedeutung der Zahlwörter zu erwerben und damit größere Numerositäten exakt zu repräsentieren? Carey (2009) nimmt an, dass „eins", „zwei" und „drei" durch die Nutzung sprachlicher Hinweise (Singular-/Plural-Unterscheidung) gelernt werden, dass jedoch spätestens ab „vier" eine induktive Schlussfolgerung gezogen werden muss: *„Für jedes Wort auf der Liste der Zahlwörter, dessen Bedeutung (n) bekannt ist, gilt, dass das nächste Wort sich auf eine Menge (n+1) bezieht."* Diese induktive Leistung, die eine wichtige neue repräsentationale Ressource erschließt, basiert auf dem exakten Kernwissenssystem, dem Erwerb von Sprache, der Fähigkeit, geordnete Listen von Entitäten zu repräsentieren, und der Fähigkeit zur Analogiebildung. An diesem

Beispiel wird noch einmal mehr deutlich, dass Kernwissenssysteme in ihrer Leistungsfähigkeit begrenzt sind und dass der Erwerb kulturell konstruierter Systeme wie das der natürlichen Zahlen die Erschließung neuer repräsentationaler Ressourcen erfordert.

4.3 Psychologisches Kernwissen

Für das Überleben des menschlichen Säuglings ist die Anpassung an die soziale Umwelt von besonderer Bedeutung. Die Handlungen von Agenten antizipieren zu können, ist wichtig, um Kontakt zu Bezugspersonen aufzunehmen und aufrechtzuerhalten, um Personen zu beeinflussen, mit ihnen zu kooperieren oder sie ggf. auch an der Erreichung ihrer Ziele zu hindern. Zur Vorhersage und Erklärung menschlichen Handelns nutzen wir eine mentalistische Alltagspsychologie (Theory of Mind), die auf den Konzepten der Absicht/des Wunsches und der Überzeugung basiert. Diese mentalistische Alltagspsychologie entwickelt sich in der Kindheit in zwei Schritten: Etwa mit zwei Jahren können Kinder die Handlungen von Personen aus Informationen über deren Wünsche und Absichten vorhersagen bzw. erklären, und ab dem Alter von vier Jahren verstehen sie, dass sich Überzeugungen von der Realität unterscheiden können und dass falsche Überzeugungen handlungsleitend sind (vgl. Sodian & Thoermer, 2006; Wellman, 2011, für einen Überblick; Wellman, Cross & Watson, 2001, für eine Metaanalyse von Studien zum Konzept der falschen Überzeugung).

Bis vor etwa zehn Jahren nahm man an, dass die Entwicklung der Theory of Mind ein Ergebnis eines langsamen, schrittweisen Konstruktionsprozesses ist, der von früher Kindheit an durch die sozialen Interessen des Säuglings und Kleinkinds und durch präverbale Kommunikations- und Interaktionsfähigkeiten unterstützt wird. Neuere Befunde der Säuglingsforschung deuten auf ein reichhaltiges Wissen über Agenten bereits im ersten und zweiten Lebensjahr hin. Allerdings wird die These, schon Kleinkinder verfügten über eine Theory of Mind, äußerst kontrovers diskutiert (Baillargeon, Scott & He, 2010; Poulin-Dubois, Brooker & Chow, 2009; Sodian, 2011).

4.3.1 Handlungsziele verstehen

Ein Baby sieht, dass eine Hand nach einem Ball greift. Wie versteht es dieses Ereignis? Als eine zielgerichtete Handlung (der Agent will den Ball ergreifen) oder als eine Sequenz von Bewegungen physikalischer Objekte im Raum? Diese Fragestellungen wurden in den letzten Jahren mit verschiedenen Methoden untersucht:

(1) Habituationsexperimente. Woodward (1998) habituierte Säuglinge auf eine zielgerichtete Handlung: eine menschliche Hand, die wiederholt nach einem von zwei Objekten greift, die an den entgegensetzten Enden einer kleinen Bühne stehen (Abb. 5.4). In der Testphase wurden die Positionen dieser beiden Objekte vertauscht. Die Hand griff nun entweder nach dem alten Zielobjekt, wobei sich der Arm diesem Zielobjekt nun auf einem ganz anderen Bewegungspfad annähern musste als vorher, oder sie griff nach dem

Abb. 5.4: Testsituation und Stimuli im Experiment zur Enkodierung der Greifhandlung nach Woodward (1998).

neuen Zielobjekt, das nun auf dem Bewegungspfad erreicht werden konnte, den die Säuglinge in der Habituationsphase gesehen hatten. Schon fünf Monate alte Babys dishabituierten stärker auf das Ereignis „neues Zielobjekt" als auf das Ereignis „altes Zielobjekt auf neuem Pfad". Diese Ergebnisse deuten darauf hin, dass die Säuglinge das Habituationsereignis als zielgerichtete Handlung enkodiert hatten, nicht als physikalisches Bewegungsereignis. Diese Interpretation wird auch durch den Befund unterstützt, dass Säuglinge nicht zwischen den beiden Testereignissen unterschieden, wenn statt einer Hand ein Stab oder eine Kralle sich dem Zielobjekt annäherte. Sie interpretieren also selektiv die Handlungen von Agenten als zielgerichtet.

(2) Effekt eigener Erfahrung. Sich selbst als zielgerichteten Agenten zu erfahren, hilft Säuglingen offenbar dabei, die Handlungsziele anderer zu erschließen. Drei Monate alte Säuglinge, die noch nicht zielgerichtet greifen können, zeigen nach kurzer eigener zielbezogener Handlungserfahrung (mit Handschuhen aus Velcro erlebten die Babys, dass sie Spielzeuge, die in Reichweite lagen, „ergreifen" konnten) die Tendenz, das Greifen einer anderen Person im Habituationsexperiment als zielbezogen zu enkodieren (Sommerville, Woodward & Needham, 2005). Gegen Ende des ersten Lebensjahres erschließen Babys Handlungsziele anderer nicht mehr nur aus Greifhandlungen, sondern auch aus kommunikativen (referenziellen) Gesten wie „auf ein Objekt zeigen" oder „ein Objekt anschauen" (Phillips, Wellman & Spelke, 2002; Sodian & Thoermer, 2004; Woodward & Guajardo, 2002). Eigene Handlungserfahrungen/ Handlungsmöglichkeiten scheinen damit grundlegend für eine Handlungsvorhersage bei anderen zu sein (Falck-Ytter, Gredebäck & von Hofsten, 2006).

(3) Beachten, was andere sehen können. Schon sechs Monate alte Babys beachten bei der Interpretation zielgerichteter Handlungen eines Agenten, was der Agent *sehen* kann. Nur dann, wenn der Agent beide Objekte sehen konnte, wenn also sein Greifen nach einem spezifischen Objekt als eine Präferenz für dieses Objekt interpretierbar war, zeigten Babys die stärkere Dishabituation auf das Greifen nach dem neuen Zielobjekt (Luo & Baillargeon, 2007; Luo & Johnson, 2009). Säuglinge scheinen danach schon im ersten Lebensjahr darauf zu achten, was ein anderer zu einem bestimmten Zeitpunkt sehen kann, und zwar unabhängig davon, was sie selbst aktuell sehen können (siehe auch Sodian, Thoermer & Metz, 2007). Diese frühe Integration des Erschließens von Handlungszielen mit der Nutzung von Information über den Zugang eines Agenten zu visueller Information macht die Handlungsvorhersagen von Babys präzise und dient als reichhaltige inferenzielle Basis für Schlussfolgerungen über die erwartbaren Handlungen von Personen.

4.3.2 Rationalität erwarten

Babys repräsentieren nicht nur Ziele, sondern sie haben prinzipiengeleitete Erwartungen über die Rationalität der Zielerreichung. Diese Schlussfolgerung ziehen Gergely, Nadasdy, Csibra und Biro (1995) aus mehreren Serien von Habituationsexperimenten (siehe auch Gergely & Csibra, 2003). Diese zeigen, dass Säuglinge ab dem Alter von sechs Monaten erwarten, dass sich ein Agent auf dem direkten (effizienten) Weg einem Ziel annähern wird, auch dann, wenn sie in der Habituationsphase gesehen haben, dass sich der Agent dem Ziel auf einem Umweg annäherte, da ein Hindernis zu überwinden war. Wird das Hindernis entfernt, so erwarten Babys, dass der Agent den direkten, effizienten Weg nimmt. Paulus et al. (2011) kritisieren diese Interpretation jedoch, da sie in einer Blickbewegungsstudie fanden, dass die Handlungserwartungen von Säuglingen auf die Häufigkeit der präsentierten Ereignisse zurückzuführen waren, nicht auf prinzipiengeleitete Erwartungen der Handlungseffizienz. Ferner zeigten sie in einer Imitationsstudie, dass sich „Rationalität" (Gergely,

Kapitel 5 Entwicklung begrifflichen Wissens: Kernwissenstheorien

Bekkering & Kiraly, 2002) des Imitationsverhaltens von vierzehn Monate alten Babys durch einen sensomotorischen Abgleich zwischen den Handlungen des Modells und dem Handlungsrepertoire des Babys erklären ließen und demnach nicht auf die Evaluation der Effizienz des Handelns des Modells zurückzuführen sind. Obwohl diese Befunde bisher nicht die Gesamtheit der experimentellen Habituationsstudien zur Rationalitätserwartung bei Säuglingen erschüttern, zeigen sie doch, wie wichtig es ist, Theorien über höhere kognitive Fähigkeiten bei Säuglingen („der rationale Säugling") kritisch durch Prüfung von Alternativerklärungen zu evaluieren.

4.3.3 Intentionsverständnis

Kann man aus der frühen Sensitivität des Säuglings für Handlungsziele schließen, dass Babys menschliches Handeln als intentional interpretieren? Gergely und Csibra (2003) argumentierten, dass es ausreicht, einen teleologischen Interpretationsrahmen anzunehmen. Der Säugling fokussiert auf das durch die Handlung erreichbare konkrete Handlungsziel, ohne dem Agenten mentale Zustände wie Wünsche und Absichten zuzuschreiben. Neuere Befunde sprechen jedoch für ein beginnendes Verständnis von Intentionen im ersten und zweiten Lebensjahr: Mit etwa fünfzehn Monaten führen Kleinkinder die intendierte Handlung aus, wenn sie einen Versuchsleiter beobachteten, der bei dem Versuch, eine Handlung auszuführen, scheiterte (Meltzoff, 1995). Sie kopieren also nicht einfach, was sie gesehen haben, sondern sie erschließen, was der Agent intendierte. Und schon zehn und zwölf Monate alte Babys zeigen ein rudimentäres Verständnis der intendierten Zielhandlung, wenn sie eine Fehlhandlung beobachteten (Brandone & Wellman, 2009). Schon sieben Monate alte Babys sind fähig, die Ziele von unvollständigen Handlungen zu analysieren (Hamlin, Hallinan & Woodward, 2008). Ferner analysieren neun Monate alte Babys in sozialer Interaktion die Motive eines Interaktionspartners, der ihre Wünsche *nicht* erfüllt, im Hinblick darauf, ob dieser nicht imstande ist, ihren Wunsch zu erfüllen, oder ob er ihn nicht erfüllen *will* (Behne, Carpenter, Call & Tomasello, 2005).

4.3.4 Implikationen für die Kernwissenstheorie

Die Zuschreibung von Handlungszielen dient zweifellos Babys schon im ersten Lebensjahr für Schlussfolgerungen über das Handeln von anderen. Besonders wichtig für die Theorie des Kernwissens ist dabei allerdings die Integration verschiedener Komponenten des Wissens über Agenten, da diese frühe Integration gegen die Annahme einfacher stimulusgetriebener Lernprozesse spricht. Aus der Fähigkeit zur Erschließung von Handlungszielen im Alter von fünf bis sieben Monaten lässt sich natürlich nicht folgern, dass Wissen über Agenten angeboren ist. Allerdings ist die Identifizierung von Agenten eine so wichtige Voraussetzung für soziale Kontakte und damit für das Überleben, dass es plausibel erscheint, dass evolutionär angelegte Input-Analyse-Systeme die Identifikation einer Entität als Agent von Anfang an unterstützen. Ein solches Input-Analyse-System könnte ein angeborener Gesichtserkennungsmechanismus sein, der Entitäten als Menschen kategorisiert. Möglicherweise geschieht dies in Verbindung mit einem rudimentären Handlungsanalysesystem, das den Babys erlaubt, kontingent reagierende Entitäten als Agenten zu identifizieren, die sich selbst initiiert in Bewegung setzen (Carey, 2009, S. 187).

Für die Kernwissensthese sprechen auch längsschnittliche Befunde, die auf Kontinuität zwischen der Repräsentation von Handlungszielen im Säuglingsalter und der Theory of Mind im

Vorschulalter hindeuten: Individuelle Unterschiede in der Verarbeitung von Information über zielgerichtetes Handeln bei sechs bis vierzehn Monate alten Babys in Habituationsexperimenten erwiesen sich in mehreren Studien (bei Kontrolle von Sprache und IQ) als prädiktiv für das Abschneiden von vier- bis fünfjährigen Kindern in verbalen Theory-of-Mind-Aufgaben (Aschersleben, Hofer & Jovanovic, 2008; Wellman, Lopez-Duran, LaBounty & Hamilton, 2008; Wellman, Phillips, Dunphy-Lelii & LaLonde, 2004).

4.3.5 Epistemische Zustände

Psychologisches Verständnis ist vor allem dann gefordert, wenn die Person, deren Verhalten wir erklären wollen, nicht den gleichen Informationsstand hat wie wir, d. h., wenn sie z. B. den Transfer eines Objekts von Kiste A nach Kiste B nicht gesehen hat und deshalb fälschlicherweise glaubt, das Objekt sei noch in Kiste A, also dort, wo es war, bevor sie den Raum verließ. Um das Suchverhalten dieser Person korrekt vorherzusagen oder ihre irrtümliche Suche in Kiste A zu erklären, müssen wir ihre falsche Überzeugung erschließen. Wir tun dies normalerweise, indem wir rekonstruieren, zu welchen Informationen die Person Zugang hatte (im obigen Beispiel also, wann sie im Raum war und wann nicht). Wir nutzen damit unser intuitives Verständnis des kausalen Zusammenhangs zwischen dem Zugang zu Informationen, dem mentalen Zustand (was die Person weiß oder glaubt) und ihrem Handeln. Dieses Verständnis der kausalen Wirksamkeit von Überzeugungen (beliefs) ist der Kern unserer mentalistischen Alltagspsychologie (Theory of Mind). In verbalen Aufgaben, die ein explizites Urteil verlangen, meistern Kinder die Unterscheidung zwischen falscher Überzeugung und Realität mit ungefähr vier Jahren (Wimmer & Perner, 1983; siehe Wellman, 2011, für einen Überblick). Neuere Forschung deutet aber darauf hin, dass schon Kleinkinder im zweiten Lebensjahr die falsche Überzeugung einer Person berücksichtigen, wenn sie ihre Handlungsziele erschließen müssen. Eine Reihe neuerer Blickzeitstudien zeigt, dass dreizehn bis achtzehn Monate alte Kleinkinder erwarten, dass Agenten in Übereinstimmung mit ihren Überzeugungen handeln, auch dann, wenn diese Überzeugungen mit der Realität nicht übereinstimmen (vgl. Baillargeon, Scott & He, 2010, für einen Überblick).

(1) Habituationsexperimente. Onishi und Baillargeon (2005) zeigten fünfzehn Monate alten Babys die folgende Handlungssequenz: Ein Agent sah, dass ein Objekt (ein Stück Melone) in einer von zwei Kisten (der gelben Kiste) war und griff in die Kiste und berührte das Objekt. Danach wurde die Melone durch einen unter dem Tisch verborgenen Magneten aus der gelben Kiste heraus und über die Bühne gezogen, um dann in der grünen Kiste zu verschwinden. Diesen Transfer konnte der Agent entweder beobachten oder nicht beobachten. Anschließend griff der Agent in eine der beiden Kisten. In der False-Belief-Bedingung, in der der Agent den Transfer nicht hat beobachten können, erwarten wir, dass er in der gelben Kiste sucht (dort, wo er die Melone zuletzt gesehen hat). In der True-Belief-Bedingung, in der der Agent den Transfer gesehen hat, erwarten wir, dass er in der grünen Kiste sucht (dort, wo er die Melone zuletzt gesehen hat). Die Blickzeitmuster der fünfzehnmonatigen Kinder entsprachen dieser Vorhersage: Sie blickten sowohl in der False-Belief- als auch in der True-Belief-Bedingung jeweils signifikant länger auf den unerwarteten als auf den erwarteten Handlungsausgang. Weitere Blickzeitstudien zeigten, dass Babys nicht nur falsche Überzeugungen über den Ort berücksichtigen, an dem ein Objekt sich befindet, sondern auch die Identität eines Objekts, seine Eigenschaften oder die Zahl von Objekten (Scott & Baillargeon, 2009). Sie beachten außerdem nicht nur visuelle, sondern z. B. auch taktile oder auditive Zugänge zu Informationen (Träuble, Marinovic & Pauen, 2010).

*(2) Beachtung falscher Überzeugung in sozialen Interaktion*en. Auch in sozialen Interaktionen beachten achtzehn Monate alte Kleinkinder das Wissen und die Überzeugungen anderer, wenn sie ihre Handlungsziele erschließen sollen. Buttelmann, Carpenter & Tomasello (2009) testeten Kleinkinder in einer Situation, in der sie einem Erwachsenen helfen sollten. Der Erwachsene war entweder anwesend oder abwesend, während ein Spielzeug von Kiste A nach Kiste B transferiert wurde. Anschließend versuchte der Erwachsene, die Kiste A zu öffnen. Je nachdem, ob der Erwachsene beim Transferereignis anwesend gewesen war oder nicht, schienen die Kleinkinder sein Verhalten unterschiedlich zu interpretieren: Sie holten das Spielzeug aus Kiste B und brachten es dem Erwachsenen, wenn er während des Transfers nicht im Raum gewesen war; hingegen halfen sie dem Erwachsenen dabei, die Kiste A (die schwer aufging) zu öffnen, wenn er während des Transferereignisses im Raum gewesen war, da sie offenbar aus der Tatsache, dass der Erwachsene wusste, wo das Spielzeug aktuell versteckt war, schlossen, dass er etwas anderes (in Kiste A) suchte.

(3) Mentalistisches Kernwissen? Über die Interpretation der Befunde zum Verständnis falscher Überzeugung in früher Kindheit ist eine lebhafte Debatte entstanden (Perner, 2009; Perner & Ruffman, 2005; Sodian, 2011). Baillargeon, Scott und He (2010) schließen aus den konvergierenden Befunden aus Blickzeit-, Blickbewegungs- und Handlungsstudien, dass Kleinkinder im zweiten Lebensjahr (möglicherweise bereits im ersten Lebensjahr; Kovacs, Teglas & Endress, 2010), psychologisches Kernwissen im Sinne einer Theory of Mind besitzen: Sie können nicht nur Handlungsziele und -absichten repräsentieren, sondern auch falsche Überzeugungen. Sie besitzen damit die begrifflichen Voraussetzungen für mentalistische Verhaltenserklärung und -vorhersage. Ihr psychologisches Kernwissen bleibt jedoch implizit, d. h., sie zeigen spontane Reaktionen (im Blickverhalten, Hilfehandeln), die mit dem Verständnis mentaler Zustände konsistent sind. Sie scheitern jedoch an Aufgaben, in denen ein explizites Urteil verlangt wird, z. B. eine Antwort auf eine Frage oder eine Handlungsentscheidung zwischen zwei Alternativen. Diese Schwierigkeiten in expliziten Aufgaben, die bis zum Alter von ungefähr vier Jahren persistieren, sind nach Baillargeon, Scott und He (2010) kein Indiz für eine defizitäre Theory of Mind, sondern ein Hinweis auf fehlende Informationsverarbeitungskapazitäten bei Aufgaben, die die Auswahl einer Antwort und die Inhibition konkurrierender Handlungsimpulse erfordern.

(4) Verhaltensregeln? Kritiker dieser Position weisen darauf hin, dass die Befunde der Kleinkindstudien auch durch die Annahme von Verhaltensregeln erklärbar sind. Zum Beispiel kann man das Verhalten von Agenten in Aufgaben, in denen ein Objekt unerwarteterweise von A nach B transferiert wurde, korrekt vorhersagen, wenn man annimmt, dass Personen in der Regel dort suchen werden, wo sie ein Objekt zuletzt gesehen haben, ohne dass man dem Agenten mentale Zustände zuschreiben muss. Diese Theorie besagt, dass Menschen (und manche andere Spezies) genetisch mit der Fähigkeit ausgestattet sind, bestimmte Situations- und Verhaltensmerkmale zu beachten, die für die Handlungsvorhersage relevant sind. Solche Merkmale sind z. B. die Blickrichtung einer Person oder ihre physische Anwesenheit zu einem kritischen Zeitpunkt. Das Kernwissenssystem des Säuglings und Kleinkinds wäre demnach kein mentalistisches, sondern ein behaviorales, das erst etwa ab dem dritten Lebensjahr mit dem Erwerb sprachlich codierten Wissens über mentale Zustände zur Grundlage für explizit mentalistisches Verständnis wird. Mit dieser Position sind Befunde vereinbar, die darauf hinweisen, dass Kleinkinder in Blickzeitaufgaben manchmal auf saliente, situationale Hinweise achten (wie z. B. die physische Anwesenheit einer Person), den für den mentalen Zustand der Person ausschlaggebenden Zugang zu Informationen aber vernachlässigen (Sodian & Thoermer, 2008).

(5) Von der impliziten zur expliziten Theory of Mind. In einer Längsschnittstudie fanden Thoermer, Sodian, Vuori, Perst und Kristen (2012) eine hohe Korrelation zwischen dem

Blickverhalten von achtzehn Monate alten Kleinkindern in einer impliziten False-Belief- Aufgabe und ihrem Abschneiden in einer expliziten, verbalen False-Belief-Aufgabe mit 48 Monaten, unabhängig vom IQ der Kinder. Das Blickverhalten im Kleinkindalter korrelierte aber nur mit einer analogen False-Belief-Aufgabe, in der das Verständnis falscher Überzeugung über eine Lokation eines Objekts getestet wurde, nicht mit einer Aufgabe zum Verständnis der falschen Überzeugung über den Inhalt einer Verpackung. Dieser aufgabenspezifische Zusammenhang spricht eher für die Anwendung situationsspezifischer Verhaltensregeln als für ein bereits im Kleinkindalter vorhandenes situationsübergreifendes, mentalistisches Handlungsverständnis. Apperly und Butterfill (2009) interpretieren die Befunde zur frühkindlichen Theory of Mind in Analogie zur Theorie der numerischen Kernwissenssysteme (vgl. Feigenson, Carey & Spelke, 2002). Ein frühes effizientes, aber inflexibles System der Verhaltensvorhersage existiert parallel zu einem sich später entwickelnden, flexibleren, aber mit höherer kognitiver Beanspruchung verbundenen System mentalistischer Konzepte.

Insgesamt unterstützen die neueren Befunde zum sozialen Verstehen in früher Kindheit die Annahme von Kernwissen in der Domäne des Handlungswissens beim menschlichen Säugling. Es ist derzeit jedoch ungeklärt, aus wie vielen Subsystemen das Handlungswissen besteht und in welchem Zusammenhang sie sich entwickeln. Ob Babys und Kleinkinder mentale Zustände erschließen oder ob sie zu Verhaltensvorhersagen kommen, indem sie behaviorale Hinweise beachten, die für die Zuschreibung von mentalen Zuständen wichtig sind, ist offen. Längsschnittliche Befunde unterstützen die Annahme von domänenspezifischer Kontinuität im Handlungswissen zwischen dem ersten und dem fünften Lebensjahr.

5 Schlussbetrachtungen

Theorien des Kernwissens erfahren gute empirische Bestätigung durch die beeindruckenden Befunde der neueren Säuglingsforschung, die schon im ersten Lebensjahr auf domänenspezifisches begriffliches Wissen hinweisen. Kernwissenstheorien stehen nicht in prinzipiellem Gegensatz zu Lerntheorien: Es ist unumstritten, dass – aufbauend auf den grundlegenden Prinzipien unseres Weltwissens – reichhaltiges Wissen in allen Domänen im Laufe der Entwicklung erworben wird. Kontrovers ist allein die Annahme *angeborener* domänenspezifischer Input-Analyse-Systeme, die ohne Lernprozesse zu Kernwissen/ Kernkognition führen. Ein häufig verwendetes nativistisches Argument ist, dass es nicht vorstellbar sei, wie so differenzierte domänenspezifische Erwartungen (z. B. über das Verhalten von Agenten, über die Bewegungen von Objekten), wie wir sie bei wenige Monate alten Säuglingen vorfinden, durch erfahrungsgetriebene Lernprozesse zustande kommen könnten. Die neuere Forschung zu induktiven Lernprozessen hat jedoch für verschiedene Domänen (z. B. kausales Denken, Lernen von Wortbedeutungen, soziale Kognition) gezeigt, dass rasche induktive Lernprozesse, basierend auf probabilistischen Inferenzen, schon im Säuglingsalter denkbar sind und empirisch bestätigt werden können (Gopnik et al. 2004; Xu & Tenenbaum, 2007). Die Konstruktion neuer Konzepte und das Zustandekommen domänenspezifischer Lernprozesse scheinen auf der Grundlage rationaler, inferenzieller Lernprozesse möglich zu sein (Xu & Griffiths, 2011). Xu (2011) vertritt daher die Ansicht, dass es voreilig sei, aus den Befunden der Säuglingsforschung zu schließen, dass Kernwissen angeboren sei; vielmehr sei es denkbar, dass Kernwissen im Sinne von domänenspezifischen Mustern der Informationsverarbeitung als Ergebnis früher erfahrungsgetriebener induktiver Lernprozesse zustande kommt.

Susan E. Carey (geb. 1942) – Psychologin

schloss 1964 das Radcliffe College in Cambridge/MA ab und promovierte 1971 an der Harvard University in Cambridge/MA. Seit 2001 ist sie dort Professorin und leitet das Institut für Psychologie. Davor lehrte und forschte sie an der New York University (1996–2001) und am Massachusetts Institute of Technology (MIT) in Cambridge/MA (1972–1996). Ihr Forschungsgebiet ist die Entwicklung begrifflichen Wissens *(Conceptual Development)*. Carey wurde vor allem durch eine Theorie der Restrukturierung von Begriffssystemen in der Kindheit bekannt, die auf der Analogie zwischen kognitiver Entwicklung und dem Paradigmenwechsel in der Wissenschaftsgeschichte basiert. In ihrem Buch *„The Origin of Concepts"* (2009) begründet sie eingehend ihre Annahmen über angeborene Kernwissenssysteme. Darüber hinaus vertritt sie die These, dass der Schlüssel zum Verständnis der kognitiven Entwicklung im Erkennen der Bedeutung von Diskontinuitäten liegt, die durch die Entstehung neuer repräsentationaler Ressourcen gekennzeichnet sind.

Carey ist Ehrenmitglied der National Academy of Sciences der USA. Sie erhielt 1998 den *Jean Nicod Prize* für ihre Beiträge zur Philosophie des Geistes. Im Jahr 2008 wurde ihr als erster Frau der *Rumelhart Prize* in Anerkennung ihrer Erforschung der theoretischen Grundlagen der menschlichen Kognition überreicht. Schließlich erhielt sie 2009 den *Distinguished Scientific Contribution Award* der Amerikanischen Psychologischen Gesellschaft (APA).

Literatur

Apperly, I. A. & Butterfill, S. A. (2009). Do humans have two systems to track beliefs and belief-like states? *Psychological Review, 116*, 953–970.

Aschersleben, G., Hofer, T. & Jovanovic, B. (2008). The link between infant attention to goal-directed action and later theory of mind abilities. *Developmental Science, 11*, 862–868.

Baillargeon, R. (1987). Object permanence in 3.5 and 4.5-month-old infants. *Developmental Psychology, 23*, 655–664.

Baillargeon, R. (1991). Reasoning about the height and location of a hidden object in 4.5- and 6.5-month-old infants. *Cognition, 38* (1), 13–42.

Baillargeon, R., Scott, R. M. & He, Z. (2010). False-belief understanding in infants. *Trends in Cognitive Sciences, 14*, 110–118.

Behne, T., Carpenter, M., Call, J. & Tomasello, M. (2005). Unwilling versus unable: Infants' understanding of intentional action. *Developmental Psychology, 41*, 328–337.

Bijeljac-Babic, R., Bertoncini, J. & Mehler, J. (1991). How do four-day-old infants categorize multisyllabic utterances? *Developmental Psychology, 29*, 711–721.

Brandone, A. C. & Wellman, H. M. (2009). You can't always get what you want. Infants understand failed goal-directed actions. *Psychological Science, 20*, 85–91.

Bruner, J. S., Olver, R. R. & Greenfield, P. M. (1966). *Studies in cognitive growth*. New York: Wiley.

Buttelmann, D., Carpenter, M. & Tomasello, M. (2009). Eighteen-month-old infants show false belief understanding in an active helping paradigm. *Cognition, 112*, 337–342.

Carey, S. (1985). *Conceptual change in childhood*. Cambridge, MA: MIT Press.

Carey, S. (2009). *The origin of concepts*. New York: Oxford University Press.

Carey, S. & Spelke, E. (1994). Domain-specific knowledge and conceptual change. In L. Hirshfeld & S. Gelman (Hrsg.), *Mapping the mind: Domain specificity in cognition and culture* (S. 169–200). New York: Cambridge University Press.

Clark, E. V. (1983). Meanings and concepts. In J. H. Flavell & E. M. Markman (Hrsg.), *Handbook of child psychology* (Vol. 3, 4th ed.) (S. 787–840). New York: Wiley.

Clifton, R. K., Rochat, P., Litovsky, R. Y. & Perris, E. E. (1991). Object representation guides infants' reaching in the dark. *Journal of Experimental Psychology: Human Perception and Performance, 17* (2), 323–329.

Dehaene, S. (1997). *The number sense*. New York: Oxford University Press

Elman, J. L., Bates, E. A., Johnson, M. H., Karmiloff-Smith, A., Parisi, D. & Plunkett, K. (1996). *Rethinking innateness. A connectionist perspective on development*. Cambridge, MA: MIT Press.

Falck-Ytter, T., Gredebäck, G. & von Hofsten, C. (2006). Infants predict other people's action goals. *Nature Neuroscience, 9,* 878–879.

Feigenson, L. & Carey, S. (2003). Tracking individuals via object files: evidence from infants' manual search. *Developmental Science, 6* (5), 568–584.

Feigenson, L. & Carey, S. (2005). On the limits of infants' quantification of small object arrays. *Cognition, 97* (3), 295–313.

Feigenson, L., Carey, S. & Hauser, M. D. (2002). The representations underlying infants' choice of more: Object files versus analog magnitudes. *Psychological Science, 13,* 150–156.

Feigenson, L., Carey, S. & Spelke, E. S. (2002). Infants' discrimination of number vs. continuous extent. *Cognitive Psychology, 44,* 33–66.

Feigenson, L., Dehaene, S. & Spelke, E. S. (2004). Core systems of number. *Trends in Cognitive Science, 8,* 307–314.

Fodor, J. A. (1983). *Modularity of mind: An essay on faculty psychology*. Cambridge, MA: MIT Press.

Gelman, R. & Gallistel, C. R. (1978). *The child's understanding of number*. Cambridge, MA: Harvard University Press.

Gergely, G., Bekkering, H. & Kiraly, I. (2002). Rational imitation in preverbal infants. *Nature, 415,* 755.

Gergely, G. & Csibra, G. (2003). Teleological reasoning in infancy: The naïve theory of rational action. *Trends in Cognitive Sciences, 7,* 287–292.

Gergely, G., Nadasdy, Z., Csibra, G. & Biro, S. (1995). Taking the intentional stance at 12 months of age. *Cognition, 56,* 165–193.

Gopnik, A., Glymour, C., Sobel, D. M., Schulz, L. E., Kushnir, T. & Danks, D. (2004). A theory of causal learning in children: Causal maps and Bayes nets. *Psychological Review, 111* (1), 3–32.

Hamlin, J. K., Hallinan, E. V. & Woodward, A. L. (2008). Do as I do: 7-month-old infants selectively reproduce others' goals. *Developmental Science, 11,* 487–494.

Hauser, M. D., Carey, S. & Hauser, L. B. (2000). Spontaneous number representation in semi-free-ranging rhesus monkeys. *Proceedings of Royal Society, London, 267,* 829–833.

Hespos, S. & Baillargeon, R. (2001). Reasoning about containment events in very young infants. *Cognition, 78,* 207–245.

Hood, B., Carey, S. & Prasada, S. (2000). Predicting the outcomes of physical events: Two-year-olds fail to reveal knowledge of solidity and support. *Child Development, 71* (6), 1540–1554.

Johnson, M. H. & Morton, J. (1991). *Biology and cognitive development: The case of face recognition*. Cambridge, MA: Blackwell.

Keil, F. C. (1994). The birth and nurturance of concepts by domains: The origins of concepts of living things. In L. A. Hirschfeld & S. A. Gelman (Hrsg.), *Mapping the mind: Domain specificity in cognition and culture* (S. 234–254). New York: Cambridge University Press.

Kellman, P. J. & Spelke, E. S. (1983). Perception of partly occluded objects in infancy. *Cognitive Psychology, 15* (4), 483–524.

Kovacs, A. M., Teglas, E. & Endress, A. D. (2010). The social sense: Susceptibility to others' belief in human infants and adults. *Science, 330,* 1830–1834.

Luo, Y. & Baillargeon, R. (2007). Do 12.5-month-olds consider what objects others can see when interpreting their actions? *Cognition, 105*, 489–512.

Luo, Y. & Johnson, S. C. (2009). Recognizing the role of perception in action at 6 months. *Developmental Science, 12*, 142–149.

Meltzoff, A. N. (1995). Understanding the intentions of others: Re-enactment of intended acts by 18-month-old-children. *Developmental Psychology, 31* (5), 838–850.

Meltzoff, A. N. & Borton, R. W. (1979). Intermodal matching by human neonates. *Nature, 282*, 403–404.

Meltzoff, A. N. & Moore, M. K. (1983). Newborn infants imitate adult facial gestures. *Child Development, 54*, 702–709.

Onishi, K. & Baillargeon, R. (2005). Do 15-month-old infants understand false beliefs? *Science, 308*, 255–258.

Paulus, M., Hunnius, S., van Wijngaard, C., Vrins, S., van Rooij, I. & Bekkering, H. (2011). The role of frequency information and teleological reasoning in infants' and adults' action prediction. *Developmental Psychology, 47*, 976–983.

Perner, J. (2009). Who took the cog out of cognitive science? Mentalism in an era of anti-cognitivism. In P. A. Frensch & R. Schwarzer et al. (Hrsg.), *Cognition and neuropsychology: International perspectives on psychological science* (Vol. 1) (S. 241–261). Hove, UK: Psychology Press.

Perner, J. & Ruffman, T. (2005). Infants' insight into the mind: How deep? *Science, 308*, 214–216.

Phillips, A. T., Wellman, H. M. & Spelke, E. S. (2002). Infants' ability to connect gaze and emotional expression to intentional action. *Cognition, 85* (1), 53–78.

Piaget, J. (1952). *The child's conception of number*. London: Routledge & Kegan Paul.

Piaget, J. (1954). *The construction of reality in the child*. New York: Basic Books.

Poulin-Dubois, D., Brooker, I. & Chow, V. (2009). The developmental origins of naïve psychology in infancy. In P. J. Bauer (Hrsg.), *Advances in child development and behaviour* (Vol. 37) (S. 55–104). San Diego, CA: Academic Press.

Premack, D. & Woodruff, G. (1978). Does the chimpanzee have a theory of mind? *Behavioral and Brain Sciences, 1*, 515–526.

Scott, R. M. & Baillargeon, R. (2009). Which penguin is this? Attributing false beliefs about object identity at 18 months. *Child Development, 80*, 1172–1196.

Shutts, K., Kenn, R. & Spelke, E. (2006). Object boundaries influence toddlers' performance in a search task. *Developmental Science, 9*, 97–107.

Sodian, B. (2011). Theory of Mind in infancy. *Child Development Perspectives. 5* (1), 39–43.

Sodian, B. (2012). Denken. In W. Schneider & U. Lindenberger (Hrsg.), *Entwicklungspsychologie* (7. Aufl.) (S. 385–412). Weinheim: Beltz.

Sodian, B. & Thoermer, C. (2004). Infants' understanding of looking, pointing, and reaching as cues to intentional action. *Journal of Cognition and Development, 5*, 289–316.

Sodian, B. & Thoermer, C. (2006). Theory of Mind. In W. Schneider & B. Sodian (Hrsg.). *Enzyklopädie der Psychologie, Serie II: Entwicklungspsychologie, Bd. 2: Kognitive Entwicklung* (S. 495–608). Göttingen: Hogrefe.

Sodian, B. & Thoermer, C. (2008). Precursors to a theory of mind in infancy: Perspectives for research on autism. *The Quarterly Journal of Experimental Psychology, 61*, 27–39.

Sodian, B., Thoermer, C. & Metz, U. (2007). Now I see it but you don't: 14-month-olds can represent another person's visual perspective. *Developmental Science, 10*, 199–204.

Sommerville, J. A., Woodward, A. & Needham, A. (2005). Action experience alters 3-month-old infants' perception of others' actions. *Cognition, 96*, B1–B11.

Spelke, E. S. (1994). Initial knowledge: Six suggestions. *Cognition, 50*, 431–455.

Spelke, E. S., Breilinger, K., Macomber, J. & Jacobsen, K. (1992). Origins of knowledge. *Psychological Review, 99*, 605–632.

Spelke, E. S. & Kinzler, K. D. (2007). Core knowledge. *Developmental Science, 10* (1), 89–96.

Starkey, P. & Cooper, R. (1980). Perception of numbers by human infants. *Science, 210*, 1033–1035.

Thoermer, C., Sodian, B., Vuori, M., Perst, H. & Kristen, S. (2012). Continuity from an implicit to an explicit understanding of false belief from infancy to preschool age. *British Journal of Developmental Psychology, 30* (1), 172–187.

Träuble, B., Marinovic, V. & Pauen, S. (2010). Early theory of mind competencies – Do infants understand others' beliefs? *Infancy, 15*, 434–444.

Valenza, E., Gava, L., Leo, I. & Simeon, F. (2006). Perceptual completion in newborn human infants. *Child Development, 77* (6), 1810–1821.

Wellman, H. M. (2011). Developing a theory of mind. In U. Goswami (Hrsg.), *The Wiley-Blackwell handbook of childhood cognitive development (2nd ed.)* (S. 258–284). Oxford: Wiley-Blackwell.

Wellman, H. M., Cross, D. & Watson, J. (2001). Meta-analysis for theory-of-mind development: The truth about false belief. *Child Development, 72* (3), 655–684.

Wellman, H. M. & Gelman, S. A. (1998). Knowledge acquisition in foundational domains. In W. Damon (Hrsg.), *Handbook of child psychology: Volume 2: Cognition, perception, and language* (S. 523–573). Hoboken, NJ, US: Wiley.

Wellman, H. M., Lopez-Duran, S., LaBounty, J. & Hamilton, B. (2008). Infant attention of intentional action predicts preschool social cognition. *Developmental Psychology, 44*, 618–623.

Wellman, H. M., Phillips, A. T., Dunphy-Lelii, S. & LaLonde, N. (2004). Infant social attention predicts preschool social cognition. *Developmental Science, 7*, 283–288.

Wimmer, H. & Perner, J. (1983). Beliefs about beliefs: Representation and constraining function of wrong beliefs in young children's understanding of deception. *Cognition, 13*, 103–28.

Woodward, A. L. (1998). Infants selectively encode the goal object of an actor's reach. *Cognition, 69* (1), 1–34.

Woodward, A. L. & Guajardo, J. J. (2002). Infants' understanding of the point gesture as an object-directed action. *Cognitive Development, 17*, 1061–1084.

Wynn, K. (1990). Children's understanding of counting. *Cognition, 36*, 155–193.

Wynn, K. (1992a). Addition and subtraction by human infants. *Nature, 358*, 749–750.

Wynn, K. (1992b). Children's acquisition of the number words and the counting system. *Cognitive Psychology, 24*, 220–251.

Wynn, K. (1996). Infants' individuation and enumeration of actions. *Psychological Science, 7*, 164–169.

Xu, F. (2011). Rational constructivism, statistical inference and core cognition. *Behavioral and Brain Sciences, 34*, 151–152

Xu, F. & Griffiths, T. L. (2011). Probabilistic models of cognitive development: Towards a rational constructivist approach to the study of learning and development. *Cognition, 120,* 299–301.

Xu, F. & Spelke, E. S. (2000). Large number discrimination in 6-month old infants. *Cognition, 74*, B1–B11.

Xu, F. & Tenenbaum, J. B. (2007). Sensitivity to sampling in Bayesian word learning. *Developmental Science, 10* (3), 288–297.

Kapitel 6
Denkentwicklung aus dem Blickwinkel des strukturgenetischen Konstruktivismus

Siegfried Hoppe-Graff

Jean Piaget mit Sohn Laurent 1932

„Ich glaube [...] dass das grundlegende Faktum im Prozess der Konstruktion liegt. Strukturen [...] entstehen durch Interaktion zwischen dem Handeln des Subjektes und den Reaktionen des Objektes."
(Gespräche mit Piaget in Bringuier, 2004, S. 69)

Es ist kaum vorstellbar, dass in einer wissenschaftlichen Darstellung der geistigen Entwicklung in Kindheit und Jugend die mit dem Schweizer Forscher Jean Piaget verbundene Theorie ausgeklammert wird. Sie bildet den impliziten, häufig sogar den expliziten Ausgangspunkt für die meisten Untersuchungen und fließt stillschweigend in die aktuelle Theoriebildung ein, sei es auch nur, um Piaget zu widerlegen oder sich von ihm abzuheben. Deshalb kann es nicht verwundern, dass Bond und Tryphon (2007) bei der Auszählung der im *Handbook of Child Psychology* verwendeten Quellen herausfanden, dass Piaget der am häufigsten zitierte Autor war. Von der Biologie herkommend, galt sein primäres Interesse erkenntnistheoretischen (epistemologischen) Fragen. Jean Piaget gilt heute als der Begründer der genetischen Epistemologie, also jener Disziplin, welche die Möglichkeiten und Grenzen menschlicher Erkenntnis dadurch zu verstehen versucht, dass sie deren Entwicklung beim Menschen beobachtet. Vor diesem Hintergrund hat Piaget eine genuin entwicklungspsychologische Theorie entworfen, die am treffendsten als strukturgenetischer Konstruktivismus bezeichnet werden kann. Es ist das Ziel dieses Kapitels, die komplexe Theorie auf verständlichem Niveau vorzustellen (siehe auch die Schlüsselbegriffe in Tabelle 6.1, S. 150) und dabei auch Veränderungen anzusprechen, die sich in den letzten Jahrzehnten vollzogen haben.

1 Ideengeschichtlicher Hintergrund

Als Jean Piaget die ersten Arbeiten zur Entwicklung des Denkens, Sprechens und Urteilens publizierte, war die akademische Entwicklungspsychologie gerade einmal vierzig Jahre alt. Will man deren Entstehung mit einem singulären Ereignis verbinden, so wird gewöhnlich die 1882 veröffentlichte Publikation *Die Seele des Kindes* von Wilhelm Preyer genannt (vgl. Cairns, 1998). Das Buch erschien nur drei Jahre, nachdem Wilhelm Wundt in Leipzig das erste psychologische Labor eingerichtet und damit die Psychologie als Wissenschaftsdisziplin begründet hatte. Davon hat die Entwicklungspsychologie jedoch nicht profitiert. Wundt selbst sah für seine eigene Erforschung der geistigen Prozesse beim Erwachsenen keinen Vorteil in der Untersuchung der Denkprozesse beim Kind, zumal seine methodischen Zugänge aus der experimentellen Psychophysik bei Kindern auf Grenzen gestoßen wären (nach Cairns, 1998, S. 27). Die Wurzeln für den rapiden Aufschwung der Entwicklungspsychologie in den letzten Dekaden des 19. Jahrhunderts lagen vielmehr in der Evolutionsforschung und der Embryologie.

Mit Fragen nach der Evolution der Arten war Piaget bereits bei seinen frühen zoologischen Studien zur Klassifikation von Teichschnecken in Berührung gekommen, als er untersuchte, wie sich diese Mollusken (es gibt in der Schweiz davon 130 Arten) in Farbe, Form und Verhalten an die spezifischen Bedingungen in den Seen anpassen. Auf der Suche nach einer Antwort war er stark beeinflusst vom sog. Lamarckismus, wonach sich Veränderungen von biologischen Merkmalen wie auch im Verhalten auf die Nachkommen vererben können. In einem Gespräch mit Bringuier betonte Piaget 1980, dass er das Interesse an der Frage nie verloren habe, wie Anpassung und Fortschritt sowohl beim einzelnen Menschen als auch in der Evolution der Arten zustande kommen. Er bezog sich dabei auf Waddingtons (1975) Konzept der genetischen Assimilation, das beschreibt, wie der Wandel einer Variation, die anfangs nicht erblich (also phänotypisch) ist, zu einer erblichen (und damit genotypischen) Variation wird.

In der Embryologie hatte sich im 19. Jahrhundert eine heftige Debatte darüber entwickelt, welche generellen Prinzipien die Entwicklung sowohl der Arten als auch die der einzelnen Lebewesen erklären können. Insbesondere der Embryologe Karl von Baer (1792–1876) hat mit einer differenzierten Theorie der Epigenese den Boden für das Interesse an einer genauen Beobachtung der Entwicklung des Menschen in Kindheit und Jugend bereitet (vgl. Cairns, 1998, S. 28 ff.). Das epigenetische Prinzip besagt, dass neue Erscheinungsformen durch progressive Transformationen des Bestehenden während ihrer Entwicklung hervorgebracht werden. Nach von Baer verläuft diese Entwicklung in sukzessiven Stufen vom Generellen zum Spezifischen und von relativ homogenen Zuständen des Organismus zu zunehmend differenzierteren und hierarchisch organisierten Strukturen. Von Baers Ideen wurden auch von dem englischen Philosophen und Soziologen Herbert Spencer aufgegriffen und verbreitet. Spencer wiederum hat als Begründer des Evolutionismus einen direkten Einfluss auf James Mark Baldwin (1861–1934) ausgeübt. Und Baldwin war zweifellos jener Psychologe, von dem sich Piaget am meisten inspirieren ließ, wie er selbst rückblickend festgestellt hat: *„Leider habe ich Baldwin nicht persönlich gekannt, aber sein Werk hatte großen Einfluss auf mich […] Pierre Janet, bei dem ich in Paris Lehrveranstaltungen besuchte, zitierte ihn ständig und war ebenfalls sehr durch ihn beeinflusst.“* (Mueller, 1976, Fußnote 19*)

Piagets Orientierung an Baldwin lässt sich an den folgenden vier Gemeinsamkeiten aufzeigen (vgl. Cahan, 1984):

(1) Beide Forscher hatten ein genuin erkenntnistheoretisches Interesse. Sie verstanden die Erforschung der ontogenetischen Ursprünge des Erkennens beim Kind als Königsweg, um Erkenntnistheorie betreiben zu können. Insofern kann bereits Baldwins erkenntnistheoretisches Programm als genetische Epistemologie bezeichnet werden.

Kapitel 6 Denkentwicklung aus dem Blickwinkel des strukturgenetischen Konstruktivismus

Abstraktionen: empirische, reflektierende	Formen des Erkenntnisgewinns im Umgang mit Objekten. Während die *empirische Abstraktion* auf die physikalischen Merkmale der Objekte gerichtet ist, beruht die *reflektierende Abstraktion* auf den Eigenschaften der Handlungen, die mit den Objekten vollzogen werden.
Äquilibration: fortschreitende, Äquilibrationsprinzip	Bezeichnet die Tendenz von Strukturen, sich im Gleichgewicht (*Äquilibrium*) zu organisieren und dies *fortschreitend* durch Ausgleichsprozesse herzustellen. Das *Äquilibrationsprinzip* kann deshalb als Prozess der Selbstregulierung verstanden werden; es erklärt gemeinsam mit Assimilation und Akkommodation auch die Konstruktion zunehmend komplexerer Strukturen.
Akkommodation	Grundlegende Form der Anpassung eines Individuums an seine Umwelt: Die Person (das Individuum) „modifiziert [...] fortwährend [seine] Schemata, um sie [...] neuen Gegebenheiten anzupassen" (Piaget, 1991/1936, S. 17).
Assimilation	Besteht darin, dass die Person (das Individuum) „ihren Strukturen alle Gegebenheiten der Erfahrung einverleibt" (Piaget, 1991/1936, S. 17). Dies betrifft die Aufnahme von „Erkenntnisobjekten" (Informationen über materielle Objekte, Ereignisse usw.) in die Handlungsschemata und kognitiven Strukturen einer Person.
genetische Epistemologie	Eine von Piaget entwickelte Variante der Erkenntnistheorie (*Epistemologie*). Danach können Quellen, Möglichkeiten und Grenzen der menschlichen Erkenntnis am besten untersucht werden, wenn deren *Genese* in Kindheit und Jugend untersucht wird.
Invarianz(-begriff); Erhaltung(-sbegriff)	Verständnis darüber, dass die physikalischen oder logisch-mathematischen Eigenschaften eines Objektes oder eine Menge von Objekten unverändert (*invariant*) bleiben, obwohl sich deren äußere Erscheinung verändert.
Kreisreaktion; Zirkulärreaktion	Konzept, um Repertoire und Entwicklung im Handeln des Säuglings zu beschreiben. Piaget sah darin die ersten vollständigen Intelligenzhandlungen.
Selbstregulierung	Eine Abfolge von aktiven „Kompensationen" einer Person als Antwort auf Störungen in den geistigen Strukturen oder Handlungsstrukturen, die durch misslingende Assimilationen ausgelöst werden.
Objektpermanenz	Bezeichnet den Sachverhalt, dass ein physisches Objekt auch dann als dauerhaft (*permanent*) existent begriffen wird, wenn es zwar nicht mehr wahrgenommen wird/werden kann, aber dennoch vorhanden ist.
semiotische Funktion; Symbolfunktion	Bezieht sich im Allgemeinen auf die Funktion geistiger Handlungen. Im Rahmen der Theorie Piagets sind dies zumeist logische Denkoperationen, die im Laufe der Entwicklung in dem Maße entstehen, wie geistige Repräsentationen aus dem Handeln des kleinen Kindes hervorgehen; *semiotische Funktionen* zeigen sich beispielsweise in der Nachahmung, beim Zeichnen, beim Symbolspiel und in der immer besseren Beherrschung der Sprache.
Symbol, Schema und Struktur	Dienen der Beschreibung der inneren Repräsentationen eines Individuums in Bezug auf seine Umwelt. Danach verfügt eine Person über die Fähigkeit, sich mit Hilfe von Symbolen und unter Verwendung von Strukturen einen Gegenstand oder ein Ereignis vorzustellen. Die Einheiten dieser Strukturen werden als Schemata bezeichnet: als Handlungsschemata bei motorischen Handlungen und als kognitive Schemata oder Begriffe bei geistigen Handlungen oder Denkoperationen.
strukturgenetischer Konstruktivismus	Geht davon aus, dass menschliches Handeln und Denken in Form von Strukturen organisiert sind. Die Strukturen sind jedoch nicht a priori vorhanden, sondern werden erst im Laufe der Entwicklung konstruiert.
Stufen und Gesamtstruktur	Grundbegriffe aus Piagets Entwicklungstheorie, wonach die kognitive Entwicklung als die Konstruktion immer komplexerer Erkenntnisstrukturen verstanden werden kann und das Kind im Rahmen einer Gesamtstruktur die eigene Entwicklung stufenweise selbst „konstruiert".

Tabelle 6.1: Ausgewählte Schlüsselbegriffe.

(2) Sowohl Baldwin als auch Piaget nahmen an, dass sich das Erkenntnispotenzial, also die Intelligenz des Menschen, in geordneten, aufeinander aufbauenden Stufen herausbildet und das Denkvermögen damit im Laufe der Ontogenese qualitativen Veränderungen unterliegt.

(3) Beide Forscher bezogen die Entwicklung des Denkens auf zwei komplementäre Formen des Person-Umwelt-Bezugs, die Assimilation und die Akkommodation. Assimilation bezeichnet dabei die Integration von Informationen in vorhandene Erkenntnisstrukturen, während die Akkommodation die Veränderung der Strukturen benennt, um sie den Informationen und Erfahrungen anzupassen.

(4) Diese Prinzipien gelten für Baldwin und Piaget auf der anatomischen und physiologischen wie auch der psychologischen Ebene: *„Nach meiner Überzeugung gibt es zwischen dem Lebendigen und dem Geistigen, zwischen Biologie und Psychologie keine Trennlinie."* (Piaget in Bringuier, 2004, S. 24*)

Neben diesen allgemeinen Perspektiven hat sich Piaget bei einer ganzen Reihe von Einzelkonzepten wie der Kreisreaktion (oder Zirkulärreaktion) und dem Adualismus im Denken des Kleinkindes auf Baldwin bezogen. Es gibt aber auch weitreichende Differenzen (vgl. Broughton, 1981; Cahan, 1984; Cairns, 1998), die dafür verantwortlich gemacht werden können, dass Piagets Entwicklungspsychologie große Beachtung gefunden hat, hingegen Baldwin sehr bald in Vergessenheit geraten ist. Während Baldwins Vorstellungen auf die Theorieebene beschränkt blieben und zunehmend spekulativer wurden, hat Piaget in zahllosen originellen Experimenten und Beobachtungen den empirischen Gehalt seiner Theorie überzeugend darlegen können.

2 Allgemeine theoretische Orientierung

Piaget war davon überzeugt, dass es zwischen Biologie und Psychologie keine Trennlinie gibt. Immer wieder betonte er, dass es unmöglich sei, seine Entwicklungstheorie zu verstehen, *„wenn man nicht [...] im Detail die biologischen Vorannahmen, aus denen sie entstammt, und die epistemologischen Konsequenzen analysiert, zu denen sie führt"* (Piaget, 1970, S. 703*).

2.1 Erkenntnistheoretische Voraussetzungen und biologische Grundlagen

Vereinfacht gesagt bieten sich drei Alternativen an, die Frage nach den Quellen unseres Erkennens – Piaget spricht von objektiver Erkenntnis (Piaget, 1970, S. 703) – zu beantworten. In der Sichtweise des *Empirismus* ist Erkenntnis ein Spiegel der äußeren Welt. Erkenntnis entsteht danach in einem Prozess, in dem über Wahrnehmung und Sprache äußere Gegebenheiten aufgenommen und aufgezeichnet werden und sich zu einer Kopie der Realität zusammenfügen. Die erkennende Person ist bei diesem Vorgang weitgehend passiv. Hingegen führt der *Apriorismus*, wie er sich etwa auf Kant beziehen lässt, Erkennen darauf zurück, dass dem Menschen grundlegende Erkenntnisinstrumente wie die Kategorien der Zahl, des Raumes und der Zeit a priori gegeben sind und Erkenntnis deshalb erfahrungsunabhängig vorliegt.

Piaget ordnet sich selbst einer weiteren erkenntnistheoretischen Position zu, bei der Erkennen *Handeln* voraussetzt. Erkenntnis ist damit an die Tätigkeit der Person gebunden. Beispielsweise tritt bereits der Säugling beim Ergreifen eines Objektes mit diesem Objekt in Interaktion, sodass sich die Wurzeln der Erkenntnis nach Piaget auch als *interaktionistisch* charakterisieren lassen. In jedem Akt des Erkennens (und damit in jeder Handlung) trägt die Person ihre Handlungsmöglichkeiten, von Piaget auch als Erkenntnisstrukturen oder Erkenntnisschemata bezeichnet, an das Objekt heran.

Im einfachsten und frühesten Fall sind dies die elementaren Reflexe des Neugeborenen, etwa der Saug- und Greifreflex.

Der Kerngedanke des *strukturgenetischen Konstruktivismus* besteht dabei in der Annahme, dass die Person mit jeder Handlungserfahrung auch ihr Repertoire an Strukturen (Schemata) ändert, weshalb die jeweils nächste Handlung auf neuen Erkenntnismöglichkeiten beruht. Die Quelle der Erkenntnis liegt infolgedessen weder im Objekt noch in den beim Subjekt a priori vorhandenen Erkenntniskategorien, sondern wird Schritt für Schritt interaktiv konstruiert. Diese grundlegende Einsicht in die menschliche Erkenntnis hat Piaget folgendermaßen auf den Punkt gebracht: *„Ich glaube [...] dass alle Strukturen entstehen, dass das grundlegende Faktum im Prozess der Konstruktion liegt und dass am Anfang nichts vorgegeben ist außer einigen beschränkten Punkten, auf die sich das übrige stützt. Aber Strukturen sind nicht von vornherein vorgegeben, weder im menschlichen Geist noch in der äußeren Welt, wie wir sie wahrnehmen und organisieren. Sie entstehen durch Interaktion zwischen dem Handeln des Subjektes und den Reaktionen des Objektes."* (Bringuier, 2004, S. 69)

Zwischen Biologie und Erkenntnis nimmt er weitgehende Kontinuität und Parallelen an. Diese resultieren aus der Grundüberzeugung, dass Erkenntnisprozesse zugleich auch integrale Bestandteile menschlichen Lebens sind. *„Leben aber bedeutet vor allem Selbstregulation"*, stellt Piaget fest (Piaget, 1967, S. 26; zit. nach Gruber & Vonèche, 1977*) und vertritt dabei die These, dass kognitive Prozesse zur selben Zeit sowohl das Ergebnis organischer Selbstregulationen als auch die differenziertesten Formen dieser Regulationen sind.

Es ist nur konsequent, dass er für die Beziehung zwischen dem erkennenden Subjekt – also seinen Strukturen und Schemata – und dem zu erkennenden Objekt dieselben Begriffe verwendet, die auch die Anpassung des Organismus an seine Umgebung auf der biologischen Ebene beschreiben: Assimilation und Akkommodation. *Assimilation* bezeichnet in der Biologie die Integration von äußeren Gegebenheiten in die Strukturen des Organismus, üblicherweise veranschaulicht an der Assimilation von Nahrung im Prozess der Verdauung. Für die Ebene der Kognition gilt nichts anderes: Erkenntnis besteht in analoger Weise in der Aufnahme von Erkenntnisobjekten (materiellen Objekten, Informationen ...) in die Handlungsschemata und kognitiven Strukturen der Person. Auf diese Weise, und das ist entscheidend, gewährleistet Assimilation die Kontinuität der Strukturen und Schemata.

Auch wenn Assimilation als der primäre Prozess der Subjekt-Objekt-Beziehung erscheinen mag, so ist sie doch immer mit ihrem Gegenstück gekoppelt, der *Akkommodation*. Als *„Akkommodation bezeichnen wir jede Modifikation eines Assimilationsschemas oder einer Struktur durch die Elemente, die assimiliert werden"* (Piaget, 1970, S. 708*). Es gibt keine Assimilation ohne Akkommodation und keine Akkommodation ohne Assimilation. Als Exempel für diese Interdependenz verweist Piaget wiederholt auf den Säugling, der am Daumen und nicht nur an der Brust saugt: Während er den Daumen an das ursprüngliche Saugschema assimiliert, wird er dabei andere Saugbewegungen ausführen als an der Mutterbrust. Damit aber vollzieht sich eine Akkommodation des Saugschemas; sie ist die Anpassung eines Schemas an die besondere Situation.

In der wechselweisen Abhängigkeit von Assimilation und Akkommodation liegt einerseits der Impuls für die Genese menschlicher Erkenntnis, andererseits aber auch die beim jeweiligen Erkenntnisstand gegebene Grenze. Die Person kann ihre Strukturen durch Akkommodation nur so weit verändern, wie es die assimilierenden Strukturen erlauben. Assimilation und Akkommodation von Erkenntnisstrukturen bedingen sich also nicht nur gegenseitig, sondern sie unterliegen auch Einschränkungen, die sich aus dem *Äquilibrationsprinzip* ergeben. Dabei nimmt Piaget, ähnlichen Prozessen aus der Biologie folgend, an, dass kognitive Strukturen, sofern sie ins Ungleichgewicht geraten, die Tendenz zur Wiederherstellung des Gleichgewichts auf einem höheren Niveau der Anpassung haben.

2.2 Epistemisches Subjekt und notwendige Erkenntnis

Piagets Ziel war die Ausarbeitung einer allgemeinen Theorie menschlicher Erkenntnis. Sein Interesse galt deshalb dem universellen erkennenden Subjekt, also dem *epistemischen Subjekt*, und nicht der einzelnen Person in ihrem spezifischen Entwicklungskontext und den sich daraus ergebenden jeweiligen Entwicklungsbesonderheiten (psychologisches Subjekt). Er selbst hat wiederholt darauf hingewiesen, dass ihn individuelle Besonderheiten im Entwicklungsverlauf nicht sonderlich interessierten. Seine Untersuchungen zur Entwicklung der Erkenntnis beim Menschen dienen vor allem dem Zweck, die epistemologische Fragestellung nach der Möglichkeit von Erkenntnis empirisch zu beantworten. Anders gesagt, die Entwicklungspsychologie war für Piaget ursprünglich nur Mittel zum Zweck. So kann es nicht verwundern, dass Inhelder (1993, S. 25) rückblickend resümiert: *„Nach wie vor staune ich darüber, dass die ursprünglich erkenntnistheoretisch motivierten Befragungen zur Entwicklung des Zahlbegriffs, des Raumbegriffs, der Kausalität, des Zufalls und der natürlichen Logik des Kindes und des Jugendlichen zu derart reichhaltigen Kenntnissen über die kognitive Welt des Kindes geführt haben."*

Weil der Ausgangspunkt und dieses Ziel der Piaget'schen Entwicklungspsychologie häufig übersehen werden, gerät auch die Unterscheidung zwischen Erkenntnis und Wissen aus dem Blick. Mit dem Begriff *Erkenntnis* bezieht sich Piaget auf jene Denkstrukturen, die im weiteren Sinne als logisch oder formal bezeichnet werden können und sich deshalb notwendigerweise als richtig erweisen, sobald die Person darüber verfügt. Beispielsweise stellt der Sachverhalt, dass die räumliche Anordnung von Objekten die Anzahl der Objekte nicht verändern kann (ein wichtiger

Erfahrungen im Umgang mit Objekten bilden im Rahmen des strukturgenetischen Konstruktivismus eine wesentliche Grundlage menschlicher Erkenntnis. Die zentrale Annahme dabei ist, dass das Kind mit jeder Handlung sein Repertoire an Strukturen (Schemata) ändert, weshalb die jeweils nächste Handlung auf neuen Erkenntnismöglichkeiten beruht. Erkenntnisse werden infolgedessen vom Kind Schritt für Schritt interaktiv mit seiner physikalischen Umwelt konstruiert.

Aspekt bei der Entwicklung des Zahlbegriffs), eine korrekte Erkenntnis dar. Sobald sich beim Kind diese Erkenntnis entwickelt hat, liegt wie bei einem Erwachsenen die Überzeugung vor, dass die Invarianz der Zahl, das heißt die Unabhängigkeit der Anzahl von Objekten von deren räumlicher Anordnung, *notwendig* gilt. Derartige Erkenntnisse sind offensichtlich von anderen Wissensbeständen, etwa dem deklarativen und prozeduralen Wissen, grundlegend verschieden. Piaget sah es als die Hauptaufgabe einer Erkenntnistheorie an herauszufinden, *„wie der menschliche Geist dabei erfolgreich sein kann, notwendige Beziehungen zu konstruieren [...] obwohl die Instrumente des Denkens lediglich psychologische Operationen sind"* (Piaget, 1950, S. 23, zit. nach Smith, 1993, S. 1*).

2.3 Reifung, Erfahrungen mit Objekten und soziale Erfahrungen

Piaget hat sich wiederholt und ausführlich mit traditionellen Erklärungsansätzen für die menschliche Entwicklung auseinandergesetzt und sich dabei auf drei Aspekte konzentriert: Reifung, Erfahrung mit der physikalischen Umgebung, das heißt mit Objekten, sowie soziale Erfahrungen.

(1) Für ihn war es unstrittig, dass *Reifung* bei der Entwicklung der menschlichen Erkenntnis eine Rolle spielen muss. Insbesondere in der universell einheitlichen Abfolge der Stufen der Erkenntnis sah er einen wichtigen Hinweis auf die Bedeutung des Genotyps und der Epigenese für die geistige Entwicklung. Aber die Entfaltung innerer Entwicklungsvoraussetzungen *„bedeutet nicht, dass der Entwicklung der menschlichen Intelligenz [Erkenntnis] ein ererbtes Programm zugrunde liegt: Es gibt keine ,angeborenen Ideen' [...] Sogar Logik ist nicht angeboren [...] Daher besteht die Wirkung der Reifung im Wesentlichen darin, neue Möglichkeiten für die Entwicklung zu eröffnen."* (Piaget, 1970, S. 720*) Die Reifung erlaube es der Person, Strukturen aufzubauen, die anderenfalls nicht entstanden wären; ob ein Aufbau jedoch tatsächlich realisiert werde, hänge von weiteren Entwicklungsfaktoren ab.

(2) Bei *Erfahrungen durch den Kontakt mit der physikalischen Umgebung* (Erfahrungen mit Objekten) unterscheidet Piaget zwischen der physikalischen Erfahrung im engeren Sinne und der logisch-mathematischen Erfahrung. Physikalische Erfahrungen im engeren Sinne ermöglichen es, Erkenntnis über Objekte durch einen einfachen Abstraktionsprozess, von ihm auch als *empirische Abstraktion* bezeichnet, zu gewinnen. Danach richtet die Person bei der Manipulation mit Objekten die Aufmerksamkeit auf einzelne Eigenschaften, etwa das Gewicht, und ignoriert andere. Logisch-mathematische Erfahrung hingegen erfordert eine komplexere Form der Erkenntnisgewinnung, die Piaget in späteren Schriften als *reflektierende Abstraktion* bezeichnet hat (Piaget, 2001). Sie beruht auf den Eigenschaften der Handlungen, die mit den Objekten vollzogen werden. Das folgende Beispiel kann sowohl die Gewinnung logisch-mathematischer Erfahrung durch reflektierende Abstraktion verdeutlichen als auch einen Einblick in Piagets scharfsinnige Analyse alltäglicher Beobachtungen kindlichen Handelns geben: Man reicht dem Kind eine begrenzte Menge Perlen. Es ordnet diese in einer Reihe an und stellt erstaunt fest, dass es auf dieselbe Anzahl von Perlen kommt, wenn es diese von rechts nach links und wenn es sie von links nach rechts durchzählt. Weiterhin macht es die Entdeckung, dass sich die Anzahl auch dann nicht verändert, wenn es die Perlen in Form eines Kreises anordnet. Piagets Deutung dieser alltäglichen Erfahrung: Das Kind hat bei seinem Umgang mit den Objekten entdeckt, dass die Anzahl der Perlen von ihrer Anordnung unabhängig ist. Die kindlichen Erfahrungen sind jedoch nicht „physikalisch" im oben genannten Sinne, sondern „logisch-mathematisch", denn weder die Anordnung noch die Anzahl sind ein Merkmal der Perlen. Es ist das Kind, das sie als Reihe und als Kreis angeordnet und im Akt des Zählens zusammengefasst hat.

3 Von der sensomotorischen Intelligenz zu den formalen Denkoperationen | 155

(3) Piaget wird öfters nachgesagt, er habe die Bedeutung *sozialer Erfahrungen* für die Entwicklung ignoriert. Tatsächlich aber hat er wiederholt deren Wichtigkeit betont, zum Beispiel mit dem Hinweis, dass die Entwicklungsstufen frühzeitig oder erst spät erreicht werden, je nachdem, in welcher kulturellen Umgebung das Kind aufwächst und welche Bildungserfahrungen es macht (vgl. Piaget, 1970, S. 721). Seiner Auffassung folgend können soziale Erfahrungen allerdings *nicht* erklären, warum die Stufen in derselben Reihenfolge durchlaufen werden und damit unabhängig von sozialen Kontexten sind. Ein Kind müsse erst in die Lage gebracht werden, Erfahrungen zu assimilieren, und dies wiederum setze die Existenz assimilativer Strukturen voraus. Es liegt die Vermutung nahe, dass Piagets Position zur begrenzten Wirkung der sozialen Umgebung und der physikalischen Erfahrung deshalb missverstanden worden ist, weil er in einem Atemzug immer auch deren Begrenztheit betont hat.

2.4 Entwicklungsstufen

In Sekundärdarstellungen stehen meistens die von Piaget unterschiedenen Stufen der kognitiven Entwicklung im Vordergrund, tatsächlich aber bilden sie in keiner Weise das Kernstück des strukturgenetischen Konstruktivismus. Gruber und Vonèche (1977) haben recherchiert, wie oft und in welcher Weise sich Piaget *theoretisch* mit dem Konzept der Stufe befasst und wie ausführlich er es beschrieben hat. Die Ausbeute ist mager. Beispielsweise ist die Darstellung der Stufentheorie in dem maßgeblichen Aufsatz *Piaget's theory* (1970) auf nur eine (!) von insgesamt 28 Seiten beschränkt. Dem steht allerdings gegenüber, dass er seine *Beobachtungen* sehr häufig als eine Abfolge von Stufen präsentiert hat (vergleiche etwa *Das Erwachen der Intelligenz beim Kinde*, 1991/1936, und *Der Aufbau der Wirklichkeit beim Kinde*, 1975/1937). Wenn also der Beschreibung der Entwicklungsstufen im vorliegenden Kapitel relativ viel Raum eingeräumt wird, so zielt dies darauf ab, ein farbiges und anschauliches Bild der kognitiven Entwicklung zu zeichnen, nicht aber die Theorie zu verfeinern.

In diesem Zusammenhang sei darauf verwiesen, dass Piaget gerade die vielfältigen und aufschlussreichen Beobachtungen bei Kindern und Jugendlichen nicht allein, sondern mit einer Vielzahl von Mitarbeiterinnen und Mitarbeitern durchgeführt hat. Namentlich ist hier die Schweizer Psychologin Bärbel Inhelder zu nennen, die aus gutem Grund bei einer Vielzahl von Veröffentlichungen als Erstautorin firmiert (z. B. Inhelder & Piaget, 1964, 1977).

3 Von der sensomotorischen Intelligenz zu den formalen Denkoperationen

Der strukturgenetische Konstruktivismus geht davon aus, dass die spezifischen Erkenntnisstrukturen, die sich im Laufe von Kindheit und Jugend entwickeln, nicht isoliert nebeneinanderstehen, sondern zu einem „integrierten Ganzen" (einer „Totalität") verbunden sind. Piaget verwendet dafür den Begriff der *structure d'ensemble*. Diese *Gesamtstrukturen* unterliegen im Laufe der kognitiven Entwicklung qualitativen Veränderungen. Je nach Quelle und Art kann man drei, vier, fünf oder sogar sechs Stufen aufzählen und sich dabei auf Piaget beziehen. Streng genommen unterscheidet er aber anhand der herausgehobenen Gesamtstrukturen nur drei Entwicklungsabschnitte:

(1) die *sensomotorische* Periode bis zum Alter von etwa eineinhalb Jahren;

(2) die Periode der „repräsentierenden Intelligenz", die zu *konkreten Denkoperationen* führt und sich auf die innere Darstellung der Welt in Form von Symbolen und Zeichen bezieht; und schließlich

(3) die Periode der propositionalen oder *formalen Denkoperationen.*

Jede dieser Gesamtstrukturen unterteilt er noch einmal in zwei Abschnitte. Während der *sensomotorischen Stufe* folgt auf eine erste Teilperiode bis etwa zum 7. bis 9. Monat, in welcher der Säugling auf den eigenen Körper konzentriert ist, eine zweite Teilperiode, in der die Handlungsschemata der praktischen Intelligenz objektiviert werden. Die Stufe der *repräsentierenden Intelligenz* umfasst erstens eine präoperationale Teilperiode, die mit 1 ½ bis 2 Jahren mit der Herausbildung semiotischer Kompetenzen wie der Sprache und der mentalen Bilder beginnt, in der es jedoch noch keine Reversibilität geistiger Operationen und noch keine Invarianz der Begriffe gibt. Ihr folgt zweitens mit etwa 7 bis 8 Jahren eine weitere Teilperiode, die durch die Anfänge der operationalen Gruppierung und die verschiedenen Typen der Invarianz gekennzeichnet ist. Schließlich wird die Stufe der *formalen Denkoperationen* im Alter von etwa 11 bis 13 Jahren mit der Teilperiode der kognitiven Organisation eingeleitet, der die Teilperiode des Erwerbs der allgemeinen kombinatorischen Fähigkeiten folgt (vgl. im Detail Piaget, 1970, S. 711). Schlussendlich hat sich aber in der Sekundärliteratur die Unterscheidung von vier Stufen der kognitiven Entwicklung durchgesetzt. Das vorliegende Kapitel folgt dieser Darstellungsweise (Tabelle 6.2), greift bei der Beschreibung jedoch auf Originalarbeiten zurück.

Wenn es um Altersangaben zu den Entwicklungsstufen ging, hat Piaget immer wieder die großen individuellen Unterschiede im Entwicklungstempo und die Rolle der konkreten Leistungen erwähnt, an denen die Stufen festgemacht werden. In Tabelle 6.2 sind die Altersgrenzen deshalb bewusst unscharf gehalten. Darüber hinaus wird auch der Vielfalt der Stufenbezeichnungen Rechnung getragen. Von Stufen sprechen Forscher in der Tradition des strukturgenetischen Konstruktivismus immer dann, wenn Entwicklungsschritte folgende Kriterien erfüllen (Piaget & Inhelder, 1977, S. 113 ff.; vgl. auch Hoppe, Seiler & Schmidt-Schönbein, 1977; Hoppe-Graff, 1983, 1993):

(a) Sie können zwar je nach Entwicklungskontext der Heranwachsenden unterschiedlich schnell durchlaufen werden, ihre Abfolge ist jedoch bei allen Menschen identisch.

(b) Die Leistungen können auf jedem Niveau durch eine Gesamtstruktur charakterisiert werden.

(c) Die vorhergehende Gesamtstruktur wird in die jeweils nachfolgende Gesamtstruktur integriert. Anders formuliert: Jede Gesamtstruktur „*bereitet die nächste vor, indem sie sich früher oder später in sie integriert*" (Piaget, 1970, S. 114*). Die drei großen Gesamtstrukturen bauen folglich hierarchisch aufeinander auf. Pädagogische Maßnahmen können das Entwicklungstempo „*selbstverständlich*" (Piaget, 1970, S. 712*) beschleunigen, aber Piaget steht derartigen Interventionen bekanntlich skeptisch gegenüber: „*Für die einzelne Person gibt es für das Tempo des Übergangs von der einen Stufe zur nächsten eine optimale Rate. Das heißt, die Stabilität und sogar die Fruchtbarkeit einer neuen Strukturierung [...] hängt von den Verbindungen zwischen den Teilstrukturen ab, die weder unverzüglich herausgebildet noch unbegrenzt verzögert werden können, weil sie sonst die Fähigkeit zur Kombination mit anderen Teilstrukturen verlieren würden.*" (Piaget, 1970, S. 713*)

Stufe	Bezeichnungen	Altersbereich
1	Sensomotorische Stufe: sensomotorische Intelligenz	bis ca. 18–24 Monate
2	Präoperationale Stufe: semiotische Funktion und Entstehung der konkreten Denkoperationen	ca. 2–7 Jahre
3	Stufe der konkreten Denkoperationen: konkret-operationales Denken	ca. 7–12 Jahre
4	Stufe der formalen Denkoperationen: formal-operationales Denken	ab ca. 12 Jahren

Tabelle 6.2: Stufen der kognitiven Entwicklung nach Piaget.

3.1 Die Stufe der sensomotorischen Intelligenz

Den theoretischen Ausführungen Piagets folgend, verfügt das Kind in den ersten 18 bis 24 Monaten über keine innere Repräsentation der Welt, weshalb man noch nicht vom Denken im engeren Sinne sprechen könne. Versteht man jedoch unter Intelligenz die Fähigkeit zur Anpassung und zum zielgerichteten Handeln, so ist es durchaus berechtigt, bereits im Säuglingsalter das sich rasch erweiternde Handlungsrepertoire als Ausdruck von Intelligenz anzusehen: *„Diese Intelligenz ist in ihrem Wesen auf das Praktische ausgerichtet, das heißt, erstrebt Erfolge und will nicht Wahrheiten aussprechen, aber es gelingt ihr doch schon, eine Gesamtheit von Aktionsproblemen [...] zu lösen, indem sie ein komplexes System von Assimilationsschemata konstruiert, um die Wirklichkeit zu einem System aus raum-zeitlichen und kausalen Strukturen zu organisieren."* (Piaget & Inhelder, 1977, S. 1)

Diese Stufe heißt deshalb *sensomotorisch*, weil sich alle Fortschritte beim Säugling lediglich auf Wahrnehmungen und Bewegungen stützen und damit in sensomotorischer Koordination entstehen. In den noch heute lesenswerten drei Säuglingsmonografien (Piaget, 1975/1937; 1991/1936; 2003/1945) hat Piaget diese Fortschritte bei seinen drei Kindern genau beobachtet und akribisch protokolliert. Dabei wurden sechs Abschnitte herausgearbeitet, die ebenfalls als Stufen oder Stadien bezeichnet werden. Die dort beschriebenen markanten Veränderungen beziehen sich zunächst auf die zunehmend komplexen und absichtsvollen Handlungsschemata. Sie betreffen aber auch den Erwerb des Objektbegriffs, speziell der Objektpermanenz. Hierbei ging Piaget (1991) davon aus, dass der Säugling in den ersten Lebensmonaten die Dinge keineswegs als permanent existierende Objekte wahrnimmt. Er lebt in einer *„Welt von Bildern, von denen jedes einzelne mehr oder weniger bekannt und analysiert sein kann, die aber alle auf unberechenbare Weise verschwinden und wieder erscheinen"* (ebd., S. 14).

Die sechs Stadien bei der Herausbildung der sensomotorischen Intelligenz sind:

Stadium I: Betätigung und Übung der Reflexe (ca. 1. Lebensmonat). Gleich nach der Geburt stehen sog. Reflexübungen zur Verfügung, die als Handlungsmuster selbst bei den allerersten Anfängen der kindlichen Entwicklung den Motor der Erkenntnis bilden. Diese Reflexübungen sollen im Folgenden am Beispiel des Saugreflexes beschrieben werden. Hierbei zeigen Beobachtungen (Beobachtungen #3 und #5) deutlich, dass der (ursprüngliche) Saugreflex durchaus Veränderungen unterliegt. In Piagets Begrifflichkeit formuliert: Er wird an die äußeren Gegebenheiten *akkommodiert*. Aus dem Saugreflex wird damit ein *Saugschema*, also eine angepasste und anpassbare Handlungsstruktur. Da Akkommodation und Assimilation untrennbar aneinander gekoppelt sind, wird die Akkommodation des Saugreflexes nur möglich, weil das Kind den Reflex wiederholt ausübt und an immer neuen äußeren Gegebenheiten ablaufen lässt: *„Wir nennen diesen Vorgang Assimilation. Diese Assimilation ist gleichzeitig reproduzierend, generalisierend und wiedererkennend, sie macht Wesen und Prinzip der Funktionstätigkeit des Saugreflexes aus."* (Piaget, 1991, S. 52) Wird das Saugschema später mit Arm-, Hand- und Mundbewegungen koordiniert, ist bei manchen Kindern schon im zweiten Monat das Daumensaugen zu beobachten.

Beobachtung (#3): Am dritten Tage macht Laurent neue Fortschritte in seinem Anpassungsverhalten an die Brust: Es genügt, dass er mit den Lippen die Brustwarze oder die umgebenden Gewebe streift, und schon beginnt er mit offenem Mund zu suchen, bis er Erfolg hat. Aber er sucht sowohl auf der falschen wie auf der richtigen Seite, d. h. auf der Seite, auf der der Kontakt hergestellt wurde.

Beobachtung (#5): Sobald Laurents Wange mit der Brust in Berührung kommt, beginnt er mit 0;0 (12) [12 Tagen] zu suchen, bis er zu trinken findet. Seine Bemühungen richten sich jetzt jedes Mal nach der richtigen Seite, d. h. nach der Seite, auf der er die Berührung gespürt hat.

Piaget, 1991/1936, S. 36

Kapitel 6 Denkentwicklung aus dem Blickwinkel des strukturgenetischen Konstruktivismus

Stadium II: Primäre Kreisreaktionen oder Zirkulärreaktionen (ca. 2. und 3. Lebensmonat). Der Säugling führt Funktionstätigkeiten aus, die zur Wiederholung oder Neuentdeckung eines interessanten Ereignisses führen. Diese Tätigkeiten erhalten und verstärken Reflexe oder erweitern sie zu ganzheitlichen sensomotorischen Verhaltensweisen, die um ihrer selbst Willen gesucht werden. Diese *primären Kreisreaktionen* verfolgen noch nicht den Zweck, ein in der Außenwelt liegendes Resultat zu erzielen. Die Gegenstände, die auf den Säugling einwirken, bilden noch eine Einheit mit seinem Handeln. Piaget bezeichnet die Verhaltensweisen des Säuglings in diesem Stadium an anderer Stelle als elementare Gewohnheiten. Darüber hinaus lebt der Säugling in einer Welt, in der er die Dinge zwar wiedererkennt, diese für ihn aber ohne Permanenz und räumliche Organisation sind. Die Entwicklung der sog. Objektpermanenz steht damit erst am Anfang (Beobachtung #2).

> **Beobachtung (#2):** Im Bereich des Sehens folgt Jacqueline schon im Alter von 0;2 (27) [zwei Monaten und 27 Tagen] mit den Augen ihrer Mutter, und in dem Moment, in dem diese aus dem Blickfeld geht, schaut sie weiterhin in dieselbe Richtung, bis das Bild wieder auftaucht. Gleiche Beobachtung bei Laurent mit 0;2 (1). Ich schaue ihn über das Dach seiner Wiege hinweg an und erscheine von Zeit zu Zeit an ungefähr dem gleichen Punkt: Laurent behält den Punkt im Auge, wenn ich aus seinem Blickfeld verschwinde, und rechnet offensichtlich damit, mich wieder auftauchen zu sehen.
>
> Piaget, 1975/1937, S. 20

Stadium III: Sekundäre Kreisreaktionen oder Zirkulärreaktionen (ca. vom 4. bis 8. Lebensmonat). Ziel und Resultat des Handelns liegen nun in der Außenwelt, und die Handlung verfolgt den einzigen Zweck, dieses Resultat zu erzielen. Der Säugling ergreift und bewegt alles, was sich in seinem engsten Lebensraum befindet, und beginnt bereits zwischen Mittel und Zweck zu differenzieren (Piaget, 1991, S. 163). Zwar ist der Übergang von den primären zu den sekundären Kreisreaktionen fließend, aber das folgende Beispiel zeigt zweifelsohne eine sekundäre Kreisreaktion (Beobachtung #103). Außerdem werden in diesem Stadium Fortschritte beim Erwerb der Objektpermanenz in Form der Verlängerung von Akkommodationsbewegungen deutlich; es ist jedoch kein systematisches Suchen nach nicht mehr gegenwärtigen Objekten beobachtbar.

> **Beobachtung (#103):** Ein [...] klassisches Verhaltensschema ist das „Schlagen". Mit 0;4 (28) versucht Lucienne die Spielklapper [...] zu ergreifen, die am Wiegendach befestigt ist und über ihrem Gesicht hängt. Im Verlauf eines unglücklichen Versuchs stößt sie heftig daran. Zuerst Schreckenszeichen, dann ein vages Lächeln. Mit einer ohne Zweifel beabsichtigten Heftigkeit vollführt sie denselben Handstreich und streift das Spielzeug von neuem. Daraufhin systematisiert sich dieses Verhalten. Lucienne schlägt regelmäßig auf die Spielklapper ein, und zwar sehr oft hintereinander.
>
> Piaget, 1991/1936, S. 173

Stadium IV: Unterscheidung von Mittel und Zweck und Koordination sekundärer Kreisreaktionen (ca. vom 8. bis 12. Lebensmonat). Es zeigt sich eine Koordination sekundärer Kreisreaktionen (Verhaltensschemata) zu einem einzigen Handlungskomplex, um ein Ziel zu erreichen. Es wird deutlich zwischen Mittel und Zweck unterschieden (Beobachtung #128). Piaget interpretiert derartige Verhaltensweisen als *„die ersten Intelligenzhandlungen im eigentlichen Sinn"* (1991, S. 231). Dabei liegt eine zweifache intelligente Anpassung vor: (a) die Wahl des Ziels und das Streben nach dem Ziel und (b) die Anpassung der Mittel an das Ziel. Außerdem zeigen sich Fortschritte bei der Objektpermanenz darin, dass der Säugling nach verschwundenen Gegenständen sucht, jedoch ohne sich einer Lageänderung des Gegenstands bewusst zu sein, wie Beobachtung #32 zeigt.

3 Von der sensomotorischen Intelligenz zu den formalen Denkoperationen

> **Beobachtung (#128):** Mit 0;11 (28) schüttelt Jacqueline sitzend eine kleine Glocke. Plötzlich unterbricht sie sich, stellt die Glocke ganz vorsichtig vor ihren rechten Fuß, dann versetzt sie ihr einen starken Stoß mit dem Fuß. Da sie sie nun nicht mehr erwischen kann, holt sie eine Kugel, die sie an dieselbe Stelle setzt und auch wieder mit dem Fuß tritt. Die Absicht bestand also offensichtlich vor der Handlung, und das Verhaltensschema „Mit dem Fuß stoßen" ist der Situation in angemessener Weise angepasst worden.
> *Piaget, 1991/1936, S. 230*
>
> **Beobachtung (#32):** Mit 0;7 (28) halte ich [Laurent] eine Klapper hinter einem Kissen [...] hin. Solange er die Klapper sieht, und wenn es auch noch so wenig davon ist, versucht er, sie unter der Schirmwand, die er mehr oder minder mit Absicht herunterdrückt, zu ergreifen. Wenn aber die Klapper völlig verschwindet, reicht das aus, um keine Suche mehr erfolgen zu lassen.
> *Piaget, 1975/1937, S. 46*

Stadium V: Tertiäre Kreisreaktionen und Entdeckung neuer Mittel durch aktives Ausprobieren (von ca. 12 bis 18 Lebensmonaten). „Zum ersten Mal passt sich das Kind nun wirklich unbekannten Situationen an. Es verwendet dazu nicht nur früher ausgebildete Verhaltensschemata, sondern sucht und findet neue Mittel." (Piaget, 1991, S. 268) Wie auf der vorhergehenden Stufe will das Kind auch hier zu einem Ziel gelangen, aber dabei trifft es auf Hindernisse (Beobachtung #151). Deshalb stellt sich ihm die Aufgabe, in einer neuen Situation Mittel zu finden, um das Ziel zu erreichen. Des Weiteren gibt es beim Erwerb der Objektpermanenz immer noch Grenzen, da das Kind weiterhin keinen Positionswechsel des Objekts berücksichtigen kann, der sich außerhalb seines Wahrnehmungsfeldes vollzieht (Beobachtung #58).

> **Beobachtung (#151):** Mit 1;0 (16) sitzt Lucienne vor einem großen karierten Kissen C, das auf der Erde liegt. Jenseits des Kissens C befindet sich ein zweites Kissen D von genau gleichem Aussehen, so dass Lucienne vor sich zwei hintereinander liegende Kissen sieht. Ich lege meine Uhr auf D, und zwar so weit wie möglich vom Kind entfernt. Lucienne schaut die Uhr an, versucht aber nicht, die Hand direkt danach auszustrecken. Sie packt zuerst das Kissen C, schiebt es beiseite, dann zieht sie das Kissen D zu sich heran. Jetzt kann sie die Uhr ergreifen.
> *Piaget, 1991/1936, S. 290*
>
> **Beobachtung (#58):** Jacqueline, 1;6 (16), schaut einen Ring an, den ich in meine linke Hand lege. Sie öffnet meine Hand, indem sie die Finger hochhebt, und findet das Objekt, das alles mit größtem Vergnügen und sogar mit einer gewissen Erregtheit [...] Ich lege den Ring sichtbar in meine linke Hand. Dann lege ich die linke gegen die rechte und zeige die beiden geschlossenen Hände (der Ring ist in die rechte Hand übergewechselt). Jacqueline sucht in der linken, ist erstaunt, sagt: „Ring, Ring, wo ist er?", kommt aber nicht auf die Idee, in der rechten Hand zu suchen.
> *Piaget, 1975/1937, S. 75*

Stadium VI: Erfinden geistiger Mittel durch neue Kombinationen (von ca. 18 bis 24 Lebensmonaten). Dieses Stadium gehört einerseits zu den sensomotorischen Substufen, andererseits beginnt mit ihm eine neue Epoche der „systematischen Intelligenz". Es ist nun der Punkt erreicht, *„wo die Beziehungsbildung einen solchen Grad an Bewusstheit erlangt hat, dass überlegte Voraussichten möglich werden. Mit anderen Worten, das Kind wird nun fähig, einsichtige Erfindungsakte aufgrund rein geistiger Kombination zu vollziehen."* (Piaget, 1991, S. 333 ff.) Dieses Stadium markiert zugleich den Übergang zur präoperationalen Entwicklungsstufe (Beobachtung #181a, S. 160). Im Bezug auf die Entwicklung der Objektpermanenz berücksichtigt das Kind nun unsichtbare Lageveränderungen eines zu suchenden Gegenstandes. *„Grob ausgedrückt könnte man sagen, dass das Kind fähig geworden ist, sein Suchen mit Hilfe der Vorstellung zu steuern."* (Piaget, 1975, S. 85) Damit ist die Fähigkeit, dauerhafte mentale Repräsentationen zu bilden, vollständig entwickelt.

Beobachtung (#181a): Mit 1;6 (23) spielt Lucienne zum ersten Mal mit einem Puppenwagen, dessen Griff bis in die Höhe ihres Gesichtes reicht. Sie rollt ihn über einen Teppich, indem sie daran stößt. An der Wand angelangt, zieht sie den Wagen, indem sie rückwärtsgeht. Da ihr aber diese Stellung unbequem ist, unterbricht sie ihre Tätigkeit und wechselt ohne Zögern die Seite. Nun kann sie den Wagen von der anderen Seite stoßen. Sie hat also das richtige Vorgehen durch einen Einsichtsakt entdeckt, selbstverständlich in Analogie zu anderen Situationen, aber ohne Dressur, auch nicht in einem Lernvorgang und ohne Mitwirkung des Zufalls.

In dieselbe Klasse von plötzlichen und schöpferischen Erfindungsakten durch kinematische Vorstellungen gehört noch die folgende Tatsache: Mit 1;10 (27) versucht Lucienne, sich vor einem Hocker hinzuknien. Da sie sich aber dabei auf den Hocker stützt, schiebt sie ihn bei jedem Versuch von sich weg. Darauf erhebt sie sich, nimmt den Hocker und lehnt ihn gegen ein Sofa. Da er gut verankert ist, stützt sie sich drauf und kann sich ohne Mühe hinknien.

Piaget, 1991/1936, S. 340

3.2 Präoperationale Stufe: Semiotische Funktion und Vorbereitung konkreter Operationen

Am Ende der sensomotorischen Periode ist das Kind in der Lage, einen Gegenstand oder ein Ereignis *„mit Hilfe eines differenzierten ‚Zeichens‘, das nur gerade dieser Vorstellung dient, ab[zu] bilden"* (Piaget & Inhelder, 1977, S. 45). Um die Funktionsweisen des Systems differenzierter Zeichen prägnant zu benennen, wählte Piaget den Ausdruck *semiotische Funktion*, ins Deutsche auch manchmal als Darstellungsfunktion übersetzt. Der Begriff Semiose geht auf Charles Sanders Peirce zurück und bezeichnet, kurz gesagt, *„den Prozess, in dem etwas als Zeichen fungiert"* (Morris, 1988, S. 20). Zeichen sind die Träger von inneren Vorstellungen. Sie geben dem Menschen die Möglichkeit, sich auf Gegenstände und Ereignisse zu beziehen, die aktuell nicht wahrnehmbar sind. Bei der Entstehung der semiotischen Funktion kommt der Nachahmung eine besondere Bedeutung zu. Nachahmungen bilden eine Art von *„Vorstellung in materiellen Akten"* (Piaget & Inhelder, 1977, S. 48; vgl. auch Piaget, 2003); sie nehmen auf diese Weise die Vorstellung vorweg. Am Ende der sensomotorischen Phase ist sogar die aufgeschobene Nachahmung möglich. Hierbei folgt die Nachahmung erst mit deutlicher zeitlicher Verzögerung dem wahrgenommenen Ereignis. Der Akt des Nachahmens ist somit derart aus dem ursprünglichen Zusammenhang herausgerissen, dass man ihn auch als *„Vorstellung im Akt"* (Piaget & Inhelder, 1977, S. 48) verstehen kann, wie dies bei Beobachtung #52 deutlich wird.

Beobachtung (#52): Mit 1;4 (3) bekommt Jacqueline Besuch, und zwar von einem kleinen Jungen von 1;6, den sie von Zeit zu Zeit sieht und der sich im Verlauf des Nachmittags in eine fürchterliche Wut hineinsteigert: Er heult und versucht, aus seinem Laufställchen herauszukommen, und stampft mit den Füßen auf den Boden des Ställchens. Jacqueline, die noch niemals solche Szenen gesehen hat, betrachtet ihn überrascht und bewegungslos. Doch am folgenden Tag ist sie es, die im Laufställchen schreit und es zu schieben versucht, wobei sie mehrfach nacheinander leicht mit dem Fuß aufstampft. Die Nachahmung des ganzen Verlaufs ist frappierend; diese Nachahmung hätte natürlich eine Vorstellung nicht impliziert, wenn sie unmittelbar gewesen wäre, aber nach einer Zwischenzeit von mehr als 12 Stunden setzt sie zweifellos ein Element der Vorstellung oder der Vor-Vorstellung voraus.

Piaget, 2003/1945, S. 85

Neben der aufgeschobenen Nachahmung äußert sich die Zeichenkompetenz des Kindes im Symbolspiel, der Zeichnung, dem inneren Bild und in der Sprache. Das Symbolspiel und die Zeichnung forcieren den Übergang von der „Vorstellung im Akt" zu der Vorstellung im Denken. Dabei wird die aufgeschobene Nachahmung im Sinne von Handlungsentwürfen so verinnerlicht, dass sie zukünftigem Verhalten dienen können.

3 Von der sensomotorischen Intelligenz zu den formalen Denkoperationen | 161

Im Bezug auf die semiotische Funktion wird in der Theorie Piagets zwischen zwei Arten von Werkzeugen unterschieden: den Symbolen und den Zeichen im engeren Sinne. Obwohl die *Symbole* zu den differenzierten Zeichen gehören, weisen sie Ähnlichkeit mit dem Bezeichneten auf. Sie sind individuelle Schöpfungen des Kindes, die es etwa im Symbolspiel oder in der Zeichnung selbst erschaffen hat. *Zeichen im engeren Sinne* sind konventionell und deshalb notwendig kollektiv. Das Kind eignet sie sich zwar über die Nachahmung äußerer Modelle an, aber das Kind wendet sie auf seine Weise an. Nach Piaget tritt die *Sprache* ungefähr gleichzeitig mit den anderen Ausdrucksformen der semiotischen Funktion auf. Er gesteht ihr zwar bei der Herausbildung der inneren Vorstellungen (d. h. bei der Loslösung des Denkens aus den Handlungsschemata der sensomotorischen Intelligenz) eine besondere Rolle zu, da die sprachlichen Zeichen sozial verankert sind und ein umfassendes System von kognitiven Werkzeugen im Dienste des Denkens darstellen. Daraus folgt aber keineswegs, dass die der Sprache inhärente Logik den Ursprung des logischen Denkens bildet. Im Gegenteil, *„die Wurzeln der Logik sind in der allgemeinen Koordinierung der Handlungen (verbale Verhaltensweisen inbegriffen) [...] zu suchen, deren Schemata von allem Anfang an eine grundlegende Bedeutung zu haben scheinen; diese Schematik entwickelt und strukturiert in der Folge das Denken, auch das verbale"* (Piaget & Inhelder, 1977, S. 69).

Das *Symbolspiel* bildet im Verständnis Piagets den Höhepunkt des Kinderspiels. Die Beispiele dazu (#75a, #76a, #78, S. 162) sind wiederum Tagebuchaufzeichnungen aus der Originalliteratur (Piaget, 2003). Allgemein wird die Entwicklung des Symbolspiels zwischen etwa 2 und 11 Jahren in drei Abschnitte (Stadien) gegliedert, wobei der erste nochmals differenziert wird. Die Veränderungen im ersten Abschnitt, der vornehmlich das 3. und 4. Lebensjahr umfasst, reflektieren die Vervollkommnung der semiotischen Funktion, indem die Spielsymbole immer komplexer werden. Bereits im zweiten Stadium, welches den Altersbereich von etwa 4 bis 7 Jahren umfasst, beginnt die Rückentwicklung des Symbolspiels, wobei die Einschränkung weder in der Häufigkeit noch in der emotionalen Intensität besteht. Vielmehr nähert sich das Spiel mehr und mehr der Wirklichkeit an; *„das Symbol beginnt sein Merkmal der spielerischen Deformation zu verlieren, um sich einer einfachen imitativen Darstellung der Wirklichkeit zu nähern"* (Piaget, 2003, S. 176). Dieser Trend setzt sich während der dritten Stufe der Denkentwicklung, der Stufe der konkreten Denkoperationen (siehe Tabelle 6.2), fort, und zwar zugunsten der Regelspiele oder Symbolbildungen, die sich mehr und mehr der zielgerichteten und angepassten Arbeit nähern.

Im ersten Stadium lässt sich beim Kind zunächst die *Übertragung symbolischer Schemata auf neue Objekte* beobachten (Beobachtung #75a). Offenkundig werden hier die symbolischen Schemata des Trinkens und des Sich-schlafen-Legens Spielobjekten zugeschrieben, was *„definitiv das Symbol von der sensorischen Handlung loslöst, weil dieses als unabhängige Darstellung projiziert wird"* (Piaget, 2003, S. 161). Dieser Spielform ähnlich ist die *Projektion (Übertragung) von Nachahmungsschemata auf neue Objekte*, bei der die Schemata nachgeahmten Modellen entliehen sind und nicht direkt aus dem eigenen Verhaltensrepertoire übernommen werden (Beobachtung #76a). Man sieht bereits an diesen frühen Erscheinungsformen des Symbolspiels, wie sich eine Trennung zwischen dem Zeichen und dem Bezeichneten vollzogen hat. Die spielerisch ausgeführten Verhaltensweisen und ebenso die Objekte, an denen sie vollzogen werden, stehen für die Zeichen (hier: Symbole), und die dargestellten Verhaltensweisen spielen die Rolle des Bezeichneten (Symbolisierten).

> **Beobachtung (#75a):** Mit 1;11 (0) lässt [Jacqueline] eine Giraffe aus einem kleinen Kochtopf trinken: „Du hast genug Papignon" (= Champignon, der auf dem Boden eines Tellers gemalt ist). Sie legt dann ein Püppchen in den Kochtopf, um es schlafen zu legen, dann legt sie eine Postkarte darauf: „Baby, Decke ... hat kalt."
> Piaget, 2003/1945, S. 161
>
> **Beobachtung (#76a):** Jacqueline reibt mit 1;9 (20) den Fußboden erst mit einem Kartondeckel, wobei sie sagt: „Bürsten Abébert" (= wie die Hausmeisterin). Am selben Tag zieht sie sich die Haare nach hinten, indem sie sich im Spiegel betrachtet, und sagt lachend: „papa." Mit 2;4 tut sie, als ob sie nähen würde und einen Faden führen würde, und zwar in Gegenwart einer Schale, von der sie im Spiel „kaputt" sagt.
> Piaget, 2003/1945, S. 161

Ein nächster Schritt in der Entwicklung der Spielsymbole liegt in der einfachen spielerischen *Assimilation von einem Objekt an ein anderes Objekt* (Beobachtung #78), wobei die Einschränkung „einfach" lediglich zur Abgrenzung vom darauffolgenden Spieltypus dient, bei dem neue symbolische Kombinationen oder ganze Spielszenen vorkommen. Eine Variante innerhalb dieser Spielform stellt die *Assimilation des Ich an andere Personen oder an irgendwelche Objekte* dar, welche durch Beobachtung #80 illustriert wird.

> **Beobachtung (#78):** Bei Lucienne habe ich mit 2;1 (26) die ersten Assimilationen von Objekten untereinander unabhängig von symbolischen Handlungsschemata notiert: Eine Orangenschale wird zunächst an eine Kartoffel assimiliert, dann an Kuchenstückchen (die sie danach ihrer Puppe zum Essen anbietet).
> Piaget, 2003/1945, S. 164
>
> **Beobachtung (#80):** Mit 2;3 (22) ist [Jacqueline] der Briefträger, und mit 2;4 (7) sagt sie (ganz allein in einer Ecke meines Büros): „Ich bin Chouquette" (eine kleine Freundin, die sie kürzlich, aber nicht an den vorhergehenden Tagen, gesehen hat).
> Piaget, 2003/1945, S. 165

Der dritte Schritt innerhalb des ersten Stadiums der Entwicklung des Symbolspiels besteht in der *Herausbildung symbolischer Kombinationen*. Voll entfaltet sind sie im Allgemeinen erst im 3. bis 4. Lebensjahr. Symbolische Kombinationen sind zwar lediglich eine Fortführung der spielerischen Assimilationen des zweiten Schritts, aber sie enthalten als neue Qualität die Konstruktion ganzer Szenen. Unterformen der symbolischen Kombination sind

(a) die *einfache Kombination* (Beobachtung #81),

(b) die *kompensatorische Kombination*, die dann auftritt, wenn das Kind im Symbolspiel die Wirklichkeit eher korrigiert als reproduziert,

(c) die *Kombination, die dazu dient, mit einer Sache fertig zu werden*, und

(d) die *symbolische antizipatorische Kombination*.

Die Kombination von Spielsymbolen, die dazu dient, eine Erfahrung zu bewältigen (Unterform c), wird durch Beobachtung #86 veranschaulicht. An der Interpretation der Spielformen (b) und (c) in der Originalliteratur lässt sich zeigen, dass Piaget bei der Deutung seiner Beobachtungen kindlichen Handelns zweifellos über den kognitiven Bereich hinausgegangen ist und die affektive Dynamik der kindlichen Psyche einbezogen hat. Diese Unterformen, „*die dazu dienen, eine unangenehme Situation zu überwinden, indem sie fiktiv wiedererlebt wird, zeigen mit einer einzigartigen Klarheit die Funktion des Symbolspiels, die darin besteht, die Wirklichkeit an das Ich zu assimilieren und dieses Ich von der Notwendigkeit der Akkommodation zu befreien*" (Piaget, 2003, S. 174). Die antizipatorische Kombination von Spielsymbolen (Unterform d) stellt insofern einen Grenzfall des Symbolspiels dar, als sie sich in Richtung des angepassten Denkens bewegt. Es liegt zwar auch hier eine spielerische Assimilation vor, aber sie enthält eine Antizipation der Konsequenzen des reproduzierenden Spielaktes. Dabei ist dem Kind klar, dass die Antizipation spielerischer Art bleibt (Beobachtung #87b).

3 Von der sensomotorischen Intelligenz zu den formalen Denkoperationen | 163

> **Beobachtung (#81):** Mit 2;5 (25) bereitet [Jacqueline] für Lucienne ein Bad vor: Ein Grashalm figuriert als Thermometer, die Badewanne ist eine große Schachtel, und das Wasser existiert nur als verbale Behauptung. J. taucht dann das Thermometer in das Bad und findet das Wasser zu heiß, sie wartet einen Augenblick und taucht dann das Gras wieder in die Schachtel: „So ist es gut, welch ein Glück." Dann geht sie auf Lucienne (in Wirklichkeit) zu und tut so, als zöge sie ihr die Schürze, das Kleid, das Hemd aus, macht diese Gesten aber, ohne sie zu berühren. Das gleiche Spiel mit 2;8 (0).
>
> Piaget, 2003/1945, 167 f.
>
> **Beobachtung (#86):** Jacqueline hat mit 2;1 (7) Angst auf einem neuen Stuhl bei Tisch. Am Nachmittag setzt sie ihre Puppen in unbequeme Positionen und sagt ihnen: „Das macht nichts, das geht schon gut" usw. und wiederholt so das, was man ihr selbst gesagt hatte. Mit 2;3 (0) gibt es die gleiche Szene mit einer Arznei, die sie später einem Schaf gibt.
>
> Piaget, 2003/1945, S. 173
>
> **Beobachtung (#87b):** Mit 3;5 (3) zögert Lucienne, am Abend eine Runde durch den Garten zu machen, da die Eulen in den Bäumen heulen: „Du weißt, es gab eine Eule im Garten, und Ali (= ihr Kopfkissen) ist mit großen genagelten Schuhen gegangen. Die Eule hatte Angst und ist weggeflogen." Wir beschließen also, mit unseren Schuhen kräftig auf den Kies zu treten, um uns den Weg frei zu machen.
>
> Piaget, 2003/1945, S. 175

Im Hinblick auf die Entwicklung logischer Denkoperationen ist das Kindergarten- und Vorschulalter *„eine Periode der Organisation und Vorbereitung"* (Piaget & Inhelder, 1977, S. 73). Warum die Vorbereitung der konkreten Denkoperationen einen relativ langen Zeitraum von immerhin fünf Jahren in Anspruch nimmt, lässt sich demonstrieren, wenn man sich die Probleme ansieht, die Kinder bis ins Grundschulalter beim Lösen scheinbar einfacher Aufgaben haben. Die sog. Invarianz- oder Erhaltungsbegriffe nehmen unter den konkreten Operationen eine besondere Stellung ein. Unter Invarianz oder Erhaltung ist die Einsicht zu verstehen, dass physikalische oder logisch-mathematische Eigenschaften von Objekten (Materie, Gewicht, Volumen, Anzahl) erhalten bleiben, obwohl sich ihre wahrnehmbaren Erscheinungsformen verändern. Entsprechend gibt es die Invarianz der Materie (Substanz), des Gewichts und des Volumens, die Zahlinvarianz usw. Ob das Kind über das Verständnis der Invarianz verfügt, prüft man zum Beispiel wie folgt: *„Man gibt dem Kind eine Tonkugel und bittet es, danach eine andere anzufertigen, die ‚gleich dick [...] und gleich schwer ist'. Wenn die beiden Kugeln als gleich anerkannt sind, verformt man eine der beiden – sei es, dass man sie zu einer Rolle oder fast zu einem Faden verlängert, sei es, dass man sie zu einem Kuchen abplattet oder dass man sie in getrennte Stücke zerschneidet –, und man fragt, ob die beiden Kugeln noch dasselbe Gewicht, dieselbe Menge an Materie, dasselbe Volumen usw. haben. Man fordert das Kind natürlich auf, im Rahmen des Möglichen jede seiner Behauptungen zu rechtfertigen, da es nicht nur interessant ist zu wissen, ob es diesen oder jenen Invarianzbegriff besitzt oder nicht, sondern auch, wie es dazu gelangt, ihn zu begründen und zu erarbeiten."* (Piaget & Inhelder, 1975, S. 4)

So einfach das Vorgehen auch auf den ersten Blick erscheinen mag, so verlangt es vom Experimentator doch ein hohes Maß an theoriebezogener Expertise wie an tiefem Einfühlungsvermögen in das kindliche Denken. Dieses von Piaget ursprünglich als „Klinische Methode", später auch manchmal als „Methode der kritischen Exploration" bezeichnete Verfahren hat zum Ziel, die kindlichen Vorstellungen und Gedanken möglichst unverstellt aufzudecken (vgl. Ginsburg, 1997), wie es das Originalprotokoll im Kasten (S. 164) ausweist.

Originalprotokoll einer Untersuchung von Piaget mit der „Klinischen Methode":

CHEV (6;6). Man formt eine der anfänglichen Kugeln zu einer Rolle und die andere zu einer dicken Scheibe. „Ist das noch gleich schwer?" – *Nein. Das* (die Scheibe) *ist schwerer.* – Warum? – *Es ist ein klein bisschen dicker.* – Zuvor war es gleich viel Ton? – *Ja.* – Und jetzt? – *Nein.* – Wo ist mehr? – *Dort* (Scheibe). – Warum? – *Weil es dicker ist.* – Was soll das heißen, das ist dicker? – *Das ist dicker, weil es ein bisschen schwerer ist als das.* – Aber es ist noch gleich viel Ton? – *Nein. Da* (die Rolle) *ist ein klein bisschen weniger."* Man stellt die beiden Kugeln in der anfänglichen Form wieder her, und CHEV stellt fest, dass sie ganz gleich sind, dann verwandelt man sie in zwei Scheiben, von denen die eine dicker ist und die anderen einen größeren Durchmesser hat. *„Diese* (die dicke Scheibe) *ist dicker als die andere, und da gibt es mehr Ton."*

Piaget & Inhelder, 1975, S. 43

Wie das Protokoll zeigt, weist das kindliche Denken eine Reihe von Eigenheiten auf, die dazu führen, dass die Invarianzbegriffe erst relativ spät erworben werden. Das Denken von „präoperationalen Kindern" wie CHEV ist gekennzeichnet durch (a) das Primat der aktuellen Wahrnehmung gegenüber den geistigen Operationen; (b) die Fokussierung auf Zustände anstelle von Transformationen; (c) die Irreversibilität der Denkvorgänge und (d) die Aufmerksamkeitszentrierung auf einzelne Dimensionen der Objekte.

Man kann, wie im Beispiel, verschiedene Formen der Mengenerhaltung unterscheiden: die Invarianz der Substanz (Materie), des Gewichtes und des Volumens. Nicht nur Piagets eigene Befragungen, sondern zahlreiche Replikationsstudien haben gezeigt, dass der Erwerb dieser Invarianztypen einer geordneten Sequenz folgt. Zuerst wird die Invarianz der Substanz erworben, dann die Erhaltung des Gewichts und zuletzt die Erhaltung des Volumens. Außerdem ist der Substanzinvarianz ein Zwischenstadium vorgeordnet. Darin zögert das Kind mit seinen Antworten und ist erkennbar unsicher. Dieses Verhalten ist Ausdruck der kindlichen Konflikte zwischen der wahrgenommenen unmittelbaren Erfahrung und den rationalen Operationen.

3.3 Die Stufe der konkreten Denkoperationen

Dem Begriff der Operation kommt in der Theorie Piagets eine ähnlich herausgehobene Bedeutung zu wie dem Konzept des Handlungsschemas. Geistige Operationen sind generalisierte, verinnerlichte und reversible Handlungen, die in Gesamtsystemen verbunden sind. Die Integration zu einer „strukturierten Ganzheit" ist einer der Gründe dafür, dass man überhaupt erst von einer *Stufe* der konkreten Denkoperationen sprechen kann. Piaget hat deren Gesamtstruktur formalisiert und mittels der mathematischen Struktur der Gruppierung beschrieben.

Die Eigenschaften konkreter Denkoperationen lassen sich am besten an ausgewählten Aufgaben illustrieren, etwa anhand des sog. Klasseninklusionsproblems. Bei dieser Aufgabe geht es um das Verständnis der quantitativen Beziehung zwischen einer Klasse von Objekten (B) und den Teilmengen (A, A' ...) dieser Klasse. Mit anderen Worten, das Kind muss verstehen, dass eine Oberklasse (z. B. Bäume) logisch zwingend mehr Objekte als deren echte Teilklassen A (z. B. Nadelhölzer), A' (z. B. Laubbäume) usw. hat. Im Original umfasst diese Aufgabe einen Satz von Bildern, die folgende Objekte zeigen: 4 gelbe Primeln, 4 andersfarbige Primeln, 8 andere Blumen und 4 andere Objekte als Blumen. Der Experimentator bittet das Kind zunächst, diese Objekte spontan zu ordnen und notiert die gewählte Anordnung. Dann schließen sich generelle Fragen zur Inklusionsbeziehung an, beispielsweise: *„Wenn Du einen Strauß aus allen Primeln machst, wirst Du dann auch diese (blaue Primeln) benutzen?"* Erst die vier folgenden Fragetypen thematisieren die quantitative Beziehung: *(a) „Ist ein Strauß, den ich von allen gelben Primeln mache, größer oder kleiner als ein Strauß aus allen Primeln?" (b) „Gibt es mehr Primeln oder mehr Blumen?" (c) „Wenn man alle Primeln wegnimmt, sind dann noch Blumen übrig?"* und *(d) „Wenn man alle Blumen wegnimmt, sind dann noch Pri-*

3 Von der sensomotorischen Intelligenz zu den formalen Denkoperationen | 165

meln übrig?" (vgl. Inhelder & Piaget, 1964, S. 101*) Die von den Autoren vorgelegten Auswertungen zeigen, dass es eine Reihe von vorbereitenden Zwischenstufen auf dem Weg zum Verständnis der Klasseninklusion gibt. Im Alter von 3 bis 5 Jahren beginnen die Kinder mit figürlichen Sammlungen. Sie ordnen die Objekte also nicht nur nach ihren Ähnlichkeiten und Unterschieden, sondern stellen sie so zusammen, dass sie Figuren bilden. Die meisten fünf- bis sechsjährigen Kinder scheinen zwar schon die Inklusionsbeziehung zwischen Ober- und Teilklasse zu verstehen, nicht aber deren quantitative Relation.

Die Inklusionsaufgabe ist nur eine von vielen Klassifikationsaufgaben, die von der Genfer Schule im Rahmen des Erwerbs der konkreten Denkoperationen untersucht worden sind. Dazu zählen auch die Klassifikation nach mehreren Dimensionen (Mehrfachklassifikation) und, als Voraussetzung für die Operation der Klasseninklusion, das Verständnis von „einige" und „alle". Zu den im Detail untersuchten konkreten Operationen gehören weiterhin die Bildung logischer Reihen (Seriation; vgl. Inhelder & Piaget, 1964), der Zahlbegriff (Piaget & Szeminska, 1994²) sowie das operationale Verständnis von Raum, Zeit und Geschwindigkeit. Aber allein schon die hier vorgestellten Probleme der Mengeninvarianz und der Klasseninklusion sollten ausreichen, um folgende Feststellungen zum konkret-operationalen Denken nachvollziehen zu können:

(1) Bei den von Piaget untersuchten Operationen handelt es sich um physikalische oder um logisch-mathematische Gesetzmäßigkeiten, die mit Notwendigkeit gelten. Verändert man bei einer Kugel aus Ton oder Plastilin die Erscheinungsform, fügt aber nichts hinzu oder nimmt etwas davon weg, so bleibt die Menge an Materie erhalten. Hat man in einem Blumenstrauß vier gelbe und zwei andersfarbige Blumen, so hat man mehr Blumen als gelbe Blumen vor sich. Kinder, die diese Operationen erworben haben, erleben diese Gesetze ebenfalls als *notwendig* richtig (vgl. auch Smith, 1993).

(2) Das Denken der Kinder ist *dezentriert*, während es zuvor zentriert war. Das heißt im konkreten Fall, dass diese Kinder bei der Verformung der Tonkugel ihre Aufmerksamkeit nicht nur auf eine Dimension der äußeren Veränderung richten, sondern auf alle Aspekte.

(3) Das Denken der Kinder ist *reversibel*, das heißt, sie können Vorgänge wie etwa die Verformung der Tonkugel oder die Trennung der Menge B in Teilmengen A und A' in der Vorstellung umkehren („*Man kann die Tonkugeln wieder so formen, wie sie vorher waren, und dann sieht man, dass es gleich viel Ton ist*").

(4) Das Denken ist nicht mehr primär an der Wahrnehmung orientiert, vielmehr zeigt sich ein „*Primat der Operation über die Wahrnehmung*" (Piaget & Inhelder, 1975).

(5) Schließlich ist das konkret-operationale Denken auf *Vorgänge (Transformationen)* und nicht auf Zustände ausgerichtet.

Anhand der Untersuchungen zu den konkreten Operationen lässt sich pars pro toto zeigen, dass einige der häufig geäußerten Kritikpunkte an Untersuchungen und Konzepten Piagets auf mangelnder Detailkenntnis seines Werkes beruhen. So lautet ein Vorwurf, Piaget habe ignoriert, dass die Verfügbarkeit kognitiver Operationen kein Alles-oder-Nichts-Merkmal sei, sondern von spezifischen Merkmalen des Aufgabenmaterials abhänge. Tatsächlich aber haben Inhelder und Piaget (1964, Kapitel IV) die oben beschriebene Klasseninklusionsaufgabe in der Weise verändert, dass sie nicht Kärtchen mit Blumen, sondern mit Tieren (Enten, Vögel, weitere Tiere) verwendet haben. Sie beobachteten zwar dieselben Probleme beim Erwerb der Klasseninklusion wie bei Kärtchen mit Primeln, Blumen und Pflanzen, aber sie stellten eine systematische Verzögerung fest, die sie damit erklären, dass die von den Tieren gebildeten Klassen abstrakter sind als Blumen und Pflanzen. Weil das überraschend klingt, lohnt es sich, einen genaueren Blick auf die Argumentation im Original zu werfen: „*unsere Erklärung a posteriori lautet, dass das Kind nicht aufgrund seiner Handlungen zu der Feststellung kommen kann, dass Enten Vögel und Vögel Tiere sind, so wie das für rechteckige und runde Bausteine, die es in den Händen hatte, und für Blumen, die es gepflückt hat, möglich ist. Es muss sich* *viel stärker auf rein sprachliche Begriffe verlassen, und es muss diese Klassifikationsbegriffe im Verlaufe der Befragung durch den Experimentator strukturieren und entwickeln.*" (Inhelder & Piaget, 1964, S. 110 ff., Hervorhebung im Original*)

Ein weiterer, oftmals vertretener Einwand gegen Piagets Daten richtet sich auf die Art und Weise, wie er diese Daten gewonnen und argumentativ verwendet hat. Er habe bei seiner speziellen Variante des semi-standardisierten Interviews, der klinischen Methode, aber auch bei der Methode der kritischen Exploration das Gebot der Objektivität (strikt standardisierte und interindividuell vergleichbare Versuchsdurchführung) verletzt, und er habe nur unsystematische Fallbeobachtungen dokumentiert, statt eine durch statistische Auswertungen ergänzte breite Datenbasis vorzulegen. Auch mit dieser Kritik hat er sich wiederholt auseinandergesetzt und darauf hingewiesen, dass Standardisierung und statistische Absicherung von Normdaten wie auch differenzielle Fragestellungen außerhalb seiner Zielsetzung lagen. Kurz gesagt: *„Da unser doppeltes Problem darin bestand, bei den kleinen Kindern ein vor-logisches oder [...] vor-operatorisches Denken zu ermitteln, das von den Erwachsenen nicht vermutet wurde, und dann bei den größeren Kindern die gestaltenden Mechanismen der intellektuellen Operationen zu ermitteln [...] war es absolut notwendig, eine Methode anzuwenden, die ihrem Wesen nach qualitativ oder ‚klinisch' ist, was jede Quantifizierung und jede Statistik im strengen Sinne des Wortes ausschloss.*" (Piaget & Inhelder, 1975, S. 20)

Schließlich wird das Stufenkonzept der strukturgenetischen Theorie von Kritikern mit dem Argument zurückgewiesen, die der Theorie implizite Annahme der Synchronie der Übergänge von einem Strukturniveau zum nächsten, also etwa beim Erwerb des konkret-operationalen Denkens, sei empirisch widerlegt worden. Studien hätten nämlich gezeigt, dass bei ein und demselben Kind manchmal Jahre zwischen dem Erwerb der einzelnen konkreten Operationen lägen. Schon die ernsthafte Auseinandersetzung mit der Originalliteratur offenbart, dass dieser Einwand verfehlt ist. Wie das Exempel der verschiedenen Mengeninvarianzen gezeigt hat, lässt die Theorie nicht nur zu, dass Asynchronien im Erwerb auftreten, sondern sie werden auf theoretischer Grundlage sogar erwartet: *„Die Aufeinanderfolge Materie, Gewicht, Volumen scheint [...] von logischen Gründen vorgeschrieben zu sein [...] Die Tatsache, dass die Invarianz der Substanz die des Gewichts und des Volumens bedingt, anstatt davon abgeleitet zu werden, drückt also deutlich den Primat der Operation über die Wahrnehmung bei der Konstituierung der Invarianzbegriffe aus.*" (Piaget & Inhelder, 1975, S. 23)

3.4 Die Stufe der formalen Denkoperationen

Der letzte große Entwicklungsschritt in den Erkenntnismöglichkeiten des heranwachsenden Menschen vollzieht sich als Übergang zur Stufe der formalen Denkoperationen, manchmal auch als Stufe des formalen Denkens bezeichnet. Dabei werden die konkreten Denkoperationen, die auf der Logik der Klassen und Relationen beruhen, durch jene Operationen ergänzt, die es ermöglichen, über Aussagen und Sachverhalte auch hypothetisch nachzudenken: *„(Der Mensch) wird somit fähig, aus bloß möglichen Wahrheiten die notwendigen Folgerungen zu ziehen, was den Anfang des hypothetisch-deduktiven oder formalen Denkens darstellt.*" (Piaget & Inhelder, 1977, S. 98) Der Heranwachsende ist damit auch in der Lage, wissenschaftlich zu denken, d. h., systematisch Hypothesen zu prüfen und die Regeln der formalen Logik zu beherrschen. Dies haben Inhelder und Piaget (1977) mit einer Vielzahl von Versuchsanordnungen geprüft, die darauf abzielten, der formalen Organisation der neuen Denkformen auf die Spur zu kommen.

Eines der bekanntesten Beispiele hierfür ist das Pendelexperiment (Inhelder & Piaget, 1977, S. 74). Die Versuchsanordnung besteht darin, einen festen Gegenstand, der an einer Schnur aufgehängt ist, also das Pendel, zu präsentieren und dem Kind oder dem Jugendlichen die Möglichkeit zu geben, durch Veränderungen der Länge der Schnur, der Gewichte der aufgehängten Gegenstände, der Fallhöhe usw. damit zu experimentieren. Es sollen jene Faktoren herausgefunden werden, die die Pendelfrequenz bestimmen. Um dieses Problem zu lösen, muss der Heranwachsende durch systematisches Kombinieren aller Bedingungen des Pendels den tatsächlichen Einflussfaktor von den potenziellen Faktoren trennen. Kinder, deren Denkmöglichkeiten auf die konkreten Operationen beschränkt sind, variieren alle Faktoren gleichzeitig; und weil sie davon überzeugt sind (wie die meisten Erwachsenen!), dass das Gewicht eine Rolle spielt, gelingt es ihnen kaum, diesen Faktor auszuschließen.

Piaget und seine Mitarbeiter unterscheiden auch bei der Stufe der formalen Denkoperationen zwei Schritte („Unterstadien"). Im ersten Stadium sind die formalen Operationen bereits im Ansatz vorhanden, um bei vorgegebenen Kombinationsmöglichkeiten den wirksamen Faktor zu isolieren. Sie sind jedoch noch nicht so gut organisiert, um als antizipierendes Schema zu funktionieren und die Kombination aller Möglichkeiten ohne Unterstützung planen und ausführen zu können. Im zweiten Stadium können alle Einflussfaktoren dadurch auseinandergehalten werden, dass der Reihe nach jeweils ein Faktor variiert und die anderen jeweils konstant gehalten werden, wie das Vorgehen der Jugendlichen EME veranschaulicht.

Vorgehen der Jugendlichen EME bei der Pendelaufgabe:

EME (15;1) folgt, nachdem sie mit 100 g und einer langen und einer mittleren Schnur, mit 20 g und einer langen und einer kurzen Schnur und schließlich mit 200 g und einer langen und kurzen Schnur experimentiert hatte: „Es ist die Länge der Schnur, die ein schnelleres oder langsameres Schwingen bewirkt; das Gewicht spielt keine Rolle." Auf dieselbe Art und Weise schließt sie die Fallhöhe und den Anstoß aus.

Inhelder & Piaget, 1977, S. 80

Die Bedeutung der Kombinatorik, die sich hier zeigt, geht aber weit über die Lösung experimenteller Fragestellungen hinaus. Sie erlaubt es, auch Ideen oder Aussagen zu kombinieren und deshalb über die gegebene Wirklichkeit nachzudenken, indem diese als nur eine Realisierung von verschiedenen möglichen verstanden wird. Angewendet auf das Hypothetische erlaubt sie dem Heranwachsenden, aussagenlogische Schlüsse zu ziehen, deren Wahrheitsgehalt nicht vom Inhalt der Aussagen abhängt. Das Potenzial des Jugendlichen, Systeme oder Theorien zu konstruieren, ist aber auch unmittelbar bedeutsam für die Bewältigung von Entwicklungsaufgaben, die sich ihm stellen: *„Der Heranwachsende [...] reflektiert sein Denken und konstruiert Theorien. Dass diese kurzatmig, ungeschickt und vor allem im allgemeinen wenig originell sind, tut nichts zur Sache: vom Funktionellen her gesehen, haben diese Systeme die wesentliche Bedeutung, dass sie dem Heranwachsenden die moralische und intellektuelle Einfügung in die Gesellschaft der Erwachsenen ermöglichen, von seinem Lebensprogramm und seinen Reformprojekten gar nicht zu reden. Sie sind insbesondere unerlässlich, um die Ideologien zu assimilieren, die die Gesellschaft [...] im Gegensatz zu den einfachen interindividuellen Beziehungen charakterisieren."* (Inhelder & Piaget, 1977, S. 327)

Inhelder und Piaget haben im Altersbereich zwischen etwa 11 und 15 Jahren neben der Entstehung des kombinatorischen Denkens eine Reihe weiterer Neuerungen in den Denkmöglichkeiten des Heranwachsenden festgestellt. Verschiedene Formen der Reversibilität des Denkens, über die bereits das konkret-operational denkende Kind verfügt, werden nun zu einem einzigen System zusammengefasst. Weiterhin versteht der Heranwachsende nun den Proportionsbegriff, den Wahrscheinlichkeitsbegriff und das hydrostatische Gleichgewicht. Die strukturelle Analyse zeigt, dass die logischen Operationen, zu denen der Jugendliche nun fähig ist, die formale Struktur der INRC-Gruppe aufweisen. Er kann etwa beim Problem der logischen Implikation identische (I), inverse (N), reziproke (R) und korrelative (C) Transformationen korrekt ausführen (deshalb INRC-Gruppe). Auch auf der formal-operationalen Stufe ist damit Piagets strukturalistisches Postulat des Systemcharakters des Denkens voll und ganz erfüllt.

4 Assimilation und Akkommodation, Äquilibrium und Äquilibration

Neben der *Beschreibung* der Entwicklung des Erkennens ist es das Hauptanliegen der Theorie Piagets, die Herausbildung der operativen Denkstrukturen und deren Integration zu einer Gesamtstruktur zu *erklären* (Piaget, 1970, S. 722). Aus Piagets allgemeiner theoretischer Orientierung hat sich bereits ergeben, dass die üblicherweise herangezogenen Erklärungsfaktoren (Reifung, Lernen in Form von Erfahrungen mit Objekten, Lernen durch soziale Anleitung) zu kurz greifen. Vielmehr hat er Assimilation und Akkommodation als jene Formen der Person-Umwelt-Beziehung identifiziert, die nicht nur in jeder kognitiven Aktivität stecken, sondern auch im Zusammenwirken mit dem Äquilibrationsprinzip die kognitive Entwicklung erklären können (vgl. Piaget, 1976b). Dieses Prinzip soll nun näher betrachtet werden, wobei als erstes zwischen dem Zustand des Gleichgewichts (Äquilibrium) und dem Prozess der Herstellung des Gleichgewichts (Äquilibration) unterschieden werden muss.

Zum *Äquilibrium*: Assimilation und Akkommodation sind in allen geistigen Aktivitäten und Handlungen einer Person präsent, aber das Verhältnis dieser beiden Formen der Anpassung kann variieren. Dominiert die Assimilation ohne Korrektur durch die Akkommodation, so tendiert das Denken zum Egozentrismus und in der Kindheit zum Symbolspiel. Wenn Assimilation und Akkommodation dagegen ein Äquilibrium bilden, so liegt intelligentes Handeln vor (im Sinne von Intelligenz als Anpassung). Je nach Entwicklungsstand des Kindes können im Laufe der Ontogenese unterschiedliche Zustände des Gleichgewichts und des Ungleichgewichts (des Disäquilibriums) auftreten. So erreicht die kognitive Entwicklung am Ende der sensomotorischen Stufe ein bemerkenswertes Maß an Gleichgewicht. Mit der zunehmenden Verfügbarkeit der Symbolfunktion zu Beginn der zweiten Entwicklungsstufe stellen sich jedoch neue Störungen ein. Die Akkommodationsprozesse sind noch unvollständig, während die Assimilationsprozesse zu sehr auf das Kind selbst zentriert sind; in frühen Arbeiten Piagets war deshalb vom Egozentrismus des jungen Kindes die Rede, in späteren von der *„auf das Ich zentrierten Symbolik des Kindes"* (Piaget & Inhelder, 1977, S. 51). Mit etwa 7 bis 8 Jahren und dem Erwerb der konkreten Operationen stellt sich ein neues Gleichgewicht ein, weil sich Assimilationen und Akkommodationen wegen der Reversibilität des Denkens nunmehr auch auf geistige Transformationen beziehen können. Schließlich erreicht das Äquilibrium mit der Herausbildung der formalen Denkoperationen ein noch höheres Maß an Stabilität.

Unter *Äquilibration* ist dagegen ein Prozess der Selbstregulierung zu verstehen, das heißt, eine Abfolge von aktiven Kompensationen der Person als Antwort auf die äußeren Störungen und gleichzeitig eine sowohl rückwirkende als auch vorausgreifende Regulierung (nach Piaget & Inhelder, 1977, S. 117). Dieser Prozess soll im Folgenden anhand des Erwerbs der Mengeninvarianz deutlich gemacht werden. Nach Piaget lassen sich beim Erwerb der Erhaltung der Substanz vier Schritte unterscheiden (1970, S. 725).

1. Schritt: Das Kind beachtet bei der Veränderung der Form der einen Tonkugel – wenn zum Beispiel die Kugel zur einer Rolle verformt wird – nur eine Dimension, etwa die Länge der Rolle, und hat damit das Prinzip der Kompensation nicht verstanden.

2. Schritt: Wenn die Kugel zu einer immer längeren Rolle umgeformt wird oder wenn das Kind bei erneuten Darbietungen des Invarianzproblems überdrüssig wird, immer dieselbe Begründung zu wiederholen, so wächst die Wahrscheinlichkeit, dass es den Durchmesser der Rolle berücksichtigt und somit zwischen den beiden Dimensionen Länge und Durchmesser hin und her schwankt.

3. Schritt: Mit diesem Hin-und-her-Pendeln zwischen den Dimensionen wächst die Wahrscheinlichkeit, dass das Kind eine Kovariation zwischen den beiden Dimensionen entdeckt. Sein Denken erhält eine neue Qualität, denn das Kind ist nunmehr nicht nur mit bestimmten Zuständen der Objekte aus Ton, sondern mit deren *Transformationen* beschäftigt.

4. Schritt: Sobald aber Transformationen in den Fokus geraten, wächst auch die Wahrscheinlichkeit für die Einsicht, dass Transformationen umgekehrt werden können, sodass sich im konkreten Fall bei der Veränderung der Kugel zu einer Rolle Länge und Durchmesser kompensieren.

Resümierend kann man feststellen, dass von Schritt zu Schritt ein höheres Maß an Gleichgewicht im Denken erreicht wird, weshalb Piaget (1970, S. 725) dafür den Begriff der *fortschreitenden Äquilibration* eingeführt hat. Das Beispiel zeigt auch, wie der Fortschritt durch die geistige Aktivität des Kindes (und durch nichts anderes!) herbeigeführt wird. Mit anderen Worten, die Äquilibration besteht tatsächlich in einer Abfolge von *Selbstregulationen* des kognitiven Systems. Im konkreten Fall mündet sie in die Reversibilität konkreter Operationen.

In den 1970er-Jahren verlagerte die Genfer Schule den Fokus ihrer Forschung vom universellen epistemischen Subjekt zum situierten individuellen Subjekt: *„das Augenmerk ist von der strukturellen zur funktionalen Analyse, von den deklarativen Formen der Erkenntnis zu den Prozeduren"* gewandert (Inhelder, 1993, S. 24). Unverändert geblieben sind dabei aber die strukturalistische Grundlage der Theoriebildung und das Ziel, letztlich die Prozesse zu verstehen, durch die das Kind durch eigenes Handeln neue Erkenntnisse gewinnt. Deshalb kann man die meisten der aktuellen Genfer Arbeiten durchaus als Weiterführung der Äquilibrationstheorie einordnen. Neu ist in den Genfer Arbeiten der letzten Jahrzehnte dagegen die äußerst präzise Beobachtung und Beschreibung der einzelnen Prozesse, die das Kind bei der Durchführung einer Handlung oder Operation und bei der Lösung von Problemen einsetzt (Inhelder, 1993, S. 26). Es ist durchaus berechtigt, von Beobachtungen zur *Mikrogenese* der kognitiven Entwicklung zu sprechen. Derartige Studien wurden zu einer erstaunlichen Vielfalt von Themen durchgeführt. Darunter sind Arbeiten zum Begriff der Kausalität (Piaget & Garcia, 1971) und zur Beziehung zwischen Logik und Notwendigkeit (Piaget, 1981, 1983) sowie der Versuch, eine Logik der Bedeutungen zu entwerfen, die auf die Logik der Operationen zurückgeführt werden kann (Piaget & Garcia, 1991). Schwerpunkte in den neuen Arbeiten sind jedoch zweifelsohne die Studien zur reflektierenden Abstraktion (Piaget, 2001/1977) und zur Genese der Bewusstheit (Piaget, 1974a, 1974b), die die strukturgenetische Analyse des Entwicklungsprozesses über das Äquilibrationsprinzip hinausführen.

5 Verfehlte Kritik am strukturgenetischen Konstruktivismus

Einwände gegen Piagets Theorie sind zahlreich (z. B. Sodian, 2008), und sie sind meistens verfehlt. Lourenço und Machado (1996) haben die meisten Kritikpunkte in einem lesenswerten Übersichtsartikel gesammelt und bewertet. Für jeden Punkt konnten sie zeigen, dass die Kritik auf einem ungenauen, wenn nicht falschen Verständnis des strukturgenetischen Konstruktivismus beruht. Stellvertretend soll an zwei besonders gängigen Einwänden verdeutlicht werden, wie die Gegenargumente nur vordergründig schlagend sind, tatsächlich aber auf Missverständnissen beruhen.

(1) Häufig ist zu hören, die mit den Begriffen der Stufe und der ganzheitlichen Struktur verbundene Annahme der Kohärenz des kindlichen Denkens habe sich in empirischen Untersuchungen nicht bestätigen lassen (vgl. Lourenço & Machado, 1996, S. 151 f.). Kognitive Entwicklung weise eine viel höhere Variabilität (Asynchronie) auf, als nach der Theorie zu erwarten wäre. Es trifft zu, dass Piaget von umfassenden, wohlorganisierten Strukturen ausgeht, die es erlauben, kognitive Entwicklung zu erklären. Er hat sie sogar durch formale Modelle beschrieben, und zwar im Falle der konkreten Denkoperationen mittels der logisch-mathematischen Struktur der Gruppierung und im Falle der formalen Denkoperationen als INRC-Gruppe. Dennoch liegt bei den Kritikern ein grundlegendes Missverständnis über die Bedeutung des Konzepts der Gesamtstruktur (structure d'ensemble) vor. Die formalen Strukturen liefern zwar den *Rahmen* für die psychologische Analyse von Den-

koperationen – beispielsweise ist die Gruppierung geeignet, die logische Struktur zu beschreiben, die in Aufgaben zu den Invarianzbegriffen, zur Klasseninklusion und zur Seriation steckt –, sie darf jedoch keinesfalls als eine *Performanztheorie* verstanden werden, die Voraussagen darüber erlaubt, ob bestimmte Operationen bei ihrer Realisierung in spezifischen Aufgaben vergleichbare Anforderungen stellen. Wie die Beispiele in diesem Kapitel gezeigt haben, werden Asynchronien beim Erwerb der verschiedenen Mengenbegriffe und bei der Lösung des Klasseninklusionsproblems vom strukturgenetischen Konstruktivismus nicht nur zugelassen, sondern sogar theoriegeleitet erwartet.

(2) Besonders verbreitet ist der Einwand, Piaget habe die Fähigkeiten der von ihm beobachteten Kinder bei Weitem unterschätzt. Dieser Einwand wird allerdings nicht nur auf die Beobachtungen bezogen, sondern auch gegen seine Theorie vorgebracht. In Begriffen der Diagnostik formuliert, lautet der Vorwurf, Piagets Art und Weise, die Kinder zu befragen und ihnen Aufgaben zu stellen, führe systematisch zu einer hohen Anzahl von falschen Negativen. Auch zu dieser Kritik sind in den 1960er- bis 1990er-Jahren buchstäblich Hunderte von konstruktiven Replikationsstudien durchgeführt worden. Darin wurde die Rolle von Performanzfaktoren wie die Art der Aufgabenformulierung, die Präsentation des Versuchsmaterials, die Anforderung an das Gedächtnis und die Verwendung von verschiedenen Lösungskriterien untersucht. Diese Form der Variation der klassischen Piaget-Aufgaben hat unser Bild von kognitiver Entwicklung außerordentlich bereichert, da deutlich geworden ist, wie facettenreich das Denken und intelligente Handeln von Kindern ist, wenn man über die traditionelle Beschreibung der Ontogenese des Erkennens hinausgeht.

Skepsis ist allerdings angesagt, wenn es um die Frage geht, ob die Kompetenzen und Leistungen, die in den Replikationsstudien gefunden worden sind, tatsächlich kritisch gegen die strukturgenetische Entwicklungstheorie verwendet werden können. Lourenço und Machado (1996) haben an prominenten Aufgabenbeispielen (Objektpermanenz, Bildung logischer Reihen) zeigen können, dass bei der Überprüfung von Piagets Originalstudien mit der Veränderung des Vorgehens auch der Bezug zur Theorie verloren gehen kann. Besonders aufschlussreich ist dabei eine Studie von Chapman und Lindenberger (1988), die anhand einer minimalen Variation der Aufgabendarbietung beim sog. Transitivitätsproblem nachgewiesen haben, wie aus einer ursprünglich konkret-operationalen Aufgabe ein Problem wird, das ohne logische Denkoperationen gelöst werden kann. Lourenço und Machado (1996, S. 145 f.) haben den Unterschied zwischen Piaget und seinen Kritikern in diesem Punkt sehr treffend so beschrieben: „*For the critics it is crucial to remove from cognitive tasks all performance requirements that are likely to lower reasoning; for Piaget it was crucial to maintain these requirements in order to avoid mistaking true beliefs for necessary knowledge.*" Auf der empirischen Ebene ist dieser Gegensatz in der sog. Judgment-vs.-explanation-Kontroverse ausgetragen worden. Besonders Brainerd (1973) hat die Auffassung vertreten, richtige Antworten bei konkret-operationalen Problemen seien im Vergleich zu den Erklärungen, die Piaget erfragt hat, das mit weniger Fehlern behaftete Diagnoseverfahren. Dabei hat er aber übersehen, dass die Wahl des Diagnosekriteriums letztlich nach der Theorieangemessenheit beurteilt werden sollte.

6 Schlussbetrachtungen

Piagets Wirken hat das Bild vom Kind nachhaltig verändert. Mit verblüffend einfachen Versuchsanordnungen hat er Eigenheiten im Denken und Urteilen von Kindern und Jugendlichen aufgedeckt, die zuvor unbeachtet geblieben waren. Seine Theorie, der strukturgenetische Konstruktivismus, hat das uralte Problem der maßgeblichen Entwicklungskräfte – die sog. Erbe-Umwelt-Debatte – auf eine originelle Art und Weise gelöst. Er hat mit der sensomotorischen Intelligenz, den konkreten und den formalen Denkoperationen universell gültige Strukturen der kognitiven Entwicklung

6 Schlussbetrachtungen | 171

in Kindheit und Jugend benannt. Seine einflussreiche Theorie der Moralentwicklung sowie seine wenig beachtete Auffassung des Wechselspiels von kognitiver und affektiver Entwicklung können hier aus Platzgründen nur genannt werden (Piaget, 1973, 1995). Jean Piaget hat also über Jahrzehnte die Entwicklungspsychologie durch die Formulierung von Themen, Fragestellungen und Theorien nachhaltig bereichert, zuletzt zur Entwicklung des Bewusstseins (Piaget, 1974, 1977).

Stellt man all diese Verdienste in Rechnung, so kann man der von Kohler (2008, S. 8) in polemischer Absicht vorgetragenen Behauptung, Piaget habe *„es offensichtlich besser als andere [verstanden], sich so zu inszenieren, dass er als wichtigster Kinder- und Entwicklungspsychologe in die Geschichte einging"*, nur mit Verständnislosigkeit begegnen. Die Wirkung einer großen Theorie zeigt sich nicht darin, dass sie in allen Details bestätigt wird. Im Gegenteil, weil sie anregt und herausfordert, bestehen gute Chancen, dass sie an manchen Stellen erweitert und revidiert werden muss. Die Wirkung einer großen Theorie zeigt sich darin, dass sie über einen langen Zeitraum ein Forschungsfeld – die Themen, die Fragestellungen und die Herangehensweise – nachhaltig beeinflusst. Der von Jean Piaget begründete strukturgenetische Konstruktivismus hat zweifelsohne die kognitive Entwicklungspsychologie grundlegend verändert.

Jean Piaget (1896–1980) – Biologe und Philosoph

in Neuchâtel in der Westschweiz als Sohn eines Professors für Vergleichende Literaturwissenschaft geboren, hatte er *„sehr bald das Spiel zugunsten ernsthafter Arbeit vernachlässigt"* (Piaget, 1976a, S. 16) und interessierte sich stattdessen für intellektuelle Herausforderungen. Schon mit elf Jahren assistierte er dem Leiter des örtlichen Museums für Naturgeschichte in der Bestimmung von Teichschnecken für die Museumssammlung. Dies habe ihn in das naturwissenschaftliche Arbeiten eingeführt, seine Beobachtungsgabe geschult, aber auch misstrauisch gegenüber Theorien gemacht, die keine Rückbindung zu Fakten aufwiesen (vgl. 1976a).

Nach dem Abitur folgte ein Biologiestudium an der Universität Neuchâtel, das Piaget 1919 mit der Promotion erfolgreich abschloss und bei dem er sich auch mit verschiedenen Positionen zur Erklärung der Anpassung von Organismen an spezifische Umwelten auseinandersetzte. Anstatt jedoch die Laufbahn eines Biologen weiterzuverfolgen, erlebte er eine Reihe von Identitätskrisen.

Nach Beschäftigung mit der Philosophie Henri Bergsons (1859–1941) und dessen Idee der schöpferischen Entwicklung kam er zu dem Schluss, sein Leben der biologischen Erklärung der Erkenntnis zu widmen. In den Jahren 1919/1920 reiste Piaget nach Paris an die Sorbonne, wo er Psychologie, aber auch Logik und Philosophie studierte und dort Theophile Simon vorgestellt wurde, der mit Alfred Binet (1857–1911) den ersten Intelligenztest entwickelt hatte. Die Intelligenzuntersuchungen, die sich daran anschlossen, erweiterte Piaget durch Interviews, um etwas über die Denkprozesse zu erfahren, die hinter den Testantworten lagen. Nach Veröffentlichung dieser Ergebnisse wurde er 1921 an das Institut J.-J. Rousseau der Universität Genf berufen, dessen Leiter er von 1933 bis 1971 war.

Im Jahr 1923 heiratete er Valentine Châtenay und nutzte systematische Beobachtungen bei seinen eigenen drei Kindern als authentische Forschungsbasis, deren Erkenntnisgewinn er am eigenen Institut später exorbitant erweiterte. Piaget war von 1929 bis 1954 Professor für Psychologie an der Universität Genf, Gründer des *Centre International d'Épistémologie* in Genf und hatte außerdem Professuren an der Universität von Neuchâtel und der Sorbonne in Paris inne. Am Ende seiner Karriere hatte er mehr als 60 Bücher geschrieben und mehrere 100 Artikel. Seine Forschung wurde mit über 30 Ehrendoktorwürden und zahlreichen internationalen Auszeichnungen gewürdigt, unter anderem 1979 mit dem begehrten Balzan-Preis für Sozial- und Politikwissenschaften, der mit 1 Mio. Schweizer Franken dotiert ist.

Literatur

Bond, T. G. & Tryphon, A. (2007). *Piaget's legacy as reflected in The Handbook of Child Psychology (1988 Edition)*. Jean Piaget Society: http://www.piaget.org/news/docs/Bond-Tryphon-2007.pdf. Download am 08.05.2011

Brainerd, C. J. (1973). Judgments and explanations as criteria for the presence of cognitive structures. *Psychological Bulletin, 79,* 172–179.

Bringuier, J.-C. (2004). *Jean Piaget: Ein Selbstporträt in Gesprächen.* Weinheim: Beltz-Taschenbuch.

Broughton, J. M. (1981). The genetic psychology of James Mark Baldwin. *American Psychologist, 36,* 396–407.

Cahan, E. (1984). The genetic psychologies of James Mark Baldwin und Jean Piaget. *Developmental Psychology, 20,* 128–135.

Cairns, R. B. (1992). The making of a developmental science: The contributions and intellectual heritage of James Mark Baldwin. *Developmental Psychology, 28,* 17–24.

Cairns, R. B. (1998). The making of developmental psychology. In R. M. Lerner (Hrsg.), *Handbook of child psychology. Vol. 1: Theoretical models of human development* (S. 25–105). New York: Wiley.

Chapman, M. & Lindenberger, U. (1988). Functions, operations, and décalage in the development of transitivity. *Developmental Psychology, 24,* 542–551.

Ginsburg, H. P. (1997). *Entering the child's mind. The clinical interview in psychological research and practice.* Cambridge (UK): Cambridge University Press.

Gruber, H. E. & Vonèche, J. J. (Hrsg.). (1977). *The essential Piaget. An interpretive reference and guide.* New York: Basic Books.

Hoppe, S., Seiler, T. B. & Schmid-Schönbein, Ch. (1977). *Entwicklungssequenzen.* Bern: Huber.

Hoppe-Graff, S. (1983). „Stufe" und „Sequenz" als beschreibende und erklärende Konstrukte in der Entwicklungspsychologie. In R. K. Silbereisen & L. Montada (Hrsg.), *Entwicklungspsychologie in Schlüsselbegriffen* (S. 55–59). München: Urban & Schwarzenberg.

Hoppe-Graff, S. (1993). Epilog: Perspektiven des strukturgenetischen Konstruktivismus. In W. Edelstein & S. Hoppe-Graff (Hrsg.), *Die Konstruktion kognitiver Strukturen: Perspektiven einer konstruktivistischen Entwicklungspsychologie* (S. 297–317). Bern: Huber.

Inhelder, B. (1993). Vom epistemischen zum psychologischen Subjekt. In W. Edelstein & S. Hoppe-Graff (Hrsg.), *Die Konstruktion kognitiver Strukturen: Perspektiven einer konstruktivistischen Entwicklungspsychologie* (S. 24–27). Bern: Huber.

Inhelder, B. &. Piaget, J. (1964). *The early growth of logic in the child: classification and seriation.* London: Routledge and Kegan Paul. (Orig. 1959: La genèse des structures logiques élémentaires.)

Inhelder, B. & Piaget, J. (1977). *Von der Logik des Kindes zur Logik des Heranwachsenden.* Olten: Walter. (Orig. 1955: De la logique de l'enfant à la logique de l'adolescent.)

Kohler, R. (2008). *Jean Piaget.* Bern: Haupt Verlag.

Lourenço , O. & Machado, A. (1996). In defense of Piaget's theory: A reply to 10 common criticisms. *Psychological Review, 103,* 143–164.

Morris, C. (1988). *Grundlagen der Zeichentheorie.* Frankfurt: Fischer Taschenbuch-Verlag.

Mueller, R. H. (1976). A chapter of the relationship between psychology and sociology in America: James Mark Baldwin. *Journal of the History of the Behavioral Sciences, 12,* 240–253.

Piaget, J. (1967). *Biologie et connaissance.* Paris: Presses Universitaires de France.

Piaget, J. (1970³). Piaget's theory. In P. H. Mussen (Hrsg.). *Carmichael's Manual of Child Psychology. Vol. 1* (S. 703–732). New York: Wiley.

Piaget, J. (1973). *Das moralische Urteil beim Kinde.* Frankfurt: Suhrkamp. (Orig. 1932: Le jugement moral chez l'enfant.)

Piaget, J. (1974a). *La prise de conscience.* Paris: Presses Universitaires de France.

Piaget, J. (1974b). *Réussir et comprendre.* Paris: Presses Universitaires de France.

Piaget, J. (1975). *Der Aufbau der Wirklichkeit beim Kinde.* Stuttgart: Klett (Orig. 1937: La construction du réel chez l'enfant.)

Piaget, J. (1976a). Autobiographie. In G. Busino et al., *Jean Piaget – Werk und Wirkung* (S. 15–59). München: Kindler.

Piaget, J. (1976b). *Die Äquilibration der kognitiven Strukturen.* Stuttgart: Klett. (Orig. 1975: L'equilibration des structures cognitives. Paris: PUF.)

Piaget, J. (1981). *Le possible et le nécessaire. Vol. 1. L'evolution des possibles chez l'enfant.* Paris: Presses Universitaires de France.

Piaget, J. (1983). *Le possible et le nécessaire. Vol. 1. L'evolution du nécessaire chez l'enfant.* Paris: Presses Universitaires de France.

Piaget, J. (1991³). *Das Erwachen der Intelligenz beim Kinde.* Stuttgart: Klett. (Orig. 1936: La naissance de l'intelligence chez l'enfant.)

Piaget, J. (1995). *Intelligenz und Affektivität in der Entwicklung des Kindes.* Frankfurt: Suhrkamp. (Orig. 1954: Les relations entre intelligence et l'affectivité dans le développement chez l'enfant.)

Piaget, J. (2001). *Studies in reflecting abstraction.* Hove (UK): Psychology Press. (Orig. 1977: Recherches sur l'abstraction réfléchissante. Paris: Presses Universitaires de France.)

Piaget, J. (2003⁵). *Nachahmung, Spiel und Traum: Die Entwicklung der Symbolfunktion beim Kinde.* Stuttgart: Klett. (Orig. 1945: La formation du symbole chez l'enfant: Imitation, jeu et rêve, image et représentation).

Piaget, J. & Garcia, R. (1971). *Les explication causales.* Paris: Presses Universitaires de France.

Piaget, J. & Garcia, R. (1991). *Toward a logic of meanings.* Hillsdale, NJ: Erlbaum.

Piaget, J. & Inhelder, B. (1975). *Die Entwicklung der physikalischen Mengenbegriffe beim Kind.* Stuttgart: Klett. (Orig. 1941: Le développement des quantités physiques chez l'enfant.)

Piaget, J. & Inhelder, B. (1977). *Die Psychologie des Kindes.* Frankfurt: Fischer Taschenbuch-Verlag. (Orig. 1966: La psychologie de l'enfant.)

Piaget, J. & Szeminska, A. (1994²). *Die Entwicklung des Zahlbegriffes beim Kinde.* Stuttgart: Klett. (Orig. 1941: La genèse du nombre chez l'enfant.)

Smith, L. (1993). *Necessary knowledge: Piagetian perspectives on constructivism.* Hillsdale, NJ: Erlbaum.

Sodian, B. (2008). Entwicklung des Denkens. In R. Oerter & L. Montada (Hrsg.), *Entwicklungspsychologie* (6. Auflage) (S. 436–479). Weinheim: Beltz-PVU.

Waddington, C. H. (1975). *The evolution of an evolutionist.* Ithaca, NY: Cornell University Press.

Nachtrag:
Das Kapitel ist Thomas Bernhard Seiler in freundschaftlicher Verbundenheit gewidmet.
Mit * gekennzeichnete Zitate wurden vom Verfasser übersetzt.

Kapitel 7
Die Erforschung menschlicher Intelligenz

Elsbeth Stern
Roland H. Grabner

Franz E. Weinert

„Unabhängig von den unterschiedlichen Fähigkeiten und Talenten der Schüler muss alles gelernt werden, was später gewusst und gekonnt wird. Lernen ist der mächtigste Mechanismus der kognitiven Entwicklung. Das gilt uneingeschränkt sowohl für hochbegabte Kinder als auch für schwächer begabte Schüler."

(Weinert, 2001, S. 85)

Stellen wir uns jeweils 20 neun- bis zehnjährige Kinder in drei Klassen A, B, C der vierten Jahrgangsstufe einer Grundschule vor, die von drei unterschiedlichen Mathematiklehrpersonen unterrichtet werden. Die Schüler/innen beherrschen bereits die numerischen Grundoperationen Addition und Subtraktion im kleinen Zahlenbereich, sollen nun aber erstmalig mathematische Textaufgaben folgender Art lösen: (a) Maria hat 8 Murmeln. Sie hat 3 Murmeln mehr als Hans. Michael hat 5 Murmeln. Er hat 2 Murmeln weniger als Elisabeth. Wie viele Murmeln haben Hans und Elisabeth zusammen? (b) Susanne zieht jeden Tag eine Hose mit einem T-Shirt an. Sie möchte gern jeden Tag anders angezogen sein. Sie hat 3 Hosen und 5 T-Shirts. An wie vielen Tagen kann sie anders angezogen sein? Zur Lösung derartiger Aufgaben müssen neben Kenntnissen über die mathematischen Grundoperationen zweifellos Fähigkeiten zum schlussfolgernden Denken, genauer genommen zum deduktiven Denken zur Anwendung kommen. Dabei müssen aus vorgegebenen Informationen neue Informationen erschlossen werden. Alles, was zur Lösung der Aufgabe gebraucht wird, muss also im Kopf konstruiert werden, und genau das erfordert eine Art von Intel-

	Wie viele Aufgaben wurden von wie vielen Schüler/inne/n gelöst?			
	beide	nur eine	keine	Insgesamt
Klasse **A**	5	10	5	20
Klasse **B**	1	13	6	20
Klasse **C**	0	10	10	20

Tabelle 7.1: Verteilung der Aufgabenlösungen in drei fiktiven Klassen einer Grundschule mit je 20 Schüler/inne/n.

ligenz, wie sie jedem Menschen eigen ist. Überraschenderweise zeigen sich jedoch schon bei den recht grundständigen Lösungen der vorgestellten Aufgaben beachtliche Leistungsunterschiede *zwischen* den Klassen und *innerhalb* der Klassen (Tabelle 7.1).

Für die Unterschiede *zwischen* den Klassen machen wir die jeweilige Lehrperson verantwortlich: Der Lehrperson in Klasse A gelang es offensichtlich am besten, einen Unterricht anzubieten, in dem mathematisches Denken gefördert wurde. Ein großer Teil der Kinder konnte das Gelernte gut oder sogar sehr gut auf neue Situationen anwenden. Der Lehrperson in Klasse B war es hingegen weniger gut und der in Klasse C kaum gelungen, Wissen zu vermitteln, das die Kinder in neuen Situationen anwenden können. Aber obwohl Klasse A offensichtlich eine sehr gute Mathematiklehrperson hatte, gab es doch fünf Kinder, die mit der Aufgabe überfordert waren. Und obwohl die Lehrperson in Klasse B weniger gut war als die der Klasse A, erreichte ein Kind aus Klasse B doch die maximale Aufgabenlösung. Und obwohl die Lehrperson in Klasse C offensichtlich einen wenig lernwirksamen Unterricht durchführte, hat immerhin die Hälfte der Kinder zumindest eine Aufgabe lösen können. Damit scheinen die Unterschiede *zwischen* den Klassen durch die Unterrichtsqualität gut erklärt zu werden, während die Unterschiede *innerhalb* der Klassen auf individuelle Leistungsvoraussetzungen zurückzugehen scheinen: Nicht alle Kinder konnten bei guter Unterrichtsqualität auch gute Leistungen erreichen, während dies wiederum einigen Kindern unter weit weniger günstigen Unterrichtsbedingungen gelang.

Das vorliegende Kapitel befasst sich mit eben diesen individuellen Unterschieden in kognitiven Leistungsvoraussetzungen, die als Intelligenz bezeichnet werden. Nachdem ausgeführt wird, was Intelligenz ausmacht und auf welche Denk- und Gedächtnisfunktionen interindividuelle Intelligenzunterschiede zurückgehen, werden Befunde zur Entwicklung von Intelligenz und deren Förderungsmöglichkeiten dargestellt. Ferner wird auf der Basis von zentralen Befunden diskutiert, welche Bedeutung Intelligenz für den Schul- und Berufserfolg hat, ob dies durch Geschlechtsunterschiede moderiert wird und in welche Richtung sich die Intelligenzforschung in Zukunft weiterentwickeln dürfte.

1 Historische Anfänge

Menschliche Intelligenz ist das am besten untersuchte Persönlichkeitsmerkmal in der Psychologie und kann auf eine über 100-jährige Forschungsgeschichte zurückblicken. Bereits in den Anfängen der Intelligenzforschung wurde durch die Entwicklung von zielgerichteten Testverfahren die inhaltliche Ausrichtung dieses Konzepts geprägt. Daher ist es für das Verständnis des aktuellen Intelligenzbegriffs vorteilhaft, einen Streifzug durch dessen Forschungsgeschichte zu unternehmen und wichtige Meilensteine kennenzulernen. Ausgehend von den ersten Ansätzen zur Erfassung kognitiver Leistungen wird in diesem Abschnitt beschrieben, wie Intelligenz heute gemessen wird. Anschließend wird der Frage nachgegangen, aus welchen Fähigkeiten sich Intelligenz zusammensetzt und wie breit der Intelligenzbegriff gefasst werden sollte.

1.1 Die Pioniere

Die Anfänge der wissenschaftlichen Intelligenzforschung können auf das Ende des 19. Jahrhunderts datiert werden, als Sir Francis Galton den Versuch unternahm, intellektuelle Fähigkeiten mit Hilfe von Tests zur Sinnesprüfung sowie Gedächtnistests zu erfassen (vgl. Asendorpf, 2007). Seinem Vorgehen lag die Annahme zugrunde, dass individuelle Unterschiede in intellektuellen Fähigkeiten Ausdruck einer unterschiedlichen Effizienz des zentralen Nervensystems seien. Obwohl diese Annahme grundsätzlich nicht falsch war, war deren Nachweis nur wenig Erfolg beschieden. Die erhobenen Maße – wie zum Beispiel das Unterscheidungsvermögen für visuelle oder akustische Reize – zeigten keine nennenswerte Beziehung zu Indikatoren für Begabung oder Bildungserfolg. Dieser Misserfolg dürfte in erster Linie auf eine suboptimale Auswahl an gemessenen Variablen und der damals technisch bedingten geringen Reliabilität der Messungen zurückzuführen sein.

Einen erfolgreicheren Ansatz zur Messung intellektueller Fähigkeiten verfolgten der Psychologe Alfred Binet und seine Mitarbeiter zu Beginn des 20. Jahrhunderts. Sie konzentrierten sich auf höhere geistige Prozesse, für deren Messung man keine besonderen technischen Vorrichtungen brauchte. Beauftragt vom französischen Bildungsministerium entwickelten sie einen Test zur Identifikation von mental retardierten Kindern, die nicht vom normalen Schulunterricht profitieren würden und daher Sonderschulen zugewiesen werden sollten. Dabei gingen sie sehr pragmatisch vor: Sie entwickelten eine Testbatterie mit praktischen Aufgaben für jede Altersstufe, die von der Mehrzahl der Kinder der jeweiligen Altersstufe gelöst werden konnten. Beispielsweise sollten die Kinder Objekte in Bildern benennen, Zahlenreihen und Sätze wiederholen, die Uhrzeit ablesen oder Verständnisfragen beantworten. Auf Basis der Leistungen in diesen Aufgaben wurde das Intelligenzalter ermittelt und mit dem Lebensalter des Kindes in Beziehung gesetzt, sodass objektiv gemessen werden konnte, ob eine mentale Retardation und ein daraus resultierender sonderpädagogischer Förderbedarf vorlag oder nicht.

1.2 Formelle und inhaltliche Indikatoren zur Feststellung der Intelligenz

Die von Binet und seinen Mitarbeitern entwickelten Intelligenztests (wie z. B. der Binet-Simon-Test) bildeten die Grundlage für den Intelligenzquotienten (IQ), der von dem Hamburger Psychologen William Stern im Jahr 1912 erstmals vorgeschlagen wurde (W. Stern, 1912). Stern definierte den IQ als den Quotienten aus Intelligenz- und Lebensalter, wobei dieser Quotient mit 100 multipliziert wird: IQ = (Intelligenzalter / Lebensalter) x 100. Allerdings konnte sich diese Form des IQ und die damit verbundene Intelligenzbestimmung nicht durchsetzen, da sie eine Zunahme der Intelligenztestleistungen mit wachsendem Lebensalter voraussetzt, was ab dem frühen Erwachse-

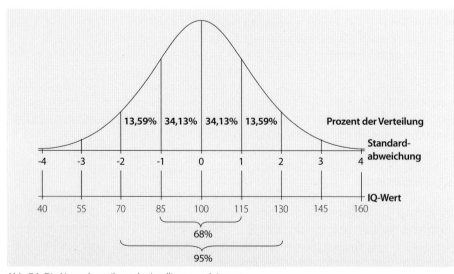

Abb. 7.1: Die Normalverteilung der Intelligenztestleistung.

nenalter nicht mehr zutrifft. Dies führte zur Definition des heute noch immer gültigen IQ als individueller Leistungswert in einem Intelligenztest (x), normiert an den Leistungen (dem Mittelwert M und der Standardabweichung s) einer altersgleichen Stichprobe: IQ = 100 + 15 [(x – M) / s]. Dieser IQ beschreibt die Abweichung einer Person von der mittleren Testleistung einer repräsentativen Stichprobe und folgt dabei einer Normalverteilung (Gauß'sche Glockenkurve), d. h., die meisten Menschen haben mittlere Ausprägungen (ca. 70 % liegen im mittleren IQ-Bereich von 85 bis 115 während an den Extremen sehr hoher (über 130) oder sehr niedriger Intelligenz (unter 70) nurmehr jeweils ca. 2 % der Menschen einer Population anzutreffen sind (Abb. 7.1).

Intelligenztests lassen sich in zwei große Gruppen aufteilen: Die sprachlichen und die nichtsprachlichen Tests. Gemeinsam ist allen Intelligenztests, dass man in der vorgegebenen Information nach logischen Regeln suchen und diese dann anwenden muss. Systematisches schlussfolgerndes Denken ist der Kern der Intelligenz. Das berühmteste Beispiel für nicht-sprachliche Tests sind die sogenannten *Raven-Tests* (nach John Carlyle Raven) wie Coloured Progressive Matrizen, Standard Progressive Matrizen, Advanced Progressive Matrizen (Raven, 1958). Diese Tests enthalten unterschiedlich schwierige Aufgaben und sind für unterschiedliche Begabungsbereiche konzipiert (Coloured für unterdurchschnittlich Begabte; Standard für den Durchschnittsbereich und Advanced für den Bereich überdurchschnittlicher Intelligenz). Alle Aufgaben in diesen Tests sind nach einem analogen Schema aufgebaut (Abb. 7.2): Die 3x3-Figuren im oberen Kasten folgen sowohl zeilen- als auch spaltenweise einer Gesetzmäßigkeit, die es zu erschließen gilt. Die Antwort muss durch Ankreuzen einer der vorgeschlagenen Lösungsalternativen a bis f gegeben werden (vgl. auch ähnlich aufgebaute Tests anderer Autoren wie der Wiener Matrizentest, den die österreichischen Psychologen Anton Formann und Karl Piswanger entwickelt haben). Auch für Vor- und Grundschulkinder liegen derartige Tests vor.

Logisches Denken kann auch auf der Grundlage von sprachlichem Material erfolgen. Das Bilden von Analogien sowie von definitorischen Begriffen ist ein Indikator für hohe Intelligenz. Ein Beispiel für ein Item ist: „Ein Sportpokal ist immer …? a) ein Andenken, b) schwer, c) wertvoll, d) eine Anerkennung, e) vergoldet." Wer d) wählt, kann definitorische von charakteristischen Merkmalen unterscheiden. Ein Sportpokal wird mit dem Ziel einer Anerkennung vergeben. Alle anderen Antwortalternativen können zwar mit einem Sportpokal in Verbindung gebracht werden, müssen aber nicht zutreffen. Ein weiteres Beispiel für eine Aufgabe zum analogen Denken im sprachlichen Bereich ist: dunkel : hell = nass : ? a) Regen, b) Tag, c) feucht, d) Wind, e) trocken. Da hell das Gegenteil von dunkel ist, muss auch das Gegenteil von „nass" gesucht werden, also e) trocken. Wer mit nass „Regenschirm" assoziiert, demonstriert ein weniger scharfes Denken. Auch Zahlenreihen fortsetzen wie z. B. 2-4-3-6-5-10-9-18 misst schlussfolgerndes Denken. Die arithmetische Operation an sich ist denkbar einfach: Verdoppeln wechselt sich mit der Subtraktion von 1 ab. Spätestens nach dem zweiten Schuljahr sollte man sie beherrschen. Die Intelligenzleistung besteht darin, von den vielen Beziehungen, die es zwischen Zahlen geben kann, die richtige auszuwählen. Dazu gehört auch, vorschnelle Schlüsse zu vermeiden.

Ein sehr verbreiteter und für die individuelle Diagnose bestens geeigneter Intelligenztest ist der *Wechsler-Intelligenz-Test*, von dem es für unterschiedliche Lebensabschnitte verschiedene Versionen gibt, die jedoch ähnlich aufgebaut sind. Der Test umfasst die Ska-

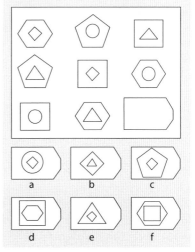

Abb. 7.2: Beispielaufgabe aus einem Matrizentest (Antwort c ist richtig).

len wahrnehmungsgebundenes logisches Denken, Sprachverständnis, Arbeitsgedächtnis und Verarbeitungsgeschwindigkeit. Er eignet sich zur Ermittlung des Gesamt-IQ wie auch zur Feststellung von individuellen Stärken und Schwächen. Die deutschsprachige Version für Vor- und Grundschulkinder wurde kürzlich neu herausgebracht (Petermann, 2011).

Entscheidendes Kriterium für alle Aufgaben in IQ-Tests ist, dass sie sich auf Wissen beziehen, das nicht an den Besuch spezieller Lerngelegenheiten gebunden ist. Wenn ein Mensch eine Aufgabe nicht lösen kann, dann darf es nicht daran liegen, dass er nicht die Möglichkeit hatte, das abgefragte Wissen oder die verlangte Kompetenz zu erwerben, sondern dass er die Möglichkeit hatte, sie aber nicht genutzt hat.

1.3 Warum Intelligenz normalverteilt ist

Wenn man von einer großen, repräsentativ ausgewählten Gruppe von Menschen die Intelligenztestleistung erfasst, wird man eine Normalverteilung erhalten, wie sie in Abbildung 7.1 zu sehen ist. Eine häufig gestellte Frage ist, ob Intelligenz tatsächlich normalverteilt oder ob die Normalverteilung nur künstlich erzeugt worden sei. Sind also Intelligenztests so konstruiert worden, dass sich eine Normalverteilung zwangsläufig ergibt? In der Tat bringt die Annahme einer mathematisch definierten Verteilung wie der Normalverteilung Vorteile für die Messung psychologischer Merkmale: Man kann Intelligenz auf Intervallskalenniveau und nicht wie die meisten anderen psychologischen Merkmale nur auf Ordinalskalenniveau messen. Daraus folgt, dass man nicht nur Informationen über die ordinale Position einer Person (den Rang) zur Verfügung hat, sondern Differenzen zwischen IQ-Werten interpretieren kann. Die Intervalle zwischen benachbarten IQ-Werten (z. B. 101 und 102 oder 143 und 144) sind stets gleich groß, da sie an der Streuung (der Standardabweichung) standardisiert sind. Stellen wir uns vier Personen (P) vor, bei denen der IQ ermittelt wurde: P1 verfügt über einen IQ von 85, P2 von 100, P3 von 115 und P4 von 130. P1 liegt eine Standardabweichung unter dem Mittelwert, P2 entspricht dem Mittelwert, P3 liegt eine und P4 liegt zwei Standardabweichungen über dem Mittelwert. Wir dürfen schließen: P1 und P2 unterscheiden sich in der Intelligenz genauso stark wie sich P3 und P4 unterscheiden. Nicht zulässig sind hingegen Aussagen über Verhältnisse zwischen IQ-Werten, da der IQ ein relativer Wert ist und – im Gegensatz zu Körpergröße oder Gewicht – keinen absoluten Nullpunkt hat. Daher ist eine Aussage wie „Jemand mit einem IQ von 70 ist halb so intelligent wie jemand mit einem IQ von 140" nicht sinnvoll.

Intelligenztests werden so konstruiert, dass die Verteilung der bei einer großen Zahl von Personen gemessenen Leistung mit einer Normalverteilung vereinbar ist. Es wäre aber vermessen zu meinen, dies sei ein Griff in die Trickkiste. Einerseits lässt sich die Normalverteilung nicht einfach produzieren, wenn sich die gemessenen Werte in Wirklichkeit anders verteilen. Andererseits gibt es gute Gründe für die Annahme einer Normalverteilung bei der Intelligenz. Merkmale wie Körpergröße und Körpergewicht entsprechen einer Normalverteilung und haben mit dem Merkmal Intelligenz gemeinsam, dass eine große Zahl von mehr oder weniger unabhängig wirkenden Faktoren zur Ausprägung der Merkmale beiträgt. Daher gilt der Zentrale Grenzwertsatz. Wie wir im Weiteren noch sehen werden, gibt es gute Gründe für die Annahme, dass Intelligenz und ihre Unterschiede von sehr vielen einzelnen Faktoren bestimmt werden. Bei wenigen Menschen kommen alle Faktoren zusammen, die zu einer sehr hohen Intelligenz oder sehr niedrigen Intelligenz beitragen. Dabei kann davon ausgegangen werden, dass bei der Ausbildung von Intelligenz und ihren Unterschieden deutlich mehr Gene beteiligt sind als bei der Körpergröße und dass zudem sehr viel mehr Umwelteinflüsse auf die Expression dieser Gene wirken. Vor diesem Hintergrund ist es gerechtfertigt, Intelligenztests so zu konstruieren, dass sich eine Normalverteilung ergibt.

1.4 Debatten über die Struktur der Intelligenz

Obwohl unbestritten ist, dass sehr viele einzelne Faktoren zur Intelligenz beitragen, wird Intelligenz wie ein eindimensionales Merkmal behandelt. Dies spiegelt sich auch darin wider, dass die individuelle Ausprägung der Intelligenz mit der Einführung des IQ auf eine einzige Zahl reduziert wurde. Daher stellt sich die Frage: Ist Intelligenz tatsächlich ein eindimensionales Merkmal (gibt es nur eine allgemeine Intelligenz) oder ist es eher ein Sammelkonzept für verschiedene intellektuelle Leistungen?

Mit der Frage nach der Struktur der Intelligenz beschäftigte sich erstmals Charles Spearman (1904). Er entdeckte, dass individuelle Leistungen in verschiedenen kognitiven Aufgaben in der Regel positiv korrelieren, was von ihm als „positive manifold" bezeichnet wurde. Personen, die in einem Test gute Leistungen erbringen, zeichnen sich mit hoher Wahrscheinlichkeit auch in anderen kognitiven Tests durch gute Ergebnisse aus. Aus dieser positiven Korrelationsmatrix lässt sich faktorenanalytisch ein allen Tests gemeinsamer Faktor extrahieren, der in der Lage ist, ungefähr 50 % der Varianz der Testwerte aufzuklären. Wegen der hohen Generalität dieses Faktors nannte Spearman ihn *Faktor g*. Die nicht durch Faktor g aufgeklärten Varianzanteile würden auf spezifische Anforderungen des jeweiligen Tests (wie z. B. verbale oder figural-räumliche Fähigkeiten) zurückgehen und sich in spezifischen Faktoren (Faktoren s) widerspiegeln. Darüber hinaus nahm er in seiner *Zwei-Faktoren-Theorie* an, dass die Korrelation zwischen zwei beliebigen Tests ausschließlich durch das Ausmaß bestimmt sei, mit dem beide Tests den Faktor g beanspruchen würden. Obwohl Spearmans Faktor g mehrfach repliziert wurde und einen der bedeutendsten Befunde in der Intelligenzforschung darstellt, konnte letztere Annahme empirisch nicht bestätigt werden. Konkret zeigte sich, dass die Korrelationen zwischen verschiedenen Tests nicht ausschließlich davon abhängen, inwieweit sie den Faktor g repräsentieren (anders formuliert: wie hoch sie auf dem Faktor g laden), selbst wenn der Messfehler berücksichtigt wurde. Vielmehr korrelieren manche Tests untereinander höher als andere, was den Schluss nahe legt, dass sie sich über den Faktor g hinaus auf ähnliche Fähigkeiten beziehen.

Diesen Kritikpunkt nahm Louis L. Thurstone (1938) auf und formulierte das *Modell der Primärfaktoren*, wonach das erfolgreiche Lösen kognitiver Aufgaben von mehreren unabhängigen Intelligenzfaktoren (den „primary mental abilities") abhängt. Tests mit höheren Interkorrelationen würden demnach die gleichen Primärfaktoren beanspruchen, während Tests, die nur mäßig untereinander zusammenhängen, durch verschiedene Primärfaktoren tangiert würden. Zur Identifikation dieser Primärfaktoren verwendete Thurstone einen anderen faktorenanalytischen Zugang als Spearman. Er wählte die Faktoren so, dass sie möglichst gut die unterschiedlichen Interkorrelationsmuster widerspiegeln, d. h. auf einem Faktor hoch und auf allen anderen Faktoren niedrig bzw. zu Null laden. In seiner ersten Analyse identifizierte er neun Primärfaktoren, von denen in späteren Untersuchungen die folgenden sieben empirisch bestätigt werden konnten: „numerical" (numerisch-mathematische Fähigkeiten), „verbal comprehension" (Sprachverständnis), „word fluency" (Wortflüssigkeit), „space" (räumlich-visuelle Fähigkeiten), „reasoning" (schlussfolgerndes Denken), „memory" (Gedächtnisleistung) und „perceptual speed" (Wahrnehmungsgeschwindigkeit). Thurstone und seine Mitarbeiter unternahmen große Anstrengungen in der Entwicklung von Tests, um diese unabhängigen Primärfaktoren möglichst „rein" zu erfassen. Allerdings wurden stets moderate positive Zusammenhänge zwischen den Tests bzw. Primärfaktoren gefunden, ganz im Sinne von Spearmans Faktor g.

Die Modelle von Spearman und Thurstone beschreiben zwei grundlegende Eigenschaften kognitiver Leistungstests: Ergebnisse aus verschiedenen Tests korrelieren in der Regel positiv miteinander, und die Korrelationen zwischen manchen Tests sind höher als zwischen anderen. Diese beiden Befunde wurden für *hierarchische Intelligenzstrukturmodelle* genutzt, die nach wie vor dem allgemeinen Konsens in der heutigen Intelligenzforschung entsprechen. An der obersten Ebene dieser Modelle steht der Faktor g, und die nicht auf diesen Faktor zurückführbaren Varianzen in Intelligenztestleistungen werden auf weitere, spezifischere Faktoren zurückgeführt. Im Modell von Philip E. Vernon (1950) wurden beispielsweise auf der Ebene zweiter Ordnung ein *sprachlicher* („verbal-educational") und ein *nicht-sprachlicher* („spatial and motor abilities") *Faktor* angenommen, die sich in weitere Einzelfähigkeiten unterteilen (z. B. Lesefertigkeit, Kreativität, mathematische Fähigkeiten). Raymond B. Cattell (1963) hingegen unterschied auf der zweithöchsten Ebene *fluide* und *kristalline Intelligenz*, die sich in ihrer Wissensabhängigkeit unterscheiden. Fluide Intelligenz wurde als die Fähigkeit verstanden, neue Probleme zu lösen und sich an unbekannte Situationen anzupassen. Sie sollte in jenen Aufgaben zum Tragen kommen, in denen das Lernen neuer Informationen, das Ableiten von Relationen und Relationstermen sowie logisches Denken gefordert sind. Im Gegensatz dazu wurde die kristalline Intelligenz als Fähigkeit verstanden, erworbenes („kristallisiertes") Wissen auf Problemlösungen anzuwenden. Dabei bezieht sich die kristalline Intelligenz auf jenes Wissen, das als Ergebnis des Aufwachsens in einem bestimmten Kulturkreis und der Ausbildung erworben wurde. Der Erwerb der jeweiligen mündlichen und schriftlichen Sprache sowie der Umgang mit mathematischen Symbolsystemen gehören dazu.

Fluide und kristalline Intelligenz finden sich auch im hierarchischen Intelligenzmodell von John B. Carroll (1993) wieder, das auf einer Reanalyse des bisher umfangreichsten Datenmaterials (über 400 Datensätze) basiert. In diesem werden drei Ebenen (von ihm auch Strata genannt) kognitiver Fähigkeiten unterschieden. Nach dem Faktor g auf der höchsten Ebene (Stratum III) identifizierte er auf der nächsthöheren Ebene (Stratum II) die folgenden acht Fähigkeitsbereiche: fluide Intelligenz, kristalline Intelligenz, Gedächtnis und Lernen, visuelle Wahrnehmung, auditorische Wahrnehmung, Erinnerungsfertigkeit, kognitive Geschwindigkeit und Verarbeitungsgeschwindigkeit. Auf Stratum I werden diese Bereiche in spezifische Einzelfertigkeiten (z. B. quantitatives Denken, lexikalisches Wissen) weiter differenziert.

Entgegen dem ausschließlich faktorenanalytischen Ansatz, auf dem die bisher dargestellten Modelle basieren, orientierten sich andere Intelligenzforscher stärker an den *Informationsverarbeitungsprozessen* beim Lösen kognitiver Aufgaben. Joy P. Guilford (1956) schlug in seinem „structure of intellect"-Modell eine dreidimensionale Klassifikation kognitiver Leistungen vor: im Hinblick auf deren Inhalt (Inputvariable; z. B. figural), die involvierten Denkprozesse (Operationsvariable; z. B. konvergente Produktion) und deren Ergebnisse (Outputvariable; z. B. Beziehungen). Jeder Informationsverarbeitungsprozess könne einer dieser Variablen (bzw. Dimensionen) zugeordnet werden, sodass insgesamt 120 verschiedene, unabhängige Intelligenzbereiche differenziert werden könnten. Abgesehen davon, dass sich die Annahme der Unabhängigkeit der Intelligenzbereiche nicht aufrechterhalten ließ, ist es bislang noch nicht gelungen, für die Messung eines jeden dieser 120 Bereiche adäquate Aufgaben zu entwickeln. Ein erfolgreicheres Beispiel für einen mehrdimensionalen Zugang ist das *Berliner Intelligenzstrukturmodell* von Adolf O. Jäger und Kollegen (Jäger, Süß & Beauducel, 1997). Im Rahmen dessen Entwicklung wurden über 2000 in der Literatur beschriebene Intelligenztestaufgaben gesammelt und nach inhaltlichen Kriterien auf knapp 100 Aufgabentypen reduziert, die an einer großen Stichprobe empirisch geprüft wurden. Auf Basis der gewonnenen Ergebnisse wurde eine bimodale (zweidimensionale) Klassifikation von Intelligenztestleistungen nach Operation (Bearbeitungsgeschwindigkeit, Merkfähigkeit, Einfallsreichtum, Verarbeitungskapazität) und Inhalt (verbal, numerisch, figural-bildhaft) vorgeschlagen. Danach seien an jeder Intelligenzleistung alle diese intellektuellen Fähigkeiten beteiligt, allerdings in unterschiedlicher Gewichtung; das Integral dieser Fähigkeiten bilde wiederum der Faktor g. Auf diesem Modell wurde schließlich der *Berliner Intelligenzstrukturtest* entwickelt, in dem mehrere reliable und valide Aufgabentypen zur Messung jedes der 12 resultierenden Intelligenzbereiche (vier Operationen und drei Inhalte) präsentiert wurden.

1.5 Wie eng soll der Intelligenzbegriff gefasst werden?

In den vergangenen Jahrzehnten wurde der Intelligenzbegriff des Öfteren auf andere, darunter auch nicht-kognitive Kompetenzen ausgeweitet. Der vermutlich bekannteste Versuch wurde von Howard Gardner in seiner *Theorie der multiplen Intelligenzen* in den 1980er-Jahren vorgenommen (Gardner, 1983). In seinem Bestseller „Frames of Mind" vertrat er die Annahme, dass sich Menschen nicht in einer allgemeinen kognitiven Leistungsfähigkeit (wie dem Faktor g), sondern in verschiedenen, autonomen Intelligenzen unterscheiden. Im Originalwerk postulierte er die folgenden sieben Intelligenzen: linguistische, räumliche, logisch-mathematische, musikalische, körperlich-kinästhetische, intrapersonale und interpersonale Intelligenz. Später fasste er die intra- und interpersonale Intelligenz in eine personale Intelligenz zusammen und ergänzte sein Intelligenzrepertoire um die ökologisch-naturalistische und die spirituell-existenzielle Intelligenz (Gardner, 1999). Die jüngste Modifikation seiner Theorie stellt die Annahme von zwei Intelligenzprofilen dar, die beschreiben, wie die verschiedenen autonomen Intelligenzen interagieren (Gardner, 2004), nämlich als „geistiger Suchscheinwerfer" („searchlight intelligence") und „geistiger Laser" („laser intelligence").

Die Theorie der multiplen Intelligenzen wurde bereits kurz nach der Einführung sehr populär und erfreut sich auch heute noch großer Beliebtheit. Dies zeigt sich vor allem im großen Angebot an (kommerziellen) Workshops für Lehrpersonen, in denen (potenzielle) Implikationen dieser Theorie für die Gestaltung des Schulunterrichts vermittelt werden. Ein plausibler Grund für die breite Akzeptanz dürfte in der Einfachheit der Theorie liegen, wonach das menschliche Denken in 7 (bis 9) unabhängige Intelligenzen unterteilt wird und daher jeder Mensch mit einer gewissen Wahrscheinlichkeit in zumindest einem der Bereiche über überdurchschnittliche intellektuelle Fähigkeiten verfügen kann. Der großen Popularität der Gardner'schen Intelligenztheorie steht jedoch massive Kritik von Seiten der wissenschaftlichen Psychologie gegenüber (z. B. Rost, 2008; Waterhouse, 2006). Insbesondere wird kritisiert, dass seit der Einführung der Theorie vor beinahe 30 Jahren kein einziger Test zur Messung der multiplen Intelligenzen vorgestellt wurde, der den üblichen Standardgütekriterien genügt. Darüber hinaus konnten Schlussfolgerungen aus seiner Theorie empirisch nicht validiert werden. Trotz dieser schweren Kritikpunkte sei hervorgehoben, dass es Gardner mit der Theorie der multiplen Intelligenzen gelungen ist, eine wichtige Botschaft zu vermitteln, die sich auch aus Befunden der Expertise- und Lehr- und Lernforschung ableiten lässt: Der Erfolg in verschiedenen Lebensbereichen ist nicht nur eine Frage einer (eng definierten) Intelligenz.

Die erfolgreiche Bewältigung von Lebensanforderungen steht auch im Zentrum der *triarchischen (dreiteiligen) Intelligenztheorie* von Robert J. Sternberg, die in ihrer vollen Komplexität im Buch „Beyond IQ: A triarchic theory of human intelligence" (Sternberg, 1985) vorgestellt wurde. Sternberg orientierte sich stärker als Gardner an den Befunden der klassischen Intelligenzforschung und unterscheidet in seinen drei Theorien im Wesentlichen drei verschiedene Intelligenzen: (1) eine analytische Intelligenz, die die grundlegenden Komponenten der Informationsverarbeitung (Wissenserwerbs-, Ausführungs- und metakognitive Komponenten) umfasst; (2) eine kreative Intelligenz, die sowohl die Fähigkeit zum Umgang mit neuen Situationen als auch die Fähigkeit zur Automatisierung von kognitiven Prozessen beinhaltet; und (3) eine praktische Intelligenz, die sich in der erfolgreichen Bewältigung von Alltagsanforderungen ausdrückt.

Im Jahr 1995 fand sich ein weiteres Buch auf den internationalen Bestsellerlisten, mit dem der Intelligenzbegriff ausgeweitet wurde: „Emotional Intelligence: Why it can matter more than IQ" von Daniel Goleman (1995). Das Konstrukt der *emotionalen Intelligenz* geht auf Salovey und Mayer (1990) zurück und wurde als Fähigkeit beschrieben, *„eigene Gefühle und Emotionen wie* *auch die anderer Personen zu überwachen, zwischen Emotionen zu unterscheiden und diese Information dahin gehend zu verwenden, das eigene Denken und Handeln zu leiten"* (ebd., S. 189, übers. v. Neubauer & Fink, 2006). Neben der Konzeption von emotionaler Intelligenz als Fähigkeit – daher die Bezeichnung Intelligenz – definierten andere Autoren das Konstrukt stärker über Persönlichkeitsmerkmale bzw. überdauernde Verhaltenspräferenzen (*traits*). Bar-On (1997) beschreibt emotionale Intelligenz als *„eine Reihe nicht kognitiver Fähigkeiten, Kompetenzen und Fertigkeiten, die das Vermögen einer Person beeinflussen, mit Anforderungen und Belastungen der Umwelt erfolgreich umzugehen"* (ebd., S. 14, übers. v. Neubauer & Fink, 2006). Aus entwicklungspsychologischer Sicht ist dieser Aspekt interessant, da der Erwerb von emotionalen Selbstregulationskompetenzen zu den wichtigsten Entwicklungsaufgaben gehört. Nur wer gelernt hat, seine Bedürfnisse aufzuschieben und sich nicht Frustrationen hinzugeben, wird seine fluide Intelligenz in kristalline Intelligenz umsetzen können und ist damit in der Lage, die Voraussetzungen für Lernen in allen möglichen Inhaltsbereichen zu schaffen. Es gibt gute Gründe für die Annahme, dass Eltern und Erzieher durch einen adäquaten Erziehungsstil, den man mit „Freiheit in Grenzen" bezeichnen kann, die Selbstregulationskompetenzen in eine erwünschte Richtung lenken können.

Zusammenfassend lässt sich sagen, dass wissenschaftlich arbeitende Psychologen sich darin einig sind, dass der Begriff der Intelligenz sich auf kognitive Fähigkeiten beschränkt und nicht durch sogenannte konative Fähigkeiten verwässert werden sollte. Nur wenn man den Intelligenzbegriff möglichst schlank hält, lassen sich zuverlässige Aussagen darüber machen, welchen Beitrag geistige Kompetenzen zum Erfolg in unterschiedlichen Lebensbereichen leisten und wo Intelligenz durch andere Faktoren kompensiert oder ergänzt werden kann.

2 Allgemeine theoretische Orientierungen in der Intelligenzforschung

Die von Cattell (1963) erstmals vorgeschlagene Unterscheidung einer weitgehend vorwissensunabhängigen fluiden und einer stärker wissensbasierten kristallinen Intelligenz hat nicht nur historische Bedeutung, sondern spielt auch in der jüngeren Intelligenzforschung eine entscheidende Rolle. Sie findet sich in der Beschreibung von kognitiven Entwicklungsverläufen genauso wieder wie in Untersuchungen zum Zusammenhang von Intelligenz und Schulleistungen. Fluide Intelligenz wurde über lange Zeit und wird noch immer über Tests gemessen, die schlussfolgerndes Denken mit figuralem Material erfordern. Prototypisch für solche Testaufgaben sind die sogenannten Matrizenaufgaben (siehe Abb. 7.2). Man ging davon aus, dass die Lösung dieser Aufgaben weitgehend unabhängig von kulturspezifischem Vorwissen wäre. Auch Menschen ohne Schulbildung könnten Dreiecke von Kreisen unterscheiden, und wenn sie intelligent genug sind, auch erkennen, nach welchen Regeln die Muster aufgebaut sind. In den 1930er-Jahren war man naiv genug zu meinen, dass man solche Tests auch Menschen aus illiteraten Kulturen vorgeben könnte. Man scheute sich auch nicht, die schlechteren Leistungen dieser Personen mit ethnischen Unterschieden in den genetischen Voraussetzungen für die Intelligenzentwicklung zu erklären. Auch wenn wir heute wissen, dass die Gene eine große Rolle bei der Erklärung von Intelligenzunterschieden spielen, kann man die Behauptung, dass derartige Matrizentests die fluide, wissensunabhängige Intelligenz in ihrer Reinform messen, heute als ein wissenschaftliches Fehlurteil betrachten. Die Identifikation der geometrischen Figuren sowie das Erkennen und die Anwendung der Regeln (z. B. die Subtraktion von Figurenkomponenten) sind akademische Fähigkeiten, die eine schulische Sozialisation voraussetzen. Daher messen diese Intelligenztests zu einem beträchtlichen Teil auch kristalline Intelligenzkomponenten. Die fluide Intelligenz dürfte vor allem in

2 Allgemeine theoretische Orientierungen in der Intelligenzforschung | 183

Tests zum Ausdruck kommen, in denen grundlegende Eigenschaften des menschlichen Informationsverarbeitungssystems mit beliebigem Material beansprucht werden. Diese grundlegenden Eigenschaften, ihre Abhängigkeit von genetischen und Umweltfaktoren, ihre Entwicklung sowie Förderungsmöglichkeiten werden im folgenden Abschnitt beleuchtet.

2.1 Kognitive Grundlagen von Intelligenz

Die kognitiven Grundlagen von fluider Intelligenz werden aktuell in der *Informationsverarbeitungsgeschwindigkeit* („mental speed") und der *Arbeitsgedächtniskapazität* („working memory capacity") gesehen. Die Forschung zur Informationsverarbeitungsgeschwindigkeit (Mental-Speed-Forschung) zeigte: Intelligentere Menschen können Informationen schneller aufnehmen und verarbeiten als weniger intelligente Menschen (vgl. Jensen, 1998; Neubauer, 1995). In dieser Forschungslinie kamen vor allem elementar-kognitive Aufgaben zum Einsatz, die weitgehend vorwissens- und bildungsunabhängig sind. Als Beispiel sei die Inspektionszeitaufgabe von Vickers, Nettelbeck und Wilson (1972) genannt, bei der die Probanden entscheiden müssen, welche von zwei vertikalen Linien länger ist. Diese Linien werden tachistoskopisch, d. h. für extrem kurze Zeit dargeboten. Es zeigte sich, dass die minimale Darbietungszeit, bei der eine gewisse Rate richtiger Lösungen erzielt wird (i. e. die Inspektionszeit) negativ mit der gemessenen Intelligenz korreliert. Intelligentere Personen können die Linien offenbar in kürzerer Zeit wahrnehmen und korrekt unterscheiden als weniger intelligente Personen. Ähnliche Befunde liegen für eine Reihe anderer Aufgaben vor, die elementare kognitive Operationen erfordern. In einer Bedingung des *Letter-Matching-Paradigmas* von Posner und Mitchell (1967) soll beispielsweise so rasch wie möglich entschieden werden, ob zwei visuell dargebotene Buchstaben semantisch identisch (z. B. „Bb") oder verschieden (z. B. „Ab") sind. Die Zusammenhänge zwischen der Intelligenz und den Reaktionszeiten in dieser und anderen Aufgaben liegen in der Regel zwischen -.30 und -.40; bei Einsatz von mehreren Aufgaben erhöht sich der Reaktionszeit-Intelligenz-Zusammenhang (Neubauer & Knorr, 1998).

Ein interessanter Befund aus der langen Tradition der Mental-Speed-Forschung ist, dass die Zusammenhänge zwischen Reaktionszeiten und Intelligenz umso höher ausfallen, je mehr kognitive Operationen auszuführen sind bzw. je komplexer die Aufgabe ist. Am augenscheinlichsten wird dies, wenn nicht nur eine, sondern zwei einfache Aufgaben parallel zu bearbeiten sind. Besteht die Aufgabe darin, Spielkarten nach ihrer Farbe so schnell wie möglich zu sortieren, dann finden sich Korrelationen zwischen der Sortierzeit und der Intelligenz in Höhe von etwa -.20. Wenn Personen gleichzeitig gehörte Wörter im Hinblick auf ihre semantische Kategorie beurteilen sollen, steigt die Korrelation zur Sortierzeit auf ca. -.65 (Roberts, Beh & Stankov, 1988). Befunde wie dieser werden in Zusammenhang mit der zweiten kognitiven Grundlage von Intelligenz diskutiert, dem Arbeitsgedächtnis.

Das Arbeitsgedächtnis kann als ein System begrenzter Kapazität verstanden werden, das die Speicherung und Verarbeitung von Informationen ermöglicht (vgl. Baddeley, 2003). Die Kapazität dieses Gedächtnissystems wird traditionell mit Gedächtnisspannenaufgaben gemessen, die nicht nur die Erinnerung von präsentiertem Material verlangen, sondern auch dessen Verarbeitung. Einfachstes Beispiel hierfür ist die „backward digit-span"-Aufgabe, in der eine Reihe von Zahlen dargeboten wird, die anschließend in umgekehrter Reihenfolge (also von der letzten zur ersten Zahl) reproduziert werden müssen. Des Weiteren kommen häufig Aufgaben zum Einsatz, in denen die Speicherung des Materials durch eine weitere einfache (überlernte) Aufgabe erschwert wird. In der Lesespannenaufgabe gilt es beispielsweise, Sätze laut vorzulesen und das letzte Wort jedes Satzes für die spätere Reproduktion im Gedächtnis zu halten. Die so gemessenen Kapazitäten (Spannen) des

Arbeitsgedächtnisses erwiesen sich in zahlreichen Studien als sehr hoch mit Intelligenzunterschieden korreliert. Je höher die Arbeitsgedächtniskapazität, desto höher die Intelligenz. Die beobachteten Zusammenhänge fallen deutlich höher aus als jene mit Reaktionszeiten in elementar-kognitiven Aufgaben – in der Literatur werden Korrelationen zwischen .40 und .90 berichtet. Diese bemerkenswerten Ergebnisse führten zu der Schlussfolgerung, dass die Arbeitsgedächtniskapazität als *der beste Prädiktor für Intelligenzleistungen angesehen werden [kann], der jemals aus kognitiven Theorien abgeleitet wurde*" (Süss, Oberauer, Wittmann, Wilhelm & Schulze, 2002, S. 284, übers. v. Verf.).

In Anbetracht der großen Bedeutung des Arbeitsgedächtnisses für allgemeine kognitive Leistungen erlebte die Arbeitsgedächtnisforschung in den letzten zwei Jahrzehnten einen wahren Boom. Forschungen zur Struktur des Arbeitsgedächtnisses identifizierten verschiedene Komponenten, deren Bedeutung für Intelligenz derzeit kontrovers diskutiert wird. Im klassischen Modell von Baddeley und Hitch (1974) werden zwei domänenspezifische Speichersysteme (die *phonologische Schleife* zur Speicherung von verbalem und numerischem Material und der *visuell-räumliche Skizzenblock* zur Speicherung von figural-räumlichem Material) sowie eine Komponente der Aufmerksamkeitssteuerung, die *zentrale Exekutive*, unterschieden. Manche Autoren gehen davon aus, dass die Kapazität der Speichersysteme entscheidend für Intelligenzunterschiede ist (z. B. Beier & Ackerman, 2004; Colom, Flores-Mendoza, Quiroga & Privado, 2005). Andere Forscher sehen die bedeutsame Grundlage von Intelligenzleistungen hingegen in den exekutiven Funktionen, unabhängig von der reinen Speicherkapazität (z. B. Conway, Cowan, Bunting, Therriault & Minkoff, 2002; Oberauer, Sü, Wilhelm & Wittmann, 2008). Besonders fruchtbar dürfte sich in diesem Kontext die aktuelle Forschung zur Struktur des Arbeitsgedächtnisses erweisen, die nicht nur Speicher- und Verarbeitungskomponenten, sondern verschiedene exekutive Funktionen differenziert. Oberauer und Kollegen (2008) differenzieren beispielsweise neben „Speicherung und Verarbeitung" die Komponenten „Supervision" (zielgerichtete Kontrolle kognitiver Prozesse) und „relationale Integration" (Bilden neuer Relationen zwischen Elementen und Aufbau neuer Repräsentationen). Miyake und Kollegen (2000) unterscheiden darüber hinaus „Inhibition" (Unterdrücken von dominanten, automatisierten Reaktionen, Interferenzkontrolle) und „Shifting" (Wechsel zwischen verschiedenen Aufgaben oder kognitiven Operationen). Ungeachtet der theoretischen Debatten über die Struktur des Arbeitsgedächtnisses und der Bedeutung verschiedener Komponenten für Intelligenz dürften Arbeitsgedächtnisaufgaben (mit oder ohne Speicherkomponente) derzeit das größte Potenzial zur Messung der fluiden Intelligenz haben. Im Gegensatz zu traditionellen „fluiden" Intelligenzaufgaben wie dem Matrizentest resultiert die Komplexität von Arbeitsgedächtnisaufgaben aus der gleichzeitigen Ausführung von zwei oder mehreren (elementaren) kognitiven Prozessen und nicht aus den hohen intellektuellen Anforderungen wie dem Erkennen und der Anwendung abstrakter Regeln.

2.2 Erblichkeit von Intelligenzunterschieden: Nature *via* Nurture

Beim Menschen beschränken sich genetische Einflüsse nicht nur auf das Aussehen, sondern auch die Ausprägung psychischer Merkmale wird durch Gene – vermittelt über das Gehirn – gesteuert. Sind jedoch im Hinblick auf die Intelligenz diese Perspektive und damit ein Abwägen der Einflüsse von Genen und Umwelt bzw. „Nature *versus* Nurture" überhaupt sinnvoll? Sollte es nicht stattdessen „Nature *via* Nurture" heißen, wie der Titel eines lesenswerten Buches des Biologen Matt Ridley (2003) lautet? Die Gene steuern indirekt, welche Umweltbedingungen auf Merkmale und interindividuelle Unterschiede Einfluss nehmen. Unterschiede im Verständnis sprachlicher Analogien, im logischen Denken und im Entdecken von Gesetzmäßigkeiten bei sprachlich-visuellem Material zeigen sich erst, wenn Menschen die Möglichkeiten gegeben wurden, diese Dinge zu lernen. Wenn

2 Allgemeine theoretische Orientierungen in der Intelligenzforschung 185

dies der Fall ist, dann lassen sich die gefundenen Unterschiede in sprachlichen wie in nicht-sprachlichen Intelligenztests zu einem sehr großen Teil auf Unterschiede in den Genen zurückführen.

Unser Wissen um die Bedeutung von genetischen Unterschieden für Intelligenzunterschiede stammt aus verhaltensgenetischen Studien, in denen man sich eine Laune der Natur zunutze macht: die Geburt von eineiigen und zweieiigen Zwillingen. Eineiige Zwillinge teilen 100 % ihrer genetischen Information, während zweieiige Zwillinge genau wie Geschwister im Durchschnitt 50 % ihrer genetischen Information gemeinsam haben. Inzwischen gibt es weltweit eine ganze Reihe von Längsschnittuntersuchungen, in denen die Intelligenzmerkmale von eineiigen und zweieiigen Zwillingen miteinander verglichen werden. Die Erblichkeit wird statistisch durch Verdopplung der Differenz der Korrelation zwischen eineiigen und jener zwischen zweieiigen Zwillingen berechnet. Für Intelligenz betragen die Korrelationen etwa .85 (eineiige Zwillinge) und .60 (zweieiige Zwillinge), woraus sich eine Erblichkeit von etwa .50 bzw. 50 % ergibt. Viele Studien in westlichen Industrieländern kamen zu diesem Ergebnis: Etwa 50 % der individuellen Intelligenzunterschiede können auf genetische Unterschiede zurückgeführt werden, d. h. die Erblichkeit von Intelligenz liegt bei etwa 50 % (vgl. Plomin, deFries, McClearn & McGuffin, 2008). Dieser Erblichkeitswert beschreibt jedoch nicht den genetisch festgelegten Rahmen für die erreichbaren kognitiven Leistungen *einer* Person, sondern spiegelt den relativen Einfluss von Genen (im Vergleich zur Umwelt) auf individuelle *Intelligenzunterschiede* in einer bestimmten Population zu einem bestimmten Zeitpunkt wider. Geänderte Umwelteinflüsse führen zu veränderten Erblichkeiten, was sich anhand des folgenden Gedankenexperiments veranschaulichen lässt: Wären die Umwelt- bzw. Sozialisationsbedingungen für alle Menschen einer Population gleich, könnten individuelle Intelligenzunterschiede nur auf unterschiedliche genetische Anlagen zurückgeführt werden, sodass eine Erblichkeit gegen 100 % konstatiert werden müsste. Bestünden jedoch massive Umweltunterschiede, etwa in den Zugangsmöglichkeiten zu institutionalisierten Lerngelegenheiten, würde ein beträchtlicher Teil der Intelligenzunterschiede die „ungerechten" Umweltbedingungen widerspiegeln, wodurch die Erblichkeit geringer ausfiele. Die Umweltbedingungen bestimmen somit, inwieweit die angeborenen Anlagen für kognitive Fähigkeiten individuell entwickelt werden können. Tatsächlich kommt eine Studie von Turkheimer und Kollegen (2003) zu dem Ergebnis, dass die Erblichkeitsschätzungen für Intelligenz bei sozial benachteiligten Gruppen deutlich niedriger liegen als bei privilegierten Gruppen. Das ist sehr gut nachvollziehbar. Wenn jemand alle Fördermöglichkeiten hatte und trotzdem nur einen mittleren Wert in der Intelligenzmessung erreicht, kann man schließen, dass die Gene einfach nicht mehr hergeben. Bei dem IQ eines Menschen, der wenig Förderung bekommen hat, weiß man im Gegensatz dazu nicht, ob er unter besseren Bedingungen einen höheren Wert erreicht hätte.

Ein auf den ersten Blick kontraintuitiver Befund aus der verhaltensgenetischen Forschung zeigt, dass die Erblichkeit von Intelligenz mit zunehmendem Alter ansteigt und im höheren Erwachsenenalter (um 60 Jahre) bereits bei ca. 80 % liegt (Plomin et al., 2008). Dieser Befund wird in erster Linie mit dem Phänomen der aktiven Genotyp-Umwelt-Korrelation erklärt, d. h. Personen suchen oder schaffen Umweltbedingungen, die im Einklang mit ihren genetischen Anlagen stehen. Personen mit der Anlage zu hoher Intelligenz würden beispielsweise bevorzugt kognitiv anspruchsvollen Tätigkeiten nachgehen und sich intellektuell stimulierende Umwelten suchen, die sich wiederum positiv auf ihre Intelligenz auswirken. Damit vergrößert sich der relative Einfluss der Gene auf die Intelligenz über die Lebensspanne.

Die Frage, ob Intelligenz durch Gene oder durch Umwelt bestimmt sei, ist damit einfach falsch gestellt. Vielmehr gilt: Menschen bringen in unterschiedlichem Maße genetische Voraussetzungen dafür mit, die von der Umwelt angebotenen Lerngelegenheiten zur Entwicklung von Intelligenz zu nutzen. Dies gilt vor allem für die kristalline Intelligenz, die sich nur durch entspre-

Kapitel 7 Die Erforschung menschlicher Intelligenz

chende Umweltbedingungen entwickeln kann. Doch wie sehen die Befunde für die weniger wissens- und sozialisationsabhängige fluide Intelligenz aus? Cattell (1987) stellte bereits die Annahme auf, dass diese Intelligenzkomponente eine höhere Erblichkeit aufweisen sollte als die kristalline Intelligenz. Diese Hypothese konnte mit den Messungen von fluider Intelligenz durch traditionelle Testverfahren (wie dem Matrizentest) jedoch nicht belegt werden. Erfasst man fluide Intelligenz jedoch über basale Maße des Arbeitsgedächtnisses, scheint sich seine Annahme zu bestätigen. Friedman und Kollegen (2008) untersuchten die Ähnlichkeiten von Zwillingen in drei exekutiven Funktionen, die im Zentrum verschiedener Arbeitsgedächtnismodelle stehen: Inhibition, Updating (Speicherung und Verarbeitung) und Shifting (siehe oben). Das Ergebnis zeigte extrem hohe Indikatoren der Erblichkeit zwischen 81 % (Shifting) und 99 % (Inhibition) und nur sehr geringe Umwelteinflüsse. Dies legt nahe, dass individuelle Unterschiede in den exekutiven Funktionen praktisch vollständig auf genetische Unterschiede zurückgeführt werden können. Darüber hinaus stellt dies einen weiteren Beleg dafür dar, dass basale Maße der Informationsverarbeitung die fluide (biologische) Intelligenz besser erfassen als die bisher eingesetzten intellektuell anspruchsvolleren Testverfahren.

2.3 Die Entwicklung der fluiden und kristallinen Intelligenz

Die Entwicklung der fluiden Intelligenz über die Lebensspanne dürfte eng an die Entwicklung des Gehirns gebunden sein. Die Entwicklung der Arbeitsgedächtnisfunktionen kann bereits im ersten Lebensjahr anhand der aktiven Steuerung der Aufmerksamkeit (selektive Aufmerksamkeit) beobachtet werden. Schon sechsmonatige Kinder sind in der Lage, einfache Repräsentationen über eine längere Zeit im Gedächtnis zu halten, wie z. B. an welchem (von zwei oder mehreren) Ort(en) ein Objekt versteckt wurde. Anzeichen dafür, dass die gespeicherte Information auch verarbeitet wird, finden sich bereits mit etwa 15 Monaten (vgl. Garon, Bryson & Smith, 2008). Der größte Entwicklungsschub in verschiedenen Arbeitsgedächtnisfunktionen erfolgt etwa ab dem Alter von 3 Jahren und zeigt je nach Aufgabenart bzw. getesteter Funktion unterschiedliche Verläufe. Best, Miller und Jones (2009) berichten in ihrem Übersichtsartikel davon, dass nach dem 6. Lebensjahr bei Aufgaben zur Inhibition keine deutlichen Leistungszuwächse zu finden seien, während die Entwicklung anderer kognitiver Prozesse bis in die Adoleszenz reiche. Die Fähigkeit, zwischen verschiedenen Aufgaben zu wechseln (Shifting), scheint im frühen Jugendalter weitgehend entwickelt zu sein, während sich bei Supervisions- bzw. Planungsfunktionen bis zum frühen Erwachsenenalter Verbesserungen zeigen (siehe auch Paus, 2005). Wie stark sich die Arbeitsgedächtniskapazität bis in das Jugendalter verändert, demonstriert eine Studie von Gathercole und Kollegen (2004). In einer einfachen Gedächtnisspannenaufgabe mit Zahlen (forward digit-span) fanden sie, dass 4-jährige Kinder im Durchschnitt ca. 3 Zahlen in der dargebotenen Reihenfolge erinnern konnten, während 15-jährige mit ca. 6 Zahlen eine doppelt so große Kapazität besaßen. Wenn die Zahlen in der umgekehrten Reihenfolge erinnert werden sollten (backward digit-span), reduzierte sich die Kapazität auf 1 (4-jährige Kinder) bzw. 3 (15-jährige Jugendliche). Die Werte der 15-jährigen entsprechen bereits weitgehend jenen von jungen Erwachsenen. Die Kapazität der reinen Speichersysteme beträgt ca. 7 ± 2 Einheiten, während die Arbeitsgedächtniskapazität (inklusive Verarbeitung der gespeicherten Information) bei ca. 3 bis 4 Einheiten liegt (Baddeley, 2003).

Verglichen mit einer rapiden Entwicklung in den ersten 15 Lebensjahren bleiben viele Arbeitsgedächtnisfunktionen über weite Teile des Erwachsenenalters sehr stabil. Ein deutlicher Altersabbau zeigt sich erst ab ca. 60 bis 70 Jahren, wobei dies in stärkerem Maße die exekutiven Funktionen und weniger die Kapazität der Speichersysteme betrifft. Die Kapazität der reinen

2 Allgemeine theoretische Orientierungen in der Intelligenzforschung   187

Speichersysteme scheint sich nur um etwa 0,5 bis 1 Einheit zu reduzieren (vgl. Baddeley, Eysenck & Anderson, 2009). Die Leistungen in klassischen Arbeitsgedächtnisaufgaben (zum Beispiel der Lesespannenaufgabe) nimmt nach aktuellen Metaanalysen um etwas weniger als eine Standardabweichung vom jungen Erwachsenenalter bis ins 7. Lebensjahrzehnt ab (Riby, Perfect & Stollery, 2004). Betrachtet man Intelligenztestaufgaben wie die eingangs erwähnten Matrizenaufgaben, die hohe Ansprüche an fluide Arbeitsgedächtnisfunktionen stellen, finden sich ebenso klare Anzeichen für eine altersbedingte Leistungsabnahme. Die besten Leistungen werden im Allgemeinen zwischen 20 und 40 Jahren gezeigt, wonach es zu einem zunächst langsamen und ca. ab dem 7. Lebensjahrzehnt beschleunigten Abbau kommt.

Die Entwicklung der kristallinen Intelligenz hingegen hängt davon ab, ob ein mit fluider Intelligenz ausgestattetes Gehirn Lerngelegenheiten erhält, die schlussfolgerndes Denken und den Aufbau abstrakter Konzepte ermöglichen. Diese Fähigkeiten werden inzwischen als Kulturleistungen angesehen, die an Symbolsysteme gebunden sind, wie sie durch die mündliche und schriftliche Sprache sowie grafisch-visuelle als auch mathematische Symbolsysteme repräsentiert werden. Aufgaben zum schlussfolgernden Denken wie Syllogismen einfachster Art (Alle Menschen sind sterblich. Sokrates ist ein Mensch. Ist Sokrates sterblich?) können von illiteraten Menschen kaum gelöst werden. Menschen, die nur über gesprochene Sprache verfügen, reagierten auf diese Aufgabe „Woher soll ich das wissen? Ich kenne Sokrates nicht." Aus der kulturvergleichenden wie entwicklungspsychologischen Forschung gibt es inzwischen Belege dafür, dass die symbolische Wissensrepräsentation, die für derartige Manipulationen grundlegend ist, die abstrakte Begriffsbildung und das schlussfolgernde Denken voraussetzt.

2.4 Förderung der Intelligenzentwicklung

Wenn sich die frühen Intelligenzunterschiede vor allem in der Aufmerksamkeitssteuerung und in Arbeitsgedächtnisfunktionen zeigen, was muss die Umwelt zur Verfügung stellen, damit diese genetischen Dispositionen für die Entwicklung der Intelligenz zum Tragen kommen?

In der frühen Kindheit geht es zunächst einmal darum, eine gesunde Ernährung und emotionale Geborgenheit bereitzustellen und rechtzeitig auf Krankheiten und andere Probleme zu reagieren. Die vielen kommerziellen Angebote, mit denen angeblich in bestimmten Zeitfenstern die geistige Entwicklung optimiert wird, sind nach heutigem Wissensstand unsinnig. Sie dürften so effektiv sein wie der Versuch, einem Hund das Sprechen beizubringen. An dieser Stelle sei auf das Buch von Hirsh-Pasek und Golnikoff (2003) verwiesen, in dem sehr unterhaltsam und überzeugend demonstriert wird, dass man die Architektur des Säuglingsgehirns nicht beliebig formen kann.

Wie sieht es nun mit der Förderung der kristallinen Intelligenz aus, also der kulturabhängigen Intelligenz, die nur in Interaktion mit anderen Menschen erworben werden kann? Die erste Kulturtechnik, die Menschen erwerben, ist die mündliche Sprache, für die Säuglinge von Anfang an ein Sensorium haben. Ab dem zweiten Lebensjahr nehmen sie begierig Wörter auf, die sie bei ihren Kommunikationspartnern hören. Hier ließ sich auch ein deutlicher Einfluss des Lernangebotes nachweisen: Bei rumänischen Waisenkindern, die erst nach dem ersten Lebensjahr in eine Adoptiv- oder Pflegefamilie aufgenommen wurden, konnten Beeinträchtigungen in der Intelligenztestleistung nachgewiesen werden (Nelson et al., 2007)

Kinder sind vom Tag der Geburt an sensibel für die Sprache der Umgebung. Da Sprache ein Kulturgut ist, entwickelt sich vom ersten Tag an auch die kristalline Intelligenz. Allerdings nimmt die Sensibilität für kulturspezifische Umweltangebote mit dem Alter zu. Das trifft auch auf die Sprache zu: Besonderheiten der Grammatik, die hypothetisches Denken ermöglichen, oder der Gebrauch von Präpositionen, mit deren Hilfe losgelöst von der Wahrnehmung Beziehungen zwischen Objekten und Situationen konstruiert werden können, werden mit höherem Alter verstärkt genutzt. Zunehmend an Bedeutung für die Entwicklung der kristallinen Intelligenz gewinnen Bilder, Schriften, Zahlen und grafisch-visuelle Veranschaulichungen u. v. m. Ohne den Zugang zu diesen kulturellen Symbolsystemen kann sich die kristalline Intelligenz nicht entwickeln, da sie die Fähigkeit reflektiert, die im kulturellen Kontext entstandenen Symbolsysteme als Denkinstrumente zu nutzen.

Haben Kinder, die bereits früh in der Nutzung von kulturellen Werkzeugen gefördert wurden (z. B. Bilder malen, Geschichten hören), einen Vorsprung in der Intelligenzentwicklung? Schneiden sie dauerhaft besser in Intelligenztests ab? Zunächst spricht alles dafür. Die genannten Aktivitäten sind typisch für bildungsnahe Familien, deren Kinder im Allgemeinen einen höheren IQ haben als Kinder bildungsferner Familien. Die spannende Frage ist jedoch, ob man Kindern aus bildungsfernen Familien einen Vorteil bei ihrer Intelligenzentwicklung verschaffen kann, wenn sie eine gezielte Frühförderung erfahren? Gelegenheit zur Erforschung dieser Frage gibt es dank der Evaluation von groß angelegten Frühförderprogrammen, wie es sie insbesondere in den USA gibt. Eine systematische Evaluation wurde im Abecedarian Project vorgenommen. Tatsächlich zeigte sich, dass Kinder, die in einem solchen Programm waren, bei der Einschulung einen um 8 Punkte höheren IQ hatten als ihre Alterskameraden aus vergleichbarem sozialen Hintergrund. Allerdings dauerte es nur wenige Jahre, bis letztere aufgeholt hatten. Am Ende der Grundschulzeit gab es keine Unterschiede mehr im IQ. Bedeutet dies, dass Frühförderprogramme wirkungslos sind? So sieht es nur auf den ersten Blick aus. Neben dem IQ hatten die Teilnehmer des Frühförderprogramms noch weitere Vorteile. Sie hatten bessere Schulnoten, erwarben mit größerer Wahrscheinlichkeit einen Schulabschluss und wurden mit geringerer Wahrscheinlichkeit kriminell. Damit hatten Kinder aus dem Frühförderprogramm nicht nur ihre Intelligenz schon früher optimiert,

Menschen haben unterschiedliche genetische Voraussetzungen, die Lerngelegenheiten ihrer Umgebung mehr oder weniger effizient zu nutzen. Ihre Intelligenz können sie jedoch nur entfalten, wenn sie in Wissen investiert. Und dazu braucht es gute Schulen.

sondern konnten diese bereits in andere Kompetenzen umsetzen. Sie hatten damit einen langfristigen Vorteil bei der Lebensplanung. Die Ergebnisse zur Auswirkung von Frühförderprogrammen zeigen wieder einmal, wie vergleichsweise robust und wenig umweltsensitiv die fluide Intelligenz ist. Wie diese genutzt wird, scheint hingegen in hohem Maße beeinflussbar zu sein. Das wird auch indirekt durch Ergebnisse der LOGIK- und SCHOLASTIK-Studien bestätigt. So konnten Staub und Stern (2002) zeigen, wie sich Unterrichtsqualität und Lehrerkompetenz positiv auf die Leistung beim Lösen von Textaufgaben auswirkten, während sie keinen Einfluss auf den IQ auszuüben schienen.

3 Klassische Befunde

Intelligenz wird als Themengebiet zwar der Differenziellen Psychologie zugeordnet, bringt jedoch eine genuin entwicklungspsychologische Fragestellung mit sich: Die Stabilität des IQ über die Lebensspanne. Intelligenz wird als ein Charakteristikum der Menschen in unterschiedlichen Phasen ihres Lebens und damit als ein überdauerndes Personenmerkmal gesehen. Worauf gründet diese Annahme, und welche Konsequenzen ergeben sich daraus für die normale Schullaufbahn und Ausbildung? In diesem Zusammenhang werden auch zentrale Befunde aus der Expertise- und Hochbegabungsforschung vorgestellt, welche die Bedeutung von Intelligenz für das Erreichen von Höchstleistungen in Frage stellen. Schließlich wird ein kurzer Blick auf die jahrzehntelang andauernde Debatte über mögliche Geschlechtsunterschiede in intelligenten Leistungen und deren Erklärungswert für die geschlechtstypische Asymmetrie in den MINT-Fächern (Mathematik, Informatik, Naturwissenschaften, Technik) geworfen.

3.1 Intelligenz als überdauerndes Persönlichkeitsmerkmal im Lebenslauf

Für die Intelligenz wird angenommen: Menschen verändern sich im Laufe ihres Lebens, aber relativ zu ihren Gleichaltrigen bleiben sie weitgehend stabil. Stimmt das? Empirische Belege hierfür sind nur durch Längsschnittstudien zu erbringen, die – mit frappierenden Befunden – inzwischen aus unterschiedlichen Regionen der Welt vorliegen. Die stärksten Belege kommen aus Schottland. Ian Deary, einer der führenden Intelligenzforscher weltweit, hat von seinen Vorgängern eine Längsschnittstudie übernommen, die als Jahrhundertprojekt gelten kann. Deary und Kollegen (2004) berichten von Korrelationen zwischen der Intelligenztestleistung im Alter von 11 Jahren und jener im Alter von 80 Jahren in Höhe von .66. Bedenkt man, wie viele Personen über eine Zeitspanne von 70 Jahren in ihrer Intelligenz von negativen Ereignissen wie Unfällen und Krankheiten beeinträchtigt werden können, ist die Höhe dieser Korrelation geradezu phänomenal. Nach statistischer Berücksichtigung der Reliabilität des verwendeten Tests und der Eigenschaften der Stichprobe im Alter von 80 Jahren gehen Deary et al. (2004) sogar von einer geschätzten wahren Stabilität von etwa .80 aus. Weitere Studien haben die Stabilität der Intelligenz über kürzere Zeitspannen erfasst und deshalb noch höhere Korrelationen gefunden. Es besteht kein Zweifel: Der in der späten Kindheit gemessene IQ wird einen mit großer Wahrscheinlichkeit für den Rest des Lebens begleiten.

Aus entwicklungspsychologischer Sicht ist vor allem folgende Frage interessant. Kann man schon im Säuglingsalter die spätere Intelligenz vorhersagen? Seit Langem versuchen Entwicklungspsychologen aus dem Blickverhalten der Säuglinge Einblicke in deren geistige Welt zu erhalten. Wie lange explorieren Säuglinge einen neuen und einen bekannten Gegenstand oder eine unerwartete Situation? Von besonderem Interesse sind hier natürlich Längsschnittstudien, in denen man unter-

Kapitel 7 Die Erforschung menschlicher Intelligenz

sucht, ob diese Blickbewegungen im Säuglingsalter die spätere Intelligenz vorhersagen. Im Säuglingsalter lassen sich daraus vor allem zwei Verhaltenstendenzen messen: (1) die Habituationszeit, d. h. die Dauer der Aufmerksamkeit, die Säuglinge neuen Situationen und Gegenständen zuwenden, bevor sie diese so langweilig finden, dass sie wegschauen; und (2) das Wiedererkennen von Gegenständen und Situationen, das sich ebenfalls in einer kurzen Blickdauer ausdrückt. Es wird erwartet, dass Kinder mit kürzerer Habituationszeit und besserer Rekognitionsleistung im späteren Leben auch höhere IQs haben. Eine Metaanalyse (McCall & Carriger, 1993) berichtet, dass im Durchschnitt eine Korrelation um .40 zwischen der Habituationszeit oder der Rekognitionsleistung im ersten Lebensjahr und dem IQ in den Grundschuljahren besteht. Diese Ergebnisse sind bemerkenswert, da in den Studien sehr unterschiedliche Maße eingesetzt wurden und die Reliabilität von Intelligenzmessungen im Kindesalter im Allgemeinen niedriger ist als später. Auch mit neueren Untersuchungen ist die Annahme vereinbar, wonach es bereits im Säuglingsalter Unterschiede in der Effizienz der Informationsverarbeitung gibt. Manche Säuglinge speichern neue Objekte und Situationen schneller und effizienter ab als andere, und dieser Vorteil zeigt sich auch noch nach vielen Jahren. Die Kinder, die bereits im Säuglingsalter lange Habituationszeiten und geringe Rekognitionsleistungen aufwiesen, zeigten später Lernschwierigkeiten. Sind diese Ergebnisse zu frühen Intelligenzunterschieden von praktischer Relevanz? Rechtfertigen sie eine Diagnose mit Konsequenzen für die weitere Förderung? Lassen sich bereits hochbegabte Kinder identifizieren und gezielt fördern? Dafür gibt es keine Indizien. Für Kinder am unteren Ende der Verteilung hingegen kann eine frühe Diagnose der intellektuellen Fähigkeiten sehr hilfreich sein, da früh diagnostizierte Defizite mit größerer Wahrscheinlichkeit korrigierbar sind.

Für Vorschulkinder, die bereits sprechen können, lässt sich die kristalline Intelligenz in Form von schlussfolgerndem Denken und Sprachkenntnissen recht gut messen. In der Münchner Längsschnittstudie LOGIK (Weinert & Schneider, 1999) wurden zwischen Intelligenztestleistungen mit sprachlichen und nicht-sprachlichen Tests zum schlussfolgernden Denken im Alter von drei und fünf Jahren bereits Korrelationen in der Höhe von .50 berichtet. Betrachtet man Kinder im Grundschulalter, steigen die Zusammenhänge an. Die Zwei-Jahres-Stabilität zwischen der am Ende der 1. und 3. Klasse gemessenen sprachlichen Intelligenz betrug .81, während die Stabilität der nicht-sprachlichen Intelligenz bei .50 lag. Weitere Befunde aus der LOGIK-Studie zeigten, dass sich die sprachliche Intelligenz deutlich früher (im Alter von 7 bis 8 Jahren) als die auf der Grundlage von figuralem Material gemessene nicht-sprachliche Intelligenz (am Ende der Grundschulzeit) stabilisiert. Dieser Befund zeigt einmal mehr, dass die ursprüngliche Vorstellung von fluider Intelligenz als eine Fähigkeit zum sprachunabhängigen schlussfolgernden Denken so nicht haltbar ist. Erst nach einem längeren Schulbesuch – und womöglich Mathematikunterricht – entwickeln Kinder die Fähigkeit, Gesetzmäßigkeiten in der Anordnung von abstraktem figuralen Material zu finden. Da der Schriftspracherwerb bereits zu Beginn der Grundschule im Mittelpunkt steht, werden sprachliche Aufgaben und damit die sprachliche Intelligenz stärker trainiert als etwa der Umgang mit abstraktem figuralen Aufgabenmaterial.

Die Ergebnisse zur Stabilität des IQs im Kindesalter unterstützen die Annahme, dass Intelligenz ein Charakteristikum einer Person ist, das früh festgelegt wird und sich entsprechend den individuellen Anlagen weiterentwickelt, wenn entsprechende Umweltbedingungen zur Verfügung stehen.

3.2 Intelligenz unter dem Einfluss kulturell verankerter Lernprozesse

Offensichtlich ist der Schulbesuch und dessen Druck auf das Lernen von Kulturtechniken ein bedeutender Motor für die Entwicklung der Intelligenz. Der bekannte pädagogische Psychologe Richard Snow (1982) hat es so ausgedrückt: *„Educational psychology now recognizes intelligence as* *education's most important product, as well as its most important raw material.*" (ebd., S. 496) So wie die ersten erfolgreichen Intelligenztests von Binet und Kollegen zeigen die heute verfügbaren Testverfahren die höchste Validität für Schul- und Ausbildungserfolg. Intelligenz korreliert mit den Schulnoten in der Regel zu .50 und mit der Anzahl an Ausbildungsjahren zu .55 (Neisser et al., 1996). Die Korrelation zwischen Intelligenz und Ausbildungserfolg beruht dabei vor allem auf dem Faktor g (Jensen, 1998).

Intelligenzaufgaben erfordern Wissen, das bei der Nutzung von Lerngelegenheiten erworben wurde. Die zentrale Bedeutung der Schulausbildung für die Entwicklung von Intelligenz kommt vor allem in dem robusten Befund zum Ausdruck, dass die Dauer des Schulbesuchs selbst bei Kontrolle von Eingangsvoraussetzungen mit der Intelligenz korreliert. Unregelmäßiger Schulbesuch, Schulabbruch und auch lange Sommerferien wirken sich negativ auf die Intelligenz aus (Ceci & Williams, 1997) und können bis zu 5 IQ-Punkte kosten.

Wenn Intelligenz als Ergebnis eines kulturell verankerten Lernprozesses verstanden wird, folgt daraus, dass Intelligenzunterschiede nur dann aussagekräftige Indikatoren der individuellen kognitiven Leistungsfähigkeit sind, wenn gleiche Bildungshintergründe und schulische Lerngelegenheiten vorliegen. Ist dies nicht der Fall, wie beispielsweise im Vergleich der Intelligenz verschiedener ethnischer Gruppen, lassen sich Intelligenzunterschiede nicht eindeutig interpretieren. Ähnliches gilt, wenn Personen unterschiedlichen Bildungshintergrundes verglichen werden. Ein hoher Wert im Intelligenztest macht schulische Erfolge zwar wahrscheinlicher, garantiert sie aber keineswegs. Kognitive Leistungen in der Schule wie auch im späteren Beruf hängen in erster Linie von der Verfügbarkeit einer intelligenten Wissensbasis ab, auf die beim Lösen von Problemen schnell, effizient und flexibel zugegriffen werden kann. Das Vorwissen, das in einem Bereich erworben wurde und auf dem aufgebaut werden kann, hat sich in zahlreichen Studien als besserer Prädiktor für die Schulleistung herausgestellt als die Intelligenz (E. Stern, 1999, 2009). Beispielsweise wurde in der Münchner LOGIK-Studie gefunden, dass die Mathematikleistung in der 2. Klasse jene im Alter von 17 Jahren deutlich besser vorhersagt als die sprachliche und nichtsprachliche Intelligenz. Ähnliche Ergebnisse wurden auch für spezifische Kompetenzen berichtet. Lese-Rechtschreib-Leistungen in der Grundschule lassen sich besser aus Tests zur phonologischen Bewusstheit in der Vorschulzeit vorhersagen als aus der allgemeinen Intelligenz.

3.3 Intelligenz im Kontext von Expertenleistungen und Hochbegabung

Die zentrale Bedeutung einer intelligenten Wissensbasis für kognitive Leistungen spiegelt sich letztlich auch in Befunden aus der *Expertiseforschung* wider, die der Frage nachgeht, in welchen kognitiven Eigenschaften und Prozessen sich Experten von Nichtexperten (Novizen) unterscheiden. Experten werden in der Regel als Personen definiert, die in einem bestimmten Inhaltsgebiet herausragende Leistungen erbringen (Gruber & Ziegler, 1996). In den letzten Jahrzehnten wurde eine Vielzahl von Studien in unterschiedlichsten Expertisedomänen durchgeführt, von der klassischen Domäne Schach über Sport, Musik und Wissenschaft bis hin zu Medizin oder Taxifahren (für einen Überblick siehe Ericsson & Smith, 1991). Die Ergebnisse aus diesen Studien stimmen darin überein, dass eine elaborierte Wissensbasis, die durch langjähriges gezieltes Training in einer bestimmten Domäne erworben wurde, ein zentrales Merkmal von Experten ist (Ericsson, Krampe & Teschromer, 1993).

Während die Bedeutung von Wissen für Expertenleistungen im Allgemeinen weitgehend unumstritten ist, wird die Frage nach der Relevanz von inhaltsübergreifenden kognitiven Fähigkeiten wie der Intelligenz äußerst kontrovers diskutiert. Mehrere prominente Expertiseforscher vertreten die Position, dass der IQ mit Expertenleistungen *entweder unkorreliert oder nur schwach korreliert*" (Ericsson & Lehmann, 1996, S. 280, übers. v. Verf.) ist und ihm daher keine Bedeutung zukommt. Die empirischen Befunde zur Stützung dieser Schlussfolgerung sind jedoch alles andere als eindeutig und scheinen stark von methodischen Aspekten wie der Wahl der Untersuchungsaufgaben abzuhängen. Angeregt durch Pionierarbeiten in der klassischen Expertisedomäne Schach (z. B. Chase & Simon, 1973) wurden vor allem Gedächtnisaufgaben eingesetzt, und es wurde ein starker Zusammenhang zwischen Erinnerungsleistung und Expertisegrad gefunden. Ein Einfluss von Intelligenz auf die Erinnerungsleistung wurde in den meisten Fällen nicht beobachtet. Jüngere Studien deuten darauf hin, dass der Einfluss von Intelligenz steigt, wenn kognitiv anspruchsvollere Aufgaben eingesetzt werden. Schneider, Bjorklund und Maier-Brückner (1996) verglichen die Leistungen von Schülern unterschiedlicher Intelligenz und unterschiedlicher Fußballexpertise (operationalisiert als das Vorwissen über Fußball) in zwei verschiedenen Aufgaben: Zum einen sollten sie einen Text über ein fiktives Fußballspiel reproduzieren, zum anderen mussten sie fußballbezogene Wörter kategorisieren und diese anschließend wiedergeben. In der ersten Aufgabe fand sich lediglich ein Effekt des Expertiseniveaus, in der komplexeren Sortier-Erinnerungs-Aufgabe zusätzlich ein Effekt des Intelligenzniveaus. Ein ähnlicher Befund stammt aus der klassischen Expertisedomäne Schach. Grabner, Neubauer und Stern (2006) gaben stärkeren und schwächeren Turnierschachspielern (eingeteilt auf Basis ihres Elo-Wertes) höherer und geringerer Intelligenz eine Reihe verschiedenster Aufgaben mit Schachmaterial vor und fanden über alle Aufgabentypen hinweg gleich starke Effekte von Expertise und Intelligenz auf die Leistungen. Darüber hinaus zeigte sich, dass Experten geringerer Intelligenz gleich gute Leistungen erbrachten wie Novizen höherer Intelligenz. Dieses bereits mehrfach replizierte Ergebnis aus der Expertiseforschung demonstriert, dass eine geringere Intelligenz durch einen höheren Grad an Expertise bzw. durch mehr Wissen kompensiert werden kann.

Neben dem hier dargestellten 2x2-Design im Vergleich von Personen unterschiedlicher Expertise und Intelligenz wurde der Frage nach der Bedeutung von Intelligenz für Expertenleistungen korrelativ nachgegangen. Auch hier liegen die meisten Studien in der Domäne Schach vor (für einen Überblick siehe Grabner, Stern & Neubauer, 2007), da diese einerseits ein objektives und reliables Expertisemaß (das Elo-System) bietet und andererseits eine höchst anspruchsvolle kognitive Tätigkeit darstellt. In der bislang umfangreichsten Studie an Erwachsenen (Grabner et al., 2007) zeigten sich erstmals moderate Zusammenhänge zwischen Intelligenzmaßen und Spielstärke. Die Ursache dieser Zusammenhänge ist nach wie vor ungeklärt und bietet viel Raum für Spekulationen. Die schwächelnden Korrelationen zeigen allerdings, dass eine hohe Intelligenz keine *hinreichende* Bedingung für das Erreichen von Expertenleistungen ist, was auch in Einklang mit zahlreichen Ergebnissen der Hochbegabungsforschung steht.

Im Gegensatz zur Expertiseforschung, die sich mit Leistungsunterschieden von Personen in einem Inhaltsbereich beschäftigt, fokussiert die *Hochbegabungsforschung* auf individuelle Unterschiede im Leistungspotenzial (Gagné, 1985). Der Begriff Hochbegabung wurde zum ersten Mal von William Stern, dem Begründer des IQ, als Ausdruck für die höchste Ausprägung der Intelligenz verwendet. Eine Grundfrage in der Hochbegabungsforschung lautet, ob und unter welchen Bedingungen außergewöhnliche Begabungen in außergewöhnliche Leistungen umgesetzt werden. Pionierarbeit in diesem Forschungsbereich haben Lewis M. Terman (1877–1956) und Kollegen mit einer Längsschnittstudie an mehr als 1400 hochbegabten Kindern geleistet. Die ersten Ergebnisse dieser Studie waren jedoch enttäuschend. Aus keinem der untersuchten hochbegabten Kinder entwickelte sich ein Genie (Winner, 2004). In Reanalysen dieser Studie wandte man sich verstärkt nicht-kognitiven Faktoren zu, da beobachtet wurde, dass die Terman-Kinder zu Beginn der Studie zwar alle hochbegabt waren, aber trotzdem eine große Varianz im späteren Berufs- und

Lebenserfolg aufwiesen. Im Vergleich der beruflich erfolgreichsten mit jenen der am wenigsten erfolgreichen Personen zeigten sich vor allem Unterschiede in Faktoren wie Leistungsstreben, Ausdauer, Selbstvertrauen und Zielorientierung und nicht der Intelligenz. Diese Ergebnisse wurden zum Meilenstein in der Hochbegabungsforschung und führten zur Entwicklung von Hochbegabungsmodellen, die nicht-kognitive Faktoren als wichtige Moderatorvariablen bei der Umsetzung von Begabungen in Leistungen berücksichtigen.

Mittlerweile ist sowohl in der Expertise- als auch in der Hochbegabungsforschung anerkannt, dass eine hohe Intelligenz kein Garant für das Erreichen außergewöhnlicher Leistungen ist, sondern nur eine der Voraussetzungen dafür sein kann. In diesem Kontext werden *Schwellenmodelle* diskutiert, wonach bei Überschreiten eines bestimmten Intelligenzniveaus die kognitiven Voraussetzungen für den Expertiseerwerb erfüllt sind. Über diesem Schwellenwert würden im Wesentlichen nicht-kognitive Faktoren wie Motivation oder Ausdauer darüber entscheiden, welche Leistungen erreicht werden (Schneider, 1992). Intelligenz dürfte jedoch auch jenseits dieser Schwelle nicht vollkommen an Bedeutung verlieren, wie Längsschnittstudien von Benbow und Lubinski zeigen (z. B. Lubinski & Benbow, 2006; Park, Lubinski & Benbow, 2007). Sie verfolgten die Entwicklung von mathematisch hochbegabten Kindern und zeigten, dass selbst im Hochbegabungsbereich (oberste 1 % des SAT-M) individuelle Unterschiede in der Mathematikleistung im Alter von 12 Jahren einen signifikanten Beitrag zur Vorhersage des späteren Ausbildungs- und Berufserfolgs leisten. Die Betrachtung der individuellen Fähigkeitsprofile (Differenzierung von verbalen vs. mathematischen Begabungen) erlaubte überdies Vorhersagen, in welchen Bereichen (z. B. Geistes- und Sozialwissenschaften vs. Technik und Naturwissenschaften) Erfolge im Berufsleben erzielt wurden. Die Ergebnisse dieser Studien weisen darauf hin, dass eine höhere Ausprägung intellektueller Fähigkeiten auch jenseits einer notwendigen Schwelle mit einer höheren Wahrscheinlichkeit für das Erreichen von Höchstleistungen einhergeht.

3.4 Intelligenz und Geschlecht

In den letzten Jahrzehnten ist die Präsenz von Mädchen und Frauen im höheren Bildungsbereich selbstverständlich geworden. Große Unterschiede zeigen sich jedoch im Leistungsprofil und der Studienfachwahl. Im mathematischen und naturwissenschaftlichen Bereich sind Jungen nach wie vor sehr viel stärker als Mädchen vertreten, insbesondere im oberen Leistungsbereich. In einem kürzlich erschienenen Buch lassen Ceci und Williams (2007) Wissenschaftler aus unterschiedlichen Teildisziplinen der Psychologie (siehe auch Ceci, Williams & Barnett, 2009) zur Frage nach Geschlechtsunterschieden in der Begabungsstruktur zu Wort kommen. Der einzige Bereich, in dem sich stabile Geschlechtsunterschiede zugunsten des männlichen Geschlechts zeigen, sind die Leistungen bei dreidimensionalen räumlich-visuellen Anforderungen. Bestätigt wird dies durch eine detaillierte Analyse von Begabungsprofilen durch Lubinski und Benbow (2006). Hier zeigte sich, dass das Profil „räumlich-visuelle Kompetenzen besser als verbale Kompetenzen" bei Frauen im obersten Leistungsbereich sehr viel seltener vorkommt als bei Männern. Gerade dieses Profil bringt ein besonderes Potenzial für ingenieurwissenschaftliche und naturwissenschaftliche Berufe mit sich. Außerdem sind Frauen mit einer überdurchschnittlichen Begabung im mathematischen Bereich zumeist auch im sprachlichen Bereich Spitze und entscheiden sich bei der Berufswahl dann eher in letztere Richtung – wohl auch wegen der größeren gesellschaftlichen Akzeptanz. Generell sind jedoch in jedem Begabungsprofil beide Geschlechter zu finden, d. h. vorgefundene Begabungsunterschiede ergeben sich nicht aus biologischen Notwendigkeiten. In einem sehr grundsätzlichen Aufsatz über Ursachen von Geschlechtsunterschieden betont Spelke (2005) die Bedeutung nicht-kognitiver, aber doch biologisch mitbestimmter Ursachen für Geschlechtsunterschiede, wie z. B. in der Ängstlichkeit. Tatsächlich konnte mehrfach gezeigt werden, dass Schülerinnen und Studentinnen besonders anfällig für den sogenannten *Stereotype-Threat* sind. Bei Tests mit Mathematikaufgaben, in denen den Probandinnen und Probanden vorgängig kommuniziert wurde, dass sich üblicherweise Geschlechtsunterschiede in den Leistungen zeigen, erbrachten Frauen tatsächlich eine schlechtere Leistung als Männer, während keine Unterschiede zu beobachten waren, wenn darauf hingewiesen wurde, dass keine Geschlechtsunterschiede zu erwarten seien (Spencer, Steele & Quinn, 1999). Besonders eindrücklich zeigten sich die Auswirkungen des Stereotyps, dass Frauen schlechter in Mathematik seien, in einer Studie von Danaher und Crandall (2008). Hier wurde beobachtet, dass Frauen, die ihr Geschlecht *nach* Bearbeitung eines standardisierten Mathematiktests ankreuzten, besser abschnitten als diejenigen, die dies *vor* der Bearbeitung des Tests getan hatten.

4 Moderne Trends in der Intelligenzforschung

Die bereits über 100-jährige Tradition der Intelligenzforschung wurde mit der Entwicklung von neurowissenschaftlichen Verfahren um eine wertvolle Analyseebene bereichert. Non-invasive Methoden wie die Elektroenzephalografie (EEG) oder Magnetresonanztomografie (MRT) ermöglichen es uns heute, den Fragen nachzugehen, wie sich die Intelligenzentwicklung in Struktur und Funktion des menschlichen Gehirns widerspiegelt und worin sich intelligentere von weniger intelligenten Gehirnen unterscheiden. In Bezug auf die erste Frage mehren sich Befunde, wonach sich verschiedene Gehirnregionen in unterschiedlicher Geschwindigkeit entwickeln (z. B. Giedd et al., 1999; Gogtay et al., 2004; Sowell et al., 2003). Mithilfe von bildgebenden Verfahren konnte gezeigt werden, dass das Ausmaß grauer Substanz, das als Indikator für die Zahl von Neuronen und synaptischen Verbindungen herangezogen wird, in den meisten Gehirnregionen einen umgekehrt U-förmigen Verlauf nimmt, d. h. bis zu einem gewissen Alter ansteigt und danach abnimmt. Areale des frontalen Kortex, die vor allem mit Arbeitsgedächtnisfunktionen in Verbindung gebracht werden, erreichen das Maximum an grauer Substanz deutlich später (etwa im frühen Jugendalter) als jene Teile des Gehirns, die für sensorische oder motorische Funktionen zuständig sind. Dieser Befund deutet darauf hin, dass die Entwicklung des Frontalkortex und der damit verbundenen kognitiven Funktionen sehr lange andauert und erst am Ende der Adoleszenz bzw. zu Beginn des Erwachsenenalters abgeschlossen ist. Histologische Post-mortem-Studien legen nahe, dass die Abnahme der grauen Substanz vor allem eine Elimination von synaptischen Verbindungen zwischen Nervenzellen widerspiegelt (Huttenlocher & Dabholkar, 1997). Dieser Prozess wird auch als neuronale Bereinigung („neural pruning") bezeichnet, da man davon ausgeht, dass das Gehirn von nicht-genutzten Verbindungen bereinigt wird. Im Gegensatz zur grauen Substanz, deren Entwicklung in den ersten zwei Lebensjahrzehnten durch regionale Zu- und Abnahmen geprägt ist, zeigt das Ausmaß weißer Substanz einen anderen Verlauf. Die weiße Substanz, die vor allem aus Bündeln myelinisierter Verbindungen zwischen Nervenzellen besteht, nimmt bis zum Alter von etwa 40 Jahren linear zu. Dieser Befund ist bemerkenswert, zeigt er doch, dass die Entwicklung des Gehirns über das Jugendalter hinaus andauert.

Die Entwicklungsverläufe von grauer und weißer Substanz begleiten natürlich die Entwicklung der kognitiven Fähigkeiten, doch bislang ist nur wenig darüber bekannt, wie diese Veränderungen in der Gehirnstruktur mit intellektuellen Leistungen zusammenhängen. Es scheint jedoch so zu sein, dass intelligentere und weniger intelligente Personen unterschiedliche Entwicklungsverläufe zeigen. In einer Längsschnittstudie mit mehreren hundert Kindern und Jugendlichen zeigten

Shaw et al. (2006), dass die kortikale Dicke (ebenso ein Indikator für die Anzahl an Neuronen und Synapsen) mit Intelligenz in der frühen Kindheit negativ, jedoch ab dem Jugendalter positiv korreliert. Dies wurde vor allem für den Frontalkortex beobachtet. Bei genauerer Betrachtung des Entwicklungsverlaufs stellte sich heraus, dass die intelligenteren Kinder einen starken Anstieg der kortikalen Dicke bis etwa 12 Jahre und anschließend eine zunehmende Verdünnung des Kortex aufwiesen, während die weniger intelligenten Kinder bereits ab etwa 7 bis 9 Jahren Abnahmen in der kortikalen Dicke zeigten. Mit anderen Worten: Die Gehirne der intelligenteren Kinder waren durch eine höhere Plastizität und durch eine später einsetzende Ausdünnung gekennzeichnet.

Die von Shaw et al. (2006) ab dem Jugendalter beobachteten positiven Korrelationen zwischen kortikaler Dicke und Intelligenz veranschaulichen die allgemeine Befundlage zum Zusammenhang zwischen den Maßen der Gehirnstruktur und der Intelligenz. Intelligentere Erwachsene verfügen im Allgemeinen über mehr graue und weiße Substanz als weniger intelligente Erwachsene (vgl. Deary, Penke & Johnson, 2010). Die Korrelationen sind jedoch moderat und liegen je nach Gehirnregion in etwa um .30. Unklar sind die Ursachen für diese Zusammenhänge. Die aktuellen Befunde sprechen dafür, dass individuelle Unterschiede in der Struktur jener Gehirnregionen, die mit fluiden Intelligenzkomponenten in Zusammenhang stehen, vorwiegend auf genetische Einflüsse zurückgehen. Thompson et al. (2001) berichten beispielsweise für das Ausmaß grauer Substanz im Frontalkortex Erblichkeitsschätzungen von bis zu 90 %. Jene Strukturen des Gehirns, die besonders plastisch auf Lernprozesse reagieren (z. B. der Parietalkortex; vgl. Draganski et al., 2006) weisen hingegen sehr geringe Erblichkeiten um etwa 20 % auf. Darüber hinaus wurde in multivariaten genetischen Analysen gefunden, dass die genetischen Einflüsse auf die Gehirnstruktur und die Intelligenz (insbesondere das Arbeitsgedächtnis) stark überlappen (Posthuma et al., 2002). Das heißt, dass überwiegend die gleichen Gene für Unterschiede in Gehirnstruktur und (fluider) Intelligenz verantwortlich sind.

In einem umfangreichen Übersichtsartikel trugen Jung und Haier (2007) die Ergebnisse aus allen Studien zusammen, in denen Zusammenhänge zwischen individuellen Unterschieden in der Intelligenz und Gehirnstruktur oder -funktion gefunden wurden. Auf Basis dieser Befundlage entwickelten sie die parieto-frontale Integrationstheorie (P-FIT), wonach Intelligenz sich nicht in einer einzelnen Gehirnregion lokalisieren lässt, sondern vielmehr aus dem Zusammenspiel eines ganzen Netzwerks (mit starker Beteiligung von frontalen und parietalen Regionen) resultiert. Je besser dieses Netzwerk arbeitet, desto höhere intellektuelle Leistungen können erbracht werden. Erwähnenswert ist, dass ein „besseres Arbeiten" sich offenbar in einer geringeren anstatt stärkeren Aktivierung des Gehirns ausdrückt. Dieses Phänomen wurde erstmals von Haier und Kollegen (1988) beobachtet und als „neurale Effizienz" („neural efficiency") bezeichnet: Intelligentere Personen zeigen bei der Bearbeitung von kognitiven Aufgaben eine effizientere, d. h. geringere und/ oder stärker fokussierte Gehirnaktivierung als weniger intelligente Personen. Dieser negative Zusammenhang zwischen Intelligenz und Aktivierung ließ sich vor allem bei den aus der Mental-Speed-Forschung bekannten elementar-kognitiven Aufgaben beobachten, die kein spezielles Vorwissen voraussetzen und für deren Bearbeitung auch kaum Strategien entwickelt werden können (Neubauer & Fink, 2009). Spielt das Vorwissen eine wichtige Rolle oder werden die Aufgaben sehr komplex, fanden sich keine oder sogar positive Korrelationen zwischen Intelligenz und Gehirnaktivierung (z. B. Grabner et al., 2006; Grabner, Stern & Neubauer, 2003). Die Grundlage für die neurale Effizienz wird unter anderem im Grad der Myelinisierung (Miller, 1994) und in der Plastizität des Gehirns gesehen (Garlick, 2002).

Die in diesem Abschnitt dargestellten Befunde bestätigen zum einen, was die Pioniere der Intelligenzforschung bereits vor mehr als einem Jahrhundert vermutet hatten: Unterschiede in der Intelligenz sind (unter anderem) Ausdruck einer unterschiedlichen Effizienz des zentralen

Nervensystems und würden sich bereits in elementaren Aufgaben widerspiegeln. Zum anderen unterstreichen sie, dass die bis zum Erwachsenenalter entwickelte Intelligenz das Resultat eines komplexen Zusammenspiels von Gehirnregionen ist, die in ganz unterschiedlichem Ausmaß von genetischen und Umwelteinflüssen (Lerngelegenheiten) geprägt sind.

5 Schlussbetrachtungen

Die zentrale Aussage dieses Kapitels ist, dass sich Menschen in der Intelligenz unterscheiden und dass diese Unterschiede in einer Gesellschaft durch den Schulbesuch nicht abnehmen. Vielmehr kann sich das, was in unseren Genen als *Intelligenzpotenzial* angelegt ist, überhaupt erst entfalten, wenn die Gelegenheit zum Lernen im akademischen Sinne gegeben wird. Dazu gehört vor allem die Möglichkeit, Wissen in Symbolsystemen abzuspeichern und diese auch für schlussfolgerndes Denken zu nutzen. Dem Schulbesuch kommt bei der Intelligenzentwicklung eine zentrale Bedeutung zu. Um diesen Aspekt zu betonen, haben wir Franz Weinert als die herausragende Forscherpersönlichkeit gewählt, obwohl er kein klassischer Intelligenzforscher ist, sondern ein Entwicklungspsychologe, der sich mit der Nutzung der Intelligenz beim Lernen befasst hat. Seine wichtigste Botschaft war, dass Intelligenz nicht mit Kompetenz gleichgesetzt werden darf. Entscheidend für die Leistung in jedem Inhaltsbereich ist eine gut organisierte Wissensbasis, und intelligenteren Menschen fällt es leichter, diese zu erwerben. Dieser Vorteil muss genutzt werden, beziehungsweise man muss die Gelegenheit zur Nutzung erhalten. Diese Botschaft wurde gleich zu Beginn des Kapitels vermittelt, indem mathematische Textaufgaben

Franz Emanuel Weinert (1930–2001) – Pädagoge und Psychologe

wurde in Komotau (heute Tschechische Republik) geboren. Anders als seine oft nur um ein Jahr älteren Mitschüler war er nicht mehr gezwungen, „für Volk und Führer" in den Krieg zu ziehen, aber nach 1945 musste seine Familie ihre Heimat in Richtung Bamberg/ Bayern verlassen. Unter den prekären wirtschaftlichen Verhältnissen der damaligen Zeit absolvierte Weinert zunächst zusammen mit seiner späteren Frau Anne eine Ausbildung zum Volksschullehrer, die bei ihm jedoch ein eher grundlegendes Interesse an den Vorgängen des schulischen Lernens entfachte. Insbesondere interessierten ihn die Ursachen für interindividuelle Unterschiede im Lernzuwachs, für die er sich Antworten aus der Psychologie erhoffte. Daher studierte Weinert parallel zu seiner Lehrertätigkeit gleich noch Psychologie, bevor er sich ganz der Wissenschaft verschrieb. Dabei spannt sich seine Berufslaufbahn vom wissenschaftlichen Assistenten an der Universität Bonn bis zum Ordinarius in Heidelberg. Bereits in Zeiten, in denen die Verarbeitung großer Datenmengen noch äußerst mühsam war, führte er Längsschnittuntersuchungen mit dem Ziel durch, Leistungsunterschiede in den wichtigsten Schulfächern aufzuklären.

1980 wurde Weinert als Gründungsdirektor an das Max-Planck-Institut für psychologische Forschung in München berufen und machte dort alsbald mit den Längsschnittstudien LOGIK und SCHOLASTIK national und international auf sein Institut aufmerksam. Besonders wahrgenommen wurden seine Publikationen über das Zusammenwirken von Wissen und Intelligenz. In Dutzenden Büchern und weit über 100 Aufsätzen zum schulischen Lernen hat Weinert fachlich brillant Stellung bezogen; viele der heute an deutschen Bildungsinstitutionen Lehrenden haben als seine Schüler davon profitieren können. Bedeutsam sind auch seine Verdienste um die Deutsche Forschungsgemeinschaft (DFG) und die Deutsche Gesellschaft für Psychologie (DGPs).

aufgeführt wurden, deren Lösung für Kinder am Ende der Grundschulzeit noch eine echte Herausforderung darstellt. Das Lösen dieser Aufgaben erfordert schlussfolgerndes Denken auf der Grundlage des mathematischen Wissens. Letzteres muss in anregendem Schulunterricht erworben werden und hängt damit ganz erheblich vom Angebot der Lehrpersonen ab. Wie gut die Schülerinnen und Schüler ihre Intelligenz nutzen können, um Kompetenzen in unterschiedlichen Inhaltsbereichen zu erwerben, hängt daher klar von der Unterrichtsqualität ab. Eine Lehrperson ist erfolgreich, wenn sich bei allen Schülerinnen und Schülern einer Klasse ein Leistungsanstieg nachweisen lässt. Findet man zusätzlich eine Korrelation zwischen dem Leistungszuwachs und der Intelligenz, zeigt dies, dass es einer Lehrperson gelungen ist, das Intelligenzpotenzial ihrer Schülerinnen und Schüler gut auszunutzen, was ganz im Sinne von Nature *via* Nurture ist.

Literatur

Asendorpf, J. B. (2007). *Psychologie der Persönlichkeit* (4. Aufl.). Heidelberg: Springer.

Baddeley, A. (2003). Working memory: Looking back and looking forward. *Nature Reviews Neuroscience, 4* (10), 829–839.

Baddeley, A., Eysenck, M. W. & Anderson, M. C. (2009). *Memory.* New York, NY: Psychology Press.

Baddeley, A. & Hitch, G. J. (1974). Working memory. In G. A. Bower (Hrsg.), *Recent advances in learning and motivation* (Vol. 8, S. 47–90). New York, NY: Academic Press.

Bar-On, R. (1997). *The emotional quotient inventory (EQ-I): A test of emotional intelligence.* Toronto: Multihealth Systems.

Beier, M. E. & Ackerman, P. L. (2004). A Reappraisal of the relationship between span memory and intelligence via „best evidence synthesis". *Intelligence, 32* (6), 607–619.

Best, J. R., Miller, P. H. & Jones, L. L. (2009). Executive functions after age 5: Changes and correlates. *Developmental Review, 29* (3), 180–200.

Carroll, J. B. (1993). *Human cognitive abilities: A survey of factor analytic studies.* Cambridge: Cambridge University Press.

Cattell, R. B. (1963). Theory of fluid and crystallized intelligence: A critical experiment. *Journal of Educational Psychology, 54,* 1–22.

Cattell, R. B. (1987). *Intelligence: Its structure, growth, and action.* Amsterdam: Elsevier.

Ceci, S. J. & Williams, W. M. (1997). Schooling, intelligence, and income. *American Psychologist, 52* (10), 1051–1058.

Ceci, S. J. & Williams, W. M. (Hrsg.). (2007). *Why aren't more women in science? Top researchers debate the evidence.* Washington, DC: American Psychological Association.

Ceci, S. J., Williams, W. M. & Barnett, S. M. (2009). Women's underrepresentation in science: Sociocultural and biological considerations. *Psychological Bulletin, 135* (2), 218–261.

Chase, W. G. & Simon, H. A. (1973). Perception in chess. *Cognitive Psychology, 4* (1), 55–81.

Colom, R., Flores-Mendoza, C., Quiroga, M. A. & Privado, J. (2005). Working memory and general intelligence: The role of short-term storage. *Personality and Individual Differences, 39* (5), 1005–1014.

Conway, A. R. A., Cowan, N., Bunting, M. F., Therriault, D. J. & Minkoff, S. R. B. (2002). A latent variable analysis of working memory capacity, short-term memory capacity, processing speed, and general fluid intelligence. *Intelligence, 30* (2), 163–183.

Danaher, K. & Crandall, C. S. (2008). Stereotype threat in applied settings re-examined. *Journal of Applied Social Psychology, 38* (6), 1639–1655.

Deary, I. J., Penke, L. & Johnson, W. (2010). The neuroscience of human intelligence differences. *Nature Reviews Neuroscience, 11* (3), 201–211.

Deary, I. J., Whiteman, M. C., Starr, J. M., Whalley, L. J. & Fox, H. C. (2004). The impact of childhood intelligence on later life: Following up the Scottish mental surveys of 1932 and 1947. *Journal of Personality and Social Psychology, 86* (1), 130–147.

Draganski, B., Gaser, C., Kempermann, G., Kuhn, H. G., Winkler, J., Buchel, C. & May, A. (2006). Temporal and spatial dynamics of brain structure changes during extensive learning. *Journal of Neuroscience, 26* (23), 6314–6317.

Ericsson, K. A., Krampe, R. T. & Teschromer, C. (1993). The role of deliberate practice in the acquisition of expert performance. *Psychological Review, 100* (3), 363–406.

Ericsson, K. A. & Lehmann, A. C. (1996). Expert and exceptional performance: Evidence of maximal adaptation to task constraints. *Annual Review of Psychology, 47,* 273–305.

Ericsson, K. A. & Smith, J. (1991). Prospects and limits of the empirical study of expertise: An introduction. In K. A. Ericsson & J. Smith (Hrsg.), *Toward a General Theory of Expertise. Prospects and Limits* (S. 1–38). Cambridge: Cambridge University Press.

Friedman, N. P., Miyake, A., Young, S. E., DeFries, J. C., Corley, R. P. & Hewitt, J. K. (2008). Individual differences in executive functions are almost entirely genetic in origin. *Journal of Experimental Psychology: General, 137* (2), 201–225.

Gagné, F. (1985). Giftedness and Talent – Reexamining a reexamination of the definitions. *Gifted Child Quarterly, 29* (3), 103–112.

Gardner, H. (1983). *Frames of mind: The theory of multiple intelligences.* New York, NY: Basic Books (Harper Collins).

Gardner, H. (1999). *Intelligence reframed: Multiple intelligences for the 21st century.* New York: Basic Books (Harper Collins).

Gardner, H. (2004). Audiences for the theory of multiple intelligences. *Teachers College Record, 106,* 212–220.

Garlick, D. (2002). Understanding the nature of the general factor of intelligence: The role of individual differences in neural plasticity as an explanatory mechanism. *Psychological Review, 109* (1), 116–136.

Garon, N., Bryson, S. E. & Smith, I. M. (2008). Executive function in preschoolers: A review using an integrative framework. *Psychological Bulletin, 134* (1), 31–60.

Gathercole, S. E., Pickering, S. J., Ambridge, B. & Wearing, H. (2004). The structure of working memory from 4 to 15 years of age. *Developmental Psychology, 40* (2), 177–190.

Giedd, J. N., Blumenthal, J., Jeffries, N. O., Castellanos, F. X., Liu, H., Zijdenbos, A. . . . & Rapoport, J. L. (1999). Brain development during childhood and adolescence: A longitudinal MRI study. *Nature Neuroscience, 2* (10), 861–863.

Gogtay, N., Giedd, J. N., Lusk, L., Hayashi, K. M., Greenstein, D., Vaituzis, A. C. . . . & Thompson, P. M. (2004). Dynamic mapping of human cortical development during childhood through early adulthood. *Proceedings of the National Academy of Sciences of the United States of America, 101* (21), 8174–8179.

Goleman, D. (1995). *Emotional Intelligence: Why it can matter more than IQ.* New York, Ny: Bantam Books.

Grabner, R. H., Neubauer, A. C. & Stern, E. (2006). Superior performance and neural efficiency: The impact of intelligence and expertise. *Brain Research Bulletin, 69* (4), 422–439.

Grabner, R. H., Stern, E. & Neubauer, A. C. (2003). When intelligence loses its impact: Neural efficiency during reasoning in a familiar area. *International Journal of Psychophysiology, 49* (2), 89–98.

Grabner, R. H., Stern, E. & Neubauer, A. C. (2007). Individual differences in chess expertise: A psychometric investigation. *Acta Psychologica, 124* (3), 398–420.

Gruber, H. & Ziegler, A. (1996). Expertise als Domäne psychologischer Forschung. In H. Gruber & A. Ziegler (Hrsg.), *Expertiseforschung. Theoretische und methodische Grundlagen* (S. 7–16). Opladen: Westdeutscher Verlag.

Guilford, J. P. (1956). The structure of intellect. *Psychological Bulletin, 53* (4), 267–293.

Haier, R. J., Siegel, B. V., Nuechterlein, K. H., Hazlett, E., Wu, J. C., Paek, J. . . . & Buchsbaum, M. S. (1988). Cortical glucose metabolic-rate correlates of abstract reasoning and attention studied with positron emission tomography. *Intelligence, 12* (2), 199–217.

Hirsh-Pasek, K. & Golnikoff, R. (2003). *Einstein never used flashcards: How our children really learn – and why they need to play more and memorize.* Emmaus, PA: Rodale Books.

Huttenlocher, P. R. & Dabholkar, A. S. (1997). Regional differences in synaptogenesis in human cerebral cortex. *Journal of Comparative Neurology, 387* (2), 167–178.

Jäger, O. A., Süß, H. M. & Beauducel, A. (1997). *Berliner Intelligenzstruktur-Test [Berlin Intelligence Structure Test].* Göttingen: Hogrefe.

Jensen, A. R. (1998). *The g factor. The science of mental ability.* Westport, CT: Praeger Publishers.

Jung, R. E. & Haier, R. J. (2007). The parieto-frontal integration theory (P-FIT) of intelligence: Converging neuroimaging evidence. *Behavioral and Brain Sciences, 30* (2), 135–154.

Lubinski, D. & Benbow, C. P. (2006). Study of mathematically precocious youth after 35 years uncovering antecedents for the development of math-science expertise. *Perspectives on Psychological Science, 1* (4), 316–345.

McCall, R. B. & Carriger, M. S. (1993). A meta-analysis of infant habituation and recognition memory performance as predictors of later IQ. *Child Development, 64,* 57–79.

Miller, E. M. (1994). Intelligence and brain myelination – A hypothesis. *Personality and Individual Differences, 17* (6), 803–832.

Miyake, A., Friedman, N. P., Emerson, M. J., Witzki, A. H., Howerter, A. & Wager, T. D. (2000). The unity and diversity of executive functions and their contributions to complex "frontal lobe" tasks: A latent variable analysis. *Cognitive Psychology, 41* (1), 49–100.

Neisser, U., Boodoo, G., Bouchard, T. J., Boykin, A. W., Brody, N., Ceci, S. J. . . . & Urbina, S. (1996). Intelligence: Knowns and unknowns. *American Psychologist, 51* (2), 77–101.

Nelson, C. A., Zeanah, C. H., Fox, N. A., Marshall, P. J., Smyke, A. T. & Guthrie, D. (2007). Cognitive recovery in socially deprived young children: The Bucharest early intervention project. *Science, 318* (5858), 1937–1940.

Neubauer, A. C. (1995). *Intelligenz und Geschwindigkeit der Informationsverarbeitung.* Wien: Springer.

Neubauer, A. C. & Fink, A. (2006). Differentielle Psychologie: Leistungsfunktionen. In K. Pawlik (Hrsg.), *Handbuch Psychologie* (S. 319–336). Berlin: Springer.

Neubauer, A. C. & Fink, A. (2009). Intelligence and neural efficiency. *Neuroscience & Biobehavioral Reviews, 33* (7), 1004–1023.

Neubauer, A. C. & Knorr, E. (1998). Three paper-and-pencil tests for speed of information processing: Psychometric properties and correlations with intelligence. *Intelligence, 26,* 123–151.

Oberauer, K., Sü, H.-M., Wilhelm, O. & Wittmann, W. W. (2008). Which working memory functions predict intelligence? *Intelligence, 36* (6), 641–652.

Park, G., Lubinski, D. & Benbow, C. P. (2007). Contrasting intellectual patterns predict creativity in the arts and sciences – Tracking intellectually precocious youth over 25 years. *Psychological Science, 18* (11), 948–952.

Paus, T. (2005). Mapping brain maturation and cognitive development during adolescence. *Trends in Cognitive Sciences, 9* (2), 60–68.

Petermann, F. (2011). *Wechsler Preschool and Primary Scale – Third edition* (WPPSI-III, deutsche Version). Frankfurt: Pearson Assessment.

Plomin, R., deFries, J. C., McClearn, G. E. & McGuffin, P. (2008). *Behavioral genetics.* New York, NY: Worth Publishers.

Posner, M. I. & Mitchell, R. F. (1967). Chronometric analysis of classification. *Psychological Review, 74,* 392–409.

Posthuma, D., De Geus, E. J. C., Baare, W. F. C., Pol, H. E. H., Kahn, R. S. & Boomsma, D. I. (2002). The association between brain volume and intelligence is of genetic origin. *Nature Neuroscience, 5* (2), 83–84.

Raven, J. C. (1958). *Advanced progressive matrices.* London: Leweis.

Riby, L. M., Perfect, T. J. & Stollery, B. T. (2004). The effects of age and task domain on dual task performance: A meta-analysis. *European Journal of Cognitive Psychology, 16* (6), 863–891.

Ridley, M. (2003). *Nature via Nurture: Genes, experience and what makes us human.* London, UK: Harper Collins.

Roberts, R. D., Beh, H. C. & Stankov, L. (1988). Hick law, competing-task performance, and intelligence. *Intelligence, 12* (2), 111–130. Rost, D. H. (2008). Multiple intelligences, multiple irritations. *Zeitschrift für Pädagogische Psychologie, 22* (2), 97–112.

Salovey, P. & Mayer, J. D. (1990). Emotional intelligence. *Imagination, Cognition and Personality, 9,* 185–211.

Schneider, W. (1992). Erwerb von Expertise: Zur Relevanz kognitiver und nichtkognitiver Voraussetzungen. In E. A. Hany & H. Nickel (Hrsg.), *Begabung und Hochbegabung* (S. 104–122). Bern: Hans Huber.

Schneider, W., Bjorklund, D. F. & Maier-Bruckner, W. (1996). The effects of expertise and IQ on children's memory: When knowledge is, and when it is not enough. *International Journal of Behavioral Development, 19* (4), 773–796.

Shaw, P., Greenstein, D., Lerch, J., Clasen, L., Lenroot, R., Gogtay, N. . . . & Giedd, J. (2006). Intellectual ability and cortical development in children and adolescents. *Nature, 440* (7084), 676–679.

Snow, R. E. (1982). Intelligence and education. In R. J. Sternberg (Hrsg.), *Handbook of human intelligence* (S. 493–585). Cambridge, UK: Cambridge University Press.

Sowell, E. R., Peterson, B. S., Thompson, P. M., Welcome, S. E., Henkenius, A. L. & Toga, A. W. (2003). Mapping cortical change across the human life span. *Nature Neuroscience, 6* (3), 309–315.

Spearman, C. (1904). „General intelligence", objectively determined and measured. *American Journal of Psychology, 15,* 201–293.

Spelke, E. (2005). Sex differences in intrinsic aptitude for mathematics and science: A critical review. *American Psychologist, 60,* 950–958.

Spencer, S. J., Steele, C. M. & Quinn, D. M. (1999). Stereotype threat and women's math performance. *Journal of Experimental Social Psychology, 35,* 4–28.

Staub, F. C. & Stern, E. (2002). The nature of teachers' pedagogical content beliefs matters for students' achievement gains: Quasi-experimental evidence from elementary mathematics. *Journal of Educational Psychology, 94* (2), 344–355.

Stern, E. (1999). Development of mathematical competencies. In F. E. Weinert & W. Schneider (Hrsg.), *Individual development from 3-12: Findings from the Munich Longitudinal Study* (S. 154–170). Cambridge, UK: Cambridge University Press.

Stern, E. (2009). The development of mathematical competence: Sources of individual differences and their developmental trajectories. In W. Schneider & M. Bullock (Hrsg.), *Human development from early childhood to early adulthood. Evidence from the Munich Longitudinal Study on the Genesis of Individual Competencies (LOGIC)* (S. 221–237). Mahwah, NJ: Erlbaum.

Stern, W. (1912). *Die psychologischen Methoden der Intelligenzprüfung.* Leipzig: Barth.

Sternberg, R. J. (1985). *Beyond IQ: A triarchic theory of human intelligence.* New York: Cambridge University Press.

Süss, H. M., Oberauer, K., Wittmann, W. W., Wilhelm, O. & Schulze, R. (2002). Working-memory capacity explains reasoning ability – and a little bit more. *Intelligence, 30* (3), 261–288.

Thompson, P. M., Cannon, T. D., Narr, K. L., Van Erp, T., Poutanen, V. P., Huttunen, M. . . . & Toga, A. W. (2001). Genetic influences on brain structure. *Nature Neuroscience, 4* (12), 1253–1258.

Thurstone, L. L. (1938). *Primary mental abilities*. Chicago, IL: University of Chicago Press.

Turkheimer, E., Haley, A., Waldron, M., D'Onofrio, B. & Gottesman, II. (2003). Socioeconomic status modifies heritability of IQ in young children. *Psychological Science, 14* (6), 623–628.

Vernon, P. E. (1950). *The structure of human abilities*. London, UK: Methuen.

Vickers, D., Nettelbeck, T. & Wilson, R. J. (1972). Perceptual indices of performance: The measurement of "inspection time" and "noise" in the visual system. *Perception, 1,* 263–295.

Waterhouse, L. (2006). Multiple intelligences, the Mozart effect, and emotional intelligence: A critical review. *Educational Psychologist, 41* (4), 207–225.

Weinert, F. E. (2001). Schulleistungen – Leistungen der Schule oder der Schüler? In F. E. Weinert (Hrsg.), *Leistungsmessungen in Schulen*. Weinheim: Beltz.

Weinert, F. E. & Schneider, W. (1999). *Individual development from 3 to 12: Findings from the Munich longitudinal study*. Cambridge, UK: Cambridge University Press.

Winner, E. (2004). *Hochbegabt. Mythen und Realitäten von außergewöhnlichen Kindern*. Stuttgart: Klett-Cotta.

Kapitel 8
Gedächtnisentwicklung im Kindes- und Jugendalter

Wolfgang Schneider
Nicole Berger

John H. Flavell

„What, then, is memory development the development of? It seems in large part to be the development of intelligent structuring and storage of input, of intelligent search and retrieval operations, and of intelligent monitoring and knowledge of these storage and retrieval operations – a kind of 'metamemory' perhaps."

(Flavell, 1971, S. 277)

Die Entwicklung des Gedächtnisses bei Kindern und Jugendlichen stellt nach wie vor ein zentrales Thema der kognitiven Entwicklungspsychologie dar. Schon vor mehr als hundert Jahren interessierte die Frage, was genau unter Gedächtnis zu verstehen ist und wie es sich aufbaut. Vor allem vor dem Hintergrund der bahnbrechenden Arbeiten Flavells, in deren Zentrum die Frage stand, ob intentionale Gedächtnisstrategien als „Mediatoren" oder auch „Motoren" der Gedächtnisleistung anzusehen sind und wie diese dann die Leistung in unterschiedlichen Altersgruppen beeinflussen, sind in den 1960er-Jahren grundsätzliche entwicklungspsychologische Gedächtnisvorgänge aufgedeckt worden. Zu ihrer Aufklärung hat dabei gleichzeitig die Etablierung einer Reihe allgemeiner Informationsverarbeitungstheorien beigetragen. Mittlerweile besteht deshalb in Bezug auf das Gedächtnis eine relativ große Übereinstimmung in der Begriffsbestimmung und den zentralen Modellannahmen.

1 Gedächtnis: Definition und Modellvorstellung

Unter *Gedächtnis* versteht man allgemein die Fähigkeit des Gehirns, Informationen zu speichern und wieder abzurufen. Klassische Gedächtnismodelle berücksichtigen das zeitliche Verhältnis zwischen Einprägen und Gedächtnisabruf, aber auch inhaltliche Organisationsaspekte. Die traditionelle allgemeinpsychologische Gedächtnisforschung favorisierte zunächst die Konzeption eines *zeitabhängigen Gedächtnisses*: Das Gedächtnis wurde demzufolge in Zeitabschnitte unterteilt. Bei Atkinson und Shiffrin (1968) waren dies das *Ultra-*

1 Gedächtnis: Definition und Modellvorstellung | 203

kurzzeitgedächtnis bzw. das *Sensorische Register* (SR), das *Kurzzeitgedächtnis* (KZG) und das *Langzeitgedächtnis* (LZG). Danach wird eine neu wahrgenommene Information zunächst im SR aufgenommen, wo sie nur Bruchteile von Sekunden verbleibt. Bestimmte Informationsanteile werden in das KZG, ein System mit begrenzter Aufnahmekapazität, transportiert und dort über sog. „Kontrollprozesse" (etwa Wiederholungsvorgänge) aktiv gehalten, sodass sie letztendlich in das LZG überführt werden können.

Neben der traditionellen Aufteilung des Gedächtnisses in zeitabhängige Komponenten finden sich in der Literatur Beschreibungen *inhaltsabhängiger Gedächtnisformen,* die insbesondere die Struktur des LZG betreffen (vgl. z. B. Markowitsch, 1992). Es wird unterstellt, dass das LZG keine einheitliche Größe darstellt, sondern sich aus mehreren Komponenten zusammensetzt. Die wichtigste Unterscheidung ist die zwischen dem bewussten Gedächtnis für Fakten und Ereignisse (*deklaratives Gedächtnis*) und verschiedenen Formen unbewusster Gedächtnisprozesse (*nicht-deklaratives Gedächtnis*). Innerhalb des deklarativen Gedächtnisses wird weiterhin zwischen dem *semantischen* und dem *episodischen* Gedächtnis differenziert (vgl. Tulving, 1985). Das *episodische* Gedächtnis verarbeitet und speichert Informationen, die sich auf eigene Erfahrungen beziehen, mit Rücksicht auf die zeitliche Sequenz der erlebten Episoden; es ist von daher autobiografisch angelegt. Demgegenüber enthält das semantische Gedächtnis das „Weltwissen" einer Person, also beispielsweise ihr Wissen über Sprache (Semantik, Grammatik), Regeln und Konzepte. Die Wissenseinheiten dieses Systems sind nicht zeitlich, sondern konzeptuell verbunden und organisiert. Beide Subkomponenten sind insofern deklarativ, als ihre Inhalte prinzipiell bewusst erinnert werden können.

Das *nicht-deklarative Gedächtnis* besteht zum Teil aus dem prozeduralen Gedächtnis, also aus einfachen, mechanisch erlernten motorischen Ablaufmustern (skills). Weiterhin wird diesem System auch das sogenannte „priming" zugeschrieben, das sich (ungenau) mit „Prägen" übersetzen lässt. Hiermit ist das Phänomen gemeint, dass man einen dargebotenen Reiz (etwa ein Tierbild) dann besser erkennen oder bei der Darbietung eines Reizteils besser erschließen kann, wenn man diesem Reiz zu einem früheren Zeitpunkt schon einmal (wenn auch beiläufig) ausgesetzt war. Auch Konditionierungsformen lassen sich dem nicht-deklarativen Gedächtnis zuordnen. Ein typisches Merkmal des *deklarativen Gedächtnisses* ist seine hohe Prozessgeschwindigkeit, seine Flexibilität und der Umstand, dass es nicht immer zuverlässig operiert (so werden beispielsweise Vergessensprozesse und Abrufschwierigkeiten registriert). Das *nicht-deklarative Gedächtnis* arbeitet dagegen mit Ausnahme von „priming" relativ langsam und wenig flexibel, ist dabei aber äußerst zuverlässig (Squire, Knowlton & Musen, 1993). Seine Inhalte sind im Wesentlichen unbewusst, was einige Autoren dazu führt, von einem „impliziten" Gedächtnis zu sprechen, das ohne explizite Instruktion zum Memorieren funktioniert (Parkin, 1993).

Untersuchungen mit hirnverletzten Patienten belegen den Sinn einer Unterscheidung zwischen deklarativen und nicht-deklarativen (prozeduralen) Gedächtnissystemen, da sie nachweisen können, dass trotz Ausfalls des deklarativen Gedächtnisses das prozedurale Gedächtnis problemlos funktionieren kann. Neuropsychologische Forschungsarbeiten zeigen, dass sich deklarative und nicht-deklarative Gedächtnisvorgänge in unterschiedlichen Hirnrealen abspielen, was die Auffassung stützt, dass wir nicht von einem einheitlichen Gedächtnis, sondern unterschiedlichen Subsystemen auszugehen haben. Dennoch weisen neuere Befunde darauf hin, dass sich implizite und explizite Gedächtnisvorgänge gegenseitig unterstützen können, also nicht völlig unabhängig voneinander agieren (Bauer, 2006).

2 Historische Anfänge

Seit mehr als 120 Jahren werden Forschungsarbeiten zur Entwicklung des Gedächtnisses durchgeführt. Es ist meist nicht bekannt, dass die Geschichte der entwicklungspsychologischen Forschung zum Gedächtnis annähernd so alt ist wie die der wissenschaftlichen Psychologie. Die ersten entwicklungspsychologisch orientierten Arbeiten wurden schon durchgeführt, als Ebbinghaus (1885) seine klassischen allgemeinpsychologischen Studien über Gedächtnis und Vergessen publizierte.

2.1 Frühe Erforschung der Gedächtnisentwicklung

Die Frühphasen der Erforschung der Gedächtnisentwicklung (ca. 1885–1935) verweisen auf unterschiedliche Forschungsschwerpunkte, die sich in Abhängigkeit von der Zeitperiode in den Beiträgen aus dem deutschsprachigen, amerikanischen und russischen Raum sehr unterschiedlich darstellen. Es lassen sich dabei drei relativ unabhängige Forschungslinien identifizieren (vgl. auch Schneider, 2000).

(1) Ein *erster Ansatz* bestand aus Einzelfallstudien zur Entwicklung von Kindern bis zum sechsten Lebensjahr, die auch systematische Beobachtungen der frühen Gedächtnisentwicklungen beinhalteten (z. B. Preyer, 1882). Dieser Forschungsansatz hatte zwischen 1880 und 1915 seine Blütezeit und generierte eine Vielzahl interessanter Befunde, die allesamt Eingang in u. a. von Bühler, Koffka, Stern und Werner verfasste, wichtige Entwicklungspsychologie-Lehrbücher der damaligen Zeit fanden. Der Schwerpunkt der Forschungsarbeiten lag auf Aspekten des Wiedererkennungsgedächtnisses, der Vorstellungsfähigkeit und des Langzeitgedächtnisses. Alle Autoren waren sich darüber einig, dass sich „reizabhängiges" Wiedererkennungsgedächtnis schon bei Säuglingen nachweisen lässt, allerdings nicht in den ersten drei Lebensmonaten. Eine deutliche Verbesserung wurde für das zweite Lebensjahr konstatiert mit beachtlichen Vergrößerungen der Behaltensspanne, also der Anzahl an vorgegebenen Items, die in richtiger Reihenfolge erinnert werden können. Demgegenüber wurden erste bedeutsame freie Erinnerungsleistungen erst wesentlich später registriert, etwa ab dem vierten Lebensjahr. Die meisten Autoren waren sich auch darüber einig, dass visuelle Gedächtnisfunktionen in der Vorschulzeit wesentlich besser entwickelt zu sein scheinen als verbale Gedächtnisfunktionen. Schließlich interessierte die Frage, ab welchem Lebensalter das Gedächtnis für bestimmte Ereignisse zum ersten Mal nachweisbar ist. Damit wurde eine Thematik angesprochen, die heute unter dem Stichwort „infantile Amnesie" abgehandelt wird. Nachdem erste Ergebnisse nahelegten, dass Erinnerungen dieser Art schon ab dem zweiten Lebensjahr möglich sind, wurde dieser frühe Zeitpunkt durch Ergebnisse späterer Arbeiten in Frage gestellt und auf das dritte oder vierte Lebensjahr verschoben (vgl. Offner, 1924).

(2) Eine *zweite Forschungslinie* war direkt von den klassischen Gedächtnisexperimenten mit Erwachsenen beeinflusst und kann als „experimentelle Gedächtnispsychologie mit Kindern" charakterisiert werden (vgl. Schumann-Hengsteler, 1995). Die meisten Arbeiten griffen Forschungsparadigmen auf, wie sie in der Tradition des Göttinger Psychologen Georg Elias Müller und seines Schülers Herrmann Ebbinghaus entwickelt worden waren. Ein wesentliches Ziel bestand darin, Altersunterschiede in verschiedenen Gedächtnisaufgaben über die Lebensspanne hinweg zu beschreiben. Kinder stellten eine besondere Population dar, mit deren Hilfe man überprüfen wollte, ob Befunde aus Studien mit Erwachsenen verallgemeinerbar waren. Man war dabei besonders an der Entwicklung des „unmittelbaren Gedächtnisses", also der Kurzzeitgedächtnisspanne interessiert. Ebbinghaus (1897) untersuchte etwa typische Altersverläufe der Gedächtnisspanne für unterschiedliche Materialien (Zahlen, sinnlose Silben, Wörter) und fand u. a. heraus, dass im

späten Jugendalter ungefähr anderthalb Mal mehr Silben oder Wörter korrekt wiedergegeben werden können als im späten Grundschulalter. Die Altersunterschiede waren dabei für sinnlose Silben oder Wörter am geringsten ausgeprägt. Den wesentlichen Entwicklungsfortschritt im KZG sah er zwischen 13 und 15 Jahren. In weiteren Studien von Lobsien (1902) und Netschajeff (1900) wurde das unmittelbare Kurzzeitgedächtnis für Zahlen und für Wortreihen getestet. Intraindividuelle Vergleiche machten hier deutlich, dass sich verschiedene Gedächtnisfunktionen keineswegs parallel entwickeln. Dieselben Kinder, die z. B. bei der Vorgabe von sinnfreien Silben relativ wenig (ca. 30 %) erinnern konnten, waren bei gleichlangen Zahlenreihen (ca. 60 %) und bei sinnhaltigen Wortlisten (ca. 70 %) weitaus erfolgreicher.

Obwohl die meisten dieser Forschungsarbeiten das KZG betrafen, interessierten weiterhin auch Entwicklungsunterschiede in den Leistungen des Langzeitgedächtnisses und des Vergessens (vgl. etwa Radossawljewitsch, 1907; Vertes, 1913). Diese durch die klassische Studie von Ebbinghaus inspirierten Arbeiten stützten die Annahme, dass sich die Vergessenskurven von Kindern und Erwachsenen in ihrem Verlauf unterscheiden. Kinder benötigten zum erstmaligen Erlernen einer Versuchsreihe wesentlich mehr Wiederholungen als Erwachsene, vergaßen danach aber im Vergleich zu den Erwachsenen deutlich langsamer und weniger. Bezüglich des freien Reproduzierens zeigte sich ein deutlicher Alterstrend: Erwachsene waren Kindern unterschiedlicher Altersstufen deutlich überlegen. Für das Wiedererkennen von Objekten und Personen wurde ein solcher Trend nicht nachgewiesen. Kinder und Erwachsene schnitten in etwa vergleichbar ab. Obwohl die meisten Studien übereinstimmend zeigen konnten, dass insbesondere die Altersunterschiede im unmittelbaren Behalten und Erinnern schon im Kindesalter deutlich ausgeprägt waren, fanden sich unterschiedliche Auffassungen hinsichtlich des Verlaufs der Gedächtnisentwicklung von der Kindheit ins Erwachsenenalter. Während Bühler (1930) davon ausging, dass sich gerade im Alter zwischen 10 und 12 Jahren beträchtliche Gedächtnissteigerungen nachweisen lassen, nahmen andere Forscher wie etwa Meumann (1907) an, dass sich dieser deutliche Entwicklungstrend erst später, nämlich zwischen 13 und 16 Jahren, beobachten lässt.

In dieser Streitfrage brachte die mit Abstand umfassendste Untersuchung zur Gedächtnisentwicklung von Brunswik, Goldscheider und Pilek (1932) die Möglichkeit der Klärung. Neuartig an dieser in Wien durchgeführten Studie war zum einen, dass sie die „Gesamtentwicklung" des Gedächtnisses im Schulalter (vom 6. bis zum 18. Lebensjahr) zu beschreiben versuchte, zum anderen, dass sie ihre Fragestellung aus entwicklungspsychologischen Theorien der Phasenlehre Charlotte Bühlers und der Stufentheorie Karl Bühlers ableitete. Dementsprechend wurde grundsätzlich zwischen einem „mechanischen" (assoziativen) und einem „logischen" (sinnhaften) Gedächtnis unterschieden und das Lernmaterial auf einer zweiten Dimension klassifiziert, die vom gegenständlich-anschaulich-direkten zum sprachlich vermittelten Gedächtnis reichte. Eine weitere Besonderheit dieser Studie ist darin zu sehen, dass bei der Auswertung der Daten erstmals (leider nicht durchgängig) statistische Signifikanztests verwendet wurden. Die für unterschiedliche Aspekte des verbalen und nonverbalen Kurz- und Langzeitgedächtnisses erhobenen Maße wurden separat ausgewertet und schließlich auch aufsummiert. Die Befunde zum sprachlich vermittelten Lernmaterial bestätigten die Ergebnisse früherer Arbeiten insofern, als das Erlernen von sinnfreien Silben mehr Aufwand erforderte als das von Wörtern oder Zahlen. Im Hinblick auf das langfristige Behalten ließ sich zeigen, dass die Vergessensraten für ältere Schüler höher als für jüngere lagen. Aus dem Umstand, dass die Entwicklungskurven für das anschauliche Gedächtnis einen anderen Verlauf aufwiesen als die für das sprachlich-vermittelte Gedächtnis, wurde gefolgert, dass mehrere Gedächtnisfunktionen zu unterscheiden sind. Die Autoren gelangten dabei zu der Erkenntnis, dass das mechanisch-assoziative Gedächtnis im Lauf der Entwicklung seine anfangs dominierende Stellung immer mehr einbüßt und durch höhere kognitive Funktionen überlagert wird. Für diese insbesondere von Brunswik vertretene „Aufschichtungstheorie" der Gedächtnisentwicklung, die auch mit Karl Bühlers „Dreistufentheorie" (Instinkt – Dressur – (Gedächtnis)Intellekt) kompatibel schien, ließ sich jedoch in späteren Arbeiten (etwa Fechner, 1965; Weinert, 1962) keine empirische Bestätigung finden. Eine genauere Inspektion der Befunde zeigt im Übrigen, dass sich die Theorie durch die eigenen Daten auch nur für das anschauliche Gedächtnis, nicht aber für das verbale Gedächtnis bestätigen ließ. In ihrem Bestreben, ihre empirischen Befunde mit den Theorien von Karl und Charlotte Bühler in Einklang zu bringen, hatten die Autoren das komplexe Datenmaterial insgesamt wohl allzu harmonisch interpretiert. Ungeachtet dieser Problematik stellt die Arbeit von Brunswik et al. (1932) dank ihrer präzisen Methodik und ihres umfangreichen Aufgabenmaterials einen wertvollen Forschungsbeitrag dar, der differenzierte Aussagen zu Alterstrends in der Gedächtnisentwicklung ermöglichte. Dies wird vor allem durch die Analyse der Gesamttestwerte (einer Aggregierung über alle einbezogenen Aufgaben hinweg) belegt, die von den Autoren als Indikatoren der „Gedächtnisstärke" interpretiert wurden. Die Auswertung dieser auf den Daten von etwa 700 Schülern basierenden Befunde zeigte, dass die Gedächtnisleistung im Verlauf der Kindheit sprunghaft ansteigt und sich dann in der Jugendzeit bzw. im jüngeren Erwachsenenalter auf einem stabilen Niveau einpendelt (Abb. 8.1).

Die Ergebnisse stimmen gut mit früheren Arbeiten überein, die einen linearen und steilen Leistungsanstieg für die Periode zwischen 6 und 11 Jahren und ein (erstes) Leistungsplateau in der Pubertät annahmen. Sie passen nicht zu den Annahmen von Meumann und anderen Forschern, die den eigentlichen Schub in der Gedächtnisentwicklung in der Adoleszenz sahen. Auch neuere Längsschnittstudien haben durchaus ähnliche Verlaufsmuster für die Entwicklung des verbalen Gedächtnisses erbracht.

(3) Eine *dritte Forschungslinie* in der Frühphase der Erforschung der Gedächtnisentwicklung war deutlich anwendungsorientiert und bezog sich auf das autobiografische Gedächtnis, insbesondere das Augenzeugengedächtnis bei Kindern und Jugendlichen. Die Forschungsaktivitäten wurden durch eine eher skeptische Grundhaltung der Justiz hinsichtlich der Erinnerungsfähigkeit von jungen Kindern angeregt und waren insbesondere in Frankreich und Deutschland sehr ausgeprägt, wobei der Suggestibilität und der sozialen Beeinflussbarkeit der Kinder besonderes Augenmerk geschenkt wurde. Eine der ersten Studien zu dieser Thematik wurde von Binet (1900) durchgeführt. Binet nahm an, dass Suggestibilität den Einfluss von zwei Faktoren reflektiert. Den ersten Faktor nannte er „Autosuggestion" und meinte damit einen im Zusammenhang mit dem erlebten Ereignis wichtigen Gedankengang eines Individuums, der sich ohne offensichtliche externe Auslöser entwickeln und die Erinnerung an dieses Ereignis nachträglich verfälschen kann. Einen zweiten einflussreichen Faktor lokalisierte Binet außerhalb des Individuums und bezog ihn auf den Wunsch, den Erwartungen anderer bedeutsamer Personen (der Eltern oder auch anderer Erwachsener) zu entsprechen. Obwohl die Untersuchungstechniken von Binet modernen Anforderungen nicht mehr entsprechen, sind seine

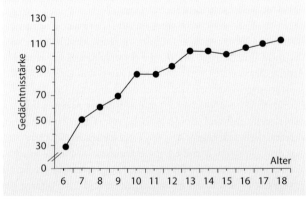

Abb. 8.1: Entwicklung des Gedächtnisses bei Kindern und Jugendlichen im Alter von 6 bis 18 Jahren (nach Brunswik, Goldscheider & Pilek, 1932).

2 Historische Anfänge 207

Forschungsansätze auch noch heute verbreitet. Aus der Gegenüberstellung offener Erinnerungsmethoden mit eher gelenkten Befragungsmethoden leitete er den Schluss ab, dass die freie Erinnerung unabhängig vom Alter der Kinder zu den korrektesten Ergebnissen führt, gefolgt von der (nicht-suggestiven) Befragung. Irreführende Fragen ergaben bei allen untersuchten Altersgruppen sehr fehlerhafte Ergebnisse. Binet schrieb diese Effekte nicht zuletzt sozialen Einflüssen zu (beispielsweise sozialen Erwartungen entsprechen zu wollen), unter denen die akkurate Erinnerung an die Ereignisse ignoriert würde. Sein sicherlich bedeutsamster Forschungsbeitrag ist darin zu sehen, dass er zwischen fehlerhaften Berichten aufgrund von Gedächtnisproblemen und solchen aufgrund von sozialem Konformitätsdruck differenzierte. Seine frühen Forschungsarbeiten sind auch für die gegenwärtige Diskussion darüber interessant, inwieweit die ursprüngliche „Gedächtnisspur" durch die spätere Befragung nachhaltig beeinträchtigt wird oder ob sie lediglich zusammen mit anderen durch die Befragung ausgelösten fehlerhaften Erinnerungen „koexistiert" (vgl. Ceci & Bruck, 1993).

Deutsche Untersuchungen zum Augenzeugengedächtnis wurden insbesondere von Clara und William Stern durchgeführt und basierten im Wesentlichen auf Beobachtungen ihrer eigenen Kinder. Ihre Befunde zu den Problemen von Vorschulkindern bei der Erinnerung selbst erlebter Ereignisse bestätigten diejenigen von Binet insofern, als dass die Problematik suggestiver Befragung klar erkannt wurde. Zusätzlich wurde aber auch die Schwierigkeit hervorgehoben, die Vorschulkinder mit dem Zeitbegriff haben. Da sie einerseits erlebte Ereignisse kaum systematisch mit zeitlichen Markierungen versehen, andererseits die meisten Fragen den zeitlichen Aspekt betreffen, sollte es nicht überraschen, dass sich kleinere Kinder in diesem Aspekt häufig irren. So generiert beispielsweise die Frage, ob man gestern einen bestimmten Polizisten gesehen hat, in der Regel eine positive Antwort. Ob das Kind den Polizisten nun heute, gestern oder vor einer Woche gesehen hat, spielt für es selbst keine besondere Rolle und ist auch nicht interessant. Aus den Untersuchungen der Sterns ging weiterhin hervor, dass die Vorgabe spezifischer Fragen zwar insofern eine positive Konsequenz haben kann, als korrekte Details erinnert werden können, die nicht spontan berichtet werden. Andererseits erhöhen sie auch die Gefahr, dass Antworten auf der Basis diffuser Erinnerungen gegeben werden, die meist nicht korrekt sind (vgl. Stern, 1914).

Viele der von Binet und den Sterns berichteten Befunde sind noch heute aktuell. Auch die moderne Forschung hat die Problematik wiederholter, suggestiver Befragung illustrieren können und den frühen Befund repliziert, dass auch Erwachsene bei suggestiver Befragung irren können und beileibe keine perfekten Augenzeugen sind (vgl. Roebers & Schneider, 2006).

2.2 Forschungsphasen von Abstinenz und Umbruch

Die Jahre von 1936 bis 1965 werden nicht nur im Hinblick auf die Forschung zum Augenzeugengedächtnis als "dry middle years" (Ceci & Bruck, 1993) bezeichnet. Diese Etikettierung schien für die Forschung zur Gedächtnisentwicklung allgemein zutreffend, auch wenn sich für deutschsprachige, russische und amerikanische Forschungssituationen deutliche Unterschiede konstatieren lassen.

Für die *deutschsprachige Forschung* lässt sich die Situation kurz und knapp beschreiben. Nachdem führende Kinderpsychologen wie die Bühlers, Koffka, die Sterns und Heinz Werner Deutschland in den dreißiger Jahren aufgrund der nationalsozialistischen Bedrohung verlassen hatten, erlosch dieser Forschungsstrang völlig und wurde erst in den 1960er-Jahren wieder aktiviert. Theoretische Orientierungen der Nachkriegszeit wie etwa die Gestaltpsychologie, Psychoanalyse oder phänomenologische Psychologie waren kaum geeignet, analytische Arbeiten zur Gedächtnisentwicklung bei Kindern und Jugendlichen zu stimulieren. So verwundert es nicht, dass zwischen 1933 und 1961 keine einzige empirische Arbeit zur Gedächtnisentwicklung im deutschsprachigen

Raum publiziert wurde. Dieser bedauerliche Zustand wurde erst mit der Forschungsarbeit von Weinert (1962) über die Bedingungen des sprachlichen Lernens bei Kindern und Jugendlichen beendet.

Die *Situation in Amerika* stellte sich dagegen anders dar. In den dreißiger Jahren waren dort die klassischen Lerntheorien sehr populär, was Forschungsarbeiten zum verbalen Lernen begünstigte. Diese Forschung war allerdings wenig entwicklungspsychologisch orientiert, da man eher an der Identifikation allgemeiner Lerngesetze interessiert war (vgl. Goulet, 1968). Während die meisten Studien zum verbalen Lernen von Kindern deskriptiv angelegt waren und sich auf eine einzige Altersstufe beschränkten, stellte die Studie von Koppenaal, Krull und Katz (1964) eine bemerkenswerte Ausnahme dar. Die Autoren untersuchten Entwicklungstrends im Rahmen einer Paar-Assoziationsaufgabe (PA) und überprüften die Hypothese, ob sich für ältere Kinder im Vergleich zu jüngeren größere Interferenzeffekte vor allem bei hoch assoziiertem Lernmaterial zeigen. Dies wurde damit begründet, dass beim sequenziellen Lernen von PA-Listen mit ähnlichem Wortmaterial Interferenzeffekte beim Erinnern einer neuen ähnlichen Liste mit dem Vorwissen der Kinder korrespondieren sollten, was bei älteren Probanden üblicherweise besser ausgeprägt ist. Verwechslungen ähnlicher Begriffe sollten bei den älteren Kindern also häufiger vorkommen. Weiterhin wurde angenommen, dass jüngere Kinder wenig strategisch operieren und folglich beim Lernen kaum „Mediationsprozesse" initiieren, was sich für Vorschul-, Kindergarten- und Schulkinder insgesamt bestätigen ließ (Koppenaal et al., 1964). Eine weitere theoretisch interessante Studie bezog sich auf die freie Erinnerung von Wortlisten und war von Heinz Werners (1948) theoretischer Annahme beeinflusst, wonach sich Organisationsprinzipien im Verlauf der Kindheit qualitativ verändern. Dabei verglichen Bousfield, Esterson und Whitmarsh (1958) bei Grundschülern der dritten und vierten Klassenstufe sowie College-Studenten das Ausmaß der Organisation nach semantischen Oberbegriffen beim freien Erinnern von Wortlisten, die entweder perzeptuell (nach Farben) oder konzeptuell (nach Oberbegriffen) gruppiert werden konnten. Als wesentliches Ergebnis ließ sich festhalten, dass sowohl die Erinnerungsleistung als auch das Ausmaß der Gruppierung (Clusterung) nach Oberbegriffen mit dem Alter signifikant positiv korrelierte. Entgegen der Erwartung wurde bei allen Altersgruppen nur wenig perzeptuell gruppiert. Insgesamt lässt sich jedoch für die damalige amerikanische Forschung zum Lernen und Gedächtnis in dieser Phase konstatieren, dass entwicklungspsychologische Aspekte eine untergeordnete Rolle spielten. Untersuchungen mit Kindern fanden überhaupt erst ab Ende der 1950er-Jahre statt. Obwohl in einigen Überblicksarbeiten der Eindruck zu erwecken versucht wurde, dass sich die Befunde für Kinder und Erwachsene ähneln (und demnach keine gesonderte entwicklungspsychologische Forschung benötigt wird), wiesen u. a. die Arbeiten von Bousfield et al. (1958) und Koppenaal et al. (1964) auf signifikante alterskorrelierte Unterschiede in den Ergebnissen zum verbalen Lernen hin.

Die *Forschungssituation in Russland* brillierte während dieser Zeit dagegen durch umfassende theoretische Ansätze wie etwa die von Vygotskij mit der Betonung sozialer Faktoren für die Entwicklung höherer mentaler Funktionen (wie Aufmerksamkeit, Gedächtnis und Motivation). Dabei wurden selbst die Befunde aus der Frühphase der Erforschung des Gedächtnisses für russische Folgearbeiten benutzt. So untersuchte in den 1940er-Jahren Smirnov (vgl. Smirnov, 1973) die Annahme von Meumann (1907), nach der sich das sog. „logische" Gedächtnis für bedeutungshaltige Inhalte etwa ab dem 13. Lebensjahr deutlich stärker entwickelt als das „mechanische" Gedächtnis für sinnlose Inhalte. Smirnov fand jedoch das Gegenteil heraus, nämlich dass das Gedächtnis für bedeutungsarme Inhalte im Verlauf der kindlichen Entwicklung stärker zunimmt als das für bedeutsame Inhalte, und vertrat die Auffassung, dass ältere Kinder und Jugendliche im Vergleich zu jüngeren Kindern geeignetere Wege finden, um das bedeutungsarme Lernmaterial subjektiv bedeutsamer zu machen. Diese These ließ sich in späteren Arbeiten der modernen Ära durchaus bestätigen.

2 Historische Anfänge

Ein weiterer Schwerpunkt der russischen Arbeiten bestand in der Untersuchung des „unwillkürlichen" und des „willkürlichen" Gedächtnisses, was den modernen Begriffen des „impliziten" und „expliziten" Gedächtnisses weitgehend entspricht. Zinchenko (1967) wies in diesem Zusammenhang darauf hin, dass die große Bedeutung des unwillkürlichen Gedächtnisses für den täglichen Alltag erheblich unterschätzt wird. In zahlreichen Studien konnte belegt werden, dass diese Gedächtnisform in unterschiedlichen Altersgruppen ähnlich bedeutsam ist und die aktive Auseinandersetzung mit einem Lerngegenstand das Lernergebnis beim unwillkürlichen Einprägen determiniert. Auf der Grundlage der kulturhistorischen Theorie von Vygotskij formulierte Leontjew (zit. n. Smirnov, 1973) eine Stufentheorie der Gedächtnisentwicklung, um den Zusammenhang zwischen unwillkürlichem und willkürlichem Gedächtnis genauer zu bestimmen. Er ging davon aus, dass sich die Entwicklung in qualitativen Sprüngen vollzieht und in der Anfangsphase bis zum Beginn der Schulzeit unwillkürliche Lern- und Erinnerungsvorgänge dominieren. Auch bei Schulkindern sollten zunächst unwillkürliche Gedächtnisprozesse überwiegen, die dann aber mithilfe externaler Gedächtnishilfen perfektioniert und in ein Stadium willkürlicher Gedächtnisvorgänge überführt werden können. Während diese Modellvorstellung suggeriert, dass zielgerichtete Memoriervorgänge erst ab dem Schulalter wahrscheinlich werden, fanden sich in der russischen Forschungstradition auch Belege für die Bedeutung willkürlichen Gedächtnisses im Vorschulalter. So führte in den 1940er-Jahren Istomina eine inzwischen klassische Studie mit Vorschul- und Kindergartenkindern durch, um Bedingungen zu explorieren, unter denen sich auch in dieser frühen Altersstufe Anzeichen willkürlichen Gedächtnisses nachweisen lassen (vgl. Istomina, 1977). In einer Laborbedingung sollten sich die Kinder fünf Einkaufsgegenstände merken und dann frei erinnern. In einer Einkaufsbedingung wurde die gleiche Aufgabe in spielerischer Form durchgeführt (die Kinder sollten diese Gegenstände aus einem Einkaufsladen besorgen). Als wesentliches Ergebnis ließ sich festhalten, dass die Gedächtnisleistungen der Kinder in der Spielsituation bedeutend besser ausfielen als in der Laborsituation. Istomina führte diese Unterschiede im Wesentlichen auf besondere motivationale Anreize in der Spielsituation zurück: Während das Erinnern der Gegenstände in dieser Situation für die Kinder große Bedeutung hatte und als besonders wichtiges Ziel wahrgenommen wurde, traf dies für die Laborsituation nicht zu. Dieser Befund scheint allerdings eine gewisse Ausnahme darzustellen, da die meisten Studien zur Relation zwischen unwillkürlichem und willkürlichem Gedächtnis zu dem Schluss kamen, dass sich die Behaltensleistungen von Vorschulkindern bei indirekter und direkter Gedächtnisinstruktion nicht unterschieden und erst Schulkinder von der Vorgabe direkter Gedächtnisinstruktionen zu profitieren schienen.

Eine besondere Orientierung in der russischen Gedächtnisforschung der 1940er-Jahre kann darin gesehen werden, dass das kindliche Gedächtnis für Geschichten und Texte in zahlreichen Studien untersucht wurde. So las etwa Korman Vorschul- und Kindergartenkindern verschiedene Märchen vor und erfasste die Erinnerungsleistung. Er war von dem Umstand beeindruckt, dass schon die Vierjährigen die wesentlichen Vorgänge korrekt erinnerten und Altersunterschiede in den Gedächtnisleistungen eher quantitativer Natur waren (vgl. Yendovitskaya, 1971). Spätere Forschungsarbeiten von Smirnov mit Schulkindern verglichen die Gedächtnisleistungen für kohärente und inkohärente Texte, wobei letztere aus zufällig zusammengestellten Sätzen bestanden. Es ließ sich zeigen, dass Sechstklässler insgesamt besser abschnitten als Viertklässler, die wiederum Zweitklässlern signifikant überlegen waren. Während alle Kinder die Unterschiede in der Aufgabenschwierigkeit korrekt benennen konnten, führten nur die Sechstklässler diesen Umstand auf den Kohärenzaspekt zurück. Insgesamt gesehen kann festgehalten werden, dass in der Zeitperiode zwischen 1936 und 1965 die meisten wissenschaftlichen Arbeiten zur Gedächtnisentwicklung bei Kindern von russischen Forschern durchgeführt wurden. Diese Studien haben das heutige Wissen um die Gedächtnismöglichkeiten von Vorschulkindern stark beeinflusst und moderne Untersuchungen insbesondere zum impliziten und expliziten Gedächtnis stimuliert. Sie können von daher als wichtige Vorläufer zeitgenössischer Arbeiten zum Textgedächtnis von Kindern angesehen werden. In Übereinstimmung mit wichtigen Befunden der Frühphase (etwa Brunswik et al., 1932) deuten die Befunde vieler russischer Untersuchungen darauf hin, dass die Gedächtnisentwicklung im Grundschulalter wesentlich zügiger verläuft als in späteren Entwicklungsphasen (vgl. ausführlicher Schneider & Pressley, 1997).

3 Allgemeine theoretische Orientierungen der modernen Ära

Die im Verlauf der 1960er-Jahre feststellbare „kognitive Wende" in der allgemeinpsychologischen experimentellen Forschung führte auch zu einer grundlegenden Neuorientierung in der entwicklungspsychologischen Erforschung des Gedächtnisses. Nun interessierten nicht mehr nur Entwicklungsverläufe in der Gedächtnisleistung, sondern es wurde vielmehr danach gefragt, welche Aspekte der Informationsverarbeitung die Gedächtnisleistungen in unterschiedlichen Altersperioden wie beeinflussen könnten. Die schon beschriebenen Informationsverarbeitungsmodelle der allgemeinen Gedächtnispsychologie (z. B. Atkinson & Shiffrin, 1968) mit ihrer Unterscheidung zwischen invarianten strukturellen Komponenten (Sensorisches Register, Kurzzeitgedächtnis, Langzeitgedächtnis) als „hardware" und beeinflussbaren Kontrollprozessen als „software" inspirierten zunächst dazu, alterskorrelierte Veränderungen in der Gedächtniskapazität zu explorieren. Da diese klassischen Mehrspeichermodelle jedoch allgemein formuliert sind und keine entwicklungspsychologische Orientierung aufweisen, schienen zur Beantwortung dieser Frage andere Ansätze sinnvoller zu sein.

3.1 Modellvorstellungen zur Entwicklung der Gedächtniskapazität

Die Darstellung und Einordnung einschlägiger Modellvorstellungen zur Gedächtniskapazität ist insofern nicht leicht, als sich in der aktuellen Gedächtnisforschung unterschiedliche Konzeptionen von Kurzzeitgedächtnis finden lassen, die von einem eher passiven Speichersystem im Sinne von Atkinson und Shiffrin über neo-piagetsche Modelle hin zu eher auf aktive Informationsverarbeitung setzende Modelle des Arbeitsgedächtnisses reichen, wie sie etwa von Baddeley und Hitch (1974) oder später Cowan (1988, 2005) konzipiert wurden. Wie noch zu zeigen sein wird, unterscheiden sich diese Modellvorstellungen auch hinsichtlich der Frage, ob sich überhaupt entwicklungsabhängige Verbesserungen der Gedächtniskapazität nachweisen lassen.

3.1.1 Die Theorie der konstruktiven Operatoren von Pascual-Leone

Die Frage, ob sich die Gedächtniskapazität mit zunehmendem Alter verbessert, wurde in der Tradition von Piaget zunächst von Pascual-Leone (1970) im Rahmen seiner *Theorie der konstruktiven Operatoren* genauer untersucht. Diese Theorie kann als Interpretation des Strukturmodells von Piaget zur intellektuellen Entwicklung verstanden werden und betont die Rolle von drei Schema-Komponenten für die Entwicklung der Gedächtniskapazität, nämlich figurativen, operativen und exekutiven Schemata. Während figurative Schemata im Sinne von „chunks" zu verstehen sind, lassen sich die operativen Schemata als Regeln oder Strategien interpretieren. Beide Schema-Komponenten werden von exekutiven Schemata aktiviert, die im Sinne von Aufgaben-Lösungsplänen zu interpretieren sind. Für die Theorie zentral ist das Konzept des „M-Space", also die maximale Anzahl von Schemata, die eine Person gleichzeitig aktivieren und koordinieren kann und die demnach die mentalen Kapazitätsgrenzen angibt. Pascual-Leone ging davon aus, dass die mentale Kapazität in dem Alter von 3 bis 16 Jahren linear zunimmt. Trotz der kritischen Anmerkungen im Hinblick auf die empirische Überprüfbarkeit blieb dieser theoretische Ansatz einflussreich, bildete jedoch den Ausgangspunkt für ein neueres Modell (Pascual-Leone & Baillargeon, 1994), das nun eine gewisse Nähe zu den Arbeitsgedächtnis-Konzeptionen von Baddeley und Hitch aufweist. Hierbei wird das Arbeitsgedächtnis nicht mehr als einheitliche Größe aufgefasst, sondern unterstellt, dass je nach Aufgabenstellung verschiedene Schemata aktiviert werden und ein „Feld mentaler Aufmerksamkeit" bilden, die weitere Schemata unterdrücken. Pascual-Leone nahm an, dass für die Selektion und Aktivierung von Schemata im Feld mentaler Aufmerksamkeit drei verschiedene Mechanismen wirksam werden: Neben dem „M-Space" sind ein Hemmungsmechanismus für aufgabenirrelevante Schemata sowie exekutive Schemata für die Überwachung und Steuerung aufgabenbezogener Aktivitäten verantwortlich. Während Pascual-Leone auch in diesem revidierten Modell davon ausging, dass die mentale Kapazität mit dem Alter zunimmt, kam Case (1985) in seinem neo-piagetschen Modellansatz zu anderen Schlussfolgerungen. Er postulierte, dass die *funktionale Kapazität* des Gedächtnisses mit dem Alter deshalb zunimmt, weil Stimuli im Laufe der Zeit effizienter (schneller) verarbeitet werden können. In seinem Modell spielen die Konzepte des *operative space* und *storage space* (die zusammen den *total processing space* ausmachen) eine zentrale Rolle. Mit zunehmendem Alter nimmt der für die Informationsverarbeitung erforderliche *operative space* kontinuierlich ab und ermöglicht eine Ausdehnung des *storage space*, was dann auch zu alterskorrelierten Verbesserungen in der Gedächtnisspanne führt. Der Kerngedanke dieses Modells besteht darin, dass sich die Proportionen der beiden Speichersysteme entwicklungsbedingt verschieben, ohne dass sich der *total processing space* als Gesamtkapazität des Gedächtnisses über die Lebensspanne hinweg verändert. Diese Konzeption des Arbeitsgedächtnisses hat Ende des vergangenen Jahrhunderts große Beachtung erfahren (vgl. die Überblicksarbeiten von Flavell, Miller & Miller, 2001; Schneider & Bjorklund, 1998), ohne jedoch völlig überzeugen zu können. Seine Validität wurde insbesondere von Baddeley und Kollegen bezweifelt, die ein anders strukturiertes Modell des Arbeitsgedächtnisses konzipierten.

3.1.2 Das Modell des Arbeitsgedächtnisses von Baddeley

Nach dem *Modell des Arbeitsgedächtnisses von Baddeley* (2000; Baddeley & Hitch, 1974) gliedert sich das Arbeitsgedächtnis in verschiedene Komponenten: Eine Steuerungsinstanz (*zentrale Exekutive*) wacht über zwei Hilfssysteme (*slave systems*), nämlich die *phonologische Schleife* und den *visuell-räumlichen Notizblock*, wobei diese beiden Einheiten relativ unabhängig voneinander funktionieren können. Die *zentrale Exekutive* hat dabei mehrere Funktionen inne: Sie koordiniert die phonologische Schleife und den visuell-räumlichen Notizblock und indiziert Aufgaben- oder Strategiewechsel. Sie ist für die Manipulation von Informationen aus dem LZG ebenso verantwortlich wie für die Aufmerksamkeitssteuerung und die Hemmung irrelevanter Information. Die *phonologische Schleife* (*phonological loop*) wird als ein sprachbasiertes System mit passivem Speicher angenommen. Sie hält subvokale artikulatorische Kontrollprozesse aufrecht, durch die sprachlich codierte Einheiten (z. B. Wörter oder Zahlen) bis zu ihrem Abruf aktiviert bzw. im phonologischen Speicher gehalten oder dorthin zurückgebracht werden. Dies gelingt für maximal 1,5 bis 2 Sekunden. Werden neue Informationen aufgenommen und wird die phonologische Schleife für etwa 2 Sekunden nicht aktiviert, verfällt die Gedächtnisspur für diese Information. Der *visuell-räumliche Notizblock* (*visual spatial sketchpad*) hat eine ähnliche Funktion für visuelle und räumliche Informationen. Er speichert diese Inhalte und hält sie aktiviert. Während lange Zeit davon ausgegangen wurde, dass visuelle und räumliche Informationen ähnlich verarbeitet werden, deuten neuere Forschungsergebnisse darauf hin, dass dies nicht unbedingt so sein muss. In seiner Überarbeitung des Modells hat Baddeley (2000) noch die Komponente eines *episodic buffer* hinzugefügt, um einen allgemeineren Typus der Informationsspeicherung zu etablieren, über den auch Verbindungen zwischen verbaler und visueller Information oder eher abstrakte Inhalte erfasst werden, die nicht primär phonologisch oder visuell-räumlich repräsentiert sind (Abb. 8.2). Mittlerweile gibt es auch Hinweise darauf, dass die grundlegende modulare Struktur des Arbeitsgedächtnisses ab dem sechsten Lebensjahr nachgewiesen werden kann. Möglicherweise ist sie schon etwas früher verfügbar (Gathercole, Pickering, Ambridge & Wearing, 2004).

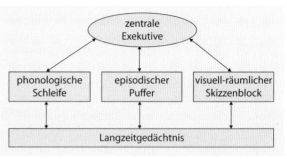

Abb. 8.2: Modell des Arbeitsgedächtnisses nach Baddeley und Hitch.

3.1.3 Das Arbeitsgedächtnismodell von Cowan

Das *Arbeitsgedächtnismodell von Cowan* (1988, 2005) ist hierarchisch konzipiert, wobei drei Ebenen unterschieden werden (Abb. 8.3). Die oberste Ebene wird durch Langzeit-Repräsentationen (*memory system*) gebildet. Das „aktivierte Langzeitgedächtnis" bildet eine zweite Ebene, die als Teilmenge der ersten Ebene angenommen wird. Eine Teilmenge dieser aktivierten LZG-Informationen bildet dann auf der dritten Ebene den *focus of attention*, d. h. die unmittelbar verfügbare Kapazität. Dieses Modell betont ähnlich wie das von Baddeley die enge Verknüpfung von Gedächtnis und Aufmerksamkeitsprozessen, und der *focus of attention* ist in seiner Funktion dem *episodic buffer* durchaus ähnlich. Der Unterschied zwischen beiden Modellvorstellungen ist darin zu sehen, dass das Arbeitsgedächtnis bei Baddeley stärker modular konzipiert ist und sich aus verschiedenen Komponenten zusammensetzt, während bei Cowan allgemein aktivierte Anteile des LZG betrachtet werden und keine weitere Unterteilung in Subkomponenten wie die phonologische Schleife oder den visuell-räumlichen Notizblock erfolgt. Beide Modellansätze stimmen darin überein, dass sie alterskorrelierte Verbesserungen des funktionalen Arbeitsgedächtnisses annehmen, die auf Steigerungen der Informationsverarbeitungsgeschwindigkeit bzw. der Artikulationsgeschwindigkeit beruhen. Im Modell von Cowan stellt die im Rahmen des *focus-of-attention*-Ansatzes postulierte Aufmerksamkeitsspanne (*span of apprehension*) eine Schätzung der absoluten Gedächtniskapazität dar. Mehrere

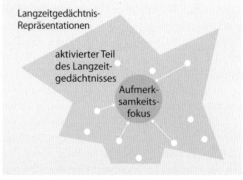

Abb. 8.3: Modell des Arbeitsgedächtnisses nach Cowan.

Arbeiten von Cowan und Kollegen haben gezeigt, dass sich die Aufmerksamkeitsspanne von etwa 2,5 Items (Zahlen) bei Erstklässlern auf 3 Items bei Viertklässlern erhöht und bei Erwachsenen etwa 4 Items beträgt. Die Autoren interpretieren diese signifikanten Altersunterschiede im Sinne wahrer Kapazitätsunterschiede des KZG und sehen keinen Anlass dafür, von einer Invarianz der Gedächtniskapazität über die Lebensspanne auszugehen.

3.2 Modellvorstellungen zur alterskorrelierten Steigerung von Gedächtnisleistungen

Obwohl unterschiedliche Untersuchungen zur Entwicklung der Gedächtniskapazität immer wieder signifikante Alterstrends in der Entwicklung der Gedächtnisspanne nachgewiesen haben, sind die Entwicklungstrends jedoch relativ mäßig und können den etwa in der Studie von Brunswik et al. (1932) aufgezeigten deutlichen Zuwachs in der Gedächtnisleistung nicht ansatzweise erklären. Von daher sind weitere Determinanten der Gedächtnisentwicklung anzunehmen.

3.2.1 Das Strategiemodell

Schon die erwähnten älteren amerikanischen Studien zum verbalen Lernen hatten auf die Bedeutung sprachgebundener Mediatoren für das Lernen von Wortlisten aufmerksam gemacht. Die Bedeutung von Gedächtnisstrategien für die Gedächtnisleistung wurde in den 1960er-Jahren durch die Arbeiten von John Flavell und seiner Arbeitsgruppe weiter untermauert (vgl. Flavell, 1970). In der Folge war man lange Zeit fest davon überzeugt, den entscheidenden „Motor" der Gedächtnisentwicklung mit der Entwicklung von Gedächtnisstrategien gefunden zu haben. Unter Strategien werden dabei potenziell bewusste, intentionale kognitive Aktivitäten verstanden, die dabei helfen sollen, eine Gedächtnisaufgabe besser zu bewältigen. Je nach dem Schwerpunkt ihrer Einwirkung lassen sich *Encodier-* und *Abrufstrategien* unterscheiden. Als typische Encodiertechniken werden Wiederholung, Gruppierung (semantische Kategorisierung) und Elaboration („Eselsbrücken") angesehen, wobei sicherlich auch strategische Operationen auf der Abrufseite eine Rolle spielen, die insbesondere dann relevant erscheinen, wenn in der Lernphase kaum strategisch vorgegangen wurde. Generell wurden dabei Entwicklungsunterschiede in der Fähigkeit angenommen, einmal gespeicherte Informationen aus dem Langzeitgedächtnis abzurufen. Diese scheinen nicht zuletzt darauf zurückführbar, dass mit zunehmendem Alter sog. *retrieval cues* (Abrufhinweise) effektiver genutzt werden können.

Das im Verlauf der letzten Jahrzehnte verfeinerte Strategiemodell geht von drei qualitativ unterschiedlichen Entwicklungsphasen des Gedächtnisses aus, mit denen definierte Defizite überwunden werden: Bei Vorschulkindern im Alter von etwa drei bis vier Jahren lassen sich strategische Aktivitäten nur sehr selten beobachten. Sie weisen in der Regel ein *Mediationsdefizit* auf. Damit ist gemeint, dass sie Strategien nicht spontan einsetzen und auch nach erfolgreicher Unterweisung zum Gebrauch solcher Strategien und Lerntechniken ihre Gedächtnisleistung nicht steigern. Die Anwendung der Strategien erbringt also in dieser Altersgruppe keinen Leistungsvorteil. Etwas ältere Kindergartenkinder und Schulanfänger demonstrieren demgegenüber eher ein *Produktionsdefizit*: Vergleichbar mit jüngeren Vorschulkindern tendieren sie kaum dazu, Strategien selbst zu entwickeln und einzusetzen. Im Unterschied zu den jüngeren Vorschulkindern fruchten bei ihnen jedoch gezielte Hinweise oder Unterweisungen in dem Sinne, dass sie mit dem Strategiegebrauch auch deutlich bessere Gedächtnisleistungen hervorbringen.

Darüber hinaus wird in neuerer Zeit beim Übergang von defizitärem zu effektivem Strategiegebrauch auch ein *Nutzungsdefizit* postuliert (vgl. Bjorklund, Dukes & Douglas Brown, 2009), das wohl eher im Sinne einer Nutzungsineffizienz (Hasselhorn, 1995) zu werten ist. Danach profitieren die Gedächtnisleistungen im frühen Schulalter von den ersten spontanen Strategien zunächst kaum. Dies wird damit erklärt, dass die Anfänge des strategischen Operierens noch sehr viel mentale Energie binden, sodass sich die gedächtnisfördernde Wirkung des Strategiegebrauchs noch nicht unmittelbar einstellen könne. Erst nach wiederholten Erfahrungen mit der Strategie und der zunehmenden Automatisierung ihrer Anwendung sei mit klaren Gedächtnisvorteilen zu rechnen. Belege für ein solches Phänomen lassen sich zwar finden, die Forschungssituation ist jedoch derzeit noch nicht völlig eindeutig.

Beim Erwerb von Wiederholungs- und Organisationsstrategien werden allerdings qualitativ unterschiedliche Phasen angenommen. Kindergartenkinder und Schulanfänger zeigen bei verbalen Lernaufgaben zunächst passive Wiederholungsstrategien, wiederholen also jeweils ein Item meist mehrere Male. Im Verlauf des Grundschulalters finden sich dann häufig sog. „kumulative" oder aktive Wiederholungsstrategien, bei denen größere Abfolgen von Wörtern oder Zahlen in einer „Schleife" zusammen repetiert werden. Während sich passive Wiederholungsstrategien kaum nennenswert auf die Gedächtnisleistung auswirken sollten, werden für die aktiven Strategien bedeutsame Effekte erwartet. Im Hinblick auf die Entwicklung von Organisationsstrategien schienen die theoretischen Annahmen von Heinz Werner (1948) relevant, die im Verlauf der Entwicklung einen Übergang von eher perzeptuellen zu konzeptuellen Gruppierungsmerkmalen postulierten. Während also jüngere Kinder primär nach perzeptuellen Gesichtspunkten (etwa nach der Farbe der

Mit zunehmendem Alter werden die verbesserten Gedächtnisleistungen auch auf das immer bessere Zusammenspiel zwischen Überwachungs- und Selbstregulationsvorgängen zurückgeführt. Die Kinder entwickeln mehr Sensibilität für „Gedächtniserfahrungen" *(mnemonic sensations)* und ein gewisses Gespür dafür, welches Ausmaß an Anstrengung bei einer Gedächtnisaufgabe investiert werden muss, damit die Information genügend „tief" gespeichert und zuverlässig erinnert werden kann.

zu behaltenden Objekte) ordnen sollten, wird vermutet, dass bei älteren Probanden konzeptuelle Ordnungsgesichtspunkte (etwa das Ordnen nach semantischen Oberbegriffen) eine größere Rolle spielen. Das Ordnen nach Oberbegriffen in der Lernphase sollte insofern einen positiven Effekt auf die Erinnerungsleistung ausüben, als beim Abruf lediglich die Oberbegriffe bewusst memoriert werden müssen und dann die zugehörigen Items mehr oder weniger automatisch erinnert werden. Auf den aktiven Gebrauch von Organisationsstrategien kann dann geschlossen werden, wenn sich bedeutsame Korrelationen zwischen dem Ausmaß des Ordnens in der Lern- und der Abrufphase einerseits und der Gedächtnisleistung andererseits nachweisen lassen. Während perzeptuellen Organisationsmaßnahmen kaum positive Effekte für die Gedächtnisleistung zugeschrieben werden, kommt der Entwicklung konzeptueller Strategien für die Gedächtnisleistung große Bedeutung zu. Ältere Kinder und Jugendliche sollten gegenüber jüngeren Kindern sowohl hinsichtlich der Effektivität der Strategieanwendung in der Encodierphase als auch beim Abruf im Vorteil sein.

3.2.2 Das Metakognitionsmodell

Studien zur Entwicklung von Gedächtnisstrategien haben immer wieder belegen können, dass individuelle Unterschiede im aufgabenspezifischen wie auch allgemeinen Wissen um Gedächtnisvorgänge, von Flavell (1971) als „Metagedächtnis" bezeichnet, für die Bewältigung von Gedächtnisaufgaben zusätzlich bedeutsam zu sein scheinen und zur Erklärung von Leistungszuwächsen beitragen. Bei Konzeptualisierungen des Metagedächtnisses geht man davon aus, dass aktive und bewusste Interpretationen neu eingehender Informationen eine vergleichsweise große Rolle spielen. Seit der Einführung des Konstrukts „Metagedächtnis" in die Gedächtnispsychologie sind zahlreiche Versuche unternommen worden, präzise Definitionen vorzulegen (vgl. die Überblicke bei Schneider & Pressley, 1997; Schneider & Lockl, 2006). Inzwischen wird allgemein eine Taxonomie von Metagedächtnis akzeptiert, die zwischen dem faktischen deklarativen Gedächtniswissen und einer eher prozeduralen Komponente unterscheidet. Unter *deklarativem Metagedächtnis* versteht man das faktisch verfügbare und verbalisierbare Wissen um Gedächtnisvorgänge. Flavell und Wellman (1977) unterschieden hier weiterhin Wissen über Personen-, Aufgaben- und Strategiemerkmale. Wissen um Personenmerkmale bezieht sich auf das, was Kinder und Erwachsene über ihr eigenes Gedächtnis und das anderer Personen wissen. Unter aufgabenbezogenem Metagedächtnis wird Wissen darüber verstanden, was bestimmte Gedächtnisaufgaben schwerer macht als andere. Mit Wissen um Strategiemerkmale ist schließlich gemeint, was Personen über Funktion und Bedeutung verschiedener Encodier- und Abrufstrategien aussagen können. Es wird angenommen, dass sich das deklarative Metagedächtnis erst gegen Ende der Grundschulzeit einigermaßen konsolidiert, wobei weitere Verbesserungen bis in die späte Adoleszenz hinein wahrscheinlich sind (Schneider, 2011).

Das *prozedurale Metagedächtnis* betrifft die Fähigkeit zur Regulation und Kontrolle gedächtnisbezogener Aktivitäten. Man nimmt an, dass Kinder mit zunehmendem Alter über mehr Sensibilität für internale „Gedächtniserfahrungen" (*mnemonic sensations*) verfügen. Sie entwickeln beispielsweise ein gewisses Gespür dafür, welches Ausmaß an Anstrengung bei einer Gedächtnisaufgabe investiert werden muss, damit die Information genügend „tief" gespeichert und demzufolge später wieder erinnert werden kann. Sie können im Lauf der Entwicklung auch immer besser abschätzen und vorhersagen, wie viel Information aus einer bestimmten Gedächtnisaufgabe korrekt abgerufen werden kann. Im Hinblick auf die Entwicklung des prozeduralen Metagedächtnisses werden für Überwachungsvorgänge (Monitoring) auf der einen Seite und Kontrollprozesse auf der anderen Seite unterschiedliche Trends angenommen. Die Fähigkeit zur Überwachung scheint schon relativ früh gut ausgeprägt zu sein und sollte sich in der Folge auch nicht stark verbessern. Demgegenüber werden für die Kontrollvorgänge größere alterskorrelierte Zuwächse erwartet. Die Entwicklungsveränderungen im prozeduralen Metagedächtnis dürften dabei im Wesentlichen auf das mit zunehmendem Alter immer bessere Zusammenspiel zwischen Überwachungs- und Selbstregulationsvorgängen zurückzuführen sein.

3.2.3 Das Vorwissens-Modell

Während die Bedeutung des Metagedächtnisses für die Entwicklung von Gedächtnisleistungen schon in den frühen 1970er-Jahren thematisiert wurde, dauerte es noch einige Jahre, bis auch die Rolle des *bereichsspezifischen Vorwissens* systematisch in die Betrachtung einbezogen wurde. Eine verbreitete und in der psychologischen Gedächtnisforschung akzeptierte Modellvorstellung geht davon aus, dass menschliches Wissen in Netzwerken organisiert ist, in denen ähnliche Inhalte miteinander verknüpft sind. Das Inhaltswissen von Kindern wird demzufolge als eine Art mentales Wörterbuch zu Objekten und Konzepten angesehen, das hierarchisch strukturiert ist. Man geht davon aus, dass das Wissen von Kindern über Tiere (und andere Objekte bzw. Konzepte) im Laufe ihrer Erfahrungen mit unterschiedlichen Exemplaren dieser Gattung immer reichhaltiger wird (vgl. Abb. 8.4). Dies bedeutet, dass sich die Zahl der zugehörigen Verbindungen mit dem Alter vergrößert. Es scheint demnach folgerichtig, dass es eine systematische positive Beziehung zwischen dem Ausmaß des Vorwissens in einem Inhaltsbereich und der Gedächtnisleistung für Objekte oder Konzepte aus diesem Bereich geben sollte.

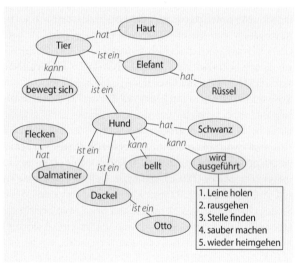

Abb. 8.4: Beispiel für ein semantisches Netzwerk.

3.2.4 Modelle der Strategieanwendung bzw. Informationsverarbeitung

Die theoretischen Erkenntnisse der Forschungsarbeiten zum Einfluss von Strategien, Metakognition und bereichsspezifischem Vorwissen auf die Gedächtnisleistung wurden von Pressley, Borkowski und Schneider (1987, 1989) dazu genutzt, *Modelle des guten Strategieanwenders* bzw. *guten Informationsverarbeiters* zu entwickeln. In diesen Modellen wird davon ausgegangen, dass sich Kinder zunächst in eher bereichsspezifischen Strategien erproben und dabei Erfahrungen sammeln, die sie auf Ähnlichkeiten bzw. Unterschiede zwischen den eingesetzten Strategien aufmerksam machen und als „relationales Gedächtniswissen" hilfreich sind. Kinder lernen in der Folge, unter welchen situationalen Bedingungen Strategien mehr oder weniger hilfreich sind. Weiterhin werden motivationale Merkmale insofern bedeutsam, als der lernende Mensch Strategien in der

Regel nur dann beibehält, wenn er erkennt, dass sie für seinen Erfolg bei der Aufgabenbewältigung entscheidende Bedeutung haben. Aus vielfältigen Erfahrungen mit Lernstrategien ergibt sich schließlich allgemeines Strategiewissen, das flexibel eingesetzt werden kann und dazu führt, dass die guten Strategieanwender überlegene Leistungen erbringen. Im Modell des guten Strategieanwenders wird weiterhin angenommen, dass für erfolgreiche Umsetzung von Strategien sowohl bereichsspezifisches Vorwissen als auch allgemeines „Weltwissen" erforderlich ist. Wenn beide Wissenskomponenten äußerst reichhaltig vorhanden sind, können Strategien mehr oder weniger automatisch angewendet werden. Das Modell betont also die Interaktion von Strategien und verschiedenen Wissenskomponenten, die letztendlich zu optimalen Gedächtnisleistungen führt. Das Modell des guten Informationsverarbeiters stellt eine Verallgemeinerung dieses Ansatzes dar und erweitert die Beschreibung von wünschenswerten Attributen lernender Personen um Faktoren wie prozedurale Metakognition sowie um Persönlichkeitsmerkmale wie Reflexivität, Handlungsorientierung und Erfolgsmotivation. Optimale Leistungen sind dann zu erwarten, wenn möglichst viele kognitive und motivationale Merkmale gut miteinander harmonieren.

Hasselhorn (1996) entwickelte eine Variante eines Strategiemodells, das als *Strategie-Emergenz-Modell* als integratives Rahmenmodell zur Entwicklung kategorialen Organisierens angesehen werden kann. Dabei wird davon ausgegangen, dass nach der Darbietung von Lernmaterial die wahrgenommene Information zumindest in Teilen ins SR und auch teilweise ins semantische Netzwerk der Wissensbasis gelangt, wo es im Sinne impliziter Gedächtnisprozesse weiterwirkt. Ein Anteil dieser Information gelangt dann ins Arbeitsgedächtnis, wo die zentrale Exekutive steuernd eingreift. Je länger die kritische Information im Fokus der Aufmerksamkeit bleibt und über Wiederholungsprozesse aktiv gehalten werden kann und je mehr metakognitives Wissen verfügbar ist, desto günstiger sind die Prognosen für die späteren Behaltensleistungen. Die Strategie-Emergenz-Theorie geht davon aus, dass im Verlauf des Grundschulalters (etwa zwischen dem achten und zehnten Lebensjahr) infolge qualitativ verbesserter metakognitiver Kompetenzen bessere strategische Möglichkeiten der semantischen Organisation des Lernmaterials entstehen. Hasselhorn (1996) nimmt also für die späte Grundschulphase insofern eine qualitative Veränderung des strategischen Verhaltens in semantischen Organisationsaufgaben an, als erst jetzt strategische Operationen bewusst und im Sinne eines funktionierenden Metagedächtnisses reflektiert und angemessen begründet werden können. Dieses Modell ist so angelegt, dass es im Rahmen empirischer multivariater Untersuchungen gut überprüft werden kann und Validierungsstudien verfügbar sind.

3.2.5 Die Fuzzy-Trace-Theorie

Obwohl die Annahmen des Strategiemodells seit den 1970er-Jahren in Verbindung mit den beschriebenen Wissensmodellen große Verbreitung gefunden haben, sind auch alternative Konzeptionen entwickelt worden, die den Nutzen des Strategiemodells generell in Frage stellten. Brainerd und Kollegen konzipierten Ende der 1980er-Jahre die Fuzzy-Trace-Theorie (vgl. z. B. Brainerd & Reyna, 1990, 2005), die eine Theorie kognitiver Entwicklung mit breitem Geltungsbereich darstellt. Sie geht davon aus, dass beim Denken, Schlussfolgern oder Erinnern nicht so sehr exakte kognitive Repräsentationen, sondern unpräzise Repräsentationen, sog. fuzzy concepts, bedeutsam sind. Während jüngere Kinder neue Information meist präzise encodieren (verbatim memory traces), speichern ältere Kinder neue Information weniger präzise ab (gist memory traces). Da die präzisen Encodierungen bei Abrufversuchen schwerer zu treffen sind, ist es danach auch sehr wahrscheinlich, dass die Vergessensraten bei jüngeren Kindern höher liegen sollten als für die ungenauer und breiter encodierten Gedächtnisinformationen der älteren Kinder.

Ein wesentlicher Bestandteil der Fuzzy-Trace-Theorie ist das Optimierungsmodell, das Entwicklungsveränderungen im Bereich von Gedächtnisleistungen ohne Rückgriff auf höhere kognitive Faktoren wie z. B. strategisches Verhalten oder Metagedächtnis erklärt. Als bedeutsamste Entwicklungsdeterminante von Gedächtnisleistungen gilt die altersabhängige Sensitivität gegenüber Interferenzen. Unter Interferenzen sind störende Prozesse oder Ereignisse zu verstehen, die zum Abfall einer Leistung führen. Sie treten z. B. auf, wenn aufgabenirrelevante Gedächtnisinhalte nicht unterdrückt werden können und dadurch den Abruf relevanter Inhalte beeinträchtigen. Reyna und Brainerd (1995) nehmen etwa an, dass jüngere Kinder im Vergleich zu Jugendlichen oder Erwachsenen eine erhöhte Sensitivität gegenüber Interferenzen aufweisen und dadurch in ihren Gedächtnisleistungen beeinträchtigt sind. Ein Beleg für die Bedeutsamkeit von Interferenzen wird in der Reihenfolge gesehen, in der verbale Gedächtnisinhalte (z. B. Wortlisten) erinnert werden. Nach dem Optimierungsmodell tritt bei Erinnerungsprozessen Output-Interferenz auf, wenn Gedächtnisinhalte, die parallel im Bewusstsein vorhanden sind, seriell wiedergegeben werden. Die Output-Interferenz beeinträchtigt die Wiedergabe von gedächtnisschwachen und gedächtnisstarken Items in unterschiedlichem Ausmaß. Gedächtnisschwache Items können nur dann abgerufen werden, wenn die Output-Interferenz gering ist. Dies trifft typischerweise auf den Beginn einer Wiedergabephase zu. Im Optimierungsmodell wird deshalb erwartet, dass zunächst gedächtnisschwache Items abgerufen werden. Mit der Wiedergabe von gedächtnisschwachen Items steigt die Output-Interferenz an und führt dazu, dass ein Wechsel zu gedächtnisstarken Items notwendig wird. Der wiederholte Abruf von gedächtnisstarken Items senkt allmählich wieder das Niveau der Output-Interferenz. Dadurch können am Ende einer Wiedergabephase noch einmal gedächtnisschwache Items erinnert werden. Aufgrund dieses Optimierungsmodells ist zu erwarten, dass Items in der Reihenfolge „gedächtnisschwach" – „gedächtnisstark" – „gedächtnisschwach" wiedergegeben werden. Die Wiedergabereihenfolge schwach – stark – schwach wird als Cognitive-Triage-Effekt bezeichnet und gilt als eine wesentliche Voraussetzung optimaler Erinnerungsleistungen.

4 Klassische Befunde der entwicklungspsychologischen Gedächtnisforschung

Die entwicklungspsychologische Gedächtnisforschung der letzten 50 Jahre hat eine Vielzahl interessanter Befunde erbracht, die hier nur in Ausschnitten vermittelt werden können. Es wird von daher ein Schwerpunkt auf die Entwicklung des sprachgebundenen Gedächtnisses vom frühen Kindes- bis zum Jugendalter gelegt. Umfassendere neuere Darstellungen finden sich beispielsweise in dem von Courage und Cowan (2009) herausgegebenen Sammelband sowie bei Schneider (2011).

4.1 Entwicklung der Gedächtniskapazität

Die schon in der Frühphase der entwicklungspsychologischen Gedächtnisforschung sehr populären Aufgaben zur Erfassung der Gedächtnisspanne wurden auch ab den 1970er-Jahren wieder verstärkt eingesetzt. Diese Aufgaben sind meist so konstruiert, dass den Probanden eine Reihe von Stimuli (Zahlen, Buchstaben oder Wörter) etwa im Ein-Sekunden-Takt

4 Klassische Befunde der entwicklungspsychologischen Gedächtnisforschung 219

mit der Anweisung vorgegeben wird, diese Stimuli unmittelbar danach in gleicher Reihenfolge zu reproduzieren. Begonnen wird in der Regel mit einer niedrigen Anzahl (zwei oder drei Items). Als Gedächtnisspanne einer Person wird die Anzahl von Items angesetzt, die gerade noch perfekt beherrscht werden kann. Wenn auch die Gedächtnisspanne mit der Art des Materials (Zahlen, Buchstaben, Wörter) variiert, lässt sich doch allgemein festhalten, dass der Zuwachs mit dem Alter nicht allzu groß ist. Für die Wortspanne gilt beispielsweise, dass im Alter von sechs Jahren etwa vier (einsilbige) Wörter unmittelbar korrekt wiedergegeben können, und weitere sechs Jahre später etwa fünf (vgl. Dempster, 1985). Die Entwicklung der Zahlenspanne stellt sich vergleichsweise dynamischer dar (vier Items im Alter von vier Jahren, sechs bis sieben Items im Alter von zwölf Jahren). Während diese Aufgabe meist vorwärts dargeboten wird und damit Prozesse des Kurzzeitgedächtnisses abbildet, gilt die Gedächtnisspanne rückwärts (bei der die Items in umgekehrter Reihenfolge reproduziert werden müssen) als Indikator für das Arbeitsgedächtnis, da hier Information nicht nur im KZG gehalten werden muss, sondern auch noch Transformationsprozesse stattfinden. Diese Aufgabe ist entsprechend schwieriger, produziert aber ähnliche Alterstrends wie die Vorwärts-Variante.

Obwohl immer noch recht unklar ist, welchen Anteil alterskorrelierte strategische Aktivitäten wie Wiederholung und Gruppierung an den vorgefundenen Altersunterschieden haben, gibt es andererseits kaum Zweifel daran, dass nichtstrategische Merkmale wie die Item-Identifikationsgeschwindigkeit mit der Gedächtnisspanne signifikant korrelieren (Kail, 1991). Zusätzlich scheint sich bei jüngeren Kindern die (mangelnde) Speicherfähigkeit von Reihenfolge-Informationen negativ auf die Gedächtnisspanne auszuwirken. Dies lässt sich aus dem Vergleich von Versuchsbedingungen ableiten, bei denen einmal die exakte serielle Wiedergabe, in einer anderen Bedingung die Wiedergabe der Items in beliebiger Reihenfolge gefordert wurde. Chi (1977) fand beispielsweise für ihre fünfjährigen Probanden, dass sich die Gedächtnisspanne fast verdoppelte, wenn die korrekte Reihenfolge der Items nicht berücksichtigt werden musste. In der Münchner Längsschnittstudie zur Genese individueller Kompetenzen (LOGIK; siehe Weinert, 1998; Weinert & Schneider, 1999) bestätigte sich dieser Ergebnistrend für den Alterszeitraum zwischen vier und sechs Jahren. Bei älteren Kindern und Jugendlichen spielte es für das Ergebnis keine Rolle mehr, ob die serielle Spanne oder die freie Spanne erhoben wurde.

Es gibt insgesamt betrachtet keinen Zweifel daran, dass sich die unmittelbare Spanne von der frühen Kindheit bis zur Adoleszenz stetig verbessert. Die Ergebnisse der LOGIK-Studie lassen weiterhin den Schluss zu, dass die Gedächtnisspanne ab dem Jugendalter nicht mehr zunimmt (vgl. Schneider, Knopf & Sodian, 2009). Will man die beobachteten Veränderungen in der (verbalen) Gedächtnisspanne erklären, so scheint ein Modell geeignet, das alterskorrelierte Veränderungen auf die Zunahme einer globalen Verarbeitungsgeschwindigkeit zurückführt. Diese sagt die Sprechgeschwindigkeit vorher, und diese wiederum die Gedächtnisspanne (vgl. Ferguson & Bowey, 2005; Kail & Ferrer, 2007). Die Befunde sind gut mit zentralen Annahmen des Arbeitsgedächtnismodells nach Baddeley und Hitch vereinbar. Es wird darin angenommen, dass sich alterskorrelierte Zuwächse in der verbalen Gedächtnisspanne auf Zuwächse in der Geschwindigkeit bei der Artikulation von Wörtern zurückführen lassen. Die Artikulationsrate wird als Maß für die Geschwindigkeit von Encoder- und Wiederholungsprozessen im Subsystem der „artikulatorischen Schleife" interpretiert, die Sequenzen gesprochener Items aktiv zu halten versucht. Je mehr Items in einer fixen Zeitspanne artikuliert werden können, desto länger kann diese Sequenz auch erinnert werden.

4.2 Entwicklung von Gedächtnisstrategien

Die Pionierarbeiten von John Flavell und seinen Mitarbeitern in den 1960er-Jahren haben wertvolle Erkenntnisse zur Bedeutung von Gedächtnisstrategien für die Verbesserung von Gedächtnisleistungen gebracht, die zunächst auf querschnittlichen Altersvergleichen beruhten (vgl. Flavell, Beach & Chinsky, 1966). Sie bestätigten die Grundannahme des Strategiemodells, dass bei der Ausbildung von Gedächtnisstrategien unterschiedliche Etappen zu unterscheiden sind (vgl. Flavell, Miller & Miller, 2001). So ließen sich etwa bei jüngeren Kindergartenkindern strategische Aktivitäten höchst selten beobachten. Kindern dieser Altersstufe wurde demnach ein *Mediationsdefizit* zugeschrieben. Sie setzten damit strategische Aktivitäten nicht spontan ein, und selbst bei gezielter (und erfolgreicher) Unterweisung fanden sich keine positiven Effekte auf die Gedächtnisleistung. Etwas ältere Kinder (Vorschulkinder oder Schulanfänger) demonstrierten demgegenüber ein *Produktionsdefizit*: Wie jüngere Vorschulkinder tendierten auch sie wenig dazu, Strategien spontan zu produzieren. Im Unterschied zu den jüngeren Kindern fruchteten bei ihnen gezielte Hinweise oder Unterweisungen in dem Sinne, dass nun bei Strategiegebrauch auch eine deutlich bessere Gedächtnisleistung resultierte.

Die zahlreichen Querschnittsbefunde zur Entwicklung unterschiedlicher Gedächtnisstrategien suggerierten den Eindruck einer sich kontinuierlich vollziehenden Ausbildung strategischen Verhaltens. Dies ist mit theoretischen Annahmen kaum kompatibel, wonach der Übergang vom Vorschul- zum Grundschulalter durch qualitative konzeptuelle Veränderungen geprägt ist. Die längsschnittlichen Befunde der Münchner LOGIK-Studie zur Entwicklung von Organisationsstrategien lassen in der Tat darauf schließen, dass das durch die Querschnittstudien geprägte Bild grundlegend korrigiert werden muss (vgl. Schneider, Knopf & Sodian, 2009; Sodian & Schneider, 1999). Obwohl auch in der LOGIK-Studie bei Betrachtung der Gruppendaten scheinbar kontinuierlich zunehmende Kategorisierungsleistungen registriert wurden, ließ sich dennoch zeigen, dass die zugrunde liegenden individuellen Entwicklungskurven nicht angemessen repräsentiert waren. Daten zur individuellen Strategieentwicklung zeigten nämlich, dass ein gradueller Zuwachs der Gedächtnisleistung (wie in der Literatur immer wieder dargestellt) de facto nur für weniger als 10 % der Kinder zutraf. Bei der überwiegenden Mehrzahl (ca. 80 %) erfolgte dagegen der Übergang von nichtstrategischem auf strategisches Verhalten sehr abrupt (Sodian & Schneider, 1999). Der krasse Unterschied zwischen den Individual- und Gruppendaten ist darauf zurückzuführen, dass die plötzlichen Übergänge von nichtstrategischem zu strategischem Verhalten für die einzelnen Teilnehmer zu unterschiedlichen Zeitpunkten erfolgten; werden die

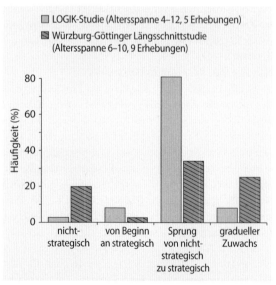

Abb. 8.5: Häufigkeit unterschiedlicher Formen des Strategieerwerbs (abrupt versus kontinuierlich) in der Münchner LOGIK-Studie und der Würzburg-Göttinger-Längsschnittstudie (vgl. Kron-Sperl, Schneider & Hasselhorn, 2008).

4 Klassische Befunde der entwicklungspsychologischen Gedächtnisforschung | 221

Einzelbefunde nun auf Gruppenniveau aggregiert, ergibt sich über die verschiedenen Messzeitpunkte hinweg das (irreführende) Bild einer allgemein graduellen Zunahme des Strategiegebrauchs. Diese Interpretation wird auch durch die Befunde der neueren Göttinger und Würzburger Längsschnittstudien zur Gedächtnisentwicklung bestätigt, wenn sich auch dort insgesamt mehr Fälle graduellen Zuwachses gezeigt hatten (vgl. etwa Kron-Sperl, Schneider & Hasselhorn, 2008). Der entscheidende Unterschied zwischen der Münchner LOGIK-Studie und der Würzburg-Göttinger-Längsschnittuntersuchung (vgl. Abb. 8.5) ist wohl darin zu sehen, dass die Untersuchungsabstände zwischen zwei benachbarten Messzeitpunkten bei letzterer ca. 6 Monate, bei der Münchner LOGIK-Studie dagegen etwa zwei Jahre betrugen. Bei solch großen Zeitabständen ist nicht auszuschließen, dass eine sich als abrupt darstellende Entwicklung in Wirklichkeit langsamer und kontinuierlich verlief.

Die genauere Inspektion von Längsschnittdaten erlaubt aber auch eine bessere Einschätzung der Frage, in welchem Ausmaß sich bei jüngeren Kindern *Nutzungsdefizite* im Strategiegebrauch ausmachen lassen. Ein solches Defizit war von mehreren Autoren (etwa Coyle & Bjorklund, 1997) für die Anfangsphase des spontanen Strategiegebrauchs als relativ typisch angesehen worden. Obwohl sich in unterschiedlichen Inhaltsbereichen durchaus Belege für ein solches Phänomen finden lassen, ist die Forschungssituation dazu nicht eindeutig. Neben Hinweisen auf die Definitionsproblematik finden sich auch zunehmend empirische Befunde aus Längsschnittstudien, die nicht mit der Annahme eines Nutzungsdefizits kompatibel sind (Schlagmüller & Schneider, 2002; Schneider et al., 2009). Ergebnisse der Göttingen-Würzburg-Längsschnittstudie zur Gedächtnisentwicklung belegen einerseits die Existenz eines Nutzungsdefizits, dokumentieren aber auch andererseits, dass dieses Phänomen weniger häufig vorkommt, als in der angloamerikanischen Literatur unterstellt (vgl. Kron-Sperl, Schneider & Hasselhorn, 2008).

4.3 Entwicklung metakognitiven Wissens

Das frühe Einüben von Gedächtnisstrategien erzeugt bei Kindern ein Wissen über ihr Gedächtnis, das von Flavell und Wellman (1977) als „Metagedächtnis" bezeichnet wurde. Bereits aus der klassischen Interviewstudie von Kreutzer, Leonard und Flavell (1975) lässt sich ableiten, dass das Wissen von Kindergarten- und Schulkindern über ihr *deklaratives Gedächtnis* zunehmend spezifischer wird. So erkennen beispielsweise Grundschulkinder schon, dass die Gedächtnisleistung mit der verfügbaren Lernzeit zunimmt und dass es schwerer ist, einen Lernstoff genau wiederzugeben als ihn sinngemäß zu reproduzieren. Ältere Grundschulkinder können auch schon angeben, dass der Gebrauch von Gedächtnisstrategien das Behalten von Bildern erleichtert, die sich nach Oberbegriffen ordnen lassen. Während Kindergartenkinder nur über vorläufiges, rudimentäres Gedächtniswissen verfügen, verbessert sich das Metagedächtnis zu Personen-, Aufgaben- und Strategiemerkmalen im Verlauf der Grundschulzeit beständig (vgl. auch Hasselhorn, 1994). Dies gilt auch für die Fähigkeit, Interaktionen zwischen Gedächtnisvariablen zu erkennen, also etwa die Relation zwischen Aufgabenschwierigkeit und Art der benötigten Strategie. Diese und andere Interviewstudien bzw. experimentelle Untersuchungen legen den Schluss nahe, dass sich das deklarative Metagedächtnis wohl erst gegen Ende der Grundschulzeit einigermaßen konsolidiert hat. Weitere Verbesserungen sind bis in die späte Adoleszenz hinein zu beobachten.

Das *prozedurale Metagedächtnis* wird in gängigen Modellvorstellungen (etwa Pressley et al., 1989) als relativ unabhängig vom deklarativen Metagedächtnis gesehen. Im Unterschied zum deklarativen Metagedächtnis bezieht sich das prozedurale Metagedächtnis auf die Fähigkeit zur zieladaptiven Planung, Überwachung und Steuerung gedächtnisbezogener Aktivitäten. Mit zunehmendem Alter können Kinder den Status ihres eigenen Gedächtnisses besser einschätzen. Die Überwachung von gedächtnisbezogenen Vorgängen scheint dabei schon im Vorschulalter relativ gut zu gelingen. Demgegenüber scheinen sich angemessene Selbstkontrollaktivitäten erst ab dem Schulalter zu entwickeln. Um den Lernfortschritt bestimmen zu können, sind Überwachungsvorgänge unabdingbar. Werden Probleme beim Lernen registriert, sollten angemessene Kontroll- oder Steuerungsprozesse eingesetzt werden. Dies gelingt den Schulkindern im Vergleich zu Vorschulkindern wesentlich besser.

Während üblicherweise versucht wird, das deklarative Metagedächtnis von Kindern über Interviews oder Fragebögen zu erfassen, werden metakognitive Überwachungs- und Steuerungsprozesse in der Regel im Zusammenhang mit gerade ablaufenden Gedächtnisaktivitäten („online") registriert. Im Hinblick auf die Entwicklung des prozeduralen Metagedächtnisses sind die Befunde mit denen zur Entwicklung des deklarativen Metagedächtnisses nicht vergleichbar, da sich weniger ausgeprägte Veränderungen zeigen (vgl. Schneider & Lockl, 2006). Die Ergebnisse weisen insgesamt darauf hin, dass Fortschritte im prozeduralen Metagedächtnis im Wesentlichen auf den mit zunehmendem Alter immer angemesseneren Einsatz von Selbstkontrollvorgängen zurückzuführen sind. Die Fähigkeit zur Kontrolle und Steuerung von Gedächtnisvorgängen verbessert sich im Verlauf der Kindheit und des Jugendalters bis hin zum Erwachsenenalter beständig.

Schon Flavell und Kollegen interessierten sich zu Beginn ihrer Forschungsarbeiten für den Zusammenhang zwischen Metagedächtnis und Gedächtnis. Sie gingen davon aus, dass das mit dem Alter zunehmende Wissen über die Gedächtnismerkmale und -funktionen effektivere Denk- und Gedächtnisprozesse begünstigen sollte. Von daher wurde erwartet, dass mit zunehmendem Alter immer engere Beziehungen zwischen Metagedächtnis und Gedächtnis resultieren. Mittlerweile haben sich zahlreiche Arbeiten mit der Beziehung zwischen Metagedächtnis und Gedächtnis und ihrer Veränderung über die Zeit beschäftigt. Die Befunde legten den Schluss nahe, dass schon bei fortgeschrittenen Grundschülern Gedächtnisleistungen in sehr unterschiedlichen Aufgaben durch das verfügbare metakognitive Wissen durchaus bedeutsam vorhergesagt werden können. Eine auf mehr als 60 Studien und mehr als 7000 Kindern und Jugendlichen basierende statistische Metaanalyse ergab einen mittleren Korrelationskoeffizienten von $r = .41$ zwischen Merkmalen des Metagedächtnisses und des Gedächtnisses (vgl. Schneider & Pressley, 1997). Dies entspricht zwar keinem außerordentlich engen, jedoch einem durchaus robusten Zusammenhang. Für den Bereich der Textverarbeitung wird diese Aussage auch durch die Befunde der PISA 2000-Studie gestützt, die auf der Basis von mehr als 50.000 Schülern reliable Beziehungen zwischen dem Wissen über Textverarbeitung und dem Leseverständnis ermittelte (vgl. Artelt, Schiefele, Schneider & Stanat, 2002).

4.4 Vorwissen und Gedächtnisleistung

Ein Problem bei der Untersuchung der Wirkung des Vorwissens auf die Gedächtnisleistung ist darin zu sehen, dass Wissen meist mit dem chronologischen Alter verbunden ist. Der Vorwissensfaktor wurde deshalb in den meisten Arbeiten dadurch zu kontrollieren versucht, dass Materialien verwendet wurden, die auch den jüngsten Probanden gut vertraut waren. Aus der generellen Bekanntheit von Stimuli kann jedoch nicht unbedingt auf eine altersunabhängige Vertrautheit mit dem Lernmaterial geschlossen werden. In verschiedenen Altersstufen kann

4 Klassische Befunde der entwicklungspsychologischen Gedächtnisforschung | 223

das gleiche Lernmaterial unterschiedlichen Bedeutungsgehalt haben, was dann Altersunterschiede in den Gedächtnisleistungen hervorruft. Ein Ausweg aus diesem Dilemma wurde nun darin gesehen, Gedächtnisleistungen so zu untersuchen, dass Vorwissen und Alter nicht mehr systematisch korrelieren können. Beeindruckende Demonstrationen von Vorwissenseffekten auf die Gedächtnisleistung ließen sich so insbesondere über den Vergleich von Experten und Novizen nachweisen. Diese Arbeiten konnten sogar belegen, dass sich erwartete Altersunterschiede umkehren lassen, wenn das Wissen von Kindern das von Erwachsenen deutlich übertrifft (Chi, 1978; Opwis, Gold, Gruber & Schneider, 1990).

Wie lassen sich die Befunde zum Einfluss von Vorwissen jedoch erklären? Das schon skizzierte Vorwissens-Modell geht davon aus, dass im Fall reichhaltigen bereichsspezifischen Wissens die vorhandenen Konzepte (Knoten) und ihre Verbindungen im Wesentlichen automatisch aktiviert werden. Die Güte der Gedächtnisleistung in unterschiedlichen Domänen (wie Schach) hängt also weniger vom allgemeinen intellektuellen Niveau und den damit verknüpften strategischen Kompetenzen als vielmehr von der Quantität der gespeicherten Information ab. Letztere ist wiederum eng mit dem investierten Aufwand, also der Intensität der Beschäftigung mit einem Gegenstandsbereich korreliert, die im Wesentlichen von nichtkognitiven, motivationalen Faktoren beeinflusst wird (vgl. Schneider & Bjorklund, 2003). Die Abhängigkeit der Gedächtnisleistung vom Ausmaß der Übung belegen die Befunde einer der wenigen Längsschnittstudien zur Expertiseentwicklung (Gruber, Renkl & Schneider, 1994), in der die Schachexperten und -novizen der Untersuchung von Opwis et al. (1990) nach drei Jahren erneut mit der gleichen Gedächtnisaufgabe konfrontiert wurden. Ursprüngliche Experten, die in der Zwischenzeit die Lust am Schachspiel verloren und vergleichsweise wenig gespielt hatten, zeigten nun schlechtere Gedächtnisleistungen für die Schachpositionen als ursprüngliche Novizen, die aufgrund intensiver Übung zwischenzeitlich Expertenstatus erlangt hatten.

Auch wenn sich in Domänen wie Schach das Vorwissen gegenüber der intellektuellen Leistungsfähigkeit als die bedeutsamere Determinante von Gedächtnisleistungen erwiesen hat, ist fraglich, ob individuelle Unterschiede im intellektuellen Bereich beim Vergleich von Experten und Novizen generell vernachlässigt werden können. So haben Befunde zu Aufgaben mit eher strategischer Komponente (Kategorisierungsaufgaben) gezeigt, dass die Gedächtnisleistung von Experten und Novizen nicht allein durch das Vorwissen, sondern ebenso durch die allgemeine Intelligenz der Probanden vorhergesagt wurde (vgl. Schneider & Bjorklund, 2003). Das Ausmaß des Vorwissenseffekts hängt sicherlich auch vom Typus der Aufgabe und ihren Anforderungen ab.

4.5 Zusammenspiel unterschiedlicher „Motoren" der Gedächtnisentwicklung

Die oben skizzierten theoretischen Modelle zur Beschreibung und Erklärung der Gedächtnisentwicklung im Kindes- und Jugendalter (insbesondere das Modell des guten Strategieanwenders/guten Informationsverarbeiters) gehen davon aus, dass individuelle Unterschiede in der Gedächtniskapazität, der Strategiebeherrschung und in unterschiedlichen Wissenskomponenten die Gedächtnisleistung weitgehend bedingen. Zahlreiche Arbeiten zur Gedächtnisentwicklung widmeten sich in der Folge der empirischen Überprüfung dieser Frage. Exemplarisch soll dabei auf Befunde einer experimentellen Studie von Schneider, Bjorklund und Maier-Brückner (1996) eingegangen werden, die systematische und bedeutsame Beziehungen zwischen Gedächtniskapazität, Vorwissen, metakognitivem Wissen, strategischem Verhalten und Gedächtnisleistungen dokumentieren. So wird aus diesen Befunden deutlich, dass Gedächtnisstrategien (ab dem fortgeschrittenen Grundschulalter) nicht zuletzt deshalb erfolgreich angewendet werden können, weil die Kinder nun über mehr metakognitives Wissen verfügen. Abbildung 8.6a gibt die Ergebnisse eines Kausalmodells zur Vorhersage der Gedächtnisleistung in einer semantischen Kategorisierungsaufgabe (*sort-recall*) wieder, bei der Items aus unterschiedlichen Inhaltsbereichen (z. B. Tiere, Nahrungsmittel, Möbel) zu behalten waren. Es lässt sich daraus ablesen, dass der verbale IQ und die Gedächtnisspanne das Metagedächtnis moderat vorhersagen, jedoch keinen direkten Effekt auf die Gedächtnisleistung haben. Das Metagedächtnis hingegen hat sowohl einen mäßigen direkten und einen stärkeren indirekten Effekt auf die Gedächtnisleistung. Letzterer ist dadurch charakterisiert, dass Unterschiede im Metagedächtnis einen signifikanten Einfluss auf das strategische Verhalten (Sortieren) in der semantischen Kategorisierungsaufgabe haben, das wiederum die Gedächtnisleistung direkt und substanziell beeinflusst. In Abbildung 8.6b ist das Modell für eine andere semantische Kategorisierungsaufgabe spezifiziert, bei der die Items aus dem Bereich Fußball stammten (z. B. Bereiche des Spielfelds, Feldspieler/Torwart, Spielzüge). Wie schon bei der traditionellen Kategorisierungsaufgabe interessierte auch hier die Frage, ob die unsortiert vorgelegten Items in der Lern- und Behaltensphase nach Oberbegriffen geordnet werden würden und ob der Ordnungsgrad Auswirkungen auf die Gedächtnisleistung haben würde. Die Ergebnisse verdeutlichen, dass sowohl der verbale IQ, die Gedächtnisspanne als auch das unabhängig erfasste Fußballwissen das Metagedächtnis bedeutsam vorhersagen, welches wiederum über das strategische Verhalten Einfluss auf die Gedächtnisleistung nimmt. Das Fußballwissen zeigt weiterhin den vergleichsweise größten direkten Effekt auf die Gedächtnisleistung in dieser Aufgabe. Ist für die spezifische Gedächtnisaufgabe also bereichsspezifisches Vorwissen relevant, so kommt diesem spezifischen Wissensmerkmal für die Erklärung der Gedächtnisleistungen vergleichsweise mehr Bedeutung zu als dem allgemeinen metakognitiven Wissen. Die aus Abbildung 8.6 ableitbare Erkenntnis, dass auch Unterschiede in der Gedächtniskapazität durchaus Bedeutung für das Endergebnis haben, wird auch durch neuere Befunde gestützt (vgl. Michalczyk & Hasselhorn, 2010).

Heißt dies nun, dass die Fuzzy-Trace-Theorie, die strategischen Prozessen und Wissenskomponenten kaum Bedeutung für die Gedächtnisentwicklung zumisst, damit widerlegt ist? Als Prüfinstanz für die Gültigkeit des daraus abgeleiteten Cognitive-Triage-Effektes bieten sich

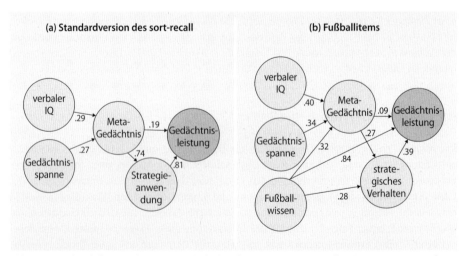

Abb. 8.6: Kausalmodelle zur Vorhersage von Gedächtnisleistungen in semantischen Kategorisierungsaufgaben *(sort-recall)* bei Viertklässlern für zwei unterschiedliche Item-Sets: (a) Standardbedingung; (b) Bereich Fußball (nach Schneider et al., 1996).
Die angegebenen Pfadkoeffizienten entsprechen standardisierten Regressionskoeffizienten mit einem Wertebereich von [-1; 1] und beschreiben den (gerichteten) Einfluss der untersuchten Merkmale aufeinander.

Aufgaben mit Wortlisten an, in denen sowohl Einflüsse von Strategien als auch von Cognitive Triage im Sinne eines Optimierungsmodells untersucht werden können, wonach Items in der Reihenfolge „gedächtnisschwach" – „gedächtnisstark" – „gedächtnisschwach" wiedergegeben werden. Solche Untersuchungen konnten den Cognitive-Triage-Effekt zwar mehrfach belegen (vgl. Brainerd, 1995), andererseits jedoch auch zeigen, dass er als Entwicklungsdeterminante weniger bedeutsam war als strategisches Verhalten: Die Ausprägung des Effektes zeigte im Unterschied zum strategischen Verhalten nur einen geringen Zusammenhang mit den Erinnerungsleistungen (z. B. Büttner, 2001). Im Längsschnitt erwies sich der Cognitive-Triage-Effekt als instabiles Phänomen. Die Wiedergabereihenfolge variierte intraindividuell zu verschiedenen Messzeitpunkten beträchtlich. Eine systematische Zunahme des Effektes bei älteren Kindern konnte nicht beobachtet werden (Hünnerkopf, Schneider & Hasselhorn, 2006). Die bisherigen Befunde lassen sich zusammenfassend dahin gehend interpretieren, dass Gedächtnisleistungen beim Lernen von Wortlisten eher durch Strategiegebrauch und Metagedächtnis als durch Sensitivität gegenüber Interferenzen bedingt sind.

5 Neuere Forschungstrends

In den letzten Jahren hat sich die Gedächtnisforschung darauf konzentriert, die Abhängigkeit der Gedächtnisentwicklung junger Kinder von Wirkmerkmalen ihrer sozialen Umgebung zu erkunden. Ein weiterer aktueller Forschungsschwerpunkt kann in neurowissenschaftlich geprägten Arbeiten gesehen werden, die den Zusammenhang zwischen Hirnentwicklung und Gedächtnisentwicklung explorieren.

5.1 Frühe Gedächtnisentwicklung und Alltagserfahrung

Zahlreiche neuere Studien zur Gedächtnisentwicklung bei jungen Kindern geben Hinweise darauf, dass basale Gedächtniskompetenzen von Vorschulkindern über Handlungswissen gefördert werden, das im Rahmen von Alltagserfahrungen gewonnen wurde. In dieser frühen Entwicklungsphase haben danach implizite Gedächtniserfahrungen einen großen Einfluss. Die von Reese (1999) als *emergent recollection* bezeichnete Theorie geht davon aus, dass sich das Gedächtnis des Kleinkindes vor dem Hintergrund der kindlichen Interaktion mit erwachsenen Bezugspersonen entwickelt. Dabei unterscheiden sich diese Bezugspersonen deutlich in der Art, wie sie mit dem Kind über vergangene Ereignisse sprechen: Einige stellen anregende, weiterführende Fragen und geben dem Kind ständig weitere Hinweisreize, um seine Erinnerung anzuregen (*high reminiscing style*). Andere stellen eher einfach strukturierte, häufig geschlossene Fragen, die mit einem Wort zu beantworten sind, und bieten dem Kind keine gemeinsame Elaboration vergangener Ereignisse an (*low reminiscing* bzw. *repetitive reminiscing style*). Mütter mit einem stark elaborativen Stil sind dabei nicht unbedingt elaborierter auch in anderen Kommunikationssituationen, es handelt sich demnach um keine allgemeine „Redseligkeit", sondern um die Menge und Reichhaltigkeit autobiografischer Informationen im Mutter-Kind-Dialog. Deren Bedeutsamkeit für die Gedächtnisleistungen von Kindern ließ sich sowohl in experimentellen als auch in längsschnittlich angelegten Untersuchungen bestätigen (vgl. die Überblicke bei Reese, 2009 und Fivush, 2011). Eltern kommt infolgedessen eine hohe Bedeutung als „Stimulatoren" von Gedächtnisvorgängen zu, wenn sie mit dem Kind über Ereignisse und Abläufe, die in der Vergangenheit liegen, in den Dialog treten. Neuere Längsschnittstudien haben belegen können, dass Vorschulkinder dadurch erlebte Ereignisse längerfristig im LZG repräsentieren und frei abrufen können. Dabei scheint die Erinnerungsmöglichkeit insbesondere dann gut gegeben, wenn es sich um regelmäßig wiederkehrende Ereignisse handelt. Das Gedächtnis für solche Ereignisse scheint in Form von Skripts (schematisierten „Drehbüchern") organisiert zu sein, wobei die resultierende Leistung sowohl durch die zeitlichen Beziehungen zwischen den Merkmalen eines Ereignisses als auch durch deren Vertrautheit beeinflusst wird. Die als Skripts bezeichneten gespeicherten Ablaufpläne für verschiedenste Gelegenheiten, z. B. den Besuch im Restaurant oder die Erledigung von Arbeiten im Haushalt, erleichtern die Behaltensleistung für solche Routinehandlungen enorm. Mit steigendem Übungsgrad können dann auch neue Ereignisse ohne Skript-Charakter längerfristig behalten werden.

Das Gedächtnis für routinemäßig wiederkehrende Ereignisse ermöglicht es Vorschulkindern weiterhin, bestimmte Ereignisse zu antizipieren und sie auch in gewisser Weise zu kontrollieren. Dies dürfte insbesondere für die Gedächtnisentwicklung sehr junger Kinder wichtig sein, wobei allerdings für Kinder nach dem zweiten Lebensjahr die wiederholte Erfahrung eines Ereignisses für das erfolgreiche Memorieren nicht mehr so relevant zu sein scheint wie im ersten Lebensjahr (Bauer, 2006). Die Fähigkeit zur Erinnerung ausgewählter Ereignisse über eine längere Zeitperiode hinweg entwickelt sich im Verlauf des Vorschulalters signifikant (Fivush, 2009). So ließ sich in der Münchner Längsschnittstudie zur Genese individueller Kompetenzen (LOGIK) beispielsweise zeigen, dass drei- bis vierjährige Kinder Geschichten mit Skript-Charakter (Geburtstagsparty) wesentlich besser reproduzieren konnten als eine Geschichte mit ebenfalls vertrautem Inhalt (Spielnachmittag), die nicht in ein allgemeines Schema eingebettet werden konnte. Zu späteren Messzeitpunkten war dieser besondere Einfluss des Skript-Wissens nicht mehr so ausgeprägt, was auf seine Bedeutung in der frühen Kindheit verweist. Zudem erwiesen sich individuelle Anfangsunterschiede im Langzeitgedächtnis als vergleichsweise stabil (Knopf, 1999; Schneider, Knopf & Sodian, 2009). Aus diesen Befunden kann gefolgert werden, dass sich die Fähigkeit zum Speichern und Abrufen von Textinformation schon früh entwickelt und für die meisten Kinder auch in vergleichbarem Tempo verbessert.

5.2 Das autobiografische Gedächtnis und seine Entwicklung

In jüngeren Forschungsarbeiten fand ein Teil des Langzeitgedächtnisses besondere Beachtung, nämlich das autobiografische Gedächtnis, also Erinnerungen an Ereignisse in der eigenen Lebensgeschichte. Schon Säuglinge sind dazu in der Lage, sich an Ereignisse in der Vergangenheit zu erinnern, obwohl sie dies natürlich noch nicht sprachlich ausdrücken können. Die Fähigkeit zum Erinnern selbst erlebter Ereignisse verbessert sich in der Folge erstaunlich schnell von der frühen Kindheit bis zum frühen Jugendalter (Reese, 2009). Sind die in den beiden ersten Lebensjahren gemachten Erfahrungen in der Regel später nicht mehr erinnerbar („infantile Amnesie"), so werden diese Erlebnisse ab dem Vorschulalter dauerhafter gespeichert.

Einen Meilenstein der Entwicklung im frühen Kindesalter stellt das Sprechen über ein vergangenes Ereignis oder eine Person bzw. einen Gegenstand, die/der aktuell nicht mehr anwesend ist, dar. Etwa ab dem Alter von zwei Jahren sind Kinder dazu in der Lage, tatsächlich über die Vergangenheit zu sprechen, beispielsweise indem sie Sätze mit „Weißt du noch...?" verstehen und zunehmend selbst einleiten (Hudson, 1991). Im frühen Kindergartenalter, also zwischen drei und dreieinhalb Jahren, hat sich das autobiografische Gedächtnis soweit verbessert, dass das Kind einer Person, die ein bestimmtes Ereignis nicht miterlebt hat, darüber verständlich berichten kann (Fivush , 2009). Jedoch bestehen auch hier noch Einschränkungen dahin gehend, dass die Kinder nur bestimmte Aspekte benennen können und Unsicherheiten über die Reihenfolge der Ereignisse aufweisen (Reese, 2009). Häufig berichten Kinder auch über Ereignisse, die Erwachsenen eher unwichtig erscheinen (Reese, 2009), außerdem zeigen sich bereits im Vorschulalter Geschlechtseffekte (Cleveland & Reese, 2008): Mädchen berichten eine höhere Anzahl an detaillierten Informationen als gleichaltrige Jungen. Dieser Effekt setzt sich im weiteren Entwicklungsverlauf fort. Außerdem verbessert sich die Gedächtnisleistung dahin gehend, dass die Kinder nun Auskunft über Ort, Zeitpunkt und Details eines Ereignisses geben können und darüber hinaus weniger Hinweisreize brauchen, um sich an ein bestimmtes Ereignis zu erinnern (Reese, 2009).

5.3 Grundlegende Erkenntnisse aus neueren Längsschnittstudien

In der frühen und mittleren Kindheit ist der Leistungszuwachs im Hinblick auf die Gedächtniskapazität, das strategische Gedächtnis und das Textgedächtnis beträchtlich. Die neueren Längsschnittstudien machen allerdings auch deutlich, dass diese Leistungsanstiege zwischen der späten Kindheit und dem späten Jugendalter nur noch gering ausfallen und mit dem späten Jugendalter nicht mehr nennenswert sind. Es lässt sich weiterhin ableiten, dass die individuelle Stabilität über die Zeit als Funktion der jeweils betrachteten Gedächtniskomponente variiert: Während individuelle Unterschiede bezüglich des Kurzzeitgedächtnisses und des Text-Recalls über den Studienverlauf eher stabil waren, fielen sie für die Leistung bei der Sort-Recall-Aufgabe moderat bis niedrig aus.

Ein weiterer bedeutsamer Befund neuerer Längsschnittstudien betrifft die Frage nach der Struktur des Gedächtnisses. Während schon seit geraumer Zeit davon ausgegangen wird, dass es Sinn macht, verbale von visuellen und räumlichen Gedächtniskompetenzen abzugrenzen, ging man bis in die 1980er-Jahre davon aus, dass es sich beim verbalen Gedächtnis um eine relativ homogene Fähigkeit handeln sollte. Wider Erwarten fanden sich jedoch in der Münchner LOGIK-Studie schon zu Beginn der Untersuchung (also etwa ab dem Alter von 4 Jahren) nur moderate Interkorrelationen zwischen den drei Gedächtniskomponenten (etwa $r = .30$), die sich über einen Zeitraum von etwa 20 Jahren kaum veränderten, also auch noch im jungen Erwachsenenalter in diesem Bereich lagen (Knopf, Schneider, Sodian & Kolling, 2008). Insgesamt belegen die Befunde der neueren Studien die schon zu Beginn der entwicklungspsychologischen Gedächtnisforschung aufgestellte These, nach der es unterschiedliche „Gedächtnisse" geben könnte (vgl. Schneider & Pressley, 1997). Darüber hinaus konnte demonstriert werden, dass auch relativ niedrige Zusammenhänge zwischen Leistungen in Gedächtnisaufgaben registriert werden, die aus einem enger gefassten Bereich (verbales Gedächtnis) stammen, im Hinblick auf die beanspruchten Gedächtnisfunktionen jedoch ähnlich sein müssten wie etwa das Gedächtnis für Geschichten und die Gedächtnisspanne für Sätze. Da Reliabilitätsprobleme weitgehend ausgeschlossen werden können, bleibt die Schlussfolgerung, dass die intraindividuelle Konsistenz von Gedächtnisleistungen über verschiedene Aufgaben hinweg wohl noch niedriger anzusetzen ist, als es in der aktuellen Gedächtnisforschung ohnehin vermutet wird. Die Anzahl der einer Person zur Verfügung stehenden, voneinander relativ unabhängigen „Gedächtnisse" erscheint danach beträchtlich, ist jedoch derzeit insgesamt noch schwer abschätzbar.

5.4 Der Zusammenhang zwischen Hirn- und Gedächtnisentwicklung

Obwohl die Gedächtnisentwicklung inzwischen sehr gründlich beforscht worden ist, gibt es immer noch viele offene Fragen. So ist der Zusammenhang zwischen impliziten und expliziten Gedächtnisprozessen in unterschiedlichen Altersgruppen nach wie vor recht unklar. Auch sind die Relationen zwischen beobachtbaren Gedächtnisvorgängen und ihren Repräsentationen im Gehirn erst ansatzweise erforscht. Zudem wurden viel zu lange Entwicklungsvorgänge im Gedächtnis ohne Einbezug von parallel ablaufenden Hirnprozessen exploriert (vgl. Bauer, 2006; Schneider & Bjorklund, 1998), wo doch neuropsychologische Perspektiven die Arbeiten zur Gedächtnisentwicklung enorm bereichern können. So hat die Erforschung zum Imitationslernen von Erwachsenen mit Hirnläsionen zeigen können, dass die Fähigkeiten zur verzögerten Imitation bei jüngeren Vorschulkindern primär eine Form expliziten Gedächtnisses darstellt und nicht so sehr von impliziten Gedächtnisvorgängen beeinflusst wird, wie lange Zeit angenommen (vgl. den Überblick bei Schneider, 2011). Ein anderes interessantes Forschungsparadigma mit Zukunftspotenzial vergleicht die Gedächtnisentwicklung von Säuglingen und Kleinkindern mit der von altersgleichen Menschenaffen (vgl. Nelson, 1997), um Unterschiede und Gemeinsamkeiten in der Hirnaktivität bei Gedächtnisvorgängen und deren Relation zu gedächtnisbezogenem Verhalten zu analysieren. Auch hier steht die Frage im Vordergrund, inwieweit beobachtbare Verhaltens- und Leistungsunterschiede mit Unterschieden in Hirnaktivitäten korrespondieren.

In jüngster Zeit werden Veränderungen in episodischen Gedächtnisleistungen vermehrt mit reifungs- und alterungsbedingten Veränderungen verschiedener Hirnareale und Hirnnetzwerke in Verbindung gebracht. Ein Beispiel hierfür ist das *Zweikomponentenmodell der Entwicklung episodischer Gedächtnisleistungen über die Lebensspanne* (Shing et al., 2010). Nach diesem Modell enthält das episodische Gedächtnis eine strategische und eine assoziative Komponente, sodass seine Entwicklung als Interaktion dieser beiden Komponenten dargestellt werden kann. Die strategische Komponente bezieht sich auf kognitive Kontrollprozesse, die Gedächtnisfunktionen beim Einprägen und Abrufen regulieren und unterstützen. Zu diesen Prozessen gehört die Elaboration und Organisation von Gedächtnisinhalten beim Einprägen sowie deren Überwachung und Prüfung beim Gedächtnisabruf. Die assoziative Komponente bezieht sich auf Mechanismen der Assoziationsbildung (*binding*), durch die einzelne Merkmale zu einer kohärenten Gedächtnisrepräsentation zusammengefügt werden. Neurowissenschaftlich betrachtet basiert die strategische Komponente in erster Linie auf dem präfrontalen Kortex, während die assoziative Komponente vor allem medial gelegene Areale des Schläfenlappens beansprucht, insbesondere den Hippocampus. Das Modell macht zwei grundlegende Annahmen: *(a)* Die Reifung der assoziativen Komponente des episodischen Gedächtnisses ist in der mittleren Kindheit weitgehend abgeschlossen. Ab dem höheren Erwachsenenalter altert diese Komponente. *(b)* Die strategische Komponente erreicht ihr volles Funktionsniveau erst im frühen Erwachsenenalter, also nach der assoziativen Komponente. Auch diese Komponente ist im Erwachsenenalter von Alterungserscheinungen betroffen. Beide Annahmen stimmen mit der neurowissenschaftlichen Befundlage gut überein. Anatomische Untersuchungen zeigen, dass die Ausreifung des präfrontalen Kortex bis spät in die Adoleszenz hineinreicht. Hingegen schreitet die Reifung der medial gelegenen Areale des Schläfenlappens in der Kindheit deutlich schneller voran. Zugleich lassen sich Alterungsprozesse im präfrontalen Kortex anatomisch bereits im frühen und mittleren Erwachsenenalter nachweisen. Auch der Hippocampus sowie andere gedächtnisrelevante Areale des Schläfenlappens zeigen spätestens im mittleren Erwachsenenalter erste Anzeichen von Alterungsprozessen, deren Stärke sich von Person zu Person unterscheidet und die im höheren Erwachsenenalter deutlich zunehmen. Auf der psychologischen Ebene stimmt das Modell mit dem Befund überein, dass Kinder zunächst Mühe haben, Gedächtnisstrategien zu verwenden, jedoch nach deren Erwerb höhere episodische Gedächtnisleistungen erreichen als ältere Erwachsene.

6 Schlussbetrachtungen

Die Pionierarbeiten von John Flavell zur Gedächtnisentwicklung haben einen wahren Forschungsboom ausgelöst, der in den letzten fünf Jahrzehnten unser Wissen über die Entwicklung des Gedächtnisses im Kindes- und Jugendalter außerordentlich bereichert hat. Entscheidend hierfür war auch der Einzug allgemeiner kognitiver Informationsverarbeitungsmodelle in die Entwicklungspsychologie. Fortschritte in der Formulierung theoretischer Modelle führten in der Folge auch zu komplex angelegten empirischen Untersuchungen und dem enormen Wissenszuwachs in diesem Bereich. In neuerer Zeit haben insbesondere groß angelegte Längsschnittstudien dazu geführt, dass Veränderungen in unterschiedlichen Aspekten der Gedächtnisentwicklung über längere Zeiträume hinweg zuverlässig beschrieben und Erklärungen für qualitative wie auch quantitative Leistungsentwicklungen gefunden werden konnten. Insgesamt lässt sich konstatieren, dass die Gedächtnisentwicklung im Säuglings- und Kleinkinderalter deutlichere Leistungsverbesserungen zeigt als lange Zeit angenommen. Nach wie vor gilt jedoch, dass im Altersbereich zwischen 5 und 15 Jahren die größten Zugewinne in der Gedächtnisleistung registriert werden, während zwischen dem späten Jugendalter und dem frühen Erwachsenenalter nur noch wenig Steigerung in diesen Vorgängen erkennbar ist. Die beträchtliche Leistungssteigerung zwischen dem frühen Schulalter und dem frühen Jugendalter werden auf Zuwächse in der Informationsverarbeitungsgeschwindigkeit, dem Strategiegebrauch und in relevanten Wissenskomponenten (Vorwissen, Metagedächtnis) zurückgeführt. Allerdings haben die Forschungsarbeiten der letzten Jahrzehnte auch immer wieder bestätigt, dass sich die Entwicklungskurven für unterschiedliche Funktionsbereiche (verbales Gedächtnis, visuell-räumliches Gedächtnis) deutlich unterscheiden. Vergleichsweise neu ist der Befund, dass es ein kohärentes verbales Gedächtnis offensichtlich nicht gibt und sich der Entwicklungsverlauf für unterschiedliche verbale Gedächtnisse (z. B. Gedächtnis für Wörter, Textgedächtnis) bei der gleichen Person auch unterschiedlich darstellen kann. Zukünftige Forschung wird zur Aufgabe haben, die unterschiedlichen Gedächtnissysteme weiter auszudifferenzieren.

John Hurley Flavell (geb. 1928) – Psychologe

studierte Psychologie an der Clark University/MA, wo er 1952 den M. Sc. und 1955 auch den Ph. D. in Psychologie erwarb. Von 1956 bis1965 arbeitete er als Assistenzprofessor an der University of Rochester/NY und wurde danach für ein weiteres Jahrzehnt als Professor an das *Institute for Child Development* der University of Minnesota/MN berufen. Seit 1976 ist er Professor für Entwicklungspsychologie an der Stanford University/CA.

Flavell hat mehr als 120 Bücher geschrieben. Sein 1963 publiziertes Buch über Jean Piaget machte den Schweizer Psychologen in den USA populär und ermöglichte Flavell selbst längere Aufenthalte an der Sorbonne in Paris und in Genf. Seine vorwiegend in Minnesota durchgeführten Studien zur Entwicklung des Gedächtnisses, des Metagedächtnisses und der Metakognition eröffneten in den 1960er-Jahren einen neuen internationalen Forschungstrend im Bereich der kognitiven Entwicklungspsychologie, der sich der Herausbildung von Gedächtnisstrategien zuwendet. Eindrucksvoll komplettiert wurde diese Forschung durch Flavells spätere Arbeiten zur *Theory of Mind*.

Flavell war acht Jahre lang Präsident der *Society for Research in Child Development* und wurde für seine wissenschaftlichen Verdienste mehrfach geehrt. Er erhielt den *Distinguished Scientific Contribution Award* der Amerikanischen Psychologischen Gesellschaft (APA) und wurde in die *National Academy of Sciences* der USA aufgenommen.

Literatur

Artelt, C., Schiefele, U., Schneider, W. & Stanat, P. (2002). Leseleistungen deutscher Schülerinnen und Schüler im internationalen Vergleich (PISA). *Zeitschrift für Erziehungswissenschaft, 5*, 6–27.

Atkinson, R. C. & Shiffrin, R. M. (1968). Human Memory: A proposed system and its control processes. In K. W. Spence & J. T. Spence (Hrsg.), *The psychology of learning and motivation* (Vol. 2, S. 89–195). New York: Academic Press.

Baddeley, A. D. (2000). Working memory: An overview. In S. J. Pickering (Hrsg.), *Working memory and education* (S. 1–31). San Diego, CA: Academic Press.

Baddeley, A. D. & Hitch, G. J. (1974). Working memory. In G. A. Bower (Hrsg.), *Recent advances in learning and motivation* (S. 47–90). New York: Academic Press.

Bauer, P. J. (2006). Event memory. In D. Kuhn & R. Siegler (Vol. Hrsg.), W. Damon & R. M. Lerner (Editors-in-Chief), *Handbook of child psychology. Vol. 2: Cognition, perception and language* (6th ed., S. 373–425). Hoboken, NJ: Wiley.

Binet, H. (1900). *La suggestibilité*. Paris: Schleicher.

Bjorklund, D. F., Dukes, C. & Douglas Brown, R. (2009). The development of memory strategies. In M. L. Courage & N. Cowan (Hrsg.), *The development of memory in infancy and childhood* (S. 145–175). Hove, UK: Psychology Press.

Bousfield, W. A., Esterson, J. & Whitmarsh, G. A. (1958). A study of developmental changes in conceptual and perceptual associative clustering. *The Journal of Genetic Psychology, 98*, 95–102.

Brainerd, C. J. (1995). Interference processes in memory development: The case of cognitive triage. In F. N. Dempster & C. J. Brainerd (Hrsg.), *Interference and inhibition in cognition* (S. 105–139). San Diego, CA: Academic Press.

Brainerd, C. J. & Reyna, V. F. (1990). Gist is the grist: Fuzzy-trace theory and the new intuitionism. *Developmental Review, 10*, 3–47.

Brainerd, C. J. & Reyna, V. F. (2005). *The science of false memory*. Oxford: Oxford University Press.

Brunswik, E., Goldscheider, L. & Pilek, E. (1932). Zur Systematik des Gedächtnisses. *Beihefte zur Zeitschrift für angewandte Psychologie, 64*, 1–158.

Bühler, K. (1930). *Die geistige Entwicklung des Kindes*. Jena: Gustav Fischer.

Büttner, G. (2001). Ist Output-Interferenz eine bedeutsamere Determinante von Gedächtnisleistungen als Strategiegebrauch? *Zeitschrift für Entwicklungspsychologie und Pädagogische Psychologie, 33*, 50–61.

Case, R. (1985). *Intellectual development: Birth to adulthood*. New York: Academic Press.

Ceci, S. J. & Bruck, M. (1993). Suggestibility of the child witness: A historical review and synthesis. *Psychological Bulletin, 113*, 403–439.

Chi, M. T. H. (1977). Age differences in memory span. *Journal of Experimental Child Psychology, 23*, 226–281.

Chi, M. T. H. (1978). Knowledge structures and memory development. In R. S. Siegler (Hrsg.), *Children's thinking: What develops?* (S. 73–96). Hillsdale, NJ: Erlbaum.

Cleveland, E. S. & Reese, E. (2008). Children remember early childhood: Long-term recall across the offset of childhood amnesia. *Applied Cognitive Psychology, 22*, 127–142.

Courage, M. L. & Cowan, N. (Hrsg.). (2009). *The development of memory in infancy and childhood*. Hove, UK: Psychology Press.

Cowan, N. (1988). Evolving conceptions of memory storage, selective attention, and their mutual constraints within the human information processing system. *Psychological Bulletin, 104*, 163–191.

Cowan, N. (2005). *Working memory capacity*. Hove, UK: Psychology Press.

Coyle, T. R. & Bjorklund, D. F. (1997). Age differences in, and consequences of, multiple and variable-strategy use on a multitrial sort-recall task. *Developmental Psychology, 33*, 372–380.

Dempster, F. N. (1985). Short-term memory development in childhood and adolescence: In C. J. Brainerd & M. Pressley (Hrsg.), *Basic processes in memory development-Progress in cognitive development research* (S. 209–248). New York: Springer.

Ebbinghaus, H. (1885). *Über das Gedächtnis*. Leipzig: Duncker.

Ebbinghaus, H. (1897). Über eine neue Methode zur Prüfung geistiger Fähigkeiten und ihre Anwendung bei Schulkindern. *Zeitschrift für Psychologie und Physiologie der Sinnesorgane, 13,* 401–457.

Fechner, B. (1965). Zur Psychologie des Gedächtnisses III: Zur Gruppenbildung sinnvoller sprachlicher Texte in Abhängigkeit vom Alter. *Zeitschrift für Psychologie, 80,* 2–21.

Ferguson, A. N. & Bowey, J. A. (2005). Global processing speed as a mediator of developmental changes in children's auditory memory span. *Journal of Experimental Child Psychology, 91* (1), 89–112.

Fivush, R. (2009). Co-constructing memories and meaning over time. In J. Quas & R. Fivush (Hrsg.), *Emotion in memory and development.* Biological, cognitive, and social considerations (S. 343–355). Oxford: Oxford University Press.

Fivush, R. (2011). The development of autobiographical memory. *Annual Review of Psychology, 62,* 559–582.

Flavell, J. H. (1970). Developmental studies of mediated memory. In H. W. Reese & L. P. Lipsitt (Hrsg.), *Advances in child development and behavior* (Vol. 5, S. 181–211). New York: Academic Press.

Flavell, J. H. (1971). First discussant's comments: What is memory development the development of? *Human Development, 14,* 272–278.

Flavell, J. H., Beach, D. H. & Chinsky, J. M. (1966). Spontaneous verbal rehearsal in a memory task as a function of age. *Child Development, 37,* 283–299.

Flavell, J. H., Miller, P. H. & Miller, S. A. (2001). *Cognitive development.* Upper Saddle River, NJ: Prentice Hall.

Flavell, J. H. & Wellman, H. M. (1977). Metamemory. In R. V. Kail & J. W. Hagen (Hrsg.), *Perspectives on the development of memory and cognition* (S. 3–33). Hillsdale, NJ: Erlbaum.

Gathercole, S. E., Pickering, S. J., Ambridge, B. & Wearing, H. (2004). The structure of working memory from 4 to 15 years of age. *Developmental Psychology, 40,* 177–190.

Goulet, L. R. (1968). Verbal learning in children: Implications for developmental research. *Psychological Bulletin, 5,* 359–376.

Gruber, H., Renkl, A. & Schneider, W. (1994). Expertise und Gedächtnisentwicklung. Längsschnittliche Befunde aus der Domäne Schach. *Zeitschrift für Entwicklungspsychologie und Pädagogische Psychologie, 26,* 53–70.

Hasselhorn, M. (1994). Zur Erfassung von Metagedächtnisaspeken bei Grundschulkindern. *Zeitschrift für Entwicklungspsychologie und Pädagogische Psychologie, 26,* 71–78.

Hasselhorn, M. (1995). Beyond production deficiency and utilization inefficiency: Mechanisms of the emergence of strategic categorization in episodic memory tasks. In F. E. Weinert & W. Schneider (Hrsg.), *Memory development and competencies: Issues in growth and development* (S. 141–159). Mahwah, NJ: Erlbaum.

Hasselhorn, M. (1996). *Kategoriales Organisieren bei Kindern – Zur Entwicklung einer Gedächtnisstrategie.* Göttingen: Hogrefe.

Hudson, J. A. (1991). Learning to reminisce: A case study. *Journal of Narrative and Life History, 1,* 295–324.

Hünnerkopf, M., Schneider, W. & Hasselhorn, M. (2006). Strategiemodell versus Optimierungsmodell: Welches Modell kann Gedächtnisleistungen im Grundschulalter besser vorhersagen? *Zeitschrift für Entwicklungspsychologie und Pädagogische Psychologie, 38,* 110–120.

Istomina, Z. (1977). The development of voluntary memory in preschool-age children. In M. Cole (Hrsg.), *Soviet developmental psychology* (S. 100–159). White Plains, NY: Sharpe. (Original work published in 1948).

Kail, R. (1991). Developmental change in speed of processing during childhood and adolescence. *Psychological Bulletin, 109* (3), 490–501.

Kail, R. & Ferrer, E. (2007). Processing speed in childhood and adolescence: Longitudinal models for examining developmental change. *Child Development, 78,* 1760–1770.

Knopf, M. (1999). Development of memory for texts. In F. E. Weinert & W. Schneider (Hrsg.), *Individual development from 3 to 12: Findings from the Munich Longitudinal Study* (S. 106–122). Cambridge, UK: Cambridge University Press.

Kapitel 8 · Gedächtnisentwicklung im Kindes- und Jugendalter

Knopf, M., Schneider, W., Sodian, B. & Kolling, T. (2008). Die Entwicklung des Gedächtnisses vom Kindergartenalter bis ins frühe Erwachsenenalter – Neue Erkenntnisse aus der LOGIK-Studie. In W. Schneider (Hrsg.), *Entwicklung vom Kindesalter bis zum Erwachsenenalter – Befunde der Münchner Längsschnittstudie LOGIK* (S. 85–102). Weinheim: Beltz.

Koppenaal, R. J., Krull, A. & Katz, H. (1964). Age, interference and forgetting. *Journal of Experimental Child Psychology, 1,* 360–375.

Kreutzer, M. A., Leonard, C. & Flavell, J. H. (1975). An interview study of children's knowledge about memory. *Monographs of the Society for Research in Child Development, 40* (Serial No. 159).

Kron-Sperl, V., Schneider, W. & Hasselhorn, M. (2008). The development and effectiveness of memory strategies in kindergarten and elementary school: Findings from the Würzburg and Göttingen Longitudinal Studies. *Cognitive Development, 23,* 79–104.

Lobsien, M. (1902). Experimentelle Untersuchungen über die Gedächtnisentwicklung bei Schulkindern. *Zeitschrift für Psychologie und Physiologie der Sinnesorgane, 27,* 34–76.

Markowitsch, H. J. (1992). *Neuropsychologie des Gedächtnisses.* Göttingen: Hogrefe.

Meumann, E. (1907). *Sechste Vorlesung: Entwicklung der einzelnen geistigen Fähigkeiten beim Kinde. Vorlesungen zur Einführung in die Experimentelle Pädagogik und ihre psychologischen Grundlagen (Bd. 1).* Leipzig: Wilhelm Engelmann.

Michalczyk, K. & Hasselhorn, M. (2010). Working memory in developmental psychology. What's out there? In H.-P. Trolldenier, W. Lenhard & P. Marx (Hrsg.), *Brennpunkte der Gedächtnisforschung* (S. 87–100). Göttingen: Hogrefe.

Nelson, C. A. (1997). The neurobiological basis of early memory development. In N. Cowan (Hrsg.), *The development of memory in childhood* (S. 41–82). Hove, UK: Psychology Press.

Netschajeff, A. (1900). Experimentelle Untersuchungen über die Gedächtnisentwicklung bei Schulkindern. *Zeitschrift für Psychologie und Physiologie der Sinnesorgane, 24,* 322–351.

Offner, M. (1924). *Das Gedächtnis.* Berlin: Reuther & Reichard.

Opwis, K., Gold, A., Gruber, H. & Schneider, W. (1990). Zum Einfluss von Expertise auf Gedächtnisleistungen sowie deren Selbsteinschätzung bei Kindern und Erwachsenen. *Zeitschrift für Entwicklungspsychologie und Pädagogische Psychologie, 22,* 207–224.

Parkin, A. (1993). *Memory: Phenomena, experiment, and theory.* Oxford: Blackwell.

Pascual-Leone, A. (1970). A mathematical model for the transition rule in Piaget's developmental stages. *Acta Psychologia, 63,* 301–345.

Pascual-Leone, J. & Baillargeon, R. (1994). Developmental measurement of mental attention. *International Journal of Behavioral Development, 17,* 161–200.

Pressley, M., Borkowski, J. G. & Schneider, W. (1987). Cognitive strategies: Good strategy users coordinate metacognition and knowledge. In R. Vasta & G. Whitehurst (Hrsg.), *Annals of Child Development* (Vol. 5, S. 89–129). Greenwich, CT: JAI.

Pressley, M., Borkowski, J. G. & Schneider, W. (1989). Good information processing: What it is and what education can do to promote it. *International Journal of Educational Research, 13,* 857–867.

Preyer, W. (1882). *The mind of the child.* Leipzig: Grieben.

Radossawljewitsch, P. R. (1907). Das Behalten und Vergessen bei Kindern und Erwachsenen nach experimentellen Untersuchungen. In E. Meumann (Hrsg.), *Pädagogische Monographien* (Bd. 1, S. 129–193). Leipzig: Nemnich-Verlag.

Reese, E. (1999). What children say when they talk about the past. *Narrative Inquiry, 9,* 1–27.

Reese, E. (2009). Development of autobiographical memory: Origins and consequences. In P. Bauer (Hrsg.), *Advances in child development and behavior* (Vol. 37, S. 145–200). Amsterdam: Elsevier.

Reyna, V. F. & Brainerd, C. J. (1995). Fuzzy-trace theory: An interim synthesis. *Learning and Individual Differences, 7,* 1–75.

Roebers, C. & Schneider, W. (2006). Die Entwicklung des autobiographischen Gedächtnisses, des Augenzeugengedächtnisses und der Suggestibilität. In W. Schneider & B. Sodian (Hrsg.), *Kognitive Entwicklung* (Enzyklopädie der Psychologie, Serie Entwicklungspsychologie, Bd. 2, S. 327–375). Göttingen: Hogrefe.

Schlagmüller, M. & Schneider, W. (2002). The development of organizational strategies in children: Evidence from a microgenetic longitudinal study. *Journal of Experimental Child Psychology, 81,* 298–319.

Schneider, W. (2000). Research on memory development: Historical trends and current themes. *International Journal of Behavioral Development, 24* (4), 407–420.

Schneider, W. (2011). Memory development in childhood. In U. Goswami (Hrsg.), *The Wiley-Blackwell handbook of childhood cognitive development* (2nd ed., S. 347–376). London: Wiley.

Schneider, W. & Bjorklund, D. F. (1998). Memory. In W. Damon (Series Ed.), D. Kuhn & R. S. Siegler (Vol. Eds.), *Handbook of child psychology. Vol. 2: Cognition, perception and language* (5th ed., S. 467–521). New York: Wiley.

Schneider, W. & Bjorklund, D. F. (2003). Memory and knowledge development. In J. Valsiner & K. J. Connolly (Hrsg.), *Handbook of developmental psychology* (S. 370–395). London: Sage.

Schneider, W., Bjorklund, D. F. & Maier-Brückner, W. (1996). The effects of expertise and IQ on children's memory: When knowledge is, and when it is not enough. *International Journal of Behavioral Development, 19,* 773–796.

Schneider, W., Knopf, M. & Sodian, B. (2009). Verbal memory development from early childhood to early adulthood. In W. Schneider & M. Bullock (Hrsg.), *Human development from early childhood to early adulthood: Findings from a 20 year longitudinal study* (S. 63–90). New York: Psychology Press.

Schneider, W. & Lockl, K. (2006). Entwicklung metakognitiver Kompetenzen im Kindes- und Jugendalter. In W. Schneider & B. Sodian (Hrsg.), *Kognitive Entwicklung* (Enzyklopädie der Psychologie, Serie Entwicklungspsychologie, Bd. 2, S. 721–768). Göttingen: Hogrefe.

Schneider, W. & Pressley, M. (1997). *Memory development between 2 and 20.* Mahwah, NJ: Erlbaum.

Schumann-Hengsteler, R. (1995). *Die Entwicklung des visuell-räumlichen Gedächtnisses.* Göttingen: Hogrefe.

Shing, Y. L., Werkle-Bergner, M., Brehmer, Y., Müller, V., Li, S.-C. & Lindenberger, U. (2010). Episodic memory across the lifespan: The contributions of associative and strategic components. *Neuroscience & Biobehavioral Reviews, 34,* 1080–1091.

Smirnov, A. A. (1973). *Problems of the psychology of memory.* New York: Plenum.

Sodian, B. & Schneider, W. (1999). Memory strategy development: Gradual increase, sudden insight or roller coaster? In F. E. Weinert & W. Schneider (Hrsg.), *Individual development from 3 to 12: Findings from the Munich longitudinal study* (S. 61–77). Cambridge, UK: Cambridge University Press.

Squire, L. R., Knowlton, B. & Musen, G. (1993). The structure and organization of memory. *Annual Review of Psychology, 44,* 453–495.

Stern, W. (1914). *Psychologie der frühen Kindheit bis zum 6. Lebensjahr.* Leipzig: Quelle & Meyer.

Tulving, E. (1985). Memory and consciousness. *Canadian Psychology, 26,* 1–12.

Vertes, J. O. (1913). Das Wortgedächtnis im Schulkindesalter. *Zeitschrift für Psychologie, 63,* 19–128.

Weinert, F. E. (1962). Untersuchungen über einige Bedingungen des sprachlichen Lernens bei Kindern und Jugendlichen. *Vita humana, 5,* 185–194.

Weinert, F. E. (1998). *Entwicklung im Kindesalter – Bericht über eine Längsschnittstudie.* Weinheim: Psychologie Verlags Union.

Weinert, F. E. & Schneider, W. (1999). *Individual development from 3 to 12: Findings from the Munich longitudinal study.* Cambridge, UK: Cambridge University Press.

Werner, H. (1948). *Comparative psychology of the mental development.* New York: International Universities Press.

Yendovitskaya, T. V. (1971). Development of memory. In A. V. Zaporozhets & D. B. Elkonin (Hrsg.), *The psychology of preschool children* (S. 89–110). Cambridge, MA: MIT Press.

Zinchenko, P. I. (1967). Probleme der Gedächtnispsychologie. In H. Hiebsch (Hrsg.), *Ergebnisse der sowjetischen Psychologie* (S. 191–240). Berlin: Akademie Verlag.

Kapitel 9
Die Erforschung menschlicher Motivation

Andreas Krapp
Tina Hascher

„... to designate a psychology which accepts as prevailingly fundamental the goal-directed (adaptive) character of behavior and attempts to discover and formulate the internal as well as the external factors which determine it."
(Murray, 1938, S. 36)

Henry A. Murray

Sowohl im alltäglichen wie wissenschaftlichen Sprachgebrauch steht *Motivation* für Ursachen oder Gründe menschlichen Verhaltens. Die menschliche Motivation ist jedoch ein so vielschichtiges und facettenreiches psychisches Phänomen, dass es im konkreten Fall kaum möglich ist, genau Auskunft darüber zu geben, warum und wozu ein bestimmtes Verhalten ausgewählt und umgesetzt wurde. Außerdem kann Motivation nicht direkt erfasst und gemessen werden. Man ist auf Selbst- und Fremdeinschätzungen angewiesen oder muss Motivation durch experimentelle Manipulation erschließen. Dabei ergeben sich unterschiedliche motivationale Fragestellungen wie etwa die Auswahl eines Handlungsziels, die Entwicklung motivationaler Dispositionen (Motive) oder der Einfluss unterschiedlicher Arten der Motivation auf das Verhalten. Die genaue Bestimmung der Motivation einer Person wird darüber hinaus durch die große Bandbreite persönlicher Wertorientierungen und Interessen erschwert, die im Laufe des Lebens in Auseinandersetzung mit konkreten Lebenssituationen das Handlungsgeschehen prägen und vielfältigen Wandlungen unterworfen sind.

Aufgrund dieser Komplexität des Forschungsfelds gibt es eine Vielzahl an Definitionsvorschlägen, Untersuchungsansätzen und Theorien über die menschliche Motivation (siehe Brandstätter & Otto, 2009; J. Heckhausen & H. Heckhausen, 2006a). Im vorliegenden Kapitel befassen wir uns zunächst mit den verschiedenen Facetten des Begriffs *Motivation* und geben dann einen kurzen historischen Rückblick über eine Auswahl vergangener Auseinandersetzungen zu motivationalen Prozessen, die einen nachhaltigen Einfluss auf die heutige Theorieentwicklung hatten. Darauf aufbauend legen wir einen Fokus auf die aktuelle Theoriebildung, wobei wir nachdrücklich auf den Versuch eines vollständigen Überblicks verzichten. Mit Hinweisen auf einige neuere Forschungsansätze und Debatten in der gegenwärtigen Motivationsforschung schließen wir dieses übergreifende Kapitel.

1 Begriffsbestimmung Motivation

Motivation ist ein psychologisches Konstrukt zur Erklärung der „Warum-Frage" menschlichen Handelns: Warum handelt ein Mensch, wie er es tut? Motivation wird als psychische Verhaltensbereitschaft verstanden, die u. a. die Zielrichtung, die Ausdauer und die Intensität des Verhaltens beeinflusst (vgl. H. Heckhausen, 1989; Rheinberg, 2006; Schiefele, 2009). Die Vielschichtigkeit und Komplexität motivationaler Prozesse können zielführend an einem Schema deutlich gemacht werden, das den Stellenwert und die Funktion der Motivation im Verlauf einer Handlung betrachtet (Abb. 9.1). Anhand von sieben zentralen Motivationskomponenten werden hierbei Bedingungen, Ablaufprozesse und Ergebnisse für motiviertes Handeln auf einer Zeitachse beschrieben.

Gemäß dem vorliegenden Schema wird eine aktuell wirksame *Motivation* in einer konkreten Situation (Feld 3) auf zwei vorauslaufende Bedingungen zurückgeführt: die in der Person verankerten motivationsrelevanten Dispositionen wie beispielsweise Bedürfnisse, *Motive* und Ziele (Feld 1) sowie die in einer bestimmten Situation vorgefundenen Handlungsmöglichkeiten (Gelegenheiten) und Anreize (Feld 2). Die *Motivation* resultiert somit aus einer Person-Umwelt-Interaktion und variiert in Abhängigkeit von personalen und situativen Faktoren, die sich wechselseitig beeinflussen. Die Begriffe Motiv und Motivation beziehen sich auf unterschiedliche Sachverhalte. Ein *Motiv* bezeichnet ein relativ stabiles, verhaltenssteuerndes Persönlichkeitsmerkmal, das sich aufgrund früherer Entwicklungsbedingungen (Feld 7) herausgebildet hat und bis zu einem gewissen Grad eine Vorhersage des Verhaltens erlaubt; man spricht deshalb auch von motivationalen Dispositionen. Mit *Motivation* wird dagegen der in einer *konkreten* Situation wirksame dynamische Zustand einer Person umschrieben einschließlich derjenigen Prozesse, die für die Entstehung die-

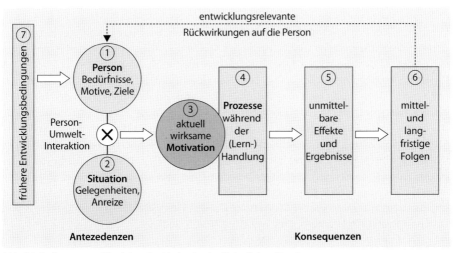

Abb. 9.1: Stellenwert und Funktion der Motivation im Verlauf einer Handlung.

ses speziellen Zustands des „Motiviertseins" unmittelbar verantwortlich gemacht werden können. Die aktuelle *Motivation* (Feld 3) beeinflusst und steuert die kognitiven und emotionalen Prozesse während einer Handlung (Feld 4) auf eine sehr unmittelbare Weise. Sie ist gewissermaßen ein integraler Bestandteil dieser Prozesse. In einer Lernsituation hängt es beispielsweise wesentlich von der Art und Weise der Motivation ab, welche Lernstrategien zum Einsatz kommen, wie tiefgründig das neu erworbene Wissen in die bestehende Wissensstruktur eingebettet wird und wie dauerhaft sich die/der Lernende mit der Lernsituation auseinanderzusetzen bereit ist.

Motivierte Handlungen führen zu bestimmten Ergebnissen (Feld 5), so kann beispielsweise ein tieferes Verständnis des Lerninhalts oder ein Zuwachs an Wissen erzeugt werden. In jedem Fall werden emotionale Erfahrungen wie Freude, Faszination oder Langeweile und Frustration ausgelöst. Eine besondere emotionale Erfahrung ist das sog. Flow-Erleben, bei dem man ganz in der Sache aufgeht und hochgradig intrinsisch motiviert ist (Csikszentmihalyi, 1985; Rheinberg, 2006). Schließlich wirken Kenntnisse und Kompetenzen wie auch emotionale Erfahrungen, die im Verlauf motivierter Handlungen entstehen, auf die dispositionale Struktur der Persönlichkeit zurück und prägen die künftige Motivationsentwicklung. In Abbildung 9.1 wird dies durch den rückwärtsgerichteten Pfeil von Feld 6 zu Feld 1 verdeutlicht.

In der Motivationsforschung wird häufig zwischen *intrinsischer* und *extrinsischer* Motivation unterschieden. Leider werden diese Begriffe je nach Art der Betrachtungsweise des motivationalen Geschehens unterschiedlich interpretiert, was leicht zu Missverständnissen führen kann (vgl. Rheinberg, 2006). Betrachtet man die Motivation unter dem Gesichtspunkt des im Vordergrund stehenden Anreizes zur Realisierung einer Handlung, so spricht man dann von *intrinsischer* Motivation, wenn eine Handlung *um ihrer selbst Willen* durchgeführt wird und der Handlungsvollzug selbst einen hinreichenden motivierenden Anreiz darstellt. Prototyp des intrinsisch motivierten Handelns ist die freudvoll spielerische Tätigkeit, bei der das abschließende Resultat oder die künftigen Folgen der Handlung keinen verhaltensbestimmenden Charakter haben. Im Falle einer *extrinsischen* Motivation dagegen hat die Handlung eine „instrumentelle" Funktion, denn das Handlungsergebnis ist *Mittel zum Zweck*. Sie wird ausgeführt, um ein erwünschtes Resultat (z. B. gute Noten im Examen) zu erzielen oder ein unerwünschtes künftiges Ereignis (z. B. Versagen in der Prüfung) zu verhindern. Es gibt aber noch weitere Unterscheidungskriterien zwischen intrinsischer und extrinsischer Motivation, die zu einer anderen Einteilung der beiden Motivationstypen führen. Betrachtet man z. B. das subjektive Erleben einer Person im Verlauf einer stärker selbst- oder fremdbestimmten Handlung, dann bezeichnet *intrinsische* Motivation einen motivationalen Zustand, bei dem die Person den Eindruck hat, aus eigenem „inneren" Antrieb zu handeln – auch wenn es sich um eine anstrengende (instrumentelle) Tätigkeit handelt. *Extrinsische* Motivation ist dagegen durch die Wahrnehmung von Zwang oder Fremdbestimmungen gekennzeichnet. Generell besehen ist es schwierig, eine klare Trennung zwischen diesen Motivationsarten vorzunehmen, denn es gibt zumeist fließende Übergänge zwischen einer rein *intrinsischen* und einer völlig *extrinsischen* Motivation. Ein Vorschlag zur Klassifikation unterschiedlicher Arten von extrinsischer und intrinsischer Motivation wurde in der Selbstbestimmungstheorie von Deci und Ryan (2002) unterbreitet (vgl. Abb. 10.3, S. 260).

2 Historische Anfänge

Motivationale Prozesse wurden bereits in der Anfangszeit der wissenschaftlichen Psychologie an der Schwelle vom 19. zum 20. Jahrhundert untersucht, wenn auch der Begriff der Motivation damals noch nicht gebräuchlich war. Stattdessen verwendete man Bezeichnungen aus dem alltäglichen Sprachgebrauch wie Anstrengungsbereitschaft, Strebung, Bedürfnis usw. oder Fachbegriffe aus der Biologie wie Trieb oder Instinkt.

Im historischen Rückblick wird deutlich, dass sich die zentralen Themenstellungen und Theorien der psychologischen Motivationsforschung immer wieder verändert haben (H. Heckhausen, 1989, 2006; Puca, 2009). Neue theoretische Ideen sind zumeist aus einer kritischen Auseinandersetzung mit den jeweils vorherrschenden Theorien hervorgegangen und haben wiederholt zu „gegenpoligen Schwerpunktverschiebungen" der Forschung und Theorieentwicklung geführt (Krapp, 1993). Auf einer relativ allgemeinen Betrachtungsebene können drei Typen von Motivationstheorien unterschieden werden, die in der psychologischen Forschung eine zentrale Rolle gespielt haben: (1) personenzentrierte, (2) umweltzentrierte und (3) interaktionistische Theorien.

2.1 Personenzentrierte Theorien zur Darstellung menschlicher Motivation

Sowohl naive Alltagsvorstellungen als auch wissenschaftliche Theorien legen nahe, Motivation aus einer personenzentrierten Perspektive zu betrachten, denn was eine Person tut oder unterlässt und in welcher Weise sie sich mit Aufgaben und Problemen auseinandersetzt, ist durch ihre Persönlichkeitsstruktur (ihre motivationalen Dispositionen) geprägt. H. Heckhausen (1989) spricht in diesem Zusammenhang von einer Verhaltensklärung „auf den ersten Blick". Diese Sichtweise dominierte z. B. die Erklärungsansätze in den frühen ganzheitlich-phänomenologisch argumentierenden Theorien der Persönlichkeit, die bis in die Mitte des letzten Jahrhunderts eine tragende Rolle in der wissenschaftlichen Diskussion gespielt haben. Namhafte Psychologen wie William James (1842–1910), Sigmund Freud (1856–1939) oder Gordon Allport (1897–1967) versuchten, ein umfassendes Bild vom „Aufbau der Person" (Lersch, 1938) und der Struktur des menschlichen Motivationssystems zu erstellen. Auch die stärker empirisch orientierten Persönlichkeitstheorien verfolgten das Ziel, motivationale Eigenschaften mithilfe quantitativer Methoden (z. B. psychologische Tests) näher zu bestimmen und zu klassifizieren. Eine ebenfalls personzentrierte Sichtweise lag der frühen *Willenspsychologie* von Narziß Ach (1871–1946) zugrunde, der den Prozess der willentlichen Handlungssteuerung in den Mittelpunkt rückte und zu erklären versuchte, wie es dem Menschen gelingt, ein gesetztes Ziel trotz innerer und äußerer Widerstände konsequent zu verfolgen.

Ein erster, groß angelegter Versuch zur systematischen Aufschlüsselung des menschlichen Motivsystems geht auf William McDougall (1871–1938) zurück. Er war ein erklärter Gegner der introspektiven Bewusstseinsforschung und wollte auf der Grundlage der damals neuen evolutionstheoretischen Erkenntnisse von Charles Darwin (1809–1882) eine wissenschaftlich tragfähige Theorie menschlicher Bedürfnisse erstellen. McDougall (1908, 1932) war davon überzeugt, dass (auch) der Mensch über eine Grundausstattung angeborener Instinkte bzw. „angeborener Neigungen" (*innate propensities*) verfügt, die man durch systematische Beobachtung identifizieren und voneinander abgrenzen kann. Unter Instinkten verstand er angeborene, generelle Dispositionen, die das menschliche Handeln motivieren und steuern, indem sie auf kognitiven (Wahrnehmung), affektiven (Emotionen) und motorischen Teilprozessen aufbauen. Nach seiner Auffassung lassen sich mindestens 18 solcher „energies of men" unterscheiden (Tabelle 9.1).

McDougalls Theorie fand vor allem wegen seines streng wissenschaftlichen Herangehens an die Erforschung menschlicher Bedürfnisse zunächst große Zustimmung unter den Wissenschaftlern seiner Zeit. Seine auf dem Instinktbegriff der Biologie basierende Theorie ließ sich jedoch in dieser Weise nicht halten, weil es sich als unmöglich erwies, menschliche Instinkte eindeutig zu identifizieren und voneinander abzugrenzen. Von anderen Forscher/inne/n wurden für alle möglichen Verhaltensweisen immer wieder neue Instinkte postuliert, was schon aus diesem Grund in den 1920er-Jahren zu heftigen Kontroversen über die Anwendung des Instinktbegriffs in der Humanpsychologie und schließlich zu seiner Ablehnung als psychologisches Motivationskonstrukt führte.

Eine weitere bedeutsame Motivklassifikation stammt von Henry Murray (1893–1988). Ähnlich wie McDougall wollte er die im Alltag beobachtbaren vielfältigen menschlichen Bestrebun-

	Instinkt („innate propensity")	Ziel bzw. Handlungsimpuls
1	Nahrungssuche	Nahrung suchen und Vorräte anlegen
2	Ekelimpuls/Abwehren	schädliche Substanzen abweisen und vermeiden
3	Reproduktionsinstinkt/Sexualtrieb	werben und sich paaren
4	Flucht/Angst/Furcht	vor Schmerz oder Verletzung fliehen
5	Neugier	fremde Gegenden oder Objekte erkunden
6	Elterninstinkt	Nachwuchs nähren und beschützen, Fürsorge üben
7	Geselligkeitsstreben	mit anderen zusammen sein, nach Gesellschaft suchen
8	Selbstbehauptungsstreben	dominieren und führen, sich selbst vor oder über andere stellen
9	Unterordnungsbereitschaft/Erniedrigung	sich Personen fügen, die überlegene Macht zeigen, ihnen gehorchen und folgen
10	Ärger/Zorn/Kampflust	grollen und Widerstände brechen, die den eigenen Wünschen im Wege stehen
11	Hilfesuchen	laut nach Hilfe rufen, wenn die eigenen Bemühungen letztendlich gescheitert sind
12	Herstellungsbedürfnis	sich ein Obdach, Gebrauchsgegenstände und Werkzeuge schaffen
13	Besitzstreben	nützliche oder attraktive Dinge erwerben, behalten und verteidigen
14	Drang zu lachen	über Unzulänglichkeiten und Fehler unserer Mitmenschen lachen
15	Komfortbedürfnis	durch Lageveränderung oder Kratzen das abstellen, was Unbehagen schafft
16	Ruhe- und Schlafbedürfnis	sich bei Ermüdung hinlegen, ausruhen oder schlafen
17	Migrationsbedürfnis	herumziehen und neue Lebensräume suchen
18	Einfache körperliche Verhaltensäußerungen	husten, niesen, atmen, ausscheiden

Tabelle 9.1: Menschliche Instinkte nach McDougall (1932).

gen auf eine begrenzte Zahl grundlegender motivationaler Dispositionen zurückführen. Auf ihn geht die noch immer gebräuchliche Unterscheidung von biologisch-viszerogenen Bedürfnissen wie Nahrung oder Sexualität und psychogenen Bedürfnissen wie Leistung, Selbstbestimmung oder sozialer Anschluss zurück; ebenso die Aufschlüsselung zwischen positiven (aufsuchenden) und negativen (meidenden) Bedürfnissen. Das von Murray verwendete *need-Konzept* war weiter gefasst als der heute gebräuchliche Bedürfnisbegriff. Es wird sowohl im Sinne einer motivationalen Disposition (Motiv) als auch im Sinne einer Funktionsvariablen (Motivation) verwendet und dient infolgedessen zur Beschreibung von Personen wie von Aspekten ihres Handelns (Murray, 1938). Murrays Ideen hatten großen Einfluss auf die spätere Theoriebildung. Dies gilt insbesondere für die Leistungsmotivationsforschung (vgl. Brunstein & H. Heckhausen, 2006; H. Heckhausen, 1989). Auch in der heute aktuellen Selbstbestimmungs- und Interessentheorie finden sich Ideen, die bereits von Murray diskutiert wurden, z. B. das Konzept der grundlegenden psychogenen Bedürfnisse nach Selbstbestimmung, Kompetenz und sozialer Eingebundenheit (Deci & Ryan, 2002; vgl. Kap. 10). Murray war auch einer der ersten Motivationsforscher, der seine theoretischen Konzepte und Ideen mithilfe systematischer Beobachtungen und Befragungen empirisch zu untermauern versuchte. Besondere Erwähnung verdient in diesem Zusammenhang der „Thematische Auffassungstest" (TAT), der auch heute noch zur Messung des impliziten Leistungsmotivs eingesetzt wird (Brunstein & H. Heckhausen, 2006, S. 146 f.). Bei diesem Test handelt es sich um ein *projektives Verfahren*, bei dem Probandinnen und Probanden gebeten werden, zu einer Reihe von Bildvorlagen Geschichten zu erzählen, die unter leistungsthematischen Gesichtspunkten interpretiert werden können (Abb. 9.2). Aus den in den Geschichten angesprochenen Problemen bzw. Themen werden die vorherrschenden (latenten) Motive interpretativ erschlossen. Zur Messung eines Leistungsmotivs wird beispielsweise überprüft, wie oft in den Aussagen Wettbewerbssituationen oder das Streben nach Erfolg, die Furcht vor Misserfolg etc. thematisiert werden.

Ein weiteres, historisch bedeutsames Motivationsmodell stammt von Abraham Maslow (1908–1970), der als Mitbegründer der „Humanistischen Psychologie" einer einseitig empirisch-experimentellen Psychologie kritisch gegenüberstand und die wissenschaftliche Auseinandersetzung mit zentralen Fragen der menschlichen Existenz wie die nach dem Lebenssinn suchte. Die Besonderheit seines Motivationsmodells besteht darin, verschiedene Bedürfnisse menschlicher Existenz über die Lebensspanne bestimmt zu haben (Abb. 9.3, S 240): Im Säuglingsalter steht die Befriedigung physiologischer Bedürfnisse im Vordergrund; für Kleinkinder hat das Bedürfnis nach Sicherheit ein zentrales Gewicht. Später folgen das Bedürfnis nach sozialer Eingebundenheit und Selbstachtung. Das in der Hierarchie ganz oben angesiedelte Bedürfnis nach Selbstverwirklichung tritt erst relativ spät in Erscheinung, bestimmt aber dann die Motivation des Menschen über die gesamte Lebenszeit. Ein grundlegender Gedanke in Maslows Theorie ist die These von der Vorrangigkeit niederer Bedürfnisse gegenüber den Bedürfnissen auf höheren Stufen (Maslow, 1954/1981). Erst wenn die jeweils rangniedrigeren Bedürfnisse hinreichend erfüllt sind, sei der Mensch auch in der Lage, sich Tätigkeiten zuzuwenden, die der Befriedigung ranghöherer Bedürfnisse dienen.

Abb. 9.2: Beispielbild aus dem TAT (Murray, 1943): „A young boy is contemplating a violin which rests on a table in front of him" (Zeichnung von Christiana D. Morgan).

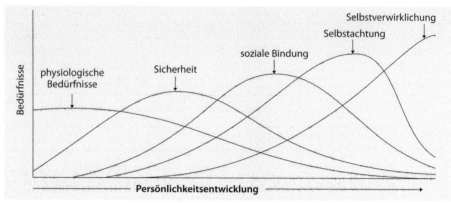

Abb. 9.3: Lebensgeschichtliche Abfolge menschlicher Bedürfnisse nach Maslow (aus H. Heckhausen, 1989, S. 69).

Das Hierarchie-Modell von Maslow besitzt eine hohe Plausibilität und wird v. a. in der allgemeinen psychologischen Ratgeberliteratur noch immer häufig zitiert. In der neueren wissenschaftlichen Diskussion spielt es jedoch kaum noch eine Rolle, da es eine Reihe von gravierenden Schwächen aufweist. Insbesondere wird kritisiert, dass zentrale Begriffe wie Selbstachtung oder Selbstverwirklichung nicht eindeutig genug definiert sind und es deshalb nicht möglich ist, die Gültigkeit der theoretischen Aussagen (z. B. zur Struktur und Funktionsweise der höheren Bedürfnisse) empirisch zu überprüfen (vgl. H. Heckhausen, 1989, S. 70 ff.).

Sowohl die phänomenologischen Eigenschaftstheorien der Motivation als auch die Bedürfnistheorien traten in der Mitte des letzten Jahrhunderts in den Hintergrund und wurden von einem methodischen Interesse an der Messbarkeit motivationaler Phänomene abgelöst. Die Erfassung motivationaler Dispositionen wurde vor allem mit Raimond Cattell (1905–1988) populär, der ein erstes Testverfahren zur Messung der Gesamtstruktur der menschlichen Persönlichkeit entwickelte. Er definierte Persönlichkeit als die Summe jener Wesenszüge oder Eigenschaften (*traits*), die determinieren, was ein Mensch in einer bestimmten Situation tut, und bei denen Fähigkeiten, Temperamentsmerkmale und motivationale Wesenszüge beteiligt sind (Cattell, 1957).

Auf der Basis umfangreicher Datensammlungen, die er mithilfe faktorenanalytischer Verfahren statistisch verarbeitete, entwickelte er ein Strukturmodell der menschlichen Persönlichkeit (16-Faktoren-Modell), in welchem die Gesamtheit aller Eigenschaften fünf globalen Faktoren zugeordnet wurden: Extraversion, Unabhängigkeit, Ängstlichkeit, Selbstkontrolle und Unnachgiebigkeit. Zur Messung der in diesem Modell berücksichtigten Eigenschaften entwickelte er einen Persönlichkeitstest („16-Persönlichkeits-Faktoren-Test"), der auch heute noch verwendet wird (Cattell, Cattell, Karen & Cattell, 2007).

2.2 Umweltzentrierte Theorien zur Darstellung menschlicher Motivation

Im personenzentrierten Ansatz wurde Motivation als ein Personenmerkmal verstanden, und ihre Quellen wurden dementsprechend im Individuum lokalisiert. Der Rolle von Umweltfaktoren wurde wenig Beachtung geschenkt. Neben dispositionalen Merkmalen der Person wird die menschliche Motivation aber auf vielfältige Weise von *situativen* Faktoren bestimmt, und es stellt sich somit die Frage, wie der Einfluss der Umwelt auf die Motivation genauer beschrieben und erklärt werden kann. Historisch bedeutsame Zugänge zur Beantwortung dieser Frage stellen die klassischen behavioristischen Lern- und Verhaltenstheorien in der Tradition von Edward L. Thorndike (1874–1949), Clark L. Hull (1884–1952) und Burrhus F. Skinner (1904–1990) dar. Ob und mit welcher Intensität ein Individuum tätig wird und welche Verhaltensprogramme dabei aufgerufen werden, ist demnach in erster Linie eine Frage der vorausgegangenen Lernprozesse. Entscheidend sind vor allem dauerhaft erworbene *Stimulus-Reaktion-Verbindungen* und daraus resultierende Gewohnheiten (*habits*). Positive oder negative Verstärker im Anschluss an ein bestimmtes Verhalten erhöhen dessen Auftretenswahrscheinlichkeit in künftigen (vergleichbaren) Situationen. Unterbleibt eine entsprechende Rückmeldung, wird das Verhalten gelöscht (Extinktion). Die menschliche Motivation wird in dieser Theorie als eine durch äußere Reizeinflüsse erworbene und stabilisierte Verhaltenstendenz interpretiert und auf der Basis von Zuwendungs- und Vermeidungsreaktionen dargestellt. Klassische behavioristische Theorien machen keine Aussagen über subjektive Ziele und Motive menschlichen Verhaltens. Thematisiert wird allenfalls die Frage, auf welcher biologischen Grundlage die Verhaltenssteuerung beruht. In der Theorie von Hull (1943/1952) wird z. B. die Wirkungsweise der verstärkenden Reize mit der Triebreduktion erklärt.

Behavioristische Leitideen wurden in den nachfolgenden Forschergenerationen z. T. verändert und konzeptuell weiter entwickelt. Dies betraf auch die theoretische Rekonstruktion motivationaler Variablen. In der Lerntheorie von Edward Tolman (1868–1959) wurde beispielsweise erstmals das Erwartungskonstrukt verwendet, welches bis heute in den kognitiven Theorien der Motivation eine zentrale Rolle spielt. Darüber hinaus haben Miller und Dollard (1941) auf die wichtige Funktion von erworbenen Furchtreaktionen und die Entstehung von Angst hingewiesen, die das Lernen in bestimmten Themenbereichen erschweren oder verhindern. Mowrer (1939, 1960) hat sich ausführlich mit dem Phänomen des „Meidungslernens" auseinandergesetzt. Grundlegend für ihn ist das Lernen aus *Furcht*. Sie signalisiert dem Organismus eine Gefahr oder einen unangenehmen Zustand in einer bestimmten Situation. Dies hat zur Folge, dass solche Situationen gemieden werden, was wiederum eine Belohnung darstellt, da die Furcht vermindert wird und sich angenehmes Befinden einstellen kann bzw. erhalten bleibt. Mowrer nahm analog dazu an, dass *Hoffnung* eine positive Emotion darstellt und Menschen sich deshalb entsprechenden Situationen besonders gern annähern. Mit Bezug auf die Unterscheidung von prospektiven Emotionen (vor einer Handlung) und retrospektiven Emotionen (nach einer Handlung) erweiterte er seine Annahmen über das menschliche Lernen und Handeln auf vier sog. Erwartungsemotionen: Furcht, Erleichterung, Hoffnung, Enttäuschung. Seinem Modell entsprechend werden Situationen, die Furcht oder Enttäuschung auslösen, gemieden und Situationen der Hoffnung oder Erleichterung bevorzugt aufgesucht.

2.3 Interaktionistische Theorien zur Darstellung menschlicher Motivation

Theorien, die die menschliche Motivation unter Berücksichtigung der Wechselwirkungen von Personen- und Umweltfaktoren zu erklären versuchen, gehen in ihren Anfängen insbesondere auf die Feldtheorie des Gestaltpsychologen Kurt Lewin (1890–1947) zurück. Lewin wandte sich vehement gegen eine isolierte personenbezogene Betrachtung psychischer Phänomene und plädierte für ihre ganzheitliche Interpretation unter Berücksichtigung der jeweiligen psychologischen Gesamtsituation, dem sogenannten „Lebensraum". Seine wissenschaftstheoretische Orientierung dokumentiert sich in der bekannten *Verhaltensgleichung* V = f (P,U), wonach menschliches Verhalten stets als eine Funktion von Person- *und* Umweltfaktoren zu interpretieren sei. Lewin (1936, 1963) hatte großen Einfluss auf die spätere, von David McClelland (1917–1998) und John William Atkinson (1923–2003) begründete kognitiv-handlungstheoretische Motivationsforschung. Diese

Theorien rekonstruieren die zielorientierten Handlungen einer Person als rationales Zweck-Mittel-Kalkül. Die für die Initiierung und Steuerung einer Handlung maßgebliche Motivation wird nicht mit dem Verweis auf dispositionale Personenmerkmale (z. B. Bedürfnisse, Motive, Gewohnheiten) erklärt, die in einer konkreten Situation aktiviert werden, sondern als das Ergebnis eines kognitiven Aushandlungsprozesses, dem Einschätzungen über mögliche Ergebnisse und Folgen bzw. Kosten und Nutzen verschiedener Handlungsalternativen zugrunde liegen. Ob eine bestimmte Handlung ausgeführt wird oder nicht, hängt demnach vom Ergebnis einer dem eigentlichen Handeln vorauslaufenden (präaktionalen) Kalkulation ab, die sich als mehrstufiger Bewertungsprozess rekonstruieren lässt. Für die Motivation ist nicht die Freude an der Tätigkeit oder die Zufriedenheit mit dem unmittelbaren Resultat einer Handlung wichtig, sondern ihr wahrgenommener Nutzen für das Eintreten erwünschter oder das Nichteintreten unerwünschter Folgen. Die Einschätzung, welche Handlung als nützlich erachtet wird, beruht auf Kriterien, die vom Individuum in Auseinandersetzung mit seiner Umwelt entwickelt werden. Individuelle Wertmaßstäbe und Zielvorstellungen sind dabei ebenso entscheidend wie die Wertvorstellungen des sozialen Umfelds.

3 Zentrale Theorien und Forschungsfelder

Im Folgenden möchten wir exemplarisch auf einige zentrale Theorien und Forschungstrends eingehen, die die nachfolgende Motivationsforschung maßgebend beeinflusst haben und in spezifische Forschungsfelder eingeflossen sind. Dabei können zwei übergeordnete Suchrichtungen der Forschung unterschieden werden, nämlich die Aufklärung der Wirkungsweise motivationaler Faktoren im unmittelbaren Handlungsvollzug und die Untersuchung der Bedeutung motivationaler Dispositionen für die Struktur und Entwicklung der menschlichen Persönlichkeit.

3.1 Motivation und Handeln

Im Gegensatz zur klassischen Motivationsforschung, die sich nahezu ausschließlich mit der Entstehung und Klassifikation von handlungsbestimmenden Motiven und Zielen befasste, gehen neuere Motivationsmodelle auch auf die Frage der Zielrealisierung ein. Es ist ja eine Sache, was man sich wünscht und tun möchte, und ein ganze andere, welche der Intentionen man tatsächlich in die Tat umsetzt. Die erste Fragerichtung ist das dominante Forschungsziel der am Erwartungs-Wert-Modell orientierten Motivationsforschung. Sie wird von H. Heckhausen (1989) als „Motivation im engeren Sinn" bezeichnet. Die zweite Fragerichtung wird erst seit den 1980er-Jahren systematisch untersucht und in der wissenschaftlichen Literatur zur besseren Abgrenzung von der traditionellen Motivationsforschung mit „Volition" umschrieben (H. Heckhausen, Gollwitzer & Weinert, 1987).

3.1.1 Das Erwartungs-Wert-Modell der Motivation

Ein wichtiger Schritt zur theoretischen Präzisierung der Motivation in einem Handlungsvollzug ist das Risiko-Wahl-Modell von Atkinson (1957, 1964). Es geht davon aus, dass eine Person dann am stärksten motiviert ist, wenn sie zwei Handlungsziele gleichzeitig realisieren kann, nämlich (a) eine Handlung erfolgreich abzuschließen und (b) mit ihrer Hilfe ein attraktives Ziel zu erreichen. Das Risiko-Wahl-Modell unterstellt dabei in vereinfachter Form, dass der subjektive Wert eines Handlungsergebnisses umso höher ist, je schwieriger diese Aufgabe von der handelnden Person eingeschätzt wird. Die Stärke der *Motivation* (benannt als „aktuelle aufsuchende Motivationstendenz") hängt demnach in erster Linie von zwei Faktoren ab: der *Erfolgserwartung* (E) und dem *Wert* (W), der mit dem Handlungsergebnis antizipiert wird. Dieser Gedanke bildet den Kern der sogenannten Erwartungs-Wert-Theorien (Abb. 9.4).

Die Idee, zur Rekonstruktion der Motivationsstärke in Leistungssituationen kognitiv repräsentierte Erwartungs- und Wertaspekte miteinander zu verknüpfen, hatte in der zweiten Hälfte des letzten Jahrhunderts großen Einfluss auf die Motivationsforschung. In diese Zeit fällt auch die sogenannte *„kognitive Wende"* der Psychologie, die durch eine Abkehr von der behavioristischen Wissenschaftsauffassung gekennzeichnet ist und darauf abzielt, die psychischen Prozesse des subjektiven Erlebens und Denkens wieder in das Blickfeld der wissenschaftlichen Psychologie zu rücken und für die Beschreibung und Erklärung psychischer Sachverhalte heranzuziehen (H. Heckhausen, 2006). Dieses subjektive Erleben sollte nun aber nicht als Produkt von Personeneigenschaften verstanden werden, sondern als ein Ergebnis der Interaktion zwischen Person und Umwelt. Die klassische Erwartungs-Wert-Konzeption vermag allerdings nur einen Ausschnitt des komplexen Motivationsgeschehens abzubilden, denn ihr zentraler Fokus liegt auf der Beschreibung und Erklärung der Herausbildung von Handlungszielen bzw. der Auswahl einer handlungsleitenden *Intention*. Die ebenso wichtige Frage, wie ein bestimmtes Ziel realisiert wird und welche Prozesse erforderlich sind, um ggf. auftretende innere und äußere Hemmnisse zu überwinden, kann anhand dieses Modells nicht erklärt werden. Ein weiterer Schwachpunkt ist die Fokussierung der Theoriebildung auf kognitiv-rationale Aspekte im Verlauf der Zielklärung. Emotionale Faktoren werden allenfalls indirekt berücksichtigt, z. B. in Form kognitiver Repräsentation des emotionalen Erlebens. Und schließlich betrachten die klassischen Erwartungs-Wert-Modelle die Motivation in erster Linie als einen (aktualgenetischen) Prozess, der den Verlauf einzelner Handlungsepisoden steuert, und sie machen kaum Aussagen über die wechselseitigen Relationen von Motivation und individueller Entwicklung im Verlauf der Ontogenese.

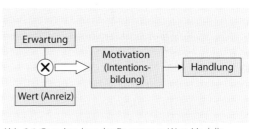

Abb. 9.4: Grundstruktur des Erwartungs-Wert-Modells.

3.1.2 Das Rubikon-Modell

In einem von H. Heckhausen und Gollwitzer (1987) vorgeschlagenen deskriptiven Modell werden die verschiedenen Prozesse der Motivation und Volition voneinander abgegrenzt und übersichtlich dargestellt (Abb. 9.5, S. 244). Es trägt die Bezeichnung „Rubikon-Modell" in Anlehnung an ein historisch berühmtes Ereignis, nämlich die bewaffnete Überschreitung des gleichnamigen Grenzflusses durch Julius Cäsar im Jahr 49 n. Chr., was unwiderrufliche Fakten schuf und die kriegerischen Auseinandersetzungen in Gang setzte.

Das Rubikon-Modell unterscheidet vier natürliche, d. h. eigenständig erscheinende Handlungsphasen, die jeweils durch einen markanten Wechsel der momentan im Vordergrund stehenden Aktivitäten und Bewusstseinslagen gekennzeichnet sind (Achziger & Gollwitzer, 2006, 2009):

(1) Prädezisionale Phase (Auswahl). Die erste Phase ist durch eine motivationale und realitätsorientierte Bewusstseinslage gekennzeichnet. Das Individuum reflektiert seine aktuellen Wünsche, wägt Vor- und Nachteile einzelner Handlungsoptionen gegeneinander ab, überprüft deren Machbarkeit und macht sich Gedanken über mögliche Konsequenzen, die sich daraus ergeben könnten. Mit der Bildung einer näher spezifizierten Intention ist die erste (motivationale) Phase abgeschlossen, und die Person kann jetzt den Rubikon überschreiten und die damit verbundenen Handlungsziele realisieren.

(2) Präaktionale Phase (Vorsatz). Neue Ziele lassen sich oft nicht unverzüglich angehen, weil z. B. vorher noch andere Aufgaben zu erledigen sind oder die gegenwärtigen Bedingungen nicht günstig genug erscheinen. Deshalb unterteilt das Modell die volitionalen Aspekte des Handelns in eine präaktionale und eine aktionale Handlungsphase. In der präaktionalen Volitionsphase befinden sich die Intentionen in einer Art Wartezustand, bis sich eine günstige Realisierungschance ergibt. Außerdem ist das alltägliche Handeln in der Regel durch miteinander konkurrierende Intentionen gekennzeichnet. Nach Maßgabe des Modells kommt diejenige mit der größten sog. „Fiat-Tendenz" zum Zug, d. h., dass die Realisierung einer Intention davon abhängt, wie hoch die Dringlichkeit der Zielintention erlebt, wie gut die aktuelle Realisierungschance eingeschätzt wird und wie viele bereits geglückte oder missglückte Realisierungsversuche erfolgt sind.

(3) Aktionale Phase (Handlung). Die eigentlichen Prozesse der volitionalen Steuerung kommen zum Tragen, wenn eine Intention in die Tat umgesetzt wird. Dies geschieht anhand einer mehr oder weniger bewusst wahrgenommenen mentalen Repräsentation von Teil- und Zwischenzielen. Während sich Handelnde bei einfachen und bereits eingeübten Handlungen an relativ globalen Zielkategorien orientieren, haben sie bei neuen und schwierigen Aufgaben auch die Zwischenschritte im Blick und kontrollieren ihr Handeln stärker auf der Mikroebene des Geschehens.

(4) Postaktionale Phase (Bewertung). Nach Beendigung der Handlung tritt die Person wieder in eine Motivationsphase ein. Sie bewertet rückblickend den Handlungsablauf und die erzielten Handlungsergebnisse und stellt ggf. Überlegungen darüber an, wie sie in Zukunft in einer ähnlichen Situation reagieren sollte, um das Handlungsergebnis zu optimieren.

Die im Rubikonmodell beschriebenen Stadien des Handlungsgeschehens müssen nicht in jedem Fall vollständig durchlaufen werden. Vielmehr ist davon auszugehen, dass viele Handlungsmuster im Laufe des Lebens in Form von Routinen abgespeichert und bei Bedarf weitgehend automatisiert in Gang gesetzt werden.

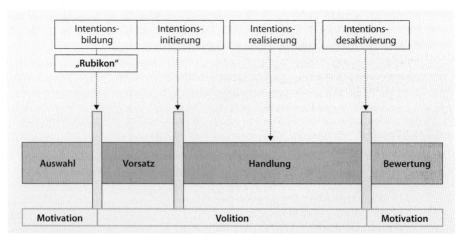

Abb. 9.5: Das Rubikon-Modell von H. Heckhausen und Gollwitzer (1987).

3.1.3 Motivation und Handlungskontrolle (Volition)

Julius Kuhl (1983) war einer der Ersten, der sich systematisch mit der volitionalen Handlungssteuerung befasste und damit an die Forschungsziele der von Narziß Ach (1935) begründeten, aber später wieder in Vergessenheit geratenen Willenspsychologie anknüpfte. Auf ihn geht auch die Unterscheidung zwischen Selektionsmotivation und Realisierungsmotivation (Volition) zurück. Unter Volition (Wille) wird die Handlungsausführung trotz innerer und/oder äußerer Widerstände verstanden. Sie wird mitunter auch als „Selbststeuerung" bezeichnet.

Die Volition ist ebenso wie die Motivation ein komplexes Geschehen, an dem viele Prozesse beteiligt sein können. In der *Handlungskontrolltheorie* (vgl. Kuhl, 1983; Quirin & Kuhl, 2009a) werden die folgenden psychischen Mechanismen der volitionalen Kontrolle in den Mittelpunkt gestellt: (a) die selektive Aufmerksamkeit für Sachverhalte und Ereignisse, die mit der aktuellen Intention in Verbindung stehen und sie unterstützen; mit einer Konzentration auf die entsprechenden Informationen werden diese nachhaltiger verarbeitet; (b) die Emotionskontrolle mit dem Ziel, für die Realisierung der Intention förderliche Emotionen zu generieren; (c) die Motivationskontrolle für die Aufrechterhaltung der Intention, z. B. durch die Reaktivierung der positiven Erwartungen in Bezug auf das Handlungsergebnis oder durch eine bewusste Misserfolgsbewältigung, wenn das Ziel nicht erreicht wurde bzw. sich als unerreichbar erwiesen hat; (d) die Umweltkontrolle mit dem Ziel, sich gegen unerwünschte, negative Einflüsse hinsichtlich der Intentionsrealisierung zu schützen.

Halisch und Kuhl (1987) haben in einer Reihe von empirischen Studien Personen miteinander verglichen, denen die Handlungskontrolle mehr oder weniger gut gelingt, und konnten zwei Modi der Handlungskontrolle feststellen, die in der Theorie von Kuhl als Handlungs- bzw. Lageorientierung bezeichnet wird. Die *Handlungsorientierung* zeichnet sich dadurch aus, dass effektive volitionale Handlungsstrategien mobilisiert werden. Dies kann sich z. B. in der konsequenten Suche nach erfolgversprechenden Handlungsmöglichkeiten äußern; man spricht dann von prospektiver Handlungsorientierung. Eine andere Form der Ressourcenmobilisierung ist die Überwindung vorangegangener negativer Erfahrungen bzw. aversiver Erlebnisse (misserfolgsbezogene Handlungsorientierung). Handlungsorientierten Personen ist es generell eher möglich, trotz widriger Umstände, die negative Affekte auslösen, handlungsfähig zu bleiben (Quirin & Kuhl, 2009b). Im Gegensatz dazu ist die *Lageorientierung* durch Störungen bzw. Defizite der volitionalen Handlungsregulation gekennzeichnet, welche die Aktivierung effektiver Handlungskontrollstrategien beeinträchtigen. Personen mit dieser Tendenz neigen dazu, in einer affektiv negativen Lage zu verweilen.

Kuhl unterscheidet drei Formen der Lageorientierung: (1) Bei der prospektiven bzw. entscheidungsbezogenen Lageorientierung wird das Individuum durch Unentschiedenheit, Zögern oder Energielosigkeit davon abgehalten, die Handlung umzusetzen. In diesem Fall misslingt die Zielbildung. (2) Bei der misserfolgsorientierten Lageorientierung gewinnen Erinnerungen an frühere negative Erlebnisse ein zu starkes Gewicht und verhindern die Mobilisierung der Kontrollstrategien. (3) Die ausführungsbezogene Lageorientierung beeinträchtigt die Effektivität des Handelns durch eine einseitige Fokussierung der Aufmerksamkeit auf ein bestimmtes Element des Handlungsablaufs (z. B. Handlungsstart oder ängstliches Vermeiden eines Fehlers). In empirischen Untersuchungen hat sich gezeigt, dass lageorientierte Personen nach Misserfolgen stärkere Leistungsbeeinträchtigungen aufweisen als handlungsorientierte oder dass sie intendierte Handlungen weniger konsequent umsetzen (Kuhl, 1981). Eine Lageorientierung kann durch Persönlichkeitsdispositionen (z. B. Depression oder Ängstlichkeit) oder durch Kontextbedingungen hervorgerufen werden. Die Lageorientierung wird z. B. in solchen Situationen gefördert, in denen Inkongruenzen in der verfügbaren Information bestehen, die zu Überraschung führen und zunächst der Klärung bedürfen, oder in Situationen, in denen die Intentionen degeneriert sind, d. h., einzelne Elemente der Intentionsbildung dem Individuum fehlen bzw. unzureichend repräsentiert sind. Die negativen Auswirkungen der Lageorientierung zeigen sich insbesondere in stresshaften Situationen (z. B. bei schwierigen Aufgaben): Lageorientierten Personen gelingt die Regulation negativer Emotionen (z. B. Angst, Abneigung, Unlust gegenüber der zu erledigenden Aufgabe) durch Abschwächung oder Selbstberuhigung weniger gut, und sie sind auch weniger in der Lage, positive Gefühle herzustellen und sich selbst zu motivieren. Eine Lageorientierung ist aber nicht in jedem Fall von Nachteil. Die für sie charakteristische zögerliche Haltung kann z. B. dazu führen, dass ein vorschnelles Handeln unterbleibt und mögliche Risiken sorgfältig genug bedacht werden.

3.2 Motivation und Persönlichkeit

Die meisten Forschungsansätze und Theorien in der Tradition der kognitiven Motivationsforschung konzentrieren sich auf das motivationale Geschehen im Rahmen einer prototypischen Handlungsepisode und lassen außer Acht, dass die Motivation sehr eng mit der Persönlichkeitsentwicklung verknüpft ist und enge Wechselwirkungen zwischen motivationalen und emotionalen Prozessen bestehen. Zu den wenigen Motivationstheorien, die sich gegenwärtig auf empirischer Grundlage mit den vergleichsweise komplexen Relationen zwischen Motivation, Emotion und Persönlichkeitsentwicklung befassen, zählen die Theorie der Persönlichkeits-System-Interaktionen (PSI-Theorie) von Julius Kuhl (2001) und die Selbstbestimmungstheorie von Edward Deci und Richard Ryan (1985, 1993, 2002).

3.2.1 Die Theorie der Persönlichkeits-System-Interaktionen (PSI) von Kuhl

Die PSI-Theorie ist aus dem Bestreben hervorgegangen, Konzepte und Ideen aus verschiedenen Motivations- und Persönlichkeitstheorien zu integrieren und gleichzeitig darauf zu achten, dass die theoretischen Aussagen mit den Erkenntnissen der modernen neurowissenschaftlichen Forschung (Jäncke, 2009) kompatibel sind (vgl. Kuhl, 2001; Quirin & Kuhl, 2009b). Ein zentrales Kennzeichen der PSI-Theorie ist ihr „psychofunktionaler Ansatz" für die Beschreibung und Erklärung der motivationalen Strukturen und Prozesse. Unterschiedliche Verhaltensmuster von Personen oder Veränderungen im Verlauf der individuellen Entwicklung werden als das Ergebnis unterschiedlicher Arten von aktuellen oder generalisierten Austausch- und Steuerungsprozessen des psychischen Systems interpretiert. Auf der Grundlage des aktuellen Erkenntnisstandes der Psychologie und Neurowissenschaften postuliert Kuhl (2001) vier (kognitive) Makrosysteme der menschlichen Persönlichkeit, die jeweils unterschiedliche verhaltenssteuernde Funktionen repräsentieren. Sie sind auf vielfältige Weise miteinander verknüpft und können sich harmonisch ergänzen, aber auch in Konflikt zueinander stehen: (1) Das *Intentionsgedächtnis* (IG) ist für die Bildung und Aufrechterhaltung bewusster Zielentscheidungen (Intentionen) zuständig; (2) das System der intuitiven *Verhaltenssteuerung* (IVS) repräsentiert vor allem die intuitiv aufgerufenen, automatisierten Verhaltensroutinen bei der konkreten Realisierung einer Intention; (3) das *Objekterkennungssystem* (OES) tritt in Funktion, wenn der aktuelle Verlauf einer Handlung nicht mit den Erwartungen übereinstimmt und eine genauere Beobachtung und Überwachung der Aktivitäten erforderlich ist; (4) im *Exten-*

sionsgedächtnis (EG) sind persönlich bedeutsame Erfahrungen gespeichert, sie repräsentieren das „persönliche Selbst" der Person. Im Gegensatz zum IG arbeitet das EG nicht bewusst-sequenziell nach den Prinzipien des schrittweise ablaufenden logischen Denkens, sondern parallel-holistisch und assoziativ. Die Informationsverarbeitung erfolgt weitgehend subbewusst, ohne willentlich-rationale Kontrolle durch die handelnde Person. Es ist zudem eng mit emotionsverarbeitenden Systemen vernetzt und sorgt auf diese Weise dafür, dass eigene und fremde Bedürfnisse (insbesondere in Konfliktsituationen) berücksichtigt werden.

Mit Blick auf die oben erwähnten Defizite der klassischen kognitiven Theorien verdienen zwei Aspekte der Theorie eine besondere Würdigung: zum einen die „Wiederentdeckung" und explizite Berücksichtigung der engen wechselseitigen Relationen zwischen den Bedingungen und Effekten der Motivation auf der Ebene einzelner Handlungsepisoden und dem Verlauf der individuellen Entwicklung über die Lebensspanne; zum anderen die neuartige Interpretation der Funktion von Emotionen oder Affekten im Motivations- und Handlungsgeschehen. Ergänzend zur häufig anzutreffenden These, dass leistungsthematische Emotionen neben motivationalen Faktoren einen eigenständigen Beitrag zur Aufklärung von Leistungsunterschieden (z. B. in schulischen oder akademischen Settings) liefern können, entwickelt die PSI-Theorie empirisch begründete Hypothesen über die Wirkungsweise affektiver Prozesse im Verlauf einer Handlung. Entscheidend ist demnach nicht die Art oder Qualität der im Verlauf einer Handlung vorherrschenden Emotionen, sondern die angemessene *Regulation* der Affekte. Das gilt nicht nur für negative Emotionen, die es nach allgemeinem und wissenschaftlichem Verständnis eher zu verhindern gilt (vgl. Edlinger & Hascher, 2009), sondern ebenso für positive emotionale Zustände. Für effektives Handeln ist nach Kuhl (2001) die „Herabregulierung" eines allzu selbstzufriedenen („positiven") Erlebenszustandes wichtig, weil er die Person daran hindern könnte, eine (emotional negativ getönte) anstrengende Aufgabe anzupacken oder ein auf den ersten Blick befriedigendes Handlungsergebnis noch einmal selbstkritisch unter die Lupe zu nehmen. Die Entwicklungsbedingungen dieser affektregulatorischen Kompetenz werden in Kuhl und Völker (1998) beschrieben.

3.2.2 Die Selbstbestimmungstheorie von Deci und Ryan

Während die Theorie von Kuhl (2001) eine Weiterentwicklung der kognitiv-handlungstheoretischen Interpretation der menschlichen Motivation darstellt, ist die *Selbstbestimmungstheorie* vor dem Hintergrund persönlichkeitstheoretischer und sozialpsychologischer Überlegungen entstanden (Deci & Ryan, 1985, 1993, 2002). Am Anfang der Theorieentwicklung standen experimentelle Untersuchungen zum sogenannten Korrumpierungseffekt von Belohnungen, in denen nachgewiesen wurde, dass sich extrinsische Anreize unter bestimmten Voraussetzungen negativ auf die „intrinsische" Motivation einer Person auswirken können (Deci, 1975). Erklären lässt sich dieser scheinbar paradoxe Effekt, wenn man die psychischen Prozesse der Verhaltensregulation und das subjektive Erleben im Handlungsvollzug genauer untersucht. Dann stellt sich nämlich heraus, dass es entscheidend darauf ankommt, ob die Belohnung als eine uneingeschränkt positive Rückmeldung oder als eine (indirekte) Form der externalen Kontrolle wahrgenommen wird.

Nach Auffassung der Selbstbestimmungstheorie ist das Ausmaß der subjektiv erlebten Autonomie der entscheidende Motivationsfaktor. Im Zustand selbstbestimmten Handelns tut das Individuum, was es aus eigenen Antrieben tun möchte. Es fühlt sich frei von äußeren und inneren Zwängen und ist in diesem Sinn „intrinsisch" motiviert. Selbstbestimmtes Handeln kann durch den Hinweis auf innere Faktoren der Handlungsveranlassung nicht hinreichend bestimmt werden, da jedes Handeln, auch Handeln unter Zwang, letztlich innerpsychisch reguliert wird. Entscheidend ist vielmehr der subjektiv wahrgenommene *Ort der Handlungsursache* („*locus of causality*"; vgl. DeCharms, 1968). Nur wenn die Person die aktuellen Ziele einer Handlung für persönlich bedeutsam erachtet und sich damit identifiziert, hat sie das Gefühl, uneingeschränkt selbstbestimmt zu handeln. Doch in dieser Hinsicht gibt es graduelle Abstufungen und fließende Grenzen zwischen einer eindeutig fremdbestimmten und einer als uneingeschränkt selbstbestimmt wahrgenommenen Motivation. Anstelle einer lediglich dichotomen Gegenüberstellung von intrinsischer und extrinsischer Motivation haben Deci und Ryan (2002) ein Klassifikationsschema vorgeschlagen, in welchem neben der genuin intrinsischen Motivation, die ihre Antriebsdynamik ausschließlich aus der Freude am Tätigkeitsvollzug einer Handlung bezieht, vier Ausprägungsformen der extrinsischen Motivation unterschieden werden, die sich hinsichtlich des Ausmaßes der subjektiv wahrgenommenen Autonomie in idealtypischer Weise voneinander abgrenzen lassen (vgl. Abb. 10.3, S. 260).

Obwohl die Selbstbestimmungstheorie auf der Grundlage empirischer Befunde und theoretischer Überlegungen immer wieder ergänzt und teilweise inhaltlich revidiert wurde, präsentiert sie sich nach wie vor als stringent entwickeltes Theoriegebäude mit einer Reihe von Teiltheorien, deren Konzepte und Aussagen kohärent aufeinander bezogen sind (Deci & Ryan, 2002). Gegenüber den Theorien, die sich am Paradigma der kognitiv-handlungstheoretischen Forschungstradition orientieren und die Motivation primär als eine Angelegenheit der (aktualgenetischen) Handlungssteuerung interpretieren, hat die Selbstbestimmungstheorie einen sehr viel weiter reichenden Erklärungsanspruch und verwendet auch ein anderes theoretisches Rahmenkonzept. Ihr forschungsleitendes Paradigma entspricht den Zielen und grundlegenden Ideen der klassischen dynamischen Persönlichkeitstheorien, die sich u. a. mit der Frage befassen, wie der

Nach Auffassung der Selbstbestimmungstheorie ist die subjektiv erlebte Autonomie ein ganz wesentlicher Motivationsfaktor, um etwas aus eigenem Antrieb zu tun. Nur wenn ein Mensch die Ziele seines Handelns für persönlich bedeutsam erachtet und sich damit identifiziert, hat er das Gefühl, uneingeschränkt selbstbestimmt zu handeln.

Mensch eine personale Identität aufbaut und aufrechterhält, welche psychischen Mechanismen dieses Entwicklungsgeschehen letztlich steuern und welchen Anteil die Person selbst daran hat. Zur Beantwortung dieser Fragen greift eine rein handlungstheoretische Rekonstruktion der menschlichen Motivation zu kurz, weil darin Überlegungen zu den sich verändernden zentralen Strukturen der menschlichen Persönlichkeit fehlen. In der Selbstbestimmungstheorie dagegen ist dies ein wichtiges theoretisches Konstrukt ebenso wie das Postulat, dass an der Herausbildung und Veränderung persönlicher motivationaler Strukturen ein angeborenes System grundlegender psychologischer Bedürfnisse beteiligt ist.

4 Schlussbetrachtungen

Die Geschichte der Motivationsforschung ist durch vielfältige Annäherungen an ein psychologisches Phänomen gekennzeichnet, das unseren Alltag stark, wenn auch nicht immer offensichtlich mitbestimmt. Für eine Systematisierung der Forschungshistorie haben wir zunächst zwischen den folgenden drei Theorietraditionen unterschieden: personenzentrierte Ansätze, umweltzentrierte Konzepte und interaktionistische Zugänge. Auf der Grundlage früher theoretischer Auseinandersetzungen und erster empirischer Studien entwickelten sich neue Fragen und Forschungsfelder, in denen der Prozesscharakter des motivationalen Geschehens stärker in den Mittelpunkt gestellt wurde. Unterschiedlich sind auch die zugrunde liegenden Menschenbilder, die sich beispielsweise in den jeweils gewählten Analyseeinheiten und Forschungsperspektiven sowie den als relevant erachteten Wirkmechanismen widerspiegeln.

Die Forschung war und ist darum bemüht, Kernelemente und Schlüsselfunktionen der motivationalen Prozesse zu identifizieren, anhand welcher die „Warum-Frage" des menschlichen Handelns möglichst gut beschrieben und erklärt werden kann. Die Theorien sind in der Regel nicht so zu verstehen, dass sie einen Ganzheitsanspruch der Erklärung der Motivation für sich beanspruchen. Vielmehr bemühen sie sich um den Nachweis wesentlicher Elemente oder Teilprozesse, mit deren Hilfe verschiedene Abläufe im motivationalen Geschehen möglichst differenziert erschlossen werden können. Die aktuellen Ansätze verdeutlichen, dass die Erkenntnisse der früheren Studien fundamental weiterentwickelt wurden und die heutigen Theorien deshalb umfassender gestaltet sind. Dennoch stellen sich der Motivationsforschung noch viele Herausforderungen, beispielsweise in Bezug auf die Integration kognitiver und emotionaler Prozesse oder in Bezug auf die Analyse der Wirkung unterschiedlicher Lebenskontexte. Viel Klärungsbedarf besteht außerdem hinsichtlich der Entwicklung und des Verlaufs der Motivation mit besonderer Berücksichtigung der Veränderungen über die Lebenszeit sowie interkultureller Unterschiede.

Ein weiterer, wesentlicher Aspekt bezieht sich auf die wechselseitige Relation von Motivation und (ontogenetischer) Entwicklung. Diese lässt sich nach J. Heckhausen und H. Heckhausen (2006b) aus zwei Perspektiven betrachten. Zum einen kann man untersuchen, wie Motivation entsteht, wie sie sich über die Lebensspanne verändert und durch welche Einflussfaktoren dieser Entwicklungsverlauf in Gang gesetzt und gesteuert wird (*„Entwicklung der Motivation"*). Ein wichtiges Forschungsfeld ist dabei die Untersuchung der Auswirkungen unterschiedlicher Entwicklungs- oder Sozialisationsbedingungen. Dazu gehört auch die Frage, wie unterschiedliche Motivationsformen bzw. motivationale Orientierung und Dispositionen entstehen. Zum anderen lässt sich hinterfragen, welchen Einfluss die Motivation auf die Persönlichkeitsentwicklung hat (*„Motivation der Entwicklung"*). Aus diesem Blickwinkel haben motivationale Faktoren den Status von unabhängigen Variablen, die zur Erklärung entwicklungsthematischer Veränderungen in anderen Bereichen der menschlichen Persönlichkeit herangezogen werden können (vgl. Kap. 10). Eine noch weiter reichende Frage richtet sich auf die Bedeutung der Motivation für den längerfristigen Lebensentwurf. Dahinter steht die Vorstellung, dass der Mensch aufgrund seiner Fähigkeit zu selbstbestimmtem Handeln in der Lage ist, seine eigene Entwicklung mitzugestalten, indem er sich z. B. ganz bewusst für oder gegen bestimmte Entwicklungspfade (z. B. Ausbildungswege) entscheidet.

Henry Alexander Murray (1893–1988) – Psychologe

studierte zunächst Geschichte an der Harvard University/MA, später Medizin und Biologie an der Columbia University/NY und promovierte 1928 an der University of Cambridge/MA in Biochemie. Er lehrte über 30 Jahre an der Harvard University/MA und war dort auch Direktor der psychologischen Klinik. Seine 1938 veröffentlichte Persönlichkeitstheorie war ein wichtiger Wegbereiter der modernen Motivationsforschung, in der bereits *latente* und *manifeste* Bedürfnisse des Menschen unterschieden und die Rolle subjektiver Prozesse beim Denken erkannt wurden. Ein wichtiger Beitrag zur Motivationsforschung war die Entwicklung des *Thematischen Apperzeptionstests* (TAT), den Murray mit Christiana D. Morgan entwickelte.

Während des 2. Weltkriegs war Murray als hochrangiger Offizier beim Amerikanischen Gemeindienst tätig und arbeitete dort unter anderem an einer Charakterisierung der Persönlichkeit Adolf Hitlers, die als Folge der zur erwartenden Niederlage Deutschlands auch Hitlers Suizid vorhersagte. Murrays Ideen hatten nicht nur großen Einfluss auf die Persönlichkeitsforschung, sondern auch auf andere Gebiete der Psychologie wie der Persönlichkeitstheorie und Personalbeurteilungen.

Literatur

Ach, N. (1935). *Analyse des Willens*. Berlin: Urban & Schwarzenberg.

Achziger, A. & Gollwitzer, P. M. (2006). Motivation und Volition im Handlungsverlauf. In J. Heckhausen & H. Heckhausen (Hrsg.), *Motivation und Handeln* (3. Aufl.) (S. 235–253). Berlin: Springer.

Achziger, A. & Gollwitzer, P. M. (2009). Rubikon der Handlungsphasen. In V. Brandstätter & J. H. Otto (Hrsg.), *Handbuch der Allgemeinen Psychologie: Motivation und Emotion* (S. 150–156). Göttingen: Hogrefe.

Atkinson, J. W. (1957). Motivational determinants of risk-taking behavior. *Psychological Review, 64* (6), 359–372.

Atkinson, J. W. (1964). *An introduction to motivation*. Princeton, NJ: von Nostrand.

Brandstätter, V. & Otto, J. (Hrsg.) (2009). *Handbuch der Allgemeinen Psychologie: Motivation und Emotion*. Göttingen: Hogrefe.

Brunstein, J. & Heckhausen, H. (2006). Leistungsmotivation. In J. Heckhausen & H. Heckhausen (Hrsg.), *Motivation und Handeln* (3. Aufl.) (S. 143–191). Berlin: Springer.

Cattell, R. B. (1957). *Personality and motivation structure and measurement*. New York: World Book.

Cattell, R., Cattell, A., Karen, S. & Cattell, H. (2007). *16-Persönlichkeits-Faktoren-Test*. Oxford: OPP Ltd.

Csikszentmihalyi, M. (1985). *Das Flow-Erlebnis – Jenseits von Angst und Langeweile: Im Tun aufgehen*. Stuttgart: Klett-Cotta.

DeCharms, R. (1968). *Personal causation*. New York: Academic Press.

Deci, E. L. (1975). *Intrinsic motivation*. New York: Plenum Press.

Deci, E. L. & Ryan, R. M. (1985). *Intrinsic motivation and self-determination in human behavior*. New York: Plenum Press.

Deci, E. L. & Ryan, R. M. (1993). Die Selbstbestimmungstheorie der Motivation und ihre Bedeutung für die Pädagogik. *Zeitschrift für Pädagogik, 39*, 223–228.

Deci, E. L. & Ryan, R. M. (2002). *Handbook of self-determination research*. Rochester: University of Rochester Press.

Edlinger, H. & Hascher, T. (2009). Positive Emotionen und Wohlbefinden in der Schule – ein Überblick über Forschungszugänge und Erkenntnisse. *Psychologie in Erziehung und Unterricht, 56*, 105–122.

Halisch, F. & Kuhl, J. (1987). *Motivation, intention, and volition*. Berlin: Springer.

Heckhausen, H. (1989). *Motivation und Handeln* (2. Aufl.). Berlin: Springer.

Heckhausen, H. (2006). Entwicklungslinien der Motivationsforschung. In J. Heckhausen & H. Heckhausen (Hrsg.), *Motivation und Handeln* (3. Aufl.) (S. 235–253). Berlin: Springer.

Heckhausen, H. & Gollwitzer, P. M. (1987). Thought contents and cognitive functioning in motivational versus volitional states of mind. *Motivation and Emotion, 11*, 101–120.

Heckhausen, H., Gollwitzer, P. M. & Weinert, F. E. (Hrsg.) (1987). *Jenseits des Rubikon: Der Wille in den Humanwissenschaften*. Berlin: Springer.

Heckhausen, J. & Heckhausen, H. (Hrsg.) (2006a). *Motivation und Handeln* (3. Aufl.). Berlin: Springer.

Heckhausen, J. & Heckhausen, H. (2006b). Motivation und Entwicklung. In J. Heckhausen & H. Heckhausen (Hrsg.), *Motivation und Handeln* (3. Aufl.) (S. 393–454). Berlin: Springer.

Hull, C. L. (1943/1952). *Principles of behaviour*. New York: Appleton-Century-Crofts.

Jäncke, L. (2009). Neurobiologie der Motivation und Volition. In V. Brandstätter & J. H. Otto (Hrsg.), *Handbuch der Allgemeinen Psychologie: Motivation und Emotion* (S. 87–297). Göttingen: Hogrefe.

Krapp, A. (1993). Psychologie der Lernmotivation – Perspektiven der Forschung und Probleme ihrer pädagogischen Rezeption. *Zeitschrift für Pädagogik, 39*, 187–206.

Kuhl, J. (1981). Motivational and functional helplessness: The moderating effect of state vs. action orientation. *Journal of Personality and Social Psychology, 40*, 155–170.

Kuhl, J. (1983). *Motivation, Konflikt und Handlungskontrolle*. Berlin: Springer.

Kuhl, J. (2001). *Motivation und Persönlichkeit. Interaktion psychischer Systeme*. Göttingen: Hogrefe.

Kuhl, J. & Völker, S. (1998). Entwicklung und Persönlichkeit. In H. Keller (Hrsg.), *Entwicklungspsychologie* (S. 207–240). Bern: Huber.

Lersch, P. (1938). *Der Aufbau des Charakters*. München: Barth.

Lewin, K. (1936). *A dynamic theory of personality*. New York: McGraw-Hill.

Lewin, K. (1963). *Feldtheorie in den Sozialwissenschaften*. Stuttgart: Huber.

Maslow, A. (1954/1981). *Motivation and personality*. New York: Harper & Row.

McDougall, W. (1908). *An introduction to social psychology*. London: Methuen & Co.

McDougall, W. (1932). *The energies of men*. London: Methuen & Co.

Miller, N. E. & Dollard, J. (1941). *Social learning and imitation*. New Haven: Yale University Press.

Mowrer, O. H. (1939). Stimulus response theory of anxiety. *Psychology Review, 46*, 553–565.

Mowrer, O. H. (1960). *Learning theory and behavior*. New York: Wiley.

Murray, H. A. (1938). *Explorations in personality*. New York: Oxford University Press.

Murray, H. A. (1943). *Thematic apperception Test*. Cambridge: Harvard Univ. Press.

Puca, R. M. (2009). Historische Ansätze der Motivationspsychologie. In V. Brandstätter & J. H. Otto (Hrsg.), *Handbuch der Allgemeinen Psychologie: Motivation und Emotion* (S. 109–119). Göttingen: Hogrefe.

Quirin, M. & Kuhl, J. (2009a). Handlungskontrolltheorie. In V. Brandstätter & J. H. Otto (Hrsg.), *Handbuch der Allgemeinen Psychologie: Motivation und Emotion* (S. 157–162). Göttingen: Hogrefe.

Quirin, M. & Kuhl, J. (2009b). Theorie der Persönlichkeits-System-Interaktion (PSI). In V. Brandstätter & J. H. Otto (Hrsg.), *Handbuch der Allgemeinen Psychologie: Motivation und Emotion* (S. 163–173). Göttingen: Hogrefe.

Rheinberg, F. (2006). Intrinsische Motivation und Flow-Erleben. In J. Heckhausen & H. Heckhausen (Hrsg.), *Motivation und Handeln* (3. Aufl.) (S. 331–354). Berlin: Springer.

Schiefele, U. (2009). Motivation. In E. Wild & J. Möller (Hrsg.), *Pädagogische Psychologie* (S. 152–177). Berlin: Springer.

Kapitel 10
Theorien der Lern- und Leistungsmotivation

Andreas Krapp
Tina Hascher

„Die Lernmotivierung ist stets ein Wechselwirkungsprodukt von relativ überdauernden Zügen der Persönlichkeit und von momentanen Eigenschaften der Situation."
(Heckhausen, 1968, S. 194)

Heinz Heckhausen

Die Lern- und Leistungsmotivation ist zu einem gewichtigen Gebiet für viele Subdisziplinen der Psychologie und Pädagogik geworden, denn sie stellt eine wichtige Voraussetzung für die Leistungsfähigkeit des Menschen im Dienst einer gelungenen Anpassung und Entwicklung in vielen Lebensbereichen dar. Ihre Erforschung wird im vorliegenden Kapitel unter zwei Perspektiven beschrieben. Zum einen wird danach gefragt, wie sich die Lern- und Leistungsmotivation über die Lebensspanne verändert und durch welche Einflussfaktoren sie in eine bestimmte Richtung gelenkt wird („Entwicklung der Lern- und Leistungsmotivation"). Zum anderen interessiert, welchen Stellenwert die Lern- und Leistungsmotivation in der menschlichen Individualentwicklung einnimmt: Inwieweit kann sie zur Erklärung der Kompetenzentwicklung, aber auch der Persönlichkeitsentwicklung insgesamt herangezogen werden? Analysiert wird dabei insbesondere, welche Bedeutung die Lern- und Leistungsmotivation für den Lernerfolg und die individuelle Leistungsentwicklung hat („Motivation der Entwicklung").

Hinter beiden Perspektiven steht die Prämisse, dass der Mensch selbstbestimmt zu handeln in der Lage ist und infolgedessen auch seine eigene Leistungs- und Persönlichkeitsentwicklung mitgestaltet. Im Folgenden befassen wir uns zunächst mit den zentralen Begriffen und erläutern dann anhand von grundlegenden theoretischen Konzepten der Lern- und Leistungsmotivation zwei allgemeine theoretische Orientierungen. Wir diskutieren diese exemplarisch unter Einbeziehung ausgewählter empirischer Befunde. Im letzten Abschnitt verweisen wir auf neuere Trends und kommentieren diese Entwicklungen in einer Schlussbetrachtung.

Der Begriff der *Lernmotivation (learning motivation)* bezeichnet ganz generell die Bereitschaft von Lernenden, sich aktiv, dauerhaft und wirkungsvoll mit bestimmten Themengebieten auseinanderzusetzen, um neues Wissen zu erwerben bzw. das eigene Fähigkeitsniveau zu verbessern (vgl. Krapp, 1993; Schiefele, 2009b). Psychologische Aussagen zur Lernmotivation beziehen sich auf das intentionale Lernen. Im Gegensatz zum beiläufigen, unbeabsichtigten oder latenten Lernen beruht es auf Intentionen und damit bewussten Absichten, ein bestimmtes Lernziel erreichen zu wollen. Die *Leistungsmotivation (achievement motivation)* richtet sich auf einen Teilaspekt des Lernens, nämlich auf die durch Lernen erzielbare oder erzielte Leistung. Der zentrale Aspekt der Leistungsmotivation ist dabei *„die Auseinandersetzung mit einem Gütemaßstab"* (McClelland et al., 1953, S. 10). Deshalb dokumentiert sich Leistungsmotivation im *„Bestreben, die eigene Tüchtigkeit in all jenen Tätigkeiten zu steigern oder möglichst hoch zu halten, in denen man einen Gütemaßstab für verbindlich hält und deren Ausführung deshalb gelingen oder misslingen kann"* (H. Heckhausen, 1965, S. 604; vgl. Rheinberg, 2008). Da jede Art von *Lernmotivation* darauf gerichtet ist, eine zielorientierte Lernhandlung erfolgreich abzuschließen, spielen stets auch Bewertungen des jeweils Erreichten eine wichtige Rolle. Insofern besteht eine enge Verbindung zwischen Lern- und Leistungsmotivation, obwohl die beiden Begriffe aus wissenschaftlicher Sicht nicht identisch sind.

1 Theoretische Orientierungen zur Erforschung der Lern- und Leistungsmotivation

Wissenschaftliche Aussagen zur Lern- und Leistungsmotivation lassen sich zwei Theoriegruppen zuordnen, die sich in ihren allgemeinen theoretischen Orientierungen deutlich unterscheiden: (1) Theorien, die in der Tradition der kognitiv-handlungstheoretischen Leistungsmotivationsforschung entwickelt wurden, und (2) Theorien, die sich an den Leitideen dynamischer Persönlichkeitskonzeptionen orientieren.

1.1 Motivationsmodelle im Rahmen kognitiv-handlungstheoretischer Motivationsforschung

Mit der kognitiven Wende in der Psychologie der 1970er-Jahre verändert sich auch das Menschenbild der psychologischen Motivationsforschung. Der Mensch wird primär als ein rational agierendes Subjekt angesehen, und man nimmt an, dass auch die menschliche Motivation in erster Linie auf kognitiv-rationalen Überlegungen und Entscheidungsprozessen beruht. Ein vorrangiges Ziel der kognitiven Motivationsforschung besteht in der theoretischen Rekonstruktion der Wirkungsweise ausgewählter motivationaler Faktoren im Handlungsverlauf. Beispielsweise wird untersucht, auf welche Weise individuelle Ziele, Wertvorstellungen oder subjektive Einschätzungen der eigenen Fähigkeiten die Lern- und Leistungsmotivation in einer bestimmten Situation determinieren. Zur näheren Charakterisierung der kognitiven Komponenten des Motivationsgeschehens orientiert sich dieser Zweig der Forschung an sog. *Erwartungs-Wert-Modellen* (vgl. Beckmann & H. Heckhausen, 2006).

1.1.1 Das Erwartungs-Wert-Modell der Leistungsmotivation

Ein in der Leistungsmotivationsforschung entwickeltes Erwartungs-Wert-Modell (vgl. H. Heckhausen, 1989; Rheinberg, 1989) orientiert sich an vier prototypischen Phasen einer Handlungsepisode (Abb. 10.1): Situation, Handlung, Ergebnis und Folgen. Es geht davon aus, dass sich eine Person im Vorfeld der eigentlichen Handlung mit den möglichen Ergebnissen und Folgen auseinandersetzt, sich Gedanken über mögliche Konsequenzen macht und schließlich eine Entscheidung darüber fällt, ob und in welcher Intensität sie aktiv werden möchte.

Drei Arten von Erwartungen im Sinne subjektiver Prognosen sind dabei entscheidend:

(1) Situations-Ergebnis-Erwartungen (S→E) sind Vermutungen darüber, was sich aus der gegebenen Situation von selbst ergibt, wenn nichts unternommen wird.

(2) Handlungs-Ergebnis-Erwartungen (H→E) beziehen sich auf die Fragen, ob und auf welche Weise durch eigenes Handeln in den Lauf der Dinge eingegriffen werden kann und welche Ergebnisse sich dann voraussichtlich einstellen werden.

(3) Ergebnis-Folge-Erwartungen (E→F) knüpfen an die Handlungs-Ergebnis-Erwartungen an. Sie repräsentieren die subjektiven Vorstellungen der handelnden Person bezüglich der Werte und längerfristigen Ziele, die aufgrund eines bestimmten Handlungsergebnisses erreicht werden können, z. B. die Erwartung, eine Abschlussprüfung zu bestehen, wenn es gelungen ist, sich die Inhalte der entsprechenden Kapitel eines Lehrbuchs anzu eignen.

Nach Maßgabe des klassischen Erwartungs-Wert-Modells liegt der motivationale Anreiz einer Handlung ausschließlich in ihren Konsequenzen, den sog. Anreizen künftiger Umwelt- und Binnenzustände. Später wurde das Modell dahin gehend erweitert, dass auch die Handlung selbst (z. B. in Form positiver emotionaler Erfahrungen) einen eigenen Anreiz besitzen kann. Rheinberg (1989) hat dafür den Begriff der tätigkeitsspezifischen Vollzugsanreize geprägt.

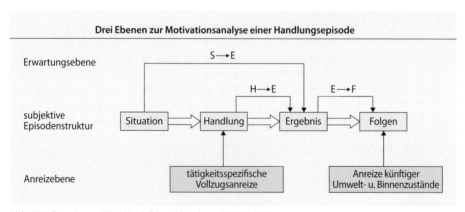

Abb. 10.1: Erwartungs-Wert-Modell (aus Rheinberg, 1989, S. 104).

1.1.2 Das Erwartungs-Wert-Modell leistungsbezogener Aufgabenwahl von Eccles

Das klassische Erwartungs-Wert-Modell bildete in der Folgezeit den Ausgangspunkt und die Grundlage für zahlreiche Forschungsarbeiten, die das Ziel verfolgten, einzelne Sachverhalte der Motivation genauer zu untersuchen und theoretisch zu rekonstruieren. Dazu zählt auch die Beschreibung und Erklärung des Verhaltens im Rahmen von Übertritts- oder Berufs- und Studienfachwahlentscheidungen, die einen langfristigen Einfluss auf die Inhalte und das Anspruchsniveau individueller Bildungswege ausüben. Ein theoretisches Modell, das sich speziell mit diesem Problem der Lern- und Leistungsmotivation befasst, wurde ursprünglich von Eccles entwickelt (Eccles et al., 1983) und später auf der Grundlage empirischer Forschungsbefunde weiter ausdifferenziert (vgl. Eccles, 2005).

Gegenüber dem ursprünglichen Erwartungs-Wert-Modell der klassischen Leistungsmotivationsforschung beschränkt sich das Eccles-Modell (Abb. 10.2) nicht auf die Beschreibung von Erwartungs- und Wertüberzeugungen (Felder G, I und J) und deren Einfluss auf die Intentionsbildung bzw. leistungsbezogene Aufgabenwahl (Feld K). Vielmehr gibt es darüber hinaus einen Einblick in das verzweigte Netz der Entwicklungsbedingungen, die zur Herausbildung der spezifischen Erwartungs- und Wertüberzeugungen geführt haben, wie das kulturelle Milieu (Feld A), tatsächliche oder vermeintliche Überzeugungen der Sozialisationsagenten (Felder B und E), vorausgegangene leistungsbezogene Erfahrungen (Feld D) und deren Interpretationen durch das Kind (Feld F) sowie die Art der affektiven Reaktionen auf diese Erfahrungen und die Wahrnehmung stabiler Fähigkeiten bei sich und anderen Personen (Feld C). Die in Abbildung 10.2 exemplarisch genannten Bedingungs- und Effektvariablen beziehen sich auf theoretische Konstrukte, die wir in den vorausgegangen Abschnitten dieses Kapitels näher erläutert haben.

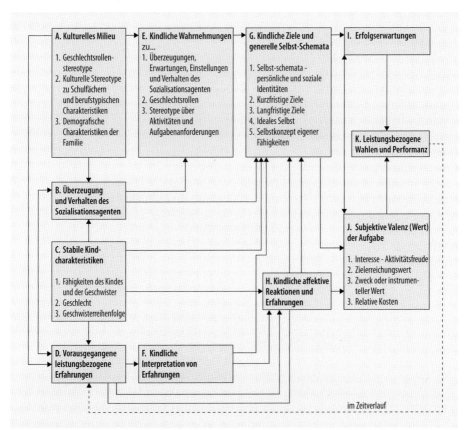

Abb. 10.2: Allgemeines Erwartungs-Wert-Modell leistungsbezogener Aufgabenwahl (aus Eccles, 2005, S. 106).

1.1.3 Dispositionale Erklärungsansätze der Leistungsmotivation

Das Erwartungs-Wert-Modell eignet sich nicht nur für die Beschreibung der Motivationsgenese, d. h. der Prozesse, die zur „Motivierung" einer Person führen, sondern bildet auch die Grundlage für Erklärungsansätze, die sich auf individuelle Unterschiede beziehen wie generelle Zielpräferenzen oder „Erwartungsvoreingenommenheiten". Diese Erklärungsansätze beziehen sich mehrheitlich auf *dispositionale Faktoren*, die im Verlauf der individuellen Entwicklung herausgebildet werden. Dabei wird angenommen, dass eine ausgeprägte Lern- und Leistungsmotivation vor allem dann entsteht, wenn (1) eine günstige Ausprägung des Leistungsmotivs vorliegt, (2) die eigene Leistungsfähigkeit positiv eingeschätzt wird und (3) das Handeln auf angemessenen Zielorientierungen beruht. Zu jedem dieser Bedingungsfaktoren der Lern- und Leistungsmotivation gibt es nähere Informationen aus einschlägigen empirischen Untersuchungen:

(1) Leistungsmotive. Hoffnung auf Erfolg und Furcht vor Misserfolg. In der frühen Leistungsmotivationsforschung (H. Heckhausen, 1963, 1989) wurden unterschiedliche Arten des Leistungsmotivs zur Beschreibung verschiedener Formen des „Motiviertseins" verwendet. Aus dieser Zeit stammt beispielsweise auch die Unterscheidung zwischen erfolgsmotivierten und misserfolgsvermeidenden Personen. Erfolgsmotivierte strengen sich wegen der positiven Auswirkungen an; ihr motivationales Credo ist die Hoffnung auf Erfolg. Bei den Misserfolgsvermeidenden, die sich u. U. sogar in gleicher Weise anstrengen, sieht der motivationale Hintergrund ganz anders aus: Ihnen geht es darum, negative Konsequenzen zu vermeiden. Sie haben Angst vor Versagen und setzen deshalb alles daran, die gefürchteten Folgen schlechter Leistungen zu verhindern. McClelland, Koestner und Weinberger (1989) haben vorgeschlagen, zwischen impliziten und expliziten Motiven zu unterscheiden. Bei *impliziten Motiven* handelt es sich um früh erworbene habituelle Bereitschaften, auf bestimmte Anreize in bestimmter Weise zu reagieren (z. B. sich den Herausforderungen einer schwierigen Aufgabe zu stellen). Sie wirken oft subbewusst und können deshalb nur indirekt erschlossen werden. *Explizite Motive* sind dagegen reflektierte Selbstzuschreibungen der Person (z. B. ehrgeizig zu sein), über die sie z. B. auch in Fragebögen Auskunft geben kann (Brunstein, 2006).

(2) Einschätzungen der eigenen Fähigkeiten. Eine wichtige Voraussetzung für das Zustandekommen einer hohen Lern- und Leistungsmotivation sind positive Handlungs-Ergebnis-Erwartungen. Sie beruhen auf einer günstigen Prognose der Erfolgswahrscheinlichkeit bei der Lösung der anstehenden Lernaufgaben. Neben objektiven Faktoren, auf die Lernende keinen Einfluss haben (z. B. Aufgabenschwierigkeit), hängt die subjektiv wahrgenommene Erfolgswahrscheinlichkeit in erster Linie von den eigenen Lernvoraussetzungen ab, die durch (a) Fähigkeitskonzepte, (b) Selbstwirksamkeitserwartungen und (c) Kontrollüberzeugungen geprägt werden.

(a) Fähigkeitsselbstkonzepte. Mit positiven Handlungs-Ergebnis-Erwartungen ist vor allem dann zu rechnen, wenn die Person von sich überzeugt ist, die für eine bestimmte Lernsituation erforderlichen Fähigkeiten in einem hohen Maß zu besitzen. Diese Art von Selbsteinschätzung entwickelt sich jedoch erst mit der Herausbildung eines stabilen Fähigkeitsselbstkonzepts, das durch Vergleiche mit den erbrachten Leistungen und vermuteten Fähigkeiten anderer entsteht. Die auf die eigene Person bezogenen Fähigkeitskonzepte sind in das übergeordnete individuelle Selbstkonzept integriert, das als ein mentales Modell der Person über sich selbst aufgefasst werden kann. *Selbstkonzepte* enthalten alle auf die eigene Person bezogenen Informationen. Dazu zählen auch Einschätzungen und

1 Theoretische Orientierungen zur Erforschung der Lern- und Leistungsmotivation

Überzeugungen im Hinblick auf die eigenen Kompetenzen und Schwächen, aber auch Vorlieben und Abneigungen (vgl. Dickhäuser, 2009). Das Selbstkonzept hat eine multidimensionale Struktur, die netzwerkartig und teilweise auch hierarchisch strukturiert ist (Hannover, 1997).

(b) Selbstwirksamkeitserwartungen (self-efficacy). Im Zentrum dieses Konzepts steht die Einschätzung der eigenen Voraussetzungen für die Bewältigung einer Situation (Bandura, 1977, 1998) und damit die subjektive Überzeugung, jene Handlungen erfolgreich durchführen zu können, die zur Erreichung eines Ziels notwendig sind. Diese können sich auf bestimmte Aufgabenbereiche oder Kontexte beziehen (spezifische Selbstwirksamkeit) oder auf viele verschiedene Tätigkeitsbereiche (generelle Selbstwirksamkeit). Selbstwirksamkeitseinschätzungen basieren in erster Linie auf Erfahrungen, die in der Vergangenheit bei gleichen oder ähnlichen Aufgaben gemacht wurden, und orientieren sich somit an einem *intra*individuellen Vergleichsrahmen (Köller & Möller, 2010).

(c) Kontrollüberzeugungen (control beliefs). In sog. Kontrolltheorien (vgl. J. Heckhausen & H. Heckhausen, 2006; Quirin & Kuhl, 2009) nehmen subjektive Überzeugungen, eine gegebene Situation durch eigenes Zutun so steuern zu können, dass die erwünschten Ziele tatsächlich erreicht werden, einen zentralen Stellenwert ein. Kontrollüberzeugungen beruhen nicht allein auf der Einschätzung der eigenen Fähigkeiten oder auf den individuellen Selbstwirksamkeitserwartungen, sondern beinhalten auch Vermutungen über objektive Bedingungen, die sich positiv oder negativ auf das zu erwartende Handlungsergebnis auswirken können (z. B. ungünstige äußere Umstände in der Zeit der Vorbereitung auf eine Prüfung).

(3) Zielorientierungen (goal orientations). Theorien, die sich mit den Zielorientierungen einer Person befassen, richten den Blick auf die Wertkomponente des Erwartungs-Wert-Modells. Sie geben Auskunft über die (formalen) Gütemaßstäbe, an denen Lernende Erfolge oder Misserfolge bevorzugt bewerten. In der Regel werden zwei Typen von Zielorientierungen einander gegenübergestellt, für deren Erklärung auch unterschiedliche Bedingungsfaktoren herangezogen werden:

(a) Nicholls (1984, 1989) differenziert z. B. zwischen Aufgaben- und Ich-Orientierung. Das Lernverhalten einer Schülerin/eines Schülers mit starker *Aufgabenorientierung (task-orientation)* ist durch das Bestreben charakterisiert, sich die Lerninhalte dauerhaft anzueignen und dadurch die eigenen Kompetenzen zu verbessern. Im Fall einer *Ich-Orientierung (ego-orientation)* dagegen hat die/der Lernende vor allem das Ziel, im Vergleich zu anderen „gut dazustehen" und deren Leistungen möglichst zu übertrumpfen.

(b) In der Theorie von Dweck (2002; Dweck & Legett, 1988) wird zwischen *Lern- und Leistungszielen (learning goals* vs. *performance goals)* unterschieden. Sie basiert auf Untersuchungen zur Frage, warum manche Kinder bei der Bewältigung von Leistungsanforderungen erfolgszuversichtlich sind und ihren Leistungsoptimismus beibehalten, während andere eine ängstliche oder sogar hilflose Einstellung entwickeln und Leistungsanforderungen möglichst aus dem Weg gehen. Nach Dwecks Auffassung hängen diese unterschiedlichen Einstellungen eng mit dem Fähigkeitsselbstkonzept und den subjektiven Vorstellungen über die Veränderbarkeit von Fähigkeiten (wie Begabung, Intelligenz usw.) zusammen.

(c) Elliot (1999) schlägt eine zweidimensionale Klassifikation vor. Neben der in den anderen Theorien getroffenen Unterscheidung zwischen zwei Hauptarten des bevorzugten Zielkriteriums (Lernziel vs. Leistungsziel) soll zusätzlich darauf geachtet werden, ob die Annäherung an das jeweilige Leistungsziel eher erfolgszuversichtlich (*Annäherungs-*

	Art der Zielorientierung	
	Lernzielorientierung	Leistungszielorientierung
Annäherungsziel Positiv-aufsuchend „erfolgszuversichtlich"	Aufsuchende Lernzielorientierung	Aufsuchende Leistungszielorientierung
Vermeidungsziel Negativ-vermeidend „misserfolgsängstlich"	Meidende Lernzielorientierung	Meidende Leistungszielorientierung

Tabelle 10.1: Eine zweidimensionale Klassifikation von Zielorientierungen (nach Elliot, 1999).

ziel) oder misserfolgsängstlich (*Vermeidungsziel*) erfolgt. Durch die Kombination der beiden Zieldimensionen (Tabelle 10.1) ergibt sich ein zweidimensionales Klassifikationsschema mit vier Formen von Zielorientierungen.

Lernende mit einer *aufsuchenden Lern*zielorientierung sind bestrebt, den Lernstoff gründlich durchzuarbeiten und ein solides Wissen zu erwerben. Im Falle einer *vermeidenden Lern*zielorientierung sind sie darauf bedacht, ihr bereits bestehendes Wissen nicht zu verlieren oder sich durch die Einbeziehung weiterer Informationsquellen nicht zu verzetteln. Eine *aufsuchende Leistungs*zielorientierung dokumentiert sich in dem Bemühen, die eigene Kompetenz im Vergleich zu anderen Personen herauszustellen; eine Person mit einer *vermeidenden Leistungs*zielorientierung ist dagegen darauf bedacht, ihre Unterlegenheit gegenüber anderen Personen zu verbergen (vgl. Schiefele, 2009b).

Insgesamt lässt sich feststellen, dass Fähigkeitskonzepte, Selbstwirksamkeitserwartungen und Kontrollüberzeugungen im klassischen handlungstheoretischen Erwartungs-Wert-Modell als dispositionale Indikatoren der Erwartungskomponenten aufgefasst werden können, die durch Zielorientierungen als Wertmaßstäbe ergänzt werden.

1.2 Motivationsmodelle auf der Basis dynamischer Persönlichkeitskonzeptionen

Zu den wenigen Motivationstheorien, die sich an der Leitidee der frühen dynamischen Persönlichkeitskonzeption orientieren, zählen die Selbstbestimmungstheorie (SDT: *Self-Determination-Theory*) und die Person-Gegenstands-Theorie des Interesses (POI: *Person-Object-Theory of Interest*). Im Folgenden wollen wir den Beitrag dieser beiden Theorien, die sich in einer besonderen Weise ergänzen, für die Lern- und Leistungsmotivation diskutieren. Während die SDT keine Aussagen über die Auswirkungen der (Lern-)Inhalte auf die menschliche Motivation macht, stehen diese Sachverhalte im Mittelpunkt der POI.

1.2.1 Die Selbstbestimmungstheorie (SDT)

Das zentrale Anliegen der SDT ist die Beschreibung und Erklärung der Entstehungsbedingungen und der Wirkungsweise einer auf Selbstbestimmung beruhenden Motivation (Deci & Ryan, 1985, 1993, 2002). Drei Teiltheorien sind dabei von Bedeutung: (1) das Konzept des individuellen Selbst, (2) die Theorie der organismischen Integration und die Annahme grundlegender psychologischer Bedürfnisse sowie (3) die Unterscheidung zwischen verschiedenen Arten fremd- und selbstbestimmter Motivation.

1 Theoretische Orientierungen zur Erforschung der Lern- und Leistungsmotivation

(1) Das Konzept des individuellen Selbst. In der Regel nimmt sich der Mensch als eine stabile ganzheitlich organisierte Persönlichkeit wahr. Dieses Bewusstsein der personalen Identität beruht auf den Strukturen und Organisationsprinzipien des individuellen Selbst, welches gewissermaßen den Kern der menschlichen Persönlichkeit repräsentiert. Neben kognitiven Merkmalen (Wissensstrukturen und Kompetenzen) zählen dazu auch emotionale und motivationale Komponenten (Ängste, individuelle Ziele, Interessen etc.). Die fortlaufende Auseinandersetzung mit den sich ständig ändernden Lebensbedingungen in der sozialen und dinglichen Welt hat allerdings zwangsläufig zur Folge, dass sich die inhaltliche Struktur des individuellen Selbst immer wieder verändert. Wie ist es nun zu erklären, dass der Mensch dennoch über die gesamte Lebenszeit von sich den Eindruck hat, dass der Kernbestand der personalen Identität aufrechterhalten bleibt? Nach Auffassung der SDT ist dies einem fundamentalen Entwicklungsprinzip zu verdanken, nämlich der Tendenz zur organismischen Integration neuer Ziele, Aufgaben, Wertorientierungen etc. in die bereits bestehende Struktur des individuellen Selbst.

(2) Die Theorie der organismischen Integration und die Idee der Existenz grundlegender psychologischer Bedürfnisse. Die in der Natur des Menschen verankerte Tendenz zur organismischen Integration bewirkt, dass zwei gegenläufige Entwicklungsziele gleichermaßen verfolgt und im Verlauf der Ontogenese in einer für das Individuum akzeptablen Balance gehalten werden, nämlich die Optimierung der Individualentwicklung und die Sicherstellung des Fortbestandes sozialer Systeme, ohne die das einzelne Individuum nicht überleben kann.

Im Hinblick auf die Entwicklung einzelner Personen geht es darum, dass alle Individuen innerhalb eines sozialen Systems bestrebt sind, ihr eigenes Entwicklungspotenzial zu erproben und möglichst auszuschöpfen. Sie müssen weiterhin ein eigenständiges Ich aufbauen und kontinuierlich weiterentwickeln. Für den Erhalt des *sozialen* Systems ist jedoch wichtig, dass das einzelne Individuum Anpassungsleistungen erbringt, normative Regeln und soziale Verpflichtungen akzeptiert und die damit verbundenen Wertorientierungen und Ziele in die motivationale Struktur des individuellen Selbst integriert. Nur unter dieser Voraussetzung wird die Realisierung dieser Ziele als selbstbestimmt erlebt und damit sichergestellt.

Die Prozesse der organismischen Integration werden durch ein System von drei psychologischen Grundbedürfnissen (*basic needs*) gesteuert. Das *Bedürfnis nach Autonomie* sorgt dafür, dass sich der Mensch als ein eigenständiges „Handlungszentrum" erleben möchte und deshalb darauf bedacht ist, im Rahmen seiner eigenen Kompetenzen und Fähigkeiten selbstbestimmt zu handeln. Das *Bedürfnis nach Kompetenzerleben* resultiert aus der natürlichen Tendenz, sich als hinreichend „wirksam" zu erleben, d. h., in der Lage zu sein, anstehende Anforderungen aus eigener Kraft bewältigen zu können. Das Bedürfnis nach *sozialer Eingebundenheit* ist schließlich dafür verantwortlich, dass der Mensch in seinen sozialen „Bezugsgruppen" akzeptiert sowie anerkannt sein möchte und ein starkes Bestreben nach befriedigenden Sozialkontakten hat. Die hinreichende Befriedigung dieser drei psychologischen Bedürfnisse stellt nach Auffassung der SDT ebenso eine Naturnotwendigkeit dar wie die Erfüllung grundlegender physischer Bedürfnisse (Triebe). Sollte dies in bestimmten Handlungsfeldern dauerhaft misslingen, besteht eine starke Tendenz, diese Umgebung künftig zu meiden und die dort für wichtig gehaltenen Ziele und Interessen aufzugeben (vgl. Krapp, 2005).

(3) Die Unterscheidung fremd- und selbstbestimmter Motivation. Im Rahmen der Lern- und Leistungsmotivation befasst sich die SDT in erster Linie mit der subjektiv erlebten Autonomie oder Selbstbestimmung bei der Verfolgung von Handlungszielen. Sie differenziert dabei zwischen verschiedenen Formen fremd- und selbstbestimmter Motivationen. In einem von Deci

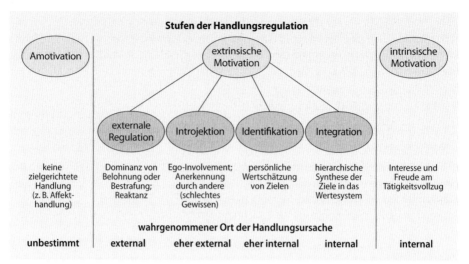

Abb. 10.3: Stufen der Handlungsregulation gemäß der Selbstbestimmungstheorie (Deci & Ryan, 2002).

und Ryan (2002) vorgeschlagenen Klassifikationsschema werden neben der *intrinsischen* Motivation als genuine Form selbstständigen Handelns vier Ausprägungsformen der *extrinsischen* Motivation unterschieden (Abb. 10.3), die auch als Entwicklungsstufen einer zunehmend stärker auf Selbstbestimmung beruhenden Handlungsregulation interpretiert werden können.

Auf der Stufe der *externalen Regulation* wird das Verhalten ausschließlich durch externe Kontingenzen wie Belohnung oder Strafe gesteuert und ist somit völlig fremdbestimmt. Eine so motivierte Person wird ihr Verhalten nur so lange aufrechterhalten, als die Anreizbedingungen wirksam sind, denn in der Regel wird diese Art der Regulation als unangenehm und emotional belastend erlebt. Häufig ist sie durch negative Gefühle wie Angst, Stress oder innere Entfremdung gekennzeichnet. Auf der Stufe der *introjizierten Regulation* verfolgt die Person ein Handlungsziel, welches sie zwar als notwendig anerkennt, aber sich noch nicht zu eigen gemacht hat. Sie fühlt sich gedrängt, etwas zu tun, ohne es wirklich zu wollen. Das Handeln steht gewissermaßen unter Kontrolle eines internen Zwangs: Man möchte ein „schlechtes Gewissen" vermeiden. Die Stufe der *identifizierten Regulation* ist dagegen durch ein hohes Maß an Selbstbestimmung gekennzeichnet. Die Person hat den Eindruck, etwas zu tun, was sie persönlich für notwendig und richtig erachtet. Das Gefühl der Selbstbestimmung wird allenfalls durch motivationale Konflikte beeinträchtigt, die durch miteinander nicht vereinbare gleichgewichtige Handlungsziele hervorgerufen werden können. Die höchste Ausprägungsform einer auf Selbstbestimmung beruhenden extrinsischen Motivation ist durch eine *integrierte Regulation* gekennzeichnet. Auf dieser Entwicklungsstufe hat das Individuum ursprünglich externale Ziele und Aufgabenstellungen in ihr Gesamtsystem der persönlichen Motive, Interessen und Ziele auf harmonische Weise eingebunden und hat deshalb den Eindruck, völlig authentisch zu handeln.

1.2.2 Person-Gegenstands-Theorie des Interesses (POI)

Moderne Theorien des Interesses basieren meist auf einer *Person-Gegenstands-Konzeption*, welche die psychischen Phänomene des Lernens und der Entwicklung als (permanente) Austauschbeziehung zwischen einer Person und ihrer sozialen und gegenständlichen Umwelt

1 Theoretische Orientierungen zur Erforschung der Lern- und Leistungsmotivation

interpretiert (Hidi, Renninger & Krapp, 2004). Die moderne pädagogisch-psychologische Interessenforschung verfolgt das Ziel, die wechselseitigen Relationen von Interesse bzw. interessenbasierter Lernmotivation, Lernverhalten und menschlicher Entwicklung zu analysieren und theoretisch einzuordnen (Krapp & Prenzel, 1992; Renninger, Hidi & Krapp, 1992).

(1) Bestimmungsmerkmale des Interesses. Die POI (vgl. Krapp, 2010) geht davon aus, dass ein Interesse stets auf ein konkretes Objekt, einen Sachverhalt, bestimmte Klassen von Tätigkeiten, ein Thema oder einen Inhalt gerichtet ist und eine besondere Beziehung einer Person zu einem Gegenstand charakterisiert: *„One cannot simply have an interest, one must be interested in something."* (Gardner, 1996, S. 6) Im Prinzip kann alles, womit sich ein Individuum auseinandersetzt, zu einem Interessen-Gegenstand werden. Eine interessenthematische Person-Gegenstands-Beziehung ist durch das Zusammentreffen von zwei positiven Bewertungstendenzen gekennzeichnet: (1) eine hohe subjektive Wertschätzung des Gegenstandsbereiches (sog. wertbezogene Valenz) und (2) eine positive Bewertung der emotionalen Erfahrungen mit dem betroffenen Gegenstand (sog. emotionale Valenz; vgl. Krapp, 2010; Schiefele, 2009a). Schon Dewey (1913) hat diese gelungene Synthese von kognitiven und affektiven Bewertungen als ein wesentliches Bestimmungsmerkmal des Interesses (*undivided interest*) herausgestellt. Die Relevanz von Interessen resultiert nach Auffassung der POI aus der Tatsache, dass sich die Person mit den Interessengegenständen und den damit verbundenen Möglichkeiten der Auseinandersetzung persönlich identifiziert. Somit ist die Herausbildung von Interessen eng mit der Entwicklung des individuellen Selbst verbunden, was auch die intrinsische Qualität einer auf Interesse beruhenden Lernmotivation erklärt. Ein weiteres wichtiges Merkmal ist nach Prenzel (1988) die „epistemische Orientierung": Wer sich für eine Sache interessiert, möchte mehr darüber erfahren, sich kundig machen, sein Wissen erweitern.

(2) Situationales versus individuelles Interesse. Soll die Interessengenese betrachtet werden, ist eine Unterscheidung zwischen situationalen und individuellen (persönlichen) Interessen wichtig. Im ersten Fall wird das Interesse durch die besonderen Anreizbedingungen der Lernumwelt hervorgerufen, im zweiten Fall als eine motivationale Disposition im Sinne eines Persönlichkeitsmerkmals aufgefasst. Damit Interessen im Lerngeschehen wirksam werden können, müssen sie zunächst aktiviert, dann für einige Zeit (beispielsweise für die Dauer des Unterrichts) aufrechterhalten werden.

1.3 Integrative Modelle: Motivationale Handlungskonflikte

Die hier getroffene Unterscheidung zwischen zwei einflussreichen theoretischen Strömungen, nämlich den kognitiv-handlungstheoretischen und den auf einer dynamischen Persönlichkeitskonzeption beruhenden Theorien, ist nicht so zu verstehen, dass sich alle theoretischen Modelle zur Lern- und Leistungsmotivation völlig trennscharf der einen oder anderen Theoriekonzeption zuordnen lassen. Vielmehr gibt es fließende Übergänge bei der Interpretation einzelner motivationaler Sachverhalte und eine Reihe von Theorien, die sich mit speziellen entwicklungsthematisch bedeutsamen Fragestellungen befassen, zu deren Beschreibung und Erklärung ein integratives Rahmenmodell mit Konzepten aus unterschiedlichen Theorietraditionen erforderlich ist.

Ein Beispiel dafür ist die *Theorie der motivationalen Handlungskonflikte,* die sich mit lernrelevanten motivationalen Konflikten im Jugendalter befasst. Sie wurde von Hofer und Mitarbeiter/inne/n vorgelegt und basiert auf Befunden und Theorien zum Wertewandel und zu den sich ändernden Wert- und Zielvorstellungen von Jugendlichen (vgl.

Hofer, 2004, 2010; Hofer et al., 2004; Inglehart, 1998). Zwei übergeordnete Wertorientierungen spielen in dieser Theorie eine bedeutsame Rolle, nämlich Streben nach Leistung und Erfolg sowie Streben nach Wohlbefinden und Selbstaktualisierung. Zentrale Bewertungskriterien für Leistung und Erfolg im Jugendalter sind der Lernerfolg in der Schule (Zensuren) und die Qualität der erreichten Bildungsabschlüsse. Schulisches Lernen wird von den Jugendlichen jedoch mit überwiegend negativen Erlebnisqualitäten assoziiert und widerspricht deshalb dem Streben nach Wohlbefinden und Selbstaktualisierung. Da viele Jugendliche überzeugt sind, diese Werte nur in der Freizeit realisieren zu können, resultiert daraus zwangsläufig ein nicht einfach zu lösender motivationaler Handlungskonflikt zwischen Aktivitäten, die dem Lernen bzw. der schulischen Leistung dienen, und solchen, die den Freizeitinteressen gewidmet sind. Im Prinzip ist es zwar unter idealen Bedingungen möglich, mit ein und derselben Handlung beiden Zielansprüchen gleichzeitig gerecht zu werden, z. B. wenn die schulischen Lernaufgaben mit den persönlichen Interessen übereinstimmen und das Lernen deshalb als selbstbestimmt wahrgenommen wird. Doch das ist die seltene Ausnahme; und deshalb bleibt als Lösungsansatz nur die Strategie der optimalen Konfliktbewältigung auf der Grundlage verfügbarer Konzepte und Theorien zur volitionalen Handlungskontrolle.

2 Die Entwicklung der Lern-und Leistungsmotivation

Im Folgenden befassen wir uns zunächst mit der Entwicklung der Leistungsmotivation und stützen uns dabei in erster Linie auf die Ergebnisse der kognitiv-handlungstheoretischen Motivationsforschung. Im zweiten Schritt nehmen wir die Entwicklung einer auf Selbstbestimmung und Interesse beruhenden Motivation in den Blick.

2.1 Ontogenetische Grundlagen leistungsmotivierten Verhaltens

Leistungsmotiviertes Verhalten setzt voraus, dass Individuen von sich aus aktiv werden und das Handlungsergebnis an einem Gütemaßstab bewerten. Eigenaktivität ist in der menschlichen Entwicklung schon sehr früh zu beobachten. Bereits nach der Geburt besteht eine starke Tendenz, die eigene Wirksamkeit zu erproben und auszuweiten (J. Heckhausen & H. Heckhausen, 2006; Piaget, 1936/1975; White, 1959). Säuglinge sind fasziniert von ihren Fähigkeiten, bestimmte Effekte aus eigener Kraft hervorzubringen, z. B. ein Mobile bewegen oder ein Geräusch erzeugen zu können. Die hohe Persistenz und die nicht nachlassende Freude bei derartigen Manipulationsversuchen zeugen von einer starken motivationalen Antriebsdynamik. Diese steht im engen Zusammenhang mit Neugier und Exploration (Berlyne, 1960), die ihrerseits sicherstellen, dass sich die Handlungsmotivation nicht einfach in Wiederholungen bereits gelungener Verhaltensmuster erschöpft, sondern sich immer wieder auf neue Handlungsfelder und Anforderungen ausdehnt. Auf der Basis einer derartigen Handlungsbereitschaft können sich Verhaltensmuster entwickeln, die im Rahmen späterer Leistungsmotivation eine Rolle spielen.

2.2 Die Anfänge leistungsmotivierten Verhaltens

Der Beginn der Leistungsmotivation fällt in die Zeit der ersten Lebensjahre und ist durch eine Reihe markanter Entwicklungsereignisse gekennzeichnet, die wie folgt beschrieben werden können:

(1) Bewusstes Erleben eigener Wirksamkeit. Gegen Ende des ersten Lebensjahres haben Kinder gelernt, zwischen ihren Handlungen und deren Effekten zu unterscheiden (Barett & Morgan, 1995). Vor dem Hintergrund dieser Erkenntnis wird nun erprobt, auf welche Weise und durch welche Handlung etwas Interessantes bewirkt werden kann. Dabei kommt es noch nicht so sehr darauf an, ein bestimmtes Handlungsergebnis zu erzielen. Vielmehr liegt der motivationale Anreiz in der sich wiederholenden Erwartung, ein Ereignis selbstständig herbeiführen zu können.

(2) Selber machen wollen. Die erfolgreiche Erprobung der eigenen Wirksamkeit kann nur gelingen, wenn sich das Kind selbst als die primäre Ursache des Handelns erlebt (*internal locus of causality;* deCharms, 1968). Dies wiederum setzt voraus, dass das Kind sich als handelndes Individuum wahrnimmt und Vorstellungen vom eigenen Ich (Selbstkonzept) entwickelt hat. Die Kinder wollen dann alles selber machen und akzeptieren keine Hilfe. Die alltagssprachlich so bezeichnete „Trotzphase" erweist sich damit als ein für die Motivationsentwicklung höchst bedeutsames Phänomen.

(3) Orientierung an Gütemaßstäben. Bereits im zweiten Lebensjahr richten Kinder ihre Aufmerksamkeit zunehmend auf das Handlungsergebnis und bemühen sich um organisierte Handlungsabläufe. Sie legen auch zunehmend Wert darauf, eine bestimmte Handlungssequenz akkurat nachzuvollziehen und bestimmte Qualitätsstandards einzuhalten. Die Tatsache, dass dies insbesondere in Situationen auftritt, in denen sie sich beobachtet fühlen (Kagan, 1981), deutet darauf hin, dass soziale Einflüsse eine wichtige Rolle bei der Bewertung von Handlungsergebnissen spielen.

(4) Verknüpfung des Handlungsergebnisses mit der Einschätzung eigener Fähigkeiten. Die Anwendung von Gütemaßstäben zur Bewertung von Handlungsergebnissen ist für sich allein noch kein ausreichender Beleg für leistungsmotiviertes Verhalten. Davon kann erst die Rede sein, wenn ein Handlungsergebnis mit Vorstellungen über die eigene Tüchtigkeit verknüpft wird. Voraussetzung dafür ist ein Selbstkonzept, das nicht nur ein Bild vom eigenen Ich als Initiator/in zielorientierter Handlungen beinhaltet, sondern auch Vorstellungen vom eigenen Handlungspotenzial. Indikatoren für das Vorhandensein eines derart elaborierten Selbstbilds sind kindliche Reaktionen wie Stolz über ein gelungenes Handlungsergebnis und Scham bei Misserfolg. Den experimentellen Nachweis dafür hatten bereits Heckhausen und Roelofsen (1962) bei zwei- bis fünfjährigen Kindern erbracht, die Türme aus Bausteinen um die Wette bauten (Abb. 10.4). 30 Monate alte Kinder zeigten noch keine für das Erfolgserleben typischen emotionalen Reaktionen; sie traten erst mit ca. 42 Monaten auf. Erklärt wurde dies mit einem entwicklungspsychologischen Wandel vom *effekt*motivierten zum *leistungs*motivierten Handeln (vgl. J. Heckhausen & H. Heckhausen, 2006, S. 398).

nach Erfolg

nach Misserfolg

Abb. 10.4: Ausdrucksverhalten eines vierjährigen Mädchens nach Erfolg versus Misserfolg (aus Heckhausen & Roelofsen, 1962, S. 361).

2.3 Die Entwicklung subjektiver Fähigkeitskonzepte

Die weitere Entwicklung der Leistungsmotivation hängt wesentlich davon ab, wie Erfolg und Misserfolg subjektiv verarbeitet werden, welche Erklärungen Kinder und Jugendliche dafür benutzen und welche Schlussfolgerungen sie daraus für die Einschätzung ihrer eigenen Fähigkeiten ziehen. Subjektive Fähigkeitskonzepte haben einen maßgeblichen Einfluss auf die Motivation und stehen im Zentrum der Erklärung der Motivationsgenese.

(1) Ursachenzuschreibung von Erfolg und Misserfolg. Fragt man Kinder im Vorschulalter nach Leistungsunterschieden bei sich und anderen, so erklären sie diese mit „Anstrengung". Dies hat oft zur Folge, dass ihre Erfolgserwartungen optimistisch verzerrt sind. Parsons und Ruble (1977) überprüften die Erfolgserwartungen bei Kindern im Alter von vier bis fünf Jahren nach kürzeren und längeren Erfolgs- und Misserfolgssequenzen (Abb. 10.5). Es zeigte sich, dass sich jüngere Kinder von der Art und Häufigkeit der Rückmeldungen nicht beeindrucken ließen und auch nach einem Scheitern erfolgszuversichtlich blieben, während die älteren Kinder ihre Erfolgserwartungen den Rückmeldungen über Erfolg/Misserfolg anpassten.

Neuere Erkenntnisse bestätigen zwar, dass jüngere Kinder weniger vulnerabel hinsichtlich ihrer Leistungsüberzeugungen sind, sie zeigen aber auch, dass die Bewertungskompetenz von Kindern nicht unterschätzt werden darf. Schon Fünfjährige können ziemlich präzise feststellen, wie gut ihnen eine Aufgabe gelungen ist, z. B. wenn sie etwas abmalen und ihr Ergebnis mit der Bildvorlage vergleichen sollen (Butler, 1990). Eine Voraussetzung für realistische Vergleiche scheint allerdings zu sein, dass die Kinder über eine klare Referenz verfügen. Die kindliche Einschätzung ist zudem auch von der Gestaltung der Lernumgebung abhängig, z. B. ob normative Vergleiche zwischen Kindern bzw. Misserfolge stärker in den Mittelpunkt gestellt werden oder kaum beachtet werden (Stipek & Daniels, 1988).

(2) Eigenschaftskonzepte individueller Fähigkeiten. In Übereinstimmung mit den verzerrten Erfolgserwartungen zeigen Vorschulkinder in der Regel auch unrealistisch hohe Einschätzungen ihrer eigenen Fähigkeiten. Beneson und Dweck (1986) berichten, dass die Mehrheit der Vorschulkinder davon überzeugt ist, zu den Besten zu zählen bzw. die noch nicht vorhandenen Kompetenzen jederzeit erwerben zu können. Bei der Herausbildung einer realistischen Bewertung der eigenen Fähigkeiten spielen Leistungserfahrungen im schulischen Kontext eine große Rolle. Auf der Basis wiederholter Erfahrungen, dass trotz intensiver Anstrengung ein Leistungsziel nicht erreicht werden konnte (oder man sich kaum anstrengen musste, um eine Leistung zu erreichen), bilden sich Eigenschaftskonzepte der Fähigkeiten heraus (*entity concept of ability*; vgl. Stipek & Mac Iver, 1989, S. 535). Stipek und Kolleg/inn/en konnten zeigen, dass achtjährige Kinder die Fähigkeiten einer Person als stabile und nicht so leicht zu verändernde Perso-

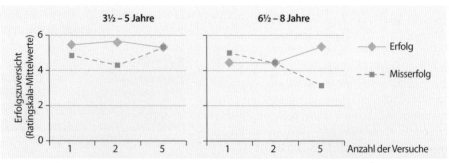

Abb. 10.5: Unterschiede in der Erfolgszuversicht bei Kindern (vgl. Parsons & Ruble, 1977, S. 1077).

2 Die Entwicklung der Lern-und Leistungsmotivation

nenmerkmale ansehen, was ihnen eine zuverlässige Leistungs- und Verhaltensprognose erlaubt (Droege & Stipek, 1993; Stipek & Daniels, 1990).

(3) Fähigkeit, Selbstkonzept und leistungsbezogene Identität. Die leistungsbezogene Identität bildet sich als Teil der gesamten Identität einer Person im Verlauf des Jugendalters heraus und bezieht sich auf Wissen und Überzeugungen bezüglich der eigenen Leistungsfähigkeit. Fähigkeitskonzepte nehmen dabei einen zentralen Stellenwert ein. Sie können relativ allgemein oder fachspezifisch ausgelegt sein. Bereits in der Grundschule entwickeln Kinder fachspezifische Konzepte bezüglich der Anforderungen verschiedener Schulfächer wie Mathematik, Lesen oder Sport (vgl. Wigfield et al., 1997). Durchgängig kann über die gesamte Schulzeit hinweg eine zunehmende Stabilisierung der individuellen Fähigkeitseinschätzungen nachgewiesen werden. Eccles und Mitarbeiter/innen haben festgestellt, dass die Stabilitätskoeffizienten im Verlauf der Schulzeit sehr rasch ansteigen und bereits im Grundschulalter Korrelationswerte bis r = .74 erreichen (Eccles et al., 1989; Wigfield et al., 1997). In der frühen Adoleszenz werden Maximalwerte über r = .80 erreicht, die sich dann kaum weiter verändern. Damit wird deutlich: Wer seine Fähigkeit schon zu Beginn der Schulzeit hoch einschätzt und über ein positives Fähigkeitsselbstbild verfügt, hält in der Regel daran fest. Wer dagegen schon in der Grundschulzeit an seinen Fähigkeiten zweifelt, zeigt auch später ein geringeres Selbstvertrauen in die eigene Leistungsfähigkeit. Dieser Befund erscheint im Hinblick auf eine frühe Segregation der Hoch- und Niedrig-Leistungsmotivierten so brisant, dass zu überlegen wäre, ob man ihm nicht bereits in den Schulanfangsjahren begegnen muss. Verschärft wird er durch Längsschnittuntersuchungen zur Entwicklung *fachspezifischer* Fähigkeitskonzepte (z. B. Frederik & Eccles, 2002; Watt, 2004), die folgende bedenkliche Entwicklungen identifizierten: Über die Grundschuljahre hinweg findet sich bei den Fremdsprachenfächern ein deutlich negativer Trend, allerdings kein weiteres Absinken in den späteren Schuljahren. Im Fach Mathematik hält sich der Negativtrend sogar über die gesamte Schulzeit.

2.4 Die Entwicklung stabiler Zielorientierungen

Zielorientierungen stehen im engen Zusammenhang mit Bezugsnormen, die schon in frühen Phasen der Entwicklung zur Bewertung von Erfolg und Misserfolg einer (Lern-)Handlung dienen.

(1) Entstehung von Zielorientierungen im Kindesalter. Empirische Befunde deuten darauf hin, dass es eine natürliche Tendenz zur Bewertung eigener Handlungsergebnisse gibt (Nicholls, 1984). Kinder versuchen von Anfang an, ihre Kompetenzen zu verbessern und freuen sich über entsprechende Fortschritte. Dies impliziert einen intern repräsentierten, *intraindividuellen* Gütemaßstab, der lange Zeit das Leistungsverhalten des Kindes dominiert und die Herausbildung einer Lernzielorientierung fördert. *Interindividuelle* Bezugsnormen entwickeln sich erst später, vorrangig im Kontext sozialer Leistungsvergleiche wie beispielsweise bei Wettkampfspielen, deren motivationaler Anreiz gerade darin liegt, zu gewinnen und damit eine bessere Leistung als die Mitspieler/innen zu erreichen (Heckhausen & Roelofsen, 1962). Die damit verbundene *Leistungszielorientierung* gewinnt allerdings erst jenseits des zwölften Lebensjahres an Bedeutung (vgl. zusammenfassend Anderman, Austin & Johnson, 2002); in der früheren und mittleren Kindheit dagegen ist die *Lernzielorientierung* typisch.

(2) Ausdifferenzierungen von Zielorientierungen in der Adoleszenz. Beim Übergang von der Grundschule in die weiterführende Schule findet in der Regel eine Neuorientierung und Ausdifferenzierung der Zielorientierungen statt. Anderman und Midgley (1997) haben z. B. eine deutliche Zunahme der *Ich-Orientierung* zuungunsten der *Aufgabenorientierung* von der fünften zur

sechsten Klassenstufe festgestellt. Dieser Trend setzt sich auch in den nachfolgenden Jahrgangsklassen fort. Die ebenfalls nachgewiesene große Variabilität zwischen Fächern und Schulklassen deutet darauf hin, dass die Lernumgebung einen erheblichen Einfluss auf diese Entwicklung ausübt (vgl. Köller, 1998).

2.5 Die Entwicklung einer auf Selbstbestimmung und Interesse beruhenden Lernmotivation

Lernhandlungen, die auf situationalen oder individuellen Interessen beruhen, entsprechen weitgehend den Kriterien selbstbestimmten Handelns (vgl. Deci, 1998). Insofern liefern Konzepte und Befunde zur Interessengenese einen wichtigen Beitrag zur Frage, wie eine auf Selbstbestimmung beruhende Lernmotivation zustande kommt.

(1) Die Ursprünge selbstbestimmten Handelns und frühe Phasen der Interessengenese. Selbstbestimmtes Handeln muss nicht gelernt werden, sondern begleitet die Aktivitäten des Kindes von Anfang an. Alle spielerischen und explorativen Aktivitäten des Kleinkindes sind insofern selbstbestimmt, als sie den aktuellen Wünschen und Intentionen des Kindes entsprechen, auch wenn diese von außen angeregt werden. Auch für interessenorientierte Aktivitäten gilt, dass sie auf natürliche Weise aus den angeborenen Verhaltensmustern erwachsen. Zwar kann man im Säuglings- und frühen Kindesalter noch nicht davon sprechen, dass stabile individuelle Interessen die Grundlage des spielerischen Handelns darstellen. Dennoch findet man schon im frühen Alter Aktivitäten, die eine hohe Übereinstimmung mit den Definitionskriterien einer interessengeleiteten Handlung aufweisen wie Gegenstandsspezifität, Dauerhaftigkeit (Persistenz), hohe subjektive Wertschätzung und positive emotionale Bilanz bei der Handlungsausführung. Empirische Untersuchungen, die sich mit der Anfangsphase der Interessenentwicklung bei Kindern befassen, konnten bereits bei drei- bis vierjährigen Kindern zeitlich stabile Vorlieben für bestimmte Gegenstände und Handlungsweisen nachweisen (vgl. Hartinger & Fölling-Albers, 2002; Prenzel, Lankes & Minsel, 2000). Außerdem finden sich deutliche geschlechtsspezifische Differenzen. Wie kommen diese frühen Formen des Interesses zustande? Neben Einflüssen aus dem sozialen Umfeld werden auch biologisch verankerte Personenmerkmale im Hinblick auf die Sensibilität für bestimmte Reiz- und Ereignisklassen diskutiert. Ein Kind mit einer erhöhten Sensibilität für Töne und akustische Reize kann beispielsweise mit besonderer Neugier und Interesse auf musikalische Eindrücke reagieren, was wiederum die soziale Umwelt dazu veranlasst, das musikalische Angebot auszuweiten und entsprechende Lernfortschritte des Kindes positiv zu bekräftigen.

(2) Generelle Stufen der Interessenentwicklung. Aus den Forschungsergebnissen zahlreicher empirischer Untersuchungen haben Gottfredson (1981) und Todt (1990) ein Modell zur Beschreibung typischer Etappen der Interessenentwicklung im Kindes- und Jugendalter abgeleitet, welches die vorherrschenden Interessen in bestimmten Altersphasen anhand ihrer Funktion im Gesamtkontext der Entwicklung beschreibt (vgl. Holodynski & Oerter, 2008). In der ersten Phase (frühe Kindheit) dominieren universelle Interessen; sie sind wesentlich am Aufbau allgemeiner mentaler Strukturen und Kompetenzen beteiligt. Später (ab ca. vier Jahren) steht die Geschlechtsrollenentwicklung im Vordergrund. Bisherige Interessen werden auf der Basis des Geschlechtsrollenstereotyps kritisch gefiltert und „bereinigt". Auf diese Weise kommt es auch zu einer relativ starken Übereinstimmung der Interessengebiete in altersgleichen Geschlechtsgruppen (kollektive Interessen). In der dritten Phase beginnen Jugendliche, ihre künftige Position in der Gemeinschaft zu reflektieren, womit Ausgrenzungen von Interes-

sengebieten auf der Grundlage von zum Teil schichtspezifisch geprägten Selbstkonzepten sowie individuellen Selbstwahrnehmungen der eigenen Fähigkeiten einhergehen. Die vierte und letzte Stufe der Interessenentwicklung ist erreicht, wenn Interessen als charakteristische Persönlichkeitszuschreibungen aufgefasst werden, anhand derer zum Ausdruck gebracht werden kann, welches Bild eine Person von sich selbst hat und wie sie von anderen wahrgenommen werden möchte.

(3) Herausbildung neuer Interessen. Generelle Entwicklungstrends liefern lediglich ein grobes Bild von den sich verändernden Präferenzen für bestimmte Interessengegenstände bei Kindern und Jugendlichen. Doch wie entstehen neue Interessen für ein ganz bestimmtes Themengebiet? Ein Modell, das sich mit dieser Frage befasst, ist in Abbildung 10.6 schematisch dargestellt.

In der Regel entwickelt sich ein Interesse bei einem Neugier weckenden ersten Kontakt mit einem neuen (Lern-)Gegenstand. Oft kommen die Anregungen von außen, von Eltern, Freund/inn/en oder Lehrpersonen. Entsprechend wird beispielsweise von einem guten Unterricht erwartet, dass er nicht nur Wissen vermittelt, sondern auch ein Interesse an neuen Lerngegenständen weckt. In der Anfangsphase der Interessengenese wird zunächst ein noch instabiles *situationales Interesse* erzeugt. Situationale Interessen sind in einen (zeitlich begrenzten) intentionalen Lernprozess eingebunden und äußern sich in einer Bereitschaft zur aktiven Auseinandersetzung mit dem betreffenden Lerngegenstand. In der Regel verschwindet jedoch diese Lernbereitschaft, sobald die Anregungsbedingungen entfallen (wenn beispielsweise die von einer Lehrperson gestaltete Lernumgebung nicht mehr zur Verfügung steht). Wie sich aus einem neu geweckten situationalen Interesse ein länger andauerndes Interesse entwickelt, kann über einen mehrstufigen Prozess beschrieben werden (Hidi & Renninger, 2006; Krapp, 1998, 2002). Zwei Entwicklungsschritte sind entscheidend:

(a) Von der interessierten Zuwendung zu einem anhaltenden situationalen Interesse. Zur Stabilisierung eines neuen Interesses braucht es eine gewisse Zeit. Allerdings bleibt das Interesse auch in dieser Phase noch von äußeren Anregungen abhängig.

(b) Vom situationalen zum individuellen Interesse. Nur in seltenen Fällen entwickelt sich aus dem situationalen ein länger anhaltendes individuelles oder persönliches Interesse. Dies wäre z. B. der Fall, wenn eine Schülerin ein im naturwissenschaftlichen Unterricht erworbenes Interesse an Physik auch außerhalb der Schule weiter verfolgen und ggf. sogar ihren Berufswunsch darauf abstimmen würde. Unter welchen Voraussetzungen kann mit einem solchen Entwicklungsschritt gerechnet werden? Die Interessentheorie geht wie die Selbstbestimmungstheorie davon aus, dass zwei psychische Prozesse eine wichtige Rolle spielen, nämlich Internalisierung und Identifikation. Die *Internalisierung* bewirkt, dass die mit dem Interesse verbundenen Lernziele und Aufgaben in den Verantwortungsbereich der inneren Handlungsregulation gelangen. Eine wichtige Bedingung dafür ist die Einsicht in die Notwendigkeit oder Nützlichkeit dieser

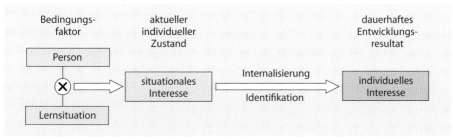

Abb. 10.6: Modell der Interessengenese (Krapp, 1998, S. 191).

Aktivitäten für die eigenen Belange. Mit *Identifikation* wird der weitergehende Prozess der persönlichen Aneignung dieser Ziele bezeichnet. Auf diese Weise wird das neue Interesse in das subjektive Wertesystem integriert und als eine Komponente des individuellen Selbst wahrgenommen.

(4) Steuerungsmechanismen der Interessengenese. In der modernen Motivationsforschung besteht Konsens dahin gehend, dass die Herausbildung und Veränderung motivationaler Dispositionen (Interessen, Motive usw.) durch ein komplexes Steuerungssystem kontrolliert wird, an dem sowohl kognitiv-rationale wie emotionale Komponenten beteiligt sind. In einer vereinfachten Darstellung können zwei Ebenen der Handlungssteuerung unterschieden werden, die als *kognitives* und *emotionales Steuerungssystem* bezeichne werden können. Das kognitive Steuersystem arbeitet auf der Ebene bewusst-planvoller Überlegungen und rational-willentlicher Entscheidungen. Es beinhaltet jene Steuerungsfaktoren, die auf „vernünftigen" Überlegungen und bewusst getroffenen Entscheidungen beruhen. Auf sie haben wir willentlichen Einfluss und können sie in die gewünschte Richtung lenken. Das emotionale Steuerungssystem agiert dagegen sehr viel stärker auf der Basis primärer Erlebensqualitäten. Dabei spielen Gefühle und Empfindungen eine wichtige Rolle, die allerdings oft nicht bewusst wahrgenommen werden, aber dennoch eine erhebliche Wirkung auf das aktuelle Erleben und Verhalten sowie die motivationale Entwicklung ausüben können (vgl. Kuhl & Völker, 1998; Sun, 2002). Da die verschiedenen Subsysteme auf unterschiedliche Weise funktionieren und bis zu einem gewissen Grad unabhängig voneinander ablaufen, kann es zu konflikthaften intrapsychischen Zuständen kommen. Es ist dann möglich, dass „wider besseren Willen" gehandelt wird (siehe dazu Hofmann, Friese, Müller & Strack, 2011).

Für die Entwicklung der Interessen wird nun postuliert, dass sich eine Person nur dann mit einem bestimmten Gegenstandsbereich dauerhaft und aus innerer Neigung auseinandersetzt, wenn sie ihn auf der Basis rationaler Überlegungen als hinreichend bedeutsam einschätzt und sich im Verlauf gegenstandsbezogener Auseinandersetzungen eine insgesamt positive Bilanz emotionaler Erlebensqualitäten ergibt. Eine Voraussetzung ist des Weiteren, dass die Interessensentwicklung nicht durch andere Anreize bzw. negative Bewertungen korrumpiert wird. Hier kommt es insbesondere darauf an, dass die „basic needs" in angemessener Weise befriedigt werden können, wie Ergebnisse aus empirischen Untersuchungen in unterschiedlichen Settings innerhalb und außerhalb der Schule belegen (Deci & Ryan, 2000). So wiesen Tsai, Kunter, Lüdtke, Trautwein und Ryan (2008) in einer prozessorientierten Untersuchung nach, dass das Erleben von Interesse in drei verschiedenen Schulfächern davon abhängt, wie viel Autonomie vs. Kontrolle die befragten Schüler/innen während des Unterrichts erfahren hatten.

3 Die Bedeutung der Lern- und Leistungsmotivation für die Leistungsentwicklung

Bisher haben wir uns vor allem mit der Frage befasst, wie sich die Lern- und Leistungsmotivation im Verlauf der Entwicklung herausbildet und verändert. Im Folgenden fragen wir nach der Bedeutung der Motivation für die menschliche Individualentwicklung. Die generelle Argumentationslogik lautet dabei wie folgt: Durch Motivation in Gang gesetzte Lernprozesse führen zu mehr oder weniger dauerhaften Veränderungen; denn alles, was der Mensch im Laufe seines Lebens lernt, wird im Gedächtnis gespeichert und trägt so direkt oder indirekt zu seiner Entwicklung bei. *Direkte* Einflüsse werden beispielsweise deutlich, wenn sich jemand aufgrund seiner persönlichen Ziele und Interessen ganz bewusst für einen spezifischen Bildungsweg entscheidet und damit

3 Die Bedeutung der Lern- und Leistungsmotivation für die Leistungsentwicklung

seine persönliche Entwicklung in eine ganz bestimmte Richtung lenkt. *Indirekte* Einflüsse werden mitunter nicht bewusst wahrgenommen oder kristallisieren sich erst im Laufe der Zeit heraus. Man denke etwa an die zum Teil weitreichenden Auswirkungen von Erfolgs- und Misserfolgserlebnissen auf das Selbstvertrauen sowie den Schul- und Bildungserfolg. Im Folgenden verweisen wir auf einige typische Forschungsansätze und Befunde der pädagogisch-psychologischen Motivationsforschung, die sich sowohl mit der Bedeutung der Motivation für das Lernen und die schulische Leistung als auch mit lernrelevanten Emotionen befasst haben. Darüber hinaus finden sich Vorschläge, welche Rolle der Motivation in bestimmten Formen des Lernens, z. B. dem selbst regulierten Lernen (Zimmermann, 2000; Zimmerman & Schunk, 2008), zukommt.

3.1 Einflüsse auf die schulischen Leistungen

Sowohl in naiven als auch in vielen wissenschaftlichen Theorien besteht Konsens, dass der Lern- und Leistungsmotivation eine große Bedeutung für den Lernerfolg und die Entwicklung individueller Kompetenzen zukommt. Doch aus wissenschaftlicher Sicht ist es keineswegs so einfach, diesen Einfluss exakt zu bestimmen und die Wirkungsweise der motivationalen Faktoren im Detail aufzuklären (Schiefele, 1996; Schunk, Pintrich & Meece, 2008).

Entgegen der Annahme, dass Lernleistungen maßgeblich von der Motivations*stärke* bestimmt werden (nach dem Prinzip: je mehr Motivation, desto besser die Leistung), findet man in empirischen Untersuchungen in der Regel nur vergleichsweise niedrige Korrelationen zwischen verschiedenen Indikatoren der Lern- und Leistungsmotivation und den schulischen Leistungen. Eine Metaanalyse von Fraser, Walberg, Welch und Hattie (1987) über 355 Studien ergab eine durchschnittliche Korrelation von r = .12. Dieser ernüchternde Befund war Anlass für zahlreiche empirische Studien, in denen die Relation zwischen Motivation und Lernleistung genauer untersucht wurde. Doch auch in neueren Untersuchungen findet man selten höhere Korrelationen als r = .30 (Vollmeyer, 2009). Aufschlussreicher als korrelative Studien über den Einfluss der Motivationsstärke auf die Schulleistung sind Untersuchungen, die sich mit der differenziellen Wirkung unterschiedlicher Ausprägungsformen der Lern- und Leistungsmotivation befassen und dabei auch deren qualitative Aspekte berücksichtigen.

(1) Erfolgs- und Misserfolgsmotivation. Schlüsselt man das Leistungsmotiv nach Erfolgs- und Misserfolgsmotiv auf, so lassen die vorliegenden Befunde folgenden Trend erkennen: In der Regel schneiden erfolgsmotivierte Schüler/innen besser ab als misserfolgsmotivierte. Dies liegt u. a. an den unterschiedlichen Erklärungsmustern („Kausalattributionen") für Erfolg und Misserfolg. Erfolgsmotivierte schreiben Erfolge bevorzugt ihren guten Fähigkeiten zu, während sie Misserfolge auf unglückliche Umstände (Missgeschick, Zeitdruck o. Ä.) zurückführen. So gesehen werden Erfolge mit relativ stabilen Fähigkeitsfaktoren, Misserfolge dagegen mit zufällig oder nur kurzfristig veränderbaren Faktoren erklärt. Bei Misserfolgsmotivierten sehen die Attribuierungsmuster ganz anders aus: Erfolge interpretieren sie als Ergebnis glücklicher Umstände (persönliches Glück, leichte Aufgabenstellung), während sie Misserfolge als Belege für ihre eigene Unzulänglichkeit und als (neuerlichen) Beweis für ihre mangelnde Begabung ansehen. Die negativen Effekte eigener Lernanstrengungen werden bei diesen Schüler/inne/n im Kontrast zu den Attribuierungsmustern der Erfolgsmotivierten in der Regel auf stabile, nicht so leicht veränderbare Faktoren zurückgeführt. Dies hat zur Folge, dass Misserfolgsmotivierte anspruchsvolle Lernaufgaben meiden und deshalb ihr Entwicklungspotenzial nicht optimal entfalten können. Erfolgsmotivierte haben im Vergleich dazu eine insgesamt günstigere Prognose für das Leistungsverhalten und die Entwicklung individueller Fähigkeiten.

(2) Implizite und explizite Leistungsmotive. Weitere Unterscheidungen beziehen sich auf implizite (eher unbewusste habituelle Motive) und explizite (bewusst zugeschriebene) Leistungsmotive. Empirische Untersuchungen haben gezeigt, dass das explizite Leistungsmotiv in der Regel deutlich höher mit der Schulleistung korreliert als das implizite. Erstaunlicherweise verhält es sich bei beruflichen Leistungen genau umgekehrt, was auf den größeren Spielraum für selbstbestimmte Lern- und Leistungsaktivitäten in berufsbezogenen Tätigkeitsfeldern zurückgeführt wird (vgl. Brunstein, 2006; Schiefele, 2009b).

(3) Lernzielorientierung und Leistungszielorientierung. Der Einfluss von Zielorientierungen auf Lernen und Leistung ist vielfach untersucht worden. Dabei wurde zumeist ein deutlicher Vorteil der Lernzielorientierung gegenüber der Leistungszielorientierung festgestellt (vgl. Köller & Schiefele, 2010). Schüler/innen mit einer ausgeprägten *Lern*zielorientierung befassen sich intensiver und dauerhafter mit der Lernaufgabe; sie wenden adäquatere Verarbeitungsstrategien an und haben meist ein stärkeres persönliches Interesse an den Lerninhalten. Dies führt zu einer besseren Verarbeitung des Lernstoffes und begünstigt auf längere Sicht die kognitive Entwicklung. Unterstützt wird diese Tendenz durch die Tatsache, dass Lernzielorientierte ähnlich wie Erfolgsmotivierte günstigere Attributionen für die Erklärung von Erfolg und Misserfolg verwenden. Bei den Untersuchungen zu den *Leistungs*zielorientierungen fallen die Befunde weniger einheitlich aus. Die scheinbar widersprüchlichen Befunde lassen sich weitgehend aufklären, wenn man die Zielorientierungen, dem Vorschlag von Elliot (1999) entsprechend, weiter aufschlüsselt und die Stärke der jeweiligen Annäherungs- oder Vermeidungstendenz berücksichtigt (siehe Tabelle 10.1). In diesem Fall stellt man fest, dass sich eine mit Vermeidungszielen gekoppelte Leistungszielorientierung ungünstig auf das Lernen

Leistungszielorientierungen geben Auskunft darüber, wie Erfolge oder Misserfolge verarbeitet werden. Lernende mit einer aufsuchenden Leistungszielorientierung sind bestrebt, anhand von Leistungsvergleichen mit anderen Personen die eigene Kompetenz zu überprüfen und weiterzuentwickeln, während dies bei vermeidenden Zielorientierungen wegen einer gefürchteten Unterlegenheit ausbleibt.

und die kognitive Entwicklung auswirkt, während eine durch Annäherungstendenz gekennzeichnete Leistungszielorientierung meist von Vorteil ist (vgl. Schiefele, 2009b). Außerdem schließen sich Lern- und Leistungsziele nicht gegenseitig aus. In schulischen Lernsituationen kommt es häufig darauf an, beide Ziele gleichzeitig im Auge zu behalten. Eine multiple Zielorientierungsstruktur bietet nach Pintrich (2000) langfristig die beste Voraussetzung für günstige Leistungsprognosen, wobei eine Kombination von Lernziel- und Annäherungsleistungszielorientierungen am erfolgversprechendsten ist.

(4) Der Einfluss von Interessen auf Lernen und schulische Leistungen. In einer Metaanalyse zum Einfluss fachspezifischer Interessen auf den Schulerfolg kamen Schiefele, Krapp und Schreyer (1993) zu dem Ergebnis, dass Interessen-Leistungs-Zusammenhänge über alle Schularten, Jahrgangsstufen und Schulfächer hinweg bei r = .30 liegen. Bemerkenswert waren dabei Geschlechtseffekte: Bei Jungen wurden in der Regel stärkere Korrelationen als bei Mädchen gefunden. Dies könnte daher rühren, dass sich Mädchen im Schulkontext insgesamt angepasster verhalten und eher bereit sind, sich in allen Fächern ungeachtet ihrer eigenen Interessen anzustrengen. Stärkere Korrelationen fanden sich auch in den höheren Klassenstufen. Dies lässt den Schluss zu, dass sich Interesse und Leistung über die Schulzeit hinweg unterschiedlich beeinflussen und offenbar zunehmend konvergieren.

Die Befunde zur Wirkungsweise von Interessen auf das Lernen und die schulischen Leistungen werden durch Untersuchungen über die Effekte intrinsischer Motivation ergänzt und bestätigt. So ist beispielsweise gut belegt, dass Formen intrinsischer Motivation zu einem nachhaltigen, vertieften Lernen führen (Schiefele & Schreyer, 1994). Im Gegensatz dazu entwickeln Lernende mit einer extrinsischen Motivation eher eine lerndistale Haltung, was zur Entfremdung von der Schule führen kann (Hascher & Hagenauer, 2010). Wird die Schule als Bildungsinstitution und als persönlicher Entwicklungskontext nicht (mehr) wertgeschätzt, so kann dies eine beeinträchtigende Wirkung auf die weitere Leistungsentwicklung haben. Darüber hinaus konnte nachgewiesen werden, dass das Interesse relativ unabhängig von den grundlegenden kognitiven Fähigkeiten signifikant zur Leistungsentwicklung beiträgt. In diesem Zusammenhang wird davon ausgegangen, dass es in vielen Lernbereichen einen Schwellenwert der kognitiven Entwicklung gibt, ab dem der Einfluss motivationaler Faktoren zunehmend an Einfluss gewinnt. Während unterhalb dieses Schwellenwerts die kognitiven Fähigkeiten einen dominierenden Einfluss auf das Lernen und die Leistung ausüben, bestimmen oberhalb des Schwellenwertes vor allem motivationale Faktoren das zu erwartende Leistungsniveau (Steinkamp & Maehr, 1983).

3.2 Einflüsse auf emotionale Reaktionsbereitschaften

Prinzipiell kann davon ausgegangen werden, dass die Lern-und Leistungsmotivation in engem Zusammenhang zum emotionalen Erleben steht, z. B. Freude und Stolz bei Erfolg, Scham, Ärger oder Neid bei Misserfolg (Elliot & Pekrun, 2007; Hagenauer & Hascher, 2011; Hascher, 2004; Pekrun, 1998). Im Verlauf der Entwicklung verfestigen sich diese emotionalen Reaktionsmuster und äußern sich beispielsweise als habituelle Misserfolgsangst oder Erfolgshoffnung.

(1) Angst in Leistungssituationen. Attribuieren Lernende Misserfolge als mangelnde Begabung, sind sie besonders anfällig für die Entstehung dispositionaler Leistungs- oder Prüfungsangst. Ein solcher Attribuierungsstil gefährdet den Selbstwert und führt dazu, dass die Angst vor Misserfolg verstärkt wird (Bandalos, Yates & Thorndike-Christ, 1995; Weiß, 1997). Prüfungsangst hat sich zudem als eine wichtige Mediatorvariable für die Erklärung der ne-

gativen Beziehung zwischen Leistungsvermeidungszielen und Schulleistungen erwiesen (Elliot & McGregor, 1999), was wiederum zu langfristiger Leistungsminderung führen kann. Die Bedeutung der Leistungsmotivation für die Entwicklung von Prüfungsangst spiegelt sich im Modell der Prüfungsangstgenese von Strittmatter und Bedersdorfer (1991) wider: Einerseits ist dort Prüfungsangst abhängig von der subjektiv wahrgenommenen Misserfolgswahrscheinlichkeit (z. B. wenn man sich ungenügend auf eine Prüfung vorbereitet fühlt), andererseits vom persönlichen Anspruchsniveau bzw. von der Stärke des Leistungsmotivs. Doch ist auch hier die Motivationsstärke nicht allein entscheidend. Vielmehr kommt es auf die Art der Zielorientierung an: Eine einseitige Leistungszielorientierung, bei der die eigene Leistung vor allem anhand eines Vergleichs mit den Mitschüler/inn/en bewertet wird, trägt zur Genese dispositionaler Prüfungsangst bei (Pekrun, Götz, Titz & Perry, 2002; Zeidner, 1998). Solche Leistungsvergleiche werden bekanntlich als übermäßig bedrohlich empfunden und verstärken die Angstreaktion in Situationen, in denen Prüfungen mit einer sozialen Bezugsnorm zu erwarten sind. Empirische Befunde zur Entwicklung von Prüfungsangst belegen, dass Prüfungsangst und Schulunlust eng zusammenhängen und dann gemeinsam den Schulerfolg beeinträchtigen (z. B. Schnabel, 1998). Auch die von Hembree (1988) durchgeführte Metaanalyse an etwa 550 Studien zum Einfluss von Prüfungsangst auf Lernen und Leistung belegt, dass Prüfungsangst die Leistung im Allgemeinen beeinträchtigt und negativ mit dem Selbstwertgefühl der Schüler/innen korreliert.

(2) Erlernte Hilflosigkeit. Wenn Lernende immer wieder den Eindruck gewinnen, dass sie mit ihren Lernbemühungen scheitern und trotz nachweislicher Anstrengung in Prüfungen versagen, kann ein Prozess in Gang gesetzt werden, der von Seligmann (1979) mit erlernter Hilflosigkeit umschrieben wurde. Die betroffenen Personen verlieren ihr Selbstvertrauen in die eigenen Fähigkeiten und gehen Leistungsanforderungen aus dem Weg. Dieser resignative Rückzug erstreckt sich zunächst auf spezielle Gebiete (z. B. schulisches Lernen), kann aber auf andere Lebensbereiche ausstrahlen und zu schwerwiegenden Depressionen führen (vgl. Abramson, Metalsky & Alloy, 1989). Auf der Suche nach den Bedingungsfaktoren für derartige Entwicklungen fand man heraus, dass die Wahrscheinlichkeit für eine erlernte Hilflosigkeit umso höher ist, je stärker eine Person dazu neigt, Misserfolge auf interne stabile Personenmerkmale (z. B. mangelnde Begabung) zu attribuieren, und diese Attributionsmuster auf andere Leistungsbereiche überträgt (Fincham, Hokoda & Sanders Jr., 1989). Bereits in einer frühen Studie mit Schulkindern stellten Diener und Dweck (1978) fest, dass mehr als 50 % der untersuchten hilflosen Kinder Misserfolge ihren ungenügenden eigenen Fähigkeiten zuschrieben. Obwohl diese Kinder nicht über geringere Fähigkeiten als ihre beharrlicheren Mitschüler/innen verfügten, wiesen sie erhebliche Leistungsbeeinträchtigungen auf. Zudem zeigte sich, dass sie sogar gut gemeinte kritische Rückmeldungen als Versagen interpretierten und so verunsichert waren, dass sie sich nun gar nichts mehr zutrauten (Meyer, 2000). Spätere Studien konnten die leistungsmindernde Rolle der internalen und stabilen, mitunter globalen Attributionen bzw. den Einfluss eines niedrigen Begabungsselbstkonzepts auf Misserfolg bestätigen (Stiensmeier-Pelster, 2009). Es wurde auch nachgewiesen, dass hilfloses Lernverhalten besonders dann auftritt, wenn in der Lernumgebung eine Leistungszielorientierung vorherrscht (Stiensmeier-Pelster & Schlangen, 1996). Hilflosigkeit sollte demzufolge nicht ausschließlich als ein Merkmal der Person verstanden werden, sondern als ein kontextuell induziertes Phänomen, was dementsprechende Präventions- und Interventionsmöglichkeiten eröffnet (z. B. durch das konsequente Bemühen um eine erfolgs- und lernzielbezogene Unterrichtsgestaltung).

4 Moderne Trends und theoretische Modifikationen

Im Forschungsfeld der Lern-und Leistungsmotivation gibt es eine Reihe von aktuellen Trends, die darauf abzielen, das bestehende Theorieangebot zu erweitern. Dabei handelt es sich zumeist um Vorschläge zur Ausdifferenzierung oder Spezifizierung bestehender und empirisch begründeter Theorien. Für bislang unzureichend erforschte Fragestellungen der Lern- und Leistungsmotivation gibt es jedoch auch neue Erklärungskonzepte.

Eine Reihe von bedeutsamen theoretischen Erweiterungen und Modifikationen beziehen sich dabei auf die Erwartungs-Wert-Konzeption der Leistungsmotivation bzw. einzelner Komponenten dieses Rahmenmodells. Dazu zählen z. B. die bereits erwähnte mehrdimensionale Aufschlüsselung des Konzepts der Leistungszielorientierungen unter Berücksichtigung der auch in anderen Bereichen der Psychologie diskutierten Gegenüberstellung von Zuwendungs- und Vermeidungstendenzen oder neuere Modelle über die Bedeutung des Selbstkonzepts für die Lern- und Leistungsmotivation (z. B. Moschner & Dickhäuser, 2010).

Neue theoretische Impulse ergeben sich zudem aus den Forschungsarbeiten zur Volitionsforschung, die sich zu einem Forschungsgebiet der Allgemeinen Psychologie entwickelt hat. Hier werden auf der Basis experimenteller Untersuchungen sowohl Mikroprozesse der volitionalen Handlungskontrolle als auch Wechselwirkungen zwischen emotionalen und motivationalen Steuerungsprozessen sowie der Herausbildung dispositionaler Persönlichkeitsstrukturen systematisch untersucht (Kuhl, 2001). Dies hat zu einer starken Ausdifferenzierung des Theorieangebotes geführt (vgl. Brandstätter & Otto, 2009), das den wissenschaftlichen Diskurs zur Selbstregulation (Boekaerts, Pintrich & Zeidner, 2000) beeinflusst. Situationen mit konflikthafter motivationaler Ausgangslage wie auch schulische Lernsituationen, die der gezielten Regulation bedürfen, sind hierbei besonders angesprochen (Boekaerts, 2007; Hagenauer & Hascher, 2012).

Im Gegensatz zu diesen divergierenden Entwicklungstrends im Bereich der Leistungsmotivationsforschung präsentiert sich die Selbstbestimmungstheorie nach wie vor als kohärentes Theoriegebäude mit aufeinander abgestimmten Subtheorien (vgl. Deci & Ryan, 2002). Der virulente Austausch von Forschungsergebnissen, die auf der Grundlage dieser gemeinsam geteilten theoretischen Rahmenkonzeption gewonnen wurden, hat zu ihrer Akzeptanz und Verbreitung auch in vielen angrenzenden Nachbardisziplinen beigetragen. Viele der neueren Forschungsansätze sind interdisziplinär angelegt und haben einen engen Bezug zu praxisnahen Problemstellungen, wie sie in der Lehr- und Lernforschung, den Forschungsarbeiten zur psychischen Gesundheit oder der Sozialisationsforschung anfallen.

In der pädagogisch-psychologischen Interessenforschung liegt der Schwerpunkt nach wie vor im Bereich der schulischen, akademischen und beruflichen Ausbildung. Starke Beachtung findet das Interessenkonzept in der Fachdidaktik, z. B. in Untersuchungen zur Effektivität des naturwissenschaftlichen Unterrichts (vgl. Krapp & Prenzel, 2011) einschließlich der Frage, ob die in internationalen Schulleistungsvergleichen ermittelten Unterschiede zwischen Schülerpopulationen auf Interesse zurückgeführt werden können (Prenzel, Schütte & Walter, 2007). Neuerdings gibt es auch Forschungen zur Interessenentwicklung in der frühen Kindheit (Kramer, Jarolim & Spangler, 2006), die deutliche Unterschiede zwischen Jungen und Mädchen festgestellt haben. Das Zustandekommen geschlechtsspezifischer Unterschiede war schon immer ein wichtiges Thema der pädagogisch-psychologischen Interessenforschung (vgl. Hoffmann, Krapp, Rennniger & Baumert,

Literatur

Abele, A. (1996). Zum Einfluß positiver und negativer Stimmungen auf die kognitive Leistung. In J. Möller & O. Köller (Hrsg.), *Emotionen, Kognitionen und Schulleistung* (S. 91–111). Weinheim: PVU.

Abele-Brehm, A. E. & Gendolla, G. H. E. (2000). Motivation und Emotion. In J. H. Otto, H. A. Euler & H. Mandl (Hrsg.), *Emotionspsychologie. Ein Handbuch* (S. 297–305). Weinheim: PVU.

Abramson, L. Y., Metalsky, G. I. & Alloy, L. B. (1989). Hopelessness depression: A theory-based subtype of depression. *Psychological Review, 96*, 358–372.

Anderman, E. M. Austin, C. C. & Johnson, D. (2002). The development of goal orientation. In A. Wigfield & J. Eccles (Hrsg.), *Developmental of achievement motivation* (S. 197–220). San Francisco: Academic Press.

Anderman, E. M. & Midgley, C. (1997). Changes in achievement goal orientations, perceived academic competence, and grades across the transition to middle levelschools. *Contemporary Educational Psychology, 22*, 269–298.

Bandalos, D. L., Yates, K. & Thorndike-Christ, T. (1995). The effects of math-self-concept, perceived self-efficacy, and attributions for success and failure on test anxiety. *Journal of Educational Psychology, 87* (4), 611–624.

Bandura, A. (1977). Self-efficacy: Toward a unifying theory of behavioral change. *Psychological Review, 84*, 191–215.

Bandura, A. (1998). *Self-efficacy. The exercise of control*. New York: Freeman.

Barett, K. C. & Morgan, G. A. (1995). Continuities and discontinuities in mastery motivation during infancy and toddlerhood: A conceptualization and review. In R. H. MacTurk & G. A. Morgan (Hrsg.), *Mastery Motivation: Origins, Conceptualizations, and Applications* (S. 57–94). Norwood, NJ: Ablex.

Beckmann, J. & Heckhausen, H. (2006). Motivation durch Erwartung und Anreiz. In J. Heckhausen & H. Heckhausen (Hrsg.), *Motivation und Handeln*. Lehrbuch der Motivationspsychologie (S. 105–142). Berlin: Springer.

Beneson, J. & Dweck, C. S. (1986). The development of trait explanations and self-evaluations in the academic and social domains. *Child Development, 57*, 1179–1187.

Berlyne, D. E. (1960). *Conflict, arousal and curiosity*. New York: Grove Press.

Brandstätter, V. & Otto, J. (Hrsg.) (2009). *Handbuch der Allgemeinen Psychologie: Motivation und Emotion*. Göttingen: Hogrefe.

Brunstein, J. C. (2006). Implizite und explizite Motive. In J. Heckhausen & H. Heckhausen (Hrsg.), *Motivation und Handeln* (S. 235–253). Berlin: Springer.

Boekaerts, M. (2007). Understanding students' affective processes in the classroom. In P. A. Schutz & R. Pekrun (Hrsg.), *Emotion in Education* (S. 37–56). Amsterdam: Elsevier AP.

Boekaerts, M., Pintrich, P. R. & Zeidner, M. (2000). *Handbook of self-regulation*. London: Academic Press.

Butler, R. (1990). The effects of mastery and competitive conditions on self-assessment at different ages. *Child Development, 61*, 201–210.

DeCharms, R. (1968). *Personal causation*. New York: Academic Press.

Deci, E. L. (1998). The relation of interest to motivation and human needs – The self-determination theory viewpoint. In L. Hoffmann, A. Krapp, K. A. Renninger & J. Baumert (Hrsg.), *Interest and learning. Proceedings of the Seeon-Conference on interest and gender* (S. 146–162). Kiel: IPN.

Deci, E. L. & Ryan, R. M. (1985). *Intrinsic motivation and self-determination in human behavior*. New York: Plenum Press.

Deci, E. L. & Ryan, R. M. (1993). Die Selbstbestimmungstheorie der Motivation und ihre Bedeutung für die Pädagogik. *Zeitschrift für Pädagogik, 39*, 223–228.

Deci, E. L. & Ryan, R. M. (2000). The "what" and "why" of goal pursuits: Human needs and the self-determination of behavior. *Psychological Inquiry, 11*, 227–268.

Deci, E. L. & Ryan, R. M. (2002). *Handbook of self-determination research*. Rochester: University of Rochester Press.

Dewey, J. (1913). *Interest and effort in education.* Cambridge, MA: Riverside Press.

Dickhäuser, O. (2009). Selbstkonzepte der Begabung. In V. Brandstätter & J. H. Otto (Hrsg.), *Handbuch der Allgemeinen Psychologie: Motivation und Emotion* (S. 58–63). Göttingen: Hogrefe.

Diener, C. & Dweck, C. S. (1978). An analysis of learned helplessness: Continous changes in performance, strategy, and achievement. *Journal of Personality and Social Psychology, 36,* 451–461.

Droege, K. L. & Stipek, D. J. (1993). Children's use of dispositions to predict classmates' behavior. *Developmental Psychology, 29,* 646–654.

Dweck, C. S. (2002). The development of ability conceptions. In A. Wigfield & J. Eccles (Hrsg.), *The development of achievement motivation* (S. 57–88). New York: Academic Press.

Dweck, C. S. & Legett, E. L. (1988). A social-cognitive approach to motivation and personality. *Psychological Review, 95,* 256–273.

Eccles, J. S. (2005). Subjective task value and the Eccles et al. model of achievement-related choices. In A. J. Elliot & C. S. Dweck (Hrsg.), *Handbook of competence and motivation* (S. 105–121). New York: The Guilford Press.

Eccles (Parsons), J. S., Adler, T. F., Futterman, R., Goff, S. B., Kaczala, C. M., Meece, J. L. & Midley, C. (1983). Expectancies, values and academic behaviors. In J. T. Spence (Hrsg.), *Achievement and achievement motives: psychological and sociological approaches* (S. 75–146). San Francisco: Freeman.

Eccles, J. S., Wigfield, A., Flanagan, C. A., Miller, C., Reuman, D. A. & Yee, D. (1989). Self-concepts, domain values, and self-esteem: Relations and changes at early adolescence. *Journal of Personality, 57,* 283–310.

Elliot, A. J. (1999). Approach and avoidance motivation and achievement goals. *Educational Psychologist, 34,* 169–189.

Elliot, A. J. & McGregor, H. A. (1999). Test anxiety and the hierarchical model of approach and avoidance achievement motivation. *Journal of Personality and Social Psychology, 76,* 628–644.

Elliot, A. J. & Pekrun, R. (2007). Emotion in the hierarchical model of approach-avoidance of achievement motivation. In P. A. Schutz & R. Pekrun (Hrsg.), *Emotion in education* (S. 57–73). San Diego, CA: Academic Press.

Fincham, F. D., Hokoda, A. & Sanders, R., Jr. (1989). Learned helplessness, test anxiety, and academic achievement: A longitudinal analysis. *Child Development, 60* (1), 138–145.

Fraser, B. J., Walberg, H. J., Welch, W. W. & Hattie, J. A. (1987). Syntheses of educational productivity research. *International Journal of Educational Research, 11,* 145–427.

Fredericks, J. A. & Eccles, J. S. (2002). Children's competence and value beliefs from childhood through adolescence: Growth trajectories in two male-sex-typed domains. *Developmental Psychology, 38,* 519–533.

Gardner, P. L. (1996). Students' interests in science and technology: gender, age and other factors. *Paper written for the international conference on interest and gender: Issues of development and change in learning. Seeon, Germany, 9th-13th June 1996.*

Gottfredson, L. S. (1981). Circumscription and compromise: A developmental theory of occupational aspirations. *Journal of Counseling Psychology, 28 (6),* 545–579.

Hagenauer, G. & Hascher, T. (2011). Schulische Lernfreude in der Sekundarstufe 1 und deren Beziehung zu Kontroll- und Valenzkognitionen. *Zeitschrift für Pädagogische Psychologie, 25,* 63–80.

Hagenauer, G. & Hascher, T. (2012). Erfassung kognitiver Regulationsstrategien bei Schulunlust. *Empirische Pädagogik, 26* (4), 452–478.

Hannover, B. (1997). *Das dynamische Selbst. Die Kontextabhängigkeit selbstbezogenen Wissens.* Bern: Huber.

Hartinger, A. & Fölling-Albers, M. (2002). *Schüler motivieren und interessieren.* Bad Heilbrunn: Klinkhardt.

Hascher, T. (2004). *Wohlbefinden in der Schule.* Münster: Waxmann.

Hascher, T. (2010). Learning and emotion – perspectives for theory and research. *European Educational Research Journal, 9* (1), 13–28.

Hascher, T. & Hagenauer, G. (2010). Alienation from school. *International Journal of Educational Research*, http://dx.doi.org/10.1016/j.ijer. Zugegriffen am 02.03.2011.

Heckhausen, H. (1963). *Hoffnung und Furcht in der Leistungsmotivation*. Meisenheim/Glan: Hain.

Heckhausen, H. (1965). Leistungsmotivation. In H. Thomae (Hrsg.), *Handbuch der Psychologie* (S. 602–702). Göttingen: Hogrefe.

Heckhausen, H. (1968). Förderung der Lernmotivation und der intellektuellen Tüchtigkeiten. In H. Roth (Hrsg.), *Begabung und Lernen* (S. 193–228). Stuttgart: Klett.

Heckhausen, H. (1989). *Motivation und Handeln* (2. Aufl.). Berlin: Springer.

Heckhausen, J. & Heckhausen, H. (2006). Motivation und Entwicklung. In J. Heckhausen & H. Heckhausen (Hrsg.), *Motivation und Handeln* (3. Aufl.) (S. 393–454). Berlin: Springer.

Heckhausen, H. & Roelofsen, I. (1962). Anfänge und Entwicklung der Leistungsmotivation: Im Wetteifer des Kleinkindes. *Psychologische Forschung, 26*, 313–397.

Hembree, R. (1988). Correlates, causes, effects and treatment of test anxiety. *Review of Educational Research, 58*, 47–77.

Hidi, S. & Renninger, A. (2006). The four-phase model of interest development. *Educational Psychologist, 41*, 111–127.

Hidi, S., Renninger, K. A. & Krapp, A. (2004). Interest, a motivational construct that combines affective and cognitive functioning. In D. Dai & R. J. Sternberg (Hrsg.), *Motivation, emotion and cognition: Integrative perspectives on intellectual functioning and development* (S. 89–115). Mahwah , NJ: Erlbaum.

Hofer, M. (2004). Schüler wollen für die Schule lernen, aber auch anderes tun. *Zeitschrift für Pädagogische Psychologie, 18*, 79–92.

Hofer, M. (2010). Adolescents' development of individual interests: A product of multiple goal regulation? *Educational Psychologist, 45*, 149–166.

Hofer, M., Fries, S., Reinders, H., Clausen, M., Dietz, F. & Schmid, S. (2004). Individuelle Werte, Handlungskonflikte und schulische Lernmotivation. In J. Doll & M. Prenzel (Hrsg.), *Bildungsqualität von Schule: Lehrerprofessionalisierung, Unterrichtsentwicklung und Schülerförderung als Strategien der Qualitätsverbesserung* (S. 329–344). Münster: Waxmann.

Hoffmann, L., Krapp, A., Renninger, A. & Baumert, J. (Hrsg.) (1998). *Interest and learning. Proceedings of the Seeon-conference on interest and gender*. Kiel: IPN.

Hofmann, W., Friese, M., Müller, J. & Strack. F. (2011). Zwei Seelen wohnen, ach, in meiner Brust. Psychologische und philosophische Erkenntnisse zum Konflikt zwischen Impuls und Selbstkontrolle. *Psychologische Rundschau, 62* (3), 147–166.

Holodynski, M. & Oerter, R. (2008). Tätigkeitsregulation und die Entwicklung von Motivation, Emotion, Volition. In R. Oerter & L. Montada (Hrsg.), *Entwicklungspsychologie* (S. 535–553). Weinheim: PVU.

Inglehart, R. (1998). *Modernisierung und Postmodernisierung*. Frankfurt a. M.: Campus.

Izard, C. E. (1994). *Die Emotionen des Menschen: eine Einführung in die Grundlagen der Emotionspsychologie*. Weinheim: PVU.

Kagan, J. (1981). *The second year*. Cambridge, MA: Harvard University Press.

Köller, O. (1998). *Zielorientierungen und schulisches Lernen*. Münster: Waxmann.

Köller, O. & Möller, J. (2010). Selbstwirksamkeit. In D. Rost (Hrsg.), *Handwörterbuch Pädagogische Psychologie* (S. 767–774). Weinheim: PVU.

Köller, O. & Schiefele, U. (2010). Zielorientierung. In D. Rost (Hrsg.), *Handwörterbuch Pädagogische Psychologie* (S. 959–964). Weinheim: PVU.

Kramer, K., Jarolim, M. & Spangler, G. (2006). *Interessenentwicklung im Säuglings- und Kleinkindalter*. Kongress der deutschen Gesellschaft für Psychologie, 17.–21.09.2006: Nürnberg.

Krapp, A. (1993). Psychologie der Lernmotivation – Perspektiven der Forschung und Probleme ihrer pädagogischen Rezeption. *Zeitschrift für Pädagogik, 39*, 187–206.

Literatur 279

Krapp, A. (1998). Entwicklung und Förderung von Interessen im Unterricht. *Psychologie in Erziehung und Unterricht, 45*, 186–203.

Krapp, A. (2002). Structural and dynamic aspects of interest development: Theoretical considerations from an ontogenetic perspective. *Learning and Instruction, 12*, 383–409.

Krapp, A. (2005). Das Konzept der grundlegenden psychologischen Bedürfnisse: Ein Erklärungsansatz für die positiven Effekte von Wohlbefinden und intrinsischer Motivation im Lehr-Lerngeschehen. *Zeitschrift für Pädagogik, 51*, 626–641.

Krapp, A. (2010). Interesse. In D. Rost (Hrsg.), *Handwörterbuch Pädagogische Psychologie* (4. Aufl.) (S. 311–323). Weinheim: PVU.

Krapp, A. & Prenzel, M. (Hrsg.) (1992). *Interesse, Lernen, Leistung. Neuere Ansätze einer pädagogisch-psychologischen Interessenforschung.* Münster: Aschendorff.

Krapp, A. & Prenzel, M. (2011). Research on interest in science: Theories, methods and findings. *International Journal of Science Education, 33* (1), 27–50.

Kuhl, J. (2001). *Motivation und Persönlichkeit. Interaktion psychischer Systeme.* Göttingen: Hogrefe.

Kuhl, J. & Völker, S. (1998). Entwicklung und Persönlichkeit. In H. Keller (Hrsg.), *Entwicklungspsychologie* (S. 207–240). Bern: Huber.

Linnebrink, E. A. (2007). The role of affect in student learning: A multi-dimensional approach to considering the interaction of affect, motivation, and engagement. In P. A. Schutz & R. Pekrun (Hrsg.), *Emotion in Education* (S. 107–124). Amsterdam: Elsevier AP.

Maehr, M. L. (2001). Goal theory is not dead – not yet anyway: A reflection on a special issue. *Educational Psychology Review, 13*, 177–185.

McClelland, D. C., Atkinson, J. W., Clark, R. A. & Lowell, E. L. (1953). *The achievement motive.* New York: Appleton-Century-Crofts.

McClelland, D. C., Koestner, R. & Weinberger, J. (1989). How do self-attributed and implicit motives differ? *Psychological Review, 96*, 690–702.

Meyer, W. U. (2000). *Gelernte Hilflosigkeit. Grundlagen und Anwendungen in Schule und Unterricht.* Bern: Huber.

Moschner, B. & Dickhäuser, O. (2010). Selbstkonzept. In D. H. Rost (Hrsg.), *Handwörterbuch Pädagogische Psychologie* (S. 760–767). Weinheim: PVU.

Nicholls, J. G. (1984). Achievement motivation: Conceptions of ability, subjective experience, task choice, and performance. *Psychological Review, 91*, 328–346.

Nicholls, J. G. (1989). *The competitive ethos and democratic education.* Cambridge: Harvard University Press.

Parsons, J. E. & Ruble, D. N. (1977). The development of achievement-related expectancies. *Child Development, 48*, 1975–1979.

Pekrun, R. (1998). Schüleremotionen und ihre Förderung: Ein blinder Fleck der Unterrichtsforschung. *Psychologie in Erziehung und Unterricht, 45*, 230–248.

Pekrun, R., Goetz, T., Titz, W. & Perry, R. P. (2002). Academic emotions in students' self- regulated learning and achievement: A program of qualitative and quantitative research. *Educational Psychologist, 37*, 91–105.

Piaget, J. (1936/1975). *Das Erwachen der Intelligenz beim Kind.* Stuttgart: Klett (franz. Original 1936: La naissance de l'intelligence chez l'enfant. Neuchatel: Delacheaux et Niestlé).

Pintrich, P. R. (2000). The role of goal orientation in self-regulated learning. In M. Boekaerts, P. R. Pintrich & M. Zeidner (Hrsg.), *Handbook of self-regulation: Theory, research and applications* (S. 451–502). San Diego, CA: Academic Press.

Prenzel, M. (1988). *Die Wirkungsweise von Interesse. Ein Erklärungsversuch aus pädagogischer Sicht.* Opladen: Westdeutscher Verlag.

Prenzel, M., Lankes, E.-M. & Minsel, B. (2000). Interessenentwicklung in Kindergarten und Grundschule. In U. Schiefele & K. P. Wild (Hrsg.), *Interesse und Lernmotivation* (S. 11–30). Münster: Waxmann.

Kapitel 10 Theorien der Lern- und Leistungsmotivation

Prenzel, M., Schütte, K. & Walter, O. (2007). Interesse an den Naturwissenschaften. In PISA-Konsortium Deutschland (Hrsg.), *PISA 2006. Die Ergebnisse der dritten Vergleichsstudie* (S. 107–124). Münster: Waxmann.

Quirin, M. & Kuhl, J. (2009). Handlungskontrolltheorie. In V. Brandstätter & J. H. Otto (Hrsg.), *Handbuch der Allgemeinen Psychologie: Motivation und Emotion* (S. 157–162). Göttingen: Hogrefe.

Renninger, K. A., Hidi, S. & Krapp, A. (Eds.) (1992). *The role of interest in learning and development.* Hillsdale, NY: Erlbaum.

Rheinberg, F. (1989). *Zweck und Tätigkeit.* Göttingen: Hogrefe.

Rheinberg, F. (2008). *Motivation* (7. Aufl.). Stuttgart: Kohlhammer.

Schiefele, U. (1996). *Motivation und Lernen mit Texten.* Göttingen: Hogrefe.

Schiefele, U. (2009a). Situational and individual interest. In K. R. Wentzel & A. Wigfield (Hrsg.), *Handbook of motivation at school* (S. 197–222). Mahwah, NJ: Erlbaum.

Schiefele U. (2009b). Motivation. In E. Wild & J. Möller (Hrsg.), *Pädagogische Psychologie* (S. 152–177). Heidelberg: Springer.

Schiefele, U., Krapp, A. & Schreyer, I. (1993). Metaanalyse des Zusammenhangs von Interesse und schulischer Leistung. *Zeitschrift für Entwicklungspsychologie und Pädagogische Psychologie, 25,* 120–148.

Schiefele, U. & Schreyer, I. (1994). Intrinsische Lernmotivation und Lernen: Ein Überblick zu Ergebnissen der Forschung. *Zeitschrift für Pädagogische Psychologie, 8,* 1–13.

Schnabel, K. U. (1998). *Prüfungsangst und Lernen: empirische Analysen zum Einfluss fachspezifischer Leistungsängstlichkeit auf schulischen Lernfortschritt.* Münster: Waxmann.

Schneider, K. & Schmalt, H.-D. (2000). *Motivation* (3. Aufl.). Stuttgart: Kohlhammer.

Schunk, D. H., Pintrich, P. R. & Meece, J. L. (2008). *Motivation in education.* Upper Saddle River, NJ: Pearson Education.

Seligmann, M. E. P. (1979). *Erlernte Hilflosigkeit.* München: Urban & Schwarzenberg.

Silvia, P. J. (2006). *Exploring the psychology of interest.* New York: Oxford University Press.

Steinkamp, M. W. & Maehr, M. L. (1983). Affect, ability, and science achievement: A quantitative synthesis of correlational research. *Review of Educational Research, 53,* 369–396.

Stiensmeier-Pelster, J. (2009). Theorie Erlernter Hilflosigkeit. In V. Brandstätter & J. H. Otto (Hrsg.), *Handbuch der Allgemeinen Psychologie: Motivation und Emotion* (S. 197–203). Göttingen: Hogrefe.

Stiensmeier-Pelster, J. & Schlangen, B. (1996). Erlernte Hilflosigkeit und Leistung. In J. Möller & O. Köller (Hrsg.), *Emotionen, Kognitionen und Schulleistung* (S. 69–90). Weinheim: PVU.

Stipek, D. J. & Mac Iver, D. (1989). Developmental change in children's assessment of intellectual competence. *Child Development, 60,* 521–538.

Stipek, D. J. & Daniels, D. H. (1988). Declining perceptions of competence: A consequence of changes in the child or in the educational environment? *Journal of Educational Psychology, 80,* 351–356.

Stipek, D. J. & Daniels, D. (1990). Children's use of dispositional attributions in predicting the performance and behavior of classmates. *Journal of Applied Developmental Psychology, 11,* 13–23.

Strittmatter, P. & Bedersdorfer, H. W. (1991). Pädagogische Interventionsforschung: Abbau von Angst in schulischen Leistungssituationen. In R. Pekrun & H. Fend (Hrsg.), *Schule und Persönlichkeitsentwicklung* (S. 297–323). Stuttgart: Enke.

Sun, R. (2002). *Duality of the mind.* Mahwah, NJ: Erlbaum.

Todt, E. (1990). Entwicklung des Interesses. In H. Hetzer, E. Todt, I. Seiffge-Krenke & R. Arbinger (Hrsg.), *Angewandte Entwicklungspsychologie des Kindes- und Jugendalters* (S. 213–264). Heidelberg: Quelle & Meyer.

Tomkins, S. S. (1962). *Affect, imaginary, consciousness: Vol. 1: The positive affects.* New York: Springer.

Tsai, Y., Kunter, M., Lüdtke, O., Trautwein, U. & Ryan, R. (2008). What makes lessons interesting? The role of situational and individual factors in three school subjects. *Journal of Educational Psychology, 100,* 460–472.

Vollmeyer, R. (2009). Motivationspsychologie des Lernens. In V. Brandstätter & J. H. Otto (Hrsg.), *Handbuch der Allgemeinen Psychologie: Motivation und Emotion* (S. 335–346). Göttingen: Hogrefe.

Watt, H. M. G. (2004). Development of adolescents' self-perceptions, values, and task perceptions according to gender and domain in 7th- through 11th-grade Australian students. *Child Development, 75*, 1556–1574.

Weiß, J. (1997). *Prüfungsangst: Symptome, Ursachen, Bewältigung.* Würzburg: Lexika.

White, R. W. (1959). Motivation reconsidered: The concept of competence. *Psychological Review, 66*, 297–333.

Wigfield, A. & Eccles, J. S. (2002). *Development of achievement motivation.* New York: Academic Press.

Wigfield, A., Eccles, J. S., Yoon, K. S., Harold, R. D., Arbreton, A., Freedman-Doan, C., et al. (1997). Changes in children's competence beliefs and subjective task values across the elementary school years: A 3-year study. *Journal of Educational Psychology, 89*, 451–469.

Zeidner, M. (1998). *Test anxiety: The state of the art.* New York: Plenum Press.

Zimmerman, B. J. (2000). Attaining self-regulation: a social cognitive perspective. In M. Boekaerts, P. R. Pintrich & M. Zeidner (Hrsg.), *Handbook of self-regulated learning* (S. 13–39). San Diego: Academic Press.

Zimmerman, B. J. & Schunk, D. H. (2008). Motivation: An essential dimension of self-regulated learning. In D. H. Schunk & B. J. Zimmerman (Hrsg.), *Motivation and self-regulated learning: Theory, research, and applications* (S. 1–39). Mahwah, NJ: Lawrence Erlbaum.

Kapitel 11
Modelle der Handlungsmotivation zur erfolgreichen Entwicklung

Alexandra M. Freund
David Weiss
Jana Nikitin

„Die Quintessenz *erfolgreichen* Alterns ist: Wege zu finden, wie der Geist
die Biologie und Gesellschaftsdefizite überlisten könnte."
(Baltes, 2008, S. 83; Hervorhebung im Original)

Wie kann erfolgreiche Entwicklung im Erwachsenenalter, vor allem aber im höheren Lebensalter, gelingen? Diese Frage haben in den vergangenen Jahren insbesondere sozial-motivationale Theorien zu beantworten versucht, von denen wir in diesem Kapitel die wichtigsten vorstellen. Diese fokussieren sich auf die Handlungsmotivation des Menschen und stellen sie in den Kontext der erfolgreichen Interaktion eines Menschen mit seiner sozialen Umwelt. Gilt eine Person als erfolgreich, wenn sie besonders leistungsfähig ist? Oder wenn sie – vielleicht trotz schlechter Leistungen – glücklich ist? Wie lange muss das Glück vorhalten, damit man von erfolgreicher Entwicklung sprechen kann? Wie hoch muss die Leistung sein? In welchem Leistungsbereich? Oder geht es vor allem darum, dass man gesund ist oder sozial gut eingebettet? Geht es darum, bei einem bestimmten Entwicklungsziel anzukommen, oder sollte vor allem der Weg der Entwicklung zählen? Diese Fragen verdeutlichen, wie schwierig es ist, jenseits der eigenen Wertvorstellungen allgemeine Kriterien für eine erfolgreiche Entwicklung zu bestimmen und damit den Rahmen dafür festzulegen, womit wir uns in diesem Kapitel beschäftigen.

1 Allgemeine theoretische Orientierungen

Im höheren Alter scheint die Frage danach, wie man die Anforderungen dieser Lebensphase erfolgreich bewältigen kann, angesichts der Verluste besonders augenfällig. Bereits Havighurst (1963) formulierte sein Entwicklungsmodell jedoch nicht nur als ein Modell des erfolgreichen Alterns, sondern ganz im Sinne der Lebensspannenpsychologie als ein Modell der erfolgreichen Entwicklung. Zu jedem Alter sind Menschen mit bestimmten Anforderungen konfrontiert, die sie

1 Allgemeine theoretische Orientierungen

meistern müssen. Wenn man nicht von einem diskontinuierlichen Entwicklungsverlauf ausgeht, bei dem das höhere Alter durch gänzlich andere psychologische Prozesse gekennzeichnet ist als andere Lebensphasen, ist es daher weniger sinnvoll, von erfolgreichem Altern zu sprechen als allgemein von erfolgreicher Entwicklung (Freund, Nikitin & Riediger, 2012).

1.1 Erfolgreiche Entwicklung – erfolgreiches Altern

Der Begriff des erfolgreichen Alterns wird bisweilen als ein Widerspruch in sich angesehen. Allgemeine Vorstellungen und Vorurteile über das Altern werden durch Verluste und Abbauprozesse bestimmt (z. B. Heckhausen, Dixon & Baltes, 1989; Hummert, 1990). Heckhausen und Krueger (1993) haben jedoch argumentiert, dass diese negativen Erwartungen zur Aufrechterhaltung des Selbstwertgefühls im höheren Alter beitragen können, indem sie einen negativen Vergleichsanker setzen, von dem man sich positiv absetzen kann. Mithilfe derartiger Vergleichsprozesse können ältere Menschen dann das negative Altersbild auch positiv nutzen. Allerdings zeigen sich empirisch tatsächlich zunehmende Verluste im höheren Alter, insbesondere im Bereich der physischen Gesundheit und kognitiven Prozesse, die vor allem mit der Verarbeitungsgeschwindigkeit verbunden sind (einen Überblick dazu in Baltes & Smith, 2003). Trotz dieser Einschränkungen und Verluste sind jedoch ältere Menschen nicht weniger zufrieden mit ihrem Leben oder gar generell unglücklich (zusammenfassend siehe Freund, Nikitin & Riediger, 2012). Aus diesem sogenannten Wohlbefindensparadox – hohes subjektives Wohlbefinden trotz der Schwierigkeiten und Verluste des höheren Alters – ergibt sich eine Sicht auf das erfolgreiche Altern als Adaptation an die Lebensbedingungen dieser Altersstufe (Havighurst, 1963).

Bevor wir Modelle der erfolgreichen Entwicklung im Erwachsenenalter vorstellen, wollen wir kurz diskutieren, welche Kriterien zu deren Bestimmung herangezogen werden. Eine Festlegung von Kriterien zum Entwicklungserfolg ist dabei äußerst schwierig. Tabelle 11.1 fasst verschiedene Dimensionen von Kriterien erfolgreicher Entwicklung zusammen (nach Freund, Nikitin & Riediger, 2012). Eine Integration dieser verschiedenen Dimensionen in eine allgemeingültige Bestimmung erfolgreicher Entwicklung wäre sowohl aus Sicht der Forschung wegen der Vergleichbarkeit verschiedener Einflussfaktoren und -prozesse als auch aus sozialpolitischer Perspektive wegen der

		Funktionsbereiche	
		Wohlbefinden	**Soziale Beziehungen**
Dimension	**objektiv**	Haushaltseinkommen	Anzahl sozialer Beziehungen
	subjektiv	Zufriedenheit mit Einkommen	Zufriedenheit mit sozialen Beziehungen
	kurzfristig	Gegenwärtige Lebenszufriedenheit	Lösung eines Ehestreits
	langfristig	Lebenssinn	Zufriedenheit mit sozialer Unterstützung der letzten zehn Jahre
	global	Lebenszufriedenheit	Größe des sozialen Netzwerkes
	spezifisch	Zufriedenheit mit Gesundheit	Anzahl an engen Vertrauten
	statisch	Einmalige Erfassung positiver Emotionen	Einsamkeit zu einem gegebenen Zeitpunkt
	dynamisch	Veränderung positiver Emotionen über die Zeit	Gestaltung enger sozialer Beziehungen über die Zeit

Tabelle 11.1: Kriterien der erfolgreichen Entwicklung am Beispiel von Wohlbefinden und sozialen Beziehungen.

Festlegung gesellschaftlich verbindlicher Zielgrößen (ähnlich der Armutsgrenze) wünschenswert. Ein übergreifendes integratives Modell der erfolgreichen Entwicklung steht jedoch gegenwärtig noch aus. Mehrheitlich und mit großem Konsens wird das subjektive Wohlbefinden als Maß für erfolgreiche Entwicklung verwendet.

Während die frühere Forschung zur erfolgreichen Entwicklung (und insbesondere zum erfolgreichen Altern) vornehmlich einzelne *Faktoren* (z. B. Größe des sozialen Netzwerkes) zu isolieren suchte, rücken neuere Modelle stärker die *Prozesse* in den Vordergrund, die zu einer gelingenden Auseinandersetzung mit den Anforderungen verschiedenster Lebensphasen beitragen. So besteht nach Thomae (1976) der Prozess einer erfolgreichen Auseinandersetzung mit den Anforderungen des Alters in der Herstellung eines Gleichgewichts zwischen den Bedürfnissen, Wünschen und Zielen des Individuums auf der einen Seite und den Anforderungen der Umwelt auf der anderen. Auch nach dem ökologischen Modell des Alterns von Lawton und Nahemow (1973) ist die Balance zwischen den Anforderungen der Umwelt und der Kompetenz des Individuums zentral für eine gelungene Person-Umwelt-Interaktion. Wichtig ist hierbei, dass sich eine Person nicht einfach nur passiv den Anforderungen und Bedingungen der Umwelt zuwendet, sondern ihre Umwelt selbst proaktiv gestaltet. Wie bereits nach Havighurst (1963) führt auch nach Lawton (1989) eine erfolgreiche Person-Umwelt-Interaktion zu subjektivem Wohlbefinden und Lebenszufriedenheit. Dies ist sicher einer der Gründe dafür, dass subjektives Wohlbefinden so häufig als Indikator für erfolgreiches Altern verwendet wird.

1.2 Die Person-Umwelt-Interaktion im Entwicklungsprozess

Theorien der motivationalen Entwicklung sind in der Tradition des dynamischen Interaktionismus verankert. Eine Grundannahme dabei ist, dass Person und Umwelt in einer wechselseitigen Abhängigkeit stehen und sich über die Zeit hinweg beeinflussen. Personen setzen und verfolgen persönliche Ziele in Abhängigkeit von der engeren und weiteren sozialen (und materiellen) Umwelt und nehmen dadurch Einfluss auf ihre Umwelt, um diese nach ihren Zielen und Vorstellungen zu verändern (z. B. Freund, 2007; Heckhausen, 1999). Dabei benötigen sie soziale Unterstützung auf der Ebene der Familie bis hin zu institutionellen Systemen (z. B. Bildungssystem), um Fähigkeiten entwickeln und Ziele verfolgen zu können. Die materielle und soziale Umwelt stellt darüber hinaus Ressourcen zur Zielverfolgung zur Verfügung oder ermöglicht den Erwerb von Ressourcen (z. B. Rentenregelungen erlauben Personen durch finanzielle Absicherung, ab einem bestimmten Alter nicht mehr arbeiten zu müssen). Der Einfluss gesellschaftlicher Normen und Vorstellungen zeigt sich insbesondere auch in Bezug auf die Altersidentität. Personen verhalten sich in Einklang mit altersbezogenen sozialen Normen und Vorstellungen.

In seinem Umweltanforderungs-Kompetenz-Modell betrachtet Lawton (1982; 1999) das Zusammenspiel von Person und Umwelt im Entwicklungsprozess. Dabei stehen die subjektiven und objektiven Aspekte verschiedener Umweltbedingungen im Mittelpunkt. Das Umweltanforderungs-Kompetenz-Modell macht klare Vorhersagen über die erfolgreiche Anpassung, welche sich aus der Interaktion zwischen Person (*Kompetenz*) und Umwelt (*Anforderungen*) ergibt. Kompetenz umfasst die biologische Gesundheit, die sensorischen und motorischen Fähigkeiten sowie die kognitiven Funktionen einer Person. Die *Kompetenz* einer Person ist bestimmten Veränderungen über die Lebensspanne unterworfen (z. B. Krankheit und Gesundheit, Gewinne und Verluste). *Umweltanforderungen* sind einerseits objektive, externale Kriterien und andererseits subjektiv wahrgenommene Herausforderungen. Eine zentrale Annahme Lawtons ist, dass die räumliche Umwelt einen starken Einfluss auf die Selbstständigkeit und das Wohlbefinden einer Person hat.

Dieser Einfluss sollte dann umso stärker sein, je weniger Ressourcen eine Person besitzt. Lawton argumentiert folgendermaßen: Je höher die Kompetenz einer Person ist, desto besser sollte sie in der Lage sein, Ressourcen in der Umwelt so zu nutzen, dass sie den eigenen Bedürfnissen dienen. Eine adaptive Anpassung einer Person an die Anforderungsstruktur der Umwelt ist dann gegeben, wenn die Umweltanforderungen in Übereinstimmung mit der eigenen, individuellen Kompetenz stehen. In dieser Zone der maximalen Passung kommt es zu adaptivem Verhalten, welches eine angemessene Passung von Umweltanforderungen und individueller Kompetenz widerspiegelt und das Wohlbefinden positiv beeinflusst. Die Zone des maximalen Wohlbefindens ergibt sich dort, wo Umweltanforderungen leicht das individuelle Leistungspotenzial unterschreiten. Die Zone des maximalen Leistungspotenzials ergibt sich dort, wo Umweltanforderungen leicht das individuelle Leistungspotenzial überschreiten. Kommt es jedoch zu einer starken Überforderung bzw. Unterforderung, führt dies zu maladaptivem Verhalten und geringem Wohlbefinden. Ein besonderes Gewicht gibt Lawton dabei der Kontrolle über die Umwelt. Insbesondere im Modell der Optimierung durch primäre und sekundäre Kontrolle (OPS-Modell, Heckhausen & Schulz, 1995) lassen sich diese Grundannahmen wiederfinden. Ähnlich wie Lawton geht auch Brandt-städter (z. B. Brandtstädter & Renner, 1990) in seinem Zwei-Prozess-Modell davon aus, dass erfolgreiche Entwicklung in einem möglichst guten Fit zwischen den individuellen Zielvorstellungen und der Umwelt besteht.

Ein weiterer wichtiger, dynamisch-interaktiver Entwicklungsansatz stammt von Richard M. Lerner. Lerner hebt in seiner Theorie die Plastizität menschlicher Entwicklung hervor (Lerner, 1984) und verweist auf den Entwicklungskontextualismus. Dieser beschreibt, dass Entwicklung in dynamischer Interaktion mit der Umwelt stattfindet. Plastizität, also die Veränderbarkeit von Fertigkeiten und Fähigkeiten, ergibt sich aus dem Zusammenspiel von biologischen Faktoren (z. B. Reifung des Gehirns) und der individuellen Anpassung an verschiedene Umweltkontexte (z. B. Lernprozesse). Lerner argumentiert, dass entwicklungsbedingte Veränderungen voneinander abhängig sind, da sie sich über verschiedene Systeme beeinflussen. Nach Lerner ist es notwendig, die verschiedenen Ebenen einer Umwelt zu analysieren. Die verschiedenen Ebenen reichen von biologischen und psychologischen bis hin zu sozialen und materiellen Kontexten. Um die Plastizität der menschlichen Entwicklung erfassen zu können, müssen die dynamischen Aspekte und interaktiven Beziehungen menschlicher Entwicklung betrachtet werden, d. h. die sich verändernden Beziehungen zwischen der sich entwickelnden Person und dem sich fortlaufend verändernden Kontext. Die Integration von Veränderungen innerhalb und zwischen verschiedenen Ebenen und Systemen stellt den Entwicklungskontext dar. Besonders wichtig im Zusammenhang mit motivationaler Entwicklung ist die Annahme, dass Personen ihre Entwicklung aktiv gestalten und damit Produzenten ihrer eigenen Entwicklung werden können (Lerner & Busch-Rossnagel, 1981). Damit legt Lerner einen wichtigen Grundstein für handlungstheoretische Modelle der Entwicklung, nach denen das Individuum durch das Setzen und Verfolgen von Zielen einen wichtigen Einfluss auf seine Entwicklung nimmt. Diese Grundannahme teilen alle Modelle der motivationalen Entwicklung.

2 Handlungstheoretische Motivationsmodelle erfolgreicher Entwicklung

Warum fühlen sich im Durchschnitt ältere Menschen nicht einsamer und unglücklicher als junge Erwachsene, obwohl ihr soziales Netzwerk deutlich kleiner ist, sie gesundheitliche Einschränkungen sowie Verluste in Kauf nehmen müssen und nur noch weniger verbleibende Lebenszeit haben? Welche motivationalen Prozesse spielen dafür eine Rolle, dass Erwachsene die Anforderungen ihrer jeweiligen Altersphase meistern? Wie können ältere Erwachsene ein positives Selbstbild aufrechterhalten, obwohl negative Stereotype des Alterns unser Denken bestimmen? Gegenwärtig herrschen in der Forschung zur erfolgreichen Entwicklung drei Modelle vor, die motivationale Prozesse in den Mittelpunkt stellen: das Modell der Selektion, Optimierung und Kompensation (SOK), die Lebenslauftheorie der Kontrolle (Optimierung durch primäre und sekundäre Kontrolle, OPS) und das Zwei-Prozess-Modell des Copings.

2.1 Motivation im Dienste der Lebensmeisterung

Das SOK-Modell wurde ursprünglich von Paul B. Baltes und Margret M. Baltes (1990) als ein allgemeines Entwicklungsmodell formuliert, das sich auf die phylogenetische und ontogenetische Entwicklung auf verschiedenen Ebenen – von der Zelle über Menschen bis hin zu Gesellschaften – anwenden lässt (Baltes, 1997). In seiner allgemeinen Form postuliert dieses Modell, dass erfolgreiche Entwicklung – definiert als die gleichzeitige Maximierung von Gewinnen (also das Erreichen eines höheren Funktions- oder Leistungsniveaus) und die Minimierung von Verlusten (also die Verringerung eines einmal erreichten Funktions- oder Leistungsniveaus) – auf dem Zusammenspiel der drei Prozesse Selektion, Optimierung und Kompensation beruht. Selektion bedeutet Spezialisierung eines allgemeinen Potenzials durch die Festlegung auf bestimmte Funktionen (z. B. Spezialisierung von menschlichen Zellen während der embryonalen Reifung). Optimierung bezieht sich auf die Maximierung von Gewinnen durch den gezielten Einsatz von Ressourcen (z. B. Investition in das Bildungssystem durch die Regierung eines Staates, um durch gut qualifizierte Arbeitskräfte den allgemeinen Lebensstandard zu erhöhen). Bei der Kompensation geht es um den Ausgleich von Verlusten (z. B. Unterstützungsmaßnahmen der Europäischen Union für marode Wirtschaftssysteme ihrer Mitgliedsstaaten).

2.1.1 Das Modell der Selektion, Optimierung und Kompensation (SOK)

Bezogen auf die Entwicklung über die Lebensspanne spezifizierten Freund und Baltes (2000) das allgemeine SOK-Modell aus einer handlungstheoretischen Perspektive zu einem Motivationsmodell, das das Setzen und Verfolgen persönlicher Ziele beschreibt. Basierend auf der zentralen motivationspsychologischen Unterscheidung von Zielsetzung und -verfolgung (z. B. Heckhausen, 1989) einerseits und Gewinn- und Verlustprozessen andererseits werden folgende Prozesse differenziert (Tabelle 11.2): elektive Selektion (Entwicklung und Auswahl von Zielen, Hierarchisierung von Zielen gemäß ihrer Wichtigkeit), verlustbasierte Selektion (Veränderung der Zielhierarchie als Anpassung an Verluste), Optimierung (Erwerb und Einsatz von zielrelevanten Mitteln und Fertigkeiten zum Zweck der Zielerreichung), Kompensation (Aktivierung bisher ungenutzter Zielmittel zur Aufrechterhaltung des Funktionsniveaus angesichts von Verlusten).

Im Folgenden wird diese Definition jeweils etwas genauer elaboriert (siehe auch Tabelle 11.3) und empirische Befunde bezüglich ihres Beitrags zur erfolgreichen Entwicklung werden dargestellt. Abschließend werden neuere Forschungstrends im Rahmen des SOK-Modells vorgestellt.

(1) Elektive vs. verlustbasierte Selektion. Selektion bezeichnet die Entwicklung und Auswahl von persönlichen Zielen sowie die Erstellung einer Zielhierarchie gemäß ihrer Wichtigkeit. Elektive Selektion grenzt den Handlungsraum dadurch ein, dass aus verschiedenen möglichen Zielen eine den zur Verfügung stehenden Ressourcen angemessene Anzahl an Zielen ausgewählt wird, die eine Person tatsächlich verfolgen will. Verlustbasierte Selektion als Reaktion auf Verluste von zielbezo-

	Zielsetzung	Zielverfolgung
Gewinn	elektive Selektion	Optimierung
Verlust	verlustbasierte Selektion	Kompensation

Tabelle 11.2: Selektion, Optimierung und Kompensation als Prozesse der Zielsetzung und -verfolgung.

genen Ressourcen bezieht sich auf die Anpassung des Zielniveaus an die verringerte Ressourcenlage oder – im Extremfall – auch auf das Aufgeben von Zielen. Selektion ist demnach ein dynamischer Prozess der Zielsetzung, Priorisierung, Anpassung des Zielniveaus und des Aufgebens von Zielen in Abhängigkeit von den jeweils verfügbaren Ressourcen und Anforderungen der Umwelt. Damit kann Selektion zu einem fokussierten Einsatz der sich verändernden Ressourcen beitragen. Dies zeigt sich insbesondere auch im höheren Alter, wenn Ressourcenverluste vermehrt auftreten.

(2) Optimierung vs. Kompensation. Optimierung umfasst Maßnahmen zur Erreichung der gesetzten Ziele und zur Steigerung des Funktions- oder Fertigkeitsniveaus. Diese Maßnahmen können in dem Erwerb neuer Fertigkeiten, deren Übung und der Aufwendung von Ressourcen, Zeit und Anstrengung für die Zielverfolgung bestehen. Optimierungsprozesse sind auf die Maximierung von Gewinnen an Fertigkeiten oder Ressourcen ausgerichtet. Kompensation zielt darauf ab, auftretenden Verlusten entgegenzuwirken. Neben der Suche nach alternativen Handlungs- oder Hilfsmitteln (z. B. Brille bei abnehmender Sehschärfe) sind auch die Unterstützung durch andere Personen und ein verstärkter Ressourceneinsatz (z. B. größere Anstrengung) Möglichkeiten, um ein erreichtes Funktionsniveau auch angesichts von Verlusten aufrechtzuerhalten.

Prozess	Kurzdefinition	Beispiel
elektive Selektion	Entwicklung, Auswahl und Festlegung auf eine Anzahl persönlicher Ziele, Aufstellen einer Zielhierarchie	Priorisierung von beruflichen Zielen nach Studienabschluss
verlustbasierte Selektion	Veränderung von Zielen in ihrer Wichtigkeit oder in Bezug auf das Anspruchsniveau bei nicht-kompensierbaren Verlusten	Bei gesundheitlichen Problemen spazieren gehen statt Marathon laufen
Optimierung	Erwerb und Einsatz von zielrelevanten Handlungsmitteln für die Erreichung ausgewählter Ziele	Fingerübungen beim Erlernen eines neuen Musikinstruments
Kompensation	Aufrechterhalten des Funktionsniveaus trotz Verlusten	Verwendung einer Brille bei Verschlechterung der Sehschärfe

Tabelle 11.3: Definitionen zu elektiver und verlustbasierter Selektion, Optimierung und Kompensation.

2.1.2 Empirische Befunde zum SOK-Modell

In einer Reihe von Selbstberichtsstudien wurde belegt, dass SOK zur erfolgreichen Entwicklung vom jungen bis ins hohe und sehr hohe Alter beiträgt (vgl. Freund & Baltes, 2002). SOK ist sowohl quer- als auch längsschnittlich mit höheren Werten auf subjektiven Indikatoren der erfolgreichen Entwicklung (z. B. Lebenszufriedenheit, emotionale Ausgeglichenheit, Einsamkeit, subjektive Gesundheit, subjektive Alltagskompetenz) verbunden. Dieses Befundmuster zeigte sich sowohl für die Meisterung altersspezifischer Ziele wie für die Vereinbarkeit von Beruf und Familie als auch ganz allgemein für die Lebensgestaltung (zusammenfassend siehe Freund, 2008). Einige Studien weisen darauf hin, dass SOK insbesondere dann von großem Nutzen ist, wenn Personen nur wenige Ressourcen zur Verfügung haben (z. B. Lang, Rieckmann & Baltes, 2002).

Insbesondere bezogen auf die Selektion zeigten Riediger und Kollegen (z. B. Riediger & Freund, 2006, 2008) in einer Reihe von Tagebuchstudien, bei denen die Studienteilnehmenden mehrmals am Tag unter anderem ihre Tätigkeiten der vergangenen Stunden im Hinblick auf die Relevanz für ihre persönlichen Ziele und ihr emotionales Befinden aufzeichneten, dass ältere Personen insofern selektiver sind, als sie weniger Ziele verfolgen, sich diese Ziele stärker wechselseitig unterstützen und weniger miteinander konfligieren als bei jüngeren oder mittelalten Erwachsenen. Ältere Erwachsene erreichen dies dadurch, dass sie eher als andere Altersgruppen solche Ziele auswählen, die denselben zentralen persönlichen Werten dienen. Diese Form der Selektivität kann insofern als adaptiv angesehen werden, als sie mit besserer Befindlichkeit im Alltag sowie höherem subjektivem Wohlbefinden über mehrere Monate, mehr Zielverfolgung und besserer Zielerreichung verbunden ist.

Das SOK-Modell beschreibt sowohl Prozesse, die auf Gewinne hin ausgerichtet sind, als auch solche, die der Vermeidung oder Abmilderung von Verlusten dienen. Eine zentrale Frage ist nun die, ob sich die Wichtigkeit von Gewinn- und Verlustorientierung in Abhängigkeit von der Verschiebung des Verhältnisses von Gewinnen und Verlusten über das Erwachsenenalter verändert. Tatsächlich fanden Freund und Kollegen (Ebner, Freund & Baltes, 2006; Freund, 2006), dass im jungen Erwachsenenalter die Zielorientierung auf Gewinne vorherrscht, während mit zunehmendem Alter die Motivation zunimmt, Verlusten entgegenzuwirken und Erreichtes aufrechtzuerhalten (Abb. 11.1). Diese Veränderung der Zielorientierung scheint auch adaptiv zu sein: Im jüngeren Erwachsenenalter ist eine Orientierung auf die Vermeidung von Verlusten negativ mit dem subjektiven Wohlbefinden und der Ausdauer in der Zielverfolgung verbunden, während ältere Erwachsene von der Orientierung auf die Aufrechterhaltung im Hinblick auf das Wohlbefinden profitieren und ein Verlust vermeidendes Ziel persistenter verfolgen als ein gewinnbezogenes Ziel

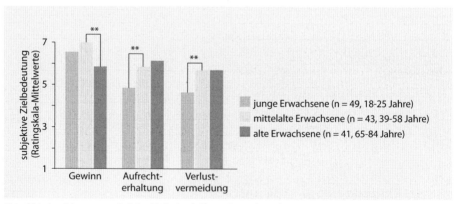

Abb. 11.1: Ausrichtung persönlicher Ziele (nach Ebner, Freund & Baltes, 2006).

2.1.3 Untersuchungen zu Zielfokus und Sehnsucht

In der handlungstheoretischen Anwendung von SOK steht das Konzept der persönlichen Ziele im Vordergrund. Häufig denkt man bei Zielen vor allem an die erwünschten (oder unerwünschten) Zustände, die jemand erreichen (oder vermeiden) möchte. Das SOK-Modell geht jedoch über die Betrachtung des Ergebnisses der Zielverfolgung (*was* möchten Personen bis zu einem bestimmten Alter erreichen?) hinaus und befasst sich auch mit der kognitiven Repräsentation

2 Handlungstheoretische Motivationsmodelle erfolgreicher Entwicklung | 289

der Zielverfolgung (*wie* möchten Personen ihr Ziel verfolgen?). Die relative Salienz des Prozesses, verglichen mit dem Ergebnis der Zielverfolgung, wird als Zielfokus bezeichnet (Freund, Hennekke & Mustafic, 2012). In einer Reihe von Studien zum Zielfokus fanden Freund, Hennecke und Riediger (2010), dass jüngere Erwachsene eher das Ergebnis als den Prozess der Zielverfolgung vor Augen haben (Ergebnisfokus), während ältere Erwachsene sich verstärkt auf den Prozess der Zielverfolgung fokussieren (Prozessfokus). Beispielsweise stehen bei dem Ziel, regelmäßig Sport zu treiben, bei jungen Erwachsenen eher die Konsequenzen wie die Gewichtsabnahme oder die Steigerung der physischen Attraktivität im Vordergrund (Ergebnisfokus), während ältere Erwachsene ihre Aufmerksamkeit eher darauf richten, wie viel Spaß ihnen das Sporttreiben macht, und dies als eine Möglichkeit ansehen, etwas gemeinsam mit Freunden zu unternehmen (Prozessfokus). Ein stärkerer Prozessfokus geht für beide Altersgruppen über einen Zeitraum von vier Monaten mit einer besseren Zielverfolgung und -erreichung sowie höherem subjektivem Wohlbefinden einher. Die Adaptivität des Prozessfokus für die erfolgreiche Zielverfolgung und -erreichung konnte auch für andere Ziele wie beispielsweise die Gewichtsabnahme bei übergewichtigen jungen, mittelalten und älteren Frauen gezeigt werden (Freund & Hennecke, 2012). Obwohl die Forschung zu Altersunterschieden im Zielfokus und dessen Adaptivität noch am Anfang steht, lässt sich festhalten, dass ältere Erwachsene stärker auf den Prozess der Zielverfolgung fokussieren als jüngere Erwachsene. Ein höherer Prozessfokus scheint eine adaptive Reaktion zu sein für die Verfolgung und das Erreichen von schwierigen Zielen sowie für das subjektive Wohlbefinden.

In einer weiteren, neueren Entwicklung wird genauer betrachtet, wie Personen Verluste produktiv verarbeiten können, die sie nicht kompensieren können. Wie können Personen, statt Reue über Misserfolge oder verpasste Chancen zu zeigen, ihr Leben als stimmig und gut erleben? Die Trauer über Verluste und nicht verfolgte Ziele, so Baltes (2008), kann in dem Gefühl der Sehnsucht produktiv verarbeitet werden. Sehnsucht stellt diesem Ansatz zufolge eine Repräsentation des Verlustes auf der imaginären Ebene der Fantasie dar, die mit einem intensiven, ambivalenten (bittersüßen) Gefühl einhergeht. Das Objekt der Sehnsucht, das für manche durch die Beziehung zu einer bestimmten Person, für andere in der Vorstellung von bedingungsloser Liebe, für wiederum andere in einem bestimmten Lebensstil liegen kann, symbolisiert das, was einer Person subjektiv fehlt, um ein Gefühl der Vollkommenheit des eigenen Lebens zu haben. Damit vermag die Sehnsucht als eine Art Utopie der idealen Entwicklung auch Prozesse des Nachdenkens über das eigene vergangene, gegenwärtige und zukünftige Leben anregen. Zum einen kann dies der Sinnstiftung dienen, wenn das vergangene Leben betrachtet wird. Zum anderen kann Sehnsucht das Setzen von neuen Zielen anregen, indem die Sehnsucht verdeutlicht, was für eine Person von zentraler Wichtigkeit für ein gutes und gelingendes Leben ist. Empirisch konnte die theoretisch angenommene Struktur von Sehnsucht als aus den folgenden Aspekten bestehend bestätigt werden: (a) Unerreichbarkeit einer persönlichen Utopie idealer Entwicklung, (b) Gefühl der Unvollkommenheit und Unfertigkeit des Lebens, (c) Dreizeitigkeitsfokus (auf Vergangenheit, Gegenwart, Zukunft), (d) ambivalente (bittersüße) Emotionen, (e) reflexive und evaluative Prozesse und (f) Symbolhaftigkeit. Außerdem konnten die positiven Funktionen, eine Richtung für die zukünftige Lebensgestaltung zu vermitteln und Verluste zu meistern, empirisch belegt werden (vgl. Scheibe, Freund & Baltes, 2007).

Zusammenfassend kann die bisherige Forschung zum SOK-Modell als ein guter Beleg für die Adaptivität der Prozesse der Selektion, Optimierung und Kompensation für die Entwicklung im Erwachsenenalter angesehen werden. Auf der Grundlage dieser Befunde werden gegenwärtig vor allem im gesundheitspsychologischen Bereich Interventionsstudien durchgeführt, die die Trainierbarkeit dieser Prozesse für die Lebensmeisterung – insbesondere in schwierigen Lebenssituationen mit gesundheitlichen Einschränkungen – untersucht (z. B. Ziegelmann & Lippke, 2006).

2.2 Motivation und das Streben nach Kontrolle

Menschen scheinen über die gesamte Lebensspanne ein grundlegendes Bedürfnis danach zu haben, die Welt zu erkunden, Neues kennen zu lernen und auf die Umwelt einzuwirken (z. B. Heckhausen & Schulz, 1995). Mit anderen Worten: Menschen wollen mit ihrem Verhalten die Umwelt beeinflussen, also Kontrolle ausüben (sog. Verhaltens-Ereignis-Kontingenzen). Menschen ziehen es vor, durch ihr Verhalten Einfluss auf die Umwelt auszuüben, anstatt nur Beobachter von Ursache und Wirkung zu sein (sog. Ereignis-Ereignis-Kontingenzen). Nach White (1959) ist dies nicht nur bei Menschen der Fall, die über ein gewisses Maß an Reflexionsvermögen verfügen, sondern auch bei Ratten, Affen und Säuglingen. Die Annahme eines grundlegenden Bedürfnisses nach Kontrolle von der Kindheit bis ins hohe Erwachsenenalter liegt der Lebenslauftheorie der Kontrolle von Heckhausen und Kollegen zugrunde (z. B. Heckhausen & Schulz, 1995; Heckhausen, Wrosch & Schulz, 2010).

2.2.1 Modell der Optimierung durch primäre und sekundäre Kontrolle (OPS)

Die Lebenslauftheorie der Kontrolle geht davon aus, dass Personen danach streben, ihre Umwelt im Einklang mit ihren Bedürfnissen und Zielen zu gestalten, also Kontrolle über ihre Umwelt ausüben. Kann dieses Streben nach Handlungswirksamkeit nicht erfüllt werden, müssen Personen ihre Ziele, Standards und Einstellungen den tatsächlichen Möglichkeiten ihrer jeweiligen Lebensbedingungen anpassen. Eine zentrale Annahme der Lebenslauftheorie der Kontrolle ist, dass der Verlust von Kontrolle die Handlungsfähigkeit einer Person sowie ihr Selbstwertgefühl und Wohlbefinden maßgeblich bedroht. Besonders nach belastenden Ereignissen (z. B. dem Verlust eines nahestehenden Menschen, Trennung, Krankheit oder Arbeitslosigkeit) bedarf es einer Anpassung, um das Handlungspotenzial und das Wohlbefinden aufrechtzuerhalten bzw. wiederherzustellen.

Heckhausen und Schulz (1995) argumentieren, dass Personen unterschiedliche Strategien einsetzen, um ihre Wahrnehmung von Kontrolle zu bewahren. Grob unterscheiden sie in Anlehnung an Rothbaum, Weisz und Snyder (1982) zwischen zwei Arten von Strategien:

(a) Primäre Kontrollstrategien sind darauf ausgerichtet, die äußere Umgebung zu verändern, und zielen darauf ab, die Umwelt an die eigenen Bedürfnisse und Ziele anzupassen.

(b) Sekundäre Kontrollstrategien zielen im Gegensatz darauf ab, die eigenen Ziele und Vorstellungen an die Umwelt anzupassen. Sekundäre Kontrollstrategien stellen nach diesem Modell den Versuch dar, sich selbst so an Umweltgegebenheiten anzupassen, dass die Wahrnehmung primärer Kontrolle wiederhergestellt wird, wenn primäre Kontrollstrategien nicht mehr greifen. Sowohl primäre als auch sekundäre Kontrollstrategien dienen also dazu, das wahrgenommene primäre Kontrollpotenzial einer Person zu maximieren und zu schützen. Ein Beispiel wäre eine Frau mittleren Alters, die ein Kind bekommen möchte. Wenn dies auf dem Weg der natürlichen Konzeption nicht möglich ist und auch andere Strategien wie künstliche Befruchtung oder Ähnliches nicht zum Erfolg führen (primäre Kontrollstrategien), dann kann sie dadurch das Gefühl der Kontrollierbarkeit aufrechterhalten, dass sie die Nachteile, die ein Kind in beruflicher Hinsicht und für ihre persönliche Freiheit der Lebensgestaltung mit sich brächte, in den Vordergrund stellt. Damit wertet sie im Sinne

Kontrolle	primär	sekundär
Selektion	Einsatz interner Ressourcen	selbstwertdienliche soziale Vergleiche
Kompensation	Hilfe von Freunden	Umdeutung der Situation

Tabelle 11.4: Beispiele für Selektion und Kompensation in primären und sekundären Kontrollprozessen.

einer „saure Trauben"-Reaktion das Ziel ab, ein Kind zu bekommen. Ist das Ziel erfolgreich abgewertet, kann eine Person wieder das Gefühl haben, ihr Leben gemäß ihren Vorstellungen zu führen.

Eine weitere Kernannahme der Theorie ist, dass eine erfolgreiche Entwicklung erfordert, dass Personen ihre Ressourcen selektiv für zentrale Ziele und Vorhaben einsetzen und das Scheitern von eigenen Bemühungen dadurch kompensieren, dass sie externe Hilfsmittel oder soziale Unterstützung in Anspruch nehmen (kompensatorische primäre Kontrolle) oder ihre Situation umdeuten oder neu interpretieren (kompensatorische sekundäre Kontrolle). *Selektivität* meint im OPS-Modell – anders als im SOK-Modell – das Investieren eigener Ressourcen in ausgewählte Ziele. *Kompensation* – ebenfalls anders als im SOK-Modell – beschreibt in diesem Modell Prozesse, die zum Einsatz kommen, wenn bestimmte Zielstrategien nicht zum Ziel führen. Die Selektivität im Einsatz von Ressourcen und die Kompensation von Defiziten stellt nach dem OPS-Modell die Grundlage für eine erfolgreiche Entwicklungsregulation dar (Heckhausen & Schulz, 1995; Heckhausen et al., 2010). Die Unterscheidung von Selektion und Kompensation in primäre und sekundäre Kontrollstrategien ist in Tabelle 11.4 aufgeführt.

Selektive primäre Kontrolle bezieht sich auf den Versuch, Ziele durch den Einsatz von internen Ressourcen zu erreichen (z. B. Anstrengung). Wenn diese Versuche fehlschlagen, wird kompensatorische primäre Kontrolle eingesetzt in Form von Bemühungen, externe Ressourcen wie die Hilfe anderer Menschen zu nutzen oder technische Hilfsmittel einzusetzen. Selektive sekundäre Kontrolle dient hingegen dazu, die Verpflichtung zur Verfolgung eines bestimmten Ziels zu stärken. Wenn durch bestimmte Hürden Ziele nicht erreicht werden können, werden kompensatorische sekundäre Kontrollstrategien eingesetzt. Diese beinhalten den Rückzug und den Schutz der eigenen Ressourcen und dienen der Abmilderung der negativen Folgen von Misserfolg und Verlust. Sie beinhalten die Anpassung oder den Wechsel persönlicher Ziele oder selbstwertdienliche soziale Vergleiche.

Das OPS-Modell postuliert, dass sich der Verlauf der Ausübung primärer und sekundärer Kontrolle über die Lebensspanne stark verändert (Abb. 11.2). Sekundäre Kontrollstrategien nehmen ab dem mittleren Erwachsenenalter zu, d. h. mit zunehmendem Alter wird die eigene Anpassung immer wichtiger für den erfolgreichen Umgang mit altersbedingten Veränderungen. Je älter wir werden, desto eher werden wir uns also an Umweltgegebenheiten anpassen und weniger versuchen, auf die Umwelt einzuwirken und diese zu verändern. Primäre Kontrolle hat dagegen einen umgekehrt U-förmigen Verlauf über die Lebensspanne mit einem Höhepunkt zwischen dem jungen und mittleren Erwachsenenalter. Der Höhepunkt der primären Kontrolle bezieht sich auf die Zeit im Leben, in der die meisten Menschen das höchste Handlungspotenzial haben.

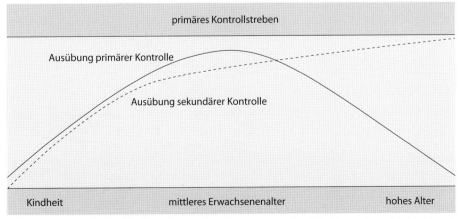

Abb. 11.2: Primäres und sekundäres Kontrollstreben über die Lebensspanne (nach Heckhausen, Wrosch & Schulz, 2010).

2.2.2 Empirische Befunde zum OPS-Modell

Über die Lebensspanne wird der erfolgreiche Einsatz von primären und sekundären Kontrollstrategien durch bestmögliche Passung von Entwicklungsmöglichkeiten und eigenen Ressourcen bestimmt. Dabei ist zu beachten, dass primäre Kontrolle generell in allen Lebensbereichen angestrebt wird (z. B. Schule, Freunde, Arbeit, Familie, Gesundheit, Freizeit). Die Wichtigkeit der verschiedenen Lebensbereiche ist abhängig von der jeweiligen Entwicklungs- und Altersphase (z. B. Jugend, junges, mittleres, hohes Erwachsenenalter). Eine Studie von Wrosch und Heckhausen (2002) zur Wahrnehmung der primären Kontrolle über das Erwachsenenalter zeigt, dass junge Erwachsene Entwicklungsherausforderungen als kontrollierbarer wahrnehmen als ältere Erwachsene. Die Studie zeigt außerdem, dass junge im Vergleich zu älteren Erwachsenen weniger intensives Bedauern und höheres Wohlbefinden zeigen, wenn sie eine hohe primäre Kontrolle über ihr Leben wahrnehmen. Ältere Erwachsene bedauern es weniger, wenn sie über eine als gering wahrgenommene Kontrolle berichten. Dieses Ergebnismuster wird so erklärt, dass das Potenzial zur primären Kontrolle aufgrund altersbedingter Veränderungen über die Lebensspanne mehr und mehr eingeschränkt wird. Mit zunehmendem Alter bedrohen Veränderungen der physischen und sozialen Bedingungen das persönliche Kontrollerleben. Zwar gibt es in allen Lebensphasen Gewinne und Verluste, aber im hohen Alter überwiegen die Verlusterfahrungen (Heckhausen et al., 1989). In diesem Lebensabschnitt steigt die Wahrscheinlichkeit, Partner, Verwandte und Freunde zu verlieren. Außerdem müssen Aktivitäten oft aufgegeben werden, weil die körperliche Vitalität abnimmt. Eine wichtige Annahme ist, dass das Streben nach Kontrolle über die Lebensspanne stabil bleibt. Das Bedürfnis, Wirksamkeit auf die Umwelt auszuüben, bleibt also auch im hohen Alter bestehen und kann in dieser Lebensphase nach dem OPS-Modell durch vermehrte sekundäre Kontrollprozesse gestützt werden.

Optimierung – auch dieser Begriff wird im Kontext des Modells der primären und sekundären Kontrolle anders verwendet als im SOK-Modell – beschreibt den erfolgreichen Einsatz von primären und sekundären Strategien im Umgang mit entwicklungsbezogenen Herausforderungen mit dem Ziel, die Wahrnehmung der primären Kontrolle aufrechtzuerhalten. Unterschiedliche Studien zeigen, dass ältere Erwachsene stärker sekundäre Kontrollstrategien nutzen, um die Verluste der primären Kontrolle auszugleichen. Ältere Erwachsene nutzen im Vergleich zu jüngeren Erwachsenen stärker sekundäre Kontrollstrategien, also eine zunehmende Bereitschaft, ihre Ziele anzupassen. Studien bestätigten, dass ältere im Vergleich zu jüngeren Erwachsenen besser in der Lage sind, sich von Zielen zu distanzieren (Wrosch, Scheier, Miller, Schulz & Carver, 2003).

2.2.3 Untersuchungen zur Auswahl und Verfolgung von persönlichen Zielen

Neuere Entwicklungen der Lebenslauftheorie der Kontrolle thematisieren den Einsatz von Kontrollstrategien, wenn es um die Optimierung der Auswahl und Verfolgung bestimmter Ziele geht (Heckhausen et al., 2010). Dabei geht es darum, unter welchen Bedingungen Personen Ziele auswählen, sich für Ziele engagieren oder sich wieder von ihren Zielen lösen. Wann nehmen wir wahr, dass es sich lohnt, ein bestimmtes Ziel zu verfolgen, und ab wann lösen wir uns von diesem Ziel, weil es zu aussichtslos aussieht? Unter welchen Bedingungen trägt eine persistente Zielverfolgung zum Erfolg bei? Wie werden diese Prozesse der Zielauswahl, Zielverfolgung und Zieldistanzierung von sozialen Werten und Normen beeinflusst? Weiterhin wird untersucht, inwieweit viele Zielbereiche eine Kompensation in der Zielverfolgung möglich machen und unterstützen

(Wrosch et al., 2003). Ergebnisse deuten darauf hin, dass eine hohe Zielvielfalt notwendig ist, um eine Abhängigkeit von einem bestimmten Ziel zu vermeiden. Eine Zieldistanzierung scheint dann einfacher zu sein, wenn ein alternatives Ziel verfolgt werden kann. Außerdem konnte gezeigt werden, dass die menschliche Informationsverarbeitung darauf ausgelegt ist, unterstützend auf die Zielerreichung und Zielablösung einzuwirken (Heckhausen, Wrosch & Fleeson, 2001).

Zusammenfassend lässt sich festhalten, dass die Lebenslauftheorie der Kontrolle zentrale Prozesse der Selbstregulation für eine erfolgreiche, lebenslange Entwicklung beschreibt. Im Mittelpunkt stehen Verläufe primärer und sekundärer Kontrollstrategien über die Lebensspanne, deren Einsatz zu einer erfolgreichen Anpassung im Umgang mit entwicklungsbedingten Herausforderungen führt.

2.3 Motivation im Dienst von Zielbindung und -ablösung

Ziele sind auch für das Zwei-Prozess-Modell des Copings von Brandtstädter und Kollegen das zentrale theoretische Konstrukt zum Verständnis von Entwicklungsregulation. Anders als das SOK- oder das OPS-Modell stellt das Zwei-Prozess-Modell des Copings jedoch die Dynamik zwischen Zielbindung und -ablösung in den Vordergrund. Ziele geben einerseits dem Leben Struktur und Sinn und tragen so zur Lebenszufriedenheit bei (z. B. Freund, 2008). Andererseits können Ziele aber auch eine Quelle der Unzufriedenheit und Frustration sein, wenn sie nicht erreicht werden können oder die Person überfordern. Es muss also immer eine Balance zwischen Zielbindung und Zielablösung herrschen. Sowohl ein stetiger Wechsel von Zielen als auch das Festhalten an unerreichbaren Zielen können negative Folgen für das Individuum haben.

Trotz zunehmenden Einschränkungen bewahren sich ältere Menschen ihre Lebenszufriedenheit (Wohlbefindens-Paradoxon) vor allem dadurch, dass sie beim Verfolgen ihrer persönlichen Ziele in zentralen Lebensbereichen Kontrolle erleben und diese bestenfalls noch selbst ausüben können.

2.3.1 Das Zwei-Prozess-Modell des Copings

Ein Modell der erfolgreichen Entwicklung sollte laut Brandstädter (z. B. Brandstädter, 2009) deshalb beides – Zielbindung und Zielablösung – berücksichtigen. Das Zwei-Prozess-Modell des Copings integriert diese beiden Prozesse. Es fokussiert auf das dynamische Zusammenspiel von aktiver Zielverfolgung und Zielanpassung an Umweltbedingungen oder an Verluste von Handlungsressourcen. Im Zentrum des Modells steht die Überlegung, dass die Diskrepanz zwischen dem Ist-Zustand und einem gewünschten Soll-Zustand auf zwei unterschiedliche Weisen verringert werden kann: (1) durch die Anpassung des Ist-Zustands an den Soll-Zustand (assimilatives Coping) oder (2) durch die Anpassung des Soll-Zustands an den Ist-Zustand (akkommodatives Coping).

(1) Assimilatives Coping umfasst das Streben (und das entsprechende Verhalten) nach der Veränderung des Ist-Zustandes, um eigenen Zielen näher zu kommen. Ist das Ziel beispielsweise, Psychotherapeutin zu werden, so beinhalten assimilative Aktivitäten den Erwerb der entsprechenden Fertigkeiten wie den erfolgreichen Abschluss des Psychologiestudiums und das Erlernen therapeutischer Techniken in einer Therapieausbildung. Assimilative Aktivitäten können von solchen spezifischen Zielen bis zu grundlegenden Änderungen in den Lebensgewohnheiten oder dem Lebensstil reichen.

(2) Akkommodatives Coping umfasst Mechanismen, die der Anpassung persönlicher Ziele und Projekte an vorhandene Ressourcen und Möglichkeiten dienen. Der erwünschte Soll-Zustand wird also dem tatsächlichen Ist-Zustand angeglichen. Akkommodatives Coping hat grundsätzlich zwei Funktionen: (a) Es verringert die Diskrepanz zwischen dem angestrebten Ziel und der aktuellen Situation, sodass (unfruchtbare) assimilative Aktivitäten abgebrochen werden können; (b) Es verändert die Verfügbarkeit von bestimmten Kognitionen. Kognitionen, die die Abwertung des Zieles und die Aufwertung der aktuellen Situation begünstigen, werden verfügbarer. Kognitionen, die das Ziel aufwerten, werden hingegen weniger verfügbar.

Sowohl das assimilative als auch das akkommodative Coping müssen weder bewusst noch willentlich ablaufen. Wann assimilatives und wann akkommodatives Coping zum Einsatz kommen, hängt maßgeblich von drei Faktoren ab: (a) von der Wichtigkeit des Zieles („Will ich das Ziel wirklich erreichen?"), (b) seiner Erreichbarkeit („Mit welcher Wahrscheinlichkeit ist das Ziel überhaupt erreichbar?") und (c) der Kontrollierbarkeit („Wie groß ist meine eigene Kontrolle darüber, dass ich das Ziel erreichen kann?"). Ziele, die wichtig, erreichbar und kontrollierbar erscheinen, werden nach Brandtstädter und Kollegen mithilfe assimilativer Strategien aktiv verfolgt. Wenn mir beispielsweise das Ziel, Psychotherapeutin zu werden, sehr wichtig ist und ich gleichzeitig glaube, dass ich die dazu notwendigen finanziellen, zeitlichen, intellektuellen und emotionalen Ressourcen besitze, die Ausbildung zur Therapeutin tatsächlich abschließen zu können, und davon ausgehe, dass ich selbst einen Einfluss darauf habe, ob ich einen Ausbildungsplatz erhalten kann und später eine Niederlassungsmöglichkeit, dann werde ich mich nach diesem Modell auch mit hoher Wahrscheinlichkeit anstrengen und die finanziellen Mittel dafür aufzubringen versuchen, um die notwendige Therapieausbildung erfolgreich abzuschließen. Wenn das Ziel nicht (mehr) erreichbar scheint, die notwendigen Ressourcen nicht vorhanden sind (z. B. zu wenig Geld oder zu wenig Zeit neben anderen beruflichen oder familiären Verpflichtungen) oder ich das Gefühl habe, dass ich selbst keinen Einfluss darauf habe, ob ich eine Niederlassung erhalten werde oder nicht, setzen akkommodative Prozesse ein wie die Abwertung des Ziels (z. B. „Eigentlich verdienen Psychotherapeuten zu wenig, und daher ist der Beruf der Unternehmensberaterin finanziell vielversprechender"). Assimilative Aktivitäten bezüglich dieses Ziels werden hingegen eingestellt und stattdessen alternative Ziele aktiv verfolgt (z. B. Suche nach Praktikumsplätzen für Unternehmensberatung). Abbildung 11.3 veranschaulicht das Modell grafisch.

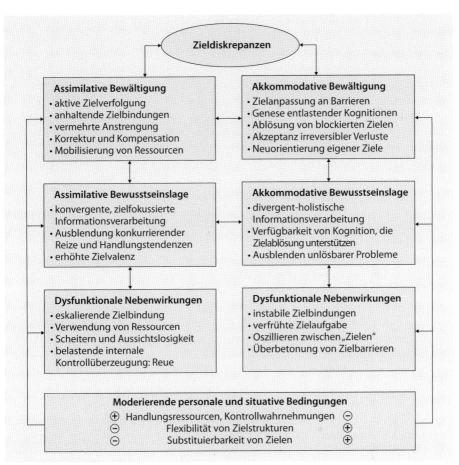

Abb. 11.3: Zwei-Prozess-Modell des Copings (nach Brandtstädter & Rothermund, 2002a; Kranz, 2005). *Anmerkung:* Das Modell umfasst Kennzeichen, Grundlagen, Nebenwirkungen sowie fördernde (+) und hemmende (–) Bedingungen assimilativer und akkommodativer Bewältigungsprozesse.

2.3.2 Empirische Befunde zum Zwei-Prozess-Modell

Das Zwei-Prozess-Modell des Copings wurde vor etwa 25 Jahren auf der Grundlage von Ergebnissen über Stabilität und Veränderung von Zielen und Kontrollüberzeugungen im Erwachsenenalter entwickelt (z. B. Brandtstädter, 1989). In quer- und längsschnittlichen Studien fanden Brandtstädter und Kollegen wiederholt, dass Zielwichtigkeit und Zielentfernung negativ korreliert sind. Dabei wurde den Probanden gewöhnlich eine Liste von Zielen in verschiedenen Lebensbereichen vorgelegt (beispielsweise Gesundheit, harmonische Partnerschaft, berufliche Leistung, Weisheit, emotionale Stabilität). Die Probanden bewerteten, wie wichtig ihnen persönlich jedes dieser Ziele ist. Außerdem wurden die Probanden gebeten, die subjektive Entfernung zu jedem der Ziele zu schätzen. Wichtige Ziele wurden stets als relativ nah empfunden (z. B. Brandtstädter, 1989). Diese Beobachtung führte die Autoren zu der Annahme, dass Menschen neben einer aktiven Annäherung an ihre Ziele (assimilatives Coping) auch Defizite oder Verluste in der Zielverfolgung kompensieren, indem sie ihre Ziele abwerten (akkommodatives Coping). Durch diese zwei Mechanismen bleibt die Nähe zu wichtigen Zielen immer relativ hoch.

Die klassische Forschung zum Zwei-Prozess-Modell des Copings fokussierte in erster Linie auf die Entwicklung und das Zusammenspiel der beiden Prozesse im höheren Erwachsenenalter. Höheres Erwachsenenalter ist einerseits mit gesundheitlichen, körperlichen, kognitiven und sozialen Verlusten verbunden. Andererseits gibt es keine Evidenz dafür, dass Selbstwert, Lebenszufriedenheit oder persönliche Kontrolle im höheren Erwachsenenalter dramatisch abnehmen oder Depressionswerte zunehmen würden. Brandtstädter und Kollegen nahmen an, dass diese Stabilität auf eine altersbedingte Verschiebung der Wichtigkeit von assimilativen zu akkommodativen Prozessen zurückzuführen ist (Brandtstädter & Renner, 1990). Tatsächlich fanden die Forscher, dass ältere Erwachsene geringeres assimilatives Coping und höheres akkommodatives Coping berichten als jüngere Erwachsene (Abb. 11.4). Assimilatives und akkommodatives Coping wird häufig mit einem Fragebogen erfasst. Ein Beispielitem für hartnäckige Zielverfolgung als eine Form des assimilativen Copings ist: „Wenn sich mir Schwierigkeiten in den Weg legen, verstärke ich gewöhnlich meine Anstrengungen erheblich." Ein Beispielitem für die flexible Zielanpassung als einer Form des akkommodativen Copings ist: „Im Allgemeinen trauere ich einer verpassten Chance nicht lange nach."

Die Forschung zum Zusammenspiel von assimilativem und akkommodativem Coping geht von der Annahme aus, dass Menschen bei Verlusten zuerst probieren, mit einem erhöhten Einsatz assimilativer Aktivitäten ihre Ziele aufrechtzuerhalten. Wenn es trotz dieser Bestrebungen zu weiteren Verlusten kommt, werden alternative Hilfsmittel aktiviert oder erworben. Danach folgt die Inanspruchnahme von externer Hilfe oder Unterstützung. Wenn diese kompensatorischen Handlungen nicht zum erwünschten Ziel führen, folgt eine Verschiebung zum akkommodativen Coping. Die kompensatorischen Bestrebungen sollten laut den Autoren dann am stärksten sein, wenn Verluste voraussehbar sind, ohne dass Ziele unerreichbar erscheinen. Überträgt man diese Logik auf die Entwicklung im Erwachsenenalter, so würde man erwarten, dass die kompensatorischen Bestrebungen einer umgekehrten U-Form folgen. Junge Erwachsene sind mit relativ wenigen Verlusten konfrontiert, die kompensiert werden müssten. Im mittleren Erwachsenenalter nehmen Verluste zu und damit auch Bestrebungen, diese zu kompensieren. Im höheren Erwachsenenalter führen die kompensatorischen Bestrebungen nicht mehr zu dem gewünschten Resultat und werden daher weniger angewendet. Stattdessen kommt es zu einer Verschiebung zum akkommodativen Coping.

Tatsächlich fanden Brandtstädter und Rothermund (2003), dass kompensatorische Aktivitäten in vier verschiedenen Funktionsbereichen (physische Fitness, körperliche Erscheinung, Gedächtnis und geistige Leistung) einer umgekehrten U-Form folgen. Sowohl querschnittliche (unterschiedliche Altersgruppen zu zwei Erhebungszeitpunkten) als auch längsschnittliche (eine Veränderung über vier Jahre) Daten bestätigten die umgekehrte U-Funktion (Abb. 11.5). Dass diese

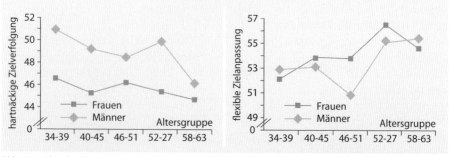

Abb. 11.4: Altersbedingte Unterschiede in der hartnäckigen Zielverfolgung (assimilatives Coping) und flexibler Zielanpassung (akkommodatives Coping) (aus Brandtstädter & Renner, 1990).

Entwicklung damit zusammenhängt, dass die jüngeren Altersgruppen (im Mittel 58 Jahre alt) zwar schon Verluste erleben, aber diese gleichzeitig noch bewältigen können, zeigte sich im unterschiedlichen Zusammenhang zwischen kompensatorischen Anstrengungen und Funktionsverlusten. Während in diesen Altersgruppen kompensatorische Anstrengungen negativ mit Entwicklungsverlusten korrelierten, zeigte sich für die älteren Erwachsenen der umgekehrte Zusammenhang: Sie konnten ihr Funktionsniveau durch kompensatorische Anstrengungen nicht mehr erhöhen oder aufrechterhalten. Akkommodatives Coping trug jedoch bei den älteren Erwachsenen zur Aufrechterhaltung der subjektiven Kontrolle bei und wirkte so einer Verschlechterung des Wohlbefindens angesichts der Funktionsverluste entgegen.

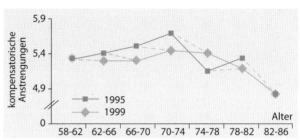

Abb. 11.5: Kompensatorische Anstrengungen in Abhängigkeit vom Alter (aus Brandtstädter & Rothermund, 2003).
Anmerkung: Die gestrichelte Linie zeigt die längsschnittlichen Veränderungen zwischen 1995 und 1999.

2.3.3 Untersuchungen zu Rumination und Reue

In der neueren Entwicklung hat das Zwei-Prozess-Modell des Copings erstens von einer genaueren Ausarbeitung der zugrunde liegenden kognitiven Mechanismen profitiert und zweitens sein Erklärungspotenzial verbessert, indem Phänomene wie Depression, Reue oder Zieldezentrierung integriert wurden. Wir gehen auf diese neueren Trends näher ein.

Das assimilative und das akkommodative Coping unterscheiden sich grundlegend in der Informationsverarbeitung (s. Brandtstädter, 2009). Im assimilativen Modus wird die Aufmerksamkeit auf Informationen gelenkt, die der Verfolgung eines Zieles dienen, während störende Informationen oder konkurrierende Ziele tendenziell ausgeblendet werden. Dieser Prozess wird typischerweise von einer fokussierten Wahrnehmung begleitet. Es geht darum, auf zielrelevante Information zu fokussieren und zielirrelevante Information zu ignorieren. Im akkommodativen Modus wäre es dagegen eher schädlich, wenn die Aufmerksamkeit immer noch auf Ziele gerichtet bliebe, die nicht erreichbar sind. Deshalb werden kognitive Prozesse aktiviert, die die Zielbindung vermindern, indem das Ziel abgewertet wird und positive Aspekte des Ist-Zustandes oder von alternativen Zielen verfügbar werden. Dies wird von einer Erweiterung der Aufmerksamkeit auf Stimuli begleitet, die im assimilativen Modus als störend ausgeblendet wurden.

Basierend auf dieser Hypothese führten Brandtstädter und Rothermund (2002a) eine Studie durch, in der Probanden Anagrammaufgaben am Computer lösen mussten (sie sollten aus einer Reihe von Buchstaben möglichst viele sinnvolle Wörter bilden). Die Anagrammbuchstaben waren jeweils von vorgeblich irrelevanten Wörtern, sogenannten Distraktoren, umgeben. Nach einer anfänglichen Serie gut lösbarer Anagrammaufgaben wurde den Probanden im zweiten Teil eine Serie von Aufgaben präsentiert, die nicht lösbar waren (es wurden also Buchstaben vorgegeben, die kein sinnvolles Wort ergaben). Anschließend wurden die Probanden gebeten, möglichst viele von den Distraktorwörtern wiederzugeben. Wenn die Distraktorwörter tatsächlich erfolgreich ignoriert wurden, da sie ja störende Information darstellten, sollten sie insbesondere dann schlechter erinnert werden, wenn die Anagrammaufgabe gut lösbar war und damit der assimilative kognitive Modus vorherrschte. Es sollten dagegen mehr Distraktorwörter erinnert werden, wenn im akkommodativen Modus die Aufmerksamkeit erweitert wird – also in der Phase des Experimentes, in der die Anagramme unlösbar waren. Genau dies war das Befundmuster der Studie: Aus der anfänglichen Phase der lösbaren Aufgaben konnten die Probanden am wenigsten Distraktorwörter abrufen. Sie haben offenbar ihre Aufmerksamkeit verengt und stärker auf die Aufgabe fokussiert. Aus den darauffolgenden unlösbaren Aufgaben konnten die Probanden dagegen signifikant mehr Distraktorwörter abrufen. Ihre Aufmerksamkeit erweiterte sich offenbar von den unlösbaren Aufgaben auf andere Stimuli in der Umgebung. Diese Aufmerksamkeitsverschiebung ist auch durch neuronale Abläufe abbildbar: Der Übergang von einer fokussierten Informationsverarbeitung im assimilativen zu einer holistischen Informationsverarbeitung im akkommodativen Modus wird durch dopaminerge Neuromodulation vermittelt (Brandtstädter, 2009).

Nach Brandtstädter (2009) kann das Zwei-Prozess-Modell des Copings auch helfen, Depression und depressive Rumination besser zu verstehen. Depression bilde einerseits die Schwierigkeit einer Verschiebung vom assimilativen zum akkommodativen Modus ab. Andererseits habe aber Depression auch ein adaptives Potenzial: Die Verhaltenshemmung, die ein Teil des depressiven Syndroms ist, schützt vor unproduktivem Investieren begrenzter Handlungsressourcen in unerreichbare Ziele. Gleichzeitig könne der „depressive Realismus" (Alloy & Abramson, 1988) dazu beitragen, die positive Wahrnehmungsverzerrung der Zielvalenz und der Zielerreichbarkeit im assimilativen Modus zu verringern. Damit hängt laut Brandtstädter auch die mögliche adaptive Funktion der depressiven Rumination zusammen, also das gedankliche Kreisen um negative Ereignisse oder Erfahrungen. Einerseits kann Rumination bei der Problemlösungsfindung helfen; bei anhaltender Rumination kommt es andererseits zu einer Abschwächung der subjektiven Zielerreichbarkeit, sodass der akkommodative Modus und damit die Zielablösung, positive Umbewertung der Situation und Neuorientierung aktiviert werden können.

Ein anderes Phänomen, das im Rahmen des Zwei-Prozess-Modells von den Autoren erklärt wurde, ist die Reue. Reue kann helfen, zukünftige Fehler und riskante Entscheidungen zu vermeiden und verfehlte Ziele zu erreichen. Mit steigendem Alter verliert Reue diese adaptiven Funktionen. Mit steigendem Alter verfügen Menschen über immer weniger Zeit und Ressourcen, die nötig wären, um frühere Misserfolge verbessern oder nicht erreichte Ziele noch erreichen zu können. Reue sollte deshalb im höheren Alter abnehmen und mit der akkommodativen Flexibilität im Zusammenhang stehen. Die Ablösung von unerreichten Zielen und die Abwertung irreversibler Misserfolge sollten zu geringeren Reuegefühlen führen. Konsistent mit dieser Annahme vermindert die akkommodative Flexibilität dann die Reue, wenn Fehler als irreversibel erscheinen (Kranz, 2005).

Eine weitere Entwicklung des Zwei-Prozess-Modells ist seine Erweiterung auf Zielinhalte, die sich laut den Autoren mit sich verkürzender Zukunftsperspektive verändern (s. Brandtstädter, Rothermund, Kranz & Kuhn, 2010). Wenn Lebenszeitreserven schwinden, sollte man sich von Zielen verabschieden, die Gewinne in der Zukunft versprechen, und sich stattdessen Zielen zuwenden, die anhaltenden Sinn stiften. Persönliche Interessen sollten daher an Bedeutung verlieren und durch zeitlose moralische und ethische Prinzipien ersetzt werden. Es zählt, was „wirklich" wichtig ist, und nicht, was einem bestimmten Zweck dient. Tatsächlich haben Brandtstädter und Kollegen (2010) in einigen Studien gefunden, dass instrumentelle Ziele (z. B. persönlicher Erfolg) mit dem Lebensalter zugunsten werteorientierter Ziele (z. B. Spiritualität) abnehmen. Das gleiche Ergebnis fanden die Forscher in experimentellen Studien, wenn sie Studienteilnehmende mit Themen des Todes und des Sterbens konfrontierten. Dieser Effekt hing jedoch von der akkommodativen Flexibilität ab: Je höher die akkommodative Flexibilität und je kürzer die Zeitperspektive, desto höher ist die Orientierung auf werteorientierte im Vergleich zu instrumentellen Zielen. Die Autoren schlussfolgern, dass die sich verkürzende Zeitperspektive akkommodative Prozesse aktiviert, welche ihrerseits die Ablösung von instrumentellen Zielen begünstigen.

3 Zeitliche Perspektiven und ihr Einfluss auf motivationale Veränderungen

Die Idee, dass ältere Personen die verbleibende Zeit bis zum Tod als relativ eingeschränkt wahrnehmen und dass dies zu einer Veränderung der sozialen Motivation führt, greift auch die *sozio-emotionale Selektivitätstheorie* (SST) von Carstensen und Kollegen auf (z. B. Carstensen, Isaacowitz & Charles, 1999). Obwohl die Größe sozialer Netzwerke mit dem Alter abnimmt, ist die berichtete Zufriedenheit mit sozialen Beziehungen bei älteren Erwachsenen größer als bei jungen Erwachsenen (zusammenfassend siehe Antonucci, Fiori, Birditt & Jackey, 2010). Dieses Befundmuster versucht die SST mit der eingeschränkten Zukunftsperspektive und der damit einhergehenden Veränderung der sozialen Motivation im höheren Erwachsenenalter zu erklären. Laut SST haben junge Erwachsene eine subjektiv relativ uneingeschränkte Zukunftsperspektive, die Zukunft erscheint ihnen offen und voller Möglichkeiten. Aus diesem Grund verfolgen sie nach SST vor allem Ziele, bei denen es um den Erwerb von Wissen, um das Kennenlernen von Neuem geht. Junge Erwachsene wollen in und durch ihre sozialen Beziehungen hauptsächlich Wissen erwerben, das ihnen in der Zukunft nützlich sein kann (z. B. Erfahrungen von anderen Personen über verschiedene Berufe, um dann selbst eine bessere Berufswahl treffen zu können). Die eingeschränkte Zukunftsperspektive älterer Erwachsener führt dagegen dazu, dass sie sich möglichst in der Gegenwart wohlfühlen wollen anstatt in eine unsichere Zukunft zu investieren, in der sie die Früchte ihrer Investitionen womöglich nicht mehr werden genießen können. Nach SST verfolgen ältere Erwachsene daher in ihren sozialen Beziehungen vor allem emotionale Ziele (z. B. zufrieden zu sein). Emotionale Bedeutung und Zufriedenheit sind in engen sozialen Beziehungen einfacher zu erreichen als mit weniger vertrauten Personen. Dies führt im höheren Alter dazu, dass sie sich auf vertraute Netzwerkpartner konzentrieren und den Kontakt zu weniger guten Bekannten nicht mehr so pflegen. Daher nimmt nach dieser Theorie die Größe des sozialen Netzwerkes im Alter zwar ab, die Zufriedenheit mit den sozialen Beziehungen jedoch eher zu.

3.1 Die Verschiebung von Präferenzen

Eine Bestätigung der SST kann darin gesehen werden, dass verschiedene Studien gezeigt haben, dass die Abnahme des sozialen Netzwerkes im höheren Erwachsenenalter primär auf die Konzentration auf die engsten sozialen Partner wie Familie oder Vertrauenspersonen zurückzuführen ist (z. B. Lang & Carstensen, 1994). Es gibt auch eine Vielzahl von Untersuchungen zur altersbezogenen Veränderung der sozialen *Motivation*. Ein Beispiel hierfür ist die Studie von Fung und Carstensen (2003). Die Autoren präsentierten jungen und älteren Personen verschiedene Werbeprodukte, die entweder mit einem emotionalen Slogan angepriesen wurden oder mit einem Werbespruch, der die Zukunft und Wissenserweiterung ansprach. So wurde zum Beispiel für eine Fotokamera in der einen Bedingung mit dem Slogan geworben: „Capture those special moments" (emotionale Bedeutung). In der anderen Bedingung (Wissenserwerb) wurde die Fotokamera mit dem Slogan dargeboten: „Capture the unexplored world". Jüngere und ältere Probanden wurden nach ihrer Präferenz für verschiedene Produkte befragt, die jeweils entweder mit einem emotionalen oder einem wissensbezogenen Werbespruch dargeboten wurden. Anschließend wurde erhoben, wie gut sie sich an die Werbeinhalte erinnern konnten. Dieselben Werbeprodukte wurden dann von älteren Personen eher gewählt und besser erinnert, wenn sie mit einem emotionalen Slogan präsentiert wurden als mit einem Slogan, der die Zukunft und Wissenserweiterung angesprochen hat. Bei jüngeren Erwachsenen war dies nicht der Fall. Sie zeigten keine klare Präferenz oder bessere Erinnerungsleistungen in einer der Bedingungen.

Die klassischen Studien zur SST untersuchen, ob sich ältere und junge Erwachsene in ihrer Präferenz für emotional nahestehende Personen und Personen, die einen Wissensvorteil für die Zukunft bringen, unterscheiden. In diesen Studien werden Probanden gebeten, sich vorzustellen, dass sie noch etwas Zeit hätten, die sie frei einteilen können. Sie sollen sich vorstellen, dass sie zwischen drei möglichen Interaktionspartnern wählen könnten: (1) dem Autor eines Buches, das sie gerade gelesen haben, (2) einer neuen Bekanntschaft, mit der sie viel Gemeinsames zu haben scheinen, und (3) jemandem aus der unmittelbaren Familie (z. B. Fung, Carstensen & Lutz, 1999). Die ersten beiden Personen bringen einen Wissensgewinn und sind daher eine Investition in die Zukunft. Die dritte Person bietet dagegen die Möglichkeit zu einer emotional bedeutsamen Interaktion. Die Studien von Carstensen und Kollegen zeigen wiederholt, dass sich ältere Erwachsene mehrheitlich für die emotional nahe Person entscheiden, während junge Erwachsene keine solche Präferenz zeigen.

Ob dieser Unterschied auf die veränderte Zukunftsperspektive zurückzuführen ist, wird gewöhnlich anhand einer experimentellen Manipulation der Zukunftsperspektive untersucht. So kann man die Zukunftsperspektive bei älteren Personen experimentell ausdehnen, indem sie sich beispielsweise vorstellen sollen, von ihrem Arzt gerade erfahren zu haben, dass sie viel länger leben werden als erwartet. Nach einer solchen Instruktion verschwindet die Präferenz für emotional nahe stehende Personen. Umgekehrt kann bei jungen Erwachsenen die Zukunftsperspektive vorübergehend verringert werden, in dem sie sich vorstellen, bald umzuziehen, ohne danach weiteren Kontakt nach Hause zu haben. In diesem Fall zeigen junge Erwachsene eine Präferenz für emotional nahestehende Interaktionspartner. Diese Verschiebung der Präferenz wurde auch in anderen Situationen beobachtet, die mit eingeschränkter Zeitperspektive einhergehen. So zeigten zum Beispiel Einwohner in Hongkong zwei Monate vor der Übernahme durch China (was als eine soziopolitische Zeitgrenze verstanden werden kann) dieselbe Präferenz für emotional nahestehende Personen wie dies üblicherweise bei älteren Erwachsenen der Fall ist. Ein Jahr vor und ein Jahr nach der Übernahme Hongkongs war das nicht der Fall (Fung et al., 1999).

3.2 Veränderungen im subjektiven Wohlbefinden

Neben der Abnahme des sozialen Netzwerkes versucht die SST in ihrer neueren Entwicklung auch das vergleichsweise hohe subjektive Wohlbefinden älterer Erwachsener zu erklären. Eine kürzere Zukunftsperspektive führt nach SST nicht nur dazu, dass emotional bedeutsame Beziehungen bevorzugt werden, sondern ganz allgemein emotional belohnende Erfahrungen im „Hier und Jetzt" eine höhere Priorität erhalten (Scheibe & Carstensen, 2010). Um sich im „Hier und Jetzt" wohlzufühlen und sich nicht über Kleinigkeiten zu ärgern oder sich die Laune verderben zu lassen, ist es wichtig, seine Gefühle selbst beeinflussen zu können (Emotionsregulation). Wenn ältere Erwachsene tatsächlich mehr Wert auf ihr positives Befinden im Alltag legen, sollte auch die Emotionsregulation mit dem Alter wichtiger werden. Tatsächlich fanden Riediger, Schmiedek, Wagner und Lindenberger (2009), dass ältere Erwachsene in ihrem Alltag häufiger als Jugendliche oder jüngere Erwachsene von sogenannter hedonischer Motivation berichten (d. h. die Motivation, positive Affekte aufrechtzuerhalten und negative Affekte zu vermeiden). Auch Gross und John (2003) finden in ihren Studien, dass ältere häufiger als jüngere Erwachsen berichten, ihre Emo-

4 Soziale Identität, Motivation und Alter | 301

tionen zu regulieren. Außerdem scheinen ältere Erwachsene auch bessere Emotionsregulationsstrategien anzuwenden (zum Beispiel Umbewertung der Situation, anstatt die Emotion bloß zu unterdrücken) und diese dem Kontext besser anzupassen (beispielsweise zu entscheiden, wann es besser ist, eine Konfliktsituation aktiv anzugehen oder sich zurückzunehmen; Blanchard-Fields, 2007). Schließlich gibt es Anhaltspunkte dafür, dass Emotionsregulation für ältere Erwachsene weniger kognitive Ressourcen beansprucht, was so interpretiert werden könnte, dass ältere Erwachsene in der Emotionsregulation geübter sind.

Im Einklang mit der Annahme einer besseren Emotionsregulation im Alter stehen laut SST auch Befunde zum sogenannten „Positivitätseffekt". Der Positivitätseffekt besteht in einer Präferenz bzw. einem Informationsverarbeitungsvorteil von positiver gegenüber negativer Information. Weil die bevorzugte Verarbeitung positiver im Vergleich zu negativer Information der Emotionsregulation diene, richten nach SST ältere Erwachsene ihre Aufmerksamkeit verstärkt auf positive Informationen und erinnern sich auch besser daran. Dieser Effekt wird bei jüngeren Erwachsenen nicht gefunden, die teilweise sogar die umgekehrte Tendenz zeigen (Negativitätseffekt). Der Informationsverarbeitungsvorteil für negative Information im jungen Erwachsenenalter wird dadurch erklärt, dass negative Information informativer als positive Information ist und somit von jüngeren Erwachsenen, bei denen Wissenserweiterung im Vordergrund steht, bevorzugt wird. Da laut SST die Wissensziele mit dem Alter zugunsten von emotionalen Zielen an Wichtigkeit verlieren, nimmt dementsprechend auch die Bevorzugung der negativen Information ab. Der Informationsverarbeitungsvorteil von positiver Information im höheren Alter wurde auch in neurowissenschaftlichen Untersuchungen gezeigt. So fanden Mather und Kollegen (2004), dass junge Erwachsene sowohl bei positiven als auch bei negativen Bildern im Vergleich zu neutralen Bildern eine erhöhte Amygdalaaktivierung zeigten. Eine solche Aktivierung wurde bei älteren Erwachsenen nur als Reaktion auf positive Bilder gefunden.

Zusammengenommen kann die Erweiterung der SST auf die Entwicklung der Emotionsregulation und den Positivitätseffekt als eine sinnvolle theoretische Erweiterung angesehen werden, die vor allem in der jüngeren Zeit eine Vielzahl von empirischen Studien inspiriert und damit das Forschungsgebiet der sozial-motivationalen Entwicklung stark beeinflusst hat.

4 Soziale Identität, Motivation und Alter

Unser Alter spielt eine große Rolle, wenn wir über uns selbst nachdenken. Dabei ist es wichtig hervorzuheben, dass das Alter und das Älterwerden eine wichtige soziale Komponente besitzt. Im Folgenden wird das Älterwerden daher aus einer entwicklungs- und sozialpsychologischen Perspektive betrachtet. Dabei sollen die folgenden Fragen beantwortet werden: Welche Konsequenzen ergeben sich aus der Mitgliedschaft zu einer bestimmten Altersgruppe? Welche Stereotype sind mit bestimmten Altersgruppen, insbesondere mit der Gruppe der „Alten", verbunden? Wie beeinflussen Altersstereotype unser Denken und Handeln?

4.1 Alter als soziale Kategorie

Das chronologische Alter ist ein zentraler Bestandteil unserer Selbstwahrnehmung: Wir feiern unseren Geburtstag, beginnen die Schule zu einem bestimmten, oft gesetzlich geregelten Alter, erwerben die Fahrerlaubnis mit 16 Jahren (in den USA) bzw. mit 18 Jahren (in Deutschland) und gehen zu einem ebenfalls meist gesetzlich geregelten Alter in Rente. Einerseits ist unser

Alter ein sehr individueller Aspekt in unserer Selbstwahrnehmung (z. B. kann man sich jung fühlen, obwohl man den Jahren nach im mittleren Erwachsenenalter ist), andererseits jedoch teilen wir diesen Selbstaspekt mit Gleichaltrigen und bilden bestimmte Altersgruppen (Kinder, Jugendliche, junge, mittelalte und ältere Erwachsene). Damit ist das Alter neben Geschlecht und ethnischer Zugehörigkeit eine zentrale soziale Kategorie, die unsere Wahrnehmung von uns selbst und anderen Personen maßgeblich beeinflusst (Fiske, 1998). Schon Kleinkinder können Personen anhand ihres Alters in Kategorien einteilen (Miller, Blalock & Ginsburg, 1984). Eine Person, die sich nicht ihrem Alter gemäß kleidet und verhält, kann leicht auf soziale Missbilligung stoßen. Aus diesem Grund richten wir uns auch in unserem Verhalten nach sozialen Vorstellungen darüber, was altersangemessen ist.

Das Besondere an der Kategorie Alter – im Gegensatz zu anderen sozialen Kategorien – ist, dass wir die Zugehörigkeit zu verschiedenen Altersgruppen über die Lebensspanne wechseln. Da wir alle älter werden, sind wir in unserem Leben Mitglieder verschiedener Altersgruppen: Wir sind Kinder, treten dann in die Gruppe der Jugendlichen über, werden junge Erwachsene, mittelalte Erwachsene und irgendwann ältere Erwachsene. Im Gegensatz zu anderen sozialen Kategorien (z. B. Geschlecht) sind die Grenzen zwischen den benachbarten Altersgruppen teilweise offen und uneindeutig. Die Mitgliedschaft in verschiedenen Altersgruppen ist mit sozialen Statusunterschieden verbunden, d. h. Unterschieden im Zugang zu Privilegien und der Übernahme verschiedener Rollen, Rechte und Pflichten. Der soziale Status ändert sich über die Lebensspanne und kann am besten als eine umgekehrte U-förmige Kurve beschrieben werden. Während das mittlere Erwachsenenalter in der Regel mit hohem Status verbunden ist, haben junge und ältere Altersgruppen einen relativ niedrigeren sozialen Status.

Weiterhin entwickeln wir schon in jungen Jahren genaue Vorstellungen darüber, wie es ist, „jugendlich", „erwachsen" oder „alt" zu sein. Die Wahrnehmung verschiedener Lebensalter wird durch prototypische Bilder über die Mitglieder der jeweiligen Altersgruppen beeinflusst. Die soziale Kategorisierung im Sinne von Alter ist oft mit einer Übergeneralisierung und Überschätzung negativer Merkmale verbunden. Jugendliche und junge Erwachsene werden oft als „faul", „rebellisch" und „labil" beschrieben und ältere Erwachsene als „vergesslich", „inkompetent" und „unattraktiv". Altersstereotype sind Annahmen über die Eigenschaften, Attribute und Verhaltensweisen von Mitgliedern bestimmter Altersgruppen (Hilton & Hippel, 1996). Das hohe Alter ist im Allgemeinen mit Verlusten und negativen Stereotypen assoziiert – und dies gleichermaßen bei jungen wie älteren Personen. Die meisten Menschen erwarten, dass mit zunehmendem Alter Verluste zunehmen und Gewinne abnehmen (Heckhausen et al., 1989). Negative Altersstereotype können sich negativ auf das Wohlbefinden und das Selbstkonzept auswirken: Einerseits kann es zu einer Internalisierung negativer Altersstereotype und zu stereotyp-konformem Verhalten im Sinne selbsterfüllender Prophezeiungen kommen. Andererseits stellen negative Altersstereotype eine Bedrohung für die Leistungs- und Handlungsfähigkeit älterer Erwachsener dar. Empirische Studien zeigen, dass negative Altersstereotype sich schädigend auf das psychische Wohlbefinden und die Leistung älterer Erwachsener auswirken (Hess, Auman, Colcombe & Rahal, 2003; Levy, 1996).

4.2 Soziale Identität und Alter

Wie die vorangegangen Beispiele zeigen, ist Alter eine zentrale soziale Kategorie, auf deren Grundlage wir uns und andere Gruppen zuordnen. Die *Theorie der sozialen Identität* (Tajfel & Turner, 1979) geht davon aus, dass soziale Identität der Teil des Selbstkonzeptes einer Person ist, der sich aus der Mitgliedschaft in einer sozialen Gruppe ergibt. Wird die soziale Identität aktiviert, nehmen Personen sich selbst zu anderen Mitgliedern ihrer Gruppe ähnlich wahr. Eine weitere Grundannahme ist, dass Personen im Allgemeinen motiviert sind, ein positives Bild von sich selbst aufrechtzuerhalten und deswegen nach einer positiven sozialen Identität streben. Daher ist eine Mitgliedschaft in Gruppen attraktiv, die sich positiv von anderen Gruppen abgrenzen lassen. In welcher Weise wird nun unsere soziale Identität dadurch bestimmt, dass wir uns bestimmten Altersgruppen zuordnen?

Über die Lebensspanne gehören wir verschiedenen Altersgruppen an, die im Vergleich zu anderen Gruppen mit einem geringen sozialen Status assoziiert sind („Jugendliche", „Alte"). Erreichen wir ein hohes Alter, machen wir damit die Erfahrung einer negativen sozialen Identität. Jede Person besitzt eine Konfiguration verschiedener Identitäten, die mit der Mitgliedschaft in verschiedenen Gruppen verknüpft sind. Diese verschiedenen sozialen Identitäten können unter bestimmten Umständen aktiviert werden. Studien zeigen, dass Altersgruppen oftmals nicht als homogene Gruppe wahrgenommen werden. Insbesondere ältere Erwachsene nehmen ihre eigene Altersgruppe sehr unterschiedlich wahr und differenzieren zwischen verschiedenen Untergruppen (z. B. „Perfect Grandparent", „Golden Ager"; siehe Hummert, Grastka, Shaner & Strahm 1994). Einerseits weisen diese Befunde auf die Variabilität individueller Alterserfahrungen hin, die aber andererseits möglicherweise einen Versuch darstellen, einer negativen Altersidentität entgegenzuwirken.

Die Theorie der sozialen Identität (Tajfel & Turner, 1979) beschreibt verschiedene Strategien, die Personen im Umgang mit einer negativen sozialen Identität einsetzen. Diese Strategien stellen Abwehrmechanismen dar, die darauf abzielen, eine negative soziale Identität und damit eine negative Selbstwahrnehmung zu vermeiden. Dieses Ziel kann durch zwei Arten von Strategien erreicht werden, nämlich durch individuelle und kollektive Strategien.

(1) Individuelle Strategien sind darauf ausgerichtet, die persönliche Situation zu verändern. Das kann das physische (soziale Mobilität, d. h. Wechsel der Gruppenmitgliedschaft) oder das psychische Verlassen (Distanzierung, Abwertung) der Gruppe bedeuten (Weiss & Freund, 2012). Personen können sich z. B. von Gleichaltrigen abgrenzen, negative Stereotype über die eigene Altersgruppe unterstützen und Unterschiede zu jüngeren Altersgruppen minimieren (z. B. Haare färben, Make-up, Schönheitschirurgie), um als Mitglieder dieser Gruppen wahrgenommen zu werden.

(2) Kollektive Strategien zielen darauf ab, die Situation der eigenen sozialen Gruppe zu verändern. *Soziale Kreativität* beschreibt den Versuch, die negative Bewertung der eigenen Gruppe umzudeuten und die soziale Identität neu zu interpretieren und zu definieren („Mit 66 Jahren, da fängt das Leben an!"). Außerdem kann die Situation der eigenen Gruppe durch kollektive Strategien, die das Ziel haben, die bestehende soziale Struktur zu ändern, verbessert werden. Dies kann z. B. in Form von sozialen Bewegungen und Protesten geschehen.

4.3 Strategien im Umgang mit einer negativen Altersidentität

Aktuelle Befunde deuten darauf hin, dass ältere Erwachsene erfolgreich individuelle und kollektive Strategien einsetzen, um eine negative Altersidentität zu bewältigen. Das Modell der „dualen Altersidentität" zeigt, dass ältere Erwachsene zwischen zwei verschiedenen Altersidentitäten, ihrer Altersgruppe und ihrer Generation, unterscheiden (Weiss & Lang, 2009). Die Bedeutung dieser dualen Altersidentität ist im jungen und mittleren Erwachsenenalter weniger ausgeprägt und scheint sich erst im höheren Alter zu entwickeln. Weiterhin zeigt sich, dass die Tendenz der Distanzierung von der eigenen Altersgruppe und der gleichzeitigen Identifikation mit der eigenen Generation positive Konsequenzen für die Selbstwahrnehmung und das Wohlbefinden älterer Erwachsener hat. Dieser Befund wird damit begründet, dass ältere Erwachsene ihre Generation mit positiven Aspekten, wie gemeinsamen Erfahrungen, Werten und Erinnerungen an vergangene Zeiten, verbinden. Dagegen ruft die Altersgruppe eher Gedanken an negative und bedrohliche Aspekte des Älterwerdens wie z. B. gesundheitliche Verluste und Zukunftsängste hervor (Freund & Smith, 1999).

Generell sind also im hohen Alter individuelle Strategien besonders bedeutsam. Demnach stellen negative Altersstereotype nicht nur eine Bedrohung für das Wohlbefinden älterer Erwachsener dar, sondern auch eine Möglichkeit der positiven Abgrenzung. Die adaptive Funktion des Aufrechterhaltens negativer Stereotype bezüglich der eigenen Gruppe (die „Alten") besteht darin, sich als eine „Ausnahme von der Regel" zu betrachten (z. B. „Ich bin zwar 70 Jahre alt, aber ich bin ganz anders als andere alte Menschen."). Negative Altersstereotype werden demnach von älteren Erwachsenen als negative Standards für selbstwertdienliche soziale Vergleiche genutzt (Heckhausen & Krueger, 1993). Übereinstimmend zeigt sich, dass ältere Personen sich mit zunehmendem Alter als immer unähnlicher von ihrer Altersgruppe wahrnehmen. So können sich Personen nicht nur von der eigenen Altersgruppe distanzieren, sondern gleichzeitig negative Altersstereotype für die eigene positive Differenzierung nutzen. Eine Möglichkeit stellen beispielsweise Abwärtsvergleiche mit Gleichaltrigen dar („Alt sind nur die anderen"), die dazu dienen, sich vor bedrohlichen Aspekten des Älterwerdens zu schützen. Tatsächlich zeigen Untersuchungen eine zunehmende Diskrepanz zwischen dem subjektiven Alter („Wie alt fühle ich mich?") und dem tatsächlichen chronologischen Alter. Je älter wir werden, desto jünger fühlen wir uns – und desto jünger *wollen* wir im Vergleich zu Gleichaltrigen sein.

Neuere Ansätze betrachten die zeitliche Dimension der sozialen Altersidentität und untersuchen, warum negative Altersstereotype verhältnismäßig schwer veränderbar und tief in unseren Vorstellungen verankert sind. Ein Lösungsansatz thematisiert unsere Fähigkeit des Antizipierens von Zukunft, d. h., dass wir in der Lage sind, unseren eigenen Alternsprozess vorwegzudenken. Das hohe Alter erinnert jüngere Menschen an ihren eigenen Alternsprozess und daran, dass sie irgendwann sterben müssen (Martens, Greenberg, Schimel & Landau, 2004). Altersdiskriminierung stellt diesem Ansatz zufolge einen Versuch dar, diese selbstbedrohlichen Informationen abzuwerten und abzuwenden. Andererseits bedeutet Älterwerden nicht nur, dass wir über unsere Zukunft, sondern auch über unsere Vergangenheit nachdenken. Gedanken an eine gemeinsam gemeisterte Vergangenheit als Generation können positive und befriedigende Erfahrungen bei älteren Erwachsenen hervorrufen (Weiss & Lang, 2009).

Zusammengefasst kann festgehalten werden, dass ein großer Teil der Erfahrungen, die wir mit dem Älterwerden machen, sozial beeinflusst ist. Die Umwelt, in der wir uns bewegen, hat einen starken Einfluss auf uns: Insbesondere Altersdiskriminierung hat einen bedrohlichen Einfluss auf die Leistung und das Wohlbefinden älterer Erwachsener. Gleichzeitig gibt es verschiedene, individuelle und kollektive Strategien, um einer negativen sozialen Altersidentität entgegenzuwirken. Ein Verständnis erfolgreichen Alterns bedarf demnach der Berücksichtigung der dynamischen Interaktion zwischen älter werdenden Personen und ihren sozialen Kontexten. Wie wir uns selbst und unser eigenes Alter wahrnehmen, wird über die Konstruktion unserer sozialen Altersidentität bestimmt.

5 Schlussbetrachtungen

In diesem Kapitel wurden verschiedene theoretische Ansätze und empirische Befunde zur sozial-motivationalen Entwicklung im Erwachsenenalter dargestellt. Im Mittelpunkt der Modelle stehen handlungstheoretische Ansätze, die die Rolle von Zielen für die Entwicklung in den Vordergrund stellen. Prozesse der Zielsetzung, Zielverfolgung und -aufrechterhaltung sowie der Zielablösung werden als zentral für eine proaktive Lebensgestaltung und die Meisterung von Gewinnen und Verlusten über das Erwachsenenalter angesehen. Trotz vieler Gemeinsamkeiten unterscheiden sich die hier vorgestellten Modelle der motivationalen Entwicklung darin, ob sie den Fokus eher auf proaktive, reaktive, kontrollpsychologische oder emotionale Prozesse legen. So setzt das SOK-Modell in der handlungstheoretischen Formulierung (Freund & Baltes, 2002) den Schwerpunkt auf proaktive, motivationale Prozesse der Zielsetzung und -verfolgung. Das OPS-Modell fokussiert auf proaktive (primäre) und reaktive (sekundäre) Kontrollprozesse. Das Zweiprozess-Modell stellt Copingprozesse bei der Bewältigung von Zieldiskrepanzen in den Vordergrund und legt weniger Gewicht auf Zielsetzungsprozesse. Die SST schließlich bezieht sich vor allem auf die emotional-motivationalen Veränderungen aufgrund der sich verändernden Zukunftsperspektive.

Die Forschung der vergangenen zwanzig Jahre hat die Fruchtbarkeit des handlungstheoretischen Ansatzes unter Beweis gestellt. Mit einer weiterhin zunehmenden Lebenserwartung wird auch die gesellschaftliche Dringlichkeit von Fragen in Bezug auf eine produktive Lebensgestaltung im höheren Alter und den Umgang mit negativen Altersstereotypen in einer alternden Gesellschaft zunehmen. Die Forschung auf diesem Gebiet hat also neben der Orientierung auf die Grundlagen des Verständnisses der Entwicklung im Erwachsenenalter auch eine angewandte Relevanz.

Paul Boris Baltes (1939–2006) – Psychologe

studierte Psychologie an der Universität des Saarlandes, wo er 1967 auch promovierte. Mit seiner Frau Margret, mit der er später zentrale Forschungsarbeiten zum erfolgreichen Altern durchführte, ging er noch im gleichen Jahr in die USA. Forschungs- und Lehrtätigkeiten an der University of West Virginia/VA und an der Pennsylvania State University/PA waren für ihn prägend und fruchtbar. Dort lernte Baltes auch seinen lebenslangen engen Freund und Kollegen John R. Nesselroade kennen, mit dem er vor allem zu methodischen und grundlegenden theoretischen Fragen der Lebensspannenpsychologie publizierte.

Von 1980 bis 2004 war Baltes am Max-Planck-Institut für Bildungsforschung in Berlin tätig, wo er in seiner Funktion als Direktor das Internationale Max-Planck-Forschungsnetzwerk zur Erforschung der Verhaltens- und Sozialwissenschaft des Alterns aufbaute. Seine grundlegenden Arbeiten zur Individualentwicklung des Menschen über die Lebensspanne – insbesondere seine Arbeiten zur kognitiven Entwicklung des höheren Lebensalters, der Lebensmeisterung und erfolgreichen Entwicklung – wie auch die Erforschung von Weisheit und Sehnsucht erlangten hohe Wertschätzung.

Baltes erhielt zahlreiche Wissenschaftspreise, Ehrungen und Ehrendoktorate. 1994 erhielt er den *Deutschen Psychologiepreis* und 2000 den *Longevity Preis* der IPSEN-Foundation. Er war Träger des Ordens *Pour le Mérite* für Wissenschaft und Künste sowie des *Großen Bundesverdienstkreuzes mit Stern*. Seit 2000 engagierte sich Baltes auch als Vizepräsident der Deutschen Akademie der Naturforscher Leopoldina, der er seit 1992 angehörte.

Literatur

Alloy, L. B. & Abramson, L. Y. (1988). Depressive realism: Four theoretical perspectives. In L. B. Alloy (Hrsg.), *Cognitive processes in depression* (S. 223–265). New York, NY: Guilford Press.

Antonucci, T. C., Fiori, K. L., Birditt, K. S. & Jackey, L. M. H. (2010). Convoys of social relations: Integrating life-span and life-course perspectives. In M. E. Lamb & A. M. Freund (Hrsg.), *The handbook of life-span development: Social and emotional development* (Vol. 2, S. 434–473). Hoboken, NJ: Wiley.

Baltes, P. B. (1990). Entwicklungspsychologie der Lebensspanne: Theoretische Leitsätze. *Psychologische Rundschau, 41*, 1–24.

Baltes, P. B. (1997). On the incomplete architecture of human ontogeny: Selection, optimization, and compensation as foundation of developmental theory. *American Psychologist, 52,* 366–380.

Baltes, P. B. (2008). Entwurf einer Lebensspannen-Psychologie der Sehnsucht. Utopie eines vollkommenen und perfekten Lebens. *Psychologische Rundschau, 59,* 77–86.

Baltes, P. B. & Smith, J. (2003). New frontiers in the future of aging: From successful aging of the young old to the dilemmas of the fourth age. *Gerontology, 49,* 123–135.

Blanchard-Fields, F. (2007). Everyday problem solving and emotion: An adult developmental perspective. *Current Directions in Psychological Science, 16,* 26–31.

Brandtstädter, J. (1989). Personal self-regulation of development: Cross-sequential analyses of development-related control beliefs and emotions. *Developmental Psychology, 25,* 96–108.

Brandtstädter, J. (2009). Goal pursuit and goal adjustment: Self-regulation and intentional self-development in changing developmental contexts. *Advances in Life Course Research, 14,* 52–62.

Brandtstädter, J. & Renner, G. (1990). Tenacious goal pursuit and flexible goal adjustment: Explication and age-related analysis of assimilative and accommodative strategies of coping. *Psychology and Aging, 5,* 58–67.

Brandtstädter, J. & Rothermund, K. (2002). Intentional self-development: Exploring the interfaces between development, intentionality, and the self. In L. J. Crockett (Hrsg.), *Agency, motivation, and the life course* (Vol. 48, S. 31–75). Lincoln, NE: University of Nebraska Press.

Brandtstädter, J. & Rothermund, K. (2003). Intentionality and time in human development and aging: Compensation and goal adjustment in changing developmental contexts. In U. M. Staudinger & U. Lindenberger (Hrsg.), *Understanding human development* (S. 105–124). Dordrecht, Netherlands: Kluwer Academic.

Brandtstädter, J., Rothermund, K., Kranz, D. & Kuhn, W. (2010). Final decentrations: Personal goals, rationality perspectives, and the awareness of life's finitude. *European Psychologist, 15,* 152–163.

Carstensen, L. L., Isaacowitz, D. M. & Charles, S. T. (1999). Taking time seriously: A theory of socioemotional selectivity. *American Psychologist, 54,* 165–181.

Ebner, N. C., Freund, A. M. & Baltes, P. B. (2006). Developmental changes in personal goal orientation from young to late adulthood: From striving for gains to maintenance and prevention of losses. *Psychology and Aging, 21,* 664–678.

Fiske, S. T. (1998). Stereotyping, prejudice, and discrimination. In D. T. Gilbert, S. T. Fiske & G. Lindzey (Hrsg.), *Handbook of social psychology* (4th ed., Vol. 2, S. 357–411). New York, NY: McGraw-Hill.

Freund, A. M. (2006). Differential motivational consequences of goal focus in younger and older adults. *Psychology and Aging, 21,* 240–252.

Freund, A. M. (2007). Differentiating and integrating levels of goal representation: A life-span perspective. In B. R. Little, K. Salmela-Aro, J. E. Nurmi & S. D. Phillips (Hrsg.), *Personal project pursuit: Goals, action, and human flourishing* (S. 247–270). Mahwah, NJ: Erlbaum.

Freund, A. M. (2008). Successful aging as management of resources: The role of selection, optimization, and compensation. *Research on Human Development, 5,* 94–106.

Freund, A. M. & Baltes, P. B. (2000). The orchestration of selection, optimization, and compensation: An action-theoretical conceptualization of a theory of developmental regulation. In W. J. Perrig & A. Grob (Hrsg.), *Control of human behaviour, mental processes, and consciousness* (S. 35–58). Mahwah, NJ: Erlbaum.

Freund, A. M. & Baltes, P. B. (2002). Life-management strategies of selection, optimization, and compensation: Measurement by self-report and construct validity. *Journal of Personality and Social Psychology, 82*, 642–662.

Freund, A. M. & Hennecke, M. (2012). Changing eating behaviour vs. losing weight: The role of goal focus for weight loss in overweight women. *Psychology and Health, 27*, 25–42.

Freund, A. M., Hennecke, M. & Mustafic, M. (2012). On gains and losses, means and ends: Goal orientation and goal focus across adulthood. In R. Ryan (Hrsg.), *The Oxford handbook of human motivation* (S. 280–300). New York, NY: Oxford University Press.

Freund, A. M., Hennecke, M. & Riediger, M. (2010). Age-related differences in outcome and process goal focus. *European Journal of Developmental Psychology, 7*, 198–222.

Freund, A. M., Nikitin, J. & Riediger, M. (2012). Successful aging. In R. M. Lerner, A. Easterbrooks & J. Mistry (Hrsg.), *Comprehensive handbook of psychology: Volume 6: Developmental psychology* (S. 615–638). New York, NY: Wiley.

Freund, A. M. & Smith, J. (1999). Content and function of the self definition in old and very old age. *Journals of Gerontology: Psychological Science, 54*, 55–67.

Fung, H. H. & Carstensen, L. L. (2003). Sending memorable messages to the old: Age differences in preferences and memory for advertisements. *Journal of Personality and Social Psychology, 85*, 163–178.

Fung, H. H., Carstensen, L. L. & Lutz, A. M. (1999). Influence of time on social preferences: Implications for life-span development. *Psychology and Aging, 14*, 595–604.

Gross, J. J. & John, O. P. (2003). Emotion regulation: Affective, cognitive, and social consequences. *Psychophysiology, 39*, 281–291.

Havighurst, R. J. (1963). Successful aging. In R. H. Williams, C. Tibbits & W. Donohue (Hrsg.), *Processes of aging: Social and psychological perspectives* (Vol. 1; S. 299–320). New York, NY: Atherton.

Heckhausen, H. (1989). *Motivation und Handeln.* Berlin: Springer.

Heckhausen, J. (1999). *Developmental regulation in adulthood: Age normative and sociostructural constraints as adaptive challenges.* Cambridge, UK: Cambridge University Press.

Heckhausen, J., Dixon, R. & Baltes, P. (1989). Gains and losses in development throughout adulthood as perceived by different adult age groups. *Developmental Psychology, 25*, 109–121.

Heckhausen, J. & Krueger, J. (1993). Developmental expectations for the self and most other people: Age grading in three functions of social comparison. *Developmental Psychology, 29*, 539–548.

Heckhausen, J. & Schulz, R. (1995). A life-span theory of control. *Psychological Review, 102*, 284–304.

Heckhausen, J., Wrosch, C. & Fleeson, W. (2001). Developmental regulation before and after a developmental deadline: The sample case of "biological clock" for child-bearing. *Psychology and Aging, 16*, 400–413.

Heckhausen, J., Wrosch, C. & Schulz, R. (2010). A motivational theory of lifespan development. *Psychological Review, 117*, 32–60.

Hess, T. M., Auman, C., Colcombe, S. J. & Rahahal, T. A. (2003). The impact of stereotype threat on age differences in memory performance. *Journal of Gerontology: Psychological Sciences, 58*, 3–11.

Hilton, J. L. & von Hippel, W. (1996). Stereotypes. In J. T. Spence, J. M. Darley & D. J. Foss (Hrsg.), *Annual Review of Psychology* (Vol. 47, S. 237–271). Palo Alto, CA: Annual Reviews.

Hummert, M. L. (1990). Multiple stereotypes of elderly and young adults: A comparison of structure and evaluations. *Psychology and Aging, 5*, 182–193.

Hummert, M. L., Garstka, T. A., Shaner, J. L. & Strahm, S. (1994). Stereotypes of the elderly held by young, middle-aged, and elderly adults. *Journal of Gerontology: Psychological Science, 49,* 240–249.

Kranz, D. (2005). *Was nicht mehr zu ändern ist. Eine bewältigungstheoretische Untersuchung zum Gefühl der Reue.* Berlin: Wissenschaftlicher Verlag.

Lang, F. R. & Carstensen, L. L. (1994). Close emotional relationships in late life: Further support for proactive aging in the social domain. *Psychology and Aging, 9,* 315–324.

Lang, F. R., Rieckmann, N. & Baltes, M. M. (2002). Adapting to aging losses: Do resources facilitate strategies of selection, compensation, and optimization in everyday functioning? *Journals of Gerontology: Series B: Psychological Sciences and Social Sciences, 6,* 501.

Lawton, M. P. (1982). Competence, environmental press, and the adaption of older people. In M. P. Lawton, P. G. Windley & T. O. Byerts (Hrsg.), *Aging and the environment* (S. 33–59). New York, NY: Springer.

Lawton, M. P. (1989). Behavior-relevant ecological factors. In K. W. Schaie & C. Schooler (Hrsg.), *Social structure and aging: Psychological processes* (S. 57–78). Hillsdale, NJ: Erlbaum.

Lawton, M. P. (1999). Environmental taxonomy: Generalizations from research with older adults. In S. L. Friedman & T. D. Wachs (Hrsg.), *Measuring environment across the life span* (S. 91–124). Washington, DC: American Psychological Association.

Lawton, M. P. & Nahemow, L. (1973). Ecology and the aging process: The psychology of adult development and aging. In C. Eisdorfer & M. P. Lawton (Hrsg.), *The psychology of adult development and aging* (S. 619–674). Washington, DC: American Psychological Association.

Lerner, R. M. (1984). *On the nature of human plasticity.* New York, NY: Cambridge University Press.

Lerner, R. M. & Busch-Rossnagel, N. (1981). Individuals as producers of their development: Conceptual and empirical bases. In R. M. Lerner & N. A. Busch-Rossnagel (Hrsg.), *Individuals as producers of their development: A life-span perspective* (S. 1–36). New York, NY: Academic Press.

Levy, B. (1996). Improving memory in old age by implicit self-stereotyping. *Journal of Personality and Social Psychology, 71,* 1092–1107.

Martens, A., Greenberg, J., Schimel, J. & Landau, M. J. (2004). Ageism and death: Effects of mortality salience and perceived similarity to elders on reactions to elderly people. *Personality and Social Psychology Bulletin, 30,* 1524–1536.

Mather, M., Canli, T., English, T., Whitfield, S., Wais, P., Ochsner, K., Gabrieli, J. D. E. & Carstensen, L. L. (2004). Amygdala responses to emotionally valenced stimuli in older and younger adults. *Psychological Science, 15,* 259–263.

Miller, S. M., Blalock, J. & Ginsburg, H. J. (1984). Children and the aged: Attitudes, contact, and discriminative ability. *International Journal of Aging and Human Development, 19,* 47–53.

Riediger, M. & Freund, A. M. (2006). Focusing and restricting: Two aspects of motivational selectivity in adulthood. *Psychology and Aging, 21,* 173–185.

Riediger, M. & Freund, A. M. (2008). Me against myself: Motivational conflicts and emotional development in adulthood. *Psychology and Aging, 23,* 479–494.

Riediger, M., Schmiedek, F., Wagner, G. G. & Lindenberger, U. (2009). Seeking pleasure and seeking pain: Differences in prohedonic and contra-hedonic motivation from adolescence to old age. *Psychological Science, 20,* 1529–1535.

Rothbaum, F., Weisz, J. R. & Snyder, S. S. (1982). Changing the world and changing the self: A two process model of perceived control. *Journal of Personality and Social Psychology, 42,* 5–37.

Scheibe, S. & Carstensen, L. L. (2010). Emotional aging: Recent findings and future trends. *Journals of Gerontology: Series B: Psychological Sciences and Social Sciences, 65B,* 135–144.

Scheibe, S., Freund, A. M. & Baltes, P. B. (2007). Toward a developmental psychology of Sehnsucht (life-longings): The optimal (utopian) life. *Developmental Psychology, 43,* 778–795.

Tajfel, H. & Turner, J. C. (1979). An integrative theory of intergroup conflict. In W. G. Austin & S. Worchel (Hrsg.), *The social psychology of intergroup relations* (S. 33–47). Monterey, CA: Brooks/Cole.

Thomae, H. (1976). Patterns of successful aging. In H. Thomae (Hrsg.), *Patterns of aging* (S. 147–161). Basel: Karger.

Weiss, D. & Freund, A. M. (2012). Still young at heart: Negative age-related information motivates distancing from same-aged people. *Psychology and Aging, 27*, 173–180.

Weiss, D. & Lang, F. R. (2009). Thinking about my generation: Adaptive effects of a dual age identity in later adulthood. *Psychology and Aging, 24*, 729–73.

White, R. W. (1959). Motivation reconsidered: The concept of competence. *Psychological Review, 66*, 297–333.

Wrosch, C. & Heckhausen, J. (2002). Perceived control of life regrets: Good for young and bad for old adults. *Psychology and Aging, 17*, 340–350.

Wrosch, C., Scheier, M. F., Miller, G. E., Schulz, R. & Carver, C. S. (2003). Adaptive self-regulation of unattainable goals: Goal disengagement, goal reengagement, and subjective well-being. *Personality and Social Psychology Bulletin, 29*, 1494–1508.

Ziegelmann, J. P. & Lippke, S. (2006). Selbstregulation in der Gesundheitsverhaltensänderung: Strategienutzung und Bewältigungsplanung bei Erwachsenen im jungen, mittleren und höheren Alter. *Zeitschrift für Gesundheitspsychologie, 14*, 82–90.

Kapitel 12
Theorien zu Imitation und Handlungsverständnis

Birgit Elsner

„… imitation is thought to require an active construal of the model by the individual and some recognition of the similarity that is established with the model in the course of imitation."

(Uzgiris, 1981, S. 2)

Im Rahmen der Anpassung eines menschlichen Säuglings an seine Umwelt ist es für ihn essentiell, Kontakt zu den umgebenden Personen aufzunehmen, deren Zuwendungsbereitschaft zu erlangen und mit ihnen zu kooperieren. Deshalb haben in den letzten zwei Jahrzehnten wissenschaftliche Untersuchungen Interesse erregt, die zeigen, wie Säuglinge die Handlungen anderer Personen wahrnehmen und interpretieren. Als Erwachsene erleben wir die Aktivitäten anderer Personen als zielgerichtet und schließen aus dem beobachteten Verhalten auf zugrundeliegende interne Zustände wie Absichten, Wünsche oder Gefühle. Säuglinge können zwar im ersten Lebensjahr schon imitieren, aber es ist fraglich, ob sie auch ein Verständnis für die inneren Zustände der anderen haben und wie und wann sie diese Fähigkeit herausbilden. Dieses Kapitel beleuchtet dazu verschiedene theoretische Ansätze, bei denen es vor allem um die Fähigkeit zur Imitation und die Frage geht, inwiefern die kindliche Imitation Auskunft darüber gibt, wie die Kinder auch die Handlungen anderer Personen verstehen und für sich selbst zunutze machen.

1 Begriffsbestimmung

Die Fähigkeit zur Imitation erlaubt schon kleinen Kindern, auf vielfältige Weise mit ihrer Umwelt zu interagieren: Indem die Kinder eine andere Person nachahmen, schaffen sie einen Abgleich zwischen einem Aspekt der externen Umwelt und ihrer eigenen Aktivität. Die Minimaldefinition der Imitation besteht demnach darin, dass eine Person (Imitator) das

Verhalten einer anderen Person (Modell) beobachtet und anschließend ein ähnlich aussehendes Verhalten ausführt. Um eine Übereinstimmung zwischen der beobachteten und der selbst ausgeführten Bewegung herzustellen, muss der Imitator das Modellverhalten wahrnehmen, geistig verarbeiten und anschließend motorisch umsetzen. Dieser Prozess erfordert spezifische geistige und motorische Fähigkeiten, weshalb einige theoretische Modelle das Imitationsverhalten auch als einen wichtigen Indikator für die *kognitive* Entwicklung des Kindes ansehen.

Imitation enthält allerdings auch eine Reihe *sozialer* Aspekte, denn sie erfordert das Erkennen von Ähnlichkeiten zwischen einem Modell und seinem Imitator. So kann durch Nachahmung signalisiert werden, wie das Modellverhalten interpretiert und verstanden wurde, beispielsweise in Hinblick auf die zugrundeliegenden Wünsche oder Absichten des Modells. Einige theoretische Ansätze sehen deshalb die frühkindliche Imitation als Indikator für das Handlungsverständnis und die *sozial-kognitive* Entwicklung an. Da sich darüber hinaus die ersten zwei Lebensjahre als entscheidend für die Herausbildung und Funktionalität des kindlichen Imitationsverhaltens und Handlungsverständnisses herausgestellt haben, werden in diesem Kapitel theoretische Ansätze geschildert, die erklären, wie sich die Imitationsfähigkeit in dieser Zeit entwickelt und wie auf dieser Grundlage Kleinkinder nicht nur ihre eigene Handlungsfähigkeit im sozialen Kontext erweitern, sondern schlechthin kulturelles Wissen erwerben.

2 Historische Anfänge

Bereits zu Beginn des vergangenen Jahrhunderts interessierte es, wie die menschliche Fähigkeit zur Imitation entsteht. Die ersten theoretischen Vorstellungen dazu beruhten auf anekdotischen Berichten. Laut Butterworth (1999) beschrieb beispielsweise McDougall (1931), wie sein drei Monate alter Neffe Zungenbewegungen imitierte, und Preyer (1892) berichtete von Nachahmungen bei seiner vier Monate alten Tochter. Aufgrund dieser Berichte wurde die Imitationsfähigkeit als angeborene Tendenz angesehen, die sich im Laufe der menschlichen Evolution herausgebildet hat (vgl. McDougall, 1914). Der adaptive Wert dieser Fähigkeit bestehe darin, dass der Säugling durch Imitation eine Verbindung zu den Personen aufbauen könne, die sein Überleben sichern. Später wurden jedoch weitere alternative Erklärungsmodelle zur kindlichen Imitationsfähigkeit erarbeitet:

(1) Imitation als Ergebnis von Verstärkung. Im Gegensatz zu angeborenen Ursprüngen wird mit diesem Ansatz vermutet, dass das Imitationsverhalten das Ergebnis allgemeiner Lernmechanismen sein könnte. Danach geschieht Imitation zunächst ungeplant, nämlich wenn ein Säugling zufällig ein ähnliches Verhalten ausführt wie eine andere Person (z. B. die Mutter). Sollte dann die Mutter dieses kindliche Verhalten als vermeintliche Nachahmung interpretieren, kann dies zu einer intensivierten emotionalen Zuwendung führen. Infolge dieser positiven Verstärkung gewinnt die Imitation dann selbstbelohnenden Charakter und wird vom Kind spontan gezeigt (vgl. Miller & Dollard, 1941).

(2) Imitation als sozialer Lernmechanismus. Imitation kann aber auch genutzt werden, um im Sinne von Modell- oder Beobachtungslernen neue Verhaltensweisen zu erwerben. So übernehmen Kindergartenkinder aggressive Verhaltensweisen von einem Modell, das für seine Aggression belohnt wurde. Wurde das Modell nicht belohnt oder hatte es kein aggressives Verhalten gezeigt, dann zeigten die Kinder auch deutlich weniger aggressive Verhaltensweisen. Nach Bandura (1976) beruht Imitation demnach auf stellvertretender Verstärkung,

denn das Kind erfährt die Folgen eines Verhaltens nicht selbst, sondern beobachtet diese nur beim Modell. Dabei sind bestimmte Eigenschaften des Modells von Vorteil: Kinder imitieren besonders dann, wenn das Modell generell als positiv oder beliebt wahrgenommen und respektiert wird oder ähnliche Eigenschaften oder soziale Rollen wie das Kind aufweist. Es wird dann erwartet, dass das gleiche Verhalten zu den gleichen Belohnungen bzw. zu ähnlichem sozialen Ansehen führt (sog. Belohnungserwartung).

(3) Imitation als geistige Verarbeitungsleistung. Für Baldwin (1901) lag die wichtigste Eigenschaft der Imitation in der Wiederholung, da wiederkehrende Stimulierung den geistigen Verarbeitungsprozess fördere und das Wissen und die Fähigkeiten des Kindes erweitere. Baldwins Annahmen wurden von Piaget (1969, 1975) aufgegriffen, der die Entwicklung des Nachahmungsverhaltens in den ersten zwei Lebensjahren vor dem Hintergrund seiner Theorie der geistigen Entwicklung als konstruktiven Prozess darstellte, bei dem sich das Kind handelnd mit seiner Umwelt auseinandersetzt und dadurch seinen Wissens- und Fähigkeitsstand kontinuierlich erweitert. Wenn neue Erfahrungen nicht in die bereits erworbenen kognitiven Schemata des Kindes eingeordnet werden können, werden sogenannte Adaptationsprozesse wirksam: Bei der Assimilation werden neue Erfahrungen in bereits vorhandene kognitive Schemata integriert, bei der Akkommodation werden die kognitiven Schemata verändert, um neue Erfahrungen repräsentieren zu können.

Vor allem die Ähnlichkeit zwischen einer beobachteten Handlung und dem eigenen Handlungsrepertoire (vgl. Piaget, 1975) motiviere das Kind dazu, Verhaltensweisen nachzuahmen. Gleichzeitig sei aber immer auch eine Diskrepanz zwischen der beobachteten Handlung und den eigenen Handlungserfahrungen vorhanden, die Adaptationsprozesse anrege. Piaget sah in der Imitation einen Akkommodationsprozess, da kognitive Schemata

Die soziale Funktion der Imitation besteht darin, Gegenseitigkeit und geteiltes Verstehen zu kommunizieren, wobei der Nachahmungsakt eine Möglichkeit ist, zwischen zwei Individuen eine Kongruenz darzustellen. Nachahmer und Modell bilden dabei eine *Ähnlichkeitsbeziehung*, bei der eine gesehene (visuell wahrgenommene) Bewegung einer Person in eine übereinstimmende eigene (motorische) Verhaltensäußerung übersetzt wird.

Stadium; Alter	Imitierte Bewegungen
I 1. Monat	Abwesenheit der Nachahmung: Vorbereitung der Imitation durch Reflexe
II 1–4 Monate	Sporadische Nachahmung: Laute und einfache Gesten mit Händen oder Mund
III 4–8 Monate	Systematische Nachahmung: bekannte Laute und bekannte Gesten mit Körperteilen, die für das Kind sichtbar sind (z. B. Hände)
IV 8–12 Monate	Systematische Nachahmung: bekannte Gesten mit nicht sichtbaren Körperteilen (z. B. Gesicht)
V 12–18 Monate	Systematische Nachahmung: neue Verhaltensäußerungen inklusive nicht sichtbarer Gesten
VI 18–24 Monate	Aufgeschobene oder verzögerte Imitation: Imitation auf Basis eines „inneren Modells"

Tabelle 12.1: Die Entwicklung der Imitation vor dem Hintergrund des Stadien-Modells der sensomotorischen Entwicklung nach Piaget (1975).

durch die Reproduktion einer Handlung verändert würden. Wenn Assimilation nicht ausreicht, um die Handlung eines Modells vollständig zu verstehen, bietet Imitation eine Möglichkeit, um mit der Verunsicherung umzugehen und das Wahrgenommene kognitiv zu verarbeiten. Modelle mittlerer Diskrepanz werden deshalb auch bevorzugt nachgeahmt (Uzgiris, 1981). Dabei bestimmt der kognitive Entwicklungsstand des Kindes, welche Modelle das sind und welche Handlungen imitiert werden.

Bei Neugeborenen nahm Piaget (1975) allerdings noch keine Imitationsfähigkeit an. In seiner Darstellung (Tabelle 12.1) stellt die Imitation in den ersten acht Monaten lediglich eine Erweiterung der Handlungen des Säuglings dar, weil das Kind das beobachtete Modellverhalten als eine Art Fortsetzung seiner eigenen Aktivität begreife. Echte Imitation, bei der eigene und fremde Handlungen unterschieden werden, setze erst gegen Ende des ersten Lebensjahres ein. Dann beginne das Kind auch damit, Eigenschaften von Objekten systematisch zu erforschen. Die Imitation erlaube hierbei das Entdecken neuer Handlungsmöglichkeiten. Wenn (gegen Ende des zweiten Lebensjahres) dann mentale Symbole gebildet würden, würden diese Erfahrungen zunehmend verinnerlicht und die Imitation könne auf der Basis eines inneren Modells bzw. einer symbolischen Vorstellung erfolgen. Nun könne das Kind sogar Modelle imitieren, die nicht anwesend seien (sog. verzögerte Imitation).

3 Allgemeine theoretische Orientierungen

Bis zu den 1980er-Jahren interessierte man sich vor allem für die *kognitiven* Voraussetzungen und Konsequenzen der Imitation, angeregt durch Piaget (1975), der eine enge Verknüpfung zwischen Imitation und der geistigen Entwicklung von Kleinkindern annahm. Uzgiris (1981) betonte jedoch, dass Imitation in einer interpersonalen Situation auftritt, in der die Handlungen einer Person als Modell für eine andere Person dienen. Dabei besteht die *soziale* Funktion der Imitation darin, Gegenseitigkeit und geteiltes Verstehen zu kommunizieren. Dabei ist vor allem die Beziehung zwischen dem Imitator und seinem Modell relevant, während die Art der involvierten Handlungen in den Hintergrund tritt. Die kognitive Entwicklung des Kindes bildet hier lediglich die Basis für das Verstehen dieser Beziehung und beeinflusst, in welchen Situationen überhaupt imitiert wird. Auch scheint das Erkennen von Gegenseitigkeit an sich bereits einen belohnenden Charakter zu haben, denn schon junge Kinder reagieren positiv, wenn ihre Handlungen durch andere Personen imitiert werden. Soziale und kognitive Funktionen der Imitation sind jedoch keine konkurrierenden Aspekte (Uzgiris, 1981), sondern es sind stets beide Funktionen involviert. Heutige Erklärungsmodelle zum Imitationsverhalten unterscheiden sich unter anderem darin, wie stark der jeweilige Anteil gewichtet wird.

3.1 Das Korrespondenzproblem der Imitation

Das Korrespondenzproblem der Imitation entsteht dadurch, dass ein visuell wahrgenommenes Verhalten des Modells in eine analoge eigene Körperbewegung des Imitators übertragen werden muss (Brass & Heyes, 2005). Besonders schwierig ist diese Kopplung von Wahrnehmung und Handlung bei nachgeahmten Verhaltensäußerungen, die der Imitierende an sich selbst nicht visuell überprüfen kann, wie dies bei Gesichtsgesten der Fall ist. Das beobachtete Verhalten muss hier in eine gleich aussehende eigene Bewegung übertragen werden, die nur durch die Körpersinne (z. B. Propriozeption) wahrgenommen werden kann. Zur Lösung des Korrespondenzproblems gibt es verschiedene theoretische Vorschläge (vgl. Hurley & Chater, 2005), von denen zwei Ansätze nachfolgend erläutert werden:

(1) Das AIM-Modell. Meltzoff und Moore (1977, 1994) postulieren, dass Imitation auf einem angeborenen System (*active-intermodal-mapping; AIM*) beruht, das (visuell) beobachtete Verhaltensäußerungen anderer Menschen und eigene (propriozeptiv wahrgenommene) Verhaltensäußerungen automatisch abgleicht. Nach diesem Modell sind bereits Neugeborene dazu in der Lage, Bewegungen zu imitieren, die sie bei sich selbst nicht sehen können (Abb. 12.1a), denn eine gemeinsame supramodale kognitive Repräsentation verbindet die Verhaltensbeobachtung mit der Verhaltensausführung. In den 1990er-Jahren wurde zudem eine mögliche neuronale Entsprechung des AIM-Systems gefunden: Bestimmte Nervenzellen in der Großhirnrinde von Makaken-Affen sind sowohl dann aktiv, wenn der Affe eine Körperbewegung selbst ausführt, als auch dann, wenn das Tier dieselbe Bewegung bei anderen beobachtet (vgl. Gallese, Fadiga, Fogassi, & Rizzolatti, 1996). Inzwischen wurden auch im menschlichen Gehirn derartige „Spiegelneurone" nachgewiesen (vgl. Iacoboni & Dapretto, 2006; Rizzolatti & Craighero, 2004) und mit der Fähigkeit zur Imitation in Verbindung gebracht. Die genaue Funktion dieser Gehirnstrukturen bei der Nachahmung ist aber noch weitgehend unklar, ebenso wie die Fragen, wann und wie die Spiegelsysteme in der Kindheit entstehen und wie sie sich weiterentwickeln.

(2) Assoziatives Lernen. Ein alternativer Ansatz zur Lösung des Korrespondenzproblems führt Imitation nicht auf angeborene Mechanismen, sondern auf gelerntes Handlungswissen zurück. So postulieren Heyes (2005) und Elsner (2007), dass die Nachahmungsfähigkeit in zwei Stufen erworben wird: In einer ersten Stufe führt eine Person eine Körperbewegung aus und nimmt Feedback über unterschiedliche Wahrnehmungskanäle wahr, und zwar wie sich die Bewegung anfühlt (propriozeptiv) und wie sie aussieht (visuell), aber auch, ob Veränderungen in der Umwelt oder des eigenen Körpers daraus resultieren. Assoziative Lernmechanismen sorgen dafür, dass die motorische Repräsentation der ausgeführten Bewegung mit den gleichzeitig auftretenden sensorischen Repräsentationen des Feedbacks verknüpft werden (Abb. 12.1b). In einer zweiten Stufe bewirken diese erlernten Assoziationen,

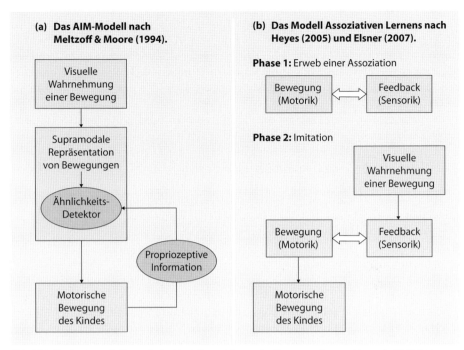

Abb. 12.1: Konkurrierende theoretische Modelle zur Lösung des Korrespondenzproblems der Imitation.

dass beim Beobachten einer Verhaltensäußerung diejenige motorische Repräsentation aktiviert wird, die häufig zu diesem visuellen Eindruck geführt hatte. Wenn die Aktivierung stark genug ist, kann es zur Ausführung der repräsentierten Verhaltensäußerung kommen. Die Imitation unterliegt allerdings einer willentlichen Kontrolle, denn die motorische Aktivierung kann in Abhängigkeit von den Handlungsabsichten oder der Motivation des Beobachters verstärkt oder vermindert werden (Brass & Heyes, 2005). Wie viele und welche Verhaltensäußerungen das Kind in einem bestimmten Alter imitieren kann, hängt davon ab, welche Verhaltensäußerungen es bisher gleichzeitig ausgeführt und visuell wahrgenommen hat. Neugeborene sollten demnach gar keine oder nur sehr wenige Verhaltensäußerungen imitieren können. So gesehen stehen sich diese zwei theoretischen Ansätze zum Korrespondenzproblem bislang unentschieden gegenüber.

3.2 Imitation als Spezialfall sozialen Lernens

Die Imitationsfähigkeit stellt zweifellos eine wichtige Grundlage für das Entstehen der menschlichen Kultur dar (z. B. Tomasello, 1999). So ist der Mensch die einzige Spezies, die den Werkzeuggebrauch kultiviert hat. Wie man Werkzeuge benutzt und anfertigt, wird meist durch Imitation weitergegeben. Dabei muss das beobachtete Verhalten genau repliziert werden, weil sonst die gewünschten Effekte nicht auftreten (Elsner, 2009). Da andere Spezies Werkzeuge entweder nicht oder nur sporadisch benutzen, stellt sich die Frage, ob auch die Fähigkeit zur Imitation etwa nur beim Menschen zu finden ist.
Analysen des Verhaltens von Schimpansen oder Bonobos, die dem Menschen evolutionär am nächsten verwandt sind, sind in diesem Zusammenhang von besonderem Interesse. Die

Beantwortung der Frage, ob Tiere imitieren können, hängt davon ab, welches Verhalten als Imitation bezeichnet wird. Nehmen wir zum Beispiel an, dass ein Affe B (Beobachter) einem anderen Affen M (Modell) dabei zusieht, wie dieser einen Stock in einen Termitenhügel steckt, wieder herauszieht und die haftenden Termiten ableckt. Wenn Affe B anschließend auch mit dem Stock am Termitenhügel agiert, kann dies unterschiedliche Gründe haben (Abb. 12.2):

(1) *Emulation* ist, wenn B nur auf den von M erreichten Zweck achtet und versucht, dieselben Effekte hervorzurufen, indem er irgendeine ihm bekannte Handlung dazu ausführt.

(2) *Mimicking* besteht dagegen darin, dass sich B nur auf den Bewegungsablauf von M konzentriert und ihn „blind" kopiert, ohne auf die Konsequenzen zu achten (vgl. Want & Harris, 2002).

(3) *Imitation* erfordert, dass B sowohl dieselbe Handlung ausführt als auch dasselbe Handlungsziel wie M anstrebt (vgl. Tomasello, 1999). B müsste damit erkennen, dass die von M ausgeführte Handlung ein mögliches Mittel ist, um einen bestimmten Zweck zu erreichen.

Imitation, Mimicking und Emulation unterscheiden sich demnach dadurch, welche Aspekte des Verhaltens eines anderen (Bewegungsablauf und/oder die Effekte) vom Beobachter reproduziert werden. Für die Entwicklungspsychologie stellt sich dieses Abgrenzungsproblem in ähnlicher Weise mit der Frage, ab welchem Alter Babys sowohl eine beobachtete Handlung als auch die resultierenden Effekte kognitiv verarbeiten können (vgl. Elsner, 2007). Da für die Imitation nach dieser Definition interpretative Prozesse erforderlich sind, die eher bei Menschen als bei anderen Spezies entwickelt sind, liegt der Schluss nahe, dass sich die Grundlagen der Imitation evolutionär entwickelt haben. Sie gehören zu den angeborenen, spezifisch menschlichen Fähigkeiten, die in der frühen Kindheit jedoch noch weiter entwickelt werden (vgl. Tomasello, Carpenter, Call, Behne & Moll, 2005).

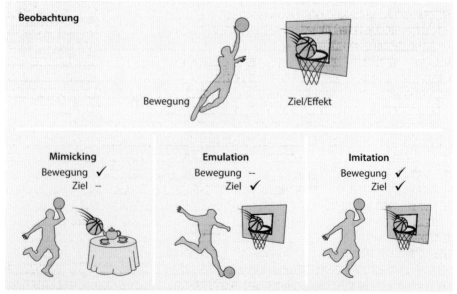

Abb. 12.2: Formen des sozialen Lernens (Tomasello, 1999; Want & Harris, 2002).

3.3 Imitation als Ausdruck des Handlungsverständnisses

Handlungen sind Verhaltensäußerungen, die auf ein bestimmtes Ziel ausgerichtet sind. Die mentalen Zustände, die dem Verhalten zugrunde liegen (z. B. Absichten oder Wünsche) sind dabei nicht sichtbar. Sie müssen vielmehr aus beobachtbaren Verhaltensaspekten erschlossen werden, d. h. aus den Körperbewegungen, deren Konsequenzen oder Endzuständen oder auch aus den Gefühlsäußerungen des Modells (Elsner, 2007). Handlungsziele sind hierbei besonders bedeutsam, weil sie dem Verhalten einen Sinn verleihen und es ermöglichen, zukünftige Handlungen vorherzusagen. Infolgedessen können Blick und Nachahmungsverhalten von Kleinkindern zeigen, wie sie das Verhalten anderer Personen geistig verarbeiten.

(1) Erfahrungsbasierter Ansatz. Dieser Ansatz bezieht seine empirische Evidenz aus Studien über Babys, deren Blickzeit für ausgewählte Handlungen analysiert wurde. Woodward und Kollegen (2009) zeigten beispielsweise, dass bereits sechs und neun Monate alte Kinder die Greifbewegung einer menschlichen Hand als zielgerichtet wahrnehmen. Die Säuglinge erwarten, dass eine Hand ihr Ziel auch dann beibehält, wenn für das Ergreifen eines Objektes eine veränderte Bewegung ausgeführt werden muss. Die Babys erkannten jedoch die Zielgerichtetheit mit Sicherheit nur für solche Handlungen, die sie häufig beobachtet und bereits selbst ausgeführt hatten. Die frühkindliche Wahrnehmung von Handlungen beruht demnach auf den eigenen Handlungserfahrungen der Säuglinge.

(2) Zweckbestimmter Ansatz: The Teleological Stance. Können Säuglinge im ersten Lebensjahr jedoch auch neuartige Handlungen als zielgerichtet erkennen? Gergely und Csibra (2003) behaupten, dass ein derartiges Verständnis auf einem Interpretationssystem beruht, das drei Aspekte der Beobachtung zueinander in Beziehung setzt: das Verhalten, den (zukünftigen) Zustand und die Merkmale der Situation (z. B. Bewegungshindernisse). Außerdem beschrieben sie das Prinzip der rationalen Handlung (*principle of rational action*), nach dem die Kinder erwarten, dass das angestrebte Ziel durch dasjenige Verhalten realisiert wird, welches in der gegebenen Situation am effektivsten ist. Auch hier beruht die Handlungsinterpretation auf den kindlichen Erfahrungen, die aber nicht mehr allein nur auf die den Kindern bekannten menschlichen Handlungen beschränkt sind.

(3) Zielorientierter Ansatz GOADI: Goal-Directed Imitation. Gemäß diesem Ansatz können Kinder vorerst nur ausgewählte Bestandteile eines beobachteten Handlungsvorgangs wahrnehmen, weil ihre Informationsverarbeitungskapazität begrenzt ist (vgl. Wohlschläger, Gattis & Bekkering 2003). Das zeigt sich besonders bei Handlungen, die interessante Effekte erzeugen (z. B. Ton oder Licht) und häufiger imitiert werden als „effektlose" Handlungen (Elsner, 2007). Sind klare Endzustände vorhanden (z. B. ein Ton), dann versuchen die Kinder meist, dieses wichtige Handlungsziel zu reproduzieren, und achten dabei weniger auf eine genaue Reproduktion des Verhaltens. Ist der Endzustand jedoch nicht klar erkennbar, wird das genaue Ausführen des Bewegungsablaufs wichtig und tritt in das Zentrum der Imitation.

Gemäß der GOADI-Theorie sollten Kinder ein beobachtetes Verhalten unterschiedlich imitieren abhängig davon, ob das Modell ein sichtbares Ziel erreicht oder nicht. Dies konnten Bekkering, Wohlschläger und Gattis (2000) für 3- bis 6-jährige Kinder nachweisen. Eine Gruppe von Kindern beobachtete, wie ein Modell mit seiner Hand eines seiner Ohren berührte, wobei einige der Handlungen die Körpermitte kreuzten (z. B. rechte Hand – linkes Ohr). Hier reproduzierten die Kinder vor allem das Ziel, d. h. sie berührten oft dasselbe Ohr wie das Modell, aber sie missachteten den genauen Bewegungsablauf, d. h. sie verwendeten nicht immer dieselbe Hand wie das Modell (z. B. linke Hand – linkes Ohr). Eine andere

Gruppe von Kindern beobachtete, wie das Modell dieselben Bewegungen ausführte, aber die Hand ca. 5 cm vom Ohr entfernt in der Luft stehen ließ. In diesem Fall reproduzierten die Kinder vor allem den Bewegungsablauf und nutzten meist dieselbe Hand wie das Modell. Ein ähnliches Ergebnismuster fand sich auch bei zwölf und achtzehn Monate alten Kindern (Carpenter, Call & Tomasello, 2005). Spätestens ab der Mitte des zweiten Lebensjahrs ist Imitation also ein interpretativer und selektiver Prozess, der davon abhängt, welche Komponenten einer beobachteten Handlung (Bewegung oder Ziel) das Kind als bedeutsam erachtet.

Insgesamt kann festgestellt werden, dass Säuglinge bereits im ersten Lebensjahr die Handlung anderer Personen als zielgerichtet wahrnehmen. Das Verständnis für die zugrunde liegenden Handlungsabsichten entwickelt sich jedoch erst danach (im zweiten Lebensjahr). Dann können die Kinder nicht nur erkennen, dass eine Hand ein bestimmtes Objekt ergreift (Handlungsziel), sondern sie können auch erschließen, dass die Hand das Objekt ergreifen will (Wunsch) oder das Objekt absichtlich ergreift (Intention) (Sodian, 2011). Das Verständnis der Handlungen anderer Personen ist demnach in den ersten zwei Lebensjahren zunächst teleologisch (d. h. auf das Ziel und den Zweck einer Handlung bezogen) und infolgedessen noch nicht mentalistisch. Das Handlungsverständnis wird in dem Maße mentalistisch, in dem es zunehmend auf zugrunde liegende geistige Zustände bezogen wird (Henning, Daum & Aschersleben, 2009).

3.4 Mentalistisches Handlungsverständnis

Mit vierzehn Monaten werden bevorzugt solche Handlungen nachgeahmt, die das Modell absichtlich (im Gegensatz zu zufällig) ausführt (Carpenter, Akhtar & Tomasello, 1998), und mit achtzehn Monaten können die Kinder ihr Verhalten sogar an der Handlungsabsicht eines Modells ausrichten, dessen Handlung missglückt ist (Meltzoff, 1995). Es ist deshalb offensichtlich, dass sich im zweiten Lebensjahr ein mentalistisches Handlungsverständnis entwickelt hat. Wie es dazu kommt, ist allerdings strittig. Zwei kontroverse Erklärungsansätze sollen dies verdeutlichen:

(1) Like-Me-Theorie. Für Meltzoff (2007) beruht das Verständnis von Handlungsabsichten auf der allgemeinen Erkenntnis des Kindes, dass andere „wie ich sind". Die Grundlage dafür bildet das angeborene AIM-System, das beobachtete und selbst ausgeführte Verhaltensäußerungen abgleicht (Meltzoff & Moore, 1994). Neugeborene erfahren so die Übereinstimmung zwischen anderen Menschen und sich selbst auf eine intuitive Weise. Zunächst stellen Babys Zusammenhänge zwischen ihrem Verhalten (beispielsweise eine bestimmte Zielerreichung) und ihrem eigenen mentalen Erleben her, das sich in Form einer bestimmten Körperhaltung, in einem Gesichtsausdruck oder in Lauten äußert. Anschließend können sie zunehmend auch die internen Zustände anderer Personen durch eine Analogie auf ihre eigenen Erfahrungen erschließen. Mit anderen Worten, wenn sich eine andere Person so verhält wie es selbst (*acting like me*), geht das Kind davon aus, dass der andere auch dieselben Gefühle erlebt, wie es selbst mit einem solchen Verhalten hat (*feeling like me*). Auf diese Weise verfügen Kleinkinder spätestens im zweiten Lebensjahr über psychologische Handlungsinterpretationen, noch bevor sie Sprache zur Kommunikation über geistige Zustände nützen können.

(2) Shared Intentionality. Auch Tomasello und Kollegen (2005) führen das kindliche Intentionsverständnis darauf zurück, dass Kinder Gemeinsamkeiten zwischen sich selbst und den Personen ihrer Umgebung herstellen. Entscheidend ist, dass sie mit ihnen eine gemeinsame Intentionalität aufbauen, mit anderen handeln und dabei Ziele und Intentionen teilen

können: Mit neun Monaten erkennen sie diese Personen als zielgerichtet handelnde Agenten, und sie trennen zwischen deren Bewegungen und den erreichten Zielen. Mit vierzehn Monaten teilen sie die Handlungsabsicht anderer Personen, wobei sie in der Lage sind, mit einem Partner, der eine zielgerichtete Handlung vorgibt, etwas zu tun. Die Kinder übernehmen dabei die Ziele des Modells. Die entstandenen dialogisch-kognitiven Repräsentationen ermöglichen es Kindern bereits zu Beginn des zweiten Lebensjahres, an interaktiven Aktivitäten teilzunehmen, die sie in die jeweilige Kultur einführen (Tomasello, 1999).

Trotz der unterschiedlichen Erklärungsgrundlagen betonen die verschiedenen Theorieansätze einen engen Zusammenhang zwischen den kognitiven Vorgängen, die bei der Ausführung eigener Handlungen und beim Verständnis für die Handlungen anderer entstehen. Ein Entwicklungsmeilenstein im kindlichen Handlungsverständnis scheint deshalb darin zu bestehen, dass Kinder mit ungefähr neun Monaten sowohl Mittel und Ziele in ihrem eigenen Verhalten unterscheiden (vgl. Piaget, 1969; Willatts, 1999) als auch die Ziele im Verhalten anderer erkennen (vgl. Gergely & Csibra, 2003; Woodward, 1998). Ein zweiter Meilenstein ergibt sich dann mit ungefähr vierzehn Monaten, wenn Kinder beginnen, absichtlich neue Verhaltensweisen zu explorieren (Piaget, 1969) und gleichzeitig die Intentionen anderer Personen nachzuvollziehen (Carpenter, Akhtar & Tomasello, 1998; Gergely, Bekkering & Király, 2002; Meltzoff, 1995).

4 Klassische Befunde

Imitation ist kein automatischer Prozess, bei dem Kinder eine gesehene Handlung einfach nur kopieren. Imitation stellt sich als ein *selektiver* und *interpretativer* Prozess dar, bei dem diejenigen Aspekte eines Vorgangs reproduziert werden, die ein Kind als bedeutsam wahrnimmt. Das Imitationsverhalten zeigt deshalb, wie Kinder die Handlungen anderer Personen geistig verarbeiten. Im Folgenden werden ausgewählte Ergebnisse zur Entwicklung der Imitationsfähigkeit und des Handlungsverständnisses in der frühen Kindheit vorgestellt.

4.1 Anfänge der Imitation

Einen frühen Befund zur Imitationsfähigkeit von Säuglingen lieferten Meltzoff und Moore (1977). Neugeborene, die nur zwölf bis einundzwanzig Tage alt waren, wurden mit einem Erwachsenen konfrontiert, der Gesten wie Zunge-Herausstrecken und Mund-Öffnen demonstrierte (Abb. 12.3). Externe Auswerter, die die Art der Demonstration nicht kannten, konnten anhand des Neugeborenenverhaltens relativ sicher zuordnen, welche Gesten demonstriert worden waren. Damit war klar geworden, dass Neugeborene Gesten imitieren können, über die sie

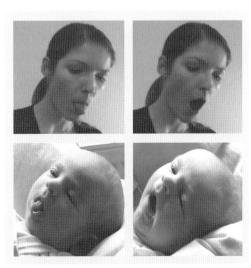

Abb. 12.3: Neugeborenenimitation von Zunge-Herausstrecken und Mund-Öffnen (nach Meltzoff & Moore, 1977).

selbst keine visuelle Kontrolle haben. Um auszuschließen, dass diese Imitationen innerhalb der ersten Lebenstage erlernt worden waren, führten Meltzoff und Moore (1983) die gleiche Untersuchung unmittelbar nach Geburt durch (das jüngste Kind war gerade 42 Minuten alt). Sie berichteten analoge Ergebnisse. Damit scheint eine grundständige Fähigkeit zur Imitation zur angeborenen Grundausstattung eines normal entwickelten Neugeborenen zu gehören (Meltzoff & Moore, 1994) und muss nicht erst erworben werden.

4.2 Imitation und Gedächtnisleistung

Die Nachhaltigkeit des Imitationsverhaltens bemaß Piaget (1975) an der Fähigkeit des Kindes zur verzögerten Imitation, die seiner Meinung nach erst gegen Ende des zweiten Lebensjahres einsetzt, wenn nämlich die Kinder mentale Symbole wie die Sprache verwenden können. Im Gegensatz dazu fand Meltzoff (1988a), dass bereits neun Monate alte Kinder einfache Handlungen mit Objekten auch dann nachahmten, wenn sie diese schon vierundzwanzig Stunden zuvor gesehen hatten. Vierzehn Monate alte Kinder imitierten Handlungen sogar noch nach einer Woche (Meltzoff, 1988b).

Wie sich diese verbesserte Gedächtniskapazität auf die Qualität der Imitation auswirkt, zeigt die Handpuppenaufgabe (Barr & Hayne, 2000): Mithilfe einer Handpuppe, die an einem Arm einen Fausthandschuh trägt, demonstriert das Modell eine aus drei Schritten bestehende Handlungssequenz: Handschuh abnehmen, schütteln (wobei ein im Handschuh verstecktes Glöckchen klingelt) und wieder aufsetzen. Es wurde untersucht, wie viele der drei Handlungsschritte nach einer definierten Latenzzeit noch imitiert werden. Es zeigten sich zunehmende Verbesserungen der Gedächtnisleistung mit steigendem Alter: Nach vierundzwanzig Stunden imitieren beispielsweise zwölf Monate alte Kinder nur den ersten Schritt, achtzehn Monate alte Kinder jedoch schon zwei Handlungsschritte. Den ersten Schritt imitieren zwölf Monate alte Kinder noch innerhalb von sieben Tagen, während achtzehn Monate alten Kindern dies schon dreiundzwanzig Tage lang gelang (Abb. 12.4). Offensichtlich wird eine nachhaltige Imitationsleistung bereits auf der Basis einer quantitativen Erweiterung in der Kapazität und Spanne des Gedächtnisses ermöglicht und benötigt keine qualitativen Veränderungen, wie diese ursprünglich von Piaget mit Einsetzen der Sprache postuliert wurden.

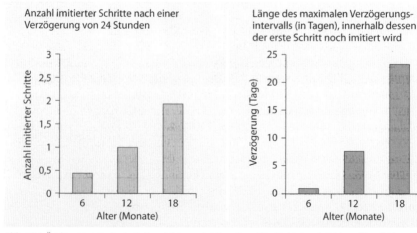

Abb. 12.4: Änderungen in der Imitationsleistung als Hinweis auf Gedächtnisentwicklung (Barr & Hayne, 2000).

4.3 Handlungsverständnis und Zielorientierung im ersten Lebensjahr

Wie Babys die Handlungen anderer Personen wahrnehmen, untersuchte Woodward (1998) mit einem Paradigma, das seitdem ein Standard in der kognitiven Säuglingsforschung darstellt: In einer Habituationsphase sahen sechs und neun Monate alte Kinder, wie eine Hand wiederholt eines von zwei Objekten auf einer kleinen Bühne ergriff (Abb. 12.5). Dieselbe Handlung wurde so häufig wiederholt, bis das Kind habituiert war (d. h., bis die Blickzeit unter einen festgelegten Wert absank). In der anschließenden Testphase wurde die Position der Objekte vertauscht. Nun ergriff die Hand abwechselnd entweder (a) das bekannte Zielobjekt, das nun auf einer neuen Position stand und eine veränderte Handbewegung erforderte, oder (b) die Hand führte die bekannte Bewegung aus, ergriff dabei aber das andere Objekt.

Das überraschende Ergebnis war, dass die Kinder länger auf „alte Bewegung – neues Ziel" schauten als auf „neue Bewegung – altes Ziel". Woodward (1998) schloss daraus, dass Babys die Handlung einer anderen Person als zielgerichtet wahrnehmen und dabei erwarten, dass die Hand ihr Ziel beibehält, selbst wenn sie dafür eine veränderte Bewegung ausführen muss. Daher waren die Blickzeiten der Kinder für „neue Bewegung – altes Ziel" geringer, als wenn die bekannte Handlung mit einem neuen Ziel durchgeführt wurde („alte Bewegung – neues Ziel"). Interessanterweise konnte dieses Ergebnis nicht repliziert werden, wenn dieselbe Handlung von einem mechanischen Greifarm ausgeführt wurde oder aber wenn die Objekte lediglich mit dem Handrücken berührt wurden anstatt sie zu ergreifen. Säuglinge scheinen Zielzuschreibungen nur bei solchen Handlungen vorzunehmen, die ihnen bekannt sind (Woodward, 1998, 1999; Woodward et al., 2009).

Es gibt aber auch Belege dafür, dass Babys Handlungsziele bei ihnen unbekannten Handlungen erkennen. So wurden Blickzeiten bei sechs, neun und zwölf Monate alten Kindern gemessen, denen ein Animationsfilm gezeigt wurde, in dem ein kleiner Kreis über ein Rechteck sprang, um neben einem großen Kreis zu landen (vgl. Csibra, Gergely, Bíró, Koós & Brockbank, 1999). Nachdem die Kinder auf dieses Ereignis habituiert waren, wurde ihnen ein Testfilm präsentiert, in dem das Rechteck nicht mehr vorhanden war und sich der kleine

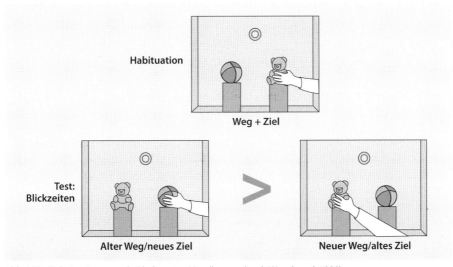

Abb. 12.5: Zielorientierungen bei bekannten Handlungen (nach Woodward, 1998).

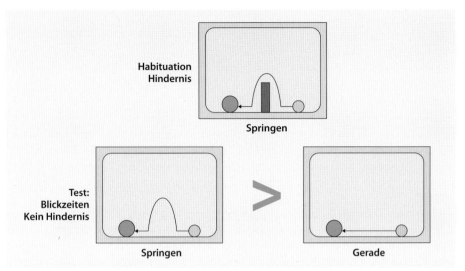

Abb. 12.6: Zielorientierungen bei unbekannten Handlungen (aus Csibra et al., 1999).

Kreis entweder (a) mit einem Sprung oder (b) auf direktem Weg zum großen Kreis bewegte (Abb. 12.6). Obwohl die Sprungbewegung des kleinen Kreises aus der Habituationsphase bekannt war, schauten die neun und zwölf Monate alten Kinder (jedoch nicht die sechsmonatigen Säuglinge) länger auf den Testfilm mit dem springenden Kreis. Eigentlich hätte der rollende Kreis die längere Blickzeit erfordern müssen, da er neuartig für Kinder war. Dies belegt jedoch, dass diese Kinder sich kaum an der Neuartigkeit der Situation orientierten, sondern an der Zweckmäßigkeit der Handlung. Sie hatten die Sprünge als Mittel verstanden, den großen Kreis zu erreichen, und das Rechteck als Hindernis bei der Zielerreichung. Im Testfilm aber gab es kein Hindernis mehr, und damit war die rollende Bewegung das effektivere Mittel zur Zielerreichung. Demnach scheinen bereits Säuglinge das Prinzip der rationalen Handlung anzuwenden (vgl. Csibra et al., 1999; Gergely & Csibra, 2003).

4.4 Entwicklung der Imitationsfähigkeit

In vergleichenden Studien bei menschlichen Kleinkindern und Primaten wird vor allem deutlich, wie präzise zweijährige Kinder beobachtete Handlungsabläufe imitieren. Schimpansen nutzen dagegen typischerweise eine bekannte Handlung aus ihrem Verhaltensrepertoire zum Erreichen des Handlungszieles und zeigen folglich Emulation (vgl. Nagell, Olguin & Tomasello, 1993; Tomasello, 1999; Want & Harris, 2002; Whiten, Horner & Marshall-Pescini, 2005). Durch Nachahmung können menschliche Kleinkinder also Mittel und Ziele lernen, und demnach bildet die Imitationsfähigkeit eine wichtige Grundlage für das Entstehen der menschlichen Kultur (Tomasello, 1999). Verschiedene Studien zeigen, welche Verhaltensaspekte von Kleinkindern imitiert werden.

In einer Untersuchung von Carpenter, Call und Tomasello (2005) imitierten zwölf und achtzehn Monate alte Kinder die Bewegung einer Spielzeugmaus (hüpfen oder rutschen) präzise, wenn die Spielzeugmaus irgendwo auf einer Matte stoppte (an einem nicht spezifizierten Ort). Endete der Bewegungsvorgang dagegen in einem von zwei Häusern (spezifizierter Ort), reproduzierten die Kinder häufiger das Ziel der Handlung richtig (linkes oder rechtes Haus) als die Bewegungsart selbst. Bereits einjährige Kinder scheinen demnach die Details des Handlungsablaufes zu missachten, wenn externe Zielobjekte vorhanden sind (Wohlschläger et al., 2003). Spätestens ab Mitte des zweiten Lebensjahres unterliegt die Imitation interpretativen und selektiven Prozessen, die davon abhängen, welche Komponenten einer beobachteten Handlung (Körperbewegung oder Zielzustand) als bedeutsam erachtet werden.

Eine weitere Untersuchung von Carpenter und Kollegen (1998) veranschaulicht, dass bereits vierzehn Monate alte Kinder ihre Nachahmung entsprechend der erschlossenen Handlungsabsichten des Modells ausrichten. Die Kinder beobachteten zwei Handlungen an einem Objekt: Rädchen-Drehen oder Handgriff-Anfassen, die zum Aufleuchten einer Lampe führten. Diese Demonstrationen wurden zudem sprachlich begleitet. Dabei sollte „Whoops!" suggerieren, dass der Effekt zufällig entstanden war, und „There!" sollte die Absicht des Effektes betonen, wobei die Handlungen und deren Benennung ausbalanciert dargeboten wurden. Im Ergebnis zeigte sich, dass die Kinder bevorzugt die „There!"-Bewegung imitierten und so die sprachlichen Äußerungen nutzten, um eine beabsichtigte Handlung zu erschließen (Abb. 12.7). Dies ist ein wichtiger Beleg für den Beginn des mentalistischen Handlungsverständnisses im zweiten Lebensjahr (Henning et al., 2009).

Gergely, Bekkering und Király (2002) fanden Belege für ein sehr weitgehendes Handlungsverständnis bei vierzehn Monate alten Kindern. Die Kinder beobachteten, wie ein Erwachsener eine Kiste durch Berühren mit der Stirn zum Aufleuchten brachte (Meltzoff, 1988b). In dieser Kopfbewegungs-Aufgabe lagen die Hände des Modells entweder frei und untätig neben der Lampe (uneingeschränkte Bedingung) oder waren dadurch belegt, dass das Modell eine um die Schultern gelegte Wolldecke vor der Brust zusammenhielt (eingeschränkte Bedingung) (Abb. 12.8). Wurde die uneingeschränkte Be-

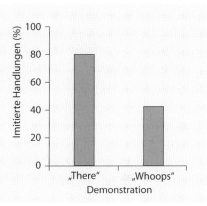

Abb. 12.7: Imitation beabsichtigter („There") und unbeabsichtigter („Whoops") Handlungen (nach Carpenter et al., 1998).

Abb. 12.8: Kopfbewegung zum Aktivieren der Lampe (nach Gergely et al., 2002).
Links: Eingeschränkte Bedingung (Hände des Modells halten eine Wolldecke vor der Brust).
Rechts: Uneingeschränkte Bedingung (Hände des Modells frei).

Kapitel 12 Theorien zu Imitation und Handlungsverständnis

dingung gezeigt und wurden die Kinder aufgefordert, dies nachzumachen, wurde die ungewöhnliche Kopfbewegung häufig imitiert. Offenbar erkannten die Kinder, dass das Modell ihnen die Kopfbewegung absichtlich zeigte; denn es hätte ja auch die Hände benutzen können. Wurde dagegen die eingeschränkte Bedingung gezeigt, benutzten die Kinder oft ihre Hand, um die Lampe anzuschalten. Während hier das Modell gezwungen war, den Kopf zu benutzen, konnten die Kinder das Mittel zur Zielerreichung frei wählen. Mit vierzehn Monaten beachten Kinder demnach auch situative Beschränkungen, die dazu führen können, dass man ein anderes Verhalten wählen muss, um ein angestrebtes Ziel erreichen zu können (vgl. Gergely et al., 2002; Gergely & Csibra, 2003, 2005).

Auch Meltzoff (1995) konnte zeigen, dass Einjährige die Handlungsabsichten eines Modells interpretieren. Er bot einer Gruppe von achtzehn Monate alten Kleinkindern eine vollständige Demonstration von Handlungen, z. B. das Auseinanderziehen einer kleinen Hantel, während eine zweite Gruppe nur missglückte Versuche erlebte, d. h. das Auseinanderziehen der Hantel gelang nicht. Es zeigte sich, dass die Qualität der Imitationen unabhängig davon war, ob die Kinder die vollständigen oder missglückten Demonstrationen beobachtet hatten. Selbst nach missglückter Demonstration zeigten die Kinder die Handlung, die das Modell beabsichtigt hatte, obwohl sie weder die vollständige Handlung noch den resultierenden Endzustand gesehen hatten. Sie verhielten sich gemäß den zugrunde liegenden Handlungsabsichten des Modells. Da jedoch die Fähigkeit der Vervollständigung missglückter Handlungsabläufe nicht vor Vollendung des ersten Lebensjahres auftritt, ist davon auszugehen, dass sich das Verständnis für die Handlungsabsichten anderer Personen erst im zweiten Lebensjahr entwickelt (vgl. Bellagamba & Tomasello, 1999; Tomasello et al., 2005).

5 Moderne Trends und theoretische Modifikation

Insgesamt besteht ein anhaltendes Forschungsinteresse an der Frage, wie sich das Handlungsverständnis in der frühen Kindheit entwickelt. Aktuelle Diskurse beschäftigen sich insbesondere mit den neuronalen Grundlagen der Imitation, mit dem Einfluss der sozialen Situation sowie mit dem Zusammenhang zwischen dem frühkindlichen Handlungsverständnis und den späteren sozial-kognitiven Fähigkeiten.

(1) Einfluss der Spiegelneurone. Belege für die Rolle von Spiegelneuronensystemen, die bei Erwachsenen anhand ihrer Hirnaktivität durch funktionelle Bildgebung erfasst wurden (vgl. Iacoboni & Dapretto, 2006; Rizzolatti & Craighero, 2004), konnten im Kleinkindalter bisher nicht erbracht werden. Allerdings ist nicht auszuschließen, dass frühe Nachahmungsprozesse dadurch beeinflusst sind, wie die beobachteten Verhaltensweisen mit den Bewegungsfähigkeiten des Kindes übereinstimmen. In der Kopfbewegungs-Aufgabe (Gergely et al., 2002) könnte beispielsweise eine Rolle spielen, dass vierzehn Monate alte Kinder ihre Hände auf den Tisch legen müssen, wenn sie die Lampe mit der Stirn berühren wollen, da sie ansonsten das Gleichgewicht verlieren (Paulus, Hunnius, Vissers & Bekkering, 2011a, 2011b). So gesehen könnte die Kopfbewegung des Modells in der uneingeschränkten Bedingung, wenn die Hände auf dem Tisch liegen, die Spiegelneuronen des Kindes eher aktivieren als in der eingeschränkten Bedingung, in der die Hände eine Wolldecke zusammenhalten. Die unterschiedliche Imitation in den beiden Bedingungen

könnte demnach allein durch Prozesse erklärt werden, die neuronal ablaufen. Eine Annahme, dass Kleinkinder die situationalen Beschränkungen des Modells beachten und interpretieren (Gergely & Csibra, 2005), wäre dann hinfällig. Ein aktueller Vorschlag ist, dass die motorische Resonanz der Spiegelneurone vor allem bei der Wahrnehmung und Einspeicherung einer Handlung eine Rolle spielt, wohingegen die interpretativen Prozesse der Situation vor allem den Abruf und die Ausführung der imitierten Handlung beeinflussen. Die Faktoren wirken sich also auf verschiedenen kognitiven Verarbeitungsebenen aus (Elsner, Pfeifer, Parker & Hauf, im Druck).

(2) Soziale Einflüsse. Während Bandura (1976) das Beobachtungslernen noch als einen eher automatischen Prozess ansah, bei dem eine stellvertretende Verstärkung zum „Abgucken" und Kopieren von beobachtetem Verhalten führt, verwies die spätere Forschung auf die Bedeutung sozial-kommunikativer Aspekte der Imitationssituation (vgl. Elsner, 2009; Uzgiris, 1981). Wie neuere Untersuchungen eindrucksvoll aufzeigen, werden Handlungen vor allem dann imitiert, wenn das Modell sozial-kommunikativ ist, lächelt und Blickkontakte mit dem Kind aufbaut (Nielsen, 2006). Die kindliche Imitation wird jedoch auch intensiviert oder abgeschwächt, wenn das Modell eine positive oder negative soziale Bewertung erfährt. Wenn beispielsweise dem Modell mitgeteilt wird, dass die demonstrierte Handlung merkwürdig oder unerwünscht ist, dann imitieren achtzehn Monate alte Kinder dessen Handlungen auch weniger häufig als bei neutraler Mitteilung (Repacholi & Meltzoff, 2007).

Interessant ist vor allem auch, dass Kleinkinder eher Erwachsenenmodelle als gleichaltrige Kindmodelle imitieren (Hanna & Meltzoff, 1993; Zmyj, Daum, Prinz, Nielsen & Aschersleben, 2012). Dies wird damit erklärt, dass schon im Kleinkindalter Erwachsene kompetenter als Gleichaltrige wahrgenommen werden. Wie Zmyj, Buttelmann, Carpenter und Daum (2010) nachweisen konnten, imitieren bereits vierzehn Monate alte Kinder häufiger kompetente als inkompetente Modelle. Sie scheinen die Kompetenzen anderer Personen einschätzen zu können. Dies sollte insbesondere für den Erwerb von Kulturtechniken bedeutsam sein (vgl. Tomasello, 1999), vor allem wenn Kleinkinder die Demonstration von Handlungsabläufen als pädagogische Situation interpretieren. Gergely und Csibra (2005) argumentieren, dass Kinder erwarten, dass ihnen das Modell etwas Wichtiges und Neues zeigt und dass sie aufgefordert sind, dieses Verhalten zu reproduzieren. Sie haben damit nicht nur die implizite Erwartung, dass die vermittelte Information neu und relevant ist, sondern auch, dass sie universelles kulturelles Wissen angeboten bekommen, das verallgemeinerbar ist und mit anderen Menschen geteilt werden kann.

(3) Frühes Handlungsverständnis und spätere Theory of Mind. Neuere Forschungsansätze zeigen auch längsschnittliche Zusammenhänge zwischen frühkindlicher Handlungsverarbeitung und späterer Theory of Mind. So finden sich Nachweise, dass die selektive Imitation im zweiten Lebensjahr mit einem großen Wortschatz für interne Zustände (wie Gefühle, Wahrnehmung und Körperzustände) im Alter von dreißig Monaten zusammenhängt und dass dieser Wortschatz wiederum mit einem besseren Verstehen von Theory-of-Mind-Aufgaben im Alter von vier Jahren einhergeht (Olineck & Poulin-Dubois, 2005, 2007). Das frühkindliche Verständnis von Handlungszielen ist demnach ein erster Schritt in einem sozial-kognitiven Entwicklungsverlauf, der in den späteren Theory-of-Mind-Fähigkeiten von Kindergartenkindern mündet.

6 Schlussbetrachtungen

Bereits zu Beginn des letzten Jahrhunderts beschäftigte sich die Wissenschaft mit dem Phänomen der frühkindlichen Nachahmung. Daraus wurde die Frage abgeleitet, ob Imitationsfähigkeit angeboren ist oder durch Lernen erworben wird. Heutzutage geht man davon aus, dass Spiegelneuronen zur Lösung des Korrespondenzproblems beitragen, da sie eine beobachtete in eine selbst ausgeführte Handlung überführen. Allerdings ist weiterhin unklar, wie und wann diese neuronalen Grundlagen entstehen, inwieweit ihre Spiegeleigenschaften angeboren sind oder durch eigene Handlungserfahrungen entwickelt werden müssen.

Bei Untersuchung der frühkindlichen Imitationsfähigkeit ist ein kniffliges theoretisches Problem auch dadurch entstanden, dass Imitation offensichtlich eine spezifisch menschliche Fähigkeit ist, die entscheidend für die evolutionäre Entwicklung der menschlichen Kulturfähigkeit war, Spiegelneuronen jedoch auch bei Affen nachgewiesen sind, die keine Imitation im wirklichen Sinne zeigen. Hier ist es wichtig, Imitation präzise zu definieren und eine definitorische Abgrenzung zu Emulation und Mimicking herbeizuführen. So lässt sich derzeit feststellen, dass es bei Mensch und Tier eine angeborene Fähigkeit zur Übertragung von wahrgenommenen auf selbst ausgeführte Handlungen gibt, allerdings nur beim Menschen ein psychologisches Handlungsverständnis entwickelt wird und sozial-kognitive Fähigkeiten darauf aufbauen. Unbestritten ist, dass die Imitation bestimmte kognitive und motorische Fähigkeiten erfordert, die sich in den ersten zwei Lebensjahren herausbilden. Dies führt nicht nur zu einem vermehrten und verbesserten Auftreten der Imitation, sondern auch zu einer Selektion der Handlungen und Handlungsziele, die imitiert werden. Im Ergebnis dieser Entwicklung trägt Imitation zur allgemeinen kognitiven Entwicklung des Kindes bei, indem sie das Wissen und die Fertigkeiten erweitert. Imitation wird aber auch sowohl durch die Handlungserfahrung des Kindes als auch durch das sozial-kommunikative Verhalten des Modells beeinflusst. Dies zeigt sich vor allem darin, dass Imitation ein interpretativer und selektiver Prozess ist und davon abhängt, wie das Kind die soziale Situation wahrnimmt und interpretiert.

Ina Cepenas Uzgiris (1937–1998) – Psychologin

wurde in Kaunas (Litauen) geboren und erlebte dort während ihre Kindheit die sowjetische wie deutsche Okkupation. Im Sommer 1944 emigrierte die Familie in die USA, wo sie zunächst in der litauischen Gemeinschaft in Chicago aufgenommen wurden. Uzgiris studierte an der University of Urbana-Champaign in Urbana/IL, wo sie auch promovierte. Von 1966 an arbeitete sie an der University of Clark in Worchester/MA. Schwerpunkte ihrer Forschung waren die frühkindliche kognitive Entwicklung, die Mutter-Kind-Kommunikation, Imitation und soziale Interaktion. Dabei stand sie in der theoretischen Tradition von Piaget, Vygotskij und Werner.

In drei Forschungsjahrzehnten veröffentlichte Uzgiris über 100 wissenschaftliche Artikel und Monografien. Ihre wohl bekannteste Arbeit sind die (gemeinsam mit Joseph McVicker Hunt entwickelten) *Uzgiris-Hunt-Skalen* der sensomotorischen Entwicklung, die in mehrere Sprachen übersetzt wurden (deutsch: Beltz Verlag, 1986). Dieses *„Assessment in Infancy: Ordinal Scales of Psychological Development"* (1975) erfasst die sensomotorische Entwicklung in den ersten zwei Lebensjahren, wie sie von Piaget (1969) beschrieben wurde. Im Jahre 1989 wurde Uzgiris zum Mitglied des Senats der wieder gegründeten Vytautas-Magnus Universität in Kaunas gewählt. Ein großes Anliegen war ihr dabei die Förderung der psychologischen Forschung und Bildung in Litauen.

6 Schlussbetrachtungen

Die heutigen theoretischen Ansätze gehen von einem zweistufigen Entwicklungsverlauf des frühen Handlungsverständnisses aus: Im ersten Lebensjahr erkennen Kinder, dass Handlungen auf Ziele ausgerichtet sind. Im zweiten Lebensjahr entsteht dann ein mentalistisches Handlungsverständnis, und die Kinder können die Handlungsabsichten anderer Personen erschließen. Während einige Ansätze bereits bei Säuglingen komplexe Interpretationsprozesse für das Handlungsverständnis annehmen (z. B. das Prinzip der rationalen Handlung), betonen andere Ansätze basalere Prozesse (z. B. motorische Resonanz der Spiegelneurone). Insgesamt scheint es aber ein längsschnittliches Zusammenhangsmuster zwischen dem frühkindlichen Handlungsverständnis und späteren Theory-of-Mind-Fähigkeiten zu geben.

Literatur

Baldwin, J. M. (1901). *Dictionary of philosophy and psychology.* London: Macmillian.

Bandura, A. (1976). *Modellernen.* Stuttgart: Klett.

Barr, R. & Hayne, H. (2000). Age-related changes in imitation: Implications for memory development. In C. Rovee-Collier, L. P. Lipsitt & H. Hayne (Hrsg.), *Progress in infancy research* (Vol. 1) (S. 21–67). Mahwah, NJ: Erlbaum.

Bekkering, H., Wohlschläger, A. & Gattis, M. (2000). Imitation of gestures is goal-directed. *The Quarterly Journal of Experimental Psychology, 53,* 153–164.

Bellagamba, F. & Tomasello, M. (1999). Re-enacting intended acts: Comparing 12- and 18-month olds. *Infant Behavior & Development, 22,* 277–282.

Brass, M. & Heyes, C. (2005) Imitation: Is cognitive neuroscience solving the correspondence problem? *Trends in Cognitive Sciences, 9,* 489–495.

Butterworth, G. (1999). Neonatal imitation: Existence, mechanisms and motives. In J. Nadel & G. Butterworth (Hrsg.), *Imitation in infancy* (S. 63–88). New York, NY: Cambridge University Press.

Carpenter, M., Akhtar, N. & Tomasello, M. (1998). Fourteen- through 18-month-old infants differentially imitate intentional and accidental actions. *Infant Behavior & Development, 21,* 315–330.

Carpenter, M., Call, J. & Tomasello, M. (2005). Twelve- and 18-month-olds copy actions in terms of goals. *Developmental Science, 8,* F13–F20.

Csibra, G., Gergely, G., Bíró, S., Koós, O. & Brockbank, M. (1999). Goal attribution without agency cues: The perception of "pure reason" in infancy. *Cognition, 72,* 237–267.

Elsner, B. (2007). Infants' imitation of goal-directed actions: The role of movements and action effects. *Acta Psychologica, 124,* 44–59.

Elsner, B. (2009). Tools and goals: A social-cognition perspective on infant learning of object function. In T. Striano & V. M. Reid (Hrsg.), *Social cognition: Development, neuroscience, and autism* (S. 144–156). Oxford, UK: Wiley-Blackwell.

Elsner, B., Pfeifer, C., Parker, C. & Hauf, P. (im Druck). Infants' perception of actions and situational constraints: An eye-tracking study. *Journal of Experimental Child Psychology.*

Gallese, V., Fadiga, L., Fogassi, L. & Rizzolatti, G. (1996). Action recognition in the premotor cortex. *Brain, 593,* 119.

Gergely, G., Bekkering, H. & Király, I. (2002). Rational imitation in preverbal infants. *Nature, 415,* 755.

Gergely, G. & Csibra, G. (2003). Teleological reasoning in infancy: The naïve theory of rational action. *Trends in Cognitive Sciences, 7,* 287–292.

Gergely, G. & Csibra, G. (2005). The social construction of the cultural mind: Imitative learning as a mechanism of human pedagogy. *Interaction Studies, 6,* 463–481.

Hanna, E. & Meltzoff, A. N. (1993). Peer imitation by toddlers in laboratory, home, and day-care contexts: implications for social learning and memory. *Developmental Psychology, 29,* 701–710.

Kapitel 12 Theorien zu Imitation und Handlungsverständnis

Henning, A., Daum, M. M. & Aschersleben, G. (2009). Frühkindliche Handlungswahrnehmung und Theory of Mind. *Zeitschrift für Entwicklungspsychologie und Pädagogische Psychologie, 41,* 233–242.

Heyes, C. (2005). Imitation by association. In S. Hurley & N. Chater (Hrsg.), *Perspectives on imitation: From neuroscience to social science* (S. 157–176). Cambridge, MA: MIT Press.

Hurley, S. & Chater, N. (2005). *Perspectives on imitation: From neuroscience to social science.* Cambridge, MA: MIT Press.

Iacoboni, M. & Dapretto, M. (2006). The mirror neuron system and the consequences of its dysfunction. *Nature Reviews Neuroscience, 7,* 942–951.

McDougall, W. (1914). *An introduction to social psychology.* Boston, MA: Luce.

Meltzoff, A. N. (1988a). Infant imitation and memory: Nine-month-olds in immediate and deferred tests. *Child Development, 59,* 217–225.

Meltzoff, A. N. (1988b). Infant imitation after a 1-week delay: Long-term memory for novel acts and multiple stimuli. *Developmental Psychology, 24,* 470–476.

Meltzoff, A. N. (1995). Understanding the intentions of others: Re-enactment of intented acts by 18-month-old children. *Developmental Psychology, 31,* 838–850.

Meltzoff, A. N. (2007). The "like me" framework for recognizing and becoming an intentional agent. *Acta Psychologica, 124,* 26–43.

Meltzoff, A. N. & Moore, M. K. (1977). Imitation of facial and manual gestures by human neonates. *Science, 198,* 75–78.

Meltzoff, A. N. & Moore, M. K. (1983). Newborn infants imitate adult facial gestures. *Child Development, 54,* 702–709.

Meltzoff, A. N. & Moore, M. K. (1994). Imitation, memory, and the representation of persons. *Infant Behavior & Development, 17,* 83–99.

Miller, N. E. & Dollard, J. (1941). *Social learning and imitation.* New Haven, CT: Yale University Press.

Nagell, K., Olguin, R. S. & Tomasello, M. (1993). Processes of social learning in the tool use of chimpanzees (pan troglodytes) and human children (homo sapiens). *Journal of Comparative Psychology, 107,* 174–186.

Nielsen, M. (2006). Copying actions and copying outcomes: Social learning through the second year. *Developmental Psychology, 42,* 555–565.

Olineck, K. M. & Poulin-Dubois, D. (2005). Infants' ability to distinguish between intentional and accidental actions and its relation to internal state language. *Infancy, 8,* 91–100.

Olineck, K. M. & Poulin-Dubois, D. (2007). Imitation of intentional actions and internal state language in infancy predict preschool theory of mind skills. *European Journal of Developmental Psychology, 4,* 14–30.

Paulus, M., Hunnius, S., Vissers, M. & Bekkering, H. (2011a). Imitation in infancy: Rational or motor resonance? *Child Development, 82,* 1047–1057.

Paulus, M., Hunnius, S., Vissers, M. & Bekkering, H. (2011b). Bridging the gap between the other and me: The functional role of motor resonance and action effects in infants' imitation. *Developmental Science, 14,* 901–910.

Piaget, J. (1969). *Das Erwachen der Intelligenz beim Kinde.* Stuttgart: Klett-Cotta. (Original 1959: La naissance de l'intelligence chez l'enfant.)

Piaget, J. (1975). *Nachahmung, Spiel und Traum.* Stuttgart: Klett-Cotta. (Original 1959: La formation du symbole chez l'enfant: Imitation, jeu et rêve, image et représentation.)

Repacholi, B. M. & Meltzoff, A. N. (2007). Emotional eaves-dropping: Infants selectively respond to indirect emotional signals. *Child Development, 78,* 503–521.

Rizzolatti, G. & Craighero, L. (2004). The mirror-neuron system. *Annual Review of Neuroscience, 27,* 169–192.

Sodian, B. (2011). Theory of mind in infancy. *Child Development Perspectives, 5,* 39–43.

Tomasello, M. (1999). *The cultural origins of human cognition.* Cambridge, MA: Harvard University Press.

Tomasello, M., Carpenter, M., Call, J., Behne, T. & Moll, H. (2005). Understanding and sharing intentions: The origins of cultural cognition. *Behavioral and Brain Sciences, 28,* 675–735.

Uzgiris, I. C. (1981). Two functions of imitation during infancy. *International Journal of Behavioral Development, 4,* 1–12.

Want, S. C. & Harris, P. L. (2002). How do children ape? Applying concepts from the study of non-human primates to the developmental study of "imitation" in children. *Developmental Science, 5,* 1–13.

Whiten, A., Horner, V. & Marshall-Pescini, S. (2005). Selective imitation in child and chimpanzee: A window on the construal of others' actions. In S. Hurley & N. Chater (Hrsg.), *Perspectives on imitation: From neuroscience to social science* (Vol. 1) (S. 263–283). Cambridge, MA: MIT Press.

Willatts, P. (1999). Development of means-end behavior in young infants: Pulling a support to retrieve a distant object. *Developmental Psychology, 35,* 651–666.

Wohlschläger, A., Gattis, M. & Bekkering, H. (2003). Action generation and action perception in imitation: An instance of the ideomotor principle. *Philosophical Transactions of the Royal Society B, 358,* 501–515.

Woodward, A. L. (1998). Infants selectively encode the goal object of an actor's reach. *Cognition, 69,* 1–34.

Woodward, A. L. (1999). Infants' ability to distinguish between purposeful and non-purposeful behaviors. *Infant Behavior and Development, 22,* 145–160.

Woodward, A. L., Sommerville, J. A., Gerson, S., Henderson, A. M. E. & Buresh, J. (2009). The emergence of intention attribution in infancy. In B. H. Ross (Hrsg.), *The psychology of learning and motivation* (Vol. 51) (S. 187–222). San Diego, CA: Elsevier Academic Press.

Zmyj, N., Buttelmann, D., Carpenter, M. & Daum, M. M. (2010). The reliability of a model influences 14-month-olds' imitation. *Journal of Experimental Child Psychology, 106,* 208–220.

Zmyj, N., Daum, M. M., Prinz, W., Nielsen, M. & Aschersleben, G. (2012). Fourteen-month-olds' imitation of differently aged models. *Infant and Child Development, 21,* 250–266.

Kapitel 13
Soziale Lerntheorien

Angela Ittel
Diana Raufelder
Herbert Scheithauer

Albert Bandura

„Social learning theory approaches the explanation of human behavior in terms of a continuous reciprocal interaction between cognitive, behavioral, and environmental determinants."
(Bandura, 1977a, S. vii)

Lernen bringt Entwicklung. Daher werden seit mehreren Jahrzehnten viele entwicklungspsychologische Ansätze durch lerntheoretische Perspektiven ergänzt, die besagen, dass die aktive Auseinandersetzung des Kindes mit der Umwelt einer der wichtigsten Katalysatoren seiner Entwicklung ist und Lernprozesse beinhaltet. Darüber hinaus haben sich jedoch auch eigenständige Entwicklungsmodelle über soziales Lernen entwickelt, die auf die individuellen und alltäglichen Erfahrungen des Menschen in seiner Umwelt Bezug nehmen. Diese sozialen Lern- und Entwicklungstheorien wurden aus grundsätzlichen, philosophisch und historisch geprägten Betrachtungen über die menschliche Existenz und Entwicklung hergeleitet. Daher beginnt das vorliegende Kapitel zunächst mit den philosophischen Grundlagen ausgewählter Lerntheorien. Im weiteren Verlauf werden diese Lerntheorien dann erläutert und mit empirischen Studien beispielhaft untermauert. Schließlich erörtern wir, wie die klassischen Ansätze sozialen Lernens ergänzt und erweitert wurden.

1 Historische Anfänge

Die heutigen sozialen Lerntheorien zeichnen sich durch ein dialektisches Grundprinzip aus, demzufolge sich ein Individuum in ständiger Interaktion mit der Umwelt entwickelt. Bereits in den sozialkritischen Ausführungen des Kriminologen und Soziologen Gabriel Tarde stehen Wechselbeziehungen zwischen Individuen im Mittelpunkt einer Gesellschaft, deren prinzipielle Wirkweise in der Nachahmung gesehen wurde. Tarde (1890) zeigte auf, dass in einer Gesellschaft regelrechte Nachahmungsketten zu finden sind, nach deren Muster neue Ideen und Entdeckungen enstehen, welche wiederum nachgeahmt und dadurch die neuen Elemente von immer komplexer werdenden Zusammenhängen werden. Dementsprechend liegen dem sozialen Lernen verschiedene Nachahmungsmechanismen zugrunde:

(1) Enger Kontakt. Wir ahmen diejenigen nach, mit denen wir im engen Kontakt stehen (z. B. Kind und Eltern).

(2) Imitation des Modells. Wir ahmen Rollenbilder nach, vor allem das Verhalten derjenigen Menschen, die einen höheren Status und mehr Macht besitzen als wir selbst.

(3) Konzepte verstehen. Durch stetige Nachahmung verstehen und übernehmen wir Ideen, Symbole und Konzepte anderer Gruppen.

(4) Verhalten des Rollenmodells. Wir verinnerlichen unser durch Nachahmung der Rollenvorbilder erlerntes Verhalten und werden selbst zu Vorbildern.

Vorstellungen über soziales Lernen entwickelten sich jedoch nicht nur aus Ansätzen zur Nachahmung kultureller/gesellschaftlicher Modelle, sondern auch aus der Bezugnahme auf das unmittelbare Interaktionsgeschehen zwischen den Mitgliedern einer Gesellschaft. Danach definierte Mead (1934) eine Gesellschaft auf der Grundlage des sozialen Austausches und der direkten Kommunikation seiner Individuen und Gruppen. Die Abstimmung des Handelns unter jeweils neuen Umständen wird für Mead gar zur grundlegenden Aufgabe eines jeden Individuums. Entwicklung und Lernen sind deshalb nicht nur Nachahmung, sondern bedingt durch ein *meeting of minds* (Treffen im geistigen Raum) und dem *universe of discurses* (Universum des Austausches) aller Mitglieder einer Gesellschaft. Die Abstimmung des Gelernten mit dem kollektiven Wissen einer Gruppe muss dabei immer wieder neu vollzogen werden (Mead, 1934, S. 284) und lässt im Wesentlichen die folgenden Formen erkennen (vgl. Mead, 1980):

(1) Symbolisch vermittelte Prozesse. Kommunikation und Interaktion zwischen Menschen finden typischerweise auf der Basis von signifikanten Symbolen statt. Erst der symbolisch vermittelte Prozess von Kommunikation und Interaktion bringt die Bedeutung von sozialen Objekten, Situationen und Beziehungen hervor. Ein Teil menschlichen Handelns basiert auf der Vermittlung dessen symbolischer Bedeutung. Die Bedeutung eines Symbols wird dabei von allen Mitgliedern einer Gesellschaft auf ähnliche Art und Weise interpretiert. Die Symbole, die für eine Gruppe von Menschen signifikante Bedeutung haben, lösen bei diesen Personen ähnliche Assoziation und Reaktionen aus.

(2) Perspektivwechsel. Interaktion kann aber nur dann Wirkung zeigen, wenn eine Person eine Fremdperspektive einnimmt, sie verinnerlicht und sich selbst aus diesem Blickwinkel betrachten kann. Derartige Prozesse können identitätsstiftend sein, nämlich dann, wenn das Individuum die Rollen und Einstellungen der *significant others* übernimmt, diese aber individuell abwandelt und verinnerlicht. Um diesen Prozess zu aktivieren und voranzutreiben, werden nachahmende Rollenspiele und Kooperationsvarianten (vor allem in der Kindheit und Jugendzeit) prävalent:

(a) Nachahmendes Rollenspiel. Individuen interagieren spielerisch mit einem imaginären Freund (z. B. Cowboy, Indianer, Feuerwehrmann). Sie haben dabei zwei elementare Identitäten, ihre eigene und die gespielte.

(b) Regelgerechte Kooperation. Individuen übernehmen organisierte Identitäten in Spielen und Wettkämpfen, bestimmen Rollen, in die sie sich als Teilnehmer fügen. Jedes Individuum nimmt Haltungen aller am Spiel Beteiligten ein und handelt gemäß den Normen, auf die sich die Gemeinschaft (entsprechend der Spielregel) für diese Situation geeinigt hat.

(c) Universelle Kooperation und Verständigung. Das Handeln wird nicht mehr nur an situationsspezifischen Normen, sondern an einer universellen Perspektivübernahme ausgerichtet, die gesellschaftsübergreifend erfolgt. Individuen setzen sich über derartige Erfahrungen im Verlauf ihrer Entwicklung mit dem sozialen Umfeld und mit der Gesellschaft mehr und mehr auseinander.

Nach Meads Tod spezifizierte Blumer (1973) die Frage, wie es den Individuen einer Gesellschaft überhaupt gelingen kann, ihre Handlungen einander anzupassen und somit soziale Lernprozesse für eine Gruppe von Personen darstellbar zu machen. Seine Antwort setzt an der Natur des menschlichen Miteinanders an, das er als einen sich laufend wandelnden Prozess darstellt, *„in dem Objekte geschaffen, bestätigt, umgeformt und verworfen werden; Leben und das Handeln von Menschen wandelt sich notwendigerweise in Übereinstimmung mit den Wandlungen, die in ihrer Objektwelt vor sich gehen"* (Blumer, 1973, S. 91). Blumer betont vor allem die Bedeutung der subjektiven Interpretationen des Handelnden, die nur in der Interaktion Grundlage von Entwicklung und Lernen werden können. Dabei kommt Blumer (1969) zu drei Prämissen, die später als *Symbolischer Interaktionismus* gekennzeichnet wurden: (1) Menschen handeln gegenüber Dingen (Objekten) auf der Grundlage der Bedeutung, die diese Dinge für sie besitzen. (2) Die Bedeutung der Dinge entsteht durch soziale Interaktion und wird (3) in einem interpretativen Prozess, den die Person in Auseinandersetzung mit ihrer Umwelt durchläuft, aufrechterhalten und abgeändert. Der symbolische Interaktionismus versteht den Menschen damit als handelnden Organismus, der auch mit sich selbst in sozialer Interaktion steht, Objekte fokussiert und sich mit diesen auseinandersetzt.

2 Theoretische Grundorientierungen

Untersuchungen zur Nachahmung (Tarde, 1890), dem sozialen Lernen im Diskurs (Mead, 1934) und dem symbolischen Interaktionismus als zwischenmenschlicher Lernprozess (Blumer, 1969, 1973) wurden im Zuge der in den 1940er-Jahren angestoßenen „kognitiven Wende" zunächst vernachlässigt. Anstelle der Modelle über soziales Lernen traten zunächst Lernmodelle im Rahmen des Behaviorismus und Kognitivismus in den Vordergrund, die den Lernprozess als einen hochgradig individuellen Prozess der Informationsverarbeitung definierten, im Zuge ihrer Weiterentwicklung jedoch später auch Merkmale des sozialen Lernens aufnahmen. Demzufolge wurden diese frühen Ideen zum sozialen Lernen nicht etwa als überholt betrachtet, sondern wurden in späteren pädagogischen und didaktischen Studien sowie Untersuchungen zur Sozial- und Moralentwicklung erneut aufgegriffen und sind heute sogar in neurowissenschaftlichen Untersuchungen zu finden.

2.1 Behaviorale Lerntheorien

Ein besonderer Beitrag zur Entwicklung der sozialen Lerntheorien kommt den behavioralen Lerntheorien zu. Sie entstanden bereits um die Wende des 19./20. Jahrhunderts mit der Zielstellung, Zusammenhänge zwischen beobachtbaren Reizen (Stimuli), die aus der Umwelt eines Individuums stammen, und dessen Reaktionen auf diese Stimuli herzustellen (Watson, 1913). Die behavioralen Lerntheorien verstanden Lernen jedoch nicht als übergreifende, kollektivistische Veränderung, sondern als individuelle Verhaltensänderung und sahen den Lerneffekt als Ergebnis einer am Individuum darstellbaren Reiz-Reaktions-Kette an. Reiz-Reaktions-Modelle wurden hierbei unter kontrollierten experimentellen Designs eingesetzt, um zu zeigen, wie Verhaltensänderungen (Lernen) durch äußere Umweltbedingungen angestoßen und reguliert werden können. Neben der bloßen Beschreibung der Reiz-Reaktions-Muster ging es dabei vor allem auch um Verhaltensmodellierungen, um Mechanismen von Verhaltensänderungen darstellbar machen zu können. Zwei dieser Reiz-Reaktions-Modelle sind dabei äußerst prominent geworden: die *Klassische Konditionierung* nach Pawlow (1928) und die daraus entwickelte *Operante Konditionierung*, die vornehmlich auf Watson (1924, 1930), Thorndike (1929) und Skinner (1938) zurückzuführen ist.

2.1.1 Die Klassische Konditionierung

Grundsätzlich ist Konditionierung ein Mechanismus, der sich auf eine bereits existierende, reflexartige Reiz-Reaktions-Kette bezieht, wie sie sich beispielsweise durch den Lidschlagreflex bei einem auf das Auge treffenden Staubkorn darstellt. Diese reflexartigen Reaktionen wurden nicht erlernt und werden nur durch spezifische Reize (z. B. Flugkörper in Augennähe) hervorgerufen. Der russische Physiologe Iwan Pawlow (1928) entdeckte nun, dass reflexartige Reaktionen unter bestimmten Umständen auch entstehen können, wenn ein neutraler Reiz (der normalerweise keine reflexartige Reaktion hervorruft) einbezogen wird. Bei seinen Untersuchungen am Verdauungstrakt von Hunden hatte er festgestellt, dass die Hunde einen erhöhten Speichelfluss nicht nur in Vorbereitung auf die Fütterung produzierten, sondern bereits in Reaktion auf einen Glockenton, der damit einherging.

In systematischen Untersuchungen (Abb. 13.1) begann Pawlow, den unkonditionierten Reiz (die Präsentation von Futter) so lange mit einem neutralen Reiz (Ton einer Glocke) zu kombinieren, bis der bislang neutrale Reiz die gleiche Reaktion (Speichelfluss) beim Hund hervorrief. Der anfänglich neutrale Reiz (Glocke) war damit zum konditionierten Reiz geworden und bewirkte die Reaktion, die bislang nur durch den unkonditionierten Reiz erfolgt war. Mit diesem Vorgang der *Konditionierung* hatte Pawlow (1928) einen Lernprozess entdeckt, der Verhaltensänderungen auf der Grundlage einer veränderten Koppelung von einer Reaktion an externe Reize erklärt.

Abb. 13.1: Klassische Konditionierung am Beispiel des Pawlow'schen Hundes.

In der Folgezeit wurde davon ausgegangen, dass auch das menschliche Lernen durch eine Abfolge derartiger immer wieder neu zu kombinierender Reiz-Reaktions-Ketten bestimmt wird. Auf dieser Grundlage leitete John Watson die sogenannte „behavioristische Wende" innerhalb der Psychologie ein, die die Psychologie von der bis dahin vorherrschenden Introspektion des Geistes wegführte. Er wies sogar nach (vgl. Watson & Rayner, 1920), dass durch eine veränderte Kopplung von Reizen nicht nur Verhalten, sondern auch Emotionen moduliert werden können. In einem (heute ethisch nicht mehr vertretbaren) Experiment lernte beispielsweise „der kleine Albert" im Alter von neun Monaten durch die gleichzeitige Präsentation eines sehr lauten Geräuschs und einer Ratte, die Ratte zu fürchten, vor der er anfänglich überhaupt keine Angst hatte. Mehr noch: Albert übertrug diese Furcht auch auf andere, ähnlich haarig aussehende Objekte; ein Vorgang, den Watson und Rayner (1920) *Generalisierung* nannten.

2.1.2 Die Operante Konditionierung

Aufbauend auf den Arbeiten Watsons (1924, 1930) formulierten Thorndike (1929) und Skinner (1938) das Prinzip der *Operanten Konditionierung*, das beschreibt, welche Konsequenzen aus Verstärkungen oder Bestrafungen für den Auf- oder Abbau eines gewünschten Verhaltens entstehen können. Danach tritt ein durch Verstärker belohntes Verhalten künftig häufiger auf, während die Häufigkeit eines Verhaltens abnimmt, nachdem es bestraft wurde.

Der Mechanismus der positiven/negativen Verstärkung und Bestrafung wird beim Operanten Konditionieren häufig missverstanden. „Positiv" bedeutet hier lediglich die *Hinzugabe* einer Konsequenz (Belohnung *oder* Bestrafung) zur Erreichung des gewünschten Zielverhaltens, während „negativ" den *Entzug* einer bestimmten Konsequenz (Belohnung *oder* Bestrafung) bezeichnet. Positiv vs. negativ meint in diesem Zusammenhang also nicht die Bewertung einer Reaktion im Sinne von gut vs. schlecht oder angenehm vs. unangenehm, wie die folgenden Beispiele illustrieren: Zur Förderung eines bestimmten Verhaltens könnte eine *positive* Verstärkung darin bestehen, dass ein Lehrer die erzielte Leistung eines Schülers lobt. Andererseits könnte der Lehrer das gewünschte Verhalten des Schülers (z. B. die aktive Teilnahme am Unterricht) auch durch *negative* Verstärkung belohnen und verstärken, indem das Verhalten des Schülers beispielsweise zu einer Reduktion der Hausaufgaben führt. Zur Förderung eines bestimmten

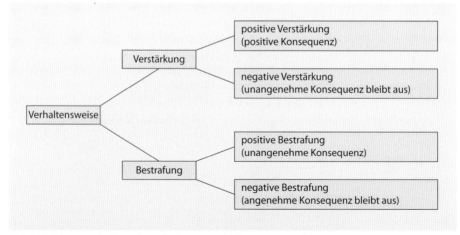

Abb. 13.2: Schematische Darstellung der Prinzipien der Operanten Konditionierung.

Verhaltens bezeichnet positive Verstärkung also das Hinzufügen eines angenehmen Stimulus und negative Verstärkung die Entfernung eines unangenehmen Stimulus in Konsequenz auf ein erwünschtes Verhalten (Abb. 13.2). Soll dagegen ein bestimmtes Verhalten reduziert oder gelöscht werden, werden zwei Typen der Bestrafung wirksam: Bei der *positiven* Bestrafung wird das Verhalten an eine unangenehme Konsequenz gekoppelt (z. B. indem eine Schülerin, die den Unterricht stört, eine schlechte Note erhält). Bei der *negativen* Bestrafung wird das Verhalten mit dem Entzug einer positiv bewerteten Konsequenz bestraft (z. B. dürfen Schüler, die im Unterricht unaufmerksam sind, nicht an der geplanten Klassenfahrt teilnehmen).

Damit diese Prinzipien der *Operanten Konditionierung* nachhaltige Verhaltenseffekte erbringen, müssen folgende vier Bedingungen eingehalten werden:

(1) Das gewünschte Verhalten führt konsequent zu Belohnung.

(2) Das unerwünschte Verhalten führt konsequent zu Bestrafung.

(3) Die Belohnung/Bestrafung ist für denjenigen, der das Verhalten gezeigt hat, von persönlicher Bedeutung.

(4) Die Belohnung/Bestrafung folgt relativ unmittelbar und wiederholt (kontingent) auf das gewünschte/unerwünschte Verhalten.

Insgesamt gesehen beschreiben die formulierten Mechanismen der Klassischen und Operanten Konditionierung die Umwelt-Individuum-Interaktion präzise, auch wenn diese Reiz-Reaktions-Modelle gegenüber den originären Grundüberlegungen zu sozialen Lernprozessen äußerst reduktionistisch ausfielen und Zweifel an der externen Steuerbarkeit menschlichen Verhaltens hervorriefen. Sie trugen jedoch entscheidend dazu bei, die vielfältigen Konzepte zu „Lernen" und „Entwicklung" im Paradigma der sozialen Lerntheorie empirisch greifbar und darstellbar zu machen.

2.2 Kognitive Lerntheorien

Der Behaviorismus war von der Universalität und Manipulierbarkeit von Lernprozessen überzeugt, ließ jedoch eine ganze Reihe interindividueller Phänomene unberücksichtigt. Aus der Kritik an diesen Defiziten entwickelten sich die kognitiven Lernmodelle, die dem Individuum eine aktivere Rolle in Lernprozessen zugestanden. Sie nahmen vor allem die individuelle Bewertung und Verarbeitung von Informationen und die internen kognitiven Strukturbildungen in den Blick, die im Lernprozess qualitativen Veränderungen unterliegen. Infolgedessen definieren kognitive Lerntheorien Lernen als Prozess der individuellen Informationsverarbeitung, die zwar durch externe Stimuli angeregt wird, danach jedoch weitgehend intern nach den folgenden Schritten verläuft: Externe Informationen werden gefiltert und aufgenommen, im Kurzzeitgedächtnis verarbeitet und ins Langzeitgedächtnis eingespeist, dort mit bereits vorhandenem Wissen in Zusammenhang gesetzt, evtl. ergänzt und schließlich nachhaltig gespeichert. Diese Speicherungen werden als *kognitive Repräsentationen* betrachtet, die in Form eines Bindeglieds zwischen Umwelt und Individuum nun nicht mehr unmittelbar an die Wahrnehmung gekoppelt sind. Sie verdeutlichen, dass Reize und Informationen aus der Umwelt nicht nur aufgenommen, sondern auch einer Bewertung und Verarbeitung unterzogen werden. Die Art der kognitiven Repräsentation verändert sich zudem mit dem Alter und der fortschreitenden Entwicklung (Abb. 13.3, S. 336).

Wie die *kognitiven Repräsentationen* empirisch darstellbar und theoretisch begründbar gemacht werden können, haben Piaget (1936) und Bruner (1960) vorgeführt und damit die Entwicklung sozialer Lerntheorien nachhaltig beeinflusst. Sie untersuchten den Wissensaufbau

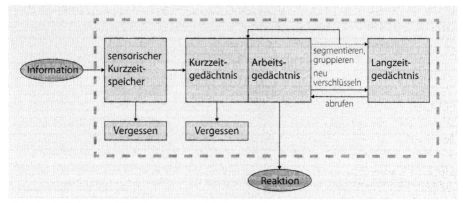

Abb. 13.3: Gedächtnismodell nach Atkinson und Shiffrin (1968).

vor dem Hintergrund der Veränderungen interner kognitiver Strukturen und interessierten sich für Prozesse der Wissensnutzung, die klären sollten, wie externe Anforderungen bewältigt und Entscheidungen getroffen werden, die wiederum Verhaltensänderungen und -erweiterungen herbeiführen.

2.2.1 Theorien über kognitive Strukturbildung

Insbesondere Piaget (1936) machte in seinen Arbeiten deutlich, wie die kognitive Strukturbildung über Anpassungsprozesse an die Auseinandersetzung mit der Umwelt entsteht. Danach bilden Kinder in Auseinandersetzung mit der Umwelt sogenannte Schemata als Grundbausteine ihres Wissens aus. Verhaltensschemata und kognitive Schemata werden dabei stufenweise entwickelt und streben nach einem Gleichgewicht. Dieses Äquilibrium wird durch Assimilationsprozesse, die der Eingliederung neuer Erfahrungen oder Erlebnisse in ein bereits bestehendes Schema dienen, sowie Akkommodationsprozesse hergestellt, die der Erweiterung bzw. Anpassung eines Schemas an eine wahrgenommene Situation immer dann dienen, wenn die Situation mit den vorhandenen Schemata nicht bewältigt werden kann. Durch Assimilieren und Akkommodieren nutzt ein Individuum seine Schemata bzw. erweitert sie und ist infolgedessen aktiv an einem Konstruktionsprozess von Wissen beteiligt.

Der aktive Beitrag des Individuums am Wissenserwerb wird auch in Bruners (1960) Beschreibung der Prozesse des entdeckenden Lernens deutlich, das durch folgende drei Merkmale gekennzeichnet ist:

(1) Aneignung von neuen Informationen;

(2) Transformation der Informationen, um das Wissen für eine neue Aufgabe tauglich zu machen;

(3) Evaluation der Informationen in Hinblick darauf, wie sie angeeignet und angepasst wurden, damit sie dem Anwendungszweck entsprechen.

Bruner (1960) hat vor allem darauf aufmerksam gemacht, wie der Aufbau (neuer) kognitiver Strukturen mit dem Entdecken neuer Zusammenhänge und Prinzipien einhergeht und welche Bedeutung der Motivation dabei zukommt. Er hat dabei graduelle Übergänge von extrinsischer (von der Umwelt gegebener) zu intrinsischer (im Individuum ruhender) Motivation formuliert und damit eine wichtige und notwendige Brücke zwischen behavioristischen und kognitivistischen Lerntheorien geschlagen.

2.2.2 Sozial-kognitive Verarbeitungstheorien

Für die Formulierung sozialer Lerntheorien waren schließlich die Informationsverarbeitungstheorien maßgeblich, die in den 1950er-Jahren zunehmend Aufmerksamkeit erhielten (Ashcraft, 1994). Dabei wird das Zusammenspiel zwischen Umwelt und Mensch als fortwährender Herausbildungsprozess verstanden, mit dem externe Informationen in einem stufenweisen Prozess verarbeitet werden und über Verhalten entscheiden. Informationsverarbeitungstheorien mit sozial-kognitivem Fokus beschreiben drei Stationen der sozialen Informationsverarbeitung: (1) die Aufmerksamkeit zur Wahrnehmung von externen Informationen, (2) das Arbeitsgedächtnis zur Verarbeitung dieser Informationen und (3) das Langzeitgedächtnis zur Speicherung der Information und Reaktivierung durch externe Stimuli. Im Gegensatz zu bekannten Stufenmodellen der kognitiven Entwicklung (vgl. Piaget, 1936) wird im Sinne eines biopsychosozialen Ansatzes davon ausgegangen, dass das Gehirn biologisch reift, sich aber gleichzeitig durch die Interaktion mit der Umwelt ständig weiterentwickelt.

2.3 Theorien der sozialen Informationsverarbeitung

Modelle sozialer Informationsverarbeitung, wie sie in den 1990er-Jahren von Dodge und Crick (1990, 1994) entwickelt wurden, verknüpften sozial-kognitive Verarbeitungstheorien mit Erkenntnissen aus sozialen Lerntheorien, indem sie den stufenhaften Prozesscharakter der Informationsverarbeitungsmodelle auf die Analyse und Verarbeitung sozialer Interaktionen übertrugen. Crick und Dodge (1994) gelang es dabei, die kognitive Auseinandersetzung eines Individuums in definierten sozialen Kontexten darzustellen. In ihrem Modell der sozialen Informationsverarbeitung wird eine Abfolge von kognitiven Verarbeitungsebenen durchlaufen, bevor eine Handlung als Reaktion auf eine soziale Situation ausgeführt wird (Abb. 13.4). Der Verarbeitungsprozess beginnt mit der Codierung sozialer Schlüsselreize, die darin besteht, die Verhaltenssignale eines sozialen Partners (soziale

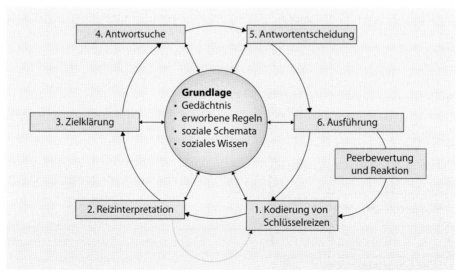

Abb. 13.4: Schritte der sozial-kognitiven Informationsverarbeitung nach Crick und Dodge (1994; aus Petermann, Niebank & Scheithauer, 2004, S. 208).

Information) zu entcodieren (*Schritt 1*) und kognitiv zu repräsentieren (*Schritt 2*). Dies geschieht jedoch in Abhängigkeit von bereits vorhandenen kognitiven Repräsentationen, da das wahrgenommene Verhalten auf der Basis dieses „Erfahrungsbesitzes" interpretiert wird. Durch diese Interpretation kommt es zur sogenannten Zielerklärung, die das Handlungsziel des sozialen Partners deutet (*Schritt 3*). Danach muss im „Erfahrungsbesitz" nach einem angemessenen Verhalten in Reaktion auf das Verhalten des sozialen Partners gesucht werden (*Schritt 4*). Schließlich erfolgt eine Auswahl einer Verhaltensantwort aus dem zur Verfügung stehenden Handlungsrepertoire (*Schritt 5*) und die Handlung wird ausgeführt (*Schritt 6*).

Dieser mehrstufige Prozess, der schnell und zumeist unbewusst abläuft, ist abhängig von der Ausgangssituation, den sozialen Stimuli der sozialen Partner, den Informationsverarbeitungskompetenzen und dem Verhaltens- und Erfahrungsrepertoire. Folglich können mit jedem dieser sechs Schritte Abweichungen auftreten, die die soziale Interaktion optimieren, aber auch negativ beeinträchtigen. Es überrascht daher nicht, dass sich die prominenteste Anwendung dieses Modells mit der Erklärung aggressiven Verhaltens bei Kindern und Jugendlichen befasst und auf jeder der sechs Prozessschritte Unterschiede zwischen aggressiven und nicht-aggressiven Kindern und Jugendlichen untersucht hat (vgl. Petermann, Niebank & Scheithauer, 2004). Aggressives Verhalten konnte dadurch im Detail wie folgt dargestellt werden:

(1) Codierung sozialer Schlüsselreize. Die Wahrnehmung von Verhaltenssignalen im sozialen Umfeld. Ein Kind bemerkt eine rasche Bewegung (Schlüsselreiz) des Tischnachbarn in der Klasse.

(2) Reizinterpretation. Die Bewertung der wahrgenommenen Verhaltenssignale. Das Kind empfindet die Bewegung des Tischnachbarn (den Reiz) als negativ, unwirsch oder unfreundlich. Wird jetzt der Reiz unangemessen interpretiert, kommt es zu Missverständnissen, die den Inhalt des nächsten Schritts im Modell bis zur Ausführung der Handlung maßgeblich beeinflussen.

(3) Zielerklärung. Das Ziel des Handelnden wird festgelegt. Das Kind könnte z. B. schlussfolgern, dass der Tischnachbar das Ziel hatte, es zu ärgern.

(4) Antwortsuche. Die Suche nach möglichen Reaktionen. Das Kind sucht in seinem eigenen Verhaltensrepertoire nach einer Antwort oder Reaktion, die dem erkannten Ziel (ob richtig oder falsch) angemessen erscheint. Wenn angemessene Antwort- oder Reaktionsmöglichkeiten fehlen, werden auf dieser Stufe auch unangemessene Handlungen erwogen.

(5) Antwortentscheidung. Aus den möglichen Reaktionen auf das subjektiv wahrgenommene Verhalten wählt das Kind eine Option aus. Aufgrund falscher Interpretationen oder fehlender angemessener Antwortoptionen wird hier gegebenenfalls eine unangemessene Reaktion gewählt. Das Kind beschließt z. B., den Tischnachbarn anzugreifen.

(6) Ausführung des Verhaltens. Die gewählte Reaktion wird ausgeführt.

Die internen kognitiven Vorgänge auf jeder einzelnen Ebene des Modells können zu unterschiedlichem Verhalten führen. So können ein mangelhaftes Sozialverhalten gut lokalisiert und Defizite auf bestimmten Stufen gezielt erkannt werden. Beispielsweise neigen aggressive Kinder eher als andere dazu, auch neutrale soziale Schlüsselreize als Angriff oder Übergriff zu interpretieren und umgehend aggressiv zu handeln. Aggressive Kinder verfügen oft auch über ein geringeres Verhaltensrepertoire, wodurch es ihnen an konstruktiven Konfliktlösungsstrategien mangelt. Daher wählen sie dann häufiger eingefahrene und extremere (aggressive) Reaktionen als Kinder, die über ein breiteres Spektrum an Verhaltensweisen verfügen.

Es ist das Verdienst von Crick und Dodge (1994), mit ihrem Modell zentrale Prämissen sozialer Lerntheorien auf konkrete entwicklungsrelevante Auseinandersetzungen angewendet zu haben, indem sie individuelle und soziale Wirkmechanismen im Zusammenhang dargestellt und operationalisiert haben. Danach können soziale Einflüsse einen direkten Einfluss auf Verhaltensentscheidungen haben. Diese wurden in Abhängigkeit von der subjektiven Bewertung und den Interpretationen der sozialen Ereignisse sowie von Bedingungen, die durch die individuelle Lebensgeschichte (dem Verhaltensrepertoire) definiert werden. Wegen des prozessualen Charakters des Modells und seiner verschiedenen Analyseebenen und Ansatzpunkte ist es für Präventions- und Interventionsprogramme von unschätzbarem Wert, sei es, um ein unerwünschtes Verhalten (z. B. Aggression) zu reduzieren oder erwünschtes Verhalten (z. B. soziale Kompetenz) zu fördern (vgl. Scheithauer & Gottschalk, 2009).

3 Soziale Lerntheorien und ihre klassischen Befunde

Es gibt nicht *die* soziale Lerntheorie, vielmehr gibt es eine ganze Reihe an unterschiedlichen Theorien und Ansätzen. Das Bündel an Theorien, die unter dem Begriff „soziale Lerntheorien" zusammengefasst werden, haben ihre Ursprünge vor allem in den verhaltenstheoretischen und psychoanalytischen Ansätzen zur Persönlichkeit. Dazu zählen beispielsweise die Arbeiten von Sears (1941) sowie Miller und Dollard (1941), die selbst die Motivstrukturen von Aggression bis in die kindliche Entwicklung hinein verfolgt haben. Dabei wurden insbesondere die frühen Erfahrungen im familiären Kontext, die Qualität der Mutter-Kind-Beziehung, aber auch der Einfluss von Geschlechterrollen-Modellen als Quelle angesehen. Im Folgenden werden wir jedoch nur auf einige wenige klassische Ansätze und Studien eingehen.

3.1 Die soziale Lerntheorie der Persönlichkeit nach Rotter

In der sozialen Lerntheorie der Persönlichkeit von Rotter (1954) steht der Erwerb von Handlungsmustern unter den komplexen Bedingungen des menschlichen Miteinanders im Zentrum. Obwohl sich die Persönlichkeit als ein Konglomerat von Fähigkeiten, Kompetenzen und Handlungsoptionen relativ stabil beschreiben lässt, versteht Rotter sie als Ergebnis der engen Wechselwirkung zwischen einem Individuum und seiner Umwelt. Vor diesem Hintergrund betrachtet Rotter das Verhalten als dynamisch, variabel und vor allem zielbezogen und entwickelte deshalb das Konzept der Kontrollüberzeugung (engl. *locus of control*). Eine Kontrollüberzeugung bezeichnet die Stärke der Gewissheit, mit der eine bestimmte Konsequenz des eigenen Handelns erwartet wird. Personen mit einer stark ausgeprägten (internalen) Kontrollüberzeugung sind davon überzeugt, dass sie die (positiven oder negativen) Konsequenzen ihres Verhaltens tragen müssen, diese aber auch durch ihr eigenes Handeln beeinflussen können. Demgegenüber gehen Personen mit schwach ausgeprägten (externalen) Kontrollüberzeugungen davon aus, dass die Konsequenzen ihres Verhaltens kaum vorhersagbar und kaum von ihnen selbst bestimmbar sind, sondern von Faktoren abhängen, die außerhalb der eigenen Person liegen (Schuler, 2001). Das Konzept der Kontrollüberzeugung macht damit deutlich, wie das Verhalten eines Individuums von seiner Einschätzung der eigenen Einflussnahmemöglichkeiten auf die Umwelt und der Einflussnahme der Umwelt auf die eigenen Fähigkeiten geprägt wird.

3.2 Die soziale Lerntheorie Banduras

In Banduras sozialer Lerntheorie finden sich ähnliche Überlegungen im Konzept der Selbstwirksamkeit. Hier wird davon ausgegangen, dass sich Menschen vorrangig durch die Beobachtung anderer Menschen ein Bild davon machen, wie bestimmte eigene Verhaltensweisen ausgeführt werden sollen. Damit wird das Beobachtungslernen als eine wichtige Grundlage sozialen Lernens herausgestellt und der Beziehung, die den Lernenden mit dem Modell verbindet, große Bedeutung beigemessen. Lernen erhält über die Interaktion mit dem Modell einen sozialen Ursprung und gilt als besonders effektiv, wenn die entsprechende Umwelt (bspw. die Lernsituation) für das Individuum bedeutsam ist, da das Modell dann die Aufmerksamkeit erhält, die für eine erfolgreiche Nachahmung notwendig ist (Bandura, 1977a). Das Modelllernen erfüllt dabei die nachfolgenden Funktionen:

(1) Aufbau neuer Verhaltensweisen. Das Modell zeigt Verhaltensweisen auf, die sich nicht im Repertoire eines Individuums befanden, dann aber erlernt und dem Repertoire hinzugefügt werden.

(2) Modifikation bereits bestehenden Verhaltens. Das Modell führt zu einer Hemmung oder Enthemmung bereits existierender Verhaltensweisen, je nachdem, welche Verhaltenskonsequenzen zu erwarten sind.

(3) Herausbildung diskriminativer Hinweisreize. In Interaktion mit einem Modell werden Hinweisreize etabliert, die das Auftreten und den Einsatz bereits erlernten Verhaltens erleichtern.

Zusammenfassend lässt sich feststellen, dass es beim Modelllernen keineswegs um eine passive Übernahme fremden Verhaltens geht. Die Auswirkungen der Übernahme werden stetig überprüft und können gegebenenfalls modifiziert werden. Außerdem ist der Prozess des Modelllernens an sich bereits ein aktiver Prozess, der von Bandura (1979) in vier Teilprozessen beschrieben wird, wobei sich die ersten beiden auf die Aneignung, die anderen beiden auf die Ausführung von Handlungsmustern beziehen (Abb. 13.5):

(1) Aufmerksamkeit. Modelle mit hohem Attraktivitätswert erhalten eine hohe Aufmerksamkeit. Insbesondere in der Kindheit und Jugendzeit wirken sie als Katalysatoren in der Entwicklung. In dieser Zeit werden sie oftmals in sogenannte Vorstellungsbilder übersetzt.

(2) Gedächtnisprozess. Diese Vorstellungsbilder werden in eine Symbolsprache transformiert, im Gedächtnis gespeichert und in dieser Form kognitiv verarbeitet.

(3) Motorische Reproduktionsprozesse. Schließlich werden neue Verhaltensweisen unter Bezug auf die Vorstellungsbilder erprobt und angeeignet.

(4) Motivationsprozesse. Das Verhalten wird mit entsprechender Motivation verstärkt und ausgeübt.

Die Übernahme eines Modellverhaltens wird generell erleichtert, wenn eine Ähnlichkeit zwischen der Modellsituation und der Situation des Individuums besteht, das Modell als erfolgreich gilt und sich das Individuum aktiv mit der Modellsituation auseinandersetzt. Da Beobachtung, Imitation und anschließende Modulierung des Verhaltens das Individuum in einen kontinuierlichen Austausch mit seiner Umwelt bringen, wird vom *reziproken Determinismus* gesprochen, der auf drei Ebenen (hier für Lernkontexte) beschrieben werden kann:

(1) Individuelle Ebene. Gemeint sind Erwartungen an den Lernenden, seine Einstellungen zu den Lerninhalten, seine Selbstwirksamkeit und individuelle Kontrollüberzeugung.

(2) Äußere und soziale Ebene. Auf diesen Ebenen werden die physikalischen Gegebenheiten des Lernkontexts und die Charakteristika anderer im Lernkontext involvierter Mitmenschen charakterisiert.

3 Soziale Lerntheorien und ihre klassischen Befunde

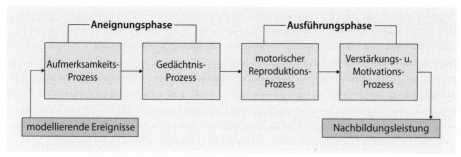

Abb. 13.5: Prozesse des Modelllernens nach Bandura (1977a).

(3) Ebene des beobachtbaren Verhaltens. Handlungen, verbale Äußerungen, körperliche Bewegungen sind die beobachtbaren Verhaltenseinheiten, die auf Entwicklung und Lernen Einfluss nehmen und Verhaltensänderungen im unmittelbaren sozialen Kontext nach sich ziehen.

Diese drei Ebenen lassen sich beispielhaft für das Erleben eines Kindes im schulischen Kontext wie folgt skizzieren: Auf der *individuellen Ebene* können die Ziele eines Schülers oder einer Schülerin, die empfundene Selbstwirksamkeit (Kann ich etwas erreichen, wenn ich lerne?), die Kontrollüberzeugungen (Bin ich Herr der Situation?) und die individuelle Steuerung im Lernprozess (Wie plane ich meine Arbeitsschritte, wie stelle ich sicher, dass das, was ich mache, richtig ist und zum Erfolg führt?) wirksam werden. Diese Faktoren sind jedoch mit Faktoren der *äußeren und sozialen Ebene* (Lernklima, Lernarrangement, Sitzordnung, Klassenklima) sowie denen auf der *Verhaltensebene* (Rückmeldung des Lehrenden, Verhalten der Mitschüler) verbunden (vgl. Ittel & Raufelder, 2009). So haben Lazarides und Ittel (2011) unter anderem zeigen können, dass die Strukturiertheit des Unterrichts und die auf den Lernerfolg bezogene Rückmeldung eines Lehrers an den Schüler (*Verhaltensebene*) einen großen Einfluss auf unmittelbare Lernbereitschaft und Interessensentwicklung des Schülers (*individuelle Ebene*) wie auch langfristige Folgen für seine akademische Entwicklung haben. Aber nicht nur das Verhalten des Lehrers, sondern das gesamte soziale (schulische) Umfeld, Einflüsse außerhalb der Schule (etwa Unterstützung in der Familie) eingeschlossen, wirken auf die individuelle schulische Entwicklung.

Die soziale Lerntheorie Banduras (1977a) war und ist Basis zahlreicher empirischer Untersuchungen. Bis heute wurde das Theoriegebäude kontinuierlich ausdifferenziert, indem eine Vielzahl von Mechanismen der Person-Umwelt-Interaktion auf der individuellen und sozialen Ebene spezifiziert werden konnte. Da auch kognitive Bestandteile in die soziale Lerntheorie Banduras aufgenommen wurden, wird heute von der sozial-kognitiven Theorie (Bandura, 1997) gesprochen. Vor allem die im Selbstkonzept verankerten Erwartungen über die eigenen Handlungskompetenzen und -konsequenzen haben zu Konzepten im Lernprozess beigetragen, die die Selbstwirksamkeit und das Selbstkonzept thematisieren. Banduras Selbstwirksamkeitstheorie (Bandura, 1977b, 1995, 1997, 1998) nimmt dabei psychische und behaviorale Veränderungen in den Blick, die durch eine veränderte Einschätzung persönlicher Kompetenzen und durch die Erwartung zukünftiger persönlicher Wirksamkeit entstehen. Untersuchungen im schulischen Kontext zeigen zum Beispiel, dass Überzeugungen von Schülern, auf den Unterricht selbst Einfluss nehmen zu können und damit Kontrolle über das Unterrichtsgeschehen zu erhalten, wichtig für ihre Lernmotivation, Interessensentwicklung und Wahrnehmung der eigenen Kompetenzen ist (vgl. Lazarides & Ittel, 2012; Rheinberg & Krug, 1999). Erfährt ein Individuum dagegen nachhaltig Diskrepanzen zwischen seinen eigenen Handlungen und den Geschehnissen in der Umwelt, führt dies zu einer Selbstwirksamkeitserwartung mit mangelhaften Handlungs-Ergebnis-Einschätzungen und schließlich zur (erlernten) Hilflosigkeit (vgl. Seligman, 1991).

Diese selbstbezogenen Kognitionen können als Initiationen kognitiver, motivationaler und affektiver Prozesse verstanden werden, die eine Umsetzung von Wissen und Fähigkeiten in Handlungen steuern. In Erwartung, dass eine Handlung zu einem bestimmten Ergebnis führt (Handlungs-Ergebnis-Erwartung, Kontingenz- oder Konsequenzerwartung), üben sie eine zentrale Funktion bei der Selbstregulation aus, die dann als Selbstwirksamkeit (Selbstwirksamkeits- oder Kompetenzerwartungen) bezeichnet wird. Mone (1994) belegte diese Zusammenhänge in einer Studie zu komplexen Rechenaufgaben wie folgt: Nachdem Schüler die Grundrechenarten beherrschen, kommt es darauf an, diese in komplexe Rechenaufgaben zielgerichtet zu integrieren. Schüler mit der Überzeugung, dies leisten zu können, waren daher bei gleichermaßen ausgeprägten Fähigkeiten erfolgreicher als Schüler, denen diese Überzeugung fehlte. Die komplexe Rechenleistung ließ sich danach nicht mit den einzelnen Fertigkeiten der Schüler vorhersagen, wohl aber mit der Selbstwirksamkeitserwartung, diese Fertigkeiten sinnvoll einsetzen zu können.

Im Rahmen der Selbstwirksamkeitstheorie differenziert Bandura (1997) auch den von Watson eingeführten Begriff der Generalisierung auf zwei Ebenen: Wenn das Individuum (z. B. der Schüler) Ähnlichkeiten zwischen unterschiedlichen Anforderungssituationen (z. B. im Unterricht) wahrnimmt und auf dieser Basis Erwartungen an das Selbst oder die eigenen Kompetenzen formuliert, können Generalisierungen von außen (z. B. durch den Lehrer) oder durch den zeitlich parallelen Aufbau von individuellen Selbstwirksamkeitserwartungen unterstützt werden. Das heißt, werden Selbstwirksamkeitserwartungen in unterschiedlichen Bereichen gleichzeitig entwickelt, können diese Bereiche kognitiv verknüpft werden. Eine bereichsübergreifende Selbstwirksamkeitsüberzeugung entsteht.

Soziale Lerntheorien gehen davon aus, dass der Mensch über *Beobachtungen* Informationen aus seiner Umwelt verarbeitet, um Verhaltensweisen zu erlernen. Dabei kann es jedoch auch zur Enthemmung bereits vorhandener Verhaltensweisen kommen, wenn daraus positive Konsequenzen erwachsen und das aktivierte Verhalten von anderen als positives Modell angesehen wird.

3.3 Klassische Studien im Rahmen sozialer Lerntheorien

Obwohl bereits in den 1940er-Jahren empirische Studien in Bezug auf soziale Lernprozesse durchgeführt wurden (z. B. Miller & Dollar, 1941), wollen wir im Folgenden zwei klassische Untersuchungen aus den 1960er-Jahren darstellen, die als prototypisch für den Nachweis sozialer Lernverläufe gelten. Es handelt sich dabei um die Bobo-Doll-Studie Banduras (Bandura & Walters, 1963) und die Marshmallow-Studie von Mischel (1968). Erstere untersuchte den Beitrag sozialen Lernens zur Herausbildung aggressiven Verhaltens, letztere den Belohnungsaufschub zur Aufrechterhaltung von Verhaltenszielen.

3.3.1 Die Bobo-Doll-Studie

Die von Bandura und Mitarbeitern durchgeführten Bobo-Doll-Studien (Bandura & Walters, 1963) sind berühmt geworden, weil sie seinerzeit die Wirkung definierter (aggressiver) Modelle auf das Verhalten von Kindern zu belegen schienen. Danach fördert allein das Beobachten von Gewalt aggressives Verhalten, und zwar auf zweierlei Art: Es unterstützt einerseits den Erwerb aggressiven Verhaltens und baut andererseits Hemmungen ab, bereits erworbene aggressive Verhaltensweisen einzusetzen (Geen, 1983).

In den Bobo-Doll-Experimenten waren Filme zu sehen, in denen ein Erwachsener eine große Plastikpuppe (die Bobo-Doll) aggressiv traktierte: Er schlug die Puppe, trat sie, warf sie zu Boden und beschimpfte sie. Der Film endete mit drei verschiedenen Varianten, von denen jeweils eine den vier- bis fünfjährigen Kindern präsentiert wurde. *Variante 1:* Eine zweite Person kommt hinzu und lobt und belohnt den Erwachsenen für sein Verhalten. *Variante 2:* Die hinzukommende Person bestraft den Erwachsenen mit Tadel, Schlägen und Drohungen. *Variante 3:* Der Film endet, ohne dass eine Reaktion auf das Verhalten des Erwachsenen erfolgt. Unmittelbar nachdem die Kinder eine der Varianten des Films gesehen hatten, wurden sie einzeln in einen Raum geführt, in dem sie Bobo-Doll und andere Gegenstände des Films vorfanden. Die Kinder ahmten das Verhalten des Erwachsenen im Film nach, und zwar in Abhängigkeit von der jeweiligen Variante des Filmendes. Kinder, die Filmvariante 1 (Belohnung des aggressiven Verhaltens) gesehen hatten, verhielten sich deutlich aggressiver als Kinder, die Variante 2 und 3 beobachtet hatten. Kinder, die eine Bestrafung des Erwachsenen gesehen hatten (Variante 2), waren deutlich weniger aggressiv. Kinder, die nur ein unspezifisches Ende des Films erlebt hatten (Variante 3), zeigten aggressive Verhaltensweisen, die den Kindern der Variante 1 ähnlich waren.

Diese Ergebnisse werden auch heute noch herangezogen, um die Wirkung von Medien auf das Verhalten von Kindern zu demonstrieren und zu belegen, dass gewalthaltige Filme oder auch Computerspiele einen nachhaltigen negativen Einfluss auf das Verhalten haben. Diese Effekte sind jedoch bis heute in ihrer kausalen Wirkung nicht eindeutig geklärt. Da sie in einem experimentell kontrollierten Kontext erhoben wurden, rechtfertigen sie kaum Schlussfolgerungen, die über das Erklärungspotenzial eines experimentellen Designs hinausgehen. Diese Ergebnisse erweisen sich auch deshalb als ungeeignet für Erklärungen über eine generelle Gewaltbereitschaft, weil vorangegangene Aggressions- und Gewalterfahrungen (Heitmeyer, 1995), aber auch biologische Prädispositionen unberücksichtigt geblieben sind. Offenbar verhindern schon Unterschiede in den familiären Betreuungserfahrungen oder in der psychosozialen Entwicklung der Kinder eine Replikation der Ergebnisse (Hart & Kritsonis, 2006). So gelang es nicht, Banduras Bobo-Doll-Studie in natürlicher Umgebung zu replizieren. Feshbach und Singer (1971) prüften sogar die gegenteilige Annahme, nach der der Konsum gewalttätiger Videoinhalte das Bedürfnis nach Aggression als eine Art „Blitzableiter" für Gewaltbereitschaft eher reduzieren könnte. In ihrer Untersuchung hatten kriminelle Jugendliche über einen Zeitraum von sechs Wochen nur Zugang zu gewaltfreien Videos (Gruppe A), eine andere Gruppe dagegen konnte zeitgleich gewalttätige Videoinhalte sehen (Gruppe B). In Auswertung der Ergebnisse zeigte Gruppe A, die gewaltfreie Inhalte gesehen hatte, häufiger aggressive Verhaltensweisen als Gruppe B. Im Sinne ihrer Hypothese mutmaßten Feshbach und Singer (1971), dass das Bedürfnis nach aggressivem Verhalten auch über eine Identifikation mit dem Gewalttäter der Videos (quasi stellvertretend) befriedigt werden kann und nicht notwendigerweise über Imitation selbst ausgelebt werden muss, wie dies bei Gruppe B der Fall sein konnte. Diese sog. Katharsis-Theorie, dass aggressives Handeln den menschlichen Aggressionstrieb erleichtert, wurde später u. a. prominent von Bushman (1999) kritisiert und durch die Ergebnisse seiner Untersuchungen empirisch hinterfragt. Trotz dieser widersprüchlichen Befunde hat Banduras soziale Lerntheorie zu unzähligen Studien über mediale Effekte auf die Verhaltensentwicklung von Kindern veranlasst und dazu beigetragen, Medienangebote und die Bedeutung von Rollenvorbildern im Leben von Kindern und Jugendlichen sensitiv zu reflektieren (Bandura, 1969, 1976).

3.3.2 Die Marshmallow-Studie

Mischels (1968) Interesse lag vor allem in der Untersuchung selbstregulativer Prozesse, wie sie sich schon in den Arbeiten von Rotter zum Konzept der Kontrollüberzeugung finden lassen. Anders als Rotter ging Mischel jedoch von einem größeren Einfluss situativer Prozesse gegenüber der Persönlichkeit aus sowie der Fähigkeit des Individuums, die Interaktion mit der Umwelt bewusst zu steuern. Mischel (1968) postulierte fünf „Personenvariablen", die maßgeblich für die Interaktion zwischen Individuum und sozialer Umwelt sind: Kompetenzen, Entschlüsselungsstrategien, Erwartungen, subjektive Werte und selbstregulierende Systeme.

Die selbstregulierenden Systeme standen schließlich im Mittelpunkt einer Studie, die als Marshmallow-Studie in die Literatur eingegangen ist und der Frage nachging, ob und wie lange ein Kind in selbstregulativer Weise eine Belohnung aufschieben kann und welche Konsequenzen dies in der Entwicklung haben könnte. Zwischen 1968 und 1974 wurde diese Problemstellung experimentell mit insgesamt 653 Kindern (316 Jungen, 337 Mädchen) im Alter zwischen 4 und 5 Jahren untersucht: Die Kinder wurden dabei zu einem Tisch geführt, auf dem eine begehrte Süßigkeit (z. B. Marshmallow) auf einem Teller lag. Den Kindern wurde jedoch gleichzeitig mitgeteilt, dass sie vorerst im Raum allein bleiben müssten, den Versuchsleiter jedoch jederzeit mit einer Glocke zurückrufen könnten; bei Rückkehr des Versuchsleiters würde das Kind dann das Marshmallow auf dem Teller erhalten. Würde das Kind jedoch warten und nicht die Glocke betätigen, würde es sogar ein zweites Marshmallow bekommen. Dieses Experiment wurde in folgenden Varianten durchgeführt: In Variante 1 (offene Belohnung) sahen die Kinder das Marshmallow, während sie warteten, in Variante 2 (verdeckte Belohnung) wurde das Marshmallow verdeckt. Außerdem wurden die Instruktionen variiert: Einmal wurden Instruktionen darüber gegeben, über was das Kind während des Belohnungsaufschubs nachdenken sollte, in der anderen Versuchsbedingung gab es keine Instruktion. Gemessen wurde die Zeit des Belohnungsaufschubs.

In längsschnittlich angelegten Nachuntersuchungen (Mischel, Shoda & Peake, 1988; Shoda, Mischel & Peake, 1990) – die ehemaligen Vorschulkinder waren inzwischen 15-16 Jahre alt – wurden die Eltern gebeten, einen Fragebogen zu Coping- und Kompetenzverhalten sowie zur Persönlichkeit ihrer Kinder auszufüllen. Außerdem wurden die Leistungspunkte im SAT-Test erfasst, der zwecks College-Zulassung in den USA regulär eingesetzt wird. Im Ergebnis zeigte sich, dass diejenigen Vorschulkinder, die die offene Belohnung (Marshmallow) ohne Instruktionen aufschieben konnten (*high delay gratification*), im Vergleich zu jenen, die den Belohnungsaufschub nur kurze Zeit ertrugen (*low delay gratification*), höhere SAT-Werte im mittleren Jugendalter aufwiesen und bessere sozial-kognitive und emotionale Coping-Kompetenzen ausgebildet hatten. Später zeigten sie höhere Bildungsabschlüsse, einen ausgeprägteren Selbstwert, bessere Kompetenzen im Umgang mit Stress und hatten weniger Drogen konsumiert (Ayduk et al., 2000).

Interessanterweise konnten Casey und Mitarbeiter (Casey et al., 2011) erst jüngst an noch 59 Erwachsenen, die an der ursprünglichen Marshmallow-Studie teilgenommen hatten, eine fMRT-Studie durchführen. Das bildgebende Verfahren konnte die vor über 40 Jahren ermittelten Unterschiede (von *high* und *low delay gratification)* im präfrontalen Kortex und ventralem Striatum bestätigen, nachdem die Probanden Aufgaben zum Belohnungsaufschub im Scanner bearbeiten mussten. Insgesamt hat damit die Marshmallow-Studie nicht nur mit ihrer signifikanten prognostischen Validität in Bezug auf soziale, kognitive und mentale Gesundheit über die Lebensspanne beeindruckt (Mischel et al., 2011), sondern hat auch gezeigt, inwiefern Kinder in der Lage sind, ihr Verhalten zu kontrollieren und selbst zu bestimmen. Es bleibe jedoch nicht unerwähnt, dass eine aktuelle Replikationsstudie von Kidd, Palmeri und Aslin (2013) zeigte, dass die Fähigkeit von Kindern zum Gratifikationsaufschub erheblich davon beeinflusst wird, wie verlässlich ihre Umgebung ist. Wenn Kinder es bspw. gewohnt sind, dass man ihnen ihre Sachen wegnimmt, dann führt ihre Umwelterfahrung zu der rationalen Entscheidung, lieber nicht auf eine spätere Belohnung zu warten, sondern den sprichwörtlichen Spatz in der Hand zu sichern. Mit ihrer Studie, in der die Versuchsgruppe vor dem eigentlichen Marshmallow-Experiment ihre Versuchsleiterin als unzuverlässige (vs. zuverlässige bei der Kontrollgruppe) Person erfahren hat, konnten Kidd, Palmeri und Aslin (2013) zeigen, dass der Belohnungsaufschub sehr stark vom Glauben an die Verlässlichkeit der Umgebung moderiert wird. Mit anderen Worten: Selbstkontrolle wird vernachlässigt, wenn diese in der Umwelt wertlos erscheint.

3.4 Soziales Lernen im Schulkontext nach Petillon

Ein wichtiger Anwendungskontext für die Erkenntnisse sozialer Lerntheorien ist das soziale Lernen im Schulkontext. Im Schulkontext verknüpfen sich entwicklungspsychologische Perspektiven über Lernprozesse mit den pädagogisch-psychologischen Problemstellungen, da soziales Lernen für Bildungsprozesse grundlegend ist und gleichzeitig Entwicklungsprozesse vorantreibt. Vor allem die Gruppe der Gleichaltrigen wird in der Schule zum „*Dreh- und Angelpunkt sozialer Interaktionen und der Aushandlung sozialer Regeln*" (Preuss-Lausitz 1999, S. 166). Mit einem heuristischen Modell über das komplexe Bedingungsgefüge der Person-Ökologie-Bezüge in der Schule hat Petillon (1993) den Versuch unternommen, die bestehenden Ansätze und theoretischen Positionen des symbolischen Interaktionismus (Blumer, 1973) mit ökologisch orientierten Theorien (z. B. Bronfenbrenner, 1981; Park, 1936) zu verknüpfen.

In Petillons Verständnis wird soziales Lernen in Prozessen beschrieben, in denen die individuelle Auseinandersetzung und Bewältigung von sozialen Ereignissen im Mittelpunkt stehen (Abb. 13.6). Darüber hinaus berücksichtigt er personale, situative und Umwelt-Faktoren. Das „Soziale" wird dabei auf zwei miteinander verknüpften Ebenen repräsentiert: der subjektiv-psychischen Ebene des Sozialen und der objektiv-ökologischen Ebene des Sozialen. Während die erste Ebene die Leistungen des handelnden Subjekts im Umgang mit seiner sozialen Umwelt umfasst, dient die zweite Ebene subjektiven Rekonstruktionen, die als Orte für soziale Lernerfahrungen gelten, in denen unter der Begrenzung von Handlungen Veränderungen möglich werden (Petillon, 1993). Aufbauend auf diesem Modell hat Petillon (1993, S. 130 ff.) in einem aufwändigen Verfahren (Expertenbefragung, Lehrplananalyse, Lehrer- und Schülerbefragung) einen Katalog sozialen Lernens formuliert, der folgende Lernzielbereiche für die Schul- und Unterrichtspraxis umfasst:

(a) Kommunikation. Fähigkeit und Bereitschaft, sich verständlich zu machen und andere zu verstehen.

(b) Kontakt. Fähigkeit und Bereitschaft, mit anderen Kontakt aufzunehmen.

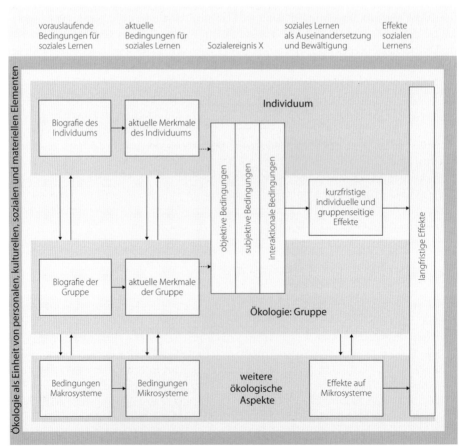

Abb. 13.6: Ein allgemeines Modell zur Beschreibung sozialen Lernens (vereinfachtes Modell in Anlehnung an Petillon, 1993, S. 22).

(c) Solidarität. Fähigkeit und Bereitschaft zu gemeinsamem Handeln in kleineren und größeren Gruppen, Bewusstsein der Zusammengehörigkeit und Erkenntnisse über die gemeinsame Lage.

(d) Konflikt. Fähigkeit und Bereitschaft, konstruktives Konfliktlöseverhalten zu praktizieren.

(e) Ich-Identität. Fähigkeit und Bereitschaft, Fremderwartungen und eigene Bedürfnisse so zu verarbeiten, dass ein eigenes selbstbestimmtes Rollenverhalten entwickelt und praktiziert werden kann.

(f) Soziale Sensibilität. Fähigkeit und Bereitschaft, die Handlungen anderer, die soziale Situation und die eigene Wirkung auf andere aufmerksam wahrzunehmen und sensibel zu interpretieren sowie zielführend ins eigene Handeln einzubringen; Gefühle gegenüber anderen und von anderen ernst zu nehmen, zu beachten und zu „pflegen".

(g) Empathiefähigkeit und Perspektivenübernahme. Fähigkeit und Bereitschaft, sich in die Rolle eines anderen hineinzuversetzen, sich in seine Lage einzufühlen und das Ergebnis dieser Bemühungen in das eigene Verhalten einzubeziehen.

(h) Toleranz. Fähigkeit und Bereitschaft, die Andersartigkeit, Eigentümlichkeit, Hilfsbedürftigkeit usw. anderer zu erkennen, zu respektieren sowie Vorurteilen entgegenzuwirken.

(i) Kritikpunkt. Fähigkeit und Bereitschaft, Informationen, Normen, Handlungen, feststehende Urteile bei sich und anderen kritisch zu hinterfragen und gegebenenfalls Alternativen zu entwickeln.

(j) Umgang mit Regeln. Fähigkeit und Bereitschaft, wichtige Regeln des Zusammenlebens zu erarbeiten, zu beachten und gegebenenfalls zu revidieren.

(k) Kenntnis der Gruppe. Fähigkeit und Bereitschaft, Kenntnisse über wesentliche Aspekte der sozialen Gruppe zu erwerben.

Das Modell erweitert bisherige Ansätze sozialen Lernens aus dem pädagogisch-psychologischen Blickwinkel um den prozesshaften Charakter der Person-Umwelt-Interaktion und verbindet die subjektiv-psychische mit der objektiv-ökologischen Ebene. Die Lernzielbereiche reflektieren dabei praktisch-gegenständliche, theoretisch-intellektuelle und sozial-emotionale Lernprozesse, die inhaltlich miteinander stark verknüpft sind und deshalb in ihrer Einheit im Wechselspiel zwischen Person und Umwelt wirken (Petillon, 1993). Lehrende können diese Ziele für unterschiedliche Altersstufen anpassen und der kindlichen Lebenswelt erfahrbar machen, sodass die Lehrenden bzw. Kinder mit jeder Entwicklungsphase dem eigentlichen Ziel einen Schritt näher kommen.

3.5 Die biosoziale Lerntheorie nach Millon

Die Auswirkungen interpersoneller Lernprozesse auf die Entwicklung der Persönlichkeit (bis hin zur Ausbildung von Persönlichkeitsstörungen) stehen im Mittelpunkt der biosozialen Lerntheorie von Millon (Millon & Davis, 1995), die Erkenntnisse und Befunde aus der Klinischen Psychologie, Verhaltenstherapie und Psychoanalyse verwendet. Folgende Merkmale der Persönlichkeit haben danach Einfluss darauf, ob Ereignisse als Verstärker erlebt werden und wie ein Bewältigungsverhalten einsetzen kann, wenn eine schwierige Situation verarbeitet werden muss, nämlich (a) ist das Individuum initiativ oder reaktiv, (b) tendiert es dazu, positive Situationen aufzusuchen oder negative zu vermeiden und (c) ist es auf sich selbst bezogen oder eher an anderen orientiert. Diese Bewältigungsmuster (oder auch Persönlichkeitsstile) werden als komplexe Formen instrumentellen Verhaltens aufgefasst, das darauf abzielt, Verstärkung zu erhalten und negative Konsequenzen zu meiden. Im Kontext sozialer Lerntheorien relevant sind sie deshalb, weil sie aus der Auseinandersetzung des Individuums mit anderen Personen und sozialen Situationen entstehen und auch Fehlentwicklungen einschließen. So kann beispielsweise eine narzisstische Persönlichkeitsstörung unter Umständen auf Überbewertung von Fähigkeiten in der Kindheit zurückgeführt werden (Millon & Davis, 1995). Danach schwanken Jugendliche, die in ihrer Kindheit im Mittelpunkt standen und deren Wünsche bedingungslos erfüllt sowie deren Talente übermäßig bewundert wurden, nicht selten zwischen einem übersteigerten Selbstbild und der Furcht, Ansprüchen nicht zu genügen. Die biosoziale Theorie zeigt deshalb, wie selbst psychopathologische Persönlichkeitsentwicklungen aus unterschiedlichen sozialen Bedingungen entstehen können, weil fehlangepasste Verhaltensmuster eingeübt wurden.

4 Aktuelle Trends und Modifikationen

Neue Erkenntnisse auf dem Gebiet der Neuropsychologie haben in den letzten Jahren auch das Verständnis des sozialen Lernens deutlich verändert. Auf der Basis bildgebender Verfahren zum Nachweis der Hirnaktivität eröffnen sich neue Einblicke in die Zusammenhänge zwischen gezielten Stimuli und Reaktionen bei gleichzeitiger Berücksichtigung individueller Persönlichkeitscharakteristika. Im Zuge dieser neurowissenschaftlichen Zugänge sind hochkomplexe Problemstellungen hervorgetreten, die die Interdependenz zwischen individueller und sozialer Entwicklung besser in den Blick nehmen, als es die traditionellen sozialen Lerntheorien bisher leisten konnten.

4.1 Verhaltensflexibilität neu gefasst: Identifizieren und Abgrenzen

Die ausgeprägte Komplexität sozialen Lernens wird in sozialen Interaktionsprozessen reflektiert, die mindestens zwei Fähigkeiten voraussetzen: Die Fähigkeit, sich mit anderen zu identifizieren, und die Fähigkeit, sich von ihnen abzugrenzen. *„Our ability to engage in social interactions with other individuals involves both an ability to identify with others and also an ability to distinguish ourselves from others."* (Cappa & Canessea, 2008, S. 119) Allerdings gilt es auch zu bedenken, dass soziale Interaktionen oft auf unterschiedliche Strukturierungen innerhalb einer Personengruppe gründen, die die eigene Position definieren. Die eigene Position innerhalb einer Gruppe bestimmt wiederum das Verhalten: Verändert sich die Position, dann verändert sich auch das Verhalten; verändert sich das Verhalten, verändert sich auch die soziale Position (vgl. Easton, 2006). Insofern bedeutet Verhaltensflexibilität auch, dass in Reaktion auf einen Stimulus Verhalten modifiziert wird, je nachdem in welchem Kontext (welcher sozialen Situation und Gruppe) dieser Stimulus erlebt wird. Die Präsenz anderer beeinflusst das Verhalten des Einzelnen mehr, als uns das bewusst ist. *„If we have to extract one principle from social psychology, this will be the principle of situationism or the power of the situation over behavior."* (Todorov, Harris & Fiske, 2006, S. 77)

4.2 Nachahmungs- und Beobachtungsprozesse neurobiologisch erklärt

Mit der Entdeckung der Spiegelneuronen konnten auch die behavioralen Nachahmungsprozesse besser erklärt werden. Rizzolatti, Fogassi und Gallese (2001) stießen bei einer experimentellen Studie mit Affen zufällig auf dieses Phänomen: Nicht nur mit einem tatsächlichen Griff nach einer Rosine durch den Affen konnte ein bestimmtes Erregungsmuster aus Nervenzellverbänden im Gehirn des Affen abgeleitet werden; dieses Muster wurde auch aktiv, wenn die Greifbewegung vom Affen *nur* beobachtet, jedoch nicht selbst durchgeführt wurde. Mit anderen Worten: Die Beobachtung einer Aktivität wurde in den Nervenzellen so gespiegelt, als wenn sie selbst ausgeführt worden wäre (Gallese, Fadiga, Fogassi & Rizzolatti, 1996; Rizzolatti, Fadiga, Gallese & Fogassi, 1996). Diese Entdeckung hat große Bedeutung für die Frage erhalten, wie Menschen miteinander umgehen, sich imitieren und einfühlen. Immerhin ist deutlich geworden, dass *such a mirror system endorse our mind with an embodied stimulation routine which automatically generates an internal replication of others observed motor as well as cognitive or emotional states* (Gallese, Keysers & Rizzolatti, 2004).

Der spiegelähnliche Mechanismus im neurobiologischen Bauplan des Gehirns ermöglicht die Herstellung eines geteilten intersubjektiven Bedeutungsraums und sollte deshalb die eigentliche Grundlage für die Nachahmung sein. Verschiedene Studien haben jedoch gezeigt, dass der Effekt der Spiegelung von der Absicht/dem Zweck der beobachteten Handlung abhängt. So wurden die motorischen Hirnzentren stärker aktiviert, wenn die Probanden Bilder sahen, die Handlungen wie „Tasse nehmen und daraus trinken" darstellten, als bei Bildern, die „Aufräumen" suggerierten (Iacoboni et al., 2005). Untersuchungen dieser Art haben auch herausgefunden, dass die Beobachtung des emotionalen Zustands von anderen Personen eine Repräsentation dieses emotionalen Zustandes beim Beobachter auslöst (z. B. Singer et al., 2004; Wicker et al., 2003). Diese Fähigkeit zur *Empathie* wird ebenfalls auf die Spiegelneuronen zurückgeführt, sodass bei autistischen Erkrankungen eine Funktionsstörung der Spiegelneuronen vermutet werden kann. Tatsächlich haben Iacoboni und Dapretto (2006) Abnormitäten in der Spiegelneuronenregion bei autistischen Patienten entdecken können. Beispielsweise zeigten autistische Kinder im Vergleich zu unauffälligen Kindern in einer fMRT-Untersuchung reduzierte Aktivitäten der Spiegelneuronen während der Beobachtung und Imitation einfacher emotionaler Ausdrücke. Je geringer die Aktivität der Spiegelneuronen war, desto schwerwiegender war das autistische Krankheitsbild (Iacoboni, 2009).

Dass für ein Verhalten neuronale Entsprechungen zuzuordnen sind, darf jedoch nicht nur für Nachahmungsprozesse, sondern auch für das Beobachtungslernen gelten. Allerdings dürften diese Phänomene interindividuell verschieden auslösbar sein, da die Ausbildung des jeweiligen Spiegelsystems von frühkindlichen Erfahrungen und Ergebnissen abhängig zu sein scheint (Singer et al., 2004). In der kindlichen Entwicklung ist die frühe soziale Einbindung eine grundlegende Voraussetzung dafür, dass Kinder ihre Emotionalität am Beispiel der Emotionen anderer entwickeln können.

5 Schlussbetrachtungen

Zweifelsohne bestehen soziale Lerntheorien aus einem Konglomerat der verschiedensten Ansätze zu Lernen und Entwicklung. Vielfältige Herangehensweisen zur empirischen Überprüfung ihrer Thesen sind ausprobiert worden und haben dabei zu eigenen Schwerpunktsetzungen geführt. In diesem Zusammenhang gilt Banduras Wirken für die Theorienbildung über das soziale Lernen deswegen als bahnbrechend, weil er die bis dahin bestehenden Erkenntnisse berücksichtigt, zusammengeführt und kontinuierlich weiterentwickelt hat. Er integrierte das Prinzip der Nachahmung und Interaktion, verband Ansätze des Konditionierungslernens mit den kognitiven Verarbeitungstheorien und betonte die aktive Rolle des Individuums. Obwohl er Erkenntnisse über das soziale Lernen maßgeblich erweitert hat, wird heute kritisiert, dass Beobachtung und Imitation fast ausschließlich als die zentralen Lernmechanismen aufgefasst wurden und soziales Lernen damit stark vereinfacht betrachtet wird. Tatsächlich gehen die sozialen Lerntheorien davon aus, dass Beobachtung und Imitation nicht nur einfache Verhaltensänderungen, sondern auch komplexe Lernvorgänge erklären können. Viele Kritiker stellen jedoch die Operationalisierung und die empirische Überprüfbarkeit dieser Konstrukte infrage, da sie tatsächlich komplex und heterogen sind, was ihre empirische Überprüfbarkeit erschwert (Pfohl, 1994). Soziale Lerntheorien erlauben auch keine exakte Vorhersage von alters- oder entwicklungsabhängigen Veränderungen. Obwohl unstrittig ist, dass der Erfahrungshintergrund einer Person die Interpretation und Imitation eines beobachteten Verhaltens stark beeinflusst, werden entsprechende Varianzen in den Modellen zu sozialen Lernprozessen kaum berücksichtigt (vgl. Miller, 1993).

Wahrscheinlich ist soziales Lernen nur Disziplin übergreifend zu verstehen. Wie die verschiedenen theoretischen und empirischen Ansätze deutlich gemacht haben, ist soziales Lernen ein Zusammenspiel von Verhalten, Kognition und Neurokognition und befindet sich damit an der Schnittstelle von Psychologie, Neuro- und Sozialwissenschaften. Erst wenn möglichst viele dieser Ebenen in die Erforschung sozialer Lernrpozesse methodenplural einfließen können, tragen sie zu einem besseren Verständnis der Interdependenz von Individuum und Umwelt bei.

Albert Bandura (geb. 1925) – Psychologe

wurde in Canada geboren, begann das Studium der Psychologie an der University of British Columbia/BC (Canada) und promovierte an der University of Iowa/IA im Jahr 1952, wo er unter den Einflüssen des Behaviorismus eine soziale Lerntheorie entwickelte, durch die er alsbald bekannt wurde. Dabei galten Banduras ursprüngliche Interessen zunächst der Klinischen Psychologie. Er wurde jedoch auf das sich rasch entwickelnde Gebiet der Lernpsychologie aufmerksam und führte bereits in den frühen 1960er Jahren das Konzept des Lernens durch Beobachtung ein. In seinem mit Richard Walters veröffentlichten Buch über *„Adolescent Aggressions"* stellte er das soziale Lernen von Aggressionen den damals vorherrschenden Trieb- und Frustrationsmodellen gegenüber. Seine wohl bekannteste Studie ist die 1963 durchgeführte Bobo-Doll-Studie, die zur Theorie des Lernens am Modell (Beobachtungslernen) führte.

Seit 1953 hat Bandura eine Professur an der University of Stanford/CA inne, wo er noch heute forscht und unterrichtet. Im Verlauf seiner wissenschaftlichen Karriere hat er unzählige Bücher und Publikationen veröffentlicht und zahlreiche Auszeichnungen und Preise erhalten, wie beispielsweise im Jahr 1999 den *Thorndike Award*, 2008 den *Grawemeyer Award* sowie mehrere *Lifetime Awards* von diversen psychologischen und sozialwissenschaftlichen Gesellschaften. Wegen seiner herausragenden Forschungsbeiträge erhielt Bandura insgesamt 16 Ehrendoktorwürden, davon einige auch außerhalb der USA, wie beispielsweise von der Freien Universität Berlin oder den Universitäten Rom, Athen und Leiden.

Literatur

Ashcraft, M. H. (1994). *Human memory and cognition (2nd ed.)*. New York, NY: Harper Collins.

Atkinson, R. C. & Shiffrin, R. M. (1968). Human memory: A proposed system and its control processes. In K. W. Spence & J. T. Spence (Hrsg.). *The psychology of learning and motivation: Advances in research and theory* (Vol. 2) (S. 742–775). New York: Academic Press.

Ayduk, O., Mendoza-Denton, R., Mischel, W., Downey, G., Peake, P. K. & Rodriguez, M. (2000). Regulating the interpersonal self: Strategic self-regulation for coping with rejection sensitivity. *Journal of Personality and Social Psychology, 79*, 776–792.

Bandura, A. (1969). Social-learning theory of identificatory processes. In D. A. Goslin (Hrsg.), *Handbook of socialization theory and research* (S. 213–262). Chicago, IL: Rand McNally.

Bandura, A. (1976). *Lernen am Modell*. Stuttgart: Klett-Cotta.

Bandura, A. (1977a). *Social learning theory*. Englewood Cliffs, NJ: Prentice-Hall.

Bandura, A. (1977b). Self-efficacy: Toward a unifying theory of behavioral change. *Psychological Review, 84*, 191–215.

Bandura, A. (1979). *Sozial-kognitive Lerntheorie*. Stuttgart: Klett-Cotta.

Bandura, A. (1995). Exercise of personal and collective efficacy in changing societies. In A. Bandura (Hrsg.), *Self-efficacy in changing societies* (S. 1–46). New York, NY: Cambridge University Press.

Bandura, A. (1997). *Self-efficacy: The exercise of control*. New York, NY: Freeman.

Bandura, A. (1998). Personal and collective efficacy in human adaptation and change. In J. G. Adair, D. Belanger & K. L. Dion (Hrsg.), *Advances in psychological science: Vol. 1. Personal, social and cultural aspects* (S. 51–71). Hove, UK: Psychology Press.

Bandura, A. & Walters, R. H. (1963). *Social Learning and personality development*. New York, NY: Holt, Rinehart & Winston.

Blumer, H. (1969). *Symbolic interactionism: Perspective and method*. Englewood Cliffs, NJ: Prentice Hall.

Blumer, H. (1973). Der methodologische Standort des symbolischen Interaktionismus. In: Arbeitsgruppe Bielefelder Soziologen (Hrsg.), *Alltagswissen, Interaktion und gesellschaftliche Wirklichkeit* (S. 80–146). Reinbek bei Hamburg: Rowohlt.

Bronfenbrenner, U. (1981). *Die Ökologie der menschlichen Entwicklung*. Stuttgart: Klett-Cotta.

Bruner, J. (1960). *The process of education*. Cambridge, MS: Harvard University Press.

Bushman, B. J. (1999). Does venting anger feed or extinguish the flame? Catharsis, rumination, distraction, anger, and aggressive responding. *Journal of Personality and Social Psychology, 28* (6), 367–376.

Cappa, S. F. & Canessa, N. (2008). The social brain: A new frontier for neuroscience. *Encyclopaideia, XII* (23), 117–130.

Casey, B. J., Somerville, L. H., Gotlib, I. H., Ayduk, O., Franklin, N. T., Askren, M. K., Jonides, J., Berman, M. G., Wilson, N. L., Teslovich, T., Glover, G., Zayas, V., Mischel, W. & Shoda, Y. (2011). Behavioral and neural correlates of delay of gratification 40 years later. *Proceedings of the National Academy of Sciences, 108*, 14998–15003.

Crick, N. R. & Dodge, K. A. (1994). A review and reformulation of social information-processing mechanisms in children's social adjustment. *Psychological Bulletin, 115*, 74-101.

Dodge, K. A. & Crick, N. R. (1990). The social information processing bases of aggressive behavior in children. *Personality and Social Psychology Bulletin, 16*, 8–22.

Easton, A. (2006). Behavioural flexibility, social learning, and the frontal cortex. In A. Easton & N. J. Emery (Hrsg.), *The cognitive neuroscience of social behaviour* (S. 59–80). New York: Psychology Press.

Feshbach, S. & Singer , R. D. (1971). *Television and aggression: An experimental field study*. San Francisco, CA: Jossey-Bass.

Gallese, V., Keysers C. & Rizzolatti G. (2004). A unifying view of the basis of social cognition. *Trends in Cognitive Sciences, 8*, 396–403.

Gallese, V., Fadiga, L., Fogassi, L. & Rizzolatti, G. (1996). Action recognition in the premotor cortex. *Brain, 119,* 593–609.

Geen, R. G. (1983). Agression and television violence. In R. G. Geen & E. I. Donnerstein (Hrsg.), *Aggression. Theoretical and empirical reviews, Vol. 2, Issues in research* (S. 103–125). New York, NY: Academic Press.

Hart, K. E. & Kritsonis, W. A. (2006). Critical analysis of an original writing on social learning theory: Imitation of film-mediated aggressive models by: Albert Bandura, Dorothea Ross and Shiela A. Ross (1963). *National Forum of Applied Educational Research Journal, 20,* 1–7.

Heitmeyer, W. (1995). *Gewalt. Schattenseiten der Individualisierung bei Jugendlichen aus unterschiedlichen Milieus.* Weinheim: Juventa Verlag.

Iacoboni, M. (2009). Do adolescents simulate? Developmental studies of the human mirror neuron system. In T. Striano & V. Reid (Hrsg.), *Social cognition* (S. 39–58). West Sussex, NJ: Wiley Blackwell.

Iacoboni, M. & Dapretto, M. (2006). The mirror neuron system and the consequences of its dysfunction. *Natural Review of Neuroscience, 7,* 942–951.

Iacoboni, M., Molnar-Szakacs, I., Gallese, V., Buccino, G., Mazziotta, J. C. & Rizzolatti, G. (2005). Grasping the intentions of others with one's own mirror neuron system. *PLOSBiology [online journal], 3,* 79.

Ittel, A. & Raufelder, D. (2009). *Lehrerrolle – Schülerrolle. Wie Interaktion gelingen kann.* Göttingen: Vandenhoeck & Ruprecht.

Kidd, C., Palmeri, H. & Aslin, R. N. (2013). Rational snacking: young children's decision-making on the marshmallow task is moderated by beliefs about environmental reliability. *Cognition, 126,* 109–114.

Lazarides, R. & Ittel, A. (2011). Soziale und Individuelle Bedeutungsfaktoren für mathematisches Fachinteresse und geschlechtsspezifische Varianzen. In A. Hadjar (Hrsg.), *Geschlechtsspezifische Bildungsungleichheiten* (S. 309–330). Wiesbaden: VS.

Lazarides, R. & Ittel, A. (2012). Unterrichtsmerkmale, mathematisches Fähigkeitsselbstkonzept und individuelles Unterrichtsinteresse. In R. Lazarides & A. Ittel (Hrsg.), *Differenzierung im mathematisch-naturwissenschaftlichen Unterricht* (S. 167–186). Bad Heilbrunn: Klinkhardt.

Mead, G. H. (1934). *Mind, self and society.* Chicago, MS: University Press.

Mead, G. H. (1980). Soziales Bewußtsein und das Bewußtsein von Bedeutungen. In G. H. Mead, *Gesammelte Aufsätze Bd. 1* (S. 210–221). Frankfurt a.M.: Suhrkamp.

Miller, P. (1993). *Theorien der Entwicklungspsychologie.* Heidelberg: Spektrum.

Miller, N. E. & Dollard, J. (1941). *Social learning and imitation.* New York, NY: McGraw-Hill.

Millon, T. & Davis, R. D. (1995). *Disorders of personality: DSM-IV and beyond.* New York, NY: Wiley.

Mischel, W. (1968). *Personality and assessment.* New York, NY: Wiley.

Mischel, W., Shoda, Y. & Peake, P. K. (1988). The nature of adolescent competencies predicted by preschool delay of gratification. *Journal of Personality and Social Psychology, 54,* 687–696.

Mischel, W., Ayduk, O. N., Berman, M., Casey, B. J., Jonides, J., Kross, E., Wilson, N., Zayas, V. & Shoda, Y. (2011). "Willpower" over the life span: Decomposing impulse control. *Social Cognitive and Affective Neuroscience, 6,* 252–256.

Mone, M. A. (1994). Comparative validity of two measures of self-efficacy in predicting academic goals and performance. *Educational and Psychological Measurement, 54,* 516–529.

Park, R. E. (1936). Human ecology. *American Journal of Sociology, 42,* 1–15.

Pawlow, I. (1928). *Lectures on conditioned reflexes.* New York, NY: Liveright.

Petermann, F., Niebank, K. & Scheithauer, H. (2004). *Entwicklungswissenschaft. Entwicklungspsychologie - Genetik – Neuropsychologie.* Berlin: Springer.

Petillon, H. (1993). *Soziales Lernen in der Grundschule. Anspruch und Wirklichkeit.* Frankfurt a. M.: Diesterweg.

Pfohl, S. (1994). *Images of deviance and social control: A sociological historical approach*, New York, NY: McGraw-Hill.

Piaget, J. (1936). *Origins of intelligence in the child*. London: Routledge & Kegan Paul.

Preuss-Lausitz, U. (1999). Schule als Schnittstelle moderner Kinderfreundschaften – Jungen und Mädchen im Austausch von Distanz und Nähe. *Zeitschrift für Soziologie der Erziehung und Sozialisation, 19*, 163–187.

Rheinberg, F. & Krug, S. (1999). *Motivationsförderung im Schulalltag* (2. überarb. u. erw. Aufl.). Göttingen: Hogrefe.

Rizzolatti G., Fogassi L. & Gallese V. (2001). Neurophysiological mechanisms underlying the understanding and imitation of action. *Nature Reviews Neuroscience 2*, 661–670.

Rizzolatti G., Fadiga L., Gallese V. & Fogassi L. (1996). Premotor cortex and the recognition of motor actions. *Cognitive Brain Research, 3*, 131–141.

Rotter, J. B. (1954). *Social learning and clinical psychology*. New York, NY: Prentice-Hall.

Scheithauer, H. & Gottschalk, A. (2009). Soziale Kompetenztrainingsprogramme. In G. Theunissen & G. Opp (Hrsg.), *Handbuch schulische Sonderpädagogik* (S. 513–519). Bad Heilbrunn: Klinkhardt.

Schuler, H. (2001). *Lehrbuch der Personenpsychologie*. Goettingen: Hogrefe.

Sears, R. R. (1941). Non-aggressive reactions to frustration. *Psychological Review, 48*, 343–346.

Seligman, M. E. P. (1991). *Learned optimism*. New York, NY: Knopf.

Shoda, Y., Mischel, W. & Peake, P. K. (1990). Predicting adolescent cognitive and social competence from preschool delay of gratification: Identifying diagnostic conditions. *Developmental Psychology, 26*, 978–986.

Singer, T., Seymour, B., O'Doherty, J., Kaube, H., Dolan, R. & Frith, C. (2004). Empathy for pain involves the affective but not sensory components of pain. *Science, 303*, 1157–1162.

Skinner, B. F. (1938). 'Superstition' in the pigeon. *Journal of Experimental Psychology, 38*, 168–172.

Tarde, G. (1890/2003). *Die Gesetze der Nachahmung*. Frankfurt am Main: Suhrkamp.

Thorndike, E. L. (1929). *Human learning*. New York, NY: Johnson Reprint Corporation.

Todorov, A., Harris, L. T. & Fiske, S. T. (2006). Toward socially inspired social neuroscience. *Brain Research, 1079*, 76–85.

Watson, J. B. (1913). Psychology as the behaviorist views it. *Psychological Review, 20*, 158–177.

Watson, J. B. (1924). *Behaviorism*. New York, NY: Norton.

Watson, J. B. (1930). *Behaviorism* (revised edition). Chicago: University of Chicago Press.

Watson, J. B. & Rayner, R. (1920). Conditioned emotional reactions. *Journal of Experimental Psychology, 3*, 1–14.

Wicker, B., Keysers, C., Plailly, J., Royet, J.-P., Gallese, V. & Rizzolatti, G. (2003). Both of us disgusted in my insula: The common neural basis of seeing and feeling disgust. *Neuron, 40*, 655–664.

Kapitel 14
Psychoanalytische Zugänge zur frühen Kindheit

Wilfried Datler
Michael Wininger

Anna und Sigmund Freud in Berlin, 1929

„Wir lernen also aus der Analyse neurotischer Phänomene, dass ein latenter oder unbewusster Gedanke nicht notwendigerweise schwach sein muss …"
(Sigmund Freud, 1912, S. 31)

„So wurden die Frühstadien der Sexualität zunächst aus dem Material zurückgeschlossen, das man in der Arbeit mit Erwachsenen gesammelt hatte, und danach am Kind selbst bestätigt."
(Anna Freud, 1952, S. 47)

Obwohl über *die* Psychoanalyse zumeist im Singular gesprochen wird, steht der Begriff der Psychoanalyse heute für ein weitverzweigtes Netz von unterschiedlichen Theorie- und Praxistraditionen, in denen ebenso vielgestaltige Forschungsaktivitäten verfolgt und diskutiert werden (Eagle, 1988). Den Ausgangspunkt all dieser Entwicklungen stellen Sigmund Freuds Bemühungen dar, seine neurotisch erkrankten Patient/inn/en zielführend psychotherapeutisch zu behandeln, sowie die Erfahrungen, die er dabei machte, zu systematisieren und theoretisch zu fassen. Dabei war er von Beginn an daran interessiert, Theorien über das Wesen psychopathologischer Zustandsbilder und deren Veränderbarkeit im psychotherapeutischen Prozess mit Aussagen über deren Ätiologie zu verknüpfen.

Notwendigerweise entwickelte Freud dabei auch Vorstellungen, die weit über die Ergründung psychopathologischer Prozesse hinausgingen und die Psyche des Menschen und ihre Entwicklung im Allgemeinen betrafen. So sind in seinen ersten Schriften, die von der Ätiologie und Veränderbarkeit neurotischer Symptome handeln, bereits die Wurzeln vieler psychoanalytischer Entwicklungstheorien zu finden, die bis heute unser entwicklungspsychologisches Denken beeinflussen. Es ist daher lohnenswert, sich mit diesen Anfängen etwas näher zu befassen. In diesem Kapitel werden wir uns vorrangig mit jenen psychoanalytischen Grundannahmen beschäftigen, die auch den modernen psychoanalytischen Theorien der Neuzeit zugrunde liegen. Unser Ziel ist es dabei vor allem, die Besonderheiten psychoanalytischer Theorieentwicklungen in ihrer Bedeutung für das Verstehen und Erfassen von Entwicklungsprozessen eingehend darzustellen. Tabelle 14.1 (S. 356) dient mit ausgewählten Schlüsselbegriffen der psychoanalytischen Theorie dem Überblick und besseren Verständnis bei der Lektüre.

1 Historische Anfänge

Die historischen Anfänge der psychoanalytischen Theorienbildung datieren auf das Ende des 19. Jahrhunderts. Mit geringem Erfolg bemühte sich in dieser Zeit eine wachsende Zahl von Ärzten um die Erforschung der Hysterie, einer Erkrankung, die sich durch die Ausbildung von Lähmungen, Gehstörungen oder Sehstörungen auszeichnete, für die keine organmedizinisch fassbaren Ursachen gefunden werden konnten. Jean-Martin Charcot (1825–1893) zählte zu den ersten, die eine fundierte Theorie der Hysterie und ihrer psychotherapeutischen Behandlung entwickelten. Als Freud 1885 nach Paris kam, um Charcot kennenzulernen, beeinflusste dies seine weitere Arbeit entscheidend (Datler & Stephenson, 1999). Er wandte sich der Erforschung der Hysterie zu, darüber hinaus jedoch der Erforschung der menschlichen Psyche in ihrer Gesamtheit und ihrer Herausbildung im Lebenslauf. Dies stellt auch heute noch die Grundlagen für die Ausarbeitung psychoanalytischer Entwicklungstheorien dar.

1.1 Hypnose und Hysterie

Charcot hatte die Beobachtung gemacht, dass manche Menschen hysterische Symptome zumindest kurzzeitig entwickeln, wenn sie in Hypnose versetzt werden und wenn ihnen suggeriert wird, sie würden unter solchen Symptomen leiden. Wurde ihnen anschließend suggeriert, sie wären von diesen Symptomen befreit, lösten sich diese Symptome wiederum auf. Da mit Suggestionen lediglich die Vorstellungswelt beeinflusst wird, entwickelte Charcot auf der Basis dieser Beobachtungen eine erste psychologische Theorie der Hysterie: Er nahm unter Berufung auf die anamnestischen Gespräche mit seinen an Hysterie erkrankten Patientinnen an, dass sie einer emotional belastenden Situation ausgesetzt und aufgrund einer ererbten Disposition in einen hypnoseähnlichen Zustand gefallen waren. Geschah dies beispielsweise in Verbindung mit einem Unfall und führte dies zur Ausbildung der Vorstellung, dass ein Körperteil lädiert wurde, so konnte dies den Stellenwert einer Autosuggestion erhalten und die Ausbildung eines entsprechenden Symptoms nach sich ziehen. Da derartige Vorstellungen während eines hypnoseähnlichen Zustandes ausgebildet worden waren, konnten sie den Patient/inn/en auch nicht bewusst sein und deshalb auch nicht durch bewusste Willensanstrengungen verändert werden. Es war deshalb Charcots Bemühen, verschiedene Suggestionsmethoden zu entwickeln, um mit deren Hilfe die pathogenen Vorstellungen seiner Patientinnen zurückbilden zu können. Charcot fand seine Theorie bestätigt, als es tatsächlich zur Linderung oder gar Auflösung mancher Symptome der Hysterie kam.

1.2 Die Entstehung der Psychoanalyse in Wien

Als Sigmund Freud in Wien damit begann, den von Charcot begonnenen Weg fortzusetzen, übernahm er zunächst nicht nur dessen Methoden, sondern auch die Annahme, dass bestimmte Symptome in Vorstellungen und damit verbundenen psychischen Prozessen gründen, bewusst nicht wahrgenommen werden können und deshalb bewusst auch nicht beeinflussbar sind. Freud folgte zudem der Annahme, dass psychische Prozesse eine bestimmte Entstehungsgeschichte haben, die im Zusammenspiel von erbgenetischen Faktoren und emotional bedeutsamen Erlebnissen gründen. Unter Einbeziehung zahlreicher Erfahrungen, die er mit seinen Patient/inn/en machte, sah sich Freud veranlasst, erste Grundzüge einer

Kapitel 14 Psychoanalytische Zugänge zur frühen Kindheit

Abwehr (Grundkonzept)	Gesamtheit unbewusster psychischer Aktivitäten, die darauf abzielen, ein Mindestniveau an subjektivem Wohlbefinden aufrechtzuerhalten, indem subjektiv als bedrohlich eingeschätzte Erlebnisinhalte (z. B. Gefühle, Wünsche, Gedanken oder Impulse) bereits unbewusst so modifiziert werden, dass sie den Bereich der bewussten Wahrnehmung nicht oder nur in weniger beunruhigender Form erreichen. Die Abwehrmechanismen, die dabei zur Anwendung kommen, sind individuell unterschiedlich (Verdrängung, Verleugnung, Spaltung, Projektion etc.) und nicht grundsätzlich pathologischer Natur, haben aber stets auch Anteil am Zustandekommen pathologischer Symptombildungen.
Ambivalenzkonflikt	Gleichzeitiges Vorhandensein entgegengesetzter Strebungen, Impulse, Haltungen oder Gefühle (z. B. Liebe und Hass), bezogen auf ein und dieselbe Person, Sache oder Situation.
Methode des freien Assoziierens	Eine Methode der Psychoanalyse, die sich durch das möglichst unzensierte Äußern von Erlebnisinhalten (Gefühle, Gedanken, Fantasien, Erinnerungen) auszeichnet. Die Analyse und Deutung dieser Erlebnisinhalte eröffnet Zugänge zu unbewussten Inhalten und Prozessen. In der Arbeit mit Erwachsenen wird vor allem dem Aussprechen von Einfällen (Assoziationen) ein hoher Stellenwert eingeräumt. In der Arbeit mit Kindern tritt an die Stelle des verbalen Äußerns oft das freie Spiel.
Objekt / Objektbeziehung	Der psychoanalytische Begriff des Objekts steht nach Freud für Personen oder Gegenstände, an denen oder mit deren Hilfe Triebwünsche befriedigt werden. In der jüngeren Psychoanalyse werden unter „Objekten" meist in einem weiteren Sinn die bedeutsamen Bezugspersonen eines Subjekts verstanden. In der psychoanalytischen Entwicklungsforschung wird untersucht, in welcher Weise sich die Beziehungen einer Person zu ihren Objekten – auf realer und fantasierter Ebene – über die Lebensspanne hinweg verändern. Psychoanalytische Theorien, die diesen Zusammenhang besonders stark beleuchten, werden als „Objektbeziehungstheorien" bezeichnet.
primärer Narzissmus	In Anlehnung an den antiken griechischen Mythos des „Narkissos" steht der Begriff des Narzissmus für die Liebe, die dem eigenen Selbst(bild) entgegengebracht wird. Der Begriff des primären Narzissmus bezeichnet nach Freud einen sehr frühen Zustand, in dem der Säugling seine libidinösen Wünsche auf sich, jedoch noch nicht auf seine Umwelt gerichtet hat. Die Annahme, dass der Säugling seine libidinösen Wünsche erst später auf Objekte richtet, wird in der jüngeren Psychoanalyse kritisch diskutiert.
Projektion	Eine psychische Abwehraktivität, mit deren Hilfe Menschen subjektiv bedrohliche Erlebnisinhalte (Wünsche, Gefühle, Gedanken) vom Bereich ihrer bewussten Wahrnehmung fernhalten, indem sie diese anderen Personen oder Gegenstände zuschreiben und dort stellvertretend verurteilen oder bekämpfen.
Realitätsprinzip	Neben dem „Lustprinzip" ist das „Realitätsprinzip" eines der beiden grundlegenden Prinzipien psychischer Prozesse. Nach Freud besteht das Ziel der menschlichen Entwicklung unter anderem darin, das ursprüngliche, auf unmittelbare Triebbefriedigung gerichtete Lustprinzip sukzessive durch das reifere Realitätsprinzip zu ersetzen. Gelingt dies, so ist eine Person in der Lage, Triebwünsche unter Berücksichtigung der Umwelterfordernisse zu verfolgen und entsprechend zu modifizieren oder zu hemmen.
Trieb/Partialtrieb	Konzept, mit dem Freud versuchte, dem drängenden Charakter psychischer Kräfte sowie deren Verbindung zu physisch-biologischen Prozessen gerecht zu werden. In diesem Sinn beschrieb er den Ausgangspunkt triebhafter Aktivitäten (die Triebquelle) als körperlichen Spannungszustand, der mittels eines Objekts (dem Triebobjekt) nach Abfuhr bzw. Aufhebung drängt (Triebziel). Unter Partialtrieben sind zunächst lose verbundene Teilkomponenten dieses Triebes zu verstehen, die in verschiedenen Phasen der kindlichen Entwicklung in den Vordergrund treten (z. B. in der oralen, analen, phallischen Phase) und sich schließlich zum – genital-dominierten – Sexualtrieb vereinen.
Triebtheorie(n)	Theorien, die davon ausgehen, dass die menschliche Entwicklung im Wesentlichen vornehmlich von Trieben und deren Repräsentanzen (Wünsche, Bedürfnisse) angestoßen und beeinflusst wird. Im Bemühen um Präzisierung hat Freud seine Triebtheorie mehrfach umgearbeitet und differenziert, sodass im Plural von psychoanalytischen Triebtheorien gesprochen werden kann.

Tabelle 14.1: Ausgewählte Schlüsselbegriffe.

differenzierteren psychoanalytischen Entwicklungstheorie zu entwerfen. Folgende Punkte erwiesen sich in diesem Zusammenhang als bedeutsam:

(1) *Abwehr und Symptombildung.* Eine Anregung seines älteren Kollegen Josef Breuer (1842–1925) aufgreifend, machte Freud die Erfahrung, dass es hilfreich ist, wenn sich Patientinnen mit therapeutischer Unterstützung an das erste Auftreten ihrer hysterischen Symptome erinnern (vgl. Freud & Breuer, 1895). Freud entnahm dabei den Erzählungen seiner Patientinnen, dass emotional belastende Erlebnisse, die dem ersten Auftreten hysterischer Symptome vorausgegangen waren, oft weit zurücklagen und mitunter bis in die frühe Kindheit zurückreichten. Darüber hinaus schienen sich aufseiten der Patientinnen bestimmte psychische Kräfte gegen das Wiedererinnern dieser Situationen zu sträuben, da das Wiedererinnern dieser Situationen mit dem Wiedererleben der unangenehmen Gefühle verbunden war, die auch damals vorhanden waren. Dies veranlasste Freud, sich mit den Biografien seiner Patientinnen näher auseinanderzusetzen und ein erstes Konzept der unbewussten Abwehr einzuführen. Demnach verfügen Menschen über die Fähigkeit, ein bewusstes Wahrnehmen von psychischen Inhalten zu verhindern, wenn sie unbewusst befürchten, dass diese Inhalte mit besonders bedrohlichen Gefühlen einhergehen. Hysterische Symptome bringen dabei das Abgewehrte *symbolisch* zum Ausdruck, ohne dass die unbewusste Bedeutung sogleich erkennbar wäre: In diesem Sinn schienen etwa die Schwierigkeiten einer Patientin, sich von ihrer Familie zu lösen und (sprichwörtlich) auf eigenen Beinen zu stehen, in ihren Gehstörungen und Beinschmerzen zum Ausdruck zu kommen (Freud & Breuer, 1895). Und die Angst eines kleinen Patienten vor Pferden schien für die Angst vor dessen Vater zu stehen, die nicht bewusst werden durfte und deshalb auf Pferde verschoben werden musste (Freud, 1909).

(2) *Widerstand und Übertragung.* Freud gewann in der therapeutischen Arbeit mit seinen Patient/inn/en den Eindruck, dass unbewusste Prozesse auch auf andere Bereiche des menschlichen Verhaltens Einfluss haben. Die Angst, einer anderen Person ausgeliefert zu sein und dabei Schaden zu nehmen, schien beispielsweise einige Patient/inn/en daran zu hindern, sich in Hypnose versetzen und suggestiv behandeln zu lassen. Unbewusste Prozesse schienen auch dazu zu führen, dass in therapeutischen Situationen Einstellungen, Wünsche oder Impulse, die in früheren Zeiten zu wichtigen Bezugspersonen ausgebildet wurden, in der therapeutischen Situation wiederauflebten und auf den Therapeuten übertragen wurden. Bald wurde klar, dass derartige Übertragungsprozesse die therapeutische Arbeit nicht nur vorantrieben, sondern mitunter auch erheblich behinderten.

1.3 Die Geburt der psychoanalytischen Entwicklungstheorie

Die therapeutischen Grenzen der Hypnose veranlassten Freud, neue Methoden für die Arbeit mit seinen Patient/inn/en einzuführen. Besonders folgenreich war sein Versuch, zum freien Erzählen und Assoziieren aufzufordern (vgl. Freud & Breuer, 1895). Damit war die Annahme verbunden, dass in diesen Assoziationen verschiedene Gedanken, Wünsche, Fantasien und Erinnerungen zum Ausdruck kommen, die im therapeutischen Dialog die Möglichkeit eröffnen, auf unbewusste Prozesse zu schließen und diese zu bearbeiten. In diesem Zusammenhang räumte Freud der Untersuchung von Abwehrprozessen und den damit verbundenen Widerständen eine ebenso große Bedeutung wie der Rekonstruktion der Krankheitsgeschichten seiner Patient/inn/en ein (Freud, 1914a).

Als Freud mithilfe der Methode des freien Assoziierens auch die Bedeutung und das Zustandekommen von nichtpathologischen Phänomenen untersuchte (wie etwa Formen des

Träumens, von Fehlleistungen oder des Humors), gewann er den Eindruck, dass unbewusste Prozesse allgegenwärtig sind. Psychoanalyse wurde damit zu einer Disziplin, die sich allen Bereichen des menschlichen Erlebens und Verhaltens zuwandte. Sie beschäftigte sich deshalb nicht nur mit der Frage, wie es im Leben eines Menschen zur Ausbildung von pathologischen Zustandsbildern, sondern zur Ausbildung der Persönlichkeit an sich kommt. Damit begründete Freud jenen Zweig der Psychoanalyse, der sich mit der Ausarbeitung psychoanalytischer Entwicklungstheorien befasst. In diesem Zusammenhang maß Freud der Analyse von Übertragungsprozessen einen besonders großen Stellenwert bei, da er der Auffassung war, dass sich in Übertragungsphänomenen bedeutsame Aspekte der Vergangenheit in der Gegenwart wiederholen (Freud, 1914a).

2 Allgemeine theoretische Orientierungen

Der weitere Aufschwung der psychoanalytischen Entwicklungsforschung ging mit der Ausweitung von Quellen einher, die es ermöglichten, Entwicklungsprozesse aus verschiedenen Perspektiven zu untersuchen und dabei vor allem den Zusammenhang zwischen Affektregulation und Strukturbildung einerseits und die Unterscheidung zwischen verschiedenen Entwicklungsphasen andererseits zu fokussieren. Darüber hinaus kam es innerhalb der Psychoanalyse zur Etablierung mehrerer Richtungen, zu denen die Triebtheorie, die Ich-Psychologie und die Objektbeziehungstheorie zu zählen sind (Eagle, 1988). Die damit einhergehenden unterschiedlichen theoretischen Schwerpunktsetzungen nahmen auf die Grundannahmen der Entwicklungstheorien erheblich Einfluss.

2.1 Quellen zur Erforschung von Entwicklungsprozessen

Die entwicklungstheoretischen Überlegungen stützten sich zunächst vor allem auf Erinnerungen und Rekonstruktionen, die aus der therapeutischen Arbeit mit Erwachsenen gewonnen wurden. Für die weitere Ausarbeitung entwicklungspsychologischer Konzepte und Theorien wurden jedoch alsbald weitere Quellen benutzt: Erziehungsberatung, Supervision und Elternbegleitung ermöglichten es, über die Untersuchung der Erfahrungen von Eltern, Erzieher/inne/n und Lehrer/inne/n Einblicke in die Entwicklung der kindlichen Psyche zu gewinnen (Steinhardt 2007, S. 29 ff.). Als Psychoanalytiker/innen wie Anna Freud, August Aichhorn, Melanie Klein und Hans Zulliger die Kinderpsychoanalyse sowie die Psychoanalytische Pädagogik begründeten, wurden die Erfahrungen aus der therapeutischen Arbeit mit Erwachsenen überdies mit Erkenntnissen verknüpft, die der psychoanalytischen Arbeit mit Kindern und Jugendlichen unmittelbar entstammten (A. Freud, 1965, 1966; Zulliger, 1952). Beobachtungen von Kindern in Alltagssituationen (spätestens seit der Gründung der „Jackson Nurseries" im Jahre 1937) wurden darüber hinaus ebenso einbezogen wie die Dokumentation des Verhaltens von Kindern, die in verschiedenen Kulturen leben (Erikson, 1957; Trunkenpolz et al., 2009; Young-Bruehl, 1995, S. 74 und 319 ff.).

Auch wurde mit systematischen Untersuchungen des kindlichen Verhaltens in experimentellen Studien begonnen. So untersuchte beispielsweise René Spitz (1965), in welcher Weise wenige Monate alte Kleinkinder auf Masken von Gesichtern sowie auf Gesichter von vertrauten Bezugspersonen und Fremden reagieren. Er zeigte dabei unter anderem, dass es für Kleinkinder in der zweiten Hälfte des ersten Lebensjahres äußerst verunsichernd und beängstigend

2 Allgemeine theoretische Orientierungen | 359

ist, in Abwesenheit vertrauter Bezugspersonen mit Fremden zusammen zu sein. Das Interesse an der experimentellen Kleinkindforschung wurde innerhalb der Psychoanalyse von Daniel Stern in den 1980er-Jahren neu geweckt und zog unter anderem die Auseinandersetzung mit der Frage nach sich, über welche Fähigkeiten Säuglinge und Kleinkinder bereits verfügen (Stern, 1985). Der „kompetente Säugling" ist demnach in vielfacher Hinsicht zwar auf die liebevolle, einfühlsame und verlässliche Fürsorge seiner Bezugspersonen angewiesen. Er nimmt jedoch im Rahmen seiner Möglichkeiten auch Einfluss darauf, wie Alltagsprozesse verlaufen und wie er diese verarbeitet, womit er wiederum Einfluss auf seine eigene Entwicklung nimmt (Dornes, 1993; Friedman & Vietze, 1972).

2.2 Affektregulation und psychische Strukturbildung

Annahmen über die aktive Mitgestaltung des Kleinkindes an seiner Entwicklung finden sich bereits in älteren psychoanalytischen Theorien, wurden allerdings erst in den letzten Jahrzehnten erweitert und präzisiert (Datler & Wininger, 2010; Sandler & Joffe, 1969). Sechs Grundannahmen können in diesem Zusammenhang skizziert und erläutert werden:

(1) Menschen nehmen von Lebensbeginn an beständig verschiedene Aspekte ihrer eigenen Person sowie jener belebten und unbelebten Objekte wahr, die sie umgeben. (In der psychoanalytischen Begriffstradition werden dabei mit „Objekten" all jene Menschen und Gegenstände bezeichnet, die für das Individuum von Bedeutung sind.) In die Eindrücke und Bilder, die in der Auseinandersetzung mit Objekten entstehen, fließen stets Aspekte des sinnlichen Wahrnehmens, des Kognitiven und des Emotionalen ein. Greift beispielsweise ein Säugling immer wieder vergnügt nach einem Mobile, das über ihm hängt, sammelt er während seines Spiels eine Vielzahl von sinnlichen Erfahrungen. Zugleich ist davon auszugehen, dass er verschiedene Gefühle wie Neugierde und die Freude darüber entwickelt, dass es ihm gelingt, das Mobile immer wieder in Bewegung zu setzen. Überdies ist anzunehmen, dass dieses sinnliche und affektive Geschehen mit kognitiven Prozessen einhergeht, die zur Entwicklung und Stärkung der Erwartung führen, bestimmte Effekte hervorrufen zu können, die ihm Vergnügen bereiten.

(2) Emotionalen Prozessen kommt eine besonders große Bedeutung zu, da Menschen bestrebt sind, in bestmöglicher Weise angenehme Gefühlszustände herbeizuführen, zu stabilisieren oder zu steigern sowie unangenehme Gefühlszustände zu beseitigen, zu lindern oder deren Auftreten zu verhindern. Dies veranlasst Menschen beständig dazu, sich um die bestmögliche Regulation ihrer Gefühle zu bemühen. In diesem Sinn könnte ein Säugling noch einige Zeit lang Vergnügen an seinem Spiel finden. Kommt dann aber das Gefühl des Hungers auf und nimmt dieses Gefühl an Intensität zu, so wäre es denkbar, dass der Säugling sein Spiel mit dem Mobile beendet, zu quengeln und zu weinen beginnt und damit die Hoffnung verbindet, dass jemand kommt und ihm helfen wird, sein schmerzliches Hungergefühl zu lindern. Käme nun seine Mutter, um ihn aus dem Bett zu nehmen und ihn so einfühlsam an die Brust zu legen, dass er gleich darauf lustvoll zu trinken beginnt, so würde der Säugling die Erfahrung machen, dass es in bestimmten Situationen hilfreich ist, schmerzliche Gefühle ungebremst zu zeigen, da dies immer wieder dazu führt, dass unlustvolle Gefühle in angenehme oder gar lustvolle Gefühle übergeführt werden. Nimmt man hingegen an, dass sich die Mutter durch das Weinen des Säuglings so stark unter Druck fühlt, dass sie sich hektisch nähert und ihn voll Anspannung hochnimmt, so wächst die Wahrscheinlichkeit, dass der Säugling diese Zuwendung unlustvoll erlebt und weiterhin weint. Erhöht dies die Anspannung seiner Mutter, so könnte dies dazu führen, dass es einige Zeit dauert, bis der Säugling etwas ruhiger wird und wahrnimmt, dass

360 | Kapitel 14 · Psychoanalytische Zugänge zur frühen Kindheit

sich nun auch seine Mutter ruhiger und weicher anfühlt und dass es ihm erst jetzt möglich wird, ausreichend entspannt mit dem Trinken zu beginnen.

(3) Im Bemühen um bestmögliche Affektregulation erfahren Menschen beständig, ob und in welcher Weise sich ihre Aktivitäten im Hinblick auf die Regulation ihrer Emotionen als hilfreich erweisen. In diesem Sinn könnte der Säugling etwa wiederholt erfahren, dass sich seine Eltern erst dann entspannen, wenn er sein Quengeln und Weinen reduziert, und dass es ihm zumeist erst dann möglich wird, in befriedigender Weise zu trinken. Dies verweist auf die Frage, welche Folgen solche Erfahrungen nach sich ziehen.

(4) Erfahrungen, die Menschen in ihrem Bemühen um Affektregulation machen, finden ihren Niederschlag in der Ausbildung von psychischen Strukturen. Diese zeichnen sich dadurch aus, dass Menschen bestimmte Situationen tendenziell ähnlich erleben und in Verbindung damit ähnliche Einschätzungen darüber treffen, welche weiteren Aktivitäten ihnen zur Affektregulation verhelfen. Macht der Säugling wiederholt ähnliche Erfahrungen mit Vater und Mutter, wie sie eben beschrieben wurden, so wird er Situationen, in denen er zur Linderung schmerzlicher Gefühle auf die Hilfe anderer angewiesen ist, zusehends konflikthaft erleben: Zum einen wird er immer wieder das Verlangen verspüren, unlustvolle Gefühle durch Quengeln oder Weinen zum Ausdruck zu bringen, und zugleich wird er befürchten, dass dies das Zustandekommen befriedigender Situationen verhindert. Dies mag ihn veranlassen, den Impuls zu hemmen, Leid zu zeigen, um so zum Entstehen von entspannten Situationen beizutragen, von denen er sich Befriedigung verspricht. Viele derartige Prozesse werden jedoch keineswegs in bewusster Weise gesteuert. Dafür spricht der Umstand, dass es schwierig ist, bereits bei Säuglingen zwischen bewussten und nicht-bewussten Aktivitäten zu unterscheiden. Doch selbst bei älteren Kleinkindern ist davon auszugehen, dass Menschen überfordert wären, wenn sie sich für all diese Aktivitäten immer erst bewusst entscheiden müssten. Dazu kommt, dass Menschen bereits im frühen Kindesalter die Fähigkeit auszubilden beginnen, sich durch den Einsatz von Abwehraktivitäten vor dem bewussten Wahrnehmen von emotional belastenden Anteilen der Psyche zu schützen. Dies führt zur nächsten Annahme:

(5) Psychische Prozesse sind Menschen über weite Strecken nicht bewusst. Dies hängt nicht zuletzt damit zusammen, dass psychische Inhalte beständig durch den Einsatz von unbewussten Abwehraktivitäten aus dem Bereich des bewusst Wahrnehmbaren ausgegrenzt werden. Diese psychischen Prozesse beeinflussen allerdings auch jene manifesten Gefühle, Gedanken und Verhaltensweisen, die von der jeweiligen Person bewusst wahrgenommen oder von außen beobachtet werden können. Verspürt ein Säugling etwa das konflikthafte Verlangen, schmerzliche Gefühle immer wieder zeigen und zugleich verbergen zu wollen, und tendiert er überdies dazu, sich vor dem bewussten Erleben dieses Konflikts zu schützen, so ist zu erwarten, dass diese Tendenzen zu stabilen Eigenschaften des Kindes werden: Auch mit zunehmendem Alter wird das Kind nur bedingt in der Lage sein, intensive unlustvolle Gefühle bewusst zu erleben oder seinen engsten Bezugspersonen zu zeigen (Dornes, 2000, S. 78). Zu markanten Veränderungen kann es diesbezüglich erst kommen, wenn das heranwachsende Kind neue Erfahrungen macht und dabei etwa die Vorstellung ausbilden kann, dass die Eltern seine unlustvollen Gefühle dann besser ertragen, wenn sie auch mithilfe von Worten ausgedrückt werden oder wenn Weinen gar vom Sprechen abgelöst wird. Werden solche neuen Erfahrungen nicht gemacht, so wächst die Wahrscheinlichkeit, dass sich bereits bestehende Tendenzen verfestigen. Daher lautet die letzte Grundannahme:

(6) Die Tendenzen, durch die sich psychische Strukturen auszeichnen, sind über weite Strecken stabil und verändern sich oft nur langsam aufgrund der innerpsychischen Verarbeitung von Erfahrungen, die Menschen machen. Auch stabile Eigenschaften und Persönlichkeitsmerkmale pathologischer und nicht-pathologischer Art gründen in solchen Tendenzen.

2.3 Das zweifache Interesse an Entwicklungsphasen

Um den Prozess der Herausbildung psychischer Strukturen übersichtlich darstellen zu können, wurde bereits in der Frühzeit der Psychoanalyse zwischen verschiedenen Entwicklungsphasen unterschieden (vgl. Abraham, 1924; Freud, 1905). Mit diesen Phasen befasst sich die psychoanalytische Entwicklungsforschung in zweierlei Hinsicht:

(1) Die Besonderheiten einzelner Entwicklungsphasen. Dabei interessierte die Art und Weise, in der Kinder, Jugendliche und Erwachsene sich selbst sowie die Beziehungen erleben, die für sie von Bedeutung sind, sowie die Möglichkeiten der Affektregulation, die ihnen zur Verfügung stehen. Dabei wird untersucht, in welcher Weise bewusste und unbewusste Prozesse in phasentypischer Weise das manifeste Wahrnehmen, Erleben, Denken und Verhalten beeinflussen. Auch wird der Frage nachgegangen, in welcher Weise die Erfahrungen, die in einzelnen Entwicklungsphasen gemacht werden, zur Ausbildung psychischer Strukturen führen und in welchem Verhältnis dies zur Bewältigung phasentypischer Entwicklungsaufgaben steht (Dörr, Göppel & Funder, 2011).

(2) Zusammenhänge zwischen Entwicklungsphasen. In welcher Weise die Erfahrungen, die Menschen in einzelnen Entwicklungsphasen machen, die psychischen Geschehnisse beeinflussen, die innerhalb der nächsten Entwicklungsphasen auszumachen sind, ist eine Frage von besonderer Bedeutung. In diesem Sinn wird auch untersucht, welche Bedeutung die psychischen Strukturen, die in einer bestimmten Phase ausgebildet werden, für die weiteren Prozesse der Ausbildung psychischer Strukturen haben. Für psychoanalytische Entwicklungstheorien ist dabei charakteristisch, dass der Aufbau neuer psychischer Strukturen ebenso interessiert wie das Fortbestehen von Erlebnisweisen, die in vergangenen Entwicklungsphasen entstanden sind und in späteren Situationen – etwa in Gestalt von Übertragungsprozessen – eine Rolle spielen. Damit ist die Annahme verbunden, dass psychische Strukturen, die einmal ausgebildet wurden, im Zuge der weiteren Entwicklung immer wieder überformt, nicht aber völlig ausgelöscht werden (Sandler & Joffe, 1967).

Aus psychoanalytischer Sicht hilft dies zu erklären, weshalb viele Formen des Erlebens zwar in manchen Entwicklungsphasen besonders in den Vordergrund treten, aber auch in anderen Lebensabschnitten – zumindest unbewusst – das Wahrnehmen, Denken und Handeln beeinflussen. In Verbindung damit lebt in psychoanalytischen Entwicklungstheorien auch die Annahme biologisch verankerter Dispositionen weiter. Besonders prominent ist in diesem Kontext die Annahme, dass in verschiedenen Entwicklungsphasen spezielle Körperzonen eine besondere Bedeutung für die kindliche Entwicklung erhalten (Tyson & Tyson, 1997).

2.4 Phasen der psychosexuellen Entwicklung

Auf die Bedeutung verschiedener Körperzonen im Prozess der psychischen Entwicklung wurde insbesondere im Rahmen der psychoanalytischen *Triebtheorie* eingegangen. Im Zentrum dieser Theorie steht das Konzept triebhafter Strebungen, mit dessen Hilfe Freud zu erklären versuchte, weshalb sich die menschliche Psyche drängenden Gefühlen, Impulsen oder Wünschen beständig ausgesetzt sieht. Nach Freud (1905) sind Triebe im Grenzbereich zwischen dem Organischen und dem Psychischen angesiedelt und als kontinuierlich fließende Reizquellen zu begreifen, durch welche die Psyche immer wieder in Spannungszustände versetzt wird. Nehmen diese Spannungen an Intensität zu, werden sie als unangenehm erlebt, sodass Menschen das Verlangen nach Spannungsabfuhr und nach dem Erleben von damit verbundener Lust verspüren.

Obwohl Freud seine Trieblehre mehrfach umarbeitete (Köhler, 1993), betonte er durchgehend die hohe Bedeutung des Sexualtriebes für das bewusste und unbewusste Erleben von Menschen und erklärte sexuelle Wunschregungen zur zentralen Triebfeder der psychischen Entwicklung. Dabei fasste Freud den Begriff der Sexualität weit und begriff all jene Wünsche, Erfahrungen und Fantasien von Menschen als sexuell, die mit dem Verlangen nach körperlicher Lust oder mit dem Gewinn von Gefühlen der körperlichen Lust in Verbindung stehen. Mit diesem Verständnis von Sexualität war die Vorstellung verknüpft, dass die sexuelle Entwicklung von Menschen nicht erst mit der Pubertät einsetzt, sondern bereits mit der Geburt beginnt (infantile Sexualität). Freud (1905) unterschied dabei zwischen mehreren Komponenten des Sexualtriebes, die er *Partialtriebe* nannte.

Die kindliche Sexualität zeichnet sich demnach durch ein reifungsbedingtes Hervortreten unterschiedlicher Partialtriebe aus, deren lustvolle Befriedigung durch die Stimulation spezieller erogener Zonen zustande kommt. Mit dem Erreichen der Adoleszenz werden unter günstigen Entwicklungsbedingungen einzelne Partialtriebe *„unter dem Primat der Genitalzonen"* vereinigt und finden ihren endgültigen Platz in der *„Vorlust"* der erwachsenen Sexualität, die sich durch die Fähigkeit zum lustvollen Vollzug des Geschlechtsverkehrs auszeichnet (Freud, 1905, S. 113; vgl. auch Mertens, 2002a, b). Die Phasen der psychosexuellen Entwicklung von Kleinkindern können in Anlehnung an Freud (1905) und Abraham (1924) nun folgendermaßen beschrieben werden:

(1) Orale Phase. Im ersten Lebensjahr sind Mundhöhle, Lippen und Mundschleimhaut mit besonderer Sensibilität ausgestattet und stellen jene Körperzone dar, mit deren Hilfe der Säugling lustvolle Erfahrungen macht. Mithilfe des Mundes erkundet der Säugling die belebte und unbelebte Welt und verbindet dies im Akt des Saugens und Stillens mit der Aufnahme von Nahrung, die sein Überleben sichert. Dabei kann es zur frühesten, innerlichsten und tiefsten Begegnung von Mutter und Kind kommen, die mit der wiederkehrenden Erfahrung des Suchens und Findens des ersten Liebesobjekts sowie mit der Entwicklung erster Fantasien des Aufnehmens und Verschlingens verbunden ist (Stork, 1982). In diesem Sinn macht der Säugling vielgestaltige Erfahrungen mit dem Aspekt des Einverleibens als erstem Modus von Objektbezogenheit. Die orale Selbststimulierung – etwa in Gestalt des Daumenlutschens – ermöglicht überdies erste Erlebnisse autoerotischer Befriedigung, die einen wesentlichen Grundstein für die beginnende Autonomieentwicklung darstellt.

(2) Anale Phase. Physiologische Reifungsprozesse und die alltäglichen Ausscheidungs-, Reinigungs- und Pflegehandlungen führen dazu, dass etwa im zweiten Lebensjahr die anale Zone an Bedeutung gewinnt. Das Zurückhalten und Ausscheiden von Kot und Urin wird demnach vom Kleinkind als lustvoll erlebt, zumal dies vom Kind zunehmend willentlich gesteuert werden kann. Im Kontext der Sauberkeitserziehung können diese Vorgänge jedoch nur allzu schnell mit den Anforderungen der Realität in Konflikt geraten, wenn vom Kind erwartet wird, dass es Kot und Urin so absetzt, wie es von seinen Eltern gewünscht wird. Dies kann im Kind zu aggressiven Impulsen sowie symbolisch aufgeladenen Konflikten führen, in denen es um Geben und Verweigern sowie um das Erleben von Autonomie versus Unterwerfung geht. Da das Kleinkind zugleich verspürt, in welch hohem Ausmaß es auch auf die liebevolle Fürsorge seiner Eltern angewiesen ist, hat es oft mit *Ambivalenzkonflikten* zu kämpfen, die mit starken Ängsten einhergehen und im kindlichen Trotzverhalten markant zum Ausdruck kommen (Mahler, Pine & Bergmann, 1975).

(3) Infantil-genitale Phase. Das kindliche Luststreben konzentriert sich während des dritten (bis fünften) Lebensjahres auf die genitale Zone. Freud (1905, 1909), der sich vor allem der psychosexuellen Entwicklung von Jungen widmete, ging davon aus, dass Kinder in dieser

Phase das männliche Genitale als vollständig und unversehrt wahrnehmen. Mit der Entdeckung des anatomischen Geschlechtsunterschieds würden Kinder mit der Fantasie zu spielen beginnen, dass auch Frauen einmal mit einem Penis ausgestattet waren, diesen aber verloren hätten. Mädchen würden nun in weiterer Folge vor allem ihre Mütter dafür verantwortlich machen, sie vor dem Verlust des männlichen Genitales und in diesem Sinn vor „Kastration" nicht bewahrt zu haben. Dies erkläre, warum Mädchen ihren Müttern nun weniger Zuneigung entgegenbringen und einen Gutteil der Liebeswünsche auf den Vater richten. Damit gehe einher, dass Mädchen mit der Mutter um die Zuneigung des Vaters rivalisieren.

Im Gegensatz dazu richte der Junge seine Wünsche nach einer exklusiven libidinösen Beziehung von Beginn an auf die Mutter. Dies bringe ihn in eine starke Konkurrenz mit dem Vater, der im Buhlen um die Gunst der Mutter einen zumindest physiologisch überlegenen Rivalen darstellt. Dies habe zur Folge, dass der Junge die Angst entwickelt, zu unterliegen und als Strafe kastriert zu werden. In Anlehnung an die griechische Mythologie bezeichnet Freud (1910) diese innere Konfliktkonstellation des Jungen mit dem Begriff des *Ödipuskomplexes*, während C. G. Jung (1913) vorschlug, die konflikthafte Situation des Mädchens mit dem Begriff des *Elektrakomplexes* zu bezeichnen. Beide sind der Auffassung, dass Jungen wie Mädchen die Konfliktkonstellationen in dieser Zeit nicht zuletzt deshalb als belastend erleben, weil sie auch dem Elternteil, mit dem sie rivalisieren, Gefühle der Zuneigung entgegenbringen (Tyson & Tyson, 1997).

Aus der Sicht der klassischen Triebtheorie finden diese Konflikte in der Regel gegen Ende des fünften Lebensjahres eine erste kompromisshafte Lösung, indem sich Kinder unbewusst mit dem gleichgeschlechtlichen Elternteil identifizieren, einen Teil ihrer libidinösen Impulse verdrängen und die elterlichen Normvorstellungen übernehmen, die insbesondere ihre Position als Kind in der Familie betreffen. Nach Freud (1923) dient dieser Schritt nicht nur der Wiederherstellung des bedrohten psychischen Gleichgewichts, sondern stellt auch den Anfang der Festigung der Geschlechtsidentität und der Bildung des Über-Ichs dar. Zudem geht von der Erfahrung, dass im Rivalisieren mit dem elterlichen ödipalen Rivalen nur in begrenzter Weise Befriedigung zu finden ist, ein wichtiger Entwicklungsimpuls aus, der dazu führt, dass Heranwachsende ihre libidinösen Wünsche in zunehmendem Ausmaß auf Menschen außerhalb der Familie richten.

(4) Latenzperiode und Adoleszenz. Mit der ersten Auflösung des Ödipus- und des Elektrakomplexes kommt es zur Verdrängung vieler Partialtriebe. Dies verschafft Kindern Freiräume, die es ihnen ermöglichen, sich dem schulischen Lernen zuzuwenden oder den Beziehungen zu Gleichaltrigen mehr Bedeutung einzuräumen. Der klassischen Triebtheorie zufolge kommt es erst mit dem Eintritt in die Pubertät und den damit einhergehenden hormonellen Veränderungen zu einem Wiederaufleben von Partialtrieben und tief gehenden Konflikten, die zu einer Neuorganisation des Psychischen führen.

2.5 Theorien der Ich-Entwicklung

Die entwicklungspsychologischen Überlegungen Freuds sind über weite Strecken der Entwicklung des Trieblebens gewidmet. Vor allem in älteren psychoanalytischen Publikationen finden sich zahlreiche Ausführungen darüber, dass Lusterfahrungen, die Kinder während ihrer libidinösen Entwicklung machen, spätere sexuelle Vorlieben sowie andere Charaktereigenschaften nachhaltig beeinflussen. So wurde beispielsweise angenommen, dass Erfahrungen, die ein Kind während seiner Reinlichkeitserziehung macht, die Ausbildung von Sparsamkeit, Genauigkeit oder Geiz beeinflussen, da diese Persönlichkeitseigenschaften einen engen Bezug zu den „analen" Themen des Besitzens, Kontrollierens und Hergebens aufweisen würden (Hoffmann, 1979).

Die Beschäftigung mit der Frage, welche psychischen Strukturen entscheidend dafür sind, dass ein Mensch in die Lage gerät, impulsive Triebwünsche zu hemmen, führte zur Entwicklung des sogenannten *Strukturmodells*, mit dem Freud (1923) zur Entstehung einer weiteren psychoanalytischen Richtung, der *Ich-Psychologie*, beitrug (Brede & Drews, 1982). In diesem Strukturmodell findet sich die bekannte Unterscheidung zwischen den drei psychischen Instanzen *Es*, *Ich* und *Über-Ich*, denen spezifische psychische Funktionen zugeschrieben werden:

(1) Das *Es* repräsentiert das Triebhafte. Es ist nach dem *Lustprinzip* organisiert und drängt demnach auf möglichst unmittelbare Befriedigung.

(2) Als Gegenspieler zum Es fungiert das *Über-Ich*, das für die verinnerlichten sozialen Werte und Normen steht.

(3) Eingespannt zwischen den Ansprüchen des Es und des Über-Ich besteht die zentrale Aufgabe des *Ichs* darin, zwischen den widersprüchlichen psychischen Strebungen kompromisshaft auszugleichen. Das *Ich* erfüllt die Aufgabe, den Kontakt mit der Außenwelt aufrechtzuerhalten und dafür Sorge zu tragen, dass beim Streben nach Lust der Realitätsbezug nicht verloren geht. In diesem Sinn ist das reife *Ich* am *Realitätsprinzip* orientiert.

Am Beginn der Entwicklung des Ichs steht Freud zufolge die Erfahrung des Säuglings, dass seine Bedürfnisse nicht immer befriedigt werden. Dies veranlasst das Kleinkind, sich der Welt zuzuwenden und ein Interesse an der Realität zu gewinnen, auf die es im Hinblick auf die Befriedigung seiner Triebbedürfnisse angewiesen ist. Erst diese Erfahrungen führen dazu, dass das Ich ausgebildet wird und sich Fähigkeiten des differenzierten Wahrnehmens und Denkens entfalten. Während Freud davon ausging, dass sich das Ich aus dem Es heraus entwickelt, nahmen Vertreter der Ich-Psychologie an, dass Babys von Beginn an über rudimentäre Ich-Funktionen verfügen müssen, um überhaupt bemerken zu können, dass bestimmte Bedürfnisse unbefriedigt bleiben oder nur im Zusammensein mit bestimmten Bezugspersonen

Entwicklungsniveau	Abwehraktivitäten
unreif	**Projektion** (eigene bedrohliche Erlebnisinhalte werden anderen Personen zugeschrieben) **Spaltung** (widersprüchliche Erlebnisinhalte werden im Erleben streng voneinander getrennt gehalten) **Verleugnung/Verneinung** (unerwünschte Elemente der inneren oder äußeren Wirklichkeit werden in ihrer Existenz verleugnet)
mittel	**Entwertung/Idealisierung** (ängstigende Anteile von Beziehungen werden gelindert, indem Mitmenschen bzw. ihre Eigenschaften entwertet bzw. überhöht werden) **Reaktionsbildung** (bedrohliche Strebungen werden durch die Betonung ihres Gegenteils unbewusst gehalten) **Verschiebung** (gehemmte aggressive oder sexuelle Impulse werden auf weniger bedrohlich erscheinende Objekte verschoben und an diesen befriedigt)
reif	**Intellektualisierung/Rationalisierung** (bedrohliche affektive Anteile werden durch nüchtern-theoretisierendes Nachdenken auf Distanz bzw. unbewusst gehalten) **Sublimierung** (Umwandlung oder Ablenkung eines verpönten Impulses auf ein gesellschaftlich/kulturell anerkanntes Ziel)

Tabelle 14.2: Entwicklung in den Abwehraktivitäten des Kindes (in Anlehnung an Mentzos, 1982, S. 60 ff.).

befriedigt werden können. Diese Ich-Funktionen werden in Abhängigkeit von den kindlichen Erfahrungen kontinuierlich weiterentwickelt und verfeinert, wobei zu den Ich-Funktionen auch die Funktionen des Erinnerns, Urteilens, Fantasierens sowie Steuerns von motorischen Aktivitäten zählen.

Eine weitere Ich-Funktion stellt die Fähigkeit zur *psychischen Abwehr* dar, deren Entwicklung insbesondere seit Anna Freud (1936) in zahlreichen Studien untersucht wurde. Die ersten (unreifen) Abwehrmechanismen wie Projektion und Spaltung finden sich bereits bei Kleinkindern. Mit der Ausdifferenzierung psychischer Strukturen wächst die Möglichkeit, auch „reifere" Abwehrmechanismen einzusetzen (Tabelle 14.2). Je intensiver und häufiger Kinder erfahren, dass sie immer wieder von bedrohlichen Gefühlen überflutet werden, desto wahrscheinlicher ist es, dass sie auf unreife Abwehrmechanismen fixiert bleiben.

2.6 Erweiterung der triebtheoretischen Grundlagen der Entwicklung

Sowohl die triebtheoretischen als auch die ich-psychologischen Konzeptionen basieren auf der Annahme, dass ein einziger Trieb als primäres Motivationszentrum nicht ausreicht, um der Komplexität psychischer Entwicklungsverläufe Rechnung zu tragen. Bereits Freud plädierte deshalb dafür, neben dem Sexualtrieb einen zweiten Trieb anzunehmen, der beispielsweise als Quelle aggressiver Aktivitäten begriffen werden kann (Köhler, 1993). Dabei wird davon ausgegangen, dass Menschen deshalb aktiv werden, weil in ihrem Inneren immer wieder Erregung sowie ein damit verbundenes Verlangen wachsen, Spannungszustände zu lindern. In weiterer Folge wurde allerdings darauf hingewiesen, dass sich bereits kleine Kinder auch aus anderen Gründen gedrängt fühlen, zum Zweck der Regulation ihrer Emotionen aktiv zu werden (Dornes 2000, S. 25 ff.).

In diesem Sinn führte etwa Alfred Adler (1912), der Begründer der Individualpsychologie, viele menschliche Aktivitäten auf das Verlangen zurück, sich vor dem bewussten Verspüren von allzu schmerzlichen Gefühlen der Kleinheit, Hilflosigkeit oder Unterlegenheit zu schützen (Datler & Stephenson 1999, S. 101 ff.). Heinz Kohut (1976), der Begründer der psychoanalytischen Selbstpsychologie, rückte das Streben nach der Ausbildung eines möglichst kohärenten Selbsterlebens ins Zentrum seiner Aufmerksamkeit (vgl. Eagle 1988, S. 45 ff.). Während Joseph Sandler das Verlangen nach einem Gefühl der Sicherheit dem triebhaften Streben nach Spannungsabfuhr als einem grundständigen Motivationssystem zur Seite stellte (Sandler & Sandler 1999), beschrieb Joseph Lichtenberg sogar fünf primäre Motivationssysteme, in deren Zentren unterschiedliche Grundbedürfnisse stehen: „… *das Bedürfnis nach psychischer Regulierung physiologischer Erfordernisse, das Bedürfnis nach Bindung und (später) Zugehörigkeit, das Bedürfnis nach Exploration und Selbstbehauptung, das Bedürfnis, aversiv zu reagieren […] und das Bedürfnis nach sinnlichem Genuss und sexueller Erregung*" (Lichtenberg, Lachmann & Fosshage, 2000, S. 13).

Da sich all diese Konzeptionen auf sorgfältig durchgeführte Studien stützen, rückt die Frage nach einem spezifischen primären Motivationszentrum der psychischen Entwicklung zusehends in den Hintergrund. Stattdessen gewinnt die Annahme an Bedeutung, dass sich Menschen von Lebensbeginn an mit einem breiten Spektrum von unterschiedlichen Gefühlen konfrontiert sehen und beständig angehalten sind, in ihrem Streben nach Affektregulation vielgestaltige Emotionen, Bedürfnisse und Wünsche, die oft zur gleichen Zeit verspürt werden, zu berücksichtigen und aufeinander abzustimmen (Eagle 1988, S. 254 ff.).

2.7 Die Rolle der Objektbeziehung in der Entwicklung

Da Erfahrungen mit anderen Menschen in einem hohen Ausmaß Einfluss auf die Regulation von Affekten nehmen, wird in den heutigen psychoanalytischen Entwicklungstheorien der Bedeutung von „Objektbeziehungen" in der kindlichen Entwicklung in einem wachsenden Ausmaß nachgegangen (Hinshelwood 1993, S. 525; Sandler & Sandler, 1999). Ausgangspunkt ist dabei die Annahme, dass Interaktionen ihren innerpsychischen Niederschlag in der Ausbildung von Selbst- und Objektrepräsentationen finden, die miteinander in Beziehung stehen: Vorstellungen, die etwa ein Kind von seiner Mutter oder seinem Vater ausbildet, sind demnach untrennbar von den Bildern bestimmt, die das Kind *von sich selbst im Zusammensein* mit Mutter oder Vater in sich trägt (Stern, 1985, S. 159 ff.). Solche innerpsychischen Repräsentationen gründen zum einen in den realen Situationen, die Kinder im Zusammensein mit anderen erleben. Andererseits stellen sie keine unmittelbaren „Abbilder" real vorgefallener Ereignisse dar, da individuell gefärbte Erinnerungen, Interpretationen und Fantasien in die Bildung der Repräsentationen mit einfließen. Verschiedene „Bündel" von miteinander verschränkten Selbst- und Objektrepräsentationen stellen dabei die „Bausteine" der psychischen Strukturen dar, die in verschiedenen Situationen in bewusster oder unbewusster Weise aktiviert werden und maßgeblich dazu beitragen, welche Gefühle und Gedanken aktiviert, welche Verhaltensweisen gezeigt und welche Interaktionen mit anderen gesucht und eingegangen werden.

3 Klassische Befunde: Entwicklungslinien und Entwicklungsthemen

Eine Vielzahl von Untersuchungen, die sich mit der Trieb- und Ich-Entwicklung, der Affektregulation oder der Herausbildung von Objektbeziehungen befassen, eröffnet komplexe Einblicke in vielschichtige Entwicklungsprozesse. Um diese übersichtlich darstellen zu können, schlug Anna Freud (1965) vor, bestimmte Einzelbefunde zur Beschreibung von *Entwicklungslinien* zu verdichten, mit deren Hilfe es möglich wird, Entwicklungsverläufe entlang spezifischer Entwicklungsthemen klar zu erfassen (Tyson & Tyson, 1997). In Ergänzung dazu wurden darüber hinaus Themenbereiche untersucht, die zu diesen Entwicklungslinien quer liegen und in diesem Sinn für Kinder aller Entwicklungsstufen von Bedeutung sind.

3.1 Entwicklung der Autonomie und Individuation

Eine der am besten untersuchten Entwicklungslinien handelt von zwei Entwicklungsthemen, die eng miteinander verschränkt sind: von der beginnenden Herauslösung des Kleinkindes aus frühen Zuständen der Abhängigkeit von seinen engsten Bezugspersonen sowie davon, dass das Kleinkind erst allmählich lernen muss, zwischen sich und seiner Umwelt in differenzierter Weise zu unterscheiden. In diesem Zusammenhang widersprechen jüngere Forschungsergebnisse der traditionellen Annahme, dass Säuglinge im Sinne des Konzepts des „primären Narzissmus" über eine „angeborene Gleichgültigkeit gegenüber Außenreizen" verfügen (Freud, 1914b; Mahler, Pine & Bergmann, 1975, S. 59).

Entscheidende Etappen des Prozesses, in dem sich Kleinkinder von ihren Bezugspersonen zusehends getrennt erleben, beschrieb René Spitz (1965) mit dem Auftreten des Dreimonatslächelns, der Achtmonatsangst und der Fähigkeit des Kindes, bereits im Laufe des 2. Lebensjahres „Nein" sagen zu können (Abb. 14.1). Etwas später wies eine Forschergruppe um Margaret Mahler (Mahler, Pine & Bergmann, 1975) diesen Prozess der Loslösung als einen Prozess der „Individuation und Separation" aus, der vier Subphasen umfasst:

(1) Phase der Differenzierung. Etwa im Alter von vier bis fünf Monaten lernen Babys, in einer basalen Weise zwischen sich und anderen Menschen und Gegenständen zu unterscheiden.

(2) Übungsphase. Mit der Zunahme vieler Fähigkeiten, zu denen nicht zuletzt das freie Laufen zählt, entstehen mit dem Eintritt in das zweite Lebensjahr vermehrt Gefühle der Stärke und Großartigkeit, die dazu führen, dass sich Kleinkinder häufig in einem übersteigerten Ausmaß als autonom und unabhängig erleben.

(3) Phase der Wiederannäherung. Diese Hochstimmung gerät allerdings ins Wanken, wenn Kinder in zunehmendem Ausmaß ihre Grenzen erfahren und die Erfahrung machen, dass sie angenehme Gefühle oft nur dann verspüren können, wenn sie im Zusammensein mit ihren Bezugspersonen ganz unmittelbar Zuwendung, Hilfe und Fürsorge erhalten. In dieser Phase der „Wiederannäherung" an ihre engsten Bezugspersonen stehen Kinder vor der Herausforderung, unterschiedlich gefärbte Emotionen und damit verbundene Vorstellungen, die sie von sich und ihren Bezugspersonen entwickeln, so miteinander zu verbinden, dass es ihnen möglich wird, vor dem Hintergrund einer positiv gefärbten Grundstimmung ambivalente Gefühle zu ertragen.

(4) Phase der Objektkonstanz. Gelingt es Kindern, ambivalente Gefühle zu verspüren, können Selbst- und Objektrepräsentanzen, die Kinder von sich und ihren Bezugspersonen („Objekten") in sich tragen, auch dann positiv getönt bleiben, wenn Kinder negative Gefühle wie jene des Ärgers, der Verzweiflung, der Enttäuschung oder in Situationen des Getrenntseins von ihren Eltern auch Gefühle der Trauer und Sehnsucht verspüren (Abb. 14.1).

Ein Jahrzehnt später legte Daniel Stern (1985) unter Berufung auf zahlreiche Befunde aus der experimentell arbeitenden Säuglingsforschung einen Abriss zur Entwicklung des Selbstempfindens vor. Dabei schrieb er bereits Säuglingen die basale Fähigkeit zu, sich von ihrer Umwelt unterscheiden zu können. Weitere Erfahrungen, die Säuglinge mit sich und ihrer Umwelt machen, führen in Verbindung mit dem Reifen verschiedener Ich-Funktionen zur Ausbildung differenzierter Formen des Selbstempfindens, die den Kleinkindern stets auch neue Möglichkeiten eröffnen, sich mit anderen Menschen verbunden und im Austausch zu erleben. In diesem Zusammenhang unterscheidet Stern vier Bereiche des Selbstempfindens, die sich aufeinander aufbauend innerhalb der ersten zwei Lebensjahre entwickeln:

(1) Das auftauchende Selbst. Diese früheste Form des Selbstempfindens existiert bereits in den ersten beiden Lebensmonaten. Lebt der Säugling in einer anregungsreichen Umwelt,

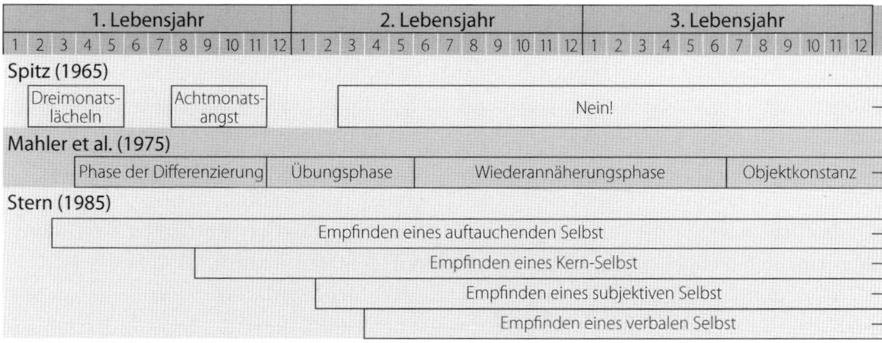

Abb. 14.1: Prozess der Autonomie-Entwicklung nach Spitz (1965), Mahler et al. (1975) und Stern (1985).

wird es ihm dank differenzierter Sinneswahrnehmungen bereits in den ersten beiden Lebensmonaten möglich, zwischen den Erfahrungen unterscheiden zu lernen, die er mit sich und seiner Umwelt macht.

(2) Das Kern-Selbst. Ist diese Differenzierungsfähigkeit hinreichend entwickelt, tritt zwischen dem dritten und siebenten Lebensmonat das Empfinden ein, von anderen Menschen abgegrenzt zu sein und diese als eigenständige Interaktionspartner wahrnehmen zu können. Voraussetzung dafür sind wiederkehrende Interaktionssequenzen, zu denen etwa das Gestillt-, Gebadet- oder Getragen-Werden zählen und die dem Säugling erlauben, ähnliche Erfahrungen mit sich selbst und mit anderen zu machen. Dies führt zur Ausbildung *„generalisierter Interaktionsrepräsentationen"*, die Stern (1985, S. 143 ff.) als *„representations of interactions that have been generalized"* oder kurz als „RIGs" bezeichnet. Diese „RIGs" stellen innere Bilder des Zusammenseins mit anderen dar, die Erwartungen darüber einschließen, wie bestimmte Interaktionen mit bedeutsamen Bezugspersonen verlaufen, von welchen Emotionen sie begleitet sind und wie sie beeinflusst werden können.

(3) Das subjektive Selbst. Zwischen dem achten und sechzehnten Lebensmonat nimmt der Säugling zusehends wahr, dass sich seine innere Welt mit all ihren Gefühlen, Absichten und Wünschen von jener seiner Interaktionspartner unterscheidet. Dies führt zur Ausbildung eines „subjektiven Selbst", das damit einhergeht, dass sich der Säugling in wachsendem Ausmaß als intentionales Wesen erlebt, das seine Wünsche, Gefühle und Absichten versierter ausdrücken und mit seinen Bezugspersonen kommunizieren und teilen kann.

(4) Das verbale Selbst. Etwa mit dem achtzehnten Lebensmonat eröffnet die fortgeschrittene Sprachentwicklung dem Kind die Möglichkeit, sein Erleben in Worte zu fassen und in dieser Weise mit anderen zu teilen. Damit erschließen sich für den Säugling neue Formen der Selbstreflexion und neue Wege, die inneren Bilder des Selbst im Zuge verschiedener Austauschprozesse mit anderen weiter zu differenzieren und anzureichern (Abb. 14.1, S. 367).

3.2 Emotional hilfreiche Beziehungserfahrungen

Kleinkinder sind im Prozess der zunehmenden Differenzierung zwischen Selbst und Welt auch mit der beunruhigenden Frage beschäftigt, ob sie von ihren Bezugspersonen jenes Maß an Liebe, Fürsorge und Zuwendung erhalten, das sie benötigen, um sich in ausreichendem Ausmaß sicher und geborgen fühlen zu können. In der psychoanalytischen Literatur findet man deshalb auch beschrieben, welche Beziehungserfahrungen Kinder benötigen, um emotionalen Belastungen dieser und ähnlicher Art nicht allzu stark ausgeliefert zu sein.

(1) Holding und die Bedeutung von Übergangsobjekten. Winnicott (1960, 1965) etwa prägte den Begriff des „Holdings" und betonte damit die Erfahrung des körperlichen und emotionalen Gehaltenseins, das Kleinkinder von Lebensbeginn an benötigen, um von negativen Gefühlen nicht überwältigt zu werden. Überdies machte er darauf aufmerksam, wie wichtig es für Kleinkinder ist, bestimmte Gegenstände wie Plüschtiere oder Stoffdecken als „Übergangsobjekte" bei sich zu haben, die ihnen helfen, sich in Situationen des Getrenntseins von vertrauten Bezugspersonen nicht allzu sehr alleine und verloren zu fühlen (Funder, 2009; Stork, 1982).

(2) Containment. Bion (1992) betonte mit der Einführung des Konzepts des „Containments", dass Kinder einfühlsame Bezugspersonen benötigen, die in der Lage sind, schmerzliche und bedrohliche Gefühle von Kindern wahrzunehmen, zu verstehen und innerlich

3 Klassische Befunde: Entwicklungslinien und Entwicklungsthemen | 369

so zu bearbeiten („zu verdauen"), dass sie ihren Kindern als hilfreiche Bezugspersonen zur Seite stehen. Erst durch die Internalisierung der Beziehungserfahrungen, die Kinder in solchen Situationen machen, entsteht in ihnen die Fähigkeit, schmerzliche und bedrohliche Gefühle auch selbst durch die Aktivierung von innerpsychischen Prozessen zu lindern (Diem-Wille, 2007; Waddell, 1998).

(3) Unterstützung bei Trennungserfahrungen. Studien wie jene des Ehepaars James und Joyce Robertson (1989) machten darauf aufmerksam, wie sehr die Entwicklung von Kleinkindern leidet, wenn ihnen eine abrupte Trennung von vertrauten Bezugspersonen zugemutet wird. Vor diesem Hintergrund wurde in verschiedenen Studien verdeutlicht, wie wichtig es für Kleinkinder ist, im Vorfeld solcher Trennungserfahrungen schrittweise vertrauensvolle Beziehungen zu neuen Bezugspersonen aufbauen zu können (Datler et al., 2011). Auch im Fall von Tod oder Scheidung benötigen Kinder bei der altersadäquaten Verarbeitung von potenziell traumatischen Trennungserfahrungen Unterstützung (Bogyi, 2006; Figdor, 1997).

(4) Entwicklung von Urvertrauen. Können Kleinkinder entsprechend hilfreiche Erfahrungen mit wichtigen Bezugspersonen machen, so ist mit Erikson (1959) zu erwarten, dass sie eine Grundhaltung des „Urvertrauens" entwickeln. Dieses zeichnet sich durch die grundlegende Zuversicht aus, dass es dem Kind im Zusammenspiel mit seiner Umgebung ausreichend oft gelingt, unangenehme Gefühle zu lindern und angenehme Gefühle in einer Weise herbeizuführen, die der gesunden Entwicklung sowie dem „Wachstum" des Kindes dienen (Erikson, 1959, S. 57).

3.3 Zur Bedeutung von Fantasie und Spiel in der Entwicklung

Entwicklungen werden aus psychoanalytischer Sicht auch in ihren nicht-pathologischen Varianten als dramatisch verlaufende Prozesse beschrieben. Dies hängt damit zusammen, dass sich die Psychoanalyse wie keine andere Disziplin für Situationen interessiert, in denen Menschen starke, aufwühlende Gefühle verspüren (Dornes, 2000), die insbesondere in den frühen Lebensjahren mit dem magisch-animistischen Denken von Kindern eng verbunden sind (Fraiberg, 1959; Zulliger, 1952). Diese Art des Denkens zeichnet sich dadurch aus, dass im Erleben des Kindes die Grenzen zwischen Fantasie und Realität oft verschwimmen. In diesem Sinn tendieren Kinder etwa dazu, unbelebte Objekte wie belebte Objekte zu erleben, Erwachsenen übersteigerte Fähigkeiten zuzuschreiben oder davon überzeugt zu sein, dass andere Menschen in derselben Weise denken, fühlen und wünschen wie die Kinder selbst. Zu diesen Fantasien kann auch die Befürchtung zählen, dass aggressive Regungen aufseiten des Kindes zur Zerstörung seiner engsten Bezugspersonen führen, oder auch die gegenläufige, mit kindlichen Hochgefühlen einhergehende Wunschfantasie, auf Eltern und deren Zuwendung gar nicht angewiesen zu sein.

In diesem Zusammenhang nahm Melanie Klein an, dass bereits Kleinkinder der Fantasie folgen, sie könnten bedrohliche Gefühle durch Ausstoßen loswerden (Hinshelwood, 1993; Stork, 1982). Dies führt nicht zuletzt zu frühen Formen der *Projektion*, die zur Folge haben, dass negative Selbstanteile fantasierten oder auch real existierenden Objekten zugeschrieben werden. Solche Prozesse stellen die Quelle vieler frühkindlicher Ängste dar, die insbesondere dann besonders intensiv ausfallen, wenn Kleinkinder eigene feindselige Wünsche oder Impulse anderen zuschreiben und in weiterer Folge gegen sich gerichtet erleben.

Melanie Klein (1946) sprach sogar davon, dass sich Kinder, die stark projizieren, auf der „paranoid-schizoiden Position" befinden, ohne mit dieser Begrifflichkeit psychopathologische Zustände bezeichnen zu wollen. Gelingt es Kindern, beispielsweise durch die wiederholte Erfahrung eines gelingenden Containments, bedrohliche Gefühle innerpsychisch zu lindern und in weiterer Folge von manchen Prozessen der Projektion Abstand zu nehmen, gelangen sie auf die „depressive Position" (vgl. Lazar, 1993). Dort würden sie sich dann in einem geringeren Ausmaß gedrängt fühlen, mithilfe des Abwehrmechanismus der Spaltung die Welt in „gut" und „böse" zu teilen. Stattdessen gelingt es ihnen immer besser, angenehme und unangenehme Gefühle miteinander zu verbinden und Personen oder Situationen ambivalent zu erleben (Diem-Wille, 2007). Auf dem Weg von der „paranoid-schizoiden" zur „depressiven Position" ist aus psychoanalytischer Sicht dem kindlichen Spiel eine besondere Bedeutung beizumessen. Denn wegen der engen Verschränkung von Emotion, Fantasie und magisch-animistischem Denken finden Kinder im Spielen besondere Möglichkeiten, um in symbolischer Form darzustellen, was sie in ihrem tiefsten Inneren beschäftigt. In Verbindung damit ist das kindliche Spiel auch jenes Medium, dessen sich Kinder häufig bedienen, um innerpsychische Belastungen zu bearbeiten (Gartner, 2004; Zulliger, 1952).

3.4 Unbewusste elterliche Einflüsse auf die kindliche Entwicklung

Winnicotts (1965, S. 50) viel zitierte Äußerung, dass es den Säugling ohne die mütterliche Fürsorge nicht gäbe, macht darauf aufmerksam, in welch hohem Ausmaß die innerpsychischen Regulations- und Entwicklungsmöglichkeiten von Kleinkindern von den Erfahrungen beeinflusst werden, die sie in unzähligen Interaktionen mit den engsten Bezugspersonen machen. Zu den zentralen Erkenntnissen der Psychoanalyse zählt dabei die Erkenntnis, dass unbewusste psychische Strukturen in hohem Ausmaß auf diese Interaktionsprozesse Einfluss nehmen, die Eltern im Laufe ihrer Biografie ausgebildet haben und die im Zusammensein mit ihrem Kind aktualisiert werden (Stern, 1995). Dabei benennen die „ghosts in the nursery" (Fraiberg, 1980) elterliche Gefühle und Einstellungen, die der kindlichen Entwicklung alles andere als zuträglich sind. In diesem Sinn beschreibt Selma Fraiberg (1980) beispielsweise eine junge Mutter, die nicht in der Lage ist, den Schmerz zu erfassen, der im Weinen ihres Babys zum Ausdruck kommt, da sie sonst Gefahr liefe, an all das Leid erinnert zu werden, das sie selbst als schwer misshandeltes und verwahrlostes Kind erdulden musste. Ein anderes Beispiel findet sich bei Cramer und Stern (1988), die von einer Mutter berichten, die vor dem Hintergrund ihrer biografischen Erfahrungen die Versuche des Kindes, sie zu berühren, wie aggressive Attacken erlebte und deshalb darum bemüht war, zum Kind Distanz zu halten.

Obgleich davon auszugehen ist, dass sich unbewusste innerpsychische Strukturen von Eltern auch in förderlicher Weise auf die Entwicklung von Kindern auswirken, wird dies in psychoanalytischen Publikationen vergleichsweise selten behandelt. Allerdings ist einigen Studien zu entnehmen, in welch intensiver Weise sich viele Eltern während der Schwangerschaft auch unbewusst mit den Veränderungen auseinandersetzen, die mit der Geburt eines Kindes verbunden sind (Diem-Wille, 2007; Raphael-Leff, 1993). Dies führt oft in hilfreicher Weise zu einer Neuorganisation der psychischen Strukturen von Vätern und Müttern, die nicht zuletzt aus der Auseinandersetzung mit folgenden Fragen herrührt (vgl. Stern, 1995, S. 211): Kann das Überleben und Gedeihen des Babys gewährleistet, eine befriedigende emotionale Beziehung zum Baby aufgebaut, eine zufriedenstellende Identität als Mutter oder Vater gefunden und ein entlastendes Beziehungsnetz geschaffen werden?

3.5 Spätfolgen der Frühentwicklung

Die intensive psychoanalytische Befassung mit den ersten Lebensjahren ist in enger Weise mit der Annahme verknüpft, dass in der frühen Kindheit weitgehend entschieden wird, welche Persönlichkeitsmerkmale Menschen ein Leben lang auszeichnen. Göppel (1999, S. 15) spricht daher zu Recht von der „Macht der frühen Kindheit" als *dem* zentralen „Paradigma der traditionellen psychoanalytischen Entwicklungspsychologie". Dass heute jedoch so manche klassischen Positionen in diesem Zusammenhang ins Wanken geraten sind, hängt nicht zuletzt mit der Ausweitung des Interesses an der lebenslangen Entwicklung von Menschen zusammen (Dörr, Göppel & Funder, 2011; Waddell, 1998). Bahnbrechend war diesbezüglich Eriksons (1959) Veröffentlichung einer Entwicklungstheorie, die über die frühen Entwicklungsphasen des Säuglings-, Kleinkind- und Vorschulalters hinausgehend weitere fünf Phasen bis zum reifen Erwachsenenalter behandelt (siehe Abb. 15.3, S. 394). Diese Entwicklungstheorie beinhaltet einige Grundgedanken zur Bedeutung der frühen Kindheit für die spätere Entwicklung:

(1) Epigenetisches Diagramm. Erikson (1959) bringt in seinem „epigenetischen Diagramm" der menschlichen Entwicklung die Vorstellung zum Ausdruck, dass mit dem Eintritt in eine bestimmte Entwicklungsphase die Auseinandersetzung mit einem spezifischen Grundkonflikt an Bedeutung gewinnt. Von der innerpsychischen Verarbeitung der Erfahrungen, die Menschen in dieser Phase machen, hängt es maßgeblich ab, welche Spuren die Auseinandersetzung mit diesem Grundkonflikt in der Psyche eines Menschen hinterlässt. In diesem Sinn ist etwa gegen Ende des „Säuglingsalters" entschieden, ob und in welcher Weise eine Grundhaltung des Urvertrauens oder des Urmisstrauens ausgebildet wurde. Tritt ein Kind in die darauffolgende Phase des „Kleinkindalters" ein, so gewinnt die Auseinandersetzung mit dem Konflikt „Autonomie versus Scham und Zweifel" an Bedeutung. Dies geschieht allerdings nicht unabhängig davon, welche psychischen Strukturen das Kind gegen Ende des Säuglingsalters ausgebildet hat; denn mit Erikson (1959) ist davon auszugehen, dass es einem Kind mit „Urvertrauen" tendenziell leichter fallen wird, sich trotz der tagtäglichen Auseinandersetzungen mit den Geboten und Verboten seiner Eltern mit vergnüglichem Stolz als ein kleines Wesen zu erleben, das über einen „autonomen Willen" verfügt. Ein Kind mit „Urmisstrauen" läuft hingegen in höherem Ausmaß Gefahr, „Scham und Zweifel" darüber zu empfinden, dass seine Wünsche und Handlungen oft von den Vorstellungen seiner Eltern abweichen. Kommt es gegen Ende des Kleinkindalters zur Ausprägung einer bestimmten Grundhaltung von „Autonomie" oder „Scham und Zweifel", so nimmt dies wiederum Einfluss auf die Auseinandersetzung mit dem nächsten phasentypischen Kernkonflikt. In diesem Sinn beeinflussen die Ergebnisse früher Entwicklungsprozesse immer auch die weiteren Entwicklungen in nachfolgenden Lebensphasen.

(2) Begrenzte Plastizität. Nach Erikson (1959) führt die psychische Verarbeitung laufender Erfahrungen permanent zur Modifikation bislang ausgebildeter Strukturen. In diesem Sinn ist etwa mit dem Ende des Säuglingsalters nicht endgültig entschieden, welche Grundhaltung des „Urvertrauens" oder „Urmisstrauens" Menschen auszeichnet. Allerdings ist die „Plastizität" der menschlichen Psyche keineswegs unbegrenzt. So zeigten bereits die Studien von Spitz (1965), dass die Spuren früher Beziehungserfahrungen, die sich durch ein hohes Maß an Deprivation und Vernachlässigung auszeichnen, Entwicklungskonsequenzen nach sich ziehen, die lang anhaltend und stabil sind. Letzteres gilt auch für die Folgen von Beziehungserfahrungen, die als positiv einzuschätzen sind: Können Kinder in den allerersten Lebensjahren Beziehungserfahrungen sammeln, die sich durch Konstanz, Stabilität, Empathie und liebevolle Fürsorge auszeichnen, so scheinen viele dieser Kinder spätere emotionale Belastungen besser verkraften zu können als andere (Göppel, 1999).

(3) Rekonstruktion und Vorhersage der Persönlichkeitsentwicklung. Dennoch wäre es ungerechtfertigt, davon auszugehen, dass Erfahrungen, die Kinder in frühen Lebensabschnitten machen, das Auftreten von bestimmten Persönlichkeitsmerkmalen in späteren Jahren zwingend determinieren (Mertens, 2011). In diesem Sinn können nicht einmal die Folgen traumatischer Erlebnisse vorhergesagt werden, da diese nicht zuletzt von den psychischen Strukturen abhängen, die bis zum Eintritt des traumatischen Ereignisses ausgebildet wurden, sowie davon, ob nach dem traumatischen Ereignis Krisenintervention geleistet werden konnte (Bogyi, 2006; Datler & Freilinger, 2006). Jüngere psychoanalytische Studien zielen deshalb auf die Ausarbeitung von Theorien ab, in denen (1) phasentypische Entwicklungskrisen und -herausforderungen beschrieben und (2) Aussagen darüber getroffen werden, welche bewusste und unbewusste Auseinandersetzung mit diesen Entwicklungskrisen und -herausforderungen welche Folgen für die Geschehnisse in der nächsten Phase vermutlich haben werden. Aus dieser Perspektive stellt jede Auseinandersetzung mit Entwicklungskrisen und -herausforderungen eine Art Weichenstellung dar, die den gesamten weiteren Entwicklungsverlauf keineswegs linear determiniert, wohl aber für die nächsten Entwicklungsschritte von hoher Relevanz ist. Vor diesem Hintergrund zielt die Rekonstruktion von Entwicklungsverläufen auf die Ausarbeitung eines Netzes von Entwicklungspfaden ab, die sich entlang verschiedener Weichenstellungen immer wieder teilen und sich innerhalb mancher Entwicklungsphasen mitunter auch annähern können. Dabei wird auch untersucht, welche Entwicklungspfade über welche phasenspezifischen Weichenstellungen mit welcher Wahrscheinlichkeit zur späteren Ausbildung bestimmter Persönlichkeitsmerkmale pathologischer oder auch nicht-pathologischer Art führen (vgl. Fonagy & Luyten 2011).

In psychoanalytischen Entwicklungstheorien ist die Entwicklung zur Autonomie zentral, bei der Kinder lernen, sich von ihrer Umwelt abzugrenzen, während sie sich zugleich mit ihren Bezugspersonen eng verbunden fühlen. Dabei kann die innere Welt, die die Kinder von sich und ihren Bezugspersonen entwickelt haben, auch dann positiv getönt bleiben, wenn negative Gefühle des Ärgers und der Verzweiflung aufkommen oder Trauer und Sehnsucht bei Trennungen verarbeitet werden müssen.

4 Moderne Trends und theoretische Modifikationen

Im Rahmen aktueller Diskussionen werden einige Themenbereiche untersucht, die auch das psychoanalytische Verständnis von früher Entwicklung in wesentlichen Punkten vertiefen und zur Modifikation klassischer Modellvorstellungen führen. Dabei wird etwa die Frage behandelt, ob ein Kleinkind von Lebensbeginn an zu mehreren Personen enge Beziehungen aufnehmen kann, und neu überdacht, wie es bereits in früher Zeit zur Ausbildung von Fähigkeiten im Bereich des Denkens kommt, die das Verstehen und Erfassen von innerpsychischen Prozessen betreffen.

4.1 Von der Dyade zur Triade

In älteren psychoanalytischen Entwicklungstheorien wurde die Vorstellung vertreten, dass Kinder in den ersten Lebensjahren nur zu einer Person eine enge Beziehung aufbauen können. Da ein breiter Konsens darüber bestand, dass die Mutter für die Pflege und Versorgung von Säuglingen und Kleinkindern aufkommen muss, konzentrierten sich psychoanalytische Studien zur frühen Kindheit auf die Entwicklung von Kleinkindern innerhalb der Mutter-Kind-Dyade. Die Beschäftigung mit der Rolle des Vaters in der frühen Kindheit blieb weitgehend im Hintergrund (Dornes, 2006). Erst in der jüngeren Vergangenheit begann sich dies zu ändern, als Forschungsergebnisse zeigten, dass Babys von Beginn an über die Fähigkeit verfügen, Beziehungen zu unterschiedlichen Personen einzugehen, und überdies in der Lage sind, zwischen diesen Beziehungen zu unterscheiden (Bradley, Selby & Urwin, 2011; Stern, 1985). In diesem Zusammenhang nahm die Zahl der psychoanalytischen Publikationen zu, in denen die Bedeutung des Vaters bzw. der Triade von Vater, Mutter und Kind für die frühe Entwicklung des Kindes thematisiert wurde (z. B. Ereky, 2001; Metzger, 2006; Seiffge-Krenke, 2009; Steinhardt, Datler & Gstach, 2002; Trowell & Etchegoyen, 2002). Eine Forschungsgruppe um von Klitzing (2002) konnte nachweisen, dass sich bereits vor der Geburt eines Kindes vorhersagen lässt, in welchem Ausmaß Eltern in der Lage sein werden, triadische Beziehungskonstellationen herzustellen. Können Kleinkinder triadische Erfahrungen machen, so scheint dies Kinder zu entlasten (Herzog, 1998) und sich in förderlicher Weise auf die Entwicklung verschiedener Fähigkeiten auszuwirken, zu denen auch der spätere Umgang mit Konflikten zu zählen ist (von Klitzing, 2002; von Klitzing & Bürgin, 2005).

4.2 Die Fähigkeit des Mentalisierens

Neue Kenntnisse aus der empirischen Säuglingsforschung haben das psychoanalytische Bild von Säuglingen und Kleinkindern in zumindest zweifacher Weise beeinflusst: Zum einen wurde gezeigt, dass bereits Säuglinge über erstaunlich differenziert ausgebildete Fähigkeiten des sinnlichen Wahrnehmens, des Erlebens und Erfassens von Affektzuständen und des Kommunizierens mit Bezugspersonen verfügen (Brazelton & Cramer, 1990; Dornes, 1993; Lichtenberg, 1991). Zum anderen ist immer deutlicher geworden, in welch hohem Ausmaß Säuglinge und Kleinkinder auf das Zustandekommen bestimmter Beziehungserfahrungen angewiesen sind, damit sie sich in gedeihlicher Weise entwickeln können (Diem-Wille, 2007; Dornes, 2006; Stern, 1985). Vor diesem Hintergrund haben sich

Peter Fonagy und Mary Target der Erforschung der Entwicklung der Mentalisierungsfähigkeit von Kindern gewidmet (Fonagy et al., 2008; Dornes, 2006). Dabei knüpfen sie an psychoanalytische Diskurse an, die der Entwicklung von Symbolisierungsfähigkeit gewidmet sind, und verknüpfen dies mit Ansätzen aus der Bindungstheorie, der analytischen Philosophie und der Kognitionsforschung. Von zentralem Interesse ist dabei die Frage, in welcher Weise und zu welchen Zeitpunkten Kleinkinder verstehen lernen, dass dem eigenen Handeln ebenso wie dem Handeln anderer Menschen Intentionen und somit mentale Zustände und Aktivitäten zugrunde liegen. Überdies wird untersucht, weshalb Menschen über mitunter höchst unterschiedliche Fähigkeiten des Mentalisierens verfügen.

Die Anfänge der Entwicklung der Mentalisierungsfähigkeit sind demnach in jenen Situationen zu suchen, in denen kommunikative Äußerungen von Säuglingen von ihren primären Bezugspersonen feinfühlig wahrgenommen und prompt sowie angemessen beantwortet werden. Von besonderer Bedeutung ist dabei die Fähigkeit von Eltern, den

Sigmund Freud (1856–1939) – Mediziner und Physiologe

wurde im mährischen Freiberg (heute Příbor) geboren und kam im Alter von vier Jahren mit seiner Familie nach Wien. 1881 beendete er das Studium der Medizin an der Universität Wien, dem vier Jahre später die Habilitation folgte. Freud wurde daraufhin Privatdozent für Neuropathologie an der Universität Wien und erhielt ein Stipendium für eine Studienreise nach Paris, wo er 1885/86 Jean-Martin Charcot und dessen Arbeiten zur Hysterie kennenlernte. Nach seiner Rückkehr nach Wien 1886 eröffnete Freud eine ärztliche Privatpraxis und arbeitete vorwiegend psychotherapeutisch, entwickelte Charcots Ansätze weiter und publizierte 1895 mit Josef Breuer die *„Studien über Hysterie"* – ein Buch, das die Grundlegung der Psychoanalyse markiert.

1900 erschien mit der *„Traumdeutung"* eines der bekanntesten Werke, in dem Freud zentrale Konzepte der Psychoanalyse formulierte, zu denen auch die Annahme unbewusster Prozesse und deren Bedeutung für das Erleben und Verhalten von Menschen zählt. 1902 wurde er zum außerordentlichen Professor der Universität Wien ernannt und gründete die „Psychologische Mittwochsgesellschaft", um regelmäßig über Fragen der Psychoanalyse zu diskutieren. Sein Bemühen um die Erforschung von Alltagsphänomenen sowie von Zusammenhängen zwischen frühen Erfahrungen und der späteren Entstehung von psychischen Erkrankungen führte zur kontinuierlichen Weiterentwicklung der psychoanalytischen Persönlichkeits- und Entwicklungstheorie. In den *„Drei Abhandlungen zur Sexualtheorie"* stellte Freud 1905 die Grundlagen der psychoanalytischen Triebtheorie dar, die er auch mit verschiedenen Phasen der psychosexuellen Entwicklung des Kindes verband. 1908 publizierte er seine Schrift über die *„Analyse der Phobie eines fünfjährigen Knaben"*, in der er sich insbesondere der Theorie ödipaler Konflikte widmete. 1914 führte er das Konzept des Narzissmus ein und postulierte darin eine frühe Entwicklungsphase, die erst überwunden werden muss, ehe das Kleinkind seiner Umwelt Interesse entgegenbringen kann. Die populär gewordene Unterscheidung zwischen den psychischen Instanzen Es, Ich und Über-Ich findet sich erstmals 1923 in Freuds Arbeit über *„Das Ich und das Es"*.

Nach dem Ausbruch seiner Krebserkrankung im Jahr 1923 zog sich Freud zusehends aus der Öffentlichkeit zurück, praktizierte und publizierte aber weiterhin rege. Wegen der Machtübernahme der Nationalsozialisten emigrierte Freud 1938 gemeinsam mit seiner Familie nach London, wo er ein Jahr später verstarb. Obgleich viele seiner entwicklungstheoretischen Annahmen auf Rekonstruktionen beruhten und deshalb kritisch diskutiert wurden, legte Freud den Grundstein für die psychoanalytische Entwicklungsforschung, die sich in weiterer Folge verstärkt der direkten Untersuchung von Kindern und Jugendlichen widmete.

affektiven Gehalt der Äußerungen ihrer Kinder intuitiv zu erfassen und dies den Kindern mimisch in überzeichneter Weise zu spiegeln (Dornes, 2006). Dadurch wird es dem Kind möglich, die Affektäußerungen der Eltern als *Darstellung* seiner eigenen Affekte zu erkennen und von der Darstellung der originär empfundenen Affekte der Eltern zu unterscheiden. Auf diesem Weg werden wesentliche Grundsteine für die weitere Entwicklung der Mentalisierungsfähigkeit von Kindern gelegt, da sie angeregt werden, zusehends differenzierter werdende Vorstellungen von der innerpsychischen Welt ihrer Affekte zu entwickeln und eigene affektive Zustände bewusst wahrzunehmen. In Verbindung damit zeigt das Forscherteam, in welcher Weise die weitere Entwicklung der Mentalisierungsfähigkeit belastet wird, wenn diese ersten Entwicklungsprozesse nicht zustande kommen, und welche weiteren Prozesse dazu führen, dass Erwachsene mit psychopathologischen Zuständen zu kämpfen haben (Fonagy & Luyten, 2011).

Anna Freud (1895–1982) – Pädagogin

wurde als jüngstes der sechs Kinder von Sigmund und Martha Freud in Wien geboren. Sie arbeitete von 1915 bis 1920 an einer privaten Wiener Volksschule und wurde 1922 in die Wiener Psychoanalytische Vereinigung aufgenommen. Ein Jahr später eröffnete sie ihre psychoanalytische Praxis, in der sie unter anderem ihre ersten Kinderanalysen durchführte. Ausgehend von diesen Erfahrungen hielt sie ab 1925 am Lehrinstitut der Wiener Psychoanalytischen Vereinigung Seminare zur Kinderanalyse und veröffentlichte 1927 eine *„Einführung in die Technik der Kinderanalyse"* sowie 1930 vier Vorträge als *„Einführung in die Psychoanalyse für Pädagogen"*, mit der sie sich explizit an Kindergartenpädagog/inn/en, Lehrer/innen und Eltern wandte.

Nachdem Sigmund Freud 1923 an Krebs erkrankt war, pflegte Anna ihren Vater und wurde zu einer seiner engsten Vertrauten. Sie vertrat Freud zunehmend bei öffentlichen Anlässen und übernahm in der psychoanalytischen Bewegung wichtige Ämter und Aufgaben. 1936 veröffentlichte sie ihre einflussreiche Arbeit über *„Das Ich und die Abwehrmechanismen"*, in der sie zentrale persönlichkeits- und entwicklungstheoretische Annahmen der Psychoanalyse systematisierte und weiterentwickelte.

Nach dem Anschluss Österreichs an Nazi-Deutschland war Anna Freud gemeinsam mit ihrer Familie zur Emigration nach London gezwungen, wo sie eine psychoanalytische Praxis eröffnete und ihre Lehr- und Vortragstätigkeit wieder aufnahm. Bald nach ihrer Ankunft geriet sie mit der ebenfalls in London lebenden Melanie Klein in heftige und lang anhaltende Konflikte, die zentrale Annahmen der psychoanalytischen Entwicklungspsychologie und der Technik der Kinderanalyse betrafen.

1941 gründete Anna Freud das Kriegskinderheim *Hampstead War Nurseries*, das bis 1945 existierte und ihr die Untersuchung früher Verlust- und Trennungserfahrungen ermöglichte. 1947 gründete sie den *Hampstead Child Therapy Course* und 1952 die *Hampstead Clinic*, die nach ihrem Tod in *Anna Freud Center* umbenannt wurde. Das Studium von normalen und pathologischen Entwicklungen führte zur Ausarbeitung des Konzepts der Entwicklungslinien sowie 1965 zur Veröffentlichung des Buches *„Wege und Irrwege in der Kinderentwicklung"*. Unter den zahlreichen Ehrungen, die Anna Freud erhielt, finden sich neun Ehrendoktorate, die ihr unter anderem von den Universitäten Wien, Chicago, Yale und Harvard sowie von der Columbia University in New York verliehen wurden.

5 Schlussbetrachtungen

Die psychoanalytische Entwicklungsforschung hat zur Ausarbeitung zahlreicher Praxiskonzepte geführt, die die verschiedenen Lebensbereiche von Kleinkindern entscheidend bereichern. In diesem Zusammenhang ist etwa an Konzepte der Eltern-Kleinkind-Beratung und Eltern-Kleinkind-Therapie zu denken, die gegenwärtig im Hinblick auf verschiedene Zielgruppen und Problemlagen beständig weiterentwickelt werden (Cohen, 2003; Datler & Messerer, 2006; Daws 1999; Fraiberg, 1980; Stern, 1995). Zu erwähnen sind aber auch Studien, die den Lebenskontexten von Familie, Kinderkrippe und Kindergarten gewidmet sind (Hover-Reisner & Funder, 2009; Leber, Trescher & Weiss-Zimmer, 1989). Darüber hinaus ist festzuhalten, dass viele Ergebnisse der psychoanalytischen Entwicklungsforschung in den weit mehr als einhundert Jahren ihres Bestehens nicht nur fachwissenschaftliche Diskurse angeregt und vorangetrieben, sondern auch das öffentliche Bild vom Kind und dessen Entwicklung in einem hohen Ausmaß geprägt haben. Dies mag mit der Breite und Vielfalt der Themen zusammenhängen, mit denen sich die psychoanalytische Entwicklungsforschung befasst, aber auch damit, dass sie insbesondere die emotionale Bedeutung jener frühen Entwicklungsprozesse ins Zentrum ihrer Aufmerksamkeit rückt, die von Mahler, Pine und Bergmann (1975) mit dem Begriff der „psychischen Geburt" des Menschen bezeichnet wurden.

Literatur

Abraham, K. (1924/1997). Versuch einer Entwicklungsgeschichte der Libido aufgrund der Psychoanalyse seelischer Störungen. In K. Abraham (Hrsg.), *Gesammelte Schriften in zwei Bänden, Band II* (S. 32–83). Frankfurt am Main: Fischer.

Adler, A. (1912/2008). *Über den nervösen Charakter (1912). Grundzüge einer vergleichenden Individualpsychologie und Psychotherapie.* Göttingen: Vandenhoeck & Ruprecht.

Bion, W. R. (1992). *Lernen durch Erfahrung.* Frankfurt am Main: Suhrkamp.

Bogyi, G. (2006). Magisches Denken und die Verarbeitung von traumatischen Ereignissen. In K. Steinhardt et al. (Hrsg.), *Kinder zwischen drei und sechs. Bildungsprozesse und Psychoanalytische Pädagogik im Vorschulalter (Jahrbuch für Psychoanalytische Pädagogik 15)* (S. 39–56). Gießen: Psychosozial-Verlag.

Bradley, J., Selby, J. M. & Urwin, C. (2011). Group life in babies: Establishing a method. In C. Urwin & J. Sternberg (Hrsg.), *Infant Observation and Research: Emotional Processes in Everyday Lives.* London: Routledge.

Brazelton, T. B. & Cramer, B. G. (1990). *Die frühe Bindung. Die ersten Beziehungen zwischen dem Baby und seinen Eltern.* Stuttgart: Klett-Cotta.

Brede, K. & Drews, S. (1982). *Psychoanalytische Ich-Psychologie: Grundlagen und Entwicklung.* Frankfurt am Main: Suhrkamp.

Cohen, M. (2003). *Sent before my time: A child psychotherapist's view of life on a neonatal intensive care unit.* London: Karnac.

Cramer, B. & Stern, D. (1988). Evaluation of changes in mother-infant brief psychotherapy: A single case study. *Infant Mental Health Journal, 9* (1), 19–45.

Datler, W. & Freilinger, S. (2006). „Das wird lange dauern …" Über traumatische Erfahrungen als Gegenstand der psychotherapeutischen Diagnose, Indikation und Prognose in der Arbeit mit Kindern und Jugendlichen. *Zeitschrift für Individualpsychologie, 31,* 329–346.

Datler, W., Funder, A., Hover-Reisner, N., Fürstaller, M. & Ereky-Stevens, K. (2011). Eingewöhnung von Krippenkindern: Forschungsmethoden zu Verhalten, Interaktion und Beziehung. In S. Viernickel et al. (Hrsg.), *Forschung zur Bildung, Erziehung und Betreuung von Kindern unter drei Jahren.* München: Reinhardt.

Datler, W. & Messerer, K. (2006). Beratung im Kontext von Frühförderung und Familienbegleitung. In H. Schnoor (Hrsg.), *Psychosoziale Beratung in der Sozial- und Rehabilitationspädagogik* (S. 130–141). Stuttgart: Kohlhammer.

Datler, W. & Stephenson, Th. (1999). Tiefenpsychologische Ansätze in der Psychotherapie. In Th. Slunecko & G. Sonneck (Hrsg.), *Einführung in die Psychotherapie* (S. 77–139). Wien: Facultas/UTB.

Datler, W. & Wininger, M. (2010). Psychoanalytisches Fallverstehen als sonderpädagogische Kompetenz. In B. Ahrbeck & M. Willmann (Hrsg.), *Pädagogik bei Verhaltensstörungen. Ein Handbuch* (S. 226–235). Stuttgart: Kohlhammer.

Daws, D. (1999). Beratung bei Schlafproblemen von Kindern. In W. Datler, H. Figdor & J. Gstach (Hrsg.), *Die Wiederentdeckung der Freude am Kind. Psychoanalytisch-pädagogische Erziehungsberatung heute* (S. 143–153). Gießen: Psychosozial-Verlag.

Diem-Wille, G. (2007). *Die frühen Lebensjahre. Psychoanalytische Entwicklungstheorie nach Freud, Klein und Bion.* Stuttgart: Kohlhammer.

Dornes, M. (1993). *Der kompetente Säugling.* Frankfurt am Main: Fischer.

Dornes, M. (2000). *Die emotionale Welt des Kindes.* Frankfurt am Main: Fischer.

Dornes, M. (2006). *Die Seele des Kindes. Entstehung und Entwicklung.* Frankfurt am Main: Fischer.

Dörr, M., Göppel, R. & Funder, A. (Hrsg.). (2011). *Reifungsprozesse und Entwicklungsaufgaben im Lebenszyklus (Jahrbuch für Psychoanalytische Pädagogik 19).* Gießen: Psychosozial-Verlag.

Eagle, M. N. (1988). *Neuere Entwicklungen in der Psychoanalyse.* Stuttgart: Verlag Internationale Psychoanalyse.

Ereky, K. (2001). Präödipale Triangulierung. Zur psychoanalytischen Diskussion um die Frage des Entstehens der frühen familiären Dreiecksbeziehung. In W. Datler, A. Eggert-Schmid Noerr & L. Winterhager-Schmid (Hrsg.), *Das selbständige Kind (Jahrbuch für Psychoanalytische Pädagogik 12)* (S. 151–177). Gießen: Psychosozial Verlag.

Erikson, E. H. (1957/2005). *Kindheit und Gesellschaft.* Stuttgart: Klett-Cotta.

Erikson, E. H. (1959/1977). *Identität und Lebenszyklus.* Frankfurt am Main: Suhrkamp.

Figdor, H. (1997). *Scheidungskinder – Wege der Hilfe.* Gießen: Psychosozial-Verlag.

Fonagy, P., Gergely, G., Jurist, E. L. & Target, M. (2008). *Affektregulierung, Mentalisierung und die Entwicklung des Selbst* (3. Aufl.). Stuttgart: Klett-Cotta.

Fonagy, P. & Luyten, P. (2011). Die entwicklungspsychologischen Wurzeln der Borderline-Persönlichkeitsstörung in Kindheit und Adoleszenz: Ein Forschungsbericht unter dem Blickwinkel der Mentalisierungstheorie. *Psyche, 65,* 900–952.

Fraiberg, S. (1959/1996). *Die magischen Jahre. Familiäre Beziehung in der frühen Kindheit.* Hamburg: Hoffmann & Campe.

Fraiberg, S. (Hrsg.). (1980). *Clinical studies in infant mental health. The first year of life.* London: Tavistock Publications.

Freud, A. (1936/1990). Das Ich und die Abwehrmechanismen. In: *Die Schriften der Anna Freud, Band I* (S. 191–355). München: Kindler.

Freud, A. (1952/1993). *Zur Psychoanalyse der Kindheit.* Frankfurt am Main: Fischer.

Freud, A. (1965/1990). Wege und Irrwege in der Kinderentwicklung. In: *Die Schriften der Anna Freud, Band VIII.* München: Kindler.

Freud, A. (1966). Eine kurze Geschichte der Kinderanalyse. In: *Die Schriften der Anna Freud, Band IX* (S. 2407–2416). München: Kindler.

Freud, S. (1905/1980). Drei Abhandlungen zur Sexualtheorie. In: *Sexualleben. Sigmund Freud Studienausgabe, Band V* (S. 37–145). Frankfurt am Main: Fischer.

Freud, S. (1909/1969). Analyse der Phobie eines fünfjährigen Knaben [„Der kleine Hans"]. In: *Zwei Kinderneurosen. Sigmund Freud Studienausgabe, Band VIII* (S. 9–123). Frankfurt am Main: Fischer.

Freud, S. (1910/1980). Über einen besonderen Typus der Objektwahl beim Manne. In: *Sexualleben. Sigmund Freud Studienausgabe, Band V* (S. 185–196). Frankfurt am Main: Fischer.

Freud, S. (1912/2000). Einige Bemerkungen über den Begriff des Unbewussten in der Psychoanalyse. In: *Psychologie des Unbewussten. Sigmund Freud Studienausgabe, Band III* (S. 25–36). Frankfurt am Main: Fischer.

Freud, S. (1914a/1975). Erinnern, Wiederholen und Durcharbeiten. In: *Schriften zur Behandlungstechnik. Sigmund Freud Studienausgabe, Ergänzungsband* (S. 205–215). Frankfurt am Main: Fischer.

Freud, S. (1914b/2000). Zur Einführung des Narzissmus. In: *Psychologie des Unbewussten. Sigmund Freud Studienausgabe, Band III* (S. 37–68). Frankfurt am Main: Fischer.

Freud, S. (1923/2000). Das Ich und das Es. In: *Psychologie des Unbewussten. Sigmund Freud Studienausgabe, Band III* (S. 273–330). Frankfurt am Main: Fischer.

Freud, S. & Breuer, J. (1895/1970). *Studien über Hysterie.* Frankfurt am Main: Fischer.

Friedman, St. & Vietze, P. M. (1972). The competent infant. *Peabody Journal of Education, 49* (4), 314–322.

Funder, A. (2009). Zur Bedeutung von Übergangsobjekten als Trennungshilfe für Kinder in Kinderkrippen und Kindergärten. *Zeitschrift für Individualpsychologie, 34,* 432–459.

Gartner, K. (2004). Warum der kleine Ernst eine Holzspule schleudert. Oder: Die psychoanalytische Theorie der Bearbeitung von Erlebnisinhalten im Spiel. Ein Literaturüberblick. In W. Datler, B. Müller & U. Finger-Trescher (Hrsg.), *Sie sind wie Novellen zu lesen ...: Zur Bedeutung von Falldarstellungen in der Psychoanalytischen Pädagogik (Jahrbuch für Psychoanalytische Pädagogik 14)* (S. 152–179). Gießen: Psychosozial-Verlag.

Göppel, R. (1999). Die Bedeutung der frühen Erfahrung oder: Wie entscheidend ist die frühe Kindheit für das spätere Leben? In W. Datler, U. Finger-Trescher & Ch. Büttner (Hrsg.), *Die frühe Kindheit (Jahrbuch für psychoanalytische Pädagogik 10)* (S. 15–37). Gießen: Psychosozial-Verlag.

Herzog, J. (1998). Frühe Interaktion und Repräsentanzen. Die Rolle des Vaters in frühen und späten Triaden; der Vater als Förderer der Entwicklung von der Dyade zur Triade. In D. Bürgin (Hrsg.), *Triangulierung. Der Übergang zur Elternschaft* (S. 162–179). Stuttgart: Schattauer.

Hinshelwood, R. D. (1993). *Wörterbuch der kleinianischen Psychoanalyse.* Stuttgart: Verlag Internationale Psychoanalyse.

Hoffmann, S. O. (1979). *Charakter und Neurose.* Frankfurt am Main: Suhrkamp.

Hover-Reisner, N. & Funder, A. (2009). Krippenbetreuung im Fokus der Psychoanalytischen Pädagogik. Psychoanalytisch-pädagogische Beiträge zum Thema „Außerfamiliäre Betreuung von Kleinkindern". In W. Datler, K. Steinhardt, J. Gstach & B. Ahrbeck (Hrsg.), *Der pädagogische Fall und das Unbewusste. Psychoanalytische Pädagogik in kasuistischen Berichten (Jahrbuch für Psychoanalytische Pädagogik 17)* (S. 169–200). Gießen: Psychosozial-Verlag.

Jung, C. G. (1913/1969). Versuch einer Darstellung der Analytischen Psychologie. In: *Gesammelte Werke, Bd. 4.* Olten: Patmos.

Klein, M. (1946). Notes on some schizoid mechanisms. *International Journal of Psychoanalysis, 27,* 99–110. [dt.: Klein, M. (1962). Bemerkungen über einige schizoide Mechanismen. In: *Das Seelenleben des Kleinkindes und andere Beiträge zur Psychoanalyse* (S. 101–126). Stuttgart: Klett-Cotta.]

Klitzing, K. von (2002). Vater – Mutter – Säugling. Von der Dreiecksbeziehung in elterlichen Vorstellungen zur realen Eltern-Kind-Beziehung. In H. Walter (Hrsg.), *Männer als Väter* (S. 783–810). Gießen: Psychosozial-Verlag.

Klitzing, K. von & Bürgin, D. (2005). Parental capacities for triadic relationships during pregnancy. Early predictors of children's behavioural und representational functioning at preschool age. *Infant Mental Health Journal, 26,* 19–39.

Köhler, Th. (1993). *Das Werk Sigmund Freuds, Band 2. Sexualtheorie, Trieblehre, klinische Theorie und Metapsychologie.* Heidelberg: Asanger.

Kohut, H. (1976). *Narzißmus. Eine Theorie der psychoanalytischen Behandlung narzißtischer Persönlichkeitsstörungen.* Frankfurt am Main: Suhrkamp.

Lazar, R. (1993). „Container-Contained" und die helfende Beziehung. In M. Erman (Hrsg.), *Die hilfreiche Beziehung in der Psychoanalyse* (S. 68–91). Göttingen: Vandenhoeck & Ruprecht.

Leber, A., Trescher, H. G. & Weiss-Zimmer, E. (1989). *Krisen im Kindergarten.* Frankfurt am Main: Fischer.

Lichtenberg, J. D. (1991). *Psychoanalyse und Säuglingsforschung.* Berlin: Springer.

Lichtenberg, J. D., Lachmann, F. & Fosshage, J. (2000). *Das Selbst und die motivationalen Systeme.* Frankfurt am Main: Brandes & Apsel.

Mahler, M., Pine, F. & Bergmann, A. (1975). *The psychological birth of the human infant, symbiosis und individuation.* New York: Basic Books. [dt.: Mahler, M., Pine, F. & Bergmann, A. (1978). *Die psychische Geburt des Menschen. Symbiose und Individuation.* Frankfurt am Main: Fischer.]

Mentzos, St. (1982). *Neurotische Konfliktverarbeitung.* München: Kindler.

Mertens, W. (2002a). *Entwicklung der Psychosexualität und der Geschlechtsidentität, Band 1: Geburt bis 4. Lebensjahr.* Stuttgart: Kohlhammer.

Mertens, W. (2002b). *Entwicklung der Psychosexualität und der Geschlechtsidentität, Band 2: Kindheit und Adoleszenz.* Stuttgart: Kohlhammer.

Mertens, W. (2011). Entwicklungsorientierung in der Psychoanalyse – überflüssig oder unerlässlich? *Psyche, 65,* 808–831.

Metzger, H. G. (Hrsg.). (2006). *Die Bedeutung des Vaters. Psychoanalytische Perspektiven.* Frankfurt am Main: Brandes & Apsel.

Raphael-Leff, J. (1993). *Pregnancy. The Inside Story.* London: Sheldon Press.

Robertson, J. & Robertson, J. (1989). *Separation and the very young.* London: Free Association Books.

Sandler, J. & Joffe, W. G. (1967). Die Persistenz in der psychischen Funktion und Entwicklung. *Psyche, 21,* 137–151.

Sandler, J. & Joffe, W. G. (1969). Auf dem Weg zu einem Grundmodell der Psychoanalyse. *Psyche, 23,* 461–480.

Sandler, J. & Sandler, A. M. (1999). *Innere Objektbeziehungen.* Stuttgart: Klett-Cotta.

Seiffge-Krenke, I. (2009). *Psychotherapie und Entwicklungspsychologie.* Heidelberg: Springer.

Spitz, R. (1965/1983). *Vom Säugling zum Kleinkind.* Stuttgart: Klett-Cotta.

Steinhardt, K. (2007). *Psychoanalytisch orientierte Supervision. Auf dem Weg zu einer Profession?* Gießen: Psychosozial-Verlag.

Steinhardt, K., Datler, W. & Gstach, J. (Hrsg.). (2002). *Die Bedeutung des Vaters in der frühen Kindheit.* Gießen: Psychosozial-Verlag.

Stern, D. (1985/1992). *Die Lebenserfahrung des Säuglings.* Stuttgart: Klett-Cotta.

Stern, D. (1995/1998). *Die Mutterschaftskonstellation. Eine vergleichende Darstellung verschiedener Formen der Mutter-Kind-Psychotherapie.* Stuttgart: Klett-Cotta.

Stork, J. (1982). Die seelische Entwicklung des Kleinkindes aus psychoanalytischer Sicht. In D. Eicke (Hrsg.), *Kindlers Psychologie des 20. Jahrhunderts – Tiefenpsychologie Bd. 2* (S. 131–195). Weinheim: Beltz.

Trowell, J. & Etchegoyen, A. (Hrsg.). (2002). *The Importance of Fathers. A Psychoanalytic Re-Evaluation.* Hove: Routledge.

Trunkenpolz, K., Datler, W., Funder, A. & Hover-Reisner, N. (2009). Von der Infant Observation zur Altersforschung: Die psychoanalytische Methode des Beobachtens nach dem Tavistock-Konzept im Kontext von Forschung. *Zeitschrift für Individualpsychologie, 34,* 330–351.

Tyson, P. & Tyson, R. L. (1997). *Lehrbuch der psychoanalytischen Entwicklungspsychologie.* Stuttgart: Kohlhammer.

Waddell, M. (1998). *Inside Lives. Psychoanalysis and the Growth of the Personality.* London: Duckworth.

Winnicott, D. W. (1960/2012). *Vom Spiel zur Kreativität* (13. Aufl.). Stuttgart: Klett-Cotta.

Winnicott, D. W. (1965/1974). *Reifungsprozesse und fördernde Umwelt.* München: Kindler.

Young-Bruehl, E. (1995). *Anna Freud. Eine Biographie, 1. Teil.* Wien: Wiener Frauenverlag.

Zulliger, H. (1952). *Heilende Kräfte im kindlichen Spiel.* Stuttgart: Klett.

Kapitel 15
Psychoanalytische Entwicklungsbetrachtungen der Jugend

Inge Seiffge-Krenke

Peter Blos

„Wenn das adoleszente Ich den Gefahren einer
radikalen Reorganisation unterliegt,
kann es vorübergehend Zeichen
von Fehlanpassung zeigen."
(Blos, 1973/2001, S. 201)

Die psychoanalytische Entwicklungstheorie der Adoleszenz ist kein geschlossenes Gebäude, sondern eher eine Ansammlung von theoretischen Ideen und Konzeptionen, die sich in den letzten hundert Jahren seit den historischen Anfängen durch Freud entwickelt haben. Dies hängt auch damit zusammen, dass der Fokus der psychoanalytischen Entwicklungstheorie bis heute auf der frühen Kindheit liegt. Dennoch sind die entstandenen Konzeptionen interessant und nachdenkenswert und sie haben die psychologische Forschung des Jugendalters zu zahlreichen Studien angeregt. Die psychoanalytischen Konzeptionen stehen – und auch dies ist eine bemerkenswerte Anregung – in einem interessanten Kontrast zu gängigen entwicklungspsychologischen Vorstellungen über das Jugendalter.

Orientiert am historischen Verlauf werden in diesem Kapitel zunächst die klassischen Konzeptionen psychoanalytischer Adoleszenztheorien von Sigmund und Anna Freud sowie die Reflexion ihrer Ansätze in nachfolgenden analytischen Arbeiten vorgestellt. Dabei wird vor allem die allgemeine theoretische Orientierung herausgearbeitet. Daran schließen sich die auch im heutigen Sinne ebenfalls als klassisch anzusehenden theoretischen Ansätze von Peter Blos mit seinem berühmten Fünfphasenmodell an, das die Trieb- und Beziehungsentwicklung phasenspezifisch differenziert, der Ansatz Eriksons zur Bedeutung der Identität in der Adoleszenz sowie der Ansatz des Ehepaares Laufer, das Freuds Idee der Zentralität des Körpers in der Adoleszenz aufgegriffen und ausgearbeitet hat. Danach wurden dann in den letzten beiden Jahrzehnten kaum theoretische Modifikationen vorgenommen. Daher schließt dieses Kapitel mit einer kurzen Darstellung von entwicklungspsychologischen Adoleszenztheorien, die durch diese psychoanalytische(n) Adoleszenztheorie(n) angeregt wurden und einige der klassischen Annahmen bestätigt und vertieft haben.

1 Historische Anfänge

In den frühen Arbeiten aus dem Jahr 1905 finden sich erste Ansätze, in denen Sigmund Freud Triebentwicklungen und Veränderungen der Beziehungen auch in der Adoleszenz beschreibt. Die Ablösung des Jugendlichen von seinen Eltern, seine Angst und die Abwehr von Trieben sind jedoch vor allem in den theoretischen Schriften von Freuds Tochter Anna reflektiert, deren Sicht auf das Jugendalter eine sehr negative war. Im Folgenden wird zunächst auf diese historisch ältesten psychoanalytischen Arbeiten eingegangen und gezeigt, in welcher Weise sie die nachfolgenden Theorien beeinflusst haben (vgl. Seiffge-Krenke, 2012).

1.1 Adoleszenz als zweite Chance für die Lösung des Ödipuskomplexes

Sigmund Freud begann das psychoanalytische Studium der Adoleszenz 1905 mit den „Drei Abhandlungen zur Sexualtheorie", in denen er das Erreichen einer endgültigen Sexualorganisation als entscheidendes Charakteristikum der Adoleszenz herausstellte. Dabei vertrat er die Ansicht, die Adoleszenz sei vor allem eine *Neuauflage ödipaler Probleme*. Nach der ödipalen Phase (um das fünfte Lebensjahr) komme eine Phase der Latenz, in der kein neues Triebobjekt gefunden werde, sondern Triebe und Triebziele gleichsam zur Ruhe kämen. Mit Beginn der Pubertät und einem neu ansteigenden Triebdruck würden jedoch frühere Identifizierungen und Triebbedürfnisse wieder auftauchen. Sollte dann der Ödipuskomplex bislang nicht angemessen gelöst worden sein, bestehe nun eine *zweite Chance*. Damit wiederholt die Adoleszenz nach Freud in ihren wesentlichen Zügen den Ödipuskomplex, den Kernkonflikt der frühen Kindheit, um ihn endgültig zu lösen. Um das Ziel der „reifen Sexualität" zu erreichen, das nach Freud in der Unterordnung der erogenen Zonen unter das Genitalprimat und in der Anerkennung der Fortpflanzungsfunktion des Sexualtriebes besteht, hat der Jugendliche mehrere Entwicklungsaufgaben zu bewältigen: Er muss den Ablösungsprozess von den Eltern vollziehen und damit *auf inzestuöse Objektbesetzungen verzichten* sowie gleichgeschlechtliche Neigungen aufgeben und damit *heterosexuelle Objekte wählen*. Freud (1912) war sich der *Krisenhaftigkeit*, die mit diesen Umgestaltungen verbunden ist, durchaus bewusst. So schreibt er 1912 (S. 370), dass „*infolge des Erreichens eines gewissen Lebensabschnittes und im Anschluss an gesetzmäßige biologische Vorgänge die Quantität der Libido im seelischen Haushalt eine Steigerung erfahren hat, welche für sich allein hinreicht, das Gleichgewicht der Gesundheit umzuwerfen und die Bedingungen der Neurose herzustellen. Das bedeutet also eine spontane Entstehung ohne neurotische Disposition und ohne vorausgehendes Psychotrauma.*"

Damit wurde der Beginn der Adoleszenz von Freud mit dem Beginn der pubertären Entwicklung markiert, der relativ eindeutig das Alter von 12 bis 14 Jahren umfasst. Das Ende der Adoleszenz war dagegen unbestimmt; es sei erreicht, wenn das Individuum ein nichtinzestuöses Liebesobjekt gefunden habe (S. Freud, 1905), ein schwierig zu definierendes Kriterium. Diese Sicht korrespondiert auch mit der neueren entwicklungspsychologischen Forschung, nach der die Bestimmung der Abgrenzung von der Adoleszenz zum Erwachsenenalter Schwierigkeiten bereitet. Vor einigen Jahren wurde deshalb ein eigenes Stadium zwischen die späte Adoleszenz und das junge Erwachsenenalter als *emerging adulthood* (Arnett, 2000) gelegt, das das Hinausschieben adoleszenzspezifischer Entwicklungsaufgaben bis ins junge Erwachsenenalter thematisiert.

Die relativ geringe Bedeutung, die Freud der Erforschung der Pubertät beimaß, wird auf sein Interesse an der Klärung der Triebentwicklung in der frühen Kindheit als einer wesentlichen Bedingung der Persönlichkeitsentfaltung zurückgeführt. Seine Sicht auf eine „zweite ödipale Phase" war jedoch sehr einflussreich und findet sich noch in den aktuelleren Adoleszenztheorien von Blos (1973/2001).

1.2 Entidealisierung der Eltern, Trauerarbeit und jugendspezifische Abwehrmechanismen

Als Kinder- und Jugendlichentherapeutin beschäftigte sich Anna Freud eingehender als ihr Vater mit der theoretischen Konzeptualisierung der Adoleszenz, greift dabei jedoch deutlich auf die Triebtheorie ihres Vaters zurück. Sie erweitert sein Konzept insofern, als sie die Abwehr von Triebangst wie die gegen die frühen Bindungen an die Eltern als zentral für diesen Entwicklungsabschnitt herausarbeitet. 1936 veröffentlichte sie zwei Aufsätze, „Das Ich und das Es in der Pubertät" und „Triebangst in der Pubertät", in denen sie sich mit der konfliktträchtigen Veränderung der Triebe beim Eintritt in die Pubertät auseinandersetzt. Für sie bedeutet *die Pubertät ihrem Wesen nach die Unterbrechung einer Periode friedlichen Wachstums [...] das Weiterbestehen von innerem Gleichgewicht und Harmonie dagegen eine abnorme, nicht eine normale Erscheinung, die dringend einer Behandlung bedarf"* (A. Freud, 1960, S. 21). Danach ist die Ausprägung des *Adoleszenzkonfliktes* abhängig von der Stärke der Es-Impulse (bestimmt durch physiologische und endokrinologische Prozesse), von den Fähigkeiten des Ichs, sich der Triebkraft zu widersetzen oder sich ihr auszuliefern, und von der Wirksamkeit und Natur der Abwehrmechanismen. Erschwert wird die Stellung des relativ schwachen Ichs gegenüber dem relativ starken Es auch durch die abnehmende elterliche Unterstützung.

Anna Freud hält die *Verlagerung libidinöser Besetzungen der Elternrepräsentanzen* auf nichtinzestuöse Objekte für das zentrale Problem der Adoleszenz. Damit meint sie, dass neue Liebesobjekte außerhalb der Familie gesucht und zum selben Zeitpunkt die Eltern entidealisiert werden. Im Rahmen dieses Prozesses sei deshalb eine spezielle Trauerarbeit erforderlich, die mit der Entidealisierung der Eltern eingeleitet wird und an einen realen Objektverlust erinnert. Anna Freud betont auch das Gefahrenmoment der ödipalen Liebesobjekte, die Angst erregende Fantasien verursachen können. Da Jugendliche durch die eingetretene Pubertät in der Lage sind, zu schwängern oder schwanger zu werden, haben ihre Fantasien über elterliche Liebesobjekte beispielsweise auch eine andere Qualität im Vergleich zu den Angstfantasien der Kindheit. Zur Bewältigung dieser Ängste setzt das Ich alle ihm zur Verfügung stehenden *Abwehrmechanismen* aus jeder Entwicklungsstufe ein. Anna Freud (1958, S. 269) hebt dabei insbesondere zwei Abwehrmechanismen hervor, die von ihr als jugendtypisch eingestuft werden:

(1) Abwehr gegen infantile Bindungen kann durch die Verschiebung der Libido auf andere Objekte erfolgen, wie dies beispielsweise durch abrupte Besetzung außerfamiliärer Objekte (Freunde, Bandenführer etc.) anzgielt wird oder aber durch Verkehrung eines Affektes in sein Gegenteil bewirkt werden soll, mit der beispielsweise positive Gefühle und prosoziales Verhalten geleugnet oder mit Provokationen und aggressivem Verhalten ins Gegenteil verkehrt werden.

(2) Abwehr gegen triebhafte Impulse kann sich in Askese äußern, d. h. dem Versuch, jegliche Triebbefriedigung wie auch Schlaf und Nahrung zu unterdrücken, oder aber durch Intellektualisierung abzuwehren, wie sie sich z. B. in endlosen Diskussionen über abstrakte Themen zeigt.

Anna Freud misst diesen Abwehrkämpfen des Ichs, die auch im Fall einer Störung der normalen Entwicklung zentral für die Symptombildung werden, besondere Bedeutung für die Charakterbildung bei. Auf der Grundlage ihrer Arbeiten wurden später die Abwehrmechanismen der *Askese* und der *Intellektualisierung* als für das Jugendalter charakteristisch angenommen. Interessant ist ferner, dass sie zwar das gleiche Modell des psychischen Apparates verwendet wie ihr Vater. Dieses Modell wird jedoch stärker auf das Ich und dessen Abwehrleistung fokussiert, während Sigmund Freud das Es mit dessen Triebstruktur in den Vordergrund stellte.

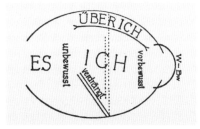

Abb. 15.1: Der psychische Apparat nach Freud.

2 Allgemeine theoretische Orientierungen: Triebe und deren Abwehr

Obwohl die frühen Konzeptionen von Sigmund und Anna Freud in der Folgezeit spezifiziert worden sind, haben sich ihre theoretischen Orientierungen im Bezug auf Triebentwicklung und Abwehr erhalten und sind damit sehr einflussreich geblieben. Relativ zeitgleich entwickelten sich die Ansätze zur Objektbeziehungstheorie und Selbstpsychologie, die jedoch auf vielfältige Anleihen aus den Freud'schen Arbeiten zurückgriffen und deshalb kaum eine eigenständige theoretische Perspektive zum Jugendalter beigetragen haben.

2.1 Triebtheorie und Abwehraspekte

Für die frühen psychoanalytischen Adoleszenztheorien ist demnach charakteristisch, dass Triebaspekte und die Abwehr von Trieben eine sehr große Rolle spielten und insgesamt ein negatives Bild der Adoleszenz gezeichnet wird. Der Körper, die Sexualität und die Eltern spielen eine sehr prominente Rolle. Nach Sigmund und Anna Freud haben in den Folgejahren mehrere Psychoanalytiker ihre Triebtheorie aufgegriffen und Abwehrvorgänge vor allem in der praktischen Arbeit mit Jugendlichen beschrieben (Adler, 1927; Aichhorn, 1925; Bernfeld, 1923). Bernfelds (1923) Beitrag zur analytischen Theorie bestand darüber hinaus in der Beschreibung eines spezifischen Typus männlicher Jugendlicher, des protrahierten Typus, der weit über die normale Altersstufe hinaus adoleszente Verhaltensweisen beibehält. Erst sehr viel später sollte Blos (1965) in einem Beitrag über das initiale Stadium bei männlichen Jugendlichen eine Ergänzung zum spezifischen Ablauf der Adoleszenz beim männlichen Geschlecht liefern. Der Ablauf der frühen Adoleszenz bei Mädchen wurde von Helene Deutsch (1944) beschrieben; darin beschreibt sie die besonderen Schwierigkeiten des mehrfachen Objektwechsels, der für männliche Jugendliche nicht ansteht.

Wie bereits dargestellt, hat Anna Freud vor allem den Kampf des Ichs gegen den Triebansturm beschrieben, bei dem sich die Abwehrmechanismen gegen Triebabkömmlinge aus allen prägenitalen Phasen richten müssen. Sie begründet, dass damit das pathologische Erscheinungsbild des Jugendlichen variabel und unberechenbar sei und Elemente aus allen früheren Phasen enthalten könne. Danach sind die Erfüllung eigener Triebimpulse, Hass vs. Liebe zu den Eltern, Auflehnung vs. Abhängigkeit von den Eltern, idealistisches, selbstloses vs. egozentrisches, berechnendes Verhalten für Personen aller Altersgruppen hochgradig auffällig, für Jugendliche jedoch aber angemessen und durchaus normal. Dieser Umstand lässt allerdings eine Differentialdiagnose zwischen jugendtypischem „Aufruhr" und wirklicher Pathologie zum Problem werden (A. Freud, 1958).

Insgesamt lässt sich feststellen, dass das klassische psychoanalytische Modell des psychischen Apparates zur Erklärung von Adoleszenzentwicklung benutzt wurde, das Sigmund Freud in seinem Briefwechsel mit Wilhelm Fliess entwickelt hat. Im Brief vom 6.12.1886 schreibt Freud dazu, dass der Bewusstseinszustand nur ein Teil eines psychischen Zustandes sei, dessen erheblich größerer Teil unbewusst, verdrängt oder als bewusstseinsnahe (vorbewusst) gelten könne. Die Es-Anteile des Bewusstseins sollten dabei einen erheblichen Teil unbewusster Bestrebungen und Triebbedürfnisse enthalten, zumeist triebhafter Natur sein, die zum Bewusstsein und damit auf Erfüllung drängten. Die Umsetzung von Triebbedürfnissen geschehe durch das Ich, jedoch würden viele Triebbedürfnisse vom Über-Ich nicht zugelassen und deren Realisierung vereitelt, da sie als anstößig erlebt würden. Das Ich nehme infolgedessen eine Mittlerfunktion zwischen Es und Über-Ich ein, insoweit als es Triebbedürfnisse direkt abwehrt bzw. diese durch Symptombildung zulässt (Abb. 15.1).

384 Kapitel 15 Psychoanalytische Entwicklungsbetrachtungen der Jugend

Anna Freuds Verdienst ist es nun, sich insbesondere mit dieser Mittlerfunktion des Ichs beschäftigt und spezifische Abwehrmechanismen formuliert zu haben. Im Ergebnis der Behandlung einer Vielzahl von Jugendlichen hat sie dies nutzbringend in spezifische Behandlungstechniken eingebracht, die bis heute im Anna Freud Centre in London vertreten werden (Sandler, Kennedy & Tyson, 1982; Fonagy & Target, 2000). Bis heute stieß ihre Weiterentwicklung der Abwehrmechanismen auf fruchtbaren Boden.

Für Spiegel (1951) haben die jugendspezifischen Abwehrmechanismen der *Askese* und der *Intellektualisierung* vor allem die Funktion, traumatische Situationen im Zusammenhang mit dem Ablösungsprozess zu verhindern. Danach wird mit Erreichen des genitalen Primats zugleich ein definitiver Entwicklungsfortschritt in den Ich-Leistungen, vor allem der Realitätsprüfung und der intellektuellen Entwicklung, erreicht. Auch die Kreativität der Jugendlichen hängt indirekt mit einer Besetzungsverschiebung zusammen, die den Abzug von Besetzung von den Eltern und deren Lenkung auf das eigene Selbst tangiert. Erst am Ende der Adoleszenz erwerbe der Jugendliche ein stabiles Gleichgewicht zwischen narzisstischer Besetzung und Objektbesetzung, wie es für Erwachsene charakteristisch sei (Spiegel, 1958).

Auch Jeanne Lampl-de Groot (1965) hat die Ansätze von Anna Freud weiter ausgearbeitet. Sie streicht die nach innen gekehrte Aggression beim Trauerprozess heraus und macht darauf aufmerksam, dass der Jugendliche nicht nur seine alten Liebesobjekte aufgeben, sondern sich zugleich von einem Teil der eigenen kindlichen Persönlichkeit lösen müsse. Wesentliche Teile des Ichs, das Ich-Ideal, gingen durch diesen Ablösungsprozess verloren und müssten neu aufgebaut werden. Hinsichtlich der Suche nach neuen Liebesobjekten differenziert sie daher zwischen Liebesobjekten wie Freunden und Mentoren, die der Jugendliche relativ leicht in seinem unmittelbaren sozialen Umfeld gewinnen kann, und neuen Idealen, die weitaus schwerer zu finden sind (Tabelle 15.1).

2.2 Objektbeziehungstheorie und Selbstpsychologie

Während Triebbedürfnisse und deren Abwehr bei Sigmund und Anna Freud im Vordergrund standen, beschäftigten sich Objektbeziehungstheoretiker nahezu zeitgleich mit den Beziehungen zwischen Mutter und Kind. Sie konzentrierten sich dabei auf die frühe Kindheit und die dort entstehenden primitiven, dyadischen Beziehungsabläufe. So hat beispielsweise Melanie Klein (1946) zwar wenig über das Jugendalter und ihre Jugendlichen-Therapien publiziert, jedoch immer wieder darauf hingewiesen, dass manche Symptome der späten Adoleszenz die Ängste einer paranoiden, schizoiden oder depressiven Position aus der frühen Kindheit widerspiegeln. An der Tavistock Clinic in London fließen auch noch heute die von Klein entwickelten Konzepte der Spaltung in gute und böse Objekte, der Teil-Objekt-Beziehungen bis hin zu depressiven Positionen, die sich auf die frühe Mutter-Kind-Beziehung beziehen, in die Behandlung von Jugendlichen ein (Bronstein, 2001) und werden durch Bowlbys (1980) Konzept der Bindung ergänzt.

Winnicott, der sich zwischen den Melanie-Klein- und Anna-Freud-Fronten als „Unabhängiger" empfand, fügt den Klein'schen Vorstellungen über die primitiven, dyadischen Fantasien und den Freud'schen Konflikten und Abwehrmechanismen weitere Orientierungen hinzu: die Konzepte des Übergangsraumes und des Übergangsobjekts (Winnicott, 1969b), welche „containing" oder die „holding function" einbeziehen und in der Adoleszenz von Bedeutung sind. Danach sei eine wichtige Funktion der Mutter, negative Affekte des Säuglings aufzunehmen, zu bewahren und möglicherweise in veränderter Form dem Kind zurückzuspiegeln. Winnicott hob in diesem Prozess die Bedeutung der Symbolbildung hervor, wonach sich im

2 Allgemeine theoretische Orientierungen: Triebe und deren Abwehr | 385

Übergangsraum Symbole bilden können und sich Kreativität und Autonomie entwickeln. Das Jugendalter ist paradigmatisch für die akzelerierte Autonomie, und zeitnah damit verbunden ist eine Zunahme an Kreativität.

Therapeuten, die auf der Basis der Winnicott'schen Ideen arbeiten, beschäftigen sich mit der „hinreichend guten Bemutterung" („good enough mothering") und dem Erlernen von Takt, Timing und Grenzziehungen. Diese Konstrukte lehnen sich an die Bindungstheorie an und thematisieren das prompte Wahrnehmen und angemessene Reagieren.

Ähnlich wie Anna Freud spekulierte Winnicott (1969a) darüber, dass die Störungen des Jugendlichen oft sehr schwer zu unterscheiden seien von normalen Entwicklungen. Er hat auch auf

Abwehr	Operationen, die den Zweck haben, miteinander in Konflikt stehende psychische Vorgänge (Triebe, Wünsche, Motive, Werte) mental so zu bewältigen bzw. zu kompensieren, dass die Konflikte minimiert werden und die Selbstregulation erhalten bleibt.
Besetzungsenergie	Aufwand, den psychische Operationen zu ihrer Umsetzung benötigen.
Diffusität	Verwirrung.
erogene Zonen	Spezifische Regionen der Körperfläche, die für sexuelle Reize empfänglicher sind als andere (z. B. orale, anale, urogenitale Regionen oder Brust-Region).
Fragmentierung	Verlust der Ich-Integrität, d. h. des Erlebens der eigenen Person und des Ichs als kohärente Einheit.
Genitalprimat/genitales Primat	Unterordnung vereinzelter Triebe unter die Vorherrschaft der Genitalien im Ergebnis der psychosexuellen Entwicklung.
Libido (lat. Wunsch, Lust)	psychische Energie, die bei Aktivität des Sexualtriebs entsteht.
Neurose	niedrig-schwellige psychische Störung, deren Symptome einen ungelösten psychischen Konflikt reflektieren.
Objekt	Sowohl eine reale als auch eine fantasierte Person werden als Objekt bezeichnet. Ein Objekt gilt als Korrelativ (a) eines Triebes, (b) einer Beziehung (der Liebe/des Hasses) oder (c) einer reagierenden Person.
ödipale (oder phallische) Phase	Psychosexuelle Entwicklungsstufe, in der ein Kind seine Bedürfnisse unbewusst auf das Elternteil entgegengesetzten Geschlechts richtet und dem gleichgeschlechtlichen Elternteil gegenüber Rivalität empfindet. Die Rivalitätsgefühle werden dabei geschlechtsdifferent erklärt; beim Jungen als Kastrationsangst in Form der Bestrafung durch den Vater; bei Mädchen als Defizitangst im Ergebnis des Vergleichs mit der Mutter.
Ödipuskomplex	Organisierte Gesamtheit von Liebes- und feindseligen Wünschen, die das Kind seinen Eltern gegenüber empfindet; gemäß der Ödipus-Sage ist dies der Todeswunsch gegenüber dem Rivalen (Elternteil gleichen Geschlechts) und ein sexueller Wunsch gegenüber der Person (Elternteil) des entgegengesetzten Geschlechts.
Regression	Ausdrucksformen und Verhaltensweisen, die ein niedrigeres als das bereits erreichte Niveau von Komplexität, Strukturierung und Differenzierung aufweisen; als Abwehrmechanismus wird darunter die Neigung der Libido verstanden, bei Schwierigkeiten, aber auch bei genitaler Nichtbefriedigung zu den früheren prägenitalen Objekten zurückzukehren.
Trieb/Triebziel	Dynamischer Prozess, der den Organismus auf ein Ziel hinstreben lässt. Triebquelle ist ein körperlicher Reiz (Spannungszustand; energetische Ladung), Triebziel ist die Aufhebung dieses Spannungszustandes. Ein Trieb kann dank eines Objektes sein Ziel erreichen.

Tabelle 15.1: Ausgewählte Schlüsselbegriffe.

die häufigen narzisstischen Borderline-Charakteristiken jugendlicher Patienten hingewiesen und die unbewusste Destruktivität von Jugendlichen hervorgehoben. Sehr zentral ist Winnicotts (1969a) These, nach der Jugendliche letztlich unbewusst an der Beseitigung ihrer Eltern arbeiten: *„Growing up means taking the parents' place. It really does. In the unconscious fantasy growing up is inherently an aggressive act and a child is no longer child-size.“* (Winnicott, 1971, S. 169) In diesem Zusammenhang hat Winnicott den Begriff des „falschen Selbst" geprägt, der Analogien zu den Ideen der Selbstpsychologie darstellt. In seiner Arbeit mit schwer gestörten Patienten hat er beobachtet, dass deren frühe Erfahrung nicht darin bestand, dass ihre Mütter ihre negativen Affekte aufgenommen und ins Positive gewendet zurückgegeben haben, sondern dass diese Mütter aufgrund ihrer eigenen Störung ihre Kinder als „Container" für ihre eigenen negativen Affekte benutzt haben. Dies habe zu nachhaltigen Störungen in der Trennung zwischen Fantasie und Realität und zu einem „falschen Selbst" insofern geführt, als die Kinder nicht wussten, was ihre eigenen und was die von ihren Müttern in sie hinein projizierten Affekte waren. Ein weiteres Konzept, das für die Identitätsentwicklung wie Beziehungsentwicklung in der Adoleszenz wichtig geworden ist (Erlich, 1998), ist *„the capacity to be alone"* (Winnicott, 1965).

Die Selbstpsychologen, die, wie bereits dargestellt, keine eigenständige Theorie des Jugendalters entwickelt haben, haben die Fähigkeit der Integration von Selbstaspekten im Jugendalter hervorgehoben. *„Cohesive self"* oder *„self cohesion"* meint nach Kohut (1971) einen Zustand von Festigkeit, Vitalität und Harmonie, in dem verschiedene Aspekte integriert sind. Die Bedeutung solcher Selbstaspekte stammt aus der Interaktion *„through shared experience with others"* (ebd., S. 345). *„Self cohesion"* ist jedoch kein Zustand, sondern eine dynamische Entwicklung, und es gibt unterschiedliche Entwicklungspfade, die Jugendliche auf ihrem Weg zu einem *„cohesive self"* beschreiten können. Die Auflösung oder Destabilisierung dieses *„sense of coherence"* kann auch dazu führen, dass Fragmentierung, Diffusität oder Regressionen auftreten, die phasenspezifisch für das Jugendalter sind.

2.3 Bewertung der frühen psychoanalytischen Adoleszenztheorien

Die Sichtweise des Jugendalters als negativer Phase, die besonders von Anna Freud vertreten wurde, beeinflusst auch andere psychologische Theorien (z. B. Hall, 1904). Mehr noch: Die Unterbrechung der bisherigen Entwicklung und ein durch starke Affekte begleiteter Objektwechsel werden auch noch heute von Psychoanalytikern als charakteristisch für das Jugendalter angesehen. Man muss allerdings bedenken, dass diese Bewertung mit den Beobachtungen und psychoanalytischen Therapien klinischer Populationen von Jugendlichen zusammenhängt, die durch ungewöhnliche Belastungen gekennzeichnet sind. Die Sicht der „Adoleszenz als Krise" wurde erst durch die Arbeiten von Erikson in Form einer „normativen Krise" abgemildert. Auch die von Freud vertretene Ansicht, die Adoleszenz sei vor allem eine *Neuauflage ödipaler Probleme,* wurde erst knapp fünfzig Jahre später in ihrer starken Generalisierung von Spiegel (1951) hinterfragt.

Anders als andere Konzeptualisierungen aus der frühen Kindheit waren die Theorien der Objektbeziehungstheoretiker und der Selbstpsychologie nicht sehr einflussreich für die theoretische Durchdringung des Jugendalters. Dies hängt auch damit zusammen, dass eine Wende vom väterlichen zum mütterlichen Prinzip (vgl. Seiffge-Krenke, 2011) erfolgte und nach den Arbeiten von Sigmund und Anna Freud neue Konzeptionen über die frühe Mutter-Kind-Beziehung entstanden. Das Jugendalter wurde dabei nur am Rande erwähnt, obwohl zahlreiche Objektbeziehungstheoretiker und Selbstpsychologen Jugendliche in Behandlung hatten. Dennoch beziehen sich die theoretischen Weiterentwicklungen ausschließlich auf die frühe Kindheit und werden auch bis in die Gegenwart nahezu ausschließlich an der frühen Mutter-Kind-Beziehung festgemacht.

3 Weiterentwicklungen und ihre klassischen Befunde

Erst in den 1960er- bis 1980er-Jahren kam es zu Weiterentwicklungen, von denen die nachfolgenden drei auf unterschiedliche Weise an die frühen psychoanalytischen Konzeptionen anknüpften (Seiffge-Krenke, 2009). Mit einer Betonung der Krisenhaftigkeit (Erik Erikson), der Frontstellung des Ichs des Jugendlichen zwischen andrängenden Triebimpulsen und gesellschaftlichen Normen (Peter Blos) und der Bedeutung der körperlichen Entwicklung während der Adoleszenz (Moses und Eglé Laufer) sind diese drei Konzeptualisierungen als klassische Beschreibungsgrundlagen für Vorgänge in der Adoleszenz anzusehen.

3.1 Das Fünfphasenmodell der Adoleszenz

Zu den umfassendsten psychoanalytischen Arbeiten über die Adoleszenz zählt das 1962 in den USA (und 1973 in deutscher Sprache) erschienene Buch von Peter Blos, das bis heute das Standardwerk über die psychoanalytische Theorie der Adoleszenz ist. Blos (1962) versucht, den Übergang von der Kindheit zum Erwachsenenalter durch Differenzierung von fünf mehr oder weniger deutlich voneinander abgesetzten Phasen der psychischen Entwicklung überschaubarer zu machen, wobei er auch ältere analytische Arbeiten wie die von Sigmund und Anna Freud, Spiegel, Aichhorn, Lampl-de Groot, Deutsch und Bernfeld als Belege heranzieht. Nachfolgend werden die einzelnen Phasen des Modells (Abb. 15.2) ausführlich beschrieben, wobei die Altersangaben im Fünfphasenmodell als grobe Orientierungsmarken zu verstehen sind.

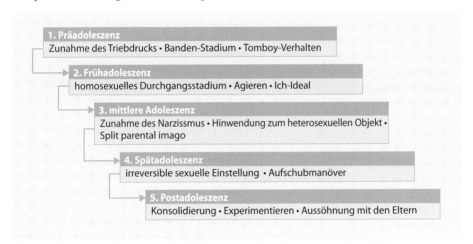

Abb. 15.2: Schematische Darstellung des Fünfphasenmodells der Adoleszenz von Blos (1973).

3.1.1 Präadoleszenz: Zunahme des Triebdrucks

Während der Präadoleszenz (zwischen dem 10. und 12. Lebensjahr) bewirkt die Zunahme des Triebdruckes eine wahllose Besetzung aller libidinösen und aggressiven Befriedigungsarten, die dem Kind in seinen früheren Lebensjahren zur Verfügung gestanden haben. Nahezu jedes Erlebnis kann sexuell stimulierend wirken. Die Genitalien dienen als unspezifische Organe der Spannungsabfuhr. Erst ab der Adoleszenz werden sie ihre exklusive Empfindsamkeit für zumeist heterosexuelle

Reize erhalten. Die quantitative Triebzunahme führt zu einem mehr oder weniger starken Wiederaufleben der Prägenitalität. Jugendliche in diesem Entwicklungsabschnitt haben Spaß an schmutzigen Worten und analen Witzen, waschen sich ungern, machen gerne Geräusche nach und verhalten sich häufig oral gierig (Blos, 1973/2001).

Als Konsequenz der verstärkten Triebzunahme werden Abwehrmechanismen wie Verdrängung, Reaktionsbildung, Verschiebung etc. verstärkt eingesetzt. Zugleich entwickelt der Präadoleszente Tätigkeiten, die ihm in der Gruppe der Gleichaltrigen Anerkennung und Prestige verschaffen (z. B. Sammeln von Briefmarken und Münzen). In diesem Alter tritt auch die Sozialisierung der Schuld auf. Das Phänomen der geteilten oder projizierten Schuldgefühle ist einer der Gründe für die wachsende Bedeutung der Gruppenzugehörigkeit. Natürlich glückt die Abwehr nicht vollkommen. So sind in der Präadoleszenz eine Reihe von Symptomen als Spannungsventile anzusehen, wie Magen- und Kopfschmerzen, Nägelknabbern, Herumbeißen auf den Lippen, Herumspielen an Fingern und Haaren. Die Hauptaufgabe dieser Phase stellt der schwierige und langwierige Ablösungsprozess von der Mutter dar. Die typischen Bewältigungs- und Aktivitätsformen von Jungen und Mädchen unterscheiden sich auffallend: Jungen zeigen eine mädchenfeindliche Einstellung. Sie meiden Mädchen bzw. setzen sie herab, necken sie und verhalten sich angeberisch, wenn sie mit ihnen zusammen sind. Bei den Mädchen ist diese Phase durch einen Aktivitätsschub gekennzeichnet, indem jungenhaftes Benehmen (*Tomboy-Verhalten*) einen Höhepunkt erreicht (vgl. Dalsimer, 1979; Deutsch 1944). Blos (1973/2001) erklärt das Verhalten der Jungen durch das Wiederauftauchen der Kastrationsangst, das der Mädchen als Verleugnung der Weiblichkeit. Passive Bestrebungen werden bei beiden Geschlechtern überkompensiert. Häufig haben Jungen in diesem Alter Größenideen; das Thema des Tötens, Unterwerfens, Demütigens taucht in endlosen Variationen auf. Dies wird verstärkt durch das Zusammensein in gleichgeschlechtlichen Peergruppen (z. B. Banden-Stadium). Es handelt sich Blos' Beobachtungen zufolge hier um Neid und Rivalität gegenüber Frauen, die abgewehrt werden. In einer der früheren Arbeiten (Blos, 1965) werden die erhöhte Risikofreudigkeit und Unfallneigung bei männlichen Jugendlichen als Versuche gewertet, der Kastrationsangst zu begegnen. Der entscheidende Unterschied zwischen männlichen und weiblichen Jugendlichen in diesem Stadium besteht jedoch darin, dass Mädchen ihre Prägenitalität wesentlich stärker verdrängen. Bis auf das jungenhafte Benehmen verhalten sie sich angepasst und ruhig und zeigen eine Neigung zum Tuscheln und zu Geheimnissen (Mack Brunswick, 1940).

3.1.2 Frühadoleszenz: Agieren und Ich-Ideal

Im Stadium der Frühadoleszenz (zwischen dem 13. und 14. Lebensjahr) beginnen der Trennungsprozess von den frühen Objektbindungen und die Hinwendung zu libidinösen extrafamiliären Objekten. Der besondere Charakter der frühen Adoleszenz liegt damit in der Absetzung der inzestuösen Liebesobjekte und infolgedessen in der frei werdenden Objektlibido, die auf neue Unterbringung drängt. Die Suche nach einem neuen Objekt folgt zunächst einem narzisstischen Schema: Man schließt Freundschaft mit Gleichaltrigen, an denen man ein bestimmtes Charakteristikum besonders liebt, das man selbst gern hätte. Aus diesem Grunde sind Freundschaftsbeziehungen in diesem Altersabschnitt latent oder manifest homosexuell: Der Freund übernimmt Teile des Ich-Ideals als Substruktur des Ichs. Jede Diskrepanz zwischen Ich-Ideal und Selbstrepräsentation empfindet der Jugendliche als Minderung seiner Selbstwertschätzung und begegnet ihr mit paranoiden Abwehrmechanismen, die als typisch für diese Phase angenommen werden (Blos, 1965). Ein Grund für die Beendigung einer solchen homosexuell getönten exklusiven Freundschaft sind daher auch unvermeidliche Frustrationen, in denen der Freund auf gewöhnliche Proportionen schrumpft. Typisch für eine frühadoleszente Freundschaft zwischen Jungen, in der sich Idealisierung und Erotik verbinden, ist jene zwischen Tonio Kröger und Hans Hansen in Thomas Manns „Tonio Kröger". Bei den frühadoleszenten Mädchen finden wir sehr enge und intime gleichgeschlechtliche Freundschaften. Hinzu kommt eine typische Form der Idealisierung bei weiblichen Jugendlichen: der Schwarm, eine idealisierte und erotische Beziehung, die sich auf ältere Männer und Frauen beziehen kann. Eindrucksvolle Beispiele dazu gibt Karen Horney in ihren Jugendtagebüchern (Seiffge-Krenke & Kirsch, 2002). Das Objekt einer solchen Schwärmerei wird passiv geliebt mit dem Ziel, deren Aufmerksamkeit und Zuneigung zu erlangen. Stärker als bei den erotisch getönten Jugendfreundschaften dieser Altersstufe tritt der passive und masochistische Charakter (das Quälen, die Sehnsucht) hervor, die Bisexualität wird weniger verdrängt. Das Nachlassen der bisexuellen Tendenz bei beiden Geschlechtern zeigt dann den Eintritt in die eigentliche Adoleszenz an.

Interessant sind in diesem Zusammenhang auch die Ausführungen von Laufer (1964) über das *Ich-Ideal* in der Adoleszenz. Laufer unterscheidet zwischen den verschiedenen Komponenten des Ich-Ideals, die aus den Identifizierungen mit wichtigen Bezugspersonen stammen. Seinem Verständnis nach dient das Ich-Ideal in diesem Entwicklungsabschnitt vor allem der Stärkung der Beziehung zum gleichgeschlechtlichen Elternteil. Die Identifizierungen mit ihm haben im Wesentlichen defensiven Charakter, d. h., sie dienen vor allem der Abwehr negativer ödipaler Bestrebungen. Laufer spricht deshalb von einem Pseudo-Ich-Ideal. Im Vergleich zur Präadoleszenz, deren Thema in der Auseinandersetzung mit der aktiven Mutter liegt, ist die Entwicklung nun so weit fortgeschritten, dass eine Identifizierung mit dem gleichgeschlechtlichen Elternteil im Vordergrund steht. Charakteristisch für diesen Entwicklungsabschnitt ist auch das von Blos (1964) beschriebene *Agieren*: Auf dem Wege der Aktion, einer spezifischen Form des Erinnerns, kann sich „*die Synthese der Vergangenheit mit der Gegenwart und der erwarteten Zukunft vollziehen*" (Blos, 1964, S. 128). In diesem Sinn dient das Agieren der progressiven Entwicklung des Jugendlichen, nämlich dem Wiederherstellen der historischen Ich-Kontinuität. Im Agieren ist aber auch der Versuch des Jugendlichen zu erkennen, die Aufmerksamkeit anderer zu gewinnen und als Individuum anerkannt zu werden. Die Phase des „*adoleszenten Experimentierens*" besteht so lange fort, bis der Heranwachsende fähig ist, seine eigenen Gedanken zu analysieren und Theorien zu bilden, was das „*Probehandeln im Denken und das Agieren entbehrlich macht*" (Blos, 1964, S. 128).

3.1.3 Mittlere Adoleszenz: Zunahme an Narzissmus

Charakteristisch für die Phase der eigentlichen oder mittleren Adoleszenz (zwischen dem 15. und 17. Lebensjahr) sind bisexuelle Einstellungen und die Hinwendung zu heterosexuellen Liebesobjekten. Vom psychoanalytischen Standpunkt aus liegen die Probleme bei den Besetzungsverschiebungen: Der Entzug von Besetzungen von den Eltern führt zu einer verstärkten Besetzung des Ichs mit narzisstischer Libido, die zu narzisstischen Zuständen als charakteristisch für die mittlere Adoleszenz führt. Hier werden immer wieder Überschätzungen des Selbst, Selbsterhöhung auf Kosten der Realitätsprüfung, extreme Empfindlichkeit und Selbstbezogenheit angeführt wie auch eine überscharfe Wahrnehmung nicht selten ist, die zum Teil an Halluzinationen erinnert. In gewisser Hinsicht ähnelt dieser Zustand einer beginnenden Psychose (Bernfeld, 1923). Selbstüberschätzungen wie auch stark ausgeprägte autoerotische Betätigungen lassen nach, wenn der Jugendliche das andere Geschlecht als neues Liebesobjekt zu begreifen beginnt. Das *narzisstische Stadium* ist als positives Stadium im Loslösungsprozess anzusehen. Es liefert dem Jugendlichen die narzisstische Gratifikation, die für die Ablösung von den Eltern notwendig ist. Fantasieleben und schöpferische Betätigung erreichen in diesem Entwicklungsabschnitt einen Höhepunkt; recht häufig wird ein Tagebuch geschrieben. Das Tagebuch nimmt dabei die Qualität eines Objektes an. Das Niederschreiben erlebter Vorstellungen und Emotionen verhindert zumindest teilweise das Agieren (Bernfeld, 1931). Die heterosexuelle Objektfindung, die die Ablösung von den primären Liebesobjekten voraussetzt, bewirkt eine Reaktivierung ödipaler Konflikte. Diese zielen darauf ab, die ödipalen Eltern zu verletzen. Sie werden deshalb für die zahlreichen Konflikte zwischen den Eltern und ihren heranwachsenden Kindern verantwortlich gemacht.

Mit der endgültigen Bewältigung des Ödipuskomplexes, die bis in die Spätadoleszenz reichen kann, sind die affektiven Zustände des *Trauerns* (Verzicht auf die ödipalen Eltern) und des *Verliebtseins* (Fortschreiten der Libido zu neuen Objekten) verbunden. Das Gefühl des Verliebtseins deutet an, dass die eigene geschlechtsfremde Komponente, die die Einheit des Ichs zu zerstören drohte, Ich-Syntonizität erworben hat, „*indem sie eine Eigenschaft des Liebesobjektes geworden ist, das seinerseits mit Objektlibido besetzt ist*" (Blos, 1973/2001, S. 119). Die erste Wahl eines heterosexuellen Liebesobjekts wird allgemein durch eine physische oder geistige Ähnlichkeit mit dem gegengeschlechtlichen Elternteil bzw. einer auffallenden Unähnlichkeit bestimmt. So verliebt sich Tonio Kröger, der eine dunkelhäutige und exotische Mutter hat, in die blonde, rundliche Germanin Inge Holm mit d em dicken Zopf. Da die Integrität des Ichs durch die Absetzung der elterlichen Liebesobjekte bei zunehmendem Triebdruck bedroht wird, finden wir auch in der mittleren Adoleszenz verstärkt Abwehrprozesse wie *Intellektualisierung* (Triebvorgänge sollen durch Vorstellungsinhalte beherrscht werden) und *Askese* (Äußerungen von Triebbedürfnissen werden generell versagt; vgl. A. Freud, 1936/2002). Beide Abwehrmechanismen sind für die westeuropäische Kultur besonders bedeutsam, während Blos (1973/2001) für amerikanische Jugendliche vor allem die Bewältigungsform des *Uniformismus* hervorhebt: Die Neigung, in einer Gruppe unterzutauchen, die eine Angst bindende Funktion hat. Die „Normallösung" der adoleszenten Entwicklung besteht eben in der Objektfindung, d. h. in einer Ablösung von den primären und in der Wahl von nichtinzestuösen Liebesobjekten (vgl. S. Freud, 1905). In dieser Phase kann man bei Jugendlichen Übergangsobjekte beobachten. Die regressiven Tendenzen des Jugendlichen sieht Blos jedoch nicht nur im Zusammenhang mit ödipalen Konflikten. Für Tendenzen zur Polarisation und Intoleranz macht er Regressionen verantwortlich, die auf das Niveau der präödipalen Phase zurückreichen. Wie es dort dem Säugling nicht gelingt, die „gute" und die „schlechte" Mutter zu einem Bild zusammenzubringen, kann in der mittleren Adoleszenz beobachtet werden, wie Jugendliche ihre sozialen Beziehungen in krassen Gegensätzen beschreiben. Jedermann, einschließlich seiner Selbst, als entweder gut oder schlecht, klug oder dumm, aufregend oder langweilig, aktiv oder passiv zu bezeichnen, liegt nach Blos (1976) in einem gespaltenen Elternbild in der Adoleszenz (*split parental imago*).

3.1.4 Spätadoleszenz: Irreversible sexuelle Einstellung

Die Spätadoleszenz (zwischen dem 18. und 20. Lebensjahr) ist eine Phase der Konsolidierung, in der es zu einer Stabilisierung der Ich-Funktionen kommt, zu einer einheitlichen Identität, die mit einer stabilen Selbstdarstellung verbunden ist. In dieser Phase wird eine konstante Objektbesetzung sowie eine irreversible sexuelle Einstellung (vorzugsweise verbunden mit einem genitalen Primat) erreicht. Es ist zugleich eine Phase relativer Reife, denn der Jugendliche

3 Weiterentwicklungen und ihre klassischen Befunde | 391

bemüht sich um die Ausarbeitung eines einheitlichen Ichs. Es kann aber noch zu Krisensituationen kommen, wenn die Integrationsfähigkeit des Ichs versagt. Da jedoch „Integration eben leiser vor sich geht als Desintegration" (Blos, 1973/2001, S. 152), ist der Prozess der Persönlichkeitskonsolidierung allerdings noch weitgehend unerforscht. Der Spätadoleszente beginnt, seinen Lebensraum abzustecken. Es werden neue, eigenständige Interessen entwickelt, ein verändertes Selbst konzeptualisiert und die Beziehungen zu Erwachsenen und Gleichaltrigen neu geordnet. Wichtig ist dabei, dass narzisstische Tendenzen aufgegeben werden können und eine prosoziale Einstellung zu den Gleichaltrigen, auch zu den Erwachsenen, zum Tragen kommt. Schließlich nimmt auch die sexuelle Identität ihre endgültige Form an. Dass in dieser Phase die künftige Sexualwahl getroffen ist, wird auch daran deutlich, dass Homosexuelle sich ab diesem Zeitpunkt als permanent homosexuell betrachten (Blos, 1973/2001).

Symptome und neurotische Störungen können auftreten, wenn die Eltern nicht aufgegeben oder zärtliche und sinnliche Bestrebungen zu einem neuen homo- oder heterosexuellen Liebesobjekt nicht integriert werden können. Der Jugendliche unternimmt dann Aufschubmanöver, um den Konflikt nicht lösen zu müssen, der eine schmerzhafte Ablösung mit sich bringt. Die Spätadoleszenz ist zugleich ein Zustand der Begrenzung: Was zuvor noch entwicklungsmäßig offen war, ist nun in gewisser Weise festgelegt. Dazu zählt das endgültige Akzeptieren der eigenen Struktur und anderer Liebesobjekte. Am Ende der Spätadoleszenz steht also ein Gefühl der Identität – in jeder Beziehung. Dies meint Blos (1973/2001), wenn er das Über-Ich als das Erbe des Ödipuskomplexes und das Selbst als das Erbe der Adoleszenz postuliert im Gegensatz zu den Aufschubmanövern, die Jugendliche in der prolongierten Adoleszenz unternehmen (Bernfeld, 1923; Blos, 1954). Die Phase der Kindheit noch etwas auszudehnen, wird auch als „perseveration in the adolescent position which under normal circumstances is of transitory nature" (Blos, 1954, S. 736) charakterisiert. Therapeutische Implikationen hat dies jedoch erst, wenn eine bestimmte Toleranzgrenze überschritten wird und die Unfähigkeit zur Lösung der elterlichen Bindung mit pathologischen Fixierungen ursächlich verbunden werden muss. Dies ist auch der Grund, weshalb Blos (1967) die Bedeutung dieses zweiten Individuationsprozesses für die Ich- und Triebentwicklung besonders hervorhebt und kurzzeitige Ich- und Triebregressionen in diesem Entwicklungsabschnitt für obligatorische Komponenten einer normalen Entwicklung hält: für Regressionen im Dienste der Progression. Die Ausbildung einer historischen Kontinuität des Ichs ist eine besondere Leistung dieses Entwicklungsabschnittes, in dem Patienten verstehen, dass „man wohl nur eine Zukunft haben kann, wenn man auch eine Vergangenheit hat" (Blos, 1973/2001, S. 155).

3.1.5 Postadoleszenz: Konsolidierung sozialer Rollen

Die Postadoleszenz (zwischen dem 21. und 25. Lebensjahr) stellt eine Übergangsperiode zwischen Adoleszenz und Erwachsensein dar. Aufgabe dieser Phase ist es, Wege zu finden, auf denen die in der Spätadoleszenz gefundenen Lebensaufgaben verwirklicht werden können. Dazu zählt die Konsolidierung sozialer Rollen, die Ausprägung einer endgültigen Geschlechtsidentität und die Berufswahl bzw. der Abschluss der Berufsausbildung. Die emotionale Entwicklung ist allerdings keineswegs zum Abschluss gekommen. Dies sieht man an dem typischen Verhalten des postadoleszenten Experimentierens. Im Bereich der Sexualität zeigt sich dieses Experimentieren mit potenziellen Liebesobjekten in allen möglichen Kombinationen von niederer oder idealisierter, sinnlicher oder zärtlicher Liebe. Ganz ähnlich experimentiert der Postadoleszente mit Ich-Interessen und entwickelt spielerisch neue Lebensformen. Im Gegensatz zur Spätadoleszenz ist wichtig, dass die Ziele schließlich in Form von dauerhaften Bindungen,

Rollen oder einer dauerhaften Milieuwahl umgesetzt werden können. Es ist allerdings auch anzumerken, dass in diesem Entwicklungsabschnitt zugleich psychische Erkrankungen in ein manifestes Stadium eintreten und eine besorgniserregend hohe Sterblichkeitsrate aufgrund von Unfällen und Suiziden vorliegt. Beide Beobachtungen zeigen, dass Integrationsforderungen an den jungen Erwachsenen herangetragen werden, die ihn teilweise überfordern. Das Resultat kann Dekompensation sein. Auch das besonders häufige Auftreten von Rettungsfantasien in der Postadoleszenz hängt vermutlich mit diesen Integrationsforderungen zusammen: Statt die Lebensaufgabe zu bewältigen, hofft der Heranwachsende, dass andere oder schlicht die Umstände diese Aufgabe für ihn übernehmen werden.

Ein weiterer wichtiger Aspekt der Postadoleszenz liegt im Bemühen, auf Distanz mit den Eltern ins Reine zu kommen. Darunter versteht Blos (1973/2001) die Aussöhnung mit den elterlichen Ich-Interessen und -Haltungen bzw. dem gleichgeschlechtlichen Eltern-Imago. Misslingt diese Aussöhnung, kann es zu Ich-Missbildungen, Regressionen oder selbst einem Bruch mit der Realität kommen. Wesentliche Merkmale der Postadoleszenz sind demnach die Differenzierung, die Integration und die Individualisierung der Entwicklung des Jugendlichen, wobei der Übergang von der Spät- zur Postadoleszenz fließend ist. Insgesamt ist der Ansatz von Blos insofern als klassisch zu bezeichnen, als er wesentliche Ideen der frühen Ansätze in eine Sequenz von Entwicklungsschritten einordnet, wie sie mit dem Krisencharakter, der Bedeutung des Ödipuskomplexes, der zweiten Chance, dem Entzug von Besetzungsenergien und Finden eines neuen Objektes sowie der Abwehr gegen Triebe und infantile Bindungen thematisiert wurden.

Es besteht kein Zweifel, dass die psychische Entwicklung beim Übergang von der Kindheit zum Erwachsenenalter von einem *signifikanten körperlichen Wandel* begleitet wird. Einige Jugendliche ignorieren ihren Körper, andere fühlen sich jedoch von ihm bedroht und nehmen diese Veränderungen als eine Katastrophe wahr. Dies kann verstehen helfen, warum Jugendliche ihren Körper dann regelrecht attackieren, wie dies z. B. bei Anorexia nervosa, einem selbstverletzenden Verhalten oder einem Suizidversuch der Fall ist.

3.2 Weiterentwicklungen der Triebtheorie: Veränderung des Körpers

Die Arbeiten von Moses und Eglé Laufer (1984) kombinieren Freuds Ausführungen über die triebhaften Aspekte der Pubertät mit Anna Freuds Ideen eines Entwicklungszusammenbruchs und beziehen beides auf die sexuelle Identität. Sie reflektieren aber auch den Einfluss der Objektbeziehungstheorie. Die Laufers haben sowohl in privater Praxis als auch in einer „Outpatient"-Klinik in London mit schwer gestörten suizidalen Jugendlichen analytisch gearbeitet und die Ängste dieser Jugendlichen während einer Krise erlebt. Da das Ich während der Adoleszenz zu schwach ist, um dem Triebansturm zu widerstehen, kann bei Ausfall der Abwehrmechanismen eine Desintegration des Selbst eintreten, die zu einem schweren psychotischen Zusammenbruch führen kann. Klassisch in den Arbeiten der Laufers ist der Bezug zum Ödipuskomplex und zur Idee der zweiten Chance. Von besonderer Bedeutung ist jedoch die sogenannte *zentrale Masturbationsfantasie*, die die Auflösung des Ödipuskomplexes enthält: Es handelt sich dabei um eine komplexe Fantasie, in der die sexuelle Hauptidentifikation sowie die verschiedenen regressiven Befriedigungen enthalten sind. Onanie und Onaniefantasien werden dabei als Äquivalent eines Probehandelns angesehen (Laufer, 1980) und damit die ödipalen Fantasien der Jugendlichen zum Bewusstsein zugelassen, wenn auch nur in maskierter Form. Nach Laufers Dafürhalten ist die zentrale Onaniefantasie ein universelles Phänomen, das unabhängig davon auftritt, ob der Jugendliche masturbiert oder nicht. Während der Latenzzeit bleibt der Inhalt dieser Fantasie unbewusst, kommt aber in Tagträumereien, in masturbationsbegleitenden Fantasien und im Spielen zum Ausdruck (A. Freud, 1968/1982). Allein schon die Tatsache, dass diese Fantasien nach dem Erreichen der Geschlechtsreife bewusst erlebt werden und auch real vollzogen werden könnten, bedeutet eine viel größere Belastung der Abwehrorganisation während der Adoleszenz gegenüber früheren Altersperioden. Ödipale Identifikationen, die für das Kind in der Latenz oder Präadoleszenz vielleicht noch ausgereicht hatten, können sich nun als unzulänglich erweisen. So kann die Identifikation des Kindes mit einem passiven Vater bis zur Adoleszenz problemlos sein, danach jedoch vom Jugendlichen als entwicklungshemmend oder als Störung seiner sexuellen Identität erlebt werden. Einige Jugendliche nehmen die Veränderung ihres Körpers als eine Katastrophe für ihre innere Welt wahr und reagieren mit einem psychotischen Zusammenbruch; andere ignorieren ihren Körper oder fühlen sich von ihm bedroht. Dies kann verstehen helfen, warum Jugendliche ihren Körper regelrecht attackieren, wie dies bei Anorexia nervosa, einem selbstverletzenden Verhalten oder einem Suizidversuch der Fall ist. Zusammengenommen ist der Ansatz des Ehepaares Laufer in seiner Orientierung an der Triebtheorie und dem Ödipuskomplex klassisch geblieben, jedoch gut belegt durch die hervorragende Sammlung vieler Fallbeispiele von gestörten Jugendlichen.

3.3 Identitätsentwicklung und die Notwendigkeit eines Moratoriums

Erikson fühlt sich als Neofreudianer der Theorie der Triebentwicklung verpflichtet, betont jedoch auch, dass soziale Faktoren die Entwicklung und die Es-Impulse beeinflussen können. Danach können Phänomene der Adoleszenz nicht nur durch eine Zunahme der Triebimpulse begründet werden, sondern reflektieren psychosoziale Notwendigkeiten, die wesentlich zur Integration des Individuums in die Gesellschaft beitragen (Erikson, 1950/2000, 1956, 1970/1974). Durch die Postulierung von acht psychosozialen *Phasen der*

Ich-Entwicklung, die sich über den Zeitraum von der Geburt bis ins hohe Alter erstrecken (Abb. 15.3), erweitert er die Auffassung Freuds, für den die Persönlichkeitsentwicklung auf die kindlichen Phasen fokussiert blieb.

Für Erikson entwickelt sich die Persönlichkeit über alle Lebensphasen kontinuierlich. In jeder der acht Entwicklungsstufen hat das Individuum einen typischen Konflikt zu lösen, dessen befriedigende Bewältigung und Integration in die nächstfolgende Stufe die Voraussetzung für eine gesunde Entwicklung des Ichs und der Ich-Identität bilden.

Die Adoleszenz als fünfte seiner Grundphasen wird durch die Antithese von *Identität* vs. *Identitätsdiffusion* charakterisiert. Er weist darauf hin, dass Jugendliche in einer hoch technisierten Welt mit langen Ausbildungszeiten eines Moratoriums bedürfen, bevor sie als junge Erwachsene endgültig eine spezialisierte Arbeit ergreifen können und zur *Intimität* fähig sind (Erikson, 1970/1974).

Die Identität, wie sie seiner Konzeption zufolge am Ende der Adoleszenz feststeht, schließt die Auseinandersetzung mit den bedeutsamen Identifizierungen der Vergangenheit ein, aber sie verändert diese auch und integriert sie zu einem einzigartigen zusammenhängenden Ganzen. Diese Integration stellt eine schwierige Leistung der Ich-Synthese dar, die nicht ohne Konflikte und Krisen abläuft: *„Es ist nicht immer einfach, sich daran zu erinnern, dass – trotz der Ähnlichkeit der Reifungssymptome und -episoden mit neurotischen und psychotischen Symptomen und Episoden – die Adoleszenz kein Leiden ist, sondern eine normative Krise, das heißt eine normale Phase erhöhten Konfliktes, gekennzeichnet sowohl durch scheinbare Schwankungen in der Ich-Stärke wie durch ein hohes Wachstumspotential. [...] Im Gegensatz zu neurotischen und psychotischen Krisen sind normative Krisen reversibler oder, besser gesagt, überstehbarer und zeichnen sich durch eine Überfülle an zur Verfügung stehender Energie aus, die zweifellos zwar ruhende Ängste erweckt und neue Konflikte erregt, aber auch neue und erweiterte Ich-Funktionen bei der Suche nach und im spielerischen Engagement mit neuen Möglichkeiten und Verbindungen unterstützt.“* (Erikson, 1970/1974, S. 167 f.) Die Weiterentwicklung der Identität geschieht also in einer Phase, die Erikson als „normative Krise“ bezeichnet, und kommt damit Theorien nahe, die in der Entwicklungspsychologie unter anderem auf der Grundlage umfangreicher Studien gegenwärtig vorherrschen. Im Kontrast zur „normativen Krise“ werden jedoch problematische Entwicklungsverläufe als Identitäts- oder Rollendiffusion angesprochen. Erikson (1970/1974) sieht im ideologischen Potenzial einer Gesellschaft, das dem Jugendlichen ermöglicht, sich mit neuen Rollen zu identifizieren und systemimmanente Werte zu akzeptieren, eine wichtige Hilfe bei der Identitätsbildung. Das Moratorium ist dabei allerdings eine relativ neue

Stadium	Freuds Phasenlehre	Eriksons Stufen-Modell
1	orale Phase	Ur-Vertrauen vs. Ur-Misstrauen
2	anale Phase	Autonomie vs. Scham und Zweifel
3	phallische Phase	Initiative vs. Schuldgefühl
4	Latenzphase	Werksinn vs. Minderwertigkeitsgefühl
5	genitale Phase	Identität und Ablehnung vs. Identitätsdiffusion
6	junges Erwachsenenalter	Intimität und Solidarität vs. Isolierung
7	mittleres Erwachsenenalter	Generativität vs. Selbstabsorption
8	hohes Erwachsenenalter	Integrität vs. Verzweiflung

Abb. 15.3: Psychosoziale Phasen der Entwicklung nach Erikson.

gesellschaftliche Erfindung der letzten hundert Jahre; zuvor waren Jugendliche unterschiedslos mit der Welt der Erwachsenen vermischt und hatten Erwachsenenaufgaben zu erfüllen (Ariès, 1975).

3.4 Bewertung der klassischen Ansätze von Blos, Laufer und Laufer sowie Erikson

Die theoretischen Konzeptionen von Blos, Laufer und Laufer sowie Erikson haben in unterschiedlicher Weise an die psychoanalytischen Anfänge zur Charakterisierung der Adoleszenz angeknüpft und diese erweitert. Peter Blos' Modell bemühte sich dabei insbesondere um eine Differenzierung adoleszenter Entwicklungsprobleme. In seiner Konzeption ist herausragend, dass Trieb- und Ich-Entwicklungen für einzelne Subphasen der Adoleszenz differenziert dargestellt wurden. Die Arbeiten des Ehepaares Laufer dagegen fokussieren auf die körperliche Entwicklung, illustrieren den Abwehrkampf des Ichs bei ansteigendem Triebdruck und die Konsequenzen einer nicht gelungenen Integration, nämlich den Entwicklungszusammenbruch. Die Theorie von Erikson hat vor allem den Krisenbegriff abgeschwächt und Selbst- und Identitätsaspekte hervorgehoben. Sie ist damit einzigartig und hält auch heute noch modernen Perspektiven über Jugendentwicklung stand. Erstmalig wurden Einflüsse außerhalb der Triebbedürfnisse thematisiert und die Adoleszenzentwicklung als zunehmend beeinflussbar durch den Entwicklungskontext wahrgenommen. Indem Erikson über die Entwicklung in den Frühphasen weit hinausgegangen ist und den sexuellen Entwicklungsaspekten gegenüber den Beziehungsaspekten deutlich weniger Bedeutung beimaß, hat er die signifikantesten Veränderungen an den frühen psychoanalytischen Konzeptionen vorgenommen. Nur die Grundidee, dass die frühe Bewältigung spätere Adaptationen bestimmt, und der Krisenbegriff (wenn auch in einer abgeschwächten Form als normative Krise) blieben erhalten. Eriksons Konzeption ist sicher die auch heute noch populärste Sicht auf das Jugendalter.

4 Moderne Trends

Die analytischen Ansätze der letzten Jahre haben keine wesentlichen Neuerungen erbracht. Auffällig ist der Rekurs auf den Krisenbegriff, dem zumeist die abgemilderte Konzeptualisierung von Erikson zugrunde liegt, und eine etwas stärkere Orientierung an den Objektbeziehungen mit einer Tendenz, die triebhafte Seite der Adoleszenz eher weniger stark zu gewichten. Die gegenwärtigen psychoanalytischen Orientierungen lassen sich insgesamt durch folgende Merkmale beschreiben:

(1) Festhalten am Krisenbegriff. Bürgin (2002) stellt die Adoleszenz als eine normative Krise schlechthin dar. Das Wellenmuster der Vorwärtsbewegungen und Regressionsvorgänge in das Kindliche werden als typische Phänomene des Heranwachsens beschrieben. Auch viele andere Autoren halten weiterhin am Krisenbegriff fest und am *„terror of maturation, individuality, change and unspeakable sexuality"* (Waddell, 2002, S. 380; vgl. Streeck-Fischer, Fegert & Freyberger, 2009).

(2) Schwierigkeit, zwischen normal und pathologisch zu unterscheiden. Auch gegenwärtig bestehen Schwierigkeiten bei der Feststellung von pathologischen Entwicklungen im Jugendalter. Auch normale Jugendliche können durch die für dieses Entwicklungsalter typische starke Tendenz zu Projektion, Verleugnung, Grandiosität, extremer Selbstbeschäftigung und Neigung zum heftigen Körperagieren sehr beunruhigen. Schleske, Meng und Bürgin (2002) heben hervor, dass die psychotisch anmutenden Symptome im Jugendalter einen anderen diagnostischen und prognostischen Wert haben können als bei Erwachsenen.

(3) Elterliche Unterstützung und Triangulierung. Für die adoleszente Entwicklung ist die Unterstützung der Eltern dringend angemahnt, und wie Blos ausführt: Der Vater *„gives his blessing to his son's emerging manhood"* (Blos, 1985, S. 231). Die Ideen der Objektbeziehungstheorien gewinnen in Bezug zu Triangulierungsprozessen erneut an Aktualität. Wenn das Kind eine trianguläre ödipale Beziehung zu beiden Eltern nicht ausreichend verinnerlicht hat, kann es bei der psychischen Umgestaltung im Jugendalter leicht zu Störungen bzw. im ungünstigen Fall zum Entwicklungszusammenbruch kommen (Schleske, Meng & Bürgin, 2002).

(4) Vom Ödipuskomplex zur emanzipatorischen Schuld. Ähnlich Bloch (1995) wird der Ödipuskomplex heute für weniger bedeutsam in der normalen Entwicklung angesehen. Eine zentrale Bedeutung wird dagegen der Autonomieentwicklung des Jugendlichen und ihren Folgen für die Beziehung zu den Eltern zugeschrieben. Viele Jugendliche empfinden Schuld nicht nur wegen ihrer feindlichen oder inzestuösen Wünsche ihren Eltern gegenüber, sondern vor allem wegen ihres Bedürfnisses nach Emanzipation. Für „emancipatory guilt" (Bloch, 1995) ist es auch charakteristisch, dass Jugendliche ihre Eltern in den Leistungen übertreffen wollen, aber dies nicht auf Kosten der Eltern tun wollen.

(5) Fantasie und Realität. Im Jugendalter erscheinen die Grenzen zwischen psychischer und äußerer Realität fließend und „Acting Out" ist eine Möglichkeit der Etablierung von psychischer Realität (Erlich, 1993). Externe Objekte werden gesucht, um die inneren Imagines zu redefinieren, Fantasien zu entwickeln und Repräsentationen zu konsolidieren. Da der Körper jetzt in der Lage ist, sexuelle und aggressive Fantasien direkt umzusetzen und wirklich zu schwängern oder zu töten, bekommen Omnipotenzfantasien eine neue Bedeutung (Bürgin, 2002).

(6) Körper-Ich und Sexualität. Viele neuere psychoanalytisch orientierte Arbeiten beschäftigen sich mit der psychosexuellen Entwicklung der Geschlechter. Getrennte Monografien sind der Entwicklung von Mädchen (Flaake & King, 1992) und der der Jungen (King & Flaake, 2005) gewidmet. Thematisiert wird, dass Jungen und Mädchen sich in der Pubertät endgültig mit der Festgelegtheit ihres Geschlechts abfinden müssen (Jongbloed-Schurig, 1999), Mädchen die Menarche als Verlust der körperlichen Kontrolle erleben können (Brainin, 1999) und nach wie vor insgesamt relativ passiv dargestellt werden (Flaake & King, 1992).

(7) Von strukturellen Konflikten zu Beziehungskonflikten. Während die klassische Triebtheorie auf der Lösung des Ödipuskomplexes als entscheidendem Hindernis in der Entwicklung fokussierte, widmet die Objektbeziehungstheorie größere Aufmerksamkeit den Konflikten und Defiziten der ersten zwei oder drei Lebensjahre. Sie werden auch für die weitere Entwicklung im Jugendalter für bedeutsam gehalten, wobei Beziehungskonflikte ausführlicher als die strukturellen Konflikte (d. h. Konflikte zwischen Ich, Es und Über-Ich) dargestellt werden (Albani, Geyer, Kächele & Pokorny, 2003).

(8) Identität als Beziehungskonstruktion. In neueren Theorien des Selbst und der Identität (z. B. Hinshelwood, 1997) wird ein modernes, kleinianisches Konzept der Identität entwickelt. Für Hinshelwood ist Identität eine zwischenmenschliche Aushandlung darüber, welche Selbstanteile und Erfahrungen als zu sich selbst gehörig betrachtet werden. Durch „splitting" und Projektionen können sie eliminiert und anderen zugeschrieben werden. Auch Christopher Bollas (1995) räumt dem Mechanismus der projektiven Identifizierung bei seiner Konzeption von Selbst und Identität einen zentralen Platz ein. Für den adoleszenten Restrukturierungsprozess ist demnach die Fähigkeit zur Selbstreflexion von großer Bedeutung, die mit einer Flexibilität verbunden ist, Selbstbilder im inneren mentalen Raum durchzuspielen (Seiffge-Krenke, 2012). Fonagy (2003) hat die frühen Grundlagen der Mentalisierung, die aus der Beziehung zwischen Mutter und Kleinkind stammen, erforscht und ihre Bedeutung für die spätere Entwicklung herausgehoben.

5 Bestätigungen psychoanalytischer Konzepte

Im Folgenden soll exemplarisch auf empirische Befunde eingegangen werden, die die psychoanalytischen Konzepte in einem neuen Licht erscheinen lassen. Die Datengrundlage psychoanalytischer Theorienbildung liegt traditionell fast ausschließlich im Studium klinisch auffälliger Jugendlicher. So nimmt es nicht Wunder, dass trotz verschiedener Modifikationen und unterschiedlicher Schwerpunktsetzungen in den psychoanalytischen Konzeptionen bis heute die Ansicht dominiert, dass das Jugendalter eine Zeit des Aufruhrs und der Krise sei, das mit einer Ich-Schwäche einhergehe. Begriffe wie Konflikt, Unberechenbarkeit, Unangepasstheit, Rebellion oder psychoseähnlicher Zustand wurden und werden bis zu einem gewissen Grad als integraler Bestandteil der normalen Entwicklung betrachtet. Erikson (1970/1974) hat diese Sichtweise bekanntlich unter dem Begriff der „normativen Krise" gefasst. Interaktionistische Zusammenhangsmuster wie etwa das gleichzeitige Zusammentreffen von körperlicher Reife des Jugendlichen und dem Klimakterium seiner Eltern wurden dabei kaum beachtet, während dies für die Säuglingszeit selbstverständlich war. Im Blos'schen Ansatz wird beispielsweise an keiner Stelle erwähnt, dass die Ablösungsprozesse des Adoleszenten Interaktionsprozesse sind, die in der Dynamik familiärer Beziehungsstrukturen begründet sind und sich nicht schlicht auf Vorgänge der Triebentwicklung reduzieren lassen. Die Objektbeziehungstheoretiker haben ihre Annahmen zwar grundsätzlich auch für das Jugendalter postuliert, sind aber Konkretisierungen für diese spezielle Phase schuldig geblieben (Bronstein, 2001). Selbstpsychologische Ansätze haben sich ebenfalls selten mit dem Jugendalter beschäftigt; teilweise gründen ihre Ausführungen auf sehr schwer gestörten Jugendlichen mit autistischen Symptomen (Lee & Hobson, 1998).

5.1 Veränderte Bewertung der Adoleszenz in der Entwicklungspsychologie

Die Sicht der Psychoanalyse auf die Adoleszenz kontrastiert deutlich mit einer Darstellung in der Entwicklungspsychologie, die insbesondere in den letzten vier Jahrzehnten den „kompetenten Jugendlichen" immer stärker in den Blick genommen hat (Seiffge-Krenke, 2006, 2009). Dabei wurde auch von einer Stadien-Konzeption der Adoleszenz abgesehen, mit der Entwicklung als stark reifungsabhängig betrachtet wurde und irreversible Phasenfolgen zur Vorhersage qualitativer Unterschiede führen sollten. Inzwischen werden Jugendliche als aktive Produzenten ihrer eigenen Entwicklung gesehen, d. h., ihr Beitrag zu ihrer eigenen Entwicklung ist unübersehbar. Sie lösen die altersrelevanten Entwicklungsaufgaben (wie Umgestaltung der Identität, Ablösung von den Eltern, Aufbau eines reifen Körperkonzeptes, Gestaltung von intimen Beziehungen zu Gleichaltrigen) und beeinflussen aktiv auch bedeutende Beziehungspartner wie ihre Eltern und Freunde. Differenzielle Unterschiede wurden offenkundig und unterschiedliche Entwicklungspfade in Abhängigkeit von unterschiedlichen Entwicklungskontexten selbstverständlich. In der psychologischen Theorienbildung hat sich in den letzten beiden Jahrzehnten diese veränderte Sicht in der These des *„Jugendlichen als Produzenten seiner eigenen Entwicklung"* durchgesetzt. Lerner (1984, S. 69) beschreibt das starke Bedürfnis, die eigene Entwicklung voranzubringen, als *„striving to complete development"*. Schon in der Fokaltheorie, die die kontinuierliche Aufarbeitung altersgemäßer Entwicklungsaufgaben durch die Jugendlichen herausarbeitet, wird die starke Aktivität des Jugendlichen betont (Coleman, 1978). Insgesamt zeigen kulturvergleichende Studien, dass die Kompetenz der Jugendlichen sehr universell ist, d. h. auch Jugendliche in schwierigeren Lebensumständen sind erstaunlich kompetent im Umgang mit Belastungen dieser Entwicklungsphase (Persike & Seiffge-Krenke, 2012).

5.2 Empirische Überprüfung psychoanalytischer Konzeptionen

Die entwicklungspsychologische Forschung hat in den letzten Jahrzehnten auch zahlreiche empirische Befunde hervorgebracht, die psychoanalytische Ideen aufgegriffen und geprüft haben. Dabei standen (1) das Aushandeln von Autonomie durch Zunahme von Konflikten, (2) die Elternbeziehungen sowie (3) die Bedeutung von Fantasien, (4) Frühreife und (5) Identitätsentwicklung im Mittelpunkt.

(1) Aushandeln von Autonomie durch Zunahme von Konflikten. Während frühere Sichtweisen das Jugendalter hauptsächlich unter der zentralen Entwicklungsaufgabe der Ablösung von den Eltern betrachteten und die Individualentwicklung des Jugendlichen in den Vordergrund stellten, betonen gegenwärtige Konzeptualisierungen die enge Interdependenz zwischen der Familienentwicklung und einem schrittweisen Ablösungsprozess, der in der späten Kindheit beginnt und oft bis weit in das Erwachsenenalter hineinreicht (Seiffge-Krenke, 2006). Nachdem der Mythos vom Generationskonflikt schon in den 1970er-Jahren entzaubert war, wurde in den Folgejahren immer deutlicher, dass in klinisch unauffälligen Familien mit Jugendlichen Alltagskonflikte häufig vorkommen und die Funktion haben, die Autonomie neu auszuhandeln, und zwar auf der Basis einer grundsätzlich guten Eltern- Jugendlichen-Beziehung. Die positive, entwicklungsfördernde Funktion von Konflikten („ohne Konflikt keine Fortentwicklung") wurde dabei belegt (Holmbeck et al., 1995). Die Studien zeigen einen klaren Entwicklungsverlauf: Mit Beginn der Pubertät nehmen Konflikte in der Auseinandersetzung zwischen Eltern und Jugendlichen deutlich zu, wobei das alltägliche Aushandeln neuer Verhaltensweisen und Regeln im Vordergrund steht (Seiffge-Krenke, 1999). Die Machtstrukturen in der Familie sind in den folgenden Jahren einer starken Veränderung unterworfen, wobei der Jugendliche zunehmend als kompetenter Partner eingeschätzt wird. Mit fortschreitender Emanzipation des Jugendlichen und seiner wachsenden Ebenbürtigkeit in der Beziehung kann man dann in der mittleren und späten Adoleszenz eine deutliche Abnahme der Eltern-Jugendlichen-Konflikte beobachten.

(2) Die Eltern sind in der Partnerwahl weniger wichtig. Freuds Idee des Auffindens eines nichtinzestuösen Partners wurde von Gray und Steinberg (1999) aufgegriffen. Für Gray und Steinberg ist das Finden eines romantischen Partners der entscheidende Schritt im Ablösungsprozess. Angesichts der heutigen längeren finanziellen Abhängigkeit eines Jugendlichen von seinen Eltern ist diese erste Liebesbeziehung auch ein besonderer Indikator für Autonomie. Allerdings misst die entwicklungspsychologische Forschung der Abhängigkeit des Jugendlichen von den Eltern bei der Partnerfindung heute weitaus weniger Bedeutung bei, wie sie etwa Freud und Nachfolger gesehen haben. In den ersten romantischen Beziehungen geht es in der aktuellen Forschung eher um den eigenen Körper, die eigene Identität und den Status in der Jugendlichengruppe, also darum, dazuzugehören und ebenfalls mit einem Jungen oder Mädchen zu „gehen" (Brown, 1999). In der Regel beginnt um das 17. Lebensjahr oder noch später eine Entwicklung, in der der Partner als Gegenüber reflektiert wird und die Beziehung eine gewisse Tiefe, Dauer und Intimität erreicht (Seiffge-Krenke, 2003). In diesen Anfangsstadien der romantischen Entwicklung sind die Freunde wesentlich wichtiger als die Eltern; sie sind regelrechte Entwicklungshelfer (Seiffge-Krenke, 2009). So gesehen erscheint die romantische Entwicklung in der Adoleszenz außerhalb der elterlichen Einflussnahme, während Orientierung, Unterstützung und Modell von den Gleichaltrigen ausgehen. Mit der späten Adoleszenz hat der romantische Partner in seiner Bedeutung auch die Eltern überflügelt und ist zu der wichtigsten Bezugsperson geworden (Furman et al., 1999, 2002).

(3) Bedeutung von Fantasien wurde abgeschwächt. Seit den frühen Arbeiten von Piaget und Inhelder (1972) wurde der Fantasietätigkeit der Kinder und Jugendlichen kaum Aufmerksamkeit

gewidmet. Allerdings konnten die wenigen vorliegenden Studien die Bedeutung der Fantasietätigkeit bestätigen (Seiffge-Krenke, 2001). Fantasierte Beziehungen haben im Jugendalter eine sehr große Bedeutung. Jugendliche verbringen beispielsweise sehr viel Zeit damit, über romantische Beziehungen nachzudenken und zu fantasieren – lange bevor sie wirklich Zeit mit romantischen Partnern verbringen (Furman et al., 1999).

(4) Enormer Einfluss von Frühreife. Die Forschung zur körperlichen Reife ist umfangreich und hat in den letzten Jahren sehr einheitliche Ergebnisse erbracht. So konnte der enorme Einfluss der körperlichen Entwicklung in vielen psychologischen Studien bestätigt werden sowie die Tatsache, dass klinisch unauffällige Jugendliche häufig Körperentfremdungsgefühle haben (Roth, 2004). Die Modellierung eines weiblichen oder männlichen Körpers geschieht in engen Freundschaftsbeziehungen, in denen körperliche Erfahrungen geteilt und der neue Körper erprobt wird. Ein weiterer wichtiger und konsistenter Befund betrifft die diametral unterschiedlichen Effekte von Frühreife. Sehr viele Studien zeigen, dass frühreife Mädchen depressiver, ängstlicher und schwieriger im Kontakt sind, während sich Frühreife auf das Selbstbewusstsein von Jungen ausschließlich positiv auswirkt (Graber, Petersen & Brooks-Gunn, 1996).

(5) Identitätsentwicklung nach wie vor zentral. Für die Jugendforschung erwies sich insbesondere die Konzeption Eriksons als sehr wichtig. Die Bedeutung der Identität für die Adoleszenz mit dem Fokus auf der Intimität im jungen Erwachsenenalter hat zu vielen Studien angeregt. Marcia (1993) beispielsweise hat in direkter Operationalisierung von Eriksons Theorie einen Ansatz entwickelt, der zu vier verschiedenen Identitätsformen führte: *moratorium, foreclosure, achieved identity* und *diffuse identity*. In einer Metaanalyse wurden 565 empirische Untersuchungen gefunden, die einen oder mehrere Aspekte von Marcias Identitätskonzept in den letzten drei Jahrzehnten untersucht haben (Kroger et al., 2010). Insgesamt zeigen empirische Längsschnittuntersuchungen, dass sich bei 36 % der Jugendlichen die Identität im Sinne einer Progression weiterentwickelt, bei 15 % der Jugendlichen findet eine Regression statt; bei knapp der Hälfte (49 %) kann die Identität als stabil bezeichnet werden. Hervorzuheben ist insgesamt, dass ein Großteil der Jugendlichen und jungen Erwachsenen keine reife Identität aufwies, sondern erst im Alter von 30 Jahren bei 35 % eine reife Identität gefunden wurde. Für Erikson war jedoch die reife Identität Voraussetzung für intime Partnerbeziehungen. Auch hier wurde die Bedeutung der Identität empirisch bestätigt. Man fand in Längsschnittstudien eine sequenzielle Ordnung derart, dass Personen mit qualitativ anspruchsvollen, d. h. intimen Partnerbeziehungen solche waren, deren Identitätsentwicklung schon weit vorangeschritten war (Beyers & Seiffge-Krenke, 2010).

In diesem Zusammenhang muss jedoch darauf hingewiesen werden, dass die Konzeption der pathologisch prolongierten Adoleszenz von Blos (1954) einer Revision bedarf. Durch verlängerte Ausbildungs- und Schulzeiten hat sich in den letzten Jahrzehnten eine deutliche Verlängerung der Adoleszenz in das junge Erwachsenenalter hinein ergeben. Junge Menschen zwischen 18 und 30 Jahren geben an, zwar keine Jugendlichen mehr, aber auch noch nicht wirklich erwachsen zu sein. Damit imponiert die Phase des *emerging adulthood* (Arnett, 2007) aufgrund folgender formaler Merkmale: Hinausschieben von Heiratsalter, Einstieg in die Berufstätigkeit und Elternschaft sowie eine größere Toleranz und Diversität, mit der diese Entwicklungsaufgaben in Angriff genommen werden. Zugleich fallen längere Beelterung und finanzielle Abhängigkeit von den Eltern auf, bei der sogar der romantische Partner eine neue Funktion bekommen hat, die des neuen Indikators für Autonomie gegenüber den Eltern. Trotz dieses generellen Trends zu längerer emotionaler und finanzieller Abhängigkeit und zum späteren Auszug aus dem Elternhaus gibt es weiterhin Personen, die durch Entwicklungsverzögerung auffallen und psychopathologische Störungen aufweisen und von daher psychotherapeutischer Hilfe bedürfen (Seiffge-Krenke, 2012).

6 Schlussbetrachtungen

In diesem Kapitel haben wir uns mit psychoanalytischen Konzeptionen der Adoleszenz beschäftigt. Es wurden zunächst die frühen Ansätze in den Arbeiten von Sigmund und Anna Freud dargestellt und die Aufnahme dieser Ansätze in den Folgejahren. Es wurde deutlich, dass der Krisenbegriff, die massive Bedeutung von Körper, Sexualität und Entzug der Besetzungsenergien von den Eltern im Zuge des Ablösungsprozesses eine turbulente Entwicklung beschreiben. Während die traditionellen psychoanalytischen Entwicklungstheorien Phasenmodelle der psychischen Entwicklung annahmen und dabei die Adoleszenz lediglich als eine Neuauflage der ödipalen Phase betrachteten mit einer zweiten Chance, diesen Kernkomplex zu lösen, entwickelten in den folgenden Jahren die Objektbeziehungspsychologie und die Selbstpsychologie neue Konzeptionen aus der frühen Mutter-Kind-Beziehung, die sie dann auf das Jugendalter übertrugen. Sie entwickelten jedoch keine spezifischen Adoleszenztheorien.

Von größerer Bedeutung waren die Arbeiten von Blos, der die frühen Konzeptionen von Trieb- und Abwehrgeschehen aufgreift und die Adoleszenz phasenspezifisch untergliedert, sowie die Arbeiten des Ehepaares Laufer, die die schwierige Leistung der Integration der physisch reifen Genitalien ins Körperselbstbild theoretisch untermauern. Erikson schließlich hat mit seinem Fokus auf der lebenslangen Entwicklung und der Identität in der Adoleszenz bei Abschwächung des Krisenbegriffs eine weitere, sehr einflussreiche Konzeption begründet, die bis heute nichts von ihrer Aktualität verloren hat. Die Entwicklung der letzten Jahre zeigt schließlich keine wirklichen Neuentwicklungen, sondern leichte Akzentverschiebungen: Aus analytischer Sicht scheint der Ödipuskomplex weniger bedeutsam zu sein als noch vor einigen Jahrzehnten. Von sehr viel zentralerer Bedeutung sind dagegen die Autonomieentwicklung des Jugendlichen und deren Auswirkungen auf die Beziehung zu den Eltern.

Peter Blos (1904–1997) – Pädagoge und Biologe

wurde in Karlsruhe geboren, studierte Pädagogik in Heidelberg und promovierte in Wien in Biologie. In den 1920er-Jahren wurde Blos mit Anna Freud bekannt gemacht, die ihn um Hilfe beim Aufbau einer Schule für Kinderanalysen bat.

In den Wiener psychoanalytischen Kreisen unterlag Blos dem Einfluss von August Aichhorn. 1934 floh Blos vor den Nazis in die USA und ließ sich zunächst in New Orleans/LA nieder. Dort war er zunächst als Privatdozent tätig, siedelte jedoch alsbald nach New York um, um weiterhin psychoanalytisch tätig sein zu können.

Blos war zunächst reguläres, ab 1965 Ehrenmitglied der New York Psychoanalytic Society. In den Jahren 1972 bis 1977 gab er dort einen sehr angefragten Kurs über *Delayed Adolescence*. Später lehrte er am *Columbia Psychoanalytic Center* und war Mitbegründer der *Association of Child Psychoanalysis*. Von seinen insgesamt vier Büchern machte ihn *„On adolescence: A psychoanalytic interpretation"* (1962) über die Fachwelt hinaus bekannt. Darin erläuterte er die verschiedenen adoleszenten Entwicklungsschritte von der Latenz zur Post-Adoleszenz. Sein Ziel war es, eine einheitliche Theorie für die Adoleszenz aufzustellen, um darauf aufbauend ein Konzept jugendspezifischer Psychopathologie erarbeiten und die entsprechenden psychoanalytischen Techniken dafür entwickeln zu können. Im Jahr 1967 legte Blos sein Kernkonzept der sogenannten zweiten *Individuation* vor, das durch die Arbeiten von Margaret Mahler stark inspiriert wurde.

6 Schlussbetrachtungen

Den analytischen Konzepten wurden schließlich neuere empirische Befunde aus der Jugendforschung gegenübergestellt. Es wurde deutlich, dass die analytischen Konzepte in den letzten Jahren teilweise bestätigt werden konnten, dass es jedoch auch neue und abweichende Ergebnisse gibt. Psychoanalyse und Entwicklungspsychologie unterscheiden sich in der Bedeutung und Universalität, die sie dem Krisenbegriff zuweisen. Übereinstimmungen zwischen dem analytischen Denkmodell und den empirischen Befunden der Entwicklungspsychologie bestehen insofern, als die Phase der Frühadoleszenz als am belastungsreichsten angesehen und den körperlichen Veränderungen eine große Bedeutung zugeschrieben wird.

Literatur

Adler, A. (1927). *Schwer erziehbare Kinder*. Dresden: Verlag am anderen Ufer.

Aichhorn, A. (1925/1971). *Verwahrloste Jugend*. Bern: Huber.

Albani, C., Geyer, M., Kächele, H. & Pokorny, D. (2003). Beziehungsmuster und Beziehungskonflikte. *Psychotherapeut, 48,* 388–402.

Ariès, P. (1975). *Geschichte der Kindheit*. München: Hanser.

Arnett, J. J. (2000). Emerging adulthood. A theory of development from the late teens through the twenties. *American Psychologist, 55,* 469–480.

Arnett, J. J. (2007). *Adolescence and emerging adulthood: A cultural approach*. Englewood Cliffs: Prentice Hall.

Bernfeld, S. (1923). Über eine typische Form der männlichen Pubertät. *Imago, 9,* 169–188.

Bernfeld, S. (1931). Trieb und Tradition im Jugendalter: Kulturpsychologische Studie an Tagebüchern. *Zeitschrift für Angewandte Psychologie, 54,* 1–89.

Beyers, W. & Seiffge-Krenke, I. (2010). Does identity precede intimacy? Testing Erikson's theory on romantic development in emerging adults of the 21st century. *Journal of Adolescent Research, 25,* 387–415.

Bloch, H. S. (1995). *Adolescent development, psychopathology, and treatment*. Madison; Connecticut: International Universities Press.

Blos, P. (1954). Prolonged adolescence. *American Journal of Orthopsychiatry, 24,* 733–742.

Blos, P. (1962). *On adolescence*. New York: Free Press of Glencoe.

Blos, P. (1964). Die Funktion des Agierens im Adoleszenzprozess. *Psyche, 18,* 120–138.

Blos, P. (1965). The initial stage of male adolescence. *Psychoanalytic Study of the Child, 20,* 145–165.

Blos, P. (1967). The second individuation process of adolescence. *Psychoanalytic Study of the Child, 22,* 162–185.

Blos, P. (1973/2001). *Adoleszenz. Eine psychoanalytische Interpretation*. Stuttgart: Klett-Cotta.

Blos, P. (1976). The split parental imago in adolescent social relations. *Psychoanalytic Study of the Child, 31,* 7–33.

Blos, P. (1985). *Son and father: Before and beyond the Oedipus complex*. New York: Free Press.

Bollas, C. (1995). *Cracking up: The work of unconscious experience*. London: Routledge.

Bowlby, J. (1980). *Trennung. Psychische Schäden als Folge der Trennung von Mutter und Kind*. München: Kindler.

Brainin, E. (1999). Körper-Ich und Unbewusstes. Entwicklung und Körper-Ich in der Kindheit und Adoleszenz. *Kinderanalyse, 7,* 223–239.

Bronstein, C. (2001). *Kleinian Theory: A contemporary perspective*. West Sussex: John Wiley & Sons.

Brown, B. B. (1999). „You are going out with who?" Peer group influences on adolescent romantic relationships. In W. Furman, B. B. Brown & C. Feiring (Hrsg.), *The development of romantic relationships in adolescence* (S. 235–265). New York, NY: Cambridge University Press.

Bürgin, D. (2002). Psychoanalytische Therapie in der Adoleszenz. *Psychotherapie im Dialog, 4,* 331–337.

Coleman, J. S. (1978). Current contradictions in adolescent theory. *Journal of Youth and Adolescence, 7,* 11–34.

Dalsimer, K. (1979). From preadolescent tomboy to early adolescent girl. *Psychoanalytic Study of the Child, 34,* 445–461.

Kapitel 15 · Psychoanalytische Entwicklungsbetrachtungen der Jugend

Deutsch, H. (1944). *The psychology of woman*. Bern: Huber. [Deutsche Übersetzung 1948/1954: Die Psychologie der Frau.

Erikson, E. H. (1950/2000). *Identität und Lebenszyklus*. Frankfurt: Suhrkamp.

Erikson, E. H. (1956). The problem of ego identity. *Journal of the American Psychoanalytic Association, 4*, 56–121.

Erikson, E. H. (1970/1974). *Jugend und Krise: Die Psychodynamik im sozialen Wandel*. Stuttgart: Klett-Cotta.

Erlich, H. S. (1993). Reality, fantasy, and adolescence. *The Psychoanalytic Study of the Child, 48*, 209–223.

Erlich, H. S. (1998). On loneliness, narcissism, and intimacy. *The American Journal of Psychoanalysis, June, 58*, 135–162.

Flaake, K. & King, V. (1992*). Weibliche Adoleszenz*. Frankfurt: Campus.

Fonagy, P. (2003). *Bindungstheorie und Psychoanalyse*. Stuttgart: Klett-Cotta.

Fonagy, P. & Target, M. (2000). Mit der Realität spielen. Zur Doppelgesichtigkeit psychischer Realität von Border-line-Patienten. *Psyche, 55*, 961–995.

Freud, A. (1936/2002). *The ego and the mechanisms of defence*. London: Hogarth Press. [Deutsch: *Das Ich und die Abwehrmechanismen*. London: Imago 1952 und München: Kindler, 1968, 1980.]

Freud, A. (1958). Adolescence. *Psychoanalytic Study of the Child, 13*, 255–278.

Freud, A. (1960). Probleme der Pubertät. *Psyche, 14*, 1–23.

Freud, A. (1968/1982). *Wege und Irrwege in der Kinderentwicklung*. Stuttgart: Klett-Cotta

Freud, S. (1905). *Drei Abhandlungen zur Sexualtheorie*. GW V, S. 30–145.

Freud, S. (1912). *Zur Dynamik der Übertragung*. GW VIII, S. 363–374.

Furman, W., Brown, B. & Feiring, C. (Hrsg.) (1999). *The development of romantic relationships in adolescence*. New York, NY: Cambridge University Press.

Furman, W., Simon, V., Shaffer, L. & Bouchey, H. A. (2002). Adolescents' working models and styles of relationships with parents, friends, and romantic partners. *Child Development, 73*, 241–255.

Graber, J. A., Petersen, A. C. & Brooks-Gunn, J. (1996). Pubertal processes: Methods, measures, and models. In J. A. Graber, J. Brooks-Gunn & A. C. Petersen (Hrsg.), *Transitions through adolescence: Interpersonal domains and context* (S. 23–53). Mahwah, NJ: Lawrence Erlbaum & Associates.

Gray, M. R. & Steinberg, L. (1999). Adolescent romance and the parent-child relationship: A contextual perspective. In W. Furman, B. B. Brown & C. Feiring (Hrsg.), *The development of romantic relationships in adolescence* (S. 291–329). New York, NY: Cambridge University Press.

Hall, G. S. (1904). *Adolescence: its psychology and its relations to physiology, anthropology, sociology sex, crime, religion and education, Vol. II*. New York, NY, US: D Appleton & Company.

Hinshelwood, R. D. (1997). *Therapy or coercion? Does psychoanalysis differ from brainwashing?* London: Karnac Books.

Holmbeck, G. N., Paikoff, R. L. & Brooks-Gunn, J. (1995). Parenting adolescents. In M. H. Bornstein (Hrsg.), *Handbook of parenting. Volume 1 Children and parenting* (S. 91–118). Mahwah, New Jersey: Lawrence Erlbaum Associates.

Jongbloed-Schurig, U. (1999). Störungen der sexuellen und der Geschlechtsidentität in der Adoleszenz – Fragen zur Behandlungstechnik. *Analytische Kinder- und Jugendlichen-Psychotherapie, 101*, 7–28.

King, V. & Flaake, K. (2005). *Männliche Adoleszenz*. Frankfurt: Campus.

Klein, M. (1946). Notes on some schizoid mechanisms. *International Journal of Psychoanalysis, 27*, 99–110.

Kohut, H. (1971). The analysis of the self. *Monograph Series of the Psychoanalytic Study of the Child, 4*. London: The Hogarth Press.

Kroger, J., Martinussen, M. & Marcia, J. E. (2010). Identity status change during adolescence and young adulthood: A meta-analysis. *Journal of Adolescence, 33*, 683–698.

Lampl-de Groot, J. (1965). Zur Adoleszenz. *Psyche, 19*, 477–485.

Laufer, M. (1964). Ego ideal and pseudo ego ideal in adolescence. *Psychoanalytic Study of the Child, 19*, 196–221.

Laufer, M. (1980). Zentrale Onaniephantasie, definitive Sexualorganisation und Adoleszenz. *Psyche, 34*, 365–384.

Laufer, M. L. & Laufer, E. (1984). *Adolescence and developmental breakdown*. New Haven: Yale.

Lee, A. & Hobson, R. P. (1998). On developing self-concepts: A controlled study of children and adolescents with autism. *Journal of Child Psychology and Psychiatry*, 39, 1131–1141.

Lerner, R. M. (1984). Jugendliche als Produzenten ihrer eigenen Entwicklung. In E. Olbrich & E. Todt (Hrsg.), *Probleme des Jugendalters. Neuere Sichtweisen* (S. 69–88). Berlin: Springer.

Mack Brunswick, R. (1940). The preoedipal phase of the libido development. In R. Fleiss (Hrsg.) (1948), *The psychoanalytic reader*. New York: University Press.

Marcia, J. E. (1993). The status of the statuses: Research review. In J. E. Marcia, A. S. Waterman, D. R. Matteson, S. L. Archer & J. L. Orlofsky (Hrsg.), *Ego identity. A handbook for psychosocial research* (S. 22–41). New York: Springer.

Persike, M. & Seiffge-Krenke, I. (2012). Competence in coping with stress in adolescents from three regions of the world. *Journal of Youth and Adolescence, 41*, 863–879.

Piaget, J. & Inhelder, B. (1972). *Die Psychologie des Kindes*. Olten: Walter.

Roth, M. (2004). Das Körperbild im Jugendalter – Ein Literaturüberblick. *Psychosozial, 94*, 91–101.

Sandler, J., Kennedy, H. & Tyson, R. L. (1982). *Kinderanalyse. Gespräche mit Anna Freud*. Frankfurt: Fischer.

Schleske, G., Meng, H. & Bürgin, D. (2002). Trianguläre Phänomene in der Behandlung Jugendlicher im milieutherapeutischen Setting. Teil II: Die Bedeutung der Triangulierungsfähigkeit in der Adoleszenz. *Kinderanalyse, 10*, 143–160.

Seiffge-Krenke, I. (1999). Families with daughters, families with sons: Different challenges for family relationships and marital satisfaction? *Journal of Youth and Adolescence, 3*, 325–342.

Seiffge-Krenke, I. (2001). Die Bedeutung von Phantasieproduktionen für die Psychotherapie bei Kindern und Jugendlichen. *Zeitschrift für Analytische Kinder- und Jugendlichenpsychotherapie, 109*, 113–130.

Seiffge-Krenke, I. (2003). Testing theories of romantic development from adolescence to young adulthood: Evidence of a developmental sequence. *International Journal of Behavioral Development, 27*, 519–531.

Seiffge-Krenke, I. (2006). Leaving home or still in the nest? Parent-child relationships and psychological health as predictors of different leaving home patterns. *Developmental Psychology, 42*, 864–876.

Seiffge-Krenke, I. (2009). *Psychotherapie und Entwicklungspsychwologie. Beziehungen: Herausforderungen, Ressourcen, Risiken* (2., vollständig überarbeitete Auflage). Heidelberg: Springer.

Seiffge-Krenke, I. (2011). Entwicklung in der frühesten Kindheit aus psychoanalytischer Sicht. In H. Keller (Hrsg.), *Handbuch der Kleinkindforschung* (4. korrig., überarb. und erw. Aufl.) (S. 220–247). Göttingen: Huber.

Seiffge-Krenke, I. (2012). *Therapieziel Identität. Veränderte Identiätsentwicklung und ihre therapeutischen Konsequenzen*. Stuttgart: Klett-Cotta.

Seiffge-Krenke, I. & Kirsch, H. (2002). The body in adolescent diaries – The case of Karen Horney. *The Psychoanalytic Study of the Child, 57*, 400–410.

Spiegel, L. A. (1951). A review of contributions to a psychoanalytic theory of adolescence: Individual aspects. *Psychoanalytic Study of the Child, 6*, 375–393.

Spiegel, L. A. (1958). Comments on the psychoanalytic psychology of adolescence. *Psychoanalytic Study of the Child, 13*, 296–304.

Streeck-Fischer, A., Fegert, J. M. & Freyberger, H. J. (2009). Gibt es Adoleszenzkrisen? In J. M. Fegert et al. (Hrsg.), *Adoleszenzpsychiatrie* (S. 183-188). Stuttgart: Schattauer.

Waddell, M. (2002). The assessment of adolescents. Preconceptions and realizations. *Journal of Child Psychotherapy, 28*, 365–382.

Winnicott, D. W. (1965). *The maturational processes and the facilitating environment*. London: Hogarth. [Dt. (1974/2002). *Reifungsprozesse und fördernde Umwelt*. Giessen: Psychosozial Verlag.]

Winnicott, D. W. (1969a). *Kind, Familie und Umwelt*. München, Basel: Reinhardt.

Winnicott, D. W. (1969b): Übergangsobjekte und Übergangsphänomene. *Psyche, 23*, 666–682.

Winnicott, D. W. (1971). *Playing and reality*. London: Tavistock Publications.

Kapitel 16
Die Bindungstheorie

Lieselotte Ahnert
Gottfried Spangler

„Whilst especially evident during early childhood, attachment behavior is held to characterize human beings from the cradle to the grave."
(Bowlby, 1979, S. 129)

„Attachment theory [...] provides an organized set of propositions about social behavior and development that are nested within a compatible but more comprehensive behavioral theory."
(Ainsworth, 1977, S. 49)

Die Erforschung zwischenmenschlicher Interaktionen und Beziehungen wird seit nunmehr sechs Jahrzehnten von der *Bindungstheorie* dominiert. In ihrem Zentrum stehen besondere Formen der Sozialbeziehungen, die sich durch emotionale Sicherheit und Vertrautheit auszeichnen und mit nur wenigen Personen entstehen. Diese Bindungsbeziehungen werden zunächst mit den primären Bezugspersonen erworben, weiten sich jedoch auch auf signifikante andere Personen im weiteren Lebenslauf eines Menschen aus. Die bisherige Forschung konzentrierte sich vornehmlich auf Mutter-Kind-Bindungen, weshalb diese sog. primäre Bindung den Ausgangspunkt der Darstellung bildet. Wir wollen zunächst ihre begriffliche Bestimmung vornehmen und ihre Funktionsweise so darstellen, wie sie sich in der frühen Kindheit zeigt, und werden dafür die Zugangsebenen der klassischen Bindungstheorie benutzen. Diese Beschreibungsebenen werden danach durch weiterentwickelte behaviorale und biopsychologische Erklärungsmodelle ergänzt, die bis in die Bindungsstörungen hineinreichen und die gesamte Lebensspanne umfassen. Schließlich werden wir über aktuelle Brennpunkte der Bindungsforschung diskutieren, die sich mit den verschiedensten Formen von Bindungsrepräsentationen, ihrer transgenerationalen Weitergabe und ihren biopsychologischen Grundlagen beschäftigen. Die Auswahl der vielschichtigen theoretischen Perspektiven und empirischen Befunde werden wir auch hier deutlich begrenzen müssen und verweisen den Leser schon jetzt auf einen umfassenden Überblick in Cassidy und Shaver (2008).

1 Allgemeine Begriffsbestimmung

Bindungsbeziehungen definieren soziale Beziehungen auf der Grundlage von Verhaltenssystemen, die als vorhersagbares Ergebnis *Nähe* zwischen dem Kind und einer ausgewählten erwachsenen Person herstellen. Da Nähe *Schutz* gewährt, wird die Funktion dieses Verhaltens als ein das Überleben der Nachkommen sicherndes System interpretiert. Das Bindungsverhalten ist bei Mensch und Tier in analoger Weise ausgebildet, sodass ethologische Studien von genetisch prädisponierten Verhaltenstendenzen ausgehen, die wiederum auf evolutionsbiologische Adaptationsprozesse zurückgeführt werden (Harlow, 1958; Hinde & Tinbergen, 1958; Lorenz, 1961).

Bindungsverhaltensweisen zeigen sich neben akustischen Signalen insbesondere durch Anklammern an die Bindungsperson, Annähern und Nachfolgen. Beim menschlichen Neugeborenen sind letztere jedoch nur in rudimentärer Form vorhanden und kaum funktionstüchtig. Anstelle dessen werden die frühen Kommunikationstechniken des Säuglings als eine einzigartige (menschliche) Alternative angesehen, Nähe herzustellen und sie auch aufrechterhalten zu können. Über eine differenzierte Lautgebung übermittelt das Baby grundständige Bedürfnisse; über ausdauernde Blickkontakte lernt es, das Gesicht seiner Betreuungsperson zu lesen, den emotionalen Ausdruck zu interpretieren und ihre Zuwendungs- und Betreuungsbereitschaft zu kalkulieren (Hrdy, 2002). Diese frühen Kommunikationssituationen bilden dann auch den Rahmen, in dem sich die Bindung entwickelt, deren Qualität jedoch erheblich in Abhängigkeit davon variiert, ob und in welcher Art und Weise die Betreuungsperson auf die kindlichen Bedürfnisse reagiert. Schließlich entwickelt das Kind auf der Basis dieser Erfahrungen Kompetenzen der emotionalen Regulationsfähigkeit und des Sozialverhaltens, die Auswirkungen auf die Persönlichkeitsentwicklung und auch auf die Gestaltung von Beziehungen bis hin zum Erwachsenenalter haben.

2 Historische Anfänge

John Bowlby gilt als der Begründer der Bindungstheorie, dem mit der Ausarbeitung dieser Theorie eine Integration unterschiedlicher wissenschaftlicher Perspektiven und Erkenntnisse gelang. Als Psychoanalytiker war er mit der inneren psychischen Welt eines Menschen aus Wahrnehmung, Denken, Fühlen und Handeln befasst und von der Bedeutung frühkindlicher psychischer Prozesse überzeugt. In Abgrenzung zu den gängigen psychoanalytischen Untersuchungen der intrapsychischen Dynamik psychischer Störungen, die die Fantasie und das Traumerleben in den Mittelpunkt stellten und nach internen Konflikten zwischen aggressiven und libidinösen Trieben suchten, ging es ihm jedoch vorrangig um die Frage, auf welchen tatsächlichen Erfahrungen diese Dynamik beruhen könnte. Damit brach er so gründlich mit der bisherigen psychoanalytischen Tradition, dass er auf heftige Kritik und Ablehnung stieß.

Bowlby hatte sich jedoch während seiner Arbeit mit den Kindern der Londoner *Child Guidance Clinic* davon überzeugt, dass deren aktuelle Lebensumstände und Betreuungserfahrungen die eigentlichen Ursachen ihrer psychischen Störungen darstellten (vgl. Bretherton, 1992). Er fand Hinweise auf defizitäre Sozialbeziehungen, die durch mütterliche Deprivation verursacht waren, und opponierte gegen psychoanalytische Vorstellungen zur Mutter-Kind-Bindung, wonach die Mutter-Kind-Bindung Ergebnis eines Sekundärtrieb-Mechanismus und auf der Grundlage des Nahrungstriebs dadurch entstehe, dass die Mutter als Nahrungsquelle auch gleichzeitig zur Quelle der emotionalen Befriedigung werde (Bowlby, 1958). Beeindruckt durch die verhaltensethologische Forschung seiner Zeit (vgl. Hinde & Tinbergen, 1958; Lorenz, 1961) definierte Bowlby die Mutter-Kind-Bindung jedoch als ein primäres Bedürfnis, dem das evolutionäre Motiv des Überlebens zugrunde liegt. Belege für diese Erklärung einer von anderen Primärtrieben unabhängigen, angeborenen Verhaltenstendenz lieferten vor allem tierexperimentelle Arbeiten. Beispielsweise ließ Harlow (1958) Rhesusaffenbabys mit künstlichen Müttern aufwachsen, von denen die *Plüschmutter* mit flauschigen Polstern ausgestopft und von einer Glühbirne erwärmt wurde. Die *Drahtmutter* bestand dagegen aus einem zylindrischen Metallkörper, der mit einer Milchflasche ausgerüstet als Nahrungsquelle diente (Abb. 16.1). Bei der Wahl zwischen diesen zwei künstlichen Ersatzmüttern tranken die Rhesusaffenbabys in aller Eile bei der Drahtmutter, um anschließend die meiste Zeit des Tages bei der Plüschmutter zu sein, zu der sie auch flüchteten, wenn etwas sie beunruhigte. Sie demonstrierten damit ein ausgeprägtes Bindungs- und Schutzbedürfnis, das stärker als das Nahrungsbedürfnis war.

Um den Bindungserfahrungen des Menschen einen intrapsychischen Wirkungsort (eine mentale Ebene im Gedächtnis) zuweisen zu können, ließ sich Bowlby von Erklärungsmodellen der kognitiven Psychologie anregen, die zur damaligen Zeit vorzugsweise auf mentale Schemata zurückgriff. Bowlby (1969) benutzte jedoch anstelle dessen das *Internal Working Model* und stellte damit die mentale Repräsentation von Bindungserfahrungen dar, mit denen bindungsrelevante Verhaltensweisen situationsabhängig organisiert werden. Er verwendete zudem die kybernetischen Merkmale von Regelkreis-Systemen, mit denen er die dynamischen Eigenschaften dieser flexiblen Verhaltensorganisation abbilden konnte.

Die grundständige Ausarbeitung der Bindungstheorie ließ Bowlby gleichsam durch intensive Verhaltensbeobachtungen flankieren, für die er eine Forschungsgruppe an der Tavistock-Klinik gründete. Hier führten auch das Ehepaar Robertson sowie Heinecke und Westheimer systematische Beobachtungen an trennungsbelasteten Kindern durch (Heinecke & Westheimer, 1965; Robertson, 1969; Robertson & Robertson, 1975). Beobachtungsmethoden wurden auch von Mary Ainsworth noch eingesetzt, als sie nach einer kurzzeitigen Arbeit in Bowlbys Forschungsgruppe die Aufrechterhaltung emotionaler Sicherheit in Uganda untersuchte (Ainsworth, 1967). Ainsworth war es auch, die den Fokus auf individuelle Unterschiede in der Bindungsqualität richtete. Zurückgekehrt aus Uganda, untermauerte sie später empirisch wesentliche Aussagen der Bindungstheorie an der Johns Hopkins University in Baltimore/MD, entwickelte mit der *Fremden Situation* eine zentrale Methode zur Erfassung von Bindungsunterschieden im Kleinkindalter (Ainsworth & Wittig, 1969; Ainsworth et al., 1978) und das *Feinfühligkeitskonzept* (Ainsworth, Bell & Stayton, 1974), mit dem sie die emotionale Verfügbarkeit der Bezugsperson für die Bindungsentwicklung apostrophierte.

Abb. 16.1: Harlows Untersuchungen der Primärbedürfnisse bei Rhesus-Affen.

Die Bindungsforschung breitete sich danach rasch international und mit den ersten Längsschnittstudien in Bielefeld und Regensburg auch in Deutschland aus (vgl. Spangler & Grossmann, 1995). Nur in den kommunistischen Ländern Osteuropas wurde sie als Angriff auf die Emanzipation der Frau gewertet und abgelehnt (Schmidt-Kolmer & Schmidt, 1962). Das Bindungskonstrukt wurde vor allem im Hinblick auf seine inner- und intrapsychische Struktur (Bretherton, 1985), Organisation (Main, Kaplan & Cassidy, 1985; Sroufe & Waters, 1977) und Variabilität (Main & Solomon, 1990) weiter empirisch überprüft und theoretisch ausgebaut. Die Methoden zur Erfassung der Bindungsqualität wurden vielfältiger und facettenreicher, wie sich dies mit dem *Attachment Q-Sort* (Waters, 1995), dem *Projektiven Geschichtenergänzungsverfahren* (Bretherton, Ridgeway & Cassidy, 1990; Gloger-Tippelt & König, 2011) und in einer Reihe von Interviewmethoden für Jugendliche und Erwachsene (Crowell et al., 2002; George, Kaplan & Main, 1996; Zimmermann & Scheuerer-Englisch, 2003) widergespiegelt.

3 Allgemeine theoretische Orientierungen

Da eine zentrale Grundannahme der Bindungstheorie besagt, dass das artspezifisch angelegte Bindungsbedürfnis beim Menschen erst durch soziales Lernen zu einer Bindungsbeziehung ausgebaut wird (Bowlby, 1969, 1973; Schaffer & Emerson, 1964), sind individuelle Interaktions- und Beziehungserfahrungen bei der Erforschung der Bindung grundlegend, um daraus unterschiedliche Bindungsqualitäten bewerten sowie unterschiedliche Konsequenzen für die Entwicklung ableiten zu können.

3.1 Die Bindungsbeziehung und ihre Funktionsweise

Bindung gründet sich auf die Interaktionserfahrungen mit einer bevorzugten Person (Bindungsperson), charakterisiert die Beziehung zu ihr und ist infolgedessen *kein* Persönlichkeitsmerkmal (Bretherton, 1985, S. 6). Bindungsbeziehungen werden von Person zu Person verschieden ausgebildet und sind zeitlich auch veränderbar. Mit Bindung, wie sie Bowlby (1969) als *„someone means that he [a child] is strongly disposed to seek proximity to and contact with a specific figure and to do so in certain situations, notably when he is frightened, tired or ill"* (ebd., S. 371) ausgewiesen hat, wird die *sichere* Bindung als eine Beziehung charakterisiert, die die Gefühlswelt des Kindes stabilisiert, damit das Kind seine Umwelt angstfrei explorieren kann, im Gegensatz zur *unsicheren* Bindungsbeziehung, die dies nicht leistet.

(1) Grundlegende Funktionsweise des Bindungssystems. Bowlby (1969) beschrieb die Mutter-Kind-Bindung als dynamisches Modell, das sich auf Umweltveränderungen stetig neu einstellt. Danach wird das Bindungssystem dann aktiviert, wenn Irritationen und Bedrohungen die kindlichen Umweltauseinandersetzungen blockieren. Das Kind braucht dann die Bindungsperson als *Sicherheitsbasis* (*secure base* oder *secure haven*), um seine Gefühle auszubalancieren (vgl. Bretherton, 1985). Die Bindungsperson reagiert hier zumeist intuitiv mit einer Reihe von Maßnahmen (des *Fürsorgesystems* bzw. des sog. *Caregiving-Systems*, vgl. Bell & Richard, 2000), die auf den eigenen Beziehungserfahrungen gründen. Das Bindungsverhaltenssystem des Kindes und das Fürsorgesystem der Bindungsperson werden dagegen deaktiviert, wenn die kindlichen Gefühle ausbalanciert sind und das Kind im vollen Umfang seiner Fähigkeiten die Umwelt erkundet bzw. wenn das Explorationssystem aktiviert ist (Abb. 16.2, S. 408). Auf der

Basis der spezifischen Erfahrungen mit seinen Bezugspersonen entwickelt sich beim Kind im Verlauf der Zeit das sogenannte *IWM (Internal Working Model)* der Bindung, welches die bindungsrelevanten Erfahrungen des Kindes intrapsychisch repräsentiert und Wissen über eigene Handlungsmöglichkeiten und Erwartungen an das Verhalten der Bezugspersonen beinhaltet. Das IWM schließt nicht zuletzt Wissen über das eigene Selbst ein (Bretherton, 1985). Ein IWM wird als innere Organisationsinstanz betrachtet, die das Verhalten in bindungsrelevanten Situationen steuert und nachhaltigen Einfluss auf die weitere sozial-emotionale Entwicklung ausübt, im Verlauf des Lebens zunehmend zum Charakteristikum der Person wird und damit die Persönlichkeitsentwicklung prägt (vgl. Thompson, 2008).

(2) Die Bindungs-Explorations-Balance. Als komplementäres Verhaltenssystem zur Bindung wurde das Explorationssystem mit seiner evolutionären Funktion deswegen in die Bindungstheorie integriert, weil Informationen über die Umwelt ebenfalls größte Wichtigkeit für das Überleben haben. Die ungehemmte Natur der Exploration sei jedoch selbst so gefährlich, dass sie durch Bindung in Schach gehalten werden müsse. Infolgedessen postulierte Bowlby (1969) ein zyklisches und umweltabhängiges Zusammenspiel des Bindungs- und Explorationssystems: Danach ist das Explorationsverhalten nur bei niedrigem Sicherheitsbedarf aktiviert; bei einem plötzlich einsetzenden Sicherheitsbedarf hält es inne. Zu einem erhöhten Sicherheitsbedarf kann allerdings auch die Konfrontation mit Neuheit führen, was ebenfalls vom Bindungssystem geregelt werden kann. Die Bindungssicherheit bietet dann den Vorteil einer besseren Explorationsqualität im Sinne einer konzentrierten Aufmerksamkeit und eines geförderten Interesses. In einer Erweiterung des Konzeptes der *Bindungs-Explorations-Balance* wurde der Bindungsperson auch eine aktive Rolle und nicht nur die des Rückzugs zugebilligt. Beispielsweise kann eine Bindungsperson eine begleitende Rolle bei der Umwelterkundung des Kindes übernehmen und damit den kindlichen Rückzug vor Schwierigkeiten von vornherein minimieren (Grossmann et al., 2002).

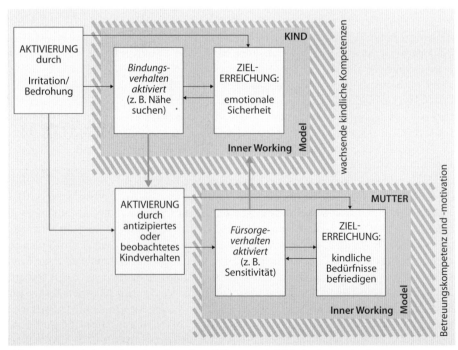

Abb. 16.2: Dynamik der Bindungsbeziehung (in Anlehnung an Bell & Richard, 2002, S. 71).

3 Allgemeine theoretische Orientierungen

(3) Einsatz unterschiedlicher bindungsbezogener Verhaltensstrategien. Marvin und Kollegen (Marvin, Cooper, Hoffman & Powell, 2002) haben mit dem *Circle of Security* die verschiedensten Funktionen *der sicheren Basis/des sicheren Hafens* in den Blick genommen und diverse Verhaltensstrategien formuliert, die in der Mutter-Kind-Bindung die emotionale Sicherheit beim Kind entwickeln und aufrechterhalten helfen. Diese Strategien greifen auf Forschungsbelege zurück, wie sie nicht nur als Bindungs-Explorations-Balance zwischen dem Kind und seiner Bindungsperson, sondern auch in der Freude am Körperkontakt, dem affektiven Austausch mit der Bindungsperson sowie der Aufmerksamkeit und Unterstützung für gemeinsame Aktivitäten zu beobachten sind (vgl. Howes & Smith, 1995; Pederson & Moran, 1995; Strayer, Verissimo, Vaughn & Howes, 1995).

(4) Bindungssicherheit und Identitätsentwicklung. Eine sichere Mutter-Kind-Bindung bedeutet demnach, positive Emotionen des Kindes zu stärken, unangenehme Emotionen zu reduzieren sowie an den Auseinandersetzungen des Kindes mit seiner Umwelt teilzuhaben. Die Mutter-Kind-Interaktion zeichnet sich dabei durch die kontingente Antwort der Mutter auf die Signale des Kindes aus, die auch die Fähigkeit zur Reparatur besitzt, wenn Missverständnisse und Störungen auftreten. Auf diese Weise lernt das Kind Kommunikationsstrukturen und deren Abweichungen kennen, erfährt Umstände, unter denen Störungen auftreten, und wie sie beseitigt werden. Kinder erfahren in Bindungskontexten eine Verankerung ihrer Identität in einem Beziehungsgefüge. Im Falle von *unsicheren* Bindungsbeziehungen, die sich durch mangelnde Kontingenz und Reaktionsbereitschaft von Müttern auszeichnen und Dialogstrukturen und Emotionen weniger oder ungenügender regulieren, sollte die Identitätsentwicklung kaum in das Beziehungsgefüge eingebettet sein. Es ist deshalb verständlich, dass den sicheren Bindungserfahrungen ein besonderer Einfluss auf die soziale Identität zugesprochen wird, die auch Beziehungen zu anderen sich angemessen entwickeln lassen (z. B. Bretherton & Munholland, 2008; Sroufe, 1996; Weinfield, Sroufe, Egeland & Carlson, 2008).

3.2 Erfahrungsabhängigkeit der Bindung: Verfügbarkeit und Sensitivität

Die Verfügbarkeit und Fürsorglichkeit (Sensitivität, Responsivität und Feinfühligkeit) einer Bindungsperson gelten in der klassischen Bindungstheorie als eine der wichtigsten Grundlagen der Bindung. Bowlby (1973) ging davon aus, dass Bindungssicherheit nur im Rahmen einer kontinuierlichen und sensitiven Betreuung des Kindes erreicht werden kann. Infolgedessen sollten Kinder kaum optimale Bindungsbeziehungen entwickeln, deren betreuende Mütter als emotional ausdrucksarm bzw. zurückweisend erlebt wurden (Matas, Arend & Sroufe, 1978) oder von denen angenommen werden musste, dass sie zu sehr auf die Selbständigkeit des Kindes drängten (Grossmann, Grossmann, Spangler, Suess & Unzner, 1985).

Als klassisches Verfahren zur Erfassung der Feinfühligkeit gilt ein von Ainsworth, Bell und Stayton (1974) entwickeltes Beurteilungsverfahren, das die Promptheit und Adäquatheit bewertet, mit der Mütter auf die Signale ihrer Kinder reagieren. Dabei werden vier Kriterien des mütterlichen Verhaltens dahingehend erfasst, inwieweit die Signale des Kindes (a) wahrgenommen, (b) richtig interpretiert, (c) angemessen und (d) prompt beantwortet werden. Als in den 1990er-Jahren die Sensitivität zu einem der meist untersuchten Parameter der Mutter-Kind-Bindung geworden war, führten De Wolff und van IJzendoorn (1997) eine Meta-Analyse an über 1.000 Mutter-Kind-Beziehungen durch, bei denen die Bindungssicherheit nur mit einer Stärke von $r = .24$ in Zusammenhang mit Feinfühligkeit bzw. sensitivitätsverwandten mütterlichen Verhaltensweisen stand. Demnach konnte nur knapp 6 % der Varianz der Bindungsqualität durch die Sensitivität erklärt werden, sodass der Schluss gezogen werden musste, dass eine Bindungsbeziehung durch weitere wesentliche Faktoren konstituiert sein muss. Tatsächlich hat sich bereits vereinzelt gezeigt, dass weitgehend unbeachtete Betreuungsaspekte aus dem Umfeld des Kindes (wie beispielsweise die Familiengröße) zum Beziehungsaufbau signifikant beitragen. In einer Studie an russischen Großfamilien (vgl. Ahnert, Meischner & Schmidt, 2000), die auf engem Raum in den Kommunal-Wohnungen aus der Stalin-Ära untergebracht waren, nahm beispielsweise mit zunehmender Familiengröße der Zusammenhang zwischen der mütterlichen Sensitivität und der Qualität der Mutter-Kind-Bindung signifikant ab. Offensichtlich übte das gesamte familiäre Netzwerk einen so wesentlichen Einfluss auf die Bindungssicherheit des Kindes aus, dass der mütterliche Einfluss nur marginal wirkte. Mögliche negative Komponenten konnten durch das familiäre Netzwerk kompensiert werden. Zudem wurde durch De Wolff und van IJzendoorns (1997) Meta-Analyse herausgefunden, dass die frühe Mutter-Kind-Interaktion der ersten Lebensmonate die Bindungssicherheit viel zuverlässiger prädiziert als die Interaktionen gegen Ende des ersten Lebensjahres. Offensichtlich spielen die mit zunehmendem Alter einhergehenden Veränderungen im kindlichen Interaktionsverhalten für die mütterliche Zuwendung eine größere Rolle als bislang angenommen. Um den wachsenden Kompetenzen des Kindes gerecht zu werden und auf diese Veränderungen angemessen Bezug nehmen zu können, muss die mütterliche Sensitivität des *klassischen* Feinfühligkeitskonzeptes (Ainsworth et al., 1974) durch altersangepasste Merkmale erweitert werden. Die prompte Reaktion auf die Distress-Signale eines Kindes kann zwar zentral in der Mutter-Kind-Beziehung der ersten Lebensmonate sein. In den späteren Entwicklungsperioden, wenn beispielsweise die wachsenden Selbstbehauptungstendenzen des Kindes zu Trotzanfällen und anderen Dysregulationen im kindlichen Verhalten führen, sollte es dagegen wichtiger sein, vorsichtig abwartend die Verhaltenskontrolle gemeinsam mit dem Kind zu entwickeln. So wurden beispielsweise von Sroufe und Kollegen (Matas, Arend & Sroufe, 1978) Konzepte wie *supportive presence* und *quality of assistance* und darauf aufbauend *respect for child's autonomy* (NICHD Early Child Care Research Network, 2003) entwickelt.

3.3 Das Optimalitätstheorem

Als evolutionär orientierte Theorie betrachtet die klassische Bindungstheorie ein Verhaltenssystem, das sich in der langen Menschheitsgeschichte herausgebildet hat, um das Überleben des Nachwuchses zu sichern. Das Bindungsverhalten sollte damit in einer *Umwelt evolutionärer Angepasstheit* (UEA) entstanden sein, die Bowlby (1969) auf das Leben kleiner Gruppen von Jägern und Sammlerinnen in der afrikanischen Savanne bezog. Diese Verankerung in der Evolution hat nachfolgend dazu veranlasst, ein Optimalitätskriterium danach zu bestimmen, wie gut unterschiedliche Bindungsbeziehungen die Überlebenschancen für den Nachwuchs in der UEA garantierten. Infolgedessen konnte nur mit der sicheren Bindung die optimale, mit der unsicheren Bindung dagegen nur ein suboptimaler Typ einer Beziehung vorliegen (vgl. Main, 1981). Als empirischer Nachweis wurde auch die Prävalenz der Bindungsmuster herangezogen: Noch bis in die jüngste Zeit werden aktuelle Untersuchungen mit der Baltimore-Studie (Ainsworth, Blehar, Waters & Wall, 1978) verglichen, in der 66 % der Kinder sicher gebunden waren, als wenn dies eine universelle Norm wäre. Dabei hatten bereits van IJzendoorn und Kroonenberg (1988) in einer Meta-Analyse bei fast 2.000 Mutter-Kind-Bindungen aus 32 Studien aus 8 unterschiedlichen Ländern beträchtliche inter- und intrakulturelle Unterschiede gefunden, die die Universalität des Optimalitätstheorems in Zweifel zogen. In modernen evolutionsbiologischen Betrachtungen wird ohnehin auf derartige Ad-hoc-Bewertungen von Verhaltensstrategien verzichtet. Daher sollte es auch in evolutionär begründeten Vorstellungen zur Bindung keine Beziehungsmuster geben, die in Hinblick auf ihren Anpassungswert von vornherein unterschiedliche Optimalitätskriterien erwerben: *„There is no best mothering (or attachment) style, different styles are better in different circumstances, and natural selection would act to favor individuals with a range of potential styles from which they select appropriately […] mothers and babies will be programmed (by evolution) not simply to form one sort of relationship but a range of possible relationships according to circumstances."* (Hinde, 1982, S. 71)

Allerdings kann nicht übersehen werden, dass die Bindungsmuster systematisch auf zwei orthogonal aufeinander bezogenen Verhaltensdimensionen variieren: *Kontakterlangung* (die vom Nähe-Suchen bis hin zu Kontakterhaltung variiert) sowie *Vermeidung* (die vom Vermeiden bis hin zum Widerstand gegen Kommunikationsangebote variiert). Eine derartige Verhaltensmatrix könnte ein menschliches Grundmuster zwischenmenschlicher Bindungsbeziehungen (*species-typical pattern*; vgl. Tooby & Cosmides, 1992) reflektieren, in dem individuelle Verhaltensvariationen entstehen, die sich im Rahmen der zwei Dimensionen Kontakterlangung und Vermeidung manifestieren (Abb. 16.3). Für die Existenz der Variationen dieses Grundmusters sprechen die ausgeprägte Prävalenz der unsicheren Bindungsbeziehungen, die vor allem im kulturellen Vergleich viel zu häufig sind, um als maladaptiv charakterisiert zu werden, und sich mit diesem häufigen Vorkommen auch deutlich von desorganisierten Bindungsmustern oder Bindungsstörungen unterscheiden (vgl. van IJzendoorn, Schuengel & Bakermans-Kranenburg, 1999). Mit einem Erklärungsansatz zu variierenden Grundmustern könnte der grundständige Widerspruch in der klassischen Bindungstheorie aufgehoben werden, bei dem unterschiedliche Bindungsmuster einerseits variable Adaptationen auf Lebensanforderungen darstellen, jedoch andererseits auch normative Adaptationen beschreiben können, die die Variabilität unter den jeweiligen Lebensanforderungen vernünftig begrenzen (ausführlich in Ahnert, 2005).

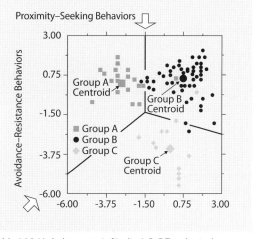

Abb. 16.3: Verhaltensmatrix für die A-B-C-Typologie der Bindungsbeziehungen (aus Ahnert, 2005, S. 232).

4 Klassische Befunde und zentrale Ergebnisse

Sechzig Jahre Bindungstheorie haben eine überwältigende Anzahl von empirischen Studien wie auch theoretischen Erklärungsansätzen hervorgebracht, die immer wieder neue Fragen aufwarfen, die weiterführend bearbeitet wurden, aber auch so kontrovers diskutiert werden mussten, dass einiges davon keinen Bestand hatte. Im Nachfolgenden werden wir uns auf Forschungsbereiche konzentrieren, die zum heutigen Kernwissen der Bindungstheorie gehören.

4.1 Primäre Bindungsbeziehungen und ihre Typologie

Mehrheitlicher Konsens besteht in der grundständigen Beschreibung einer Mutter-Kind-Bindung: Richtet ein geängstigtes und irritiertes Kleinkind sein Verhalten auf die Mutter in Form von Nähe-Suchen und Kontakt-Erhalten aus, so ist dies eine Mutter-Kind-Bindung, wie sie von Ainsworth und Mitarbeitern (Ainsworth et al., 1978) als sog. *sichere* Bindung (Typ B) bestimmt wurde. Die Mutter fungiert hierbei als *Sicherheitsbasis/sicherer Hafen*; ihre Nähe, ihre Zuwendung und ihr Trost helfen dem Kind, Angst und Hilflosigkeit zu bewältigen.

Nicht immer ist jedoch eine Mutter in der Lage, dem Kind emotionale Verfügbarkeit bzw. Sicherheit zu bieten. Aus *unsicheren* Bindungsbeziehungen ist bekannt, dass Kleinkinder ihre Mütter regelrecht *vermeiden* können, ihr beispielsweise den Rücken zudrehen, ihren Blicken ausweichen und sich aus ihrer Berührung oder unmittelbaren Nähe entfernen, wenn die Mutter helfen und trösten will. Um vermutlich Wut und Ärger erst gar nicht ausdrücken zu müssen, führen diese Kinder ihr Verhalten von der Mutter weg und versuchen, sich emotional selbst zu regulieren. Paradoxerweise hält genau dies eine gewisse Nähe zur Mutter aufrecht, da in derartigen *unsicher-vermeidenden* Bindungsbeziehungen (Typ A) negative kindliche Emotionsäußerungen ausbleiben und die Interaktion regulär fortgeführt werden kann (vgl. Main, 1981). Darüber hinaus gibt es eine *unsicher-ambivalente* Variante der Bindungsbeziehung (Typ C), bei der ein irritiertes Kind zwar Nähe und Körperkontakt bei der Mutter sucht und die Beziehung auch herstellen will, sie jedoch immer wieder abbricht und sich abwendet. Diese kurzzeitigen Beziehungsepisoden sind ineffektiv und wenig geeignet, die Irritationen des Kindes abzubauen und seine emotionale Gefühlswelt zu stabilisieren.

Zusätzlich zu den Kategorien sicherer und unsicherer Bindungsqualität wurde von Main und Solomon (1990) das *desorganisierte* Bindungsmuster (Typ D) beschrieben, das vor allem dadurch gekennzeichnet ist, dass bei den betroffenen Kindern keine durchgängigen Verhaltensstrategien beobachtet werden können, die darauf gerichtet sind, die kindliche Gefühlswelt unter Einbezug der Bindungsperson zu stabilisieren. In der *Fremden Situation* (konkret: in den Episoden der Wiedervereinigung mit der Bindungsperson) zeigen diese Kinder widersprüchliches Verhalten, unterbrochene Bewegungen, Desorientierungen oder Furchtreaktionen. Da jedoch zumeist Bruchstücke sicherer oder unsicherer Bindungsstrategien erkennbar sind, wird eine von der Bindungssicherheit unabhängige zweite Dimension der Bindungsqualität vermutet (vgl. Spangler & Grossmann, 1999). Zur Entstehung dieser Desorganisation trägt ein Verhalten der Bindungsperson bei, das sich in ängstlichem bzw. beängstigendem Verhalten (Main & Solomon, 1990), feindseligen oder intrusiven Reaktionen (Cicchetti, Toth & Lynch, 1995; Lyons-Ruth, Bronfman & Parsons, 1999) und/oder fehlangepassten Kommunikationstechniken (Beebe et al., 2010) äußert. Ein solches aversives Verhalten muss zwangsläufig zum Zusammenbruch der Organisation des Bindungsverhaltens führen, da das kindliche Bindungssystem über eine Bedrohung aktiviert wird, die von der gleichen Person ausgeht, auf die auch das kindliche Bindungsverhalten ausgerichtet ist. Analog der unsicheren Bindung wird auch die Bindungsdesorganisation als suboptimal für eine gesunde kindliche Entwicklung betrachtet. Bindungsdesorganisation ist jedoch keine grundsätzlich pathologische Bindungsbeziehung, sie wird jedoch als Risiko in der Entwicklungspsychopathologie angesehen (vgl. Greenberg, 1999).

Die Bindungsdesorganisation tritt besonders häufig in Hochrisiko-Stichproben auf, zu denen Kinder gehören, die nachweislich Vernachlässigungen, Misshandlungen oder häuslicher Gewalt ausgesetzt waren oder psychisch kranke Mütter haben. Darüber hinaus scheint es jedoch auch andere Verursachungen zu geben: So haben Spangler, Fremmer-Bombik und Grossmann (1996) schon bei Neugeborenen deutlich eingeschränkte Fähigkeiten für Verhaltensorganisa-

4 Klassische Befunde und zentrale Ergebnisse | 413

tion gefunden und dispositionelle Faktoren vermutet, die in neueren Studien mit genetischen Merkmalen assoziiert werden. Dabei wurde insbesondere auf Gen-Kandidaten hingewiesen, die sich auf die Emotionsverarbeitung und damit auch auf die Bindungsbeziehung auswirken können. Insbesondere können zwei natürlich auftretende Gen-Varianten dazu beitragen, emotionale Erfahrungen unterschiedlich effektiv zu verarbeiten. Beispielsweise trägt das DRD4-Gen die Bauanleitung für einen Rezeptor, der im Zentralen Nervensystem (ZNS) Andockstellen für den Botenstoff Dopamin bildet. Das DRD4-7-repeated-Allel (im Kontrast zum 4-repeated-Allel) gilt dabei als kritisch, weil ihm ineffektive Rezeptor-Eigenschaften nachgesagt werden: Bei seinem Vorhandensein sinkt die Dopamin-Hemmung, was Erregungen bewirkt, die einer angemessenen Emotionsregulation entgegenwirken. Ähnliche Auswirkungen haben Gene aus der 5-HTT-Gruppe, die den Transport des Neurotransmitters Serotonin in den synaptischen Spalt zwischen den Nervenzellen steuern. Das 5-HTTLPR-Gen mit 14-repeated-Allelen (im Kontrast zu 16-repeated-Allelen) vermindert dort den Serotoningehalt und verzögert damit die Informationsweiterleitung so, dass die Emotionsregulation ebenfalls behindert wird. Es bedarf in diesen Fällen einer besonderen elterlichen Feinfühligkeit, damit das Kind keine Fehlanpassungen ausbildet. So konnten Spangler, Johann, Ronai und Zimmermann (2009) zeigen, dass bei Vorhandensein eines kurzen 5-HTTLPR-Gens sich die Auftrittswahrscheinlichkeit für eine Bindungsdesorganisation erhöhte, wenn die Mütter insensitiv waren. Mangelhafte Feinfühligkeit wirkte sich auch negativ beim Vorhandensein des DRD4-7-repeated-Allels auf die Mutter-Kind-Beziehung aus, die durch ausgeprägtes externalisierendes Verhalten des Kindes belastet wurde (vgl. Bakermans-Kranenburg & van IJzendoorn, 2006).

4.2 Sekundäre Bindungsbeziehungen in der Kindheit

Wegen der evolutionsbiologischen Begründung des Bindungsmotivs wurde die Bindung eines Kindes an eine nicht-mütterliche Person zunächst nur sehr zögerlich und als Ausnahmefall diskutiert. Diese Vorstellung einer *Monotropy* („aufgezogen von nur einer Person" [grch.]) wurde in Weiterentwicklung der Bindungstheorie jedoch recht bald aufgegeben, da immer deutlicher wurde, dass ein so wichtiges Verhaltenssystem nicht ausschließlich an eine spezifische Person geknüpft werden kann, wenn es der überlebenssichernden Funktion gerecht werden soll. Daher wurden zunehmend zunächst die Vater-Kind-Bindungen näher betrachtet und später dann auch andere Bindungsbeziehungen des Kindes zu Erzieher/inne/n oder Lehrer/inne/n in den Blick genommen worden. Dabei haben sich Untersuchungen zur Erforschung dieser Bindungsbeziehungen zunächst an den Eigenschaften der Mutter-Kind-Bindung orientiert, jedoch alsbald die zum Teil erheblichen Unterschiede herausgearbeitet, die gegenüber den Eigenschaften und Funktionen der Mutter-Kind-Bindung bestehen. So wird die Mutter-Kind-Beziehung vor allem anhand ihrer sicherheitsgebenden und stressreduzierenden Funktion beschrieben, für die die mütterliche Feinfühligkeit mit prompten und angemessenen Reaktionen auf die Schutzbedürfnisse des Kindes konstitutiv ist; auch wird die spätere Fähigkeit des Kindes zur emotionalen Selbstregulation mit dieser Art von Beziehungserfahrungen verbunden.

(1) Vater-Kind-Bindung. Die kindliche Beziehung zum Vater scheint sich dagegen typischerweise in Anregungs- und Beschäftigungssituationen herauszubilden und vorrangig durch motorische Stimulationen geprägt zu sein. Außerdem setzt die Vater-Kind-Bindung auf die Autonomie- und Partizipationsbestrebungen des Kindes und wird mit der Entwicklung kindlicher Exploration und Neugier verbunden (vgl. Grossmann et al., 2002; Seiffge-Krenke, 2001). Diese von der Mutter-Kind-Bindung so differenten Beziehungsmuster können unter bestimmten

Familienkonstellationen und -situationen auch in einer völlig anderen Weise erfahrbar werden. Beispielsweise rekurrieren alleinerziehende Väter auch auf die stressreduzierenden und sicherheitsgebenden Merkmale typischer mütterlicher Betreuungsmuster, wenn sie ein Kleinkind weitgehend allein aufziehen müssen. Insgesamt darf man wohl davon ausgehen, dass die Betreuungsmuster von Müttern und Vätern gemeinsam die Grundlage von Beziehungserfahrungen reflektieren, die für eine normale Sozialentwicklung des Kindes in unserer Kultur gebraucht werden.

(2) Erzieher/innen-Kind-Bindungen. Forderungen, nach denen Erzieher/innen in modernen Kindereinrichtungen auch Bindungsfunktionen erfüllen sollten, sind immer wieder erhoben worden. Allerdings stellt sich dabei die Frage, wie diese Forderungen im Rahmen einer Gruppenbetreuung einlösbar sind und unter welchen Voraussetzungen eine Erzieherin überhaupt zu einer Bindungsperson werden kann. Dazu hat eine Meta-Analyse an über 2.800 Kindern aus 40 internationalen Studien (vgl. Ahnert, Pinquart & Lamb, 2006) gezeigt, dass Erzieherinnen-Kind-Beziehungen zweifellos bindungsähnliche Eigenschaften zugesprochen werden können. Diese schließen neben zuwendenden, sicherheitsgebenden und stressreduzierenden Aspekten auch Unterstützung und Hilfen beim kindlichen Erkunden und Wissenserwerb ein. Im Kontrast zu einer in der Regel ungeteilten mütterlichen Aufmerksamkeit für das Kind muss die Erzieherin jedoch eine Kindergruppe beaufsichtigen, innerhalb derer sie dann Bindungsbeziehungen entwickeln kann. Dies erfordert einen völlig anderen Prozess des Bindungsaufbaus und seiner Aufrechterhaltung als von einer Mutter bekannt. Forschungsstudien zeigen, dass sichere Erzieher/innen-Kind-Bindungen in jenen Kindergruppen entstehen, in denen die Gruppenatmosphäre durch ein empathisches Erzieherverhalten bestimmt wird, das gruppenbezogen ausgerichtet ist und über prosoziale Interaktionen die Gruppendynamik reguliert (Ahnert, 2009). Die Bedürfnisse eines jeden einzelnen Kindes können dabei nur selektiv, müssen jedoch zum richtigen Zeitpunkt bedient werden. Weil darüber hinaus der kindliche Beitrag zum Bindungsaufbau mit zunehmendem Alter schwächer wird und auch geschlechtsabhängig ausfällt, gehen jüngere Kinder häufiger als ältere und Mädchen häufiger als Jungen sichere Erzieher/innen-Kind-Bindungen ein (Überblick in Ahnert, 2008).

Die Beziehungsgestaltung im Kindergarten sollte auf jeden Fall dazu dienen, Wissen kindgerecht zu vermitteln. Indem die Bildungsangebote in bindungssichere Beziehungsstrukturen eingebettet sind, kann das vorhandene mentale Potenzial des Kindes effizient ausgeschöpft werden, wie dies die Ergebnisse einer experimentellen Studie belegt haben: Während 5- bis 6-jährige Vorschulkinder bekannte kognitive Aufgaben am Computer lösen mussten (Begriffs- und Analogiebildungen, Teil-Ganzes-Zuordnungen und andere Problemlöse-Aufgaben), wurde ihnen supraliminal das Bild ihrer jeweiligen Erzieherin eingeblendet. Tage zuvor war die Beziehungsqualität zwischen Kind und Erzieherin durch unabhängige Beobachter erfasst worden. Waren die Erzieherinnen-Kind-Beziehungen durch bindungssichere Merkmale gekennzeichnet, lösten die Vorschulkinder die Aufgaben um ein Vielfaches schneller, zeigten sich lernfreudiger und anstrengungsbereiter als Kinder, deren Beziehung zu ihren Erzieherinnen eher distant geblieben oder gar belastet war (Ahnert, Milatz, Kappler, Schneiderwind & Fischer, 2013).

(3) Lehrer/innen-Kind-Bindungen. Empirische Studien haben auch demonstrieren können, dass eine nahe Beziehung (*closeness*) zu einer Lehrerin in den ersten Schuljahren zur optimalen Herausbildung des schulischen Leistungsprofils beiträgt (z. B. Hamre & Pianta, 2001; Pianta, Steinberg & Rollins, 1995; Pianta & Stuhlmann, 2004), während konflikthafte Schüler-Lehrerinnen-Beziehungen (*conflict*) mit schlechten Schulleistungen in Verbindung gebracht wurden und vor allem den Schuleintritt massiv belasteten (z. B. Hughes & Kwok, 2007; Murray, Waas & Murray, 2008; Stipek & Miles, 2008). Systematisch erhobene Cortisoltagesprofile bei Schulan-

4 Klassische Befunde und zentrale Ergebnisse | 415

fängern am Ende und Anfang einer Schulwoche demonstrierten darüber hinaus ein von Montag zu Freitag verändertes Belastungsgeschehen: Während die Cortisolmesskurven am Montag die typischen großen Abfallgradienten zeigten, die auf eine optimale Stressregulation hindeuteten, verflachten diese Kurven am Freitag und demonstrierten damit eine erhöhte Belastung am Ende der Schulwoche. Interessanterweise waren dabei jedoch vor allem Schüler/innen betroffen, deren Beziehung zu ihren Lehrer/inne/n konfliktbeladen waren, während Schüler/innen in bindungssicheren Beziehungen keine Anzeichen einer erhöhten Belastung zeigten (Ahnert, Harwardt-Heinecke, Kappler, Eckstein-Madry & Milatz, 2012).

4.3 Bindungsbeziehungen im Jugend- und jungen Erwachsenenalter und die Herausbildung von Partnerschaftsbeziehungen

Während sich die Bindungsforschung ursprünglich mit frühkindlichen Bindungen, deren Determinanten und Konsequenzen beschäftigte, entstand im Verlauf der Zeit ein zunehmendes Interesse an den Bindungsbeziehungen bei Jugendlichen und jungen Erwachsenen mit den folgenden Schwerpunkten:

(1) Besonderheiten in der Bindung zu den Eltern. Bindungsbeziehungen von Jugendlichen zu ihren Eltern stehen in einem Spannungsverhältnis zum Autonomiebestreben der Jugendzeit. Danach begünstigen sichere Bindungserfahrungen mit den Eltern eine offene dyadische Kommunikation, die auch in emotional herausfordernden Situationen durch feinfühliges Elternverhalten unterstützt und vor allem auch weiterhin zur Emotionsregulation eingesetzt wird. Auch die Auflösung der Spannung zwischen Bindung und Autonomie gelingt mit sicheren IWMs in der Regel besser. Jugendliche mit sicheren IWMs präferieren kooperatives Verhalten gegenüber den Eltern, während feindseliges Verhalten eher bei Jugendlichen mit unsicheren IWMs auftritt (z. B. Allen, 2008; Zimmermann, Mohr & Spangler, 2009).

(2) Die Gestaltung von Peer-Beziehungen. Gleichzeitig beginnen Jugendliche, ihre Bindungserfahrungen auf andere Personen, insbesondere auf gleichaltrige und gleichrangige Jugendliche (die *Peers*) auszuweiten. Da Merkmale der Intimität und Unterstützungssuche übernommen werden, die aus den Bindungserfahrungen mit den Eltern stammen, können Peer-Beziehungen als kritische Kontexte für individuelle Unterschiede in Bindungsprozessen dargestellt werden. Während Kobak und Sceery (1988) zeigen konnten, dass Jugendliche Unterschiede im Sozialverhalten ihrer Peers in Abhängigkeit von ihren IWMs wahrnehmen, fand Zimmermann (2004) Einflüsse der jugendlichen IWMs auch auf die Gestaltung von Freundschafts- und Peer-Beziehungen. Danach waren Jugendliche mit sicheren IWMs in ihrem emotionalen Ausdrucksverhalten kohärenter, besser emotional reguliert und selbst bei emotionaler Belastung noch zu kooperativem Verhalten fähig (Zimmermann, Maier, Winter & Grossmann, 2001).

(3) Partnerschaftsbeziehungen. Partnerschaftsbeziehungen haben ähnliche Funktionen wie Bindungsbeziehungen, unterscheiden sich allerdings von Eltern-Kind-Bindungen insbesondere im Hinblick auf ihre Reziprozität (Ainsworth, 1991; Crowell & Waters, 1994): Während in der Eltern-Kind-Bindung emotionale Unterstützung von der Bindungsperson erwartet und auch gewährt wird, kann in einer Partnerschaft sowohl die unterstützungssuchende wie auch unterstützungsgewährende Funktion für den jeweils anderen übernommen werden. Konzeptuell wird hier zwischen einem auf den Bindungserfahrungen mit den Eltern basierenden IWM und einer spezifischen Paarbindungsrepräsentation unterschieden, die das Verhalten in der Paarbeziehung gemeinsam beeinflussen (Behringer, Reiner & Spangler, 2011; Crowell et al., 2002; Treboux, Crowell & Waters, 2004). Dabei demonstrieren die Befunde aus vielen Studien,

in denen junge Paare über ihre frühen Bindungen, ihre Einstellungen zu aktuellen Intimbeziehungen sowie ihre tatsächlichen Erfahrungen und Erlebnisse mit ihren Partnern interviewt, aber auch in ihrem Partnerschaftsverhalten beobachtet wurden, dass die Paarbindungsrepräsentation im Sinne einer Prototyp-Hypothese eine gewisse Korrespondenz zu den IWMs der eigenen Bindungsrepräsentation aufweisen kann. So reflektierten Erwachsene ihre Partnerschaften sorgfältig, wenn ihre IWMs Merkmale der Bindungssicherheit enthielten. Sie betrachteten sich selbst als liebenswerte Menschen, fühlten sich wohl in intimen Beziehungen, machten sich kaum Sorgen darüber, dass jemand ihnen zu nahe kommen oder dass man sie verlassen könne. In Einklang mit diesen Einstellungen adressieren Erwachsene mit sicheren IWMs ihre wichtigsten Liebesbeziehungen mit Begriffen wie Vertrauen, Glück und Freundschaft. Sie fühlen sich auch wohl dabei, bei ihren Partnern um Trost und Hilfe zu suchen und berichten über befriedigende sexuelle Aktivitäten (z. B. Behringer et al., 2011; Creasey 2002; Roisman, Collins, Sroufe & Egeland, 2005). Erwachsene mit einer unsicher-vermeidenden Bindungsgeschichte betonten dagegen ihre Unabhängigkeit und zeigten sich misstrauisch gegenüber Nähe, so wie sie auch davon überzeugt waren, dass andere Menschen sie nicht mögen. Eifersucht, emotionale Distanz sowie kurzlebige sexuelle Affären und Erfahrungen kennzeichneten ihre Liebesbeziehungen (z. B. Collins & Feeney, 2000). Erwachsene, deren IWMs Merkmale unsi-

Während in der Eltern-Kind-Bindung eine emotionale Unterstützung von der Bindungsperson erwartet und auch gewährt wird, kann in einer Partnerschaft sowohl die unterstützungssuchende wie unterstützungsgewährende Funktion für den jeweils anderen übernommen werden. Eine auf den Bindungserfahrungen mit den Eltern basierende *Bindungsrepräsentation* wird dabei von einer spezifischen *Paarbindungsrepräsentation* unterschieden, die gemeinsam das Verhalten in der Paarbeziehung beeinflussen.

4 Klassische Befunde und zentrale Ergebnisse | 417

cher-ambivalenter Bindungserfahrungen enthielten, versuchten sich dagegen sehr schnell zu verlieben, waren jedoch gleichzeitig darüber besorgt, dass die Intensität ihrer Gefühle sie überwältigen könnte. Sie bezweifelten, ob ihre Partner ihnen wirklich Liebe entgegenbringen und mit ihnen zusammenbleiben wollten. Ihre Partnerschaftsbeziehungen waren infolgedessen von Eifersucht, emotionalen Hochs und Tiefs sowie einem Misstrauen darüber durchzogen, ob die Partner ihre Zuneigung überhaupt erwidern (z. B. Brennan & Shaver, 1995).

4.4 Erfassung von Bindungsbeziehungen

Die Palette der Methoden, die Bindungsbeziehungen valide erfassen, ist mittlerweile sehr groß geworden und reicht von teilnehmenden Verhaltensbeobachtungen über Spielverfahren, Interviews und Fragebögen bis hin zu quasi-experimentellen Anforderungen. In diesem Abschnitt beschränken wir uns auf nur zwei der anfänglich entwickelten *klassischen* Erfassungsmethoden für den Kinder- und Erwachsenenbereich.

(1) Die Fremde Situation. Zur Erfassung der Qualität der Bindungsbeziehung für Kleinkinder entwickelten Ainsworth und Mitarbeiter (Anisworth et al., 1978) die *Fremde Situation*, in der videografiert wird, wie über acht 3-minütige Episoden das Bindungssystem aktiviert und beansprucht wird (Tabelle 16.1). Schwerpunkt der Durchführung sind die Konfrontation mit

Zusammenfassung der 8 Episoden der Fremden Situation			
# Episode	Anwesende Personen	Dauer	Beschreibung
1	Mutter, Baby, Beobachter/in	30 Sek.	Beobachter/in zeigt Mutter und Baby das Labor und verlässt anschließend den Raum.
2	Mutter & Baby	3 Min.	Mutter ist unbeteiligt, während Baby exploriert; falls nötig, wird nach 2 Min. ein Spiel angeregt.
3	Fremde, Mutter & Baby	3 Min.	Fremde tritt ein. 1. Min.: Fremde verhält sich ruhig. 2. Min.: Fremde spricht mit Mutter. 3. Min.: Fremde nähert sich Baby an. Nach 3. Min. verlässt Mutter unauffällig den Raum.
4	Fremde & Baby	≤ 3 Min.[1]	Erste Trennungsepisode: Verhalten der Fremden richtet sich nach dem Baby.
5	Mutter & Baby	≥ 3 Min.[2]	Erste Wiedervereinigung: Mutter begrüßt und/oder tröstet Baby und versucht dann, es wieder zum Spielen anzuregen. Mutter verlässt anschließend wieder den Raum und sagt „bye-bye".
6	Baby alleine	≤ 3 Min.[1]	Zweite Trennungsepisode.
7	Fremde & Baby	≤ 3 Min.[1]	Fortsetzung der zweiten Trennungsepisode: Fremde betritt den Raum und richtet sein Verhalten nach dem des Babys.
8	Mutter & Baby	3 Min.	Zweite Wiedervereinigung: Mutter betritt den Raum, begrüßt Baby und nimmt es auf. Fremde verlässt unauffällig den Raum.

[1] Episode wird verkürzt, falls Baby übermäßig gestresst.
[2] Episode wird verlängert, falls mehr Zeit benötigt wird, bis das Baby sich wieder dem Spiel zuwendet.

Tabelle 16.1: Die Durchführung der Fremden Situation (Auszug aus Ainsworth et al., 1978).

einer fremden Person und zwei kurzzeitige Trennungen des Kindes von der Bezugsperson, die notwendig sind, um das Bindungsverhaltenssystem zu aktivieren und um in den nachfolgenden Wiedervereinigungen (Episoden 5 und 8) beurteilen zu können, inwieweit die Mutter als Sicherheitsbasis fungiert, d. h. die Kinder Nähe zu ihr suchen, Körperkontakt zulassen und sich beruhigen bzw. die Kontaktaufnahme vermeiden oder Widerstände und Ambivalenzen gegenüber der Mutter aufbauen.

Es werden vor allem vier Verhaltensdimensionen (*Nähe-Suchen, Kontakt-Erhaltung, Vermeidung* und *Widerstand*) mit ihren jeweiligen Ausprägungen in den Episoden 5 und 8 (relativ zur Episode 2) wichtig, um Verhaltensprofile zu erzeugen, die verschiedene Bindungsmuster separat voneinander definieren. Danach zeigt die *sichere* Bindung (Typ B) den erwarteten Anstieg beim Nähe-Suchen und in der Kontakterhaltung, während die *unsicher-vermeidende* Bindung (Typ A) sich durch eine hohe Ausprägung der Vermeidung der Nähe und des Kontakts zur Bezugsperson offenbart und die *unsicher-ambivalente* Bindung (Typ C) durch intensiviertes Nähe-Suchen bei gleichzeitigem Kontakt-Widerstand die sicherheitsgebende Funktion einer Bindungsperson kaum zu nutzen versteht (Abb. 16.4). Für die widersprüchlichen und bizarren Verhaltensweisen der *Bindungsdesorganisation* (Typ D) haben Main und Solomon (1990) einen Katalog zusammengestellt, der nach Anwendung der A-B-C-Klassifikation die D-Merkmale aufsucht. Starke, häufige und extreme Verhaltensauffälligkeiten aus diesem Katalog rechtfertigen dann die Bestimmung der desorganisierten Bindung (Typ D), die auf einen A-B-C-Bindungstyp aufgesetzt wird. So kann beispielsweise auch eine B-Bindung durch vermehrte D-Merkmale zu einer D/B-Bindung werden.

(2) *Das Adult Attachment Interview.* Die *Fremde Situation* wird als prospektive Methode benutzt, um entwicklungspsychologische Konsequenzen zu untersuchen, die mit den erhaltenen Bindungsmustern in Verbindung stehen. Demgegenüber ist das *Adult Attachment Interview* (*AAI*; George, Kaplan & Main, 1996; Gloger-Tippelt, 2012) entwickelt worden, um die mentale

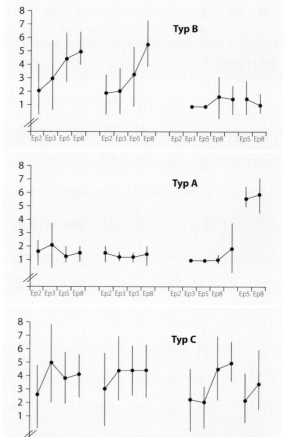

Abb. 16.4: Ausprägung der Verhaltensdimensionen (Mittelwerte/Streuung) in den Episoden 2, 3, 5 und 8 gemäß Ainsworth et al. (1978) zur Bestimmung der A-B-C-Typologie der Bindungsbeziehungen.

4 Klassische Befunde und zentrale Ergebnisse 419

Bindungsrepräsentation bei Jugendlichen und Erwachsenen zu bestimmen. Das Interview wird als retrospektives Verfahren eingesetzt, um frühe Bindungserfahrungen rekonstruieren und vor allem die aktuellen Bewertungen dieser Erfahrungen (*state of mind regarding attachment;* vgl. Allen, 2008) erfassen zu können (Abb. 16.5).

Während die Fremde Situation die IWMs in ihren Anfängen mit ihren verhaltensbezogenen Charakteristiken erfasst, geht man beim *Adult Attachment Interview* von bereits abstrahierten symbolischen IWMs aus. Beide Verfahren verwenden jedoch analoge Kategoriesysteme, wie sie beim AAI in den Bindungsvariationen von *sicher-autonom* (entspricht Typ B), *unsicher-distanziert* (entspricht Typ A), *unsicher-verwickelt* (entspricht Typ C) und *unverarbeitet-traumatisiert* (entspricht Typ D) ausgewiesen sind (Tabelle 16.2, S. 420). Bei der Entwicklung dieser Systeme wurde vermutet, dass sie miteinander korrelieren, wenn die Veränderungen im Betreuungskontext der Heranwachsenden auf die typischen Entwicklungsaufgaben beschränkt bleiben (z. B. Schulabschluss, Eintritt ins Berufsleben) und nicht durch zusätzliche kritische Lebensereignisse (z. B. Wohnortwechsel, Betreuungswechsel, Scheidung etc.) belastet werden (vgl. Waters, Merrick, Treboux, Crowell & Albersheim, 2000).

(3) Die Beschreibung von Bindungsstörungen. Bindungsstörungen als Formen schwerwiegender Psychopathologie werden auf der Grundlage abweichender beziehungsbezogener Verhaltensmerkmale des Kindes beschrieben, dabei werden auch Merkmale einer pathogenen Fürsorge einbezogen. Sie wurden bisher wie folgt aufgeführt:

(a) Reaktive Bindungsstörung des Kindesalters. Diese Störung tritt in den ersten fünf Lebensjahren auf und beschreibt ein Kind, das in seiner Bindungsbereitschaft ausgeprägt gehemmt ist und mit Ambivalenz und Furchtsamkeit auf Erwachsene reagiert. Zudem zeigen Kinder dieser Störungsgruppe einen Verlust emotionaler Ansprechbarkeit, gerade auch in Situationen, in denen man eine Aktivierung des Bindungsverhaltenssystems erwarten würde. Sie meiden soziale Kontakte, sind ängstlich, überempfindlich und reagieren aggressiv auf das Erleben eigener Traurigkeit. Die Störung ist im ICD-10 (*International Classification of Diseases*, 1998; deutsch 2000: *Diagnostik-System für psychische Störungen im Kindes- und Jugendalter nach ICD-10*) als F94.1 und im DSM-V (*Diagnostic and Statistical Manual of Mental Disorders*, 2013) als *Reactive Attachment Disorder* aufgeführt.

(b) Bindungsstörung des Kindesalters mit Enthemmung. Es handelt sich um ein spezifisches, abnormes soziales Funktionsmuster, das während der ersten fünf Lebensjahre auftritt und trotz deutlicher Änderungen in den Milieubedingungen auch darüber hinaus persistieren kann. Die Symptome bestehen in diffusen, nichtselektiven Bindungsverhaltensweisen, in aufmerksamkeitssuchendem und wahllos freundlichem sowie Nähe- und Kontaktsuche-Verhalten gegenüber unvertrauten Personen. Die Störung ist im ICD-10 als F94.2 und im DSM-V als *Disinhibited Social Engagement Disorder* aufgenommen.

FRAGEN des *Adult Attachment Interviews* richten sich auf ...

... die heutige Beziehung zu den Eltern und wie sie bewertet wird.

... die Beziehung zur Mutter, wobei 5 ihrer Eigenschaften mit konkreten Erläuterungen genannt werden sollen.

... die Beziehung zum Vater, wobei ebenfalls 5 seiner Eigenschaften erläutert werden sollen.

... den Vergleich der Beziehungen zu Mutter und Vater.

... Zuwendung und Unterstützung und bei wem sie in Belastungs¬situationen, Traurigkeit und Krankheit gesucht wurde.

... Trennungserfahrungen, Erfahrungen von Zurückweisungen oder gar Bedrohung und Misshandlung.

Abb. 16.5: Zentrale Fragen des Adult Attachment Interviews.

Kapitel 16 Die Bindungstheorie

(c) Störung der sicheren Basis. Neben den Störungsvarianten bindungsloser Kinder haben darüber hinaus Lieberman und Zeanah (1995) *Störungen der sicheren Basis* bei Kindern mit bestehenden Bindungen beschrieben. Diese Störung kann nach einem Verlust der Bindungsperson entstehen und sich in einer Selbstgefährdung des betroffenen Kindes ausdrücken, das ohne jeden Rückgriff auf eine neue Betreuungsperson exzessiv exploriert. Diese Störung kann sich andererseits jedoch auch in einer Überanpassung und Rollenumkehr oder als ausgeprägtes Anklammern zeigen, was die kindliche Explorationsfunktion erheblich einschränkt. Die Prävalenz von Bindungsstörungen ist in Normalpopulationen sehr niedrig (etwa 1 %), wesentlich höher jedoch bei Kindern aus Kinderheimen. Bindungsstörungen treten vor allem auch bei Kindern mit stetig wechselnden Bezugspersonen oder vielfältigen Erfahrungen von Vernachlässigung, Misshandlung und häuslicher Gewalt auf. In den letzten 20 Jahren sind in umfangreichen Längsschnittstudien Bindungsstörungen von Kindern untersucht worden, die nach dem Zusammenbruch des Ostblocks aus den dortigen Kinderheimen in Adoptiv- oder Pflegefamilien gegeben wurden. Danach waren Bindungsstörungen weniger ausgeprägt, je früher die Kinder die Heime verlassen hatten, wie auch ihre normale sozial-emotionale Entwicklung wahrscheinlicher wurde, je früher die Kinder Bindungsbeziehungen unten den neuen Betreuungsbedingungen erwerben konnten (ausführlich in O'Connor & Rutter, 2000; Zeanah, Smyke, Koga & Carlson, 2005).

Variationen von Bindungsbeziehungen

Methoden	Sicher	Unsicher-vermeidend	Unsicher-ambivalent	Desorganisiert-desorientiert
FREMDE SITUATION (Ainsworth et al. 1978; Main & Solomon, 1990) Verarbeitung kurzer Trennungen von der Mutter, insbesondere bei Wiedervereinigung von Mutter und Kind (Kleinkindalter: 12. bis 18. Lebensmonat)	Offenes emotionales Ausdrucksverhalten Nähe suchen und Kontakterhalten zum Zwecke der Stressreduktion Rückkehr zu Exploration	Verdeckter Emotionsausdruck Nähe vermeidendes Verhalten Konzentration auf Interaktion und Exploration Stress reduziert sich langsam	Starke emotionale Betroffenheit Nähe suchendes Verhalten wechselt mit ärgerlichem Kontaktwiderstand Kaum Interaktion und Exploration Stress kann nicht reduziert werden	Aversives und bizarres Ausdrucksverhalten (z. B. Angst angesichts der Bindungsperson, einfrierende Bewegungen) Widersprüche in der Bindungsstrategie (z. B. die Nähe der Bindungsperson suchen, um sie zu ignorieren)
Methoden	**Sicher-autonom**	**Unsicher-distanziert**	**Unsicher-verwickelt**	**Unverarbeitet-traumatisiert**
ADULT ATTACHMENT INTERVIEW (George, Kaplan & Main, 1996) Narrative über Bindungserfahrungen in der Kindheit (Jugend- und Erwachsenenalter, beginnend etwa ab dem 16. Lebensjahr)	Wertschätzung von Bindungserfahrungen Kohärente Schilderung und Bewertung der eigenen Bindungserfahrungen	Abwertung von Bindung Inkohärenz in der Schilderung der eigenen Bindungserfahrungen durch: Mangel an Erinnerungen, mangelnde Integration von einzelnen Erfahrungen, Idealisierung der Bindungsperson	Passivität des Diskurses, Bericht irrelevanter Details Wiederholt widersprüchliche Bewertungen der eigenen Bindungserfahrungen Ärger über Bindungsperson	Bericht über traumatische Erfahrungen, dabei sprachliche Auffälligkeiten

Tabelle 16.2: Bindungsbeziehungen im Vergleich: Fremde Situation und Adult Attachment Interview.

4.5 Bindungsstabilität im Lebenslauf: Vom verhaltensbezogenen zum repräsentationsbezogenen Internal Working Model (IWM)

Eine der zentralen Thesen der Bindungstheorie lautet, dass frühe Bindungserfahrungen wichtige Implikationen für die sozial-emotionale Entwicklung im weiteren Lebenslauf besitzen. So ging man lange Zeit davon aus, dass Unterschiede in den Bindungsrepräsentationen des Erwachsenenalters bereits in den IWMs der frühen Kindheit reflektiert sind. Dies suggerierte eine altersübergreifende Stabilität bindungsbezogener Früherfahrungen, die sich auch tatsächlich in einigen Längsschnittbefunden zeigen. So fanden beispielsweise Main und Cassidy (1988) für sichere vs. unsichere Verhaltensstrategien von sechsjährigen Kindern in den Wiedervereinigungsepisoden der *Fremden Situation* mit ihren Müttern die entsprechende Korrespondenz zu den in der frühen Kindheit erfassten IWMs. Dies konnte in der Regensburger Längsschnittstudie zunächst auch bestätigt werden (vgl. Wartner, Grossmann, Fremmer-Bombik & Suess, 1994). Wurden die Analysen jedoch längsschnittlich weiter ausgedehnt, konnten die Bindungsrepräsentationen im Jugendalter aus den frühen IWMs in keiner der deutschen Studien mehr vorhergesagt werden (Becker-Stoll, Fremmer-Bombik, Wartner, Zimmermann & Grossmann, 2008; Zimmermann, Fremmer-Bombik, Spangler & Grossmann, 1997). Derartige Vorhersagen erwiesen sich auch in amerikanischen Studien als wenig belastbar, wo sie in einigen Studien gelangen (z. B. Hamilton, 2000; Waters et al., 2000), in anderen jedoch nicht (z. B. Lewis, Feiring & Rosenthal, 2000; Weinfield, Sroufe & Egeland, 2000). Auch die aktuellen Befunde aus der NICHD-Studie an über 800 jungen Erwachsenen konnten keine Bindungsstabilität von der frühen Kindheit bis zum Erwachsenenalter nachweisen (Groh, Roisman, Booth-LaForce, Fraley, Owen, Cox & Burchinal, 2013). In einer Meta-Analyse wurden nun kürzlich 127 Studien zusammenfassend analysiert, die über 21.000 Bindungsbeziehungen mehrfach erhoben hatten (Pinquart, Feußner & Ahnert, 2012). Die Zeitabstände zwischen den Wiederholungsmessungen variierten von sechs Monaten bis zu 29 Jahren und ließen eine mittlere Bindungsstabilität (r = .39) erkennen. Die Stabilität war höher, wenn zwischen den Wiederholungsmessungen weniger als drei Jahre lagen, und sie war wesentlich niedriger, wenn mehr als fünf Jahre vergangen waren. Für die mangelnde Bindungsstabilität sind nun verschiedene Erklärungen möglich:

(1) Determinismus. Eine hohe Bindungsstabilität in der Lebensspanne überhaupt zu vermuten verweist auf einen frühkindlichen Determinismus, der von seinen psychoanalytischen Wurzeln her verständlich argumentiert, durch das Theoriengerüst der Bindungstheorie jedoch nicht getragen wird. Bindung wird in der Bindungstheorie zwar als ein zentrales Entwicklungsthema im Kleinkindalter apostrophiert und die erfolgreiche Etablierung von Bindungssicherheit als eine wesentliche Voraussetzung für weitere Entwicklungsaufgaben angesehen. Allerdings argumentiert Sroufe (1979) in einem Modell der Entwicklungsthemen (*developmental issues*) zu Recht, dass Bindungsbeziehungen selbst Gegenstand von Anpassungsprozessen werden können und sich damit verändern. In mehreren Längsschnittstudien haben sich auch tatsächlich kritische Lebensereignisse als Verursachung der Instabilität von Bindungsmustern ausweisen lassen (Becker-Stoll et al., 2008; Waters et al., 2000; Zimmermann et al., 1997).

(2) Unterschiede in der Erfassung der IWMs. Die IWMs im Klein- und Vorschulalter werden typischerweise auf der Verhaltensebene erfasst, z. B. über Verhaltensstrategien in den Wiedervereinigungsepisoden der *Fremden Situation*. Die Beschreibung der IWMs in späteren Entwicklungsabschnitten greift jedoch zumeist auf deren bereits verallgemeinerte Repräsentationsebene zu und prüft dort mentale Eigenschaften, z. B. die Kohärenz in den

Narrativen des *Adult Attachment Interviews*, die biografische Bindungserfahrungen berichten. Ungeklärt ist dabei, inwieweit es sich hier tatsächlich um unterschiedliche Aspekte ein und desselben IWMs handelt oder ob unterschiedliche IWMs erfasst werden, die vielleicht auch unabhängig voneinander agieren. Interessanterweise fiel die Bindungsstabilität in der Meta-Analyse von Pinquart, Feußner und Ahnert (2012) höher aus, wenn die Mehrfachmessungen jenseits der frühen Kindheit lagen und infolgedessen verhaltensbezogene Zugänge zu den entsprechenden IWMs entfielen bzw. ausschließlich repräsentationsbezogene IWMs verglichen wurden.

IWMs über die gesamte Lebensspanne hinweg einheitlich erfassbar zu machen, damit Stabilitätsaussagen auf dem gleichen Zugang beruhen, erfordert durchgängige verhaltensbezogene Analysen. Einen ersten Versuch machten Zimmermann et al. (1997), als sie zu den konkreten Verhaltensstrategien von zehnjährigen Kindern eine Korrespondenz zu deren frühen IWMs fanden. Allerdings wurden keine Zusammenhänge zwischen diesen Verhaltensstrategien der Kinder und ihren aktuellen IWMs berichtet. Die aktuellen IWMs aber zeigten erwartungsgemäß eine hohe Stabilität zu den späteren IWMs mit sechzehn Jahren. In analoger Weise konnten Geserick und Spangler (2007) unterstützungssuchendes Verhalten von sechsjährigen Kindern gegenüber ihren Müttern durch die Bindungsmerkmale aus früheren IWMs vorhersagen, während die aktuellen IWMs von diesen Verhaltensstrategien losgelöst erschienen (vgl. auch Main & Cassidy, 1988; Wartner et al., 1994). Damit machen auch verhaltensbezogene Zugänge die Grenzen einer Bindungsstabilität über lange Zeitverläufe sichtbar.

(3) Generalisierte Repräsentationsmodelle. Die fehlende Übernahme von IWMs aus der Kindheit in die Erwachsenenzeit kann mit Sicherheit auch dadurch erklärt werden, dass die Facetten von Bindungen mit zunehmendem Alter und umfänglicheren Beziehungserfahrungen einfach vielschichtiger werden. Dabei bezieht sich die Bindungsqualität im Kleinkindalter auf dyadische Merkmale zu ausgewählten Bindungspersonen. Es gibt jedoch Hinweise, dass mit zunehmenden Beziehungserfahrungen eine Reihe von Transformationen relevant werden, mit denen die bereits bestehenden Bindungen vor dem Hintergrund der aktuellen Beziehungserfahrungen neu bewertet und zu einem allgemeinen mentalen Status (*state of mind regarding attachment;* vgl. Allen, 2008; Allen & Miga, 2010) werden. Danach werden im Verlauf der Lebensspanne zunehmend weniger spezifische und eher generalisierte IWMs ausgebildet, die sowohl bereits erworbene als auch aktuelle Bindungserfahrungen repräsentieren. Dies erklärt dann aber auch, warum lineare Zusammenhänge von den frühen IWMs zu den späteren Bindungsrepräsentationen zunehmend weniger erwartbar sind und warum die Bindungsstabilität vor allem dann fehlt, wenn IWMs vom Kleinkindalter mit denen aus dem Erwachsenenalter verglichen werden (vgl. Pinquart et al., 2012).

4.6 Transgenerationale Weitergabe von Bindung

Interessant sind auch Zusammenhänge zwischen den mütterlichen und den kindlichen IWMs, wenn man davon ausgeht, dass das mütterliche Betreuungsverhalten die Grundlage für die kindlichen Bindungserfahrungen ist, die in das sog. *caregiving system* (Bell & Richard, 2000) eingehen und ihrerseits durch die mütterlichen Bindungserfahrungen geprägt sind. Tatsächlich konnten deshalb Zusammenhänge der mütterlichen IWMs nicht nur zu den frühkindlichen IWMs (Grossmann, Fremmer-Bombik, Rudolph & Grossmann, 1988), sondern auch zu den IWMs der mittleren Kindheit und des Jugendalters hergestellt werden

4 Klassische Befunde und zentrale Ergebnisse 423

(Zimmermann et al., 1997). Selbst als die IWMs bei werdenden Müttern (und damit noch vor der Geburt des Kindes) erfasst wurden, konnte dieses Phänomen demonstriert werden: Die Mutter-Kind-Bindung des erwarteten Kindes konnte für sein erstes Lebensjahr aus den IWMs der Mütter vorhergesagt werden (Steele, Steele & Fonagy 1996). Selbst im Kontext dysfunktionaler Bindungserfahrungen stellen sich derartige transgenerationale Transmissionsprozesse ein. So wurde ein unverarbeiteter elterlicher Bindungsstatus in Verbindung zur Desorganisation der kindlichen Bindung gebracht (Ainsworth & Eichberg, 1991). Allerdings hat van IJzendoorn (1995) in einer Meta-Analyse von bis dahin 18 durchgeführten Studien nur an 75 % der Fälle (von N = 854) die transgenerationale Transmission demonstrieren können und damit gezeigt, dass sie zwar robust ist, jedoch nicht mit Notwendigkeit entsteht (*gap of transmission*). In der Debatte um die Voraussetzungen für transgenerationale Transmissionsprozesse werden seither folgende Bedingungen als konstitutiv angesehen:

(a) Feinfühligkeit. Da sich Mütter mit einem sicheren im Vergleich zu einem unsicheren IWM auch feinfühliger gegenüber ihren Kindern verhalten und Feinfühligkeit die Grundlage der kindlichen Bindungssicherheit darstellt, muss die mütterliche Feinfühligkeit als zentraler vermittelnder Prozess zwischen dem kindlichen und dem mütterlichen IWM angesehen werden (für eine umfassende Argumentation siehe Cassidy, 2008).

(b) Fähigkeit zur Übernahme der Perspektive des Kindes. Die Fähigkeit, sich in die intrapsychischen Prozesse des Kindes hineinzuversetzen und aus der Perspektive des Kindes dessen Verhalten zu bewerten und zu begleiten, wird in Konstrukten wie *Mind-Mindedness* (Meins, Fernyhough, Fradley & Tuckey, 2001), *Mentalization* (Fonagy & Target, 1998) und *Insightfulness* (Koren-Karie, Oppenheim, Dolev, Sher & Etzion-Carasso, 2002) thematisiert. Wurden hohe Ausprägungen dieser Fähigkeiten erfasst, wurden typischerweise auch feinfühlige Verhaltensweisen beobachtet.

(c) Elterliche Partnerschaft. Die Fähigkeit der Mutter, sich in der Partnerschaft Unterstützung zu holen und sie auch zu bekommen, verstärkt den Einfluss der mütterlichen IWMs auf die Feinfühligkeit und infolgedessen auch auf die Herausbildung der kindlichen IWMs und führt damit zu transgenerationaler Transmission (vgl. Behringer, Reiner & Spangler, 2011).

Insgesamt lässt sich damit feststellen, dass die *transmission gap* umso unwahrscheinlicher wird, je ausgeprägter Feinfühligkeit und Fähigkeit zur Übernahme der Perspektive des Kindes sind sowie wenn partnerschaftliche Unterstützungsprozesse wirken, die den feinfühligen Umgang mit dem Kind befördern bzw. einschränken.

4.7 Biopsychologische Indikatoren für die Funktion von Bindungsrepräsentationen

Für die Beschreibung des Zusammenspiels von biologischen und psychologischen Systemen werden häufig Coping-Modelle verwendet, die psychische mit physiologischen Erregungen koppeln und in Homöostase-Prozessen darstellen, wie sie reguliert werden. So hat Bowlby (1969) für das Zusammenspiel bindungsbezogener und physiologischer Prozesse innere und äußere Homöostase-Schleifen vermutet, die die Ausbalancierung der Erregungen ermöglichen. Befindet sich eine Person beispielsweise in einer Erregungssituation, so kann das Ungleichgewicht zwischen ihr und der Umwelt durch Verhaltensänderungen behoben werden (äußerer Homöostase-Ring), oder wenn dies nicht gelingt, kann die Anpassung durch eine physiologische Aktivierung (innerer Homöostase-Ring) erfolgen. In Hinblick auf Personen mit sicheren Bindungsrepräsentationen wird davon ausgegangen, dass sie im Vergleich zu

Kapitel 16 · Die Bindungstheorie

unsicheren Personen bei bindungsbezogener Erregungsaktivierung einen besseren Zugang haben. Da sie über die notwendigen Coping-Strategien verfügen, ist eine Regulation über den äußeren Homöostase-Ring möglich, sodass es damit kaum zu physiologischen Aktivierungen kommt, die eine Belastung darstellen können. Die folgenden Beispiele sollen dies verdeutlichen:

(1) Betreuungsqualität und physiologische Erregung. Wie Betreuungserfahrungen die physiologische Erregung und ihre Regulation beeinflussen können, ist vor allem in Tierexperimenten untersucht worden. Meaney und Kollegen haben dabei aufgezeigt, dass ein sensitives mütterliches Verhalten (bei Ratten) die Stressreaktion des Nachwuchses beeinflusst. Jene Jungtiere, die von fürsorglichen Müttern aufgezogen wurden, reagierten auf Stressimpulse weitaus gelassener, waren weniger schreckhaft und zudem neugieriger in fremden Umgebungen als Tiere mit weniger fürsorglichen Müttern. Dieser Einfluss der mütterlichen Fürsorge und der damit verbundenen *„sicheren Bindungserfahrung"* hielt auch an, wenn die Jungtiere von wenig fürsorglichen Müttern geboren, später jedoch von fürsorglichen Müttern aufgezogen wurden (Caldji et al., 1998; Meaney, 2001). Von Kleinkindern ist bekannt, dass sie weniger Stressreaktionen auf befremdliche Dinge zeigen, wenn fürsorgliche Betreuerinnen bei ihnen sind. Waren die Kinder einer angsterregenden oder belastenden Situation ausgesetzt, war das Stresshormon Cortisol vor allem dann kaum erhöht, wenn die Mütter der sicher gebundenen Kinder anwesend waren, während sich dieser Effekt bei Anwesenheit von Müttern unsicher gebundener Kinder bei diesen Kindern nicht zeigte (Nachmias, Gunnar, Mangelsdorf, Parritz & Buss, 1996; Spangler & Grossmann, 1993).

(2) Erregungsaktivierung durch Mutter-Kind-Trennung. Da die Anwesenheit einer Sicherheitsbasis die Quelle sich vermindernder Erregung für ein Kind ist, kann ihre Abwesenheit Stress auslösen. In der Primatenforschung sind Stress-Reaktionen nach Mutter-Kind-Trennung mit erhöhten Cortisol-Ausschüttungen bei den Jungtieren verbunden worden. Dabei waren in harmonischen anders als in unharmonischen Mutter-Kind-Primaten-Beziehungen sowie bei natürlich aufgezogenen anders als bei künstlich aufgezogenen Jungtieren die Trennungsreaktionen besonders groß (Gunnar, Gonzales, Goodlin & Levine, 1981; Levine & Wiener, 1988). Bei Kleinkindern gibt es mehrheitlich Untersuchungen zu Trennungsbelastungen in der *Fremden Situation*, die im Vergleich zu den Trennungsstudien bei Primaten nur wenige Minuten dauern. Hier zeigen die sicher gebundenen Kinder kaum Belastungen, haben niedrige Cortisolwerte und scheinen infolgedessen die Trennung besser zu verkraften als unsicher gebundene Kinder. Wahrscheinlich verhilft ein IWM mit sicheren Bindungsmerkmalen dazu, diese kurzzeitige Trennung zu überbrücken (Spangler & Grossmann, 1993; Spangler & Schieche, 1998). Für lang anhaltende Trennungserfahrungen über mehrere Stunden, so wie sie sich nach Aufnahme eines Kleinkindes in die Krippe ergeben, zeigten jedoch Ahnert, Gunnar, Lamb und Barthel (2004) eine Trennungsbelastung auch bei sicher gebundenen Kindern, die nicht weniger dramatisch als die von unsicher gebundenen war. Während der Anwesenheit der Mutter in einer vorgelagerten Adaptationsphase genossen Kinder mit sicheren IWMs allerdings deren Schutzfunktion durch erniedrigte Cortisolwerte und hatten auch langfristig die besseren Verhaltensanpassungen (Abb. 16.6).

(3) Erregungsaktivierungen im Kontext eigener Bindungserfahrungen. Mit der Frage, inwieweit eine sichere Bindungsrepräsentation auch Erregungsprozesse bei der Verarbeitung emotionaler Eindrücke moduliert, wurden in den letzten Jahren auch Erwachsene und die Wirkung ihrer IWMs auf die Emotionsverarbeitung untersucht. Schon bei der Durchführung des *Adult Attachment Interviews* konnten physiologische Erregungsprozesse durch Messung des Hautwiderstandes belegt werden: Bei Personen mit unsicher-distanzierten IWMs und

den typischen Tendenzen, bindungsbezogene Emotionen zu vermeiden, wurde vor allem dann ein erhöhter Hautwiderstand gemessen, wenn die Erwachsenen über Trennungen und Zurückweisungen berichten sollten. Spielten sie dabei diese negativen Erfahrungen herunter oder idealisierten sie, kam es zu physiologischen Aktivierungen. Diese Erregungen wurden als Abwehrprozesse bzw. Versuche interpretiert, einer bindungsbezogenen Verarbeitung auszuweichen bzw. die Emotionen dabei unterdrücken zu wollen (Dozier & Kobak, 1992; Roisman, Tsai & Chiang, 2004).

(4) Erregungsaktivierungen bei Konfrontation mit kindlichen Emotionen. Unterschiede in der emotionalen Informationsverarbeitung bei Erwachsenen mit sicheren und unsicheren IWMs wurden allerdings nicht nur bei den eigenen emotionalen Erfahrungen nachgewiesen, sondern auch bei der Wahrnehmung der Emotion anderer. Im Hinblick auf das Fürsorgeverhalten von Erwachsenen ist dabei insbesondere von Bedeutung, wie die emotionalen Signale verarbeitet werden, die von Kindern ausgehen. Mit dieser Fragestellung verwendeten Spangler, Maier, Geserick und von Wahlert (2010) ein Schreckreiz-Paradigma für junge Eltern, denen Fotos von Säuglingen mit positivem oder negativem Emotionsausdruck präsentiert und dabei akustische Schreckreize appliziert wurden. Mithilfe einer elektromyografischen Erfassung der Muskelaktivität des M. orbicularis oculi konnte die Amplitude des Lidschlussreflexes erfasst werden. Im Ergebnis zeigten sich erhöhte Schreckreizamplituden nur bei unsicher-vermeidenden Eltern und bei Verarbeitung von negativen Emotionsbildern. Dies lässt auf subcortikale Abwehrreaktionen von Eltern schließen, die offensichtlich die Tendenz haben, die negativen kindlichen Ausdruckssignale schon (unterbewusst) als negativ zu empfinden, noch bevor sie sie bewusst auch so bewerten. Dies könnte erklären, warum Eltern mit vermeidenden IWMs weniger feinfühlig sind und die negativen kindlichen Emotionen stärker ignorieren und zurückweisen als Eltern mit bindungssicheren IWMs.

(5) Bindungsspezifische Beteiligung ausgewählter Hirnregionen. Mittlerweile gibt es auch erste Studien, die die Beteiligung des Bindungssystems bei Aktivierung ausgewählter Hirnregionen und Funktionsbereiche des ZNS belegen, wenn es sich um emotionale Verarbeitungsprozesse handelt. So machten sich Strathearn, Fonagy, Amico und Montague (2009) den Umstand zunutze, dass lächelnde und schreiende Babies unterschiedlich starke Fürsorge-Reaktionen bei ihren Müttern auslösen. Sie fragten deshalb nach den spezifischen Einflüssen, die die eigenen mütterlichen Bindungserfahrungen, aber auch die Produktion des Fürsorge-Hormons Oxytocin auf diese mütterlichen Reaktionen haben, und wollten zudem wissen, welche Hirnregionen an diesen Reaktionen beteiligt sind. Mit dem *Adult Attachment Interview* wurden deshalb die IWMs der Mütter erhoben, der Oxytocin-Gehalt aus ihrem Blut wurde analysiert, und die Mütter wurden einer fMRI-Messung unterzogen, während der sie die Fotos der eigenen Babys im Wechsel mit fremden Babys sahen. Die fMRI-Aufnahmen ließen bei Müttern mit sicheren IWMs Aktivierungen im ventralen Striatum und in den mit Oxy-

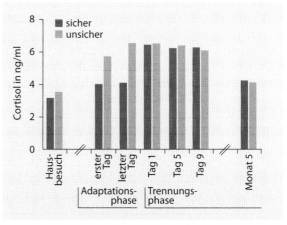

Abb. 16.6: Stressreaktivität bei der Krippenaufnahme von 12 bis 15 Monate alten Kleinkindern (aus Ahnert et al., 2004).

tocin assoziierten Belohnungsregionen des Hypothalamus und der Hypophyse bei Ansicht der Fotos der eigenen Kinder erkennen. Auch waren ihre Oxytocin-Werte höher ausgefallen als bei Müttern mit unsicheren IWMs. Mütter mit sicheren IWMs zeigten auch eine intensivere Verarbeitung der Emotionsbilder ihrer Kinder, wenn ereigniskorrelierte Potenziale (EKP) im EEG abgenommen wurden (vgl. Fraedrich, Lakatos & Spangler, 2010). Alle diese Befunde belegen, dass sich Unterschiede in den Bindungserfahrungen auch in den biopsychologischen Prozessen der Emotionswahrnehmung und -regulation manifestieren. Dabei gehen IWMs mit sicheren Bindungsmerkmalen mit einer effektiveren Verarbeitung von Erregungsprozessen einher.

5 Moderne Trends

Obwohl die Bindungsforschung theoretisch gründlich ausgelegt ist, gibt es nach wie vor empirische Phänomene, für die die bisherigen Erklärungsansätze nicht ausreichen. So ist beispielsweise bisher ungeklärt, wie es dazu kommt, dass die Mutter-Kind-Bindung trotz diskontinuierlicher Frühbetreuung, wie sie die Inanspruchnahme einer außerfamiliären Betreuung darstellt, in der Regel aufrechterhalten bleibt (vgl. NICHD Early Child Care Research Network, 1997). Diese *kontextuellen Herausforderungen an das Bindungssystem* machen die Sondierung einzelner Komponenten aus der komplexen Bindungsstruktur notwendig, so wie es möglicherweise von MacDonald (1992) vorgeschlagen wurde. Basierend auf zwei diskreten und evolutionsbiologisch voneinander unabhängig entstandenen Affektsystemen hat er ein Sicherheitssystem (*security-separation-distress system*) und ein Zuneigungssystem (*positive-social-reward system*) unterschieden. Während das Sicherheitssystem die Basis für Verhaltensstrategien im Umgang mit angsterzeugenden sowie emotional belastenden Situationen sei und der Minimierung negativer Emotionen dienen könne, adressiere das Zuneigungssystem positive Affekte und liebevolle Beziehungen, wie sie für Fürsorge- und Pflegeverhaltensweisen allgemein beschrieben werden. Beide Systeme könnten zwar gemeinsam die Bindungsbeziehung bestimmen, sollten jedoch auch getrennt voneinander operieren können. Werden aufgrund kontextueller Veränderungen Beziehungen zu weiteren Bindungspersonen und Erziehungspartnerschaften entwickelt, könnten die Kinder infolgedessen auch verschiedene Facetten von Bindung erleben. Ahnert und Kollegen (vgl. Ahnert, Rickert & Lamb, 2000) fanden in Untersuchungen zur Krippenbetreuung Hinweise dafür, dass diese Betreuung bei hoher Qualität durch Merkmale des Zuwendungssystems bestimmt war, während die Mütter ihre Betreuungsleistungen vor und nach dem Besuch der Kindereinrichtung/Tagesmutter auf das Sicherheitssystem orientierten. Dies schien von ihren Kindern auch so herausgefordert: Sie quengelten kaum bei ihren Erzieherinnen, bei ihren Müttern jedoch ausgeprägt, nachdem diese sie abgeholt hatten.

Altersabhängige Veränderungen des Bindungssystems sind ebenfalls weitgehend unterbeforscht. Aus der mangelnden Bindungsstabilität im Lebenslauf entsteht die dringende Notwendigkeit, typische altersabhängige Veränderungen in der Funktion des Bindungssystems zu erfassen und sowohl kontinuierliche wie diskontinuierliche Entwicklungsveränderungen des IWMs zu bestimmen. Dabei muss untersucht werden, inwieweit den altersspezifischen Bindungskonstrukten vergleichbare Organisations- und Systemmerkmale zur Verfügung stehen (vgl. Spangler & Zimmermann, 1999). Hierbei könnten die biopsychologischen Orientierungen und Forschungszugänge weiterhin hilfreich sein, die bereits die Funktionseigenschaften von Bindungssystemen hervorragend darstellen konnten. Auch wenn es um suboptimale und pathologische Bindungsbeziehungen geht, sind diese Zugänge künftig vielversprechend (vgl. Spangler, 2011). Dabei haben sich gerade in den letzten Jahren Hinweise auf Gen-Umwelt-Interaktionen verfestigt, wonach sich eine spezifische genetische Ausstattung auch in einer Bindungspathologie manifestieren kann, insbesondere wenn suboptimale Bindungserfahrungen und Einschränkungen im bindungsbezogenen elterlichen Verhalten vorliegen (Bakermans-Kranenburg & van IJzendoorn, 2007; Belsky, 1997, 2005).

Des Weiteren steht die aktuelle Bindungsforschung auch vor empirischen Phänomenen, die den bisherigen theoretischen Erwartungen entgegenstehen. So wurde die These, dass sicher gebundene Kinder eine bessere kognitive Entwicklung vorweisen können, da sie eine bessere Grundlage hätten, ihre Umwelt ausgiebig zu erkunden, durch eine imposante Meta-Analyse von 32 internationalen Studien (N = 1.026) und einen Zusammenhang der Bindungssicherheit mit der kognitiven Entwicklung des Kindes von nur r = .09 nicht bestätigt (van IJzendoorn, Dijkstra & Bus, 1995). Auch Belsky und Fearon (2002) hatten bei den Nachanalysen der NICHD-Studie keinen Nachweis dafür gefunden, dass sich die Mutter-Kind-Bindung auf die kindliche Kognition unmittelbar auswirkt. Dabei ist schon lange unstrittig, dass bereits Kleinkinder Aufgabensituationen effizienter meistern, wenn sie auf die Hilfe und Unterstützung ihrer Bindungspersonen zurückgreifen können (Matas, Arend & Sroufe, 1978; Schieche & Spangler, 2005).

Bis in die Vorschulzeit und frühe Schulzeit hinein wird allerdings auch deutlich, dass die kognitiven Verarbeitungsstrategien eine Reihe von Produktions-, Nutzungs- und Mediationsdefiziten aufweisen (vgl. Hasselhorn, 2005; Sameroff & Haith, 1996). Diese unvollkommenen Strategien machen das Kind störanfällig und bringen Unsicherheiten mit sich, die die kognitive Kompetenzentwicklung stören. Neuere Forschungsperspektiven, die einen Zusammenhang zwischen Bindung und Bildung hergestellt haben, lassen den Schluss zu, dass die frühen Bildungsprozesse sichere Beziehungen brauchen, damit das Vertrauen des Kindes in die eigenen Fähigkeiten nicht nachlässt. Diese Forschung stellt die motivationalen Faktoren in den Mittelpunkt der Kompetenzentwicklung und demonstriert, dass sich trotz kindeigener Störanfälligkeit Lernfreude und Anstrengungsbereitschaft aufrechterhalten lassen und sich Lernerfolge einstellen, wenn optimale Beziehungsprozesse einbezogen sind (Ahnert et al., 2012, 2013). Klar wird dabei auch, dass die aktuelle Bindungsforschung die Untersuchung von bindungsbezogenen Entwicklungskonsequenzen nicht mehr so naiv angeht wie in der Vergangenheit, wo sie zuweilen als „Und"-Forschung (*Bindung und Intelligenz; Bindung und Sprachentwicklung; Bindung und ...*) plakatiert wurde. Vielmehr versucht sie heute unter der Berücksichtigung vielfältiger Moderator- und Mediatorvariablen die Funktionsweise des Bindungssystems in komplexen Analyse-Modellen aufzudecken.

6 Schlussbetrachtungen

Die Bindungstheorie brilliert mit einer theoretischen Grundkonzeption, die sich schon wegen ihrer grundständigen interdisziplinären Ausrichtung als weiterhin theoretisch offen und erweiterbar erwiesen hat. Obwohl sie damit in der Vergangenheit auch instrumentalisiert und Gegenstand ideologischer Auseinandersetzungen wurde und die Standards wissenschaftlichen Arbeitens teilweise außer Acht ließ, ist sie heute mit ihren modernen sozial-, natur- und neurowissenschaftlichen Forschungsorientierungen so überzeugend wie nie zuvor. Überzeugend sind vor allem auch die Erträge, die für die Pädagogik der frühen und mittleren Kindheit, vor allem jedoch für die klinisch-psychologische und psychiatrische Praxis von größtem Erkenntniswert sind.

Edward John Mostyn Bowlby (1907–1990)
Psychologe, Psychiater und Psychoanalytiker

geboren in einer wohlhabenden Londoner Familie eines Chirurgen, wurde er als das vierte von sechs Kindern von einem Kindermädchen aufgezogen. Seine Mutter sah er in der Regel nur etwa eine Stunde am Nachmittag. Seine Schulzeit verbrachte er vom siebenten Lebensjahr an in einem Internat und erinnerte sie als eine schreckliche Zeit.

Bowlby studierte zunächst Psychologie am Trinity College in Cambridge/UK, danach Medizin am University College in London und wurde am Institut für Psychoanalyse und am Maudsley Hospital in London in Psychoanalyse (bei Melanie Klein) und Psychiatrie ausgebildet. Während des 2. Weltkriegs war er Oberstabsarzt der Britischen Königlichen Armee. Nach dem Krieg arbeitete Bowlby als Psychiater an der Londoner Child Guidance Clinic (eine der ersten kinderpsychiatrischen Kliniken in Europa) und war ab 1946 auch stellvertretender Direktor der Tavistock-Klinik, an der er eine Forschungsgruppe ins Leben rief. Als Berater der WHO legte er den Bericht *„Maternal care and mental health"* (1951) vor, der das Trennungsleid von elterngelösten Kindern durch Evakuierung oder/und Tod der Eltern und die damit verbundenen aversiven Entwicklungskonsequenzen darlegte. Als er allerdings seine Vorstellung zur Mutter-Kind-Bindung in Vorträgen vor der Britischen Psychoanalytischen Gesellschaft präsentierte, wurde er dort wegen seiner neuen theoretischen Orientierungen massiv angegriffen und angefeindet. In den nachfolgenden Jahren präsentierte er jedoch unbeirrt seine theoretischen Überlegungen in der Buch-Trilogie *„Attachment and Loss"* (Bd. I: *Attachment,* 1969; Bd. II: *Separation, Anxiety, and Anger,* 1973; Bd. III: *Loss, Sadness and Depression,* 1980) und legte damit die Grundlagen für eine international aktive Bindungsforschung. Bowlby erhielt 1989 die Ehrendoktorwürde der Universität Regensburg und 1990 (gemeinsam mit Mary Ainsworth) den *Distinguished Scientific Contribution Award* der Amerikanischen Gesellschaft für Psychologie (APA).

Mary Dinsmore Salter Ainsworth (1913–1999) – Psychologin

wurde 1913 in Glendale/OH geboren, ihre Eltern zogen jedoch nach Kanada, als sie fünf Jahre alt war. Ainsworth studierte in Toronto Psychologie und promovierte dort 1939 bei William Blatz über die Bedeutung von Sicherheit für die kindliche Entwicklung. 1950 heiratete sie Leonard Ainsworth und begleitete ihn nach London. Dort fand sie eine Stelle in der von Bowlby geleiteten Forschungsgruppe an der Tavistock-Klinik. Als ihr Mann eine Stelle beim *East African Institute of Social Research* in Uganda erhielt, reiste Ainsworth mit ihm und führte ein Feldforschungsprojekt über die Mutter-Kind-Beziehung durch, das sie in ihrem Buch *„Infancy in Uganda"* beschrieb. 1956 zog das Ehepaar Ainsworth nach Baltimore, wo sie an der Johns Hopkins University lehrte und die bekannte Baltimore-Längsschnittstudie durchführte, in der sie die *Fremde Situation* zur Erfassung der Qualität frühkindlicher Bindung entwickelte, empirische Ergebnisse über individuelle Unterschiede der Bindung und ihre Determinanten vorlegte und in *„Patterns of Attachment"* (1978) veröffentlichte. Die Amerikanische Gesellschaft für Psychologie (APA) ehrte sie 1990 mit dem *Distinguished Scientific Contribution Award* (gemeinsam mit John Bowlby) und 1998 mit dem *Golden Award of Lifetime Scientific Achievement.*

Literatur

Ahnert, L. (2005). Parenting and alloparenting: The impact on attachment in human. In S. Carter, L. Ahnert et al. (Hrsg.), *Attachment and Bonding: A New Synthesis* (S. 229–244). Cambridge: The MIT Press.

Ahnert, L. (2008). Bindungsbeziehungen außerhalb der Familie: Tagesbetreuung und Erzieherinnen-Kind-Bindung. In L. Ahnert (Hrsg.), *Frühe Bindung. Entstehung und Entwicklung* (S. 256–277). München: Reinhardt.

Ahnert, L. (2009). Early peer interaction in group care as related to infant-mother and infant-care provider attachments. *European Journal of Developmental Science, 3,* 408–420.

Ahnert, L., Gunnar, M., Lamb, M. E. & Barthel, M. (2004). Transition to child care: Associations of infant-mother attachment, infant negative emotion and cortisol elevations. *Child Development, 75,* 639–650.

Ahnert, L., Harwardt-Heinecke, E., Kappler G., Eckstein-Madry, T. & Milatz, A. (2012). Student-teacher relationships and classroom climate in first grade: How do they relate to students' stress regulation? *Attachment & Human Development, 14,* 249–263.

Ahnert, L., Meischner, T. & Schmidt, A. (2000). Maternal sensitivity and attachment in East German and Russian family networks. In P. M. Crittenden & A. H. Claussen (Hrsg.), *The organization of attachment relationships: Maturation, culture, and context* (S. 61–74). New York: Cambridge University Press.

Ahnert, L., Milatz, A., Kappler, G., Schneiderwind, J. & Fischer, R. (2013). The impact of teacher-child relationships on child cognitive performance as explored by a priming paradigm. *Developmental Psychology, 49,* 554–567.

Ahnert, L., Pinquart, M. & Lamb, M. E. (2006). Security of children's relationships with nonparental care providers: A meta-analysis. *Child Development, 77,* 664–679.

Ahnert, L., Rickert, H. & Lamb, M. E. (2000). Shared caregiving: Comparison between home and child care. *Developmental Psychology, 3,* 339–351.

Ainsworth, M. D. S. (1967). *Infancy in Uganda: Infant care and the growth of love.* Baltimore: Johns Hopkins University Press.

Ainsworth, M. D. S. (1991). Attachment and other affectional bonds across the life cycle. In C. M. Parkes, J. Stevenson-Hinde & P. Marris (Hrsg.), *Attachment across the life cycle* (S. 33–51). London: Routledge.

Ainsworth, M. D. S., Bell, S. M. & Stayton, D. J. (1974). Infant-mother attachment and social development: "Socialization" as a product of reciprocal responsiveness to signals. In M. P. M. Richards (Hrsg.), *The integration of a child into a social world* (S. 99–135). New York: Cambridge.

Ainsworth, M. D. S., Blehar, M. C., Waters, E. & Wall, S. (1978). *Patterns of attachment: A psychological study of the Strange Situation.* Hillsdale: Erlbaum.

Ainsworth, M. D. S. & Eichberg, C. (1991). Effects on infant-mother attachment of mother's unresolved loss of an attachment figure, or other traumatic experience. In C. M. Parkes, J. Stevenson-Hinde & P. Morris (Hrsg.), *Attachment Across the Life Cycle* (S. 160–183). London: Routledge.

Ainsworth, M. D. S. & Wittig, B. A. (1969). Attachment and the exploratory behavior of one-year-olds in a strange situation. In B. M. Foss (Hrsg.), *Determinants of infant behavior* (S. 113–136). London: Methuen.

Allen, J. P. (2008). The attachment system in adolescence. In J. Cassidy & P. Shaver (Hrsg.), *Handbook of Attachment: Theory, Research, and Clinical Applications* (S. 419–435). New York: Guilford.

Allen, J. P. & Miga, E. M. (2010). Attachment in adolescence: A move to the level of emotion regulation. *Journal of Social and Personal Relationships, 27,* 181–190.

Bakermans-Kranenburg, M. J. & van IJzendoorn, M. H. (2006). Gene-environment interaction of the dopamine d4 receptor (DRD4) and observed maternal insensitivity predicting externalizing behavior in preschoolers. *Developmental Psychobiology, 48,* 406–409.

Bakermans-Kranenburg, M. J. & van IJzendoorn, M. H. (2007). Genetic vulnerability or differential susceptibility in child development: The case of attachment. *Journal of Child Psychology and Psychiatry, 48,* 1160–1173.

Becker-Stoll, F., Fremmer-Bombik, E., Wartner, U., Zimmermann, P. & Grossmann, K. E. (2008). Is attachment at ages 1, 6 and 16 related to autonomy and relatedness behavior of adolescents in interaction towards their mothers? *International Journal of Behavioral Development, 32,* 372–380.

Beebe B., Jaffe J., Markese S., Buck K., Chen H., Cohen P., Bahrick L., Andrews H. & Feldstein S. (2010). The origins of 12-month attachment: A microanalysis of 4-month mother-infant interaction. *Attachment and Human Development, 12,* 3–141.

Behringer, J., Reiner, I. & Spangler, G. (2011). The role of couple attachment in the transition to motherhood: Impact of specific and generalized attachment representations on emotional experience and couple relationship quality. *Journal of Family Psychology, 25,* 210–219.

Bell, D. C. & Richard, A. J. (2000). Caregiving: The forgotten element in attachment. *Psychological Inquiry, 11,* 69–83.

Belsky, J. (1997). Variation in susceptibility to rearing influence: An evolutionary argument. *Psychological Inquiry, 8,* 182–186.

Belsky, J. (2005). Differential susceptibility to rearing influence: An evolutionary hypothesis and some evidence. In B. Ellis & D. Bjorklund (Hrsg.), *Origins of the social mind: Evolutionary psychology and child development* (S. 139–163). New York: Guilford.

Belsky, J. & Fearon, R. M. P. (2002). Infant-mother attachment security, contextual risk and early development. *Development & Psychopathology, 14,* 293–310.

Bowlby, J. (1958). The nature of the child's tie to his mother. *International Journal of Psycho-Analysis, 39,* 350–373.

Bowlby, J. (1969). *Attachment and loss. Vol. I: Attachment.* London: Hogarth Press. (deutsch 1975: *Bindung.* München: Kindler.)

Bowlby, J. (1973). *Attachment and loss. Vol. II: Separation, anxiety, and anger.* New York: Basic Books. (deutsch 1976: *Trennung.* München: Kindler.)

Brennan, K. A. & Shaver, P. R. (1995). Dimensions of adult attachment, affect regulation, and romantic relationship functioning. *Personality and Social Psychology Bulletin, 21,* 267–283.

Bretherton, I. (1985). Attachment theory: Retrospect and prospect. *Monographs of the Society for Research in Child Development, 50,* 3–35.

Bretherton, I. (1992). The origins of attachment theory: John Bowlby and Mary Ainsworth. *Developmental Psychology, 28,* 759–775.

Bretherton, I. & Munholland, K. A. (2008). Internal working models in attachment relationships: Elaborating a central construct in attachment theory. In J. Cassidy & P. R. Shaver (Hrsg.), *Handbook of attachment: Theory, research, and clinical applications* (S. 102–127). New York: Guilford.

Bretherton, I., Ridgeway, D. & Cassidy, J. (1990). Assessing internal working models of the attachment relationship: An attachment story completion task for 3-year-olds. In M. T. Greenberg, D. Cicchetti & E. M. Cummings (Hrsg.), *Attachment in the preschool years: Theory, research, and intervention.* (S. 273–308). Chicago: Chicago Press.

Caldji, C., Tannenbaum, B., Sharma, S., Francis, D., Plotsky, P. M. & Meaney, M. J. (1998). Maternal care during infancy regulates the development of neural systems mediating the expression of fearfulness in the rat. *Proceedings of the National Academy of Sciences of the United States of America, 95,* 5445–5340.

Cassidy, J. (2008). The nature of the child's ties. In J. Cassidy & P. R. Shaver (Hrsg.), *Handbook of attachment: Theory, research, and clinical applications* (S. 3–22). New York: Guilford.

Cassidy, J. & Shaver, P. R. (Hrsg.) (2008). *Handbook of attachment: Theory, research, and clinical applications.* New York: Guilford.

Cicchetti, D., Toth, S. L. & Lynch, M. (1995). Bowlby's dream comes full circle: The application of attachment theory to risk and psychopathology. *Advances in Clinical Child Psychology, 17,* 1–75.

Collins, W. A. & Feeney, B. C. (2000). A safe haven: An attachment theory perspective on support-seeking and caregiving in intimate relationships. *Journal of Personality and Social Psychology, 78,* 1053–1073.

Creasey, G. (2002). Associations between working models of attachment and conflict management behavior in romantic couples. *Journal for Counseling Psychology, 49,* 365–375.

Crowell, J. A., Treboux, D., Gao, Y., Fyffe, C., Pan, H. & Waters, E. (2002), Assessing secure base behavior in adulthood: Development of a measure, links to adult attachment representations, and relations to couples' communication and reports of relationships. *Developmental Psychology, 38,* 679–693.

Crowell, J. A. & Waters, E. (1994). Bowlby's theory grown up: The role of attachment in adult love relationships. *Psychological Inquiry, 5,* 31–34.

De Wolff, M. S. & van IJzendoorn, M. H. (1997). Sensitivity and attachment: A meta-analysis on parental antecedents of infant attachment. *Child Development, 68,* 571–591.

Diagnostic and Statistical Manual of Mental Disorders (DSM-5) (2013). Airlington, VA: American Psychiatric Association.

Diagnostik-System für psychische Störungen im Kindes- und Jugendalter nach ICD-10 (2000). Bern: Huber.

Dozier, M. & Kobak, R. R. (1992). Psychophysiology in attachment interviews: Converging evidence for deactivating strategies. *Child Development, 63,* 1473–1480.

Fonagy, P. & Target, M. (1998). Mentalization and the changing aims of child psychoanalysis. *The International Journal of Relational Perspectives, 8,* 87–114.

Fraedrich, E.M., Lakatos, K. & Spangler, G. (2010). Attachment representation and brain activity during emotion perception. *Attachment and Human Development, 12,* 231–248.

George, C., Kaplan, N. & Main, M. (1996, 3rd ed.). *Adult Attachment Interview.* Unpublished manuscript. Department of Psychology, University of California, Berkeley.

Geserick, B. & Spangler, G. (2007). Der Einfluss früher Bindungserfahrungen und aktueller mütterlicher Unterstützung auf das Verhalten von 6-jährigen Kindern in einer kognitiven Anforderungssituation. *Psychologie in Erziehung und Unterricht, 54,* 86–102.

Gloger-Tippelt, G. (2012). Das Adult Attachment Interview: Durchführung und Auswertung. In G. Gloger-Tippelt (2012), *Bindung im Erwachsenenalter* (2. Aufl.) (S. 93–112). Bern: Huber.

Gloger-Tippelt, G. & König, L. (2011). *Bindung in der mittleren Kindheit: Das Geschichtenergänzungsverfahren zur Bindung 5- bis 8-jähriger Kinder (GEV-B).* Weinheim: PVU Beltz.

Greenberg, M. (1999). Attachment and psychopathology in childhood. In J. Cassidy & P. R. Shaver (Hrsg.), *Handbook of Attachment. Theory, research and clinical applications* (S. 469–496). New York: Guilford.

Groh, A., Roisman, G., Booth-LaForce, C., Fraley, C. R., Owen, M., Cox, M. & Burchinal, M. (2013). *Stability of attachment security from infancy to late adolescence.* Paper presented at the Biennial Meeting of SRCD, Seattle, April 2013.

Grossmann, K., Fremmer-Bombik, E., Rudolph, J. & Grossmann, K. E. (1988). Maternal attachment representations as related to child-mother attachment patterns and maternal sensitivity and acceptance of her infant. In R. A. Hinde & J. Stevenson-Hinde (Hrsg.), *Relations within families* (S. 241–260). Oxford: Oxford University Press.

Grossmann, K., Grossmann, K. E., Fremmer-Bombik, E., Kindler, H., Scheuerer-Englisch, H. & Zimmermann, P. (2002). The Uniqueness of the child-father attachment relationship: Fathers' sensitive and challenging play as a pivotal variable in a 16-year longitudinal study. *Social Development, 11,* 307–331.

Grossmann, K., Grossmann, K. E., Spangler, G., Suess, G. & Unzner, L. (1985). Maternal sensitivity and newborns' orientation responses as related to quality of attachment in northern Germany. *Monographs of the Society for Research in Child Development, 50,* 233–256.

Gunnar, M., Gonzalez, C., Goodlin, B. & Levine, S. (1981). Behavioral and pituitary-adrenal responses during a prolonged separation period in infant Rhesus macaques. *Psychoneuroendocrinology, 6,* 65–75.

Hamilton, C. E. (2000). Continuity and discontinuity of attachment from infancy through adolescence. *Child Development, 71,* 684–690.

Hamre, B. K. & Pianta, R. C. (2001). Early teacher-child relationships and the trajectory of children´s outcomes through eigth grade. *Child Development, 72,* 625–638.

Harlow, H. F. (1958). The nature of love. *American Psychologist, 13,* 673–685.

Hasselhorn, M. (2005). Lernen im Altersbereich zwischen 4 und 8 Jahren: Individuelle Voraussetzungen, Entwicklung, Diagnostik und Förderung. In T. Guldimann & B. Hauser (Hrsg.), *Bildung 4- bis 8-jähriger Kinder* (S. 77-88). Münster: Waxmann.

Heinecke, C. & Westheimer, J. (1965). *Brief separations.* New York: International Universities Press.

Hinde, R. A. (1982). Attachment: Some conceptual and biological issues. In C. M. Parkes & J. Stevenson-Hinde (Hrsg.), *The place of attachment in human behavior* (S. 60–76). New York: Basic Books.

Hinde, R. A. & Tinbergen, N. (1958). The comparative study of species-specific behavior. In A. Roe & G. G. Simpson (Hrsg.), *Behavior and evolution* (S. 251–286). New Haven: Yale University.

Howes, C. & Smith, E. W. (1995). Children and their child care caregivers: Profiles of relationships. *Social Development, 4,* 44–61.

Hrdy, S. B. (2002). On why it takes a village: Cooperative breeders, infant needs and the future. In G. Peterson (Hrsg.), *The past, present, and future of the human family* (S. 86–110). Salt Lake City: University of Utah Press.

Hughes, J. & Kwok, O. M. (2007). Influence of student-teacher and parent-teacher relationships on lower achieving readers' engagement and achievement in the primary grades. *Journal of Educational Psychology, 99,* 39–51.

Kobak, R. R. & Sceery, A. (1988). Attachment in late adolescence: Working models, affect regulation, and representations of self and others. *Child Development, 59,* 135–146.

Koren-Karie, N., Oppenheim, D., Dolev, S., Sher, E. & Etzion-Carasso, A. (2002). Mothers' insightfulness regarding their infants' internal experience: Relations with maternal sensitivity and infant attachment. *Developmental Psychology, 38,* 534–542.

Levine, S. & Wiener, S. G. (1988). Psychoendocrine aspects of mother-infant relationships in nonhuman primates. *Psychoneuroendocrinology, 13,* 143–154.

Lewis, M., Feiring, C. & Rosenthal, S. (2000). Attachment over time. *Child Development, 71,* 707–720.

Lieberman, A. F. & Zeanah, C. H. (1995). Disorders of attachment in infancy. *Child and Adolescent Psychiatric Clinics of North America, 4,* 571–687.

Lorenz, K. (1961). Phylogenetische Anpassung und adaptive Modifikation des Verhaltens. *Zeitschrift für Tierpsychologie, 18,* 139–187.

Lyons-Ruth, K., Bronfman, E. & Parsons, E. (1999). Maternal frightened, frightening, or atypical behavior and disorganized infant attachment patterns. *Monographs of the Society for Research in Child Development, 64,* 67–96.

MacDonald, K. B. (1992). Warmth as a developmental construct: An evolutionary analysis. *Child Development, 63,* 753–773.

Main, M. (1981). Avoidance in the service of attachment: A working paper. In K. Immelmann, G. Barlow, L. Petrinovich & M. Main (Hrsg.), *Behavioral development: The Bielefeld Interdisciplinary Project* (S. 651–693). New York: Cambridge University Press.

Main, M. & Cassidy, J. (1988). Categories of response to reunion with the parent at age six: Predictable from infant attachment classification and stable over a one-month period. *Developmental Psychology, 24,* 415–426.

Main, M., Kaplan, N. & Cassidy, J. (1985). Security in infancy, childhood, and adulthood: A move to the level of representation. *Monographs of the Society for Research in Child Development, 50,* 66–106.

Main, M. & Solomon, J. (1990). Procedures for identifying infants as disorganized/disoriented during the Ainsworth Strange Situation. In M.T. Greenberg, D. Cicchetti & E. M. Cummings (Hrsg.), *Attachment in the preschool years: Theory, research and intervention* (S. 121–160). Chicago: University of Chicago Press.

Marvin, R., Cooper, G., Hoffman, K. & Powell, B. (2002). The Circle of Security project: Attachment-based intervention with caregiver-pre-school child dyads. *Attachment & Human Development, 4,* 107–124.

Matas, L., Arend, R. A. & Sroufe, L. A. (1978). Continuity of adaptation in the second year: The relationship between quality of attachment and later competence. *Child Development, 49,* 547–556.

Meaney, M. J. (2001). Maternal care, gene expression, and the transmission of individual differences in stress reactivity across generations. *Annual Review of Neuroscience, 24,* 1161–1192.

Meins, E., Fernyhough, C., Fradley, E. & Tuckey, M. (2001). Rethinking maternal sensitivity: Mothers' comments on infants' mental processes predict security of attachment at 12 months, *Journal of Child Psychology and Psychiatry and Allied Disciplines, 42,* 637–648.

Murray, C., Waas, G. A. & Murray, K. M. (2008). Child race and gender as moderators of the association between teacher-child relationships and school adjustment. *Psychology in the Schools, 45,* 562–578.

Nachmias, M., Gunnar, M. R., Mangelsdorf, S., Parritz, R. H. & Buss, K. (1996). Behavioral inhibition and stress reactivity: The moderating role of attachment security. *Child Development, 67,* 508–522.

NICHD Early Child Care Research Network (1997). The effects of infant child care on infant-mother attachment security: Results of the NICHD study of early child care. *Child Development, 68,* 860–879.

NICHD Early Child Care Research Network (2003). Early child care and mother-child interaction from 36 months through first grade. *Infant Behavior and Development, 26,* 345–370.

O'Connor, T. G. & Rutter, M. (2000). Attachment disorder behavior following early severe deprivation: Extension and longitudinal follow-up. *Journal of the American Academy of Child & Adolescent Psychiatry, 39,* 703–712.

Pederson, D. R. & Moran, G. (1995). A categorical description of infant-mother relationships in the home and its relation to Q-sort measures of infant-mother interaction. *Monographs of the Society for Research in Child Development, 60,* 111–132.

Pianta, R. C. & Stuhlman, M. W. (2004). Teacher–child relationships and children's success in the first years of school. *School Psychology Review, 33,* 444–458.

Pianta, R. C., Steinberg, M. S. & Rollins, K. B. (1995). The first two years of school: Teacher–child relationships and deflections in children's classroom adjustment. *Development and Psychopathology, 4,* 295–312.

Pinquart, M., Feußner, C. & Ahnert, L. (2012). Metaanalytic evidence for stability in attachments from infancy to early adulthood. *Attachment and Human Development, 14,* 1–30.

Robertson, J. (1969). *John, 17 months: For 9 days in a residential nursery.* Film Nr. 3 at Tavistock Child Development Research Unit. New York: University Film Library.

Robertson, J. & Robertson, J. (1975). Reaktionen kleiner Kinder auf kurzfristige Trennung von der Mutter im Lichte neuer Beobachtungen. *Psyche, 29,* 626–664.

Roisman, G. I., Collins, W. A., Sroufe, L. A. & Egeland, B. (2005). Predictors of young adults' representations of and behavior in their current romantic relationship: Prospective tests of the prototype hypothesis. *Attachment & Human Development, 7,* 105–121.

Roisman, G. I., Tsai, J. L. & Chiang, K-H. S. (2004). The emotional integration of childhood experience: Physiological, facial expression, and self-reported emotional response during the Adult Attachment Interview. *Developmental Psychology, 40,* 776–789.

Sameroff, A. J. & Haith, M. M. (1996). *The five to seven year shift: The age of reason and responsibility.* Chicago: University of Chicago Press.

Schaffer, H. R. & Emerson, P. E. (1964). The development of social attachment in infancy. *Monographs of the Society for Research in Child Development, 29*, 5–77.

Schieche, M. & Spangler, G. (2005). Individual differences in biobehavioral organization during problem-solving in toddlers: The influence of maternal behavior, infant-mother attachment and behavioral inhibition on the attachment-exploration balance. *Developmental Psychobiology, 46*, 293–306.

Schmidt-Kolmer, E. & Schmidt, H. H. (1962). Über Frauenarbeit und Familie. *Einheit, 12*, 68–74.

Seiffge-Krenke, I. (2001). Neuere Ergebnisse der Vaterforschung. *Psychotherapeut, 6*, 391–397.

Spangler, G. (2011). Genetic and environmental determinants of attachment disorganization. In J. Solomon & C. George (Hrsg.), *Disorganized attachment and caregiving* (S. 110–132). New York: Guilford.

Spangler, G., Fremmer-Bombik, E. & Grossmann, K. (1996). Social and individual determinants of infant attachment security and disorganization. *Infant Mental Health Journal, 17*, 127–139.

Spangler, G. & Grossmann, K. E. (1993). Biobehavioral organization in securely and insecurely attached infants. *Child Development, 64*, 1439–1450.

Spangler, G. & Grossmann, K. (1995). 20 Jahre Bindungsforschung in Bielefeld und Regensburg. In G. Spangler & P. Zimmermann, (Hrsg.), *Die Bindungstheorie: Grundlagen, Forschung und Anwendung* (S. 50–63). Stuttgart: Klett-Cotta.

Spangler, G. & Grossmann, K. (1999). Individual and physiological correlates of attachment disorganization in infancy. In J. Solomon & C. George (Hrsg.), *Attachment disorganization* (S. 95–124). New York.

Spangler, G., Johann, M., Ronai, Z. & Zimmermann, P. (2009). Genetic and environmental influence on attachment disorganization. *The Journal of Child Psychology and Psychiatry, 50(8)*, 952–61.

Spangler, G., Maier, U., Geserick, B. & von Wahlert, A. (2010). The influence of attachment representation on parental perception and interpretation of infant emotions: A multi-level approach. *Developmental Psychobiology, 52*, 411–423.

Spangler, G. & Schieche, M. (1998). Emotional and adrenocortical responses of infants to the Strange Situation: The differential function of emotional expression. *International Journal of Behavioral Development, 22*, 681–706.

Spangler, G. & Zimmermann, P. (1999). Attachment representation and emotion regulation in adolescents: A psychobiological perspective on internal working models. *Attachment and Human Development, 1*, 270–290.

Sroufe, L. A. (1979). The coherence of individual development: Early care, attachment, and subsequent developmental issues. *American Psychologist, 34*, 834–841.

Sroufe, L. A. (1996). *Emotional development: The organization of emotional life in the early years*. New York: Cambridge University Press.

Sroufe, L. A. & Waters, E. (1977). Attachment as an organizational construct. *Child Development, 49*, 1184–1199.

Steele, H., Steele, M. & Fonagy, P. (1996). Associations among attachment classifications of mothers, fathers and their infants. *Child Development, 67*, 541–555.

Stipek, D. & Miles, S. (2008). Effects of aggression on achievement: Does conflict with the teacher make it worse? *Child Development, 79*, 1721–1735.

Strathearn, L., Fonagy, P., Amico, J. & Montague, P. R. (2009). Adult attachment predicts maternal brain and oxytocin response to infant cues. *Neuropsychopharmacology, 34*, 2655–2666.

Strayer, F. F., Verissimo, M., Vaughn, B. E. & Howes, C. (1995). A quantitative approach to the description and classification of primary social relationships. *Monographs of the Society for Research in Child Development, 60*, 49–70.

Thompson, R. A. (2008). Early attachment and later development: Familiar questions – new answers. In J. Cassidy & P. R. Shaver (Hrsg.), *Handbook of attachment: Theory, research, and clinical applications* (S. 348–365). New York: Guilford.

Tooby, J. & Cosmides, L. (1992). The psychological foundations of culture. In J.H. Barkow, L. Cosmides & J. Tooby (Hrsg.), *The adapted mind: Evolutionary psychology and the generation of culture* (S. 19–136). New York: Oxford University Press.

Treboux, D., Crowell, J. A. & Waters, E. (2004). When "new" meets "old": Configurations of adult attachment representations and their implications for marital functioning. *Developmental Psychology, 40,* 295–314.

van IJzendoorn, M. H. (1995). Adult attachment representations, parental responsiveness, and infant attachment: A meta-analysis on the predictive validity of the adult attachment interview. *Psychological Bulletin, 117,* 387–403.

van IJzendoorn, M. H., Dijkstra, J. & Bus, A. (1995). Attachment, intelligence, and language: A meta-analysis. *Social Development, 4,* 115–128.

van IJzendoorn, M. H. & Kroonenberg, P. M. (1988). Cross-cultural patterns of attachment: A meta-analysis of the Strange Situation. *Child Development, 59,* 147–156.

van IJzendoorn, M. H., Schuengel, C. & Bakermans-Kranenburg, M. J. (1999). Disorganized attachment in early childhood: Meta-analysis of precursors, concomitants, and sequelae. *Development and Psychopathology, 2,* 225–249.

Wartner, U. G., Grossmann, K., Fremmer-Bombik, E. & Suess, G. (1994). Attachment patterns at age six in South Germany: Predictability from infancy and implications for preschool behavior. *Child Development, 65,* 1014–1027.

Waters, E. (1995). The attachment Q-set (Version 3.0). *Monographs of the Society for Research in Child Development, 60,* 234–246.

Waters, E., Merrick, S., Treboux, D., Crowell, J. & Albersheim, L. (2000). Attachment security in infancy and early adulthood: A twenty-year longitudinal study. *Child Development, 71,* 684–689.

Weinfield, N. S., Sroufe, L. A. & Egeland, B. (2000). Attachment from infancy to early adulthood in a high-risk sample: Continuity, discontinuity and their correlates. *Child Development, 71,* 695–702.

Weinfield, N. S., Sroufe, L. A., Egeland, B. & Carlson, E. (2008). Individual differences in infant-caregiver attachment conceptual and emprical aspects of security. In J. Cassidy & P. R. Shaver (Hrsg.), *Handbook of attachment: Theory, research, and clinical applications* (S. 78–101). New York: Guilford.

Zeanah, C. H., Smyke, A. T., Koga, S. F. & Carlson, E. A. (2005). Attachment in institutionalized and community children in Romania. *Child Development, 76,* 1015–1028.

Zimmermann, P. (2004). Attachment representations and characteristics of friendship relations during adolescence. *Journal of Experimental Child Psychology, 88,* 83–101.

Zimmermann, P., Fremmer-Bombik, E., Spangler, G. & Grossmann, K. E. (1997). Attachment in Adolescence: A longitudinal perspective. In W. Koops, J. B. Hoeksma & D. C. van den Boom (Hrsg.), *Development of interaction and attachment: Traditional and non-traditional approaches* (S. 282–292). Amsterdam: North-Holland.

Zimmermann, P., Maier, M. A., Winter, M. & Grossmann, K. E. (2001). Attachment and adolescents' emotion regulation during a joint problem-solving task with a friend. *International Journal of Behavioral Development, 25,* 331–343.

Zimmermann, P., Mohr, C. & Spangler, G. (2009). Gene-attachment interaction in adolescents' regulation of autonomy with their mothers. *Journal of Child Psychology and Child Psychiatry, 50,* 1339–1347.

Zimmermann, P. & Scheuerer-Englisch, H. (2003). Das Bindungsinterview für die späte Kindheit (BISK): Leitfaden und Skalenauswertung. In H. Scheuerer-Englisch, G. J. Suess & W. P. Pfeifer (Hrsg.), *Wege zur Sicherheit. Bindungswissen in Diagnostik und Intervention. Eine Veröffentlichung der Bundeskonferenz für Erziehungsberatung e.V.* (S. 241–276). Gießen: Psychosozial Verlag.

Kapitel 17
Die Erforschung menschlicher Emotionen

Manfred Holodynski

Katharine M. Banham Bridges

„Gefühlsbewegungen machen einen ontogenetischen Entwicklungsprozess durch. […] Unterschiede der Konstitution und der Umgebung verursachen, daß keine zwei Individuen dieselbe Ausstattung an Gefühlsbewegungen entwickeln. Es gibt aber einige […die] bei allen ziemlich gleich sind."
(Banham Bridges, 1930/1991, S. 500)

Emotionen sind alltäglich und allgegenwärtig. Wer hat nicht selbst schon einmal Freude, Trauer, Ärger oder Scham erlebt, bei seinen Mitmenschen beobachtet und darüber gesprochen? Aber für wissenschaftliche Untersuchungen sind Emotionen nur schwer zugänglich. Woran erkennt man eigentlich genau, dass Emotionen erlebt werden und welche das im Einzelnen sind? Haben alle Menschen das gleiche Repertoire an Emotionen, egal zu welcher Altersgruppe oder Kultur sie gehören? Die Erforschung dieser Fragen hat zu kontroversen Antworten geführt. Sie haben in der Folge unterschiedliche Theorietraditionen der entwicklungspsychologischen Emotionsforschung begründet, die wir im vorliegenden Kapitel vorstellen und diskutieren wollen. Wir werden sowohl die klassischen Befunde beschreiben wie auch einen Ausblick auf die aktuellen Forschungstrends geben.

1 Emotion: Eine Arbeitsdefinition

Es gibt bislang keine einvernehmliche Emotionsdefinition (vgl. Parrott, 2004). Allerdings stimmen Emotionsforscher darin überein, dass eine solche Definition ein Ergebnis wissenschaftlicher Forschungsbemühungen sein sollte und nicht gleich zu Beginn gesetzt werden kann (Meyer, Schützwohl & Reisenzein, 1993). Dennoch benötigt man zumindest eine vorläufige Arbeitsdefinition, damit man den Kreis an Phänomenen beschreiben kann, der Gegenstand der Emotionsforschung ist. Eine derzeit weitestgehend konsensfähige Emotionsdefinition bezieht sich auf Emotionen als „*Vorkommnisse von zum Beispiel Freude, Traurigkeit, Ärger, Angst, Mitleid, Enttäuschung, Erleich-*

terung, Stolz, Scham, Schuld, Neid sowie von weiteren Arten von Zuständen, die den genannten genügend ähnlich sind. Diese Phänomene haben folgende Merkmale gemeinsam: (a) Sie sind aktuelle Zustände von Personen; (b) sie unterscheiden sich nach Art oder Qualität und Intensität [...]; (c) sie sind in der Regel objektgerichtet [...]; (d) Personen, die sich in einem der genannten Zustände befinden, haben normalerweise ein charakteristisches Erleben (Erlebensaspekt von Emotionen), und häufig treten auch bestimmte physiologische Veränderungen (physiologischer Aspekt von Emotionen) und Verhaltensweisen (Verhaltensaspekt von Emotionen) auf." (Meyer, Schützwohl & Reisenzein, 1993, S. 23 f.) Darüber hinaus hat bereits James (1890/1950) auf die besondere subjektive Erlebensqualität von Emotionen hingewiesen: Emotionen werden als Geschehnisse erlebt, die der Person zustoßen, ihr widerfahren und nicht willentlich von ihr hergestellt werden können, wie sich dies auch in sprachlichen Beschreibungen wie „mich überkam die Angst", „mich packte die Wut" oder „ich war außer mir vor Freude" niederschlägt. Emotionen, die auf diese Weise definiert wurden, lassen sich von verwandten Phänomenen abgrenzen, die ebenfalls affektiv getönt sind, nämlich *Stimmungen* und *gegenständlichen Gefühlen* (vgl. Frijda, Mesquita, Sonnemans & van Goozen, 1991):

Stimmungen zeichnen sich gegenüber Emotionen dadurch aus, dass ihnen eine Gerichtetheit fehlt (man fühlt sich niedergeschlagen oder euphorisch). Es kann damit kein unmittelbarer Anlass identifiziert werden, der sie ausgelöst hat. Stimmungen können über Tage (zumindest Stunden) andauern und haben damit eine wesentlich längere Dauer als Emotionen, die in der Regel Sekunden oder Minuten anhalten.

Gegenständliche Gefühle (sentiments) sind dagegen mit einem bestimmten „Gegenstand" verknüpft, und zwar dauerhaft und nicht nur episodisch, wie dies bei Emotionen der Fall ist. Gegenständliche Gefühle sind Hass und Neid gegenüber einer bestimmten Person oder auch Zugehörigkeitsgefühle zu sozialen Gemeinschaften, wie sie in Form von Stolz auf den lokalen Fußballverein oder gar auf die eigene Nation vorkommen. Allen voran jedoch ist die Liebe z. B. zum Lebenspartner oder Kind das prototypische Beispiel für ein gegenständliches Gefühl. Ein Vater liebt sein Kind dauerhaft, ohne dabei Emotionen der Fürsorge und Zuneigung permanent zu erleben. Damit kann sein Gefühl auch als überdauernde Disposition aufgefasst werden, da es bestimmte Emotionen erst erlebbar macht: Nur ein Vater, der sein Kind liebt (ein gegenständliches Gefühl), empfindet ihm gegenüber Zuneigung (Emotion), wenn er mit seinem Kind ausgelassen tobt; er ängstigt sich aber auch (Emotion), wenn es in Gefahr kommt; und er ist traurig (Emotion), wenn er sich für längere Zeit von ihm trennen muss.

2 Historische Anfänge der Emotionsforschung

Emotionen sind seit jeher ein Kernthema der Philosophie. Sie wurden schon im antiken Griechenland heftig diskutiert, wo sie bei den Epikureern als nützlich, bei den Stoikern jedoch als schädlich galten (vgl. LaFreniere, 2000). Die Anfänge der wissenschaftlichen Diskussion über Emotionen werden nachfolgend auf historisch wenige ausgewählte Themen beschränkt, die im Rahmen des vorliegenden Kapitels von Wichtigkeit sind.

2.1 Die Suche nach den bestimmenden Merkmalen einer Emotion

Eine der ersten ausführlichen philosophischen Auseinandersetzungen über die Frage, was die bestimmenden Merkmale einer Emotion sind, führten René Descartes (1590–1650) und Baruch de Spinoza (1632–1677) (vgl. Damasio, 2003; Vygotskij, 1999, S. 120–176). Sie betraf vor allem das subjektive Erleben gegenüber den objektiv messbaren Merkmalen von Emotionen und ihr Verhältnis zueinander. So trennte Descartes die objektiv erfassbaren Körperreaktionen (res extensa) vom subjektiven Emotionserleben, das er einer metaphysischen Sphäre (res cogitans) zuordnete. Denn das Erleben sei nur aus der Ich-Perspektive eine gegebene „Tatsache", jedoch nicht aus der Beobachterperspektive erfassbar. Demgegenüber vertrat sein zeitgenössischer Gegenspieler Spinoza eine andere Auffassung: Anstelle von Emotionen sprach Spinoza von Affekten, die sich in der Einheit von körperlichen und geistigen Manifestationen eines organismischen Substrats darstellten, das nicht durch göttliche Schöpfung, sondern durch naturgebundene Prozesse entstanden sei. Auch nahm er bereits moderne funktionalistische Emotionsauffassungen vorweg, nach denen eine Person eine Emotion als durch einen Anlass ausgelöst und auf diesen Anlass ausgerichtet erlebt, ebenso wie Emotionen eine motivierende Funktion haben, den Organismus zum Handeln zu veranlassen.

Diese Diskussion um das verzwickte Verhältnis zwischen dem Erleben einer Emotion und ihren objektiv messbaren Merkmalen hat James (1890/1950) erneut aufgegriffen und eine Feedbacktheorie des Erlebens aufgestellt. Danach ist das subjektive Erleben nichts weiter als das Empfinden der zeitgleich ausgelösten Körpersymptome, wie er das so anschaulich für die Furcht beschrieben hat: *„I cannot at all imagine what sort of emotion of fright will remain in our consciousness if sensations are eliminated that are connected with increased heart rate, rapid breathing, trembling of the lips, weakness of the extremities, with ,goose bumps' and with excitation of the internal organs."* (James 1890/1950, S. 451 f.) Damit hat er das Emotionserleben an objektiv messbare Körperprozesse geknüpft, es jedoch auf ein Feedbackerleben von Körpersymptomen reduziert (vgl. Lange & James, 1922). Dies wurde in der Folge scharf kritisiert (Cannon, 1929). Nachfolgende wissenschaftliche Auseinandersetzungen haben zu einigen Modifikationen (vgl. Ekman, 1988; Izard, 1990; Schachter & Singer, 1962) mit dem Resultat geführt, dass das Feedbackkonzept heute mit Damasios Theorie der somatischen Marker zu den heiß diskutierten Konzepten gehört. Nach Damasio (2003) ist eine Emotion ein System von Komponenten, von denen die Bewertungskomponente zunächst dazu dient, die subjektive Bedeutsamkeit wahrgenommener Geschehnisse zu beurteilen. Emotionsspezifische Körper- und Ausdrucksprozesse, die über ein sensorisches Feedback als subjektives Gefühl erlebt werden und die zeitgleich repräsentierten Wahrnehmungsinhalte somatisch markieren, werden danach ausgelöst. Es wird außerdem angenommen, dass in der Folge diese somatischen Marker zur Feinabstimmung der emotionalen Reaktion auf die Situation und zu ihrer Veränderung dienen.

2.2 Die Suche nach universalen Basisemotionen

Jenseits philosophischer Diskussionen hat erstmals Darwin (1872/1965) eine Bestimmung menschlicher Emotionen auf der Grundlage empirischer Beobachtungen in Angriff genommen. In seinem Buch *The Expression of the Emotions in Man and Animals* nahm er bereits die wesentlichsten Aussagen der modernen, universalistisch orientierten Emotionstheorien vorweg, nach denen alle Menschen mit einem Repertoire phylogenetisch vererbter Emotionen ausgestattet sind (vgl. Überblick bei Meyer, Schützwohl & Reisenzein, 1997). Darwin übertrug das Konzept der Selektion zur Entstehung der Arten auf die Selektion morphologischer und physiologischer Eigenschaften, die dem emotionalen Verhalten und dessen Ausdruck zugrunde liegen. Er nahm an, dass Emotionen und deren emotionale Ausdrucksmuster Produkt der Phylogenese seien. Um diese Annahme zu belegen, verwendete Darwin eine Einschätzungsmethode, die auch heute noch zum methodischen Grundbestand der Emotionspsychologie zählt: Den Probanden werden Bilder von emotionalen Ausdrucksmustern vorgelegt, die sie Emotionen zuordnen sollen. Darwin ließ damit auch die ersten Ausdrucksanalysen im Tier-Mensch-Vergleich zwischen verschiedenen Kulturen wie auch an Kindern durchführen.

Um zu erklären, wie die Ausdrucksmuster im Tier-Mensch-Übergang entstanden sind, griff Darwin interessanterweise nicht auf die eigenen Erklärungsansätze über die natürliche Selektion, sondern auf die seines Kollegen Lamarck zurück, der erworbene Eigenschaften in den Mittelpunkt evolutionärer Prozesse stellte. Darwin (1872/1965) formulierte dies als Prinzip der zweckmäßig assoziierten Gewohnheiten: Danach sollen unsere Vorfahren ausgewählte Ausdrucksmuster willentlich ausgeführt haben, um damit einen bestimmten Zweck zu erzielen wie z. B. das Aufreißen der Augen bei Überraschung, um in einem größeren Gesichtsfeld das Überraschende gut aufnehmen zu können. Diese zunächst willkürlichen Ausdrucksbewegungen wären dann durch häufiges Anwenden zu Gewohnheiten geworden und in der Kommunikation bedeutsam. Schließlich seien sie an nachfolgende Generationen vererbt worden. Diese Erklärung ist zwar von evolutionspsychologischen Emotionstheorien kritisiert worden (vgl. Fridlund, 1994, Kap. 2; Meyer, Schützwohl & Reisenzein, 1997, S. 51 ff.), jedoch mit soziokulturellen Emotionstheorien vereinbar, die die kulturelle Tradierung von Emotionen hervorheben und die kommunikative Funktion des Emotionsausdrucks betonen. Diese Theorien beschreiben darüber hinaus, wie die emotionsspezifischen Ausdrucksmuster in den Interaktionen zwischen Kind und Bezugspersonen durch Lernen am Erfolg und Imitation kulturell tradiert werden (Holodynski, 2006).

2.3 Die Suche nach einem universalen Verlauf der Emotionsentwicklung

Die Frage, inwiefern sich die Emotionen eines Säuglings von denen eines Erwachsenen unterscheiden, inwiefern man also von einer ontogenetischen Entwicklung von Emotionen sprechen kann, wurde in systematischer Weise erstmals von Katharine M. Banham Bridges (1932) untersucht und zu einer Differenzierungstheorie der Emotionen ausformuliert (vgl. Wright, 2002). Bridges stellte die These auf, dass Kinder nach der Geburt im Wesentlichen nur *excitement* (Aufregung) zeigen und alle weiteren Emotionen sich erst allmählich ausdifferenzieren (Abb. 17.1). Dieses Konzept fußt auf der Lerntheorie Watsons sowie auf

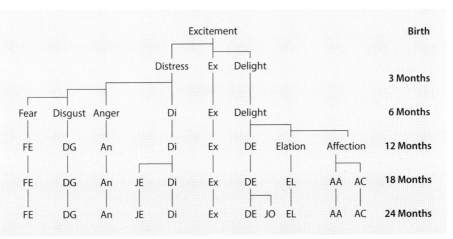

Abb. 17.1: Ontogenetische Differenzierung der Emotionen nach Banham Bridges (1932).

440 | Kapitel 17 · Die Erforschung menschlicher Emotionen

grundlegenden biologischen Entwicklungsprinzipien. Emotionsentwicklung wird dabei als Prozess der graduellen Differenzierung und Integration betrachtet, bei dem mit steigendem Alter zunehmend mehr Emotionen unterscheidbar werden. Die Bedingungen, die zur Ausdifferenzierung der jeweiligen Emotionen führen, blieben dabei jedoch im Unklaren. Wenn auch Bridges' Vorstellung über eine einzige Emotion (*excitement*), mit der die Emotionsentwicklung typischerweise beginne, durch nachfolgende Forschungsarbeiten nicht bestätigt werden konnte, haben sich ihre empirischen Aufzeichnungen über das erstmalige Auftreten einzelner Emotionsqualitäten in der Frühentwicklung von Kindern als erstaunlich valide erwiesen (vgl. Holodynski, 2006).

2.4 Die Suche nach kulturspezifischen Einflüssen

Es war die ethnologische Forschung, die sich mit der Lebenswirklichkeit und kulturellen Vielfalt emotionaler Phänomene vor allem in vielen nicht-westlichen Gesellschaften befasste und auf die kulturelle Vielfalt menschlicher Emotionen aufmerksam machte. Eine der klassischen Studien aus diesem Problemkreis stammt von Briggs (1970), die das Leben der Inuit im Norden Kanadas am nördlichen Polarkreis beschrieb. Sie verbrachte dort eineinhalb Jahre und teilte den Alltag mit einer Inuit-Familie. Für Briggs war es verblüffend zu beobachten, dass die Inuit augenscheinlich niemals ärgerlich wurden. In sorgfältigen ethnografischen Beobachtungen von Interaktionen zwischen den erwachsenen Inuit und ihren Kindern stellte Briggs fest, dass in Situationen, in denen Eltern der amerikanischen Kultur mit hoher Wahrscheinlichkeit ärgerlich werden, Inuit-Eltern stets die Redewendung *ayuqnaq* („Da kann man nichts machen") benutzten. Damit sollte *ihuma* angeregt werden, ein Zustand „ruhiger Vernunft", der sich durch eine Kontrolle über impulsive Reaktionen auszeichnet und damit eine effiziente Regulationsstrategie bei negativen Anlässen darstellt. In den Sozialisationspraktiken der Inuit ist jedoch nicht nur *ihuma*, sondern auch *naklik* wichtig. *Naklik* bezeichnet die Fürsorge, aber auch Sorge und Angst um das Wohl anderer Familien- und Gemeinschaftsmitglieder. Die gemeinsame Anwendung von *ihuma* und *naklik* führt schließlich dazu, Ärger über die Mitglieder der Gemeinschaft zu unterdrücken bzw. erst gar nicht entstehen zu lassen.

3 Theorien der Emotionen

Die Erforschung menschlicher Emotionen lässt sich in mehrere Problemkomplexe gliedern, von denen im Folgenden drei zentrale Fragen behandelt werden:

(I) Woran erkennt man Emotionen? Müssen Emotionen im Verhalten oder in körperlichen Symptomen beobachtbar sein, oder reicht es aus, wenn eine Person behauptet, sie würde gerade eine Emotion erleben?

(II) Welche Emotionen lassen sich unterscheiden? Erleben alle Menschen gleichartige Emotionen?

(III) Ist das Emotionsrepertoire eines Säuglings das Gleiche wie das eines Erwachsenen? Und unterscheidet es sich in unterschiedlichen soziokulturellen Kontexten?

Diese Fragen sind auf unterschiedlichste Weise untersucht und theoretisch erklärt worden. Die entstandenen Emotionstheorien (vgl. Jenkins, Oatley & Stein, 1998; Mascolo & Griffin,

1998; Meyer, Schützwohl & Reisenzein, 1993, 1997; Reisenzein, Meyer & Schützwohl, 2003) können Emotionsparadigmen zugeordnet werden, die wir als *strukturalistisch, funktionalistisch* und *soziokulturell* ausweisen (vgl. Holodynski, 2006). Obwohl nicht jede Emotionstheorie in dieser Zuordnung vollständig aufgeht, wollen wir diese drei Paradigmen anhand der genannten Problemkomplexe darstellen:

(1) Bestimmung von Emotionen und ihre Klassifikation,

(2) Erfassung von Emotionen sowie

(3) Entwicklung und sozio-kultureller Kontext von Emotionen.

3.1 Strukturalistisches Paradigma: Emotion als spezifischer psychischer Zustand

Emotionstheorien, die sich dem strukturalistischen Paradigma zuordnen lassen, gehen von der Grundannahme aus, dass es abgrenzbare Emotionsqualitäten gibt, die durch eine vorprogrammierte Struktur an psychischen Komponenten bestimmt sind und durch ihre biologische Verankerung bei allen Menschen vorkommen. Zu diesen Theorien gehören die *Neurokulturelle Emotionstheorie* von Ekman und Friesen (Ekman, 1988) sowie Levenson, Soto und Pole (2007), die *Differenzielle Emotionstheorie (Differential Emotion Theory)* von Izard (1994) sowie die *Evolutionspsychologische Emotionstheorie* von Panksepp (1998). Diese Theorien haben ihren Ursprung in Darwins Annahme über ein phylogenetisches Erbe menschlicher Basisemotionen.

(1) Bestimmung von Emotionen und ihre Klassifikation. Strukturalistisch orientierte Theorien definieren Emotionen als *„komplexe Phänomene mit neurophysiologischen, motorisch-expressiven und Erlebniskomponenten. Der intraindividuelle Prozess, durch den diese Komponenten interagieren, um die Emotion hervorzubringen, ist ein evolutionär-biogenetisches Phänomen."* (Izard, 1994, S. 85) Emotionen werden als diskrete und biologisch adaptive Muster angesehen, die in der Phylogenese entstanden sind und eine Reaktion auf eine überlebensrelevante Anforderung darstellen. Sie haben die Funktion, den Organismus in eine bedürfnis- und situationsangepasste Handlungsbereitschaft zu versetzen (Izard, 1994; vgl. auch Panksepp, 1998). So mobilisiert z. B. Wut die Körperkräfte zur Abwehr von Bedrohungen, Furcht die Fluchtbereitschaft zur Meidung von Bedrohungen oder Interesse das Aufsuchen bedürfnisadäquater Anreize. In der Beschreibung dieser Funktionen bestehen große Überschneidungen mit funktionalistisch orientierten Emotionstheorien (vgl. Tabelle 17.2, S. 445). Zur Klassifikation von Emotionen wird ein angeborenes Repertoire von Basisemotionen angenommen, die bereits im ersten Lebensjahr bei Menschen aller Kulturen identifizierbar seien. Strittig zwischen den Theorien ist lediglich, welche Emotionen als Basisemotionen bestimmt werden. Ekman (1988) geht von sechs Emotionen aus, nämlich *Freude, Furcht, Trauer, Ärger, Ekel* und *Überraschung,* während Izard (1994) *Interesse* dazu zählt. Neben diesen primären werden sekundäre Emotionen beschrieben, die zwar auf Lernerfahrungen des Individuums zurückgeführt werden, aber dennoch allen Menschen zugesprochen werden. Dazu gehören *Scham, Verachtung* und *Schuld* (Izard, 1994) wie auch *Stolz* (Tracy & Robins, 2008).

(2) Erfassung von Emotionen. In der Neurokulturellen und der Differenziellen Emotionstheorie werden Emotionen in erster Linie über den Ausdruck erfasst, weil die Basisemotionen mit mimischen Ausdrucksmustern verbunden sind. Zur Erfassung der mimischen Muster hat Izard (1979) das „Maximally Discriminative Affect Coding System (MAX)" konstruiert, mit

dem ausgewählte mimische Reaktionen reliabel und objektiv beschrieben werden können. Die in Tabelle 17.1 aufgelisteten Mimikformen dienen dabei in ihren verschiedenen Kombinationen als Beschreibung von Ausdrucksmustern, die den Basisemotionen zugeordnet werden (Abb. 17.2). Dabei kann eine Basisemotion durch unterschiedliche Mimikkonfigurationen zum Ausdruck kommen.

Im Gegensatz zu MAX benutzt das „Emotional Facial Action Coding System (EMFACS)" von Ekman, Friesen und Hager (2002) die Kodierung von einzelnen mimischen Muskelbewegungen, um Emotionen zu beschreiben. Emotionen können aber auch über den Selbstbericht einer Person erfasst werden, da eine Person ihre eigenen (mimischen) Ausdrucksmuster über ein Körperfeedback propriozeptiv wahrnehmen kann. Das Feedback des eigenen Emotionsausdrucks stellt nach diesen Theorien die Basis für subjektiv erlebte Emotionen dar. Danach

Codes für den Bereich „Augenbrauen – Stirn – Nasenwurzel"

(20) Augenbrauen sind gebogen oder normal hochgezogen, Stirn zeigt lange querlaufende Falten oder Verdickungen, die Nasenwurzel ist verengt.

(22) Augenbrauen sind hoch- und zusammengezogen, in gerader oder normaler Form; auf der Stirn befinden sich kurze querlaufende Falten oder Verdickungen mittig; die Nasenwurzel ist verengt.

(23) Die inneren Winkel der Augenbrauen sind hochgezogen; im Stirnbereich sind Wulst oder Falten mittig über dem Augenbrauenwinkel; die Nasenwurzel ist verengt.

(25) Augenbrauen sind herunter- und zusammengezogen, auf der Stirn befinden sich vertikale Falten oder Wulst zwischen Augenbrauen, die Nasenwurzel ist verbreitet und gewölbt.

Codes für den Bereich „Augen – Nase – Wangen"

(30) Vergrößerte, rund aussehende Augenregion aufgrund des gedehnten Gewebes zwischen oberem Lid und Augenbraue, oberes Augenlid nicht hochgezogen

(31) Lidschlitz geweitet, oberes Lid hochgezogen (mehr Augenweiß sichtbar als normalerweise)

(33) Verengt oder zusammengekniffen (durch Bewegung des Augenschließmuskels oder Augenbrauendepressors)

(38) Wangen hochgezogen

Codes für den Bereich „Mund – Lippen"

(50) Geöffnet, rund oder oval

(52) Mundwinkel nach hinten und leicht nach oben gezogen (geöffnet oder geschlossen)

(53) Geöffnet, gespannt, Mundwinkel gerade nach hinten gezogen

(54) Kantig, quadratisch geöffnet

(56) Mundwinkel nach unten und außen gezogen (geöffnet oder geschlossen), Kinn kann die Unterlippe mittig hochschieben.

(59B) Geöffnet, kantig, Oberlippe hochgezogen, Zunge vorgestreckt, kann sich bewegen (= 54/66).

(63) Unterlippe runtergezogen (kann leicht nach vorne stehen)

(66) Zunge vorgestreckt (über Zahnreihe hinaus), kann sich bewegen.

Anmerkung: Code (0) wird vergeben, wenn keine beobachtbare Bewegung registriert wird, z. B. glatte Stirn, Brauen in normaler Position, Augen normal geöffnet, Mund geschlossen, entspannt) oder Rückbewegung zur Grundhaltung oder nicht codierbare Bewegung (z. B. blinzeln, kauen).

Tabelle 17.1: Ausgewählte mimische Codes nach dem Maximally Discriminative Affect Coding System (MAX) von Izard (1979).

kann eine Person beispielsweise dann Freude erleben, wenn sie über das Körperfeedback ihr eigenes Lächeln wahrnimmt. Ohne eine solche interne Repräsentation des Lächelns würde das *subjektive Gefühl* von Freude ausbleiben. Die Fähigkeit, Emotionen über ein Körperfeedback subjektiv erleben zu können, wird bereits Neugeborenen zugesprochen, auch wenn diese Annahme letztlich nicht nachweisbar ist.

(3) Entwicklung und soziokultureller Kontext von Emotionen. Wenn das Reaktionsmuster einer Basisemotion als biologisch vorprogrammiert angesehen wird, dann liegt es bereits bei Geburt fest und entwickelt sich im Lebenslauf kaum noch. Was sich jedoch im Laufe der Ontogenese verändert, sind die konkreten Anlässe für emotionale Reaktionen sowie deren Ausdruck, die neben ideosynkratischen Lebenserfahrungen auch durch den jeweiligen soziokulturellen Kontext überformt werden (Ekman, 1988). Welche konkreten Anlässe z. B. das Interesse einer Person wecken oder sie ängstigen, erfreuen oder ärgern können, ist augenscheinlich von der jeweiligen kulturellen Lebensweise und den individuellen Erfahrungen einer Person abhängig. Beispiele für kulturspezifische Emotionsanlässe bieten Beobachtungen bei den Bara auf Madagaskar, die Heuschrecken mit Genuss essen, während dies bei Mitgliedern westlicher Kulturen eher Ekel hervorruft; oder Beobachtungen bei den Balinesen, die auf den Tod eines geliebten Angehörigen mit Freude reagieren (Wikan, 1988). Balinesen glauben nämlich, dass das Gefühl der Trauer über den Verlust eines geliebten Menschen der eigenen Gesundheit schaden könne. Freude als paradoxe Reaktion auf einen solchen Anlass muss deshalb als überformtes Produkt einer kulturellen Lerngeschichte angesehen werden. Eine Person kann ihren Emotionsausdruck jedoch auch willentlich manipulieren, sodass sie einen anderen Emotionsausdruck zeigt als den, der ihrem tatsächlichen Erleben entspricht. Sie kann ihren Ausdruck im Vergleich zum erlebten Gefühl intensivieren, abschwächen (durchaus für Außenstehende bis zum völligen Neutralisieren) oder maskieren. Als Maskierung wird sehr oft das Lächeln eingesetzt, um z. B. einen negativen Emotionsausdruck zu überspielen (Saarni & Weber, 1999). Zur Erklärung von Ausdruckskontrolle hat Ekman (1988) das *Konzept der kulturspezifischen Darbietungsregeln* eingeführt. Darbietungsregeln schreiben vor, wer wem gegenüber in welcher Situation wel-

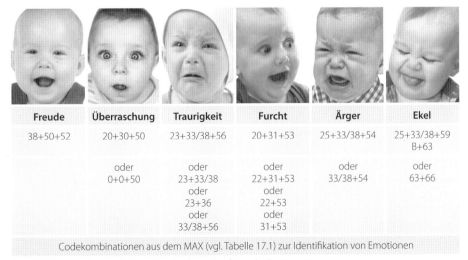

Abb. 17.2 Prototypische mimische Ausdrucksmuster für sechs Basisemotionen.

che Emotionen ausdrücken soll (Abb. 17.3). Für jede Kultur lassen sich danach normative Vorgaben für den Ausdruck von Emotionen finden (vgl. Matsumoto, 2000; Safdar, Friedlmeier, Matsumoto et al., 2009).

Wie Kinder ihre Emotionen zu kontrollieren lernen, ist in Experimenten untersucht worden, bei dem ein Kind ein enttäuschendes Geschenk bekommt und dieses vor den Augen des Schenkenden auspacken muss (vgl. Baaken, 2005; Saarni, 1984). Dabei zeigte sich, dass Kinder schon früh das Lächeln zur Maskierung negativer Emotionen einsetzen. So lächelten bereits vierjährige US-amerikanische Mädchen bei einem enttäuschenden Geschenk den Schenkenden fast so häufig an wie bei einem freudigen Geschenk. Waren sie demgegenüber allein, dann lächelten sie nur bei einem freudigen Geschenk (Cole, 1986). Allerdings dauert es noch bis ins Jugendalter, bis der Ausdruck so gut kontrolliert werden kann, dass die Kontrolle von Außenstehenden nicht mehr bemerkt wird (Saarni & Weber, 1999).

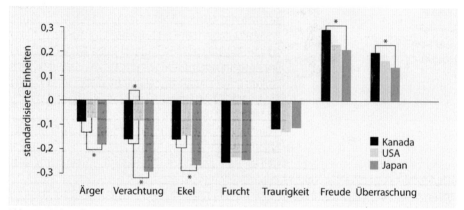

Abb. 17.3: Kulturelle Darbietungsregeln für den Ausdruck der sechs Basisemotionen in Kanada, USA und Japan (aus Safdar et al., 2009, S. 6). Die y-Achse kennzeichnet Abweichungen von einer unkontrollierten Ausdrucksintensität * $p < .05$.

3.2 Funktionalistisches Paradigma: Emotion als spezifische psychische Funktion

Emotionstheorien, die dem funktionalistischen Emotionsparadigma zugeordnet werden, definieren eine Emotion über ihre Funktion in der menschlichen Tätigkeit (Frijda, 1986): Diese Funktion besteht darin, die Situation im Hinblick auf ihre Relevanz für ein persönliches Anliegen einzuschätzen und eine Handlungsbereitschaft zu aktivieren, die einem bestimmten Anliegen dienlich ist. Maßgebliche funktionalistische Theorien der Emotionsentwicklung sind die von Campos und Barrett (1984) sowie Sroufe (1996).

(1) Bestimmung von Emotionen und ihre Klassifikation. Emotionen sind „*processes of establishing, maintaining, or disrupting the relations between the person and the internal or external environment, when such relations are significant to the individual*" (Campos, Campos & Barrett, 1989, S. 395). Demnach ist eine Emotion eine Handlungsbereitschaft (*action readiness* nach Frijda, 1986), durch die die gegebene Situation in einer Weise verändert werden soll, die dem Anliegen einer Person dient (Tabelle 17.2).

Im Unterschied zu strukturalistischen Theorien gehen funktionalistische Theorien nicht von diskreten Emotionen, sondern von Emotionsfamilien aus. Emotionsfamilien lassen sich durch Klassen von Situationseinschätzungen und den ihnen zugeordneten Handlungsbereitschaften

3 Theorien der Emotionen 445

charakterisieren (Campos & Barrett, 1984; Frijda, 1986). Barrett (1998) beschreibt deshalb nicht *die* Furcht mit einem festgelegten Reaktionsmuster, sondern eine Familie von Furchtemotionen mit sehr unterschiedlichen Reaktionsmustern, wie sich dies im Weglaufen vor einer ekelerregenden Spinne, dem Erstarren vor einem zähnefletschenden Hund oder im nervösen Betrachten der Börsennachrichten nach einem Börsencrash zeigen kann. Dabei werden auch die beteiligten Emotionskomponenten von ihrer Funktion her bestimmt. Peripher-physiologischen Reaktionen wie Schwitzen, Änderungen des Herzrhythmus oder des Muskeltonus wird die Funktion zugesprochen, den Körper auf die auszulösende Handlung vorzubereiten: So dient die Erhöhung des

Emotion	Anlass	Regulationsfunktion in Bezug auf ...	
		... die eigene Person (intrapersonal)	... andere Personen (interpersonal)
Ekel (ab Geburt)	Wahrnehmung von schädlichen Substanzen/Individuen	Weist schädliche Substanzen/Individuen zurück	Signalisiert Fehlen an Aufnahmefähigkeit beim Individuum
Interesse Erregung (ab Geburt)	Neuartigkeit; Abweichung; Erwartung	Öffnet das sensorische System	Signalisiert Aufnahmebereitschaft für Information
Freude (ab 2 Monaten)	Vertraulichkeit; genussvolle Stimulation	Signalisiert dem Selbst, die momentanen Aktivitäten fortzuführen	Fördert soziale Bindung durch Übertragung von positiven Gefühlen
Ärger (ab 7 Monaten)	Zielfrustration durch andere Person	Bewirkt die Beseitigung von Barrieren und Quellen der Zielfrustration	Warnt vor einem möglichen drohenden Angriff; Aggression
Trauer (ab 9 Monaten)	Verlust eines wertvollen Objekts; Mangel an Wirksamkeit	Niedrige Intensität: fördert Empathie Höhere Intensität: führt zur Handlungsunfähigkeit	Löst Pflege- und Schutztendenzen sowie Unterstützung und Empathie aus
Furcht (ab 9 Monaten)	Wahrnehmung von Gefahr	Identifiziert Bedrohung; fördert Flucht- oder Angriffstendenzen	Signalisiert Unterwerfung; wehrt Angriff ab
Überraschung (ab 9 Monaten)	Verletzung von Erwartungen	Unterbricht Handlungsablauf	Demonstriert Naivität der Person; beschützt sie vor Angriffen
Verlegenheit (ab 18 Monaten)	Wahrnehmung, dass eigene Person Gegenstand intensiver Begutachtung ist	Führt zu Verhalten, das Selbst vor weiterer Begutachtung zu schützen	Signalisiert Bedürfnis nach Zurückgezogenheit
Stolz (ab 24 Monaten)	Wahrnehmung eigener Tüchtigkeit bezüglich eines Wertmaßstabs im Angesicht anderer	Signalisiert soziale Zugehörigkeit; Steigerung des eigenen Selbstwertgefühls	Führt zur Selbsterhöhung als Zeichen, dass man „groß" ist; Appell zur Bewunderung
Scham (ab 30 Monaten)	Wahrnehmung eigener Unzulänglichkeit bezüglich eines Wertmaßstabs im Angesicht anderer	Signalisiert Gefahr des sozialen Ausschlusses; führt zu Vermeidungsverhalten	Führt zu Unterwürfigkeit, um sozialen Ausschluss zu verhindern
Schuld (ab 36 Monaten)	Erkenntnis, falsch gehandelt zu haben, und das Gefühl, nicht entkommen zu können	Fördert Versuche zur Wiedergutmachung	Führt zu unterwürfiger Körperhaltung, welche die Wahrscheinlichkeit eines Angriffs reduziert

Tabelle 17.2: Regulationsfunktionen von Emotionen in Bezug auf die eigene Person und in Bezug auf den Interaktionspartner (adaptiert aus Barrett, 1995; Magai & McFadden, 1995).

Muskeltonus bei Ärger der schnelleren Reaktionsfähigkeit auf einen möglichen Angriff, und er verändert sich kaum, wenn kein Angriff erwartet wird. Dem emotionalen Ausdruck kommt in erster Linie eine Appellfunktion zu: Die Handlungsbereitschaft einer Person soll vom Gegenüber wahrgenommen werden und ihn zu Handlungen auffordern, die dem Anliegen der Person dienen (Frijda, 1986; Holodynski, 2006). Beispielsweise soll ein Furchtausdruck in Form von weit aufgerissenen Augen und Mund zum Einlenken einer Drohung bewegen oder auch Hilfeverhalten auslösen. Wird kein emotionaler Ausdruck wahrgenommen, bleibt ein Appell an andere Personen auch aus (Fridlund, 1994; Manstead, Fischer & Jacobs, 1999). Dem eigenen emotionalen Erleben wird darüber hinaus die Funktion zugesprochen, den laufenden Emotionsprozess zu überwachen und gegebenenfalls nachzuregulieren (vgl. Scherer, 2004).

(2) Die Erfassung von Emotionen. In funktionalistischen Emotionstheorien kann sich eine Emotion in einer Vielzahl von Ausdrucksmustern und damit einhergehenden Handlungsbereitschaften äußern, die durch spezifische Situationsumstände bestimmt werden. So ist allen Varianten von Furcht gemeinsam, dass die jeweilige Situation als bedrohlich eingeschätzt wird, obwohl unterschiedliche Handlungsbereitschaften ausgelöst werden können (Barrett, 1998): Ist die Bedrohung noch weit entfernt, ist ein Fluchtimpuls zweckmäßig; besteht die Bedrohung in einer gefährlichen Person (oder einem Tier), von der man noch nicht entdeckt worden ist, ist ein Erstarren zweckmäßig, um erst gar nicht entdeckt zu werden; vermutet man jemanden in Gefahr, der nicht im unmittelbaren Aktionskreis agiert, kann die Handlungsbereitschaft in einem Telefonanruf bestehen. Diese Varianten von Furcht sind dabei auch mit unterschiedlichen Ausdrucksformen verbunden, da sich eine Handlungsbereitschaft mimisch, gestisch, postural, vokal und verbal verschieden darstellen kann, aber auch im Hinblick auf peripher-physiologische Reaktionen sowie im Erleben different zeigen kann. Dies macht die eindeutige Erfassung von Emotionen allerdings auch äußerst kompliziert. Wenn Emotionen über ein breites Verhaltensrepertoire ausgedrückt werden können, nach welchen Kriterien will man dann feststellen, welche Emotion ausgelöst wurde? Es bleibt dann das subjektive Erleben, das die Person durch Introspektion berichten muss. Dieser methodische Zugang zur Erfassung von Emotionen lässt sich allerdings nicht objektivieren, da nur die Person selbst Zugang zu ihrem Erleben hat. Außerdem ist eine differenzierte Selbstwahrnehmung erforderlich, wozu junge Kinder noch nicht fähig sind.

(3) Entwicklung und soziokultureller Kontext. Die funktionalistischen Emotionstheorien, die sich mit der Entwicklung von Emotionen befassen, fokussieren sich auf einzelne Emotionsfamilien und untersuchen dabei die Entwicklung von *Wohlbefinden/Freude, Frustration/Ärger* und *Besorgnis/Furcht* (z. B. Sroufe, 1996) oder die sozialen Emotionen wie *Stolz, Schuld* und *Scham* (z. B. Barrett, 1995, 2005) sowie *Verlegenheit* (z. B. Asendorpf, 1989) und *Ekel* (z. B. Soussignan & Schaal, 2005). Eine Differenzierung der Emotionen in der Ontogenese erfolgt dabei in dem Maße, wie sich die Beziehungen zwischen den Anliegen des Heranwachsenden und seiner Umwelt im Lebenslauf differenzieren und die kognitiven Voraussetzungen dafür erworben werden, auch komplexere Beziehungsmuster einschätzen zu können. So beinhaltet z. B. Ärger die Einschätzung, dass (a) die Befriedigung eines wichtigen Anliegens behindert wird, dass (b) dies durch eine andere Person verursacht wird, was das Erkennen von Ursache-Wirkungs-Beziehungen voraussetzt, und dass (c) durch einen Ärgerausdruck (beispielsweise in Form eines energischen, lautstarken Protests) Einfluss auf die Ärger verursachende Person genommen werden kann, was die Zuschreibung von Intentionen voraussetzt (Stenberg & Campos, 1990). Vergleichbar komplexe kognitive Voraussetzungen liegen auch Emotionen wie *Trauer, Überraschung* und *Freude* zugrunde, die ein Säugling erst im Laufe des ersten Lebensjahres erwirbt. Für Sroufe (1996) ist dies einer der Gründe, weshalb diese Emotionen nicht angeboren sein können, wie dies für die Basisemotionstheorien angenommen wird.

3 Theorien der Emotionen   447

Erst gegen Ende des ersten Lebenshalbjahres können Säuglinge einfache Ursache-Wirkungs-Beziehungen erkennen und erst drei bis fünf Monate später auch anderen Personen Intentionen zuschreiben (Tomasello, Carpenter, Call, Behne & Moll, 2005). Dementsprechend kann Ärger erst zu diesem Zeitpunkt entstehen. Ohne die Fähigkeit der Intentionszuschreibung zeigen Säuglinge „nur" Frustration und ohne die Fähigkeit zur einfachen Ursachenzuschreibung „nur" Distress in Form von Weinen. Distress wird dabei als ungerichtete negative Emotion verstanden, die den drängenden Appell an die Bezugspersonen signalisiert, sich um die unbefriedigten Anliegen des Säuglings zu kümmern (Oster, 2005). Diese Erklärungen sind konform mit Beobachtungen an jungen Säuglingen, die bei Zielbehinderung keine prototypischen Ausdrucksformen von Ärger zeigen, sondern lediglich mit einer ungerichteten weinerlichen Distressreaktion reagieren (Stenberg & Campos, 1990). Sroufe (1996) hat deshalb das Konzept der *Vorläuferemotionen* (*precursor emotions*) eingeführt, die durch physikalische Stimulation ausgelöst werden (z. B. reagieren Neugeborene auf kaltes Wasser ausschließlich mit Erschrecken, während es Kleinkinder als erschreckend, aber auch erfrischend empfinden können). Außerdem sind die Ausdrucks- und Körperreaktionen von Vorläuferemotionen kaum auf den situativen Anlass und Kontext abgestimmt. Zu diesem Schluss kamen Galati und Lavelli (1997), denen es nicht gelang, den mimischen Ausdruck von Neugeborenen durch Erwachsene zuverlässig einschätzen zu lassen, die die Säuglinge in Videoaufnahmen von fünf unterschiedlichen Situationen bewerteten: im Arm der Mutter (Freude), beim Wegnehmen von der Mutter (Traurigkeit), bei einer Injektion (Schmerz), vor dem Stillen (motorische Unruhe) und bei einer von außen aufgezwungenen Bewegung (Ärger). Die Erwachsenen konnten die spezifische Emotionsqualität nicht eindeutig bestimmen, sondern nur die Valenz und den Aktivierungsgrad der Emotion (dazu auch Banham Bridges, 1932).

3.3 Soziokulturelles Paradigma: Emotion als sozial konstruierte psychische Funktion

Soziokulturell orientierte Emotionstheorien treten dem Eindruck entgegen, dass sich die Emotionsentwicklung in einer universalen Abfolge vollzieht und über Kulturen hinweg vergleichbar ist. Sie verweisen auf die großen Unterschiede der sozialen und kulturellen Kontexte, in denen Kinder ihre Emotionen entwickeln und ihren Ausdruck modifizieren. Insofern führen soziokulturell unterschiedliche Kontexte zur Entstehung und Tradierung kulturspezifischer Emotionen oder zumindest kulturspezifischer Varianten innerhalb einer Emotionsfamilie. Zum soziokulturellen Emotionsparadigma lassen sich unter anderem die sprachbasierten Modelle von Lutz (1988) und Wierzbicka (1999), die Komponententheorien (Mesquita & Leu, 2007; Shweder, Haidt, Horton & Joseph, 2008) sowie das Internalisierungsmodell (Holodynski, 2006; Holodynski & Friedlmeier, 2012) zuordnen.

(1) Bestimmung von Emotionen und ihre Klassifikation. Soziokulturelle Emotionstheorien gehen davon aus, dass die menschliche Spezies die Fähigkeit besitzt, Kultur zu schaffen. Das beinhaltet zum einen, technische Instrumente und Handlungsverfahren zu schaffen und zu tradieren, um die Natur in zweckvoller Weise umzugestalten. Das beinhaltet zum anderen aber auch, soziale Instrumente in Form von Zeichensystemen und Handlungsverfahren zu schaffen und zu tradieren, um das Miteinander der Menschen durch ein System von zeichenvermittelten Normen und Werten zu regeln. Dadurch, dass dieses kulturelle Erbe von Generation zu Generation tradiert wird, stellt es einen Erfahrungsschatz dar, der durch Lernen „vererbt" wird (Cole 1996; Leontjew, 1982; Vygotskij 1931/1992). Zu diesen Erfahrungen gehört auch die gelebte emotionale Praxis von Menschen. Sie bezieht sich auf Emotionen und Ausdrucksformen, die zur Selbstregulation

und zur Regulation in der sozialen Interaktion benutzt werden. Sie lassen sich auch in den Emotionskonzepten einer Kultur wiederfinden, in denen Emotionsanlässe, Ausdrucksformen, Konsequenzen und normative Wertungen sprachlich kodiert und tradiert werden.

(a) Sprachanalytische Emotionstheorien. Einige soziokulturelle Emotionstheorien haben sich auf die Analyse der sprachlichen Emotionskonzepte in ausgewählten Kulturen fokussiert, um kulturelle Unterschiede in den Emotionskonzepten zu beschreiben. Bahnbrechend waren dabei die kulturanthropologischen Studien von Lutz (1988), die kulturspezifische Emotionskonzepte bei den Ifaluk in Mikronesien im Pazifik auffand. Auf der Grundlage von Interviews wurde gezeigt, dass es für den indigenen Begriff *fago* der Ifaluk keine Entsprechung in US-amerikanischen Emotionskonzepten gibt. *Fago* lässt sich annäherungsweise mit einer Mischung aus den US-amerikanischen Konzepten *love, compassion* und *sadness* begreifen, die nur aus den kulturellen Lebensbedingungen der Ifaluk verständlich wird. Die Liebe zu einer Person schließt die Sorge ein, sie durch unglückselige Ereignisse verlieren zu können; deshalb wird Liebe prinzipiell an ein fürsorgliches Verhalten gebunden. Es ist allerdings zu beachten, dass bei sprachanalytischen Emotionstheorien die Gleichsetzung von Emotionen mit den sprachlich kodierten Emotionskonzepten kritisiert wird (Lyon, 1995; Röttger-Rössler, 2004): Danach werde die Kulturspezifik von Emotionen zu einseitig darauf zurückgeführt, dass die Emotionskonzepte in den untersuchten Kulturen unterschiedlich seien. Inwiefern jedoch die faktisch beobachtbaren Ausdrucks- und Körperreaktionen von Emotionen kulturspezifisch sind, wurde dabei kaum betrachtet. Vielmehr wurde die Körperkomponente einer Emotion schlechthin als unspezifische Erregungskomponente angesehen, die erst durch die Einbindung in die jeweiligen Emotionskonzepte ihre kulturspezifische Deutung erhalte (vgl. Ratner, 1999).

(b) Komponentenorientierte Emotionstheorien. Diese Kritik hat dazu geführt, die kulturvergleichende Analyse von Emotionen in eine detailliertere Analyse ihrer Komponenten zu überführen, zu denen dann das sprachlich kodierte Emotionskonzept ebenfalls gehört, sich darauf jedoch nicht beschränkt (vgl. Holodynski & Friedlmeier, 2012; Mesquita & Leu, 2007; Shweder et al., 2008). Emotionen werden danach definiert als *„multifaceted, open phenomena that are shaped to be effective in the sociocultural context in which they occur. The primary facets of emotion are emotional experience, which among others, is constituted by the appraisal of the situation and action readiness, expressive behavior, autonomic and central nervous system changes, and behavior."* (Mesquita & Leu, 2007, S. 735) Komponentenorientierte Emotionstheorien fokussieren auf die kulturellen Ausprägungen der folgenden Emotionskomponenten (Shweder et al., 2008): situativer Anlass der Emotion, Einschätzungsmuster des Anlasses bezüglich seiner persönlichen Bedeutsamkeit, Kommunikation der Emotion mittels des Ausdrucks und der Sprache, emotionsspezifische Handlungsbereitschaft, somatische (peripher-physiologische) Reaktionen, subjektives Gefühl, normative Bewertung der Emotion durch die soziale Gemeinschaft sowie soziales Management und Regulation der Emotion. Komponentenanalysen gehen so vor, dass sie zunächst Emotionsepisoden im Rahmen dieser Komponenten analysieren und daraus Emotionscluster extrahieren, die dann auch zwischen Kulturen verglichen werden können (vgl. Shweder, 2003).

(2) Erfassung von Emotionen. Um Emotionen gerade auch in ihren kulturspezifischen Facetten erfassen zu können, wurden zwei einander ergänzende Methoden verwendet:

(a) Analyse der Emotionsbegriffe. Für die sprachanalytischen soziokulturellen Emotionstheorien steht die Erfassung der in einer Kultur vorherrschenden Emotionskonzepte im Zentrum. Entsprechend gehen diese Theorien von den sprachlichen Begriffen aus, die eine soziale Gemeinschaft zur Kennzeichnung emotionaler Phänomene benutzt, und versuchen, mit Interviews die Konzepte hinter den Emotionsbegriffen zu erfassen. Die Arbeit von Lutz (1988) und auch Wierzbicka (1998, 1999) sind hier wegweisend gewesen.

(b) Analyse der Emotionskomponenten. Auch hier stellt die Bedeutungsanalyse mit Interviews den Ausgangspunkt der Methode dar. Allerdings wird die Analyse um systematische Beobachtungen und Interviews zu realen Emotionsepisoden im Rahmen ihrer Komponenten erweitert (Holodynski & Friedlmeier, 2012; Shweder et al., 2008). Hierzu gehören auch kulturvergleichende Feldstudien, wie sie z. B. als freie Mutter-Säuglings-Interaktionen (Wörmann, Holodynski, Kärtner & Keller, 2012) oder auch als Frustrationsexperimente bei 2- bis 5-jährigen Kindern (Trommsdorff & Friedlmeier, 1999) durchgeführt wurden. Hierbei wurden für Probanden aus unterschiedlichen Kulturen vergleichbare Emotionsanlässe hergestellt und die einzelnen Emotionskomponenten sowie Reaktionen und Bewertungen des sozialen Umfeldes erfasst und verglichen.

(3) Entwicklung und soziokultureller Kontext. Die Beobachtung kulturspezifischer Emotionen bei Erwachsenen zieht die Frage nach sich, wie diese im Laufe der Ontogenese entstehen und welche Entwicklungsbedingungen dafür verantwortlich sind. Der sprachanalytische Ansatz von Lutz (1988) und der Komponentenansatz von Shweder et al. (2008) machen dazu nur punktuell Aussagen. Eine elaborierte soziokulturelle Entwicklungstheorie liegt dagegen mit dem Internalisierungsmodell der Emotionsentwicklung vor (Holodynski, 2006; Holodynski & Friedlmeier, 2012), in dem Emotionen als kulturell überformte Multikomponentensysteme betrachtet werden (Abb. 17.4). Das Modell enthält Annahmen darüber, wie aus einer geringen Anzahl an Vorläuferemotionen von Neugeborenen das kulturspezifische Emotionsrepertoire der Erwachsenen hervorgeht. Im Unterschied zu funktionalistischen Emotionstheorien werden dabei nicht nur kognitive, sondern auch interaktive Prozesse einbezogen, wie Emotionen ausgedrückt, interpretiert und reguliert werden. Die These ist, dass Bezugsperson und Kind insbesondere in der frühen Ontogenese mithilfe des Ausdrucks kommunizieren und dass in diesen sozialen Interaktionen ein Kind die kulturell relevanten Ausdruckszeichen und ihre Bedeutungen und Funktionsweisen erlernt. Das Internalisierungsmodell greift Vygotskijs (1933/1999) Arbeiten zur vermittelnden Funktion von Zeichen auf und überträgt sie auf die Analyse von Ausdruckszeichen (Holodynski, 2006).

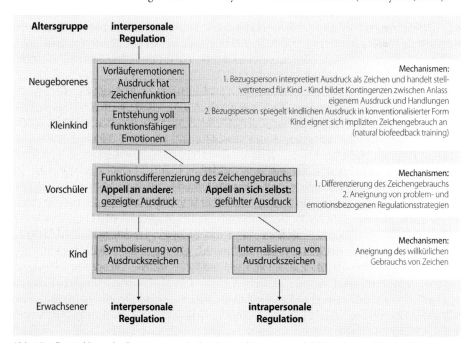

Abb. 17.4: Entwicklung der Emotionen nach dem Internalisierungsmodell (Holodynski, 2005, S. 239).

Der Entwicklungsverlauf lässt sich nach dem Internalisierungsmodell wie folgt beschreiben:

(a) Angeborene Vorläuferemotionen. Neugeborene kommen mit einem begrenzten Repertoire an emotionalen Ausdrucksreaktionen auf die Welt. Diese sind das Schreien, das endogene Lächeln, die (visuelle) Aufmerksamkeitsfokussierung, die Schreckreaktion und das Naserümpfen mit Vorstrecken der Zunge. Die angeborenen Ausdrucksformen werden – im Unterschied zu den Basisemotionsansätzen – als relativ offene Verhaltensprogramme angesehen, die einer anlass- und situationsspezifischen Ausrichtung erst noch bedürfen, um als effektive Appelle für andere wirken zu können. So ist der Distressausdruck von einmonatigen Säuglingen noch ungerichtet, zumeist sind die Augen geschlossen und das Weinen steigert sich erst allmählich. Demgegenüber erfolgt der Ärgerausdruck eines einjährigen Kleinkindes über einen unerwünschten Eingriff in die eigene Bewegungsfreiheit prompt mit aufbrausendem Schreien. Im Gegensatz zum Distressausdruck eines einmonatigen Säuglings hat dieser Ärgerausdruck eine eindeutige und gerichtete Signalwirkung und wird je nach Wirksamkeit nachreguliert, sodass er klar zu interpretieren ist (Stenberg & Campos, 1990).

(b) Entstehung voll funktionsfähiger Emotionen. Zu Beginn der Ontogenese haben Emotionen im Wesentlichen eine interpersonale Regulationsfunktion: Der Emotionsausdruck des Säuglings dient als Appell an die Bezugspersonen, seine Bedürfnisse zu erkennen und zu befriedigen, denn Säuglinge müssen instrumentelle Handlungen zur selbständigen Bedürfnisbefriedigung erst noch erlernen. Aufgrund dieser Abhängigkeit bestimmen Bezugspersonen in entscheidendem Maße mit, welchen emotionalen Anlässen sie ihre Kinder aussetzen, wie sie den Emotionsausdruck ihrer Kinder interpretieren und mit welchen Handlungen sie darauf reagieren. Dies trägt maßgeblich dazu bei, welche kontextgebundenen Ausdrucksformen ein Kind zu welchen Emotionsanlässen ausbildet. Daher stellt das Lernen entlang der erlebten Verknüpfungen zwischen Anlass, Ausdruck und Reaktion der Bezugspersonen den ersten Entwicklungsmechanismus für die Emotionsentwicklung dar (vgl. Fontagy, Gergely, Jurist & Target, 2004). Das Verhalten der Bezugspersonen wird dabei durch kulturspezifische Ethnotheorien über Emotionen, ihre normative Bewertung sowie über zweckdienliche Erziehungspraktiken kanalisiert. Dies führt zu kulturspezifischen Interpretations- und Interaktionsstilen zwischen Bezugsperson und Kind mit unterschiedlichen Ausdrucksformen. So versuchen japanische Mütter im Vergleich zu US-amerikanischen Müttern in stärkerem Maße, ihre Kinder möglichst keine negativen Emotionsepisoden durchleben zu lassen: Sie intervenierten bereits proaktiv mit der Konsequenz, dass ihre Kinder einen viel geringeren Frustrationsausdruck als US-amerikanische Kinder zeigten. US-amerikanische Mütter waren dagegen reaktiv sensitiv: Sie griffen erst dann regulierend ein, wenn das Kind schon eine negative Emotion erlebt hatte, selbst wenn diese mit vergleichsweise starkem Frustrationsausdruck einherging (vgl. Rothbaum & Morelli, 2005).

Ein zweiter Mechanismus, der zeigt, wie kindliche Ausdrucksformen und Emotionen kulturell geformt werden, besteht im Zusammenspiel zwischen dem Imitationslernen des Kindes und dem Affektspiegeln der Bezugsperson: Bereits Säuglinge sind fähig, einfache Mimikmuster ihrer Bezugsperson zu imitieren (vgl. Field, Woodson, Greenberg & Cohen, 1982). Betreuungspersonen insbesondere in westlichen Kulturen neigen dazu, diejenigen Emotionen in ihrem eigenen Ausdruck zu spiegeln, die sie bei ihrem Kind vermuten (Fontagy et al., 2004; Stern, 1992). Auf diese Weise erlebt das Kind eine Verknüpfung zwischen dem, was es aktuell innerlich fühlt, und dem, was seine Betreuungsperson aktuell ausdrückt. Dieses Affektspiegeln wirkt wie ein natürliches „Biofeedback-Training", das den Ausdrucksgebrauch des Kindes an die sozialen Konventionen anzupassen sowie Emotionsausdruck und kindliches Erleben miteinander zu verknüpfen versucht. Beim Affektspiegeln von Betreuungspersonen gibt es große kulturelle Unterschiede, die dazu führen, dass z. B. das soziale Lächeln in westlichen Kulturen sehr früh und häufig auftritt, während es bei den Nso in Kamerun viel später und seltener zu beobachten ist (Kärtner, Holodynski & Wörmann, 2013).

(c) Funktionsdifferenzierung des Ausdrucksgebrauchs. In dem Maße, wie Kinder motivdienliche Handlungen erlernen, können sie dazu übergehen, Emotionen nicht nur in ihrer Appellfunktion für andere, sondern auch als Appell an sich selbst zu nutzen und die eigenen Tätigkeiten selbstständig ohne Mithilfe der Bezugspersonen zu regulieren. Von daher würde beispielsweise die Frustration über eine misslungene Aufgabenlösung nicht nur dazu führen, andere um Trost und Unterstützung zu bitten, sondern sich selbst anzuspornen, die Aufgabe nochmals zu bearbeiten, was tatsächlich auch als Regulationsstrategie in der mittleren Kindheit benutzt wird (Bridges & Grolnick, 1995). Die Funktionsdifferenzierung des Ausdrucksgebrauchs geht deshalb einher mit dem Übergang von einer interpersonalen Regulation von Emotionen durch die Betreuungspersonen zu einer selbständigen intrapersonalen Regulation.

(d) Symbolisierung und Internalisierung des Ausdrucks. Etwa ab dem sechsten Lebensjahr werden Kinder fähig, den Ausdruck und das Erleben einer Emotion voneinander zu unterscheiden. Wie Studien in westlichen Kulturen zeigen, beginnen sie dann in Situationen, in denen der Ausdruck keine Appellfunktion für andere hat, ihren Ausdruck zu miniaturisieren. Ihr Emotionserleben ist dann nicht mehr länger von einem entsprechend intensiven Emotionsausdruck begleitet (Holodynski, 2004).

Zusammenfassend lässt sich feststellen, dass mit den drei Paradigmen der Emotionsforschung gezeigt werden konnte, wie Emotionen konzeptualisiert, klassifiziert und erfasst werden und wie sie in ihren Gemeinsamkeiten und Unterschieden beschrieben werden können. Dabei

Emotionen erhalten ihre Funktionsbestimmung in der menschlichen Tätigkeit und im sozialen Miteinander. *Freude* führt beispielsweise dazu, eine begonnene Tätigkeit fortzuführen. Weil Freude jedoch nicht nur intrapersonal durch positive Stimuli ausgelöst wird, sondern in vielen Kulturen auch auf andere Menschen positiv stimulierend wirkt, werden im Ergebnis dieser interpersonalen Wirkung in der Regel soziale Beziehungen entwickelt und gefestigt.

erwiesen sich die komplexeren funktionalistischen und soziokulturellen Emotionstheorien zwar als gegenstandsangemessener, aber zugleich auch in ihrer empirischen Validierung als methodisch kompliziert. Es hat sich auch gezeigt, dass die Frage nach der Entwicklung von Emotionen eng mit der Emotionsdefinition verknüpft ist. Je abstrakter eine Emotionsqualität bezüglich ihrer Funktion oder je elementaristischer sie bezüglich ihrer Merkmale definiert wird, umso weniger kann man eine Entwicklung von Emotionen diagnostizieren, umso leichter lassen sich aber kulturelle Universalien finden. Ein Analyseniveau, das unter Wissenschaftlern Konsens finden könnte, ist bislang noch nicht gefunden worden.

4 Klassische Befunde und ihre Methodik

Im Rahmen der vorgestellten Emotionsparadigmen ist eine Vielzahl an Studien durchgeführt worden, um die jeweiligen konzeptuellen Annahmen empirisch zu untermauern. In diesem Abschnitt sollen ausgewählte Studien zu diesen konzeptuellen Annahmen eingehender vorgestellt werden, um die theoriespezifischen Hypothesen, die darauf abgestimmte methodische Vorgehensweise, die zentralen Befunde und auch ihre kritische Diskussion exemplarisch zu veranschaulichen.

4.1 Nachweis von Basisemotionen

Bei diesen Studien ging es in erster Linie darum, die Hypothese vom universalen und biologisch vorprogrammierten Charakter der postulierten Basisemotionen zu belegen. Dazu bediente man sich im Wesentlichen dreier Überprüfungsmethoden:

(1) Der Vergleich emotionaler Ausdrucksmuster zwischen Erwachsenen und Säuglingen. Eine erste Überprüfung für die Existenz universaler Basisemotionen besteht in dem Nachweis, dass die den Basisemotionen zugeordneten mimischen Ausdrucksmuster schon bei Säuglingen beobachtet werden können. Als Methode ließ man erwachsene Beobachter Fotos dieser mimischen Ausdrucksmuster von Säuglingen und Erwachsenen den Basisemotionsqualitäten zuordnen. Prototypisch für ein solches Vorgehen ist die Studie von Izard et al. (1995). In ihr wurden mimische Ausdrucksbilder von sieben Basisemotionen (Interesse, Freude, Überraschung, Traurigkeit, Ärger, Ekel und Furcht) von Erwachsenen und von Säuglingen ausgewählt, die mit Hilfe des von Izard (1979) entwickelten Codiermanuals MAX (siehe Tabelle 17.1, S. 442) als prototypisch klassifiziert worden waren. Die Zuordnungen bei den Erwachsenenbildern waren bis auf eine Ausnahme eindeutig und die Erkennensrate höher als bei den Säuglingsbildern. Allerdings wurden auch die Säuglingsbilder von den meisten zutreffend zugeordnet bis auf die Ausnahme, dass der mimische Furchtausdruck mit Traurigkeit verwechselt wurde. Die Befunde sieht Izard als Bestätigung an, dass die Ausdrucksmuster der Basisemotionen bereits bei Säuglingen beobachtbar seien. Allerdings ist zu bedenken, dass die Säuglinge keine Neugeborenen, sondern mindestens vier Monate alt waren. Die Befunde sind von Oster, Hegley und Nagel (1992) in zweifacher Hinsicht kritisiert worden. Danach habe Izard (1979) zum einen eine wesentliche Emotion, nämlich Distress, ausgedrückt durch Weinen, als elementare negative Emotion bei Säuglingen nicht berücksichtigt; zum anderen habe er lediglich eine kategoriale Zuordnung der Ausdrucksbilder vornehmen lassen, nicht aber eine Einschätzung ihrer Intensitäten. Oster et al. (1992) behaupten nämlich, dass bei Säuglingen die prototypischen Ausdrucksmuster von Ärger, Traurigkeit und Furcht nur Übergangsmuster zum Distressausdruck seien. Daher müssten Beobachter den ver-

schiedenen Ausdrucksbildern nicht jeweils bei Ärger, Traurigkeit und Furcht die höchsten Emotionsintensitäten zuweisen, sondern bei Distress. Zur Überprüfung dieser These haben Oster et al. (1992) ebenfalls mimische Ausdrucksbilder von Säuglingen und Erwachsenen genommen, die nach dem MAX als prototypisch für die sieben Basisemotionen angesehen wurden, jedoch zusätzlich Ausdrucksbilder der Kategorie Distress. Auch haben sie Distress als einzuschätzende Emotionskategorie hinzugefügt. Die Ausdrucksbilder der Erwachsenen erhielten in den zugehörigen Emotionsqualitäten tatsächlich auch die höchsten Intensitätseinschätzungen, sodass sie demnach eindeutig beurteilbar waren. Bei den Säuglingen hingegen erhielten die Ausdrucksbilder aller negativen Emotionen (Furcht, Ärger, Traurigkeit, Ekel und Distress) die höchsten Intensitätseinschätzungen jeweils in der Kategorie Distress und die zweithöchste in der Kategorie Traurigkeit (Abb. 17.5). Diese Ergebnisse sahen Oster und Mitarbeiter als Bestätigung an, dass der negative Ausdruck von Säuglingen als Ausdruck einer einfacheren Distressreaktion interpretiert werden sollte. Dies ist auch konform mit Befunden von Galati und Lavelli (1997), deren erwachsene Probanden große Schwierigkeiten zeigten, Emotionsausdrücke bei Neugeborenen zu bestimmen.

(2) Der Vergleich emotionaler Ausdrucksmuster von Erwachsenen aus verschiedenen Kulturen. Eine zweite Überprüfung für die Existenz universaler Basisemotionen besteht in dem Nachweis prototypischer Ausdrucksmuster im Kulturvergleich. Zuordnungsaufgaben analog der klassischen Studie von Ekman und Friesen (1971) wurden beispielsweise mit Kindern und Erwachsenen der Fore, einem Naturvolk auf Papua-Neuguinea, wie folgt durchgeführt: Den Probanden wurden Episoden erzählt, die jeweils eine der sechs Basisemotionen auslösen sollten (Freude über die Ankunft eines Freundes; Traurigkeit über den Tod der Mutter; Ärger über einen Kampf; Überraschung über ein unerwartetes Ereignis; Ekel vor etwas schlecht Riechendem; Furcht vor einem plötzlich auftauchenden Wildschwein). Dabei wurde den Fore ein Set an drei basisemotionalen Ausdrucksbildern vorgelegt, aus denen sie dasjenige wählen sollten, das zu der Episode am besten passt. Tatsächlich konnten alle Erwachsenen die Emotionen (bis auf Furcht) überzufällig zuordnen.

Auch diese Studie ist nicht unwidersprochen geblieben. Russell (1994) kritisierte, dass die Einschränkung der Auswahl auf drei bzw. zwei Ausdrucksbilder die Ergebnisse bereits zu stark vorpräge. Stattdessen müsse man umgekehrt vorgehen und den Probanden die Ausdrucksbilder vorlegen und freie Geschichten und Emotionsbegriffe wählen lassen. Eine solche Studie hat

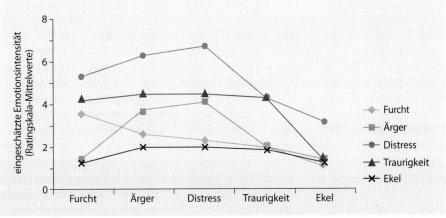

Abb. 17.5: Eingeschätzte Emotionsintensität anhand des mimischen Ausdrucks von Säuglingen durch Erwachsene (Oster, Hegley & Nagel, 1992).

Sorenson (1976) bei erwachsenen Fore-Mitgliedern durchgeführt. Es zeigte sich, dass nur den Ausdrucksbildern von Freude, Ärger und Furcht auch die entsprechenden Fore-Emotionsbegriffe am häufigsten zugeordnet wurden, nicht aber denen von Überraschung, Traurigkeit, Verachtung und Ekel (Tabelle 17.3). Demnach ist die scheinbar universelle Zuordnung von mimischen Ausdrucksmustern zu Emotionsbegriffen teilweise auch ein Methodenartefakt.

(3) Evolutionsbiologische Analysen von Emotionssystemen. Eine dritte Überprüfung für die Existenz universaler Basisemotionen besteht in dem Nachweis von Ähnlichkeiten in den hirnorganischen und neuropsychologischen Grundlagen der jeweiligen Emotionssysteme zwischen Mensch und Säugetier. Die Arbeitsgruppe um Panksepp (1998) konnte tatsächlich Belege für funktional vergleichbare Hirnstrukturen und Verhaltensweisen in Bezug auf die folgenden Emotionssysteme finden: (1) Interesse (*seeking*) als Aufsuchen bedürfnisadäquater Anreize, (2) Wut (*rage*) als Mobilisierung von Körperkräften zur Abwehr von Bedrohungen, (3) Furcht (*fear*) als Fluchtbereitschaft zur Meidung von Bedrohungen, (4) Trennungsangst (*panic*) als Bedarf nach sozialem Kontakt und Fürsorge, (5) sexuelle Lust (*lust*), (6) Fürsorge gegenüber Nachkommen (*care*) und (7) Funktionslust (*play*) bei Rauf- und Tobespielen mit Mitgliedern der eigenen Spezies. Dieser Katalog von Basisemotionen weicht von Ekmans und Friesens (1971) Katalog ab, die Basisemotionen anhand der Mimik definiert haben. Im Vergleich dazu lassen sich nur *Wut* und *Furcht* eindeutig zuordnen. Trennungsangst würde funktional gesehen der *Traurigkeit* entsprechen, Interesse der *Überraschung*, Funktionslust der *Freude*. Hingegen finden sexuelle Lust und Fürsorge keine mimische Entsprechung, ebenso wie *Ekel* keine Entsprechung in der evolutionsbiologischen Analyse findet.

Bei aller Kritik im Einzelnen gibt es insgesamt hinreichende Belege dafür, dass allen Menschen ein Emotionsrepertoire gemeinsam ist, das in allen Kulturen zu finden ist und dessen mimische Ausdrucksvarianten weltweit erkannt werden. Darin erschöpft sich allerdings das menschliche Emotionsrepertoire nicht. In den Basisemotionstheorien von Ekman (1988) und Izard (1994) wird der Emotionsausdruck a priori auf die Mimik bezogen. Dadurch bleiben andere Ausdruckskanäle von Emotionen wie Gestik, Körperduktus oder Intonation unberücksichtigt mit der Konsequenz, dass die Ausdrucksanalyse unvollständig ist und mögliche kulturspezifische Variationen unentdeckt bleiben (vgl. Collier, 1985). Die Vorgabe der englischsprachigen Emotionsbegriffe und der Forced-choice-Antwortformate schränkt eine mögliche kulturspezifische Zuordnung stark ein. Demgegenüber erbrachten offene Beschreibungen der sechs basisemotionalen Mimikmuster durch Mitglieder unterschiedlicher Kulturen z. T. deut-

vorgegebenes Mimikbild Erwachsene	Prozentsatz der häufigsten freien Emotionszuordnungen					
	viel Kontakt mit Westen		mittlerer Kontakt		wenig Kontakt	
	Emotion	%	Emotion	%	Emotion	%
Happiness	*Happiness*	82	*Happiness*	67	*Happiness*	60
Surprise	Fear	45	Fear	31	Happiness	31
Sadness	Anger	56	Anger	57	Anger	53
Anger	*Anger*	50	*Anger*	49	*Anger*	48
Fear	*Fear*	54	*Fear*	30	*Fear*	23
Disgust	Contempt	39	Happiness	24	Happiness	23

Anmerkung: Korrekte Zuordnungen in kursiver Schrift.

Tabelle 17.3: Zuordnung des mimischen Ausdrucks von Basisemotionen zu frei gewählten Emotionsbegriffen durch erwachsene Mitglieder der Fore, Neuguinea (Sorenson, 1976).

4 Klassische Befunde und ihre Methodik | 455

lich kulturspezifische Interpretationsmuster (Oster et al., 1992; Sorenson, 1976). Die Belege für Basisemotionen stützen sich im Wesentlichen auf das Erkennen von Emotionen anhand eines prototypischen mimischen Ausdrucksbildes. Dass Menschen einen Prototyp erkennen, ist aber nicht gleichbedeutend damit, dass Personen auch diese Prototypen im Ausdruck zeigen, wenn sie die entsprechenden Emotionen erleben. Vielmehr zeigten Studien, dass die prototypischen mimischen Ausdrucksmuster vergleichsweise selten auftraten, obwohl die Personen berichteten, die entsprechenden Emotionen zu erleben (Fridlund, 1994; Holodynski, 2006). Bei Säuglingen konnten prototypische Mimikmuster der als Basisemotionen postulierten Emotionen *Trauer, Ärger, Furcht* und *Überraschung* nicht von Geburt an beobachtet werden, sondern erst gegen Ende des ersten Lebensjahres (vgl. Camras, 1992; Oster, 2005) – aber das spricht nicht gegen die Universalität dieser Emotionen. Im Gegensatz dazu wird der von Geburt an universell zu beobachtende Emotionsausdruck *Distress* mit dem Ausdruck des Weinens nicht zu den Basisemotionen gerechnet. Von Geburt an sind nur *Interesse* und *Ekel* konsistent beobachtbar (Oster, 2005). Allerdings kann man alle hier genannten Emotionen als Basisemotionen in dem Sinne bezeichnen, dass es starke Evidenzen dafür gibt, dass Kleinkinder aller Kulturen diese Emotionen ausbilden und auch ausdrücken. Die weitere kulturelle Sozialisation lässt aber zusätzliche Emotionen entstehen und modifiziert die Häufigkeit und den Ausdruck der Basisemotionen.

4.2 Ontogenetische Entwicklung von Emotionen

Die vorliegenden Emotionsstudien wurden im Wesentlichen zum Nachweis für zwei zentrale Entwicklungshypothesen durchgeführt: (1) Emotionen differenzieren sich im Laufe der Ontogenese. (2) Kinder zeigen erst dann eine bestimmte Emotionsqualität, wenn die kognitiven Voraussetzungen dafür erlernt wurden. Dazu werden im Folgenden zwei klassische Studien vorgestellt:

(1) Differenzierung von Emotionen im Entwicklungsverlauf. Um zu prüfen, inwiefern sich Emotionen im Verlauf der Ontogenese differenzieren, wurden die emotionalen Reaktionen von Kindern auf vergleichbare Anlässe im Laufe ihrer Entwicklung beobachtet. Stenberg und Campos (1990) haben eine Querschnittstudie an ein-, vier- und siebenmonatigen Säuglingen durchgeführt, bei der sie die Differenzierung der Ausdrucksreaktionen auf einen prototypischen Ärgeranlass (das Festhalten der Arme) als Indikator für die Emotionsdifferenzierung untersuchten. Dabei wurde der mimische Ausdruck mittels des MAX (Izard, 1979; siehe Tabelle 17.1, S. 442) bewertet, und es wurden Vokalisation und Blickrichtung zusätzlich registriert, um den Fokus der kindlichen Aufmerksamkeit und eine mögliche soziale Gerichtetheit des Ausdrucks erfassen zu können. Das Arme-Festhalten löste in allen Altersgruppen eine negative emotionale Reaktion aus. Sie veränderte sich aber in Abhängigkeit vom Alter deutlich, und zwar von Distress über objektgerichtete Frustration zu persongerichtetem Ärger. Dies bestätigt die Differenzierungshypothese. Danach reagierten einmonatige Säuglinge mit *Distress*, d. h. mit einer Reihe undifferenzierter negativer Mimikmuster mit ungerichtetem Blickverhalten und einem nur langsamen Anstieg der Schreiintensität. Viermonatige Säuglinge hingegen zeigten bereits einen Frustrationsausdruck, nämlich zusammengezogene Augenbrauen, quadratisch geöffneten Mund und ansteigendes Schreien mit Blick auf die festhaltende Hand oder das Gesicht der festhaltenden Person. Die Säuglinge lokalisierten demnach bereits die Quelle der Beeinträchtigung, was als Erkennen einfacher Ursache-Wirkungs-Beziehungen interpretiert wurde. Siebenmonatige Säuglinge zeigten schließlich Ärger, nämlich ebenfalls den beschriebenen mimischen Ausdruck, aber mit promptem Einsatz eines energischen Schreiens, das ebenso abrupt aufhörte, wenn das Arme-Festhalten aufgegeben wurde. Der Blick des Säuglings war dabei nur zu Beginn

des Tests dem Gesicht des Festhaltenden zugewandt, später jedoch auf die anwesende Mutter gerichtet, was als Hilfeappell interpretiert wurde. Damit hatte der emotionale Ausdruck des Säuglings einen explizit sozial gerichteten Appellcharakter bekommen. Säuglinge können bereits erkennen, dass eine Person sie beeinträchtigt und dass diese sich mit einem heftigen Schreiausdruck beeinflussen lässt. Erst eine solche Emotionsreaktion wird im funktionalen Sinne als *Ärger* bezeichnet (vgl. Tabelle 17.2, S. 445). Eine Vielzahl weiterer Studien (vgl. Bennett, Bendersky & Lewis, 2005) lassen ähnliche Schlussfolgerungen zur Differenzierung von Emotionen und ihres Ausdrucks zu, so beispielsweise zu *Überraschung* (z. B. Camras, 1992), *Stolz, Scham* und *Schuld* (z. B. Barrett, 2005; Heckhausen, 1985; Holodynski, 2006), zu *Mitgefühl* (z. B. Kärtner, 2011; Kienbaum, 2003) oder zu *Ärger* (z. B. Vuchinich, Bank & Patterson, 1992).

(2) Emotionsentwicklung und kognitiver Entwicklungsstand. Um die Abhängigkeit der Emotionsreaktionen vom Entwicklungsstand des Kindes nachzuweisen, wurde eine Vielzahl an Experimenten durchgeführt wie beispielsweise zur Aufklärung der Entstehung von *Höhenangst* (Campos, Bertenthal & Kermoian, 1992), von *Überraschung* (Camras, 2000), von *Stolz, Scham* und *Schuld* (vgl. Lagattuta & Thompson, 2007; Mascolo & Fischer, 1995) oder von *Mitgefühl* (Kärtner, 2011). Exemplarisch für diese Studien ist die von Campos, Bertenthal und Kermoian (1992; Bertenthal & Campos, 1990) über die Entstehung der Höhenangst bei siebenmonatigen Säuglingen. Die eine Gruppe von Säuglingen krabbelte bereits und verfügte damit gleichzeitig über die Erfahrung, dass visuelle und lokomotorische Eindrücke beim Krabbeln in bestimmter Weise konvergieren; die andere Gruppe krabbelte noch nicht. Als Anzeichen von Angst wurde die kindliche Herzrate gemessen, als Auslöser diente die „visuelle Klippe" (siehe Abb. 4.3, S. 102), bei der ein Tisch mit einer Glasplatte so präpariert wird, dass unter die eine Hälfte der Glasplatte ein Karomuster geklebt wird. Säuglinge, die auf dieser Seite des Tisches abgesetzt wurden, zeigten keinerlei Anzeichen von Angst, weil sie die erwartete Kongruenz zwischen visuellen und lokomotorischen Eindrücken wahrnahmen. Setzte man die Gruppe mit Krabbelerfahrungen auf der anderen Tischhälfte ab, bei der das Karomuster auf dem Boden lag, zeigten sie Anzeichen von Angst. Sie nahmen den festen Grund erst einen Meter unter sich wahr und schätzten diese Diskrepanz als bedrohlich ein. Die Säuglinge ohne Krabbelerfahrungen zeigten hingegen keine Anzeichen von Angst. Demnach lösen Diskrepanzen zwischen der visuellen und lokomotorischen Wahrnehmung nicht automatisch Angst aus, sondern nur dann, wenn sie bereits durch eigenes Krabbeln die Bedeutung solcher Diskrepanzwahrnehmungen für die eigene körperliche Unversehrtheit bewerten können.

Entwicklungspsychologische Studien bestätigen damit für ausgewählte Emotionen (wie Überraschung, Ärger, Höhenangst, Stolz, Scham, Schuld und Mitgefühl) eine ontogenetische Herausbildung, die vom erreichten kognitiven Entwicklungsstand der Kinder abhängig zu sein scheint. Die Kritik an diesen Studien konzentriert sich dabei auf vier wesentliche Punkte:

(1) So elegant es ist, eine Emotion über ihre Funktion zu definieren, so schwierig wird ihre empirische Analyse. Woran erkennt man, dass eine bestimmte Emotion aktualisiert ist? Da ein Einschätzungsmuster nicht direkt beobachtbar ist, muss es anhand von Verhaltensmerkmalen in Relation zur Situation erschlossen werden. Da aber nach funktionalistischem Verständnis Verhaltensweisen nicht per se bestimmten Einschätzungsmustern zugeordnet werden können, bleibt ein mehr oder minder großer Interpretationsspielraum, welche Emotion aktualisiert worden ist. Es bleibt damit eine Unschärfe in der Erfassung einer Emotion.

(2) Aufgrund dieser Schwierigkeit behelfen sich viele Studien mit einem „Trick", indem sie auf den Selbstbericht der Person zurückgreifen, welche Emotion sie aktuell zu erleben glaubt. Das ist aber kein objektives Kriterium. Es setzt zudem die Fähigkeit zur Selbstreflexion voraus, die bei jüngeren Kindern noch nicht gegeben ist und selbst bei Erwachsenen Fehlinterpreta-

tionen unterliegen kann. Deshalb wird zur Feststellung einer bestimmten Emotion neben dem Selbstbericht ein objektiver Indikator in Form emotionsspezifischer Ausdrucks- oder peripherphysiologischer Reaktionen gefordert (vgl. Lazarus, 1991, S. 144 ff.).

(3) Beim Zusammenhang zwischen der Entstehung neuer Emotionen und deren kognitiven Voraussetzungen ist bislang ungeklärt, inwiefern das Erlernen dieser Voraussetzungen *hinreichend* für das ontogenetische Auftreten der entsprechenden Emotion ist. So hat Barrett (2005) festgestellt, dass die Entstehung von Scham und Schuld (festgestellt am prototypischen Ausdrucksmuster) im Kleinkindalter mit keinem kognitiven Entwicklungsmaß korreliert, jedoch mit den sozialen Interaktionsmustern der Kinder mit ihren Müttern.

(4) Schließlich ist ungeklärt, wie sich der für die jeweiligen Emotionen prototypische Ausdruck überhaupt entwickelt; warum sich beispielsweise *Stolz* in hochgerissenen Armen, einem aufgerichteten Körper und erhobenen Kopf manifestiert (vgl. Tracy & Robins, 2008) oder *Scham* in Blickvermeidung (Barrett, 1998) und Erröten (Casimir & Schnegg, 2002). Während funktionalistische Emotionstheorien dazu keine Aussagen machen, wird diese Frage im Rahmen soziokultureller Emotionstheorien aufzuklären versucht. Dabei geht man davon aus, dass der Emotionsausdruck im Wesentlichen eine soziale Appellfunktion ausübt und nur dann erfolgreich eingesetzt werden kann, wenn er auch den Ausdruckskonventionen der jeweiligen Kultur folgt, sodass er von den Adressaten des Ausdrucks auch zutreffend verstanden wird. Auf dieser Basis wird angenommen, dass Kinder durch Beobachtungslernen anhand ihrer Wirkungen auf andere die emotionsspezifisch angemessenen Ausdrucksmuster erlernen (vgl. Holodynski, 2006).

4.3 Kulturspezifische Ausformung von Emotionen

Für die Frage nach Ausformungen von Emotionsqualitäten, die sich in der einen, nicht aber in einer anderen Kultur finden, wurden vorrangig kulturvergleichende Beobachtungs- und Befragungsmethoden mit einem *quasi*experimentellen Design eingesetzt. Diese brachten aber eine Reihe von methodischen Problemen mit sich (vgl. Helfrich, 2003; Poortinga, Bijnen & Hagenaars, 1994). Ein multimethodales Untersuchungsdesign, das kulturspezifische Sozialisationsbedingungen mit einer kulturspezifischen Entwicklung einzelner Emotionsqualitäten in einen Zusammenhang stellt, kann hier zielführend sein. Trommsdorff und Friedlmeier (1999) erfragten in ihren Studien einerseits die emotionsspezifischen und erziehungspraktischen Ethnotheorien der Eltern, beobachteten andererseits jedoch auch die elterlichen Erziehungspraktiken in der Interaktion mit den Kindern. Dies bildete den Referenzrahmen, um bei den Kindern den jeweiligen Emotionsanlass, den Emotionsausdruck und gegebenenfalls Selbstauskünfte erfassen und interpretieren zu können.

(1) Die kulturspezifische Entwicklung einer Emotionsqualität. Es gibt nur wenige Studien, in denen der Zusammenhang zwischen kulturspezifischen Sozialisationsbedingungen und einer kulturspezifischen Entwicklung einzelner Emotionsqualitäten analysiert wurde. Eine dieser Studien stammt aus der Zusammenarbeit mit der Forschungsgruppe um Keller (Kärtner et al., 2013; Wörmann et al., 2012), in der die Entstehung des sozialen Lächelns im Säuglingsalter analysiert wurde. Die Annahme war, dass das soziale Lächeln von Säuglingen je nach seiner Wertschätzung in der jeweiligen Kultur eher früh oder erst spät im Entwicklungsverlauf auftritt. Dazu wurden freie Mutter-Säugling-Interaktionen in Mittelschicht-Familien in Münster/Deutschland und in ländlichen Nso-Familien in Kumbo/Kamerun verglichen. Dabei war bekannt, dass Münsteraner Mütter vor allem eine dialogische Kommunikation mit ihren Säuglingen auf der Basis positiver Emotionsausdrücke durch Lächeln und freudige Intonation bevorzugen, während Nso-Mütter

Kapitel 17 Die Erforschung menschlicher Emotionen

vor allem eine prompte Befriedigung der leiblichen Bedürfnisse ihres Säuglings wertschätzen und dialogische Situationen eher für unbedeutend erachteten. Im Ergebnis zeigte sich, dass sich in beiden soziokulturellen Kontexten Säuglinge und deren Mütter wenig anlächelten, als die Kinder 6 Wochen alt waren. Mit 12 Wochen hingegen lächelten sich Münsteraner Mütter und ihre Säuglinge viel häufiger an und imitierten auch das Lächeln des anderen viel häufiger als Nso-Mütter (Tabelle 17.4).

Die Studie belegt damit die Wirkung kulturdifferenter Interaktionspraktiken auf den kulturspezifischen Entwicklungsverlauf eines an sich universal vorhandenen Emotionsausdrucks, des Lächelns. Studien, die kulturspezifische Emotionsentwicklungen untersuchen, liegen z. B. von Briggs (1970) bei den Inuit in Winnipeg/Kanada über die kindliche Zuneigung und das Necken (*naklik*) oder von Trommsdorff und Friedlmeier (1999) zur kulturspezifischen Entwicklung von *Ärger* in Deutschland und Japan vor.

(2) Kulturspezifische Wertschätzung von Emotionsdispositionen. Kulturspezifische Sozialisationspraktiken wirken nicht nur auf die Ausformung einzelner Emotionsqualitäten, sondern auch auf die Disposition, mit einer bestimmten Emotionsqualität zu reagieren. Ein prominentes Beispiel ist die Disposition von Kindern, auf den Kontakt mit fremden, insbesondere erwachsenen Personen mit Zurückhaltung und Ausdruckszeichen von Verlegenheit (nestelnde Bewegungen, Lächeln) und sogar Scham (Blickvermeidung, Erröten) zu reagieren. Verlegenheit signalisiert, im Brennpunkt der Aufmerksamkeit anderer zu stehen (vgl. Tabelle 17.2, S. 445). In der westlichen entwicklungspsychologischen Forschung ist diese Art der Reaktion auf Fremde unter die Temperamentseigenschaft soziale Ängstlichkeit (auch Schüchternheit genannt) subsumiert worden (Asendorpf, 1989; Rothbart & Bates, 2006), die als eine kulturell wenig erwünschte emotionale Disposition angesehen wird. Demgegenüber wird sie in manchen fernöstlichen Kulturen als wertgeschätzte Disposition interpretiert, die Respekt gegenüber ranghöheren Personen und Bescheidenheit signalisiert. Längsschnittstudien aus den USA zeigen nun, dass sich diese Kinder durch geringe soziale Kontakte, geringe Selbstbehauptung gegenüber ihren Mitschülern und ein negatives Selbstbild auszeichnen (Reznick et al., 1987). Demgegenüber ergab eine analoge Längsschnittstudie in China einen entgegengesetzten Entwicklungsverlauf (Chen, Rubin & Li, 1995; Chen, Rubin, Li & Li, 1999): Diese Kinder bauten über einen Zeitraum von vier Jahren viele soziale Kontakte auf, bewerteten ihre Beziehungen zu anderen positiv und entwickelten ein positives Selbstbild. Diese deutlichen Unterschiede lassen sich nur durch Bezugnahme auf den soziokulturellen Kontext erklären. Erziehende (Eltern, Lehrer) in den USA reagieren aufgrund der Wertschätzung von Selbstsicherheit und Durchsetzungsfähigkeit auf das Verhalten schüch-

	Deutschland (Münsteraner)		Kamerun (Nso)	
	M (n%)[a]	SD	M (n%)[a]	SD
Dauer[b] des mütterlichen Lächelns während des Blickkontakts mit Kind				
6. Woche	11.67 (60%)	22.43	8.90 (54%)	18.44
12. Woche	20.48 (90%)	18.17	6.15 (50%)	12.80
Dauer[b] des kindlichen Lächelns während des Blickkontakts mit Mutter				
6. Woche	1.75 (15%)	5.29	1.34 (17%)	5.82
12. Woche	9.95 (70%)	11.81	1.32 (25%)	3.23

Anmerkungen: [a] Prozentsatz der Personen mit entsprechendem Verhalten, [b] Dauer als Prozentsatz der Zeit der gesamten Interaktionsepisode von drei Minuten

Tabelle 17.4: Mütterliches und kindliches Lächeln mit Blickkontakt während der Interaktionsepisode in der sechsten und zwölften Lebenswoche in Deutschland und Kamerun (Kärtner et al., 2013; Wörmann et al., 2012).

terner Kinder negativ und sehen soziale Ängstlichkeit als Problemverhalten an. Demgegenüber wertschätzen chinesische Erziehende schüchternes Verhalten als höflich und zurückhaltend, weil sich die Person nicht in den Vordergrund drängt und andere nicht dominieren möchte.

Die Erforschung menschlicher Emotionen hat damit bislang keine einheitlichen Ergebnisse darüber zusammentragen können, inwiefern Emotionen Erwachsener – nicht von Kleinkindern – als universell oder kulturspezifisch zu betrachten sind. Den bislang differenziertesten Lösungsvorschlag bieten soziokulturelle Theorien, die Emotionen als Multikomponentensysteme konzeptualisieren und vorschlagen, eine kulturvergleichende Analyse der einzelnen Komponenten vorzunehmen (Holodynski, 2006; Holodynski & Friedlmeier, 2012; Mesquita & Leu, 2007; Shweder et al., 2008). Wenn alle Komponenten einer Emotion zum Gegenstand der vergleichenden Analyse gemacht werden, wird vermieden, die Basisemotionen allen anderen Emotionen entgegenzusetzen und damit Emotionen als evolutionär-kulturfrei oder kulturell-überformt interpretieren zu müssen. Multikomponententheorien schlagen dagegen vor, auch die sogenannten Basisemotionen in ihre Komponenten zu zerlegen und einer kulturvergleichenden Analyse zu unterziehen. Ein Multikomponentenansatz eröffnet weiterhin die Möglichkeit, mithilfe der Ergebnisse ethnografischer Forschungen alle Komponenten einer Emotion zunächst in einer emischen Weise, also aus der Perspektive der jeweiligen Kultur, zu beschreiben und erst dann zu prüfen, inwiefern die so ermittelten Emotionskonstrukte in verschiedenen Kulturen ähnlich oder different sind. Soziokulturell ausgerichtete Multikomponententheorien sind allerdings mit einem ähnlichen methodischen Operationalisierungsproblem konfrontiert wie funktionalistische Emotionstheorien. Die kritische Frage ist, um wie viel sich zwei Komponentenbeschreibungen voneinander unterscheiden müssen, um als unterschiedliche Emotionsqualitäten zu gelten. Die „elegante" Lösung des sprachfokussierten Ansatzes, jeden Emotionsbegriff als eigenständige Emotion anzusehen (Lutz, 1988), war als unvollständig zurückgewiesen worden (vgl. Lyon, 1995; Röttger-Rössler, 2004). Damit stellt sich auch für eine Multikomponententheorie die Frage nach validen Indikatoren der Klassifikation von Emotionen. Im Internalisierungsmodell wird dieses Problem mithilfe einer entwicklungsorientierten Herangehensweise zu lösen versucht, bei der auf die Ontogenese einer Emotion verwiesen wird: Universale Emotionen lassen sich dadurch identifizieren, dass sie bereits am Anfang der Entwicklung beobachtet werden können. Kulturspezifische Emotionen lassen sich dadurch identifizieren, dass man kulturspezifische Sozialisationsbedingungen angeben kann, die nachweisliche und substanzielle Spezifikationen in den Emotionskomponenten erzeugen und auf diese Weise neue Emotionsqualitäten entstehen lassen. Damit kann für die Klassifikation von Emotionen ein zusätzliches Validitätskriterium herangezogen werden, nämlich die Rekonstruktion der ontogenetischen Entwicklung einer ausgewählten Emotion innerhalb einer Kultur und des Vergleichs dieser Verläufe zwischen Kulturen. Allerdings gibt es solche systematischen kulturvergleichenden Studien bislang nur in Ansätzen (Röttger-Rössler, Scheidecker, Jung & Holodynski, 2013).

5 Moderne Trends und theoretische Modifikationen

In der aktuellen entwicklungspsychologischen Emotionsforschung wird gegenwärtig nach der Regulation von Emotionen gefragt und die Bedeutung von Emotionen für eine erfolgreiche, mit den eigenen Wertvorstellungen in Einklang stehende Lebensführung thematisiert. Diese Trends sollen im Folgenden kurz skizziert werden.

(1) Emotionen und Emotionsregulation. Die bislang beschriebenen Emotionstheorien sind sich darin einig, dass Emotionen auch eine adaptive Funktion für eine erfolgreiche Lebens-

führung einer Person haben und damit grundsätzlich „nützlich" sind. Es lässt sich jedoch eine Vielzahl an Situationen anführen, in denen das Erleben oder zumindest das Ausdrücken von Emotionen augenscheinlich zu größeren Problemen führt als deren Kontrolle, wie z. B. bei einem enttäuschenden Geschenk durch den Arbeitschef. Die wissenschaftliche Analyse einer solchen Kontrolle von Emotionen ist Gegenstand der Emotionsregulationsforschung geworden (Gross, 2007). Thompson (1994) hat dazu folgende allgemein akzeptierte Definition gegeben: *„Emotion regulation consists of the extrinsic and intrinsic processes responsible for monitoring, evaluating, and modifying emotional reactions, especially their intensive and temporal features, to accomplish one's goal."* (ebd., S. 27 f.) Allerdings hat die Analyse der Emotionsregulation zu kontroversen Diskussionen darüber geführt, wie eng oder weit das Konzept zu verstehen ist (vgl. Holodynski, Seeger, Hartmann & Wörmann, 2013). In einem weiten Verständnis von Emotionsregulation wird jede Aktivität, die zu einer Modifikation einer Emotion führt, als Emotionsregulation bezeichnet. Danach wird z. B. das durch Furcht ausgelöste Fluchtverhalten bereits als Emotionsregulation klassifiziert, weil es zur Reduktion der Furcht führt. In einem engen Verständnis von Emotionsregulation entspricht das Fluchtverhalten aber der Handlungsbereitschaft von Furcht – und wäre dann nicht als Regulation von Furcht zu klassifizieren. Das wäre der Fall, wenn z. B. eine Mutter mit Mäusephobie ihre Furcht im Beisein ihrer kleinen Tochter willentlich hemmt und keine Regungen zeigt. Dementsprechend beschränkt sich ein enges Verständnis von Emotionsregulation auf Episoden, bei denen eine aktualisierte Emotion willentlich gehemmt oder so modifiziert wird, dass die mit der Emotion verbundene dominante Handlungsbereitschaft nicht zur Ausführung kommt (Campos, Frankel & Camras, 2004; Holodynski et al., 2013; Zelazo & Cunningham, 2007). In diesem Sinne stellen spontane Regulationen von Handlungen mithilfe von Emotionen und die willentliche Kontrolle von Emotionen unterschiedliche Regulationsformen dar. Zur willentlichen Emotionsregulation sind Kompetenzen erforderlich, die erst im Laufe der Ontogenese erworben werden (vgl. Holodynski et al., 2013).

(2) Emotionen und emotionale Kompetenz. Mit der Hinwendung zur Analyse der situationsangemessenen Regulation von Emotionen wurde die Forschung auch um die Frage erweitert, inwiefern das Repertoire an Emotionen, das Ausleben von Emotionen und ihre Regulation für eine erfolgreiche, d. h. den eigenen Wertvorstellungen entsprechende Lebensführung bedeutsam sind und welche Kompetenzen dazu erforderlich sind. Diese Frage wurde und wird unter dem Begriff der Entwicklung der emotionalen Kompetenz (oder emotionalen Intelligenz) thematisiert. Auch zur emotionalen Kompetenz gibt es eine Reihe unterschiedlicher Theorien, die sich in der Auswahl an Facetten dieser Kompetenz unterscheiden (vgl. Denham & Burton, 2003; Saarni, 1999; von Salisch, 2002). Die meisten Theorien enthalten allerdings die folgenden vier Facetten: (a) das Erkennen und angemessene Interpretieren eigener Emotionen und (b) das fremder Emotionen sowie (c) die Regulation eigener Emotionen und (d) die fremder Emotionen. Aktuelle Forschungen konzentrieren sich auf unterschiedliche Fragen: Wie hängt das prozedurale Wissen, in realen Emotionepisoden diese Kompetenzfacetten auch erfolgreich anwenden zu können, mit dem deklarativen Wissen zusammen, also dem sprachlich repräsentierten Wissen über diese Facetten (vgl. Stegge & Meerum Terwogt, 2007). Wie hängen emotionale und soziale Kompetenz zusammen? Hier hat man Überschneidungen von Kompetenzfacetten festgestellt wie die Fähigkeiten, kooperative soziale Beziehungen aufbauen und pflegen sowie sich in Gruppen einfügen zu können, wozu auch das Erkennen und die Regulation von Emotionen gezählt wird (Denham et al., 2003; Janke, 2008). Darüber hinaus ist auch eine Reihe an Trainingsprogrammen zur Förderung der emotionalen Kompetenz spe-

ziell im Vor- und Grundschulalter konzipiert und evaluiert worden, wie die deutschsprachigen Programme „Faustlos" (Schick & Cierpka, 2005) oder „Lubo aus dem All" (Hillenbrand, Hennemann & Hens, 2010), die eher kleine Verbesserungen der emotionalen Kompetenz erreichen konnten. Es wird kontrovers diskutiert, inwiefern sich diese Kompetenz durch standardisierte Trainingsprogramme auch effizient fördern lässt.

6 Schlussbetrachtungen

Das vorliegende Kapitel hat sich zunächst der Frage nach den notwendigen und hinreichenden Kriterien für eine Emotion zugewandt und dargestellt, wie sich in den wissenschaftlichen Kontroversen zunehmend Multikomponententheorien durchgesetzt haben. Danach stellt eine Emotion ein System mit unterschiedlichen Komponenten dar, zu denen zumindest die Situationseinschätzung, der Ausdruck, die Körperreaktion und das subjektive Gefühl zählen. Dabei wurde die Suche nach einer endgültigen Klassifikation von Emotionsqualitäten aufgegeben. Denn mit den Multikomponententheorien hat sich auch die Erkenntnis durchgesetzt, dass Emotionen recht flexible Regulationssysteme darstellen, die keinem starren Muster folgen, sondern situationsangepasst moduliert werden. Daher erscheint es unzweckmäßig, von *dem* Ärger zu sprechen, sondern stattdessen von einer Ärgerfamilie mit einer Vielzahl an Subqualitäten. Eine solche Auffassung passt auch zu den Erkenntnissen kulturvergleichender Studien, die durchaus bestätigen, dass Menschen unterschiedlicher Kulturen vergleichbare Emotionsfamilien kennen und auch erleben, aber nicht in der präformierten Weise, wie das in den Basisemotionstheorien konzeptualisiert ist. Vielmehr können sich die Subqualitäten der einzelnen Emotionsfamilien doch erheblich unterscheiden und durch kulturspezifische normative Bewertungen noch einmal einen ganz anderen kulturellen und persönlichen Stellenwert erlangen, wie dies bei der Wertschätzung des sozialen Lächelns oder der Schüchternheit von Personen aufgezeigt wurde.

Bei der Untersuchung der Entwicklung von Emotionen ist es zunächst wichtig, die jeweiligen Operationalisierungen der analysierten Emotionsqualitäten in den Blick zu nehmen, um beurteilen zu können, inwiefern und in welchem Alterszeitraum sich einzelne Emotionsqualitäten entwickeln. Dann zeigt sich, dass auch kulturübergreifend beobachtbare Emotionsfamilien eine Entwicklungsgeschichte haben, die nicht nur von den kognitiven Entwicklungsfortschritten der Kinder, sondern auch von den soziokulturellen Sozialisationsbedingungen abhängig ist. Zur Frage nach der Bedeutung des soziokulturellen Kontexts für die Entwicklung von Emotionen wird zunehmend klarer, dass eine situationsangemessene Feinabstimmung von Emotionen und ihres Ausdrucks über ihre Funktionalität oder Dysfunktionalität im alltäglichen Lebensvollzug entscheidet und hierfür die soziokulturellen Spezifikationen entscheidend sind. Aufgrund der Komplexität methodisch gut aufbereiteter kulturvergleichender Studien wird erst allmählich das Spektrum des menschlichen Emotionsrepertoires in seinen kulturspezifischen Varianten sichtbar. Dabei haben wir es mit dem paradoxen Phänomen zu tun, dass einerseits dieses kulturspezifische Emotionsspektrum zunehmend in den wissenschaftlichen Blick gerät, dass sich aber andererseits im Zuge der Globalisierung mit der Verbreitung formaler Bildung und mit industrialisierten Lebens- und Konsumformen auch eine Angleichung in den emotionalen Reaktionen vollzieht. Das hat zur Folge, dass die Kulturen zunehmend verschwinden, in denen es ein stark von westlichen Kulturen abweichendes Emotionsspektrum zu geben scheint.

Kapitel 17 Die Erforschung menschlicher Emotionen

Katharine May Banham Bridges (1897–1995) – Psychologin

wurde in England geboren und studierte Psychologie und Physiologie an den Universitäten Manchester und Cambridge/UK, wo sie jedoch in der damaligen Zeit als Frau keinen M. Sc. ablegen durfte. So emigrierte sie nach Canada, wo sie 1921 an der Universität Toronto als Lehrende eingestellt wurde und 1923 den Master erwarb. Von 1924 bis1929 war sie als Forschungsassistentin an einer der ersten universitären Kindergartenschulen der *McGill Nursery School* der Universität Montreal angestellt. Hier legte sie den Grundstein zu ihren viel beachteten systematischen Feldbeobachtungen über die Emotionsentwicklung von Säuglingen und Kindern, die sie dann Anfang der 1930er-Jahre auch in Kinderkrankenhäusern systematisch durchführte.

Über diese Arbeiten promovierte sie an der Universität Montreal, von der ihr als erste Frau im Jahr 1934 der Doktorgrad verliehen wurde. Ihre Beobachtungsstudien avancierten bis in die 1950er-Jahre hinein zu Klassikern in vielen entwicklungspsychologischen Lehrbüchern. Aus heutiger Sicht werden sie als die historischen Anfänge einer entwicklungspsychologischen *Differenzierungstheorie der Emotionen* angesehen. 1935 führte die große Weltwirtschaftskrise zur Kündigung ihrer universitären Anstellung, sodass sie nach England zurückkehrte. 1942 ging sie jedoch nach Montreal zurück und lebte später in Durham/NC in den USA, wo sie an der Duke University bis über ihre Emeritierung hinaus tätig war.

Literatur

Asendorpf, J. (1989). *Soziale Gehemmtheit und ihre Entwicklung.* Berlin: Springer.

Baaken, U. (2005). *Der Weg des Kindes zum Kommunikationskünstler: Die Entwicklung der Ausdruckskontrolle bei vier- bis achtjährigen Kindern.* Göttingen: Cuvillier.

Banham Bridges, K. M. (1930/1991). A genetic theory of the emotions. *Journal of Genetic Psychology, 152,* 487–500.

Banham Bridges, K. M. (1932). Emotional development in early infancy. *Child Development, 3,* 325–341.

Barrett, K. C. (1995). A functionalist approach to shame and guilt. In J. P. Tangney & K. W. Fischer (Hrsg.), *Self-conscious emotions: The psychology of shame, guilt, embarrassment, and pride* (S. 25–63). New York: Guilford.

Barrett, K. C. (1998). A functionalist perspective to the development of emotions. In M. F. Mascolo & S. Griffin (Hrsg.), *What develops in emotional development?* (S. 109–133). New York: Plenum.

Barrett, K. C. (2005). The origins of social emotions and self-regulation in toddlerhood: New evidence. *Cognition and Emotion, 19,* 953–979.

Bennett, D. S., Bendersky, M. & Lewis, M. (2005). Does the organization of emotional expression change over time? Facial expressivity from 4 to 12 months. *Infancy, 8,* 167–187.

Bertenthal, B. I. & Campos, J. J. (1990). A systems approach to the organizing effects of self-produced locomotion during infancy. *Advances in Infancy Research, 6,* 1–60.

Bridges, L. J. & Grolnick, W. S. (1995). The development of emotional self-regulation in infancy and early childhood. In N. Eisenberg (Hrsg.), *Social development* (S. 185–211). Thousand Oaks, CA: Sage.

Briggs, J. L. (1970). *Never in anger: Portrait of an Eskimo family.* Cambridge, MA: Harvard University Press.

Campos, J. J. & Barrett, K. C. (1984). Toward a new understanding of emotions and their development. In C. E. Izard, J. Kagan & R. Zajonc (Hrsg.), *Emotions, cognition and behavior* (S. 229–263). New York: Cambridge University Press.

Campos, J. J., Bertenthal, B. I. & Kermoian, R. (1992). Early experience and emotional development: The emergence of wariness of heights. *Psychological Science, 3,* 61–64.

Campos, J. J., Campos, R. G. & Barrett, K. C. (1989). Emergent themes in the study of emotional development and emotion regulation. *Developmental Psychology, 25,* 394–402.

Campos, J. J., Frankel, C. B. & Camras, L. (2004). On the nature of emotion regulation. *Child Development, 75,* 377–394.

Camras, L. A. (1992). Expressive development and basic emotions. *Cognition and Emotion, 6,* 269–283.

Camras, L. A. (2000). Surprise! Facial expressions can be coordinative motor structures. In M. Lewis & I. Granic (Hrsg.), *Emotion, development, and self-organization* (S. 100–124). Cambridge, England: Cambridge University Press.

Cannon, W. B. (1929). *Bodily changes in pain, hunger, fear, and rage.* New York: Appleton.

Casimir, M. J. & Schnegg, M. (2002). Shame across cultures: The evolution, ontogeny and function of a "moral emotion". In H. Keller, Y. H. Poortinga & A. Schölmerich (Hrsg.), *Between culture and biology: Perspectives on ontogenetic development* (S. 270–300). New York: Cambridge University Press.

Chen, X., Rubin, K. H., Li, B.-S. & Li, D. (1999). Adolescent outcomes of social functioning in Chinese children. *International Journal of Behavioral Development, 23,* 199–223.

Chen, X., Rubin, K. H. & Li, Z.-Y. (1995). Social functioning and adjustment in Chinese children: A longitudinal study. *Developmental Psychology, 31,* 531–539.

Cole, P. M. (1986). Children's spontaneous control of facial expression. *Child Development, 57,* 1309–1321.

Cole, M. (1996). *Cultural Psychology. A once and future discipline.* Cambridge, MA: Belknap.

Collier, G. (1985). *Emotional expression.* Hillsdale, NJ: Erlbaum.

Damasio, A. R. (2003). *Der Spinoza-Effekt: Wie Gefühle unser Leben bestimmen.* München: List.

Darwin, C. R. (1872/1965). *The Expression of the emotions in man and animals.* London: Albemarle.

Denham, S. A., Blair, K. A., DeMulder, E., Levitas, J., Sawyer, K. et al. (2003). Preschool emotional competence: Pathway to social competence? *Child Development, 74,* 238–256.

Denham, S. A. & Burton, R. (2003). *Social and emotional prevention and intervention programming for preschoolers.* New York: Kluwer/Plenum.

Ekman, P. (1988). *Gesichtsausdruck und Gefühl. 20 Jahre Forschung.* Paderborn: Junferman.

Ekman, P. & Friesen, W. V. (1971). Constants across cultures in the face and emotion. *Journal of Personality and Social Psychology, 17,* 124–129.

Ekman, P., Friesen, W. V. & Hager, J. C. (2002). *Facial Action Coding System (FACS)* (new edition).

Field, T. M., Woodson, R., Greenberg, R. & Cohen, D. (1982). Discrimination and imitation of facial expressions by neonates. *Science, 218,* 179–181.

Fontagy, P., Gergely, G., Jurist, E. L. & Target, M. (2004). *Affektregulierung, Mentalisierung und die Entwicklung des Selbst.* Stuttgart: Klett-Cotta. (Original erschienen 2002)

Fridlund, A. J. (1994). *Human facial expression. An evolutionary view.* San Diego, CA: Academic Press.

Frijda, N. H. (1986). *The emotions.* New York: Cambridge University Press.

Frijda, N. H., Mesquita, B., Sonnemans, J. & v. Goozen, S. (1991). The duration of affective phenomena or emotions, sentiments and passions. In K. T. Strongman (Hrsg.), *International review of studies on emotion, Vol.1,* (S. 187-225). Chichester: Wiley.

Galati, D. & Lavelli. M. (1997). Neonate and infant emotion expression perceived by adults. *Journal of Nonverbal Behavior, 21,* 57–83.

Gross, J. J. (Hrsg.). (2007). *Handbook of emotion regulation.* New York: Guilford.

Heckhausen, H. (1985). Emotionen im Leistungsverhalten aus ontogenetischer Sicht. In C. Eggers (Hrsg.), *Emotionalität und Motivation im Kindes- und Jugendalter* (S. 95–131). Frankfurt/M: Fachbuchhandlung für Psychologie.

Helfrich, H. (2003). Methodologie kulturvergleichender psychologischer Forschung. In A. Thomas (Hrsg.), *Kulturvergleichende Psychologie. Eine Einführung* (S. 111–138). Göttingen: Hogrefe.

Hillenbrand, C., Hennemann, T. & Hens, S. (2010). *Lubo aus dem All! 1. und 2. Klasse: Programm zur Förderung sozial-emotionaler Kompetenzen.* München, Reinhardt.

Holodynski, M. (2004). The miniaturization of expression in the development of emotional self-regulation. *Developmental Psychology, 40,* 10–27.

Holodynski, M. (2005). Am Anfang war der Ausdruck. Meilensteine und Mechanismen der Emotionsentwicklung. *Psychologie in Erziehung und Unterricht, 4,* 229–249.

Holodynski, M. (2006). *Emotionen: Entwicklung und Regulation.* Berlin: Springer.

Holodynski, M. & Friedlmeier, W. (2012). Affect and culture. In J. Valsiner (Hrsg.), *Oxford handbook of psychology and culture* (S. 957–986). New York: Oxford University Press.

Holodynski, M., Seeger, D., Hartmann, P. & Wörmann, V. (2013). Placing emotion regulation in a developmental framework of self-regulation. In K. C. Barrett, N. A. Fox, G. A. Morgan, D. Fidler & L. Daunhauer (Hrsg.), *Handbook of self-regulatory processes in development: New directions and international perspectives* (S. 27–59). New York: Routledge.

Izard, C. E. (1979). *The maximally discriminative facial movement coding system (MAX).* Newark, NJ, University of Delaware, Information Technologies and University Media Services.

Izard, C. E. (1990). The substrates and functions of emotion feelings: William James and current emotion theory. *Personality and Social Psychology Bulletin, 16,* 626–635.

Izard, C. E. (1994). *Die Emotionen des Menschen. Eine Einführung in die Grundlagen der Emotionspsychologie.* Weinheim: Beltz. (Original erschienen 1977)

Izard, C. E., Fantauzzo, C. A., Castle, J. M., Haynes, O. M., Rayias, M. F. & Putnam, P. H. (1995). The ontogeny and significance of infants' facial expressions in the first 9 months of life. *Developmental Psychology, 31,* 997–1013.

Janke, B. (2008). Emotionswissen und Sozialkompetenz von Kindern im Alter von drei bis zehn Jahren. *Empirische Pädagogik, 22,* 127–144.

James, W. (1890/1950). *The principles of psychology.* New York: Holt.

Jenkins, J., Oatley, K. & Stein, N. L. (Hrsg.) (1998). *Human emotions: A reader.* Malden, MA: Blackwell.

Kärtner, J. (2011). Die Entwicklung empathischen Erlebens und prosozialen Verhaltens. In H. Keller & A. Rümmele (Hrsg.), *Handbuch der Kleinkindforschung* (S. 430–463). Bern: Huber.

Kärtner, J., Holodynski, M. & Wörmann, V. (2013). Parental ethnotheories, social practice and the culture-specific development of the social smile in infants. *Mind, Culture, and Activity: An International Journal, 20,* 79–95.

Kienbaum, J. (2003). *Entwicklungsbedingungen prosozialer Responsivität in der Kindheit: Eine Analyse der Rolle von kindlichem Temperament und der Sozialisation innerhalb und außerhalb der Familie.* Lengerich: Pabst.

LaFreniere, P. J. (2000). *Emotional development.* Belmont, CA: Wadsworth.

Lagattuta, K. H. & Thompson. R. A. (2007). The development of self-conscious emotions: Cognitive processes and social influences. In J. L. Tracy, R. W. Robins & J. P. Tangney (Hrsg.), *The self-conscious emotions: Theory and research* (S. 91–113). New York: Guilford.

Lange, C. G. & James, W. (1922). *The emotions.* Baltimore, MD: William and Wilkens.

Lazarus, R. S. (1991). *Emotion and adaptation.* New York: Oxford University Press.

Literatur 465

Leontjew, A. N. (1982). *Tätigkeit, Bewußtsein, Persönlichkeit*. Köln: Pahl-Rugenstein. (Original erschienen 1977)

Levenson, R. W., Soto, J. & Pole, N. (2007). Emotion, biology, and culture. In S. Kitayama & D. Cohen (Hrsg.). *Handbook of cultural psychology* (S. 780–796). New York: Guilford.

Lutz, C. (1988). *Unnatural emotions: Everyday sentiments on a Micronesian atoll and their challenge to Western theory*. Chicago, IL University of Chicago Press.

Lyon, M. L. (1995). Missing emotion: The limitations of cultural constructionism in the study of emotion. *Cultural Anthropology, 10,* 244–263.

Magai, C. & McFadden, S. H. (1995). *The role of emotions in social and personality development: History, theory, and research*. New York: Plenum.

Manstead, A. S. R., Fischer, A. H. & Jakobs, E. B. (1999). The social and emotional functions of facial displays. In P. Philippot, R. S. Feldman & E. J. Coat (Hrsg.), *The social context of nonverbal behaviors*. (S. 287–313). New York: Cambridge University Press.

Mascolo, M. F. & Fischer, K. W. (1995). Developmental transformations in appraisals for pride, shame, and guilt. In J. P. Tangney & K. W. Fischer (Hrsg.), *Self-conscious emotions: The psychology of shame, guilt, embarrassment, and pride* (S. 64–113). New York: Guilford.

Mascolo, M. F. & Griffin, S. (Hrsg.). (1998). *What develops in emotional development?* New York: Plenum.

Matsumoto, D. (2000). *Culture and psychology*. Pacific Groove: Brooks/Cole.

Mesquita, B. & Leu, J. (2007). The cultural psychology of emotion. In S. Kitayama & D. Cohen (Hrsg.), *Handbook of cultural psychology* (S. 734–759). New York: Guilford.

Meyer, W. U., Schützwohl, A. & Reisenzein, R. (1993). *Einführung in die Emotionspsychologie*. Bern: Huber.

Meyer, W. U., Schützwohl, A. & Reisenzein, R. (1997). *Einführung in die Emotionspsychologie. Band II: Evolutionspsychologische Emotionstheorien*. Bern: Huber.

Oster, H. (2005). The repertoire of infant facial expressions: An ontogenetic perspective. In J. Nadel & D. Muir (Hrsg.), *Emotional development: Recent research advances* (S. 261–292). New York: Oxford University Press.

Oster, H., Hegley, D. & Nagel, L. (1992) Adult judgments and fine-grained analyses of infant facial expressions: Testing the validity of a priori coding formulas. *Developmental Psychology, 28,* 1131–1151.

Panksepp, J. (1998). *Affective neuroscience*. New York: Oxford University Press.

Parrott, W. G. (2004). The nature of emotion. In M. B. Brewer & M. Hewstone (Hrsg.), *Emotion and motivation* (S. 5–20). Malden: Blackwell.

Poortinga, Y. H., Bijnen, E. J. & Hagenaars, J. A. (1994). Identifying bias in cross-cultural data. In M. A. Croon & F. van de Vijver (Hrsg.), *Viability of mathematical models in the social and behavioral sciences* (S. 217–237). Lisse: Swets & Zeitlinger.

Ratner, C. (1999). Eine kulturpsychologische Analyse der Emotionen. In W. Friedlmeier & M. Holodynski (Hrsg.), *Emotionale Entwicklung. Funktion, Regulation und soziokultureller Kontext von Emotionen* (S. 243–258). Heidelberg: Spektrum Akademischer Verlag.

Reisenzein, R., Meyer, W. U. & Schützwohl, A. (2003). *Einführung in die Emotionspsychologie Band III: Kognitive Emotionstheorien*. Bern: Hans Huber.

Reznick, J. S., Kagan, J., Snidman, N., Gersten, M., Baak, K. & Rosenberg, A. (1987). Inhibited and uninhibited children: A follow-up study. In S. Chess, A. Thomas & M. Hertzig (Hrsg.), *Annual progress in child psychiatry & child development* (S. 256–290). New York: Brunner-Mazel.

Rothbart, M. K. & Bates, J. E. (2006). Temperament. In N. Eisenberg, W. Damon & R. M. Lerner (Hrsg.), *Handbook of child psychology: Vol. 3, Social, emotional, and personality development* (6. Aufl.) (S. 99–166). Hoboken, NJ: Wiley.

Kapitel 17   Die Erforschung menschlicher Emotionen

Rothbaum, F. & Morelli, G. (2005). Attachment and culture: Directions for future research. In W. Friedlmeier, P. Chakkarath & B. Schwarz (Hrsg.), *Human development and culture: The importance of cross-cultural research to social sciences* (S. 99–124). Lisse: Swets & Zeitlinger.

Röttger-Rössler, B. (2004). *Die kulturelle Modellierung des Gefühls. Ein Beitrag zur Theorie und Methodik ethnologischer Emotionsforschung anhand indonesischer Fallstudien.* Münster: Lit-Verlag.

Röttger-Rössler, B., Scheidecker, G., Jung, S. & Holodynski, M. (2013). Sozializing emotions in childhood: A cross-cultural comparison between the Bara in Madagascar and the Minangkabau in Indonesia. *Mind, Culture, and Activity: An International Journal.*

Russell, J. A. (1994). Is there universal recognition of emotion from facial expressions? A review of the cross-cultural studies. *Psychological Bulletin, 115,* 102–141.

Saarni, C. (1984). An observational study of children's attempts to monitor their expressive behavior. *Child Development, 55,* 1504–1513.

Saarni, C. (1999). *The development of emotional competence.* New York: Guilford.

Saarni, C. & Weber, H. (1999). Emotional displays and dissemblance in childhood: Implications for self-presentation. In P. Philippot, R. S. Feldman & E. J. Coats. (Hrsg.), *The social context of nonverbal behavior* (S. 71–105). New York: Cambridge University Press.

Safdar, S., Friedlmeier, W., Matsumoto, D., Yoo, S. H., Kwantes, C. T. & Kakai, H. (2009). Variations of emotional display rules within and across cultures: A comparison between Canada, USA, and Japan. *Canadian Journal of Behavioural Science, 41,* 1–10.

Schachter, S. & Singer, J. E. (1962). Cognitive, social, and physiological determinants of emotional state. *Psychological Review, 69,* 379–399.

Scherer, K. R. (2004). Feelings integrate the central representation of appraisal-driven response organization in emotion. In A. S. R. Manstead, N. Frijda & A. Fischer (Hrsg.), *Feelings and emotions: The Amsterdam symposium* (S. 136–157). New York: Cambridge University Press.

Schick, A. & Cierpka, M. (2005). Faustlos – Förderung sozialer und emotionaler Kompetenzen in Grundschule und Kindergarten. *Psychotherapie, Psychosomatik, Medizinische Psychologie, 55,* 462–468.

Shweder, R. A. (2003). Toward a deep cultural psychology of shame. *Social Research, 70,* 1109–1130.

Shweder, R. A., Haidt, J., Horton, R. & Joseph, C. (2008). The cultural psychology of the emotions: Ancient and renewed. In M. Lewis, J. M. Haviland-Jones & L. Feldman Barrett (Hrsg.), *Handbook of emotions* (3rd ed.) (S. 409–427). New York: Guilford.

Sorenson, E. R. (1976). *The edge of the forest. Land, childhood and change in a New Guinea protoagricultural society.* Washington, DC: Smithsonian Institution Press.

Soussignan, R. & Schaal, B. (2005). Emotional processes in human newborns: A functionalist perspective. In J. Nadel & D. Muir (Hrsg.), *Emotional development: Recent research advances* (S. 127–159). New York: Oxford University Press.

Sroufe, L. A. (1996). *Emotional development: The organization of emotional life in the early years.* New York: Cambridge University Press.

Stegge, H. & Meerum Terwogt, M. (2007). Awareness and regulation of emotion in typical and atypical development. In J. J. Gross (Hrsg.), *Handbook of emotion regulation* (S. 269–286). New York, NY: Guilford Press.

Stenberg, C. R. & Campos. J. J. (1990). The development of anger expressions in infancy. In N. L. Stein, B. Leventhal & T. Trabasso (Hrsg.), *Psychological and biological approaches to emotion* (S. 247–282). Hillsdale, NJ: Erlbaum.

Stern, D. N. (1992). *Die Lebenserfahrung des Säuglings.* Stuttgart: Klett-Kotta.

Tomasello, M., Carpenter, M., Call, J., Behne, T. & Moll, H. (2005). Understanding and sharing intentions: The origins of cultural cognition. *Behavioral and Brain Sciences, 28,* 675–735.

Thompson, R. A. (1994). Emotion regulation: A theme in search of definition. *Monographs of the Society for Research in Child Development, 59*, 25–52.

Tracy, J. L. & Robins, R. W. (2008). The nonverbal expression of pride: Evidence for cross-cultural recognition. *Journal of Personality and Social Psychology, 94*, 516–530.

Trommsdorff, G. & Friedlmeier, W. (1999). Emotionale Entwicklung im Kulturvergleich. In W. Friedlmeier & M. Holodynski (Hrsg.), *Emotionale Entwicklung. Funktion, Regulation und soziokultureller Kontext von Emotionen* (S. 275–293). Heidelberg: Spektrum Akademischer Verlag.

von Salisch, M. (Hrsg.). (2002). *Emotionale Kompetenz entwickeln. Grundlagen in Kindheit und Jugend.* Stuttgart: Kohlhammer.

Vuchinich, S., Bank, L. & Patterson, G. R. (1992). Parenting, peers, and the stability of antisocial behavior in preadolescent boys. *Developmental Psychology, 28*, 510–521.

Vygotskij, L. S. (1931/1992). *Die Geschichte der höheren psychischen Funktionen.* Münster: Lit.

Vygotskij, L. S., Rieber, R. W. & Hall, M. J. (1933/1999). *The collected works of L. S. Vygotskij, Vol. 6: Scientific legacy.* Dordrecht, The Netherlands: Kluwer Academic Publishers.

Wierzbicka, A. (1998). Angst. *Culture and Psychology, 4*, 161–188.

Wierzbicka, A. (1999). *Emotions across languages and cultures: Diversity and universals.* Cambridge, England: Cambridge University Press.

Wikan, U. (1988). Bereavement and loss in two Muslim communities: Egypt and Bali compared. *Social Science & Medicine, 27*, 451–460.

Wörmann, V., Holodynski, M., Kärtner, J. & Keller, H. (2012). A cross-cultural comparison of the development of the social smile. A longitudinal study of maternal and infant imitation in 6- and 12-week-old infants. *Infant Behavior and Development, 35*, 335–347.

Wright, M. J. (2002). Flashbacks in the history of psychology in Canada: Some early "headline" makers. *Canadian Psychology/Psychologie canadienne, 43*, 21–34.

Zelazo, P. D. & Cunningham, W. A. (2007). Executive function: Mechanisms underlying emotion regulation. In J. J. Gross (Hrsg.), *Handbook of emotion regulation* (S. 135–158). New York: Guilford.

Kapitel 18
Theorien zum Spracherwerb

Werner Kany
Hermann Schöler

„A sentence, however simple, drawn from the total construction potential of a language is a very different thing from the same sentence well prepared for by a pyramid of practice."
(Brown, 1973, S. 6)

Ein Bewusstsein für das Besondere menschlicher Sprachfähigkeit ist historisch schon sehr früh dokumentiert. Insbesondere sind jedoch Experimente bekannt geworden, die die Frage zu beantworten versuchten, wie Sprache überhaupt zustande kommt und welche die „Ursprache" unter der Vielzahl der Sprachen sei. Dafür wurden heute ethisch nicht vertretbare Experimente durchgeführt, in denen Kinder in totaler Isolation gehalten wurden, um die sich vermutlich spontan entwickelnde Ursprache letztendlich entdecken zu können. Der ägyptische Pharao Psammetich I. (664–610 v. Chr.), aber auch einige mittelalterliche Herrscher wie beispielsweise Kaiser Friedrich II. (1194–1250) sollen derartige *„royal investigations"* angeordnet haben (vgl. Campbell & Grieve, 1982; Deutsch & El Mogharbel, 2007). Diese Bemühungen blieben jedoch erfolglos, da die meisten Kinder die Deprivationsexperimente nicht überlebten. Das heutige Wissen über den individuellen Spracherwerb und die unterschiedlichen Ansätze zur Erklärung der dabei beteiligten Strukturen und Prozesse sollen im vorliegenden Kapitel dargestellt werden. In einem solchen übergreifenden Abriss können diese Inhalte allerdings lediglich skizziert werden.

1 Historische Anfänge

Als erste reflektierte Auseinandersetzung mit der menschlichen Sprachfähigkeit gilt Herders Essay *Abhandlung über den Ursprung der Sprache* (Herder, 1772/1969). Danach sei Sprache kein göttliches Werk, sondern müsse vom Menschen geschaffen worden sein: *„Der Mensch, in den Zustand von Besonnenheit gesetzt, der ihm eigen ist, und diese Besonnenheit (Reflexion) zum erstenmal frei würkend, hat Sprache erfunden."* (ebd., 1969, S. 103) Herder ging davon aus, dass der Mensch bestimmte Laute der Umgebung nachahmte und diese dann für die eigene Kommunikation nutzte. *„Der Mensch erfand sich selbst Sprache, aus Tönen lebender Natur, zu Merkmalen eines herrschenden Verstandes."* (ebd., 1969, S. 117) Aus dieser Vorstellung heraus entstanden nachfolgend viele naive Theorien über die *Phylogenese* der Sprache (Tabelle 18.1), und sie alle können ebenso gut richtig wie falsch sein (Zimmer, 2008, S. 9 ff.).

Die Monografie von Clara und William Stern (1907) gilt als erste systematische Untersuchung zur *Ontogenese* des Spracherwerbs, die auch noch heutigen wissenschaftlichen Standards genügt. Ihre Vorläufer waren die Tagebuchstudien des 19. Jahrhunderts, die auf empirischen Daten und nicht auf Spekulationen basierten. Wie diese dokumentierte das Ehepaar Stern die Entwicklung seiner Kinder umfassend und längsschnittlich. Insbesondere der gesondert dokumentierte Teil zur Sprachentwicklung, der den Wortschatz beider Kinder, ihre sprachlichen Formen und Anwendungen detailliert den jeweiligem Lebensaltern zuordnete, hat bis heute nichts von seiner Bedeutung verloren. Da die Sprache unbestritten zu den wichtigsten menschlichen Fähigkeiten zählt und damit ihr Erwerb für die gesamte Persönlichkeitsentwicklung eines Kindes bedeutsam ist, wies auch Karl Bühler (1911) der Sprachentwicklungspsychologie eine herausragende Position innerhalb der entstehenden Teildisziplinen der Psychologie zu.

2 Allgemeine Orientierungen

Funktional betrachtet ist Sprache das wichtigste Kommunikationsmittel, das dem Menschen zur sozialen Interaktion und Übermittlung von Information zur Verfügung steht. Damit diese Funktion möglichst störungsfrei erfüllt werden kann, ist Sprache gleichzeitig ein System aus Symbolen und den Regeln ihrer Zu- und Anordnung sowie Anwendung. Dieses Symbolsystem lässt sich in mehrere Subsysteme untergliedern, je nachdem, auf welcher Aggregationsebene das Symbol betrachtet wird: Auf der *phonetischen* Ebene werden die physikalischen und physiologischen Eigenschaften der Laute und ihrer Bildungsmöglichkeiten (Artikulation, Sprechapparat) analysiert. Auf der *phonologischen* Ebene steht die Funktion der Phoneme im Vordergrund, d. h. die Bildung, das Verstehen und die Differenzierung von Lauten (Phonemen). Auf der *grammatischen* Ebene geht es um den Aufbau von Wortformen und die Bildung von Wörtern (Morphologie) sowie den Aufbau, die Bildung und das Verstehen von Äußerungen wie Sätzen oder Texten (Syntax). Das Verstehen der Bedeutung von Wörtern, die Organisation und der Umfang des Wortschatzes laufen auf der *se-*

Die Sprache sei entstanden ...

... aus der Nachahmung diverser Tierlaute (die Wauwau-Theorie).

... aus stark gefühlsbetonten Ausrufen und Aufschreien (die Aua-Theorie).

... aus Ausrufen bei anstrengender gemeinsamer Körperarbeit (die Hauruck-Theorie).

... aus rituellen Tänzen und Beschwörungen (die Trarabumm-Theorie).

... aus Gesängen (die Singsang-Theorie).

Die Sprache könne jedoch auch auf folgenden Phänomenen basieren:

So wie jedes Ding eine natürliche Resonanz habe, so bringe auch jeder Eindruck im Kopf einen charakteristischen Laut hervor (die Dingdong-Theorie);

oder die Zunge mache die Handbewegungen der Gebärdensprache nach, wie etwa die des Winkens (die Tata-Theorie).

Tabelle 18.1: Naive Theorien über die Phylogenese der Sprache nach Zimmer (2008, S. 9 ff.).

mantisch-lexikalischen Ebene ab. Auf der *pragmatischen* Ebene steht die Nutzung sprachlicher Äußerungen in Bezug auf die jeweilige Interaktionssituation im Vordergrund. Darüber hinaus kann noch eine *prosodische* Ebene differenziert werden, auf der die Intonation, der Sprechrhythmus und der Akzent betrachtet werden. Die Prosodie wird oft (unter dem Aspekt der physikalisch messbaren Eigenschaften der Lautstruktur) gemeinsam mit der phonetisch-phonologischen Ebene gesehen. Betrachtet man aber die Funktion der Prosodie von Äußerungen, so könnte sie sogar eher der Pragmatik und damit der Anwendung in verbalen sozialen Interaktionen zugeordnet werden.

2.1 Spracherwerb als Entwicklungsaufgabe

Der Spracherwerb stellt für ein Kind eine komplexe Entwicklungsaufgabe dar. Sie beinhaltet die Aneignung von Wissen und Fertigkeiten in Bezug auf prosodische, phonetisch-phonologisch-phonotaktische, syntaktisch-morphologische, semantische, lexikalische sowie pragmatische Sprachebenen, aber auch ein Wissen über Sprache und schließlich Kenntnisse, die zum Erwerb der Schriftsprache führen (vgl. Überblick bei Kany & Schöler, 2010). Die wesentlichen Entwicklungsschritte beim Spracherwerb des ersten Lebensjahres beginnen schon im Mutterleib. Bereits der Fötus lernt, über prosodische Lautmuster unterschiedliche Sprachen zu differenzieren (Mehler et al., 1988; für einen Überblick siehe Hennon, Hirsh-Pasek & Golinkoff; 2000; Jusczyk, 1997). Der im ersten Lebensjahr ablaufende Spracherwerb lässt sich zunächst in Sprachwahrnehmung und Sprachproduktion unterscheiden, die als zwei verschiedene Entwicklungsbereiche zu differenzieren und nicht als zwei Seiten einer Medaille zu betrachten sind (Abb. 18.1).

Alle Kinder der Welt haben bis etwa zum 8. Lebensmonat die Fähigkeit, alle Laute aller Sprachen zu differenzieren. Anders bei der Produktion: Erst über verschiedene Zwischenstufen bildet das Kind allmählich das Lautinventar seiner Muttersprache aus. Der Lauterwerb dauert relativ lange, erst mit etwa fünf Jahren ist er in der Regel abgeschlossen. Zunächst werden vom Säugling nicht-sprachliche Laute (Gurren, Zischlaute) erzeugt, etwa ab dem 3. Monat treten vokalähnliche Laute und Lautfolgen auf, die in Lallen übergehen (vgl. El Mogharbel & Deutsch, 2007). Auch von gehörlosen Kindern werden solche Lautfolgen produziert. Für die Übung des Sprechapparates, der Phonation und Artikulation scheint hier also ein internes, endogen gesteuertes Programm gestartet zu werden. Ab etwa dem 6./7. Monat verstummen gehörlose Kinder, die Laute der Umgebungssprache werden dominant, und ab dem 10. Monat wird die Lautproduktion sprachspezifisch. Zum etwa gleichen Zeitpunkt geht die Fähigkeit verloren, fremdsprachige Laute zu differenzieren, die in der Muttersprache auf keinen Bedeutungsunterschied hinweisen. Beispielsweise verlieren chinesische Kinder die Fähigkeit, zwischen [l] und [r] zu differenzieren, da diese Lautdifferenzierung in ihrer Sprache keinen Bedeutungsunterschied signalisiert. Eine Folge können dann beim Fremdspracherwerb oft komische oder bedeutungsmäßig vollkommen andere Äußerungen sein, im Englischen z. B. „flied lice" anstelle von „fried rice". Für deutsche Kinder hören sich die verschiedenen französischen Nasallaute meist alle gleich an, sodass auch hier bei der Produktion französischer Äußerungen kaum differenziert werden kann. Die Entwicklungsaufgabe bedeutet in dieser Phase eine Eingrenzung auf das Lautinventar der Mutter- bzw. Umgebungssprache.

Eine wesentliche Entwicklungsaufgabe des Kleinkindes besteht in der Segmentierung des Lautstromes: Im Fluss der Laute muss das Kind Wörter erkennen und sie herauslösen. Mögliche Informationsquellen, die dem Kind in der gesprochenen Sprache für die Segmentierung des Redeflusses in Wörter zur Verfügung stehen, sind:

(1) Prosodische Muster. Regelmäßige Betonungsmuster machen auf bestimmte Wörter aufmerksam.

(2) Phonotaktische Eigenschaften. Die Kombinierbarkeit von Lauten ist eingeschränkt, bestimmte Lautkombinationen können an bestimmten Stellen im Wort oder Satz nicht auftreten; so ist im Deutschen [ml] innerhalb einer Silbe nicht erlaubt und [kt] kann nicht am Wortanfang stehen.

(3) Statistische Eigenschaften. Übergangswahrscheinlichkeiten zwischen bestimmten Silben können gemeinsame Auftretenshäufigkeiten anzeigen: Die Wahrscheinlichkeit, dass „glück" und „lich" gemeinsam auftreten, ist deutlich höher als von „appetit" und „lich" (vgl. Saffran, Aslin & Newport, 1996; siehe Überblick bei Jusczyk, 1997).

Dass diese Segmentierungen nicht von Anfang an immer gelingen, zeigen die Äußerungen des Kindes Adam aus der Harvard-Studie von Brown (1973), die de Villiers und de Villiers (1978, S. 85) wie folgt beschreiben: So scheint Adam „it's" als eine sprachliche, nicht weiter zerlegbare Einheit segmentiert zu haben, die er in vielen Kontexten anwendet, mal grammatisch korrekt wie in „it's going", „it's playing", „it's blue", mal grammatisch inkorrekt wie in „it's went", „it's played", „it's was going".

Diskriminierungsfähigkeiten für eine Segmentierung sprachlicher Informationen reichen jedoch alleine nicht dafür aus, dass Kinder sich sprachlich verhalten oder sprachlich handeln können. Für die Bedeutungszuweisung ist es unerlässlich, dass sprachliche Informationen in einem Kontext gegeben werden, in dem gleichzeitig (kontingent) Begleitinformationen vorliegen. Einen Überblick über den zeitlichen Verlauf des Spracherwerbs nach dem ersten Lebensjahr in den vier

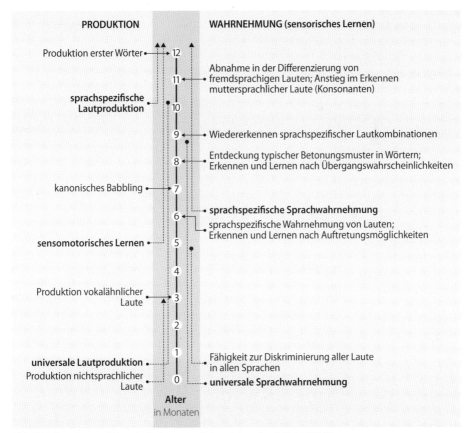

Abb. 18.1: Spracherwerb innerhalb des ersten Lebensjahres (nach Kuhl, 2004*).

sprachlichen Bereichen Artikulation, aktiver Wortschatz, Syntax und Morphologie ist Abb. 18.2 zu entnehmen. Dabei zeigt sich, dass im zweiten Lebensjahr der aktive Wortschatz von einigen wenigen auf 200 und mehr Wörter beträchtlich ansteigt, mit etwa sechs Jahren soll der aktive Wortschatz zwischen 3.000 und 5.000 Wörtern umfassen. Im Alter von etwa 18 Monaten wird bei vielen Kindern sogar ein sog. Vokabelspurt (auch Wortschatzspurt) beobachtet (Schulz, 2007). Tritt er auf, dann meist zwischen 50 und 100 Wörtern und in einem Alter, das zwischen 17 und 28 Monaten variiert (Bates, Dale & Thal, 1995). Ein reduzierter Wortschatz gilt in diesem Alter auch als Hinweis für das Risiko einer Spracherwerbsstörung (kritisch dazu Szagun, 2006, S. 117 ff.).

Im Alter von 1 ½ Jahren treten meist die ersten Zwei-Wort-Äußerungen auf wie „Papa Hut" oder „Mimi haben". Morphologisch-syntaktisch sind sie nicht differenziert und daher auch nur im jeweiligen Kontext interpretierbar. Erst mit der Bildung längerer und komplexerer Äußerungen werden diese grammatisch zunehmend im Sinne der Zielsprache korrekt. Der Erwerb der Morphologie startet im Deutschen und auch im Englischen meist mit dem Erwerb von Pluralformen. Kinder bilden dabei nicht nur zielsprachlich korrekte Formen, sondern auch sogenannte Übergeneralisierungen, z. B. beim Plural „Autoen" oder „Buchs" (bei Vergangenheitsformen „gelauft" oder „getrinkt"). Ob derartige Formen, die ja nicht im Sprachangebot vorkommen, als Beleg für angeborene Mechanismen oder Lernprozesse gelten, ist umstritten (Schöler & Lindner, 1990).

Im Alter von fünf bis sechs Jahren sind in der Regel wesentliche Bestandteile der Grammatik und das Lautinventar erworben. Mit ihrer Beherrschung hat das Kind auch die Grundlagen dafür

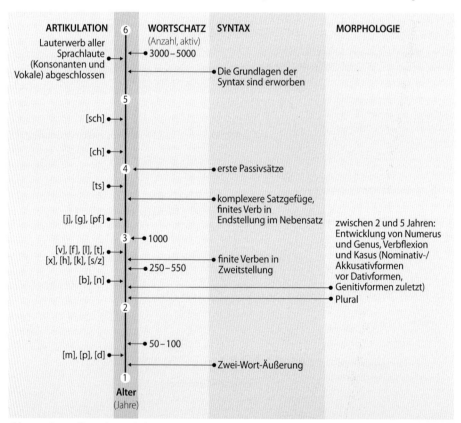

Abb. 18.2: Entwicklung der Artikulation, des Wortschatzes, der Syntax und der Morphologie vom 1. bis zum 6. Lebensjahr.

gewonnen, Sprache ironisch zu verwenden, über Sprache zu reflektieren (metasprachliches Wissen; Schöler, 1982, 1987) und schließlich auf der Grundlage von Wissen über den phonetischen und phonologischen Grundlagen von Wörtern (phonologische Bewusstheit) die Schriftsprache zu erlernen (vgl. Kany & Schöler, 2010).

2.2 Determinanten und Grundprozesse des Spracherwerbs

In keiner aktuellen Spracherwerbstheorie wird angenommen, dass Sprache voraussetzungslos gelernt wird. So müssen zum einen Lernvoraussetzungen gegeben sein, zum anderen Informationen aus der Umwelt vorliegen, die auch genutzt werden können. Im Hinblick auf das Sprachangebot und die Voraussetzungen, die ein Kind für den Spracherwerb mitbringt, werden jedoch folgende Fragen unterschiedlich beantwortet: Sind Kleinkinder für den Erwerb einer Sprache biologisch vorprogrammiert? Besteht eine Beziehung zwischen vorsprachlichen Äußerungen und späteren Schritten beim Spracherwerb? Was müssen Kinder beim sprachlichen Verhalten genauso wie oder vielleicht im Unterschied zu anderen Verhaltensweisen lernen? Welche Informationen benötigen sie für den Erwerb der Sprache aus ihrer Umwelt? Durchlaufen alle Kinder die gleichen Sequenzen? Wie universell sind Spracherwerbsprozesse? Wie erlangen Worte Bedeutung? Was müssen Kinder lernen, um sich anderen angemessen sprachlich mitteilen zu können? Im Folgenden werden zunächst fünf Grundvoraussetzungen für den Spracherwerb genannt, die einen Rahmen zur Beantwortung dieser Fragen vorgeben:

(1) Sprachvermögen. In den meisten Spracherwerbstheorien wird postuliert, dass unser Sprachvermögen auf angeborenen peripheren und zentralnervösen Komponenten beruht. Als peripher gelten der Artikulationsapparat und das auditorische System, die zentralnervösen Komponenten des Sprachvermögens sind im Kortex angesiedelt. Die periphere Verarbeitung und Erzeugung von Sprachlauten wäre ohne die zentralnervösen Komponenten wie z. B. die mentalen Fähigkeiten der Lautdetektion, ihrer Speicherung und Klassifikation nicht möglich. Im Verlauf der Entwicklung verschmelzen diese mentalen Fähigkeiten zunehmend mit den sich simultan entwickelnden sprachlichen Fertigkeiten der Peripherie. Das Sprachvermögen verändert sich im Verlauf des Erwerbsprozesses.

(2) Sprachzugang. Um Zugang zu einer Sprache zu haben, muss man ihr ausgesetzt sein. Kinder, die isoliert aufwachsen, können keine Sprache erlernen. Das Sprachangebot darf sich dabei jedoch nicht nur auf die sprachlichen Charakteristika beziehen, sondern muss begleitende Gesten und Handlungen sowie physische und statistische Merkmale einschließen. Daher ist das Sprachangebot *„not just a trigger for a biological process, it is meaningful action in social context"* (Klein, 1996, S. 101 f.). Den Lautstrom in Einheiten aufzubrechen und diese mit einem bestimmten Sinn zu versehen ist eine vorrangige Aufgabe beim Spracherwerb. Wenn ein Kind dazu nur die Schallwellen zur Verfügung hätte, dann wäre diese Aufgabe nicht zu lösen. Vielmehr benötigt es dazu den gesamten situativen Kontext mit Begleitinformationen, Gesten und Handlungen, mit deren Hilfe Lautkombinationen sinnvoll interpretiert werden können. Gesten und Handlungen verstärken, betonen, heben hervor und zeigen auf die durch die Sprache symbolisierten Bedeutungen, sind aber auch wichtig, wenn es um das Nichtbeachten sprachlicher Einheiten geht (Schöler, 1982). Der Koppelungsprozess von Laut- und Bedeutungsmustern wird außerdem dadurch erleichtert, dass bestimmte sprachliche Einheiten häufiger und in ganz bestimmten Kombinationen auftreten, wahrnehmbarer, kognitiv oder linguistisch komplexer als andere sind (Klein, 2001; Moerk, 2000; Szagun, 2006). Außerdem unterstützen Betonungsmuster und Pausen die Unterscheidung von Lautkombinationen (Hennon et al., 2000).

(3) Sprachkontext. Eine weitere Grundvoraussetzung für den Spracherwerb liegt in der Lernsituation, die sich am Beginn des Erwerbsprozesses zumeist als eine dyadische Interaktion darstellt. Diese Dyaden sind asymmetrisch; dem Kind steht der sprachkundige Erwachsene gegenüber. Durch ein spracherwerbsunterstützendes System LASS *(language acquisition support system)* wird nach Bruner (1983) der Spracherwerb für das Kind erst möglich. Die Bezugsperson ist dabei nicht nur sprachliches Vorbild, sondern bietet erst den Zugang zur Sprache und führt durch bestimmte Interaktionsmuster in das sprachliche System ein.

(4) Sprachmotivation. In den aktuellen Spracherwerbstheorien besteht Konsens darüber, dass ein Kind intrinsisch motiviert ist, die Umgebungssprache zu erlernen. Es zeigt eine Neigung, mit anderen in Austausch zu treten und mit ihnen zu interagieren, vor allem, um eine soziale Identität auszubilden. Dies hilft ihm, sich ebenfalls auf die Besonderheiten der Sprache einzulassen (Bruner, 1983).

(5) Sprachprozesscharakteristik. Dem Spracherwerb ist eine Prozesscharakteristik eigen, die auf einer Zeitachse abgebildet werden kann. Welchen Anteil und welche Wirksamkeit dabei unterschiedliche Teilprozesse zu unterschiedlichen Zeitpunkten des Spracherwerbs haben, wird vor allem auf der Grundlage von *Bottom-up-* und *Top-down*-Prozessen betrachtet. Diese Differenzierung betont die Richtung der Sprachverarbeitung: *Bottom-up* bezeichnet die erfahrungsgesteuerte, *Top-down* die wissensgesteuerte Verarbeitung. Mit fortschreitendem Spracherwerb wächst die Bedeutung des erworbenen Wissens. Danach dominieren zunehmend Top-down-Prozesse den Spracherwerb, während die anfänglichen Bottom-up-Prozesse an Einfluss verlieren. Der Spracherwerb erscheint damit als ein akku-

Den Sprachfluss in separate Einheiten aufzubrechen und diese mit einem bestimmten Sinn zu versehen, ist die vorrangige Aufgabe des frühen Spracherwerbs. Wenn ein Kind dafür nur Schallwellen zur Verfügung hätte, wäre diese Aufgabe nicht zu lösen. Vielmehr benötigt es den gesamten *situativen Kontext* mit den Begleitinformationen, Gesten und Handlungen, die verstärken, betonen, hervorheben und zeigen und mit deren Hilfe es möglich wird, Lautkombinationen sinnvoll zu interpretieren.

mulierter Prozess, der sich insbesondere durch akkumuliertes Wissen verändert. Er ist vermutlich kaum biologisch vorgegeben, sondern wandelt sich unter dem Einfluss des Sprachangebots und mit den damit einhergehenden Informationen.

3 Allgemeiner Überblick über Theorien des Spracherwerbs

Theorien des Spracherwerbs unterscheiden sich vor allem darin, welchen Beitrag sie dem Sprachvermögen, dem Sprachzugang, dem Sprachkontext, der Sprachmotivation und dem Sprachprozess selbst beimessen. Nachfolgend wird versucht, die unterschiedlichen Theorien auf einem Kontinuum zwischen empiristischen und nativistischen Theorien des Spracherwerbs einzuordnen. Dabei hat sich die Dichotomisierung von Hirsh-Pasek und Golinkoff (1993) in *inside-out-* und *outside-in-*Theorien als nützlich erwiesen (Tabelle 18.2).

Die beiden Theorienfamilien unterscheiden sich grundlegend in der Annahme der genetischen Vorgabe und in dem Erwerb sprachlichen Wissens: Während bei Inside-out-Theorien das sprachliche Wissen als angeboren angesehen wird und auch der Spracherwerb nach einem spezifischen, biologisch vorgegebenen Programm abläuft, wird bei Outside-in-Theorien davon ausgegangen, dass sprachliches wie anderes Wissen gelernt werden muss. Die Heterogenität innerhalb der Outside-in-Theorien führt noch zu einer weiteren Untergliederung in *lerntheoretische, sozialinteraktionistische* und *kognitive* Theorien. In nativistischen Theorien tritt damit das Sprachvermögen in den Vordergrund und wird als angeboren postuliert; in empiristischen Theorien wird hingegen der Einfluss der Umwelt auf den Spracherwerb betont. In den letzten Jahrzehnten hatten dafür aufgezeichnete Beobachtungsdaten aus Sprachen übergreifenden Datenbanken (z. B. CHILDES: MacWhinney, 2000) die Grundlage für eine Erarbeitung unterschiedlichster Indikatoren zum Spracherwerb geliefert, deren bekanntester die *mean length of utterance*, die mittlere Äußerungslänge, ist (MLU; Brown, 1973). Dieses Maß wird über die Zahl der Morpheme, nicht über die Zahl der Wörter, in einer Äußerung ermittelt. Bei der Äußerung „Papa Hut" wäre MLU = 2, bei „Papas Hut" wäre hingegen MLU = 3, weil *papa* und -*s* zwei Morpheme darstellen. Mit zunehmendem Spracherwerbsstand steigt der MLU-Wert an, mit dem auch die interindividuellen Differenzen in der Erwerbsgeschwindigkeit grammatischer Strukturen gut abgebildet werden. In der Harvard-Studie zeigte sich darüber hinaus, dass diese mittlere Zahl von Morphemen in den Äußerungen eines Kindes einen besseren Indikator für den Spracherwerbsstand bildete als das chronologische Alter (vgl. Miller & Chapman, 1981). Dieses auf Morphemen basierende Maß

Inside-out-Theorien	Outside-in-Theorien
— Sprachwissen ist überwiegend genetisch angelegt. — Es gibt sprachspezifische Lernmechanismen. — Es gibt universelle Strukturen, die dem Aufbau einer spezifischen Sprache zugrunde liegen; der Input spielt dabei nur eine auslösende und selektierende Rolle. — Der Sprachaufbau erfolgt auf der Grundlage universell gültiger, angeborener Strukturen. Das Kind agiert wie ein Linguist: Die Kategorien und die Struktur einer Sprache sind gegeben, es müssen nur noch die jeweiligen Spezifika der Muttersprache durch Hypothesen gefunden bzw. identifiziert werden.	— Sprache wird wie anderes Wissen gelernt. — Für den Spracherwerb sind keine spezifischen Lernarten anzunehmen. — Spracherwerb erfolgt in sozialen Interaktionen. — Unterschieden werden (a) kognitive, (b) lerntheoretische, (c) sozial-interaktive Ansätze.

Tabelle 18.2: Unterscheidungsmerkmale von Inside-out- und Outside-in-Theorien.

scheint allerdings nicht für alle Sprachen sinnvoll, sondern vor allem für eine eher flexionsarme Sprache wie Englisch. In flexionsreicheren Sprachen wird der MLU-Wert meist über die Zahl der Wörter bestimmt.

Da im Vergleich zur Sprachproduktion das Sprachverstehen nicht über Aufzeichnungen erfasst werden kann, sind zusätzlich Elizitationsverfahren notwendig, um möglichst gezielt und umfassender als mit sog. Spontansprachproben die Sprachfähigkeiten und das Sprachwissen zu erfassen. Zu diesen zählen Screenings und spezielle Tests, die die bloße Aufzeichnung und Analyse der Kindersprache erweitern. Die Kinder werden dabei aufgefordert, sprachliche Formen zu bilden, die in ihrer Spontansprache nicht auftreten würden. Ein Klassiker unter diesen Verfahren ist der *wug*-Test (Berko, 1958), bei dem die Produktion bestimmter sprachlicher Formen durch sog. Kunstwörter elizitiert wird. In jüngster Zeit haben darüber hinaus Habituationsparadigmen auch zur Erforschung früher Sprachwahrnehmungs- und -verarbeitungsprozesse bei Säuglingen Anwendung gefunden. Dabei sind erstaunliche vorgeburtliche Lern- und Gedächtnisleistungen des Fötus in Bezug auf die Sprachwahrnehmung zutage getreten, die belegen, dass der Spracherwerb bereits im Mutterleib beginnt (vgl. Hennon et al., 2000).

3.1 Inside-out-Theorien

Bei Inside-out-Theorien wird davon ausgegangen, dass das sprachliche Wissen durch Prädispositionen vorgegeben wird (Chomsky, 1965). Dabei rückt vor allem die Syntax ins Zentrum der Erforschung des kindlichen Spracherwerbs. Dies hat dazu geführt, dass der Spracherwerb von benachbarten Entwicklungsdomänen losgelöst und unabhängig von wichtigen Kompetenzentwicklungen betrachtet wird (vgl. Cromer, 1981). Da die Organisation der unterschiedenen Entwicklungsdomänen wie Sprache und Kognition von Beginn an als modular betrachtet wird, können Interaktionen zwischen verschiedenen Bereichen wie Sprache und Kognition nur auf der Ebene der Ausgaben (*output*) aus diesen Modulen stattfinden. Diese Theorien gehen davon aus, dass das Sprachangebot der Umwelt unzureichend für den Erwerb einer Sprache ist und Kinder mit einem vor allem grammatisch unterbestimmten und teilweise falschen oder zumindest unvollständigen mündlichen Sprachangebot ihrer Bezugspersonen konfrontiert sind. Weil sich deshalb die kindliche Sprachkompetenz auf der Basis weiterer kognitiver Fähigkeiten nicht induktiv aufbauen kann, müssen sprachspezifisches Wissen und sprachspezifische Prozesse angeboren sein.

Nativistische Theorien existieren in mehreren Varianten. So betrachtet beispielsweise Pinker (1994) Sprache als einen Instinkt, wonach das Kind die Anlage einer Sprache habe, die sich zunehmend entfalte. Bickerton (1990) vermutet ein Bioprogramm, das Kindern mitgegeben ist, um eine grammatisch vollwertige Sprache zu entwickeln, selbst wenn die Lebensumstände ihnen kein gutes Sprachangebot bieten. Ein weiteres Merkmal von Inside-out-Theorien ist darin zu sehen, dass die menschliche Sprache auf ihre formale Struktur reduziert wird. Bei dieser reduktionistischen Sprachauffassung sind Sprache und Grammatik eins. Die identitätsstiftende und kommunikative Funktion von Sprache wird für den Aufbau der Sprach*kompetenz* als kaum relevant betrachtet.

Unter dem Einfluss der Arbeiten Chomskys (1965, 1988) wurde beispielsweise in den 1960er-Jahren nach den grammatikalischen Strukturen in den Äußerungen des Kindes gesucht. Dabei ging man davon aus, dass das Kind die Pfade einer angelegten Struktur entdecken müsse, die als *language acquisition device* (LAD) mit definierten Prinzipien (Parametern) existiere. Die sprachliche Umgebung würde dabei lediglich eine Art *Hypothesenbildung* anregen und die entsprechenden Parametereinstellungen triggern, die sogar eine universell gültige Grammatik (UG: Universalgrammatik) für alle Sprachen abbilden könne. Um die UG beschreiben zu können, wurde deshalb folgerichtig nach den strukturellen Gemeinsamkeiten in verschiedensten Sprachen gesucht. Dabei wurden kindliche Grammatiken als Zwischenstufen angenommen, wobei die kindlichen Äußerungen jedoch von Beginn an als Ausdruck grammatischer Strukturen interpretiert wurden.

Schon den ersten kindlichen Wortäußerungen wurde als Grundstruktur der Satz (*Ein-Wort-Satz*) zugrunde gelegt (McNeill, 1970). Auch *Zwei-Wort-Sätze* wurden grammatikalisch markiert und dabei Wörter, Wortklassen und Satzpositionen unterschieden (vgl. Clahsen, 1982). Eine erste Syntax-Beschreibung solcher Zwei-Wort-Äußerungen lieferte die sogenannte Angelpunkt-Grammatik (*pivot grammar*), die von der Auftretenshäufigkeit bestimmter Worttypen und ihrer Position in den kindlichen Äußerungen abgeleitet wurde (Braine, 1963, 1976). Sie enthält zwei Typen von Wörtern: *pivot words* (z. B. räumliche Partikel, Pronomen, deiktische Wörter, bestimmte Verben oder Adjektive) und *open class words* (alle anderen Inhaltswörter), die stets in bestimmten Kombinationen auftreten (Tabelle 18.3).

Der Beschreibung von kindlichen Äußerungen durch eine *pivot grammar* liegt die Annahme zugrunde, dass Kinder angeborene syntaktische Strukturen zunächst nur rudimentär nutzen können, um sich auszudrücken. Allerdings stellte sich rasch heraus, dass die *pivot grammar* kein angemessenes Beschreibungsmodell für kindliche Äußerungen ist, da sich die Verteilungsregeln nicht als universell erwiesen und auch die interindividuellen Variationen beim Spracherwerb einfach zu groß sind. Auch blieb bei diesem Syntax-Ansatz die Bedeutung der kindlichen Äußerungen vollkommen unberücksichtigt (vgl. Bloom, 1971; Bowerman, 1973).

Sind kindliche Sprachäußerungen daher vielleicht besser als Ausdruck von ebenfalls angeborenen *semantischen* Strukturen zu interpretieren? Schlesinger (1971, 1977) und Bloom (1973) gingen dieser Frage nach und nahmen grundlegende semantische Strukturen wie Agent, Aktion und Lokalisation als angeboren an. Eine Reihe von Studien zeigt, dass auch diese Annahme angeborener semantischer Strukturen die Vielfalt der Phänomene im Spracherwerb nicht erklären kann. Aufgrund ihrer Wahrnehmungsmöglichkeiten scheinen Kinder in der Lage zu sein, sowohl formale Regularitäten erkennen als auch Bedeutungsrelationen bei ihren Sprachwahrnehmungen und ersten Produktionen beachten zu können (vgl. Weinert & Grimm, 2008).

S → O	Auto
S → P (pivot + **O**)	mehr Milch
S → O + P	Tasse weg
S → O + O	Mama Milch
(**S** = sentence; Satz; **P** = pivot word; **O** = open class word)	

Tabelle 18.3: Beispiele für die Pivot-Grammar.

3.2 Outside-in-Theorien

Wesentlich bei Outside-in-Theorien ist die Annahme, dass wir zwar für das Lernen einer Sprache prädestiniert sind, die Sprache wie anderes Wissen aber gelernt bzw. aufgrund vorhandener kognitiver Fähigkeiten induktiv erschlossen werden kann; dabei bedarf es weder spezifisch sprachlichen Vorwissens noch sprachspezifischer Lernmechanismen. Der Spracherwerb wird eng mit der sozialen Interaktion verbunden. Ausgestattet mit feinen Lern-, Differenzierungs- und Abstraktionsmöglichkeiten benötigt das Kind in Interaktion mit seiner Umwelt ausreichende Angebote, um daraus eigenaktiv und in Rückkoppelungsschleifen sprachliches Wissen aufbauen zu können. Das erworbene Wissen spielt infolgedessen im zeitlichen Verlauf eine immer größere Rolle. Outside-in-Theorien sind in zahlreichen Varianten vorhanden, die sich vor allem auf die

Kapitel 18 Theorien zum Spracherwerb

Wechselwirkung zwischen externen Faktoren und internen Strukturen und Prozessen beziehen und kognitiv, lerntheoretisch und sozial-interaktionistisch bzw. sozial-konstruktivistisch ausgerichtet sind. Auf diese Vielfalt soll im Folgenden eingegangen werden.

3.2.1 Kognitionspsychologische Ansätze

In kognitionspsychologischen Ansätzen wird postuliert, dass zunächst kognitive Konzepte erworben werden müssen, bevor sie versprachlicht werden können (z. B. Piaget, 1970). So muss beispielsweise das Mengenkonzept ausgebildet sein, bevor Kinder Wörter in der Pluralform bilden können. Eine der ersten empirischen Untersuchungen zu diesem Sachverhalt ist das Harvard-Projekt von Brown (1973), in dem die Sprachentwicklung dreier Kinder längsschnittlich verfolgt wurde. Diese Untersuchung erbrachte eine Fülle von Befunden. So zeigte sich, dass Konzepte wie Zeit und Kausalität erst dann sprachlich ausgedrückt werden können, wenn die entsprechenden kognitiven Strukturen ausgebildet sind (Cromer, 1974). Auch konnte die Grammatik von kindlichen Zwei-Wort-Äußerungen mit den verschiedensten semantischen Relationen (Aktor-Handlung, Besitz usw.) beschrieben werden (Bloom, 1970, 1973). Gegen diese einseitige Determinierung des Spracherwerbs aufgrund von kognitiven Prozessen sprechen jedoch Befunde, die zeigen, dass bereits bei einjährigen Kindern Begriffsbildungsprozesse besser *mit* als *ohne* sprachliche Benennungen der einbezogenen Objekte initiiert werden können (Waxman & Markow, 1995).

Bei anderen Varianten der kognitiven Ansätze steht die Sprach*verarbeitung* im Fokus. So postuliert Slobin (1973) Strategien der kindlichen Sprachverarbeitung der folgenden Art: „Achte auf das Wortende" und „Vermeide Unterbrechungen". Vor dem Hintergrund von sprachvergleichenden Untersuchungen separierte er die kognitive (begriffliche) von der sprachlichen Komplexität einer Sprachäußerung. Slobin konnte damit beispielsweise zeigen, dass die Reihenfolge des Worterwerbs nicht nur von der kognitiven, sondern auch von der sprachlichen Komplexität her bestimmt wird. Insgesamt jedoch erwies sich Slobins (1973, 1985) Ansatz als wenig tragfähig, da mit jeder weiteren untersuchten Sprache die Zahl der Sprachverarbeitungsstrategien zunahm.

3.2.2 Lerntheoretische Ansätze

In lerntheoretischen Ansätzen werden die klassischen Lernformen in ihrer Bedeutung für den Spracherwerb betrachtet. Im Wesentlichen werden dabei drei Lernformen diskutiert: die *klassische* und die *operante Konditionierung* (bzw. *Lernen am Erfolg*) sowie das *Modelllernen*.

(1) Die klassische Konditionierung. Wenn auch der Beitrag der *klassischen Konditionierung*, bei der Lernen als eine Assoziation zwischen einem unwillkürlichen Verhalten und einem Stimulus durch das Prinzip der zeitlichen Kontiguität beschrieben wird, beim Erstspracherwerb unklar ist, so könnte diese Lernform doch in den ersten Lebensmonaten für das Lernen prosodischer Muster oder gar einzelner Wörter relevant sein, die als Hinweise für ein bestimmtes Verhalten oder eine bestimmte Situation benutzt werden. Auch kann eine Verhaltenssteuerung durch Konditionierung über Lautmuster durchaus erfolgreich sein, wobei allerdings nicht von formalsprachlichen Strukturen wie Wörtern ausgegangen werden kann. Kontiguitäten von Laut- bzw. prosodischen Mustern und bestimmten Situationen oder Objekten könnten jedoch beim Bedeutungserwerb unterstützend sein, wie dies für die Bootstrapping-Prozesse (Pinker, 1984) postuliert wird. *Bootstrapping* (= Steigbügelhalter) bezeichnet alle Formen der Nutzung bisherigen Wissens, mit denen der Einstieg in neues Wissen erleichtert wird. So kann z. B. die Nutzung von prosodischem

Wissen dazu führen, dass das Kind durch die damit verbundene Segmentierung Hinweise auf die syntaktische Struktur gewinnt.

(2) Die operante Konditionierung. Der bekannteste lerntheoretische Ansatz zur Erklärung des Spracherwerbs wurde von Skinner (1957) formuliert und als operante Konditionierung bzw. Lernen am Erfolg beschrieben. Skinner beschreibt den Spracherwerb analog dem Lernen anderen Verhaltens, wobei sprachliches Verhalten immer multikausal bedingt ist: Vorhergehende Bedingungen und nachfolgende Konsequenzen bestimmen das sprachliche Verhalten, welches Skinner in verschiedene Formen (*verbal operants*) untergliedert. Die sog. „mands" sind Sprechhandlungen, in denen eine Person z. B. bestimmte Aufforderungen an eine andere Person richtet. Dies kann durch eine Geste, durch einen Laut oder eine komplexe sprachliche Äußerung geschehen und ist mehr als die positive und negative Verstärkung, um die Häufigkeit einer Reaktion zu erhöhen oder zu verringern (Miller, 1993).

(3) Das Modelllernen. Schließlich trägt auch das Modelllernen (Bandura, 1969) zum Spracherwerb bei, wobei nicht allein ein papageienhaftes Nachplappern gemeint ist. Sonderformen des Modelllernens sind dabei die abstrakte und die kreative Modellierung. (a) Bei der *abstrakten Modellierung* übernimmt der Beobachter vom Modell Regeln und Prinzipien und überträgt diese auf neue Anwendungskontexte. Voraussetzungen für eine abstrakte Modellierung sind damit auf Seiten des Beobachters, dass er wesentliche Merkmale einer sozialen Situation erkennen, die Gemeinsamkeiten als Regel abstrahieren und solche Regeln in neuen Situationen anwenden kann. (b) Bei der *kreativen Modellierung* fügt der Beobachter die Einflüsse mehrerer Modelle zu neuen Kombinationen zusammen. Die Wahrscheinlichkeit des Auftretens neuer Verhaltensmuster besteht dabei in Vielfalt und Unterschiedlichkeit der „Modellumgebung" (vgl. Schermer, 2006, S. 85 f.). Speidel und Nelson (1989) übertragen diese Überlegungen zum Modelllernen auf den Spracherwerb und betonen seine Bedeutung. Mit vielen empirischen Beispielen zeigen sie auf, dass Kindern ein in vielfältiger Weise aufbereiteter Input geboten wird, der es ihnen ermöglicht, grammatische Strukturen zu erkennen. So gibt es die Möglichkeiten zum Verketten, Einfügen und Ersetzen. *„Utterances can be expanded on the basis of insertion. 'Kendall bad' and 'play bad' provide the foundation for 'Kendall plays bad', which Kendall actually says."* (Speidel, 1989, S. 168)

3.2.3 Sozial-interaktionistische Ansätze

Einen wichtigen, als sozial-interaktionistisch bezeichneten Beitrag zur Erforschung des Spracherwerbs liefern Untersuchungen zur kindgerichteten Sprache (KGS). Diese Forschungstradition entstand vor allem als Reaktion auf die von nativistischen Ansätzen unterstellte Armut des Sprachangebots (Moerk, 2000). In der Folge gelangen viele überzeugende Nachweise über die Existenz eines Sprachregisters, das speziell auf das Niveau des Kindes abgestimmt ist. Die Sprache von Erwachsenen (aber auch von älteren Kindern) erlaubt es dem Kind, Informationen aus der Umgebungssprache und über deren formale Eigenschaften zu entnehmen (Hoff-Ginsberg, 1990). Das aus nativistischer Perspektive vorgebrachte Argument, dass Kinder bei inkorrekten sprachlichen Äußerungen nicht korrigiert werden würden (*no-negative-evidence*), lässt sich nicht aufrecht erhalten. So zeigen z. B. Bohannon und Stanowicz (1988), dass Kinder sehr wohl auf korrekte und inkorrekte Äußerungen unterschiedlich reagieren (vgl. Moerk, 1991). Immer wieder wird diskutiert, ob diese kindgerichtete Sprache kulturübergreifend existiert und ob sie notwendig oder nur förderlich für den Spracherwerb ist (Schieffelin, 1985; Szagun, 2006). Es zeichnet sich ab, dass die kindgerichtete Sprache zumindest einen förderlichen Einfluss auf den Spracherwerb vor allem bei spracherwerbsbeeinträchtigten Kindern hat.

Eine Variante des sozial-interaktionistischen Ansatzes wird auch als *sozial-konstruktivistisch* gekennzeichnet. Hier wird davon ausgegangen, dass Sprache in sozialer Interaktion als System entsteht und eine interindividuelle soziale Konstruktion darstellt (Putnam, 1973). Bruner (1983) und Tomasello (1995) konzentrieren sich dabei auf die *geteilte Aufmerksamkeit* als einen Ursprung sprachlichen Verhaltens. Über mehrere Etappen des geteilten und gelenkten Blickverhaltens kommt es danach dazu, dass Mutter und Kind schließlich einen Gegenstand fokussieren und ihn benennen. Der *Wortschatzerwerb* wird so eingeleitet. Unterstützt wird dieser Prozess durch das LASS (*language acquisition support system*; Bruner, 1983), mit dem beispielsweise bestimmte Merkmale von Objekten sprachlich hervorgehoben werden. Auch *grammatische Strukturen* werden nach Bruner aus den Handlungskontexten abgeleitet. Sie stellen dann sozusagen eine Fortsetzung des Handelns mittels sprachlicher Formen dar. Möglich wird dies, weil auch Handlungsabläufe und Ereignisfolgen wiederkehrende Strukturen (Formate) haben, die in sprachliche Formen transformiert werden können. Grundlegend für die Übernahme, den Erwerb und den Aufbau sprachlicher Formen durch das Kind stellt nach Bruner (1983) die Konstruktion von Bedeutung in sozialen Interaktionen dar.

4 Moderne Trends und theoretische Modifikationen

Viele der aktuellen Ansätze zur Beschreibung und Erklärung des Spracherwerbs lassen sich als *epigenetisch* bezeichnen, bei denen konnektionistische neuronale Netzwerkmodelle eine bedeutsame Rolle spielen. Diese Ansätze werden im Folgenden kurz vorgestellt wie auch die Mosaiktheorie, die als eine Art Vermittlungsversuch zwischen den bisher vorgestellten Ansätzen zu betrachten ist.

4.1 Epigenetische Ansätze

In epigenetischen Ansätzen wird eine Interaktion zwischen genetischen und Umwelteinflüssen postuliert. Dabei gilt das (sprachliche) Verhalten nicht als genetisch determiniert. Vielmehr entsteht es durch die Interaktion mit genetischen Möglichkeiten, die nicht notwendig als sprachspezifisch angenommen werden müssen. Anders formuliert: Entwicklung und Verhalten sind das Ergebnis einer dynamischen Interaktion zwischen Reifung und Erfahrung. In vielen dieser Ansätze wird postuliert, dass der epigenetische Prozess mittels konnektionistischer neuronaler Netzwerke modelliert werden kann. Ähnlich wie neuronale Netze werden konnektionistische Netzwerke als informationsverarbeitende Systeme modelliert, die aus Knoten und Verbindungen zwischen diesen Knoten bestehen. Über Eingabeknoten können dann viele verschiedene Formen in dieses Netz eingegeben und nach ihrer Auftretenshäufigkeit mit bestimmten Werten gewichtet werden. Die Ausgabe erfolgt über Ausgabeknoten. Aktiviert werden die Knoten, wenn eine bestimmte Stärke der Verbindung zwischen den Knoten besteht, die Information (Erregung) wird weitergeleitet (dazu ausführlich Elman et al., 1996). Konnektionistische Modelle werden durch Computerprogramme simuliert und können den Erwerb einzelner sprachlicher Strukturformen abbilden. Eines der ersten Netzwerkmodelle lernte so reguläre und irreguläre Vergangenheitsformen des Englischen (Rumelhart & McClelland, 1986).

Diese erste Modellierung wurde jedoch als zu künstlich und unangemessen kritisiert (Marcus et al., 1992). Für elaboriertere Modellvarianten wie die von Plunkett und Marchman (1993) treffen diese Kritikpunkte nur noch bedingt zu. Mit elaborierteren Modellvarianten kann der empirisch beobachtbare Spracherwerb von Kindern gut abgebildet werden. *„An advantage of con-*

nectionist systems is that they can learn while symbolic systems are notoriously impenetrable and static. They typically embody universal principles which cannot be extracted unaided from the stimuli to which they are exposed. "(Plunkett, 1995, S. 71) Außerdem werden in solchen Netzwerkmodellen Strukturformen erzeugt wie Übergeneralisierungen, die oft als Beleg für die Annahme zweier unterschiedlicher angeborener Erwerbsmechanismen galten (Marcus et al., 1992; Pinker, 1999).

Während Netzwerkmodelle simulieren, wie Sprache auch ohne symbolische Repräsentation möglich ist, versuchen andere epigenetische Modelle wie das *Competition Model* (Bates & MacWhinney, 1989), das *Emergenist Model* (Ellis, 1998; MacWhinney, 1999) oder das *Probabilistic Constraints Model* (Seidenberg, 1997), den kindlichen Spracherwerb direkt zu beschreiben und zu erklären. Sprache wird dabei ebenfalls als das Ergebnis einer Interaktion aus Umweltangeboten und genetischen Dispositionen verstanden. Aus einer epigenetischen Perspektive entsteht dabei Sprache auch als komplexes dynamisches System, das sich durch die Interaktion von genetischen und Umweltinformationen im Entwicklungsverlauf verändert. Aufgrund dieser Dynamik ergeben sich zu unterschiedlichen Entwicklungszeitpunkten Systemveränderungen. Durch die Wechselwirkungen genetischer Prädispositionen, neuronaler Entwicklungsveränderungen und äußerer Umwelt werden neue Strukturen geschaffen (Elman et al., 1996).

Der epigenetische Ansatz und seine konnektionistische Modellierung erscheinen derzeit sehr Erfolg versprechend für eine umfassende Beschreibung und Erklärung des sprachlichen Verhaltens, des Spracherwerbs und des Aufbaus sprachlicher Strukturen. So kann beispielsweise in diesem Ansatz das Segmentierungsproblem gelöst werden, der nächste Laut im kontinuierlichen Sprachfluss vorhergesagt werden: *„The network is fed one phoneme at a time and has to predict the next input state, i. e., the next phoneme in the sequence. The difference between the predicted state (the computed input) and the correct subsequent state (the target output) is used by the learning algorithm to adjust the weights in the network at every time step. In this fashion the network improves its accuracy in predicting the subsequent state – the next phoneme.* "(Elman et al., 1996, S. 119 f.)

Die Kinder der Welt sind sicherlich alle mit einem ähnlichen Sprachvermögen ausgestattet, bevor die Umwelt bestimmt, wie sich ihr Sprachvermögen entwickelt. So bringen deutsche und japanische Säuglinge das gleiche Vermögen zur Segmentierung sprachlicher Laute mit, die kategoriale Wahrnehmung. Während Säuglinge beider Kulturen das Vermögen zur Unterscheidung von /r/ und /l/ mitbringen, verlieren es die japanischen Säuglinge unter dem Einfluss der Umwelt.

4.2 Die Mosaiktheorie

Eine Erklärung des Spracherwerbs durch einen bereichs- und phasenübergreifend wirksamen Entwicklungsmechanismus bzw. -prozess gilt derzeit als gescheitert (vgl. Kany & Waller, 1995). Am Spracherwerb sind viele unterschiedliche Lernformen beteiligt, deren Bedeutung im Verlauf der Entwicklung variiert. Dominieren grundlegende Lernformen wie Nachahmen oder Lernen am Erfolg zu Beginn der Sprachentwicklung, so gewinnen im weiteren Verlauf kognitive Formen des Lernens an Bedeutung und prägen den weiteren Verlauf. Ein zwischen den unterschiedlichen Spracherwerbstheorien vermittelnder Ansatz ist die so genannte Mosaiktheorie (Abaculi) der Sprachentwicklung (Deutsch, 2000, 2003). Keine Komponente des Sprachsystems ist dominierend im Spracherwerb. In Abhängigkeit vom jeweiligen Entwicklungsabschnitt kommt ihnen aber unterschiedliche Bedeutung zu. *„Die Entwicklungsabschnitte entsprechen nicht klar abgrenzbaren Phasen oder Stadien, sondern sie sind Momente eines Prozesses, in dem Entwicklungsstränge schon oder noch nicht aktiv sind bzw. schon oder noch nicht miteinander verbunden sind.* "(Deutsch & El Mogharbel, 2007, S. 16)

5 Schlussbetrachtungen

In vielen Theorien des Spracherwerbs wurde einer der unterschiedenen Sprachkomponenten eine Vorrangstellung zugesprochen: der Syntax (Chomsky, 1965; Fodor, 1983) oder der Semantik (Schlesinger, 1977), der Kognition (Piaget, 1970) oder Pragmatik (Bruner, 1975, 1983). Die epigenetischen Spracherwerbstheorien heben diese Vorrangstellungen auf, und auch das Entweder-Oder bei der Nature-nurture-Frage stellt sich nicht. Spracherwerb scheint eher ein Prozess zu sein, der nur durch die Interaktion zwischen biologischen Notwendigkeiten und Umgebungseinflüssen zustande kommt. Weder Natur noch Kultur allein reichen dafür aus; beide beeinflussen sich wechselseitig und müssen notwendig zusammenwirken. Aber auch bei diesen epigenetischen Ansätzen bleiben noch Fragen offen, wie z. B. die Frage, ob die genetischen Voraussetzungen von Beginn an sprachspezifisch sind oder nicht. Die Antworten sind bislang unbefriedigend. Während Weinert und Grimm (2008) es in ihrem Resümee als plausibel betrachten, *„dass Kinder angeborene Prädispositionen für das Sprachlernen haben, die vom linguistischen Spezifikationsgrad der Universalgrammatik oder eines Sprachmoduls allerdings sehr weit entfernt sind"* (ebd., S. 528 f.), nimmt Seidenberg (1997) an, dass die angeborenen Prädispositionen sprachunspezifisch sind: *„Brain organization therefore constrains how language is learned, but the principles that govern the acquisition, representation, and use of language are not specific to this type of knowledge."* (ebd., S. 1603) Der Spracherwerb, das *„größte psychologische Mysterium"* (Braine, 1963), birgt also noch ausreichend interessante Fragestellungen, die in der (Entwicklungs-)Psychologie noch viele anregen werden, Antworten darauf zu suchen.

Roger Brown (1925–1997) – Psychologe

geboren in Detroit/MI, studierte und promovierte Brown Psychologie an der University of Michigan/MI. Im Jahr 1952 erhielt er eine Dozentur für Sozialpsychologie an der Harvard University/MA und war dort von 1953 bis 1957 Assistenzprofessor. 1957 erschien auch sein Buch *„Words and Things"*, das theoretisch ableitet, wie Kinder die Bedeutung von Wörtern entdecken. Nach einer fünfjährigen Tätigkeit am Massachusetts Institute of Technology (MIT) in Cambridge/MA kehrte Brown 1962 nach Harvard zurück und erhielt die Joan Lindsay Professur in Gedenken an William James.

Jetzt begann er eine umfassende empirische Längsschnittstudie (an den Kindern Adam, Eve und Sarah), die 1973 als *„First Language: The Early Stages"* publiziert wurde und heute als Startpunkt der modernen Erforschung der Entwicklungspsycholinguistik gilt. Vielzählige grundlegende Erkenntnissen über den zeitlichen Verlauf der Sprachentwicklung entstanden aus diesem Projekt wie beispielsweise ein neues Maß für die Bestimmung des Sprachentwicklungsstandes: die MLU (Mittlere Äußerungslänge).

Roger Brown erhielt mehrere Ehrendoktorwürden (u. a. der North Western University/IL, der Bucknell-University/PA sowie der York University/UK) und zahlreiche Preise, u. a. den *Stanley Hall Award* der Amerikanischen Psychologischen Gesellschaft (APA). Er war Mitglied der *American Academy of Arts and Science* sowie der *National Academy of Science* der USA.

Literatur

Bandura, A. (1969). *Principles of behavior modification*. New York: Holt, Rinehart and Winston.

Bates, E. & MacWhinney, B. (1989). Functionalism and the competition model. In B. MacWhinney & E. Bates (Hrsg.), *The cross-linguistic study of sentence processing* (S. 3–73). Cambridge: Cambridge University Press.

Bates, E., Dale, P. & Thal, D. (1995). Individual differences and their implications for theories of language development. In P. Fletcher & B. MacWhinney (Hrsg.), *The handbook of child language* (S. 96–151). Oxford: Blackwell.

Berko, J. (1958). The child´s learning of English morphology. *Word, 14*, 150–177.

Bickerton, D. (1990). *Language and species*. Chicago: University of Chicago Press.

Bloom, L. (1970). *Language development: Form and functions in emerging grammars*. Cambridge, MA: MIT Press.

Bloom, L. (1971). Why not pivot grammar? *Journal of Speech and Hearing Disorders, 36*, 40–50.

Bloom, L. (1973). *One word at a time: The use of single word utterances before syntax*. The Hague: Mouton.

Bohannon, J. & Stanowicz, L. (1988). The issue of negative evidence: Adult responses to children´s language errors. *Developmental Psychology, 24*, 684–689.

Bowerman, M. (1973). Structural relationships in children's utterances: Syntactic or semantic? In T. Moore (Hrsg.), *Cognitive development and the acquisition of language* (S. 197–213). New York: Academic Press.

Braine, M. D. S. (1963). The ontogeny of English phrase structure: The first phase. *Language, 39*, 1–13.

Braine, M. D. S. (1976). Children's first word combinations. *Monographs of the Society for Research in Child Development, 41* (164).

Brown, R. (1973). *A first language: The early stages*. Cambridge, MA: Harvard University Press.

Bruner, J. (1975). The ontogenesis of speech acts. *Journal of Child Language, 2*, 1–19.

Bruner, J. (1983). *Child´s talk: Learning to use language*. New York/London: Norton.

Bühler, K.(1911). Kinderpsychologie. In H. Vogt & W. Weygand (Hrsg.), *Handbuch der Erforschung und Fürsorge des jugendlichen Schwachsinns unter Berücksichtigung der psychischen Sonderzustände im Jugendalter* (S. 120–194). Jena: Gustav Fischer.

Campbell, R. & Grieve, R. (1982). Royal investigations of the origins of language. *Historiographica Linguistica, 9*, 43–75.

Chomsky, N. (1965). *Aspects of the theory of syntax*. Cambridge, MA: MIT Press.

Chomsky, N. (1988). *Language and problems of knowledge: The Managua Lectures*, Cambridge, MA: MIT Press.

Clahsen, H. (1982). *Spracherwerb in der Kindheit*. Tübingen: Narr.

Cromer, R. F. (1974). The development of language and cognition: The cognition hypothesis. In B. Foss (Hrsg.), *New perspectives in child development* (S. 184–252): Harmondsworth: Penguin Books.

Cromer, R. F. (1981). Reconceptualizing language acquisition and cognitive development. In R. L. Schiefelbusch & R. R. Bricker (Hrsg.), *Early language: Acquisition and intervention* (S. 52–137). Baltimore: University Park Press.

Deutsch, W. (2000). *Sprachentwicklung von unten. Eine Mosaiktheorie*. Verfügbar unter http://www.psypost. psych.nat.tu-bs.de/Seiten/Mosaiktheorie.htm [31.03.2011].

Deutsch, W. (2003). Abaculi – So entsteht Neues in der Sprachentwicklung. In W. Buschlinger & C. Lütge (Hrsg.), *Kaltblütig: Philosophie von einem rationalen Standpunkt* (S. 391–408). Stuttgart: Hirzel.

Deutsch, W. & El Mogharbel, C. (2007). Thema Sprachentwicklung: Ein einführender Rundblick. In H. Schöler & A. Welling (Hrsg.), *Handbuch Sonderpädagogik, Bd. 1 Sonderpädagogik der Sprache* (S. 5–18). Göttingen: Hogrefe.

Ellis, N, C. (1998). *Emergenism, connectionism and language learning*. New York: Cambridge University Press.

Elman, J., Bates, E., Johnson, M., Karmiloff-Smith, A., Parisi, D. & Plunkett, K. (1996). *Rethinking innateness: A connectionist perspective on development*. London: Bradford.

El Mogharbel, C. & Deutsch, W. (2007). Von der Stimme zur Sprache: Die Ontogenese von Prosodie, Phonetik und Phonologie. In H. Schöler & A. Welling (Hrsg.), *Handbuch Sonderpädagogik, Bd. 1 Sonderpädagogik der Sprache* (S. 19–28). Göttingen: Hogrefe.

Fodor, J. A. (1983). *The modularity of mind: An essay on faculty psychology.* Cambridge, M: MIT Press.

Hennon, E., Hirsh-Pasek, K. & Golinkoff, R. M. (2000). Die besondere Reise vom Fötus zum spracherwerbenden Kind. In H. Grimm (Hrsg.), *Enzyklopädie der Psychologie, Serie III Sprache, Bd. 3 Sprachentwicklung* (S. 41–103). Göttingen: Hogrefe.

Herder, J. G. (1772/1969). Über den Ursprung der Sprache. In W. Dobbek (Hrsg.), *Herders Werke. In fünf Bänden, Bd. 2* (S. 79–190). Weimar: Aufbau Verlag.

Hirsh-Pasek, K. & Golinkoff, R. M. (1993). Skeletal supports for grammatical learning: What the infant brings to the language learning task. In C. K. Rovee-Collier & L. P. Lipsitt (Hrsg.), *Advances in infancy research* (Vol. 8) (S. 299–338). Norwood, NJ: Ablex.

Hoff-Ginsberg, E. (1990). Maternal speech and the child's development of syntax: A further look. *Journal of Child Language, 17,* 85–99.

Jusczyk, P. W. (1997). *The discovery of spoken language.* Cambridge, MA: MIT Press.

Kany, W. & Schöler, H. (2010). *Fokus: Sprachdiagnostik* (2., erw. Aufl.). Berlin: Cornelsen Scriptor.

Kany, W. & Waller, M. (1995). Desiderate einer entwicklungspsychologischen Theorie des Spracherwerbs. Eine Positionsbestimmung gegenüber der nativistischen Auffassung Chomskys. *Zeitschrift für Entwicklungspsychologie und Pädagogische Psychologie, 27,* 2–28.

Klein, W. (1996). Essentially social: On the origin of linguistic knowledge in the individual. In P. B. Baltes & U. M. Staudinger (Hrsg.), *Interactive minds. Life-span perspectives on the social foundation of cognition* (S. 88–108). Cambridge: Cambridge University Press.

Klein, W. (2001). Typen und Konzepte des Spracherwerbs. In L. Götze, G. Helbig, G. Henrici & H.-J. Krumm (Hrsg.), *Deutsch als Fremdsprache 1* (S. 604–616). Berlin: de Gruyter.

Kuhl, P. K. (2004). Early language acquisition: Cracking the speech code. *Nature Reviews Neuroscience, 5,* 831–843.

MacWhinney, B. (1999). *The emergence of language.* Mahwah, NJ: Erlbaum.

MacWhinney, B. (2000). *The CHILDES Project: Tools for analyzing talk. Vol. 1 Transcription format and programs. Vol. 2 The database.* Mahwah, NJ: Erlbaum.

Marcus, G. F., Pinker, S., Ullman, M., Hollander , M., Rosen, T. J. & Xu, F. (1992). Overregularization in language acquisition. *Monographs of the Society for Research in Child Development, 57* (4), Serial-No. 228.

McNeill, D. (1970). Developmental psycholinguistics. In F. Smith & G. A. Miller (Hrsg.), *The genesis of language* (S. 15–84). Cambridge, MA: MIT Press.

Mehler, J., Jusczyk, P. W., Lambertz, G., Halsted, N., Bertoncini, J. & Amiel-Tison, C. (1988). A precursor of language acquisition in young infants. *Cognition, 29,* 143–178.

Miller, J. F. & Chapman, R. S. (1981). The relation between age and mean length of utterance in morphemes. *Journal of Speech and Hearing Research, 24,* 154–161.

Miller, P. H. (1993). *Theorien der Entwicklungspsychologie.* Heidelberg: Spektrum.

Moerk, E. L. (1991). Positive evidence for negative evidence. *First Language, 11,* 219–251.

Moerk, E. L. (2000). *The guided acquisition of first language skills.* Stamford: Ablex.

Piaget, J. (1970). Piaget's theory. In P. Mussen (Hrsg.), *Carmichael's manual of child psychology* (S. 703–732). New York: Wiley.

Pinker, S. (1984). *Language learnability and language development.* Cambridge, MA: Harvard University Press.

Pinker, S. (1994). *The language instinct: How the mind creates language.* New York: Morrow.

Pinker, S. (1999). *Words and rules: The ingredients of language.* London: Weidenfeld & Nicolson.

Plunkett, K. (1995). Connectionist approaches to language acquisition. In P. Fletcher & B. MacWhinney (Hrsg.), *The handbook of child language* (S. 36–72). Oxford: Blackwell.

Literatur

Plunkett, K. & Marchman, V. (1993). From rote learning to system building: Acquiring verb morphology in children and connectionist nets. *Cognition, 48*, 21–69.

Putnam, H. (1973). Meaning and reference. *The Journal of Philosophy, 70*, 699–711.

Rumelhart, D. & McClelland, J. (1986). On learning the past tenses of English verbs. In J. L. McClelland, D. E. Rumelhart & PDP research group (Hrsg.), *Parallel distributed processing: Explorations in the microstructure of cognition, Vol. 2 Psychological and biological models* (S. 216–271). Cambridge, MA: MIT Press.

Saffran, J. R., Aslin, R. N. & Newport, E. L. (1996). Statistical learning by 8-month-old infants. *Science, 274*, 1926–1928.

Schermer, F. J. (2006). *Lernen und Gedächtnis*. Stuttgart: Kohlhammer.

Schieffelin, B. (1985). The acquisition of Kaluli. In D. I. Slobin (Hrsg.), *The cross-linguistic study of language acquisition, Vol. 1* (S. 525–593). Hillsdale, NJ: Erlbaum.

Schlesinger, I. M. (1971). Production of utterances and language acquisition. In D. I. Slobin (Hrsg.), *The ontogenesis of grammar* (S. 63–101). New York: Academic Press.

Schlesinger, I. M. (1977). *Production and comprehension of utterances*. Hillsdale, NJ: Erlbaum.

Schöler, H. (1982). *Zur Entwicklung des Verstehens inkonsistenter Äußerungen*. Frankfurt: R. Fischer.

Schöler, H. (1987). Zur Entwicklung metasprachlichen Wissens. In Deutsche Gesellschaft für Sprachheilpädagogik (Hrsg.), *Spracherwerb und Spracherwerbsstörungen* (S. 339–359). Hamburg: Wartenberg.

Schöler, H. & Lindner, K. (1990). Zum Lernen morphologischer Strukturen. *Der Deutschunterricht, 42*, 60–78.

Schulz, P. (2007). Verzögerte Sprachentwicklung: Zum Zusammenhang zwischen *Late Talker, Late Bloomer* und *Spezifischer Sprachentwicklungsstörung*. In H. Schöler & A. Welling (Hrsg.), *Handbuch Sonderpädagogik, Bd. 1 Sonderpädagogik der Sprache* (S. 178–190). Göttingen: Hogrefe.

Seidenberg, M. S. (1997). Language acquisition and use: Learning and applying probabilistic constraints. *Science, 275*, 1599–1603.

Skinner, B. F. (1957). *Verbal Behavior*. New York: Appleton-Century-Crofts.

Slobin, D. I. (1973). Cognitive prerequisites for the development of grammar. In C. Ferguson & D. Slobin (Hrsg.), *Studies of child language development* (S. 175–208). New York: Holt, Rinehart & Winston.

Slobin, D. I. (1985). Crosslinguistic evidence for the language-making capacity. In D. I. Slobin (Hrsg.), *The crosslinguistic study of language acquisition, Vol. 2 Theoretical issues* (S. 1157–1256). Hillsdale, NJ: Erlbaum.

Speidel, G. (1989). Imitation: A bootstrap for learning to speak. In G. Speidel & K. Nelson (Hrsg.), *The many faces of imitation in language learning* (S. 151–179). New York: Springer.

Speidel, G. E. & Nelson, K. E. (Hrsg.). (1989). *The many faces of imitation in language learning*. New York: Springer.

Stern, C. & Stern, W. (1907). *Die Kindersprache*. Leipzig: Barth.

Szagun, G. (2006). *Sprachentwicklung beim Kind* (vollst. überarb. Neuausg.). Weinheim: Beltz.

Tomasello, M. (1995). Language is not an instinct. *Cognitive Development, 10*, 131–156.

Villiers, J. G. de & Villiers, P. A. de (1978). *Language acquisition*. Cambridge, MA: Harvard University Press.

Waxman, S. & Markow, D. (1995). Words as invitations to form categories. Evidence from 12- to 13-month old infants. *Cognitive Psychology, 29*, 257–302.

Weinert, S. & Grimm, H. (2008). Sprachentwicklung. In R. Oerter & L. Montada (Hrsg.), *Entwicklungspsychologie* (6., vollst. überarb. Aufl.) (S. 502–534). Weinheim: Beltz.

Zimmer, D. E. (2008). *So kommt der Mensch zur Sprache* (aktual. Neuausg.). München: Heyne.

Nachtrag:

Das Kapitel ist Werner Deutsch (1947–2010) gewidmet.

Da Werner Kany vor der zweiten Revision dieses Beitrages überraschend verstarb, ist die Revision vom Zweitautor vorgenommen worden. Mit * gekennzeichnete Zitate wurden vom Zweitautor übersetzt.

Kapitel 19
Skinner und Chomsky: zwei Protagonisten der Spracherwerbsforschung

Werner Kany
Hermann Schöler

Burrhus F. Skinner

„... any sample of verbal behavior will be a function of
many variables operating at the same time."
(Skinner, 1957, S. 228)

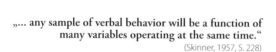
A. Noam Chomsky

„The fact that all normal children acquire essentially comparable
grammars of great complexity with remarkable rapidity suggests
that human beings are somehow specially designed to do this,
with data-handling or 'hypothesis-formulating' ability
of unknown character and complexity."
(Chomsky, 1959, S. 57)

Erklärungsansätze zum Spracherwerb stehen vor der Frage, ob ein Kleinkind ein spezifisch *sprachliches* Vorwissen braucht, um eine Sprache zu erlernen, oder ob es mit seinen zu diesem Zeitpunkt erworbenen kognitiven Kompetenzen auskommt. Im vorliegenden Kapitel wird diese Frage auf recht unterschiedliche Weise beantwortet. Würde man diese zwei Zugänge auf einer bipolaren Dimension anordnen, deren Pole einen *nativistischen* und einen *empiristischen* Zugang repräsentierten, stünden am empiristischen Pol die theoretischen Überlegungen von Burrhus Frederic Skinner für einen funktions- und verhaltensanalytischen Erklärungsansatz. Am nativistischen Pol wäre die theoretische Position von Noam Chomsky zu finden und prototypisch für ein nativistisch-strukturanalytisches Herangehen zur Erklärung des Spracherwerbs. Im vorliegenden Kapitel sollen diese Unterschiede in Theorie und Methodik aufgezeigt und ihre Bedeutung für die Erforschung des Spracherwerbs herausgearbeitet werden.

Nach Erscheinen der Chomsky'schen Rezension (1959) zu Skinners Buch *Verbal Behavior* (Skinner, 1957) galt der funktions- und verhaltensanalytische Erklärungsansatz lange Zeit als untauglich zur Erklärung des kindlichen Spracherwerbs. Immer wiederkehrende missverständliche Zitate haben dabei zu tradierten Fehldeutungen geführt (Ickler, 1994b; Moerk, 2000; Palmer, 2006) und Skinners (1957) Vorstellungen zum Spracherwerb in die Bedeutungslosigkeit gebracht. Der generelle Paradigmenwechsel in der Psychologie der 1950er-Jahre vom *Behaviorismus* zum *Kognitivismus* verschob zudem den Fokus in der Spracherwerbsforschung von den Lernprozessen hin zu kognitiven Strukturbildungsprozessen. Ziel des vorliegenden Kapitels ist es deshalb, nicht nur eine Gegenüberstellung zweier sehr unterschiedlicher Ansätze zur Erklärung des Spracherwerbs vorzunehmen, sondern gleichzeitig Fehldeutungen der theoretischen Überlegungen von Skinner (1957) zu korrigieren. Gerade bei der Intervention von Sprach- und Spracherwerbsstörungen hat sich der verhaltens- und funktionsanalytische Ansatz Skinners als sehr erfolgreich erwiesen (Greer, 2008).

1 Funktions- und verhaltensanalytische Vorstellungen von Skinner

Skinner hat „Verbal Behavior" selbst als sein wichtigstes Werk bezeichnet, an dem er auch tatsächlich über zwanzig Jahre gearbeitet hat. Bereits der Titel macht den Grundgedanken deutlich: Sprachliches Verhalten kann wie jedes andere menschliche Verhaltenssystem beschrieben und erklärt werden (vgl. Salzinger, 1990, 2008). „*There is nothing exclusively verbal or essentially verbal in the material analyzed in this book. It is all part of a broader field – of the behavior of a most complex creature in contact with a world of endless variety.*" (Skinner, 1957, S. 452)

Für Skinner (1957) ist die menschliche Fähigkeit, sich verbal verhalten zu können, eine Konsequenz aus evolutionärer und ontogenetischer Entwicklung, wobei die Ontogenese zweifelsohne die weitaus größere Rolle spielt. Danach ist das Kind (evolutionär) prädisponiert, aus Erfahrungen lernen zu können. Sein enormes Lernpotenzial ermöglicht ihm unter anderem, auch Sprache zu erlernen. Dabei kann das Kind auf Grundformen von Lernprozessen zurückgreifen, die sich als phylogenetisch bedeutsam für die Entwicklung der Spezies herausgestellt haben: das sog. *klassische Konditionieren*, das *operante Konditionieren* und das *Lernen am Modell*. Diese Lernformen reflektieren die Fähigkeit des Menschen während seiner langen Menschheitsgeschichte, sich relativ rasch an äußerst unterschiedliche Umweltgegebenheiten anzupassen: „*Since a species which quickly acquires behavior appropriate to a given environment has less need for an innate repertoire, operant conditioning could not supplement the natural selection of behavior, it could replace it.*" (Skinner, 1988, S. 12)

Aus einer solchen funktionsanalytischen Perspektive ist sprachliches Verhalten (*behavior*) von aktuellen wie vergangenen Erfahrungen bestimmt und steht damit unter dem Einfluss vorausgehender (*antecedents*) wie nachfolgender Bedingungen (*consequences*). Formen und Häufigkeiten von Verhaltensweisen können durch dieses *ABC-Schema* (Antecedents-Behavior-Consequences) beschrieben werden. Skinner spricht auch von Dreifachkontingenz (*three-term-contingency*) des Verhaltens (vgl. Catania & Harnard, 1988). Antezedente Bedingungen sind Merkmale der physischen Umwelt, das sprachliche Verhalten anderer Personen und das (vorausgegangene) eigene sprachliche Verhalten sowie der motivationale Zustand. Als Konsequenzen unterscheidet Skinner direkte, sofort auf das verbale Verhalten folgende, und indirekte Konsequenzen, die er als sozial oder erzieherisch bezeichnet. Ein Beispiel: Das Kind will Milch trinken (antezedente Bedingung); es äußert *Mimi haben*. Die Konsequenzen sind: Die Mutter gibt ihm Milch (direkte Konsequenz) und äußert gleichzeitig *Du möchtest gerne Milch haben, verschütte sie nicht* (erzieherische Wirkung). Verhalten steht damit zum einen unter Stimulus-, zum anderen unter Verstärker-Kontrolle, die mit einer Vielzahl von gleichzeitig operierenden Bedingungen erfolgt. „Kontrolle" wird dabei häufig als Ausdruck des dem menschlichen Verhalten unterstellten simplen Stimulus-Reaktionsmodells verstanden. Für Skinner steht jedoch die Aktivität des Menschen am Anfang, dessen Wirkung den Stimulus ausmache: *„Men act upon the world, and change it, and are changed in turn by the consequences of their action."* (Skinner 1957, S. 1)

Das Sprachverhalten weise dabei insofern einen besonderen Stellenwert auf, als es nicht direkt durch physikalische Umweltbedingungen ausgelöst und gelernt werde, sondern nur indirekt durch sprachliches Verhalten anderer Menschen. Sprachverhalten könne zwar durch andere Personen ermutigt werden, bedürfe jedoch nicht unbedingt der Anwesenheit einer Person. Sprache sei jedoch ein humanspezifisches Verhalten, das von jedem Kind unter den vielfältigen Bedingungen einer Sprachgemeinschaft erlernt werden müsse.

1.1 Funktions- und verhaltensanalytische Charakteristika beim Spracherwerb

In Skinners Überlegungen (1957) ist sprachliches Verhalten immanenter Bestandteil des Gesamtverhaltens eines Menschen. Für die Erforschung der Sprache bedeutet dies, dass eine Reduktion auf die Analyse sprachlicher Äußerungen als unzureichend angesehen wird und Bedingungen zu berücksichtigen sind, die mit sprachlichen Äußerungen im Zusammenhang stehen. Sprachliches Verhalten wird damit zu einer abhängigen Variable: Um es beschreiben und untersuchen zu können, muss es in sprachliche Einheiten kategorisiert werden, die mit weiteren unabhängigen Variablen in einem Bedingungszusammenhang stehen.

Bei der Definition der sprachlichen Einheiten verzichtet Skinner (1957) bewusst auf linguistische Analyseeinheiten wie Phonem, Morphem, Wort oder Satz. Sprachliche Einheiten (*verbal operants*) können nämlich auch einzelne Laute, eine Betonung oder mehrere Sätze sein. Skinner identifiziert verschiedene Typen sprachlicher Einheiten, für die er neue Benennungen wie *mands, tacts, echoic behavior, textual behavior, transcriptions, intraverbal behavior* und *autoclitics* erfindet. Damit umgeht er die Gefahr, die bei Benutzung von Alltagstermini besteht, deren Quellen mentalistisch oder erlebnisbezogen und von daher bereits vorkategorisiert sind (vgl. Ickler, 1994a). Die neu kategorisierten und benannten Einheiten können so beobachtbares Sprachverhalten vorurteilsfrei benennen. Skinner (1957) vermeidet damit das methodologische Problem, dass die Beschreibung und Analyse von Sprache ansonsten nur mit den gleichen sprachlichen Mitteln erfolgen können und es somit möglicherweise zu einer Vermengung von Gegenstand und dessen Beschreibung kommt (siehe zu diesem Problem auch Quine, 1940). Skinner hat dieses Vorgehen selbst als radikal behavioristisch bezeichnet, da er alle benötigten Begriffe nicht nur neu bestimmt, sondern auch empirisch abgeleitet hat (vgl. MacCorquodale, 1970; Skinner, 1957).

Außerdem basieren Sprechen (Sprach*produktion*) und Zuhören (Sprach*verstehen*) für Skinner (1957) auf zwei unterschiedlichen Verhaltenssystemen; auch heute ist dies die vorherrschende Position. Beim Spracherwerb ist das Kind zunächst in der Hörerrolle und wird bereits frühzeitig zu einem erfolgreichen Zuhörer, da zwischen verbalen und nonverbalen Verhaltensweisen viele Kontingenzen bestehen (vgl. Dale, Roche & Duran, 2008). Das Lernen in dem einen System könne zwar das Lernen des anderen erleichtern, *„but this must also be understood in behavioral terms (in terms of motivative variables, stimuli, responses, and consequences) rather than in terms of learning the meanings of words as a listener and then using the words in various ways as a speaker"* (Palmer, 2008, S. 297).

1.2 Spracherwerb und Lernen

Eine Theorie, die nur den Spracherwerb erklärt, ist für Skinner (1957) unnötig, da hierbei die gleichen Wirkmechanismen wie beim Erlernen anderer Verhaltensweisen angenommen werden können. Sprachliches Verhalten entstehe im Wesentlichen durch operantes Konditionieren: *„Any operant, verbal or otherwise, acquires strength and continues to be maintained in strength when responses are frequently followed by the event called 'reinforcement'. The process of 'operant conditioning' is most conspicuous when verbal behavior is first acquired. The parent sets up a repertoire of responses in the child, by reinforcing many instances of a response."* (ebd., S. 29) Demzufolge werden die vorhandenen lautlichen Äußerungen eines Kindes selektiv verstärkt und müssen nicht erst hervorgelockt werden. Es sind damit auch kaum auslösende Reize vorhanden, die eine bestimmte lautliche Reaktion hervorrufen: *„There is no stimulus which makes a child say b or ă or ē, as one may make him salivate by placing a lemon drop in his mouth or make his pupils contract by shining a light into his eyes. The raw responses from which verbal behavior is constructed are not 'elicited'. In order to reinforce a given response we simply wait until it occurs."* (ebd., S. 31)

Den Darstellungen vieler Lehrbücher zufolge soll Skinner den Spracherwerb auf der Basis des Erlernens von Regeln erklärt haben, die durch positive und negative Verstärkung gelernt werden, weil das Kind dann für die Befolgung richtiger Regeln „belohnt" (positiv verstärkt) und für die Anwendung falscher Regeln „bestraft" wurde (Grimm, 1982). Bei Skinner (1978) spielen Regeln jedoch keine Rolle: *„Gewiß haben die Menschen über Jahrtausende grammatisch gesprochen, ohne zu wissen, daß es grammatische Regeln gibt. Ein grammatisches Verhalten wurde damals wie heute durch die verstärkenden Praktiken einer Sprachgemeinschaft geformt, aufgrund derer sich einige Verhaltensweisen als wirksamer erwiesen haben als andere. Durch das Zusammenwirken vergangener Verstärkungen und eines gegenwärtigen Problemaufbaus wurden Sätze erzeugt. Der Sprachgebrauch aber wurde von Kontingenzen und nicht von Regeln beherrscht, ob diese nun explizit formuliert gewesen sind oder nicht."* (ebd., S. 146) Die Bedeutung der zeitlichen und räumlichen Kontingenzen, des gemeinsamen Auftretens von sprachlichem Verhalten und den antezedenten und konsequenten Bedingungen wird dabei noch einmal hervorgehoben.

Skinner wird auch unterstellt, er habe das Lernen und den Aufbau einfacher wie komplexer sprachlicher Strukturen als Markov-Prozess beschrieben, der die innersprachlichen Verknüpfungen nach den Wahrscheinlichkeiten abbildet, nach denen ein Symbol (ein einzelner Laut, ein Wort) einem anderen folgt: *„We have also not yet discussed the order to be observed in large samples of verbal behavior, or other evidence of what might be called 'deliberate composition'. Some order among verbal responses may arise from their relative strengths, from intraverbal linkages, and from certain corresponding orders in the environment and history of the speaker, but the larger design evident in most verbal behavior cannot be explained in this way."* (Skinner, 1957, S. 312) Danach sind bei Skinner Markov-Ketten der statistischen Übergangswahrscheinlichkeiten nur für einen geringen Teil des Spracherwerbs relevant.

Alle verbalen Verhaltensweisen und ihre Auftretenshäufigkeiten – in Skinners (1957) Worten *„'propositional attitudes' as assertion, negation, and quantification, the design achieved through reviewing and rejecting or emitting responses, the generation of quantities of verbal behavior"* (ebd., S. 313) – können jedoch ebenso wie verbales Denken – *„the highly complex manipulations of verbal thinking"* (ebd., S. 313) – verhaltensanalytisch beschrieben und untersucht werden. Verbale Verhaltensweisen können wiederum Kontrolle auf verbales Verhalten ausüben.

1.3 Die sprachlichen Einheiten

Skinner (1957) unterscheidet fünf elementare sprachliche Einheiten (*verbal operants*), die die Basis für komplexere sprachliche Verhaltensweisen bilden und die er als *mands, tacts, echoic* und *intraverbal behavior* sowie *autoclitics* benennt. Die drei Einheiten *mands, tacts* und *autoclitics* sollen sich dabei funktional deutlich unterscheiden und nicht miteinander korrelieren.

(1) Mands beschreiben eine Interaktion zwischen Sprecher und Hörer wie Aufforderungen (*demand*, daher *mand*) oder Fragen. Beispiel: Das Kind will Milch trinken (antezedente Bedingung), es äußert *Mimi haben* (mand).

(2) Tacts (abgeleitet von *contact*) werden durch Merkmale der physischen Umwelt ausgelöst, mit denen die Person in Kontakt tritt. Beispiel: Das Kind sieht einen Ball und sagt *da ball* (*tact*) und die Mutter äußert *stimmt* oder *ja, das ist richtig* oder lächelt. Ein *tact* ist dabei nicht mit der Referenz oder Bedeutung eines Wortes gleichzusetzen, sondern ist ein sprachliches Verhalten, das die Wahrscheinlichkeit für eine bestimmte Antwort erhöht. In herkömmlicher Begrifflichkeit können *tacts* z. B. einzelne Wörter sein: wie *Ball*, Satzteile wie *im Bett* und Sätze wie *Ich will den Ball haben*. Größere Einheiten können danach zunächst holistisch, d. h. nicht weiter zerlegbar, aber auch die Basis für das Zerlegen in kleinere Einheiten sein. Wenn ein Kind die größeren Einheiten z. B. *ich habe eine Puppe* oder *ich habe einen Ball* produziert hat, kann sich eine funktionale Einheit *ich habe* bilden, die in einer neuen Situation mit anderen Elementen zu neuen verbalen Einheiten kombiniert werden kann z. B. *ich habe ein Dreirad*. „*The process may go further. From responses such I have a … and I want a …, a smaller unit response I emerge. Small functional units may, of course, be separately learned, particularly through the educational reinforcement supplied by those who teach children to speak, but they also appear to emerge as by-products of the acquisition of larger textual behavior. Just as a speaker who possesses well-developed minimal repertoire of tacts, may 'describe' a new complex situation when seen for the first time.*" (Skinner, 1957, S. 119)

(3) Echoic behavior ist ein sprachliches Verhalten, bei dem sprachliches Verhalten eines anderen wiederholt oder nachgeahmt wird. Echoisches Verhalten wird wesentlich durch „erzieherisches" Verhalten (*'educational' reinforcement*; Skinner, 1957, S. 56) verstärkt.

(4) Als *intraverbal behavior* wurden alle sprachlichen Verhaltensweisen bezeichnet, die das sprachliche Verhalten erweitern und quasi wie eine Satzergänzung betrachtet werden können. Als Beispiele gelten Antworten wie „vier" auf die Frage „zwei plus zwei" oder „Paris" auf die Frage „Hauptstadt von Frankreich"; aber auch Antworten in einem längeren Satz, die beispielsweise mit „weil" auf eine „warum"-Frage beginnen.

(5) Mit *autoclitics* ist sprachliches Verhalten definiert, das auf einem anderen sprachlichen Verhalten basiert oder von ihm hergeleitet ist. „*The manipulation of verbal behavior, particularly the grouping and ordering of responses, is also autoclitic.*" (Skinner, 1957, S. 332) „*The speaker is the organism which engages in or executes verbal behavior. He is also a locus – a place in which a number of variables come together in a unique confluence to yield an equally unique achievement.*" (ebd., S. 313) *Autoclitics* dienen dem Aufbau „grammatischer" Strukturen und der Kombination funktionaler Einheiten. Daher zählen sie zwar zu den interessantesten Formen sprachlichen Verhaltens, gelten aber auch als die komplexesten und schwierigsten Einheiten (*verbal operants*) im ABC-Schema.

1.4 Das Lernen sprachlichen Verhaltens

Eines der Argumente gegen Skinners funktions- und verhaltensanalytischen Ansatz (1957) ist die Behauptung, sprachliche Kreativität sei damit nicht erklärbar. Im Gegensatz dazu konnte jedoch Strohner (1976) in einer umfassenden Bedingungsanalyse des Spracherwerbs zeigen, dass sprachliche Kreativität durchaus in einer Aufeinanderfolge von Veränderungen sprachlicher Verhaltenssysteme im Sinne von Skinner dargestellt werden kann, da hier Beziehungen zwischen den Situationsmerkmalen für den Aufbau sprachlichen Verhaltens eine große Rolle spielen. Solche Beziehungen zwischen den Merkmalen einer Situation, die sich in verschiedenen Situationen wiederholen, wie z. B. das Auto fährt, das Fahrrad fährt, und die dadurch bedingten sprachlichen Ereignisse nannte Skinner *frame* (Rahmen). Die in einer neuen Situation auftretenden Relationen erzeugen danach auch sprachliche Ereignisse, die vorher noch nicht aufgetreten sind. Kreatives Sprachverhalten ist damit nichts anderes als eine Neukombination aus Reaktionen auf Situationsrelationen und Situationsereignisse, die zuvor getrennt existierten. Ein Beispiel dafür gibt Staats (1971, S. 123): Angenommen, ein Kind habe in mehreren Situationen unter Kontrolle des diskriminativen Reizes eines anwesenden Mannes *man* sagen gelernt, sowie in ähnlicher Weise *running* gelernt, jedoch niemals eine Situation erlebt, in der ein Mann rennt. Auf der Basis von *frames* (in diesem Beispiel aus zwei Leerstellen bestehend) könnte es nun möglich sein, dass das Kind die noch nie zuvor gehörte Äußerung *man running* oder *running man* produziert. Äußerungen, die vorher nie gehört wurden, werden somit erstmals (kreativ) produziert (Staats, 1971; Strohner, 1976). Ähnlich sieht dies Stemmer (1990), der zwei Gründe für die Grammatik aller natürlichen Sprachen anführt: (a) In jeder Sprache existieren Relationswörter (relational words) wie z. B. *ist, hat* oder *gibt*. Relationswörter erfordern Argumente, die wiederum durch Wörter ausgedrückt sind (*x ist y* oder *x gibt y z*) und Sprachstrukturen möglich machen. (b) Alle Sprachen erlauben Transformationen von einer Struktur in eine andere, z. B. *x ist nicht y*. Die Bildung grammatischer Strukturen (und damit Sprachverhalten) entsteht durch die Kontingenzen zwischen den Relationswörtern (*relational words*) und deren Argument-Wörtern. Auch die funktionalen Eigenschaften der Wörter, von Relations- und Argument-Wörtern sowie die Generalisierung solcher grammatischen Strukturen werden über Kontingenzen gelernt.

Dass die postulierten Lernprozesse effektiv sind, belegen mittlerweile viele Trainingsstudien bei mental oder sprachlich retardierten oder auch autistischen Kinder (dazu ausführlich Greer, 2008; Strohner, 1994). Selbst Sprachkorrekturen (*repairs*) helfen beim Spracherwerb, wie dies Moerk (1990, 1991, 1992) bei einer Reanalyse von Transkriptionen der Harvard-Studie (Brown, 1973) zeigen konnte. Dabei standen nicht nur die sprachlichen Äußerungen der Kinder im Zentrum, sondern die Äußerungen der Kommunikationspartner wurden ebenfalls einbezogen. Es zeigte sich, dass das sogenannte *no negative evidence*-Argument (Chomsky, 1986) entkräftet werden musste, bei dem behauptet wird, dass das Kind während des Spracherwerbs kein Feedback bei sprachlichen Fehlern erhalte. Die Rückmeldungen der Bezugspersonen und deren Korrekturen waren durchaus effektive Hilfen für den Spracherwerb des Kindes (vgl. Dale et al., 2008).

Außerdem konnte ein Entwicklungstrend in der Wirkung dieser Korrekturen nachgewiesen werden (Akhtar, 1999): Wurden Zweijährigen unbekannte (und zum Teil sinnfreie) Wörter syntaktisch falsch vorgegeben (z. B. *Big bird the car gopping*), behielten sie die falsche Wortfolge auch später bei, während dreijährige Kinder diese falsche Wortfolge bereits korrigierten und relativ unbeeinflusst blieben. Diese Befunde wurden mehrfach bestätigt

(z. B. Lieven, Pine & Baldwin, 1997; Theakston, Lieven, Pine & Rowland, 2001), was dafür spricht, dass Kinder *bottom-up* oder *item-based* (Tomasello, 2003) grammatische Strukturen als *frames* im Sinne von Skinner (1957) lernen. Sie lernen zunächst eine Reihe von erwachsensprachlichen Äußerungen oder Teile davon durch Nachahmung, danach finden Generalisierungen und Differenzierungen statt, und es bilden sich hierarchische Strukturen (Tomasello, 2001).

Skinner (1957) macht keine Angaben zu Struktur, Tempo und Ziel individueller Spracherwerbsverläufe. Er thematisiert weder die Komplexität der Zielsprache noch den Input, den er als gegeben und ausreichend voraussetzt, und räsoniert folgerichtig auch nicht über eine (spezielle) kognitive Ausstattung des Kindes. Sprache sei kein vertracktes Puzzle, das in seiner Komplexität entschlüsselt werden müsse. Sprache sei wie jedes andere Verhalten erwerbbar, für das man ein intaktes allgemeines Lernvermögen brauche.

2 Die nativistisch-strukturanalytischen Vorstellungen von Chomsky

Im strukturellen Ansatz von Chomsky (1957, 1965, 1986) wird Sprache als ein hierarchisch aufgebautes System betrachtet, dessen Erwerb einer begrenzten Zahl von Regeln folgt und genetisch prädisponiert ist. Aus dieser Perspektive sind Inhalt und Ziel des Spracherwerbs vorgegeben. Das Ziel ist die Sprachbeherrschung, wie sie Erwachsene vorgeben und in Grammatiken formalisiert ist. Chomsky (1957) interessierte sich vor allem für die Formalisierung und damit für die Algorithmen, die zur Erzeugung von natürlichen wie auch computergestützten Sprachen notwendig sind, und stellte auch Überlegungen zur Ökonomie eines solch rechnergestützten Ansatzes der Sprachverarbeitung an. Sein Sprachbegriff erfordert daher einen Zugang über eine angemessene Mathematik und Aussagenlogik (vgl. Tomasello, 1995), der auch für die Erforschung des Spracherwerbs benutzt wurde. Aus Chomskys ersten theoretischen Überlegungen wurden seine Vorstellungen zu sprachlicher Kreativität und Satzgenerierung, zur Unterscheidung zwischen Oberflächen- und Tiefenstrukturen sowie zwischen Kompetenz und Performanz und über die Modularisierung geistiger Fähigkeiten mit großer Resonanz, auch in der Psychologie, aufgenommen und in vielen Untersuchungen empirisch umzusetzen versucht:

(1) Die Satzgenerierung. Das Grundprinzip einer Theorie der generativen Grammatik besteht aus ihrer Rekursivität, d. h. aus einer finiten Menge von Komponenten und Regeln (Algorithmen) kann eine unbegrenzte Menge von Sätzen erzeugt werden. Ein Satz S besteht dabei aus einer Nominalphrase NP und einer Verbalphrase VP (S → NP + VP), er kann aufgrund der Rekursivität sogar aus unendlich vielen Nominalphrasen bestehen, die jeweils ineinander geschachtelt sind. Das Kind kann aufgrund dessen auch Sätze bilden, die es nie zuvor gehört hat. Es kann sprachlich kreativ sein.

(2) Oberflächen- und Tiefenstrukturen. Die Unterscheidung zwischen Oberflächen- und Tiefenstrukturen erlaubt es, die Zahl syntaktischer Strukturen zu reduzieren und damit die Sprache kognitiv ökonomisch anzuwenden. Ein und dieselbe Tiefenstruktur steht für eine Vielzahl von durch Transformation gebildeten Oberflächenstrukturen (Transformationsgrammatik). Beispielsweise kann der Satz *Die Mutter wäscht das kleine Kind* durch eine Passiv-Konstruktion in *Das kleine Kind wird von der Mutter gewaschen* transformiert werden.

(3) Kompetenz und Performanz. Die Unterscheidung von sprachlicher Kompetenz und sprachlicher Performanz ist eine Erweiterung der Differenzierung in *la langue* und *la parole*

von de Saussure (1916/1967). *Kompetenz* ist das dem Sprachverhalten zugrunde liegende unbewusste Wissen, *Performanz* ist dessen aktualgenetische Umsetzung, die insbesondere durch Aufmerksamkeit, Gedächtnis und Motivation bestimmt wird.

(4) Modularität des Geistes (faculties of mind). Für die Frage, wie die geistigen Fähigkeiten beim Spracherwerb eingesetzt werden, entwickelte Chomsky (1975, 1984) ein Konzept der Module. Module sind hoch spezialisierte, in sich abgeschlossene Einheiten der kognitiven Verarbeitung. Innerhalb des Sprachmoduls gibt es wiederum kleinere Module („Minimodule"), die für Phonologie, Grammatik, Semantik usw. zuständig sind und unabhängig von anderen sprachlichen Modulen operieren.

2.1 Nativistisch-strukturanalytische Charakteristiken beim Spracherwerb

Beim Spracherwerb eines Kindes verwies Chomsky (1959, 1965) in erster Linie auf die hohe Komplexität natürlicher Sprachen und ihre Fehleranfälligkeit und argumentierte in zwei Richtungen: (a) Die Umgebungssprache, aus der das Kind die Grammatik erschließen soll, ist fehlerhaft und liefert nicht die notwendigen Informationen (*poverty of stimulus*-Argument). (b) Informationen über die Korrektheit von Sprachäußerungen fehlen in der Kommunikation eines Kindes mit seiner Umwelt (*no negative evidence*-Argument). Obwohl das Kind jedoch beim Erlernen der Grammatik auf sich allein gestellt ist und (Einstiegs-)Hilfen zu dessen Erwerb nicht gegeben werden, erwirbt es die Sprache schnell,

Das sprachliche Verhalten hat insofern eine besondere Bedeutung, als es zu einer direkten Auseinandersetzung des Menschen mit der Umwelt kaum etwas beiträgt, sondern diese Funktion nur indirekt in der sprachlichen Kommunikation mit anderen Menschen erfüllt. In der Kommunikation spielen Antezedenzen über das sprachliche Verhalten eine große Rolle, durch die auch das nachfolgende verbale Verhalten ausgerichtet wird und soziale sowie erzieherische Wirkungen gezielt verfolgt werden können.

mühelos und nahezu fehlerfrei. Damit ist die Sprache für das Kind eigentlich nicht lernbar, was nur den Schluss zulässt, dass es bereits über eine angeborene sprachliche Kompetenz verfügt.

Diese Kompetenzen hat Chomsky (1959, 1965) in einem Konzept gebündelt, das er *language acquisition device* (*LAD*) nennt und sprachliche Universalien sowie ein Hypothesenbildungs- und -bewertungsverfahren umfasst. Sprachliche Universalien, die aus der grammatischen Schnittmenge aller natürlichen Sprachen (*universal grammar, UG*) herausgefiltert wurden, bilden die Grundlage der sprachlich angeborenen Kompetenz. Die Fähigkeit zur sprachlichen Hypothesenbildung und -bewertung stellt den eigentlichen Lernmechanismus dar. Nomen und Verben, aber auch Vokale und Konsonanten, Hypothesenbildung und -bewertung ermöglichen es, dass die vom Kind gebildeten Regeln mit denen der Erwachsenensprache im Verlauf des Spracherwerbs konvergieren, wobei sich die Hypothesen zunehmend auf die in der Zielsprache möglichen Hypothesen einschränken (*constraints*).

Im Laufe der Zeit hat Chomsky (1988) diese ersten Grundvorstellungen erweitern bzw. revidieren müssen, da sein Ansatz zunächst nur für den Erwerb des Englischen (und verwandter Sprachen) konzipiert war. Im Ergebnis der Überarbeitung seiner Theorie steht zwar der angeborene Spracherwerbsmechanismus (LAD) weiterhin im Zentrum, umfasst jedoch neben allgemeinen nun auch parametrisierte Prinzipien. Während die allgemeinen Prinzipien der UG entsprechen, legen die parametrisierten Prinzipien als einzelsprachliche Optionen die Unterschiede zwischen verschiedenen menschlichen Sprachen fest. Die parametrisierten Prinzipien ersetzen damit das Hypothesenbildungs- und Hypothesenbewertungsverfahren (Tabelle 19.1).

Ein parametrisiertes Prinzip kann am sogenannten *pro drop*-Parameter im Italienischen verdeutlicht werden. Deutsch und Italienisch unterscheiden sich u. a. darin, dass das Pronomen in italienischen Sätzen fehlen kann (durch * markiert), ohne dass sie dadurch als ungrammatisch empfunden werden:	
ich esse	Io mangio
*esse	mangio

Tabelle 19.1: Beispiel für ein parametrisiertes Prinzip.

Entscheidend ist des Weiteren, dass parametrisierte Prinzipien als Eigenschaftscluster fungieren (Rizzi, 1982), die sich hinsichtlich bestimmter Merkmalsausprägungen unterscheiden (Tabelle 19.2). Wird ein einzelner Parameter fixiert, dann erwirbt das Kind gleich ein Bündel von Eigenschaften der betreffenden Einzelsprache. Dies macht den Parameter zu einem wirksamen Erklärungsprinzip des Erwerbs vor allem von Sprachen, bei denen bestimmte Eigenschaften nur sehr schwer aus dem Angebot zu entnehmen sind (vgl. Klein, 2001).

An die Stelle kognitiver Erwerbsprozesse, wie sie durch Analogie- und Regelbildung beschrieben werden, tritt bei Chomsky (1988) die Annahme eines Mechanismus, mit dem freie Parameter fixiert werden. Das Kind wird damit als weit weniger aktiv beim Spracherwerb angesehen, da sich ihm die Regeln nicht völlig selbst erschließen müssen. Ebenfalls aufgege-

Kann das Subjekt in einer Sprache fehlen (eine sog. Nullsubjektsprache), sind damit in aller Regel weitere grammatische Eigenschaften verbunden. Das Italienische ist eine Nullsubjektsprache. Hier kann das Subjekt hinter dem Verb (postverbale Subjekte) stehen. Im Französischen ist dies nicht erlaubt, wie Weissenborn (1990, S. 38) an einem Beispiel zeigt:	
mangia Pia (Ital.)	**mange Pia* (Frz., korrekt: *Pia mange*)

Tabelle 19.2: Beispiel für ein parametrisiertes Prinzip als Eigenschaftscluster.

ben wurden Annahmen über die Transformation von Tiefen- in Oberflächenstrukturen. Da auch Art und Anzahl der sprachlichen Universalien (Prinzipien und Parameter) kontrovers diskutiert worden sind, die Modularität des menschlichen Geistes und damit die Unabhängigkeit von Sprache und Kognition als Grundannahme blieb, hat der Ansatz deutlich an Attraktivität für psychologische Theorien verloren. Außerdem ist längst deutlich geworden, dass der Spracherwerb beim Kind wirklich nicht ganz so schnell, mühe- und fehlerlos ist. Auch muss eine Reihe von Lernprozessen eine wichtige Rolle spielen, wenn man alleine schon bedenkt, dass kleine Kinder tausende von Stunden für den Erstspracherwerb aufwenden (Klein, 1992). Auch das Nachahmen wird wieder als eine Möglichkeit für das Lernen bestimmter sprachlicher Formen (wie z. B. von Phonemen) gesehen, wie dies Speidel und Nelson in einem Sammelband 1989 zeigen konnten. Für Speidel (1989) hat Nachahmungslernen für das Kleinkind sogar eine wesentliche Funktion für den Einstieg ins Sprechen. Zudem ist der Spracherwerb bei Schuleintritt noch lange nicht abgeschlossen; selbst in der weiteren Entwicklung finden immer noch Veränderungen statt. Darüber hinaus lässt sich die sprachliche Kreativität von Kindern nicht nur auf falsche Regelanwendung, sondern auch auf Lernformen zurückführen. So können sprachliche Erfindungen wie *gingte*, *denkte*, *Büchers* auf Analogiebildung und Generalisierung zurückgeführt werden (MacWhinney, 1974; Schöler & Lindner, 1990). Selbst elementarere Lernformen kommen für die Erklärung solcher Formen infrage (vgl. Rumelhart & McClelland, 1986).

2.2 Spracherwerb und Vorwissen

In der Linguistik neigt man dazu, den Spracherwerb vom Endzustand einer Sprache her zu bestimmen. Chomsky (1988) illustriert am Beispiel des „Marsianers", der auf die Erde kommt, die Menschen beim Sprechen beobachtet und deren Sprachen mit Hilfe der Extraktion von Sprachregeln aufnehmen will. Es ist jedoch sinnvoll, die Beschreibung der Erwachsenensprache auch von deren Erwerb her vorzunehmen (Deutsch, 1984; Kany & Waller, 1995). Die Situation des „Marsianers" ist eher mit einer Zweitspracherwerbssituation vergleichbar, hat jedoch wenig mit der Situation eines Kindes gemein, das für den Spracherwerb Unterstützung und Assistenz aus der Sprachgemeinschaft erhält. Die kindlichen Sprachäußerungen werden dabei von Parallelinformation begleitet, sodass sie damit zu „*meaningful actions in social context*" werden (Klein, 1996, S. 102). Die Grundannahme Chomskys (1988), dass ein sprachliches Vorwissen (LAD) für den Spracherwerb existieren müsse, ist damit infrage gestellt. Die zwei Argumente, die für die Unerlässlichkeit des LAD genannt werden, wurden abgeschwächt:

(1) Dem *poverty of stimulus*-Argument stehen empirische Befunde gegenüber, die Feinabstimmungen des sprachlichen Angebots im Verlauf des kindlichen Spracherwerbs dokumentieren. Mit der sog. kindgerichteten Sprache (KGS) findet eine entwicklungsangemessene, altersgemäße Abstimmung des sprachlichen Angebots statt. Die an kleine Kinder gerichtete Sprache enthält typische Merkmale wie ein geringeres Sprechtempo, Sprechen in höherer Tonlage, inhaltliche Wiederholungen, geringer Abstraktionsgrad der Nomen, geringere Äußerungslänge, einfache grammatische Strukturen, viele Fragen und Wiederholungen (vgl. Snow & Ferguson, 1977; Szagun, 2006).

(2) Auch hinsichtlich des *no negative evidence*-Arguments zeigen Untersuchungen, dass Erwachsene zwar keine expliziten Korrekturen vornehmen, aber dennoch differente Reaktionen gegenüber grammatisch fehlerhaften Formen zeigen. Kinder werden „*auf*

unaufdringliche Art über ihre Fehler informiert" (Szagun, 2006, S. 197). Elaborationen wie Reformulierungen oder Erweiterungen der Sprachäußerungen eines Kindes bieten ihm korrekte Sprachformen an. Damit stehen fehlerhafte oder unvollständige Sprachäußerungen des Kindes den korrekten bzw. elaborierten Sprachäußerungen in der unmittelbaren Kommunikation gegenüber (vgl. Bohannon & Stanowicz, 1988; Moerk, 2000; Szagun, 2006). Insgesamt kann davon ausgegangen werden, dass Kinder beim Spracherwerb in vielfältiger Weise durch Erwachsene unterstützt werden, da sie in komplexe soziale Beziehungen eingebunden sind.

Ein weiteres Argument des Chomsky'schen Ansatzes ist, dass bestimmte, erwartbare Fehler beim Spracherwerb *nicht* aufträten, wie dies etwa für die in Syntax und Phonologie möglichen Kombinationen von Satzteilen und Lauten gilt. Hier sollen Einschränkungen (*constraints*) wirksam werden, die falsche Kombinationen von vornherein ausschließen. Als Beispiel wird die Fragesatztransformation gewählt. Die Einschränkung könnte hier versprachlicht lauten: *Bilde nur strukturabhängige Hypothesen.* So äußert kein Kind Fragesätze wie: *(a) Alte der Mann rennt?* Von der Beobachtung ausgehend, dass in Sätzen wie *(b) Hans rennt* und *(c) Rennt Hans?* der Fragesatz durch die Bewegung des zweiten Elements an die erste Stelle gebildet wird, wäre zu erwarten, dass bei Sätzen wie *(d) Der alte Mann rennt* ein Fragesatz wie (a) gebildet wird. Dies ist jedoch nicht der Fall. Aber warum auch? Das Kind hört diese Abfolge nie in seinem Sprachraum, warum sollte es einen solchen Fehler machen? Wieso sollten Kinder überhaupt Fragesätze ausgehend von Deklarativsätzen bilden? Sie lernen beide syntaktische Formen nahezu zeitgleich. Irgendwann „bemerken" sie, dass diese Formen zusammenhängen, und lösen diese Beziehung durch einen Prozess, der als *fronting* des Verbs bezeichnet werden könnte (Klein, 1991, S. 55).

2.3 Modulare Organisation kognitiver Strukturen

Wie Fodor (1983) nimmt Chomsky (1988) an, dass der menschliche Geist modularisiert ist. Das bedeutet für die Sprachfähigkeit – und hier meint er insbesondere die Grammatik –, dass sie einen eigenständigen Bereich des menschlichen Geistes darstellt, der nicht mit anderen menschlichen Fähigkeiten oder Fertigkeiten interagiert. Die Module haben jeweils einen spezifischen Input, funktionieren automatisch nach den in ihnen angelegten Strukturen und ohne Möglichkeit, den modular ablaufenden Prozess beeinflussen oder gar kontrollieren zu können. Eine bewusste Kontrolle ist ausgeschlossen. Für eine derartige Organisation des Geistes und die Annahme eines Sprachmoduls sprechen folgende Fakten:

(1) die kognitiv einzigartigen strukturellen Eigenschaften der Syntax (Tomasello, 1995, S. 140 f.),

(2) kognitive Störungen, bei denen keine Beeinträchtigungen in der Bildung grammatischer Strukturen gefunden werden, wie dies bei den sogenannten *linguistic savants* (Menschen mit Williams-Beuren- oder Down-Syndrom; Mogford & Bishop, 1993) der Fall ist,

(3) sprachliche Fähigkeiten, die im menschlichen Gehirn auf bestimmte Weise lokalisiert sind.

Dass eine derartige Modularisierung (bzw. Automatisierung) das Ergebnis und nicht der Anfang der Sprachentwicklung sein könnte, wird nicht in Erwägung gezogen (Karmiloff-Smith, 1992). Kann die modulare Organisation kognitiver Strukturen als Verbund unabhängiger Module angesehen werden? Danach sollten die grammatische und die semantische Entwicklung unabhängig voneinander erfolgen. Dem widerspricht aber die Tatsache, dass der Umfang des Wortschatzes zum Ende des zweiten Lebensjahres die grammatische Entwicklung am besten vorhersagen kann. Auch die *Bootstrapping*-Strategien (siehe Abschnitt 3.2.2 in Kapitel 18, S. 478) belegen, dass Kenntnisse in einem Modul die Entwicklung in einem anderen beeinflussen: So erleichtern prosodische Merkmale den Einstieg in die Syntaktik des Sprachsystems (Hirsh-Pasek et al., 1987). Syntaktische Hinweisreize wiederum können den Bedeutungserwerb ermöglichen. So kann beispielsweise die Bedeutung von Verben durch syntaktisches Steigbügelhalten erschlossen werden (Gleitman, 1990). Damit scheinen die Module sehr wohl zu interagieren und sich gegenseitig zu beeinflussen und dem Spracherwerb voranzutreiben.

3 Schlussbetrachtungen

Die theoretischen Positionen von Skinner und Chomsky stehen sich unversöhnlich gegenüber; Chomskys nativistische und Skinners empiristische Position erscheinen unvermittelbar. Während die Position von Skinner (1957) nach der vernichtenden Kritik von Chomsky (1959) für lange Zeit weitgehend unbeachtet blieb, stellen wir heute mit Greer (2008) fest: „*While an understanding of Skinner's Verbal Behavior and the development of a research program has required decades, it does seem that there is considerable evidence that the theory has led to important new information about a key component of language: how experience contributes to the expansion of verbal behavior and the emergence of novel verbal behavior. The dissemination of this work to the range of language scholars and psychologists will likely contribute to a more comprehensive understanding of language. While recent evidence and interpretations of that work has extended the range of what verbal behavior is about, all of that work grew from Skinner's treatment of language as behavior. It seems increasingly evident that Skinner was right: it may be his most important work.*" (ebd., S. 378)

Skinners Überlegungen zum Spracherwerb werden in der aktuellen Spracherwerbsforschung zwar kaum rezipiert, jedoch in empirischen Studien fruchtbar umgesetzt. Diese zeigen, dass einige seiner Überlegungen Bestand haben. Auf der anderen Seite hat auch Chomsky einige anfängliche Positionen revidieren oder sogar aufgeben müssen. Mit diesen Revisionen entwickelten sich Gegenströmungen, die sich wiederum den Positionen Skinners (1957) näherten. Mit der wachsenden empirischen Forschung wurde jedoch rasch deutlich, dass der Spracherwerb durch psychologische Lerntheorien beschrieben und erklärt werden kann, was den Vorstellungen Chomskys entgegensteht: Feedback-Schleifen in der Kommunikation mit Kindern konnten demonstrieren, wie das kindliche Sprachverhalten sozial unterstützt und geformt wird (Moerk, 2000). Auch Imitationsprozesse wurden rehabilitiert und selbst für den Erwerb von Satzstrukturen nachgewiesen (Speidel & Nelson, 1989). Chomskys ursprüngliche Argumentation für eine genetisch determinierte Universalgrammatik, die nicht gelernt werden muss, ließ sich damit nicht aufrechterhalten. Die Komplexität der Sprache sowie deren Produktivität, wonach unendlich viele Äußerungen mithilfe einer geringen Zahl von Regeln und deren Rekursivität generiert werden können, sind nicht nur aus sich selbst heraus, sondern auch über Lernprozesse erklärbar. So stellte bereits Levelt (1975) fest, dass es für einen angeborenen Spracherwerbsmechanismus keine Evidenzen gäbe. Klein (1992) schlussfolgert aufgrund der Analyse natürlicher Sprachen, dass kaum Gemeinsamkeiten bestehen, die die Annahme sprachlicher Universalien unterstützen würden. Auch die von Chomsky (1988) angenommene Unabhängigkeit von Sprache und Denken ist eher unzutreffend. Sprachliche und kognitive Fähigkeiten sind in der Entwicklung miteinander verflochten und bringen sich gegenseitig voran (Karmiloff-Smith, 1986, 1992; Schöler, 1982). Insofern ist der Spracherwerb an kognitive Strukturbildungen gebunden und umgekehrt; insbesondere komplexere kognitive Strukturierungen, wie sie mit der Theory-of-mind-Forschung (Wimmer & Perner, 1983) untersucht werden, wären ohne Sprache nicht möglich.

Burrhus Frederic Skinner (1904–1990) – Psychologe

absolvierte zunächst ein kunst- und sprachwissenschaftliches Studium. Nach einigen Versuchen als Schriftsteller begann er in einer New Yorker Buchhandlung zu arbeiten, studierte aber ab 1928 an der Harvard University/MA Psychologie. Dort begann er mit verhaltensbiologischen Experimenten, wozu er eine einfache Apparatur zur Verhaltensbeobachtung entwickelte, die sogenannte *Skinner-Box*, mit deren Hilfe das Verhalten von Tieren auch heute noch quantitativ erfasst wird.

Skinner promovierte 1931 und bekam im Jahr 1936 eine Dozentur für Psychologie an der University of Minnesota/MN. Seine experimentellen Studien nahm er erst 1944 wieder auf, nachdem er 1945 zur Indiana University/IN nach Bloomington gewechselt war. Im Jahr 1948 kehrte er als Professor für Psychologie nach Harvard zurück, wo er bis zu seiner Emeritierung 1974 blieb. Unter dem Eindruck des Zweiten Weltkrieges und der Heimkehr hunderttausender Soldaten publizierte er 1948 den utopischen Roman *„Walden Two"*, der eine Gesellschaft zeichnet, die bis ins Detail durch Lernen am Erfolg geformt wird.

Skinner gilt als einer der bedeutendsten Vertreter des Behaviorismus, für den die Erforschung des Verhaltens von Menschen mit naturwissenschaftlichen Methoden ein zentrales Anliegen war. Erkenntnisse aus tierexperimentellen Studien wurden dabei vergleichend eingesetzt.

Avram Noam Chomsky (geb. 1928) – Linguist und Philosoph

begann 1945 mit dem Studium der Philosophie und Linguistik an der University of Pennsylvania/PA. Anfang der 1950er-Jahre studierte Chomsky einige Jahre in Harvard/MA und promovierte 1955 in Pennsylvania/PA. Bereits dort begann Chomsky, einige der Ideen zu entwickeln, die er 1957 in seinem Buch *„Syntactic Structure"* ausarbeitete, das heute zu den bekanntesten Werken der Linguistik zählt. Nach einer Assistenzprofessur am Massachusetts Institute of Technology (MIT) wurde Chomsky im Jahr 1961 dort zum ordentlichen Professor für Linguistik und Philosophie berufen und galt seither als einer der wichtigsten Theoretiker in der Linguistik.

Seine revolutionären linguistischen Arbeiten wurden weltweit bekannt. in ihnen formalisierte er die Darstellung natürlicher Sprachen so, dass individuelle Sprachäußerungen mit Hilfe einer Metasprache rekursiv definiert werden können. Die auf dieser Basis entwickelte *Chomsky-Hierarchie* stellt einen Meilenstein für die moderne Linguistik dar. Die zugrunde gelegte mathematische Formalisierung hat unter anderem das Forschungsgebiet der Computerlinguistik hervorgebracht.

Chomskys linguistisches Werk beeinflusste auch die Psychologie. Seine Theorie zu einer *Universalgrammatik* war ein direkter Angriff auf die etablierten behavioristischen Theorien der damaligen Zeit. Auch wenn diese Theorie heute infrage gestellt wird, hatte sie erhebliche Auswirkungen auf das wissenschaftliche Verständnis des kindlichen Spracherwerbs und der menschlichen Sprachfähigkeit. Chomsky erhielt unzählige internationale Ehrendoktorwürden und Auszeichnungen, darunter den *Kyoto-Preis* 1998, der neben dem Nobelpreis eine der höchsten Auszeichnungen in Wissenschaft und Kultur ist. In Deutschland erhielt er 1996 die *Helmholtz-Medaille* der Berlin-Brandenburgischen Akademie der Wissenschaften und 2010 den *Erich-Fromm-Preis*. Neben seinem herausragenden wissenschaftlichen Engagement gehört Chomsky zu den führenden linken Kritikern der US-amerikanischen Außenpolitik.

Literatur

Akhtar, N. (1999). Acquiring basic word order: Evidence for data-driven learning of syntactic structure. *Journal of Child Language, 26*, 33–356.

Bohannon, J. & Stanowicz, L. (1988). The issue of negative evidence: Adult responses to children's language errors. *Developmental Psychology, 24*, 684–689.

Brown, R. (1973). *A first language: The early stages*. Cambridge, MA: Harvard University Press.

Catania, A. C. & Harnard, S. R. (Hrsg.). (1988). *The selection of behavior: The operant behaviorism of B. F. Skinner: Comments and consequences*. New York: Cambridge University Press.

Chomsky, N. (1957). *Syntactic structures*. The Hague: Mouton.

Chomsky, N. (1959). Review of B. F. Skinner's Verbal Behavior. *Language, 35*, 26–58.

Chomsky, N. (1965). *Aspects of the theory of syntax*. Cambridge, MA: MIT Press.

Chomsky, N. (1975). *Reflections on language*. New York: Pantheon.

Chomsky, N. (1984). *Modular approaches to the study of mind*. San Diego: State University Press.

Chomsky, N. (1986). *Knowledge of language: Its nature, origins, and use*. New York: Praeger.

Chomsky, N. (1988). *Language and problems of knowledge: The Managua lectures*, Cambridge, MA: MIT Press.

Dale, R., Roche, J. & Duran, N. (2008). Language is complex. *International Journal of Psychology and Psychological Therapy, 8*, 351–362.

Deutsch, W. (1984). Language control processes in development. A tutorial review. In H. Bouma & D. G. Bowhuis (Hrsg.), *Attention and performance, Vol. 10 Control of language processes* (S. 395–416). Hillsdale, NJ: Erlbaum.

Fodor, J. A. (1983). *The modularity of mind: An essay on faculty psychology*. Cambdrige, MA: MIT Press.

Gleitman, L. R. (1990). The structural sources of verb meanings. *Language Acquisition, 1*, 3–55.

Greer, R. D. (2008). The ontogenetic selection of verbal capabilities: Contributions of Skinner's verbal behavior theory to a more comprehensive understanding of language. *International Journal of Psychology and Psychological Therapy, 8*, 363–386.

Grimm, H. (1982). Sprachentwicklung. In R. Oerter & L. Montada (Hrsg.), *Entwicklungspsychologie* (S. 506–566). München: Urban und Schwarzenberg.

Hirsh-Pasek, K., Kemler-Nelson, D. G., Jusczyk, P. W., Cassidy, K. W., Druss, B. & Kennedy, L. (1987). Clauses are perceptual units for young infants. *Cognition, 26*, 269–286.

Ickler, T. (1994a). Geborgter Reichtum – ehrliche Armut. Psychologische Sprache als semiotisches Problem zwischen Mentalismus und Behaviorismus. *Sprache und Kognition, 13*, 103–112.

Ickler, T. (1994b). Skinner und „Skinner". Ein Theorien-Vergleich. *Sprache und Kognition, 13*, 221–229.

Kany, W. & Waller, M. (1995). Desiderate einer entwicklungspsychologischen Theorie des Spracherwerbs. Eine Positionsbestimmung gegenüber der nativistischen Auffassung Chomskys. *Zeitschrift für Entwicklungspsychologie und Pädagogische Psychologie, 27*, 2–28.

Karmiloff-Smith, A. (1986). Stage/structure versus phase/process in modelling linguistic and cognitive development. In J. Levine (Hrsg.), *Stage and structure. Reopening the debate* (S. 164–190). Norwood, NJ: Ablex.

Karmiloff-Smith, A. (1992). *Beyond modularity*. Cambridge: MIT Press.

Klein, W. (1991). Seven trivia of language acquisition. In L. Eubank (Hrsg.), *Point counterpoint: Universal grammar in the second language* (S. 49–69). Amsterdam: Benjamins.

Klein, W. (1992). *Zweitspracherwerb* (3. Aufl.). Frankfurt/M.: Hain.

Klein, W. (1996). Essentially social: On the origin of linguistic knowledge in the individual. In P. B. Baltes & U. M. Staudinger (Hrsg.), *Interactive minds. Life-span perspectives on the social foundation of cognition* (S. 88–108). Cambridge: Cambridge University Press.

Klein, W. (2001). Typen und Konzepte des Spracherwerbs. In L. Götze, G. Helbig, G. Henrici & H.-J. Krumm (Hrsg.), *Deutsch als Fremdsprache, 1* (S. 604–616). Berlin: de Gruyter.

Levelt, W. J. M. (1975). *What became of LAD?* Lisse: The Peter de Ridder press.

Lieven, E., Pine, J. M. & Baldwin, G. (1997). Lexically-based learning and early grammatical development. *Journal of Child Language, 24*, 187–210.

MacCorquodale, K. (1970). On Chomsky's review of Skinner's *Verbal Behavior. Journal of the Experimental Analysis of Behavior, 13*, 83–99.

MacWhinney, B. (1974). Rules, rote, and analogy in morphological formations by Hungarian children. *Journal of Child Language, 2*, 65–77.

Moerk, E. L. (1990). Three-term contingency patterns in mother child verbal interactions during first language acquisition. *Journal of the Experimental Analysis of Behavior, 54*, 293–305.

Moerk, E. L. (1991). Positive evidence for negative evidence. *First Language, 11*, 219–251.

Moerk, E. L. (1992). *First language: Taught and learned.* Baltimore: Brookes.

Moerk, E. L. (2000). *The guided acquisition of first language skills.* Stamford: Ablex.

Mogford, K. & Bishop, D. (Hrsg.). (1993). *Language development in exceptional circumstances.* Hillsdale, NJ: Erlbaum.

Palmer, D. C. (2006). On Chomsky's appraisal of Skinner's Verbal Behavior: A half century of misunderstanding. *The Behavior Analyst, 29*, 253–267.

Palmer, D. C. (2008). On Skinner's definition of verbal behavior. *International Journal of Psychology and Psychological Therapy, 8*, 295–307.

Quine, W. V. (1940). *Mathematical logic.* New York: Norton.

Rizzi, L. (1982). *Issues in Italian syntax.* Dordrecht: Foris.

Rumelhart, D. E. & McClelland, J. (1986). On learning the past tenses of English verbs. In J. L. McClelland, D. E. Rumelhart & PDP research group (Hrsg.), *Parallel distributed processing: Explorations in the microstructure of cognition, Vol. 2 Psychological and biological models* (S. 216–271). Cambridge, MA: MIT Press.

Salzinger, K. (1990). B. F. Skinner (1904–1990). *American Psychological Society Observer, 3*, 1–4.

Salzinger, K. (2008). Skinner's Verbal Behavior. *International Journal of Psychology and Psychological Therapy, 8*, 287–294.

Saussure, F. de (1916/1967). *Grundfragen der allgemeinen Sprachwissenschaft* (2. Aufl.). Berlin: de Gruyter. (Originalarbeit erschienen 1916).

Schöler, H. (1982). *Zur Entwicklung des Verstehens inkonsistenter Äußerungen.* Frankfurt: R. Fischer.

Schöler, H. & Lindner, K. (1990). Zum Lernen morphologischer Strukturen. *Der Deutschunterricht, 42*, 60–78.

Skinner, B. F. (1957). *Verbal Behavior.* New York: Appleton-Century-Crofts.

Skinner, B. F. (1978). *Was ist Behaviorismus?* Reinbek: Rowohlt.

Skinner, B. F. (1988). Selection by consequences. In A. C. Catania & S. R. Harnard (Hrsg.), *The selection of behavior: The operant behaviorism of B. F. Skinner: Comments and consequences* (S. 11–20). New York: Cambridge University Press.

Snow, C. E. & Ferguson, C. A. (Hrsg.). (1977). *Talking to children: Language input and acquisition.* Cambridge, MA: Cambridge University Press.

Speidel, G. E. (1989). Imitation: A bootstrap for learning to speak? In G. E. Speidel & K. E. Nelson (Hrsg.), *The many faces of imitation in language learning* (S. 151–179). Heidelberg: Springer.

Speidel, G. E. & Nelson, K. E. (Hrsg.). (1989). *The many faces of imitation in language learning.* New York: Springer.

Staats, A. W. (1971). Linguistic-mentalistic theory versus an explanatory S-R learning theory of language development. In D. I. Slobin (Hrsg.), *The ontogenesis of grammar* (S. 104–150). New York: Academic Press.

Stemmer, N. (1990). Skinner's Verbal Behavior, Chomsky's review, and mentalism. *Journal of the Experimental Analysis of Behavior, 54*, 307–315.

Strohner, H. (1976). *Spracherwerb. Versuch einer Bedingungsanalyse.* München: Fink.

Strohner, H. (1994). Warum nicht Lerntheorie? Argumente für eine Integration von Grundlagenforschung und angewandter Forschung in der Sprachtherapie. In H. Grimm & S. Weinert (Hrsg.), *Intervention bei sprachgestörten Kindern* (S. 105–116). Stuttgart: Fischer.

Szagun, G. (2006). *Sprachentwicklung beim Kind* (vollst. überarb. Neuaufl.). Weinheim: Beltz.

Theakston, A. L., Lieven, E., Pine, J. M. & Rowland, C. (2001). The role of performance limitations in the acquisition of verb-argument structure: An alternative account. *Journal of Child Language, 28*, 127–152.

Tomasello, M. (1995). Language is not an instinct. *Cognitive Development, 10*, 131–156.

Tomasello, M. (2001). The item-based nature of children's early syntactic development. In M. Tomasello & E. Bates (Hrsg.), *Language development: The essential readings* (S. 169–186). Oxford: Blackwell.

Tomasello, M. (2003). *A usage-based theory of language.* Cambridge, MA: Harvard University Press.

Weissenborn, J. (1990). Subjektlose Sätze in der frühen Kindersprache. Ein theoretisches und empirisches Problem in der aktuellen Spracherwerbsforschung. *Der Deutschunterricht, 42*, 35–47.

Wimmer, H. & Perner, J. (1983). Beliefs about beliefs: Representation and constraining function of wrong beliefs in young children's understanding of deception. *Cognition, 13*, 103–128.

Nachtrag:

Da Werner Kany vor der zweiten Revision dieses Beitrags überraschend verstarb, ist die Revision vom Zweitautor vorgenommen worden.

Exkurs: Erklärungsansätze für Entwicklung

Hinterfragen • Überarbeiten • Erweitern

Die untrennbare Allianz von Entwicklung und Kultur

Heidi Keller
Joscha Kärtner

In diesem Kapitel geht es um die Einführung eines ökokulturellen Modells von Entwicklung, das das Zusammenspiel biologischer Prädispositionen mit kulturspezifischen Informationen als kontextuelle Anpassung auffasst. Es werden kulturspezifische Entwicklungspfade charakterisiert, die die (implizite) Annahme der Universalität von Entwicklungsverläufen im Lehrbuchwissen der Entwicklungspsychologie infrage stellen.

1 Entwicklung als kulturspezifische Lösung universeller Entwicklungsaufgaben

Entwicklung kann als kulturspezifische Lösung universeller Entwicklungsaufgaben verstanden werden. Diese Aussage enthält die programmatische Annahme, dass Entwicklung sowohl biologisch als auch kulturell bestimmt ist und dass das Zusammenwirken beider Dimensionen als untrennbare Allianz zu verstehen ist. Vor dem Hintergrund evolutionärer Betrachtungen wird angenommen, dass sich im Laufe der Menschheitsgeschichte allgemeine Themen herausgebildet haben, deren Bearbeitung notwendig war/ist, um erfolgreiche Anpassungen an den jeweiligen Lebenskontext vorzunehmen. Diese Themen gliedern zugleich den menschlichen Lebenslauf und werden daher unter Verweis auf ältere Ansätze (z. B. Erikson, 1968; Havighurst, 1953) als Entwicklungsaufgaben verstanden. Die phasenspezifische Gliederung des Lebenslaufs kann ebenfalls als evolvierte Anpassung definiert werden (Keller & Chasiotis, 2007). Damit werden einzelne Lebensabschnitte nicht als Durchgangsstationen zu späteren Phasen aufgefasst, sondern haben jeweils eigene evolutionäre Ursprünge und Funktionen. Die frühe Beziehungsentwicklung kann als ein solches Thema verstanden werden ebenso wie Partnerwahl und Reproduktion. Wir bezeichnen diese Themen als integrative Entwicklungsaufgaben, da sie das Zusammenspiel verschiedener Entwicklungsparameter auf verschiedenen Ebenen erfordern. Im Falle der frühen Beziehungsentwicklung besteht beispielsweise die biologische Notwendigkeit der Sicherung von Versorgung und Schutz, um das Überleben zu sichern; dazu sind expressive und interaktive Kompetenzen seitens des Babys erforderlich, die die Fürsorgemotivation von Bezugspersonen ansprechen und aufrechterhalten können. Soziale Erfahrungen müssen verarbeitet und in Schemata organisiert werden. Es sind also eine Vielzahl neurologischer, perzeptiver, kognitiver und sozialer Kompetenzen erforderlich, um Beziehungen zu bilden.

1 Entwicklung als kulturspezifische Lösung universeller Entwicklungsaufgaben

Die biologische Fundierung von Entwicklung kann mit geschlossenen und offenen genetischen Programmen beschrieben werden (Mayr, 1974). Geschlossene genetische Programme setzen die in den Genen kodierten Information direkt in Entwicklungsparameter um, seien es morphologische, physiologische oder verhaltensbezogene – entgegen der landläufigen Meinung wird die Wirkung geschlossener genetischer Programme mit steigendem Entwicklungsalter größer (Rutter & Rutter, 1992). In dem hier diskutierten Zusammenhang sind besonders offene genetische Programme bedeutsam, die die Umweltlabilität des Menschen begründen und als Prädispositionen zum Lernen verstanden werden können. Insbesondere auf der Grundlage neurobiologischer Erkenntnisse der letzten Jahrzehnte (Strüber & Roth, 2011) ist es offensichtlich geworden, dass Umwelteinflüsse über die Mechanismen des Lernens nicht nur für die Verhaltensentwicklung zentral sind, sondern auch für die Entwicklung der neuronalen Architektur. Es würde allerdings wenig Sinn machen, wenn diese Lernprozesse wahllos und ungesteuert wären. Daher werden zwei Prozesse angenommen, die die Informationsaufnahme steuern: erfahrungserwartende und erfahrungsabhängige Prozesse. Erfahrungserwartende Prozesse sind den Mitgliedern einer Art gemeinsam und evolvierten als neuronale Vorbereitung allgemeiner artspezifischer Informationsaufnahme und -verarbeitung. Die Überproduktion und das Trimmen synaptischer Verbindungen zwischen den Nervenzellen illustrieren die erfahrungserwartende Informationsverarbeitung. Erfahrungsabhängige Prozesse betreffen die aktive Bildung synaptischer Verbindungen als Produkt individueller Erfahrungen. Damit werden die neuronale und die psychologische Entwicklung zu einem individuellen und grundsätzlich einzigartigen Prozess (Greenough, Black & Wallace, 1987).

Weil Entwicklung eben nicht ungesteuert verläuft, liegen den erfahrungsabhängigen Prozessen informierte Hypothesen im Sinne zentraler Tendenzen (MacDonald, 1988) oder epigenetischer Regeln (Wilson, 1975) zugrunde, die die Aufmerksamkeit zu einem bestimmten Zeitpunkt in der Ontogenese auf bestimmte Inhalte lenken. Das heißt also, dass so etwas wie Voreinstellungen bezüglich eines phasenspezifischen Interesses an bestimmten Themen bestehen. Die Informationsaufnahme und -verarbeitung während dieser Entwicklungsfenster erlaubt leichtes Lernen („easy learning"; Boyd & Richerson, 1985; Draper & Harpending, 1988). Der Erwerb einer Zweit- oder sogar Drittsprache ist bekanntlich in den ersten Lebensjahren mühelos, wenn eine entsprechende Sprachumwelt vorhanden ist, und wird mit zunehmendem Alter in verschiedener Hinsicht (Erwerb, Aussprache) schwieriger. Der Genotyp braucht also spezifische Informationen allgemeiner und individueller Art, damit ein Phänotyp ausgebildet werden kann. Es liegt in der Natur der Sache, dass aus einem Genotyp multiple Phänotypen entstehen können. Allerdings ist diese Variabilität nicht unbegrenzt, da eine ebenfalls evolvierte „Reaktionsnorm" die Variationsbreite von phänotypischen Ausdrucksformen eines Genotyps begrenzt (Keller & Chasiotis, 2006). Diese Begrenzung wird nicht nur aus biologischer Sichtweise formuliert, sondern auch kulturpsychologisch bestätigt: „*We are impressed that there is a finite number of general programs governing the lives of children growing up throughout the world, as well as a finite and transculturally universal grammar of behaviour that children can use in interpersonal interactions.*" (Whiting & Pope Edwards, 1988, S. 17)

Obwohl kontextuelles Lernen natürlich ein lebenslanger Prozess ist, ist doch die Wirksamkeit von Erfahrungen generell in Abhängigkeit von der Entwicklungsphase zu sehen. Das Säuglingsalter, also die ersten beiden Lebensjahre, spielt hier eine ganz besondere Rolle. Die notwendige Evolution sozialer Intelligenz, um das Leben in größer werdenden Gruppen in der Menschheitsgeschichte zu koordinieren (Geary & Flinn, 2001), erforderte die Entwicklung eines größeren Gehirns. Aufgrund der Zweibeinigkeit, die einen weiteren Selektionsvorteil darstellt (da die Hände unabhängig von der Fortbewegung eingesetzt werden können), sind Babys, um den Geburtskanal passieren zu können, bei der Geburt noch relativ unreif. Sie sind „physiologische Frühgeburten", wie der holländische Neuropädiater Heinz Prechtl (1984) formulierte. Diese Situation erfordert die gewaltige postnatale neuronale Entwicklung. Die vergleichsweise lange Unreife und Abhängigkeit ist ein wichtiges Charakteristikum der menschlichen Entwicklung (Bjorklund & Pellegrini, 2002) und definiert die Verarbeitung kontextueller Informationen, d. h. Lernen als wesentlichen Entwicklungsmotor. Die ersten beiden Lebensjahre weisen eine ungeheuer hohe Entwicklungsgeschwindigkeit auf – höher als zu irgendeinem späteren Entwicklungsabschnitt. Mit 6 Monaten wiegt das menschliche Gehirn bereits 50 % seines erwachsenen Gewichtes (Tanner, 1970). Aufgrund der neuronalen Plastizität und der Primarität der ganz frühen Erfahrungen kann das Säuglingsalter als Hirnprägungsphase charakterisiert werden (Storfer, 1999). Das bedeutet allerdings nicht, dass frühkindliche Erfahrungen eine eindimensionale Determiniertheit aufweisen. Erfahrungsabhängige Synapsenbildung erfolgt lebenslang. Biologie und Umwelt bilden also, wie oben gesagt, eine untrennbare Allianz. Allerdings ist der systematischen Beschäftigung mit Umwelt, der Spezifizierung ihrer konstituierenden Dimensionen und vor allem einer Systematik ihrer Unterschiedlichkeit in der Psychologie viel weniger Aufmerksamkeit zuteil geworden als z. B. neuerdings der Erforschung neuronaler Prozesse – und dies trotz einer vor langer Zeit konstatierten ökologischen Wende (Wohlwill, 1973). Selbst die in keinem Lehrbuch fehlende Systematik der ökologischen Einbettung des Menschen in ineinander verschachtelten Strukturen (z. B. Bronfenbrenner, 1981) hat über die generelle Konstatierung ihrer Bedeutsamkeit wenig direkte empirische Umsetzungen erfahren. Daher wenden wir uns im nächsten Kapitel der Spezifikation von Umwelt(en) und damit auch der Kultur zu.

2 Umwelt, Kontext und Kultur

Sicherlich gibt es unzählige Möglichkeiten, Umwelt, Kontext und Kultur zu definieren. Wir nehmen zum Ausgangspunkt unserer Betrachtungen, dass Umwelten und Kontexte Anpassungsleistungen der dort lebenden Menschen erfordern. Kultur wird als das Medium des Menschen aufgefasst, solche Anpassungsleistungen zu vollziehen. Mit diesem Argument beziehen wir uns zunächst auf das von John und Beatrice Whiting entwickelte „psychokulturelle Modell" (Beatrice Whiting, 1963; John Whiting, 1977), das als konzeptioneller Rahmen für das berühmte Harvard-Projekt der „Six Cultures Study" diente, in dem die Entwicklung von Kindern in sechs unterschiedlichen kulturellen Umwelten nachgezeichnet wurde (Whiting, 1963). In der Einführung zu dem Band zur Kindererziehung aus diesem Projekt formuliert Beatrice Whiting (1963, S. 4) folgendermaßen: *„The ecology of the area determines the maintenance systems, which include basic economy and the most elementary variables of social structure. In other words, the type of crops grown, the presence or absence of herding, fishing, and so on, depend on the nature of the terrain, the amount of rainfall, the location of the area vis-à-vis centers of invention and diffusion. These basic economic conditions determine in part the arrangement of people in space, the type of houses, and household composition. These in turn set the parameters for child-rearing practices."*

Hier wird also eine direkte Linie gezogen von den Charakteristika der spezifischen ökologischen Umwelt über die sozialen Arrangements und die Sozialisation der Nachkommen hin zu der Entwicklung des Kindes bis zum Erwachsenen und der Produktion und Reproduktion von Kultur. Ähnliche Zusammenhänge zwischen Kontext und Entwicklung werden auch in der evolutionären Psychologie angenommen, wenn man die proximate Ebene, die der unmittelbaren Verhaltensregulation, alleine betrachtet (Belsky, Steinberg & Draper, 1991; Keller, 2010; Keller & Chasiotis, 2006). Danach bestimmen, vereinfacht ausgedrückt, die vorhandenen Ressourcen die Erziehungs- und Lernumwelt des Kindes und dadurch seine psychologische wie auch somatische Entwicklung. Die für uns hier bedeutsame Annahme aus psychokulturellen wie evolutionären Konzeptionen besteht darin, dass die alltägliche Umwelt, das Alltagsleben und die dadurch strukturierte Lernumwelt des Kindes die entscheidenden Weichen für seine Entwicklung stellen.

In Whitings psychokulturellem Modell erscheint die alltägliche Umwelt und damit die Alltagskultur allerdings als außerhalb des Individuums und am Ende der Entwicklungskette. Um die Verschränkung von Umwelt und Kultur deutlicher zu machen, haben wir dieses Modell unter Einbezug evolutionärer Grundlagen und dem inzwischen vorliegenden Fundus empirischer Befunde reformuliert (Abb. E.1).

Die ökologische Situation bzw. die Ressourcenlage wird anhand von soziodemografischen Parametern rekonstruiert. Diese sind sowohl mit der ökonomischen Situation als auch mit sozialen Strukturen verknüpft. Insbesondere das Niveau der formalen Bildung scheint hier eine Organisationsfunktion zu haben, da in Abhängigkeit von der formalen Bildung, neben der Verfügbarkeit von Ressourcen, auch die Reproduktionsgeschichte und Familienform variieren. Es ist an vielfältigen Statistiken aus aller Welt gezeigt worden, dass mit dem Niveau der formalen Bildung das Erstgebäralter steigt, die Anzahl der Nachkommen sinkt und sich die Lebensform der Kleinfamilie durchsetzt (Caldwell, 1982). Nun darf man diese soziodemografischen Parameter nicht als unabhängige Variablen auffassen, deren Effekte statistisch isoliert oder kontrolliert werden sollten – das kann man natürlich machen, wenn man einen variablenorientierten Ansatz verfolgt. Wir schlagen jedoch vor, das Zusammenspiel mit kumulativen und interaktiven Effekten als soziodemografische Kontexte zu verstehen, die spezifische kulturelle Milieus repräsentieren.

Vor diesem Hintergrund definieren wir Kultur in Übereinstimmung mit kulturpsychologischen Ansätzen als dynamischen und sozial interaktiven Prozess, der Werte und Über-

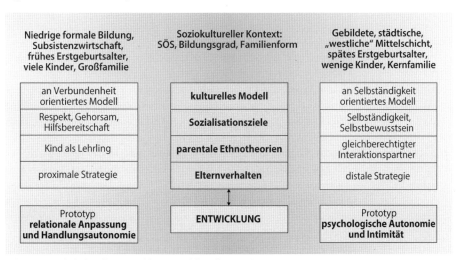

Abb. E.1: Das ökokulturelle Entwicklungsmodell (Keller, 2007).

zeugungen beinhaltet, die das Alltagsleben und das alltägliche Verhalten von Menschen steuern (Greenfield, 2004; Keller, 2007). Menschen sind biologisch dazu ausgestattet, Kultur zu erwerben. Kulturelle Inhalte werden im Prozess der Enkulturation als Grundlage der Identität in einem aktiven Prozess konstruiert und möglicherweise modifiziert. Diese individuellen Prozesse sind die Basis für interindividuelle Unterschiede. Kultur beschreibt damit den Prozess der Anpassung an eine bestimmte Umwelt und kann somit als Natur des Menschen verstanden werden (Keller, 2007; Rogoff, 2003). Diese Definition erlaubt zugleich, einen differenziellen Ansatz systematisch einzubeziehen. Da sich nämlich soziodemografische Profile unterscheidbar beschreiben lassen, muss sich auch deren Repräsentation in Werten, Normen und Verhaltenskonzepten in unterschiedlichen soziodemografischen Kontexten unterscheiden. Dabei ist der Grad der formalen Bildung eine besonders wichtige Einflussgröße auf Werte, Normen und auch Verhaltenspraktiken der primären Bezugspersonen (Greenfield, 2009; LeVine et al., 1996). In Abbildung E.1 (S. 505) ist daher das kulturelle Modell zwischen den soziodemografischen Kontext und die Sozialisationsstrategien geschaltet, die durch das Zusammenspiel von zwei evolvierten und universellen Bedürfnissen geprägt und zugleich als kulturelle Werte repräsentiert sind: Autonomie und Verbundenheit.

3 Autonomie und Verbundenheit als urmenschliche Bedürfnisse und kulturelle Werte

Autonomie wird in der Literatur als die Fähigkeit definiert, das eigene Leben und die eigenen Handlungen zu kontrollieren. Verbundenheit wird definiert als psychologische und/oder ökonomische Interdependenz zwischen Individuen. Es ist offensichtlich, dass die Definition von Autonomie Konsequenzen für die Definition von Verbundenheit hat und umgekehrt. Individuelle Lebens- und Handlungskontrolle definiert auch soziale Beziehungen unter der individuellen Kontrolle und damit als Gegenstand von individuellen Entscheidungen. Das bedeutet auch, dass soziale Verpflichtungen verhandelt und Beziehungen beendet werden können. Auch Verbundenheit kann unterschiedlich aufgefasst werden, je nachdem, ob sie ausschließlich psychologisch, als emotionales Band, bestimmt ist oder ob sie auf Verpflichtungen beruht oder auch ökonomische Dimensionen involviert sind. Die jeweilige Definition hat Auswirkungen auf den Handlungsspielraum, der zur autonomen Gestaltung zur Verfügung steht.

Psychologische Autonomie wird durch Individuen repräsentiert, die sich durch stabile Ich-Grenzen voneinander abheben und unterscheiden, und ist vielen Modellen zufolge Voraussetzung für Gesundheit und Wohlbefinden (Chirkov, Ryan, Kim & Kaplan, 2003; Kağıtçıbaşı, 2005). Das damit verbundene Selbstkonzept wurde in Beziehung gesetzt zu den Idealen von Freiheit und individueller Unabhängigkeit, wie sie als typisch für die Lebensphilosophie der westlichen Welt beschrieben werden (Kağıtçıbaşı, 2007; Markus & Kitayama, 1991). Hierarchische Verbundenheit als Organisator des Selbstkonzeptes wird in der nicht-westlichen Welt, der Mehrheitswelt, wie Kağıtçıbaşı (2007) sie bezeichnet, lokalisiert, wo Ich-Grenzen zwischen Individuen als eher fließend konzipiert werden.

Bezüglich der beiden Konstrukte Autonomie und Verbundenheit gab und gibt es heftige Debatten, was deren Dimensionalität betrifft. Ohne auf diese Debatten hier näher eingehen zu können (siehe dazu Keller, 2011; Oyserman, Coon & Kemmelmeier, 2002) ist festzuhalten, dass Menschen ebenso wie Kulturen nicht ohne Verbundenheit und Autonomie auskommen können. Entsprechend gibt es verschiedene Konzeptionen, die die Koexistenz formulieren, wie auch empirische Belege, die diese dokumentieren (z. B. Deci & Ryan, 1991; Kağıtçıbaşi, 1996; Kitayama & Uchida, 2005; Keller, Demuth & Yovsi, 2008; Kuhl & Keller, 2008). Diese Ansätze haben gemein, dass Autonomie (auch *agency*) sich auf die innere, psychologische Welt der Intentionen, Wünsche, Präferenzen und Vorlieben bezieht. Wenn wir diese Überlegungen an die Definition von Entwicklung als alltagsbasierte Ko-Konstruktion in Bezug auf die kulturspezifische Lösung universeller Entwicklungsaufgaben zurückbinden, so wird deutlich, dass die Referenz zu *psychologischer Autonomie* in dem diskutierten Sinne für die westliche Mittelschicht charakteristisch und auch adaptiv ist, nicht aber für Lebensstile, die sich in geringerem Ausmaß formaler Bildung, früher Elternschaft, vielen Kindern und dem Leben in subsistenzwirtschaftlich organisierten Großfamilien darstellen. Hier ist die Erscheinungsform der Autonomie vielmehr an einen konkreten Handlungsvollzug gebunden. Demnach besteht ein zentrales Sozialisationsziel darin, dass Kinder schon früh lernen, einfache Handlungsanweisungen selbständig auszuführen und im Alltag anfallende Routinehandlungen selbstverantwortlich zu übernehmen (Ogunnaike & Houser, 2002). Individuelle Wünsche oder Präferenzen spielen in diesem Fall keine oder nur eine untergeordnete Rolle. Daher schlagen wir vor, *Handlungsautonomie* als selbstverantwortliche und selbstkontrollierte Planung und Ausführung von Handlungen von psychologischer Autonomie zu differenzieren (Keller, 2011; Keller & Otto, 2011). Die beiden Konzepte unterscheiden sich vor allem darin, ob das Verhalten und Erleben durch persönliche Präferenzen und Entscheidungen bestimmt wird oder ob Rollenerwartungen und soziale Responsivität handlungsleitend sind. Die verantwortliche Übernahme und Ausführung von Arbeiten im bäuerlichen Haushalt erfordern ein hohes Ausmaß an Entscheidungen und Kontrolle, ohne dass dabei eigene oder andere Wünsche und Intentionen verhandelt werden müssen.

Verbundenheit wird in der Literatur in zwei Modalitäten diskutiert: Nähe und Getrenntheit (z. B. Kağıtçıbaşi, 2007). Dabei wird Nähe als Teilhabe an einem sozialen System verstanden, bei dem die Grenzen zwischen einzelnen Personen fließend sind. Getrenntheit meint Unabhängigkeit von anderen mit individueller Kontrolle über soziale Beziehungen und deren Form (was aber natürlich nicht bedeutet, dass soziale Beziehungen nicht wichtig sind). Wir finden diese Nomenklatur etwas verwirrend, da Getrenntheit ja nicht bedeutet, dass Beziehungen unwichtig sind und Nähe in diesem Sinne nicht die Beziehungsqualität definiert. Unserer Meinung nach wäre es angemessener, soziale Beziehungen ebenso wie die beiden Formen der Autonomie mit mehr oder weniger Bezug zur inneren psychologischen Realität zu konzipieren. Wir schlagen daher den Begriff der *psychologischen Relationalität* vor, wenn es die innere, mentale Welt und die psychologische Realität ist, die Beziehungen bestimmt. Hingegen sprechen wir von *hierarchischer Verbundenheit*, wenn die sozialen Beziehungen in einem Netzwerk von Verpflichtungen eines sozialen Verbundes verortet sind, das keine individuellen Verhandlungen über ihre Natur, Nähe und Distanz erfordert bzw. nötig oder möglich macht. Es ist offensichtlich, dass Intimität in Beziehung zu psychologischer Autonomie gesetzt werden kann, während hierarchische Verbundenheit eher mit Handlungsautonomie korrespondiert. *Psychologische Autonomie und Intimität können als prototypisch für die westliche Mittelschicht betrachtet werden. Die Orientierung an hierarchischer Verbundenheit, in der Erwartungen und Rollenvorstellungen die sozialen Beziehungen regulieren, und Handlungsautonomie können als prototypisch für die nicht-westliche, subsistenzwirtschaftlich organisierte bäuerliche Großfamilie betrachtet werden.* Beide Kontexte sind sehr unterschiedlich organisiert und verkörpern zum Teil sich ausschließende Wertsysteme. Das bedeutet jedoch keinesfalls, dass sie als dichotom zu verstehen sind, als zwei Endpunkte auf einer Dimension. Ebenso wie ein Kind nicht als Gegenteil von sieben Kindern betrachtet werden kann oder 15 Jahre formaler Schulbildung als Gegenteil von 7 Jahren formaler Schulbildung, so kann auch die Orientierung an psychologischer Autonomie nicht als Gegenteil von Handlungsautonomie betrachtet werden. In der Tat sind natürlich beide Formen von Autonomie immer vorhanden, wenngleich sich auch die Akzentsetzungen sehr unterscheiden können. Es ist wichtig, dies noch einmal ausdrücklich zu betonen, da die prototypischen kulturellen Milieus immer wieder als simplizistische Reduzierung der menschlichen Vielfalt missverstanden werden. Selbstverständlich gibt es neben den beiden Prototypen noch viele andere Erscheinungsformen (siehe Keller, 2007).

3.1 Sozialisation zu Psychologischer Autonomie

Das erste und oft einzige Kind einer westlichen Mittelschichtfamilie hat typischerweise Eltern, die etwa Mitte bis Ende Dreißig sind, ein hohes Niveau formaler Schulbildung besitzen, häufig ein Universitäts- oder Hochschulstudium absolviert und sich schon einige Jahre beruflich betätigt und konsolidiert haben. Nun ist alles bereit für die neue Entwicklungsaufgabe, die mit dem Einsatz erheblicher materieller Ressourcen in Angriff genommen wird. Das Baby wird zum Lebensmittelpunkt, auf den die materielle und psychologische Umwelt ausgerichtet ist. Das Baby erfährt exklusive dyadische Aufmerksamkeit, indem Mutter (Vater) sich vollständig auf die frühen Konversationen konzentrieren. Das Baby liegt typischerweise auf dem Rükken, Mutter (Vater) beugt sich über das Baby und kommuniziert mit ihm im „face to face"-Modus. Während solcher Blickkontaktepisoden spiegeln die Eltern die kindlichen Signale (Papoušek & Papoušek, 1987). Durch diese schnellen Reaktionen auf seine Signale erfährt das Baby, dass sein Verhalten Reaktionen hervorrufen kann und damit die Umwelt vorhersagbar wird, d. h., kontrolliert werden kann – ein wesentlicher Baustein von psychologischer Autonomie. Gleichzeitig verbringt das Baby viel Zeit alleine bzw. mit Spielzeug, denn es muss lernen, allein zu sein und so eine Beziehung mit sich selbst aufzubauen, wie uns eine Berliner Mittelschichtmutter erläuterte. Allein sein zu können wird von westlichen Mittelschichteltern immer wieder als Wert formuliert (Keller, 2007); nicht alleine sein zu können wird als Abhängigkeit interpretiert, die nicht zu einer gesunden Selbstentwicklung passt. Allein zu sein ist entscheidend für die Entwicklung psychologischer Autonomie, das heißt, Entscheidungen für sich selbst zu treffen und eine unabhängige Identität zu entwickeln. Darüber hinaus ist es wichtig, dem Baby das Gefühl zu geben, dass es selbst seine sozialen Kontakte bestimmt: „Willst du alleine sein?" „Soll der Papa mit dir spielen?" „Sollen wir die Oma besuchen?" sind häufig an das Baby gerichtete Fragen.

Die frühen Konversationen können als kulturelle Skripte aufgefasst werden. Strukturell sind es besonders zwei Merkmale, die im Vordergrund stehen: Elaboration und Evaluation. *Elaboration* bedeutet das Einbringen neuer Gesprächsanteile, neuer Gedanken und weiterführender Überlegungen; in diesem Sinne stellt die westliche Mittelschichtmutter viele Fragen an das Kind, wobei sie das Gespräch scheinbar als gleichberechtigtes dyadisches Geschehen anlegt. Sie macht z. B. Pausen, als wolle sie dem Baby Gelegenheit geben zu antworten. *Evaluation* bedeutet bewertende Aussagen, die sowohl bestätigend als auch verneinend sein können, wobei ihre emotionale Einbettung äußerst wichtig wird (vgl. Demuth, 2008). Stimulation mit Spielzeug trainiert das kognitive System durch Diskriminierung von Farben, Formen und Geräuschen in einem analytischen Modus. In den reichhaltigen Konversationen, die diese Spielinteraktionen begleiten, interpretieren die Eltern dem Baby seine innere Welt und seine Einzigartigkeit; dabei begleitet viel Lob alle sozialen Handlungen.

3 Autonomie und Verbundenheit als urmenschliche Bedürfnisse und kulturelle Werte

Der Alltag von Babys ist also gesättigt mit kulturellen Botschaften, die in den verschiedenen Verhaltensmodalitäten, verbal und nonverbal, immer wieder wiederholt, modifiziert und bewertet werden. Auch wenn Babys natürlich in den ersten Lebensmonaten das gesprochene Wort semantisch nicht entschlüsseln können, werden durch die Kontur, Intonation, Phrasierung, Strukturierung und viele andere Elemente vielfältige Akzente gesetzt, die ein intuitives Verständnis bahnen.

3.2 Sozialisation zu Hierarchischer Verbundenheit

Die Mutter eines kamerunischen Bauernkindes von der ethnischen Gruppe der Nso im Nordwesten Kameruns bekommt ihr erstes Kind in den späten Teenagerjahren, also zwischen 16 und 18, wenn sie einen manchmal erheblich älteren Mann geheiratet hat und zu seiner Familie auf deren Hof gezogen ist. Dem ersten Baby werden noch viele folgen, da Kinder Wohlstand bedeuten und viele Hände als Helfer im Haus und auf der Farm gebraucht werden. Kinder sind die Gehhilfen (*walking sticks*) ihrer Familien und Altersversicherung der Eltern. Unfruchtbarkeit ist eine schwere soziale Bürde, gilt man doch erst dann als vollwertiges Mitglied der Gemeinschaft und als erwachsen, wenn man Mutter oder Vater geworden ist. Die jungen Frauen sind in der Regel die obligatorischen sieben Jahre in die Dorfschule gegangen, jedoch häufig unterbrochen von notwendiger Feld- und Haushaltsarbeit. Insbesondere die älteren Männer haben häufig weniger Schuljahre absolviert, da Schulen in den Dörfern eine relativ junge Errungenschaft sind. So wichtig Kinder sind, so beiläufig werden sie in den Haushalt aufgenommen. Sie sind niemals im Zentrum der Aufmerksamkeit, aber auch niemals allein. Die Mutter stillt das Baby ca. zwei Jahre, ist aber häufig nicht die Hauptbezugsperson. Die meisten Babys haben in den ersten Lebensmonaten drei bis vier ständige Bezugspersonen, Erwachsene und Kinder. Das wesentliche Medium der Interaktion ist Körperkontakt – Babys befinden sich ständig auf dem Rücken, der Hüfte oder dem Schoß ihrer Bezugspersonen und sind überall, wo diese auch sind. Sie nehmen am familiären Alltag teil und haben keine eigenen Räume, Dinge oder Besitztümer. So wachsen sie durch Beobachtung und Imitation in ihre Aufgaben und Pflichten. Der Umgang mit Babys, der Körperkontakt, das Stillen, auch schon bevor negative Laute zu hören sind, vermitteln dem Baby, Teil einer sozialen Gemeinschaft, ja Teil der sozialen Handlung zu sein. Dies wird zudem durch gleichzeitiges Vokalisieren und Verbalisieren unterstrichen, so dass die Ich-Grenzen nicht gerade einfach zu entdecken sind (Demuth, 2008; Keller, 2007; Keller, Otto et al., 2008). Wird exklusiv mit dem Baby interagiert, so ist es häufig motorische Stimulation. Die Nso haben eine charakteristische Art des rhythmischen Auf- und Abbewegens des Babys, das dabei unter den Armen gehalten wird. Diese Stimulation hält man für unbedingt notwendig für eine gesunde Entwicklung und dafür, ein guter Nso zu werden.

Die Sozialisationsstrategie ist demnach auf Gemeinsamkeit und soziale Bezüge ausgerichtet, allerdings mit klaren Regeln und Verhaltensvorschriften, die an der hierarchischen Struktur des Haushalts ausgerichtet sind. Bei den frühen Konversationen mit dem Baby fällt zunächst auf, dass verbale Anteile und dialogähnliche Unterhaltungen auf quasi-gleicher Augenhöhe zugunsten einer rhythmischen, aus vielen Vokalisationen bestehenden repetitiven Konversationsstruktur zurücktreten. Beschreibung, Wiederholung und Aufforderung sind weitere hervorstechende Elemente. Dabei sind Wiederholungen ein Teil des als Babytalk bezeichneten universellen Registers, das mit Säuglingen intuitiv verwendet wird.

Zwar treten Wiederholungen in allen kulturellen Kontexten auf, bei den Nso (ebenso wie bei vielen anderen subsistenzwirtschaftlich lebenden Bauern) sind Wiederholungen jedoch ein zentrales Charakteristikum früher Konversation. Die Nso-Mutter wiederholt das gleiche Thema in zumeist identischen Formulierungen. Weiterhin beziehen sich die Inhalte auf Handlungen und nicht auf Reflexionen über Handlungen. Im Zentrum stehen dabei die Wir-Identität („co-agency"), der soziale Kontext und der Bezug zu moralischen Standards oder sozialen Regeln. Dieser Bezug wird affirmativ in Aufforderungen hergestellt. Die Mutter strukturiert dabei die Interaktion und gibt das Handlungsschema vor mit der Erwartung, dass das Kind seine Rolle erfüllt. Das Erleben des Kindes wird in eine synchrone Struktur mit der Mutter – oder einer anderen Bezugspersonen – gebracht, indem verbal/vokale und motorische Kommunikation in Einklang gebracht werden. Die kulturelle Botschaft an das Nso-Baby in den dörflich agrarischen Lebensstrukturen ist, dass das Kind Teil umfassender sozialer Handlungen ist. Es soll so schnell wie möglich seinen Platz innerhalb des sozialen Systems einnehmen und die daran geknüpften Rollenerwartungen erfüllen. Dabei muss natürlich auch Autonomie erworben werden, allerdings nicht auf das eigene psychische Erleben bezogen, sondern im Sinne der oben definierten Handlungsautonomie, also als Handelnder im sozialen Kontext. Die kulturellen Laboratorien kleiner Kinder in traditionellen Bauernfamilien der Nso sind identisch mit der realen Lebenswelt der Erwachsenen. Schon einjährige Kinder helfen bei den häuslichen Aufgaben mit den Werkzeugen, die auch die Erwachsenen benutzen. Diese frühe Handlungsautono-

Psychologische Autonomie wird als prototypisch für die westliche Mittelschicht betrachtet, in der Kinder auch lernen, allein zu spielen, um eine Beziehung mit sich selbst aufzubauen, Entscheidungen für sich selbst zu treffen und eine *unabhängige Identität* zu entwickeln. Nicht allein sein zu können, wird dagegen als Abhängigkeit interpretiert, die nicht zu einer gesunden Selbstentwicklung passt. Diese Erwartungen tragen zu Entwicklungspfaden bei, die nicht notwendigerweise für die Entwicklung von Kindern in anderen Teilen der Welt gelten.

mie unterscheidet sich grundlegend von den Kinderwelten westlicher Mittelschichtfamilien, wo Kinder bspw. ihr eigenes Spielzeug bekommen und es undenkbar ist, sie z. B. mit einem Messer umgehen zu lassen.

Es wird deutlich, dass in den verschiedenen Kommunikationskanälen auch hier eine gleichsinnige kulturelle Botschaft transportiert wird, die am Primat der hierarchischen Verbundenheit orientiert ist. Hierarchische Verbundenheit garantiert die Kooperation der Familienmitglieder zur Sicherung der ökonomischen Lebensgrundlagen. Handlungsautonomie definiert die dazu notwendigen Verhaltensstrategien.

4 Konsequenzen für eine kulturinformierte Entwicklungspsychologie

Die Skizzierung dieser beiden prototypischen frühen Lernumwelten, die des westlichen Mittelschichtbabys und die des dörflichen Bauernkindes der Nso, weisen profunde Unterschiede in den Sozialisationszielen und Verhaltenspraktiken auf. Wie kann man vor diesem Hintergrund annehmen, dass die Entwicklungsverläufe universell sind, wie es in unseren Lehrbüchern und Handbüchern steht? Henrich, Heine und Norenzayan (2010) haben in einem viel beachteten Aufsatz in „Brain und Behavioral Science" überzeugend dokumentiert, dass das Verhalten und Erleben sowie dessen Entwicklung der westlichen Mittelschicht im weltweiten Vergleich in einigen Bereichen eher als „Ausreißer" denn als Norm zu sehen ist; es gibt gute Dokumentationen von kulturspezifischen Persönlichkeitsunterschieden, Modi der Informationsaufnahme und -verarbeitung, Gedächtnisprozessen, Emotionsverständnis und -ausdruck und Kognitionen (siehe z. B. Kitayama & Cohen, 2007). Lediglich in der Entwicklungspsychologie ist noch ein sehr rudimentäres Verständnis zu kulturspezifischen Entwicklungsverläufen, d. h. über differenzielle ontogenetische Pfade zu den kulturellen Mustern im Erwachsenenalter, zu verzeichnen. In den folgenden Abschnitten werden deshalb einige Befunde diskutiert, die die differenzielle Wirkweise früher Erfahrungen und kulturspezifischer Sozialisationsumwelten auf kindliche Entwicklungsverläufe darstellen.

4.1 Das Erreichen von Entwicklungsmeilensteinen

Kulturspezifische Sozialisationsstrategien betonen unterschiedliche Verhaltensmuster: Bei den Nso-Bauern wird das Baby ausgiebig motorisch stimuliert, was dazu führen sollte, dass die motorische Entwicklung akzeleriert wird. Aus neurophysiologischen Untersuchungen sind Zusammenhänge zwischen der spezifischen Auf- und Abwärtsstimulation und der Entwicklung motorischer Meilensteine berichtet worden (Bril, Hombessa, Zack & Sabatier, 1996). Diese Untersuchungen sind den Nso-Bauern natürlich nicht bekannt, dennoch haben sie ein intuitives Verständnis, eine implizite Entwicklungstheorie, die diese Stimulation mit Entwicklung und Wachstum zusammenbringt (Keller, Yovsi & Völker, 2002). Es gibt darüber hinaus eine Reihe von Untersuchungen und auch anthropologische Feldberichte, die aufzeigen, dass Babys in verschiedenen Dörfern subsaharischer Länder motorisch „akzeleriert" sind (zusammenfassend Keller, Yovsi & Völker, 2002).

In diesem Sinne haben wir in systematischen Vergleichen drei- und sechsmonatiger Nso-Babys sowie deutscher Mittelschichtbabys mit Hilfe des Bayley-Tests Unterschiede im grobmotorischen (erwartungsgemäß nicht im feinmotorischen) Bereich bestätigen können

(Lohaus et al., 2011). Schaut man sich die einzelnen Testaufgaben im Alter von sechs Monaten an, so stellt man fest, dass die Nso-Babys sehr viel besser als die deutschen Babys sind bei „Sitzen ohne Unterstützung" und bei „Laufbewegungen". Die deutschen Babys sind dagegen sehr viel besser als die Nso-Babys bei den Items, die im Liegen ausgeführt werden („Fuß mit Hand fassen" und „vom Rücken auf den Bauch drehen"). Damit spiegeln diese Ergebnisse genau die frühen Erfahrungskontexte wider – nämlich viel Zeit im Liegen/auf dem Rücken zu verbringen oder sehr viel motorische Stimulation zu erfahren. Ebenfalls erwartungsgemäß sind die deutschen Babys besser in den vokal/kommunikativen Funktionen mit drei und sechs Monaten, was die besonders betonte verbale kommunikative Umwelt der deutschen Mittelschichtbabys abbildet.

Wir sind uns dabei durchaus bewusst, dass die Anwendung westlich konzipierter Tests in einem anderen kulturellen Kontext grundsätzlich fraglich ist (dazu auch Greenfield, 1997), denken aber, dass auf Itemebene und ohne Rekurs auf Normen durchaus Entwicklungsunterschiede dokumentiert werden können. Problematisch ist dabei, dass nur Bereiche erfasst werden, die in den westlich konzipierten Verfahren vorhanden sind; es ist anzunehmen, dass die Nso-Babys über elaborierte soziale Kompetenzen wie die Differenzierung verschiedener sozialer Bezugspersonen verfügen, die in dem Bayley-Test nicht konzipiert sind.

4.2 Universelle Entwicklungsaufgaben – unterschiedliche Lösungen

Anhand unseres Modells der ökokulturellen Entwicklung haben wir argumentiert, dass Entwicklung in Abhängigkeit von ökokulturellen Dimensionen variiert. Diese Variationen sind keineswegs zufällig oder beliebig. Sie weisen Regularitäten und Gesetzmäßigkeiten auf, die sich in der sozialen Entwicklung von Kindern auswirken und auf die Dimensionen der Autonomie und Relationalität beziehen lassen. An kulturvergleichenden Untersuchungen zur frühen Interaktion und Selbsterkennung des Kindes soll dies im Folgenden exemplarisch dargestellt werden.

4.2.1 Entwicklung als dynamisches Wechselspiel: Blick und Lächeln

In einer Reihe von kulturvergleichenden Untersuchungen konnten wir zeigen, dass sich kontingentes Elternverhalten – eine Facette des intuitiven Elternverhaltens – je nach soziokulturellem Kontext unterscheidet: In der Reaktion auf die kommunikativen Signale ihrer dreimonatigen Säuglinge betonen Mütter in an psychologischer Autonomie orientierten kulturellen Kontexten visuelle Kommunikation stärker und legen weniger Wert auf proximale kontingente Reaktionen als Mütter in prototypisch an (hierarchischer) Relationalität orientierten kulturellen Kontexten (Kärtner et al., 2008).

Weiterhin konnten wir zeigen, dass sich diese kulturspezifischen Kontingenzmuster im Laufe der ersten drei Lebensmonate erst herausbilden und dass diese differenzielle Entwicklung Implikationen für den sog. *two-month shift* hat. Der *two-month shift* wird mit einer Reihe von qualitativen Veränderungen in der sozialen Interaktion zwischen Säugling und Bezugsperson verbunden, die zwischen dem 2. und 3. Lebensmonat lokalisiert werden: Der Säugling (1) ist für längere Phasen wach und interaktionsbereit, (2) kann längere Zeit Blickkontakt aufbauen und halten, (3) interessiert sich stärker für Gesichter und (4) beginnt, sozial zu lächeln. Ko-konstruktionistische Theorien der emotionalen Entwicklung betonen schon seit

4 Konsequenzen für eine kulturinformierte Entwicklungspsychologie

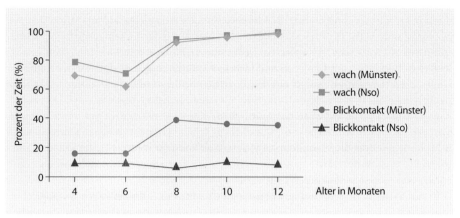

Abb. E.2: Kulturspezifische Entwicklung des *two-month shift* in Münster und bei den ländlichen Nso. *Anmerkung:* Signifikante Unterschiede zwischen der 4. und 6. und allen folgenden Lebenswochen für alle Variablen mit Ausnahme des wechselseitigen Blickkontakts bei den Nso. Signifikante Kulturunterschiede beim wechselseitigen Blickkontakt ab der 8. Lebenswoche.

längerem die Rolle der sozialen Interaktion als weitere notwendige Bedingung dieser Entwicklungen. Jedoch setzen diese Theorien frühe „face to face"-Interaktionen und positiven emotionalen Austausch als universell gegeben voraus. Diese Voraussetzung ist jedoch fraglich, wie die folgenden Befunde zeigen (Kärtner et al., 2010): Während bei deutschen Mittelschicht-Babys und Nso-Babys ein ähnlicher Anstieg im Grad der Wachheit zwischen Woche 6 und 8 verzeichnet werden konnte, zeigte sich ein entsprechender Anstieg für den wechselseitigen Blickkontakt nur in den Interaktionen der deutschen Mittelschichtmütter mit ihren Babys (Abb. E.2).

In einer weiteren Studie (Wörmann et al., 2011) analysierten wir die Entwicklung des sozialen Lächelns und fanden ein ähnliches Muster: Während sich für die Mutter-Kind-Dyaden im autonomen kulturellen Milieu ein signifikanter Anstieg im sozialen Lächeln zwischen dem 2. und 3. Lebensmonat zeigte, fanden sich nur wenige Lächelepisoden im relationalen kulturellen Milieu. Diese Befunde legen nahe, dass es sich beim „*two-month shift*" um das Ergebnis eines dynamischen Wechselspiels zwischen sich entwickelnden kommunikativen Kompetenzen des Säuglings und dem (kulturspezifischen) Interaktionsverhalten der primären Bezugspersonen handelt. Dieses Ergebnis zeigt ebenfalls, dass sich in den deutschen Mittelschichtfamilien die kulturell betonten distalen Kommunikations- und Verhaltenskanäle etablieren, während die kulturell weniger geschätzten proximalen Modalitäten mit dem Wachheitsgrad des Babys weniger stark genutzt werden. Bei den Nso gibt es hingegen keine solche Orientierung an den kindlichen Signalen, da die Mutter am besten weiß, was für das Baby gut ist und dabei nicht die Wünsche und Bedürfnisse des Babys explorieren muss und sich nicht an dessen Verhaltensäußerungen orientiert. Damit wird die kulturelle Orientierung an hierarchischer Relationalität in sozialisatorische Verhaltensmuster umgesetzt.

4.2.2 Kulturspezifische Selbstentwicklung

Die kulturspezifischen Entwicklungsverläufe werden nicht nur durch unterschiedliche Praktiken gebahnt, sondern in beeindruckender Weise von den mentalen Modellen, beispielsweise den mütterlichen Sozialisationszielen, gesteuert. In einem sequenziellen Kohortendesign haben wir Kinder zwischen 16 und 22 Monaten mit dem Rouge-Test auf das Selbsterkennen im Spiegel untersucht (Kärtner, Keller et al., 2012). Die Kinder kamen aus Mittelschichtfamilien aus zwei städtischen Kontexten, Berlin und Delhi, und aus Bauernfamilien in zwei dörflichen Kontexten, aus Kamerun und Indien. Wie Abbildung E.3 zeigt, war der Anteil der Kinder, die sich selbst im Spiegel erkannten, in den beiden städtischen kulturellen Milieus deutlich höher als in den beiden dörflichen kulturellen Milieus.

Diese Unterschiede zwischen den kulturellen Milieus (insbesondere der starke Kontrast zwischen städtischer Mittelklasse und ländlichem Milieu) konnten zu einem Großteil durch die Betonung autonomer Sozialisationsziele erklärt werden. Je stärker Mütter autonomieorientierte Sozialisationsziele gegenüber relationalen Sozialisationszielen betonten, umso früher erkannten sich die Kinder im Spiegel.

In der entwicklungspsychologischen Literatur wird das Selbsterkennen im Spiegel als notwendige Voraussetzung empathischen Erlebens und prosozialen Verhaltens beschrieben (Bischof-Köhler, 1989). Das bedeutet, dass Kinder die Ich-Andere-Unterscheidung vornehmen können müssen, bevor sie sich in die Lage eines anderen hineinversetzen können, um empathisch motiviertes Hilfeverhalten zu zeigen. In einer unserer Studien kamen wir zu dem Ergebnis, dass dieser als universell postulierte Zusammenhang zwischen der Ich-Andere-Unterscheidung und dem frühen Hilfeverhalten kulturspezifisch zu sein scheint (Kärtner, Keller & Chaudhary, 2010). Während es den theoretisch postulierten Zusammenhang in einer Stichprobe deutscher Mittelschichtfamilien in Berlin gab, trat der Zusammenhang in einer hinsichtlich des Bildungsgrades und des sozioökonomischen Status vergleichbaren Stichprobe hinduistischer Familien in Delhi nicht auf. Dabei wurde in Anlehnung an Bischof-Köhler (1989) die Ich-Andere-Unterscheidung über das Selbsterkennen im Spiegel und das prosoziale Verhalten der Kinder im Rahmen einer quasi-experimentellen Untersuchung erhoben, in der die Versuchsleiterin eine Trauerreaktion simulierte. Die Befunde lassen sich gut erklären, wenn man davon ausgeht, dass es unterschiedliche Mechanismen sind, die dem frühen Hilfeverhalten zugrunde liegen, sodass Kinder ontogenetisch über unterschiedliche Entwicklungspfade zum selben Entwicklungsprodukt, dem frühen Hilfeverhalten, gelangen. Die allen theoretischen Ansätzen gemeinsame Annahme ist, dass empathisch motiviertes Helfen nur über die Einsicht in die Subjektivität emotionaler Zustände beziehungsweise über das Bewusstsein der psychischen Grenze zwischen eigenem und fremdem Erleben möglich ist. Wir gehen davon aus, dass es dem Kind jedoch

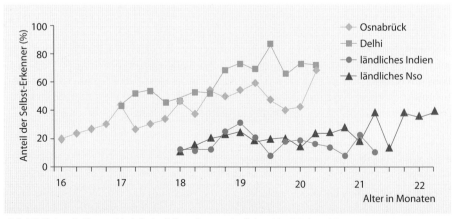

Abb. E.3: Kulturelle Unterschiede beim Selbsterkennen im Spiegel im 2. Lebensjahr.

4 Konsequenzen für eine kulturinformierte Entwicklungspsychologie   515

alternativ möglich ist, aufgrund des gemeinsamen Handlungsvollzugs im Sinne von Barresi und Moore (1996) die Situation als Ganzes zu verstehen, ohne individuelle mentale Zustände zuzuschreiben. Dieses Verständnis der Situation ermöglicht es dem Kind, sich konstruktiv zu verhalten und der anderen Person zu helfen. Demzufolge müsste man hier von situationsgebundenem Hilfeverhalten sprechen, das aus dem Verständnis der Situation und nicht aus dem Verständnis des inneren Zustandes der anderen Person resultiert. In diesem Sinne ließe sich argumentieren, dass es zwei alternative Mechanismen gibt, dem frühes Hilfeverhalten unterliegen kann. Auf der einen Seite empathisch motiviertes Hilfeverhalten, das in den bisherigen sozialkognitiven Erklärungsansätzen als einzige Möglichkeit frühen Hilfeverhaltens genannt wird. Auf der anderen Seite könnte man als Alternative von situationsgebundenem Hilfeverhalten sprechen.

Einen weiteren Hinweis für kulturspezifische Entwicklungspfade finden wir in der Entwicklung des autobiografischen Gedächtnisses. Dazu haben wir erneut Kinder aus Mittelschichtfamilien in Berlin und Delhi längsschnittlich untersucht. Im Alter von 19 Monaten erfassten wir eine Mutter-Kind-Spielsituation in häuslichem Umfeld, die die teilnehmenden Dyaden frei gestalten und auch einen Satz von Spielzeugen, den wir mitgebracht hatten, verwenden konnten. Dabei interessierte uns insbesondere die Struktur des Spiels, d. h. die Initiativen der Partner sowie das Folgeverhalten des anderen Partners (Keller, Borke et al., 2010). Als Maß für die Responsivität der Kinder erhoben wir weiterhin, inwieweit die Kinder insgesamt sechs Aufforderungen der Mutter nachkamen, ein neutrales Objekt einer Person oder an einen anderen Ort zu bringen. Als die Kinder 3 Jahre alt waren, besuchten wir die Familien erneut und baten Mutter und Kind, sich über vergangene Ereignisse zu unterhalten. Mit Hilfe eines Auswertungssystems (Reese & Fivush, 1993; Schröder et al., 2012) erfassten wir die mütterlichen sowie die kindlichen Elaborationen. Elaborationen werden mit der Entwicklung des kindlichen autobiografischen Gedächtnisses, d. h. der Quantität und Qualität seiner Gesprächsbeiträge, in Beziehung gesetzt (Schröder et al., im Druck). Erwartungsgemäß besteht ein positiver Zusammenhang zwischen mütterlichen und kindlichen Elaborationen in beiden Gruppen, wenngleich der Zusammenhang in Delhi schwächer ausgebildet ist als in den Berliner Familien. Darüber hinaus fanden sich weitere, jeweils kulturspezifische längsschnittliche Einflüsse auf die kindlichen Elaborationen während der gemeinsamen Gespräche: Während in den Familien in Delhi das Ausmaß, in dem die Kinder mit 19 Monaten den Aufforderungen der Mutter nachkamen, zusätzlich zu den mütterlichen Elaborationen positiv mit den kindlichen Elaborationen zusammenhing, war es bei den Berliner Familien das Ausmaß, in dem die Mütter den Spielinitiativen des Kindes folgten.

Insofern scheint es also neben den mütterlichen Elaborationen kulturspezifische und gegenläufige Prädiktoren für die kindlichen Elaborationen der Kinder zu geben, die jeweils den dominanten kulturellen Modellen und den spezifischen Rollenerwartungen an das Kind beim gemeinsamen Erinnern entsprechen: Während es in den Berliner Familien eher so zu sein scheint, dass den Kindern die Initiative beim gemeinsamen Erinnern überlassen wird und die Mütter eher Hilfestellung geben, ist es bei den Familien in Delhi eher so, dass vom Kind – ganz im Sinne der an Relationalität orientierten Interaktionsstruktur der mütterlichen Führung – erwartet wird, dass es im Sinne einer zu lösenden Aufgabe möglichst viel erinnert.

5 Schlussbetrachtungen

In diesem Kapitel haben wir ein ökokulturelles Modell von Entwicklung eingeführt und anhand ausgewählter Untersuchungen aus unserer Forschung zeigen können, dass unterschiedliche kulturelle Milieus, die unterschiedliche Kontexte soziodemografischer Variablen repräsentieren, verschiedene Konzeptionen von Autonomie und Relationalität verkörpern, die in frühen Sozialisationsprozessen gebahnt werden. Wir haben die frühen Sozialisationsumwelten anhand der beiden prototypischen Milieus, der westlichen Mittelschichtfamilien und traditionellen Bauernfamilien, charakterisiert. Wir haben ebenfalls nichtwestliche städtische Mittelschichtfamilien untersucht, die Elemente der beiden Prototypen miteinander verbinden. In unserem Forschungsprogramm können wir aufweisen, dass der Zeitpunkt des Erreichens von Entwicklungsmeilensteinen die unterschiedlichen kulturellen Erfahrungen abbildet, selbst in solchen Bereichen, die in den Lehrbüchern noch immer als „reifungsbedingt" bezeichnet werden, wie beispielsweise die grobmotorische Entwicklung. Reifung stellt wie alle anderen Entwicklungsprozesse nicht das Ablaufen eines internen Programms dar, sondern ist auch erfahrungsabhängig. Es ist aber nicht nur die Unterschiedlichkeit von Zeitpunkten. Das sitzende Kind hat einen anderen Winkel auf die Welt als das liegende Kind, hat andere sensomotorische Eindrücke und erfährt andere soziale Rückmeldungen. Das bedeutet, dass Entwicklungsverläufe sich unterschiedlich gestalten. Wir haben zeigen können, dass es nicht nur die unterschiedlichen Verhaltensweisen sind, sondern insbesondere auch die Sozialisationsziele der Familien, die für unterschiedliche Erfahrungen, und damit kindliche Lernumwelten sorgen, die aber auch direkt auf den Verlauf der kindlichen Entwicklung einwirken. Das bedeutet auch, dass Entwicklungsverläufe sich in unterschiedlichen Pfaden zu dem gleichen Ziel hin manifestieren. Bei städtischen Mittelschichtkindern aus Delhi und Berlin haben wir zeigen können, dass prosoziales Verhalten ebenso wie elaborierte Konversationen von Kindern durch unterschiedliche Entwicklungsmechanismen vorhergesagt werden. Insgesamt zeigen diese Befunde, dass Entwicklung in allen sie konstituierenden Bestandteilen variiert und variieren muss. Um Entwicklung zu beschreiben, zu erklären und vorherzusagen, was die genuinen Aufgaben von Entwicklungsmodellen ist, muss Kultur ebenso wie Biologie systematisch berücksichtigt werden.

Literatur

Barresi, J. & Moore, C. (1996). Intentional relations and social understanding. *Behavioral and Brain Sciences, 19*, 107–154.

Belsky, J., Steinberg, L. & Draper, P. (1991). Childhood experience, interpersonal development, and reproductive strategy: An evolutionary theory of socialization. *Child Development, 62*, 647–670.

Bischof-Köhler, D. (1989). *Spiegelbild und Empathie. Die Anfänge der sozialen Kognition.* Bern, CH: Huber.

Bjorklund, D. F. & Pellegrini, A. D. (2002). *The origins of human nature: Evolutionary developmental psychology.* Washington, DC: American Psychological Association.

Boyd, R. & Richerson, P. J. (1985). *Culture and evolutionary process.* Chicago: University of Chicago Press.

Bril, B., Hombessa, E., Zack, M. & Sabatier, C. (1996). Comparative study of postural time table of infants from brith to 12 months (Congo, France, Mali). Vortrag, gehalten auf dem „8th International Congress of Cross-Cultural Psychology", Istanbul, Türkei.

Bronfenbrenner, U. (1981). *Die Ökologie der menschlichen Entwicklung.* Stuttgart: Klett-Cotta.

Caldwell, J. C. (1982). *Theory of fertility decline.* London: Academic Press.

Chirkov, V., Ryan, R. M., Kim, Y. & Kaplan, U. (2003). Differentiating autonomy from individualism and independence: A self-determination theory perspective on internalization of cultural orientations and well-being. *Journal of Personality and Social Psychology, 84* (1), 97–110.

Deci, E. & Ryan, R. (1991). A motivational approach to self: Integration in personality. In R. Dienstbier (Hrsg.), *Nebraska symposium on motivation: Vol. 38. Perspectives on motivation* (S. 237–288). Lincoln: University of Nebraska Press.

Demuth, C. (2008). *Talking to infants: How culture is instantiated in early mother-infant interactions. The case of Cameroonian farming Nso and North German middle-class families.* Dissertation, Universität Osnabrück, Fachbereich Humanwissenschaften, Fachgebiet Entwicklung und Kultur.

Draper, P. & Harpending, H. (1988). A sociobiological perspective on human reproductive strategies. In K. B. MacDonald (Hrsg.), *Sociobiological perspectives on human development* (S. 340–372). New York, NY: Springer.

Erikson, E. H. (1968). *Identity, youth, and crisis.* New York: Norton.

Geary, D. C. & Flinn, M. V. (2001). Evolution of human parental behavior and the human family. *Parenting Science and Practice, 1* (1 & 2), 5–61.

Greenfield, P. M. (1997). You can't take it with you: Why ability assessments don't cross cultures. *American Psychologist, 52,* 1115–1124.

Greenfield, P. M. (2004). *Weaving generations together. Evolving creativity in the Maya of Chiapas.* Santa Fe, NM: Sar Press.

Greenfield, P. M. (2009). Linking social change and developmental change: shifting pathways of human development. *Developmental Psychology, 45* (2), 401–418.

Greenough, W. T., Black, J. E. & Wallace C. S. (1987). Experience and brain development. *Child Development, 58,* 539–559.

Havighurst, R. J. (1953). *Developmental tasks and education.* New York: Davis McKay.

Henrich, J., Heine, S. & Norenzayan, A. (2010). The weirdest people in the world? *Behavioral and Brain Sciences, 33,* 61–135.

Kağitçibaşi, C. (1996). Individualism and collectivism. In J. W. Berry, M. H. Segall & C. Kağitçibaşi (Hrsg.), *Handbook of Cross-Cultural psychology. Volume 3: Social Behavior and applications* (2. Aufl.) (S. 1–49). Boston: Allyn & Bacon.

Kağitçibaşi, C. (2005). Autonomy and relatedness in cultural context: Implications for self and family. *Journal of Cross-Cultural Psychology, 36* (4), 403–422.

Kağitçibaşi, C. (2007). *Family, self, and human development across countries. Theory and applications* (2. Aufl.). Mahwah, NJ: Erlbaum.

Kärtner, J., Keller, H., Lamm, B., Abels, M., Yovsi, R. D., Chaudhary, N. & Su, Y. (2008). Similarities and differences in contingency experiences of 3-month-olds across sociocultural contexts. *Infant Behavior & Development, 31,* 488–500.

Kärtner, J., Keller, H. & Chaudhary, N. (2010). Cognitive and social influences on early prosocial behavior in two socio-cultural contexts. *Developmental Psychology, 46* (4), 905–914.

Kärtner, J., Keller, H., Chaudhary, N. & Yovsi, R. (2012). Sociocultural influences on the development of mirror self-recognition. *Monographs of the Society for Research in Child Development.*

Keller, H. (2007). *Cultures of infancy.* Mahwah, NJ: Erlbaum.

Keller, H. (2010). Linkages between the Whiting model and contemporary evolutionary theory. Special Issue of the *Journal of Cross-Cultural Psychology, 41* (4), 563–577.

Keller, H. (2011). Biology, culture and development: Conceptual and methodological considerations. In F. J. R. van de Vijver, A. Chasiotis & S. Breugelmans (Hrsg.), *Fundamental questions in cross-cultural psychology* (S. 312–340). Cambridge, GB: Cambridge University Press.

Keller, H., Borke, J., Chaudhary, N., Lamm, B. & Kleis, A. (2010). Continuity in parenting strategies – A cross-cultural comparison. *Journal of Cross-Cultural Psychology, 41*, 391–409.

Keller, H. & Chasiotis, A. (2006). Evolutionary perspectives on social engagement. In P. J. Marshall & N. A. Fox (Hrsg.), *The development of social engagement: Neurobiological perspectives* (S. 275–303). Oxford: Oxford University Press.

Keller, H. & Chasiotis, A. (2007). Entwicklung im Spannungsfeld zwischen Natur und Kultur. In M. Hasselhorn & R. Silbereisen (Hrsg.), *Enzyklopädie Psychologie, Serie V: Entwicklung, Band 4: Psychologie des Säuglings- und Kindesalters* (S. 531–570). Göttingen: Hogrefe.

Keller, H., Demuth, C. & Yovsi, R. D. (2008). The multi-voicedness of independence and interdependence – The case of Cameroonian Nso. *Culture and Psychology, 14* (1), 115–144.

Keller, H., Lohaus, A., Kuensemueller, P., Abels, M., Yovsi, R. D., Voelker, S., Jensen, H., Papaligoura, Z., Rosabal-Coto, M., Kulks, D. & Mohite, P. (2004). The bio-culture of parenting: Evidence from five cultural communities. *Parenting: Science and Practice, 4* (1), 25–50.

Keller, H. & Otto, H. (2011). Different faces of autonomy. In X. Chen & K. H. Rubin (Hrsg.), *Socioemotional development in cultural context* (S. 164–185). New York: Guilford Publ.

Keller, H., Otto, H., Lamm, B., Yovsi, R. D. & Kärtner, J. (2008). The timing of verbal/vocal communications between mothers and their infants: A longitudinal cross-cultural comparison. *Infant Behavior & Development, 31*, 217–226.

Keller, H., Yovsi, R. D. & Völker, S. (2002). The role of motor stimulation in parental ethnotheories. The case of Cameroonian Nso and German women. *Journal of Cross-Cultural Psychology, 33* (4), 398–414.

Kitayama, S. & Cohen, D. (Hrsg.) (2007). *Handbook of cultural psychology*. New York: Guilford Press.

Kitayama, S. & Uchida, Y. (2005). Interdependent agency: An alternative system for action. In R. Sorrentino, D. Cohen, J. M. Ison & M. P. Zanna (Hrsg.), *Culture and social behaviour: The Ontario symposium* (Vol. 10, S. 165–198). Mahwah, NJ: Erlbaum.

Kuhl, J. & Keller, H. (2008). Affect-regulation, self-development and parenting: A functional-design approach to cross-cultural differences. In R. Sorrentino & S. Yamaguchi (Hrsg.), *The handbook of motivation and cognition across cultures* (S. 19–47). New York, NY: Elsevier.

LeVine, R. A., Miller, P. M., Richman, A. L. & LeVine, S. (1996). Education and mother-infant interaction. A Mexican case study. In S. Harkness & C. M. Super (Hrsg.), *Parents' cultural belief systems* (S. 254–288). New York: Guilford Press.

Lohaus, A., Keller, H., Lamm, B., Teubert, M., Fassbender, I., Freitag, C., Goertz, C., Graf, F., Kolling, T., Spangler, S., Vierhaus, M., Knopf, M. & Schwarzer, G. (2011). Infant development in two cultural contexts: Cameroonian Nso farmer and German middle-class infants. *Journal of Reproductive and Infant Psychology, 29* (2), 148–161.

MacDonald, K. B. (1988). *Social and personality development. An evolutionary synthesis*. New York: Plenum Press.

Markus, H. R. & Kitayama, S. (1991). Culture and the self. Implications for cognition, emotion and motivation. *Psychological Review, 98*, 224–253.

Mayr, E. (1974). Behavior programs and evolutionary strategies. *American Sciences, 62*, 650–659.

Ogunnaike, O. & Houser, R. (2002). Yoruba toddlers' engagement in errands and cognitive performance on the Yoruba Mental Subscale. *International Journal of Behavioral Development, 26* (2), 145–153.

Oyserman, D., Coon, H. M. & Kemmelmeier, M. (2002). Rethinking individualism and collectivism: Evaluation of theoretical assumptions and meta-analyses. *Psychological Bulletin, 128* (1), 3–72.

Papoušek, H. & Papoušek, M. (1987). Intuitive parenting: A dialectic counterpart to the infant's integrative competence. In J. D. Osofsky (Hrsg.), *Handbook of infant development* (2. Aufl.) (S. 669–720). New York: Wiley.

Prechtl, H. (1984). *Continuity of neural functions from prenatal to postnatal life.* London: Spastics International Medical Publications.

Reese, E. & Fivush, R. (1993). Parental styles of talking about the past. *Developmental Psychology, 29,* 596–606.

Rutter, M. & Rutter, M. (1992) *Developing minds. Challenge and continuity across the life span,* London: Penguin.

Rogoff, B. (2003). *The cultural nature of human development.* New York: Oxford University Press.

Schröder, L., Kärtner, J., Keller, H. & Chaudhary (2012). Culture-specific predictors of 3-year-olds' autobiographical memories during joint reminiscing. Manuskript zur Veröffentlichung eingereicht.

Schröder, L., Keller, H., Kärtner, J., Kleis, A., Abels, M., Yovsi, R. D., Chaudhary, N., Jensen, H. & Papaligoura, Z. (im Druck). Early reminiscing in cultural context: Cultural models, maternal reminiscing styles, and children's memories. *Journal of Cognition and Development.*

Storfer, M. (1999). Myopia, intelligence, and the expanding human neocortex: behavioral influences and evolutionary implications. *International Journal of Neuroscience, 98,* 153–276.

Strüber, N. & Roth, G. (2011). Neurobiopsychologie des Säuglings. In H. Keller (Hrsg.), *Handbuch der Kleinkindforschung* (S. 80–102). Bern: Huber Verlag.

Tanner, J. M. (1970). Physical growth. In P. H. Mussen (Hrsg.), *Carmichael's manual of child psychology* (Vol. 1, S. 77–155). New York: Wiley.

Whiting, B. B. (Hrsg.) (1963). *Six cultures. Studies of child rearing.* New York: Wiley.

Whiting, B. B. & Pope Edwards, C. (1988). *Children of different worlds. The formation of social behavior.* Cambridge, MA: Harvard University Press.

Whiting, J. W. M. (1977). A model for psychocultural research. In P. Leiderman, S. Tulkin & A. Rosenfeld (Hrsg.), *Culture and infancy* (S. 29–47). New York: Academic Press.

Wilson, E. O. (1975). *Sociobiology: A new synthesis.* Cambridge, Mass.: Harvard University Press.

Wohlwill, J. F. (1973). *The study of behavioral development.* New York: Academic Press.

Wörmann, V., Holodynski, M., Kärtner, J. & Keller, H. (2011). *A cross-cultural comparison of the development of the social smile. A longitudinal study of affect mirroring and motor mimicry in 6- and 12-week-old infants.* Manuskript zur Veröffentlichung eingereicht.

Bildquellenverzeichnis

Kapitel 1
Bild 1 (S. 2): Privatbesitz
Bild 2 (S. 5): Michaelis, A. R. (1955). Research films in biology, anthropology, psychology, and medicine. New York: Academic Press.
Bild 3 (S. 17): © Christian Thiel, Berlin (www.christianthiel.net)

Kapitel 2
Bild 1 (S. 26, oben): Privatbesitz
Bild 2 (S. 26, unten): Courtesy of the Division of Rare and Manuscript Collections, Cornell University Library. Faculty Biographical Files, #47-10-3394.
Bild 3 (S. 34): © Christian Thiel, Berlin (www.christianthiel.net)

Kapitel 3
Bild 1 (S. 60): Privatbesitz
Bild 2 (S. 66): © Christian Thiel, Berlin (www.christianthiel.net)

Kapitel 4
Bild 1 (S. 94): © James Maas, Cornell University
Bild 2 (S. 102): © Mark Richards / Photoedit
Bild 3 (S. 114): © Christian Thiel, Berlin (www.christianthiel.net)

Kapitel 5
Bild 1 (S. 122): © Axel Cleeremans, Brüssel (www.consciousbrain.eu)
Bild 2 (S. 127): © Christian Thiel, Berlin (www.christianthiel.net)
Bild 3 (S. 138): © LMU München, Department Psychologie

Kapitel 6
Bild 1 (S. 148): © Fondation Jean Piaget, Genf (www.fondationjeanpiaget.ch)
Bild 2 (S. 153): © Christian Thiel, Berlin (www.christianthiel.net)

Kapitel 7
Bild 1 (S. 174): © Max-Planck-Gesellschaft zur Förderung der Wissenschaften e. V., München
Bild 2 (S. 188): © Christian Thiel, Berlin (www.christianthiel.net)

Kapitel 8
Bild 1 (S. 202): © John H. Flavell, Stanford University
Bild 2 (S. 214): © Christian Thiel, Berlin (www.christianthiel.net)

Kapitel 9
Bild 1 (S. 234): Harvard University Archives (HUP Murray, Henry A. (3))
Bild 2 (S. 248): © Christian Thiel, Berlin (www.christianthiel.net)

Kapitel 10
Bild 1 (S. 252): © Jutta Heckhausen, University of California, Irvine
Bild 2 (S. 270): © Christian Thiel, Berlin (www.christianthiel.net)

Kapitel 11
Bild 1 (S. 282): © Max-Planck-Institut für Bildungsforschung, Berlin
Bild 2 (S. 293): © Christian Thiel, Berlin (www.christianthiel.net)

Kapitel 12
Bild 1 (S. 310): Privatbesitz
Bild 2 (S. 312): © Christian Thiel, Berlin (www.christianthiel.net)
Bild 3 (S. 319): © Universität Potsdam, Abteilung Entwicklungspsychologie
Bild 4 (S. 323): Reprinted by permission from Macmillan Publishers Ltd: Nature, G. Gergely, H. Bekkering & I. Király: Developmental psychology: Rational imitation in preverbal infants. Nature 415, 755 © 2002

Bildquellenverzeichnis   521

Kapitel 13
Bild 1 (S. 330): © Albert Bandura, Stanford University
Bild 2 (S. 342): © Christian Thiel, Berlin (www.christianthiel.net)

Kapitel 14
Bild 1 (S. 354): Anna Freud and Sigmund Freud in Berlin, 1929.
         © The Freud Museum, London. Photographer: Genia Brinitzer
Bild 2 (S. 372): © Christian Thiel, Berlin (www.christianthiel.net)

Kapitel 15
Bild 1 (S. 380): © New York Psychoanalytic Society and Institute Archive
Bild 2 (S. 392): © Christian Thiel, Berlin (www.christianthiel.net)

Kapitel 16
Bild 1 (S. 404): © Erik Hesse, University of California, Berkeley
Bild 2 (S. 406): © University of Wisconsin-Madison Archives
Bild 3 (S. 416): © Christian Thiel, Berlin (www.christianthiel.net)

Kapitel 17
Bild 1 (S. 436): © Duke University Archives
Bild 2 (S. 443, 1. von links): © Stock-Foto (Bild #2477516) / colourbox
Bild 2 (S. 443, 2. von links): © Imgorthand / iStockphoto
Bild 2 (S. 443, 3. von links): © inarik / fotolia
Bild 2 (S. 443, 4. von links): © Nomad_Soul / fotolia
Bild 2 (S. 443, 5. von links): © Gleam / fotolia
Bild 2 (S. 443, 6. von links): © Serhiy Kobyakov / fotolia
Bild 3 (S. 451): © Christian Thiel, Berlin (www.christianthiel.net)

Kapitel 18
Bild 1 (S. 468): Harvard University Archives (UAV 605.295.21p, Box 5, June 9, 1994, ff 1)
Bild 2 (S. 474): © Christian Thiel, Berlin (www.christianthiel.net)

Kapitel 19
Bild 1 (S. 486, oben): Privatbesitz
Bild 2 (S. 486, unten): © Don J. Usner (www.donusner.com)
Bild 3 (S. 493): © Christian Thiel, Berlin (www.christianthiel.net)

Exkurs
Bild 1 (S. 510): © Christian Thiel, Berlin (www.christianthiel.net)

Personenverzeichnis

Abraham, K. 361 f.
Ach, N. 245
Adler, A. 365, 383
Ahnert, L. 39, 44, 53, 65, 410 f.,
    414 f., 421 f., 424–427
Aichhorn, A. 358, 383, 387, 400
Ainsworth, M. D. S. 65, 404,
    406, 409–412, 415, 417 f.,
    420, 423, 428
Alexander, R. D. 67 f.
Allal, N. 67
Allen, J. P. 415, 419, 422
Allport, G. 237
Alvarez, H. 80
Anastasi, A. 79
Anderson, K. G. 69
Antweiler, C. 79
Apostolou, M. 74
Apperly, I. A. 143
Aristoteles 124
Aschersleben, G. 114, 141,
    318, 325
Ashcraft, M. H. 337
Atkinson, J. W. 241 f.
Atkinson, R. C. 202, 210, 336
Ayduk, O. 345

Bacon, F. 27
Baddeley, A. D. 183 f., 186 f.,
    210–212, 219
Baillargeon, R. 129 f., 132, 138
    f., 141 f., 211
Bakermans-Kranenburg, M. J.
    411, 413, 427
Baldwin, J. M. 60, 64–66, 78,
    83 f., 149, 151, 312
Baltes, M. M. 286 f.
Baltes, P. B. 9, 13, 15, 18, 47,
    282 f., 286–289, 305
Bandura, A. 37, 257, 311, 325,
    330, 340–344, 350, 479
Banham Bridges, K. M. 436,
    439, 447, 462
Barker, R. G. 37
Baron-Cohen, S. 75
Barr, R. 320
Barrett, H. C. 78
Barrett, K. C. 444–446, 456 f.
Barry, H. III. 75
Bates, E. 125, 472, 481
Becker-Stoll, F. 421
Behne, T. 140, 316, 447
Bekkering, H. 140, 317, 319,
    323 f.

Belsky, J. 65, 67, 70, 427, 505
Bergmann, A. 362, 366 f., 376
Bergsons, H. 171
Bering, J. M. 83
Berko, J. 476
Bernfeld, S. 383, 387, 389–391
Binet, A. 171, 176, 191, 206 f.
Bion, W. R. 368
Bischof, N. 72
Bischof-Köhler, D. 75, 80 f., 514
Bishop, D. I. 77
Bjorklund, D. F. 64, 78–84, 192,
    211, 214, 221, 223, 228, 504
Blehar, M. C. 65, 411
Bloom, L. 477 f.
Blos, P. 380 f., 383, 387–392,
    395–397, 399 f.
Blumer, H. 332
Blurton Jones, N. G. 80
Boas, F. 65
Bogyi, G. 369, 372
Bohannon, J. 479, 496
Boomsma, D. I. 79, 82
Borgerhoff Mulder, M. 71
Bourdieu, P. 43
Bowerman, M. 477
Bowlby, J. 6, 38, 65 f., 71, 384,
    405–410, 423, 428
Bradley, J. 373
Bradley, R. H. 45 f., 71
Braine, M. D. S. 477
Brainerd, C. J. 170, 217 f., 225
Brandtstädter, J. 285, 293–298
Brazelton, T. B. 373
Brede, K. 363
Brennan, K. A. 417
Bretherton, I. 405, 407–409
Breuer, J. 357, 374
Bridges, L. J. 77, 451
Briggs, J. L. 440, 458
Bronfenbrenner, U. 29, 36–39,
    55, 345, 504
Broughton, J. M. 64, 151
Brown, D. E. 79
Brown, R. 468, 471, 475, 478,
    482, 491
Bruner, J. 33, 123, 335 f., 474,
    480, 482
Brunswik, E. 28, 205 f., 210, 213
Bühler, Ch. 54, 205–207
Bühler, K. 54, 204–207, 469
Burbank, V. K. 67
Bürgin, D. 373, 395 f.

Buss, D. M. 60, 68, 70, 78
Butler, R. 264
Buttelmann, D. 142, 325
Butterfill, S. A. 143
Buyske, S. 73
Byrne, R. 80

Cairns, B. D. 64
Cairns, R. B. 64, 149, 151
Call, J. 29, 140, 316, 318, 322,
    447
Campos, J. J. 115, 444–447,
    450, 455 f., 460
Canessea, N. 348
Cappa, S. F. 348
Carey, S. 122, 124 f., 127, 130,
    134–137, 140, 143 f.
Carpenter, M. 140, 142, 316,
    318 f., 322 f., 325, 447
Carroll, J. B. 180
Carroll, S. B. 65
Carstensen, L. 299 f.
Casey, B. J. 345
Cassidy, J. 404, 407, 421–423
Cattell, R. B. 55, 84, 180, 182,
    186, 240
Chakraborty, R. 75
Chapman, M. 475
Charcot, J.-M. 355, 374
Charnov, E. L. 52, 66, 80
Chisholm, J. S. 65, 67, 70 f.
Chomsky, N. 476, 482, 486,
    491–498
Cicero, M. T. 27
Coall, D. A. 67
Cohen, M. 75, 376, 450, 511
Collins, W. A. 416
Confer, J. C. 60
Conger, R. D. 71
Cosmides, L. 36, 67, 78, 81, 411
Cowan, N. 184, 210, 212 f., 218
Cramer, B. 370, 373
Crawford, C. B. 65, 78
Crick, N. R. 337, 339
Cromer, R. F. 476, 478
Crowell, J. A. 407, 415, 419
Csibra, G. 139 f., 312, 317, 319,
    322, 324 f.
Csikszentmihalyi, M. 236
Czilli, T. 72

Daly, M. 73 f.
Damasio, A. R. 437 f.,
Dapretto, M. 314, 324, 349,

Personenverzeichnis

Darwin, C. R. 60, 62, 64–66, 237, 438 f., 441
Datler, W. 355, 359, 365, 369, 373, 376
Davis, R. D. 106, 347, 348,
Daws, D. 376
de Moor, M. H. 32, 107, 125, 314 f., 318–320, 515
de Spinoza, B. 437 f.
Deary, I. 189, 195
DeCharms, R. 248, 263
Deci, E. L. 14 f., 236, 239, 246–248, 258–260, 266, 268, 273, 507
DeFries, J. C. 8, 11, 79, 185
Degé, F. 105
Dehaene, S. 83, 135 f.
Deichmann, T. 82
Del Giudice, M. 67
Depew, D. J. 64
Descartes, R. 5 f., 437 f.
Deutsch, H. 383, 387 f.
Deutsch, W. 10, 468, 470, 481 f., 495
Dewey, J. 261
Diem-Wille, G. 369 f., 373
Dodge, K. A. 20, 337, 339
Dolan, C. V. 79
Dollard, J. 241, 311, 339
Dornes, M. 359 f., 365, 369, 373–375
Dörr, M. 361, 371
Doyle, A. E. 82
Dozier, M. 425
Draper, P. 65, 71, 503, 505
Drews, S. 364
Dschingis Khan 61
Dunbar, R. I. M. 70, 80
Dunn, J. 7
Durkheim, É. 65
Dweck, C. S. 257, 264, 272

Eagle, M. N. 354, 358, 365
Eals, M. 61
Easton, A. 348
Ebbinghaus, H. 21, 204 f.
Ebner, N. C. 288
Eccles, J. S. 254 f., 265
Edwards, L. 79
Eibl-Eibesfeldt, I. 83
Eisenberg, A. R. 77
Ekman, P. 438, 441–443, 453 f.
Elder, G. H. Jr. 39
Elliot, A. J. 257 f., 270–272
Ellis, B. J. 67, 69, 79
Ellis, L. 75
Elman, J. 125, 480 f.

Elsner, B. 314–317, 325
Enattah, N. S. 65
Engels, F. 29
Ereky, K. 373
Erikson, E. H. 358, 369, 371, 380, 386 f., 393–395, 397, 399 f., 502
Etchegoyen, A. 373
Euler, H. A. 77, 79, 82

Fadiga, L. 314, 349
Faraone, S. V. 82
Feigenson, L. 130, 136, 143
Feshbach, S. 344
Fessler, D. M. T. 73
Figdor, H. 369
Fischer, A. H. 446
Fischer, K. W. 456
Fisher, H. 75
Fiske, S. T. 302, 348
Flavell, J. H. 202, 211, 213, 215, 220–222, 229
Fodor, J. A. 125, 482, 496
Fogassi, L. 314, 349
Fonagy, P. 372, 374 f., 384, 396, 423, 425
Fosshage, J. 365
Fraiberg, S. 369 f., 376
Freeman, S. 60
Freilinger, S. 372
Freud, A. 354, 358, 365 f., 375, 380, 382–387, 390, 393, 400
Freud, S. 74, 97, 237, 354–358, 361–366, 374, 380–383, 390, 398, 400
Freund, A. M. 283 f., 286, 287–289, 293, 303–305
Friedman, St. 359
Friedrich II. 468
Funder, A. 361, 368, 371, 376

Gall, J. A. 72
Gallese, V. 314, 349
Galton, F. 175
Gangestad, S. W. 67, 80
Ganten, D. 82
Garcia, R. 169
Gardner, H. 181
Gardner, W. 52, 90
Gartner, K. 370
Gaulin, S. J. C. 61 f., 75 f.
Gaultney, J. F. 81
Geary, D. C. 80, 82 f., 503
Geen, R. G. 343
Gemmiti, F. 67
George, C. 407, 418, 420
Gergely, G. 139 f., 317, 319, 321–325

Gesell, A. 4 f., 10
Gibson, E. J. 94, 98–102, 106, 109 f., 117
Gibson, J. J. 95, 98
Gleitman, L. R. 497
Gloger-Tippelt, G. 53, 407, 418
Goldberg, L. R. 70
Goleman, D. 181
Gollwitzer, P. M. 242–244
Göppel, R. 361, 371
Gottfredson, L. S. 266
Gottlieb, G. 3, 16, 64 f., 78
Gottschalk, A. 339
Grabner, R. H. 192, 195
Gray, B. R. 77
Gray, M. R. 398
Greco, L. 65
Green, B. L. 81
Greenberg, M. 73, 412
Greenfield, P. M. 123, 506, 512
Grimm, H. 407, 482, 489
Gross, J. J. 300, 460
Grossmann, K. und K. E. 6, 407–409, 412 f., 415, 421 f., 424
Gstach, J. 373
Guilford, J. P. 180
Gunnar, M. R. 424

Haeckel, E. 28, 62, 64
Haig, D. 74
Hall, G. S. 64, 386
Hamilton, W. D. 65, 79
Hänze, M. 75
Harkness, S. 44 f., 48 f.
Harlow, H. F. 405 f.
Harpending, H. C. 71, 503
Harris, J. R. 79, 83
Harris, L. T. 348
Harris, P. L. 316, 322
Hart, K. E. 343
Harvey, P. H. 71
Hascher, T. 247, 271, 273 f.
Haubner, T. 75
Havighurst, R. J. 282–284, 502
Hawkes, K. 80
Hayne, H. 320
Heckhausen, H. 234 f., 237, 239 f., 242–244, 249, 252–254, 256 f., 262 f., 265, 274 f., 286, 456
Heckhausen, J. 9, 234, 249, 256, 262 f., 283–285, 290–293, 302, 304
Heinecke, C. 406
Heitmeyer, W. 343
Hembree, R. 272

Hendrix, L. 72
Hennon, E. 470, 473, 476
Herder, J. G. 27, 468 f.
Hering, E. 98
Hermans, J. M. A. 71
Hernández Blasi, C. 78–81
Herron, J. C. 60
Herzog, J. 373
Hess, E. H. 70, 302, 314
Heyes, C. 314 f.
Hill, K. 67
Hinde, R. A. 65, 405 f., 411
Hinshelwood, R. D. 366, 369, 396
Hirsh-Pasek, K. 187, 470, 475, 497
Hitch, G. 184, 210–212, 219
Hoekstra, R. F. 60, 67
Hofer, M. 141, 261 f.
Hoff-Ginsberg, E. 479
Hoffmann, L. 273 f.
Hoffmann, S. O. 364
Hofstede, G. H. 40, 42
Hoier, S. 67, 75, 79
Holodynski, M. 266, 439–441, 446–449, 451, 455–457, 459 f.
Honeycutt, H. 78
Hood, B. 135
Hopcroft, R. L. 76
Hoppe-Graff, S. 156
Hover-Reisner, N. 376
Howes, C. 409
Hrdy, S. B. 75, 405
Hull, C. L. 241
Hume, D. 6

Iacoboni, M. 314, 324, 349
Ickler, T. 487 f.
Inhelder, B. 153, 155–157, 160 f., 163–169, 398
Irons, W. 66 f.
Ittel, A. 341
Izard, C. E. 274, 438, 441 f., 452, 454 f.

Jäger, A. O. 180
James, W. 97, 122, 237, 437 f.
Jensen, P. S. 82, 183, 191
Joffe, W. G. 359, 361
Johnston, T. D. 79
Judge, D. S. 67
Jung, C. G. 363
Jurist, E. L. 450
Jusczyk, P. W. 104, 470 f.

Kağitçibaşi, C. 49, 506 f.
Kahana, B. und E. 76
Kail, R. V. 82, 219
Kany, W. 470, 473, 481 f., 495, 498
Kaplan, H. S. 67, 69, 80, 407, 418, 420, 506
Karmiloff-Smith, A. 125, 496, 498
Kärtner, J. 449, 451, 456–458, 512–514
Kegel, B. 64
Keller, H. 28 f., 50, 65, 449, 457, 502 f., 505–509, 511, 514 f.
Kellman, P. J. 95, 103, 134
Keuck, G. 62
Keysers, C. 349
Kipp, K. 82
Kitayama, S. 506 f., 511
Klein, M. 358, 369 f., 375, 384, 428
Klein, W. 473, 494–497
Kobak, R. R. 415, 425
Kohler, R. 171
Köhler, Th. 362, 365
Kohut, H. 365, 386
Konner, M. 67
Krapp, A. 237, 253, 259, 261, 267, 271, 273
Krasnow, M. M. 62
Krebs, D. L. 78
Kritsonis, W. A. 343
Krug, S. 341
Kuhl, J. 14, 50, 245–247, 257, 268, 273, 507
Kuhl, P. K. 107, 109, 471

Lachmann, F. 365
Lahey, B. B. 71
Lam, D. 69
Lamarck, J. 61, 439
Lamb, M. E. 39, 52 f., 66, 414, 424, 426
Lamiell, T. 16
Lampl-de Groot, J. 384, 387
Lancaster, J. B. 69
Lazar, R. 370
Lazarides, R. 341
Lazarus, R. S. 457
Leber, A. 376
Leontjew, A. N. 54, 209, 447
Lerner, R. M. 20 f., 285, 397
Lersch, P. 237
Levelt, W. J. M. 497
LeVine, R. A. 42, 506
Levine, S. 424

Lewin, K. 28, 54 f., 241
Lewis, M. 421, 456
Lichtenberg, J. D. 365, 373
Lichtman, C. M. 72
Lickliter, R. 78
Lindenberger, U. 9, 170, 300
Lippa, R. A. 80
Littlefield, C. H. 77
Littlewood, R. 73
Locke, J. 6, 124
Lorenz, K. 6, 32, 64 f., 405 f.
Lourenço, O. 169 f.
Low, B. S. 80
Luo, Y. 139
Lutz, A. M. 300
Lutz, C. 447–449, 459
Luyten, P. 372, 375

Mace, R. 67, 69
Machado, A. 169 f.
Machiavelli, N. 80
MacWhinney, B. 13, 475, 481, 495
Mahler, M. 362, 366 f., 376, 400
Main, M. 66, 407, 411 f., 418, 420–422
Marinovic, V. 141
Markus, H. 506
Marx, K. 29
Maslow, A. 239 f.
Mayer, J. D. 181
Mayr, E. 503
McCarty, J. A. 71
McClearn, G. E. 11, 79, 185
McClelland, D. 241, 253, 256
McClelland, J. C. 480, 495
McDougall, W. 70, 237 f., 311
McGuffin, P. 79, 185
McKinney, M. L. 82
McLoyd, V. C. 71
Mead, G. H. 331 f.
Mealey, L. 80
Meaney, M. J. 424
Mehler, J. 135, 470
Meins, E. 423
Meltzoff, A. N. 32, 107, 125, 128, 140, 314 f., 318–320, 323–325
Mentzos, S. 364
Mertens, W. 362, 372
Messerer, K. 376
Metzger, H.-G. 373
Meyer, W. U. 272, 436–439, 441
Meyers, S. A. 71
Miller, E. M. 195
Miller, G. E. 292

Personenverzeichnis 525

Miller, J. F. 475
Miller, J. G. 15
Miller, N. E. 241, 311, 339, 343
Miller, P. H. 186, 211, 220, 350, 479
Miller, P. M. 42, 186
Miller, S. A. 211, 220
Miller, S. M. 302
Millon, T. 347 f.
Milne, F. H. 67
Mischel, W. 343–345
Moerk, E. L. 473, 479, 487, 491, 496 f.
Mogford, K. 496
Molenaar, P. C. M. 79
Mone, M. A. 342
Moran, G. 409
Moran, M. 105
Morgan, C. D. 239, 250
Morgan, C. L. 64
Morgan, G. A. 263
Mowrer, O. H. 241
Müller, G. E. 204
Müller, H. 75
Müller, J. 268
Müller, M. 76
Murray, H. A. 238 f., 250
Musch, J. 75

Navarrete, C. D. 73
Nesse, R. M. 82
New, J. 62
Nicholls, J. G. 257, 265
Niebank, K. 20, 337 f.
Nikitin, J. 283

O'Connell, J. F. 80
O'Connor, T. G. 420
Onishi, K. 141
Oppenheim, D. 423
Osborn, H. F. 64
Ott, J. 75

Palmer, D. C. 487 f.
Panksepp, J. 441, 454
Papoušek, H. und M. 508
Park, G. 193
Park, R. E. 345
Parker, C. 325
Parker, G. A. 74
Parker, S. T. 82
Pascual-Leone, A. 210 f.
Pascual-Leone, J. 211
Pauen, S. 141
Paul, E. S. 69
Paulus, M. 139, 324

Paulussen-Hoogeboom, M. C. 71
Pawlow, I. 333
Peake, P. K. 345
Pederson, D. R. 409
Peetsma, T. T. D. 71
Pekrun, R. 271 f.
Pellegrini, A. D. 78 f., 504
Pennington, R. 71
Periss, V. A. 81
Perner, J. 141 f., 498
Petermann, F. 20, 178, 337 f.
Petillon, H. 345–347
Pfohl, S. 350
Phillips, A. T. 139, 141
Phillips, K. A. 72
Piaget, J. 14, 64, 82, 99–101, 109, 115, 117, 123–125, 128 f., 135, 148–171, 210, 262, 312 f., 319 f., 326, 335–337, 398, 478, 482
Pine, F. 362, 366 f., 376
Pine, J. M. 492
Pinker, S. 79, 83, 476, 478, 481 f.
Pinquart, M. 414, 421 f.
Pintrich, P. R. 269, 271, 273
Plomin, R. 7 f., 11, 79, 185
Plunkett, K. 125, 480
Potts, M. 80
Powell ,B. 409
Preuss-Lausitz, U. 345
Preyer, W. 149, 204, 311
Prinz, W. 109, 113 f., 325
Pritchard, J. K. 82
Promislow, D. E. L. 71
Psammetich I., 468

Raphael-Leff, J. 370
Raufelder, D. 341
Raven, J. C. 177
Rayner, R. 334
Remplein, H. 4
Reznick, J. S. 458
Rheinberg, F. 235 f., 253 f., 341
Richardson, M. K. 62
Riksen-Walraven, J. M. 71
Rizzolatti, G. 314, 324, 349
Robertson, J. und J. 369, 406
Rogoff, B. 33, 506
Rosenberg, J. S. 64
Rotter, J. 37, 339, 344
Rousseau, J. J. 124, 171
Royle, N. J. 74
Ruffman, T. 142
Rumelhart, D. 480, 495

Rushton, J. P. 77
Ryan, R. M. 14 f., 236, 239, 246–248, 258, 260, 268, 273, 506 f.

Saarni, C. 443 f., 460
Salmon, C. 65
Salovey, P. 181
Salthouse, T. A. 82
Salzinger, K. 487
Sandler, A.-M. 365 f.
Sandler, J. 359, 361, 365 f., 384
Sasse, G. 75
Scheithauer, H. 20, 337–339
Schiefele, U. 222, 235, 253, 258, 261, 269–271, 274
Schieffelin, B. 479
Schlegel, A. 75
Schlesinger, I. M. 477, 482
Schmidt, H.-D. 3, 18
Schmitt, D. P. 70
Schneider, M. A. 72
Schöler, H. 470, 472 f., 495, 498
Schopenhauer, A. 80
Schulz, P. 472
Schulz, R. 9, 285, 290–292
Sear, R. 69
Sears, R. R. 339
Seidenberg, M. S. 481 f.
Seiffge-Krenke, I. 373, 381, 386 f., 389, 396–399, 413
Selby, J. M. 373
Seligmann, M. E. P. 341
Serpell, J. A. 69
Shafer, A. B. 70
Shaver, P. 404
Shepher, J. 72
Shiffrin, R. 202, 210, 336
Shoda, Y. 345
Short, R. 80
Silverman, I. 61
Simon, T. 171
Simpson, J. A. 70
Singer, T. 349
Skinner, B. F. 5, 241, 333 f., 479, 486–492, 497 f.
Slobin, D. I. 478
Snow, C. E. 495
Sodian, B. 125, 138 f., 142, 169, 219 f., 226 f., 318
Solomon, J. 66, 407, 412, 418, 420
Spahl, T. 82
Spalding, D. A. 64
Spangler, G. 273, 407, 409, 412–415, 421–427

Spearman, C. 179
Speidel, G. 479, 495, 497
Spelke, E. 132 f., 135, 193
Spitz, R. 98, 358, 366 f., 371
Sroufe, L. A. 407, 409 f., 416, 421, 427, 444, 446 f.
Staats, A. W. 491
Stams, G. J. J. M. 71
Stearns, S. C. 60, 67
Steele, H. und M. 194, 423
Steinberg, L. 65, 398, 414, 505
Steinhardt, K. 358, 373
Stephenson, T. 355, 365
Stern, C. 2, 54, 207, 469
Stern, D. N. 359, 366–368, 370, 373, 376, 450
Stern, E. 4, 189, 191 f., 195
Stern, W. L. 2, 6, 10, 14, 16, 21, 30, 54, 97, 176, 192, 207, 469
Sternberg, R. J. 181
Stipek, D. J. 264 f., 414
Stork, J. 362, 368 f.
Strohner, H. 491
Super, C. M. 44, 48 f.
Szagun, G. 472 f., 479, 495, 496

Tarde, G. 330–332
Target, M. 374, 384, 423, 450
Terman, L. M. 192
Thompson, L. A. 97
Thompson, P. M. 195
Thompson, R. A. 52, 66, 408, 456, 460
Thorndike, E. L. 241, 333 f.
Thorndike-Christ 271
Thurstone, L. L. 179
Tinbergen, N. 405 f.
Todorov, A. 348
Todt, E. 266
Tolman, E. 241
Tomasello, M. 29, 32 f., 35 f., 140, 142, 315 f., 318 f., 322, 324 f., 447, 480, 492, 496
Tooby, J. 36, 67, 78, 81, 411
Träuble, B. 141
Treboux, D. 415, 419
Trescher, H.-G. 376
Trivers, R. L. 65, 73–76, 80
Trowell, J. 373
Trunkenpolz, K. 358
Truxaw, D. 62
Tyson, P. 361, 363, 366
Tyson, R. L. 361, 363, 366, 384

Urwin, C. 373
Uzgiris, I. C. 310, 313 f., 325 f.
van IJzendoorn, M. H. 52, 409–411, 413, 423, 427

Vernon, P. E. 180
Vietze, P. M. 359
von Baer, K. E. 149
von Hofsten, C. 110, 111, 139
von Klitzing, K. 373
Voracek, M. 75
Vygotskij, L. S. 26, 29–35, 54, 84, 208 f., 326, 437, 447, 449

Waddell, M. 369, 371, 395
Wall, S. 65, 411
Walter, A. 73
Walters, R. H. 343, 350
Want, S. C. 316, 322
Waters, E. 6, 65, 407, 411, 415, 419, 421
Watson, J. B. 5, 65, 332–334, 342, 439
Weinert, F. E. 20, 174, 190, 196, 206, 208, 219, 242
Weinert, S. 477, 482
Weisfeld, G. E. 72
Weiss, D. 303 f.
Weiss-Zimmer, E. 376
Weitzel, B. 77
Wellman, H. M. 123, 127, 138–141, 215, 221
Werner, H. 14, 16, 96, 204, 207 f., 214, 326
West-Eberhard, M. J. 64 f., 78
Westermarck, E. 72
Westheimer, J. 406
White, R. W. 262, 290
Whiten, A. 80, 322
Whiting, B. B. und J. W. M. 47 f., 503–505
Wicker, B. 349
Willard, D. E. 76
Williams, G. C. 65, 79 f., 82
Williams, W. M. 191, 193
Wilson, E. O. 503
Wilson, M. 73 f.
Wilson, T. D. 69
Wimmer, H. 141, 498
Wininger, M. 359
Winnicott, D. W. 368, 370, 384–386
Wohlschläger, A. 317, 323
Wolf, A. P. 72
Wolf, M. 75
Woodward, A. L. 138–140, 317, 319, 321
Wörmann, V. 449, 451, 457 f., 460, 513
Wozniak, R. H. 64
Wrosch, C. 9, 290–293
Wundt, W. 84, 149
Wygotski, L. S. s. Vygotskij

Xu, F. 136, 143

Yang, R. K. 71
Young-Bruehl, E. 358

Zevalkink, J. 71
Zimmer, D. E. 469
Zimmerman, B. J. 269
Zimmermann, P. 407, 413, 415, 421–423, 426
Zulliger, H. 358, 369 f.

Sachwortverzeichnis

A

ABC-Schema (Antecedents-Behavior-Consequences) 487, 490
Abstraktion (s. a. abstraktes Denken)
- empirische 150, 154
- reflektierende 150, 154, 169
Abwehr
- im Bindungskontext 425
- im Emotionskontext 441, 454
- im Kontext von Motivation u. sozialer Identität 238, 303
- im psychoanalytischen Kontext 356 f., 360, 364 f., 370, 381–385, 388–390, 392 f., 395, 400
Achtmonatsangst 366 f.
Action Systems 11, 110 f., 116
Adaptation (s. a. Anpassung) 61 f., 63, 283, 395, 411
- deferred 80 f.
Adaptationsphase 424
Adaptationsprozesse 312, 405
Adoleszenz 47, 186, 194, 206, 215, 219, 221, 228, 265 f., 362 f., 380–401
Adoptionsbereitschaft 77
Adoptionsstudien 8
Adualismus 151
Adult Attachment Interview (AAI) 418–420, 422, 424 f.
Affekt 245, 247, 300, 366, 375, 382, 384, 386, 426, 438
- maximally discriminative affect coding system (MAX) 441 f., 443, 452 f., 455
Affektregulation s. Emotionsregulation
Affen/Primaten 29, 80, 82, 108, 126, 136 f., 228, 290, 314, 316, 322, 324, 326, 349, 406
Affordances 100, 116
Aggression/Gewalt 36, 80, 311, 339, 343 f., 350, 384, 412, 420, 445
AIM-Modell (active intermodal mapping) 314 f., 318
Akkommodation 14, 64, 84, 150–152, 157 f., 162, 168, 312, 336
Albert, der kleine (Studie) 334
Algorithmus 60, 481, 492

Alltagsanforderung/en 48, 181
Alltagsphysik 83
Alltagspsychologie 61, 83, 123, 138, 141
Allzweckmechanismen 81 f.
Altersgruppe 28, 202, 207–209, 213, 227, 288 f., 296 f., 301–304, 383, 436, 449, 455
Altersidentität 284, 303 f.
- duale 303
Altersstereotype 301–305
Ambivalenz(-konflikt) 356, 362, 418 f.
Amnesie, infantile 204, 226
Anforderungen s. Alltags-, Lebens-, Leistungs-, Sozialisations- u. Umweltanforderungen
Animismus/animistisch 64, 81, 369 f.
Anlage 4–8, 11, 15, 78, 185, 476
Anlage-Umwelt (s. a. Genom-Umwelt) 5–7, 9–12, 16
Annäherungsziel 258
Anpassung
- im bindungstheoretischen Kontext 413, 420 f., 423 f.
- im evolutionären Kontext (s. a. Adaptation) 61–67, 71, 80–83, 149 f., 152, 157 f., 168, 171, 336, 411
- Mensch-Umwelt-A. im kulturellen Kontext 9, 20, 29, 35, 45, 47, 51, 53, 108, 116, 138, 284 f., 502, 504–506
Anreize 111 f., 209, 235 f., 243, 247, 254, 256, 260 f., 263, 268, 441, 454
Anstrengungsbereitschaft 43, 48, 237, 427
anzestral 61, 63, 71, 74, 77, 82 f.
Apriorismus 151
Äquilibration 168 f.
- fortschreitende 150
Äquilibrationsprinzip/Gleichgewichtsprinzip 150, 152, 168 f.
Äquilibrationstheorie 169
Äquilibrium 150, 168, 336
Arbeitsgedächtnis s. Gedächtnis
Armut 44, 284, 479
Assimilation 14, 64, 84, 150–152, 157, 162, 168, 312 f., 336
- des Ich 162

- genetische 149
Assoziation 31, 98, 107, 177, 123, 208, 228, 314 f., 331, 356 f., 478
- assoziatives Lernen 314 f.
- freie 356 f.
Asynchronie 166, 169 f.
Attraktor-Zustand 111 f., 116
Aufgabenorientierung 257, 265
Aufmerksamkeit 30, 32, 35 f., 39, 82 f., 101, 103, 129, 154, 164 f., 184, 186 f., 190, 208, 211 f., 217, 245, 263, 289, 297 f., 301, 337, 340 f., 389, 408 f., 414, 419, 450, 455, 458, 493, 503, 508 f.
- gemeinsame/geteilte (a. geteilte Intentionalität, joint attention o. shared intentionality) 32, 318, 480
- sprunghafte 83
- vigilante 83
Aufmerksamkeitsdefizit-/Hyperaktivitätsstörung (ADHS) 82 f.
Aufmerksamkeitsspanne 212 f.
Aufwand
- Eltern- 68
- Lebens- 63, 67
- nepotistischer 68 f.
- Paarungs- 63, 68 f.
- Reproduktions- 63, 68
- somatischer 63, 68 f.
- väterlicher 69
Ausdauer 193, 235, 288
Autonomie 49, 53, 247 f., 259, 268, 362, 366 f., 371 f., 385, 394, 396, 398–400, 415, 505–512, 514, 516
Autonomiestreben 259, 413, 415

B

Baldwin-Effekt 64 f.
basic needs 259, 268
Bedürfnisse, grundlegende psychologische 249, 258 f., 275
Begriff, begrifflicher Wandel 127
Behaviorismus 5, 332, 335, 350, 487, 498
- behavioristische Wende 334
Belohnung 82, 241, 247, 260, 312, 334 f., 343–345, 426
Belohnungsaufschub 36, 343–345
Belohnungserwartung 312

Theorien in der Entwicklungspsychologie

Belohnungssystem 82
Bereichsspezifität 71, 81 f., 117, 125, 216 f., 223 f.
Bestrafung 260, 334 f., 343, 385
- negative 334 f.
- positive 334 f.
Betreuungsqualität 50, 424
Betrügererkennung 82
Bewusstheit 159, 169, 191, 473
Bezugsnormen 265, 272
Big Five 13, 70
Bildung 27 f., 42, 44, 46, 50, 52, 55, 83, 176, 188, 191, 193, 250, 255, 262, 268 f., 271, 275, 345, 414, 427, 461, 469, 505–¬508
- frühe Bildungsprozesse 46, 155
Bildungsgrad 514
Bildungsniveau 11, 43
Bildungssystem 286
Bindung 6, 38, 50–53 f., 65 f., 70 f., 382, 384, 391 f., 404–428
- als Primärtrieb 406
- als Sekundärtrieb 405
- biopsychologische Indikatoren 423–426
- desorganisierte 53, 66, 411–413, 418
- Eltern-Kind- 415 f.
- Erzieher/innen-Kind- 414 f.
- Feinfühligkeit 423
- kultureller Einfluss auf B. 50–53
- Lehrer/innen-Kind- 414
- Mutter-Kind- 50, 52 f., 404–407, 409–413, 423 f., 426 f.
- Optimalitätstheorem 410 f.
- Paarbindungsrepräsentation 415 f.
- primäre 404, 412 f.
- Sensitivität 409 f.
- sichere 53, 65 f., 71, 408–412, 418, 421, 427
- transgenerationale Weitergabe von B. 422 f.
- unsichere 53, 65 f., 71, 409, 411 f., 418
- Vater-Kind-B. 413
- Verfügbarkeit 409 f.
Bindungsaufbau 53, 414
Bindungsbedürfnis 407
Bindungsbeziehung/en 405, 407 f., 410–414, 417, 421, 426
- im Jugend- u. jungen Erwachsenenalter 415–417
- sekundäre 413–415

Bindungsdesorganisation s. desorganisierte Bindung
Bindungsentwicklung 6, 53, 406
Bindungserfahrungen 406, 415, 421–423, 425–427
Bindungs-Explorations-Balance 408 f.
Bindungsforschung 52, 407, 426–428
Bindungskontext 409, 415, 423 f., 426
Bindungsmessung 417–420
Bindungsmuster 6, 53, 69, 71, 411–413, 418–421
Bindungsperson/-figur 407–409, 412, 414 f., 418, 420, 422, 426
- primäre 76
- sekundäre 76
Bindungsqualität 50, 52, 406 f., 410, 412, 421
Bindungsrepräsentationen/Inner Working Model (IWM) 406, 408, 415 f., 419, 421–426
Bindungssicherheit s. sichere Bindung
Bindungsstabilität im Lebenslauf 421 f., 426
Bindungsstörung/en (s. a. desorganisierte Bindung) 411, 419 f., 426 f.
Bindungssystem 407 f., 412, 426
Bindungstheorie 6, 38, 65, 70, 374, 385, 404–428
Bindungstyp/en s. Bindungsmuster
Bindungsunterschiede 406
Bindungsverhalten 405, 408 f., 412, 418
Biogenetisches Grundgesetz 62
Biologie 12 f., 28, 65, 78, 84, 148, 151 f., 237 f., 282, 504, 516
- intuitive 127
- natürliche 82
Bioökologisches Modell 29, 36–39
Blickkontakt 325, 405, 458, 490, 508, 512 f.
Blickkontakt/face-to-face 325, 405, 458, 508, 512 f.
Blickzeit 130–132, 135, 141 f., 317, 321 f.
Blut(hoch)druck in der Schwangerschaft 74
Bobo-Doll-Studie 343 f., 350
Bootstrapping 478, 497

C

Choriongonadotropin, humanes (HCG) 74
Chronosystem 37, 39
Co-education 33
Cognitive-Triage-Effekt 218, 224 f.
Common Coding Principle 109, 113 f., 116
Containment 368–370
Coping
- akkommodatives 294–297
- assimilatives 294–297
- C.-Kompetenzen 345
- im Bindungskontext 423 f.
- Zwei-Prozess-Modell des C. 286, 293–298, 305

D

Denken (s. a. Intelligenz) 124, 151, 168–171, 217, 247, 361, 364, 497
- abstraktes (s. a. Abstraktion) 34 f.
- finalistisches 81
- formale Denkoperationen/formal-operationales 15, 153, 156, 166 f.
- konkrete Denkoperationen/konkret-operationales 155 f., 160–166, 168–170
- logisches/schlussfolgerndes 174, 177, 180, 184, 187, 190, 197
- magisch-animistisches 81, 369 f.
- präoperationales 156, 160–164
- sensomotorisches/sensumotorisches 82, 99, 124 f., 156–160, 168, 313, 471
Denkentwicklung (s. a. Intelligenzentwicklung) 14, 30 f., 52, 99, 115, 148–171
Depression 19, 245, 272, 296–298
Design
- 2x2 192
- experimentelles 333, 342
- multimethodales 457
- quasiexperimentelles 457
Dezentrierung 165
Differenzierung
- D. und Integration 13 f., 440
- der eigenen Person 265, 304, 368, 392

Sachwortverzeichnis 529

- im Kontext von Wahrnehmung 103–109, 115 f., 367, 469 f.
- im Sinne von Ausgliederung/Ausdifferenzierung 4, 14, 62, 440, 446, 449, 451, 455 f.
  - kulturbezogene 27 f., 40–44
  - Phase der D. 367
Disäquilibrium 168
Diskontinuität 14, 39, 144
Dispositionen
  - emotionale 458
  - genetische 187, 237, 361, 413, 481
  - motivationale 234 f., 239 f., 256, 261, 268
Domänenspezifische
  - Erklärungen 123
  - kognitive Systeme 124 f., 143, 184
  - Kontinuität 143
  - Lernmechanismen 126–128, 143
Dominanzregeln 81
Down-Syndrom 496
Dreimonatslächeln 366 f.
Dyade 38, 373, 422, 474
Dynamic Systems Theory (s. a. Theorie der dynamischen Systeme) 10

E

EEA s. Evolution: Umwelt evolutionärer Angepasstheit
Egozentrismus 168
Ehe 72
Eigenaktivität des Individuums 8 f., 11, 15
Eigenschaftskonzepte individueller Fähigkeiten 264
Einschätzungen, subjektive 242, 253, 256 f., 263 f., 339, 446
Eizelle 4, 74, 76
Elektrakomplex 363
Eltern 8, 44, 71, 76, 370 f., 374 f., 382–386, 398 f., 415, 425, 508
Eltern-Kind-Konflikt 73 f., 398
Elternschaft 63, 68
Elternteil, gleichgeschlechtlicher 363, 385, 389 f.
Elternverhalten 44, 505, 512
Embryologie 149
Emergenz 13, 79, 111 f.
Emotion/en
  - Basisemotionen 438, 441–443, 452–455

- Darbietungsregeln von E. 444
- emotional facial action coding system (EMFACS) 442
- emotionale Kompetenz/Intelligenz 182, 460 f.
- emotionale Nähe 76 f., 300, 416
- emotionale Verfügbarkeit 368, 406, 412
- kindliche 49, 349, 359, 425, 439, 455–457
- kulturspezifische/Kulturspezifik 41, 440, 443 f., 448, 453, 457 f., 513 f.
- Vorläuferemotionen 447, 449 f.
Emotionsdefinition 274, 436 f., 452
Emotionsentwicklung 439 f., 445 f., 447, 449 f., 455–457
Emotionserfassung 274, 288, 438, 441–443, 446–449
Emotionsforschung 274, 334, 436–440, 451
Emotionsqualitäten 241, 247, 271 f., 409, 436 f., 440, 447, 452, 457 f.
Emotionsregulation/Affektregulation/Regulationsfähigkeit 182, 245–247, 300 f., 358–361, 365 f., 412 f., 459 f.
Emotionstheorie/n
  - differentielle 441
  - evolutionspsychologische 441
  - Feedbacktheorie (sprachanalytisch) 438
  - funktionalistische 438, 444–446
  - Internalisierungsmodell (sprachanalytisch) 449 f.
  - komponentenorientierte 448 f.
  - neurokulturelle 441
  - sprachanalytische 448
Empathie 347, 349, 445, 514 f.
Empirismus 6, 151
Emulation 316
endogenistisch 3 f., 9 f.
energies of men 238
Enkelkind 76, 79 f.
Entfaltung 4, 154
Entfremdung 260
  - schulische 271
Entwicklung

- evolutionäre 487
- kognitive 29–31, 155 f., 168 f., 186 f., 218–222, 271
- psychosexuelle/Psychosexualität 361–363
Entwicklungsaufgaben 10, 182, 361, 381, 470, 502–504, 512–514
Entwicklungsbedingungen 6–8, 10, 36–40, 47, 255, 504–506
Entwicklungsbegriff 2–20
Entwicklungsereignisse 263
Entwicklungslinien 30, 32, 366–368
  - biologische/evolutionäre 30, 32
Entwicklungsnische 44 f.
Entwicklungsökologie 67
Entwicklungspsychologie, Gegenstand der Entwicklungspsychologie 2–21, 47
Entwicklungsstufen 155 f., 260, 361–363
Entwicklungssysteme, dynamische 78 f.
Entwicklungstempo 156, 504
Entwicklungsthemen 18 f., 366–368
Entwicklungstheorem 3, 9–11
Entwicklungsübergänge 69
Entwicklungswissenschaft 11 f., 20 f.
Entwöhnungskonflikt 73
environment of evolutionary adaptedness (EEA) (s. a. Adaptation u. Anpassung) 63, 65–67, 410 f.
Epigenese/Epigenetik 63, 78 f., 149
  - epigenetisches Modell 481
  - epigenetisches Prinzip 149
  - epigenetisches Programm 72, 79
Epistemische Zustände 141–143
Epistemologie/Erkenntnistheorie 64, 148–154
EPMs s. evolvierte psychische Mechanismen
equal environment assumption 63
Erbe-Umwelt-Debatte 170
Erblichkeit 7, 11, 184–186, 195
Erfahrung
  - Beziehungs- 368 f., 371, 373, 407, 413 f., 422

530 Theorien in der Entwicklungspsychologie

- Gedächtnis- (mnemonic sensations) 214 f., 225
- logisch-mathematische 154
- physikalische 154 f.
- soziale 31, 34 f., 154 f., 502

Erfolgsmotivation 217, 256, 269 f.

Ergebnis-Folge-Erwartungen 254

Erhaltung/Erhaltungsbegriff/ Invarianz 101, 150, 157
- der Materie/Substanz 163 f., 166
- der Menge 165 f., 168
- der Zahl 154, 163

Erkennen 95, 100–103, 149, 151
- der Zielgerichtetheit von Handlungen 317–319
- Selbst- 512, 514

Erkenntnis 148, 150–157, 166, 169, 171
- notwendige 153

Erkenntnistheorie s. Epistemologie

Erklärungen 61, 123, 127, 168, 171, 338
- distale 60
- proximate 60
- ultimate 60, 62

Erlernte Hilflosigkeit s. Hilflosigkeit

Erregungsaktivierung 424 f.

Erwartungsaspekte 243

Erwartungskonstrukt 241

Erwartungsüberzeugungen 255

Erwartungs-Wert-Modell 242 f., 253–258

Erziehung 45, 47–49
- Reinlichkeits-/Sauberkeits- 362 f.

Erziehungsberatung 358

Erziehungspraktiken 44 f., 47–49, 450, 457

Ethologie 60, 65

Evo-Devo 65

Evolution 60–84, 149
- evolutionäre Entwicklungspsychologie 65, 78–84
- evolutionäre Psychologie 60 f., 65, 70, 78
- evolutionsgeschichtlich bedeutsame kognitive Systeme 123–125, 137
- evolutionspsychologische Entwicklungstheorie 441
- kulturelle 35 f.

- Umwelt evolutionärer Angepasstheit/environment of evolutionary adaptedness (UEA/EEA; s. a. Adaptation u. Anpassung) 63, 65–67, 410 f.

Evolutionsbiologie 61 f., 65, 454

Evolutionstheorie 61 f., 64 f., 84

evolvierte psychische Mechanismen (EPMs) 60, 63, 69, 71 f., 78 f., 81 f.

Exekutive Funktionen 184, 186

exogenistisch 2, 5 f., 9

Exosystem 37 f.

Expertiseforschung 191 f.

Exploration 100 f., 112, 365, 420
- Methode der kritischen Exploration 163, 166

Explorationssystem 407 f.

Explorationsverhalten 111 f., 408

F

Face-to-face s. Blickkontakt

Fähigkeit
- Differenzierungs- 103, 108 f., 116, 368
- Imitations- 311, 313–315, 319 f., 322, 326

Fähigkeitskonzepte
- fachspezifische 265
- subjektive 264 f.

Fähigkeitsselbstkonzepte 256 f.

Faktor g/g-Faktor 179–181, 191

Falsche Überzeugung/false beliefs 138, 141–143

Familienkonstellation 69, 414

Fantasie 369 f., 396, 398 f.
- kindliche 34 f.
- Onanie- 393
- zentrale Masturbations- 393

Feinfühligkeit 46, 50, 52 f., 71, 406, 409 f., 413, 423

Feldtheorie 241

Fellpflege 80

Femininität 42

Fettleibigkeit 82

Fitness 61–64, 67–69, 73, 75 f., 80

Fitness-Kalkül 73

Five Factor Theory der Persönlichkeit s. Big Five

fMRI-Messung 425

Fortpflanzung 60 f.

Fortpflanzungserfolg 67

Frames 491 f.

Fremde Situation/strange situation 406, 412, 417–421, 424, 428

Fremdsprache 109, 470 f.

Frontalkortex 194 f.

Frühbetreuung, diskontinuierliche 426

Frühgeburt, physiologische 504

Frustration 293, 445–447, 449–451, 455

Furcht vor Misserfolg 239, 256, 258

Furchtreaktionen 241, 412

Fürsorge
- großelterliche 76
- mütterliche 75, 424
- parentale 70 f., 75 f., 80
- väterliche 75

Fürsorgebereitschaft 80

Fürsorgereaktionen 425

Fürsorgesystem 407

Fürsorglichkeit 48, 409, 424

Fuzzy-Trace-Theorie 217 f., 224

G

Geburt, psychische 376

Geburtenabstand 63, 67

Geburtenrate 71

Gedächtnis (s. a. Metagedächtnis) 202–205, 208, 212, 222, 225, 268
- Arbeits- 82, 178, 183 f., 186 f., 194 f., 210–212, 217, 219, 336 f.
- Augenzeugen- 206 f.
- autobiografisches 206 f., 226 f., 515
- deklaratives 154, 203, 215 f., 221 f.
- episodisches 203, 228
- Kurzzeit- (KZG) 203–205, 210, 213, 219, 227, 335 f.
- Langzeit- (LZG) 203–205, 212 f., 226, 335–337
- logisches 30, 205, 208,
- mechanisches 30, 205, 208
- nicht deklaratives 203
- Platz- 61 f.
- semantisches 203
- Ultrakurzzeit- (UKZG) 202 f.

Gedächtniskapazität 210–213, 218 f., 223 f., 227
- Arbeitsgedächtniskapazität 183 f., 186

Gedächtnisleistung 31, 106, 116, 202, 206, 209 f., 213–218, 220–229, 320
- Zweikomponentenmodell der Entwicklung episodischer

Sachwortverzeichnis

Gedächtnisleistungen über die Lebensspanne 228
Gedächtnisspanne 183 f., 186, 204 f., 211, 213, 218 f., 224, 227
Gedächtnisstärke 206
Gehirn 15 f., 95, 122, 186 f., 194–196, 202, 227 f., 314, 337, 349, 503 f.
- soziales 80
Generalisierung 334, 342
- Über- 302, 472
Generative Grammatik 492
Genetik (s. a. Epigenese/Epigenetik) 63 f., 66, 79
- genetische Expression 8, 13, 15, 63, 79
- genetische Rekombination 65 f.
- genetische Replikation 67, 69 f., 84
- Verhaltens- 11, 16
Genom-Umwelt-Interaktionen (s. a. Anlage-Umwelt) 78
Genotyp-Umwelt-Korrelation 185
Gen-Umwelt-Entsprechung 6–8
- aktive 8 f.
- evokative 8
- passive 8
Geruch 72, 105 f.
Gesamtstruktur (structure d'ensemble) 150, 155 f., 164, 168 f.
Geschlechterkluft 75, 84
Geschlechterrolle 40–42, 255, 266, 339
Geschlechtsidentität 363, 391
Geschlechtsreife 61, 67, 393
Geschlechtsspezifische/-typische Differenzen 80, 266, 273 f.
Geschlechtsstereotype 42, 76, 255 f.
Geschlechtsunterschiede 80, 193 f., 271, 389
- ADHS 82 f.
- autobiographisches Gedächtnis 227
- Einfluss von Interessen auf Schulerfolg 271
- Erzieher/innen-Kind-Bindung 414
- infantil-genitale Phase 362 f.
- Intelligenz 193 f.
- Investition in Kinder 75 f., 80
- Inzestvermeidung 73
- Raumkognition 61
- Stereotype-Threat 194

Geschmack 101, 105
Gestaltwandel 69 f.
Gewalt s. Aggression
g-Faktor s. Faktor g
Ghosts in the nursery 370
Gleichgewichtsprinzip s. Äquilibrationsprinzip
Glykoseverfügbarkeit 76
GOADI-Theorie s. Imitation
Göttingen-Würzburg-Längsschnittstudie 221
Grammatik 187, 203, 472, 476 f., 478, 482, 491 f., 493, 496, 497 f.
Großeltern 76 f.
Größenwachstum 67
Großmutter 69, 76 f., 80
Großmutter-Hypothese 79
Großvater 76 f.
Gruppierung 156, 164, 169 f., 208, 213 f., 219, 336
Gütemaßstäbe im Kontext der Lern- und Leistungsmotivation 253, 257, 262, 263, 265

H

Habituationsmethode 98, 129
Handeln
- effektives 247
- intelligentes 168
- motiviertes 235 f., 242
- selbstbestimmtes 247, 250, 252, 259, 266
- zielgerichtetes 129, 141, 157
Handlung
- Prinzip der rationalen Handlung (principle of rational action) 317, 322, 327
- verinnerlichte 160, 164
Handlungsabsicht 315, 318 f., 323 f., 327
Handlungsepisode 243, 246, 254
Handlungs-Ergebnis-Erwartungen 254, 256
Handlungskontrolltheorie 245
Handlungsmöglichkeiten 139, 151, 235, 245, 313, 408
Handlungsmotive/-motivation 14, 242–244
Handlungsorientierung 217, 245
Handlungsregulation 245, 260, 267, 275
Handlungsschema 150, 152, 156 f., 162, 164
Handlungssteuerung 107, 113, 237, 245, 268
Handlungstheoretische Modelle 253, 258, 285 f., 305

Handlungsursache 248, 260
Handlungsverständnis 311, 317–319, 321, 323–327
- erfahrungsbasiertes 317
- mentalistisches 143, 318, 323, 327
- teleologisches 317
- zielorientiertes 317
Handlungswissen 143, 225, 314
Handlungsziele 138–142, 242, 244, 317 f., 321, 326
Handpuppenaufgabe 320
Haptik 105 f.
HCG s. Choriongonadotropin
Hemmungsmechanismen 82
heredity
- natural 60
- social 60
Hilflosigkeit 365, 412
- erlernte 272, 341
Historischer Materialismus 29 f.
Hochbegabung 174, 190, 192 f.
Hoffnung auf Erfolg 256
Holding 368, 384
Hyperaktivität 82 f.
Hypnose 355, 357
Hysterie 355, 374

I

Ich-Orientierung 257, 265
Ich-Psychologie 358, 364
Identifikation 32, 260, 267 f., 304, 344, 393
Identität 42, 265, 331, 370, 380, 390 f., 393–400, 409, 506, 508, 510
- Alters- 284, 303 f.
- Geschlechts- 363, 391
- Ich- 347, 394
- personale 13, 249, 259
- soziale 255, 301–303, 474
Identitätsentwicklung 386, 393, 398 f., 409
Imitation 32 f., 114, 139 f., 228, 310–326, 340, 344, 349 f., 439, 450, 497, 509
- GOADI-Theorie (goal-directed imitation) 317
- Korrespondenzproblem der I. 314–316
Impulsivität 36, 83,
Individualismus 42
Individuation 129, 131, 135 f., 366 f., 391, 400
Informationsverarbeitungsgeschwindigkeit 82, 178, 180, 183, 212, 219, 229, 283

Theorien in der Entwicklungspsychologie

Informationsverarbeitungstheorie 202
- sozial-kognitive 337
Inner/Internal Working Model (IWM) s. Bindungsrepräsentationen
Input-Analyse-Systeme 126 f., 135, 140, 143
INRC-Gruppe 167, 169
Inseminationszeitpunkt 76
Inside-out 475 f.
Insightfulness 423
Instanzen, psychische 364, 374,
Instinkt 61, 63, 70, 206, 237 f., 476
Instruktion 14, 83, 203, 209, 300, 344 f.
Intellektualisierung 364, 382, 384, 390
Intelligenz (s. a. Denken u. Intelligenztheorien) 20, 174–197, 223, 257, 427
- emotionale 181 f., 460
- fluide 180, 182–184, 186 f., 189 f., 195
- kristalline/kristallisierte 13, 180, 182, 185–188, 190
- Machiavelli'sche 80
- repräsentierende 155 f.
- sensomotorische 82
- soziale 503
- systematische 159
Intelligenzalter 176
Intelligenzaufgaben 184, 191
Intelligenzentwicklung (s. a. Denkentwicklung) 7, 13, 20, 64, 81 f., 182, 187 f., 194, 196
Intelligenzfaktoren (s. a. Faktor g) 179
Intelligenzforschung 175, 179, 180–182, 194 f.
Intelligenzhandlung 150, 158
Intelligenzleistung 177, 180, 184
Intelligenzmessung 185, 190
Intelligenzmodell s. Intelligenztheorien
Intelligenzniveau 192 f.
Intelligenzpotenzial 196 f.
Intelligenzquotient (IQ) 141, 143, 176–179, 181, 185, 188–192, 224
Intelligenztest 171, 176–178, 182, 185, 188, 191
- Raven-Test 177
- Wechsler- 177
Intelligenztestaufgaben 180, 187

Intelligenztestleistung 176, 178, 180, 187, 198
Intelligenztheorien 181
- „structure of intellect"-Modell 180
- Berliner Intelligenzstrukturmodell 180
- Modell der Primärfaktoren 179
- Theorie der multiplen Intelligenzen 181
- Theorie der sensomotorischen Intelligenz 125, 155–157, 161, 170
- triarchische (dreiteilige) 181
- Zwei-Faktoren-Theorie 179
Intelligenzunterschiede 175, 182, 184 f., 187, 190 f.
Intelligenzuntersuchung 171
Intention 140, 243–246, 253, 318 f., 374, 446 f.
intentional 32, 35, 140, 253, 275, 368
Intentionalität, geteilte s. gemeinsame/geteilte Aufmerksamkeit
Intentionsgedächtnis 246
Intentionsverständnis 35, 140, 318
Interaktion
- dynamische 15, 17, 20, 75, 285, 304, 480
- Individuum-Umwelt- 26, 29 f., 36 f., 47, 49, 54
- Mensch/Organismus/Person-Umwelt- 9, 28, 235, 284, 341, 347
Interaktionismus
- dynamischer 15 f., 284
- symbolischer 332, 345
interaktionistisch 151, 241, 249, 397
- sozial-interaktionistische Ansätze im Spracherwerb 475, 479 f.
Interaktionserfahrungen 407
- diachrone 49 f.
- sychrone 49 f.
Interaktionsprozess 26, 37, 39, 54, 70, 348, 370, 397
Interesse
- als Persönlichkeitsmerkmal 267
- als Basisemotion 441, 445, 452, 454, 455
- Einfluss auf Schulerfolg 271

- Emotionsforschung 274
- Fitness- 68
- individuelles/persönliches 261, 266, 267
- situationales 261, 267
Interessenkonflikt 68
Interessensentwicklung/-genese 261, 266–268, 273, 341
Interessentheorie 239, 267, 274
Interferenz 218, 225
Interferenzeffekte 208
Intermodalität 106
Internal Working Model s. Bindungsrepräsentationen
Invarianz/Invarianzbegriff s. Erhaltung/Erhaltungsbegriff
Investition (s. a. Geschlechtsunterschiede: Investition in Kinder) 63, 71, 74, 77, 299 f.
Inzesthemmung 72 f.
Irreversibilität 164

J

Jackson Nurseries 358
Jagd 62, 69
Jäger-Sammlerinnen-Gesellschaften 79
Jäger-Sammlerinnen-Hypothese 62
Jäger-Sammlerinnen-Kulturen 69
joint attention s. gemeinsame/geteilte Aufmerksamkeit

K

Kanalisierung, Prinzip der 7
Kardinalzahlprinzip 137
Kernkognition 124, 143
Kernwissen 122–143
- mentalistisches 142 f.
- numerisches 136 f., 143
- physikalisches 135
- psychologisches 138–143
Kernwissenssystem
- analoges 136, 137
- exaktes 136, 137
Kind
- Kindergartenkind 208 f., 213 f., 220 f., 311, 325
- Krippenkind 39, 52
- Kuckuckskind 75
- Stiefkind 69
- Waisenkind 187
Kindchenschema 81
Kinderbetreuungseinrichtungen
- Kibbuz 72

Sachwortverzeichnis

- Kindergarten/Kindergruppe 37 f., 46, 50–52, 213, 414, 426, 462
- Kinderheim/Kinderhäuser 72, 375, 420
- Krippe 39, 50–52, 376, 424–426
Kinderlosigkeit 69
Kinderpsychoanalyse/Kinderanalyse 354–376, 400
Kindgerichtete Sprache (KGS) 479, 495
Kindheit
- Entwicklungsveränderungen der frühen Kindheit 47–55
- Imitations- und Handlungsverständnis der frühen Kindheit 319–327
- psychoanalytische Zugänge der frühen Kindheit 354–376
- sekundäre Bindungsbeziehungen in der Kindheit 413–415
Klasseninklusion/Klasseninklusionsproblem 164 f., 170
Klassifikationsaufgaben 165
Klatsch 70
Klavierspieler 61
Klinische Methode (méthode clinique) 163 f., 166
Kognition 29 f., 32 f., 35, 52, 54, 63, 82, 124, 128, 144, 152, 294 f., 342, 427, 476, 482, 511
- Kernkognition 124, 143
- Kognitionspsychologie 478
- kognitive Entwicklung 13, 15, 44, 64, 144, 150, 155 f., 168–171, 174, 217, 229, 270 f., 311, 326, 337, 427
- kognitive Operationen 83, 165, 183 f.
- kognitive Wende 210, 243, 253, 332
- Metakognitionsmodell 215, 229
- numerische 135, 137
- räumliche 61, 80
- Rekognitionsleistung 190
Kognitivismus 332, 336, 487
Kohäsion 126, 132, 134
Kollektivismus 40, 42, 49
Kombination (s. a. Lautkombination, Phonemkombination) 8, 10, 97, 104 f., 156, 159, 258, 271, 274, 391, 442, 479, 490 f., 496

- antizipatorische 162
- symbolische 162
Kombinatorik, formal-operationale (s. a. Denken) 167
Kompensation 8, 150, 168, 286 f., 289, 290 f., 295
- Dekompensation 392
Kompetenz 19, 51, 80, 122 f., 181 f., 193, 219, 226, 257 f., 265, 269 f., 284 f., 342, 345, 405, 408, 410, 460 f., 492–294
- Bewertungskompetenz 264
- Gedächtniskompetenz 225, 227
- Handlungskompetenz 130, 341
- Sprachkompetenz 52, 476, 493 f.
- Zeichenkompetenz 160
Kompetenzentwicklung 252, 275, 427, 476
Kompetenzerleben 259
Konditionierung (s. a. Verstärkung) 350
- klassische 333, 478
- operante (Lernen am Erfolg) 334 f., 439, 478 f., 481, 498
Konkubinen 72
Konnektionismus 480 f.
Konservierungsprinzip 79
Konstruktion 148, 150, 152, 304, 346, 396, 480, 492, 507
Konstruktionsprozess 117, 125, 138, 336
Konstruktivismus 98 f., 101, 117, 512
- Kritik am strukturgenetischen 169 f.
- strukturgenetischer 148–171
Kontakt 36, 72 f., 77, 98, 112, 138, 154, 310, 331, 346, 364, 399, 411 f., 418–420, 454, 458
Kontakthäufigkeiten 77
Kontext 15, 32–34, 60, 95, 155, 245, 257, 264 f., 272, 301, 304, 337, 340, 348, 471
- außerfamiliärer 46, 51
- familiärer 46, 51, 339, 376
- kultureller 15, 26, 36–55, 127, 188, 447, 458, 504–506, 510, 512, 514, 516
- Schul-/schulischer 46, 51, 271, 274, 341, 345–347
Kontextgebundenheit der Entwicklung 16 f., 19 f., 45 f., 153, 156, 266, 271, 285, 395, 397, 443 f., 446 f., 449–452, 461, 503

Kontingenz 5, 128, 260, 290, 342, 409, 449, 487, 488 f., 491, 512
Kontinuität 19, 39, 126, 128, 132–135, 143, 152, 389, 391
- über die Lebensspanne 128, 134 f.
Kontinuitäts-/Solidititätsprinzip 132, 134 f.
Kontrolle (s. a. Selbstkontrolle) 98, 101, 113–115, 135, 215, 226, 247, 268, 285 f., 294, 297, 305, 320, 443 f., 460, 448
Kontrollprozesse 203, 210 f., 215, 228, 305
Kontrollstrategien 245
- Handlungskontrollstrategien 135, 245 f., 260, 262, 273, 506 f.
- primäre 285 f., 290–292
- sekundäre 285 f., 290–292
Kontrollüberzeugung/locus of control 37, 256–258, 295, 339–341, 344
Konvergenz 2, 6, 10, 42
Konzepte
- Umweltkonzept/K. der Umwelt 8, 28, 37, 65 f., 79, 100
- need-K. 239
- Persönlichkeitskonzeption 246 f., 253
- Fähigkeitskonzept/Fähigkeitsselbstkonzept 256–258, 264–265
- des individuellen Selbst 258 f., 261, 268
- Eigenschaftskonzept 264 f., 399
- Körperkonzept 397
Kooperation 32 f., 48, 80, 511
Kooperationsvarianten 331 f.
Koppelnavigation 62
Kopulation 47, 80
Korrespondenzproblem der Imitation s. Imitation
Korrumpierungseffekt 247
Kortex 104, 195, 473
- präfrontaler 194 f., 228, 345
Kreisreaktion/en 99, 101, 150 f.
- primäre 158
- sekundäre 158
- tertiäre 159
Kritische Exploration s. Klinische Methode
K-Strategie 70
Kuckuckskind 75
Kugelmodell 27
Kultur 15, 26–29, 35 f., 40, 42, 47, 53 f.

Theorien in der Entwicklungspsychologie

- kulturelle (Entwicklungs-) Nische 44 f.
- kulturspezifische Emotionen 443, 447–449, 457–459, 461
- kulturspezifische Entwicklungspfade 457 f., 502, 511, 513, 515
- ökokulturelles Entwicklungsmodell 502, 504–506, 512, 516
Kulturbegriff 27–29, 54

L

Laborforschung 37
Lageorientierung 245 f.
Laktase 64 f.
Laktation 80
Laktosetoleranz 64 f.
Lamarckismus/lamarckistisch 61 f., 64 f., 149
Landwirtschaft 82
Language acquisition device (LAD) 477, 494 f.
Language acquisition support system (LASS) 474, 480
Latenz 49, 363, 381, 393 f.
Lebensanforderung/en 181, 411
Lebensaufwand 63, 67
Lebenslauf 61, 67, 502
Lebenslauftheorie der Kontrolle 286, 290, 291, 293
Lebensleistungen 67–70, 81
Lebensraum 28, 45, 241
Lebensrisiko 71
Lebensspanne 15, 18, 21, 47, 67, 282, 286, 305
Lebensverlauf 39, 62 f., 67–70, 78 f., 84
Lebenszyklen 67
Leistung
- kognitive 15, 29, 82, 175, 180 f., 184 f., 187, 191
- schulische (s. a. Schule) 51, 175, 182, 191, 262, 269, 271, 414
Leistungsanforderung/en 83, 257, 272
Leistungsmotiv 239, 256, 269 f., 272
- explizites 270
Leistungsmotivation s. Motivation
Leistungsziele 257, 264
Leistungszielorientierung 258, 265, 270 f., 273
Lernanstrengungen 269

Lernen 5 f., 98, 174, 182, 208, 222, 241, 262, 270 f., 275, 330–335, 478, 489, 491, 503 f.
- am Erfolg s. operante Konditionierung
- assoziatives 314 f.
- entdeckendes 336
- im Diskurs 332
- intentionales 253
- kulturelles 32
- sensomotorisches/sensumotorisches (s. a. Denken) 471
- soziales (s. a. Modelllernen) 32, 35, 315 f., 331 f., 340, 345–348, 350, 407
- statistisches 104, 134
Lernfreude 427
Lernmodell 332, 335
Lernmotivation s. Motivation
Lernprozess/e 6, 13, 46, 125, 143, 195, 268, 275, 335, 347, 487, 503
- induktive 143
- soziale (s. a. Imitation) 33–35, 332, 335, 343, 347, 350
Lernsituation 236, 256, 267, 271, 273 f.
Lerntheorie (s. a. Konditionierung)
- behaviorale 208, 241, 332
- biosoziale 347
- kognitivistische 335, 336
- soziale 330, 335, 337, 339–345, 348, 350
Lernziele 257
Lernzielorientierung 258, 265, 270 f.
Lesen 19, 83
Liebe 70, 289, 383, 391, 437, 448
Liebesobjekte 362, 381 f., 384, 388–391
life effort 63
life history 62 f., 67
life history theory 84
locus of control s. Kontrollüberzeugung
LOGIK-Studie 190 f., 219–221, 227
Logische Reihen 165, 170
Lustprinzip 356, 364

M

Machtdistanz 40, 42, 48
Makrosystem 37–40, 246
Markov-Prozess 489
Marshmallow-Studie 343–345
Maskulinität 41 f., 48

Mathematik 83, 189, 193 f., 265
mean length of utterance (MLU) 475 f., 482
Mediationsdefizit 213, 220, 427
Medien 343 f.
Mehrspeichermodell 210
Menarche 67, 396
Mengeninvarianz s. Erhaltung/ Erhaltungsbegriff
Menopause 79
Menschenbilder 249, 253
Menstruation 74
Mentale Landkarten 61
Mentalisierung/Mentalization 80, 374 f., 396, 423
- mentalistisches Handlungsverständnis 143, 318, 323, 327
Mental-Speed-Forschung 183, 195
Mesosystem 37–39
Metagedächtnis 215–218, 221, 224 f., 229
- deklaratives 215, 221 f.
- prozedurales 215 f., 221 f.
Metakognition 216 f.
Metakognitionsmodell 215
Metamorphose 69
Metasprache 498
Methode der Erwartungsverletzung 129
Methode der kritischen Exploration s. Klinische Methode
Mikrogenese 169
Mikrosystem 38 f., 346
Milieu 43 f.
- hegemoniales 43
- kleinbürgerliches 43 f.
- kulturelles 255, 513–516
- respektables 43
- unterprivilegiertes 44
Mimicking 316
Mindestinvestition 80
Mind-Mindedness 423
Minoritätsstrategie 82 f.
Mismatch 82
Mittel und Zweck-Unterscheidung 158
Mnemotechnik/mnemotechnische Mittel 31
Modalitätsspezifische sensorische Ur-Repräsentationen 128
Modell des guten Strategieanwenders 217, 223
Modelllernen 340 f., 479
Modularität 493
Modularitätstheorien 125

Sachwortverzeichnis 535

Morphologie 469, 472
Motivation
- extrinsische 236, 260
- fremdbestimmte 358 f.
- intrinsische 14, 236, 247, 260
- Leistungs- 239, 252–256, 258–264, 268 f., 271–275
- Lern- 253, 266
- Misserfolgs- 269
- Realisierungs- 245
- selbstbestimmte 258 f.
- Sprach- 474
Motivationssysteme 365
Motive 234 f., 239
- explizite 256
- Leistungs- 256, 270
Motivklassifikation 238 f.
Motivsystem 237
Mutation 63–66
Mutter 39, 41, 49, 73–76, 225, 359 f., 363, 370, 373, 384–386, 388, 390, 406, 408–414, 417 f., 422 f., 424 f., 447, 450, 457 f., 487, 508–510, 512–515
Mutterfigur 70 f.
Mutter-Kind-Beziehung 50 f., 73 f., 384, 386, 400, 409 f., 413, 428
Mutter-Kind-Bindung (s. a. Bindung) 50, 52 f., 404–428
Mutter-Kind-Dyade 38, 373
Mutter-Kind-Interaktion 49, 409 f.
Mutter-Kind-Trennung 424
Mütterliche Deprivation 405
Mutter-Säugling-Interaktionen 457
Mutterschaft 75
Muttersprache 104, 108, 470, 475

N

Nachahmung 160 f., 311–314, 317, 322–324, 326, 331, 340, 349
- verzögerte 100
Nachahmungsfähigkeit 314
Nachahmungsketten 331
Nachahmungsmechanismen 331
Nachahmungsschema 161
Nachahmungsverhalten 312, 317
Nachfolgereaktion 64
Nahrungsverteilung 80
Nahrungswahl 82
Narzissmus 374, 389

- primärer 356 f.
National Institute of Child Health and Human Development (NICHD) 44, 50–52, 421, 426 f.
Nativistisch (s. a. nativistische Theorien) 126, 134, 479, 486, 492 f., 497
Nature via Nurture 184, 197
Natürliche Biologie 82
Natürliche Physik 82
Natürliche Psychologie 82
Need-Konzept 239
Neotenie 79
Nervenzelle (s. a. Neuron) 194, 314, 349, 503
Neugier 262, 266 f.
Neuron (s. a. Nervenzelle) 194 f.
- neurale Effizienz 195
- neuronale Bereinigung 194
- neuronale Netzwerke 480
- Neuropsychologie 348
- Spiegel- 314, 324–327, 349
Normalverteilung 176–178
Nutzungsdefizit 214, 221

O

Objekt 356
Objektbeziehung (s. a. Subjekt-Objekt-Beziehung) 356, 366, 395
Objektbeziehungstheorie 384, 393, 396
Objektergänzung, amodale 134
Objekterkennungssystem (OES) 246
Objektkonstanz 367
Objektpermanenz 99, 128–132, 150, 157–159
Objektrepräsentanzen 367
Objektrepräsentation 125 f., 128 f., 131 f., 134 f., 366
Objektwahrnehmung 126
Ödipuskomplex 363, 381, 385, 390–393, 396, 400
Ödipus-Konflikt 74
Ökologie/ökologisches Modell 28, 36–39, 95, 345 f.
Ökologische Perspektive der Wahrnehmungsentwicklung 100 f.
Ökonomie 47 f.
Ontogenese 18, 30, 32, 60–62, 64–66, 78–82, 96, 151, 168, 170, 503, 511, 514
- im Emotionskontext 436, 439, 443, 446, 449 f., 455–457, 459 f.

- im Kontext des Spracherwerbs 469, 487
- im Kontext von Motivation 259, 262, 275, 286
Opportunitätskosten 63, 75
OPS-Modell (Optimierung durch primäre und sekundäre Kontrolle) 285 f., 290–293, 305
Optimalitätskalkül 73
Optimalitätstheorem s. Bindung
Optimierung 9, 259, 285–287, 289, 292
Optimierungsmodell 218, 225
Outside-in 475, 477
Ovulation 61
Oxytocin 425 f.

P

Paarung 63, 68–70
Paradigma 11 f., 248, 321, 335, 371, 425
- funktionalistisches 444
- mechanistisches 12 f.
- organismisches 12–14.
- Paradigmen der Entwicklungspsychologie 11 f., 15, 65
- soziokulturelles 447
- strukturalistisches 441
- transaktionistisches 12, 15
Parieto-frontale Integrationstheorie (P-FIT) 195
Partnerschaft, elterliche 68 f., 423
Partnerschaftsbeziehungen 415–417
Partnerwahl 9, 68, 74, 80, 398, 502
paternity uncertainty s. Vaterschaftsungewissheit
Peerbeziehungen 415
Peergruppe 388
Pendelexperiment 166 f.
Performanztheorie 170
Permanentes Objekt s. Objektpermanenz
Personenzentrierte Perspektive 237
Person-Gegenstands-Beziehung 261
Person-Gegenstands-Theorie des Interesses (POI) 258, 260 f.
Persönlichkeit 13, 29, 69 f., 79, 236, 240, 242, 249, 259, 339, 344, 347 f., 358, 384, 394
- Hauptfaktoren der s. Big Five

Persönlichkeitsentwicklung 20, 27, 240, 246, 249, 252, 372, 394, 405, 408, 469
Persönlichkeitsmerkmal/-eigenschaft 20, 175, 182, 189, 217, 235, 261, 360, 364, 371 f., 407
Persönlichkeits-System-Interaktion (PSI) 246 f.
Persönlichkeitstest 240
Persönlichkeitstheorien 237, 246, 248, 250
Person-Umwelt-Beziehung 168
Person-Umwelt-Interaktion (s. a. Interaktion) 235, 284, 341, 347
Perspektiv/en/übernahme 347, 423
Perzepte 123 f.
Phase
 - aktionale 244
 - anale 356, 362, 394
 - infantil-genitale 362, 394
 - ödipale/phallische 356, 381, 385, 394
 - orale 362, 394
 - postaktionale 244
 - präaktionale 244
 - prädezisionale 244
Phobie 374
Phonologie 493, 496
Phonologische Bewusstheit 473
Phonologische Schleife (s. a. Arbeitsgedächtnis) 184, 211 f.
Phonotaktische Eigenschaften 470 f.
Phylogenese 62, 78, 438, 441, 469
Physik 34, 79, 111, 122, 125–128, 132–135, 153–155, 340, 447, 488
Physik, natürliche s. Natürliche Physik
Physiologische Erregungsprozesse 424
Pigmentierung 61
Pivot Grammar 476 f.
Plastizität 15, 65, 195, 371, 504
 - der Entwicklung 17, 285
Position
 - depressive 370, 384
 - paranoid-schizoide 370, 384
Positivitätseffekt 301
Präformation/Präformationismus/präformistisch 3, 63, 78
Prägung 6, 64, 504
Prävalenz 82 f., 411, 420
Primaten s. Affen

Probabilistic constraints model 481
Produktionsdefizit 213, 220
Projektion (s. a. Übertragung) 161, 356, 364 f., 369 f., 395 f.
Prosodie 470
Prosoziales Verhalten 382, 514, 516
Prostituierte 72
Proximat 63
Psyche 63, 81, 355, 361, 371
 - kindliche 162, 358
Psychologie 21, 54, 122, 149, 151, 246, 273, 334, 469, 487, 504
 - amerikanische 5
 - humanistische 239
 - kognitive 406
 - natürliche s. Natürliche Psychologie
Psychosexualität s. psychosexuelle Entwicklung
Pubertät 7, 70, 362 f., 381 f., 396, 398
Puppen 81, 320, 343

R

Rationalisierung 364
Rationalität 139 f., 317
Raven-Test s. Intelligenztest
Reaktionsbildung 364, 388
Reaktionsnorm 79, 503
Reaktionsspielraum 7
Realitätsprinzip 356, 364
recollection, emergent 225
Reflex 333, 152, 157
 - Anhock- 81
 - Saug- 157
Reflexologie 30
Regeln
Regelspiel 161
Register, sensorisches 203, 210
Regulation
 - externale 260
 - identifizierte 260
 - integrierte 260
 - introjizierte 260
Reifung 3–5, 154, 516
Reiz 6, 97
 - konditionierter (s. a. Konditionierung) 333–335
 - neutraler (s. a. Konditionierung) 333
 - unkonditionierter (s. a. Konditionierung) 333
Reiz-Reaktions-Ketten 332–334

Reiz-Reaktions-Modell/e 332–335
Reiz-Reaktions-Muster 333
Rekapitulation 62–64
 - psychogenetische 64
Rekapitulationsthese 64
Rekonstruktion 241, 243, 249, 253, 357, 372
Rekursivität 492, 497
Relationalität/Verbundenheit 49, 505–507, 509, 511–513, 515
Reminiscing style 225
Repräsentation
 - innere 157
 - kognitive 288, 314, 319, 338,
 - mentale 35, 130, 159, 406, 418 f.
 - repräsentationale Ressourcen 126, 137 f.
 - sensorische 123, 128,
 - sensorisch-perzeptuelle 123, 128
Reproduktionsaufwand/reproductive effort 68
Reproduktionserfolg 67, 70 f.
Reproduktionsmaximierung 80
Reproduktionspotenzial 76
Reproduktionstüchtigkeit 61
Reproduktionsvorteil 61, 66, 79
Reproduzieren, freies 205
Responsivität 409, 507, 515
Ressourcenallokation 84
Retikuläres Aktivierungssystem 82
Reue 297 f.
Risiko-Wahl-Modell 242 f.
Rollen 38, 331, 391, 394, 504
Rollenmodell 331
Rollentausch 32 f.
Rollenvorbild 331, 344
Royal Investigations 468
r-Strategie 70
Rubikon-Modell 243 f.
Rückkoppelungsschleifen 79, 477
Rumination 297 f.
Säugling, kompetenter 97, 122, 359

S

Saugreflex 157
Scaffolding 33
Schema/ta
 - kognitives 312, 336
 - Saug- 157
 - Verhaltens- 158 f., 336

Sachwortverzeichnis

Schmetterling 69 f.
Schreiben 19
Schule (s. a. schulische Leistung) 40, 509
Schwangerschaft 68, 73–75
Segmentierung 20, 470 f., 481
Seifenopern 70
Selbst 342, 367 f., 384, 389, 391, 393, 396, 408
- falsches 386
- individuelles 258 f., 261, 268
- persönliches 247
Selbstbestimmungstheorie 14 f., 236, 246–249, 258, 260, 267, 273
Selbstentwicklung 508, 513
Selbstkontrolle 35, 49, 222, 240, 243
Selbstkonzept 13, 256 f., 263, 302, 341, 506
Selbstregulation/Selbstregulie-rung 150, 152, 168, 273, 293, 342, 385, 413, 447
Selbststeuerung 245
Selbstüberschätzung 81
Selbstwirksamkeit(-serwartung) 257, 340–342
Selektion 60, 61, 63, 65, 286–291, 438
- natürliche 61, 63 f., 67, 78, 80, 126
- sexuelle 62
Selektionsdruck 62, 64, 66, 80, 83
Selektionsmotivation 245
Self-Determination Theory 14, 258
Semantik 27, 203, 482, 493
- semantische Merkmalstheo-rien 123
- semantisches Netzwerk 217
Semiotische Funktion 150, 156, 160 f.
Sensitivität (s. a. Bindung) 52, 140, 218, 225, 409 f.
sensomotorisch/sensumotorisch s. Denken
Separabilitätshypothese 97
Sesshaftigkeit 82
Sex 70, 72, 74
Sexualität 72, 239, 362, 383, 391, 396, 400
- infantile 362
shared intentionality s. gemein-same/geteilte Aufmerksam-keit
Sicherheitsbasis 407, 412, 418, 424

Sicherheitssystem 426
Sinn für Zahlen 135
Situation 159, 254, 257, 290, 294, 298, 301, 303, 313, 317, 322, 331, 336, 340, 347, 446
- belastende 355, 357, 424
- dyadische 32
- Fremde 406, 412, 417–421, 424, 428
- objektive 9
- soziale 324, 326, 337, 347 f., 379
Situation-Ergebnis-Erwartungen 254
Six Cultures Study 47 f., 504
Skript 226
social brain hypothesis 80
Social heredity 60
SOK-Modell 286–289, 305
Soliditätsprinzip s. Kontinuitäts-prinzip
Soziale Eingebundenheit 239, 259, 349
Soziale Kategorie 302
Soziale Navigation 80
Soziales Gehirn 80
Sozial-interaktionistische Ansätze im Spracherwerb 475, 479 f.
Sozialisation 9, 29, 47 f., 182, 455, 504, 511, 516
Sozialisationsagenten 255
Sozialisationsanforderungen 48
Sozialisationsbedingungen 185 f., 249, 457, 459, 461
Sozialisationsforschung 273
Sozialisationspraktiken 440, 458
Sozialisationsstrategien 49, 506, 509, 511
Sozialisationsziele 505, 507, 513 f., 516
Sozialkontakte/soziale Kontakte 140, 259, 299 f.
Soziobiologie 6, 60
Sozio-emotionale Selektivitäts-theorie (engl. SST) 299–301, 305
Sozio-ökonomischer Status (engl. SES) 43 f., 50 f.
Soziosexuelle Orientierung 70
Spaltung 356, 364 f., 370, 384
Spezialzweckmechanismen 81 f.
Spiegelneurone 314, 324–327, 349
Spiel
- kindliches 34 f., 80, 370
- Vater–Mutter–Kind- 35, 81
Spielregeln 35, 331

Spielsymbol 161 f.
Spontanaborte 74
Sprache
- kindgerechte 479, 495
- Mutter- 104, 108, 470, 475
Sprachentwicklung 9 f., 19, 52, 368, 469, 478, 481 f., 496
Spracherwerb 82, 190, 468–482, 486–498
Spracherwerbstheorien 473 f., 481 f.
Sprachkontext 473–475, 479
Sprachproduktion 470, 476, 488
Sprachverstehen 476, 488
Sprachwahrnehmung 104, 470 f., 476 f.
Stabilität
- absolute 19
- dynamische 111 f., 116
- positionale 19 f.
- relative 116
Sterblichkeitsrate 71, 392
Steuerungsmechanismen 268
Stiefkind 69
Stilldauer 67
strange situation s. Fremde Situation
Strategie/n
- Abruf- 213, 215
- Encodier- 213, 215, 217, 219
- individuelle 303 f.
- kollektive 303 f.
- Organisations- 214 f., 220
- Wiederholungs- 214
Strategie-Emergenz-Modell 217
Strategiemodell 213, 217, 220
Strebung 237, 356, 361, 364, 383
Stress 50, 246, 260, 345, 410, 420, 424–426, 439, 447, 450, 452 f.
structure d'ensemble s. Gesamt-struktur
Struktur, psychische 30, 360 f., 370, 407
Strukturmodell
- der Intelligenz 179 f., 210
- der Persönlichkeit 240
- psychoanalytisches 364
Stufe
- Altersstufe 176, 205, 208 f., 220, 22, 283, 347, 383, 389
- formal-operationale s. Denken
- konkret-operationale s. Denken
- präoperationale s. Denken
- sensomotorische/sensumo-torische s. Denken

Stufentheorie 155, 205 f., 209
Subjekt, epistemisches 153, 169
Subjekt-Objekt-Beziehung 152
Subkultur 28, 38
Sublimierung 364
Suchfehler 135
Suggestion 206, 355
Symbol/e
- signifikante 331
- sprachliche 32 f., 35
- symbolischer Interaktionis-
  mus 332, 345
Symbolfunktion (s. a. semiotische
  Funktion) 150, 168
Symbolschema 161 f.
Symbolspiel 150, 160–162, 168
Symbolsprache 340
Symbolsystem 35 f., 180, 187 f.,
  196, 469
Syntax 469, 472, 476 f., 482, 496

T

Tabuisierung 72
Täuschung 82
Testosteron 76
Thematischer Auffassungs-/
  Apperzeptionstest (TAT) 239
Theorie/n
- der dynamischen Systeme/
  Entwicklungssysteme (s. a.
  Dynamic Systems Theory) 78,
  84, 110–113
- der konstruktiven Operatoren 210
- der organismischen Integration 258 f.
- des Geistes s. theory of mind
- empiristische 122, 124, 135,
  475
- Ethnotheorien 450, 457, 505
- intuitive 127
- Like-Me- 318
- nativistische 122, 124, 475 f.
theory of mind 80, 82, 138,
  140–143, 325, 327, 498
Thomas-Theorem 9
Transgenerationale Transmission
  (s. a. Bindung) 422 f.
transmission gap (s. a. Bindung)
  422 f.
Tratsch 70
Trauer 289, 367, 372, 441, 443,
  445 f., 455
Trennung 16, 53, 161, 165, 236,
  290, 369, 386, 424
Trennungsbelastungen 424

Trennungserfahrungen 369,
  375, 424
Treue 72
Triade 373
Trieb 237, 356, 365 f., 380, 385
- Partialtrieb 356
Triebentwicklung 366, 380, 395
Triebtheorie 356, 358, 361,
  382 f., 393
- klassische 363, 396
- psychoanalytische 361, 374
Trivers-Willard-Hypothese 76
Tüchtigkeit 253, 263, 445

U

Übergangsobjekt 368, 384, 390
Über-Ich 364, 374, 383, 391, 396
Überleben 61, 69, 77, 80, 100,
  125 f., 138, 140, 311, 362, 370,
  405, 408, 410, 502
Übertragung 161, 326, 357, 445
Übungsphase 367
ultimat 63, 80
Umwelt 26, 28 f., 36–39, 52, 60,
  65–67, 69, 78 f., 81–83, 94 f.,
  98–101, 108–113, 115 f., 128,
  150, 153, 182, 184 f., 187, 240,
  242 f., 290–292, 304, 335–337,
  344–347, 356, 407–409
- äußere 481
- Einfluss der U. auf Entwicklung 4–15, 20
- geteilte 11, 16
- kommunikative 512
- nicht-geteilte 11, 16
- physische 487, 490
- psychologische 508
- soziale 15 f., 79, 138, 266,
  282, 346
Umweltanforderung/en 20,
  284 f.
Umweltanforderungs-Kompe-
  tenz-Modell 284
Umweltfaktoren 7, 11 f., 15, 183,
  240 f.
Universalgrammatik (UG) 477,
  482, 494, 497 f.
Universalien, menschliche 79
Unreife 81, 504
Unsicherheitsvermeidung 41 f.
Unterhaltszahlungen 69
Unterweisung 33, 213, 220
Ursachen
- proximate 60, 73
- psychischer Störungen 405

- physiologische/psychologi-
  sche/ontogenetische/subjek-
  tive 60
- ultimate 60, 73, 75
Ursachenzuschreibung
- bei Emotionen 447
- von Erfolg und Misserfolg
  264
Urvertrauen 369, 371

V

Validität, ökologische 37
Vateranwesenheit 69
Vater-Kind-Bindung 413
Vaterschaft 63, 70, 75
Vaterschaftsdiskrepanz 75
Vaterschaftsungewissheit 63,
  75 f.
Verarbeitungsgeschwindigkeit s.
  Informationsverarbeitungsge-
  schwindigkeit
Verbal Operants (sprachliche
  Einheiten) 479, 488, 490
Verbundenheit s. Relationalität
Verdrängung/Verleugnung/Ver-
  neinung (psychoanalytisch;
  s. a. Abwehr) 356, 363 f., 388,
  395
Vererbung erworbener Eigen-
  schaften s. Lamarckismus/
  lamarckistisch
Vergessen 3, 204 f., 336
Vergessenskurve 205
Vergessensrate 205, 217
Verhalten
- Explorations- 111 f., 408
- Imitations- 139 f., 311, 319 f.
Verhaltensbereitschaft 235
Verhaltensgenetik 11, 16
Verhaltensmuster 6, 79, 246, 262,
  266, 348, 479, 511, 513
Verhaltensökologie 60
Verhaltensregeln 142 f.
Verhaltenssteuerung 126, 241,
  246, 478
Verhaltenstendenzen 36
Verhaltenstheorien 127, 240
Verleugnung s. Verdrängung
Vermeidung
- im Kontext von Entwicklung
  u. Evolution 63, 68 f., 82
- im Kontext von Motivation
  241, 258, 270, 272 f., 288
Vermeidung (s. a. Bindung u.
  Unsicherheitsvermeidung)
Verneinung s. Verdrängung

Verschiebung
- Aufmerksamkeits- 298
- Besetzungs- 384, 389
Verstärker 241, 334, 347, 488, 489
Verstärkung (s. a. Konditionierung) 311, 325, 334, 341, 348
- negative 334 f., 479, 489
- positive 311, 334 f., 479, 489
Verwandte 68 f., 72 f., 76
Verwandtschaftsgrad 68, 73, 76
Verzichtskosten s. Opportunitätskosten
Visuell-räumlicher Notiz-/Skizzenblock (s. a. Arbeitsgedächtnis) 184, 211 f., 229
Volition/volitional 242–245, 262, 273

W

Waffen 81
Wahrnehmung
- auditive 104
- Geschmack, Geruch u. haptische 105
- Gesichter- 103
- intermodale 106
- Musik- 96, 105
- Muster- 103
- Objekt- 103, 126, 132
- Raum- 104, 116
- Selbst- 267, 301–304
- Sprach- 104, 470 f., 476 f.
- Tiefen- 102
- visuelle 102
Wahrnehmungsentwicklung 94–121
Wahrnehmungsschwelle 75 f.
Warum-Frage 235, 249
Wechsler-Test s. Intelligenztest
Weltwissen (s. a. natürliches Wissen) 83, 143, 203, 217
Wende, kognitive 210, 243
Wertaspekte 243
Wertewandel 261
Wertmaßstäbe 18, 242, 258
Wertorientierungen 70, 234, 259, 262
Wertüberzeugungen 255
Wertvorstellungen 242, 253, 459 f.
Westermarck-Effekt 72
Wettbewerb 80 f.
Wettbewerbsneigung 80
wettbewerborientiert 41 f., 48
Widerstand (s. a. Bindung) 357

Wiederannäherung 367
Willenspsychologie 237
Williams-Beuren-Syndrom 496
Wirksamkeit
- im Kontext von Motivation u. Lernen (s. a. Selbstwirksamkeit) 37, 256–258, 290, 292, 340–342
- eigene 262 f.
Wissen
- angeborenes 134
- bereichsspezifisches Vorwissen 216 f., 223 f.
- deklaratives 460
- explizites 126 f., 135, 137
- Handlungs- 143, 225, 314
- implizites 83, 126 f., 135
- kulturelles 325
- natürliches (s. a. Weltwissen) 83
- Objekt- 128 f., 134
- primäres 83
- sekundäres 83
- Vorwissen 191, 195, 208, 216 f., 222–224, 229, 477, 4 86, 495
- Vorwissens-Modell 216, 223
Wissensdomänen 123, 127–141
Wissenserwerb 33, 123, 127, 137, 181, 336, 414
Wohlbefinden 48, 262, 283–285 f., 290, 292, 297, 302, 304, 446
- subjektives 283 f., 288 f., 300, 256
Woodward-Aufgabe (s. a. Habituationsmethode) 138 f., 321
Wortschatz 325, 469, 472, 480, 497

X

Xhosa 69

Z

Zahlensinn 83
Zahlinvarianz s. Erhaltung/Erhaltungsbegriff
Zeichen
- im engeren Sinne 161
- im entwicklungspsychologischen Kontext 155, 160 f.
- im Kontext von Emotion 449
- sprachliche 30, 161
Zeichensystem 30, 447
Zeichnung 160 f.
- Kinder- 96

Zentrale Exekutive (s. a. Arbeitsgedächtnis) 184, 211 f., 217
Zielablösung 293–295, 298, 305
Zielanpassung 286 f., 290 f., 293–296
Zielbindung 293–295, 297
Zieldiskrepanz 295, 305
Ziele 9 f., 14, 139 f., 235, 244, 248, 257, 268, 271, 286–299, 318 f., 322, 341
- emotionale 299
- individuelle 253, 259
- kollektive 28
- Wissens- 301
Zielgerichtetheit von Handlungen 317–319
Zielorientierung 193, 258, 272, 288, 321
Zielrealisierung 242
Zielrichtung 235
Zielvorstellungen 242, 261, 285
Zirkulärreaktion/en s. Kreisreaktion/en
Zone der nächsten Entwicklung 34
Zukunftsperspektive 298–300, 305
Zuneigungssystem 426
Zuwendung 39, 71, 73, 81, 267, 311, 359, 367, 368 f., 412
- mütterliche 74, 410
- väterliche 69
Zweck-Mittel-Kalkül 242
Zwillinge
- eineiige 11, 79, 185
- zweieiige 185
Zygote 67

Printing: Ten Brink, Meppel, The Netherlands
Binding: Stürtz, Würzburg, Germany